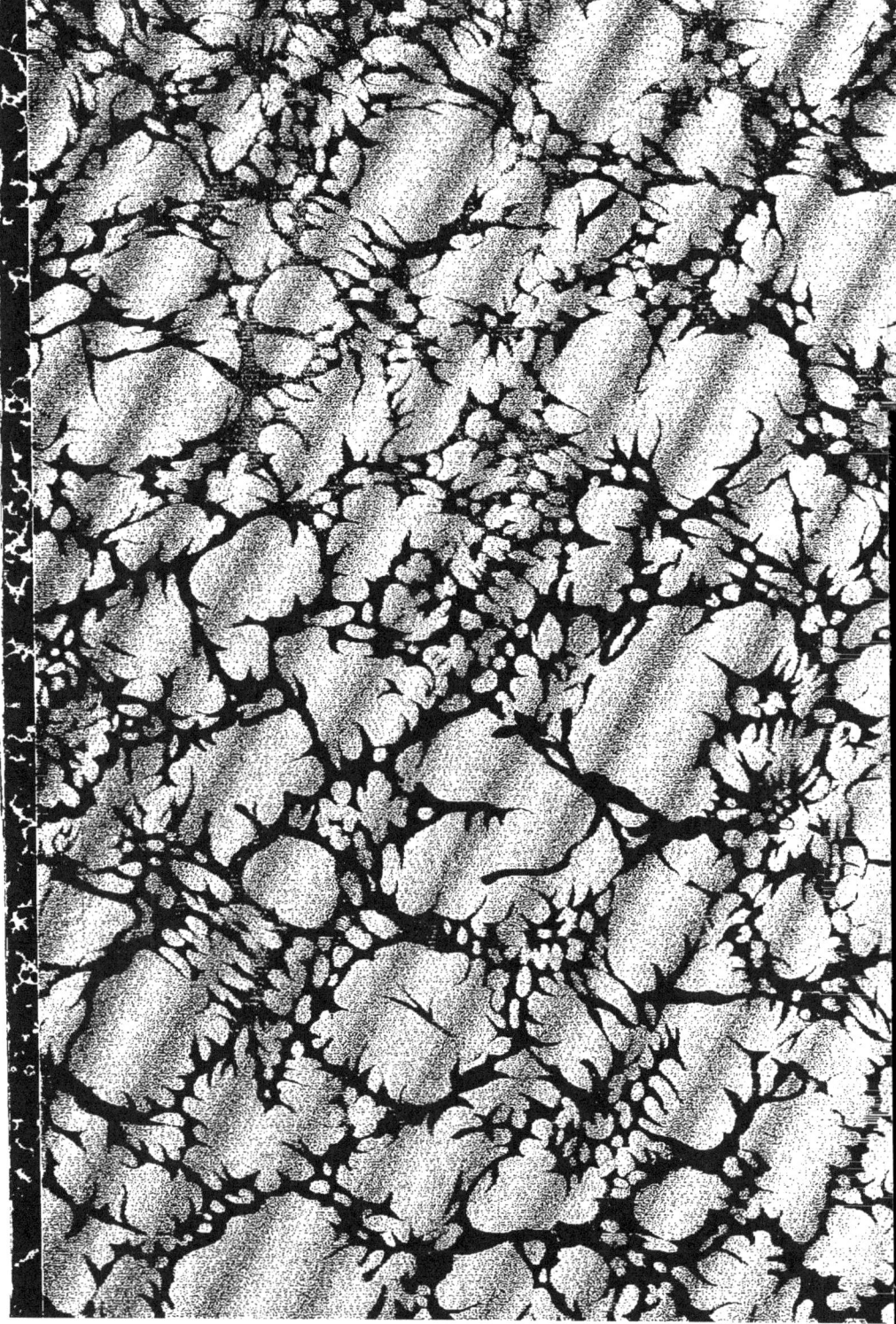

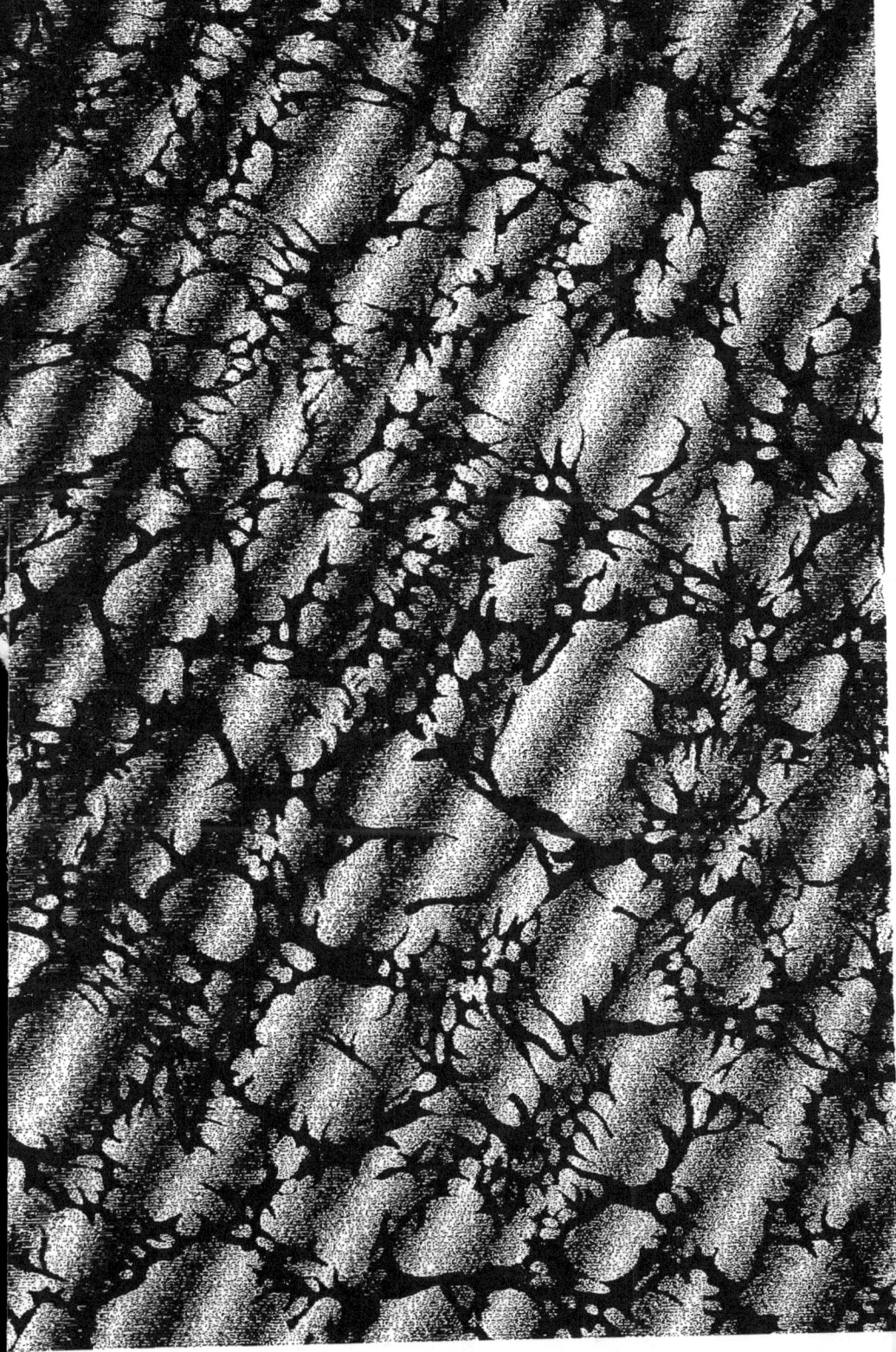

INVASION DE LA FRANCE

ET LE

SIÈGE DE SAINT-DIZIER

PAR CHARLES-QUINT EN 1544

D'après les Dépêches italiennes

DE FRANCESCO D'ESTE
DE HIERONYMO FERUFFINO, DE CAMILLO CAPILUPO
ET DE BERNARDO NAVAGER

PAR

ALBIN ROZET ET **J.-F. LEMBEY**
Député de la H^{te}-Marne   Ancien professeur

PARIS
LIBRAIRIE PLON
PLON-NOURRIT ET Cie, IMPRIMEURS-ÉDITEURS
8, RUE GARANCIÈRE — 6^e
—
1910
Tous droits réservés

L'INVASION DE LA FRANCE

ET LE

SIÈGE DE SAINT-DIZIER

PAR CHARLES-QUINT EN 1544

L'INVASION DE LA FRANCE

ET LE

SIÈGE DE SAINT-DIZIER

PAR CHARLES-QUINT EN 1544

D'après les Dépêches italiennes

DE FRANCESCO D'ESTE

DE HIERONYMO FERUFFINO, DE CAMILLO CAPILUPO

ET DE BERNARDO NAVAGER

PAR

Albin ROZET ET J.-F. LEMBEY

Député de la H^{te}-Marne   Ancien professeur

PARIS

LIBRAIRIE PLON

PLON-NOURRIT ET Cie, IMPRIMEURS-ÉDITEURS

8, RUE GARANCIÈRE — 6^e

1910

Tous droits réservés

Droits de reproduction et de traduction réservés pour tous pays.

AVANT-PROPOS

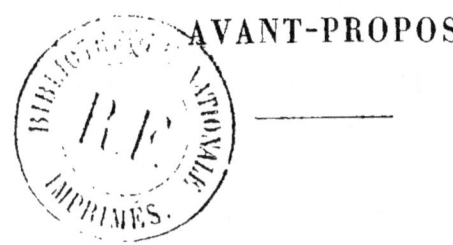

Le grand effort de Charles-Quint contre la France en 1544 n'aboutit qu'à une retraite sans gloire et à une paix sans profit. Deux causes arrêtèrent l'envahisseur dans sa marche sur Paris : d'abord la longue résistance de Saint-Dizier, et ensuite, au dernier moment, le refus de son allié Henri VIII de venir se joindre à lui.

Le siège de Saint-Dizier fut le seul fait d'armes mémorable de la campagne ; tout le reste se réduisit à de simples escarmouches. Luxembourg, Commercy et Ligny furent enlevés presque sans coup férir. La prise même de Vitry, dont l'empereur fit grand bruit, ne fut qu'un succès sans conséquence remporté sur un petit corps français, détaché dans un poste avancé. Pendant un long mois, l'Europe eut les yeux fixés sur Saint-Dizier, étonnée, mais heureuse au fond de voir la petite forteresse champenoise tenir tête à toutes les forces impériales. Les nouvelles du siège étaient colportées partout, avidement reçues et passionnément commentées ; l'insuccès de l'assaut du 15 juillet eut un retentissement immense.

Rien dans Saint-Dizier ne rappelait cette belle page de

son histoire. Aucune initiative n'avait tenté durant trois siècles et demi d'en rajeunir et perpétuer le souvenir. Le 2 juillet 1899, M. Albin Rozet, député de la Haute-Marne, disait à la Société des vétérans de Saint-Dizier dont il est le président d'honneur : « En vérité, il manque quelque chose à Saint-Dizier. L'habitant et l'étranger fouillent d'instinct sa plus belle place publique et n'y découvrent point ce qui devrait en être le principal ornement : le monument commémoratif de la glorieuse défense de la ville en 1544. » Le 8 février 1900, la Société des vétérans ouvrait une souscription. Les habitants, qui portent encore avec un juste orgueil le nom de « Bragards » dont François Ier, d'après la tradition, salua la triomphante bravoure de leurs ancêtres à l'assaut du 15 juillet, l'accueillirent avec enthousiasme. L'ouvrier de la terre et de l'usine, très nombreux et très patriote, s'empressa d'apporter son offrande. L'inauguration eut lieu le 17 septembre 1905 (1). Une faveur méritée du gouvernement de la République en rehaussa l'éclat et redoubla l'intérêt : la remise à la ville de Saint-Dizier de la croix de la Légion d'honneur qu'un décret présidentiel lui avait décernée la veille, sur les instances de M. Rozet. Ce fut une très belle et très patriotique solennité. La foule s'y pressait, accourue non seulement de tous les points de la Haute-Marne, mais encore des départements voisins. En commémorant le geste héroïque de la petite

---

(1) M. Berteaux, ministre de la guerre, présidait la cérémonie, assisté de M. Étienne, ministre de l'intérieur, et de M. Dujardin-Beaumetz, sous-secrétaire d'État aux beaux-arts, et entouré de la municipalité de Saint-Dizier, des sénateurs et des députés de la Haute-Marne, du général commandant le 20e corps d'armée, du préfet de la Haute-Marne et de nombreuses notabilités civiles et militaires. L'Italie était représentée par M. G. Capellini, sénateur du Royaume, délégué officiel du gouvernement italien, et par MM. G. Matteotti et G. Malatesta, maire et adjoint de la commune de Sassuolo, patrie de Marini.

patrie, toutes les poitrines acclamaient la grande, la France et son armée.

Trois personnages surtout se distinguèrent dans la défense de Saint-Dizier en 1544 : le comte de Sancerre, lieutenant du roi, le capitaine Lalande qui commandait les gens de pied, resté le plus populaire de tous quoique tué dans les premiers jours du siège, et l'ingénieur militaire italien Girolamo Marini. Sancerre était suffisamment connu grâce à l'illustration de sa famille, une des plus anciennes et des plus nobles de France, grâce aussi à sa longue carrière semée de beaux faits d'armes et de belles actions. Lalande l'était moins ; il s'était fait lui-même, s'élevant par degrés à force de bravoure. Sur la fin, la belle défense de Landrecies en 1543 l'avait comme jeté tout d'un coup en pleine lumière ; mais ses commencements restaient obscurs. De Marini l'on ne savait autant dire rien. La période française de sa vie, si active et si pleine, demeurait dans l'ombre malgré l'éclat des services rendus : à peine était-il nommé çà et là dans les mémoires français contemporains. La période italienne était encore plus inconnue : le lieu et la date de sa naissance, sa jeunesse et sa formation scientifique, la cause qui lui fit quitter l'Italie pour la France, tout cela était ignoré.

Nous ne pouvions croire que l'Italie, si jalouse de ses gloires, n'eût gardé aucune trace d'un Italien qui fut célèbre en son temps. Nous nous adressâmes à l'érudition italienne ; notre vieil et excellent ami M. Capellini, sénateur du Royaume, voulut bien répondre à notre appel. Nous visitâmes les principales archives italiennes dans l'automne de 1900 ; l'accueil fut partout des plus empressés et des plus courtois. A Venise, M. le commandeur Malagola, non moins connu pour son exquise obligeance que pour sa grande érudition, se fit notre guide, nous allions dire notre collaborateur; il n'a cessé depuis de nous envoyer soit des fragments inédits, soit des notes explicatives, qui nous ont beaucoup servi et dont nous lui sommes infiniment reconnaissants. Nous arrivâmes à Bologne pleins d'espérance. Sur la foi de Marini lui-même, qui s'était toujours dit de Bologne, l'on ne doutait point qu'il n'y fût né. Nous ne pouvions manquer de découvrir dans sa patrie des documents précieux sur ses commencements. Nous fûmes déçus; nous trouvâmes de nombreux Marini, mais nulle part celui que nous cherchions. Cependant M. Livi, directeur des archives d'État de Bologne, ne se tint pas pour battu. Il poursuivit les recherches avec une sûreté et une ingéniosité de méthode qui les firent aboutir; elles éclairent définitivement les origines de Marini. Modène et Mantoue nous dédommagèrent amplement de notre déconvenue de Bologne. Des dossiers tout préparés nous y attendaient. A Modène, le vénérable M. Ognibene nous présenta, avec deux lettres de Marini, la seule écriture qui nous reste de lui, les dépêches de Francesco d'Este, lieutenant général de la cavalerie légère impériale, et celles de Hieronymo Feruffino, ambassadeur de Ferrare auprès de l'empereur, relatives à l'invasion de la France et au siège de Saint-Dizier, et datées du camp impérial. A Mantoue, M. le docteur Luzio nous accueillit en disant : « Peut-être serez-vous plus heureux ailleurs sur Marini, mais vous ne trouverez nulle part rien de comparable à ceci sur les opérations du siège et de la campagne », et il nous tendit la correspondance de Camillo Capilupo, ambassadeur de Mantoue auprès de Charles-Quint. Il ne saurait y avoir en effet de document à la fois plus détaillé et plus précis que cette correspondance.

Rome, Venise, Florence, Ferrare et Mantoue étaient représentées au camp impérial : c'était tout ce qui restait d'à peu près indépendant en Italie. La correspondance du nonce et celle de l'ambassadeur de Florence n'ont pas été retrouvées ; mais nous possédons encore les dépêches des ambassadeurs de Ferrare, de Mantoue et de Venise.

Ces ambassadeurs italiens étaient des hommes d'une rare culture. Ils avaient appris tout ce qui s'enseignait ; ils possédaient cette sorte de savoir encyclopédique qui caractérise le lettré de la Renaissance. Ils savent observer, interpréter ce qu'on leur dit et deviner ce qu'on leur tait. Leur activité est merveilleuse. Rien ne leur échappe : ils notent les moindres faits, recueillent les bruits du camp et de la cour, et les transmettent à leurs gouvernements en des dépêches aussi intéressantes qu'infinies. Ils disent les misères de l'armée impériale, les divisions des chefs, l'indiscipline des soldats, la haine de race entre Espagnols et Allemands, le manque de vivres et d'argent, les convois enlevés par les insaisissables partisans français, le camp devant Saint-Dizier affamé et démoralisé. Grâce à eux, nous suivons les Impériaux pas à pas, campement par campement, d'abord dans leur démonstration sur Paris et ensuite dans leur retraite vers les Pays-Bas ; nous savons enfin que leur dernière étape sur la route de Paris fut le parc du Triangle, domaine de l'abbaye d'Essommes. Quant aux négociations, s'ils n'arrivent pas à en pénétrer le mystère, ils nous en font connaître pour ainsi dire les dehors : les entrevues secrètes et les conférences solennelles dont ils décrivent curieusement la pompe, l'extrême difficulté qu'on eut à se mettre d'accord et jusqu'au dernier moment les douloureuses alternatives de crainte et d'espérance. Leur correspondance renouvelle dans une certaine mesure l'histoire de l'invasion et du siège ; elle en offre le tableau le plus complet, le plus vrai et surtout le plus vivant. Témoins éclairés, sincères et impartiaux, les ambassadeurs mettent dans leur récit plus que de l'exactitude : l'émotion des choses vues, c'est-à-dire la vie.

Ce travail comprend deux parties : la monographie de l'invasion et plus particulièrement du siège de Saint-Dizier d'après les dépêches italiennes, et la traduction de ces dépêches.

Les documents français font défaut. Les mémoires contemporains sont vagues et confus dans leur brièveté, les traditions locales prolixes mais peu sûres. Les sources flamandes paraissent épuisées (1). Sans négliger entièrement le reste, nous avons suivi surtout les dépêches italiennes.

Il nous a paru que ces dépêches méritaient d'être traduites. On s'est attaché au sens plutôt qu'à la lettre. Le mot n'a d'ordinaire ni couleur ni relief; il est quelconque, le premier qui se présente et non toujours le meilleur, le plus expressif et le plus pittoresque. Nos ambassadeurs se piquaient de célérité et non de style. Ce n'est pas à dire qu'ils en soient totalement dénués. L'ampleur diplomatique de Navager n'est pas sans beauté ; Capilupo a une certaine originalité et quelques bonheurs d'expression. La phrase en général est celle de la diplomatie dans la première moitié du seizième siècle aussi bien en France et en Espagne qu'en Italie, longue et touffue, chargée d'incidents et ne sachant pas finir; il n'y avait pas lieu d'en respecter le dédale. Pour

---

(1) *L'invasion allemande en 1544,* par Charles PAILLARD et G. HÉRELLE. Paris, 1884.

être complets, nous donnons le texte après la traduction; il a été soigneusement collationné sous la surveillance de M. Ognibene à Modène pour Francesco d'Este et Feruffino, de M. le docteur Luzio à Mantoue pour Capilupo et de M. le commandeur Malagola à Venise pour Navager.

L'INVASION DE LA FRANCE

ET LE

SIÈGE DE SAINT-DIZIER

PAR CHARLES-QUINT EN 1544

CHAPITRE PREMIER

Préparatifs diplomatiques, financiers et militaires.

Charles-Quint avait quarante-quatre ans; il était donc dans la force de l'âge. La goutte, qui le visita dès sa vingt-huitième année, lui laissait de longs répits; il n'en souffrit pas de toute la campagne. Vingt-cinq ans d'empire, des coups retentissants comme Pavie et Tunis, une activité politique partout sensible et présente, avaient accru son prestige et fortifié son ambition. Il poursuivait avec plus d'ardeur que jamais ce qu'on appelait alors la « monarchie universelle », c'est-à-dire la restauration de la primauté ou de la mainmise impériale sur l'Église et la chrétienté : rêve grandiose, mais rétrograde et irréalisable dans l'essor irrésistible des nationalités et la ruine irréparable de l'unité catholique. Les Pays-Bas lui étaient dévoués et l'Espagne fidèle. Il occupait le nord et le sud de l'Italie; Cosme de Médicis, sa créature, lui garantissait Florence; Paul III et Venise se couvraient d'une neutralité plus ou moins sincère, le pape par impuissance et la République par lassitude; Ferrare plus française et Mantoue plus impériale s'étudiaient à ne pas lui déplaire;

le reste, émietté, ne comptait pas. L'Allemagne catholique et protestante se ralliait à lui, crainte du Turc. La France seule, contre laquelle il dirigeait depuis vingt-trois ans l'effort de ses armes ou de ses intrigues, continuait à lui tenir tête.

Les contemporains répétaient volontiers que la fortune gâtait Charles-Quint. Elle le gâta surtout en lui donnant un adversaire tel que François I*er*, roi brillant et magnifique, voyant juste et pensant haut à certains moments, mais superficiel et incohérent, incapable d'application aux affaires et de suite dans ses desseins, se reposant de tout sur des favoris successifs et uniformément médiocres. Autrement gouvernée, la France formait une nation si unie et si compacte, si riche et si forte, qu'elle eût pu lutter victorieusement contre la maison d'Autriche, corps énorme, mais hétérogène. Même aux mains de François I*er*, il fut impossible à Charles-Quint de l'entamer; « il a borné son *plus outre* aux rivières de Marne et Durance, et fait naufrage en France avec deux grandes armées (1). »

L'invasion de la Provence en 1536 occupe dans l'histoire une plus grande place que celle de la Champagne en 1544; plus dramatique, elle saisit davantage l'imagination. Une certaine ostentation de confiance sincère ou calculée marqua l'entrée en campagne. Charles-Quint venait de vaincre en Tunisie et de traverser l'Italie en triomphateur. Il se croyait ou affectait de se croire invincible. Il se voyait maître de la France : ses courtisans se partageaient en sa présence les gouvernements et les charges du royaume. Le réveil fut terrible : l'armée impériale décimée par la faim et la maladie, réduite à près de la moitié et condamnée à une retraite qui eût été un désastre si l'ennemi se fût mis à ses trousses. D'un autre côté le plan de défense de Montmorency, faisant de toute une province un désert et s'enfermant dans son

---

(1) *Mémoires de Gaspard de Saulx, seigneur de Tavannes*, coll. Michaud et Poujoulat, t. VIII, p. 136. — *Plus ultra*, devise de Charles-Quint, qui remplaça le *nondum* de ses premières années; elle était l'œuvre du médecin milanais Luigi Marliano. G. DE LEVA, *Storia documentata di Carlo V*, t. II, p. 603. Venezia, 1864.

camp d'Avignon, cette dévastation méthodique et barbare, mal justifiée par la nécessité, causa une sorte de stupeur parmi les contemporains, quelque habitués qu'ils fussent aux duretés de la guerre. En réalité, l'invasion de 1536 était beaucoup moins redoutable pour la France; la Provence était trop loin. Sur le point d'y pénétrer, mais ne le disant pas encore, l'empereur causant près de Fossano avec un otage français, la Roche-du-Maine, « s'avança jusques à demander combien de journées il pouvoit encore y avoir depuis le lieu où ils étoient jusques à Paris : à quoy ledit de la Roche respondit que, s'il entendoit journées pour batailles, il pouvoit encores y en avoir une douzaine pour le moins, sinon que l'agresseur eust la teste rompue dès la première » (1). En 1544, Charles-Quint entra par la frontière champenoise. C'était le bon endroit. A l'est, la France commençait à la Meuse. De la Meuse à la Marne, la distance n'est pas grande, et la Marne mène droit à Paris. C'est Paris, la tête et le cœur de la France, que visait l'envahisseur. La magnifique résistance d'une petite place presque ignorée ruina le plan de l'empereur. Le siège de Saint-Dizier fut l'événement capital de la campagne. En dehors de ce siège, rien de grand ne se fit. L'heureuse expédition de Vitry ne fut qu'un épisode sans conséquence. Cette absence de faits éclatants ou simplement notables explique dans une certaine mesure l'insuffisante importance que l'on attache d'ordinaire à cette seconde invasion, si menaçante cependant et qui alarma si justement Paris et le reste de la France.

(1) Du Bellay, coll. Michaud et Poujoulat, t. V, p. 360; Brantôme, t. III, p. 404, éd. Ludovic Lalanne. — Montluc dit de même : « La France bien unie ne peut estre conquise sans perdre une douzaine de batailles... » Il croit « que plusieurs se trompent de dire que Paris prins, la France seroit perdue. C'est à la vérité le trésor de ce royaume et un sac inestimable; car les plus gros du royaume y apportent tout, et croy qu'au monde il n'y a une telle ville; on dit qu'il n'y a escu qui n'y doive dix sols de rente une fois l'année; mais il y a tant d'autres villes et places en ce royaume qui seroient bastantes pour faire perdre trente années, de sorte qu'il seroit aysé se r'allier, et leur oster celle-là avant qu'ils en eussent conquis d'autres... » Montluc, coll. Michaud et Poujoulat, t. VII, p. 72.

La trêve de Nice (18 juin 1538) avait été conclue pour dix ans; elle dura jusqu'en 1542, c'est-à-dire quatre ans. Entre François Ier et Charles-Quint, tout accord était nécessairement précaire parce qu'il ne pouvait être sincère, l'ambition de l'empereur étant une perpétuelle menace pour l'indépendance et l'intégrité de la France. Lorsque, épuisés, ils déposaient les armes, c'était pour nouer de nouvelles intrigues et faire de nouveaux préparatifs l'un contre l'autre. Si bien, comme le dit excellemment l'un des plus habiles diplomates du temps, « encores qu'ils ne fussent en guerre, il ne se pouvoit dire toutesfois qu'ils fussent en paix (1). » Des deux côtés la mauvaise foi était égale, mais différente : naïve et presque inconsciente chez le roi, artificieuse et savamment hypocrite chez l'empereur.

Le 3 juillet 1541, le marquis del Vasto (2), gouverneur impérial du Milanais, fit assassiner sur le Pô deux ambassadeurs du roi, Fregoso et Rincon, qui se rendaient à Venise; il voulait se saisir des dépêches dont ils étaient porteurs et destinées celles de Fregoso à la Seigneurie et celles de Rincon à la Porte. François Ier demanda réparation; Charles-Quint refusa. Le roi en appela à l'opinion publique, mais le droit des gens était encore si débile et l'inviolabilité des agents diplomatiques si souvent méconnue, surtout par l'empereur, que l'Europe ne s'émut pas autrement de ce nouvel attentat. Il ne restait plus à François Ier que le recours aux armes. Une occasion superbe s'offrit à lui dans l'automne de cette même année : la désastreuse expédition de Charles-Quint contre Alger. Il pouvait pendant cette entreprise et la débâcle qui la suivit se jeter impunément sur les frontières dégarnies de l'Empire; il n'osa pas : il craignit en attaquant l'empereur engagé contre les infidèles de s'attirer la réprobation de la chrétienté. François Ier se montra toujours faible contre l'opinion. Quel tout-puissant appui eût été pour lui l'alliance turque s'il avait eu le courage de l'avouer et de s'en servir

---

(1) Guillaume du Bellay, p. 293.
(2) Ou del Guasto. — Il Vasto, dans l'Abruzze Citérieure.

au grand jour! Il ne cessa d'en rougir et de s'en disculper. Il oubliait que la victoire finit toujours par rallier l'opinion et que celui « qui a le prouffit de la guerre en a l'honneur » (1).

Ce ne fut qu'en 1542, le 12 juillet, que le roi, étant à Ligny, déclara solennellement la guerre à l'empereur. Il était aussi prêt qu'on pouvait l'être en un temps où on ne l'était jamais. Il put mettre immédiatement sur pied deux puissantes armées dont il confia la principale au dauphin avec le maréchal d'Annebaut et l'autre au duc d'Orléans avec le duc de Guise. Le dauphin devait marcher sur le Roussillon et assiéger Perpignan, tandis que le duc d'Orléans se jetterait sur le Luxembourg. Le duc d'Orléans s'empara sans presque coup férir de toutes les places du Luxembourg, à l'exception de Thionville. Cela fait, sur le bruit qu'une grande bataille allait avoir lieu en Roussillon, il licencie son armée et court auprès du roi, qui attendait à Montpellier l'issue du siège de Perpignan. Deux jours après son arrivée, on apprenait que le Luxembourg était perdu ; Guise sans soldats put à grand'peine sauver Montmédy. Devant Perpignan tout allait aussi mal que possible ; Annebaut, désespérément médiocre, y déploya son ordinaire insuffisance. Pour comble de malchance, la place, que l'on croyait démunie et que l'on comptait emporter d'emblée, se trouvait admirablement pourvue ; elle était si hérissée de canons « qu'il sembloit d'un porcespy (2). » Il fallut lever le siège et se retirer précipitamment devant les pluies et les inondations de l'arrière-saison. Au sud comme au nord, la campagne, conduite avec une rare impéritie, avait misérablement échoué. Charles-Quint, qui était en Espagne, n'avait pas eu besoin de se déranger.

Un fait, qui pendant quelques jours tint l'Europe en haleine, signala la campagne de 1543 : ce fut la présence autour de Landrecies de Charles-Quint et de François Ier à la tête de toutes leurs forces, le premier cherchant à prendre la place et le second à la ravitailler.

(1) Du Bellay, p. 491.
(2) Id., p. 474.

Les Français venaient d'occuper Landrecies qui passait pour la clef du Hainaut et de l'Artois. Le roi résolut de la fortifier. Les travaux furent poussés avec une ardeur extrême; la place se trouva en état à la fin de juillet. Le roi y mit pour gouverneurs deux hommes éprouvés, Lalande et d'Essé, avec 3 000 gens de pied, 200 chevau-légers et 50 hommes d'armes, bientôt renforcés de 50 autres; il chargea la garnison de Guise de pourvoir à son approvisionnement et s'en alla chasser aux environs de Reims. Il aurait dû se porter en toute hâte au secours de son allié le duc de Clèves contre lequel l'empereur marchait avec une armée considérable. Il en avait le dessein, mais il s'y prit avec tant de lenteur que les 10 000 gens de pied et les 400 hommes d'armes qu'il lui envoyait n'avaient pas encore franchi la frontière française quand on apprit son écrasement. Il ne semble pas que François Ier se rendît compte de la valeur de cette alliance qu'il avait si heureusement conclue le 17 juillet 1540. Lui au sud et le duc de Clèves à l'est serreraient les Pays-Bas comme dans un étau. Le lieutenant du duc, l'audacieux Martin van Rossem, leur faisait un mal énorme; il ne cessait de courir le pays et poussait jusqu'aux faubourgs d'Anvers qu'il incendiait; il battait complètement deux des plus habiles capitaines impériaux, le jeune René de Nassau, prince d'Orange, à Höhscheld en 1542 et le duc d'Aerschot à Sittard, le 24 mars 1543. Les Pays-Bas se ressentirent longtemps des maux que leur causèrent « les guerres de Clèves ». Charles-Quint haïssait dans le duc de Clèves le vassal de l'Empire rebelle à l'empereur, l'allié du roi de France et le voisin dangereux de ses Pays-Bas. Granvelle disait à Spire : « Le Turc serait ici que l'empereur marcherait d'abord contre ce rebelle (1). » Parti de Bonn le 20 août, il emportait Düren le 24 et, le 7 septembre, imposait au duc de Clèves le désastreux traité de Venloo. Le roi perdait le seul allié utile qu'il eût; il n'avait rien fait pour le sauver et sa ruine parut lui être indifférente.

---

(1) G. DE LEVA, *Storia documentata di Carlo V*, t. III, p. 490. Venezia, 1867.

Une autre entreprise l'occupait tout entier : c'était la conquête du Luxembourg. Le duc d'Orléans l'avait pris et perdu l'année précédente; il le reprit avec la même facilité et entra dans la capitale le 12 septembre. Le duché de Luxembourg valait mieux pour la France que celui de Milan, la coûteuse folie du règne; mais François Ier ne sut rien faire pour s'y maintenir. Contre l'avis de tous ses capitaines qui lui conseillaient de s'établir solidement à Arlon et de raser Luxembourg « que malaisément on pouvoit fortifier... et ores qu'elle seroit fortifiée, si estoit-il malaisé de l'envitailler » (1), il voulut fortifier Luxembourg, alléguant puérilement que, » s'il ne tenoit la ville principale, il ne seroit nommé duc de Luxembourg » (2). Pressé de visiter sa conquête, il partit de Sainte-Menehould le 25 septembre et fit son entrée dans Luxembourg le 28. Le lendemain, comme il faisait « sa feste Sainct-Michel et la cérémonie de l'ordre » (3), il apprit que l'empereur marchait sur Landrecies et résolut d'y courir aussitôt. Chacun des deux adversaires mettait son point d'honneur à combattre en personne partout où l'autre combattait en personne. On dirait qu'ils brûlent du désir de se rencontrer et d'en venir aux mains. Peut-être entrait-il dans cet empressement à s'affronter comme un souvenir de la tradition chevaleresque, mais surtout beaucoup d'ostentation. Ce qu'il y a de certain, c'est que dans les deux ou trois occasions où il leur arriva de prendre contact, jamais ils n'en vinrent à une action générale : ils se défiaient également de la bataille rangée.

Charles-Quint arriva au Quesnoy le 20 octobre, François Ier au Cateau le 28. Toutes leurs forces étaient là, les Impériaux campés devant Landrecies et les Français au Cateau. Les deux armées étaient sensiblement égales en nombre : elles comptaient chacune de 40 à 45 000 hommes (4).

(1) Du Bellay, p. 517.
(2) Ibid.
(3) Id., p. 518.
(4) Du Bellay (p. 520) évalue l'armée impériale à 57 000 hommes; Navager

C'était comme le chiffre normal de l'effort suprême des deux adversaires; jamais ils ne mirent en ligne plus de troupes l'un contre l'autre. L'infanterie impériale passait pour supérieure à l'infanterie française, mais la cavalerie française l'emportait infiniment sur la cavalerie impériale, et s'il y avait « une journée », elle pouvait y jouer un rôle capital, le terrain lui étant propice. Tout le monde regardait la bataille comme inévitable. Le ciel semblait vouloir la favoriser; il faisait un temps superbe, tiède et sans pluie : un vrai printemps d'Italie, dit l'ambassadeur de Venise. Les Impériaux, jusque-là séparés par la Sambre, se concentrèrent sur la rive gauche. Le 30 (1), avertis de ce mouvement, les Français envoyèrent des troupes passer la rivière à Catillon et par la rive droite évacuée relever la vaillante garnison de Landrecies, épuisée de fatigue et de faim.

L'opération réussit à merveille. « Aussi aisément y eust passé toute l'armée », dit du Bellay. Le 31, l'empereur, toujours au Quesnoy, se confessa et communia dans l'intention de se rendre au camp. On l'en dissuada en lui disant qu'il n'était pas certain que le roi fût venu en personne : on voulait, en dégageant son honneur, l'éloigner du danger. Il paraissait extrêmement désireux de combattre. Il disait qu'il voulait à tout prix rompre une lance, ne fût-ce que contre un franc-taupin. Le franc-taupin c'était l'homme de pied français, franc-taupin sous Charles VII et légionnaire sous François Ier; les Impériaux affectaient d'en faire peu de cas quoiqu'il se battît fort bien. Le 1er novembre, à la faveur d'une vive escarmouche, les Français introduisirent pour quinze jours de vivres dans la place. Maintenant, disaient les Impériaux les plus avisés, que le roi a pleinement atteint son but et rafraîchi Landrecies d'hommes et de vivres, il s'en tiendra

(dépêches datées de Mons, le 31 octobre et le 2 novembre 1543), l'armée impériale à une quarantaine de mille hommes et l'armée française à 60.000. Du Bellay exagère le nombre des Impériaux, et l'ambassadeur de Venise, renseigné par les Impériaux, celui des Français.

(1) « Deux jours après », dit du Bellay, p. 522, c'est-à-dire après l'arrivée du roi au Cateau, qui avait eu lieu le 28.

là, s'il est sage; le roi se montra sage. Le samedi 3 novembre, l'empereur vint présenter la bataille, mais dans une position si forte et si avantageuse qu'il eût été insensé de l'accepter. Le dimanche 4, même démonstration de sa part; les Français ne bougèrent pas davantage. Il avait cependant un moyen très simple de les forcer à se battre : c'était de les attaquer dans leur camp; il n'en eut garde. Dans la nuit du dimanche, sur les onze heures, le roi opéra sa retraite sur Guise dans un ordre parfait. Les ennemis eux-mêmes ne purent s'empêcher de le louer hautement (1). L'empereur disait à l'ambassadeur de Venise le 18 novembre, à Valenciennes : « Si le roi veut se vanter d'avoir secouru Landrecies, je pourrai dire que je l'ai mis en fuite (2) ». Il y a là un peu de fanfaronnade pour donner le change à l'opinion. Une retraite voulue et en bon ordre après un coup de main heureusement exécuté ne passa jamais pour une fuite.

La campagne de 1543 était terminée. Charles-Quint avait ruiné le duc de Clèves, mais il avait échoué contre le roi de France : il avait perdu le Luxembourg et n'avait pu emporter Landrecies. Il se sentait diminué par cet échec et il en conçut une profonde irritation. Cela explique l'extraordinaire ardeur qu'il mit à préparer la campagne suivante. Ce n'était pas seulement la guerre à continuer, mais une revanche à prendre. Cette préparation fut pendant six mois son unique pensée et l'absorba tout entier.

Son premier soin fut de combiner avec le roi d'Angleterre une double invasion de la France. Henri VIII avait pris pour devise : « Qui je défends est maître ». Son intérêt était visiblement de défendre la France qui était seule à lutter contre la lourde et envahissante hégémonie de la maison d'Autriche; il le comprit après Pavie, s'offrant de lui-même à aider la régente Louise de Savoie dans cette crise nationale.

(1) « ... la retirata è certa et senza danno... il qual consiglio è sommamente laudato anco dall' inimici... » Navager, Valenciennes, le 7 novembre 1543.
(2) Navager, Bruxelles, le 28 novembre 1543.

Mais François Ier lui était peu sympathique. Également vains l'un et l'autre, leurs deux vanités se supportaient mal. Il lui en voulait surtout de se constituer le gardien de l'indépendance écossaise. Or, si fantasque et si incohérent qu'il fût d'ailleurs, Henri VIII ne perdit jamais de vue les appétits anglais, et parmi ces appétits, il n'en voyait point de plus pressant que celui d'annexer l'Écosse à l'Angleterre. Au fond, Charles-Quint et Henri VIII sympathisaient moins encore. Mais Charles-Quint, plus souple et plus fin, plus politique en un mot, savait mieux prendre le monarque insulaire; il se faisait simple et modeste, flattait son importance et rentrait son orgueil devant sa vanité. Même au plus fort de leur mésintelligence, même à la répudiation de Catherine d'Aragon, il ne cessa de le ménager et de voir en lui un ennemi qui, à un moment donné, pouvait devenir son ami le plus précieux.

Les deux souverains avaient conclu à Barcelone, le 11 février 1543, un traité d'alliance offensive et défensive contre la France (1). Ce traité est écrit en latin de notariat et semble passé par-devant notaire : car c'est la phraséologie de la basoche et non celle de la diplomatie. Il y a de tout dans cet instrument, mais surtout un luxe ingénieux de défiance mutuelle et de subtiles précautions des deux parties l'une contre l'autre. Voici l'essentiel des principaux articles. Chacun des deux contractants garantit aux sujets de l'autre le traitement de ses propres sujets; il s'engage à ne pas donner asile aux proscrits de l'autre. Si l'un est envahi par une troupe d'au moins 10 000 combattants, l'autre sera tenu de mettre à sa disposition pendant quatre mois un nombre d'hommes tel que leur solde, évaluée au taux commun, représente pour chaque jour 700 écus d'or français (2). — C'est en vertu de cet article

---

(1) Du Mont, *Corps universel diplomatique*, etc.
(2) Ce taux commun étant d'un écu par tête et par mois, 700 écus représenteraient donc la solde quotidienne de 21 000 hommes. — Quant à déterminer en monnaies actuelles la valeur des monnaies qui avaient cours en Europe au seizième siècle : écus, ducats, florins, etc., cela semble impossible. On s'y est pris de diverses manières et l'on n'est arrivé qu'à des résultats également contestables.

que l'on trouve dans l'armée impériale devant Landrecies 8 à 10 000 Anglais d'après du Bellay (1) et 5 à 6 000 seulement d'après l'ambassadeur de Venise (2). — Les revendications territoriales des deux alliés sont remarquables par leur archaïsme et leur énormité. Ils déclarent vouloir faire la guerre au roi de France : le roi d'Angleterre, pour recouvrer le royaume de France et les duchés de Normandie, d'Aquitaine et de Guyenne; et l'empereur, le duché de Bourgogne, Abbeville, Amiens, etc. Ils s'obligent à fournir chacun 20 000 gens de pied et 5 000 chevaux. En outre, pour protéger leur marine marchande et en même temps ravager les côtes de France, ils équiperont l'un et l'autre autant de vaisseaux qu'il sera nécessaire pour embarquer 2 000 hommes. Ils s'engagent enfin à ne traiter avec la France que d'un commun accord.

Le traité de Barcelone formulait les principes et comme la théorie de l'alliance et de l'action commune contre la France ; il laissait en blanc tout le plan d'invasion. Il était indispensable de l'arrêter au plus tôt. Charles-Quint chargea son généralissime Fernand de Gonzague de se rendre en Angleterre pour se concerter là-dessus avec le roi; il lui adjoignit Eustache Chapuis, son ambassadeur à Londres. Leur commission est datée de Bruxelles, le 7 décembre 1543. Le vice-roi de Sicile fut admirablement reçu ; on lui donna fêtes sur fêtes. Il fit part au roi des vues de l'empereur, le roi lui communiqua les siennes. Cet échange d'idées prit du temps ; on ne s'entendait qu'à moitié. Henri VIII finit par nommer, le 26 décembre, huit commissaires chargés de s'aboucher avec le généralissime et son collègue (3). Nous avons sur cette conférence trois documents des plus intéressants : le mémorandum des commissaires anglais, la déclaration de la conférence et une lettre de Chapuis à la gouvernante des Pays-Bas (4).

(1) Du Bellay, p. 520.
(2) Navager, Mons, le 31 octobre 1543.
(3) Leur commission est datée de Hampton-Court, le 26 décembre 1543.
(4) *Letters and papers, foreign and domestic, of the Reign of Henry VIII, etc.*, t. XVIII, 2ᵉ partie. Londres, 1902.

La déclaration, c'est-à-dire l'accord définitif en cinq articles intervenu entre les commissaires des deux parties, est la pièce capitale; les deux autres en forment comme un instructif commentaire. La discussion fut des plus vives. En général, les Anglais demandent plus d'indépendance pour chaque armée, les Impériaux plus de concert dans l'action. Les points suivants ne firent aucune difficulté : chacun des deux princes en personne, ou, en cas de maladie, par son lieutenant, envahira séparément la France... (art. 1); l'empereur entrera par la Champagne et le roi par les passages de la Somme... (art. 2); l'armée impériale et l'armée royale seront chacune de 35 000 gens de pied et de 7 000 chevaux... (art. 3) — au lieu de 20 000 gens de pied et de 5 000 chevaux, comme le portait le traité de Barcelone; la gouvernante des Pays-Bas procurera des moyens de transport à l'armée anglaise et donnera des ordres pour qu'elle trouve des vivres à un prix raisonnable... (art. 4).

La fixation d'une date amena un premier et très grave désaccord. A quel moment les Anglais seraient-ils rendus en France? Cette question avait une grande importance. Leur arrivée trop tardive pouvait compromettre de deux manières le succès de la campagne : d'abord les Impériaux auraient plus longtemps sur les bras toutes les forces françaises, qui peut-être leur infligeraient quelque échec et tout au moins retarderaient leur marche; ensuite, la saison étant plus avancée, les Anglais auraient moins de temps pour atteindre Paris. Il était essentiel que l'action anglaise coïncidât autant que possible avec l'action impériale. Gonzague demanda que l'armée anglaise fût tout entière sur le continent le 20 juin au plus tard. Les commissaires anglais refusèrent absolument de s'engager sur ce point; ils disaient avec la meilleure foi du monde, ce semble, qu'il leur était impossible d'être prêts à cette date. On fut sur le point de rompre, écrit Chapuis à la gouvernante des Pays-Bas. Une offre ingénieuse des commissaires impériaux arrangea heureusement les choses. Henri VIII craignait extrêmement qu'une flotte française ne vint assaillir son armée pendant la traversée. On a vu que chacun des deux alliés était tenu par le traité de Barcelone d'armer une flotte avec 2 000 hommes à bord. Les commissaires impériaux promirent que les vaisseaux de l'empereur viendraient se ranger à côté de ceux du roi dans le Pas-de-Calais pour veiller à la sûreté de l'armée à l'aller et au retour (art. 5). Cette promesse rallia les commissaires anglais à la date du 20 juin.

La marche sur Paris rencontra une opposition plus vive encore auprès des commissaires anglais. Il y a dans le mémorandum un paragraphe significatif : « Si le vice-roi de Sicile insiste pour la jonction des deux armées alliées à Paris, demander pourquoi, combattre ses raisons et soutenir que le mieux est de laisser à chaque armée une entière liberté. » Ce paragraphe est barré dans le texte, mais il ne nous en révèle pas moins le fond de la pensée anglaise. Henri VIII ne croyait pas qu'il fût si aisé d'aller à Paris et d'écraser la France ; il ne tenait pas d'ailleurs à cet écrasement, qui n'eût profité qu'à l'empereur. Son ambition paraît avoir été de s'arrondir sur le littoral français. Maître de Calais, il convoitait Boulogne ; quant à ses droits historiques sur la France, si complaisamment énumérés dans le traité de Barcelone, il ne se faisait pas illusion sur leur caducité. Désireux d'arriver à une entente, les commissaires adoptèrent une rédaction spécieuse qui, tout en donnant une apparente satisfaction à l'empereur, n'en assurait pas moins au roi la plus grande liberté d'action. « Les deux princes, dit l'article 2 de la déclaration, marcheront sur Paris avec autant de diligence que le leur permettront la stratégie, les vivres et l'ennemi ». Le roi pouvait toujours invoquer l'un ou l'autre de ces trois cas de force majeure et rester en Picardie sans violer la lettre de l'accord. Il laissa l'empereur menacer seul Paris et demeura sourd à ses appels réitérés. Il se contentait de répondre que l'empereur ayant assiégé Saint-Dizier, il ne voyait pas pourquoi il n'assiégerait pas Boulogne. N'aurait-il pas eu cette réponse topique à sa disposition qu'il n'en eût pas bougé davantage.

La marche directe sur Paris fut une idée de Charles-Quint. Elle était juste au point de vue politique : maitre de Paris, il eût été bien près de l'être de la France. Était-elle réalisable au point de vue militaire? Son lieutenant général Fernand de Gonzague en était convaincu. La question du ravitaillement ne l'inquiétait guère. Il proclamait comme une sorte d'axiome qu'une armée en marche trouve toujours des vivres; elle n'en manque que lorsqu'elle s'arrête (1). Mais si on la force à s'arrêter? En somme, l'alliance anglaise sur laquelle Charles-Quint avait fondé de si grandes espérances lui fut de peu d'utilité. Les vues et les intérêts des deux alliés étaient trop divergents pour que leur entente fût parfaite et vraiment efficace. Gonzague rentra à Bruxelles le 1er février 1544, c'est-à-dire environ deux mois après qu'il en était parti. Il était ravi de son voyage, fier des honneurs qu'on lui avait rendus et touché du cadeau de 6 à 7 000 ducats d'argent que le roi lui avait fait à son départ (2). Était-il aussi satisfait du résultat de sa mission? Son rôle était de le paraître et il le remplit à merveille. Mais à travers les objections rencontrées dans la conférence, sa finesse italienne avait dû entrevoir comme une hésitation et peut-être gardait-il à part lui quelque doute sur la vertu d'une alliance à la fois si prudente et si démonstrative.

La question financière, la plus importante de toutes, occupa l'empereur; il la résolut péniblement et n'arriva qu'à se créer d'assez maigres ressources par de médiocres moyens. Si numériquement faibles que fussent les armées, les revenus des États, administrés sans contrôle et sans économie, ne suffisaient pas à les payer. Charles-Quint et François Ier furent toujours courts d'argent; à chaque nouvelle campagne ils devaient recourir à de nouveaux expédients pour s'en procurer. Les mercenaires étaient aussi chers que peu sûrs. Leur solde ordinaire était d'un écu par homme et par mois; elle haussait en proportion des besoins des princes.

(1) Navager, Spire, le 2 mai 1544.
(2) Id., Spire, le 4 février 1544.

Dans les moments critiques, on se les disputait; ils allaient au plus offrant. Sur le continent, Henri VIII renforçait d'Allemands ses troupes insulaires : il ne voulait pas de Suisses (1); il marchandait les lansquenets et se passait de leurs services lorsqu'il les trouvait trop exigeants. François Ier avait des Suisses, des Allemands et des Italiens. Autour de Strasbourg et de Metz, ses agents débauchent les recrues impériales en offrant cinq écus, c'est-à-dire le quintuple de la solde ordinaire. « A ce prix, disait le doyen de Metz à l'ambassadeur de Mantoue, le roi de France aura autant de lansquenets qu'il voudra (2) ». Ses recruteurs en effet, quoique pourchassés par l'empereur, purent en enrôler un nombre considérable. Grâce à l'immensité et à la diversité de ses États, Charles-Quint pouvait se vanter de n'avoir que des troupes nationales. Bas et hauts-Allemands, Espagnols et Italiens étaient plus ou moins ses sujets. Ils n'en étaient ni plus dociles ni plus unis, et les armées impériales se distinguaient par leur indiscipline et leur haine invétérée de nation à nation. L'empereur donnait à ses soldats la paye ordinaire, qu'il leur faisait souvent attendre. Plus que la solde, le casuel de la guerre, les profits du brigandage et des assauts heureux donnaient du cœur aux mercenaires; toute place forcée était vouée au sac et devenait leur proie.

Ce fut d'abord aux Pays-Bas que Charles-Quint demanda de l'argent. Ces provinces à l'industrie et au commerce florissants, les plus riches de l'Europe, lui étaient entièrement dévouées. Elles l'avaient vu naître et grandir. Elles l'aimaient et admiraient comme leur prince à elles. Jamais elles ne lui avaient rien refusé. Dans les douze dernières années, il en avait tiré près de huit millions d'or (3). Il est difficile aujourd'hui d'évaluer exactement cette somme; mais elle devait être énorme, à en juger par l'étonnement des contem-

---

(1) Chapuis à la gouvernante des Pays-Bas.
(2) Capilupo, Metz, le 19 juin 1544.
(3) Navager, Bruxelles, le 2 décembre 1543.

porains. Elles étaient d'autant mieux disposées en ce moment qu'elles lui savaient un gré infini de les avoir délivrées du duc de Clèves et de son terrible maréchal Martin van Rossem. Il voulait réunir les états généraux à Gand; mais se trouvant indisposé, il les convoqua auprès de lui, à Bruxelles, le 23 décembre 1543. Le président Schore lut le discours impérial. L'empereur y remerciait les états de ce qu'ils avaient fait pour lui jusqu'à présent; contraint de poursuivre la guerre contre la France, il ne doutait point de leur zèle à le seconder; il les invitait à tenir prêts pour le milieu de mars le plus de vivres et de munitions qu'ils pourraient. Le pensionnaire de Bruxelles répondit qu'ils n'avaient jamais manqué et ne manqueraient jamais de venir en aide à l'empereur, dussent-ils vendre leurs enfants (1). Ce mot, quoique un peu emphatique, est d'un beau loyalisme. L'empereur s'était borné à des généralités peu effarouchantes; il chargea sa sœur Marie, lui parti, d'en venir aux précisions douloureuses, d'indiquer exactement les subsides considérables qu'il demandait et de rechercher les meilleurs moyens de les obtenir sans trop faire crier le peuple. La gouvernante des Pays-Bas ne vivait que pour la grandeur de son frère et de la maison d'Autriche. Femme absolument remarquable, joignant à une grande énergie une prudence rare, elle fut la providence de l'empereur pendant cette campagne : dans ses plus pressants besoins d'argent ou d'approvisionnements, c'est toujours à elle qu'il s'adresse, et presque jamais en vain. C'était une affaire délicate de tirer des Pays-Bas une contribution énorme, à cette heure de gêne qu'ils traversaient : ils étaient encore mal remis des incursions clévoises, et en dernier lieu la longue présence de l'armée impériale sur leur territoire à l'occasion du siège de Landrecies avait été pour eux une charge fort lourde. Un Florentin, résidant à Anvers, jouissait auprès de la gouvernante d'un certain crédit en matière financière. Il lui proposa des mesures si

---

(1) Navager, Bruxelles, le 2 janvier 1544.

excessives qu'elles en étaient spoliatrices ; il disait pour les justifier que l'essentiel était de vaincre et que si l'empereur était vainqueur, personne n'oserait réclamer ni se plaindre.
« N'ayant jamais été seigneur, dit finement l'ambassadeur de Venise, et ne pouvant raisonnablement espérer de le devenir, il ignorait l'art de gouverner les hommes (1). »
La gouvernante eut la sagesse de ne pas l'écouter ; elle aima mieux user d'habileté et de persuasion, et s'en trouva bien : elle réussit à souhait. Dans les premiers jours de mars, arrivait à Spire, où était la cour impériale, la nouvelle que les Pays-Bas s'etaient engagés à payer 900 000 ducats d'or en six mois, du 1er mai au 1er octobre, à raison de 150 000 ducats par mois (2). Le premier versement comprenant mai et juin, soit 300 000 ducats, eut lieu le 1er juillet.

Charles-Quint ne fut pas moins heureux avec l'Allemagne. Ici les difficultés étaient infiniment plus grandes ; il dut recourir pour en triompher à toutes les ressources de sa naturelle rouerie. Au reste, son succès fut complet, si complet qu'il en fut le premier surpris. Il arriva à Spire le 30 janvier pour y tenir la diète, fort incertain de l'accueil qui serait fait à ses propositions. Il n'ignorait pas que si les catholiques et les protestants se haïssaient profondément, ils étaient unis contre lui par une commune défiance. Il connaissait les efforts désespérés du roi de France pour gagner à sa cause les chefs les plus considérables du parti protestant, tels que le landgrave de Hesse et l'électeur de Saxe, les promesses qu'il leur faisait et les largesses dont il les appuyait. Sur ce point cependant il était rassuré : il savait que les princes allemands prenaient de toutes mains sans se croire engagés par l'or qu'ils recevaient. L'empereur ouvrit la diète le 20 février ; elle dura jusqu'au 10 juin, jour de la publication du recez, c'est-à-dire près de quatre mois. Il n'y fut question que de la guerre contre la France. Les affaires générales de

---

(1) Navager, Bruxelles, le 2 janvier 1544.
(2) *Id.,* Spire, le 9 mars 1544.

l'Empire, les querelles particulières des princes, jusqu'à la question religieuse qui passionnait et troublait si profondément l'Allemagne, tout cela fut écarté, laissé en état, ajourné à la prochaine diète.

Durant tout son règne, Charles-Quint joua du péril turc et de l'alliance franco-turque avec une maîtrise et un bonheur incroyables. Ce péril et cette alliance furent pour beaucoup dans sa force et pour presque tout dans son prestige. Il se considérait comme le défenseur suprême de la chrétienté contre les infidèles, mais il ne voulait marcher contre eux qu'entouré de tous les princes chrétiens comme d'autant de vassaux : ce cortège de rois eût flatté son orgueil, augmenté ses chances de victoire et surtout assuré ses États contre leurs entreprises. Car, s'il parlait toujours du péril turc, il pensait encore davantage au péril français, italien, ou même allemand. Le péril turc était réel. Ce moment fut le plus beau de la race ottomane. Mais si redoutable que fût Soliman, il semble bien qu'en s'aidant de tous ses États ou même de la seule Allemagne, la plus menacée et par conséquent la plus intéressée, Charles-Quint eût pu à lui seul refouler le flot turc; jamais il ne l'essaya résolument. Les fonds qu'en certaines circonstances il tira de la chrétienté sous prétexte de combattre les infidèles, il s'en servit pour s'acroître aux dépens des États chrétiens, guerroyer contre la France, asservir l'Italie ou ruiner le particularisme allemand. Quant à l'alliance franco-turque, il ne cessa de la dénoncer comme un crime de haute trahison envers ce qu'on appelait encore la république chrétienne. C'est le grand grief qu'il invoque contre le roi de France dans le traité de Barcelone. C'est le thème uniforme sur lequel il revient avec une insistance calculée dans ses audiences aux ambassadeurs italiens. Il fit si bien qu'il réussit à discréditer François Ier devant l'opinion. Si déchirée qu'elle fût, la chrétienté respirait encore et son agonie se scandalisait de voir Sa Majesté très chrétienne l'alliée des infidèles. Cette alliance turque, âprement exploitée par les créatures de l'empereur, perdit le roi auprès de la diète. Aucun de ses membres n'osa défendre l'ami de l'ennemi commun; son coûteux pensionnaire lui-même, le landgrave de Hesse, après un semblant de résistance, s'empressa de l'abandonner. Charles-Quint triomphait. « Par ma foi, disait Granvelle, ç'a été une grande chose et qui a surpassé l'attente de l'empereur, que l'Allemagne, où le roi se vantait d'avoir tant d'amis, se soit tout entière déclarée contre lui » (1). Le 1er avril, la diète, à l'unanimité, lui accorda pour six mois 24 000 gens de pied et 4 000 chevaux, c'est-à-dire l'argent nécessaire à leur solde. Cet argent devait être payé en trois termes : le 1er juin, le 1er août et le 1er octobre (2). L'Empire paraît s'être acquitté assez irrégulièrement : l'argent du premier terme ne parvint à Saint-Dizier qu'à la fin de juillet, et encore tout n'y était-il pas (3).

Charles-Quint tira de la Sicile 250 000 ducats. Il en toucha 100 000 pendant son séjour à Spire, et le reste à Saint-Dizier, dans la seconde quinzaine d'août (4). Cette contribution épuisa l'île.

L'Espagne lui envoya des soldats, mais pas un maravédis. Cependant elle ne lui fut pas financièrement inutile : ses revenus garantirent l'emprunt qu'il fit aux Fugger. Le prêt des Fugger fut important : 600 000 écus pour deux ans, au taux annuel de 14 pour 100 (5).

L'ambassadeur de Venise, qui recherche curieusement les ressources financières de l'empereur, en cite encore deux autres, mais pour mémoire en quelque sorte et sans paraître les considérer comme sérieuses : l'or aléatoire du nouveau monde et les subsides problématiques du roi d'Angleterre (6). Ces deux espérances firent également défaut : il ne vint pas de galion, et quant à Henri VIII, l'un des plus riches,

(1) Navager, Spire, le 2 mai 1544.
(2) *Id.*, Spire, le 3 avril 1544.
(3) *Id.*, Saint-Dizier, le 30 juillet 1544.
(4) *Id.*, Saint-Dizier, le 24 août 1544.
(5) *Id.*, Metz, le 22 juin 1544.
(6) *Id.*, Bruxelles, le 2 janvier 1544.

mais le plus avare des princes contemporains, il garda son argent pour lui.

Que penser des préparatifs financiers de Charles-Quint? On ne peut les juger en eux-mêmes, la valeur de l'argent ayant totalement changé; le résultat seul est appréciable : il fut en somme peu satisfaisant. L'empereur faisait un suprême effort contre la France; il dut prévoir la dépense et chercher à y faire face; il eut recours aux deux seuls moyens qu'ait un chef d'État de se procurer de l'argent : l'impôt et l'emprunt. Fit-il mal ses calculs, ou encore certains fonds sur lesquels il avait lieu de compter lui firent-ils défaut, ou enfin lui fut-il impossible de faire davantage? Ce qu'il y a de certain, c'est qu'à chaque instant on le voit arrêté par le manque d'argent. Après Commercy, en marche sur Ligny, l'armée de Gonzague refuse d'avancer, faute d'être payée (1). Lui-même perd un temps infini à Metz à attendre l'argent de l'Empire qui ne vient jamais. Ces à-coups occasionnés par le manque d'argent, joints à la naturelle lenteur des troupes impériales, nuisirent considérablement à la rapidité des opérations et par conséquent au succès de la campagne.

Les troupes impériales qui envahirent la France en 1544 étaient à peu près les mêmes que celles qui l'année précédente avaient fait la double campagne de Clèves et de Landrecies. Elles comprenaient des Espagnols, des bas-Allemands et des hauts-Allemands. L'empereur avait devant Landrecies un millier d'Italiens; il s'empressa de les licencier, ne gardant que trois ou quatre cents chevau-légers. Charles-Quint n'aimait pas le soldat italien; il lui reprochait d'être peu fidèle et de passer aisément à l'ennemi, c'est-à-dire à la France. Cela ne veut pas dire qu'il ne fût excellent : il se battait admirablement dans l'armée française où l'on faisait de lui le plus grand cas. Mais les armées impériales se composant en grande partie de hauts-Allemands, l'homme du Midi se trouvait dépaysé parmi ces gens du Nord; leurs

(1) Navager, Metz, le 22 juin 1544.

mœurs plus rudes et leurs habitudes plus violentes froissaient sa nature plus civilisée et plus humaine : ils étaient pour lui comme des barbares.

Pour remplacer les Italiens, l'empereur fit faire une levée d'Espagnols. Dix-huit vaisseaux les prirent sur les côtes de Biscaye pour les transporter en Flandre. La traversée fut longue et pénible. Deux de ces navires faisant eau durent rebrousser chemin. Un seul put être radoubé et reprendre la mer. La tempête le jeta contre les côtes de Bretagne. Il y avait à bord 300 hommes commandés par don Carlos de Zuñiga : tous furent massacrés, dit l'ambassadeur de Venise (1). La version de l'ambassadeur de Mantoue est plus vraisemblable : les naufragés payèrent leur rançon ou donnèrent leur parole à ceux qui les avaient capturés, et ceux-ci favorisèrent leur fuite (2). Ces recrues espagnoles débarquèrent à Calais le 23 mai; elles étaient dans un état misérable, sans armes et sans argent, épuisées par les privations et par la maladie. On les dirigea sur Metz où elles n'arrivèrent que le 29 juin (3). Là on les équipa, et elles furent de l'escorte impériale de Metz à Saint-Dizier. Velasco de Acuña, de Tolède, les commandait en chef. « C'était un homme d'une cinquantaine d'années, renommé pour sa valeur et sa sagesse et rompu à la guerre pour l'avoir faite autrefois ». On les appelait « bisoños » (4), c'est-à-dire conscrits, pour les distinguer des vétérans de leur nation. Ces vétérans formaient

(1) Navager, Spire, le 30 mai, et Metz, le 30 juin 1544.
(2) Capilupo, Saint-Dizier, le 8 juillet.
(3) Navager, Metz, le 30 juin.
(4) « Bisoño » est l'italien « bisogno » écrit en espagnol. Comment l'italien bisogno, qui signifie besoin, est-il devenu espagnol avec le sens de conscrit? Les premières recrues espagnoles qui débarquèrent en Italie, déguenillées et sans argent, dénuées de tout, avaient un aspect misérable. Les Italiens les appelèrent bisogni pour bisognosi, les besogneux. Ce sobriquet fit fortune; il en vint à désigner non seulement le conscrit espagnol, mais tout conscrit en général. Brantôme dit « bisongne » : « ... ainsy qu'est la coustume d'aucune racaille de soldatz et de bisongnes qui ne scavent encor les courtoisies de la guerre... », t. II, p. 385, éd. Ludovic Lalanne, — et « bisoigne », t. V, p. 318. Montluc écrit « besongne » : « ... si je cognoissois quelque besongne (dans ma compagnie), je trouvois tousjours moyen de m'en deffaire ». Montluc, p. 39, coll. Michaud et Poujoulat. L'espagnol bisoño est la seule forme qui ait survécu.

deux « tercios » (1), commandés l'un par don Luis Perez de Vargas et l'autre par Alvaro de Sande; le premier avait hiverné à Cambrai et dans les petites places voisines, le second dans le Luxembourg. Les bas-Allemands étaient représentés par les gens de pied du prince d'Orange : c'étaient en grande partie des Frisons (2). Les hauts-Allemands étaient de beaucoup les plus nombreux : Georges de Ratisbonne, Conrad de Bemmelberg, « surnommé au camp impérial le petit Hesse (3), » et Guillaume de Fürstenberg en commandaient les trois corps principaux. La cavalerie légère, sous les ordres de Francesco d'Este, comprenait des Italiens et des Bourguignons. Les hommes d'armes étaient des bas-Allemands et surtout des hauts-Allemands.

Quel était le nombre des troupes impériales? On ne saurait le déterminer exactement. Eussions-nous l'état officiel de l'armée impériale : gens de pied et chevaux, artillerie et munitions, envoyé par l'ambassadeur de Venise à son gouvernement (4) et qui n'a pas été retrouvé, que nous n'en serions guère plus avancés. Cet état ne nous donnerait que le chiffre nominal. Or, entre l'effectif nominal et l'effectif réel, l'écart était énorme. Chaque capitaine déclarait invariablement plus d'hommes qu'il n'en avait pour toucher plus de soldes; il s'appropriait l'excédent. Le prince, qu'il s'appelât

---

(1) « Tercio » en espagnol; « terzo » en italien. MONTLUC, p. 114, traduit tercio par le féminin tierce : « ... le marquis (del Vasto) avoit trois tierces d'Espagnols, sçavoir la tierce de Sicille, celle de Naples et celle de Corsègne (c'est ce que nous appelons régimens)... » Le « terze » de BRANTÔME, t. V, p. 318 et t. VI, p. 175, est l'italien terzo. Le tercio n'était composé que de vétérans, à l'exclusion des bisoños; il comprenait un nombre variable de compagnies : le tercio de Luis Perez de Vargas en comptait 10, celui d'Alvaro de Sande 13. On disait les tercios de Lombardie, de Naples, etc., du lieu où ils avaient fait campagne, ou encore le tercio de Luis Perez, etc., du nom du mestre de camp qui les commandait. Le tercio disparut de l'armée espagnole sous Philippe V; mais il s'est conservé dans la *guardia civil* où il semble correspondre à notre légion ou régiment de gendarmerie. Tercio signifie tiers. Le tiers de quoi? Il n'a pas encore été fait, que nous sachions, de réponse satisfaisante à cette question.

(2) Navager, Spire, le 2 juin. — Le texte porte « Grisons », mais c'est visiblement une faute.

(3) DU BELLAY, p. 447.

(4) Navager, Spire, le 5 juin.

Charles-Quint, François Ier ou Henri VIII, n'avait jamais autant de combattants qu'il en payait. Du Bellay évalue les deux armées alliées, impériale et anglaise, à 70 ou 80 000 gens de pied et à 18 ou 20 000 chevaux; Montluc, à 80 000 hommes de pied et à 20 000 chevaux (1). Cette évaluation, qui attribue à chaque armée une cinquantaine de mille hommes, est sensiblement exagérée; elle est en contradiction avec les meilleurs documents. Il est douteux que l'armée anglaise atteignit le nombre de 35 000 gens de pied et de 7 000 chevaux que chacun des deux alliés devait fournir, et il paraît certain que l'armée impériale ne le dépassa pas de beaucoup. Les ambassadeurs italiens ne s'accordent pas entre eux, ni toujours avec eux-mêmes. Ceux de Ferrare et de Mantoue acceptent de confiance les chiffres qu'on leur donne, sans se mettre en peine de les vérifier; la question ne paraît pas les intéresser. Celui de Venise au contraire y attache la plus grande importance et met tout en œuvre pour se renseigner; il interroge et regarde avec cette curiosité diplomatique discrète dans la forme, mais qui veut connaître à fond. Il y a dans sa correspondance comme deux recensements des forces impériales. Il s'occupe d'abord des troupes que l'empereur emmena avec lui de Metz à Saint-Dizier et qu'on appela la seconde armée d'invasion. Il les connaît pour les avoir vues naître en quelque sorte; il a assisté à leur formation à Spire et à Metz. Il compte : 1° 8 000 bas-Allemands du prince d'Orange (2) ; 2° quatre enseignes de hauts-Allemands levées dans les environs de Spire. — L'enseigne allemande au complet était de 500 hommes, mais elle était rarement remplie. Supposé que celles-ci le fussent, cela ferait 2 000 hommes. — 3° quatorze enseignes de recrues espagnoles, qu'il évalue à 3 700 hommes; 4° 800 hommes d'armes du duc Maurice de Saxe (chiffre nominal, 1 000) ;

(1) Montluc, p. 72.
(2) Le texte (Saint-Dizier, 16 juillet) porte neuf enseignes. Mais on sait par ailleurs que le prince d'Orange en avait vingt, correspondant à 8 000 hommes. Navager lui-même dit dans cette même dépêche que ce prince avait 8 000 hommes sous ses ordres.

5° 500 du marquis de Brandebourg (chiffre nominal, 700);
6° garde impériale à cheval et maison militaire, grand maitre
de Prusse et autres seigneurs allemands, 1 000. Ce corps
d'armée comprenait donc en tout, gens de pied et hommes
d'armes, 16 000 combattants.

Arrivé devant Saint-Dizier, l'ambassadeur de Venise voulut entreprendre le même travail sur l'armée de Gonzagne; mais les troupes occupant des quartiers assez éloignés les uns des autres et ces quartiers étant d'un accès difficile, il dut y renoncer. Il se borne à dire que, d'après l'estimation générale, cette armée était de 23 000 gens de pied et de 3 000 chevaux. En ajoutant à ces 26 000 hommes les 16 000 amenés par l'empereur, on a le nombre approximatif des Impériaux qui assiégèrent Saint-Dizier, et il se trouve que ce nombre de 42 000 hommes est exactement celui du contingent fixé par la déclaration anglo-impériale.

Le second recensement de notre ambassadeur est daté de la Chaussée, le 31 août; il porte sur l'armée impériale observée dans sa marche en avant, après Saint-Dizier. En voici le détail : 6 000 bas-Allemands du prince d'Orange; 5 000 hauts-Allemands du comte Guillaume de Fürstenberg; 5 000 de Conrad de Bemmelberg; 3 000 de Christophe de Landenberg; 3 000 de Georges de Ratisbonne; 5 000 Espagnols, tant vétérans que « bisoños » : en tout, 27 000 gens de pied. L'ambassadeur ne revient pas sur ce qu'il a déjà dit de la cavalerie, le nombre des chevaux étant resté sensiblement le même, c'est-à-dire de 5 à 6 000.

Ainsi, en un mois et demi, du milieu de juillet à la fin d'août, l'armée impériale, quoique renforcée par les 3 000 hauts-Allemands de Landenberg, arrivés le 11 août devant Saint-Dizier (1), était tombée de 42 000 hommes à 32 ou 33 000. Deux corps surtout paraissent diminués : les bas-Allemands sont réduits de 8 000 à 6 000 et les Espagnols de 7 000 à 5 000. Les bas-Allemands désertèrent en foule

---

(1) Navager, Saint-Dizier, le 13 août.

après la mort du prince d'Orange qu'ils adoraient, et quant aux Espagnols, ils souffrirent énormément durant tout le siège de Saint-Dizier, non seulement à l'assaut du 15 juillet qu'ils livrèrent et soutinrent presque seuls, mais jusque dans leurs quartiers, trop rapprochés de la place et mal abrités contre son feu. Cependant les désertions et les pertes subies pendant ce siège, qui en somme fut plus long que meurtrier, ne suffisent pas à expliquer l'important déchet de 10 000 hommes. C'est qu'en effet ce déchet n'existait pas.

L'ambassadeur de Venise ne compte que l'armée qui marche et s'enfonce dans la France ; il laisse de côté les forces immobilisées sur la longue route des convois. Charles-Quint tenait à garder sa ligne de communication avec l'Allemagne et les Pays-Bas, d'où lui venaient toutes choses : l'argent, les vivres et les munitions. Il avait laissé 1 500 hauts-Allemands et 200 chevaux bas-allemands dans Saint-Dizier et renforcé les garnisons de Ligny, de Commercy, de Toul et de Pont-à-Mousson. 42 000 Impériaux arrivèrent jusqu'à Saint-Dizier ; 32 000 seulement le dépassèrent. C'était peu pour prendre Paris et conquérir la France, disaient certains généraux de l'empereur (1).

Les trois nations qui composaient l'armée impériale étaient loin d'avoir une égale valeur. La nation espagnole était incontestablement la meilleure. Petit, sec et nerveux, le courage obstiné et comme têtu, l'Espagnol était un merveilleux soldat d'assaut. Son âpreté au butin le portait aux coups d'audace. Si, à Saint-Dizier, il se rue à l'assaut sans commandement, c'est pour n'avoir pas à partager le sac de la ville avec l'Allemand. Il fraternise avec l'Italien quand il y en a et, comme lui, déteste l'Allemand. Lorsqu'il est obligé de combattre à ses côtés, il le redoute plus que l'ennemi. Dans cette campagne, vide d'actions d'éclat, il se couvre de gloire au malheureux assaut de Saint-Dizier. Les bas-Allemands, à leur arrivée à Metz, excitèrent l'admiration générale : c'était

(1) Feruffino, Saint-Dizier, le 10 août.

une troupe superbe, parfaitement armée, instruite et entraînée. La mort du prince d'Orange, qui, riche et magnifique, ne les laissait manquer de rien, les démoralisa; ils ne se montrèrent point. Par leur brutalité féroce et leur indiscipline forcenée, les hauts-Allemands sont la terreur du reste de l'armée, soulèvent l'indignation et le dégoût et font le désespoir du commandement. Ils ne savent que tuer et brûler, détruisent pour détruire et font le désert sur leur passage. A Ligny, ils graissent leurs bottes avec les saintes huiles (1). A Soissons, ils enlèvent les vases sacrés et dispersent les reliques. Le spectacle de ces profanations arrachait des larmes à tous les vrais chrétiens, dit l'ambassadeur de Venise (2). Ils ne connaissent aucune autorité, se conduisent en maîtres insolents et menacent à tout propos d'exterminer les autres troupes. On n'ose sévir contre eux : ils sont le nombre. Poussé à bout, l'empereur en fait noyer une vingtaine dans la Marne et pendre deux autres, qui étaient de sa maison; lui-même en frappe plusieurs de sa main (3). On ne respira que lorsqu'on les eut renvoyés dans leur pays. « Tout le monde est ravi de leur départ, dit l'ambassadeur de Ferrare : c'étaient des bêtes féroces » (4). La cavalerie impériale était bonne, quoique inférieure de beaucoup à la cavalerie française. Les hommes d'armes, tous bas ou hauts-Allemands, étaient bien montés et bien armés; les chevau-légers, italiens et bourguignons, valaient un peu moins.

Charles-Quint, qui n'aimait pas le soldat italien, avait donné tous les grands commandements à des Italiens; ils formaient le groupe le plus en vue et le plus écouté de son état-major. Le généralissime, Fernand de Gonzague, avait toute sa confiance. « Son crédit est grand, écrit l'ambassadeur de Venise, et l'empereur lui communique beaucoup de choses (5) ». Il est certain que lui et Granvelle paraissent

(1) Capilupo, Saint-Dizier, le 24 juillet.
(2) Navager, Soissons, le 14 septembre.
(3) Feruffino, Soissons, le 14 septembre.
(4) Id. sur la route de Guise, le 17 septembre.
(5) Navager, Spire, le 11 mai.

autant ses confidents que ses ministres; s'ils ne font pas tout, rien ne se fait sans eux. Charles-Quint, qui se croyait le premier homme de guerre de son temps, lui imposait-il ses vues au lieu d'accepter les siennes? Il semble qu'il lui laissât une entière liberté lorsque la conduite de la guerre ne touchait pas à la politique. Devant Saint-Dizier, il le regarde faire. Gonzague conduisit le siège en homme du métier, mais sans génie. On vantait son activité, son coup d'œil, sa faculté organisatrice et en général son esprit délié et plein de ressources. Peut-être avait-il ces qualités, mais elles n'éclatèrent point dans cette campagne. Il n'en imposait pas à l'armée par sa supériorité : le soldat lui obéissait mal et les chefs discutaient ses ordres. Sans méconnaître son expérience de la guerre et sa valeur militaire, il semble que son art de plaire au maître n'ait pas été étranger à sa faveur. Francesco d'Este commandait en chef la cavalerie légère. D'une maison ducale comme Gonzague, frère du duc de Ferrare comme Gonzague l'était du régent de Mantoue, il était traité en ami par le généralissime. Au camp de Saint-Dizier, Gonzague l'invite à sa table, lui apprend les nouvelles, cause avec lui des événements. Il voulait faire de lui un vice-roi de Sicile; mais Francesco d'Este était mauvais courtisan : il blessa l'empereur en refusant comme étant au-dessous de ses services la gratification de 3 000 ducats qu'il lui offrait à la fin de la campagne. Seul de tous les chefs impériaux, il eut sa petite journée : il battit les Français à Vitry et montra dans cette affaire la plus rare décision. Le marquis de Marignan était grand maître de l'artillerie. C'était un homme aimable, et qui avait des amis dans tous les pays et dans tous les camps. Il connaissait la guerre, ce qui était commun, et, qualité plus rare, il avait beaucoup de tact : cela lui fit confier des missions délicates. Après Cerisoles, l'empereur l'envoya étudier la situation du Milanais. Il s'en acquitta heureusement, sévère pour les fautes commises, mais indulgent aux personnes. Gastaldo, mestre de camp général, était un personnage considérable; il [semblait l'homme unique pour cette charge unique. Un jour le bruit ayant couru qu'il avait été pris, le généralissime s'en montra désolé, disant qu'il ne savait par qui le remplacer. Cet homme, quoique hautement estimé, n'en paraît pas moins mécontent. Il a la plainte fréquente et la critique facile. On méconnaît son autorité, on empiète sur ses fonctions. Le campement devant Saint-Dizier est des plus dangereux : on s'est placé d'abord sous le feu de la place sans en faire les approches. On a accordé un trop long délai aux assiégés pour livrer la ville : c'est donner le temps au roi de France de venir la dégager. Peut-être y avait-il un fond de vérité dans ces plaintes et ces critiques.

Ces Italiens servaient Charles-Quint avec loyauté, mais sans le moindre fétichisme. Ils guerroyaient par métier, sans amour pour l'empereur et sans haine pour le roi; ils poursuivaient moins le triomphe de la cause impériale que leur propre fortune. Cependant, très politiques et surtout très patriotes, au-dessus de leur intérêt personnel, ils distinguaient l'intérêt général de l'Europe et l'intérêt particulier de l'Italie. Ils déploraient ce duel interminable entre les deux plus puissants princes chrétiens; ils souhaitaient ardemment leur réconciliation : comme tous les contemporains, ils eussent aimé à les voir, avec toutes leurs forces réunies, marcher de concert à la défense de la chrétienté contre l'islam. Ils se rendaient compte d'ailleurs que l'écrasement de la France aurait pour conséquence immédiate et fatale le complet asservissement de l'Italie. Certes, ils ne rêvaient point, ils ne pouvaient rêver une Italie unifiée, indépendante et forte, quoique la gloire de l'antique Italie hantât toujours leur imagination. « J'aime Venise, disait Gonzague, parce que, seule, elle soutient encore l'antique renom de l'Italie. » Leur Italie, faite de républiques et de principautés rivales et souvent ennemies, leur suffisait; mais ils la voulaient indépendante et tout entière aux Italiens. Qu'il fût au service de l'empereur ou de la France, le condottiere italien restait toujours Italien.

Les chefs hauts-allemands paraissent peu; on les aperçoit à peine. Il n'en est guère que deux dont on connaisse un peu plus que le nom : le duc Maurice de Saxe et le comte Guillaume de Fürstenberg. Maurice de Saxe était peut-être le plus jeune capitaine de l'armée impériale; il n'avait que vingt-trois ans. La fougue de sa jeunesse n'éclata point dans cette campagne. Pendant le siège de Saint-Dizier, il court après les partis français qu'il n'atteint jamais. Dans l'expédition de Vitry, sa lenteur et son irrésolution pensèrent tout gâter. Rien en lui n'annonçait le rusé politique qui plus tard devait jouer l'empereur avec un art prestigieux, ni le chef audacieux qui faillit l'enlever dans Innsbruck (1). Guillaume de Fürstenberg se fit le guide des Impériaux en France. Ce chef de mercenaires, d'une brutalité insolente et d'une avidité insatiable, fameux surtout par ses brigandages, était aussi redoutable au prince qu'il servait qu'à l'ennemi qu'il combattait; ses gens étaient les pires de l'armée impériale. Il avait été longtemps au service de François Ier. En Provence, où il avait reçu l'ordre de faire le dégât, il fallut réprimer sa fureur luthérienne contre les églises (2). Le roi l'ayant enfin chassé, l'empereur l'accueillit; il le savait peu recommandable, mais il avait besoin de lui. Devant Saint-Dizier, avant l'arrivée de Charles-Quint, Gonzague ne pouvait s'en faire obéir. Il se plaignit; l'empereur écrivit une lettre sévère : ce rappel à l'ordre parut le calmer. Il avait d'ailleurs un grand mérite, et très propre à faire oublier ses incartades : il connaissait parfaitement la route de Paris. Autrefois, quand il servait la France, c'est par cette frontière de l'Est qu'il entrait : la Champagne et la vallée de la Marne lui étaient familières. L'état-major impérial n'avait sur le pays que les notions géographiques les plus vagues : il ignorait la force et l'assiette des places, le nom et le cours des rivières. Au reste, les ambassadeurs italiens, quoique infiniment cultivés,

---

(1) Robertson, *Histoire du règne de l'empereur Charles-Quint*, t. IV, p. 155 et suiv. de la traduction Suard. Paris, 1822.
(2) Du Bellay, p. 371.

n'étaient pas plus avancés. Ils savaient, pour l'avoir lu dans César, que la Marne était en France ; mais ils eussent été fort embarrassés de dire dans quel sens elle coulait et quelles villes elle baignait. Après avoir guidé Gonzague de la Meuse à Saint-Dizier, Guillaume de Fürstenberg guide Charles-Quint dans sa marche sur Paris. Il devient tout d'un coup le premier personnage de l'armée. Son crédit augmente à mesure qu'on avance. Il est non seulement le plus sûr des guides, mais le plus autorisé des conseillers : il connaît à fond les Français et indique la manière de les vaincre. L'empereur ne consulte et n'écoute plus que lui. On avait dépassé Châlons, on marchait sur Épernay. Le matin du 3 septembre, avant le jour, Fürstenberg, devançant l'avant-garde, s'en va reconnaître un gué de la Marne, passe la rivière et tombe entre les mains de deux ou trois chevaux français. Sa prise contraria vivement l'empereur. Fut-il l'inspirateur de cette marche en avant que tous les Italiens, à part Gonzague, considéraient comme une dangereuse folie? Ce qu'il y a de certain, c'est qu'il la conduisit en maître jusqu'à ce qu'il fût pris.

Parmi les chefs bas-allemands, le prince d'Orange tient le premier rang ; l'éclat de son nom, l'étendue de ses domaines et l'importance de ses revenus, sa magnificence et sa popularité le mettaient hors de pair. Jeune et brillant, il fait campagne pour l'empereur et pour la gloire. On fondait sur lui les plus grandes espérances ; il tomba mortellement blessé le lendemain de son arrivée devant Saint-Dizier. L'empereur et l'armée le pleurèrent. Après lui, l'un des personnages les plus considérables est le grand écuyer comte de Boussu. Il déploya une certaine activité à la tête de ses hommes d'armes et fut quelquefois heureux dans de petits engagements.

Malgré leur expérience et leur courage, les trois chefs espagnols : Luis Perez, Alvaro de Sande et Velasco de Acuña, ne jouent qu'un rôle assez effacé. Les deux premiers furent grièvement blessés à l'assaut de Saint-Dizier : c'est le seul moment de la campagne où ils se trouvent en pleine lumière.

Francesco Duarte, un Andalou, était commissaire général des vivres. On le jugerait mal si l'on ne regardait qu'au résultat, qui fut déplorable. Toujours les Impériaux manquèrent de vivres. Arrivées à Pont-à-Mousson, leur première étape, les troupes de Metz qui accompagnaient l'empereur ne trouvèrent pas de quoi manger; au camp de Saint-Dizier, du premier au dernier jour du siège, on ne cessa de crier famine. Le ravitaillement des armées était extrêmement difficile à cette époque; celui de l'armée impériale rencontrait les plus grands obstacles. Tout venait des Pays-Bas et de l'Allemagne rhénane par la Lorraine. Il fallait d'innombrables voitures; les habitants se dérobaient à la corvée : le pays messin en particulier, favorable à la France, refusait de charroyer; de Toul à Saint-Dizier, la route était longue et mauvaise, détrempée par des pluies continuelles, extraordinaires en cette saison; les partis français, admirables de mobilité et partout à l'affût, enlevaient escortes et convois. Toutes ces circonstances firent que le commissaire général des vivres dut trop souvent, au lieu de pain et de viande, nourrir les troupes de bonnes paroles et de belles promesses.

Telle était l'armée impériale qui envahit la France en 1544, ordinaire comme nombre et au-dessous de l'ordinaire comme qualité. Dans le haut commandement, des hommes du métier, mais pas un homme de guerre supérieur. Cette armée était inférieure à sa tâche. Moins usé par la vie qu'il avait menée, moins paralysé par les intrigues de cour, François Ier ne lui eût pas permis de dépasser Saint-Dizier.

CHAPITRE II

Défaite du marquis del Vasto à Cerisoles; inquiétude de l'empereur. — Entrée en campagne de Gonzague : prise de Luxembourg, de Commercy et de Ligny.

Le 1ᵉʳ avril, Charles-Quint obtenait de l'unanimité de la diète les subsides qu'il avait demandés. Cette unanimité était un triomphe, et ce triomphe était son œuvre : c'était lui qui par ses savantes manœuvres avait provoqué cet accès d'impérialisme chez des princes dont la plupart étaient sourdement malveillants et quelques-uns ouvertement hostiles. Sans perdre un moment, il commissionnait de tous côtés des colonels et des capitaines pour lever des troupes; elles devaient être prêtes pour la fin de mai. Tout à coup un événement éclate. Dans l'après-midi du 21 avril, arrive à Spire un courrier d'Italie, apportant la nouvelle d'une victoire française en Lombardie : le marquis del Vasto, gouverneur du Milanais, a perdu la journée à Cerisoles. La cour est atterrée; elle n'en revient pas. On s'interroge, on cherche à savoir, on ne sait rien. Est-ce plus qu'une défaite, un désastre? Le courrier repart avec 50 000 écus. Gastaldo le suit en poste avec 800 autres : il va consoler le marquis malheureux et lui assurer qu'il conserve toute la confiance de l'empereur; il doit en outre lever 6 à 8 000 gens de pied italiens. Trois mortelles journées s'écoulent sans qu'on reçoive d'autres nouvelles. Les bruits les plus étranges courent. Ne sachant rien, on croit tout. Pourquoi cette absence de courriers en un moment aussi critique? Ils doivent passer par les terres de Venise pour se rendre à Trente :

c'est la République qui les retient. On voit l'Italie soulevée et s'armant avec une ardeur fiévreuse, Rome et Venise se liguant avec la France et le Turc contre l'Empire, la péninsule tout entière secouant le joug odieux des Impériaux : visions de la peur, mais qui montrent combien la domination impériale se sent précaire en Italie. Enfin, le 25, deux courriers arrivent de Milan avec le rapport détaillé de la journée. Elle a été moins désastreuse qu'on ne le craignait. On respire sans être entièrement rassuré. On prépare à la hâte des troupes de secours, on envoie ce qui est prêt. On attend pour agir en connaissance de cause l'arrivée du comte de Landriano, dépêché par le marquis. Cependant les membres les plus considérables de la diète font à l'empereur leurs protestations de loyalisme et leurs offres de service; les ambassadeurs italiens lui présentent les compliments de condoléance de leurs gouvernements. Le 29 avril, bonne nouvelle : un courrier de Florence annonce que le duc a levé à ses frais 2 000 gens de pied, qu'il en lève 1 000 autres et qu'il les envoie au marquis sous la conduite de Rodolphe Baglioni. Le 2 mai, 18 jours après la défaite, Gonzague dit à l'ambassadeur de Venise : « Bah! ce n'est rien. Il en coûtera quelques ducats de plus à l'empereur, voilà tout » (1).

On diminue trop la victoire de Cerisoles (2). La bataille fut confuse comme presque toutes les batailles de ce temps. Pas de stratégie et fort peu de tactique. L'art de la guerre se réduisait à « tuer à toutes mains » (3). Ce jour-là les Français s'en acquittèrent à merveille; ils tuèrent aux Impériaux une douzaine de mille hommes. L'armée impériale presque détruite, le Milanais ébranlé, tous les partisans de la France debout et mettant sur pied une dizaine de mille hommes, Rome et Venise n'attendant pour se déclarer que de voir les Français poursuivre leur triomphe, le moment était unique pour marcher sur Milan. Enghien n'osa pas. Après s'être con-

---

(1) Navager, Spire, dépêches du 21 avril au 6 mai.
(2) G. DE LEVA, *Storia documentata di Carlo V*, t. III, p. 505. Venise, 1867.
(3) MONTLUC, p. 68.

duit en vaillant homme d'armes, mais en médiocre général pendant la bataille, il manqua de décision après sa victoire inespérée. Des Cars, chargé par lui de porter la bonne nouvelle à François Ier, demanda de l'argent et quelques troupes pour emporter Milan. Le roi dit oui d'abord et non ensuite : l'irrésolution était partout. Non seulement il n'envoya rien, mais il donna l'ordre de lui renvoyer ses meilleurs soldats de Piémont pour s'en aider contre la double invasion anglaise et impériale. L'armée française était intacte : à peine avait-elle perdu quelques centaines d'hommes à Cerisoles. Enghien ne devait-il pas se porter à marches forcées sur Milan, où les troupes italiennes des partisans de la France seraient venues le rejoindre? Il semble qu'un chef plus résolu n'eût pas hésité. Quant au rappel d'une partie de l'armée de Piémont, les contemporains jugèrent cette mesure « assez mal digérée » (1). Au lieu de l'affaiblir, il aurait fallu la renforcer et pousser vigoureusement la guerre dans le Milanais : l'on eût ainsi détourné de la France une partie des forces impériales et rendu l'invasion moins redoutable. « Mais nous ne sçaurions jamais faire valoir nos victoires », dit tristement Montluc (2).

Cependant la victoire de Cerisoles ne fut pas entièrement inutile à la France : elle la sauva d'une seconde invasion par le sud-est. Avant l'arrivée du comte d'Enghien, la situation du Piémont semblait désespérée : en dehors de Turin, les Français n'occupaient plus que quelques petites places mal munies. Charles-Quint jugea qu'il suffisait de quelques troupes pour tenir en respect un si faible ennemi et que son armée du Milanais, considérablement accrue, se trouvait admirablement placée pour envahir de son côté la France. Il la renforça si bien que Venise en fut alarmée : que signifiait la réunion de tant de forces sur sa frontière? Les agents impériaux la rassurèrent de leur mieux en disant qu'elles n'étaient là qu'en passant et qu'on allait les envoyer à Naples et en Sicile. En

---

(1) Du Bellay, p. 537.
(2) Montluc, p. 71.

réalité, leur destination était tout autre. Le moment venu, c'est-à-dire quand l'empereur serait prêt à entrer en Champagne, le marquis del Vasto avait ordre de prendre avec lui 14 000 hommes et de marcher droit à Lyon, « où n'y avoit que les gens de la ville, n'y aucune forteresse » : maître de Lyon, il dominerait le Dauphiné et la Provence. La défaite du marquis à Cerisoles fit échouer ce projet, « qui n'estoit pas, dit Montluc, entreprise qui ne fust bien aysée à estre faicte, si nous n'eussions gagné la bataille » (1).

Après la chaude alarme de Cerisoles, rassuré désormais du côté de l'Italie, Charles-Quint ne songea plus qu'à la France. Ses troupes étaient prêtes, quoique encore disséminées; le moment d'agir était venu. Sa première pensée fut de recouvrer le Luxembourg. Outre qu'il le regardait comme son bien et que son honneur lui commandait de le reprendre, la possession de ce duché était pour lui de la plus haute importance stratégique. Maîtres de la capitale, les Français coupaient la communication des Pays-Bas avec l'Allemagne à l'est et de ces mêmes Pays-Bas avec la Lorraine au sud, c'est-à-dire avec l'armée impériale opérant en Champagne; cela eût extraordinairement gêné l'empereur pour la campagne de France : car les Pays-Bas étaient son principal point d'appui. Il résolut donc d'enlever d'abord le Luxembourg à l'ennemi.

Lorsque, le 30 septembre 1543, François Ier quitta précipitamment Luxembourg pour aller secourir Landrecies, il y laissa comme gouverneur Nicolas de Bossut, seigneur de Longueval, avec une garnison composée de 50 hommes d'armes et de 2 000 gens de pied; Jean Caraccioli, prince de Melfi, chargé de l'approvisionnement de la place, y mit des vivres pour trois mois, c'est-à-dire jusqu'en janvier. Après avoir levé le siège de Landrecies, l'empereur détacha le comte Guillaume de Fürstenberg pour investir Luxembourg. Le comte trouva la place en parfait état de défense; le grand ingénieur italien Marini, qui était dedans, avait tiré le meil-

---

(1) MONTLUC, p. 71.

leur parti de sa mauvaise assiette. Fürstenberg ne crut pas pouvoir la prendre avec les troupes dont il disposait et demanda des renforts; on lui envoya les Bavarois de Georges de Ratisbonne et les Espagnols de Perez et d'Alvaro, c'est-à-dire les meilleurs soldats de l'armée impériale. On bombarda la ville avec trois canons et sept demi-canons; on rompit deux pièces aux assiégés. Mais lorsqu'on voulut donner l'assaut, on fut arrêté par un fossé large de 17 pas et profond de 22. Averti que les Français arrivaient en force au secours de la place, Fürstenberg ne jugea pas à propos de les attendre; il leva le siège et disloqua ses troupes : lui-même se retira en Allemagne avec ses lansquenets, Alvaro hiverna à Thionville, Ratisbonne et Perez à Cambrai et dans les environs. C'était encore Caraccioli qui avait reçu l'ordre de ravitailler Luxembourg; il avait avec lui Charles de Cossé, comte de Brissac, général en chef de la cavalerie légère. Parti de Stenay, il se dirigea sur Longwy et de là sur Mont-Saint-Jean. Cette marche, au cœur de l'hiver le plus rigoureux qu'on eût vu depuis vingt ans, fut extrêmement pénible. « Les gelées furent si fortes tout le voiage, qu'on départoit le vin de munition à coups de congnée, et se débitoit au poix, puis les soldats le portoient dedans des penniers » (1). La place n'étant plus assiégée, Caraccioli put la rafraîchir à son aise. Il en retira Longueval, ainsi que toute la garnison, et y laissa comme lieutenant général du roi le vicomte d'Estauges avec 50 hommes d'armes et 1 500 hommes de pied.

Convenablement fortifié, pourvu d'une nombreuse artillerie et d'une bonne garnison, Luxembourg pouvait tenir tant qu'il aurait des vivres. Malheureusement le ravitaillement en était très difficile. De Stenay, point extrême de la frontière française, on comptait trois jours pour l'aller, un pour décharger et trois autres pour le retour. Il fallait au moins un millier de voitures et, pour accompagner cet énorme convoi, un véritable corps d'armée. L'Allemagne

---

(1) Du Bellay, p. 527.

était si proche qu'on pouvait toujours craindre de rencontrer en route des forces ennemies considérables. Caraccioli paraît avoir comme la première fois approvisionné la place pour trois mois; ce n'est qu'en avril en effet que les vivres manquèrent. Longueval, naguère lieutenant du roi dans Luxembourg et aujourd'hui lieutenant du gouverneur de Champagne Claude de Lorraine, duc de Guise, était chargé du ravitaillement. Estauges le presse, lui écrit lettre sur lettre; il répond qu'il va venir et ne vient jamais. Était-ce impuissance ou mauvaise volonté? Estauges prétend que Longueval le haïssait et voulait le perdre; il ne dit pas les motifs de cette haine.

De Spire, l'empereur avait l'œil sur Luxembourg; il était exactement informé de sa situation et suivait les progrès de sa détresse croissante. On savait qu'il n'avait pas été ravitaillé depuis le commencement de janvier. On interceptait dans les premiers jours de mai une lettre où il était dit : *Laboramus in extremis*. On surveillait attentivement les préparatifs et les mouvements des Français pour secourir la ville. Le 12 mai, on apprend qu'ils avancent en force. Il s'agit de leur barrer le chemin en les gagnant de vitesse. Gonzague monte à cheval sur-le-champ et se dirige vers Metz; Francesco d'Este l'accompagne avec ses quelques chevau-légers italiens. Le généralissime arrive à Metz dans la soirée du 17, en part dans l'après-midi du 18 et atteint le soir même Thionville. C'était à Thionville qu'il comptait former son armée. Mais, malgré la prodigieuse activité de la gouvernante Marie et la bonne volonté des chefs de corps, les troupes des Pays-Bas se trouvèrent en retard. Gonzague ne disposait que des 1 500 Espagnols d'Alvaro de Sande qui avaient hiverné dans la ville. Il passa la journée du 20 dans les transes. Il tenait de ses agents d'information, mal renseignés sans doute, que les Français au nombre de 15 000 gens de pied et de 3 000 chevaux devaient venir camper le soir entre Arlon et Solleuvre pour entrer le lendemain dans Luxembourg. Que pouvait-il contre une telle force? Ils ne parurent pas et manquèrent une occasion unique. On s'explique mal leur inaction. Étaient-ils réellement aussi prêts et aussi nombreux que l'on disait? Longueval ne bougea point de Stenay avec son convoi de vivres; quelques partis d'éclaireurs franchirent seuls la frontière. Le 21, le vice-roi écrivait à Spire que les Espagnols de Cambrai étaient arrivés et qu'il avait de 14 à 16 000 gens de pied et de 150 à 200 chevaux (1). Il ne les avait pas encore, mais il les attendait d'heure en heure. Il quitta Thionville ce jour-là et marcha résolument sur Luxembourg. Fürstenberg avec une partie de ses lansquenets, Ratisbonne avec ses hauts-Allemands de Cambrai et plusieurs chefs flamands avec leurs gens de pied ou leurs hommes d'armes le joignirent en route. Ainsi renfoncé, il arriva devant la place le 25 et l'investit aussitôt. Il n'avait pas d'artillerie de siège, mais il comptait sur la détresse de la garnison et surtout sur la démoralisation du lieutenant du roi : aussi n'hésita-t-il pas à faire les trois sommations d'usage. La première eut lieu le 26, la seconde le 27 et la troisième le 28. A la dernière, les assiégés demandèrent un sauf-conduit pour trois gentilshommes; on le leur accorda. Les pourparlers ne traînèrent pas en longueur. Si pressé que fût Gonzague d'entrer dans la ville pour se jeter en France, Estauges l'était encore davantage d'en sortir pour ne pas mourir de faim. Les trois parlementaires se présentèrent dans l'après-midi du même jour, porteurs des propositions de la place; ils soupèrent et couchèrent chez le vice-roi. Ils repartirent le lendemain matin avec sa réponse, promettant de revenir dans la soirée. Ils revinrent. Les assiégés acceptaient les conditions de Gonzague, sauf deux : ils voulaient emporter leurs quatre drapeaux et refusaient de prêter serment de ne pas servir de quatre mois contre l'empereur. On leur laissa un drapeau et on dispensa du serment les capitaines et les gentilshommes; on se contenta de l'exiger des soldats « qui en feront, dit Francesco d'Este, le cas qu'ils en font d'ordinaire » (2). La capitulation fut arrêtée immédia-

(1) Navager, Spire, le 23 mai 1544.
(2) Francesco d'Este, du camp sous Luxembourg, les 29 et 30 mai 1544.

tement, c'est-à-dire dans la soirée du 29, et ratifiée le lendemain matin 30. L'évacuation devait avoir lieu le samedi 7 juin.

La reddition de Luxembourg sans attendre le canon, sans un semblant de résistance, est faite pour surprendre. Le manque de subsistances paraît une raison insuffisante. L'investissement n'eut lieu que le 25. Jusqu'à ce moment la garnison put sortir à son aise et sans danger : le duché était dégarni; il n'y avait de troupes ennemies qu'à Thionville. Comment ne chercha-t-elle pas à tirer quelque nourriture du pays? Les vivres d'ailleurs faisaient-ils complètement défaut? Les Impériaux estimaient que les assiégés devaient en avoir pour quelques jours encore et Gonzague ne s'attendait pas qu'ils se rendissent sitôt. Il semble que le lieutenant du roi ait manqué d'énergie et de sang-froid; il fut « étonné », selon l'expression du temps, et perdit la tête. Essé et Lalande avaient autrement fait leur devoir dans Landrecies plus affamée que Luxembourg et, en outre, furieusement bombardée. Dans l'impuissance où l'on était de marcher droit à l'envahisseur, il s'agissait de gagner du temps en l'arrêtant le plus longtemps possible devant les places frontières; tous les lieutenants du roi ne le comprirent pas. Si Luxembourg, Commercy et Ligny eussent tenu chacun une quinzaine de jours, Charles-Quint n'eût pas dépassé Saint-Dizier; la mauvaise saison, le manque de vivres et d'argent, la démoralisation de son armée l'auraient contraint à la retraite.

Estauges dépêcha vers le roi pour lui faire part de la capitulation. Cette nouvelle le consterna. Il était persuadé que Luxembourg avait été ravitaillé; on le lui avait dit et il l'avait cru sans autrement s'en assurer : cela montre son irrémédiable légèreté dans les affaires les plus graves. Il s'enferma dans une chambre où il resta pendant quatre heures accablé par la douleur. Des résolutions viriles eussent mieux valu que cet inutile et peu séant abattement.

Gonzague de son côté chargea Cavriano, qui était à la fois son médecin et son favori, de porter la bonne nouvelle à l'empereur; un présent, c'est-à-dire une somme d'argent plus ou moins forte, attendait d'ordinaire les porteurs de ces heureux messages. Cavriano arriva à Spire le 1ᵉʳ juin. Charles-Quint fut au comble de la joie; il comptait prendre Luxembourg, mais pas si vite ni à si bon marché. Il était trois personnages que l'ambassadeur de Venise ne manquait jamais de complimenter à l'occasion des événements heureux ou malheureux : l'empereur d'abord, Granvelle et Gonzague ensuite. Il écrit le 3 juin qu'ayant félicité Granvelle au sujet de la reddition de Luxembourg, celui-ci lui a répondu : « Ceci n'est rien auprès de ce qui va suivre; tout marche à souhait et semble conspirer au triomphe de Sa Majesté impériale ». Sincère ou affectée, la confiance est sans bornes.

Les Français obtinrent de quitter la ville le vendredi 6 juin, un jour plus tôt qu'il n'était convenu ; Estauges était pressé de s'en aller, alléguant la famine. « Luy et les soldats revindrent leurs bagues sauves (1) », mais sans les honneurs de la guerre. Deux capitaines de chevau-légers italiens, Alexandre de Gonzague et Giglio, furent chargés de leur faire la conduite jusqu'à la frontière française : c'était une politesse militaire que le vainqueur faisait volontiers au vaincu. Le Luxembourg était perdu pour la France. « En vérité, écrivait Francesco d'Este après la capitulation, nous ne pouvions rêver comme entrée en campagne un succès plus important. Non seulement Sa Majesté recouvre un duché doublement nécessaire à la Flandre puisqu'il est à la fois la clef de la France et celle de l'Allemagne, mais elle se voit encore délivrée des graves embarras que l'occupation de ce pays par les Français n'eût pas manqué de lui causer pendant la guerre. Sans compter qu'après ce premier coup reçu à l'endroit sensible, l'ennemi ne peut tarder, quoi qu'il puisse lui en coûter, de retirer ses troupes d'Italie pour couvrir cette frontière (2) ».

On trouva dans Luxembourg une artillerie nombreuse et

(1) Du Bellay, p. 540.
(2) Francesco d'Este, sous Luxembourg, le 29 mai 1544.

superbe : 42 pièces en parfait état et une grande quantité de munitions. Les fortifications de la place parurent si bien entendues qu'on ne jugea pas à propos d'y rien changer. Gonzague se proposait de partir le lendemain même de l'évacuation, c'est-à-dire le 7 juin; mais il dut retarder son départ jusqu'au 8 pour réorganiser la cité et y restaurer l'ordre impérial. Le généralissime avait hâte d'entrer en France; il voulait tomber sur l'ennemi au milieu de ses préparatifs de défense, avant qu'il eût fortifié ses villes frontières et rassemblé toutes ses troupes. Un instant il craignit que l'empereur ne l'arrêtât : il avait l'air dans ses lettres de désirer qu'on l'attendît et qu'on ne fît rien sans lui (1). Il est vraisemblable que Luxembourg pris, Charles-Quint projeta d'aller, aussitôt la diète terminée, joindre le vice-roi et de franchir la frontière française à la tête de toutes ses forces; mais il dut renoncer à cette idée, rien ne se trouvant prêt, ni ses troupes, ni son artillerie, ni les vivres, ni l'argent. Gonzague fut donc libre de précipiter sa marche. Son armée, composée de vétérans espagnols, de Flamands et de hauts-Allemands, comprenait 26 000 hommes. C'était une force imposante pour le temps, quoique moins nombreuse qu'il ne l'avait espéré : deux corps sur lesquels il comptait, les « bisoños » ou conscrits espagnols débarqués à Calais et les gens de pied du prince d'Orange, avaient été dirigés sur Metz. Il avait sous ses ordres les meilleurs généraux de l'empereur; le marquis de Marignan, au retour de sa mission dans le Milanais, n'avait passé que deux jours à la cour et avait quitté Spire le 17 mai pour aller le rejoindre sur le chemin de Luxembourg. Le vice-roi prit la route de Toul et atteignit Bouconville le 11 juin, après trois journées de marche.

Malgré leur service d'espionnage très nombreux et très actif, les Impériaux connaissaient mal les intentions du roi de France et la situation de notre frontière de l'Est. On croyait que François Ier, s'étant bien trouvé de sa tactique

---

(1) Francesco d'Este, sous Luxembourg, le 29 mai 1544.

en Provence, allait la renouveler en Champagne et faire le vide devant l'envahisseur (1). On disait qu'il était à Troyes avec 10 à 15 000 légionnaires et 3 000 paysans armés de faux, prêt à dévaster le pays. On assurait d'autre part que la frontière était entièrement dégarnie : il ne s'y trouvait que 1 500 Italiens de bonnes troupes, 6 à 8 000 francs-taupins sans solidité et quelque 3 000 chevaux (2). Ces bruits, que parurent justifier les premiers succès de Gonzague, étaient fort exagérés. Sans doute François Ier n'avait pas d'armée pour tenir la campagne; en eût-il eu, qu'il n'aurait point hasardé la bataille : tant de témérité n'entrait pas dans son plan de défense plus timide qu'audacieux. Mais il faut lui rendre cette justice qu'il n'avait pas attendu au dernier moment et qu'il redoubla d'activité à l'approche de l'ennemi pour couvrir la frontière. Il avait envoyé ses meilleurs ingénieurs mettre les places en état; il répartit entre elles les troupes qu'il avait réunies pour ravitailler Luxembourg. Commercy et Ligny ne manquaient ni d'hommes ni de vivres, ni d'artillerie ni de munitions, mais de chefs hardis, inébranlables, résolus de mourir plutôt que de se rendre. Si mauvaise que fût leur assiette, ces petites places, bien fortifiées et bien munies, pouvaient tenir quelque temps, et c'est tout ce qu'on leur demandait.

La marche de Luxembourg à Bouconville fut plutôt rapide, quoique laborieuse (3). L'indiscipline et les habitudes de brigandage communes aux armées de ce temps, mais qui semblent propres aux armées impériales tant elles y sont prononcées, parurent d'abord. La masse des bagages, les conducteurs sourds à la voix des chefs et refusant de suivre la file, causaient un désordre extrême et faisaient qu'on n'avançait guère. Le vice-roi en fit pendre trois qui voulaient à toute force prendre la tête. Fürstenberg avec ses

---

(1) Navager, Spire, le 2 et le 9 juin 1544.
(2) Francesco d'Este, sous Luxembourg, le 29 mai 1544.
(3) Quatre-vingts kilomètres en trois jours, c'était pour les Impériaux une marche forcée.

lansquenets formait l'avant-garde ; il en fut d'ordinaire ainsi pendant la campagne, soit que le condottiere allemand connût mieux les chemins, soit que ses soldats, gens de sac et de corde, tinssent à se trouver en avant pour piller à leur aise. Le « pauvre homme », c'est-à-dire le paysan, fuyait éperdu devant la horde. Bouconville, lieu ouvert, avait un petit château; les habitants s'y réfugièrent avec ce qu'ils avaient de plus précieux. Les hommes de Fürstenberg en surprirent quelques-uns et les dépouillèrent. C'était en terre lorraine et neutre, mais ils se fussent conduits de même dans leur propre pays. Le généralissime fit châtier sévèrement les détrousseurs. Il ne se crut pas toujours assez fort pour sévir, tant le mal était général; l'empereur lui-même dut plus d'une fois fermer les yeux.

Le lendemain 12 juin, Gonzague arriva à Sorcy, à trois lieues au delà de Bouconville. Trois ou quatre lieues par jour c'était le train ordinaire de l'armée impériale ; elle n'atteignit pas toujours ces chiffres, mais elle ne les dépassa guère dans cette campagne. Oncle et tuteur du jeune duc François III, frère du cardinal régent Hercule de Gonzague et beau-frère de la régente Marguerite de Montferrat, le généralissime avait auprès de lui des gentilshommes mantouans accourus pour voir la guerre et du pays ; ils faisaient partie de sa maison. C'étaient des familiers de la cour ducale; ils correspondent avec la régente. Jeunes, enthousiastes, cultivés, mais n'ayant guère voyagé, la nouveauté des sites qu'ils rencontrent excite leur admiration et leur verve descriptive. L'un d'eux, Bardelone, peint Sorcy « situé dans une vallée délicieuse autour de laquelle s'élèvent en amphithéâtre d'agréables et fertiles collines. Il a un château très-fort, avec des fossés aussi larges que ceux du château de Mantoue et où l'on voit d'aussi beaux poissons que dans ceux de notre Marmirolo » (1).

A peine arrivé à Sorcy, Gonzague s'apprête à franchir la

---

(1) Superbe palais des Gonzague auprès de Mantoue, aujourd'hui détruit.

Meuse et fait reconnaître la rive gauche. Le capitaine de chevau-légers Scipion de Gennaro pousse jusqu'à Vaucouleurs qu'il trouve abandonné. Francesco d'Este paraît devant Commercy avec sa cavalerie italienne et de nombreux arquebusiers espagnols. La garnison ne s'attendait pas à voir sitôt les Impériaux ; elle se hâte de mettre le feu aux maisons situées en dehors de l'enceinte et cependant amuse l'ennemi en engageant une légère escarmouche. Tandis que Francesco d'Este se rend compte des défenses de la place, par son ordre un de ses capitaines, le chevalier Chiucchiaro, bat le pays jusqu'à deux lieues au delà de Commercy, dans la direction de Bar, et rencontre cent cinquante chevaux français qui lui donnent la chasse. Dès leurs premiers pas en France, les Impériaux se virent harcelés par d'insaisissables partis qui leur firent le plus grand mal. Sa reconnaissance terminée, Este laisse quatre cents arquebusiers espagnols dans une maison à laquelle l'ennemi n'avait pas eu le temps de mettre le feu et regagne le camp de Sorcy.

Commercy était sous la suzeraineté du duc de Lorraine ; comme terre lorraine, il était neutre. Mais la place avait une importance stratégique considérable ; elle commandait le passage de la Meuse. François Ier l'occupa sans en demander, ce semble, la permission au duc Antoine qui laissa faire ; il en améliora les fortifications et y mit garnison. Le 11 encore, c'est-à-dire la veille même de la reconnaissance de Francesco d'Este, il y faisait entrer, sous l'escorte de quatre-vingts chevau-légers italiens, deux pièces d'artillerie et cinq voitures de munitions. Commercy ne pouvait donc plus se réclamer de sa neutralité lorraine : il était incontestablement français. La ville comprenait deux châteaux : le château haut et le château bas. Le premier s'appelait le château de la dame, c'est-à-dire de Madame de la Roche-Guyon, qui le tenait en fief ; le second continuait à s'appeler le château du duc, bien que celui-ci l'eût échangé contre une autre terre. Le château bas n'était pas défendable, et sa chute, en ouvrant la ville à l'ennemi, mettait en péril le château haut. Ce château haut ou ville haute, quoique petit et commandé par une colline, ne laissait pas d'être assez fort. Point de flanc rasant, il est vrai, et pour protéger la courtine, rien que deux tours rondes, cible offerte au canon de l'assiégeant; mais il avait de bons murs, un terre-plein solide et un fossé superbe avec escarpe. Bien défendu, il pouvait tenir quelques jours, même après la prise de la ville basse. La garnison se composait de cinq cents hommes, nombre suffisant si l'on considère le peu d'étendue de la ville haute. C'étaient des légionnaires champenois commandés par deux chefs champenois, les seigneurs de Montigny et de Rosoy. Les Impériaux se moquaient volontiers des légionnaires. Le légionnaire était bon quand il avait de bons chefs. Montigny et Rosoy, peu expérimentés, se troublèrent d'abord et furent au-dessous de leur tâche. A côté d'eux, chargé des travaux de défense, se trouvait l'ingénieur militaire napolitain Murano Carbone ou Morano Carboni, depuis une trentaine d'années au service de la France. C'était un homme d'un grand talent et d'une grande expérience. Peut-être eût-il été le Marini de Commercy si Commercy avait eu pour lieutenant du roi un comte de Sancerre (1).

La matinée du 13 juin se passa en pourparlers. Gonzague fait sommer la ville par un trompette; les assiégés répondent qu'ils sont neutres et prêts à fournir à l'empereur, comme d'ailleurs au roi de France, des vivres et tout ce dont il aurait besoin. Le vice-roi refuse de reconnaître leur neutralité et leur envoie dire qu'ils aient à lui livrer la place. Ils demandent alors un sauf-conduit pour venir s'expliquer; des parlementaires se présentent aussitôt : ils invoquent encore leur neutralité, disent qu'ils ne sauraient rendre la ville sans l'autorisation de leur dame et demandent un délai de quatre jours pour l'aviser. Gonzague se rend compte que leur consigne est de gagner du temps afin de permettre aux autres places d'achever leurs préparatifs de défense : il leur déclare

(1) Carlo Promis ne paraît pas avoir connu Carbone; il ne le mentionne point dans ses nomenclatures d'ingénieurs militaires italiens.

que s'ils se rendent sur-le-champ il les traitera en soldats ; sinon, il les fera tous pendre. Ils n'y consentent point et se retirent. Le vice-roi retourne à Sorcy et se dispose à battre le lendemain la ville et le château du duc. Les assiégés lui épargnèrent cette peine : à peine fut-il parti, qu'ils y mirent eux-mêmes le feu et se retirèrent dans le château de la dame.

Le 14, dans la matinée, les Impériaux quittent Sorcy et campent devant Commercy. L'incendie est encore si violent qu'ils ne peuvent occuper la ville basse ; les Espagnols s'y établissent enfin dans la soirée avec de l'artillerie. On travaille toute la nuit du 14 au 15. On dresse une batterie dans la ville basse pour canonner ce que Gonzague appelle la grosse tour centrale, c'est-à-dire le château haut proprement dit, et l'on commence un peu au-dessus de cette batterie, mais en dehors du mur d'enceinte, un cavalier d'où l'on battra la courtine de la ville haute, flanquée, comme nous l'avons dit, de deux tours rondes.

Le 15, à la pointe du jour, la batterie de la ville basse ouvre le feu sur le château haut. A la quatrième décharge, les assiégés demandent à parlementer. Ils disent que leur dame ne leur a enjoint de tenir que jusqu'au bombardement ; elle aimait mieux voir son château pris que détruit : elle était persuadée que Leurs Majestés impériale et très chrétienne ne tarderaient pas à se mettre d'accord et qu'au retour de la paix elle recouvrerait son bien intact : en conséquence ils sont prêts à livrer la place, à condition de pouvoir s'en aller librement. Gonzague leur déclare que, puisqu'ils ne se sont pas rendus à la première sommation, il ne les recevra qu'à discrétion ; ils refusent. Nouvelle et cinquième décharge. Une partie du château s'écroule. On amène du canon sur le cavalier qui vient d'être terminé et l'on bat la courtine de la ville haute. Les assiégés ne demandent plus que la vie sauve ; on ne veut pas la leur accorder. Le bombardement continue. Enfin, sur les 10 heures, ils se rendent sans condition. Par ordre du généralissime, Francesco d'Este, le marquis de Marignan, Gastaldo et Alvaro de Sande vont aussitôt inventorier ce qu'il y a dans la place; ils y trouvent 15 pièces d'artillerie, 44 arquebuses à croc dont 20 en fer, 14 barils de poudre et des vivres en abondance. Rien ne manquait aux assiégés que le sang-froid.

On accorda le sac aux Espagnols. Ils dépouillèrent la garnison, les habitants et les réfugiés du voisinage, mais ne tuèrent point; il n'y eut presque pas mort d'homme. Gonzague avait juré aux assiégés qu'il les ferait tous pendre; il n'en fit rien. Il écrivait le jour même à l'ambassadeur de Mantoue, qui était à Metz auprès de l'empereur : « Je n'ai pas encore décidé du sort des prisonniers; il me paraît cruel de mettre à mort des gens qui se sont rendus ». On mit les soldats en liberté et l'on ne retint prisonniers que les chefs; c'était un usage à peu près constant. Montigny et Rosoy en furent quittes pour payer rançon. Il n'y a pas d'exemple dans cette guerre que les Impériaux aient exécuté un commandant de place qui s'était rendu à discrétion. Pourquoi auraient-ils été impitoyables? Il était de leur intérêt d'encourager les défaillances en se montrant cléments. L'ingénieur Carbone, que l'on crut avoir été mis à mort (1), fut au contraire l'objet d'égards particuliers. Il était célèbre; les Impériaux le connaissaient. « J'attends de lui les plus grands services, écrit Gonzague; il est impossible qu'il ne connaisse à fond cette frontière ». On ne négligea rien pour le rallier à la cause impériale, mais il fit la sourde oreille et resta fidèle à la France. Il était particulièrement connu du duc et de la duchesse de Ferrare; cette circonstance lui valut d'être confié à la garde bienveillante de Francesco d'Este, frère du duc. Il vit devant Saint-Dizier dans une sorte d'intimité avec l'ambassadeur de Ferrare. On cause en toute confiance de la guerre et des événements du jour. Il apprend à l'ambassadeur que « c'est le comte de Sancerre qui commande en chef dans Saint-Dizier et

(1) On voit par une dépêche de Calcagnino, ambassadeur de Ferrare auprès de François Ier (Issy, le 29 juin 1544), que le bruit courut à la cour de France que Gonzague avait fait pendre Carbone. (Il signor don Ferrante da Gonzaga fece impiccare il capitano loro napolitano nominato Morant Carbone.) Archives d'État de Modène.

qu'il a sous ses ordres la compagnie d'hommes d'armes du duc d'Orléans dont il est le lieutenant et 2 000 gens de pied gascons dont une partie est sous le commandement direct du capitaine Lalande ». Le 31 juillet, l'ambassadeur écrit au duc : « Le seigneur Murano Carbone, gentilhomme de France, dont j'ai souvent parlé à Votre Excellence, fut pris dans Commercy que le roi l'avait chargé de fortifier. Il y exécuta de nombreux travaux pour le peu de temps qu'il y fut. J'ai ouï dire que l'empereur mettait Commercy de beaucoup au-dessus de Ligny... Il a du talent et du jugement et n'est point sans lettres ; du reste un parfait honnête homme. Il est fort versé dans les choses de la guerre. Il y a une trentaine d'années qu'il sert la France. Il a commandé 1 000 et jusqu'à 2 000 gens de pied. Il a toujours été en grand crédit à cause de ses bons et loyaux services. » A partir de ce moment, il n'est plus question de Carbone dans les dépêches italiennes ; il est probable qu'il recouvra la liberté soit au départ de Saint-Dizier de l'armée impériale, soit à la conclusion de la paix.

La reconnaissance de la place dans l'après-midi du 12 juin, la sommation, les pourparlers et l'incendie de la ville basse par les assiégés dans la journée du 13, l'arrivée de l'armée impériale le 14, l'occupation de la ville basse par les Espagnols dans la soirée et la nuit suivante les préparatifs pour l'attaque de la ville haute, quelques heures de bombardement dans la matinée du 15, — et Commercy fut aux Impériaux. Ce rapide succès les surprit ; ils s'attendaient à plus de résistance. Ils demandèrent aux prisonniers pourquoi ils n'avaient pas abattu leurs œuvres mortes, tours et parapets, ce qui leur eût permis de tenir plus longtemps ; ils répondirent qu'ils n'en avaient pas eu le temps. La vérité est que Carbone était le seul homme de tête et d'expérience qui fût dans la place, et ce n'était pas lui qui commandait ; son sang-froid ne put rien contre l'affolement des deux chefs, braves sans doute, mais peu aguerris.

Commercy devenait comme la tête de ligne de l'invasion ;

il importait aux Impériaux de l'occuper afin d'assurer leurs communications avec Toul, d'où leur venaient toutes choses, vivres et munitions. Gonzague fit réparer hâtivement les quelques dégâts causés par le bombardement, mit garnison dans la ville et marcha le 16 sur Ligny. La veille dans l'après-midi, aussitôt après la reddition de Commercy, il avait donné l'ordre au grand écuyer Hénin-Liétard, seigneur de Boussu, d'aller reconnaître la place. Boussu parut devant Ligny avec ses chevaux flamands, escarmoucha heureusement avec les Italiens de la garnison, en tua 30 et en prit 12, le tout sans perdre un homme. Les prisonniers dirent qu'il y avait dans la ville un millier de Français, les Italiens de Strozzi au nombre de 600 et 400 hommes amenés au dernier moment par des Chenets. C'était d'ailleurs le bruit public que Ligny était très fort et parfaitement muni. Dans la journée du 16, le vice-roi arriva à Saulx-en-Barrois; il dut s'y arrêter pendant toute la journée du 17 pour se procurer quelques vivres. Il en attendait de Toul, mais un parti français interceptait les convois. C'est la première fois dans cette guerre que les Impériaux souffrent de la disette. Francesco d'Este écrivait le 29 mai, sous Luxembourg : « Les vivres abondent; Dieu veuille que nous n'en manquions jamais davantage! » Ils en manquent dès leur entrée en France; ils en manquèrent durant toute la campagne. De Commercy à Ligny, le soldat débandé vit de maraude. L'armée ne se rallie que devant Ligny qu'elle atteint le 24 juin, jour de la Saint-Jean.

Charles-Quint et François Ier avaient reconnu d'un commun accord la neutralité de la Lorraine et du Barrois; ils ne la respectèrent ni l'un ni l'autre. L'empereur, à un certain moment de la campagne, mit garnison dans Bar-le-Duc sous prétexte que les Français pourraient s'en emparer, et de son côté le roi, dès la déclaration de guerre, s'était empressé de mettre Ligny en état de défense. Il comptait beaucoup sur cette place et la croyait capable d'arrêter un certain temps l'envahisseur : aussi ne négligea-t-il rien pour la fortifier et la munir. Antoine II de Luxembourg, comte de Brienne et seigneur de Ligny, abondait dans le sens du roi. Sur la foi d'un ingénieur militaire de renom qui lui avait assuré que sa ville était une des meilleures places frontières qu'on pût voir, il se flattait de repousser les Impériaux et jouissait d'avance de la gloire qui allait lui en revenir. Des Chenets ne partageait pas cette confiance. A la demande du comte et par ordre du roi, il était allé inspecter Ligny et l'avait jugé intenable. Il déclara qu'il lui paraissait inutile d'y sacrifier du monde et qu'il valait mieux l'abandonner à sa neutralité. On regarda cet avis comme un effet de la peur et l'on passa outre.

Comme beaucoup de villes champenoises, Ligny était bâti au pied d'une colline; le château le commandait, lui-même commandé par la colline. Cette assiette était plus pittoresque que forte. Le château, centre de la résistance, se trouvait sous le feu du canon ennemi placé sur la colline. Il eût fallu occuper cette colline, s'y fortifier et la disputer désespérément à l'assiégeant. Au lieu de cela, le génie militaire avait concentré et comme épuisé son effort dans la place; il y avait prodigué les ouvrages de défense. Ces ouvrages étaient des plus remarquables; leur nombre et leur valeur donnaient l'impression d'une ville imprenable; ils excitèrent l'admiration des Impériaux. Le fossé, d'inégale profondeur, avait une dizaine de perches de large; il était alimenté par l'Ornain qu'à cet effet on avait en partie barré. Le mur d'enceinte était tout entier en pierre de taille, assez haut, épais de 32 pieds à mi-hauteur et appuyé contre un solide terre-plein. On avait laissé subsister, les jugeant sans doute utiles encore quoique démodées, quelques tours construites sur la courtine d'après l'ancien système : c'était le seul archaïsme dans l'ensemble imposant des défenses modernes ou modernisées. Un large corridor aux parois de pierre faisait le tour des remparts. Le château avait un aspect grandiose. On eût dit un immense bloc de pierre savamment bastionné. Cependant les bastions n'étaient pas en pierre dans toute leur hauteur; ils se terminaient en terre, mais cette terre était si bien liée qu'elle offrait au canon plus de résistance que la pierre elle-même. L'artillerie de la place paraît avoir été plus nombreuse que puissante ; elle comptait 28 pièces, mais la plupart petites. La garnison comprenait 2 000 gens de pied et 75 hommes d'armes, les 50 du comte de Brienne et 25 de la compagnie du duc d'Orléans. Qui commandait en chef, Brienne ou des Chenets ? Il est probable que comme seigneur du lieu, c'était Brienne qui commandait ; mais il y a apparence qu'il se conformait aux avis de des Chenets, venu là par ordre du roi et qui semblait le représenter. Brienne avait à ses côtés le comte de Roussy, son frère. A l'approche des Impériaux, les chefs prirent un parti extrême : ils mirent le feu à la ville et se retirèrent au château. C'était la répétition de ce qui s'était passé à Commercy. Était-ce une consigne ? Cela n'est pas croyable. Peut-être la ville était-elle réellement indéfendable. Peut-être les défenseurs le crurent-ils trop aisément, irrésistiblement attirés et comme fascinés par le château plus fort. Si Brienne manqua de sang-froid, il montra de l'humanité. Avant de brûler la ville, il fit sortir les femmes, ne gardant que celles qui étaient nécessaires pour la préparation de la nourriture et le lavage du linge et les choisissant parmi les moins jeunes et les moins jolies afin que, en cas de sac, elles fussent moins exposées à la brutalité du soldat.

Parti de Commercy le 16, Gonzague n'arriva devant Ligny que le 24 ; il avait mis huit jours à faire une vingtaine de kilomètres. Il signala son arrivée en envoyant quelques volées de canon aux tours de la courtine sans autre but que d'intimider les assiégés. Dans la nuit du 24 au 25, il visita la ville abandonnée et remarqua que le mur d'enceinte resté debout pouvait abriter une partie de ses troupes contre le feu du château. Dans la matinée du 25, il fit sommer la place ; les assiégés répondirent, non sans dignité, qu'ils étaient venus avec l'intention de se défendre et qu'ils tiendraient jusqu'à la dernière extrémité. Sur cette réponse, il rangea son armée, mit les Espagnols et les bas-Allemands derrière le mur d'enceinte et masqua les hauts-Allemands dans un pli de terrain de la colline. On ne réussit point dans la nuit du 25 au 26 à mettre l'artillerie en position ; mais on fit tant de diligence le lendemain qu'on put ouvrir le feu dans la matinée. On tira tout le reste du jour de quatre points à la fois avec 12 canons, 6 demi-canons et quelques petites pièces, le tout disposé sur le monticule. Le 27, on continua le bombardement, mais encore sans succès. Dans la nuit du 27 au 28, on construisit un cavalier sur le front des Espagnols et on l'arma de deux canons pour prendre la courtine en flanc. Le 28, les deux pièces du cavalier et toutes celles de la colline firent feu du matin au soir; les batteries de la colline balayaient les défenses, celle du cavalier trouait la courtine. Cette journée fut désastreuse pour les assiégés ; l'artillerie de Gonzague, composée de 16 canons et d'autant de demi-canons, causa des ravages énormes. Foudroyée par la colline, la garnison se terrait, impuissante et démoralisée. Le 29, au lever du soleil, reprise du bombardement. Les assiégés font demander deux sauf-conduits ; on les leur envoie. Roussy et un de ses gentilshommes se présentent ; ils disent qu'ils sont prêts à se rendre à des conditions honorables. Gonzague ne veut leur accorder que la vie sauve ; ils refusent. Cependant le bombardement continue. Le vice-roi fait reconnaître la brèche ; elle est de 16 à 18 perches. On se dispose à donner l'assaut à la tour de la courtine. Roussy revient, accompagné cette fois de des Chenets ; ils acceptent de se rendre à la seule condition de la vie sauve. Le généralissime répond qu'il est trop tard ; il exige qu'ils se rendent à discrétion. Le grand écuyer et d'autres seigneurs interviennent et leur obtiennent la vie sauve. Gonzague donne l'ordre de rappeler les troupes d'assaut. Mais le soldat, qui veut le sac, entre dans la place par la brèche abandonnée, donne la chasse aux défenseurs, prend ou tue tous ceux qu'il rencontre. Le vice-roi accourt non sans danger pour sa vie et réussit à faire cesser le carnage ; il y eut en somme peu de morts. Après trois jours et demi d'un bombardement furieux, les Impériaux étaient maîtres de Ligny. Ils avaient tant tiré qu'il ne leur restait plus de boulets. Si le château eût tenu seulement jusqu'au soir, ils auraient été réduits à se croiser les bras, faute de munitions.

Le butin fut considérable; il compta parmi les plus opulents de la campagne. Ligny était riche; sa richesse s'était réfugiée dans le château comme dans un asile. En outre la garnison comprenait un certain nombre de grands seigneurs : c'était pour le vainqueur autant de rançons magnifiques. L'obscur mercenaire, comme le brillant condottiere, eut lieu d'être satisfait. De simples soldats eurent mille, deux mille et jusqu'à trois mille écus. Il n'y eut pas jusqu'au maître queux du vice-roi qui ne reçût 500 écus de rançon d'un secrétaire de Strozzi qui lui était échu. Aux grands chefs les prisonniers de marque. Le marquis de Marignan eut pour sa part Vincent Taddeo, lieutenant de Strozzi. Le vice-roi donna à Alexandre de Gonzague un gentilhomme du Bourbonnais nommé Gonzoles, écuyer d'écurie du roi, dont on espérait tirer plusieurs milliers d'écus; on en avait trouvé 400 sur lui. Brienne, Roussy et des Chenets s'étaient rendus au généralissime; il les fit souper à sa table et les dirigea sur Metz où ils furent confiés à la garde de Granvelle. L'empereur eut un long entretien avec le comte de Brienne, lui donna de bonnes paroles et l'envoya à Namur pour y être interné avec son frère le comte de Roussy. La situation de des Chenets parut critique. Pris par un bas-Allemand de peu, il avait déclaré se rendre au vice-roi. Par malheur pour lui, le secrétaire messire Giuliano, chargé d'adresser à l'empereur la liste des prisonniers qui s'étaient rendus au vice-roi et qui par conséquent lui appartenaient, oublia son nom. Le vice-roi ne le réclamant point, il était le prisonnier, c'est-à-dire la chose du prince. L'empereur pouvait le faire mettre à mort : c'était le droit de la guerre. Mais, grâce à un certain adoucissement des mœurs, ce droit n'était guère appliqué. Pourquoi donc craignait-on et craignait-il lui-même que l'empereur ne lui fît couper la tête? Car, « lorsqu'il vit qu'on le menait en Flandre, le pauvre seigneur fut aussi atterré que si on l'eût mené à l'abattoir ». Il semble que l'empereur lui en ait voulu et qu'on ne l'ait point ignoré. Guillaume de Dinteville, seigneur des Chenets ou d'Échenay, banni de France en 1537, sans qu'on sache exactement pourquoi, s'était retiré à Venise. Il s'y trouvait encore lorsque le 2 janvier 1542, par un heureux coup de main, Beltramo Sachia d'Udine s'empara au nom de François Ier, mais sans son aveu, de la place de Marano, qui appartenait à Ferdinand, roi des Romains. Marano était un « lieu estimé d'aussi grande importance que nul aultre qui soyt en ceste mer Adriatique... tant pour l'assiette et fortresse dudict lieu que aussi pour la commodité du port qui peult bien recepvoir cinq à six cens gallères ou aultres gros vaisseaulx ; auquel se faict grand traffique de toutes les choses qui viennent du Levant pour dépescher aulx Allemagnes et lieux circonvoysins. Et si a grande abondance de boys pour faire navires et gallères qui vouldra ; car cez Seigneurs (la seigneurie de Venise) s'en fournissoyent de là la pluspart du temps qu'ilz le tenoyent » (1). La trêve de Nice tenait toujours ; François Ier hésitait à la rompre en prenant ouvertement possession de Marano. Guillaume Pellicier, son ambassadeur à Venise, imagina d'en confier la défense à des Chenets. Il écrit au roi, le 5 février 1542 : « ... fut délibéré qu'il se debvoyt aller mettre dedans, tant pour l'affection qu'on veoyoyt qu'il avoyt à vostre service que aussi pour le bon sçavoir et longue expérience qu'il a aux choses de la guerre... ayant premièrement advisé aux excuses qu'on avoyt à faire après avoyr entendu vostre volonté, c'est que luy, estant personnage chassé hors de France, s'estoyt de son propre mouvement, sans vostre commandement ne sceu de voz ministres, allé mettre dedans, pensant vous faire chose agréable et par ce moyen rentrer en vostre bonne grâce » (2). Si l'empereur avait oublié, ce qui est peu

---

(1) *Correspondance politique de Guillaume Pellicier, etc.*, par Tausserat-Radel, p. 499. Paris, 1899.
(2) *Ibid.*, p. 526.

probable, le rôle de des Chenets dans l'affaire de Marano, une circonstance vint le lui rappeler : on saisit sur lui une correspondance relative à cette question toujours pendante et on lui fit subir un interrogatoire à ce sujet. Enfermé dans le château de Vilvorde où l'on ne mettait guère que des condamnés à mort, des Chenets en fut quitte pour la peur; il vécut et se racheta.

Gonzague tira de ses prisonniers de Ligny de 20 à 25 000 écus; il fit de cet argent l'usage le plus convenable à un chef d'armée. Les Espagnols se plaignaient de leur maigre butin. Les hauts-Allemands, plus forts parce qu'ils étaient plus nombreux, s'étaient fait la part du lion; ils avaient même dépouillé des soldats espagnols. Pour consoler la « nation » espagnole, la plus brave et la plus fidèle de l'armée, le vice-roi accorda sur la rançon de ses prisonniers de larges gratifications aux capitaines espagnols.

Le bruit courut parmi les Impériaux que le comte de Brienne avait été déclaré traître, ses biens confisqués et donnés au duc de Guise. Rien de cela n'était exact. A chaque ville qui tombe, même à la chute de Saint-Dizier qui s'était montré héroïque, François Ier, malade et sans ressort, s'irrite, se désole et s'abandonne, mais il ne sévit point. Pourquoi aurait-il sévi contre les défenseurs de Ligny? En réalité, le principal coupable c'était lui : il s'était obstiné à garder une place qui n'était pas gardable.

Les Impériaux, du moins les Impériaux de Metz, ministres et courtisans, jugèrent plus que sévèrement les assiégés. Il est piquant de voir Granvelle, conseiller indispensable moins par ses lumières, ce semble, que par sa docilité, plutôt timide et irrésolu de sa nature, s'ériger en foudre de guerre et traiter de lâches les Brienne, les Roussy et les des Chenets. « Par ma foi, prononce-t-il, ces gens-là se sont conduits lâchement; ils ont livré la place sans même attendre l'assaut ». Ni Gonzague ni surtout le marquis de Marignan, grand maître de cette artillerie qui causa des ravages terribles et rendit tout courage impuissant et toute résistance inutile, n'eussent souscrit un tel arrêt. Quelques jours plus tard, en se rendant de Metz à Saint-Dizier à la suite de l'empereur, l'ambassadeur de Venise se faisait un devoir de visiter Ligny. La place lui parut très forte. Il estime que si le terre-plein eût été terminé et qu'il n'y eût point manqué de 16 à 18 pas du côté où avait eu lieu le bombardement, il eût été difficile de l'emporter. Il conclut que même en cet état, des capitaines et des troupes plus braves auraient pu la défendre ou du moins en faire payer cher la prise à l'ennemi. L'ambassadeur ne voit que les défenses qui étaient merveilleuses; il ne regarde pas la colline qui les domine et les rend vaines. Il oublie cette sorte d'aphorisme qui est de lui. « On a beau faire, écrivait-il le 1er juillet, les petites places non flanquées, et commandées, comme Ligny, par une hauteur d'où, ainsi que d'un cavalier, l'ennemi peut les canonner à son aise, ne sont pas tenables ». C'est la justification du comte de Brienne. Cela ne veut pas dire qu'un homme de guerre d'une autre envergure, de plus de ressource et de génie, n'eût tenté de se défendre et n'y eût peut-être réussi ; mais dans tous les temps de tels hommes sont rares.

Le 29 juin, une heure après la capitulation, arrivait à Ligny Camille Capilupo, ambassadeur de Mantoue. Seul parmi les ambassadeurs accrédités auprès de Charles-Quint, il quitta Metz pour se rendre à l'armée de Gonzague. Rien ne le retenait à la cour impériale ; son ambassade n'avait d'autre raison que la vanité ducale. Le véritable ambassadeur de Mantoue, le protecteur naturel et tout-puissant de la famille ducale, c'était Gonzague lui-même ; le rôle de Capilupo se bornait à écrire les nouvelles du jour. Aussitôt arrivé de Spire à Metz, il songe à joindre le vice-roi. Mais tantôt ses chevaux boitent, tantôt l'occasion d'une escorte lui manque : car il fallait une escorte pour aller de Toul à Commercy et de Commercy à Ligny. Il semble qu'il ait fait le voyage avec Marc de Rye, seigneur de Dissey, qui avait une très belle compagnie de chevau-légers bourguignons. Ce qui le frappe à son entrée en France, c'est la beauté et la prospérité du pays. Cet Italien de la Renaissance, pour qui tout ce qui n'est pas italien est bien près d'être barbare, admire les villes et les villages semés sur son passage, leur situation heureuse au pied d'agréables collines et leurs maisons aux murs de pierre blanche, l'activité, le goût et le bien-être de leurs habitants. Le lendemain de son arrivée à Ligny, il en visite l'intérieur et en étudie curieusement les ruines : cela nous vaut une description précieuse, exacte quoique enthousiaste, de Ligny au 30 juin 1544.

« J'ai visité aujourd'hui l'intérieur de la ville, écrit notre ambassadeur dans sa dépêche du 30 juin. C'est un spectacle à fendre l'âme. Je ne comprends pas que le seigneur du lieu ait pu se laisser aller à y mettre le feu et à la ruiner comme il l'a fait. Comment ne s'est-il pas rendu compte que, la ville détruite, il ne serait plus seigneur que d'un petit château? Quant à jamais la rebâtir aussi belle qu'elle était, tout entière en pierre de taille comme on construit dans le pays, il ne pouvait s'en flatter. Ligny est deux fois plus long que large. Une voie assez spacieuse le traverse, plus longue, à mon avis, ou du moins aussi longue que celle de notre ville de Mantoue. Des deux côtés de cette rue s'élevaient des maisons aux murs de pierre blanche. Presque toutes avaient une boutique; les habitants devaient se livrer au commerce. Un peu plus loin qu'à moitié rue, à gauche, une église de belle apparence; il n'en reste plus d'intact qu'un christ et deux apôtres de pierre au-dessus de la porte. Près de cette église, mais à droite de la voie, une petite place qu'on dirait l'œuvre d'un magicien : c'est un lieu enchanteur comme on n'en voit que dans les contes de fée... Il n'est pas de maison dont le faîte n'ait été détruit au moins jusqu'à mi-hauteur des murs. Or, chose extraordinaire, on ne rencontre presque pas de bois parmi les décombres. Peut-être la plupart des maisons étaient-elles terminées en voûte. Ce qu'il y a de certain, c'est que presque tous les sous-sols sont voûtés; les Français n'ont pas jugé à propos de les détruire. On ne trouverait pas davantage vingt livres de fer dans toutes ces ruines; j'ai dit vingt livres, et c'est encore trop, j'en suis sûr. Mais ceci est le fait de nos insatiables Allemands : non contents de l'or, des bijoux et des hardes qu'ils ont pris en quantité, du vin dont ils se sont enivrés pour un mois, ils ont passé toute la journée d'aujourd'hui à enlever les ferrures des fenêtres et à chercher des clous dans les poutres consumées. »

Ce dernier détail n'est pas sans intérêt. Le fer, qui surabonde aujourd'hui, était encore rare : c'était presque un métal précieux et les soldats le recherchaient dans le sac des villes.

Ligny se releva-t-il de sa ruine et fut-il reconstruit aussi beau qu'il était? Cette marche de l'Est, souvent foulée par l'ennemi, plus souvent encore par les lansquenets au service de la France qui, à l'aller et au retour, s'y conduisaient comme en pays conquis, se montra toujours d'une énergie et d'une vitalité incroyables : pillage ou désastre, le mal était vite réparé.

Gonzague, qui avait pris Commercy en trois jours, en mit six à prendre Ligny, toutes opérations comprises. Il employa la journée du 30 juin à faire ramasser les boulets tirés et à mettre garnison dans la place. Il quitta la ville dans la matinée du 1ᵉʳ juillet et se porta à un demi-mille en avant. C'est de ce campement dans la campagne de Ligny qu'il lança avec un cérémonial propre à ce temps une proclamation au mensonge très moderne et qu'on dirait d'hier. Au son de quinze ou seize trompes, le héraut fit à savoir à tous, seigneurs et peuples de France, que l'empereur faisait la guerre au roi et non pas au royaume ; il ne venait pas démembrer la France, mais arracher les Français à la tyrannie d'un prince allié des Turcs ; il accueillera ceux qui viendront à lui et châtiera les autres comme fauteurs et complices du roi.

Cependant des bruits divers couraient au sujet de Saint-Dizier, faux et contradictoires, mais accueillis avec d'autant plus d'avidité qu'on ignorait tout de cette ville sur laquelle on marchait. Le vice-roi reçut de Bar la nouvelle que le gouverneur de la place ayant amené l'Ornel dans les fossés, une importante portion de muraille et un bastion construit en cet endroit s'étaient écroulés sous la poussée des eaux : impuissants à réparer ce désastre, les Français allaient se retirer. La singularité du fait, loin de le rendre suspect, fit qu'on y crut d'abord. Les ambassadeurs en avisèrent leurs gouvernements ; la nouvelle fit le tour de l'Italie. On exagérait d'autre part la force de Saint-Dizier, de son assiette et de ses défenses ; on disait qu'il y avait 6 000 gens de pied. « Après cela, écrit l'ambassadeur de Ferrare, si on le prend ou qu'on le force à se rendre, on pourra dire que l'empereur tient la fortune dans sa manche. »

Ce fut le 4 juillet, par conséquent le quatrième jour après avoir quitté Ligny, que Gonzague arriva en vue de Saint-Dizier, à un mille environ de la ville. Il campa provisoirement son armée, partie sur une hauteur entourée de bois qui longeait la Marne, partie sur la rive gauche de la rivière, guéable en cet endroit ; il tenait ainsi les deux routes qui conduisaient à Saint-Dizier, la route de Ligny par où il venait et celle de Joinville qui côtoyait la rive gauche de la Marne. Tout jusqu'ici lui avait réussi. Parti de Spire le 12 mai, il avait pris Luxembourg, Commercy et Ligny en un mois et demi, ce que les contemporains jugèrent merveilleux. Saint-Dizier l'arrêta dans sa marche encore plus heureuse que victorieuse ; il fut l'obstacle imprévu qui déjoue les plans les mieux conçus et fait échouer les entreprises les plus savamment préparées.

CHAPITRE III

Saint-Dizier au moment du siège; son importance comme ville et comme forteresse; ses fortifications et sa garnison.

L'histoire du siège de Saint-Dizier, pour être complète, devrait comprendre deux parties : l'assiégeant et l'assiégé. Des assiégés, nous ne connaissons que le geste essentiel de leur résistance héroïque. Personne, ni soldat ni citoyen, ne semble avoir noté leurs ressources exactes en hommes, en munitions et en vivres, les incidents intérieurs de leur lutte de jour et de nuit, les alternatives inévitables d'exaltation et d'abattement par où ils passèrent : si le journal du siège fut écrit, il est perdu. Mais nous n'ignorons aujourd'hui rien d'important de ce qui concerne les assiégeants. Leurs mouvements et leurs opérations autour de la place, l'assiette de leur camp, les quartiers de leurs différents corps, la position de leurs batteries, leurs pertes à l'assaut du 15 juillet, leurs travaux d'approche dans le siège en règle qui suivit cet échec, tout cela nous est parfaitement connu, grâce à l'abondance et à la précision des détails que nous donne l'ambassadeur de Mantoue, un diplomate doublé d'un ingénieur militaire. En même temps que l'œuvre de l'attaque, il nous montre celle de la défense. Il décrit les fortifications de la place vues du dehors et du dedans; il en fait même la critique et en indique curieusement le fort et le faible. Ses dépêches devant les yeux, il est non seulement possible, mais aisé, de reconstituer le Saint-Dizier du siège, et ce Saint-Dizier authentique diffère sensiblement de celui de la tradition aux remaniements postérieurs et successifs.

Saint-Dizier n'était pas bien grand; il n'avait pas plus de mille pas de circonférence (1). Cette exiguïté montre que c'était moins une ville qu'une forteresse.

Il débordait sur certains points. A l'ouest, peut-être aussi ailleurs, il y avait en dehors du mur d'enceinte des maisons avec des jardins; on s'empressa d'y mettre le feu à l'approche des Impériaux. Seul un mur de jardin resta debout; il semble qu'il n'ait pas été inutile à l'ennemi pour se couvrir. Beaucoup plus long que large, Saint-Dizier s'étendait de l'est à l'ouest le long de la Marne; la rivière, plus rapprochée en amont, passait en aval à une portée d'arquebuse des remparts. Une grande rue, que l'on rencontre presque partout à cette époque, le traversait, partant de la porte située au-dessus du château et aboutissant à celle de Perthes. La place publique n'offrait aucun attrait. Les maisons étaient laides. Nul édifice public digne d'être regardé. L'église, sans valeur architecturale, joua un rôle considérable du premier au dernier jour du siège. Elle servit de magasin à blé et l'on y établit les moulins à bras. La tour, très élevée, dominait la ville et la campagne. On hissa à son sommet dans un appareil qui ressemblait à un nid de cigogne quelques sacres et quelques mousquets. Ces pièces, quoique petites, portaient jusqu'au quartier des Espagnols et même jusqu'à la tente du vice-roi. Aussitôt campés, les Impériaux, que ce feu incommodait, résolurent de détruire la tour; ils la battirent avec quatre canons et ne parvinrent pas à l'entamer. Ils la canonnèrent plus d'une fois encore pendant le siège sans réussir davantage. La tour resta debout et ne cessa de leur tuer du monde. A son entrée dans Saint-Dizier, l'empereur demanda à visiter l'église; il dut attendre qu'on l'eût nettoyée et remise en état. Il eût été intéressant de connaître le chiffre de la population au moment du siège; mais ni dans les dépêches italiennes,

(1) Notre ambassadeur dit : « Saint-Dizier est... beaucoup plus petit qu'on ne pensait; je ne crois pas qu'il ait plus de mille pas de circuit ». Entend-il des pas géométriques ou des pas ordinaires? Dans le premier cas, le pas géométrique équivalant à 1^m,62, cela fait 1 620 mètres; dans le second, nous n'aurions plus que 810 mètres.

ni ailleurs, l'on ne trouve là-dessus la moindre indication : la statistique ne fleurissait pas encore.

Petit et mal bâti, Saint-Dizier comme ville était loin d'avoir le grand air de Ligny; il n'avait ni sa richesse ni son charme. Mais il lui était infiniment supérieur comme forteresse. Son assiette paraissait idéale au génie militaire du temps. Du plateau sur lequel il s'élevait, il commandait la campagne, basse et découverte. Çà et là quelques arbres, mais si clair-semés qu'ils ne pouvaient masquer les mouvements de l'ennemi. Au nord et au sud, des collines, mais trop éloignées pour que leur canon pût l'atteindre. L'art seconda heureusement la nature. La vieille petite place aux ouvrages démodés, insuffisants et presque caducs venait d'être réparée et remise en état. François Ier avait chargé de ce soin l'Italien Marini, l'un des plus habiles ingénieurs militaires de la première moitié du seizième siècle. Marini, sans rien détruire, renforça et compléta ce qui existait. Le mur d'enceinte était partout mauvais; il mit derrière un solide terre-plein. Le front ouest n'avait pas de bastion; il en construisit un. Le sud-est n'avait d'autre défense que la Marne dont l'ennemi pouvait forcer le passage; il y éleva un cavalier. Ces trois maîtresses œuvres, créations authentiques de Marini, firent de Saint-Dizier une forteresse très tenable.

Le côté est, que les Impériaux reconnurent d'abord, leur parut inexpugnable. De ce côté, en effet, un ensemble d'ouvrages, forts par eux-mêmes et se flanquant les uns les autres, composaient un front difficile à entamer. A l'extrémité sud du château, dans la direction de la Marne, le cavalier dont nous venons de parler. Il était parfaitement établi : assis sur la roche, entouré d'un fossé profond et rempli d'eau, couvert par la terre amoncelée sur le revers de son fossé, enfin son flanc gauche protégé par le château, il commandait la campagne jusqu'à la rivière et défiait les plus rudes attaques. Au centre, se dressait le château, dominant la plaine tout entière. Il formait un carré long : au milieu, une assez grande place; tout autour, un gros terre-plein. Nulle trace d'habitation, sauf une petite chapelle dans une petite et unique tour qui servait de flanc. Au-dessus du château, la courtine du mur d'enceinte, ressortant vigoureusement vers le nord, se terminait par un bastion, qui flanquait non seulement cette même courtine et le château, mais encore l'aile du cavalier qui lui faisait face. « Ainsi, dit l'ambassadeur de Mantoue, cavalier, château, courtine et bastion, liés pour ainsi dire ensemble, concouraient à la ruine de l'assaillant ». Ce côté de la place était le seul véritablement fort. Il semble qu'on n'ait songé primitivement — car ici tous les ouvrages étaient anciens, sauf le cavalier du château — qu'à arrêter l'ennemi venant de l'est, comme s'il ne lui eût pas été facile de tourner la forteresse. Peut-être croyait-on que la crainte de la soudaine arrivée d'une armée française l'éloignerait du côté ouest, le plus faible de tous, et que rien ne défendait avant que Marini n'y eût construit un bastion.

Le front nord n'avait d'autre défense qu'un bastion établi au point de jonction des deux courtines nord-est et nord-ouest; toute sa force était dans son assiette. La campagne était ici encore plus basse et plus découverte qu'ailleurs : il aurait fallu commencer la tranchée à une distance énorme, et cela eût demandé beaucoup de temps et de pionniers. De plus, à l'arrivée des Impériaux, elle nageait dans l'eau. Peut-être, s'ils l'avaient trouvée telle qu'ils la virent à la fin du siège, où les fossés même y étaient à sec, se seraient-ils décidés à bombarder la place de ce côté. Le mur d'enceinte, mauvais partout, ne valait rien ici. Les deux courtines nord-ouest et nord-est n'étaient point flanquées. Celle du nord-est étant très longue et par conséquent plus exposée, on avait pratiqué un enfoncement dans le mur d'enceinte pour y établir un flanc quelconque; mais on n'en eût pas le temps. Pour remédier autant que possible à ce manque absolu de flanquement, on avait construit à chacun des trois bastions ouest, nord et est, en dehors du mur d'enceinte, une petite tour d'où la sentinelle veillait sur la courtine et le fossé.

L'ouest était le côté le plus faible. Le terrain, moins bas

et moins humide, facilitait à l'ennemi l'approche de la place. Le bastion, hâtivement construit, n'était pas assez haut : l'on dut, pendant toute la durée du siège, travailler à son exhaussement. Ce bastion inachevé et la tour de l'église constituaient les deux seules défenses. Le feu de cette tour n'était réellement efficace que dans la direction du sud-ouest. Il ne parut pas à craindre : ou l'on détruirait la tour, ou l'on se couvrirait. Ici d'ailleurs, pas plus qu'au nord, il n'existait de flanc. Cette faiblesse du front ouest invitait l'ennemi à l'attaquer de préférence. Une autre considération l'y portait encore : il coupait l'accès de la place à l'armée de secours qui ne pouvait venir que de l'ouest par la route de Châlons et de Vitry.

Le front sud était assez compliqué ; il comprenait deux parties d'une valeur inégale : le sud-ouest plus faible et le sud-est beaucoup plus fort. La Marne n'avait pas été considérée comme une défense suffisante ; la portée du canon était encore si faible que l'ennemi pouvait la franchir sur plusieurs points, notamment au sud-ouest, sans avoir à souffrir du feu de la place. Un certain nombre d'ouvrages concouraient tant bien que mal à la garde de ce côté de la forteresse. C'était d'abord, du bastion ouest à la porte des Moulins, l'aile gauche de ce bastion ; mais si elle commandait la campagne entre la ville et la rivière, elle ne flanquait point la partie du mur d'enceinte situé au-dessous du bastion. Venaient ensuite, sur ce même mur d'enceinte, quatre petites tours appartenant à la fortification antérieure. Ces tours sur courtine ne se faisaient plus ; on les regardait non seulement comme inutiles, mais comme dangereuses. Le canon impérial eut bientôt fait de les détruire. A la fin du siège, ce côté du mur d'enceinte était entièrement découvert. De la porte des Moulins à la pointe sud-est, tout était bien. Une bonne tour, située à gauche en entrant, gardait cette porte. Plus loin se dressait un bastion et, tout à l'extrémité sud-est, le cavalier du château. Ces deux derniers ouvrages constituaient une défense excellente.

Le fossé de la place avait, du moins autour du bastion ouest, une trentaine de pas de large, soit environ 24 mètres : largeur extraordinaire et qui vraisemblablement n'était pas aussi grande sur tous les points. L'ambassadeur de Venise dit qu'il était très profond et qu'un homme y disparaissait jusqu'au cou. C'eût été peu : le génie militaire du temps donnait au fossé une profondeur de cinq à six mètres.

Avant le siège, la forteresse avait trois portes : l'une à l'ouest, ouvrant sur la route de Perthes qui continuait la grande rue de la ville ; l'autre à l'est, au-dessus du château ; la troisième au sud, en face des moulins, que les Français ruinèrent pour empêcher sans doute l'ennemi de s'y loger. Au moment du siège, on condamna la porte de Perthes pour y construire le bastion ouest. Il ne restait donc plus que les deux portes du sud et de l'est. C'est par celle-ci qu'après l'évacuation les Impériaux entrèrent dans la ville et que, pendant qu'ils l'occupèrent, ils firent le service de la place : de là le nom de porte des Allemands qu'on lui donna. Il y avait encore au sud, entre la porte des Moulins et le cavalier du château, une petite porte de secours qui correspondait à la porte du château.

Existait-il des ouvrages détachés? L'ambassadeur de Mantoue n'en signale qu'un seul, qu'il place à l'est, non loin du château, ce semble, et qu'il appelle un fort. La plupart de ceux qu'indique le plan traditionnel sont postérieurs au siège. Les fortifications furent plusieurs fois retouchées, mais jamais remaniées à fond : l'on s'en tint toujours à quatre bastions. Seulement on déplaça le bastion sud. Il était au-dessous de la porte des Moulins ; on le mit au-dessus pour couvrir, entre cette porte et le bastion ouest, la courtine sud-ouest qui, nous l'avons vu, était entièrement découverte. On l'appela le bastion de l'Arquebuse (1).

Le château n'avait qu'une tour ; on y en construisit d'autres. Surtout l'on multiplia les ouvrages extérieurs. Peut-

(1) Il y avait à Saint-Dizier une compagnie de chevaliers de l'arquebuse.

être certains d'entre eux durent-ils leur origine aux Impériaux eux-mêmes. L'ingénieur Mario Savorgnano présenta à l'empereur un plan de Saint-Dizier qui fut trouvé admirable. Il comportait trois bastions nouveaux. On recula devant la dépense et l'on décida de se borner à des travaux plus nécessaires et moins coûteux. S'il fut donné suite à ce projet, il est probable qu'on jeta autour de la place, sur les points les plus faibles, quelques ouvrages secondaires, et il paraît naturel qu'après la paix et la remise de la ville à la France, le génie militaire français les ait utilisés en les perfectionnant et en complétant le système.

Bien situé et convenablement fortifié, Saint-Dizier n'était pas une forteresse méprisable. Mais c'est surtout à sa garnison et à ses habitants que revient l'honneur de sa belle résistance. La garnison comprenait un peu plus de 2 000 gens de pied et les 100 hommes d'armes de la compagnie du duc d'Orléans dont le comte de Sancerre était le lieutenant. Le siège la diminua : la seule journée du 15 juillet lui coûta 200 hommes. Cependant elle comptait encore, tout compris, gens de pied et gendarmes, plus de 2 000 hommes, lorsqu'elle évacua la place. La population, très patriote, la soutint admirablement; tous les hommes valides prirent la pioche ou la pique, se firent pionniers ou soldats. On disait, non sans quelque exagération, que la ville avait fourni 700 combattants; on ajoutait que 300 gentilshommes volontaires s'étaient enfermés dans la place. Saint-Dizier était bien défendu.

Trois hommes de tête et de cœur furent chargés de diriger cette force et de présider à la défense : le comte de Sancerre, commandant en chef, le capitaine Lalande et l'ingénieur Marini.

CHAPITRE IV

Sancerre, Lalande et Marini.

Ce que l'on sait de Sancerre et de Lalande est peu de chose. Leur personnalité est vague, leur vie fragmentaire. Ces deux noms, qui eurent leur moment d'éclat, appartiennent aujourd'hui plutôt à l'érudition historique qu'à l'histoire. De Sancerre lui-même, le plus connu, l'on ne possède exactement que son *cursus honorum* : grand échanson de France en 1533, lieutenant de la compagnie des hommes d'armes du duc d'Orléans en 1537, capitaine de la seconde compagnie des gentilshommes de la maison du roi en 1556 et gouverneur d'Anjou, de Touraine et du Maine à une date incertaine. Quant au reste, quelques faits familiaux et ses apparitions sur les champs de bataille; l'essentiel, le caractère et la valeur de l'homme restent problématiques. Brantôme lui-même, l'intarissable anecdotier, n'a su lui consacrer qu'une notice vide. Sancerre est tout entier dans la défense de Saint-Dizier, comme Lalande dans celle de Landrecies et dans les commencements du siège de Saint-Dizier.

Marini, dont on désespérait, revient à la vie. C'est aux ambassadeurs italiens qu'il doit sa résurrection. Ces ambassadeurs, patriotes ardents, s'inquiètent des Italiens du dehors. Marini était une gloire italienne; ils parlent de lui dans leurs dépêches, triomphent de ses travaux sur nos frontières, s'indignent de son emprisonnement et nous en laissent deviner la cause : grâce à eux, la période française de la vie de Marini a pu être en partie reconstituée.

SANCERRE

Louis de Bueil (1), comte de Sancerre, appartenait à une famille des plus anciennes et des plus glorieuses. L'origine des Bueil se perd dans la légende et l'un d'eux, Jean V, fait figure dans l'histoire. Ce Bueil fut le héros de la race. C'est « ce qu'il y a de plus illustre à la maison de Bueil », dit Racan, un Bueil de la branche cadette (2). Il posséda au plus haut degré les deux qualités maîtresses de l'homme de guerre de ce temps : l'audace et la ruse. Fidèle au roi, mais enlevant cavalièrement son favori qu'il jugeait trop puissant. « Ce mesme Jean de Bueil, admiral de France, prist le seigneur de la Trémoïlle, favori de Charles septiesme, et le passa au milieu de touttes les gardes et l'emmena dans son chasteau de Montrésor, qui estoit pour lors de nostre maison, disant qu'il ne foisoit rien que bien à propos pour le bien de l'estat et qu'il emmenoit ledit seigneur de la Trémoïlle parce qu'il estoit trop puissant dans l'esprit du Roy » (3). Il aima la patrie et refoula l'étranger qui l'occupait. Charles VII le nomma amiral en 1450 et la France le surnomma le fléau des Anglais (4).

Louis de Bueil était le troisième fils de Jacques de Bueil, comte de Sancerre, et de Jeanne de Saints, sa seconde femme. Charles, l'aîné, comte de Sancerre après la mort de son père en 1513, fut tué à Marignan ; le second, François, mourut en 1525 archevêque de Bourges. Charles laissa un fils, Jean VI de Bueil, comte de Sancerre, qui fut tué à l'assaut du château d'Hesdin en 1537 : « jeune homme qui avait grande apparence de suivre la vertu de ses progéni-

---

(1) Village de l'Indre-et-Loire, dans le canton de Neuvy-le-Roi.
(2) *Notice généalogique concernant la famille de Bueil, attribuée à Honorat de Bueil, seigneur de Racan. Le Jouvencel, etc.*, par Camille FAVRE et Léon LECESTRE, t. II, p. 425. Paris, 1889.
(3) *Ibid.*
(4) M. Camille Favre a consacré à Jean V, l'auteur du *Jouvencel*, une savante « Introduction biographique ».

teurs » (1). La mort de son neveu le fit chef de la famille et comte de Sancerre.

Il prit les armes aussitôt qu'il put les porter. On dit qu'il fut blessé à Marignan et à Pavie (2). A Marignan, il avait au plus seize à dix-sept ans.

Après Pavie, les biens et les honneurs commencent à lui venir.

Un acte daté de Lyon, le 28 mai 1525, lui octroie comme héritier principal de son frère François de Bueil les fruits du temporel de l'archevêché de Bourges. « Pour Loys de Bueil, seigneur de Courcillon, don des fruitz du temporel de l'arceveschè de Bourges, etc. » (3).

En 1533, François Ier le nomme grand échanson de France. L'échansonnerie était un des six offices de l'hôtel ou de la maison du roi. Ces charges de cour étaient fort recherchées. La plus haute de toutes, celle de grand maître de l'hôtel ou de grand maître tout court était plus prisée que celle de maréchal de France. « Ce n'est pas peu d'honneur ni profict, dit Brantôme, que de commander à la maison du roy, ainsi que j'ay veu de très grands princes y aspirer et en estre ambitieux » (4). Comme grand échanson, Louis de Bueil se trouva sous l'autorité d'Anne de Montmorency, qui fut grand maître de 1526 à 1559.

Il hérita en 1537, à la mort de son neveu Jean VI de Bueil, de la seigneurie de Saint-Christophe; un acte daté de la Fère-sur-Oise, le 18 mai 1537, porte : « Don et quittance au baron de Bueil, comte de Sancerre, de tous chacuns les droitz de rachapt et autres devoirs seigneuriaulx advenuz au roy à cause de la terre et seigneurie de Saint-Xristofle en Touraine, tenue et mouvant du chastel de Tours, laquelle

---

(1) Du Bellay, p. 441. — Du Bellay nomme ce comte de Sancerre *Charles* de Bueil et non *Jean* de Bueil; il paraît confondre le fils avec le père. Nous suivons le *Tableau généalogique de la famille de Bueil* de M. Louis Arnould dans son *Racan*.
(2) Moréri.
(3) Bibliothèque nationale, mss. fr. 5779, f° 103 v°.
(4) Brantôme, t. Ier, p. 218.

terre est escheue audict de Bueil par succession du feu comte de Sanxerre, son nepveu, etc. » (1).

On le voit en cette même année 1537 lieutenant de la compagnie des hommes d'armes du duc d'Orléans et pourvu d'une pension annuelle de 1 200 livres. « Au comte de Sancerre, lieutenant en la compagnie de mondit seigneur le duc d'Orléans, pour sa pension de demye année finie le dernier jour de décembre 1537, à prendre comme dessus 600 livres » (2).

Louis de Bueil, qui se maria fort tard, avait un fils naturel appelé Louis comme son père et connu sous le nom de bâtard de Sancerre (3) ; il sollicita et obtint sa légitimation par acte daté de Fontainebleau, décembre 1540. A cette date, le bâtard de Sancerre n'était encore qu'un enfant : *adhuc impubes*, dit l'acte, qui est rédigé en latin. Il devint un « gentil cavallier », montra du courage et quelque excentricité. Ayant obtenu une compagnie de chevau-légers, son père lui donna une forêt pour la dresser; le jeune homme abattit la forêt, en fit des lances et de l'argent. Sa compagnie parut très belle, mais toutes les lances étaient peintes en noir. On cria à la bizarrerie. « Elles portent le deuil de la forêt natale, » dit Randan, un La Rochefoucauld. Le mot fit taire les plaisants. Ce Bueil fut tué en duel par Laval en 1560 (4).

Voici Sancerre dans Saint-Dizier. Il passait pour être à la fois courageux et prudent; mais, quoique âgé d'au moins quarante-cinq ans, il n'avait jamais commandé en chef. Pour défendre l'importante petite place contre toutes les forces impériales, l'on eût compris comme lieutenant du roi un homme qui eût fait ses preuves, un d'Essé si l'on voulait un homme d'armes, ou un Lalande si l'on préférait un piquier, ou les deux ensemble comme à Landrecies. Qui décida du

(1) Archives nationales, J. 962, n° 12.
(2) *Ibid.*, J. 962¹⁴, n° 41. — Le mandat du 1ᵉʳ semestre est coté : J. 961¹¹, n° 42.
(3) Il eut encore une fille naturelle nommée Anne. *Tableau généalogique, etc.*, par Louis ARNOULD.
(4) BRANTÔME, t. VI, p. 35 et 371.

choix de Sancerre? La faveur ou le hasard servirent ce jour-là la France. C'est Sancerre en somme qui porta tout le poids du siège, repoussa l'assaut du 15 juillet et après l'assaut, chose plus difficile, soutint un long mois le courage de la garnison et des habitants, pourvut aux munitions et aux vivres, fit œuvre d'administrateur, en même temps que de soldat.

Lorsqu'il n'y eut plus d'argent, il puisa dans sa bourse. Nous avons encore le mandat de remboursement daté de la Muette lez Saint-Germain-en-Laye, le 17 février 1546.

« Acquict au trésorier de l'extraordinaire des guerres, Me Anthoine Pètremol, pour rembourser à Mgr le comte de Sancerre la somme de 2 380 livres 13 sols 5 deniers tournois qu'il a déboursé pendant qu'il a esté enfermé et assiégé dedans Saint-Dizier pour le service du dit seigneur (roi), ainsi qu'il est par le menu spéciffié en une déclaracion signée du dit seigneur comte et du controlleur des repparacions et envitaillemens de la dite ville » (1).

Après le retentissant échec des Impériaux à l'assaut du 15 juillet, François Ier lui envoya le collier de l'ordre de Saint-Michel. L'ambassadeur de Venise écrit le 6 août : « Sa Majesté très chrétienne a envoyé l'ordre de Saint-Michel à M. de Sancerre; l'envoi était accompagné d'une lettre des plus flatteuses et des plus cordiales où le roi l'appelait son frère et promettait de le traiter royalement. On tient ces détails des cavaliers qui ont été faits prisonniers en voulant introduire de la poudre dans la ville. » C'est donc pendant le siège et avant le 6 août que Sancerre reçut les insignes de l'ordre.

La famille de Bueil était l'égale des premières de France. Sancerre épousa en 1549 Jacqueline de la Trémoille dont il eut sept enfants ; il frisait la cinquantaine.

Henri II le nomma en 1556 capitaine de la seconde compagnie des gentilshommes de la maison du roi (2). « Au premier

---

(1) Bibliothèque nationale, mss. fr. 5127, f° 25.
(2) Le P. Anselme.

rang (de la maison militaire) se plaçaient les 200 gentilshommes de la maison du roi, qui servaient semestriellement, 100 par 100, et étaient commandés par deux capitaines. Ensuite, 400 archers de la garde, 100 hommes de la garde suisse, 100 de la garde écossaise. C'étaient là de véritables corps d'élite, qui de la cour passaient aux camps, dès qu'une guerre éclatait » (1). Ce fut le plus haut grade auquel parvint Sancerre.

Il échappe avec sa compagnie au désastre de Saint-Quentin en 1557, gagne la Fère et court s'enfermer dans Guise menacé. Henri II mande au duc de Nevers « qu'il n'eust sceu mieux faire que d'envoyer à Guise le comte de Sancerre, mais qu'il falloit aussi le secourir de ce qu'il verroit être requis » (2).

Il joua un certain rôle à Amboise en 1560. Capitaine dans la maison militaire du roi, il fut commandé pour battre le pays, à la recherche des conjurés. « Ce fut lui le premier qui descouvrit Castelnau, l'un des principaux de la bande, qu'il avoit cogneu avec feu M. d'Orléans, estant de sa compagnie, de laquelle mondict sieur le comte estoit lieutenant » ; il signala sa présence au château de Noisai où le duc de Nemours alla le prendre. « Mondict sieur le comte, ajoute Brantôme, servit bien là son roy et son royaume, ainsy que je vis puis après le roy l'en remercier, l'en louer extrêmement » (3). Sancerre servait le roi, mais il n'était pas inféodé aux Guise; il leur tint tête dans une circonstance mémorable. François II est à l'extrémité. Inquiets du lendemain et voulant se débarrasser du prince de Condé avant la mort du roi, les Guise nomment en toute hâte un tribunal extraordinaire pour le juger; Sancerre en fait partie comme chevalier de l'ordre présent à Orléans. Les juges prononcent la peine de mort; Sancerre seul refuse hautement de signer cet arrêt. La défense de Saint-Dizier fit honneur à l'homme de guerre; ce

---

(1) *Histoire de France* (Ernest Lavisse), t. V, p. 208, par Henry Lemonnier.
(2) Rabutin, p. 553.
(3) Brantôme, t. III. p. 234.

refus honore l'homme tout court : il n'est rien de plus beau dans sa vie.

Que devient-il dans les premières années de Charles IX? On perd sa trace. Inébranlablement attaché à la royauté, il suit ce qui lui paraît être le parti du roi, également éloigné des Lorrains et des Princes.

C'est là sans doute une existence honorable et bien remplie, mais qui, sauf Saint-Dizier, n'offre rien d'éclatant. Soldat, Sancerre passe sa vie à faire son devoir d'homme de bien, comme on disait alors, c'est-à-dire à se battre ; il ne se mêle guère aux intrigues de la cour et des partis qui seules faisaient et défaisaient les grandes réputations. L'illustration de sa famille, son loyalisme et son expérience de la guerre devaient le porter aux plus hauts sommets ; il manqua d'ambition ou d'audace. Il ne reste de lui qu'une physionomie effacée et comme perdue dans ce tumultueux seizième siècle aux passions extrêmes, superbe d'idéal et de brutalité.

Il existe plusieurs crayons de Sancerre ; certains sont excellents (1). La figure a grand air ; les traits sont fins et dénotent la race. Brantôme parle de sa « façon très belle et honorable représentation ». Il fut plus qu'un bel homme, mais moins qu'un grand homme.

Pour la postérité, Louis de Bueil, comte de Sancerre, commence et finit à Saint-Dizier.

NOTICE INÉDITE SUR SANCERRE

J.-Fr. d'Hozier écrivit à Chartres, dans la seconde moitié du dix-huitième siècle, un ouvrage considérable, intitulé : « Recueil historique de l'Ordre de Saint-Michel, établi sur titres, actes et monuments anthentiques et d'après les historiens les mieux accrédités. » Ce travail, resté manuscrit, comprend 12 volumes in-quarto. Le second volume, daté de 1785, a pour titre particulier : « Chevaliers de l'Ordre de Saint-Michel depuis 1515 jusqu'en 1560. — Règnes de François Ier, d'Henry II et de François II ». Bibliothèque nationale, Français 32865. C'est dans ce second volume que se trouve

---

(1) Bibliothèque nationale, *Estampes*.

la notice sur Sancerre. La manière de l'auteur est dénuée d'art et presque informe. Les faits, curieusement relevés, sont jetés pêle-mêle, sans qu'un mot en précise le sens et la portée. Cette notice n'ajoute rien d'essentiel à ce que l'on sait de Sancerre, mais elle est aussi complète que possible, et cela vaut qu'on la publie : cette nomenclature de titres, d'honneurs et de pensions donne d'ailleurs une idée assez juste d'une vie largement dépensée au service du pays.

« Louis, sire de Bueil, comte de Sancerre, baron de Châteaux (Château-la-Vallière), de Saint-Christophe, de Vailly et de Brandois, seigneur châtelain de la Marchère, de Barlieu, de Courcillon, du Charpignon, du péage et commanderie de Tours, de Chemillé, d'Espagne, de la Motte-Achard (1) — et grand échanson de France, gentilhomme ordinaire de la chambre du roy, capitaine de 50 hommes d'armes de ses ordonnances et des cent gentilshommes de sa maison, gouverneur d'Anjou, de Touraine et du Maine, se signala dans les guerres de son temps; — il appaisa par sa vigilance la sédition d'Amboise (2); — fut blessé dangereusement à la bataille de Marignan en 1515; — se trouva à celle de Pavie en 1525; — fut pourvu en 1533 de la charge de grand échanson de France, — et au mois de décembre 1540 le roy le chargea d'une commission de confiance auprès de l'empereur en Flandres (3); — il fut admis en 1541 au nombre des gentilshommes de la Chambre aux gages de 1200 l. ; — prêta au roy en 1544 une somme de 2436 l. 18 s. pour subvenir aux besoins de l'État (4) ; — entreprit en la même année la défence de Saint-Dizier, et s'y jetta avec la compagnie de cent hommes d'armes du duc d'Orléans dont il étoit lieutenant; mais cette place étant très mauvaise, et fort peu fortifiée, il fut obligé de capituler après avoir reçu des ennemis même toutes les loüanges que méritoit une défense de sept semaines dans une place qui ne devoit pas tenir sept jours, et dont la résistance fit rabattre à l'empereur beaucoup de sa fierté; — il avoit obtenu depuis plusieurs années une pension de la cour de 1200 l. (5), qui depuis, sous le règne d'Henry II, fut portée jusqu'à 3000 l. ; — il assista le 12 février 1551 (1552) au lit de justice tenu par ce monarque au Parlement; — fut remboursé sur les fonds de

---

(1) « ... dans toute la région qui s'étend sur la rive droite de la Loire, depuis le château d'Amboise jusque sous les murs d'Angers, et sur une profondeur d'environ vingt lieues, il n'était guère de paroisses où l'on ne vit, au-dessus de quelque porte de castel, glorieusement briller sur son fond d'azur le croissant d'argent des Bueil entouré de ses six croix recroisetées au pied fiché d'or. » Louis ARNOULD, *Racan*, p. 15.

(2) Ceci est tiré de Brantôme, qui exagère, ce semble, le rôle de Sancerre dans cette circonstance.

(3) Nous n'avons trouvé aucune trace de cette mission.

(4) Ces 2 436 livres 18 sols — exactement 2 380 livres 13 sols 5 deniers tournois, d'après le mandat de remboursement que nous avons cité — furent avancés par Sancerre pendant le siège de Saint-Dizier.

(5) On le voit dès 1537 pourvu de cette pension de 1 200 livres.

l'Épargne d'une somme de 1 786 l. 8 s. qu'il avait avancée aux mois d'août, de septembre et d'octobre 1557 comme lieutenant du roy de la ville de Guize; — obtint au mois de novembre 1558 une gratification de 10 800 l. et au mois de juin 1559 une autre de 7 200 l. en récompense de ses services au fait des guerres, et au mois de mars 1559 (1560) le roy luy en accorda encore une de 1 000 l. à l'occasion des dépenses qu'il avait faites aux mois de février, de mars et d'avril de l'année précédente à Tours où Sa Majesté l'avoit envoyé en qualité de son lieutenant général pendant les émeutes; — il mourut en 1563. Brantôme en parlant du comte de Sancerre dit qu'il fut « un très-sage, brave et vaillant capitaine » et qu'il avait « la façon très-belle et honorable représentation, homme de bien et d'honneur, n'ayant jamais dégénéré de ses prédécesseurs, etc... »

En marge du texte ci-dessus, on lit : « Il est cité avec la qualité de chevalier de l'ordre du roy dans nombre de quittances qu'il donna au trésorier de l'Épargne, les deux plus anciennes du 1er mars 1545 (1546) et du 7 décembre de la même année (originaux chambre des comptes de Paris); il parait même constant qu'il fut admis dans cet ordre vers cette époque ou dans le cours de l'année précédente » (1).

LALANDE

Eustache de Bimont, dit le capitaine Lalande, était populaire en France, connu à l'étranger et admiré des Impériaux qui l'année précédente l'avaient vu à l'œuvre dans Landrecies. Né comme Sancerre sur la fin du quinzième siècle, il était, ce semble, de quelques années plus âgé que lui. Picard très probablement (2), mais peut-être Artésien : il y a un Bimont dans le Pas-de-Calais (3), et c'est dans le pays qu'il prit femme. Il épousa la seconde fille de François de Condette, seigneur de Colembert, et de Joachime de Morbecque, dite de Saint-Omer; ces noms de seigneuries rappellent plutôt l'Artois que la Picardie (4). En même temps que seigneur de Colembert, le beau-père de Lalande l'était encore de plu-

---

(1) C'est après l'assaut de Saint-Dizier, entre le 15 juillet et le 6 août — date où l'ambassadeur de Venise enregistre le fait — que Sancerre fut nommé chevalier de Saint-Michel.

(2) C'est l'opinion de DU BELLAY, p. 442.

(3) Dans le canton de Hucqueliers.

(4) Comme Bimont, Condette et Colembert se trouvent dans le Pas-de-Calais, le premier dans le canton de Samer et le second dans celui de Desvres.

sieurs autres lieux et notamment de Bazoches, dans l'Aisne : il avait donc des intérêts et des relations dans le Laonnais, et il y présenta son gendre. Lalande avait un nom et du crédit ; il pouvait rendre des services : il fut accueilli. Il se trouva si bien dans le pays qu'il l'adopta. De là son vœu d'être enterré dans la cathédrale de Laon et la facilité avec laquelle on s'y conforma : c'est le seul laïque, à ce qu'on dit, à qui le chapitre de Laon ait accordé cet honneur (1). La pierre tombale se trouve au milieu de la nef. Il n'en reste plus qu'une partie : les jambes, le thorax, une main tenant une lance et le casque figuré à part, au côté droit. L'épitaphe en lettres gothiques est ainsi conçue :

« Cy gist le belliqueux chevalier Eustache de Bymont, seigneur de Lalande, maistre d'hostel du Roy, gentilhomme de la maison de Monseigneur d'Orléans, cappitaine de mil hommes de la légion de Picardie, qui trépassa à Saint-Dizier le XIIIme jour de juillet mil V^e. XLIIII. Priez Dieu pour lui.

>Entre ces nobles preux et vaillants champions
>Qui ont mis en haut bruit la querelle de France,
>Cestuy est renommé en maintes régions.
>Landrecies loue encore sa prouesse et vaillance ;
>Iron (2) ne s'en tait pas, où par grand'défiance
>Monstrée aux ennemis, a fait très haute emprise.
>Son cœur était dispos à aimer cette église ;
>Partant y gist son corps. Son nom mis en mémoire,
>Dites, pour luy priant, toute offense remise,
>Eustache de Bymont, Dieu te mette en sa gloire ! »

La tombe devait se composer de six pierres ; on n'en voit plus que quatre. On pensait que des fouilles légères feraient découvrir les deux autres, peut-être le chef et les épaules de Lalande ; on a fouillé et l'on n'a rien trouvé (3). On dit

(1) Collection Guilhermy, t VIII, p. 298.
(2) Iron est un village du canton de Guise, dans l'Aisne ; nous ignorons à quel fait d'armes il est fait allusion.
(3) Nous avons visité le tombeau de Lalande le dimanche 11 mars 1900 ; il nous apparut tel que nous le décrivons ici. Nous demandâmes à la direction des Beaux-Arts de faire opérer quelques fouilles dans la nef de la cathédrale en vue de retrouver les fragments qui manquaient. M. le directeur des Beaux-Arts nous répondit le 23 juillet 1900 qu'il avait chargé de ce travail M. l'architecte Sauvageot. Les fouilles furent exécutées, mais n'amenèrent aucun résultat.

qu'Eustache de Bimont était citoyen de Laon (1). Citoyen honoraire peut-être. Ce qu'il y a de certain, c'est qu'il n'exerça jamais de fonction dans la ville : les archives municipales, très complètes depuis le quatorzième siècle, ne font aucune mention de lui (2).

C'est en 1519 que le nom de Lalande paraît pour la première fois dans les mémoires du temps; il figure parmi les capitaines des 2 000 gens de pied envoyés au secours du roi de Danemark contre la Suède révoltée (3). Christiern II de Danemark était un des rares alliés de la France; il le resta jusqu'à la diète de Spire en 1544, où il se réconcilia avec Charles-Quint dont il avait épousé la sœur, Isabelle d'Autriche. On attachait un trop grand prix à son amitié plus onéreuse qu'utile. Lorsque la Suède, impatiente de son joug, se souleva contre lui, il s'empressa de demander des troupes à la France. Il n'obtint rien d'abord; mais ayant dépêché à Paris, au printemps de 1519, un nouveau négociateur, Jörgen Skotborg, celui-ci fit si bien qu'on promit 2 000 hommes. On en leva mille en Normandie et les mille autres probablement en Picardie : c'est une compagnie de ces derniers que commandait sans doute le capitaine Lalande. On mit à la tête de la flotte Gaston de Brézé, frère de Louis de Brézé, grand sénéchal de Normandie et mari de Diane de Poitiers; Jacques Valles eut le commandement des troupes. L'expédition fut malheureuse. Après quelques succès, l'armée franco-danoise fut complètement battue sur le Tiveden en février 1520. Valles est fait prisonnier. La moitié des Français sont tués ou pris. L'autre moitié put passer en Écosse et de là retourner en France où elle arriva dans un état lamentable (4). Le pays ne prêta qu'une médiocre attention à cet

---

(1) Devisme, *Histoire de Laon*, t. Ier, p. 336.
(2) Nous devons cette information et quelques autres sur Lalande à M. Souchon, le très érudit et très bienveillant archiviste de l'Aisne.
(3) Du Bellay, p. 130.
(4) Il y a aux archives du Havre trois pièces relatives à cette expédition : 1° la commission de François Ier à l'amiral Bonnivet et, en son absence, au vice-amiral Guyon-le-Roy d'équiper les navires pour le transport des troupes. Saint-Germain-

événement qui se passait trop loin pour l'intéresser. Les contemporains n'en parlent que vaguement; ils se taisent sur le rôle de Lalande encore perdu dans la foule.

On le retrouve dans Hesdin en 1522 (1); il fait partie de la garnison et commande à 500 hommes de pied. Il ne quitte plus la frontière du nord où l'on ne cesse de se battre. Tout se passe en attaques et en défenses de places. Il devient un maître dans cette partie, qui était presque toute la guerre. Il était noble, mais de petite et récente noblesse (2); il dut faire son chemin dans l'infanterie, qui du reste prenait chaque jour plus d'importance : il excella comme capitaine de gens de pied. Soldat de fortune, ou, comme on disait alors, aventurier de guerre, il parvint de grade en grade à force de courage et de services et conquit le renom d'un vieux routier pour qui le métier n'avait point de secrets. La défense de Landrecies en 1543 mit le comble à sa célébrité. La place fortifiée hâtivement et rendue à peu près tenable, Lalande y fut laissé en qualité de lieutenant du roi ; mais comme il était atteint d'une fièvre tierce, on lui donna pour collègue d'Essé : cette lieutenance à deux têtes n'eut pas d'inconvénient, grâce à la parfaite entente des deux lieutenants du roi. Lalande et d'Essé tinrent tête à toutes les forces impériales jusqu'à ce que l'armée française vint les relever. François Ier récompensa la garnison et ses deux chefs : il nomma d'Essé, « qui avait la race plus noble », gentilhomme de la chambre, et Lalande maître d'hôtel du roi, charge honorable, mais infé-

---

en-Laye, le 4 juin 1519 ; 2° une lettre de l'amiral Bonnivet au vice-amiral Guyon-le-Roy pour le prier de faire arrêter l'équipage d'un navire qui avait rebroussé chemin et était rentré à Dieppe. Blois, le 29 mai (1519); 3° une lettre du roi à Guyon-le-Roi pour lui dire de faire restituer à l'agent des marchands de Lübeck qu'il lui adresse les marchandises qui leur ont été prises par quelques équipages de la flotte française. Saint-Germain-en-Laye, le 28 septembre (1519). Ce sont les seuls documents inédits que nous ayons découverts sur ce « voyage ».

(1) Du Bellay, p. 166.

(2) Lépine, dans son *Histoire de la ville de Rocroi*, dit, d'après le *Nobiliaire de Lorraine* de Lepelletier, que le duc Antoine de Lorraine anoblit la famille de Bimont le 7 juillet 1521, en la personne de Pierre de Bimont, son sommelier. Elle portait d'azur au griffon d'or, lionné, meublé de même, ayant au pied un flacon d'argent enchaîné d'or.

rieure à l'autre (1). Cette partialité royale pour le plus noble ne pouvait choquer personne ; elle découlait naturellement du régime politique et social établi. Mais la voix publique n'en proclama pas moins le seul Lalande défenseur de Landrecies, et ce titre fit corps avec son nom : les dépêches italiennes n'oublient jamais le glorieux surnom.

Lorsque les Impériaux menacèrent Saint-Dizier, Lalande parut le seul homme capable de leur résister : n'étaient-ce pas les mêmes généraux et presque la même armée qu'il avait déjà repoussés à Landrecies? On résolut donc de l'envoyer comme second au comte de Sancerre, qui était un homme d'armes, pour commander les gens de pied, la principale force de la garnison. Lalande hésita : peut-être se sentait-il encore trop mal remis des fatigues de Landrecies pour affronter un nouveau siège. Il fallut un ordre exprès du roi pour le décider (2). Il n'arriva à Saint-Dizier qu'au dernier moment, le 2 juillet, deux jours avant l'apparition de l'ennemi ; il amenait avec lui une petite troupe de 300 hommes de pied. Les Impériaux crurent d'abord qu'il commandait en chef ; ils ne s'imaginaient pas qu'étant dans la place, un autre que lui pût être lieutenant du roi. Il n'assista qu'au commencement du siège : il vit les ennemis reconnaître la ville, se transporter de l'est à l'ouest, établir leur camp en face du bastion ouest, dresser leurs batteries et ouvrir le feu, et ce fut tout. Un coup de canon l'emporta le dimanche 13 juillet (3), le

(1) Brantôme, t. III, p. 385.

(2) Il y a au *British Museum* une copie de deux lettres en espagnol relatives à ce moment de la campagne ; elles ne sont pas signées, mais l'information en est généralement exacte. La première, copiée à Simancas, est datée de Saint-Dizier, le 25 juillet 1544 ; elle donne un état nominatif des pertes impériales à l'assaut du 15 juillet : état très incomplet, mais utile à consulter pour l'établissement de certains noms douteux. La seconde, dont l'original se trouve à l'*Académie d'histoire* de Madrid (Bibliothèque de Salazar), parle des premiers pourparlers de paix. C'est dans la première de ces deux lettres qu'on lit ce détail ignoré sur Lalande : « ... Y se fue a poner alli... contra su voluntad por expresso y forçoso mandamiento del rey frances ». — (Il se rendit à Saint-Dizier contre son gré par commandement exprès et impératif du roi français.)

(3) Nous tenons cette date pour certaine : c'est celle que porte son épitaphe, et il n'existe aucun document authentique et décisif qui la rende douteuse.

second jour du bombardement et le jour même de l'arrivée de l'empereur. Lalande ne fit en quelque sorte que paraître et, par une fortune singulière, son nom populaire domine la défense et semble l'incarner. Son souvenir reste vivant; on parle d'abord de lui, ensuite de Sancerre. Honorons sa mémoire, mais n'oublions pas que Sancerre repoussa le terrible assaut du 15 juillet et tint encore un mois.

MARINI

Girolamo Marini ou Marino fut un des plus célèbres ingénieurs militaires de la première moitié du seizième siècle. Il eut une existence assez agitée : il connut le bannissement en sa jeunesse et la prison sur ses vieux jours. De tels accidents n'étaient pas rares à cette époque : les meilleurs et les plus dignes y étaient sujets. Il se disait de Bologne, mais il était en réalité de Casara, hameau de la commune de Montegibbio, qui aujourd'hui fait partie de celle de Sassuolo : c'était proprement un Modenais. Jusqu'à ce qu'un document nouveau permette de préciser la date de sa naissance, il y a lieu de la placer un peu avant, mais pas plus tard que 1490 (1). Son père s'appelait Tommaso; on le trouve en 1482 conseiller municipal de Montegibbio : il jouissait donc d'une certaine considération parmi ses concitoyens. La famille alla s'établir à Bologne; Girolamo y vécut son enfance et sa première jeunesse. Il se mêla aux luttes politiques et prit parti pour les Bentivoglio. Renversé du pouvoir en août-novembre 1506 par Jules II, aidé de Chaumont d'Amboise, gouverneur de Milan, Jean II Bentivoglio, sa famille et ses partisans furent bannis à perpétuité par un arrêt du sénat rendu le 3 décembre de cette année; Girolamo figure sur la liste des proscrits. Au commencement de mai 1507, une forte troupe de Bentivogliens, gens de pied et chevau-légers, tenta contre Bologne un coup de main qui échoua. Le sénat ordonnait deux mois

(1) Banni de Bologne en 1506, il devait avoir en ce moment au moins seize ou dix-sept ans et être né par conséquent en 1490 au plus tard.

après de faire le procès aux principaux coupables; il prononçait en outre contre les contumaces la double peine du bannissement perpétuel et de la confiscation des biens. La liste annexée au décret sénatorial comprend cent soixante-trois noms, parmi lesquels celui de Girolamo. Son procès manque dans la série. C'est qu'il n'eut pas lieu contradictoirement : il fut condamné par contumace. Les années apaisèrent les fureurs civiles. Le 7 février 1516, le sénat décida par vingt voix contre neuf de commuer le bannissement et la confiscation en une légère amende : les proscrits en furent quittes pour verser dix livres à la fabrique de San Petronio et trois autres au mont-de-piété. Girolamo paya, mais ne rentra point. Il se sentait du talent et avait de l'ambition; il aima mieux voir du pays et s'en trouva bien.

Sans doute le bannissement lui fut d'abord pénible parce qu'il lui rappelait la défaite de son parti; mais il ne fut pas inutile à sa formation et à sa fortune : le banni travailla, pratiqua les ingénieurs célèbres, se fit des amis et des protecteurs. Il commençait à percer. Il lui parut qu'un beau nom pourrait l'aider à faire son chemin. Il changea d'abord de lieu de naissance. Casara où il était né était inconnu; Bologne où il avait grandi était illustre. Il déclara qu'il était de Bologne, et comme personne n'avait intérêt à le contredire, tous les contemporains, italiens et français, le crurent sur parole. Il fit mieux encore. Il n'avait qu'un prénom : Girolamo, Jérôme; il jugea que c'était trop peu. Il y avait à Bologne une famille Marini qui, sans être noble, était des plus honorables; il prit son nom et jusqu'à ses armoiries, auxquelles il ajouta plus tard les lis de France. Ces petites supercheries n'étaient pas rares; elles ne choquaient point et passaient inaperçues. C'est ainsi que Girolamo de Casara devint Girolamo Marini de Bologne (1). Il ne lui restait plus qu'à devenir un grand ingénieur.

(1) *La patria e la famiglia di Girolamo Marini*, etc., par G. Livi. Bologne, 1901. — Avec une critique aussi sûre qu'ingénieuse, le très érudit et très aimable directeur des Archives d'État de Bologne a su faire à l'aide de textes menus et presque insignifiants en apparence une pleine et définitive lumière sur le lieu de

L'Italie du quinzième et du seizième siècle excella dans la fortification. Elle dut cette supériorité à son morcellement politique. Les rivalités d'intérêt ou d'ambition entre ses différents États éternisaient les luttes intestines; la guerre était son état normal. Chacun cherchait à se remparer du mieux qu'il pouvait; il y eut comme un assaut de science et d'ingéniosité entre l'attaque et la défense. Les invasions étrangères, en aggravant le mal, surexcitèrent l'effort. Sous l'influence de la Renaissance, on étudia passionnément les grandes guerres romaines, et l'expérience des fils s'enrichit de celle des ancêtres. Ainsi stimulé, le génie militaire italien prit un merveilleux essor. Il se produisit une magnifique éclosion de talents : ce fut l'âge d'or de la fortification. L'Italie surabonde d'ingénieurs; elle en fournit l'Europe. Charles-Quint et surtout François Ier sont entourés de fortificateurs italiens.

Il y a deux périodes dans la vie de Marini : la période italienne et la période française. La première est inconnue : depuis son double bannissement en 1506 et 1507 jusqu'en 1537, on ne sait à peu près rien de lui. On ne lui connaît point de maîtres; il est probable qu'il n'en eut pas : il était né ingénieur. Ce qui paraît certain, c'est qu'il vécut quelque temps à Rome et qu'il s'y lia d'amitié avec Antonio da Sangallo. Peut-être collabora-t-il avec lui aux fortifications d'Ancône, commencées sous Clément VII en 1523 (1).

A quel moment entra-t-il au service de la France? On l'y voit pour la première fois en 1537. Il est sous les ordres du comte Guido Rangone, lieutenant du roi en Piémont. L'assiette de Pignerol était si mauvaise qu'on désespérait de rendre la place tenable. Marini s'y prit si bien que le marquis del Vasto, lieutenant de l'empereur dans le Milanais, après

---

naissance et la famille de Marini; rien d'aussi plausible n'avait encore été écrit sur les origines de notre ingénieur.

(1) Carlo PROMIS, *Miscellanea di storia italiana*, t. IV, p. 626. Torino, 1863. — Promis s'est beaucoup occupé des ingénieurs militaires italiens du quinzième et du seizième siècle. Sa notice sur Marini est un peu vide; il ne cite guère que les mémorialistes français, du Bellay, Montluc, Brantôme, etc.; nul document inédit.

l'avoir reconnue, « trouva, par l'advis de ses capitaines, qu'il n'étoit raisonnable de l'assaillir par force : par quoy délibéra de l'affamer (1). » Guido Rangone avait été longtemps au service de l'Église : on le voit gouverneur de Reggio en 1521 (2), et de Modène en 1523 (3). Ce n'était pas seulement « un homme de grande réputation parmy les gens de guerre » ; il passait encore pour un excellent ingénieur (4). Il était en outre originaire de Modène. Il dut connaître de bonne heure, soit à Rome ou ailleurs, le banni de Bologne ; il apprécia son talent et s'intéressa à sa fortune : il est naturel qu'il l'ait appelé auprès de lui. Or Rangone passa au service de la France en 1525, quelques jours avant la bataille de Pavie (5). C'est donc vers ce temps qu'il convient, ce semble, de placer l'arrivée de Marini en Piémont et son entrée au service de la France.

L'ingénieur avait fort à faire en Piémont. Le pays était couvert de petites places que Français et Impériaux se disputaient avec acharnement : sans cesse battues par les uns ou par les autres, il fallait sans cesse réparer ou refaire leurs défenses. Marini passa plusieurs années en Piémont. Sur ce théâtre de luttes aussi obscures qu'incessantes, il ne tarda pas à briller et à se tirer du pair. Il vit se succéder comme lieutenants du roi les hommes les plus considérables de notre pays ; il sut s'imposer à tous par sa science et par son activité. On consacra sa supériorité en le nommant commissaire général des réparations des places du Piémont.

Marini soigna toujours sa fortune. Il s'était donné un nom, il voulut avoir un titre. Cela lui parut d'autant plus indispensable que les titres primaient tout et qu'en France surtout le premier des mérites était d'être gentilhomme. Il pensa que ses services valaient le titre de chevalier et le sollicita. François Ier, très favorable aux Italiens, leur prodiguait les

---

(1) Du Bellay, p. 461.
(2) *Id.*, p. 118.
(3) *Id.*, p. 181.
(4) Carlo Promis, *Miscellanea, etc.*, t. XII, p. 449.
(5) Du Bellay, p. 194.

honneurs et l'argent : politique habile, qui multipliait ses partisans au delà des Alpes. Il donna lui-même l'accolade à Marini à Meudon, le 27 février 1541. Ce diplôme de chevalerie s'est conservé ; il est inédit : plus encore que son importance comme document, sa saveur archaïque nous engage à le publier.

« Francoys, etc., scavoir faisons, etc., que nous, deuement informez des bonnes et louables vertuz, sens, intégrité, noblesse, vaillence, preudhommye et expérience au faict des armes de nostre cher et bien aimé le cappitaine Jherosme Marin de Boullongne, commissaire général ès réparacions de nostre pays de Piedmont, iceluy, pour ces causes, en faveur aussi et pour considération des bons et recommandables services qu'il nous a par cy devant faictz au faict de la guerre, faict et continue chacun jour audict estat de commissaire général des dictes réparations en nostre dict pays de Piedmont et espérons qu'il sera pour faire de bien en mieulx en l'advenir, et en inclinant libérallement à la supplication et requeste qu'il nous a pour ce faicte, avons ce jourd'huy faict et faisons chevalier et dudict tiltre et honneur de chevallerie décoré et décorons par ces présentes, et en signe de ce lui avons baillé de nostre main l'acollade en la présence d'aucuns princes de nostre sang et autres chevaliers estans lez nous, voullans que en tous et chacuns actes, assemblées et compaignies de nobles chevaliers il soit doresenvant censé, tenu et réputé chevalier et que dudict tiltre de chevallerie il jouisse et use tant en temps de guerre que dehors en tel degré, auctorité et perchemin et avec telles franchises, libertez, droitz et immunitez dont ont acoustumé joyr et user les autres chevaliers faictz de nostre main. Si donnons en mandement à tous nos lieuxtenants généraux, gouverneurs, cappitaines, chefz et conducteurs de noz gens de guerre et à tous noz autres justiciers et officiers ou à leurs lieuxtenants et à chacun d'eulx en droict soy et comme à luy appartiendra, que ledict cappitaine Jherosme Marin de Boullongue ilz facent, souffrent et laissent dudict tiltre user pleinement et paisiblement ainsi que dessus est dict, cessans et faisans cesser tous troubles et empeschemens à ce contraires : car tel est nostre plaisir. Et affin que ce soit chose ferme et estable à tousjours, nous avons faict mettre nostre scel à ces dictes présentes, sauf en ces choses nostre droict et l'autruy en toutes.

Donné à Meudon lez Paris le pénultième jour de février l'an de grâce mil cinq cent quarante et ung et de notre règne le 26ᵉ. Ainsi signé Par le Roy, le sire de la Hunaudaye et d'Annebault maréchal de France présent, etc. (1) »

(1) Archives nationales, JJ 256¹, fol. 5 v°. — Carlo Promis dit dans sa notice sur Marini *(Miscellanea, etc.*, t. IV, p. 625) : « ... Amollo (Marini) Enrico II di Francia, che lo insignì dell'ordine suo di S. Michele...» Promis a confondu deux

Marini ne s'était jusque-là signalé qu'en Piémont; on ne voit pas qu'il ait encore servi en France, du moins d'une manière suivie. C'est en 1542 que commence la période proprement française de sa vie, la plus glorieuse et la mieux éclairée : dans les cinq dernières années du règne de François Ier, elle se déroule en pleine lumière et en pleine histoire ; elle redevient, il est vrai, fort accidentée et un peu confuse sous Henri II. Marini a dépassé la cinquantaine ; mais son activité n'en est point ralentie : il est de toutes les campagnes et travaille sur toutes nos frontières. Il jouit de la faveur de François Ier et de la confiance de l'armée. Français et Impériaux le considèrent comme un des plus grands ingénieurs du temps.

Durant les six premiers mois de 1542, il continue à remplir les fonctions de commissaire général en Piémont. Le 8 mars, l'ambassadeur de Ferrare en France, Ludovico da Thiene, écrit de Paris : « On vient d'envoyer le capitaine Girolamo Marini en Piémont pour fortifier la Perosa, lieu de passage après Pignerol ». (1) Le 5 juin, Guillaume du Bellay, lieutenant du roi en Piémont, écrit de Turin au maréchal d'Annebaut : « Je ne scay, Monseigneur, autre chose vous escripre, sinon vous ramentevoir... que je me trouve en grande perplexité du tour que nous a joué Hiéronyme Marin ; car je ne sçay encores s'il retournera, et ne trouvons ingénieux qui veuille continuer son œuvre, de peur que s'il y a faulte, elle soit attribuée, non à qui a faict de desseing, mais à qui l'aura (comme l'on pourroit mettre à sus) mal entendu et mal suivy. L'on y besogne toutesfoys au mieulx que l'on peult... (2) » Ce plan, que pour des raisons inconnues il lais-

---

choses très différentes : Marini reçut de François Ier l'ordre de la chevalerie, mais il ne fut jamais chevalier de l'ordre de Saint-Michel.

(1) Archives d'État de Modène.

(2) Lettre citée par Alexandre TAUSSERAT-RADEL dans la *Correspondance politique de Guillaume Pellicier*, p. 661. Paris, 1899. — M. Tausserat-Radel identifie à tort le « Hiéronyme Marin » de Guillaume du Bellay avec « ung nommé messire Jheronimo de Treviso, fort ingénieux à faire instrumentz sur le faict de la guerre », dont parle Pellicier dans sa dépêche du 20 août 1540. Marini était certainement au service de la France en 1537 (Martin DU BELLAY, p. 461) et pro-

sait à d'autres le soin d'exécuter, paraît avoir été son dernier travail en Piémont : du moins n'est-il fait mention d'aucun autre dans la suite.

Peu de temps après, Annebaut quittait le Piémont où durant plus d'un mois, avec une force importante, il n'avait su rien faire, désespérant Guillaume du Bellay par son indécision ; il en ramenait les meilleures troupes sans oublier le meilleur ingénieur, et allait prendre le commandement de l'armée que l'on dressait contre le Roussillon. La formation et la marche de cette armée, d'ailleurs très belle et très forte, furent si lentes, qu'elle ne parut devant Perpignan que le 26 août. En outre, au lieu d'être tenue secrète, l'entreprise avait d'abord été ébruitée (1). Si bien que les Français, qui croyaient surprendre la ville, la trouvèrent admirablement prête ; les hommes, les vivres et les canons y abondaient ; elle avait eu le temps de se rendre imprenable.

Marini se met aussitôt aux travaux d'approche ; le jeune François de Genouillac, qui commande l'artillerie en l'absence de son père, ne le quitte point. Survient un visiteur qui, connu de Genouillac et présenté par lui, dit à brûle-pourpoint à l'ingénieur : « Vous avez commencé vos tranchées trop loin ; vous ne pourrez être en batterie avant huit jours ; vous jouez le jeu de l'ennemi en lui donnant le temps de se rendre inexpugnable sur ce point. » — « J'en conviens », aurait simplement répondu Marini, ne jugeant pas à propos d'en dire davantage. S'il eût voulu parler, il aurait ajouté sans doute qu'ayant affaire à une place hérissée d'artillerie, il avait tenu à ménager la vie des travailleurs. Ce critique tranchant n'était autre que Montluc. Il avait fait la guerre en Piémont ; il connaissait Marini de réputation. A la

bablement depuis plusieurs années déjà : il n'avait donc pas à y entrer en 1540. D'ailleurs le « fort ingénieux » qui vint offrir ses services à Pellicier est parfaitement connu : c'est Girolamo Pennacchi de Trévise. Ses offres n'ayant pas été agréées, il passa en Angleterre où Henri VIII, émerveillé des engins de guerre italiens qu'il lui fit connaître, le combla de présents et le retint à son service. Il fut tué au siège de Boulogne en 1544. Carlo Promis, *Miscellanea*, etc., t. XIV, p. 136. Turin, 1874.

(1) Du Bellay, p. 494.

nouvelle que celui « qu'on estimoit le plus grand homme d'Italie pour assiéger places » allait diriger les opérations du siège, il avait couru au camp pour le voir à l'œuvre et s'instruire à son école. Il augura mal de la manière dont il s'y prenait, alla trouver Annebaut et lui dit qu'il se faisait fort de prendre la ville s'il voulait l'en charger. Le maréchal aima mieux laisser faire Marini. Montluc avait de l'expérience et surtout du coup d'œil, mais il ne possédait pas certainement la science de Marini. Seulement il avait en cette circonstance un réel avantage sur lui : il connaissait à merveille le fort et le faible de la place pour l'avoir reconnue en dedans et en dehors quatre ans auparavant, pendant la conférence de Leucate, non sans péril pour sa vie, quoique déguisé en cuisinier. Aussi se promit-il de ne jamais plus servir d'espion. « C'est un mestier trop dangereux et que j'ay toujours hay », dit-il (1). On ne put s'emparer de Perpignan : le 4 octobre, l'armée décampait à la hâte et un peu confusément devant les inondations d'automne.

Cet insuccès, dû surtout à la grande force de la place et aussi, ce semble, à l'insuffisance d'Annebaut, ne diminua point Marini; il devient l'ingénieur le plus occupé et le plus écouté. Dans la campagne de 1543, il fortifie Landrecies (2), le « château d'Emery » sur la Sambre (3) et Luxembourg (4). En 1544, la défense de Saint-Dizier met le comble à sa réputation. Le traité de Crépy étant devenu caduc par la mort du duc d'Orléans survenue le 8 septembre 1545, François Ier regarde la guerre comme inévitable et s'y prépare. La frontière du nord-est, la grande voie des invasions impériales, est à peu près dégarnie de places fortes; il s'agit de la mettre en état de défense. Marini part dans les derniers jours de décembre pour aller l'inspecter de Vervins à Coiffy-le-Haut. Sur son rapport, le roi donna l'ordre de fortifier

(1) MONTLUC, p. 29.
(2) DU BELLAY, p. 509, ne le nomme pas, mais il était là, et il est invraisemblable qu'on se soit passé de ses conseils.
(3) Id., p. 510.
(4) Id., p. 518.

Mézières, Mouzon, Sainte-Menehould, Ligny, Saint-Dizier, Chaumont et Coiffy, « lequel lieu est à la portée d'une couleuvrine de la Franche-Conté, sept lieuës plus outre que Chaumont et à six lieuës par delà Langres » (1). Ce programme avait le mérite, rare en ce temps, de former un plan d'ensemble ; mais, quoique modeste, il ne reçut que de faibles commencements d'exécution : l'éternel délabrement des finances était un obstacle insurmontable aux efforts de longue haleine.

Dans l'automne de 1546, François Ier voulut se rendre compte par lui-même de l'état des travaux qu'il avait ordonnés tant en Bourgogne qu'en Champagne. Il y a sur ce voyage dans les deux grandes provinces frontières des détails inédits et intéressants dans les dépêches de l'ambassadeur de Ferrare en France. D'ordinaire, dans les déplacements de la cour, on assignait des logements aux ambassadeurs ; on avait cette fois négligé ce soin. Ils se logeaient comme ils pouvaient, tantôt ensemble, tantôt séparément. Ils suivaient la cour, mais s'en trouvaient souvent éloignés, mis en défaut par les soudaines modifications de l'itinéraire royal. En attendant qu'ils pussent la rejoindre, ils passaient le temps à décrire les lieux qu'ils rencontraient sur leur chemin. C'est ainsi que nous devons à l'ambassadeur de Ferrare la description de Montéclair et de Saint-Dizier. Le roi avait emmené avec lui Marini et Girolamo Bellarmati de Sienne, ses deux commissaires généraux des fortifications le premier en Champagne et le second en Bourgogne. Étant à Vassy, il les envoya visiter Montéclair, dans le pays de Langres. Le pays de Langres formait au point de vue de la défense une division territoriale à part, ne dépendant ni de la Bourgogne ni de la Champagne ; il était donc en dehors de la surveillance et comme

---

(1) Du Bellay, p. 505. — Marini ne figure dans cette inspection que comme conseiller technique de Martin du Bellay ; mais il est déjà vraisemblablement commissaire général des fortifications en Champagne, titre qu'on lui voit quelque temps après dans le voyage du roi : c'est donc lui qui décide en réalité des lieux à fortifier et des ouvrages à exécuter. François Ier modifia certains points de son projet.

de la juridiction des deux commissaires généraux, qui cependant avaient un égal intérêt à ce qu'il fût fort : de là l'envoi de l'un et de l'autre à Montéclair. C'était un lieu situé au sommet d'une colline entourée de montagnes, mais assez éloignée d'elles pour ne pouvoir en être battue. Sur la colline, nulle habitation ; au pied, un pauvre petit village. Le roi voulait fortifier Montéclair, non pas qu'il craignît que l'ennemi s'aventurât dans cette région montagneuse et stérile, mais il lui paraissait qu'on pourrait de ce poste battre la campagne et couper les vivres à l'envahisseur qui entrerait par la Champagne ou par la Bourgogne et surtout par le pays de Langres. Les deux commissaires généraux trouvèrent le fort à peine commencé (1).

Le projet de Marini pour la défense de la Champagne prévoyait trois bastions pour Saint-Dizier (2). Il y en avait quatre au moment du siège ; on en sacrifiait donc un. Voici exactement quel était l'état de la place le 21 octobre 1546. On avait construit un très beau bastion entièrement revêtu de pierre ; un second était fort avancé. On allait entreprendre d'autres travaux. On se proposait d'élargir l'enceinte : le nouveau Saint-Dizier serait deux fois plus grand que l'ancien. Comme gouverneur de la place, un capitaine qui habitait le château ; il avait sous ses ordres cinquante hommes qu'il payait deux ducats d'or et dix parpilloles par mois (3). On n'avait rien fait à Saint-Dizier dans l'année qui suivit le siège, mais on y travailla sérieusement en 1546. Il ne semble pas que la mort de François Ier, arrivée quelques mois plus tard, le 31 mars 1547, ait ralenti les travaux. On sait que

---

(1) Giulio Alvarotti, ambassadeur de Ferrare en France, dépêches datées de Vassy, le 15 octobre et de Montéclair le 19 octobre 1546. — En 1523, la Mothe-des-Noyers, gentilhomme du connétable de Bourbon, « descendit en Champagne » avec une armée de lansquenets et prit Coiffy et Montéclair ; le duc de Guise affama l'envahisseur, le contraignit à la retraite et le défit au passage de la Meuse, à Neufchâteau. Du Bellay, p. 178.
(2) Du Bellay, p. 565.
(3) Alvarotti, dépêche datée de Saint-Dizier, le 21 octobre 1546. Archives d'État de Modène. — *Parpillole*, nom d'une petite monnaie du seizième siècle. Littré, au mot *parpaillot*.

Henri II poussa vigoureusement les fortifications sur toutes les frontières (1).

Le nouveau règne ne fut point favorable à Marini. Sa réputation lui avait fait des envieux, mais surtout la faveur de François Ier et de Madame d'Etampes lui avait créé de redoutables ennemis politiques. Le moment parut propice à sa perte : la disgrâce, la ruine et quelquefois la mort frappaient les puissants du dernier règne. « Ce royaume écrit l'ambassadeur de Venise, continue à être sous la domination des femmes. Madame la sénéchale n'a pas moins d'autorité auprès de Henri II que n'en avait Madame d'Etampes auprès de François Ier; peut-être même en a-t-elle davantage. » Qu'avait fait Marini à Diane de Poitiers? Avait-il pris trop ouvertement parti pour la favorite du père contre celle du fils? Cela est vraisemblable : car le grief que Diane formula contre lui a plutôt l'air d'un prétexte et explique mal l'âpreté de sa haine. Elle l'accusa de vexations envers des paysans de ses terres et fit tant qu'elle obtint un mandat d'arrêt contre lui. Marini, qui se trouvait en Champagne, n'eut rien de plus pressé que de passer la frontière et de se réfugier en pays d'Empire : il lui déplaisait d'être jeté en prison sans autre forme de procès. Sa fuite mit la cour en émoi. Le roi était inquiet : il craignait que l'homme de France qui connaissait le mieux l'état des frontières n'allât le révéler à l'empereur. Marini n'y pensait point. Une fois en sûreté, il s'empressa de demander l'autorisation de venir se justifier, mais à condition qu'il ne serait pas appréhendé. Il avait un jeune frère appelé Camille, comme lui ingénieur au service de la France; il le dépêcha à Henri II, porteur d'une lettre où il le suppliait de lui accorder un sauf-conduit. On fut trop heureux de le lui envoyer. Marini accourut, reçut du roi l'accueil le plus gracieux et n'eut pas de peine à le convaincre de son innocence. Henri II était sincère, mais Diane ne se

---

(1) « Alle piazze et fortezze si attende con diligentia... » Dépêche de l'ambassadeur de Venise, datée de Paris, le 3 juin 1547. Archives d'État de Venise, *Dispacci Francia*.

tint pas pour battue et se promit de prendre sa revanche (1).

Après cette chaude alarme qui dura de la fin de mai à la fin de juillet 1547, Marini reprit ses travaux de fortification, peu rassuré sans doute, quoique paraissant avoir la confiance du roi : le nouveau règne s'annonçait mal pour lui. Dans les derniers jours de décembre, une crue extraordinaire de la Meuse, causée par des pluies qui n'avaient pas cessé de tomber depuis le mois de septembre, ruine la moitié des remparts de Mézières; il répare le dégât (2). En janvier 1548, il reçoit l'ordre de raser une forteresse construite par un gentilhomme, sujet de l'Empire, à une demi-lieue de Mézières (3). En mai de cette même année, il construit avec son frère Camille un fort devant Boulogne (4). On le perd de vue les années suivantes : peut-être d'autres dépêches italiennes encore ignorées viendront-elles un jour éclairer ce moment de sa vie. On le retrouve en novembre 1552, mais à la conciergerie du palais, à Paris. Il était depuis longtemps en prison (5), sans que l'on connaisse d'ailleurs la date exacte de son incarcération. Lorsqu'on apprit la fâcheuse nouvelle de la prise d'Hesdin par les Impériaux le 5 novembre 1552 (6), le bruit se répandit, dans le premier

(1) Dépêches de l'ambassadeur de Venise, datées de Paris, le 3 juin, de Paris, le 8 juin et de Compiègne, le 13 août 1547. — Nous devons la communication de ces trois curieuses dépêches à M. Malagola, l'éminent directeur des Archives d'État de Venise. — Il y a aussi aux Archives d'État de Modène une dépêche de Francesco-Maria Novelli, ambassadeur de Ferrare en France, datée de Château-Thierry, le 5 août 1547, où il est question de cette affaire.
(2) Dépêche de l'ambassadeur de Venise, datée de Moret, le 28 décembre 1547.
(3) Dépêche de l'ambassadeur de Venise, datée de Moret, le 24 janvier 1547, « 1548, l'année vénitienne ne commençant que le 25 mars. » — Il s'agit du château de Lumes (Ardennes). La dépêche porte : « ... Ha (le roi) mandato il cavallier Marino con buon numero di gente et la (la forteresse) ha fatta spianar tutta, in modo che appenna li apparono le vestigie ». Cela n'est pas exact. Peut-être Marini détruisit-il quelques ouvrages extérieurs, mais le château ne fut ni pris ni rasé. Il se rendit « à la merci et clémence » de Henri II en juin ou juillet 1552. François DE RABUTIN, p. 426, coll. Michaud et Poujoulat.
(4) Dépêche de l'ambassadeur de Venise, datée de Troyes, le 13 mai 1548.
(5) « ... Che hanno tenuto tanto tempo prigione in Parigi... », dit Novelli, dépêche datée de Reims, le 7 novembre 1552. Archives d'État de Modène.
(6) Sur la prise d'Hesdin par le comte de Reux, voy. RABUTIN, p. 439.

trouble de la cour, qu'on allait le relâcher pour l'envoyer à la frontière menacée. On n'en fit rien ; il est encore en prison le 13 avril 1553. Il avait été emprisonné comme suspect de trahison : cela ressort clairement de sa lettre au duc de Ferrare. L'accusation de trahison, cette obscure ressource contre les gens qu'on veut perdre, était assez commune : la duchesse d'Etampes, Longueval, le maréchal du Biez, d'autres encore, avaient dû s'en laver. Peut-être lui faisait-on un crime de sa fuite en 1547. Il écrivit de sa prison aux personnages influents qui l'honoraient de leur amitié ou de leur protection pour les prier de s'intéresser à son sort. Deux de ces lettres subsistent : c'est la seule écriture qui nous reste de lui. Elles sont adressées à la cour de Ferrare, l'une au duc lui-même et l'autre à Guido Bentivoglio.

Il écrit au duc :

> Illustrissime et Excellentissime Seigneur,
>
> Je sais par le colonel San Pietro Corso et par mon frère (1) combien Votre Excellence est jalouse de l'honneur italien. Aussi, injustement soupçonné, n'hésité-je point à recourir à vous comme à mon défenseur naturel. Je suis innocent; je me suis toujours conduit en homme d'honneur. Cependant Sa Majesté très chrétienne me traite en suspect; elle craint qu'étant libre je ne lui sois infidèle. Il n'y a pas dans toute ma vie un seul acte qui autorise un tel soupçon; la déloyauté répugne à notre caractère national. Je vous prie donc, si c'est possible, de convaincre le roi de mon parfait loyalisme et de l'amener à me délivrer de prison. Assurez-le que je n'entreprendrai jamais rien contre sa volonté et que je le servirai avec la fidélité que les citoyens de notre illustre patrie ont coutume de garder à leurs maitres. S'il vous plait d'être mon répondant auprès de lui, je jure de remplir tous les engagements que vous prendrez en

---

(1) Il était mort au moment où Marini écrivait cette lettre; il avait été tué dans Metz, le 5 décembre 1552. « Ce jour nous perdismes deux hommes de bon service, Camille Marin... mettant la teste au lieu d'où M. de Guyse venoit de retirer la sienne, soubdain il y receut un coup de harquebouze qui luy espandit la cervelle. » Bertrand DE SALIGNAC, *le Siège de Metz*, p. 543. — « ... fra gli altri sono morti Camillo, fratello del cavalliere Marino, che stava quivi (à Metz) per ingegniero... ». Alvarotti, dépêche datée de Compiègne, le 22 décembre 1552. Archives d'État de Modène. Camille, avant de partir pour Metz, devait avoir conseillé au prisonnier de recourir au duc de Ferrare. Il parait étrange que Marini parle de son frère comme s'il était vivant et qu'il semble ignorer sa mort, survenue quatre mois auparavant.

mon nom et de subir mille morts plutôt que d'y manquer. La honte que j'encourrais en violant mon serment me suivrait en quelque lieu que je fusse et serait pour moi plus terrible que tous les châtiments que vous seriez en droit de m'infliger. Certain que Votre Excellence ne m'abandonnera pas, je lui baise les mains et prie Dieu qu'il la comble de biens. De la conciergerie du palais, à Paris, le 8 avril 1553.

De votre Seigneurie illustrissime et excellentissime
le très humble serviteur.

Hieronymo Marini (1).

Guido Bentivoglio était fils de Constance, petit-fils d'Annibal et arrière-petit-fils de Jean II, qui fut dépossédé de la Seigneurie de Bologne. Henri II l'avait nommé gentilhomme de la chambre : les membres de ces grandes familles tombées, toujours bien traités et souvent pensionnés par la France, servaient l'influence française en Italie. Il vivait à la cour de Ferrare. Ancien bentivoglien, Marini lui rappelle son dévouement à sa maison et le prie de s'employer pour sa délivrance.

Illustre et honoré Seigneur,

Je sais combien vous avez à cœur ma délivrance et l'intérêt que daigne y prendre le prince de Ferrare. Je tiens à vous en remercier par lettre en attendant qu'il me soit donné de le faire de vive voix.

(1) Illmo et Exc^{mo} mio S^{re},

Avendo inteso per il colonello San Piero corsso et mio fratello quanto a V. Exc^a move l'honor patria *(sic)*, jo come servitore de principi et Quella come signore de servidori de sua natione, visto parimenti l'inozentia mia, che in vita manco non feci mai cosa non convenevole a homo d'honore, quantonque Sua Mag^{tà} mi tenghi per suspecto, dubitando che essendo fuori jo non fossi fidelle, cosa non mai conosciuta in me, et che la natione talliana non sogliono a darssi, si che, Illmo mio S^{re}, la suplico, se possibile è, fidarsi Quella de mia fede et pregare detta Mag^{tà} metermi fuori de preggione, che mai farò contra il suo volere et servirò con quella fede che una tanta patria a husata servire suoi principi et padroni, et piacendo a Quella promettere per me, gli impegno mia fede che prima morirò mille et mille volte che mai difraudare; hultra il dishonore, che V. Exc^a mi avrebbe sempre per darmi castigo in qualle parti del mondo jo fossi, et assicurandomi che V. Exc^a non m'abandonera, non gli farò più longo discorso, salvo suplicare nostro signore Dio felicitare la Excellente sua persona, a la qualle baso le mani. Di la Consergieria del palazo, a Parigi, li VIII d'aprille 1553.

Di V. S^{ria} Illma et Exc^{ma},
Humillissimo servidore,
Hyeronimo Marini.

(Archives d'État de Modène.)

Je vous suis d'autant plus reconnaissant que vous cherchez à me venir en aide sans me connaitre, ne voyant en moi qu'un compatriote malheureux. Je suis quelque chose de plus. Les miens furent toujours les serviteurs des vôtres, et j'ai été moi-même banni pendant onze ans pour avoir suivi votre père dans sa dernière entreprise contre Bologne. Vos prédécesseurs m'honoraient de leur bienveillance; je serais heureux de mériter la vôtre. Je vous prie de redoubler vos démarches en ma faveur et de joindre votre effort à celui du prince; ne m'abandonnez pas. Croyez comme la sainte Trinité que toutes les promesses que Son Excellence pourra faire en mon nom à Sa Majesté, je les tiendrai religieusement. Je compte sur votre courtoisie comme vous pouvez compter sur mon dévouement; je suis et serai toujours de vos plus zélés serviteurs. Je vous baise les mains et prie Dieu qu'il vous accorde une heureuse vie.

De la prison, à Paris, le 13 avril 1553.

De votre Illustrissime Seigneurie
le serviteur à jamais

le chevalier MARINI (1).

On voit par ces deux lettres que la cour de Ferrare, ou d'elle-même, ou sollicitée par les amis de Marini, s'était déjà occupée de sa délivrance. Est-ce à ses nouvelles instances qu'il dut sa mise en liberté? Ce qu'il y a de certain, c'est qu'elle eut lieu peu de temps après. Les liens de parenté qui unissaient la famille ducale à la maison royale lui don-

(1) Ill^{ro} S^{re} mio hon°,

Sapendo quanta affectione porta V. S. al facto de la mia liberatione, et parimenti la bona inclinatione de lo Exc^{mo} S^{re} Principe di Ferarra, jo o bene voluto con questa mia ringratiarla, aspectando quando piacera a Dio presentialmente poterla servire li meriti che quella mi fa, ancora che la no mi habia conusciuto, non di meno per la patria. Et gli posso bene dire che il sangue mio forno sempre servidori de li signori suoi predecessori. Et jo particolarmente sono stato undici anni bandito di Bologna per essermi trovato con il signor suo padre l'ultima volta a campo a Bologna, li qualli suoi predecessori mi portorno sempre affectione, che dessidero che V. S. ancora mi tenghi per talle, et che dal canto suo, per quanto la mi puotra favorire con la Exc^a del sudetto s^{re} principe, non me gli habandoni, tenendo per certo come de la Trinità che quanto prometterà detto Excellente Signore a Sua Mag^{ta} chio tenirò fede immortalle et indubitata. Mi assicurando che V. S. per sua cortesia non mancarà, non gli ne farò più longo discorso, ma sempre mi rendere et rendo suo come li suoi privati. Basandoli le mani, prego Nostro Signor felicitarla sempre. Di priggione, a Parigi, li XIII de aprille 1553.

Di V. S. Ill^{re} per sempre servirla
El cavall° Marini

(Archives d'État de Modène.)

naient un certain crédit ; le duc était particulièrement écouté lorsqu'il s'agissait d'Italiens au service de la France : on acceptait ce rôle de protecteur qu'il semblait ambitionner et qui le grandissait aux yeux de l'Italie. Henri II avait d'ailleurs une pressante raison de se montrer clément : il eut tout à coup besoin de Marini.

Lorsque, le 1er janvier 1553, Charles-Quint fut obligé de lever le siège de Metz, il parut si affaibli qu'on le jugea hors d'état de reprendre de longtemps l'offensive. Mais à peine le roi eut-il licencié son armée, que l'empereur reforma la sienne, et sachant nos places du nord à l'abandon, il fit assiéger Thérouanne, la plus importante et la plus démunie de toutes. C'était vers la fin d'avril. Henri II, pris au dépourvu, rassembla les quelques troupes qui lui restaient et les confia à d'Essé qu'il nomma son lieutenant dans Thérouanne. Il fallait un ingénieur : le roi se souvint du défenseur de Saint-Dizier, le tira de prison et le donna à d'Essé. Thérouanne se défendit vaillamment ; mais manquant de tout, assaillie par toutes les forces impériales et battue par une artillerie formidable, elle succomba le 20 juin. La garnison et la population furent presque anéanties, la ville totalement rasée (1). Nous avons la liste des principaux gentilshommes et capitaines français qui furent tués ou pris (2) ; Marini ne s'y trouve point. Mais nous savons par Sozzini qu'il fut au nombre des morts. « Le 8 juillet, dit le gentilhomme de Sienne, les Français (qui tenaient garnison dans la ville alors française) projetèrent de faire une très belle joute où 24 jouteurs, 12 de chaque camp, combattraient corps à corps ; elle devait avoir lieu le lendemain. Mais, dans la nuit du 8 au 9, M. de Thermes et le cardinal de Ferrare (lieutenants du roi dans Sienne) reçurent la nouvelle que les Impériaux avaient emporté Thé-

---

(1) Rabutin, liv. 5.
(2) Antonio-Maria di Savoia, ambassadeur de Ferrare auprès de Charles-Quint, dépêche datée de Bruxelles, le 25 juin 1553. — La liste est annexée à cette dépêche ; elle est en français et a pour titre : « Les noms d'aulcuns personnages... encloz de dans la ville de Therouenne prinse par assault le XXe de juing 1553, sur le disné. » Archives d'État de Modène.

rouanne en Picardie et que beaucoup de seigneurs et de capitaines français y avaient été tués : entre autres le chevalier Marini, qui fut général à la prise d'Hesdin où il fit éclater sa vaillance (1). Il ne parut pas convenable de se livrer à la joie dans une circonstance aussi douloureuse : on remit donc la joute et depuis il n'en fut plus question » (2).

Marini avait dépassé la soixantaine. Sa carrière fut longue et pleine, sa fortune diverse, brillante sous François 1er, humiliée sous Henri II, qui l'abandonna à la haine de Diane. L'ingénieur italien avait la vogue; Marini en profita. Se montra-t-il novateur ou ne fit-il qu'appliquer les principes du génie italien? Autant qu'on en peut juger par son œuvre trop vaguement décrite, il s'en tint à la fortification reçue, mais sans servilité, pliant la règle aux circonstances de lieu, de temps et d'argent. S'il eut une originalité, ce fut celle-là. L'homme nous échappe. Il se mêla de politique et, quoique Italien, paraît avoir manqué de flair : banni de Bologne et emprisonné en France, quoiqu'il eût admirablement servi notre pays, on le voit toujours du parti vaincu.

(1) François Ier se rendit maitre d'Hesdin en avril 1537. On s'empara aisément de la ville, mais ce ne fut pas sans peine qu'on emporta le château. Du Bellay, p. 440. Sozzini est le seul qui parle de la présence de Marini à ce siège et de la part brillante qu'il y prit. Sa famille était originaire de Bologne ; il a pu être particulièrement renseigné sur son compatriote et il y a lieu de tenir son témoignage pour exact. On voit dans cette campagne un autre ingénieur italien, Antonio da Castello, « lequel entreprint et se feit fort de rendre la ville (Saint-Pol) en six semaines imprenable à tout le monde... » Du Bellay, p. 411.

(2) « ... infra gli altri morì il cavaliere Marino, quale era stato generale nella presa d'Edin, dove aveva fatto bellissime prove... » *Il successo delle rivoluzioni della città di Siena...*, scritto da Alessandro di Girolamo Sozzini, gentiluomo sanese, per passar tempo et fuggir l'ozio, l'anno del Signore 1587. *Archivio storico italiano*, t. II. Firenze, 1842.

CHAPITRE V

Reconnaissance de la place. — Le camp impérial. — Commencement du bombardement. — Arrivée de l'empereur. — L'assaut du 15 juillet.

Le 4 juillet, aussitôt arrivé en vue de Saint-Dizier, Gonzague alla reconnaître la place. Une nombreuse escorte de chevaux et de gens de pied l'accompagnait; on mit des Espagnols dans un fourré vis-à-vis du château, en cas de sortie des assiégés; beaucoup de soldats avaient quitté le camp et s'étaient répandus en curieux autour de la forteresse. A l'apparition des Impériaux, les remparts se couvrirent de monde. L'artillerie ouvrit un feu vague, qui n'atteignit personne. Gonzague s'approcha à une portée d'arquebuse des murs. Son plastron et sa salade rouges, son chien favori qui le suivait, le firent remarquer; il fut visé : un projectile tomba à quelques pas de lui. Après avoir reconnu le côté est, il s'éloigna et l'on rappela les Espagnols qui se tenaient dans les broussailles. A ce moment, 500 hommes sortirent de la place, mais rentrèrent aussitôt. Il n'y eut pas d'escarmouche : chose assez rare au commencement d'un siège où d'ordinaire assiégeants et assiégés mettaient leur honneur à se tâter.

Le bruit courait qu'il y avait aux environs un millier de chevaux français. Gonzague pensa qu'ils devaient rôder autour de son camp; il se fit bien accompagner et alla lui-même à la découverte : il ne les aperçut point.

Le lendemain matin, nouvelle et plus complète reconnaissance de la place. Gonzague avait prudemment laissé là son chien et sa voyante armure; il fit le tour de la forteresse et vit

d'assez près toutes choses sans trop de danger. Il n'y eut que les fossés qu'il ne put reconnaître ; l'approche en était périlleuse en plein jour.

Le généralissime était mal obéi et Gastaldo, son mestre de camp général, ne l'était pas du tout. Au moment d'entreprendre un siège qui pouvait être long et laborieux, il jugea nécessaire de rappeler ses lieutenants à leur devoir. Il convoqua dans l'après-midi les trois principaux d'entre eux : Boussu, Hesse et Fürstenberg. Boussu était dévoué et Hesse correct; mais Fürstenberg, nature violente et peu maniable, était la plus mauvaise tête de l'armée. C'est surtout à l'adresse du terrible condottiere qu'il leur recommanda l'union, c'est-à-dire la soumission à ses ordres et aux instructions du mestre de camp général. Il leur parla ensuite de la nécessité d'empêcher les querelles entre soldats de différentes nations au sujet du butin. Au sac de Ligny, Espagnols et Allemands avaient failli en venir aux mains. Les Espagnols reprochaient aux Allemands de leur avoir enlevé leurs prises. La principale cause de ces disputes était ce qu'on appelait la sauvegarde. Les soldats d'une nation prenaient des maisons sous leur sauvegarde : c'était une manière convenue d'en écarter les soldats des autres nations et de s'en réserver le sac. Mais, dans l'ardeur du pillage, cette convention n'était guère respectée : de là des récriminations et des rixes fréquentes. Pour remédier à ce désordre, on décida d'abolir la sauvegarde.

Le 6, après avoir une dernière fois reconnu la forteresse, Gonzague résolut de l'attaquer par le sud-ouest; il arrêta l'emplacement du camp et marqua les quartiers des différents corps.

Dans la matinée du 7, l'armée quitta le campement provisoire où elle était depuis trois jours et se transporta de l'est à l'ouest en contournant le nord de la forteresse. Les troupes d'assaut partirent deux heures avant le jour; elles n'auraient pu sans danger gagner en plein jour leurs positions, très rapprochées de la place et en partie sous son feu. Ces troupes d'élite comprenaient sept enseignes espagnoles du « tercio » de Louis Perez et les sept enseignes allemandes de Georges de Ratisbonne. A elles la curée, c'est-à-dire le sac : en y conviant un égal nombre d'Espagnols et d'Allemands, Gonzague témoignait une égale faveur aux deux nations et prévenait les murmures. Les Espagnols furent placés au sud, le long de la Marne entre celle-ci et la ville, à une portée d'arquebuse des murs ; un mince rideau d'arbres les masquait insuffisamment, et malgré les retranchements dont ils se couvrirent, ils eurent constamment à souffrir du feu des assiégés. Au delà de la Marne, derrière et un peu plus bas que les Espagnols, dans un coude de la rivière, on mit les Allemands de Ratisbonne : ce fut le seul corps campé sur la rive gauche. La rivière étant guéable, il parut inutile de construire des ponts. Gonzague arriva vers huit heures avec le reste de l'armée ; il plaça l'infanterie à l'ouest, du côté du chemin de Vitry, et derrière elle tous les hommes d'armes. Il y avait le long de la Marne, un peu au-dessous des Allemands de Ratisbonne, mais sur la rive droite, un tertre isolé qu'ombrageaient quatre ou six noyers : c'est là que Gonzague dressa sa tente et établit son quartier général. Il avait à sa gauche, en face et derrière lui, le gros de son armée, et à droite les Allemands de Ratisbonne et les Espagnols de Perez ; il n'était couvert de la place que par les quelques arbres qui se trouvaient dans leurs quartiers.

Dans leur mouvement de l'est à l'ouest, les Impériaux ne perdirent que cinq ou six hommes : un ou deux Espagnols, un Italien et trois Allemands dont un enseigne. Pendant qu'ils s'établissaient dans leurs quartiers, la place, tirant à mitraille, leur tua encore quelques Espagnols. Ils auraient souffert davantage si le feu de l'ennemi eût été plus nourri ; ils pensèrent que, mal approvisionné de poudre et de boulets, il ménageait ses munitions. Au fond, leur situation n'était pas des meilleures. Ils campaient trop près des murs et n'étaient point couverts ; la campagne désespérément plate et nue ne leur offrait aucun retranchement naturel. Heureux jusqu'ici et se fiant à sa fortune, Gonzague avait voulu supprimer les longs travaux d'approche et précipiter le succès.

La tour de l'église dominait la ville et la campagne. Deux pièces d'artillerie, placées à une certaine hauteur, s'étaient signalées dans la journée du 7. Le 8, dans un ingénieux appareil en forme de nid de cigogne — peut-être une invention de Marini — les assiégés les hissèrent au sommet. Elles inquiétaient le camp et frappaient au sud les Espagnols. Gonzague entreprit d'abord de ruiner cette tour. Deux canons, placés trop loin, ne purent l'ébranler. Dans la nuit du 9 au 10, on gabionna quatre pièces pour la battre le lendemain matin en deux endroits; il plut si fort qu'on dut y renoncer. La tour resta debout et continua pendant le siège, poste d'observation en même temps que batterie, à surveiller et à inquiéter l'ennemi.

Les travaux d'approche, quoique peu nombreux et peu considérables, prirent du temps, contrariés par la pluie. Le printemps et l'été furent extraordinairement pluvieux et froids; il pleuvait depuis le commencement de juin. Le 7 juillet, l'armée à peine campée, une trombe d'eau et de vent s'abattit dans la soirée. Gonzague soupait; il avait des invités. La pluie, fouettée par le vent, transperça sa tente; les convives durent se lever de table et mettre leurs casaques de feutre. Le terrain du camp était fangeux; on y enfonçait jusqu'au genou. Gonzague disposait d'un millier de pionniers. On ouvrit une tranchée du quartier des Espagnols à l'aile sud du bastion; du milieu de cette tranchée, on en construisit une autre qui, contournant la pointe du bastion, débouchait sur l'aile nord. Le travail fut lent et pénible, quoique ici, près des remparts, l'on eût affaire à un sol graveleux et maniable; mais la pluie et le feu de la place retardaient les travailleurs.

Le 9 et le 10, l'armée manqua de pain. Le pays n'offrait point de ressources. La moisson n'était pas mûre; les chevaux la mangeaient et la piétinaient. Les vivres arrivaient de

Ligny, trop rares et souvent interceptés par les coureurs français. A Ligny, deux moulins à eau moulaient 80 sacs par jour et 200 moulins à bras, expédiés de Metz, travaillaient sans relâche; tout cela était insuffisant. Bar neutralisé fournissait des vivres aux deux parties belligérantes : c'était alors la loi de la neutralité. Un convoi de 80 voitures fut enlevé par un parti français; le duc alors déclara qu'il n'en enverrait plus si on ne lui garantissait voitures et chevaux.

Enfin le samedi 12 juillet, après cinq jours de rudes préparatifs, on put ouvrir le feu avec douze gros canons contre la tête et le côté sud du bastion; le lendemain, le reste de l'artillerie, comprenant 27 pièces aux noms et aux calibres divers, battit en brèche le flanc nord. Ce fut en plein bombardement que l'empereur fit son entrée au camp.

Charles-Quint avait quitté Spire le 10 juin. Après le vote essentiel du 1er avril qui lui assurait l'appui de l'Empire contre la France, il eût volontiers clos la diète et laissé toutes choses en état. Que lui importait le reste, les démêlés des princes et les querelles religieuses! En vain le duc de Brunswick, dépouillé par l'électeur de Saxe et le landgrave de Hesse, implora-t-il la restitution de ses États, en invoquant son droit d'abord et ensuite les services qu'il avait rendus l'année précédente dans la campagne contre le duc de Clèves; on se moqua de lui en pleine assemblée et on l'ajourna à la prochaine diète. L'empereur eut plus de mal avec les catholiques et les protestants; il lui fallut deux longs mois et toutes sortes d'artifices pour établir entre eux le plus précaire des accords provisoires. Il parvint enfin à contenter les protestants qu'il détestait, mais dont il avait besoin, sans s'aliéner les catholiques dont au fond il partageait les ardeurs et les croyances. La publication du recez eut lieu dans la matinée du 10. La cérémonie à peine terminée, il prit le chemin de Metz où il arriva le 16.

Metz, ville d'Empire, était surtout français. Il eût reçu l'empereur faiblement accompagné, mais il ne voulait pas de troupes impériales dans ses murs. Il avait fait des préparatifs de résistance, levé des soldats et amassé des vivres. Au dernier moment, sommé d'ouvrir ses portes et se sentant trop faible ou trop divisé, il céda. Charles-Quint se conduisit en hôte souverain, mais prudent, ménagea l'autonomie de la cité, menaça rarement et ne sévit qu'à l'extrémité. Cependant le pays messin se tint dans une sorte d'inertie presque hostile. La ville n'accorda que ce qu'elle ne put refuser. Le parti français, qui dominait, suivait passionnément les préparatifs de l'empereur et les faisait connaitre en France. Un espion, originaire du pays de Trèves et servant aux archers du roi, que l'empereur fit pendre, disait en allant au supplice : « Je n'ai vraiment pas de chance ! La moitié des habitants de cette ville sont des espions, et c'est moi seul qui suis condamné à mort. » La campagne se dérobait aux charrois, prétextant le manque de voitures et de chevaux. Les enrôlements pour la France étaient nombreux. Saint-Nicolas était le rendez-vous des engagés; 400 y coururent de Metz. Les recruteurs du roi battaient non seulement la Lorraine, mais encore l'Alsace; ils étaient chargés de lever 40 enseignes. Ils prodiguaient l'or et les promesses : ils offraient cinq écus par homme et par mois, au lieu d'un qui était la solde ordinaire. Les troupes impériales fondaient; les capitaines voyaient leurs enseignes se vider. L'empereur furieux donna la chasse aux embaucheurs, mais sans grand succès : le roi n'en leva pas moins 5 000 lansquenets. Cependant certains furent pris, entre autres le comte de Beckingen (1), un personnage. Jeune, de bonne noblesse et riche de 14 000 florins de revenu, il était apparenté au landgrave de Hesse et par lui au duc Maurice de Saxe; sa femme était la nièce du comte Guillaume de Fürstenberg, fille de sa sœur. Surpris dans son lit, il fut conduit à Metz et condamné à être décapité. Sa femme remua ciel et terre pour le sauver; elle implore l'empereur, jusque pendant la messe poursuit Gran-

---

(1) Nom incertain; nos ambassadeurs l'écrivent de différentes manières dont aucune n'est admissible. Dans la campagne de Luxembourg en 1542, figure un comte Piguelin au service de la France. Du BELLAY, p. 493.

velle de sa prière acharnée, met toute la cour en campagne. L'empereur demeure inexorable ; il veut faire un exemple. Le 21 juin, la foule se pressait sur la place publique pour assister au supplice du comte, lorsque l'empereur lui fit grâce et l'envoya guerroyer en Hongrie contre les Turcs. On dit qu'il s'était rendu aux instances de son neveu, le jeune archiduc Maximilien ; en réalité, il n'avait écouté que son intérêt : l'exécution du comte aurait mortellement blessé Fürstenberg, l'un des principaux et à cette heure le plus précieux des chefs de son armée.

Charles-Quint s'arrêta vingt jours à Metz. Ce retard fut déploré comme une faute. Certains disaient qu'on n'avait déjà que trop perdu de temps : il eût fallu précipiter l'attaque et surprendre l'ennemi ; on l'avait laissé s'armer et se fortifier : maintenant il était redoutable. Cependant les faciles succès qui marquèrent les premiers pas de l'envahisseur montraient qu'il ne venait point trop tard ; Luxembourg, Commercy et Ligny pris coup sur coup, criaient son bonheur et notre désarroi. Si l'empereur resta si longtemps à Metz, c'est qu'il n'était pas prêt : il n'avait ni troupes ni artillerie ni vivres ni argent. Il ne disposait que de sa gendarmerie ; le duc Maurice de Saxe, le marquis de Brandebourg, d'autres Allemands encore étaient là avec leurs hommes d'armes. Mais il n'eut d'abord sous la main que les gens de pied du prince d'Orange. Le prince se présenta le 17, c'est-à-dire le lendemain même de l'arrivée de l'empereur ; il paraissait si grand qu'on ne pouvait croire qu'il voulût servir sous Gonzague. On attendait d'un jour à l'autre les recrues espagnoles débarquées à Calais ; elles n'arrivèrent que le 29 juin, dans un état misérable, en haillons et sans armes : on leur distribua des vêtements et 1 500 corselets. La formation de 25 enseignes allemandes fut des plus difficiles ; le lansquenet désertait en foule, attiré par l'or de France. L'artillerie des Pays-Bas, embarquée sur le Rhin, devait remonter la Moselle jusqu'à Metz ; l'opération fut lente et pénible pour les pièces qu'il fallut en partie réparer. Le ravitaillement de l'armée de Gonzague demanda de grands efforts ; 30 000 sacs de blé et de farine furent dirigés sur Toul ; des barques jour et nuit remontaient la Moselle. Enfin l'argent manquait ; le 19 juin, il n'en restait plus que jusqu'à la fin du mois. L'Empire n'avait pas fait son premier versement à l'échéance convenue du 1er juin ; à peine osait-on espérer qu'il s'exécuterait au commencement de juillet ; on dépêcha le conseiller Naves en Allemagne pour presser l'envoi des subsides. L'empereur ne comptait passer que quatre ou cinq jours à Metz ; la nécessité semblait l'y clouer.

Pendant ce séjour forcé, il reçut le 26 juin la visite du nouveau duc de Lorraine François Ier, fils et depuis quelques jours successeur du duc Antoine, mort subitement le 14. Les amis de la paix se flattaient qu'il venait plaider sa cause ; il ne venait que pour présenter ses hommages à l'empereur et l'assurer de son attachement. Neveu de Charles-Quint par sa femme Chrétienne de Danemark, il lui était entièrement dévoué. Placé entre l'Empire et la France, le duc de Lorraine était tenu à une sorte d'impartialité bienveillante envers l'un et l'autre. Le nouveau duc se montra d'abord avec éclat plus impérialiste que français : un corps français s'étant présenté devant Longwy pour l'occuper, de crainte que les Impériaux ne s'en emparassent, fut rudement repoussé et perdit 150 hommes. Philibert de la Baume, majordome de l'empereur, qui avait son franc-parler avec tout le monde, dit au duc : « Si vous ne vous tenez pas tranquille en vos États, il vous arrivera comme au duc de Savoie. » Le duc répéta en riant le propos à l'empereur, qui répondit en riant que son majordome n'en disait jamais d'autres. En 1535, Charles III, duc de Savoie, écrivit à la Baume de savoir de l'empereur comment il devait se gouverner entre lui et le roi de France. « L'empereur luy manda qu'il se gouvernast à l'accoustumée, en connivant, sans autrement se déclairer ny pour l'un ny pour l'autre (1). » Le duc de Savoie ne suivit point le conseil

---

(1) Brantôme, t. II, p. 141.

et perdit ses États. Le duc de Lorraine fut plus heureux ; le traité de Crépy le récompensa de son impérialisme. Après quatre jours passés auprès de l'empereur, qui lui prodigua les démonstrations d'amitié, il prit congé de lui le 30 juin.

Enfin, se trouvant prêt, Charles-Quint quitta Metz le 6 juillet, de grand matin : il voulait arriver à Pont-à-Mousson pour le dîner ; il n'y arriva qu'à 6 heures du soir pour le souper. Les voitures de la cour, c'est-à-dire de l'empereur, de l'archiduc Maximilien et des principaux personnages, étaient parties la veille ; celles de Granvelle, des ambassadeurs et d'autres seigneurs partirent le jour même, quelques heures avant les troupes d'escorte. On marcha en ordre de bataille : les nouveaux Espagnols formaient l'avant-garde, les bas-Allemands du prince d'Orange l'arrière-garde ; au milieu, l'empereur avec toute la gendarmerie. L'entrée dans la petite ville lorraine fut imposante : en tête, l'empereur couvert de son armure et entouré de sa maison militaire et de sa cour ; les 2 000 chevaux du duc Maurice de Saxe, du marquis de Brandebourg et du grand maître de Prusse continuaient le cortège impérial. L'infanterie logea dans les villages ou campa dans les champs d'alentour. Le lendemain, l'empereur alla entendre la messe chez les clarisses. On remarqua sa brillante santé ; jamais, depuis dix ans, on ne lui avait vu une aussi bonne mine. Son neveu le jeune archiduc Maximilien l'accompagnait, grand, distingué, la représentation belle. On disait que l'empereur lui destinait sa fille aînée Marie avec le Milanais pour dot. L'éventualité de ce voisinage attirait auprès de sa personne les représentants de l'Italie et, pour avoir l'occasion de se présenter, l'ambassadeur de Ferrare priait le duc de lui envoyer pour lui une lettre en latin. Après la messe, l'empereur rendit visite à la duchesse-reine Philippe de Gueldre. La veuve du duc-roi René II, duc effectif de Lorraine et roi nominal de Sicile, s'était retirée en 1520, à l'âge de cinquante-huit ans, au couvent des clarisses ; elle y vécut vingt-sept ans, héroïque observatrice des rigueurs de la règle, et mourut le 26 février 1547.

Heureuses en France, les armes impériales venaient d'éprouver un échec en Piémont. Des lettres de Trente apportèrent la nouvelle de la chute de Carignan ; la place, contrainte par la famine, s'était rendue le 20 juin au comte d'Enghien. On avait triomphé bruyamment et longuement des bandes de Strozzi rompues plutôt qu'anéanties à Serravalle le 4 juin par le marquis del Vasto ; on tint secrète la reddition de Carignan. Le mot d'ordre était d'amplifier les succès et d'atténuer les revers.

Dans l'après-midi du 6 et toute la journée du 7, défilèrent incessamment des convois de munitions et de vivres à destination de Saint-Dizier. Cependant, à Pont-à-Mousson, les troupes subsistaient à grand'peine ; le pain, le vin et l'avoine étaient hors de prix. Avant même d'avoir franchi la frontière, l'on commençait à souffrir de la faim.

Le départ eut lieu le 8. Charles-Quint se proclamait le plus grand capitaine de son temps ; il n'en fut en réalité que le plus grand politique. Il se multiplia dans cette marche de cinq jours de Pont-à-Mousson à Saint-Dizier par une pluie continuelle et des chemins défoncés, avec des troupes mal nourries et campant en rase campagne. Il emmenait avec lui 8 pièces d'artillerie, un équipage de pont de 100 bateaux, 3 000 barils de poudre et 760 quintaux de plomb ; ce matériel, quoique peu considérable, aggravait l'embarras et la fatigue. Commercy était à deux milles en dehors de la route ; il alla le visiter avec quelques chevaux. On l'en blâma ; on disait en effet que Guise battait le pays avec une nombreuse cavalerie. Il coucha une nuit à Nançois-le-Grand ; il en partit le lendemain, à peine accompagné, pour aller saluer sa nièce la duchesse de Lorraine à Nançois-le-Petit, à une lieue du chemin de Ligny. Le duc et son frère Nicolas, évêque de Metz, se trouvaient avec elle. Granvelle était là ; il n'avait pas voulu que les ambassadeurs fussent du voyage et leur avait persuadé de poursuivre leur route vers Ligny. La visite terminée — elle avait duré une heure — le duc et son frère accompagnèrent l'empereur pendant un mille. En les quittant, il se rendit à Ligny, l'examina longuement et ne rejoignit ses troupes qu'à la tombée de la nuit, harassé de fatigue.

Charles-Quint arriva devant Saint-Dizier le dimanche 13 juillet. Toutes les troupes étaient sous les armes ; le spectacle de cette armée jusque-là victorieuse dut flatter son orgueil et exalter ses espérances. Gonzague, dans l'établissement de son camp, avait prévu et réservé pour le quartier impérial le village de Hoëricourt, de 30 à 40 feux, sur la Marne ; l'empereur et la cour s'y logèrent. Les hommes d'armes, qui étaient auparavant derrière les gens de pied, passèrent derrière le quartier impérial pour le couvrir. Placé à l'extrémité et presque en dehors du camp, l'empereur avait devant lui toute l'infanterie. Les bas-Allemands du prince d'Orange campèrent sur l'aile gauche de l'armée, vers le nord ; les recrues espagnoles sur l'aile droite, vers le sud, non loin des vétérans espagnols. L'empereur reconnut le jour même la place, s'en approchant bravement. Il avait voulu en arrivant visiter la principale batterie, celle du nord-ouest. On y était peu couvert ; Gonzague, qui s'y trouvait, dut le prier de s'éloigner au plus vite.

Dans cette journée du 13, le bombardement fut tout autrement intense que la veille ; l'artillerie tout entière était maintenant en position et faisait feu de ses 39 pièces. Les assiégés se relaient à la brèche, réparant ardemment les ruines. Lalande les dirige et les anime, attentif à tout et se multipliant. Épuisé de fatigue, il rentre un instant chez lui ; il y est tué par un boulet « en prenant chemise blanche (1) ». Ce fut une grande perte. Son nom seul était une force ; les gens de pied avaient en lui une confiance absolue. Peut-être,

(1) Les Impériaux ignoraient ce qui se passait dans Saint-Dizier ; le peu qu'ils en savaient leur venait des prisonniers ou des émissaires de la place qui racontaient ce qu'ils voulaient. Ce ne fut que vers le 20 qu'ils apprirent vaguement la mort de Lalande. Les ambassadeurs répètent d'après les bruits du camp qu'il fut tué à l'assaut du 15. BRANTÔME dit également (t. III, p. 235) : « Venant de soutenir un furieux assaut... » Mais DU BELLAY (p. 544) semble placer sa mort deux jours avant l'assaut. Nous nous en tenons à la date du 13 qui est celle que donne son épitaphe ; cette date dut être sérieusement contrôlée et on peut la considérer comme officielle.

s'il eût vécu, la place eût-elle tenu quelques jours de plus. Peut-être le « vieux routier de guerre » eût-il éventé la ruse qui précipita la capitulation.

Le lundi, le bombardement reprit, toujours aussi furieux. Le prince d'Orange se rendit aux tranchées, curieux de voir la batterie. Gonzague était là, assis sur une chaise; il se leva, lui offrit son siège et s'assit par terre devant lui. A peine le prince eut-il pris sa place, qu'un projectile, venant mourir dans la tranchée, l'atteignit au côté droit de la poitrine, à la jointure de l'épaule et du bras. Il tomba; on le crut mort; il vécut jusqu'au lendemain à huit heures du soir. Ce fut un deuil général; l'empereur, la cour et le camp le pleurèrent. C'était le personnage le plus brillant et le plus universellement aimé de l'armée; il avait vingt-six ans, une figure agréable et 60 à 70 000 ducats de revenu. Sa noblesse, sa bravoure et sa libéralité le faisaient considérer et chérir de tous; il était l'idole de ses bas-Allemands qu'il ne laissait manquer de rien. L'empereur perdit en lui le plus grand et le plus dévoué de ses serviteurs; il se battait pour lui et pour la gloire (1).

Sur les deux heures de l'après-midi, l'on tint conseil pour savoir si l'on devait livrer l'assaut. L'empereur et le généralissime furent d'avis d'attendre au lendemain : on emploierait la nuit à combler le fossé et, pour que les hommes pussent y arriver à couvert, on construirait deux embranchements sur la tranchée principale. Ces travaux ne purent être terminés : on manquait de pionniers et le peu qu'on avait travaillaient mal, sans cesse inquiétés par le feu de la place.

Le mardi, à la pointe du jour, les Impériaux recommencent la canonnade. Les assiégés avaient profité de la nuit pour réparer leurs défenses; il fallut les ruiner de nouveau. C'était la quatrième journée de bombardement. On avait tant tiré qu'on allait manquer de boulets; il n'en restait plus que pour quelques heures. On décida de donner l'assaut à midi.

---

(1) Son tombeau, œuvre de Ligier Richier, se trouve dans l'église Saint-Pierre à Bar-le-Duc.

Il était neuf heures. L'empereur, le généralissime et les capitaines étaient à table ; ils avaient avancé leur dîner pour être prêts à l'heure. Gonzague charge Alvaro de Sande d'aller voir où en est le comblement du fossé et si les assiégés ont démasqué de nouveaux ouvrages. Alvaro revêt son armure, lorsque tout à coup l'on entend un grand tumulte. Ce sont les Espagnols qui d'eux-mêmes et sans commandement se précipitent à l'assaut. Ils devaient y aller avec les troupes de Ratisbonne, mais ils redoutaient l'insolence allemande et ne se souciaient pas d'avoir affaire à de tels concurrents dans le sac de la ville. Ils avaient offert aux Allemands ou de donner eux-mêmes ou de leur laisser donner ou de jouer l'assaut (1). Les Allemands répondirent qu'il ne leur appartenait ni d'accepter ni de refuser. On en appela au généralissime. Les Allemands dirent que les deux nations avaient triomphé jusquelà de compagnie et qu'il ne voyaient pas de raison pour qu'on les séparât en cette circonstance ; ils promirent d'ailleurs de se conduire en bons camarades. Là-dessus Gonzague décida qu'Espagnols et Allemands iraient ensemble à l'assaut. Les Espagnols ne se rendirent qu'en apparence ; ils se concertèrent entre eux, et résolus de prévenir les Allemands, ils se ruèrent à l'assaut. Lorsqu'on les vit irréparablement engagés, deux grandes heures avant midi, qui était le moment convenu, il fallut les soutenir. L'artillerie fait rage. Dans le désordre de cette attaque tumultuaire, des soldats, incertains de l'endroit où ils doivent se rendre, se trouvent sous son feu et tombent en grand nombre. Les vétérans des deux « tercios » donnent les premiers ; ils font preuve d'une habitude, d'une bravoure et d'une ténacité admirables. La brèche n'était guère praticable ; elle eût demandé encore trois heures de bombardement. Cependant plus de deux cents d'entre eux arrivent au sommet ; mais ils se heurtent contre un mur

(1) D'autres fois on le tirait au sort. En 1528, le comte de Saint-Pol (François de Bourbon) et le duc d'Urbin (François-Marie Ier de la Rovère), qui commandaient le premier les Français et le second les Vénitiens « jetèrent le dez pour voir à qui toucheroit le sort d'assaillir le premier » Pavie. Du Bellay, p. 221.

de défenseurs, impénétrable. Vainement, en masse ou dispersés, essaient-ils de s'ouvrir un passage; ils sont vigoureusement refoulés. Sous les coups redoublés de l'artillerie impériale qui leur prodigue ses derniers boulets, les assiégés restent inébranlables à leur poste. Un projectile brise l'épée de Sancerre et entame son armure; cette vue exalte leur courage. Deux drapeaux, incessamment promenés sur le rempart, soutiennent leur héroïsme. Les Espagnols qui se pressent au bord du fossé pour le franchir ou qui, parvenus au pied de la muraille, s'efforcent de grimper, ont plus à souffrir que leurs camarades qui luttent corps à corps au sommet de la brèche. Deux ouvrages, tout à coup démasqués, les canonnent en flanc; du haut des murs, une pluie de « feux artificiels » et une grêle de pierres les brûle atrocement ou les écrase; des enfants et des femmes leur jettent tout ce qui leur tombe sous la main. Abîmés, mais superbement obstinés, ne pouvant avancer ni ne voulant reculer, les vieux Espagnols demeurent en détresse, attendant du renfort. On lance à leur secours huit enseignes de « bisoños ». Ces recrues se conduisent comme de vieux soldats; elles montrent une ardeur et un acharnement incroyables. Mais leur effort se brise contre les habiles mesures et l'indomptable courage de la défense.

Les Espagnols luttaient depuis plus de deux heures; ils étaient épuisés. Ils avaient fait des pertes considérables : leurs morts étaient nombreux et leurs blessés plus nombreux encore. Six enseignes de « bisoños » restaient intactes; on ne voulut pas les engager : l'on jugea que la « nation » espagnole avait perdu assez de monde. Pour appuyer les Espagnols qui tenaient toujours, on commanda quatre enseignes de Georges de Ratisbonne. Ces soldats, bavarois pour la plupart, passaient pour les meilleures troupes allemandes qui fussent dans l'armée impériale; ils s'étaient bien battus l'année précédente dans les deux campagnes de Clèves et de Landrecies : on avait la plus grande confiance dans leur solidité. A l'approche de ces nouveaux assaillants, les assiégés eurent un moment de stupeur et d'angoisse. Certains de leur courage, ils doutent de leurs forces. Victorieux jusque-là, mais harassés par leur effort et décimés par l'artillerie impériale, pourront-ils soutenir cette nouvelle attaque? Sancerre, encore tout ébranlé du coup qui a failli l'emporter, se rend auprès de son secrétaire pour lui faire à tout événement ses dernières recommandations; à peine est-il arrivé, qu'on vient lui annoncer que les Allemands sont en fuite. Les Bavarois s'étaient montrés au-dessous de leur réputation. Ils avancèrent sans entrain et s'arrêtèrent au bord du fossé; un petit nombre le franchit et tenta vainement de monter à la brèche. Pour enlever leurs soldats hésitants, les capitaines s'exposèrent bravement; deux d'entre eux furent tués, Cortwille et le comte Eitel-Friedrich de Hohenzollern. Resté sur le bord du fossé, le gros des Bavarois se trouvait sous le feu de la place : un coup de canon leur ayant tué six ou sept hommes, ce fut une débandade générale. Témoins de leur fuite, les bas-Allemands du prince d'Orange demandèrent à marcher; on refusa : il parut inutile de sacrifier plus de monde. Six cents Espagnols tenaient encore; on les rappela. Hesse reçut l'ordre de faire avancer quatre de ses enseignes pour protéger leur retraite.

L'assaut avait échoué; il avait duré trois heures. Les vétérans espagnols ayant donné d'abord, les recrues espagnoles ensuite et enfin les Bavarois de Ratisbonne, ce furent comme trois assauts successifs. Les Espagnols eurent 800 tués et blessés, les Bavarois 116 ; la plupart des blessés moururent.

Immédiatement après l'assaut, Sancerre écrivit au roi la lettre suivante :

Saint-Dizier, le 15 juillet 1544.

Sire,

Dieu m'a fait la grâce de repousser aujourd'hui trois assauts des plus furieux qu'on ait vus depuis vingt ans ; ils ont duré de neuf heures du matin à trois heures de l'après-midi sans interruption. L'ennemi a été contraint d'engager sa gendarmerie et a perdu beaucoup de ses plus vaillants hommes. J'ai su par les prisonniers faits à la brèche que la plupart des capitaines et des gentilshommes de la maison de l'empereur ont pris part à l'attaque; il doit en être tombé un grand nombre, car notre fossé est à moitié rempli de personnages aux armures dorées et aux amples panaches. Ceux des nôtres que l'on a fait sortir pour aller aux nouvelles ont rapporté que les Impériaux évaluaient leurs pertes à trois ou quatre mille hommes. Le prince d'Orange, atteint d'un coup de mousquet à la poitrine et d'un coup d'arquebuse au bras, est dans un état désespéré. Soyez assuré, Sire, que si l'ennemi nous livre un autre assaut, il sera, Dieu aidant, encore mieux reçu; jamais je n'ai vu soldats d'aussi bonne volonté (1).

Il y a dans cette lettre un grossissement de la lutte auquel le plus modéré des vainqueurs n'échappe guère, naturel en somme et presque inévitable après l'acharnement confus du combat et dans les premières fumées du triomphe; d'ailleurs si les Impériaux ignoraient ce qui se passait dans la place, les assiégés ne connaissaient pas davantage ce qui se passait dans l'armée impériale. L'assaut dura trois heures et non pas six. Ni les hommes d'armes ni la maison de l'empereur n'y prirent part; deux gentilshommes de la maison de Gonzague, le Sicilien Patella et le Mantouan Cecco (2), furent légèrement

---

(1) Cette lettre, traduite de l'italien, se trouve annexée à la dépêche du cardinal Hippolyte d'Este à son frère le duc de Ferrare, datée de Rome, le 30 juillet 1544. Archives d'État de Modène. Le cardinal vient de recevoir du roi des lettres des 16 et 17 juillet, parmi lesquelles une copie de celle de Sancerre; il l'envoie au duc « traduite mot à mot du français ». Il donne cette copie comme un fragment; il semble cependant qu'elle forme un ensemble complet et qu'elle soit toute la lettre. Voici le texte de cette traduction italienne :

Sire, Poiche è piaciuto a Dio farmi hoggi tanto bene d'haver ributtati i nostri nimici, i quali ne hano dati tre assalti cosi furiosi come ne siano stati dati da venti anni in qua, et come voi potrete sapere, nondimeno vi ho voluto avvertire che detti assalti sono durati senza mai riposarsi dalle nove hore della matina fino a tre hore dopo mezzo giorno, et mi assicuro che sono stati constretti a mandarvi il loro genti da cavallo, et penso che hanno perduto molti de' piu valenti homini che havessero. Et per quanto ne vien detto dalli prigioni, che noi havemo tirati dalla batteria, la maggior parte de' capitani et gentilhomini della casa de l'imp^r erano a questo assalto, dove ne è restato gran numero, come si può facilmente credere perche i nostri fossi sono pieni infino a mezzo di genti che portavano armature dorate et gran pennacchi. Quelli che n[oi] havemo fatto uscire per sapere delle nove di la ne hanno riferito che gli inimici stimmo la lor perdita di tre o quattro milia homini. Quanto al principe d'Orangia che haveva havuto un colpo d'un moschetto nel petto et un altro d'archibuso in un braccio, et non vi hayevano piu speranza. Et se gli avviene, Sire, che li inimici tentino di dare ancora un altro assalto, trovarano con l'aiuto di Dio piu ferma et piu assicurata resistenza che non hanno... i primi, et vi posso assicurare chio... vidi mai soldati de meglior volunta.

(2) Cecco, diminutif de Francesco. En l'appelant de son simple prénom, l'ambassadeur de Mantoue semble indiquer que ce gentilhomme était un familier de la cour ducale.

blessés, peut-être en portant des ordres. Même sous la première impression de leur défaite, les Impériaux n'évaluèrent leurs pertes qu'à un millier d'hommes. Le prince d'Orange ne fut pas blessé à l'assaut, mais la veille de l'assaut, dans la tranchée. En dehors de ces détails, erronés mais sincères, ce sobre rapport, d'une émotion contenue, reste vrai et simple, digne de Sancerre.

L'échec des Impériaux, qui ne fut ni trop meurtrier ni décisif, n'en eut pas moins un grand retentissement; il étonna et soulagea l'Europe. Après cette triomphante entrée en campagne, l'on craignait de voir l'empereur trop victorieux et la France écrasée. Rome laissa percer sa joie; Venise, plus prudente, dissimula la sienne. Henri VIII, débarqué le 14 à Calais, ne fut pas fâché de voir son allié arrêté dans sa marche sur Paris : cela lui permettait de rester en Picardie sans manquer à ses engagements. En France, la belle résistance de Saint-Dizier ranima la confiance. Sans désespérer de lui-même, de ses forces et de ses ressources inépuisables, le pays était inquiet et humilié de voir les Impériaux s'avancer à grands pas sans rencontrer d'obstacle. Enfin Saint-Dizier leur barrait le chemin! Ce fut en son honneur comme une acclamation de reconnaissance. S'il tenait quelque temps, avec une admirable gendarmerie toujours prête, on pourrait mettre en ligne une solide infanterie. 12 000 Suisses arrivaient; on rappelait du Piémont les vieilles bandes françaises et italiennes; on disposait déjà de nombreux légionnaires : toutes ces troupes réunies formeraient une armée éprouvée, capable de tenir tête aux Impériaux ébranlés par la défaite et manquant de tout.

Tandis que Charles-Quint s'efforçait d'atténuer son échec aux yeux de l'opinion européenne, François Ier en grossissait l'importance, au dehors par la voix de ses agents diplomatiques et de ses partisans, au dedans par d'imposantes manifestations religieuses en vue de rassurer le peuple. Il ordonna de faire à Paris une procession solennelle en action de grâces.

On lit dans les registres du parlement, à la date du « jeudy seiziesme juillet 1544 » (1) :

Ce jour, sur ce qui a esté raporté à la cour par M⁰ Pierre Lizet, premier président en icelle, que le roy avoit escrit au cardinal de Meudon, lieutenant pour le dit seigneur en cette ville de Paris, qu'il avoit ouy nouvelle comment, le jour le mercredi (mardi) dernier, l'empereur estant en personne en son camp devant la ville de Saint-Dizier, où estoit enfermé le comte de Sancerre pour la défense d'icelle, avoir faict donner trois assaulx à la dite ville, autant furieux que jamais on ouy parler, et que le dit comte et ses gens les avoit non seulement virillement soustenus, mais aussi repoussé l'ennemy, tellement que l'honneur en estoit demeuré aux assaillys. Et en l'un des assaulx avoit esté tué le prince d'Orange tenant le party de l'ennemy. Et voulloit le roy que par sa cour fut faite procession pour rendre grâces à Dieu, nostre créateur, de tel bon événement, dont le dit cardinal avoit adverty luy président pour faire entendre à la dite cour : icelle cour a cessé et s'est assemblée en robbes d'escarlatte ; esté depuis la Sainte Chappelle de Paris en procession, accompagnée de la petite chappelle du pallais, jusques à l'église de Paris en procession, assistée aussi des quatre mendiants (carmes, jacobins, augustins et cordeliers). Et a esté portée la vraye croix, et la messe chantée en l'église de Paris en la manière accoustumée (2).

La tradition locale veut qu'en apprenant le succès des gens de Saint-Dizier, François I⁰ʳ se soit écrié : « Ah ! les bragards ! », nom que les habitants de Saint-Dizier portent encore et dont ils sont très fiers. Ce mot dans notre vieille langue sonne quelque chose de fringant et comme le brio dans la bravoure (3).

François I⁰ʳ s'empressa d'envoyer à Sancerre le collier de l'ordre de Saint-Michel avec une lettre des plus flatteuses, tendrement amicale et comme fraternelle (4). C'était la plus haute distinction dont disposât la royauté d'alors pour honorer les plus grands serviteurs de la France. Il n'oublia pas l'admirable conduite de la population. Voulant consacrer son héroïsme et en perpétuer le souvenir, il octroya à Saint-Dizier la glorieuse devise : *Regnum sustinent* — Ils soutiennent le royaume.

---

(1) L'assaut avait eu lieu le mardi 15 juillet ; le jeudi était par conséquent le 17.
(2) Bibliothèque nationale, F. Clérambo, V. 51, n° 7557.
(3) Godefroy, *Dictionnaire de l'ancienne langue française*, etc. — Complément, p. 363. Paris, 1893.
(4) Navager, dépêche du 6 août 1544.

CHAPITRE VI

Le siège en règle : travaux des assiégeants et des assiégés. — L'expédition de Vitry.

Charles-Quint ressentit vivement l'insuccès de l'assaut. Il voyait son prestige entamé, sa marche arrêtée, ses troupes ébranlées, la campagne moins triomphante. Il en rejetait la faute sur les Espagnols, partis trop tôt et sans attendre le signal; mais il était fier d'eux : leur acharnement avait été admiré de tous. En revanche, il était furieux contre les Allemands : leur hésitation devant le fossé, leur mollesse dans l'attaque, leur débandade aux premiers coups de canon de l'ennemi, l'avaient indigné et humilié. Leur insistance à réclamer immédiatement après l'assaut leur solde échue depuis deux jours n'était pas faite pour l'apaiser. Dans l'après-midi, à peine revenus de leur fuite, ils se mirent à crier tumultueusement : Geld! Geld! — de l'argent! de l'argent! Il fallut leur en donner.

Cependant l'honneur politique et la nécessité militaire le condamnaient à prendre Saint-Dizier. Que penserait l'Europe si elle lui voyait lever le siège? Elle le croirait perdu. Mais surtout Saint-Dizier lui était indispensable pour le ravitaillement de son armée : laissé derrière lui entre les mains des Français, il coupait sa ligne de communication. Déjà le camp subsistait à grand'peine. Après le pain et le vin, la viande allait manquer : elle manqua le dimanche 20 juillet. La solde de l'homme passait tout entière à le nourrir. Les partis français, chaque jour plus nombreux, redoublaient d'audacieuse activité. Ils étaient partout, enlevant les convois et les attelages des fourrageurs. C'est en vain qu'on lançait à leur poursuite les chevau-légers de Francesco d'Este et les hommes d'armes de Maurice de Saxe; ils demeuraient invisibles. Saint-Dizier serait pour eux un poste inexpugnable d'où ils rayonneraient de tous côtés, empêchant les vivres et les munitions d'arriver jusqu'au camp impérial, l'affamant et le désarmant. L'idée ne pouvait venir à l'empereur de poursuivre sa marche en laissant devant Saint-Dizier des troupes suffisantes pour continuer le siège : la stratégie du temps ignorait ces coups d'audace; ses forces d'ailleurs n'étaient pas assez considérables pour qu'il pût en distraire une partie et s'engager avec le reste jusqu'au cœur de la France.

Il fallait donc à tout prix s'emparer de Saint-Dizier. Là-dessus il n'y avait qu'une voix, mais l'on était partagé sur les moyens. Dans le conseil, les uns étaient pour un assaut général immédiat; les autres pour un siège en règle. L'assaut général, sans bombardement ni brèche, d'une place aussi forte et aussi bien gardée exigerait un énorme sacrifice d'hommes et peut-être ne réussirait-il pas; on recula. On se décida pour un siège méthodique, plus long et plus laborieux, mais moins dangereux et plus sûr.

L'entreprise à cette heure offrait plus de difficulté qu'avant l'assaut. Les assiégés aussitôt s'étaient mis au travail avec cette ardeur et cette sorte d'exaltation que donne la victoire. Dès la nuit du 15 au 16, ils avaient déblayé le fossé, dépouillé les morts et enlevé les blessés; les Espagnols n'en purent retirer que cinq ou six. Les Impériaux accusèrent les Français de les avoir achevés : le vaincu prête volontiers de la cruauté au vainqueur. Les assiégés se bornèrent à prodiguer aux assailllants repoussés leurs quolibets soldatesques. Le 16, ils réparèrent la brèche et exhaussèrent leur bastion de la moitié du corps d'un homme. Saint-Dizier se trouva plus fort que jamais. La mise en état des défenses fut d'autant plus rapide que l'artillerie impériale ne put la retarder. Le convoi de boulets qu'elle attendait n'arriva que le 18, dans la soirée :

dans les trois journées du 16, du 17 et du 18, pas un coup de canon ne fut tiré sur la place. Le 16, surpris de ce silence, les assiégés crurent que les Impériaux allaient lever le siège. Ils firent sortir un homme, moins cependant pour aller aux nouvelles, que pour se laisser prendre et décourager l'ennemi en exagérant, avec les ressources de la ville en combattants, en vivres et en munitions, le nombre et la valeur de ses fortifications. Fait prisonnier et pressé de questions, il donna sur l'assaut des détails qui semblent vrais et d'autres entièrement imaginaires sur de prétendus ouvrages intérieurs qui n'existaient point; il dit entre autres choses qu'en arrière du premier front il y en avait un second, comprenant comme le premier un fossé et des bastions. Peut-être le rapport de cet émissaire fit-il quelque impression sur les Impériaux et rendit-il leurs préparatifs plus circonspects et plus lents : gagner du temps était le suprême désir des assiégés.

Pendant qu'ils travaillaient à leurs défenses, ils ne cessaient de canonner le camp impérial. Les Espagnols, dont le quartier était le plus rapproché du rempart, souffraient beaucoup de leur feu; le bastion et surtout la tour de l'église leur tuaient du monde tous les jours. Les Impériaux, toujours sans munitions, ne pouvaient riposter. Le 17, un homme du pays offrit de livrer à l'empereur 2 000 boulets par semaine ; il demanda une avance pour les moules et pour faire venir des ouvriers de Bar ; l'affaire en resta là. Enfin les boulets attendus arrivèrent, mais en petite quantité. Le 19, on s'empressa de tirer quelques coups, les premiers depuis l'assaut, sur la tour de l'église de plus en plus gênante : on réussit à détruire l'appareil qui avait servi à hisser les pièces au sommet, et ce fut tout. L'ambassadeur de Venise écrit le 24 juillet : « L'artillerie est toujours à la même place et garde le même silence. »

Les travaux de terrassement absorbaient les Impériaux. On mit en train deux cavaliers sur lesquels on fondait de grandes espérances : le premier à l'aile nord du bastion, en face de la brèche ; le second, à l'aile sud, du côté de la rivière, à un peu plus de 60 brasses du fossé. On ne doutait point qu'ainsi battu sur ses deux flancs le bastion ne fût bientôt ruiné. En outre, dans la nuit du 18 au 19, on commença des galeries pour établir des mines et le faire écrouler ; mais on comptait peu sur le succès, la mine étant moins efficace contre les ouvrages en terre que contre les ouvrages en maçonnerie : la maçonnerie s'écroule, tandis que la terre ne fait que se crevasser. De plus, du côté du sud, le voisinage de la Marne et l'extrême perméabilité du sol, qui n'était que sable et gravier, faisait craindre l'invasion des eaux à une certaine profondeur.

Ces travaux avançaient lentement quoique Gonzague passât des nuits entières auprès des travailleurs pour les diriger et les presser. Les pionniers manquaient. Gonzague en avait déjà un millier ; l'empereur lui en avait amené autant. De ces deux mille, il ne resta bientôt que six cents ; tous les autres étaient morts de faim ou en fuite. On eut recours à la main-d'œuvre militaire. Le soldat recevait, en sus de sa solde, quatre plaques par jour ; mais, considérant la besogne comme indigne de lui, il en faisait le moins possible et ne travaillait que trois heures sur vingt-quatre. On donna l'ordre d'embaucher des pionniers en Franche-Comté, mais quand arriveraient-ils ?

Cependant on opérait quelques changements dans le camp. Le quartier impérial, situé à Hoëricourt, paraissait trop excentrique et trop en l'air ; un coup de main des Français pouvait mettre l'empereur en mauvaise posture. Gonzague voulut lui persuader de prendre la place des bas-Allemands du prince d'Orange campés devant lui, sur sa gauche ; mais la cour, se trouvant à merveille dans les maisons du village, refusa de les quitter. D'ailleurs l'emplacement qu'on lui offrait était détestable ; on y avait de la boue jusqu'au genou. On dut donc se contenter de renforcer le quartier impérial. On serra davantage les hommes d'armes bas-allemands de Brederode et de Boussu placés derrière l'empereur et l'on mit derrière eux des enseignes allemandes. Les « bisoños » et les vétérans des deux « tercios », affaiblis par leurs pertes dans l'assaut, furent encore plus rapprochés les uns des autres. On fit passer enfin les bas-Allemands du prince d'Orange de l'ouest à l'extrémité sud-est de la place, non gardée jusque-là et par où l'on craignait que les assiégés ne reçussent du secours ; ils s'établirent dans un bas-fond.

Le manque de vivres, la persistance du mauvais temps et la monotone lenteur des travaux de siège alanguissaient le camp impérial ; l'ennui et une sorte d'abattement gagnaient les troupes. La discipline, déjà précaire, se relâchait de plus en plus. Les hauts-Allemands, qui formaient le gros de l'armée, devenaient d'une insolence insupportable ; ils s'appropriaient les quelques vivres qu'on recevait, dévalisaient les vivandiers, allaient crier famine jusque dans la tente du généralissime, n'obéissaient plus à personne. Il fallait un succès à l'empereur moins encore pour rétablir son prestige politique que pour maîtriser son armée en lui rendant sa confiance en elle-même.

Vitry, à mi-chemin de Châlons à Saint-Dizier, bourg agréable avec sa ceinture de jardins et de vergers, était indéfendable. Pour toutes fortifications, un vieux château et une vieille citadelle abandonnée et sans canon. Mais c'était pour les Français un précieux avant-poste : de là ils battaient le pays autour de Saint-Dizier, tombant sur les fourrageurs et les maraudeurs impériaux, enlevant les attelages des grands seigneurs, arrêtant les convois ; de là encore ils projetaient d'introduire un secours d'hommes, de vivres et de munitions dans Saint-Dizier avec San Pietro comme chef pour remplacer Lalande. En cas d'attaque, ils opéraient leur retraite sur Châlons, leur point d'appui.

Gonzague avait déjà songé à s'emparer de Vitry. Il sut un jour d'un prisonnier que les Français en étaient sortis pour jeter un renfort dans Saint-Dizier. L'occasion lui parut belle pour surprendre la ville dégarnie ; il pensait en outre qu'en s'en revenant le corps expéditionnaire pourrait rencontrer l'ennemi sur son retour et le tailler en pièces. Mais lorsqu'il s'ouvrit de son dessein aux chefs de l'armée, certains y firent une si vive opposition qu'il dut y renoncer.

Cependant la cour et le camp se répandaient en murmures. On ne comprenait pas qu'on ne prît point Vitry, une bicoque, et qu'on y souffrît les Français qui, chaque jour, enlevaient impunément les vivres et les bagages. Il n'y avait qu'une voix contre le généralissime. L'empereur tint conseil. Les partisans de l'entreprise rappelèrent d'abord que la présence des Français à Vitry était une source d'ennuis pour l'armée et un encouragement pour les assiégés qui comptaient sur leur secours. Ils montrèrent ensuite les grands avantages qu'aurait l'occupation de la ville pour le ravitaillement du camp. On souffrait du manque de viande et de pain ; le pays abondait en animaux, en blé et en moulins. On savait en effet qu'autour de Vitry l'abondance régnait ; les partis français ne manquaient de rien : partout le paysan faisait fête au soldat et mettait à le bien traiter un patriotique empressement. Ils ajoutèrent enfin qu'à la faveur de ce poste avancé les éclaireurs impériaux pourraient étendre leurs courses et rayonner au loin. Ces raisons l'emportèrent ; l'expédition fut résolue. Mais comme les Français, ayant eu vent du projet qu'avait d'abord formé Gonzague de venir les attaquer, se tenaient sur leurs gardes, il parut habile d'endormir leur vigilance en fermant quelque temps les yeux sur leurs exploits.

Enfin, le 23 juillet à une heure de nuit, les troupes expéditionnaires se mirent en marche. Elles étaient ainsi composées : Fürstenberg avec 10 de ses enseignes et 6 de celles de Hesse, soit environ 5 000 gens de pied ; le marquis de Brandebourg avec ses 500 hommes d'armes ; Gastaldo avec 8 pièces d'artillerie, 4 de siège et 4 de campagne ; le duc Maurice de Saxe avec ses 800 hommes d'armes garnis de pistoliers à cheval ; Francesco d'Este avec tous les chevau-légers, italiens et bourguignons, au nombre de 600. Cela faisait une force de 5 000 gens de pied et de 1900 chevaux : c'était presque une armée. Il n'y avait à Vitry que 1 200 chevaux et 8 enseignes de gens de pied, 4 italiennes et 4 françaises, formant un effectif de 1500 hommes, le tout sous le haut commandement de Brissac. L'empereur voulut assister au départ de l'expédition ; il alla se placer sur son passage et fit aux chefs ses dernières recommandations. Fürstenberg, Brandebourg et Gastaldo devaient marcher droit sur Vitry par la grande route, l'attaquer par le sud et le bombarder s'il résistait ; Maurice de Saxe et Francesco d'Este avaient ordre de contourner la ville par les hauteurs qui la dominent au nord et de se porter sur la route de Châlons pour couper la retraite à l'ennemi. Si ce plan eût complètement réussi, pas un Français n'eût échappé.

Francesco d'Este prend la tête avec ses chevau-légers ; des guides le conduisent. La lourde gendarmerie de Maurice de Saxe ne peut le suivre ; il est obligé de faire halte plusieurs fois pour l'attendre. Vers Thiéblemont, il quitte la grand'route pour s'engager dans un chemin plus long, mais plus secret. Il franchit la Saulx et s'arrête sur le bord de la Chée, le duc Maurice l'en envoyant prier. Il est cinq heures ; le jour paraît. Le village de Changy est plus haut, à quelque distance ; on prend un paysan qui dit qu'il s'y trouve trois cents chevaux français. Ils étaient là pour surveiller au loin la plaine dans la direction du camp impérial et pour défendre l'accès des hauteurs. Le duc survient, venant lui-même demander qu'on attende sa troupe. Francesco lui déclare qu'il va charger l'ennemi et le prie de lui envoyer le plus de chevaux possible. En même temps il lance en avant ses éclaireurs avec le paysan pour guide. Ils rencontrent le guet qui fait tête, se replie devant le nombre et va donner l'alarme. Les Français avaient de nombreux espions dans le camp impérial ; ils avaient été prévenus la veille qu'on allait les attaquer. Ils attendaient, leurs chevaux sellés, un second avis qui ne vint pas : Gonzague avait fait garder toutes les issues du camp. Tant qu'ils n'ont affaire qu'aux deux compagnies d'éclaireurs sous les ordres de Pozzo et de Brancaccio, les Français tiennent bon. Mais bientôt l'ennemi arrive en masse au village : d'abord les deux compagnies de Granico et de Dissey ; ensuite le duc Maurice avec ses pistoliers, plus vites que les hommes d'armes qu'ils laissent en arrière ; enfin presque tout le reste des chevaux de Francesco. Les Français opèrent leur retraite sur Vitry, à deux milles au-dessous. Âprement poursuivis, accablés par le nombre, ils vont être défaits lorsque Brissac averti fait sortir les arquebusiers italiens de San Pietro et les chevau-légers de la Hunaudaye, commandés par son lieutenant le Romain Michelangelo, qui les tirent d'affaire et les recueillent. Cet engagement de Changy coûta aux Français une centaine d'hommes tués ou pris ; la compagnie de Langey, sous les ordres de son lieutenant Marville, fut particulièrement éprouvée et perdit son drapeau.

Cependant le plus grand désordre règne parmi les vainqueurs. Les soldats débandés ne songent qu'au butin ; on ne peut les arracher du village. Toute une compagnie, celle de Giugeri, pour mettre ses prises en sûreté, regagne le camp devant Saint-Dizier. Francesco d'Este n'a autour de lui que ses capitaines et une centaine de chevaux : comment avec si peu de monde barrer à l'ennemi la route de Châlons ? Il prie Maurice de mander à ses lances d'accélérer leur marche. Comme ils sont à les attendre, on leur annonce que les Français commencent à évacuer Vitry. Les lances arrivent. Francesco et Maurice gagnent les devants avec ce qui leur reste de chevau-légers et de pistoliers et se portent en toute hâte de Changy sur le Mont-de-Fourche ; les hommes d'armes du duc se forment en deux escadrons et les suivent. Brissac s'exagère les forces des Impériaux ; il ignore que les chevau-légers et les pistoliers de Maurice sont demeurés la plupart à Changy, occupés à piller, et que seuls les 800 hommes d'armes du duc sont au complet, mais harassés : ou bien il voit ses troupes complètement démoralisées et plus disposées à fuir qu'à combattre. Après l'affaire de Changy où il a perdu une centaine de chevaux, il lui en reste encore 1 100 ; il dispose en outre de 1 500 hommes de pied. Supérieur en nombre, il n'essaie même pas de s'ouvrir un passage par la route de Châlons si faiblement gardée. Il prend le seul chemin qui reste libre et se retire sur Couvrot. La colonne s'avance précipitamment un escadron en tête, au milieu l'infanterie et derrière, la pressant, un autre escadron de 400 chevaux que Brissac en personne commande. De leur poste d'observation, les Impériaux aperçoivent les Français. Francesco court à eux ; Maurice le suit avec l'un de ses deux escadrons d'hommes d'armes ; l'autre reçoit l'ordre de demeurer en place pour surveiller encore la route de Châlons. A la vue de l'ennemi, tous les chevaux français font corps, tandis que l'infanterie gagne confusément Couvrot et s'arrête aux premières maisons. Ils font d'abord assez bonne contenance, mais bientôt, comme saisis d'une terreur panique, ils se mettent à fuir éperdument, renversent l'infanterie qu'ils rencontrent sur leur passage, traversent le village et arrivent à la Marne, toujours poursuivis. Il n'y a pas de pont. Ils se jettent à l'eau, se noient ou atteignent l'autre rive. Un certain nombre, s'apercevant que les Impériaux ne sont qu'une poignée, se ressaisit et tient tête. Il y eut une mêlée furieuse. Le baron de Corlaon, de la compagnie de Dissey, prend Brissac et le lâche pour courir après un autre qu'il voit mieux vêtu. Brissac, se confiant à sa fortune, lance son cheval dans la Marne et la franchit à la nage. San Pietro demeure le dernier avec une dizaine d'arquebusiers à cheval, fouillant et dégageant le bord de la rivière pour permettre aux traînards de passer ; il surprend quatre Impériaux de marque : Alphonse de Bisbal, Charles d'Aragon, le marquis de Terranova et le capitaine Scipion de Gennaro, et peu s'en faut qu'il ne les fasse prisonniers tous les quatre : il s'empare de Bisbal, gentilhomme peu chanceux, déjà tombé l'année précédente entre les mains des Français et qui, pauvre, s'en était tiré avec une centaine d'écus de rançon. Brissac, sur la rive gauche, a rallié un bon nombre de chevaux. Francesco veut franchir la Marne, le poursuivre et compléter sa victoire. Un prisonnier italien s'offre à lui montrer un gué ; il s'y rend et le trouve praticable. Mais il ne dispose que d'une centaine d'hommes. Il supplie Maurice de le suivre ; le duc refuse, disant que ses chevaux sont fourbus. Francesco désespéré dut renoncer à son projet.

Tout semblait terminé lorsqu'on apprit que 300 hommes de pied, français et italiens, s'étaient réfugiés dans l'église de Couvrot, décidés à se défendre. Francesco d'Este accourt; ils l'accueillent à coups d'arquebuse et tuent le Flamand Hallewin, capitaine d'ordonnance et gentilhomme de la bouche de l'empereur. Deux fois on les fait sommer en leur promettant la vie sauve; ils refusent de se rendre. Francesco investit l'église de ses chevaux et comme il n'a pas de gens de pied pour leur donner l'assaut, il envoie prier Fürstenberg de venir avec 500 de ses Allemands. Fürstenberg était arrivé à Vitry après l'évacuation; il n'eut pas à tirer le canon pour se rendre maître de la ville abandonnée. Au lieu de 500 hommes, il en amène 800. Ils assaillent furieusement l'église sans pouvoir l'emporter. Avec Fürstenberg était venu Gastaldo : chargé par l'empereur en sa qualité de mestre de camp général de lui faire un rapport sur l'expédition, il tenait à tout voir. Francesco l'envoie chercher à Vitry deux de ses huit pièces. En attendant, il fait mettre le feu à la porte de l'église. Trois fois les Allemands tentent d'entrer; ils sont repoussés. On a beau crier aux assiégés que l'artillerie vient; ils ne s'en inquiètent point et continuent de tirer. Fürstenberg reçoit un coup d'arquebuse au cou; la blessure, d'ailleurs insignifiante, achève d'exaspérer ses hommes. Enfin voici l'artillerie : elle tire une dizaine de coups, tandis que les Allemands lancent dans l'église, par la porte et par les fenêtres, toutes sortes de matières enflammées. Suffoqués par la fumée et à demi-brûlés, tous les assiégés sont massacrés; quatre ou cinq à peine échappent au carnage. Francesco veut sauver quelques Italiens de sa connaissance; il doit y renoncer : la horde allemande lui aurait fait un mauvais parti. Elle ne connaît ni amis ni ennemis; elle met à mort quatre des gens de Francesco et son commissaire Nuvolone qu'elle avait pris en traversant le village. Hercule Nuvolone était aimé; la cour le regretta. Gonzague envoya Bardelone, un de ses gentilshommes, inventorier ses effets. Si tous les soldats de Brissac avaient montré le même courage que les 300 héros de l'église de Couvrot, la retraite n'eût pas été une déroute. Brissac n'était pas le premier chef venu ; sa carrière est semée de faits d'armes glorieux ; il avait d'incontestables talents militaires. Sa fuite désordonnée ne peut s'expliquer que par la démoralisation et peut-être la mutinerie d'une partie de ses troupes.

Les Français perdirent un millier d'hommes tués, noyés ou pris, tout leur bagage et dix drapeaux, huit d'infanterie et deux de cavalerie ; deux capitaines, deux enseignes et neuf gentilshommes furent faits prisonniers. Les Impériaux firent un butin considérable ; il n'y eut pas de chevau-léger de Francesco qui ne rentrât au camp avec un homme ou un cheval.

Tout l'honneur de la journée revient à Francesco d'Este, à son esprit de décision et à son heureuse témérité. Maurice de Saxe ne prit aux divers engagements qu'une part insignifiante ; il arrive toujours trop tard et se refuse à tout effort ; il semble qu'il y mette de la mauvaise volonté. L'empereur fut courroucé de sa conduite ; pour l'apaiser, il lui adresse un mémoire justificatif où il n'arrive point à couvrir ses fautes (1). Fürstenberg ne se signala que par le massacre de l'église de Couvrot.

Francesco d'Este était resté vingt-trois heures à cheval, du mercredi soir à neuf heures jusqu'au jeudi soir à huit heures. Ses chevau-légers étaient harassés ; il reçut l'ordre de les laisser se reposer à Vitry pendant deux jours. Dans la matinée du samedi, Gonzague arriva ; il venait reconnaître la ville. Il la jugea indéfendable et ordonna d'y mettre le feu, ainsi qu'aux faubourgs et à la citadelle : on ne devait conserver que le château dans lequel on laisserait deux enseignes de gens de pied et 200 chevaux allemands pour surveiller la campagne et protéger les fourrageurs. Il repartit dans la soirée, suivi de Francesco d'Este avec sa cavalerie légère. Les Alle-

---

(1) Publié par PAILLARD, *l'Invasion allemande en 1544*, p. 213.

mands, encore fatigués ou occupés à boire (1) — on avait trouvé 400 barriques de vin dans la place — remirent leur départ au lendemain matin dimanche 27 juillet. En partant, ils mirent le feu aux quatre coins de la ville qui brûla tout entière. A peine étaient-ils partis que les deux enseignes de Fürstenberg qui devaient tenir garnison au château et à qui cela déplaisait l'incendièrent et reprirent le chemin du camp où elles arrivèrent dans la soirée, un peu après les autres. On envoya à leur place, sous la conduite d'Hildebrand Madruzzo, frère du cardinal de Trente, trois autres enseignes allemandes et 200 chevaux du duc Maurice; cette troupe était spécialement chargée d'assurer l'emmagasinement dans Vitry de tout le blé des environs et de veiller à la garde des moulins. Le 3 août, Madruzzo donne avis que 2 000 Français, partis de Châlons, marchent contre lui. Gonzague se porte sur-le-champ à son secours avec 6 000 Allemands et Espagnols, bientôt suivi de l'empereur à la tête de toute sa maison militaire et de 1 000 chevaux allemands. Francesco d'Este reçoit l'ordre de passer la Saulx et de battre le pays au delà de Vitry; il ne rencontre pas un seul ennemi. Partis avant midi, l'empereur et Gonzague rentrent au camp après minuit. Cet incident fut cause qu'on rappela la garnison qui ne demandait pas mieux : on ne voulait ni la laisser exposée à un coup de main ni courir sans cesse à son secours.

Le succès de Vitry remplit de joie la cour et l'armée. On s'en exagérait la portée. On se flattait que les Français n'attaqueraient plus les convois ni les fourrageurs et que le camp, dénué de tout, n'allait plus manquer de rien; on croyait en outre que Saint-Dizier, ne s'attendant plus à être secouru, ne tarderait pas à se rendre. Le 25 juillet, c'est-à-dire le lendemain même de l'action, l'empereur donne audience à l'ambassadeur de Venise : il triomphe de sa victoire, grossit la déroute, raconte l'aventure de Brissac. S'il rappelle l'insuccès de l'assaut, c'est pour le déclarer sans importance et en

---

(1) « Les Allemands ne font que godailler », dit Capilupo dans sa dépêche du 24 juillet, premier post-scriptum.

charger le soldat parti trop tôt et sans commandement. « Tout ira bien », conclut-il. Cet optimisme est suspect ; l'empereur voulait donner le change à l'opinion. Les Impériaux avaient délogé un parti français d'un poste avancé qu'ils durent eux-mêmes abandonner ; mais ce fait d'armes ne troublait en rien la concentration des forces françaises au camp de Jâlons. L'activité des partis français sur la ligne des convois et autour du camp impérial n'en fut nullement ralentie : tout ce qui s'en éloignait, maraudeurs ou fourrageurs, était pris, et il ne se passait guère de jour où quelque grand seigneur ne perdît une partie de ses attelages. Le courage des défenseurs de Saint-Dizier resta inébranlable. Dans la matinée du 28 juillet, Gonzague fit arborer sur le front des tranchées les dix drapeaux pris à Vitry ; en même temps il envoyait un trompette aux assiégés pour leur dire que n'ayant plus de secours à espérer, ils n'avaient plus qu'à se rendre : il s'engageait d'ailleurs à user de tout son crédit auprès de l'empereur afin de leur obtenir les conditions les plus honorables. D'après l'ambassadeur de Venise, Sancerre répondit : « Nous sommes assez forts pour n'avoir pas besoin d'être secourus, et le jour où un secours nous viendra, il sera si puissant qu'il pourra se mesurer avec l'armée impériale tout entière. » L'ambassadeur de Mantoue lui prête une réponse encore plus fière : « Nous savons à merveille que les drapeaux qu'on nous montre sont ceux qui ont été pris à Ligny, et M. de Brissac eût-il d'ailleurs été défait, ce n'est pas d'un petit seigneur comme lui que nous attendons du secours, mais de notre bras et de notre roi, qui ne tardera pas à venir nous délivrer à la tête de cinquante mille hommes ; nous voulons vivre et mourir pour son service, et si Son Excellence nous donne un nouvel assaut, elle trouvera à qui parler. »

En somme, la prise de Vitry n'eut d'autre effet que de restaurer plutôt aux yeux du camp qu'à ceux de l'Europe, qui ne pouvait s'y tromper, le prestige des armes impériales entamé par l'échec du 15 juillet et de soutenir le courage du soldat parmi l'accablante monotonie des travaux du siège.

CHAPITRE VII

Lenteur des travaux du siège. — Vains efforts des Impériaux pour dégager leur ligne de ravitaillement. — Situation des assiégés. — Faux bruit de deux nouveaux assauts victorieusement repoussés : nouvelle procession d'action de grâces à Paris. —Arrivée de Mario Savorgnano. — Pont d'assaut de maitre Antoine de Tolmezzo. — Vie des ambassadeurs italiens au camp impérial.

Les quatorze jours qui s'écoulèrent du 24 juillet au 8 août, c'est-à-dire de la prise de Vitry aux premiers pourparlers de capitulation, furent pour les Impériaux les plus lourds et les plus maussades du siège. On mène de front plusieurs ouvrages : tranchées, cavaliers et mines ; mais, faute de bras, le travail marche si lentemeut qu'on n'en entrevoit pas la fin. Dans l'après-midi du 7 août, 500 pionniers arrivèrent de Flandre, en même temps que 800 chevaux de remonte : à cette date tardive, ces pionniers étaient inutiles. Pour faire croire que l'on touchait au moment de l'assaut, l'empereur commanda le 25 juillet tous les attelages de la cour pour aller en forêt faire des fascines qu'il fit transporter à la tête des tranchées. La confiance du soldat diminuait; les chefs eux-mêmes perdaient de leur assurance. Pour tromper le temps, on faisait de nouveaux plans d'attaque. Certains voulaient qu'on assaillît la place par un second côté afin de diviser les forces de l'ennemi. Gonzague n'était point de cet avis : cela demanderait trop de temps et de travail. Personne ne doutait qu'on ne finît par s'emparer de Saint-Dizier, mais l'on comptait moins sur le succès d'un nouvel assaut que sur l'épuisement fatal des ressources de la ville. Certains indices donnaient à penser que les assiégés manquaient de munitions. On avait trouvé à Vitry de petits sacs de poudre qui paraissaient leur être destinés. Le 1ᵉʳ août, une trentaine d'hommes à cheval s'étaient approchés du camp impérial, vêtus comme des voyageurs pour ne pas éveiller les soupçons ; arrivés à quelque distance de la garde, ils se lancèrent à fond de train pour entrer dans la place : une douzaine y réussirent, la plupart furent pris, quelques-uns échappèrent. Chacun d'eux était porteur d'un petit sac de poudre du poids de trente livres. Ils dirent qu'ils étaient chargés de faire savoir aux assiégés de la part du roi que s'ils tenaient quinze jours encore, l'empereur aurait alors bien autre chose à faire que de s'occuper de Saint-Dizier. Peu de jours après, d'autres cavaliers, ceux-ci déguisés en vivandiers, pénétraient dans la forteresse, toujours avec de la poudre. Ces tentatives désespérées pour procurer de la poudre aux assiégés montraient qu'ils en avaient le plus pressant besoin : on se hâtait d'en conclure qu'ils ne tarderaient pas à se rendre.

A cette énervante lenteur des travaux et au peu de confiance qu'ils inspiraient s'ajoutait encore pour les Impériaux une autre cause de découragement : c'était la disette de vivres dont ils avaient plus que jamais à souffrir. Les convois n'arrivaient plus au camp, arrêtés à Pont-à-Mousson et à Toul par les partis français. De Joinville, de Vaucouleurs et de Stenay, leurs principales retraites, le duc de Guise et son fils aîné François de Lorraine, comte d'Aumale, épiaient l'occasion, survenaient au bon moment, enlevaient tout. En même temps qu'il se donnait de l'air devant lui par son heureux coup de main sur Vitry, l'empereur résolut d'agir vigoureusement sur ses derrières afin de dégager sa ligne de ravitaillement. Un fort parti français occupait Vaucouleurs ; le grand écuyer reçut l'ordre d'aller l'en déloger. Il part le 25 juillet avec 1 500 lances et tombe malade à Saint-Mihiel. Guise l'apprend et marche contre lui à la tête de 2000 chevaux. On envoie à la poursuite de Guise et au secours de Boussu Maurice de Saxe avec 2000 hommes d'armes et plusieurs enseignes de gens de pied. Guise reste insaisissable, Vaucouleurs se trouve abandonné et le grand écuyer rentre au camp au moment de la capitulation, mal guéri et sans avoir rien fait. L'entreprise avait échoué. Les Impériaux continuèrent à manquer de vivres et les partis français à les leur couper : le 11 août, ils capturent près de Bar une trentaine d'Espagnols, tout un convoi et des bagages.

Cependant la situation de la place empirait. Lentement, mais sûrement, le bastion ouest allait être abordé, sapé et commandé. Les Impériaux poussaient leurs tranchées et leurs mines et exhaussaient leurs cavaliers. Les assiégés voient le danger et s'efforcent de le conjurer. Ils démolissent des maisons pour se faire de la place et se servir des matériaux, ne cessent de tirer sur les pionniers et tentent de nettoyer les tranchées. Dans la nuit du 29 au 30 juillet, ils font une sortie. Ils se précipitent à la tête d'une tranchée, y jettent des marmites de feu et d'en haut assaillent les travailleurs à coups de piques et de pierres. Le marquis de Marignan et deux capitaines espagnols, Aldana (1) et don Garcia (2), qui se trouvaient là, échappent à grand'peine, don Garcia blessé à la tête ; il leur en eût coûté plus cher si, au lieu de pousser des cris pour dissimuler leur petit nombre ou pour porter l'effroi parmi les ennemis, les assiégés eussent opéré sans bruit : car la sentinelle ne les avait pas vus venir. Aussitôt averti, Gonzague arrive avec des arquebusiers, qui tirent sans discontinuer et forcent les assaillants à battre en retraite.

Est-ce cette sortie, le seul fait d'armes qui s'y prête par sa date, qui donna naissance au faux bruit de deux nouveaux assauts livrés le 1er et le 2 août et victorieusement repoussés ? François Ier s'empressa d'accréditer la nouvelle en ordonnant une seconde procession d'action de grâces.

Du jeudy VII aoust MV^c XLIIII.

Ce jourd'huy, sur ce que maistre Pierre Lizet, premier président céans, a remonstré à la court que hier au soir, le sieur d'Escars luy

---

(1) Du « tercio » de Luis Perez de Vargas.
(2) Don Garcia Sermoneta du « tercio » d'Alvaro de Sande.

apporta unes lettres missives que luy envoyoit, ainsi que luy récita ledit sieur d'Escars, le cardinal de Meudon, lieutenant général pour le Roy en cette ville de Paris, lesquelles le sieur d'Annebault, admiral de France, avoit escriptes audit cardinal de Meudon, contenant que le Roy avoit eu nouvelles que vendredi et samedi derniers, l'empereur estant encores devant Saint-Dizier avec son camp avoit faict donner deux grands et lours assaults à ladite ville et que au premier assault l'ennemy avoit bien faict dresser de IIII à V^c eschelles contre les murailles de la ville pour la cuyder faire escheller par ses gens pendant que l'on basteroit à la bresche qu'il feroit; toutefois que, graces à Dieu, le comte de Sanxerre et aultres, enfermez en ladite ville Saint-Dizier, s'estoient si bien défenduz et si vertueuzement faict leur devoir, que l'ennemy n'avoit riens gaigné sur eux, au contraire avoit esté l'ennemy grandement endommagé et povoit avoir perdu de trois à quatre mil de ses gens aux deux assaulx. Et pour ceste cause vouloit le roy comme chose raisonnable que l'on feist processions en ceste ville es androictz et es lieux où l'on a accoustumé pour rendre grâce à Dieu, et aultre feux de joye. A esté advisé par la court que demain matin elle yra en procession depuis la sainte Chappelle jusques à l'église Notre Dame de Paris en la manière accoustumée (1).

Les assiégés redoutaient un nouvel assaut; ils n'avaient plus de munitions. Ils cherchèrent par des émissaires à persuader aux Impériaux qu'ils n'arriveraient pas à forcer la place et qu'après avoir ruiné le bastion ouest, ils se heurteraient en arrière contre un autre front de défense plus formidable. Qu'avaient-ils besoin d'ailleurs de tenter l'entreprise ? Le moment était proche où Saint-Dizier, manquant de tout, se rendrait à discrétion. Le 31 juillet, un pionnier s'enfuyait par la brèche; pour cacher leur jeu, les assiégés se mirent à tirer sur lui des coups d'arquebuse. Pris par les Impériaux, il fut conduit d'abord au généralissime et ensuite à l'empereur. Il dit qu'il avait fui parce qu'il mourait de faim. Les assiégés, à l'entendre, n'avaient plus de vin, et il ne leur restait qu'un peu de blé, que deux moulins à main, très petits, n'arrivaient point à moudre en quantité suffisante; ils manquaient de poudre, mais ils venaient d'en faire un peu avec du salpêtre qu'ils avaient découvert. Le 5 août, un chef

(1) Archives nationales. — Registres du conseil du Parlement, X^{1a} 1553, f° 328.

d'escouade, comme traqué, saute en bas de la brèche ; il porte l'arquebuse suspendue à une banderole rouge. Arrêté, il dit qu'il s'est enfui parce qu'il a tué un homme. Il se recommande de plusieurs soldats impériaux qui le connaissent. Il a l'air de savoir beaucoup de choses et de lui-même, sans qu'on le mette à la torture, se répand en nouvelles. Les assiégés, à ce qu'il dit, ne vivent depuis quelques jours que de pain et d'eau ; le soldat ne reçoit que deux pains par jour, et qui ne sont pas gros. Ils n'ont plus ni poudre ni balles ; ils font encore un peu de poudre avec du salpêtre qu'ils ont trouvé et des balles d'arquebuse avec de l'étain, au risque de faire éclater l'arme. Ils considèrent leur bastion comme perdu depuis qu'ils le voient commandé par le cavalier de l'ennemi ; mais ils se sont puissamment retranchés en arrière. Cinq Allemands les tiennent au courant de ce qui se passe dans le camp impérial en lançant dans la ville des lettres attachées à des pierres. Gonzague fit conduire le prisonnier à l'alcade, avec ordre de lui donner cinq traits de corde et de l'interroger pour s'assurer si ce qu'il disait était vrai ou faux. Que Saint-Dizier après un mois de siège manquât de munitions et de vivres, cela était vraisemblable et devait faire croire aux Impériaux qu'ils l'auraient sans assaut. D'un autre côté ces retranchements intérieurs dont parlait le chef d'escouade ne pouvaient que redoubler leur inquiétude et leur perplexité sur le succès de l'entreprise. La tactique des assiégés était habile, mais d'ailleurs inutile. S'ils avaient mieux connu l'état des travaux d'approche, ils ne se seraient point alarmés. Les Impériaux n'étaient pas prêts ; il leur fallait au moins quinze jours encore : de là les conditions si honorables qu'ils accordèrent aux assiégés et le délai de huit jours qu'ils leur laissèrent pour évacuer la place.

A ce moment du siège, dans les derniers jours de juillet ou au commencement d'août, l'arrivée du magnifique seigneur Mario Savorgnano fit un certain bruit et apporta un peu d'animation dans le camp impérial. L'illustration de sa famille et la grande réputation dont il jouissait comme ingénieur militaire faisaient de lui un personnage de marque ; l'empereur et le généralissime, et après eux la cour et l'armée, lui firent fête. Les Savorgnano étaient originaires du Frioul, nobles, influents, aimant la lutte, tous ingénieurs et soldats ; treize d'entre eux se distinguèrent au quinzième et au seizième siècle. L'Europe avait les yeux sur Saint-Dizier. Qu'était-ce donc que cette forteresse qui arrêtait si longtemps Charles-Quint à la tête de toutes ses forces? Mario voulut la voir. Il court à Venise, sollicite et obtient du doge l'autorisation de se rendre à l'armée impériale, va présenter ses hommages à don Diego de Mendoza, ambassadeur de l'empereur auprès de la Seigneurie, reçoit de lui des lettres de recommandation pour ses amis de la cour et notamment pour Idiaquez, et arrive au camp impérial avec une escorte de deux soldats. L'un, messire Fabio, était un gentilhomme de ses compatriotes, frère de messire Cornelio, docte gentilhomme d'Udine. A peine arrivé au camp, Fabio se sépara de Savorgnano pour s'attacher au marquis de Marignan. La morgue du noble ingénieur lui était insupportable. Un jour, à la table de l'ambassadeur de Venise, il fit de vains efforts pour lier conversation avec Savorgnano ; il ne put en obtenir de réponse. « Je ne comprends pas, dit-il, au secrétaire de l'ambassadeur, que Mario me traite avec tant de hauteur : je fus d'abord toute sa suite et jusqu'à Venise il n'a pas eu d'autre soldat que moi. » Mario disait de son côté qu'il n'avait plus voulu de Fabio parce qu'il avait cru s'apercevoir qu'il était peu affectionné à la République. L'autre soldat, un certain Jean-Baptiste de Pesaro, avait appartenu au duc d'Urbin et lui avait été donné par l'ambassadeur du duc à Venise ; il le payait dix ducats par mois.

Gonzague ne cessa de témoigner la plus grande faveur à Mario Savorgnano ; il lui fit allouer un traitement de cent écus par mois, à compter depuis le jour où il avait quitté Venise. Le vice-roi de Sicile rêvait le gouvernement du Milanais, qu'il obtint en 1546 ; en habile diplomate, il ne négligeait aucune occasion de se rendre agréable à sa grande voisine future ; il pensait bien mériter de Venise en protégeant un de ses plus nobles sujets. Savorgnano n'assista pas seulement aux derniers moments de Saint-Dizier; il suivit toutes les opérations de la campagne, sans emploi déterminé et comme un amateur avide de voir et de s'instruire. Une seule fois il fit œuvre d'ingénieur : il dressa un plan de fortification pour Saint-Dizier qui fut jugé parfait, mais que, faute de temps et d'argent, l'on ne put exécuter. Après le traité de Crépy, on le retrouve à Cambrai à côté du généralissime. Avec Gonzague, c'étaient Gastaldo et Pirrho Colonna qu'il fréquentait le plus. Le Conseil des Dix, toujours inquiet et soupçonneux, veut savoir ce qu'il fait. Par son ordre, l'ambassadeur de Venise ne le perd pas de vue : il le reçoit, le fait causer, cherche à pénétrer les motifs de sa longue présence à l'armée impériale. Il n'en put tirer autre chose sinon qu'il était venu dans l'unique but de s'instruire et de se rendre plus capable de servir la République.

Savorgnano avait amené avec lui un ingénieur subalterne nommé maître Antoine de Tolmezzo. C'était un homme sans culture, mais habile dans son art. Il proposa de construire un pont d'assaut qu'on jetterait du bord du fossé sur le rempart. L'invention parut nouvelle quoiqu'elle fût de César ; elle excita une sorte d'admiration. On pressa l'ingénieur de réaliser son idée; il se mit aussitôt à l'œuvre, mais Saint-Dizier s'étant rendu, son travail ne put servir. Très compétent et très intéressé, l'ambassadeur de Mantoue fait de ce pont d'assaut une description des plus détaillées et des plus admiratives.

Pendant que les Impériaux se morfondaient devant Saint-Dizier, il y avait au camp une demi-douzaine de personnages que ce long siège ennuyait mortellement : c'étaient les ambassadeurs. Six États étaient représentés auprès de Charles-Quint : l'Angleterre, Rome, Venise, Florence, Ferrare et Mantoue

L'ambassadeur anglais, Nicolas Wotton, doyen de Canterbury et d'York, était un homme aimable, communicatif, libéral de nouvelles envers ses collègues italiens : c'était à lui qu'ils s'adressaient pour les affaires d'Angleterre, et il mettait une sorte de camaraderie empressée à satisfaire leur professionnelle curiosité. L'empereur le distinguait entre tous : c'était le représentant de son grand et chatouilleux allié.

Il ne négligeait pas les ambassadeurs italiens : il poursuivait dans leurs nombreuses personnes la conquête de l'Italie morcelée qu'il convoitait tout entière. Affable à tous, il y avait dans sa courtoisie politique des degrés et des nuances. S'il eût été bien avec Paul III, il eût singulièrement honoré son nonce Giovanni Poggio. Mais le pape, après avoir incliné de son côté sa versatile neutralité, s'était tourné contre lui et travaillait sourdement l'Italie en faveur de la France. Charles-Quint l'avait blessé au cœur : Paul ne lui pardonnait point de n'avoir pas favorisé ses vues ambitieuses pour l'établissement de sa famille. Il lui reprochait encore d'avoir sacrifié les catholiques aux protestants à la diète de Spire. Dans les derniers jours de septembre, un certain David, camérier du pape, arrive à Cateau-Cambrésis, porteur d'un bref des plus violents adressé à l'empereur. Le nonce en jugea la remise inopportune. Mais l'empereur n'ignora ni la venue du camérier ni l'essentiel du bref ; il sut que le pape lui écrivait en propres termes : « ... qui jura et leges conculcasti ». Il n'éclata point ; la politique lui interdisait de se déclarer ouvertement contre le pontife, même ennemi. Il le ménageait dans les grandes choses, tout en lui prodiguant sa mauvaise humeur dans les moindres. Dans la nuit du 30 août, un courrier du vice-roi de Naples apporta la nouvelle que Giannettin Doria venait de capturer les galères du pape. L'empereur s'empressa de désapprouver cet acte de trop brutale hostilité ; il renvoya sur-le-champ le courrier avec l'ordre de relâcher immédiatement les galères. Le ressentiment impérial se donnait cours par la voie diplomatique et retombait sur le nonce en reproches sanglants au pape et en procédés discourtois à l'égard de sa famille. La situation de Poggio était des plus difficiles. Sa correspondance semble perdue ; elle nous eût appris ses embarras et ses déboires. On lui marchandait les égards ; on n'avait pour lui qu'une politesse étroite et à peine correcte. Il reste à Metz après le départ de l'empereur pour y attendre Octave Farnèse, petit-fils du pape et duc de Camerino, qui se rend à l'armée impériale ; il demande qu'on lui laisse une escorte de 25 à 30 chevaux pour rejoindre la cour : on la lui refuse. Lorsque, après un arrêt de plus d'un mois et demi à Metz, faute d'argent pour continuer son voyage, le duc de Camerino arrive enfin devant Saint-Dizier le 23 août, pas un seigneur de la cour ne se dérange pour aller à sa rencontre. C'était le gendre de l'empereur, ayant épousé sa fille naturelle Marguerite d'Autriche, veuve d'Alexandre de Médicis ; mais on ne voyait plus en lui que le petit-fils du pape. Paul III essaie d'entraîner Venise dans une ligue avec lui et le roi de France pour chasser les Espagnols de l'Italie ; son petit-fils le cardinal Alexandre Farnèse, au nom du pape, et le cardinal Hippolyte d'Este, pour le roi, mènent la négociation. Il y eut deux tentatives : la première faite par le cardinal de Ferrare en personne et la dernière par le banni Florentin Bartolomeo Cavalcanti. Toutes les deux échouèrent ; Venise n'osa pas s'engager. On prétendait à la cour impériale que Cavalcanti était un agent du pape et l'on s'emportait contre celui que Gonzague appelait « l'ingrat et versatile vieillard de quatre-vingt-dix ans ». Le nonce, fort embarrassé, ne savait que répondre. Le 31 juillet, il va trouver l'ambassadeur de Venise et le prie de lui dire en toute franchise si on lui a écrit que Cavalcanti venait de la part du pape. « Je ne sais qu'une chose, répond l'ambassadeur : c'est qu'un gentilhomme nommé Cavalcanti a été envoyé à la Seigneurie par le cardinal de Ferrare ». Le nonce fut ravi de cette réponse, qui mettait le pontife hors de cause. Cependant le bruit court que l'empereur a rappelé Juan de Vega, son ambassadeur à Rome, et que de son côté le pape va rappeler le nonce. Toutes les lettres de Rome donnent la nouvelle comme certaine ; elles ajoutent que le nonce va reprendre en Espagne ses fonctions de collecteur. Poggio tremble ; il tient malgré tout à sa nonciature ; il considère son rappel comme une disgrâce. Des dépêches du cardinal Farnèse viennent le rassurer. Il reste, mais sa situation est loin de s'améliorer. Les relations de l'empereur et du pape deviennent de plus en plus mauvaises. La paix conclue, on envoya des personnages en porter la nouvelle aux différents États de l'Italie ; le nonce eut beau faire, il ne put obtenir de Granvelle qu'on fît un pareil honneur au pape. Poggio pâtissait de tout le mal qu'on voulait à Paul III. La constante déférence de ses collègues italiens le dédommageait dans une certaine mesure des rebuffades impériales ; ils le considéraient comme leur doyen et l'entouraient d'égards.

La correspondance de l'ambassadeur de Florence n'a pas été retrouvée, mais l'on voit par les autres dépêches italiennes qu'on le distinguait à la cour impériale. L'empereur, dans les audiences qu'il lui donnait, s'abandonnait volontiers, causait librement des affaires d'Italie, lui disait combien il était content de Venise. Charles-Quint avait fait Cosme de Médicis maître de Florence. Lui devant tout et ne se soutenant que par lui, Cosme lui était entièrement dévoué. Un tel prince, si méprisable qu'il fût d'ailleurs, était précieux ; on avait des attentions pour son représentant.

De tous les ambassadeurs italiens, le plus en vue et le plus en faveur était celui de Venise, Bernardo Navager. L'empereur, qui savait être aimable, se mettait en frais pour lui : il s'étudiait à le séduire. La République avait beaucoup d'affaires à traiter et d'intérêts à défendre. L'ambassadeur demandait de fréquentes audiences ; il s'en excuse, il craint d'être importun. « Ne craignez pas de paraître importun avec moi, lui répond l'empereur : eussiez-vous à m'entretenir de choses capables de me déplaire, je vous écouterai toujours volontiers ; mais je n'entends jamais de vous que des choses agréables. » Durant toute la campagne, ce fut comme un assaut de courtoisie entre lui et le représentant de la Seigneurie. L'empereur développe intarissablement ce thème étrange et vague : « Plus je serai victorieux, plus je serai en état de procurer la grandeur de la République », sans jamais s'expliquer davantage et en venir aux précisions. Granvelle, Idiaquez et Gonzague répètent le même air. La consigne est d'endormir la République en lui faisant espérer beaucoup et en ne s'engageant à rien. L'ambassadeur se confond en remercîments, mais n'en pense pas moins : ni lui ni la Seigneurie ne sont dupes de ce luxe de prévenances. Venise, quoique affaiblie et humiliée par le Turc, continuait à dominer dans les conseils et les résolutions de l'Italie ; si elle se fût déclarée contre l'empereur, l'Italie l'eût suivie tout entière. Il fallait à tout prix la maintenir dans sa neutralité : de là ces infinies démonstrations impériales.

Ferrare et Mantoue étant de tout petits États, leurs ambassadeurs Hieronymo Feruffino et Camillo Capilupo faisaient une moindre figure. Non pas qu'ils valussent moins, mais c'était leur rôle qui était ingrat et comme subalterne. En réalité, leur fonction diplomatique était une sinécure : ils n'eurent pas à demander une seule fois audience à l'empereur durant toute la campagne. Leurs gouvernements étaient représentés avec plus d'autorité, Mantoue par Gonzague et Ferrare par Francesco d'Este. Cependant, quoique un peu effacés et dominés, ils ont leur originalité et surtout leur utilité. Il y a dans leurs dépêches plus d'un détail qui ne se trouve point ailleurs ; celles de Capilupo, presque entièrement consacrées aux opérations militaires, sont d'un prix inestimable pour l'histoire du siège et de la campagne.

Les ambassadeurs italiens assistaient d'ordinaire à la messe qui se disait chaque matin dans la tente du nonce ; celui de Venise n'y manquait jamais. Ils y allaient par dévotion sans doute, mais aussi pour prendre langue : ils y rencontraient des personnages de la cour, causaient, recueillaient les bruits et les nouvelles.

On dînait de onze heures à midi et l'on soupait de six à sept heures. Manger était une préoccupation ; les vivres étaient rares, mauvais et hors de prix. Convive ordinaire du généralissime, l'ambassadeur de Mantoue n'eut guère à souffrir. Sa maison était peu nombreuse : pas de secrétaire et peu de serviteurs. Il s'étend sur la cherté de la vie et détaille le haut prix de toutes choses, mais comme matière à écriture et pour intéresser sa cour et surtout la duchesse Marguerite par l'étrangeté des faits. Il donne à ces récits de misère un tour plaisant; il est content. Au contraire, son collègue de Ferrare pâtit cruellement. Sa santé est délicate, son estomac déplorable; ce régime de famine ne lui convient nullement. Aussi se lamente-t-il. Il a dix bouches à nourrir et tout à l'heure onze : car son fourgon, loué à raison de deux écus par mois, ne lui suffisant plus, il vient d'en louer un second qui lui en coûte trois. Le pain et le vin de ses gens lui reviennent à plus de trois écus par jour. Ce n'est pas d'ailleurs la dépense qu'il plaint. S'il ne semble pas avoir de fortune personnelle, il paraît être largement appointé. Tant qu'avec de l'argent l'on pourra se procurer des vivres, il n'en manquera pas, dit-il. Mais d'un moment à l'autre les vivres peuvent faire complètement défaut, et le 17 juillet, pour ne pas entamer un sac de biscuit qu'il garde comme ressource suprême, il est réduit à un pain dont ses laboureurs ne voudraient point.

Pour soutenir l'honneur de Venise, son représentant se faisait un devoir de tenir table ouverte. C'était dans la disette chronique du camp impérial un luxe héroïque. Les convives étaient nombreux et la dépense énorme. Le traitement de l'ambassadeur n'était que de six écus par jour. L'opulente république patricienne poussait l'économie jusqu'à la lésinerie; elle alla plus d'une fois jusqu'à exiger de ses ambassadeurs la remise des cadeaux que leur avaient faits les souverains (1). L'ambassadeur put vivre quelque temps sur sa

(1) Marino Cavalli, ambassadeur de Venise auprès de François Ier de 1544 à 1546, dit dans sa « relazione » ou compte rendu de son ambassade au sénat : « Seigneurs, la condition de vos ambassadeurs est plus misérable que celle des ambassadeurs de tous les autres Etats. Les ambassadeurs du pape touchent pour la plupart 10 écus par jour; ceux d'entre eux qui ne les ont pas confèrent en leur qualité de légats des bénéfices et des dispenses et se font de ce chef un sérieux supplément de ressources. Les ambassadeurs de l'empereur, de la France, de l'Angleterre et du Portugal reçoivent de 8 à 10 écus par jour, sans

fortune personnelle et sur celle de son frère, mise généreusement à sa disposition ; ces ressources s'épuisèrent, et il dut recourir à l'emprunt. Il en était là lorsque, le 7 août, il reçut la nouvelle que le sénat venait de lui accorder une gratification. Il remercie avec une dignité parfaite, mais aussi avec une chaleur qui montre combien cette libéralité lui était nécessaire. Elle paraît avoir été peu considérable cependant. « Ce secours de l'État m'aidera du moins à payer quelques dettes, dit-il. » Il fait à ce propos une curieuse récapitulation des dépenses qu'il a eu à supporter depuis son départ d'Italie. Il traverse l'Allemagne épuisée par le récent passage de l'armée impériale et où la vie lui coûte de 8 à 10 écus par jour. Il arrive en Flandre, en une Flandre déchue de son ancienne opulence et doublement ruinée par les dernières guerres de Clèves et par le voisinage actuel des armées (à l'occasion du siège de Landrecies) : le vin et le logement lui reviennent à eux seuls à 4 écus par jour. Le voyage de Bruxelles à Spire lui occasionne des frais énormes. A Spire où se trouve réuni pour la diète tout un peuple de princes, il doit dépenser sans compter pour faire honneur à la République. Viennent les préparatifs de la vie de camp, l'achat des tentes et des innombrables effets de campement : il les paie d'autant plus cher que tout le monde en demande à la fois. Enfin, à la suite de l'armée impériale, plus on avance, plus les vivres deviennent rares et chers : devant Saint-Dizier, la disette et la cherté de la vie sont au comble. La carrière diplomatique était aussi dispendieuse qu'honorable ; il fallait être très riche pour représenter Venise. Les fortunes moyennes n'y tenaient pas longtemps. Nos ambassa-

compter que leur fixe s'accroît d'un casuel important. Nous, nous n'avons en tout et pour tout que 5 ducats par jour, qui deviennent des écus en France (par suite du change) : car l'écu m'a toujours coûté 7 livres 12 sous. Avec cela nous devons faire face à toutes sortes de dépenses : tenir table, payer nos serviteurs et les gratifier en certaines occasions, etc. Il est impossible d'y tenir ; tous nos revenus y passent, bientôt suivis du capital. Comment s'étonner après cela que beaucoup aiment mieux vivre en simples citoyens à Venise que d'aller se ruiner comme ambassadeurs au dehors? » A. REUMONT, *Della Diplomazia italiana dal secolo XIII al XVI*, p. 238. Florence, 1857.

deurs, quoique frayant volontiers ensemble, aucun intérêt essentiel ne les séparant, ne s'invitent point. Mais on voit l'ambassadeur de Ferrare dîner quelquefois chez celui d'Angleterre et celui-ci le tutoyer. Feruffino avait été ambassadeur en Angleterre de 1527 à 1529 ; peut-être y avait-il connu particulièrement Wotton et leur amitié datait-elle de cette époque.

C'étaient des fils de la Renaissance que ces ambassadeurs italiens, des lettrés épris d'universel savoir, l'esprit infiniment cultivé et comme fleuri de tout ce qui s'enseignait de beau. Ils parlaient naturellement italien ; mais ils pouvaient avec la même aisance s'exprimer en latin : lorsque Granvelle avait à leur faire une communication importante, se défiant de son italien, c'est en latin qu'il leur parlait. A les voir rechercher le commerce des personnages français et s'entretenir avec eux toutes les fois qu'ils en avaient l'occasion, il semble qu'ils devaient parler notre langue d'une manière telle quelle, à moins que, ce qui est possible mais peu probable, tous ces Français ne parlassent italien. Ils entendaient mal l'espagnol et ignoraient l'allemand. Ils écrivaient d'ordinaire tous les deux ou trois jours à leurs gouvernements, quelquefois tous les jours, selon l'importance des événements ou les occasions qui se présentaient d'envoyer leurs dépêches. Ils avaient chacun leurs informateurs particuliers. L'ambassadeur de Mantoue ne quittait point Gonzague, l'accompagnait la nuit aux tranchées, vivait à ses côtés, l'admirant sans réserve et le célébrant à profusion. Celui de Ferrare tenait ses nouvelles de Francesco d'Este : nouvelliste très sûr en matière militaire, mais un peu inventif en matière politique et ne s'en cachant point. Le nonce disposait de nombreuses relations ecclésiastiques partout répandues et par elles savait beaucoup choses généralement ignorées. L'ambassadeur de Venise, trop diplomate pour paraître curieux, était servi par des agents secrets. Le principal était un trompette de Gonzague, Bernardin de Vérone, qui lui rapportait avec une exactitude ingénue tout ce qu'il voyait et entendait dans ses allées et venues : c'est sur les dires de cet agent qu'il rédige pour le Conseil des Dix ses dépêches secrètes touchant les négociations de paix. Nos ambassadeurs avaient en outre une source commune d'information où ils puisaient à l'envi : c'étaient les seigneurs italiens de l'armée impériale. Le marquis de Marignan, Gastaldo, le comte della Somaglia, Camillo et Pirrho Colonna, d'autres encore et des mieux placés pour savoir, causaient avec eux à cœur ouvert, leur communiquaient les nouvelles et leurs impressions sur les événements, heureux de se rappeler par leur intermédiaire au souvenir des cours italiennes où tous étaient connus.

Ce n'était pas tout d'écrire des dépêches; l'essentiel et le difficile était de les expédier. A peine campé devant Saint-Dizier, Gonzague s'empressa d'organiser le service de la poste; il fonctionna parfaitement d'abord et du camp impérial l'on put correspondre partout. Mais les partis français, s'étant mis aussitôt à battre le pays de la Marne à la Meuse, coupèrent les communications. Il fallut une forte escorte pour passer sans trop de risque, et l'on attendait qu'elle eût à convoyer autre chose que des lettres : de là, au départ comme à l'arrivée, une irrégularité et une lenteur extrêmes dans la correspondance. Le courrier de cabinet lui-même mit quelquefois huit jours de Saint-Dizier à Ligny. Un exprès coûtait cher; le nonce en usait fréquemment et en faisait profiter ses collègues. Toute personne, allant du camp en Italie, partait chargée de lettres. Les ambassadeurs de Ferrare et de Mantoue souffraient peu de cette situation. Leurs gouvernements ne prenaient à la lutte qu'un intérêt de curiosité et pourvu que les dépêches abondassent en détails de toutes sortes, il leur importait peu qu'elles fussent en retard. Mais Venise suivait les événements avec passion; elle attendait impatiemment d'en être instruite. L'ambassadeur le savait et se désolait de son impuissance : ce fut pour lui, pendant toute la campagne, un véritable tourment. Il envoyait ses dépêches par Metz, Augsbourg et Trente, d'où le maître de poste avait ordre de les diriger en toute hâte sur Venise :

c'était la voie ordinaire. D'autres fois il les adressait par Gênes à l'agent diplomatique de la République à Milan, le secrétaire Vincenzo Fedeli, qui les transmettait à la Seigneurie. Lorsque, après Saint-Dizier, l'armée impériale s'approcha de Paris, il put les faire tenir à son collègue de France qui, lui, avait toutes les facilités pour correspondre avec Venise. Comme on n'était jamais certain qu'une dépêche parvînt à sa destination, on la faisait suivre d'un double qui souvent arrivait avant elle. Il est surprenant que parmi tant de hasards aucune dépêche ne se soit égarée ; du moins les ambassadeurs n'en signalent-ils point.

Il est un sujet sur lequel nos diplomates reviennent avec une insistance douloureuse : c'est le mauvais temps. Juin et juillet furent extraordinairement pluvieux et froids ; le temps ne se remit au beau que le 29 juillet. Cet été de France leur parut un hiver d'Italie. « On n'en revient pas, écrit Francesco d'Este, qu'en plein été il puisse tant pleuvoir et faire aussi froid qu'en décembre. » Contre cette pluie continuelle les tentes transpercées protégeaient mal ; on y vivait dans l'humidité et dans la boue. Au dehors, on enfonçait dans le terrain fangeux du camp. « Il n'y fait pas meilleur marcher, dit l'ambassadeur de Mantoue, que sur la route de Curtatone au cœur de l'hiver. » Nos Italiens n'avaient pu prévoir ni cette pluie ni ce froid : ils étaient vêtus d'armoisin. Plus chaudement couvert, Capilupo grelotte encore. « Je porte, écrit-il, une chemise de laine à manches de maille, un plastron et une saie de drap, et j'ai froid. Je rêve de fourrures, car je crois bien que dans un mois nous gèlerons. » Ils ne gelèrent point, ils étouffèrent. Durant les trois premières semaines d'août, il fit une chaleur excessive : bêtes et gens furent en proie à des essaims de mouches dévorantes. Mais dans la retraite des Impériaux vers la Flandre, à la fin d'août et en septembre, la fraîcheur des nuits automnales se fait sentir et la plainte recommence. L'ambassadeur de Ferrare fut le plus éprouvé de tous. C'était un homme exquis, mais d'une santé délicate et d'une sensibilité extrême. Les duretés de la guerre lui faisaient mal; surtout la brutalité des Allemands le mettait hors de lui. Il écrit de Soissons, le 14 septembre. « J'ai tant souffert et souffre encore tant de leurs atrocités que si je reviens de cette compagne ce ne sera que par une spéciale protection du ciel. A la souffrance morale s'ajoute la souffrance physique : l'inclémence du temps, les mauvaises journées et les nuits pires encore ruinent mon estomac. » Tous en revinrent, mais ce siège et cette campagne durent compter parmi les moins doux souvenirs de leur carrière diplomatique.

CHAPITRE VIII

La capitulation et l'évacuation.

Si, le 7 août, l'on eût annoncé aux Impériaux que Saint-Dizier parlementerait le lendemain, ils ne l'eussent pas cru, et ils n'avaient en effet aucune raison de le croire. Ils se doutaient bien que les assiégés manquaient de poudre et peut-être de vivres; mais comme ils n'avaient donné jusque-là aucun signe de découragement ni de détresse, continuant à lutter et rendant coup pour coup, l'on était persuadé qu'ils tiendraient quelque temps encore. La soudaine arrivée de leurs parlementaires fut pour les Impériaux un véritable coup de théâtre et leur causa, avec une immense joie, une extrême surprise. Une circonstance redoubla leur étonnnement : ce fut de voir la fougue ou, selon le mot de Francesco d'Este, la furie française que les parlementaires mirent à négocier, jusqu'à se présenter deux fois par jour au camp impérial.

Sancerre s'attendait d'heure en heure à un nouvel assaut, que, faute de munitions, il était absolument incapable de repousser. Il se trompait sur l'avancement des travaux d'approche; les Impériaux n'étaient pas prêts. Le 7 août, la veille même de l'ouverture des pourparlers, un personnage considérable de l'armée impériale disait à l'ambassadeur de Venise que l'assaut n'aurait lieu que dans six ou huit jours, plus tard peut-être, et qu'il lui était difficile d'en prévoir l'issue. Les tranchées et les autres ouvrages s'annonçaient bien et donnaient les meilleures espérances; mais l'on manquait de troupes propres à forcer les places : il n'y avait guère que les vétérans espagnols qui en fussent capables, et ils étaient encore démoralisés par leur dernier échec. Sans compter que Saint-Dizier se trouvait aujourd'hui plus fort que jamais. Tout cela le rendait perplexe et l'empêchait de se prononcer. Ainsi assiégeants et assiégés se faisaient illusion sur la véritable situation les uns des autres. L'imminence de l'assaut et l'impossibilité où il était d'y résister inclinaient Sancerre à se rendre ; une lettre supposée l'y détermina. La lettre contrefaite était une ruse de guerre d'un usage courant; mais, quoique connue, elle réussissait encore. Bayard, le chevalier sans peur et sans reproche, l'avait pratiquée heureusement à Mézières en 1521 ; le marquis del Vasto, « qui a esté un des plus fins et rusez capitaines de nostre aage (1) », venait de l'employer avec non moins de succès contre le gouverneur de Mondovi en 1542 (2). Sancerre avait écrit au duc de Guise pour lui faire savoir qu'il était réduit à l'extrémité et que sans un prompt secours il allait être obligé de livrer la ville. La lettre fut interceptée. Granvelle répondit au nom du duc de Guise qu'on ne pouvait le secourir et que, s'il ne pouvait pas faire autrement, il se rendit aux conditions les plus honorables qu'il pourrait obtenir. Sancerre y fut pris. Ne doutant pas de l'authenticité de la réponse (3), il jugea préférable de traiter, tant qu'il lui était encore permis de discuter, sans attendre l'heure fatale où il ne lui resterait plus qu'à se rendre à discrétion. Eut-il tort? Dans la conviction où il était qu'il allait être assailli et qu'il lui était impossible de se défendre, il semble qu'il ne pouvait agir autrement qu'il ne fit.

Le vendredi 8 août, dans la matinée, un trompette de la place va demander à Gonzague un sauf-conduit pour deux gentilshommes qui désirent l'entretenir de choses qui lui

(1) Montluc, p. 37.
(2) Tavannes (p. 124) dogmatise là-dessus : « Toutes lettres portans reddition aux assiégez doivent estre suspectes; l'artifice est commun aux assiégeans d'en contrefaire, et ne sçay comme les anciens ont esté si grossiers que d'y adjouster foy, et encore pis de les faire voir et publier parmy les soldats. »
(3) Le comte de Sancerre et le duc de Guise pensèrent se battre au sujet de cette réponse, le duc niant de l'avoir jamais écrite. On découvrit la ruse de guerre de Granvelle et le duel n'eut pas lieu. Brantôme, t. VI, p. 465.

seront agréables. Il arrive juste au moment où l'on démontait la tente du vice-roi pour la réparer : un coup de vent l'avait soulevée et tordue ; il voit la tente par terre et demande en riant ce que cela signifie. Gonzague répond par manière de plaisanterie qu'il va la faire porter aux tranchées, résolu d'en finir. Le trompette rapporte avec le sauf-conduit le propos à Sancerre. On s'alarme, on prévoit l'assaut pour le lendemain ou le surlendemain, on précipite les négociations, au grand étonnement des Impériaux qui n'y comprennent rien.

Dans l'après-dinée, deux gentilshommes se présentent au général en chef, tous les deux d'âge mûr et de grand air. Le plus âgé et le plus considérable, celui qui porte la parole, est le vicomte de la Rivière ; l'autre, le capitaine de la Chémière. Ils dirent qu'ils n'avaient pas oublié les conditions honorables que Son Excellence leur avait fait offrir après l'affaire de Vitry au cas où ils consentiraient à rendre Saint-Dizier, qu'assurément ni le courage ni les forces ne leur manquaient pour prolonger la résistance, mais qu'ils croyaient avoir assez bien fait leur devoir pour mériter l'approbation du roi et l'estime de l'empereur, et qu'en conséquence ils venaient lui faire savoir qu'ils étaient disposés à livrer la place si l'on voulait tenir les promesses qu'on leur avait faites. Gonzague répondit que l'empereur était la bonté et la clémence mêmes, que sans doute il avait eu lieu d'être blessé des réponses qu'ils lui avaient faites, mais qu'il était de sa nature plus enclin à pardonner qu'à punir, et qu'il espérait pouvoir obtenir de lui de bonnes conditions, pourvu que de leur côté ils se montrassent raisonnables. Il les invita à lui faire connaître leurs propositions ; il leur dirait ensuite ce qu'il pensait pouvoir faire. Les parlementaires lurent une note en français qui contenait les articles suivants : que si dans un mois ils ne recevaient pas de secours, ils rendraient la place ; qu'ils s'en iraient librement, enseignes déployées, avec l'artillerie, les munitions et les vivres qui étaient dans la ville ; et que durant les trois mois qui suivraient l'évacuation, l'empereur n'ajouterait rien aux fortifications existantes et ne mettrait point de garnison dans la place. A peine eurent-ils terminé, que Gonzague les congédia en disant que l'empereur avait coutume de dicter des conditions et non pas d'en recevoir, que jamais il n'oserait lui exposer leurs prétentions et qu'ils n'avaient plus qu'à se retirer et à se bien défendre. Ils s'en retournèrent en déclarant qu'ils voulaient tous mourir dans leur forteresse.

Ils revinrent dans la soirée. Ils dirent qu'au lieu d'un mois de délai, ils se contentaient de quinze jours. Gonzague leur répondit que ce serait tout au plus s'ils en obtenaient quatre ou cinq de l'empereur et qu'il jugeait inutile de parler d'autre chose avant d'avoir vidé ce point. Cela dit, il les congédia.

Le lendemain samedi 9 août, vers 8 heures du matin, ils se présentent de nouveau. Cette fois Marini les accompagne. Il déclare hautement que, pour lui, il ne rendrait à aucun prix la place parce qu'il n'y a aucune raison de la rendre. Il est vrai qu'on manque de poudre et de vin ; mais on peut faire de la poudre, et la privation de vin, si pénible qu'elle soit pour des Français, ne saurait affaiblir leur courage. Saint-Dizier est une des plus fortes places qu'il connaisse. Il entrait, ce semble, un peu de diplomatie dans cette protestation de Marini : peut-être espérait-il, en exagérant les ressources de la défense, amener les Impériaux à rabattre encore de leurs prétentions. On accorde aux parlementaires un délai de huit jours, mais sans l'artillerie. Ils acceptent le délai, mais ils veulent absolument l'artillerie : emmener leur canon était pour des assiégés le comble des honneurs de la guerre. Ils ne se croient pas de pouvoirs assez étendus pour conclure ; ils demandent à en référer au comte de Sancerre et promettent de revenir dans la soirée avec une réponse définitive.

Ils reviennent. On discute encore au sujet de l'artillerie et l'on finit par cette transaction : les trois parlementaires se contentent d'un délai de sept jours au lieu de huit et Gonzague leur accorde deux pièces dont il se réserve le choix. Vers dence y pouront demeurer seurement, ausquelz le dit seigneur viceroy promect qu'il sera faict tout bon traictement, en faisant toutes foys serment (1) en Sa Magesté impérial de bons et léaulx subjectz.

Item, accorde icelluy vice-roy de bailler sauf-conduict que de France puisse venir en ce camp de deux cens cortaulx au dessoubs, conduictz par serviteurs, lesquelz seront délivrés aus seigneurs gentilshommes et gens de guerre estans en la dite ville, le jour qu'ilz en sortiront, affin qu'ilz s'en puissent aller à cheval.

Item, promect le dit seigneur vice-roy que en délaissant le dit seigneur conte et ses gens la dite ville, de leur bailler bon et seur convoy et scorte, laquelle les accompaignera jusques en lieu seur, au plaisir et contentement du dit seigneur conte, afin qu'il ne leur soit faict desplaisir par des gens de guere et subjectz de Sa Magesté impérialle. Et promect icelluy seigneur conte, sur son honneur, qu'il ne sera faict desplaisir à la dite scorte par les gens de guerre et subjectz du dit seigneur roy en manière quelconque (2).

Pour coroboracion et seurté desquelles choses, les dits seigneurs vice-roy de Sécille et conte de Sensar ont signé de leur propre mains la présente capitulacion et à icelle faict mectre leur seaulx : de laquelle se sont faictes deux coppies collacionnées de l'une à l'autre, dont l'une demeure au dit seigneur vice-roy, et l'autre au dit seigneur conte de Censar. Et, pour ce que les dits seigneurs de la Chesmière, et visconte de la Ryvière, et Jheronimo de Marino, avec auctorité et plain pouvir d'icelluy conte de Sensar, ont traicté et conclui ce que dessus avec le dit seigneur vice-roy, auquel ilz ont veu signer la présente capitulacion de sa propre main et y mectre son scel, ilz seront tenuz de faire foy au pied de ceste, signée de leurs mains et scellée de leurs seaulx, comme la signature du dit seigneur conte de Sensar est de sa propre main et de son scel armoyré de ses armes. Faict au camp impérial, devant Saint-Dizier, le neufesme jour d'aoust, l'an mil cinq cent quarente et quatre.

Depuis que la capitulacion dessus escripte a été arrestée et conclue, les dits seigneurs de la Chesmière, le visconte de la Rivière et Jheronimo de Marino ont esté, en compagnye du dict seigneur viceroy, devers l'empereur, ausquelz Sa Magesté impérial a dit de sa propre bouche qu'il advouhoit et confirmoit tout ce qu'ilz avoient traicté et conclui avec le dit seigneur vice-roy, et promis que le tout se observeroit entièrement. Donné comme dessus.

S'ensuyvent les noms des seigneurs et gentilhommes que le dit seigneur conte de Sensar baillera au dit seigneur vice-roy pour hostages de la dite capitulacion, assavoir monseigneur de la Roche-Baron, monseigneur d'Esternet, monseigneur de Cabron (3), filz de

(1) Brantôme : *service*, moins bon.
(2) *Ibid.* : *par les gens de guerre dudict sieur (conte), ny en manière quelconque*, moins bon.
(3) Brantôme : *M. de Cantron.*

monseigneur de Longueval, le marchal des logis de monsieur d'Orléans, monseigneur de Molinon, et monseigneur Duysans, pourteur d'enseigne de la compagnye de mon dit sieur d'Orléans (1). »

Les Impériaux saluèrent la capitulation par un immense cri de soulagement et de délivrance. L'espérance renaît; les projets éclosent. Ceux qui, très peu nombreux, sont d'avis de marcher en avant, se voient déjà maitres de la France. Les partisans de la retraite la considèrent maintenant comme sans honte et sans danger soit sur la Flandre ou la Bourgogne. La capitulation à peine signée, le nonce, l'ambassadeur de Venise et celui de Florence passent à cheval devant la tente de Granvelle; celui-ci les appelle et les retient à souper. « Cela ne lui était jamais arrivé depuis que je suis à cette cour, dit l'ambassadeur de Venise. » Il fut pendant tout le repas d'une gaieté et d'une expansion extraordinaires. Il parla des desseins de l'empereur sur Saint-Dizier. Il allait en fortifier les points les plus faibles, y établir un magasin de vivres et y laisser une nombreuse garnison de gens de pied et de chevaux : de là, comme par une porte toujours ouverte sur toutes les parties du royaume, il pourra inquiéter le roi partout où il voudra. En attendant, il va faire couper tous les blés du voisinage; il y emploiera les 700 pionniers qui viennent d'arriver de Flandre et dont on ne sait que faire pour le moment. Il va s'occuper en outre de munir la place de toutes les choses nécessaires. L'heure venue d'en prendre possession, il n'aura plus qu'à faire raser les travaux d'approche commencés et presque terminés : ce sera l'affaire de quelques jours. Tout entier à sa joie, Granvelle voit le présent et l'avenir en beau.

En France, la chute de Saint-Dizier causa une sorte de stupeur mêlée de colère et de crainte. En voyant la petite ville tenir si longtemps, on avait fini par se figurer qu'elle tiendrait toujours. La cour et l'armée éclatent en reproches contre les défenseurs. Châlons s'indigne et Paris se vide. Sancerre dépêche au roi le vicomte de la Rivière pour lui soumettre la

(1) R° archivio di Stato in Modena — Cancelleria Estense — Documenti di Stati esteri — Francia.

capitulation et lui exposer les raisons qui les avaient forcés de se rendre. L'amiral d'Annebaut, furieux, veut lui arracher les yeux. Le roi le fait attendre plus de quatre heures avant de consentir à lui donner audience ; il n'est admis qu'à la prière de la reine de Navarre. Il dit au roi qu'ils manquaient de poudre et qu'ils n'en avaient plus assez pour soutenir une journée d'assaut ; le roi répondit qu'ils auraient dû affronter les hasards de cette journée et attendre au moins l'assaut. La Rivière alors invoqua une seconde et plus puissante raison : il dit que les travaux d'approche de l'ennemi les étreignaient au point de rendre toute résistance vaine ; il pria le roi d'envoyer deux gentilshommes pour s'en rendre compte ; il se fit fort d'obtenir pour eux de l'empereur l'autorisation d'entrer dans la place ; il termina en disant que si leur rapport concluait que la ville était encore tenable, il consentait qu'on lui coupât la tête. Le roi répliqua qu'au moins n'auraient-ils pas dû se rendre sans le prévenir. La Rivière déclara qu'ils avaient écrit au duc de Guise et que celui-ci leur avait répondu — on ignorait encore la ruse de guerre de Granvelle — qu'ils se rendissent puisqu'ils avaient fait leur devoir et qu'il n'y avait plus moyen de les secourir. François Ier, qui avait du courage, manquait de grandeur dans l'adversité ; la capitulation de Saint-Dizier l'abattit démesurément. Cependant il retrouva une contenance et des paroles royales pour calmer l'effroi des Parisiens. « Au bout de deux jours, il vint assurer son peuple qui s'effrayoit par trop, et ce fut lors qu'il luy dict : Je vous engarderay bien de mal, mais de peur je ne sçaurois : car il n'y a que Dieu qui tient le cœur des hommes en sa main » (1).

La signature de la capitulation fut immédiatement suivie de la remise des otages. Il semble que Gonzague s'en fût réservé le choix : dans ce cas, il est vraisemblable qu'il les choisit sur une liste dressée par Sancerre, les Impériaux ignorant les noms des gentilshommes qui se trouvaient dans la place (2). Trois

(1) Brantôme, t. III, p. 161.
(2) Le texte de Modène porte « à choix et voulenté dudit seigneur conte » ;

se présentèrent le soir même. Les deux autres, Cantron, fils de Longueval, et la Roche-Baron, se dirent indisposés et se firent remplacer; ils arrivèrent le lendemain matin dimanche : ils avaient une si bonne mine qu'on ne put s'empêcher de sourire de leur indisposition. On dressa pour les otages une grande et belle tente dans un espace libre au milieu du camp; des hallebardiers de l'empereur leur furent donnés comme gardes d'honneur. Ils dînèrent le lundi chez Granvelle, le mardi chez Gonzague, le mercredi chez Francesco d'Este, le jeudi chez Dissey. On ne voulait pas leur laisser le temps de s'ennuyer. La courtoisie française ne demeurait pas en reste avec celle des Impériaux. Brissac envoyait de Châlons des melons et des fruits à Francesco d'Este; l'empereur, Gonzague et Granvelle, d'autres seigneurs encore, en avaient leur part.

Les ambassadeurs italiens s'empressaient auprès des otages, en quête de nouvelles; celui de Mantoue ne les quittait point. L'un d'eux, peut-être Esternay qui était fort son ami, lui raconta une étrange histoire. L'ambassadeur lui demande en causant : « Expliquez-moi donc quelles raisons vous avez eues de vous rendre? Car enfin Saint-Dizier est très fort, à ce que l'on assure, et vous aviez encore des vivres. Pourquoi laisser les assiégeants pousser leurs tranchées jusqu'au pied de vos murailles, lorsque ces murailles les commandaient de tous côtés? — Nous n'avions plus de poudre. — Comment se fait-il qu'une forteresse aussi importante en ait été si mal pourvue? — Il y en avait; mais un Lorrain, vendu à l'ennemi, y fit mettre le feu pendant l'assaut du 15 juillet; il fut pendu. » N'est-ce point là un de ces bruits populaires, nés l'on ne sait comment et auxquels s'accrochent les vaincus pour expliquer leur défaite? (1)

mais celui de Brantôme, confirmé par l'ambassadeur de Mantoue dit « au choix dudict visce-roy ».

(1) Notons toutefois que le lendemain de l'assaut on aperçut aux murs de la place un homme pendu par un pied. « Est-il des leurs ou des Impériaux, se demande l'ambassadeur de Venise. On croit plutôt que c'est un des leurs qui aura eu des intelligences avec l'ennemi ou parlé de se rendre. »

Durant cette semaine d'attente, les Impériaux ne craignirent pas un instant qu'une armée royale vînt délivrer Saint-Dizier et les forcer à la retraite. Ils sont sans inquiétude et ne prennent aucune précaution. Nul mouvement de troupes : chaque corps reste à sa place et le camp offre le même aspect. Gastaldo seul, toujours prompt à la critique, blâmait ce délai de sept jours accordé aux assiégés. C'était, à son avis, courir un trop grand risque. En une semaine, le roi de France pouvait avec l'armée qu'il avait sous la main, accrue encore d'une partie de celle de Picardie rappelée en toute hâte, se jeter sur les Impériaux, les battre ou les faire reculer et leur arracher Saint-Dizier. Sans doute cela n'était pas impossible. On évaluait les seules troupes réunies au camp de Jâlons à une trentaine de mille hommes : c'était une force égale en nombre à celle de l'empereur et qui lui était moralement et matériellement supérieure, ignorant la défaite et ne manquant de rien. Une telle armée pouvait vaincre, conduite par un véritable homme de guerre ; mais ce n'était pas Annebaut, le favori de l'heure, brave soldat, mais médiocre et toujours malheureux général, qui pouvait la mener à la victoire. Était-il sage d'ailleurs de risquer la partie ? L'ennemi était au cœur de la Champagne, à quelques journées de Paris : ne valait-il pas mieux réserver toutes ses forces pour couvrir la capitale ? On ne bougea point et l'on sacrifia Saint-Dizier.

Le dimanche 17 août, au soleil levant, les assiégés évacuèrent la ville dans l'ordre suivant. En tête, en manière d'avant-garde, marchaient 700 hommes dont une partie seulement était armée ; ils servaient plutôt comme pionniers que comme soldats : aussi avaient-ils l'air d'excellents manœuvres et de médiocres combattants. Venaient ensuite les deux pièces d'artillerie, deux fauconnaux, qu'on avait consenti à leur laisser ; puis les bagages et tous les habitants qui, du plus jeune au plus âgé, sans distinction de sexe, avaient voulu partir, témoignant ainsi de leur inaltérable fidélité envers leur roi : ils emmenaient avec eux le corps de Lalande qu'ils avaient exhumé. 1500 hommes de pied suivaient, superbes d'allure et de tenue, tous parfaitement armés; il y avait parmi eux 100 hommes d'armes également à pied, la lance sur l'épaule (1) : cette belle troupe marchait sous huit enseignes déployées. Enfin parut le comte de Sancerre, armé de pied en cap, flanqué de quatre étendards et escorté de 25 à 30 cavaliers d'élite, gentilshommes des plus nobles et bourgeois des plus importants. L'empereur tint à assister en personne à leur départ. Il avait appris que les bas-Allemands du prince d'Orange voulaient venger sur eux la mort de leur général; il leur fit quitter la veille leur quartier de campement par où les Français devaient passer; il recommanda au généralissime et à tous les capitaines de redoubler de vigilance pour qu'il ne se produisît aucun désordre. Il donna l'ordre en outre de mettre les échelles et les cordes aux potences et se plaça lui-même auprès, entouré de nombreux officiers de justice : cet appareil causa tant d'épouvante que personne n'osa bouger. Le comte de Sancerre quitta son chemin pour aller saluer l'empereur en pleine campagne; il en reçut l'accueil le plus courtois. Lorsqu'il prit congé, Gonzague et de nombreux capitaines lui firent la conduite.

Sancerre et Marini allèrent faire leur révérence au roi. Sancerre laissa en passant 400 hommes dans Châlons et poursuivit sa route avec le reste. Il arriva le 21 août à la Ferté-Milon où se trouvait en ce moment la cour; le roi lui fit le plus gracieux accueil (2).

(1) La capitulation autorisait le roi à envoyer 200 courtauds pour remonter les hommes d'armes, « affin que, le jour qu'ilz sortiront de la ville, ilz s'en puissent aller à cheval » ; il ne les envoya point : les Impériaux en conclurent qu'il était mécontent de leur conduite. Il pouvait y avoir d'autres raisons, celle-ci par exemple : l'inutilité de cet envoi pour une simple parade.

(2) « ... il re gli ha fatto gran chiera ». Alfonso Calcagnini, ambassadeur de Ferrare en France, dépêche datée de la Ferté-Milon, le 21 août 1544. Archives d'État de Modène.

CHAPITRE IX

Occupation de Saint-Dizier. — Prise de Joinville. — Démonstration sur Paris : les trois premières étapes. — Conférence de Saint-Amand.

Saint-Dizier évacué, le premier soin des Impériaux fut de dresser l'inventaire des vivres et des munitions qui étaient dans la place ; ils y trouvèrent 2 000 sacs de blé (1), 21 pièces d'artillerie dont 10 grosses et quelques barils de poudre. « Les assiégés ont tenu jusqu'à la dernière extrémité, dit Francesco d'Este ; ils n'avaient plus que 6 barils de poudre ». Velasco de Acuña occupa la ville avec trois enseignes de ses « bisoños » et y tint garnison jusqu'au départ de l'armée impériale. Les pionniers nivelèrent le sol autour de l'enceinte, comblant les tranchées et rasant les cavaliers : tous ces ouvrages qui avaient coûté tant de temps et de peine à construire furent détruits en trois jours.

Ce ne fut pas sans une vive émotion que les chefs impériaux pénétrèrent dans cette forteresse qui les avait si longtemps arrêtés, qui s'était enfin rendue, mais qu'ils n'avaient pu prendre. Ils en visitèrent les défenses avec une curiosité passionnée. En les voyant de près, ils éprouvèrent une grande surprise et comme une déception. La réalité ne répondait point à l'idée qu'ils s'en étaient faite. Du dehors et à sa résistance, ils avaient jugé la place extraordinairement forte ; maintenant elle leur paraissait faible : ils s'étonnaient de ne

(1) C'est le chiffre de l'ambassadeur de Mantoue, qui le tenait du marquis de Marignan, chargé d'ordinaire, dans cette campagne, d'inventorier les approvisionnements des villes prises. L'ambassadeur de Venise dit 4 000 sacs, mais sur un simple bruit.

l'avoir pas emportée du premier coup. Le fossé n'était ni large ni profond, le bastion ne s'appuyait sur aucun autre ouvrage, et ce premier front rompu, aucun retranchement n'existait en arrière. Surtout une circonstance les frappait : entre le terre-plein et les maisons, il y avait si peu d'espace que les gens de pied destinés à soutenir l'assaut devaient être dans l'impossibilité de s'y mouvoir. C'était, à leurs yeux, une grande cause de faiblesse. Ils se trompaient sans doute. Si l'inconvénient eût été aussi grave qu'ils le croyaient, Marini y eût aisément remédié en abattant les maisons qui le gênaient ; il en avait déjà démoli, mais moins pour se faire de la place que pour se procurer des matériaux afin d'exhausser son bastion. Cette prétendue faiblesse de la ville ne fit qu'accroître l'estime que l'on avait pour ses défenseurs. « Tout cela montre, dit l'ambassadeur de Venise, qu'ils méritent d'être loués d'avoir tenu si longtemps plutôt que blâmés de s'être enfin rendus ».

Charles-Quint ne pouvait prétendre à une longue possession de Saint-Dizier ; il devait se rendre compte qu'à moins d'être écrasée, la France ne lui abandonnerait jamais cette clef de la vallée de la Marne et de Paris. Mais il lui importait de s'y maintenir jusqu'à la fin de la guerre. Il s'occupa donc de mettre la forteresse en état de défense. Le plan de Mario Savorgnano était trop complet : on l'admira, mais on ne l'exécuta point. Peut-être donna-t-on plus de largeur et de profondeur au fossé ; peut-être établit-on sur les deux côtés du bastion ouest de rapides ouvrages pour lui servir de flancs. On dut faire peu de chose en somme. L'essentiel était de bien approvisionner Saint-Dizier de vivres et de munitions : avec cela et une bonne garnison, la place telle que l'avaient laissée les assiégés pouvait résister à toutes les entreprises de l'ennemi. Les attelages de la cour y transportèrent tout le blé et toute la paille du pays ; on y réunit 600 vaches pour être salées au premier froid ; la forteresse fut pourvue de vivres pour huit mois. On accrut de quelques pièces l'artillerie qui s'y trouvait déjà ; on y mit 1 500 barils

de poudre. Au dernier moment, les trois enseignes de
« bisoños » de Velasco de Acuña furent remplacées par une
garnison définitive, ainsi composée : 1 500 hauts-Allemands
du colonel Schaumburg, du corps de Hesse, 200 chevaux
bas-allemands sous les ordres de Binche et 400 pionniers.

Joinville, terre du duc de Guise et centre principal de ses
opérations, fut à l'est, pendant le siège de Saint-Dizier, ce
que Vitry était à l'ouest : un perpétuel sujet d'alarme pour
les Impériaux. Là se préparaient, presque toujours heureux,
d'incessants coups de main contre leurs convois. Joinville
eût été un danger permanent pour la garnison de Saint-
Dizier; on résolut sa ruine. Francesco d'Este fut chargé de
cette exécution. On savait que le comte d'Aumale s'y tenait
d'ordinaire avec 400 chevaux et les gens du pays : aussi
le chef de l'expédition prit-il ses précautions et s'entoura-
t-il d'une force imposante. Il se mit en marche le mardi
19 août, à une heure de nuit, emmenant avec lui, outre
ses chevau-légers, les 1 000 hommes d'armes de Boussu,
nombre de gentilshommes de la maison de l'empereur,
3 000 gens de pied espagnols sous les ordres d'Alvaro de
Sande et 4 pièces d'artillerie. Le mercredi matin, aussitôt
arrivé, il investit la ville avec ses chevaux, en attendant les
gens de pied et le canon. Lorsqu'ils furent venus, l'on entra.
La place était sans défense; Aumale l'avait quittée quatre
jours auparavant. Au château, une merveille pour le charme
du site et la beauté de l'architecture, une vingtaine d'archers
et quelques paysans, qui se rendirent sans résistance au capitaine de chevau-légers Jules-César Brancaccio. Le butin fut
insignifiant : quelques chevaux, quelques bœufs et quelques
prisonniers. On battit les alentours et l'on s'empara de châteaux sans importance. Francesco d'Este avait reçu l'ordre de
brûler Joinville. Après avoir fait mettre le feu à trois ou quatre
maisons, il le fit éteindre : il se dit qu'il allait y laisser, pour
y tenir garnison avec sa compagnie, le capitaine Ximenes
du « tercio » d'Alvaro de Sande, et qu'on serait toujours
à même de livrer la ville aux flammes si on le jugeait à pro-

pos. Ces condottieri italiens avaient des sentiments humains ; ils répugnaient aux inutiles barbaries.

Francesco d'Este rentra au camp dans l'après-midi du 21, trop tard pour assister au conseil de guerre qui venait d'avoir lieu. Ce conseil de guerre du jeudi 21 août fut le plus important de la campagne. On y discuta et l'on y résolut cette question capitale : fallait-il avancer ou reculer, continuer à marcher sur Paris ou se retirer soit sur le Luxembourg, soit sur la Franche-Comté? Jusqu'au 15 juillet, personne ne doutait qu'on n'arrivât à Paris sans rencontrer de sérieuse résistance. On allait emporter Saint-Dizier comme on avait fait Luxembourg, Commercy et Ligny; Châlons n'était pas encore en état de défense; l'armée française commençait à peine à se former : la route de Paris était libre et les Impériaux victorieux pourraient s'y engager sans crainte. Mais après l'insuccès de l'assaut, lorsqu'on eût vu à quels hommes et à quelle forteresse l'on avait affaire, Paris parut chaque jour plus éloigné et plus difficile à atteindre. Dès la fin de juillet, les chefs italiens les plus influents, Francesco d'Este, le marquis de Marignan et Gastaldo, déclaraient hautement qu'après la prise de Saint-Dizier il serait impossible d'aller plus loin et qu'on serait forcé de clore la campagne. Plus tard, Pirrho Colonna, le vaincu de Carignan, qui pour se rendre au camp impérial venait de traverser la France, à qui le roi avait montré son armée et Châlons sa garnison, disait lui aussi combien il lui paraissait dangereux d'affronter de telles forces. Ces Italiens fondaient leur opinion sur les raisons suivantes : la saison qui touchait à sa fin, la croissante difficulté du ravitaillement et l'insuffisance numérique de l'armée impériale même renforcée des 4 000 lansquenets de Christophe de Landenberg, arrivés le 11 août. L'ambassadeur de Venise demandait le 7 août à un personnage militaire, italien sans doute et probablement Gastaldo, le mestre de camp général, dont il faisait le plus grand cas, ce qu'on allait faire après avoir pris Saint-Dizier. « Si, lui fut-il répondu, les nouvelles de France sont vraies et que le roi doive disposer bientôt, en plus de sa gendarmerie, de 25 000 gens de pied dont 13 000 Suisses et le reste des Gascons et autres troupes, avec une pareille armée toujours à ses trousses, l'empereur sera réduit à l'impuissance et si, pour en sortir, il réunit toutes ses forces en appelant à lui les garnisons de Pont-à-Mousson, de Bar et de Toul, il se trouvera dans quelques jours aux prises avec un ennemi tout autrement redoutable que le roi, je veux dire la faim. » Il est remarquable que les Italiens, qui jugent l'armée impériale numériquement trop faible pour s'enfoncer jusqu'au cœur de la France, ne mettent pas en ligne de compte l'armée anglaise qui devait se joindre à elle ; il est évident qu'ils ne croient pas à cette jonction.

Quant à Charles-Quint, son objectif ne cessa d'être Paris tant qu'il put croire que Henri VIII s'y porterait de son côté. Avant et après l'ouverture des hostilités, les rapports des deux alliés sont fréquents, empressés et cordiaux. Ils se communiquent ce qui leur arrive d'heureux, s'excitent à la guerre, se font part de leurs préparatifs et de leurs espérances ; ils s'entendent à condition de ne pas s'expliquer à fond, Henri VIII voilant sa pensée intime des apparences du plus beau zèle. Lorsque la diète de Spire lui eut accordé les subsides demandés, l'empereur dépêche en Angleterre Chantonay, fils aîné de Granvelle, pour porter au roi cette bonne nouvelle et l'inviter à se hâter. Le 27 mai, le secrétaire d'État Paget arrive à Spire, annonçant les succès de son maître en Ecosse, disant ses amas de troupes et de vivres et assurant qu'il passerait lui-même en France. Cependant, dès Metz, l'on devient plus froid à la cour impériale sur le compte du roi d'Angleterre ; plus tard, on n'en parle pas plus que s'il n'existait point. Enfin, quand au commencement d'août l'empereur vit son allié, débarqué à Calais le 14 juillet, se cantonner sur le littoral, assiéger Montreuil et s'acharner contre Boulogne, il lui parut clairement qu'il n'irait pas plus loin. Il n'en chargea pas moins Montbardon, gentilhomme de la bouche, d'aller lui annoncer que Saint-Dizier avait capitulé et qu'il allait immédiatement se diriger sur Paris où il comptait bien le rencontrer. Mais cette suprême démarche ne fut dans son esprit qu'un acte de pure courtoisie : d'avance il était convaincu que son appel resterait vain et n'ébranlerait point le parti pris de Henri VIII. Seul maintenant, avec une armée mal payée et mal nourrie, dont un long siège avait brisé l'élan et accru l'esprit d'indiscipline, que pouvait-il contre Paris? La raison militaire lui interdisait de tenter l'aventure, mais la raison politique l'incitait à en faire semblant. Cette démonstration avait à ses yeux trois avantages : montrer au roi d'Angleterre qu'il s'était conformé, autant qu'il avait été en son pouvoir, au programme arrêté de concert avec lui ; intimider le roi de France et le contraindre à une paix dont il dicterait les conditions ; donner enfin à l'Europe le spectacle ou l'illusion de sa marche triomphante à travers la France et augmenter ainsi son prestige qu'une retraite n'eût pas manqué de diminuer. Ses deux conseillers intimes, Gonzague et Granvelle, entraient pleinement dans ses vues que peut-être ils avaient suggérées. Par haine du roi de France qui l'avait chassé de son service, par amour du pillage et par ambition, Fürstenberg dut de son côté préconiser cette marche sur Paris, où sa parfaite connaissance des lieux et des habitudes des Français allait faire de lui le conseiller indispensable de l'empereur et le conducteur envié de l'armée impériale. Cependant, dans le conseil de guerre du 21 août, Gonzague, quelque chaleur qu'il y mît, fut loin de convaincre tout le monde de la facilité de l'entreprise ; certains en firent toucher du doigt la témérité et les dangers. Pour les rallier ou les moins effrayer, on proposa ce compromis, qui fut accepté : on irait d'abord jusqu'à Vitry et là on verrait.

 Le départ de Saint-Dizier eut lieu le lundi 25 août, dans la matinée. Le 23, étaient arrivés 700 fourgons de vivres et 300 000 ducats, mais la moitié seulement en espèces sonnantes ; l'autre moitié était en lettres de change sur l'Allemagne. On en avait un besoin extrême : le soldat n'avait plus de pain, ni l'empereur d'argent. C'est avec ces faibles ressources, bientôt dévorées par les troupes affamées et par les soldes arriérées, qu'on prit la route de Vitry. Ce jour-là on fit deux lieues et l'on campa en un village où l'on avait tout préparé d'avance. Le 26, on arriva à Vitry et l'on y passa la journée du lendemain. Les Impériaux campèrent dans la ville et dans les environs ; tout était désert : les habitants avaient fui. Là, dans un nouveau conseil de guerre, ceux qui considéraient comme une folie de pousser plus loin ne furent pas écoutés. L'empereur jugea qu'en s'arrêtant à Vitry et en opérant de là sa retraite sur le Luxembourg, il manquerait sa démonstration sur Paris dont il attendait des effets décisifs ; il résolut donc de continuer son chemin. Cette résolution causa une sorte de stupéfaction ; on ne pouvait croire à tant d'audace. « A la bonne heure ! dit ironiquement l'ambassadeur de Mantoue. Voilà qui est crâne, d'autant plus crâne qu'on n'a ni pain ni argent et qu'il sera chaque jour plus difficile d'en faire venir. » Jusque sur la route de Châlons, l'on se flatte encore que les difficultés qui ne peuvent manquer de surgir à chaque pas vont décourager l'empereur et le déterminer à la retraite. Mais les obstacles espérés ne se présentent pas. L'armée impériale campe et décampe sans être inquiétée ; les partis français, jusqu'ici si nombreux et si actifs, se sont tout d'un coup évanouis. Seule la question des vivres devient plus tourmentante. L'ambassadeur de Venise écrit de la Chaussée, le 31. « N'eût été une petite provision de biscuit que j'avais eu la bonne idée de faire, nous aurions plus d'une fois manqué de pain, ma maison et moi. » L'irritation gagne l'armée. On dit tout haut que cela ne peut plus durer ainsi et qu'il faut que l'empereur fasse la paix ou qu'il livre bataille ; on ajoute que sans doute il aimera mieux traiter que risquer le combat. Ce ne fut qu'un mauvais moment : au delà de Châlons, l'on trouva de quoi vivre.

Le 28 août, les Impériaux quittent Vitry et gagnent Saint-Lumier. C'est pendant cette halte à Saint-Lumier que se tint à Saint-Amand, le 29, la première conférence solennelle entre les plénipotentiaires impériaux et royaux.

François Ier désirait ardemment la paix. Tous ses efforts diplomatiques avaient échoué. Il n'avait pu ni détacher de l'empereur l'Angleterre et l'Allemagne ni soulever contre lui l'Italie. Il avait offert l'Écosse à Henri VIII, qui lui avait répondu que déjà l'Écosse était à lui. Il avait écrit aux princes allemands, qui pour toute réponse avaient envoyé sa lettre à l'empereur comme une marque de leur inaltérable fidélité. Venise enfin, sollicitée par lui et par le pape, était demeurée sourde aux plus pressants appels. Il restait seul contre deux envahisseurs qui à eux deux étaient toute l'Europe. Déconcerté par les rapides progrès de l'empereur et d'avance alarmé de sa marche sur Paris, désespérant de l'arrêter et, sous prétexte de réserver son armée, la condamnant à l'inaction, le roi, encore plus découragé qu'impuissant, ne vit plus de salut que dans un accord quelconque. La reine et la favorite, Éléonore docile et la duchesse d'Étampes agissante, le secondèrent de leur mieux, également quoique diversement intéressées à ce qu'il vécût et régnât. Les pourparlers, dès longtemps engagés, devinrent plus actifs sur la fin de juillet. Deux personnages secondaires, mais influents, paraissent sur la scène, déblayant le terrain et préparant les voies : Berteville (1) et Guzman. Lieutenant du comte de Brienne, Berteville fut pris dans Ligny, se rendit au marquis de Marignan et se racheta. Quel mérite ou quelle influence lui valut d'être choisi pour remplir la délicate et importante mission de confiance dont il fut chargé? Les contemporains n'en disent rien. On le voit, muni d'un sauf-conduit, errer pendant une quinzaine entre la cour royale et le camp impérial, sans qu'on puisse compter ses allées et venues ni entrevoir le résultat de ses démarches ; il disparaît le 14 août. Gabriel de Guzman était Espagnol, gentilhomme et dominicain. Il fut longtemps à la cour impériale où il confessait beaucoup de seigneurs espagnols. Maintenant il habitait Paris ; il était le confesseur de la reine Éléonore, du cardinal de Paris Jean du Bellay, et, au dire de

---

(1) Peut-être Bertheléville, village de la Meuse.

certains, du roi lui-même. Il avait écrit plusieurs fois au confesseur de l'empereur pour le presser d'exhorter à la paix Sa Majesté Impériale et ses ministres. Lui-même, disait-il, n'avait cessé de la prêcher au roi et à ses conseillers, et il avait fini par les persuader; il se faisait fort de réussir également auprès de la cour impériale si on voulait l'autoriser à s'y rendre. On ne lui répondit que par de vagues politesses; on le tenait pour un homme animé des meilleures intentions, mais peu apte à manier les affaires d'État. Guzman ne se rebuta point et, dans les derniers jours de juillet, demanda formellement au confesseur de l'empereur de lui obtenir un sauf-conduit. Un trompette de Brissac, porteur de la lettre, s'en ouvrit d'abord à Francesco d'Este. Celui-ci en parla à l'empereur, qui lui dit qu'il pouvait renvoyer le trompette et qu'on répondrait plus tard. Le suprême souci de Charles-Quint, pendant tout le cours des négociations, fut de ne pas paraître rechercher la paix, qu'au fond il désirait autant que son rival et dont il avait un aussi grand besoin que lui. Or, comme il venait d'accorder un sauf-conduit à Berteville, il craignait, s'il en délivrait immédiatement un autre au dominicain, de marquer trop d'empressement. Mais le trompette déclara qu'il avait l'ordre exprès de ne s'en retourner qu'avec une réponse. Francesco d'Este en ayant référé à l'empereur, celui-ci finit par lui dire de le retenir, qu'il allait voir Granvelle et que peut-être se déciderait-il à accorder le sauf-conduit. Le trompette attendit et eut le sauf-conduit. Quelques jours après, Guzman arrivait au camp impérial, causait longuement avec le confesseur de l'empereur et repartait dans l'après-midi du 8 août, peu satisfait. Il revint plusieurs fois, reprenant et poussant la conversation. Dans la matinée du 17, après un dernier tête-à-tête qui semble avoir été heureux et décisif, il prit définitivement congé de son partenaire. On le retrouve encore à la conférence de Saint-Amand, mais il n'y est admis que par grâce et comme un répertoire bon à consulter, ayant été mêlé à tous les préliminaires. Son rôle cependant n'est pas fini. Il agit surtout dans la coulisse, mais il se manifeste quelquefois : on le voit reparaître au campement du 3 septembre, près d'Épernay. Berteville et Guzman furent d'utiles pionniers ; ils dégagèrent et aplanirent la route. Dans le même temps, de plus hauts personnages se remuaient dans l'ombre et travaillaient sans bruit : le 28 juillet, dans un château situé à une lieue de Bar, la duchesse d'Étampes, Longueval et le bailli de Dijon avaient une entrevue secrète avec Granvelle et Gonzague. Africain de Mailly, bailli de Dijon, figure en bonne place dans les négociations. C'était un vieillard aussi avisé que courtois; il n'avait guère moins de 70 ans, mais ne les paraissait pas. Le 30 juillet, on le voit en tête à tête avec Granvelle au camp impérial devant Saint-Dizier. L'empereur passe en son honneur la revue de tous ses hauts-Allemands, gens de pied et gens de cheval; il n'était pas fâché de montrer sa force au négociateur. Cependant, vers le 14 août, fatigués de tous ces pourparlers qui n'aboutissaient à rien, Granvelle et Gonzague discutent les moyens d'arriver et ne s'entendent point. Granvelle aurait voulu que le roi de France fît d'abord des propositions. « Ce n'est pas connaître le caractère des Français, lui répondait Gonzague ; ils mettront leur point d'honneur à ne faire que des propositions inacceptables. Le plus sûr et le plus expéditif serait que j'allasse moi-même traiter avec le roi. » Il en mourait d'envie quoiqu'il s'en défendît. On ne l'en chargea point.

La partie était engagée, mais l'on n'était encore tombé d'accord sur rien. Les plénipotentiaires entrent alors en scène ; les négociations deviennent plus ouvertement officielles et revêtent un caractère de solennité. François Ier avait fait demander pour Annebaut, par l'entremise du duc de Lorraine, un sauf-conduit qui fut aussitôt expédié; mais s'étant ravisé, il résolut d'envoyer d'abord le secrétaire d'État Claude de l'Aubespine. Peut-être estima-t-il plus convenable de réserver Annebaut, le plus haut dignitaire de France, pour la conférence qu'il avait proposée et qui avait été acceptée. Peut-être lui parut-il nécessaire, avant cette conférence, d'en aborder le fond et d'en régler la forme, c'est-à-dire le lieu et le jour, le nombre des délégués et de leur escorte, et jugeat-il que son secrétaire d'État, particulièrement instruit et pénétré de ses vues, serait plus capable de les exposer et de les faire prévaloir. Quoi qu'il en soit, l'Aubespine demanda de Châlons un sauf-conduit à son nom. Cette nouvelle demande surprit l'empereur et ses ministres, mais l'on envoya le sauf-conduit. L'Aubespine se présenta au camp le 21 août. De belle apparence, l'air affable et avenant, simple en ses habits et grave en ses manières, il plut d'abord de sa personne. Il passa toute la journée avec Granvelle et Gonzague et ne réussit pas à faire agréer ses propositions. Il fut plus heureux le lendemain matin : après s'être longuement entretenus, ils dînèrent gaiement ensemble et se quittèrent l'air joyeux.

Saint-Amand est un village situé à près de deux kilomètres en avant de Saint-Lumier où campaient les Impériaux. L'église était dédiée à saint Amand : d'où le nom du village. C'est dans cette église que les plénipotentiaires impériaux et français se réunirent le 29 août. Elle avait fort bon air : une nef avec une voûte soutenue par deux rangées de piliers et des bas-côtés avec également des voûtes en pierre. La porte, les piliers et les murs intérieurs disparaissaient sous les branches de hêtre. Un alcade en défendit l'entrée tant que dura la séance. Granvelle et Gonzague quittèrent Saint-Lumier sur les dix heures du matin, escortés de presque toute la noblesse de la cour, et se portèrent à la rencontre de l'amiral de France; ils firent quelques centaines de mètres au delà du rendez-vous fixé et l'attendirent dans un délicieux petit vallon en se promenant. L'attente fut assez longue. Francesco d'Este, chargé de veiller à la sûreté de la conférence, avait pris avec lui 1 000 gens de pied espagnols, 400 hommes d'armes et 100 de ses chevau-légers. A la vue des arquebusiers impériaux déployés sur les collines environnantes, l'amiral alla bride en main, dépêchant Guzman sous la conduite d'un trompette impérial pour demander ce que cela voulait dire. Sur la réponse de Gonzague que ces troupes avaient été placées là pour le protéger, il hâta gaiement son allure. Francesco d'Este et Camille Colonna, qui étaient allés au-devant de lui, l'accompagnaient. Lorsqu'ils le virent tout près, Gonzague et Granvelle firent une centaine de pas à sa rencontre. On s'embrassa à cheval et l'on continua d'avancer toujours à cheval, Gonzague à la droite d'Annebaut et Granvelle à la gauche du garde des sceaux Errault de Chemans. L'amiral montait un alezan turc; il était vêtu d'un pourpoint à bandes longitudinales alternantes, l'une de velours figuré cramoisi, l'autre de velours noir avec brocatelle d'or noire, enrichie de nœuds et de feuillages et piquée de rosettes d'or. Cinq pages sur de beaux chevaux le précédaient, le pourpoint de velours noir, mais tout chamarré de galons d'or liés en faisceau; ils avaient sur la poitrine et sur le dos une ancre d'or entourée d'une devise. Une centaine de cavaliers, tous nobles, formaient sa suite. On citait parmi les plus considérables Gui Guiffrey de Boutières, ancien lieutenant du roi en Piémont, Charles de Soliers della Moretta, vieillard aimable et chaud partisan de la paix, de Gioja, neveu du prince de Bisignano, et de la Palisse, un tout jeune homme. On arriva tout en causant devant l'église. Gonzague, Granvelle, l'évêque d'Arras et Idiaquez pour l'empereur, Annebaut, Errault de Chemans, le secrétaire d'État Gilbert Bayart et Guzman pour le roi, entrèrent seuls. Ils étaient là depuis trois grandes heures quand l'amiral eut besoin de sortir. Les gentilshommes de son escorte se pressaient autour de lui pour avoir des nouvelles; il prit à part della Moretta et lui dit qu'à un moment tout paraissait rompu, mais que maintenant cela semblait devoir marcher. Della Moretta lui recommanda d'user de beaucoup d'art et de ménagements. C'était précisément le conseil que Camille et Pirrho Colonna et le marquis de Marignan venaient de donner à della Moretta lui-même. « Le meilleur moyen, lui avaient-ils dit, d'obtenir de l'empereur ce que vous désirez, c'est de le séduire à force de douceur et de cordialité. » L'amiral rentré, les négociateurs demandèrent à collationner ; Gonzague fit servir un goûter qu'il avait eu la précaution de faire apporter. Enfin, après quatre heures de séance, ils quittèrent l'église. Lorsqu'ils parurent et prirent congé les uns des autres, tous les yeux se fixèrent sur eux, épiant leur physionomie et leur maintien. Ce fut peine perdue. Aussitôt sorti, l'amiral saute en selle et disparaît sur la route de Châlons ; on ne put apercevoir son visage. Gonzague et Granvelle surent si bien dissimuler qu'ils ne laissèrent rien voir. Gonzague y mit d'autant plus de maîtrise qu'il se savait particulièrement observé. Il s'était excusé avant la conférence auprès de Camille et de Pirrho Colonna de ne pouvoir leur rien dire, et ceux-ci lui avaient répondu qu'il leur serait bien permis de lire sur sa figure s'il y avait lieu de craindre ou d'espérer.

La conférence de Saint-Amand fut plus solennelle que décisive. Elle ne résolut rien et ne pouvait rien résoudre : les deux camps étaient trop séparés pour qu'ils pussent se mettre d'accord du premier coup. Mais les plénipotentiaires avaient pris contact, émis des vues et surtout des prétentions, s'étaient tâtés, et c'était là un résultat : ils pouvaient maintenant chercher le joint. Ce qui désolait la galerie, c'est-à-dire les ambassadeurs et leurs gouvernements, c'était de ne rien savoir d'exact et d'authentique. De cette première entrevue, non plus que des suivantes, rien ne transpira au dehors. Les négociations furent conduites jusqu'à la fin dans le plus grand secret.

CHAPITRE X

De Saint-Lumier au parc du Triangle.

Le 30 août, les Impériaux quittèrent Saint-Lumier et campèrent à la Chaussée. Le lendemain, ils se remirent en route de grand matin, s'avancèrent jusqu'à quatre kilomètres de Châlons et s'arrêtèrent en arrière de Sarry : c'était leur cinquième campement depuis Saint-Dizier. On marchait sans entrain. Le soldat subsistait à grand'peine. Le pays n'offrait aucune ressource : la capitulation de Saint-Dizier y avait fait le vide. Entre Italiens, ambassadeurs et condottieri, il n'était question que de cette marche sur Châlons, une folie. On calculait les forces de la place, ses fortifications auxquelles depuis deux mois de nombreux pionniers travaillaient sans relâche, sa garnison de sept à huit mille hommes, le voisinage de l'armée royale toujours prête à voler à son secours. On venait de passer cinquante-deux jours devant Saint-Dizier : combien de temps ne faudrait-il pas pour réduire Châlons que tant de circonstances rendaient plus redoutable ! Seuls Granvelle et Gonzague, qui étaient dans le secret de l'empereur, se montraient sans inquiétude.

Sans perdre un moment, Gonzague voulut reconnaître la ville, comme impatient d'en commencer le siège. Il détache en avant des fusiliers allemands à cheval et des arquebusiers espagnols à pied ; il les suit avec des chevau-légers et des hommes d'armes allemands. Ceux de la place, sortis en grand nombre, se tenaient rangés en ordre de bataille le long de la Marne. L'escarmouche s'engagea, mais ne s'échauffa point, les Impériaux ne voulant pas s'approcher des remparts ni les Français s'en éloigner. Les Impériaux prirent deux ou trois gentilshommes et en tuèrent un autre ; les Français en capturèrent autant. Il y eut de part et d'autre une vingtaine de soldats prisonniers. Ceci se passait sur le front est, le seul qui fut reconnu ce jour-là. Une action plus vive et plus meurtrière eut lieu à l'ouest. Une soixantaine de fusiliers allemands s'étaient portés de ce côté. 200 chevaux français, les voyant sans lance, les prennent pour des valets d'écurie et leur donnent la chasse. Les Allemands se serrent les uns contre les autres « comme un troupeau de porcs, en excellents cavaliers qu'ils sont (1) » et tiennent tête. Leur fusil, arme toute nouvelle, fut fatal aux Français qui n'en avaient pas encore ; ils en prirent ou tuèrent une centaine et mirent le reste en fuite. Il est vrai qu'eux-mêmes furent presque tous blessés, y compris leur chef Otton, capitaine du duc Maurice de Saxe. Il se faisait nuit ; les Impériaux regagnèrent leur camp.

Le lendemain matin 1er septembre, Gonzague alla reconnaître les côtés nord et ouest ; il ne put approcher du front sud à cause de la Marne. Il y eut des escarmouches, mais qui n'offrirent rien de remarquable.

Cette reconnaissance de la place, poursuivie pendant deux jours avec une sorte d'ostentation, n'avait d'autre but que de donner le change aux Français. On n'avait aucune envie d'assiéger Châlons et de recommencer Saint-Dizier ; mais on voulait faire croire à ce siège pour masquer le coup de main qu'on méditait sur Épernay. Précipiter sa marche, faire peur, enlever la paix et gagner les Pays-Bas, tel fut depuis Saint-Dizier le plan de l'empereur : plan dangereux et même irréalisable si l'on eût eu affaire à un ennemi résolu, mais dont l'affolement de François Ier rendit l'exécution facile.

Dans l'après-midi de ce même jour eut lieu à Sarry, dans une délicieuse maison de campagne de l'évêque de Châlons,

(1) Capilupo, dépêche datée de Crépy, le 19 septembre 1544.

une nouvelle conférence. Les quatre commissaires impériaux de Saint-Amand s'y rencontrèrent avec trois commissaires royaux seulement : Annebaut, Bayart et le maître des requêtes Charles de Neuilly, ce dernier remplaçant le garde des sceaux Errault de Chemans, tombé malade après Saint-Amand et qui mourut le 3 à Châlons; la présence de Guzman, qui les avait accompagnés, fut jugée inutile. On discuta pendant quatre heures sans pouvoir s'entendre. La paix à ce moment parut désespérée.

Le 2, se produisit un coup de théâtre. L'armée impériale quitte son campement en arrière de Sarry, contourne le côté nord de Châlons, passant si près des murs qu'elle se trouve presque sous leur feu et fait halte à deux kilomètres au delà de la ville. Impériaux et Français s'attendaient au siège de la place; ils sont également surpris et comme déçus. La garnison s'inquiète; elle ne comprend pas que l'ennemi expose ses communications, son ravitaillement et sa retraite en laissant derrière lui Châlons muni et fort : peut-être ce mouvement n'est-il qu'une feinte et sera-t-il suivi d'un retour offensif. Quant aux Impériaux, ils ne doutent plus qu'on ne marche sur Paris; le soldat s'en réjouit et les chefs s'en alarment.

L'empereur savait que le roi avait fait à Épernay un amas énorme de vivres et de munitions pour approvisionner son camp de Jâlons. Il résolut par une rapide marche de nuit de surprendre la ville à la pointe du jour; cette riche proie referait ses troupes qui, depuis Saint-Dizier, manquaient de tout. Ou il ignorait qu'une trentaine de kilomètres le séparaient d'Épernay, ou il se faisait étrangement illusion sur la mobilité de son armée. Les troupes n'avaient point campé; elles étaient prêtes. Les plus rapprochées de Châlons devaient former l'arrière-garde; elles avaient ordre de ne pas bouger avant que le corps de bataille et l'avant-garde fussent à une certaine distance. Sur les deux heures de nuit, l'on donna le signal du départ; il eut lieu dans le plus grand silence. Les Impériaux ne voulaient pas éveiller l'attention de Châlons; la garnison aurait pu se mettre à leur poursuite et les inquiéter sur leurs derrières. La marche fut lente et pénible; la masse des bagages, des chemins étroits et coupés de petits cours d'eau la gênent et l'interrompent. Les Allemands mettent le feu aux maisons et les Espagnols aux poudres qu'on leur a distribuées ou qu'ils ont volées : jeux de soldats. Ces feux illuminent la nuit, trahissent l'ennemi, donnent l'alarme au loin. Au lever du jour, les Impériaux se trouvent sur la Marne, à la hauteur du camp de Jâlons; ils n'avaient fait qu'une dizaine de kilomètres, le tiers du chemin d'Epernay.

Deux captures mémorables signalèrent le commencement de cette journée du 3 septembre. Il faisait encore nuit. Le comte Guillaume de Fürstenberg, dépassant l'avant-garde, s'avance seul jusqu'à la Marne pour s'assurer si un certain gué qu'il connaissait était en ce moment praticable. Il franchit aisément la rivière; mais arrivé sur l'autre bord, il tombe entre les mains de deux ou trois cavaliers qui gardaient le passage. Se voyant pris, il contrefait le fou, fait semblant de croire qu'il a affaire à des Impériaux, se nomme et donne l'ordre qu'on le conduise à l'empereur. Les Français qui le détestent n'ont garde de le lâcher; il est emmené au camp, plus tard dirigé sur Paris et enfermé à la Bastille; il en fut quitte pour 30 000 écus de rançon, « mieux traicté qu'il ne valloit (1). » L'empereur n'estimait point l'avide et brutal condottiere; mais il lui était à cette heure infiniment précieux : c'était lui qui guidait son armée. « Il connaissait parfaitement le pays, les forces du roi et le caractère des Français, dit l'ambassadeur de Venise; aussi passait-il pour être en ce moment plus écouté de l'empereur qu'aucun de ses ministres ou de ses conseillers ordinaires ».

Une heure plus tard, c'était un prince français qui tombait entre les mains des Impériaux. Francesco d'Este avec ses chevau-légers éclairait l'armée impériale. Au soleil levant, il arrive sur la Marne, près d'un pont en partie rompu par

(1) Brantôme, t. 1er, p. 351.

l'ennemi, et découvre le camp français. Pour le mieux voir, il monte sur une éminence, laissant là Pozzo et Dissey avec la cavalerie. A peine s'est-il éloigné, que les deux capitaines aperçoivent sur une hauteur une troupe de chevaux français. Ils délibèrent s'ils doivent aller les reconnaître. Pozzo, vaillant homme de guerre et des plus expérimentés, déclare que tel est son avis et part avec 25 chevaux; Dissey le suit. Ils rencontrent Charles de Bourbon, prince de la Roche-sur-Yon, avec ses 50 hommes d'armes et ses 100 archers; il venait de Mézières et se rendait sans doute au camp de Jâlons. Par malheur, le prince, au premier choc, est renversé de cheval; il est pris par deux chevau-légers et se rend à Francesco d'Este. Sa troupe, croyant avoir affaire à plus d'ennemis qu'il n'y en avait, s'étonne et se débande. Son lieutenant et 28 de ses gentilshommes sont faits prisonniers; l'enseigne se sauve avec le reste. Informé de cette prise, l'empereur dépêche aussitôt un trompette au camp français pour dire au dauphin qui le commande que, comme on traiterait le comte Guillaume, le prince de la Roche-sur-Yon serait traité. Il n'ignorait pas le profond ressentiment des Français contre Fürstenberg; il lui était aussi utile qu'agréable de sauver la vie à un homme dont le grand mérite à ses yeux était de haïr le roi autant qu'il en était haï.

Le camp français, assis entre Aulnay et Jâlons, présentait à l'envahisseur un front redoutable : au nord la Marne et des marécages, à l'est la Marne encore et un fossé large et profond. En avant du camp, plus près de la rivière et en aval, d'autres retranchements formaient comme un camp secondaire : c'est là qu'à l'apparition des Impériaux l'armée française alla se ranger en ordre de bataille, nombreuse et fraîche, prête à combattre. Un gros de cavaliers se détacha et s'avança jusqu'au bord de l'eau; ils n'en bougèrent point tant que dura le défilé des Impériaux, se gaussant d'eux intarissablement. Du haut d'une colline, l'empereur assista pendant trois heures au lent passage des troupes fatiguées et des bagages innombrables. Eut-il la pensée de franchir la Marne et de livrer bataille? On le crut et peut-être en fut-il aise; mais il n'y songea point. Jeter des ponts sous le feu de l'ennemi était une entreprise trop périlleuse. Réussît-il d'ailleurs à déloger les Français de leur fort avancé, ils se retireraient dans leur camp inforçable. Il eût inutilement perdu un ou deux jours, et il ne pouvait aboutir qu'à force d'aller vite. Il gagna l'avant-garde, et la marche sur Épernay continua, de plus en plus traînante. On était arrivé dans un étroit vallon, lorsque tout à coup le bruit se répandit que Gastaldo, parti en avant avec les fourriers pour préparer le campement, avait été pris par les gens d'Épernay. Cette mauvaise nouvelle, l'heure avancée — il était 5 heures — l'arrière-garde à 6 kilomètres de distance, l'armée harassée par toute une nuit et toute une journée de marche, déterminèrent l'empereur à camper en cet endroit. Il appela l'ambassadeur de Mantoue qui se trouvait en ce moment avec l'archiduc Maximilien et le pria d'aller dire au généralissime, occupé à l'arrière-garde à faire avancer les bagages, que le mestre de camp général avait été fait prisonnier et que l'on campait. A peine eut-on dressé les tentes qu'on sut que Gastaldo n'avait pas été capturé. On était à un kilomètre d'Epernay.

La nuit du 3 au 4 fut des plus mouvementées; elle se passa tout entière en délibérations, en allées et venues de Gonzague chez Granvelle, de celui-ci chez Gonzague et de l'un et l'autre chez l'empereur. Le bruit courait que l'armée française s'était mise à la poursuite des Impériaux; la nouvelle était si vraisemblable qu'on craignait qu'elle ne fût vraie. On résolut de simuler le passage de la Marne et de dessiner avec quelques troupes une fausse marche en arrière afin de refouler ou d'immobiliser les Français dans leur camp. De vagues préparatifs, une suite voulue d'ordres et de contre-ordres, firent croire qu'on allait livrer bataille; beaucoup de seigneurs se confessèrent.

On somma Épernay de grand matin. La garnison, au lieu de se rendre, abandonna la ville après avoir mis le feu aux approvisionnements et à plusieurs quartiers. L'empereur arrivait avec 6 000 Espagnols et Allemands. Il eût pu, s'il l'eût voulu, arrêter l'incendie et sauver presque tout; mais décidé à précipiter sa marche, il ne voulait pas s'embarrasser d'un aussi gros butin. Il laissa donc le feu des Français dévorer ce que lui-même eût été contraint de livrer aux flammes. Cependant beaucoup de vin et de blé, déposés dans les caves, échappèrent à l'incendie. On prit en outre quatre grands bateaux chargés de provisions qui descendaient vers Paris. Tant de vivres, si on les eût ménagés, auraient suffi à nourrir les Impériaux pendant huit jours; mais l'inconscience et la brutalité du soldat gaspillaient tout.

Épernay saccagé et presque entièrement brûlé, l'empereur se disposait à ébaucher par la rive gauche, avec les 6 000 hommes qu'il avait sous la main, ce mouvement en arrière qui suffirait sans doute à rejeter l'armée française dans son camp si elle en était sortie; mais Alvaro de Sande (1), chargé d'aller avec 100 arquebusiers à cheval reconnaître la position des Français, rapporta qu'ils n'avaient pas bougé. Plus rassuré maintenant et certain d'avoir au moins une journée d'avance sur l'armée française, l'empereur pouvait continuer sa démonstration sur Paris.

Cette même nuit du 3 au 4 septembre, Neuilly, Bayart et Guzman se présentèrent au camp impérial; Guzman était porteur d'une nouvelle lettre de la reine Éléonore à l'empereur, une suprême adjuration. Les négociations se précipitent avec la marche des Impériaux; les négociateurs français ne quittent plus le camp impérial. L'empereur et le roi étaient également pressés d'en finir, leur situation étant également critique.

Charles-Quint, malgré ses airs vainqueurs, se sentait faible, terriblement exposé et comme en détresse. Il n'était plus maître de son armée; la soudaine abondance après la longue disette avait porté le dernier coup à la discipline. De-

(1) Navager dit Alvaro de Luna. Il semble que ce soit une inadvertance : Alvaro de Luna commandait alors le château de Milan. A moins qu'il n'y eût plusieurs capitaines de ce nom.

puis Châlons, les Impériaux ne connurent plus la faim ; plus
ils avancèrent, plus ils vécurent grassement. Le pays ne
s'attendait pas à être envahi ; les habitants ne purent rien
emporter dans leur fuite. Les campagnes regorgeaient de
biens. Épernay et Château-Thierry livrèrent leurs amas d'approvisionnements. Les troupes se débandaient, les Espagnols
d'un côté, les Allemands de l'autre, pillant et brûlant, âpres
à la curée ; le drapeau restait seul, abandonné. Un jour les
Allemands se livrèrent à de tels désordres que l'empereur en
fit jeter une vingtaine dans la Marne ; lui-même en frappa
plusieurs de son épée. « Si, dit l'ambassadeur de Mantoue,
les Impériaux avaient eu l'ennemi à leurs trousses, c'en était
fait de leurs bagages et peut-être de l'armée. » Charles-Quint
se rendait compte du danger qu'il courait ; il se montrait
chaque jour sinon plus empressé, sa fastueuse dignité le lui
interdisait, du moins plus modéré et plus accommodant.

François Ier était impatient de conclure ; il recherchait la
paix comme son unique moyen de salut et en même temps il
en débattait les conditions comme s'il était en mesure de soutenir la guerre. Si l'on considère ses forces, on n'arrive pas
à s'expliquer son inaction. L'heure était venue pour lui
d'exécuter son plan ou du moins celui qu'on lui avait toujours prêté : laisser s'avancer l'envahisseur, fondre sur ses
derrières et le détruire dans sa retraite. Son armée était intacte. S'il tenait à la réserver comme une suprême menace
pour éviter qu'on ne lui imposât un traité inacceptable, il lui
restait les fortes garnisons de Troyes, de Reims et surtout de
Châlons : pourquoi ne les lançait-il pas à la poursuite des
Impériaux ? Avec moins de monde, Guise et Aumale leur
avaient fait un mal énorme pendant qu'ils étaient devant
Saint-Dizier. On ne tenta pas la moindre résistance. De Saint-Dizier à la frontière, tranquillement, sans un engagement
sérieux ni un seul coup de canon, les Impériaux cheminèrent comme sous la sauvegarde de l'inertie royale et de la
stupeur publique, semant sur leur passage la désolation et
la ruine. Ce laissez-passer accordé par la France à l'envahis-

seur causa aux étrangers un profond et presque douloureux étonnement. « Qui eût jamais pensé, s'écrie l'ambassadeur de Venise, que les Français laisseraient un libre cours à l'invasion et lui permettraient de dévaster leur pays! » Sous Épernay, dans la nuit du 4 au 5, Neuilly et Bayart se trouvaient dans la tente de Gonzague, attendant le retour de celui-ci, qui s'était rendu chez l'empereur; l'ambassadeur de Mantoue et Cavriano, médecin de Gonzague, leur tenaient compagnie. A un moment, l'ambassadeur leur montre l'incendie emplissant la campagne et comme un horizon de feu. Çà et là, des foyers plus ardents et des îlots de flammes : ce sont tous les villages de la rive droite incendiés par les Allemands. Sur la rive gauche, à une demi-lieue d'Épernay, d'immenses jets de flamme et de fumée : c'est un village rempli d'approvisionnements auquel les Français ont mis le feu de crainte que l'ennemi ne s'en emparât. Les deux plénipotentiaires contemplent l'âme navrée le sinistre spectacle. La Champagne en flammes et Paris dans les transes! François Ier est consterné. Il envoie négociateurs sur négociateurs et fait propositions sur propositions, tenace cependant et luttant pied à pied comme s'il devinait l'angoisse secrète sous l'apparente confiance de l'empereur. Neuilly et Bayart partirent le 5 de grand matin, aussitôt remplacés par le bailli de Dijon (1), et revinrent dans l'après-midi.

Après s'être reposée toute la journée du 4 dans son campement sous Épernay, l'armée impériale se remit en marche le 5, au lever du jour. Elle fit quatre lieues et s'arrêta à quelque distance de Châtillon-sur-Marne ; des Espagnols et des chevau-légers, détachés en avant, s'étaient emparés de la ville dans la matinée sans rencontrer de résistance et l'avaient mise à sac. Neuilly et Bayart reparurent et la conversation

(1) Nos ambassadeurs se perdent dans les allées et venues des négociateurs français; ils ne sont entièrement d'accord ni sur les noms ni sur les dates. Navager est le seul qui, dans sa dépêche du 6 septembre au Conseil des Dix, fasse apparaître le bailli de Dijon après le départ de Neuilly et de Bayart. Capilupo, dont l'autorité est grande ici parce qu'il ne quittait point Gonzague, ne met en scène, de la nuit du 3 au 4 au soir du 5, que Neuilly et Bayart.

reprit. On se mit d'accord sur tant de points essentiels qu'on ne douta plus d'une entente complète et prochaine. « On peut dire que c'est à ce campement que la paix fut conclue, écrit l'ambassadeur de Mantoue. » Un fait très significatif témoigna aussitôt de l'état avancé des négociations : le soir, en quittant le camp impérial, Neuilly et Bayart emportèrent un ordre de l'empereur à l'armée qui devait être publié le lendemain et qui portait défense de commettre désormais aucun acte d'hostilité sur le territoire français.

Le 6, on campa à deux kilomètres en avant de Châtillon. Le ban impérial fut publié sur les six heures du soir. Il disait en substance que nul à l'avenir ne fût assez hardi pour brûler, piller ou causer un dommage quelconque à l'habitant, que nul ne fît ni prisonnier ni butin et que nul ne s'éloignât du camp ; il ordonnait en outre de payer exactement les vivandiers : le tout et pour tous sous peine du gibet. Les troupes ne tinrent aucun compte ni de l'ordre ni de la défense. Peut-être le soldat brûla-t-il un peu moins, mais il pilla tout autant. La maraude d'ailleurs n'eût-elle pas eu pour lui un irrésistible attrait, elle lui était nécessaire pour subsister : depuis Saint-Dizier, il ne recevait ni argent ni vivres ; sa solde ne fut réglée qu'après la paix. L'empereur ne pouvait se faire illusion sur l'inefficacité de son ban. Il céda sans doute aux instances des négociateurs français qui, témoins désolés de la dévastation du pays, cherchaient à l'arrêter ; mais cette concession, qui ne lui coûtait guère, n'en indique pas moins que lui aussi tenait la paix pour assurée.

L'envoi de l'évêque d'Arras au roi d'Angleterre devant Boulogne, le sac de Château-Thierry, une conférence des commissaires impériaux et royaux et l'armée française précipitant sa marche au secours de Paris, marquèrent la journée du 7.

A la veille de conclure, Charles-Quint ne pouvait se dispenser d'en informer Henri VIII. Il y était tenu par le traité de Barcelone : l'une des parties contractantes, disait cet acte, ne pourra traiter sans le consentement de l'autre. Mais, plus encore que cette convention, la politique lui dictait sa conduite. Décidé à faire sa paix particulière, il n'en devait pas moins conserver à tout prix l'amitié du roi d'Angleterre : avec l'alliance anglaise, il serait toujours en état d'en imposer à la France. Il s'agissait donc d'exposer à Henri VIII qu'il s'était vu dans la nécessité de négocier et que les propositions françaises lui paraissant raisonnables, il se disposait à les accepter; il convenait en outre de l'adjurer une dernière fois de marcher sur Paris, mais ceci pour la forme, sachant bien que son allié ne quitterait point le littoral. Pour remplir cette importante et délicate mission, l'empereur jeta les yeux sur l'évêque d'Arras. Le fils de Granvelle n'avait que vingt-sept ans, mais il passait déjà pour un diplomate habile et séduisant. Il partit du campement en avant de Châtillon le 7 de grand matin. (1) Il était muni d'un sauf-conduit et accompagné d'un gentilhomme français qui devait le conduire jusqu'à Paris, mais qui le quitta le second jour, à six lieues de l'endroit où ils avaient couché. Il rencontra Brissac dans la soirée; ils soupèrent gaîment ensemble. Ici, nos ambassadeurs le perdent de vue et ne parlent plus de lui qu'à son retour.

Le 7 au matin, les Impériaux quittèrent leur campement en avant de Châtillon, firent une longue marche et campèrent à une assez grande distance de Château-Thierry. Francesco d'Este, toujours à l'avant-garde avec ses chevau-légers et un corps d'Espagnols, reçut ordre de s'en emparer. Il y entra sans combat; la ville était abandonnée. Elle était grande et riche; le butin fut considérable: il s'éleva à plusieurs milliers de ducats. Comme Épernay, elle renfermait une énorme quantité d'approvisionnements : c'était un autre magasin de l'armée française. On y trouva beaucoup de vin et de farine. Pour empêcher le gaspillage, on en confia la garde à Alvaro de Sande : il interdit l'entrée de la ville aux Alle-

(1) Capilupo, dépêche du 19 septembre, place vaguement son départ vers le 5. Navager, dépêche du 6 au Conseil des Dix, assure qu'il va partir dans la nuit ou le lendemain matin. Enfin Feruffino, dans sa dépêche du 7, dit expressément qu'il est parti le matin.

mands, mais il leur fit distribuer du vin en abondance. Granvelle et Gonzague étaient restés à l'arrière-garde, près de Châtillon; ils attendaient les négociateurs français. Annebaut vint, accompagné de Neuilly et de Bayart. Le principal étant à peu près réglé, on aborda le détail. Il fut pour la première fois question d'Hesdin; la possession de cette place allait faire une certaine difficulté. On avait posé en principe le retour au *statu quo* territorial au moment de la trêve de Nice en juin 1538. François Ier, qui s'était emparé d'Hesdin en 1537, n'avait donc pas à le rendre; mais l'empereur tenait à l'avoir à cause de son importance stratégique au centre de l'Artois. On se sépara sans trancher la question.

L'empereur savait que l'armée française avait quitté le camp de Jâlons et que, par la rive gauche de la Marne, elle le talonnait; il apprit ce jour-là qu'elle avait abandonné son bagage pour accélérer sa marche et lui barrer le chemin de Paris. Il comprit qu'il était temps qu'il s'arrêtât.

Le 8, les Impériaux dépassèrent Château-Thierry et campèrent à l'abbaye Saint-Ferréol d'Essommes, qui appartenait aux chanoines réguliers. Ils la mirent à sac; des gens de pied espagnols y trouvèrent plus de dix mille écus. Gonzague coucha dans l'abbaye avec toute sa maison. L'ambassadeur de Mantoue, qui en faisait un peu partie, occupa une chambre où étaient des coffres en fer remplis de beau linge, tel que nappes et draps, de livres et d'autres objets de prix; tout cela devint la proie du soldat.

Chaque jour amène une nouvelle conférence. Gonzague et Granvelle se rencontrèrent avec les commissaires français en un lieu appelé Marcilly : nom de village, de hameau ou de ferme qu'on ne découvre plus aux alentours.

Le 9, l'armée impériale campa dans le parc du Triangle, propriété de l'abbaye d'Essommes. Ce domaine était compris entre la grande route et deux ruisseaux affluents de l'Ourcq : de là son nom de Triangle. Il est aujourd'hui presque entièrement défriché, mais il existe encore un hameau du Triangle dépendant de la commune d'Essommes. Le parc du Triangle fut la dernière étape des Impériaux sur la route de Paris : c'est là que l'empereur borna sa démonstration. Sans doute les chevau-légers et des bandes espagnoles ou allemandes rayonnèrent plus loin, maraudant les villages et menaçant les villes; mais l'armée s'arrêta là. L'empereur ne jugea pas prudent de pousser plus avant; il allait se heurter contre l'armée française et il se souciait moins que jamais de risquer la bataille. Ses troupes n'avaient plus l'apparence d'une armée. N'étant pas inquiétées, elles ne se gardaient point; elles marchaient à la débandade. Le soldat traînait avec lui des charrettes qu'il chargeait de ses prises. On voulut mettre un terme à cet encombrement. Ce jour-là, au parc du Triangle, un ban fut publié pour défendre d'emmener des charrettes sans un laissez-passer de l'alcade. On en fut quitte pour donner un batz à l'alcade; il n'en fit pas brûler dix.

Le 10, séjour au parc du Triangle. Granvelle et Gonzague passèrent toute la journée et une partie de la nuit avec les plénipotentiaires français. On traita la question des otages et l'on se mit d'accord sur leur nombre et leurs noms.

Si l'empereur eût eu encore quelque envie de continuer sa marche sur Paris, les nouvelles qu'il reçut ce jour-là l'en eussent dissuadé. Don Rodrigue d'Avalos vint lui faire part, au nom du marquis del Vasto, de la trêve conclue le 8 août pour le Piémont avec le comte d'Enghien. Il raconta son voyage, accompli en huit jours à travers la France. Il avait rendu visite au roi et vu l'armée royale en ordre de bataille; il l'estimait forte de plus de 30 000 hommes de pied et de 6 à 8 000 chevaux. L'empereur apprenait d'autre part qu'elle était à cette heure à 4 lieues de Paris. Cette belle armée aux portes de la capitale dut le convaincre que le plus sûr pour lui était de s'arrêter.

CHAPITRE XI

Du parc du Triangle à la frontière.

Lorsque, le matin du 11 septembre, l'on vit l'empereur quitter la route de Paris pour se diriger vers Soissons et la frontière, ce fut un soulagement général. L'armée était lasse. Les chefs n'aspiraient plus qu'au repos et aux gratifications impériales; le soldat allemand, le plus nombreux, ne songeait qu'à sauver son butin et à rentrer chez lui pour célébrer la Saint-Michel. La campagne était finie et manquée.

Partis du domaine du Triangle, les Impériaux firent quatre grandes lieues et dépassèrent Neuilly-Saint-Front d'un peu plus d'un kilomètre. La ville abandonnée fut livrée au pillage. Le château fit mine de vouloir résister tant qu'il n'aperçut que l'avant-garde; mais à l'approche de l'armée, il se rendit à discrétion : il fut mis à sac et en partie brûlé, et la petite garnison faite prisonnière.

Le 12, après une marche de six lieues, l'armée impériale s'arrêta en arrière de Soissons. On fit sommer la place par un trompette. Ne se doutant pas que l'ennemi fût si près, les habitants refusent de se rendre. Cependant ils enlèvent ce qu'ils ont de plus précieux et s'enfuient en grand nombre au delà de l'Aisne; mais à la vue de l'avant-garde où se trouve l'empereur, ils demandent à parlementer. Le généralissime était à l'arrière-garde, à plus de quatre kilomètres de distance. Averti que Soissons refuse d'ouvrir ses portes, il accourt, s'abouche avec trois parlementaires, bourgeois de petite condition, les plus considérables étant en fuite, et les conduit à l'empereur auquel ils se rendent à discrétion. L'em-

pereur leur dit qu'il fera tout son possible pour les garder de
mal. Il mande le duc Maurice de Saxe et le lieutenant du
comte Guillaume de Fürstenberg, tombé aux mains des Français, comme on l'a vu, et leur ordonne de s'établir dans la
ville, et de la faire respecter comme si c'était sa propre
femme ; il ajoute d'autres propos aimables et galants, le tout
en présence des trois parlementaires et pour les rassurer ; il
leur fait entendre qu'on ne leur demanderait que des vivres
pour l'armée. Soissons passa tranquillement la nuit sous la
garde du duc Maurice.

L'empereur s'installa en dehors des murs dans l'abbaye de
Saint-Jean-des-Vignes; déjà des maraudeurs l'avaient mise au
pillage. Cette abbaye, chef d'ordre des Johannistes, tirait son
nom d'un clos de vignes situé à côté de l'église de Saint-Jean ;
le cardinal de Ferrare en était abbé. L'empereur y demeura
jusqu'à son départ de Soissons.

Ce jour-là un parti de quatre cents chevaux français captura cent cinquante Espagnols en maraude, la moitié d'une
compagnie. Parmi les prisonniers se trouvaient trois personnages de marque : le capitaine Mardones du « terçio » de
Luis Perez, Théodoric Gonsalve de la maison de l'empereur
et Cespedes, gentilhomme de Gonzague. C'est la seule entreprise dirigée contre les Impériaux depuis leur départ de
Saint-Dizier ; son succès montre le mal qu'auraient pu leur
faire de nombreux partis français lancés à leur poursuite et
les harcelant incessamment. Ce que l'ambassadeur de Mantoue disait sous Épernay, celui de Venise le répète dans Soissons : « Que serait-ce, s'écrie-t-il, si nous avions l'ennemi à
nos trousses! » Mais François 1er touchait à la paix, son but
unique. Il évitait avec un soin extrême tout ce qui pouvait la
compromettre ou seulement la retarder ; il eût certainement
désavoué cet heureux coup de main, dû à la seule initiative
du soldat. Du reste Charles-Quint agissait de même. Il interdisait l'incendie, le sac et la maraude, mais inutilement ; ses
troupes l'écoutaient moins que jamais. Sous ses yeux, les Allemands allaient piller Soissons.

L'armée impériale avait à traverser la ville pour passer l'Aisne sur un pont unique. Le 13 au matin, les hauts-Allemands, qui formaient l'avant-garde, entrèrent les premiers. A peine dedans, ils mirent tout à sac avec une sorte de frénésie dévastatrice. Ils étaient exaspérés. Depuis Châlons, c'étaient les Espagnols et les chevau-légers italiens qui avaient fait les meilleures prises. Ils se croyaient lésés et voulaient se ruer sur leurs heureux rivaux pour les dévaliser. Soissons était beau et riche ; les ambassadeurs italiens, qui y logèrent, admirent ses superbes hôtels et ses vénérables églises. Les Allemands voulurent se dédommager et s'acharnèrent sur leur proie. Leur brutalité naturelle était comme exaltée par leur fanatisme. Ils enlèvent l'argenterie et les vases sacrés des églises, jettent les corps saints à la voirie et les reliques au vent. Le spectacle de ces profanations arrachait des larmes à tous les vrais chrétiens, dit l'ambassadeur de Venise (1).

L'empereur, indigné mais impuissant, voulut au moins faire un exemple. Il apprend qu'un de ses serviteurs favoris appelé maître Hans, de bombardier devenu huissier de sa chambre et son bouffon, a volé un ostensoir en argent où était l'hostie et qu'il l'a encore en sa possession ; il ordonne de le pendre. On vient lui dire que la corde s'est rompue, et que l'homme, quoique attaché très haut, est retombé vivant. « C'est, dit-il, qu'il n'a pas été seul à commettre le sacrilège. » On l'interroge de nouveau et l'on découvre qu'il a eu pour complice un de ses hallebardiers qu'il aime beaucoup ; il donne l'ordre de les pendre tous deux avec de bonnes cordes. Cela fit une grande sensation. On célébra la sévère et pénétrante justice de l'empereur (2).

Le passage de l'Aisne sur un seul pont fut lent ; il prit deux grandes journées. L'artillerie et les bagages passèrent le 13 ; les dernières troupes dans l'après-midi du 14. Au sortir de Soissons, il y eut un commencement de dislocation de

(1) Dépêche datée de Soissons, le 14 septembre 1544.
(2) *Id., ibid.*

l'armée. Les hauts-Allemands furent licenciés; on les dirigea par le plus court sur le Luxembourg et Cologne : leur départ causa un véritable soulagement. Les Espagnols, les bas-Allemands du prince d'Orange, les chevaux allemands et les chevau-légers italiens constituaient maintenant toute l'armée impériale.

L'empereur s'arrêta le 15, le 16 et le 17 à Soissons pour y attendre la fin des négociations. Neuilly, Bayart et le bailli de Dijon arrivèrent le 14 à deux heures de l'après-midi, Annebaut le lendemain matin. Les quatre négociateurs français s'abouchèrent dans la matinée du 15 avec Granvelle, Gonzague, Idiaquez et Boisot, celui-ci remplaçant l'évêque d'Arras; ils dinèrent avec Granvelle et Gonzague à l'abbaye de Saint-Jean-des-Vignes. L'accord, parfait le matin, n'exista plus le soir. Le différent au sujet d'Hesdin produisit un gros nuage; l'on faillit rompre. Mais le lendemain, à la reprise de la conférence, tout s'arrangea. L'empereur céda : Hesdin resta à la France. Le 16 à midi, la paix était conclue. Le 17, sur les huit heures du matin, Granvelle et Gonzague pour l'empereur, Annebaut et Neuilly pour le roi, apposèrent leurs signatures au bas du traité (1). Après dîner, Annebaut, la Hunaudaye et Brissac, ce dernier arrivé dans la matinée, allèrent baiser la main à l'empereur; ils se présentèrent et furent reçus en vaincus. Charles-Quint les attendit sans bouger à une fenêtre de sa chambre, entouré de l'archiduc Maximilien, du duc de Camerino et de tous les gentilshommes de sa cour revêtus de leurs armes; les Français et Gonzague, qui s'était fait leur introducteur, étaient sans armes et sans suite. Il leur fit d'ailleurs l'accueil le plus charmant. Il prit à part l'amiral, à la fenêtre; ils y restèrent plus d'une heure, causant le plus gaîment du monde, au grand plaisir de la galerie. L'entretien terminé, l'amiral alla présenter ses hommages à l'archiduc. Immédiatement après la cérémonie, l'empereur quitta Soissons, accompagné d'Annebaut, de la

(1) Nous suivons ici l'ambassadeur de Mantoue qui, vivant à côté de Gonzague, était à même de mieux savoir.

Hunaudaye, de Neuilly et de Bayart, et se dirigea vers Anisy-le-Château où il logea.

Le lendemain 18, il arriva à Crépy-en-Laonnais. La ville n'était pas abandonnée; seuls les notables et les femmes de condition l'avaient quittée. Depuis Soissons, les Impériaux ne pillaient plus; ils payaient les vivres.

Gonzague avec l'arrière-garde était resté à Anisy pour attendre le duc d'Orléans; il vint en poste vers midi et demi avec une escorte d'une quinzaine de chevaux. Le vice-roi, Camille et Pirrho Colonna, l'ambassadeur de Mantoue et une dizaine d'autres cavaliers firent une demi-lieue à sa rencontre. On s'embrassa à cheval, très cordialement. A peine avaient-ils fait un bout de chemin ensemble, que l'amiral, qui s'était arrêté à Anisy, parut, accourant de son côté au-devant du duc. Ils s'embrassèrent avec autant de tendresse et d'effusion que s'ils ne s'étaient pas vus depuis un siècle. Le duc était vêtu d'un manteau de velours à bandes longitudinales de cordon d'or et d'un pourpoint blanc aux manches si étroites que les bras y tenaient à peine. Il avait vingt-quatre ans, l'air avenant, l'esprit vif et gaillard; il plaisait d'abord. Il arriva à Crépy à quatre heures et demie de l'après-midi. L'empereur descendit l'escalier et alla au-devant de lui jusqu'à la porte de la rue. L'amiral lui présenta le duc en disant : « Sire, voici votre prisonnier que le roi mon maître vous envoie. » L'empereur répondit en riant : « On ne fait pas de prisonnier en temps de paix, mais il pourrait bien le devenir en temps de guerre (1). » Alors le duc s'avança, s'inclina profondément et, fléchissant le genou, lui baisa la main en disant qu'il était son prisonnier et son serviteur. L'empereur, continuant sa plaisanterie, lui dit qu'il faisait bien de se rendre sans attendre d'être pris. Il le releva et l'embrassa de l'air le plus joyeux. Il le fit passer le premier pour monter l'escalier. Ar-

(1) C'est la réponse que lui prête l'ambassadeur de Mantoue; celui de Venise lui en attribue une autre. Les ambassadeurs assistaient à la présentation, placés assez près pour bien voir, mais trop loin pour entendre. Ils répètent ce qu'on leur a raconté : de là des différences dans leurs dires.

rivés dans la chambre, ils se retirèrent à la fenêtre. Le duc remit à l'empereur une lettre autographe du roi. L'empereur la reçut avec le plus grand plaisir, l'ouvrit et la lut, non sans s'interrompre à plusieurs reprises pour causer avec le prince. Le duc se proposait d'aller loger dans quelque ville du voisinage, mais l'empereur voulut qu'il logeât chez lui.

L'évêque d'Arras était revenu dans la matinée de sa mission auprès du roi d'Angleterre, en retard de trois jours sur le terme qu'il s'était fixé pour son voyage. A son retour, tout était terminé et le traité signé. Il tardait trop ; l'empereur ne pouvait pas l'attendre. Il se trouvait en plein pays ennemi. A chaque instant un incident de guerre pouvait se produire et ruiner une paix qui lui était nécessaire. Il est constant que le 16, à Soissons, au moment de conclure, il connaissait la chute de Boulogne, arrivée le 14. Cela ne l'arrêta point; il était convaincu que, maître de cette place et libre de ses mouvements, son allié ne se porterait pas davantage à sa rencontre. Il ne doutait pas d'ailleurs que cette paix ne lui déplût; elle le laissait seul en face de la France, qui allait faire ses derniers efforts pour recouvrer Boulogne. Il était donc décidé d'avance à passer outre, quel que fût son avis. L'évêque d'Arras mit en œuvre toutes les ressources de la plus habile diplomatie pour faire agréer la paix impériale ; il n'y put réussir. La réponse de Henri VIII fut violemment défavorable. Il fit honte à l'empereur de traiter avec la France plutôt en vaincu qu'en vainqueur; il le blâma de s'être aventuré si avant dans le pays; il déclara nettement que la saison était trop avancée et qu'il n'irait pas se joindre à lui. Il était visiblement furieux de cette paix. L'empereur s'attendait à cette explosion de mauvaise humeur et n'en fut point ému.

Cependant Charles-Quint et François Ier se prodiguaient les démonstrations d'amitié. Également incapables de continuer la guerre, ils étaient également heureux d'avoir fait la paix. Les plus grands personnages de France venaient présenter leurs hommages à l'empereur. Le duc de Vendôme Antoine de Bourbon, lieutenant général du roi en Picardie, arriva dans la matinée du 19 avec une très belle suite. Dans la soirée, Francesco d'Este se rendait auprès du roi pour le féliciter au nom de l'empereur. Charles-Quint avait la joie plus discrète, plus politique ; François Ier s'abandonnait et tenait des propos excessifs. L'ambassadeur de Venise rapporte d'après le comte Giovanni-Francesco della Somaglia, qui les tenait de source française, les dernières recommandations qu'il fit au duc d'Orléans en l'envoyant à l'empereur. « Mon fils, lui aurait-il dit, vous avez déjà vingt-quatre ans et vous pouvez vous rendre compte que toutes les guerres que j'ai faites et tous les périls auxquels je me suis exposé, c'est à cause de vous et pour l'amour que je vous porte. Dieu et la fortune ont voulu que mes efforts eussent le résultat que vous voyez. J'ai résolu de vous donner à l'empereur pour fils et pour serviteur : honorez-le comme un père et obéissez-lui comme à un maître. Sur ce, je vous bénis, vous exhortant comme vieillard et vous ordonnant comme père, dût l'empereur vous commander de porter les armes contre moi et mon royaume, de marcher sans hésitation. » Ces dernières paroles ne scandalisent pas les contemporains ; ils n'en eussent pas moins été révoltés si le fait s'était produit.

Le 20, après avoir entendu la messe à l'église Notre-Dame-du-Jardin, l'empereur s'avança vers l'autel et jura la paix sur le missel entre les mains de l'évêque d'Arras. Après la cérémonie, Annebaut et Vendôme prirent congé, l'évêque d'Arras alla recevoir le serment du roi et l'empereur quitta Crépy avec le duc d'Orléans, se dirigeant vers Ribemont où il logea. Durant cette traite de cinq heures, il voulut avoir le prince à ses côtés, causant et riant avec lui. Sa jeunesse, son caractère ouvert et gai, la vivacité de ses saillies et le bonheur de ses reparties l'intéressaient et l'amusaient. Tant qu'il l'eut à sa cour, il le gâta. Il allait le surprendre dans sa chambre ; il tenait à ce qu'il mangeât toujours à sa table. Il s'étudiait à le connaître, à se l'attacher, à le séduire. Les seigneurs français de la suite du duc étaient heureux et fiers de ces attentions impériales. Ils en profitaient d'ailleurs ; les meilleurs et les plus beaux logements étaient toujours pour eux. François Ier devait livrer quatre otages jusqu'à ce qu'il eût restitué les places et les territoires qu'il avait conquis depuis la trêve de Nice, c'est-à-dire dans le délai d'un mois, terme qui avait été fixé pour cette restitution. Ces otages étaient le duc de Guise, le comte de Laval, le seigneur de la Hunaudaye, fils de l'amiral, et le cardinal de Meudon Antoine Sanguin, oncle de la duchesse d'Étampes. La Hunaudaye se trouvait déjà à la cour impériale. Guise et Laval arrivèrent à Ribemont dans la matinée du 21. Le cardinal se présenta quelques jours après à Cambrai. Guise ayant voulu prendre part à la campagne pour la reprise de Boulogne, l'empereur exigea qu'il se fît remplacer par son frère le cardinal Jean de Lorraine : cela parut peu généreux de sa part.

En quittant Ribemont, l'empereur se rendit à l'abbaye de Bohéries où il coucha ; le lendemain 22, il arrivait chez lui, à Cateau-Cambrésis. Bohéries (1) fut sa dernière étape sur le territoire français.

A compter du passage de la Meuse le 14 juin, l'invasion avait duré cent jours ; Saint-Dizier, qui seul fit son devoir, l'arrêta cinquante-deux jours. Ce fut le salut de la France. Cette longue résistance brisa l'élan de l'envahisseur et lui ôta la confiance. L'armée impériale ne pouvait plus avancer qu'à la condition de ne pas rencontrer l'ennemi devant elle ; elle ne le rencontra point. Charles-Quint humilia la France en la traversant de Saint-Dizier à la frontière sinon sans inquiétude, du moins sans coup férir ; mais il ne triompha point d'elle. Il avait trop compté sur Henri VIII ; sa politique se laissa prendre à ses engagements et à ses protestations. Henri VIII n'avait jamais eu qu'un objectif : Boulogne. Il s'en empara et repartit. Mais il avait créé une diversion décisive qui servit admirablement l'empereur et lui permit cette audacieuse retraite à travers la France. En face des deux puissants alliés, attaqué au nord-ouest par les Anglais et au nord-est par les

(1) Aujourd'hui hameau de la commune de Vadencourt (Aisne).

Impériaux, François Ier fut paralysé par ce double danger, divisa ses forces, se trouva faible partout et n'agit nulle part. Si diminué qu'il fût par la maladie, — pendant le siège de Saint-Dizier, le bruit qu'il était mourant courut au camp impérial, — il eût pu certainement tenir tête à Charles-Quint s'il n'eût eu affaire qu'à lui et lui infliger une nouvelle conduite de Provence; la redoutable perspective de la jonction de l'armée anglaise avec l'armée impériale explique et justifie dans une certaine mesure sa lamentable inaction. Sa diplomatie fut plus heureuse que ses armes. Si le traité de Crépy lui ravit ses dernières conquêtes, il laissa la France intacte.

CHAPITRE XII

Le traité de Crépy.

L'ambassadeur de Mantoue écrivait de Crépy le 19 septembre, c'est-à-dire trois jours après la conclusion de la paix : « Cette cour est la plus mystérieuse du monde ; on ne peut rien savoir de certain et l'on en est réduit aux conjectures. » On savait que la paix était faite, mais l'on en ignorait les conditions, et c'est précisément ces conditions qu'il était intéressant de connaître. On crut d'abord que par égard pour le roi d'Angleterre on attendait pour parler le retour de l'évêque d'Arras, porteur de sa réponse, et que l'évêque aussitôt revenu les langues allaient se délier. Il n'en fut rien ; Granvelle et Gonzague ne se départirent pas de leur mutisme.

A Crépy, Gonzague, Francesco d'Este et Ferdinand de San Severino, prince de Salerne, logeaient dans la même maison. Dans la soirée du 18, Gonzague fit visite à Francesco d'Este et au prince dans la chambre qu'ils occupaient en commun. On causa naturellement du traité de paix, la grande préoccupation du moment. « Bah ! fit le prince, on a beau faire, tout vient à se savoir : ainsi ces conditions de paix dont on fait tant de mystère et que tout le monde connait depuis plus de dix jours. » Et il se mit à débiter les dires de source française, les seuls que l'on connût. « Vous serez bien fin si vous arrivez à me tirer les vers du nez, lui répondit Gonzague. » Francesco d'Este avoua qu'il avait fabriqué des conditions de paix à sa manière et qu'il les avait envoyées telles quelles à Ferrare.

Granvelle n'était pas moins impénétrable. Venise, qu'on avait bercée de belles paroles pour l'endormir dans sa neutralité, était impatiente de connaître le sort que lui faisait le traité. Son représentant se désolait de ne rien savoir. Il n'osait questionner : une curiosité inquiète et trop pressante lui paraissait indigne de lui et de la République. Le 17, après la signature du traité à Soissons, l'idée lui vint de s'adresser à Guzman. Le dominicain, quoique systématiquement écarté des conférences officielles, n'en était pas moins au courant de ce qui s'y passait. Il lui donna connaissance d'une manière assez exacte des clauses essentielles du traité, que l'ambassadeur s'empressa de communiquer au Conseil des Dix dans la dernière et la mieux informée de ses dépêches secrètes. Mais c'était ce qui dans le traité regardait Venise et dont le dominicain n'avait pu rien lui dire qu'il désirait surtout connaître ; c'était sur ce point particulier une déclaration explicite de l'empereur ou de ses ministres qu'il attendait impatiemment ; c'était enfin le texte même du traité qu'il voulait voir de ses yeux, qu'on lui promit et qu'il ne put obtenir. Le 21, à Ribemont, comme il rentrait chez lui, il rencontra Granvelle. Il le salue. Granvelle lui dit : « Monsieur l'ambassadeur! » A cet appel, celui-ci fait mine de descendre de cheval pour savoir ce qu'on lui veut ; mais le garde des sceaux le prie de n'en rien faire. « Je n'ai qu'un mot à vous dire, dit-il ; la paix est faite et la République a lieu d'être aussi satisfaite que possible. » Là-dessus il s'éloigna sans attendre la réponse.

L'ambassadeur comptait sur une audience impériale pour avoir quelques précisions. Mais l'empereur le remettait sans cesse, se disant très occupé. Il le reçut enfin dans la matinée du 8 octobre, à Bruxelles. Il se répandit, selon son habitude, en amabilités vagues. « La paix est conclue, dit-il. J'ai voulu que dans le traité Venise tînt une place digne de l'amitié que je lui ai toujours portée. Elle verra combien je lui suis affectionné. Je lui veux du bien et je saisirai toutes les occasions de lui en faire. » Ce fut tout.

Dans l'après-midi, l'ambassadeur se rendit chez Granvelle. « La paix est des plus honorables », lui dit celui-ci, sans s'expliquer davantage et se bornant à ajouter que l'Italie et surtout Venise auraient lieu de se réjouir de la tranquillité qu'elle leur assurait.

Le lendemain matin, il vit Gonzague, qui lui dit en substance : « Granvelle vous a-t-il communiqué le traité? Non, dites-vous. Ce ne peut être qu'un oubli de sa part. Je me charge de lui en rafraîchir la mémoire. »

Granvelle ne s'exécutait point. Le 22 octobre au matin, las d'attendre, l'ambassadeur revoyait Gonzague, qui lui dit dès l'abord : « Je viens de causer avec Granvelle; vous verrez le traité. En attendant, voici ce qu'il renferme d'essentiel; le reste est secondaire. » Il le lui analysa excellemment dans ses clauses principales et ajouta sur Venise, plus discrètement : « L'empereur et le roi de France, animés des mêmes sentiments pour la République, ont voulu qu'elle y figurât de la manière la plus honorable. »

Empereur et ministres se taisaient à l'envi. Pourquoi ce silence? Peut-être avait-on le sentiment intime que ce traité n'était pas des plus glorieux, mais surtout l'on prévoyait qu'il allait causer des mécontentements et des déceptions : il valait donc mieux en retarder la publication et laisser l'émotion s'émousser dans l'attente.

En même temps que l'on s'étudiait à tenir secrètes les clauses de l'accord, on mettait une certaine hâte à notifier la paix aux différents États. On briguait ardemment ces missions; elles n'étaient pas seulement honorables, mais fructueuses : il y avait de riches présents à recevoir. Gonzague poussa ses favoris. Bardelone, un de ses gentilshommes, fut envoyé à Mantoue; Cavriano, son médecin, à Ferrare et à Venise. La lettre impériale qu'il remit à la cour de Ferrare subsiste encore aux archives de Modène; elle est écrite en espagnol. L'ambassadeur de Venise, dans sa dépêche datée de Cateau-Cambrésis, le 23 septembre, présente Cavriano au doge. « J'ai l'honneur, écrit-il, de présenter à Votre Sérénité le magnifique Federico Cavriano, envoyé impérial et porteur des présentes. C'est de tous ses gentilshommes celui que don Fernand préfère de beaucoup et aime davantage. En le comblant de prévenances et de bontés, Votre Sérénité n'honorera pas seulement un envoyé de l'empereur, mais elle sera infiniment agréable à don Fernand qui a tout fait pour que son gentilhomme favori fût chargé de cette mission auprès de la République. Le vice-roi jouit d'un crédit sans bornes et qui dépasse tout ce qu'on a vu depuis nombre d'années ; il est l'oracle de l'empereur pour les conseils de la paix comme pour les opérations militaires. » On choisit un capitaine espagnol pour aller à Florence et à Naples. Malgré les instances du nonce, le pape fut oublié.

Le traité de Crépy (1) est des plus compliqués et des plus tortueux, tout entier en clauses restrictives, conditionnelles et lointaines : cette rédaction embarrassée, ce manque absolu de netteté et de franchise, montrent la peine qu'on eut à arriver à un nécessaire accord provisoire, d'ailleurs plus apparent que réel. Il semble à la première vue que Charles-Quint ait imposé ce traité en vainqueur et que François Ier s'y soit résigné en vaincu. On ne voit que renonciations françaises. Le roi renonce non seulement à toutes ses prétentions sur Naples, mais encore à tous ses droits féodaux sur l'Artois et sur la Flandre. On croirait la France diminuée et comme démembrée ; elle ne l'est point. Ces droits féodaux étaient plus nominaux qu'effectifs ; ils ne correspondaient à aucune réalité. Le roi les évoquait quand il voulait ennuyer son impérial vassal, mais celui-ci n'en restait pas moins maître et seigneur. On ne possédait que ce que l'on détenait.

Le traité stipulait le retour au *statu quo* territorial au moment de la trêve de Nice. « En faveur de cette dite paix, lesdits seigneurs empereur et roi restitueront réellement, de fait, pleinement et de bonne foi, les places, villes et tout ce entièrement qu'ils ont occupé depuis la trêve de Nice les uns sur les autres ». Si cette restitution eût été faite en entier, la

---

(1) DUMONT, *Corps universel diplomatique*, t. IV.

France y eût perdu; mais elle n'eut lieu qu'en partie et elle profita surtout à la France. L'empereur recouvra Landrecies dans les derniers jours de septembre, mais rendit peu après Commercy, Ligny et Saint-Dizier, c'est-à-dire tout ce qu'il occupait sur le sol français. La remise par la France des places conquises en Savoie et en Piémont était subordonnée au mariage du duc d'Orléans.

Ce mariage est la clause essentielle du traité; il en constitue le principal intérêt et jusqu'à un certain point la nouveauté.

Et pour estreindre cette paix... ont lesdits procureurs desdits seigneurs empereur et roi traité et accordé, traitent et accordent le mariage d'entre très-haut et très-excellent prince Charles, duc d'Orléans, second fils dudit seigneur roi très-chrétien, et très-haute et très-excellente princesse Mme Marie, princesse infante et fille ainée de Sadite Majesté impériale, — ou avec très-haute et très-excellente princesse la seconde fille du roi des Romains... alternativement et à l'option dudit seigneur empereur : laquelle il fera et déclarera en dedans quatre mois, à compter du jour de la date du présent traité...

Et en cas que Sadite Majesté impériale accorde et baille audit seigneur d'Orléans ladite princesse sa fille, il lui constituera dès lors en mariage, cédera et transportera les duchez de Brabant, Gueldre, Luxembourg, Limbourg, comtez de Flandre, Hollande, Zélande, Artois, Namur, Zutphen, païs de Frise, Utrecht, Overissel (Over-Yssel), Groningue, et généralement tous et quelconques les païs que ledit seigneur empereur a et lui appartiennent en ce côté-là; et aussi les comtez de Bourgogne et Charolois, ensemble toutes leurs appartenances et dépendances, pour en avoir par ladite dame princesse et entrer dans son autorité, et sans autre mistère quelconque, en la plénière jouissance, incontinent après le décès et le trépas de Sadite Majesté impériale, et les tenir et posséder par elle, ses hoirs et successeurs procédans du mariage dudit seigneur d'Orléans et d'elle...

Et par-dessus ce, Sadite Majesté impériale constituera et commettra lesdits seigneur d'Orléans et princesse régens et gouvernans esdits païs, pour et au nom, et sous l'autorité et bon plaisir de Sadite Majesté impériale, et leur en baillera l'administration dès la consommation du mariage...

Et moyennant cetui mariage desdits seigneur d'Orléans et princesse, et disposition desdits païs d'embas et de Bourgogne, comme dit est, ledit seigneur roi très-chrétien... renonce dès maintenant, en cedit cas, à tous droits, raisons, querelles et prétentions quelconques qu'il prétend ès duché et État de Milan et comté d'Ast (Asti)...

Et si, que Dieu ne veuille, ladite dame princesse alloit de vie à trépas, sans délaisser enfans de cetui mariage, en ce cas ledit seigneur d'Orléans sera tenu soi désister et départir desdits païs d'embas. Auquel cas lui est et sera réservée ladite querelle et prétention esdits duché et Estat de Milan et comté d'Ast...

Et si ledit seigneur empereur se résout et détermine au mariage d'entre mondit seigneur d'Orléans et la seconde fille dudit seigneur roi des Romains, en ce cas il cédera et transportera les duché et Estat de Milan, ensemble leurs appartenances, et en baillera l'investiture ausdits duc d'Orléans et seconde fille dudit seigneur roi pour eux et leurs hoirs mâles descendans dudit mariage, selon la nature du fief..

Et si ladite fille va de vie à trépas avant ledit seigneur d'Orléans sans délaisser hoirs ou que ledit seigneur d'Orléans la survive, en ce cas ladite investiture sera pour lui et ses hoirs mâles naturels et légitimes qu'il pourra avoir d'autre mariage...

Telles sont les conditions léonines que Charles-Quint impose à son gendre ou neveu. Il ne se dessaisit entièrement et définitivement de rien. Il garde les Pays-Bas jusqu'à sa mort; son gendre n'y sera que son gouverneur. Dans le Milanais, suzerain ombrageux, il surveillera de très près son neveu et vassal, occupera les citadelles de Milan et de Crémone, aura la haute main sur tout. « Ce n'est pas la première fois, disait Gonzague à l'ambassadeur de Venise, que l'empereur a offert de sacrifier les Pays-Bas à son amour de la paix. Toujours le roi de France refusa ; il accepte aujourd'hui. Il y a eu des difficultés. Les Français demandaient que les Pays-Bas fussent abandonnés sans condition au duc d'Orléans, qu'il entrât immédiatement en leur possession et qu'ils lui demeurassent si sa femme mourait sans héritier. Mais l'empereur n'a pas entendu de cette oreille-là ; il a stipulé qu'à sa mort ils reviendraient à sa fille, qu'à aucun moment le duc d'Orléans n'y pourrait exercer d'autres droits que ceux du mari sur les biens de sa femme et que s'il lui naissait des enfants, eux seuls en hériteraient, à l'exclusion de leur père, qui ne pourra aucunement en disposer. Il s'est réservé en outre la collation des offices, des châtellenies et en général de toutes les juridictions. Quant au Milanais, supposé que ce soit cette seconde combinaison qu'il préfère, il reste le maître d'y occuper autant de places qu'il voudra, sans aucune limitation de temps. » (1) Et cependant ce que l'empereur a l'air d'abandonner est si considérable que François Ier put regarder cet abandon comme une victoire. A Aigues-Mortes, l'empereur lui avait déjà offert sa fille avec les Pays-Bas pour le duc d'Orléans. Il refusa ; il voulait le Milanais. Ce Milanais tant convoité, il l'obtenait enfin pour son fils préféré.

A quel mobile obéit Charles-Quint en renonçant même avec toutes sortes de clauses restrictives soit aux Pays-Bas, ce magnifique héritage de la maison de Bourgogne, soit au Milanais, la clef de cette Italie qu'il possédait en partie, qu'il voulait tout entière et où son influence était prépondérante? La nécessité lui arracha cette concession. Sa retraite à travers la France pouvait devenir un désastre; il céda. Etait-il sincère? Ce serait méconnaître les calculs et les visées de sa froide et tenace ambition que de le supposer. L'heure venue de s'exécuter, il eût trouvé un prétexte quelconque pour dégager sa signature. Jamais il ne se fût décidé à un sacrifice aussi énorme. Il y a loin de la coupe aux lèvres, disait de Praet, l'homme de la cour impériale qui connût le mieux la pensée de l'empereur (2).

Si la gravité de sa situation militaire lui commandait cette apparente renonciation, sa politique la lui conseillait. Il y eut un traité secret (3). Son existence paraît certaine : l'Angleterre s'en plaint; Granvelle et l'empereur lui-même l'invoquent en certaines circonstances. Quelle était sa teneur? Autant qu'on en peut juger par les clauses que l'on en connaît, il portait uniquement sur la question religieuse, c'est-à-dire sur le rétablissement de l'unité catholique. Charles-Quint était catholique par conviction et par politique. Il considérait les protestants comme des ennemis de sa foi et comme

---

(1) Navager, dépêche datée de Bruxelles le 22 octobre 1544.
(2) « Molte cose possono accascare tra la bocca e il boccone ». Navager, dépêche au Conseil des Dix, Anvers, le 1er mai 1545.
(3) G. DE LEVA, *Storia documentata di Carlo V*, t. 3, p. 528.

des rebelles; il croyait de son devoir de les pourchasser partout, de les réduire en Allemagne par les armes et de les supprimer dans les Pays-Bas par les bûchers. Régner en maître souverain sur la chrétienté catholiquement unie, avec et au besoin contre la papauté, telle fut toujours son ambition. Il lui fallait pour cela une France impuissante, neutre ou alliée. Il exigea cette fois le concours de François Ier. Les 10 000 gens de pied et les 600 lances que le roi s'obligeait par le traité public à fournir contre les Turcs devaient, d'après le traité secret, marcher contre les protestants d'Allemagne. Il userait en outre de son crédit à Constantinople pour ménager à l'empereur une bonne paix ou une longue trêve. Il travaillerait enfin, de concert avec lui, à la réunion de ce concile général que la papauté redoutait et ajournait sans cesse. De tels engagements compensaient largement cette ombre d'abandon de la Flandre ou du Milanais.

Cependant l'on pronostiquait à l'envi sur le parti que prendrait l'empereur. Céderait-il les Pays-Bas ou le Milanais ? Gonzague, qui aspirait au gouvernement du Milanais, poussait à la cession des Pays-Bas; Granvelle était perplexe. L'ambassadeur de Venise réserve son jugement. « Je connais la Flandre, écrit-il le 19 septembre, et je puis dire qu'il n'est pas de plus beau et de plus riche pays; c'est elle qui a le plus aidé l'empereur dans toutes ses guerres et qui lui a fourni le plus d'hommes et d'argent. D'un autre côté, l'État de Milan est un des principaux membres de l'Italie : que de sang répandu et d'or dépensé jusqu'ici pour sa possession ! Je laisse donc à Votre Sérénité le soin de juger quel sera le choix de l'empereur. Pour moi, j'attendrai le terme de quatre mois qu'il s'est fixé pour sa décision : car, si je vois beaucoup de raisons pour qu'il cède la Flandre, je n'en vois pas moins pour qu'il cède le Milanais. » Et pendant que tout le monde discutait là-dessus, l'empereur concluait à part soi que le mieux était de garder tout.

Le traité de Crépy fit plus de mécontents que de satisfaits. François Ier s'applaudit d'un accord qui laissait la France intacte et promettait au duc d'Orléans le gouvernement des Pays-Bas ou l'investiture du Milanais; il fermait les yeux sur les deux conditions humiliantes qui lui étaient imposées par le traité public : l'obligation expresse de fournir 600 hommes d'armes et 10 000 gens de pied contre son allié Soliman et l'engagement voilé de rompre avec les princes protestants d'Allemagne. Lorsque Francesco d'Este vint le féliciter au nom de l'empereur, il le trouva tout à la joie, lui et sa cour. Seul le dauphin contenait son dépit à grand' peine par respect pour son père. Il aurait voulu combattre et déplorait cette paix; il jalousait son frère et supportait mal le sort qu'on lui faisait. Le 12 décembre à Fontainebleau, il protesta secrètement par acte authentique en présence du duc de Vendôme, du comte d'Enghien et du comte d'Aumale.

L'ambassadeur de Venise écrivait de Bruxelles, le 3 octobre : « On est d'avis qu'en faisant sa paix avec le roi de France l'empereur n'a pas précisément rendu service au roi d'Angleterre et que celui-ci a les meilleures raisons de ne pas lui en savoir gré. » Henri VIII eût passé sur le reste, mais une clause du traité l'étonna et l'irrita : c'était la cession éventuelle des Pays-Bas à un prince français. Il ne comprenait pas que l'empereur pût songer à abandonner les plus belles provinces de son empire; il insiste là-dessus avec une sorte de colère. L'empereur ne devait rien céder; mais s'il tient à céder quelque chose, qu'il cède donc le Milanais. En paraissant ne se préoccuper que de l'intérêt de son allié, Henri VIII a surtout en vue le sien. Des Pays-Bas français l'effraient; il y voit un danger pour l'Angleterre et il s'efforce de le conjurer.

Quoique par d'autres sentiments, la gouvernante des Pays-Bas ne se déclara pas moins énergiquement contre leur abandon. Elle les gouvernait depuis treize ans; elle les considérait comme son domaine et ne pouvait se faire à l'idée d'en être dépossédée. Elle savait en outre que leurs ressources inépuisables n'avaient jamais manqué à l'empereur; sa tendresse admirative pour son frère s'alarmait de le voir se priver d'un secours qui faisait sa principale force. Elle regardait Gonzague comme l'instigateur de cette clause; sa mauvaise humeur retomba sur lui. Il en souffrit sans en être ébranlé. « La reine Marie, qui me comblait d'amitiés, me parle à peine, disait-il à l'ambassadeur de Venise. Je n'en demeure pas moins convaincu que cette paix est une des choses les meilleures et les plus utiles au bien général qu'il m'aura été donné d'accomplir en toute mon existence, et je suis homme à rendre raison à quiconque me dira le contraire. »

Les Espagnols de la cour impériale se montrèrent furieux. Ils disaient que le roi de France se fût trouvé au cœur de l'Espagne avec son armée victorieuse qu'il n'eût pas obtenu des conditions plus honorables. Jamais, prétendaient-ils, le fils de l'empereur et son héritier présomptif ne commettra la faute de consentir à l'aliénation des Pays-Bas, son patrimoine naturel; jamais l'Espagne ne permettra qu'une fille de l'empereur et son héritière éventuelle soit mariée à un fils de France. Idiaquez partit de Bruxelles le 18 octobre, chargé d'amener le prince d'Espagne et la noblesse espagnole à consentir à ce mariage.

En revanche, les Pays-Bas étaient ravis; ils allaient avoir enfin un prince à eux. Ils étaient fatigués du gouvernement des femmes; ils n'en avaient pas d'autre depuis trente et un ans. Après Marguerite d'Autriche, tante de l'empereur, Marie d'Autriche, sa sœur, la première plus douce, la seconde plus impérieuse : deux maîtresses femmes d'ailleurs et qui surent gouverner. Ils disaient encore qu'il était nécessaire au bien de l'État que le prince résidât au milieu de son peuple et que l'Espagne était trop loin. Mais ce n'étaient là que des raisons de surface. Au fond, ce qu'ils voulaient, c'était leur indépendance : désir encore timide, mais qui alla s'enhardissant sans cesse et finit par prévaloir. D'instinct les Pays-Bas saluaient dans l'avènement du duc d'Orléans comme l'aurore de leur affranchissement.

En Italie, Rome et Venise surtout s'inquiétèrent du traité de Crépy. Rome redoutait Charles-Quint qui, sous prétexte de pacifier la chrétienté et de rétablir l'unité catholique, empiétait sur ses droits essentiels, traitait du dogme dans les diètes de l'Empire, pressait la réunion du concile et se promettait d'y faire la loi. Contre ses entreprises, Paul III avait cherché à s'appuyer sur la France. L'entente du roi avec l'empereur lui enlevait cet appui; il allait se trouver seul, par conséquent plus faible sinon impuissant. La papauté n'augurait rien de bon d'une paix conclue en dehors d'elle. Venise n'était pas plus rassurée. Il semble cependant qu'elle n'eût rien à craindre. Elle avait gardé une stricte neutralité, et l'empereur n'avait cessé de l'en féliciter en l'assurant de son éternelle bienveillance. Mais l'on pouvait abuser du recueillement forcé auquel la condamnaient de récents et douloureux événements. D'ailleurs l'accord des deux souverains lui était en lui-même plutôt défavorable. Elle se trouvait en face de deux dangers permanents : le danger turc et le danger impérial. Allié de Soliman, le roi de France pouvait dans une certaine mesure la servir auprès de lui, détourner ou amortir ses coups. Il pouvait l'aider encore, si l'empereur la menaçait en Italie dans son territoire ou son influence, en déchaînant les Turcs sur la Hongrie et l'Allemagne. Plus que leur entente, la discorde entre le roi et l'empereur contribuait à sa sécurité. Présentement elle tenait à savoir ce que l'acte de Crépy disait d'elle. On a vu avec quelle discrète mais tenace curiosité son ambassadeur s'efforça sans succès d'en obtenir le texte. On ne mit aucun empressement à le lui communiquer : peut-être éprouvait-on quelque embarras de n'avoir pas traité la République autrement que tout le monde après les extraordinaires protestations qu'on lui avait faites. Gonzague lui en ayant enfin révélé les dispositions principales, l'ambassadeur l'en remercia vivement, non sans ajouter en souriant : « Grâce à Votre Excellence, je me trouve admirablement informé du sort que le traité fait aux autres; mais il ne me déplairait pas d'avoir quelques clartés sur celui qu'il fait à la République. » Gonzague lui répondit : « L'empereur et le roi de France, animés des mêmes sentiments pour Venise, ont voulu qu'elle y figurât de la manière la plus honorable. » Elle y figurait en bonne place en effet ; mais si elle s'attendait à autre chose, elle fut déçue.

« *Item,* seront semblablement compris en ce présent traité, de commun accord, pour alliés et confédérés, et pour jouir de cette paix et bénéfice d'icelle, notre saint-père le pape et le saint-siège apostolique, les rois de Pologne et de Portugal, l'élu roi de Danemarck, les duc et seigneurie de Venise, etc.

Cette joie et ces espérances des uns, ces craintes, ces inquiétudes et ces déceptions des autres, tout cela était prématuré. Le traité de Crépy eut le sort de beaucoup d'autres et resta lettre morte. L'empereur avait quatre mois à compter depuis la date du traité pour déclarer son choix, par conséquent jusqu'au 18 janvier 1545. Le mariage du duc d'Orléans avec l'infante devait avoir lieu quatre mois après l'option impériale, c'est-à-dire le 18 mai ; avec la fille du roi des Romains, huit mois après cette option, c'est-à-dire le 18 septembre. Le premier ne se fit point, l'empereur ayant opté pour le second, et celui-ci ne put se faire, le duc étant mort le 8 septembre. Il eût vécu que le mariage ne se fût pas fait davantage, du moins dans les conditions stipulées. Cet événement abolit le traité, qui d'ailleurs était mort-né. Les deux rivaux épuisés éprouvaient le besoin de reprendre haleine ; ils arrivèrent laborieusement à un accord quelconque, résolus de le rompre à la première occasion. Tavannes a trouvé sur le traité de Crépy le mot juste et définitif : « Le roi se contente de paroles, l'empereur d'en donner (1) ».

Il semble que l'Europe ait cru au traité de Crépy et à la réconciliation des deux rivaux. Cette réconciliation, la chrétienté la désirait ardemment : les deux souverains unis pourraient refouler le Turc qu'elle considérait comme le suprême danger de l'heure. Cependant, à côté du danger extérieur, il y en avait un autre, intérieur celui-ci, moins saisissant mais non moins redoutable : l'asservissement de l'Europe politique

---

(1) *Gaspard de Saulx, seigneur de Tavannes,* p. 125, coll. Michaud et Poujoulat.

par Charles-Quint. La puissance de l'empereur était démesurée : maître des Pays-Bas, de l'Allemagne, de l'Espagne et d'une partie de l'Italie, il était à lui seul presque toute l'Europe continentale; il pressait la France de tous côtés, menaçant son intégrité et son indépendance. Contre cette force exorbitante, François Ier ne désarma point. Certes sa résistance en 1544 fut misérable; elle n'exista pas. Mais l'ensemble de son règne offre le spectable émouvant d'une lutte tenace, le plus souvent malheureuse, mais jamais abandonnée, contre l'omnipotence impériale. C'est là son vrai mérite politique et le grand service qu'il rendit non seulement à la France, mais encore à l'Europe.

DÉPÊCHES

DE

FRANCESCO D'ESTE
HIERONYMO FERUFFINO, CAMILLO CAPILUPO
ET BERNARDO NAVAGER

(TRADUCTION FRANÇAISE)

DÉPÊCHES

DE

FRANCESCO D'ESTE
HIERONYMO FERUFFINO, CAMILLO CAPILUPO
ET BERNARDO NAVAGER

(TRADUCTION FRANÇAISE)

I

FRANCESCO D'ESTE
A HERCULE II, DUC DE FERRARE

SPIRE, LE 12 MAI — CATEAU-CAMBRÉSIS, LE 25 SEPTEMBRE 1544

NOTICE SUR FRANCESCO D'ESTE

De 1471 à 1577, quatre Este se succédèrent de père en fils comme ducs de Ferrare : Hercule Ier, Alphonse Ier, Hercule II et Alphonse II.

La situation de ces ducs était difficile, mais ils se montrèrent habiles. Entre l'Église, l'Empire et la France, ils manœuvrèrent si bien qu'ils durèrent plus d'un siècle et ne s'éteignirent que faute de descendants légitimes.

La papauté convoitait Ferrare. « Ferrare, Ferrare, par la corbleu, je t'aurai! » jurait Jules II (1). Il ne l'eut point. Mais Alphonse II étant mort sans enfants, Clément VIII la revendiqua comme fief de l'Église et la prit à César d'Este, fils de don Alphonse d'Este, bâtard d'Alphonse Ier et de Laura Dianti. Alphonse II fut le dernier duc de Ferrare ; César ne resta duc que de Modène et de Reggio (2).

(1) BRANTÔME, t. Ier, p. 140, éd. Ludovic Lalanne.
(2) *Id.*, t. III, p. 46.

Il leur arriva de combattre l'Empire, mais jamais Charles-Quint, qui, du reste, s'il les bouda quelquefois, ne chercha point à les diminuer.

De tous les États d'Italie, Ferrare fut celui qui se montra le plus constamment attaché à la France. Cette fidélité était chez les Este comme une tradition de famille. A Ravenne, l'artillerie d'Alphonse Ier contribua puissamment au gain de la bataille (1). La seconde fille de Louis XII, Renée de France, devenue duchesse de Ferrare, développa autour d'elle les sentiments français. Très patriote, elle était la providence des gens de guerre français, blessés ou sans argent, qui cherchaient à regagner la patrie. A ses intendants qui lui remontraient la dépense, elle répondait : « Que voulez-vous? Ce sont pauvres François de ma nation, et lesquelz, si Dieu m'eust donné barbe au menton et que je fusse homme, seroient maintenant tous mes subjectz (2) ».

Cet attachement des Este à la France n'empêcha pas Francesco d'Este d'entrer au service de Charles-Quint. C'était une nécessité politique : il fallait avoir un pied dans les deux camps. Toutes les grandes familles italiennes en étaient là : des Gonzague servirent l'empereur et d'autres Gonzague le roi.

Alphonse Ier eut de sa femme Lucrèce Borgia trois fils : Hercule, Hippolyte et Franscesco.

Hercule, né le 4 avril 1508, régna de 1534 à 1558 sous le nom d'Hercule II. Aimant peu les lettres et les lettrés pour un Este et pour un prince de la Renaissance, mais politique avisé, il sut par des services réels et des démonstrations courtoises se faire pardonner par Charles-Quint ses sympathies pour la France. Il court le complimenter à Naples à son retour de Tunis; il ne néglige pas les petits cadeaux et lui envoie en 1545 deux beaux chevaux, l'un barbe et l'autre corse (3); en 1546, il lui expédie en Allemagne, pour l'aider dans sa lutte contre les réformés, 150 chevaux sous la conduite de son frère naturel don Alphonse d'Este (4). Au fond, uniquement préoccupé de conserver son domaine, il répétait volontiers : « Ni pour l'empereur ni pour personne, je ne veux risquer mon État » (5).

Hippolyte, dit le cardinal de Ferrare, né le 24 août 1509, joua un rôle considérable comme agent de la politique française en Italie. Archevêque de Milan, il émigre pompeusement en France le 13 mars 1536 avec une suite de 130 personnes (6). Il y est comblé de biens et d'honneurs : archevêque de Lyon, membre du conseil privé,

(1) Brantôme, t. III, p. 40.
(2) *Id.*, t. VIII, p. 111.
(3) *Venetianische depeschen vom kaiserhofe (Dispacci di Germania)*, t. Ier.
p. 623. Vienne, 1889.
(4) *Ibid.*, p. 578.
(5) *Storia documentata di Carlo V, etc.*, par Giuseppe de Leva, t. III, p. 180. Venise, 1867.
(6) *Ibid.*, p. 179.

cardinal le 5 mars 1538, à la demande de François I^{er}(1). En 1544, il tente à deux reprises, par lui-même d'abord et ensuite par Bartolomeo Cavalcanti, mais toujours sans succès, d'ébranler la neutralité de Venise en faveur de la France. En 1548, à l'entrée d'Henri II à Lyon, il fait représenter devant la cour une tragi-comédie, spectacle déjà connu en Italie, mais encore nouveau en France, et qui fut infiniment goûté. En 1552, il est avec de Thermes, lieutenant général d'Henri II à Sienne. Pie IV l'envoya en France comme légat en 1561. Il devait empêcher le Colloque de Poissy d'aboutir et gagner le roi de Navarre à la cause catholique ; il réussit dans sa double mission : le Colloque de Poissy ne pouvait qu'échouer, et quant au versatile Navarrais, il se laissa aisément séduire aux belles promesses qu'on lui fit. Hippolyte d'Este mourut à Rome le 2 décembre 1572.

Francesco, né en 1516, d'abord seigneur et ensuite marquis de Massa-Lombarda, fut un brillant chevau-léger plutôt qu'un grand capitaine. Il fait ses premières armes dans la campagne de Provence en 1536 (2). Capitaine général de la cavalerie légère en 1543, il est chargé par Brissac près de Guise et pris par un chevau-léger de la compagnie de la Hunaudaye (3). Il reparait l'année suivante à la tête de la cavalerie légère, éclaire l'armée, bat le pays autour de Saint-Dizier, protége les convois et donne la chasse sans grand succès aux insaisissables partis du duc de Guise. L'affaire de Vitry fut le plus glorieux fait d'armes de sa carrière militaire. La guerre terminée, il s'attendait à recevoir une large gratification. L'empereur ne lui offrit que 3 000 écus qu'il eut la maladresse de refuser. Charles-Quint était peu donnant, mais il aimait qu'on parût heureux du peu qu'il donnait ; il fut blessé de ce refus et ne l'oublia pas de sitôt. Deux ans plus tard, en 1546, il y eut une importante promotion à la Toison d'or. On avait fait espérer à don Francesco qu'il en serait ; il n'en fut point. En juin de la même année, à Ratisbonne, l'empereur, distribuant les emplois de l'armée pour sa campagne contre les protestants, donna à un autre le commandement en chef de sa cavalerie légère qui semblait devoir lui revenir, l'ayant brillamment exercé dans deux campagnes successives, et ne lui réserva qu'une charge inférieure qu'il ne crut pas pouvoir accepter. Ne doutant plus de sa disgrâce, se l'exagérant peut-être, il demande à se retirer, disant, ce qui était vrai, parait-il, qu'ayant servi l'empereur pendant dix années consécutives, sa fortune est à bout et qu'il ne peut plus continuer.

(1) Le 12 juillet 1541, Guillaume Pellicier, ambassadeur de France à Venise, se crut obligé, sur le rapport d'un de ses agents, de dénoncer à François Ier le cardinal de Ferrare comme livrant les secrets d'État à l'étranger ; le roi ne tint aucun compte de cette accusation et continua toute sa confiance au cardinal. — TAUSSERAT-RADEL, *Correspondance politique de Guillaume Pellicier*, etc., p. 357. Paris, 1899.

(2) *Storia documentata di Carlo V*, etc., t. III, p. 168.

(3) DU BELLAY, p. 519, coll. Michaud et Poujoulat.

L'empereur le couvre de fleurs et ne le retient pas. Il quitte Ratisbonne le 17 juin (1). Mais deux mois après, l'inactivité lui pesant ou peut-être se rendant compte de sa faute et voulant la réparer, il écrit dans les premiers jours d'août qu'il veut faire la campagne à n'importe quel titre, fût-ce comme simple soldat, et qu'il arrive en poste. « On trouve, dit judicieusement l'ambassadeur de Venise, qu'il fait bien de revenir, mais qu'il eût mieux fait de ne pas partir (2). » La maladie le retient quelque temps à Mantoue, et ce ne fut que le 8 septembre qu'il put rejoindre l'armée impériale à Ingolstadt (3). Il passe au service de la France en 1558 et devient lieutenant général d'Henri II en Toscane (4). Il meurt en 1578. Personnage secondaire, ce semble, et que les contemporains eussent à peine distingué s'il n'eût pas été un Este.

La correspondance de don Francesco se trouve aux archives d'État de Modène. La partie que nous en publions va de Spire, le 12 mai 1544, à Cateau-Cambrésis, le 25 septembre. Ces lettres sont adressées à son frère Hercule II, mais le protocole n'y perd rien, et c'est la même forme cérémonieuse que dans les dépêches de l'ambassadeur officiel : c'est un sujet qui écrit à son souverain. Elles offrent un intérêt particulier jusqu'à l'arrivée de Gonzague devant Saint-Dizier. Non qu'on y trouve des faits nouveaux et ignorés des ambassadeurs, mais elles sont d'un témoin et souvent d'un acteur : là est leur prix. Francesco fit partie de la première armée d'invasion : il assista à la prise de Luxembourg, de Commercy et de Ligny, à toute cette triomphante entrée en campagne à laquelle, retenus par leur fonction auprès de l'empereur, les ambassadeurs ne purent se trouver. Il est vrai qu'ils étaient exactement renseignés par les correspondants, amis ou agents, qu'ils avaient dans l'armée de Gonzague; mais si bien informés qu'ils fussent, pendant deux mois, en ce qui concerne les opérations de cette armée, leurs dépêches ne sont que des échos.

Devant Saint-Dizier, la correspondance ne présente plus le même intérêt, à deux exceptions près. Il y eut deux expéditions, l'une contre Vitry et l'autre contre Joinville. L'un des chefs principaux de la première, Francesco en exerça le commandement effectif et vainquit à force de décision et d'audace. Il raconte cette journée dans le plus grand détail, et sa relation est sans contredit la plus complète et la plus intelligible que nous ayons. Elle serait d'une clarté parfaite si, en même temps que les différentes phases de l'action, il indiquait suffisamment les points successifs où elle se déroula. Mais il ne nous fait connaître exactement ni le chemin qu'il prit en quittant la grande route de Saint-Dizier à Vitry, ni les cours d'eau qu'il

(1) *Venetianische depeschen, etc.*, p. 538.
(2) *Ibid.*, p. 626.
(3) *Ibid.*, p. 677.
(4) Brantôme, t. VI, p. 396.

eut à traverser, ni le village d'où il délogea le poste d'observation français, ni l'endroit où il chargea d'abord Brissac dans sa retraite, ni enfin le village où il le défit. Ce vague topographique lui est commun avec les ambassadeurs : rarement il leur arrive, soit manque d'information ou excès d'indifférence, de préciser le lieu où se passe le fait qu'ils racontent. L'expédition contre Joinville, dont il eut seul la conduite, ne fut qu'une promenade; il trouva la place sans défense. N'ayant rien fait, il n'avait rien à dire : aussi son récit est-il fort court. Mais les quelques détails qu'il donne ne laissent pas d'avoir leur prix.

Après Saint-Dizier, nous n'avons plus que deux lettres de don Francesco. De la Chaussée, le 30 août, à Cateau-Cambrésis, le 25 septembre, sa correspondance est perdue; du moins n'existe-t-elle plus à Modène. Dans cette marche des Impériaux sur Paris d'abord, jusqu'au parc du Triangle, et ensuite dans la direction de Soissons, jusqu'à la frontière, les ambassadeurs nous signalent son heureuse activité dans son rôle d'éclaireur : il fait prisonnier le prince de la Roche-sur-Yon, bat le pays pour procurer des vivres à l'armée et entre dans Château-Thierry où il fait un gros butin. Sa dernière lettre, datée de Cateau-Cambrésis, nous le montre n'aspirant plus qu'à rentrer en Italie et n'attendant pour partir que le licenciement de ses chevau-légers.

1.

Spire, le 12 mai 1544.

Gonzague quitte Spire et se dirige vers Metz.

Illustrissime et Excellentissime Seigneur,
Mon très-honoré Seigneur,

Ce matin 12 mai, le seigneur Fernand (1) part de Spire, se dirigeant vers Metz; je l'accompagne. Je crois qu'il ne fera que passer par Metz; il ira droit à Thionville où il concentrera toutes les forces impériales pour marcher sur Luxembourg et tenter de l'enlever. A vrai dire, il n'y compte guère. On apprend en effet que 15 ou 16 000 gens de pied et quantité de chevaux français viennent ravi-

(1) Ferdinand de Gonzague (28 janvier 1507-15 novembre 1557), fils puîné de François II de Gonzague, marquis de Mantoue, et d'Élisabeth d'Este, — entré au service de Charles-Quint en 1526, — chevalier de la Toison d'or en 1533, — vice-roi de Sicile en novembre 1535, comte de Guastalla en 1539, gouverneur du Milanais en 1546. BRANTÔME, t. I*er*, p. 247.

tailler la place. Peut-être est-ce fait à cette heure. Ce serait grand dommage : certains projets de l'empereur s'en trouveraient bouleversés. Dieu veuille qu'il n'en soit rien ! J'ai tenu à informer Votre Seigneurie de notre marche; je l'aviserai exactement du résultat. N'ayant plus rien à ajouter, je me recommande humblement à ses bonnes grâces.

De Spire, le 12 mai 1544.

De Votre Illustrissime et Excellentissime Seigneurie
Le très-obligé serviteur

Don Francesco da Este.

2.

Thionville, le 19 mai 1544.

Arrivée de Gonzague à Thionville; il prend ses dispositions pour empêcher le ravitaillement de Luxembourg.

Illustrissime et Excellentissime Seigneur,

... Ici rien de nouveau, sinon que le seigneur Fernand et moi nous sommes arrivés hier soir à Thionville. Ce matin Sa Seigneurie a voulu qu'on allât reconnaître le Mont-Saint-Jean (1) par où les Français doivent passer pour secourir Luxembourg. Jusqu'à présent ils ne l'ont point ravitaillé, et il est douteux que désormais ils le puissent. S'ils l'essaient avec un petit nombre de chevaux, l'on dispose maintenant d'assez de gens de pied espagnols pour les en empêcher. S'ils veulent réunir de grandes forces, cela leur demandera un certain temps, et il sera facile au seigneur Fernand de rassembler toutes les troupes impériales pour les leur opposer; il leur faudra donc ou renoncer à leur entreprise ou commencer par en découdre...

De Thionville, le 19 mai 1544.

De Votre, etc.

Don Francesco da Este.

P. S. Ma lettre n'a pu partir, la poste n'étant pas prête.

Les Français au nombre de 15 000 gens de pied et de 3 000 chevaux devaient venir camper ce soir entre Arlon et Solleuvre pour aller demain ravitailler Luxembourg; ils n'ont pas paru. Le seigneur Fernand n'en a pas moins hâté ses préparatifs pour aller occuper

(1) « ... qui est un chasteau sur une montagne... » Du Bellay, p. 517.

certaines positions et leur barrer le chemin; il partira demain et tâchera de rompre leur projet. Il compte bien arriver à temps : car, outre leur retard d'aujourd'hui, les Français, instruits de son approche, seront obligés de ralentir leur marche pour mieux se garder.
Pas d'autres nouvelles...

3.

Sous Luxembourg, le 25 mai 1544.

Investissement de Luxembourg.

Illustrissime et Excellentissime Seigneur,

J'ai dit dans ma dernière lettre datée de Thionville que don Fernand devait se mettre en marche le lendemain, c'est-à-dire le 21 courant, et aller camper à un demi-mille italien (1) du Mont-Saint-Jean. Arrivé là, il voulut se rendre un compte exact des chemins que pourraient prendre les Français pour ravitailler Luxembourg; il les trouva plus nombreux qu'on ne lui avait dit et à certains égards difficiles à défendre, surtout si l'ennemi se présentait avec un assez grand nombre de chevaux. Là-dessus, sans tarder davantage, il résolut de se rapprocher de la ville, d'en occuper tous les abords et de l'investir si bien qu'aucun secours n'y pût être introduit. C'est ainsi que nous sommes arrivés aujourd'hui devant Luxembourg et que nous avons établi notre camp dans l'endroit le plus avantageux et le plus proche. Sûre désormais que tout ravitaillement est impossible, persuadée d'ailleurs que la place ne saurait tarder à se rendre (2), dût-elle tenir un peu au delà de ses prévisions, Son Excellence a décidé de laisser ici un chef, le prince d'Orange par exemple (3), avec

(1) Nos ambassadeurs, et cela est naturel, calculent les distances par milles italiens. Que vaut en mètres le mille italien du seizième siècle? Nous avons consulté là-dessus M. W. Fredensburg, un des hommes de ce temps qui s'est le plus occupé des documents italiens du seizième siècle; il nous a répondu : « J'évalue le mille italien du seizième siècle à 1 500 mètres en nombre rond; je me suis toujours tiré d'affaire avec cette approximation. » — Le mille romain est de 1 490 mètres.

(2) « L'assiette de Luxembourg est fort bisarre », dit DU BELLAY, p. 516. — Il la décrit longuement et déclare la place intenable. Lorsqu'on s'en fut rendu maitre en septembre 1543, on fit de vains efforts pour persuader à François Ier de fortifier Arlon et de raser Luxembourg. « Mais le roy, quelque persuasion que on lui feist, demeura en son opinion de garder ceste ville, disant que... s'il ne tenoit la ville principale, il ne seroit nommé duc de Luxembourg. »

(3) Luxembourg s'étant rendu, le prince d'Orange ne vint pas et s'en alla rejoindre l'empereur à Metz.

assez de monde pour garder les approches et mener l'entreprise à bien, tandis qu'elle-même avec le reste de l'armée se jettera en France pour ne pas laisser à l'ennemi le temps de se renforcer et de fortifier ses places. C'est tout jusqu'à présent. Quant à l'avenir, la campagne s'ouvre sous de si heureux auspices qu'il y a lieu d'en bien augurer et de concevoir les plus grandes espérances...

Du camp sous Luxembourg, le 25 mai 1544.

De Votre, etc...

Don Francesco da Este.

4.

Sous Luxembourg, le 29 mai 1544.

Luxembourg capitule; Gonzague s'apprête à passer en France.

Illustrissime et Excellentissime Seigneur,

Ma lettre du 25 a fait connaître à Votre Excellence ce qui s'était passé depuis notre départ de Thionville; je lui dois aujourd'hui le récit des faits qui ont suivi.

Le seigneur Fernand ne jugea pas à propos de rester plus longtemps au lieu que j'ai indiqué dans ma dépêche et qu'il trouvait un peu éloigné de Luxembourg; il résolut de s'en rapprocher davantage. Nous allâmes camper dans une vallée si voisine de la place que nous sommes sous son feu (1). Sans perdre un moment, Son Excellence envoya son héraut sommer les assiégés de se rendre : ils seraient traités en braves gens, quoiqu'ils ne le méritassent guère et qu'ils eussent témérairement occupé les terres de Sa Majesté impériale; s'ils refusaient, ils auraient lieu de s'en repentir. Ils répondirent au héraut qu'ils ne pouvaient se décider au pied levé et qu'il revint le lendemain. Le lendemain, c'est-à-dire avant-hier, même réponse : qu'il retournât le lendemain et qu'ils lui déclareraient leur résolution. Hier donc, le héraut s'étant présenté pour la troisième fois, ils lui demandèrent un sauf-conduit pour trois personnes; Son Excellence s'empressa de l'accorder. Trois gentilshommes vinrent, porteurs des conditions auxquelles la ville consentait à se rendre. J'en envoie ci-incluse la copie à Votre Excellence pour les lui faire connaître dans leur texte; j'y joins également et dans le même but la copie de

---

(1) Gonzague parait s'être établi au même endroit que le duc d'Orléans l'année précédente. « Estant le duc d'Orléans arrivé devant Luxembourg, fut logé... en une petite vallée tirant le chemin dudit Luxembourg au Mont-Sainct-Jehan, à la portée d'une coulevrine près la ville, tellement que les boulets venant d'icelle ville passoient par dessus son logis. » Du Bellay, p. 516.

la réponse qui leur a été faite (1). Ils soupèrent et couchèrent chez Son Excellence. Il sont partis ce matin emportant les propositions du seigneur Fernand et promettant de revenir dans la soirée. Ils sont revenus en effet. Leur général accepte, sauf deux points. Ils demandent à emporter leurs drapeaux et à ne point prêter serment de ne pas servir leur roi ; on y consent (2). La capitulation a été arrêtée ce soir. Ils ont huit jours à partir de demain pour livrer la place.

En vérité, nous ne pouvions rêver comme entrée en campagne un succès plus important. Non-seulement Sa Majesté recouvre un duché doublement nécessaire à la Flandre puisqu'il est à la fois la clef de la France et celle de l'Allemagne, mais elle se voit encore délivrée des graves embarras que l'occupation de ce pays par les Français n'eût pas manqué de lui causer pendant la guerre. Sans compter qu'après ce premier coup reçu à l'endroit sensible, l'ennemi ne peut tarder, quoi qu'il puisse lui en coûter, de retirer ses troupes de l'Italie pour couvrir cette frontière, qui est entièrement dégarnie. En fait de bons soldats, il ne s'y trouve que 1 500 Italiens ; le reste se compose de 6 à 8 000 francs-taupins (3) et de 3 000 chevaux.

L'état de l'armée est excellent. Les vivres abondent ; Dieu veuille que nous n'en manquions jamais davantage. Les troupes du prince d'Orange ont fait leur montre à Gueldre. On les dit fort belles ; elles seront ici dans dix jours. Les Espagnols arriveront peu après. L'artillerie est attendue d'un jour à l'autre. Tout sera bientôt prêt pour marcher sur la France. Pourvu que l'empereur n'arrête point don Fernand! Il a l'air dans ses lettres de désirer qu'on l'attende et qu'on ne fasse rien sans lui.

(1) Ces deux copies n'ont pas été retrouvées dans les Archives d'État de Modène. L'original de la capitulation envoyé par Gonzague n'a pas été retrouvé davantage aux Archives de Bruxelles. PAILLARD, *l'Invasion allemande en 1544*, p. 40. Paris, 1884.

(2) Il semble par le post-scriptum que ces deux questions ne furent définitivement tranchées que le lendemain 30, au moment de la ratification. Il y a là quelque confusion.

(3) « Soldat d'une ancienne milice française », dit Littré au mot franc-taupin, et au mot taupin : « Nom qu'on donnait à un corps de milice française sous Charles VII. » Il ajoute : « Origine inconnue ». Des deux textes qu'il cite à l'historique, l'un de Lanoue et l'autre de Carloix, il résulte que le fantassin français, l'homme de pied national, s'appela sous Charles VII franc-archer et, en Bretagne, franc-taupin. Ceci a tout l'air d'un sobriquet plus ou moins dérisoire ; l'homme d'armes dut l'imposer à l'homme de pied. Sous François Ier, franc-taupin ne s'écrit plus ; on ne le rencontre point dans les mémoires de l'époque. Mais il subsiste encore dans l'argot militaire, du moins à l'étranger. Les ambassadeurs italiens, surtout Francesco d'Este, l'emploient comme terme de dénigrement pour désigner les légionnaires de François Ier. Charles-Quint lui-même s'en servait. Dans une dépêche datée de Mons, le 2 novembre 1543, l'ambassadeur de Venise raconte que l'empereur disait « qu'il voulait à toute force rompre sa lance, ne fût-ce que contre un franc-taupin ». La copie de Navager (l'original est perdu) porte « francopino ». C'est une faute ; il faut écrire « frantupino », comme fait Francesco d'Este.

On dit qu'il y a dans Luxembourg près de quatre-vingts pièces d'artillerie et quantité de munitions...

Du camp sous Luxembourg, le 29 mai 1544.

De Votre, etc.

Don Francesco da Este.

Ce matin, en vertu d'une procuration en bonne forme de M. le vicomte d'Estoges (1), lieutenant du roi dans Luxembourg, les mêmes gentilshommes ont ratifié la capitulation.

On fit difficulté hier au soir de leur laisser tous leurs drapeaux; il parut juste aussi de stipuler qu'ils prêteraient serment de ne pas servir de quatre mois contre l'empereur. Au fond, nous n'attachions pas grande importance à ces deux points, et si ce matin ils fussent revenus là-dessus, Son Excellence eût mis les pouces pour en finir plus tôt. Cependant, pour leur montrer sa modération et sa condescendance dans la dure nécessité où ils étaient, elle leur a laissé un drapeau sur les quatre qu'ils ont, et quant au serment de ne pas servir contre Sa Majesté, elle en a dispensé les capitaines et les gentilshommes, se bornant à l'exiger des soldats, qui en feront le cas qu'ils en font d'ordinaire (2).

5.

Luxembourg, le 6 juin 1544.

Une reconnaissance. Le lieutenant du roi évacue Luxembourg. État de la place : fortifications, artillerie et munitions. Importance de la reprise de cette ville pour l'empereur; chagrin que sa perte cause au roi. Le lieutenant du roi reproche à M. de Longueval de ne l'avoir pas ravitaillé. Départ de Fernand de Gonzague fixé au 8.

Illustrissime et Excellentissime Seigneur,

Ma dernière lettre informait Votre Excellence de la capitulation

(1) François d'Anglure, vicomte d'Estoges ou Estauges. La manière peu héroïque dont il défendit Luxembourg ne paraît pas lui avoir nui. Brantôme dit de lui : « ... Il estoit gentilhomme de bon lieu et bonne part, brave, vaillant, et avoit deux compaignies de gens de pied à soy. Aussi se fit-il fort signaler en ceste guerre d'Allemaigne (l'expédition d'Henri II en Alsace en 1552); mais il ne dura guère, car il fut tué bientost à Treslon ». BRANTÔME, t. VI, p. 21. — Peut-être le d'Estoge de Brantôme n'est-il pas le même que celui qui rendit Luxembourg.

(2) Il résulte nettement de cette dépêche : 1° que la première sommation eut lieu le 26 mai, la seconde le 27 et la troisième le 28 ; 2° que les pourparlers commencèrent dans l'après-midi du 28 et continuèrent dans la matinée du 29 ; que la capitulation fut arrêtée (fermata) dans l'après-midi du 29 et ratifiée (ratificata) dans la matinée du 30 — car il est visible que le post-scriptum de la dépêche est du 30. Ces dates ne concordent pas avec celles que Paillard a établies d'une manière peut-être un peu confuse sur d'autres documents.

de Luxembourg; elle renfermait en outre la copie de cet acte. Depuis il ne s'est rien passé d'important.

L'illustrissime seigneur don Fernand m'a chargé de faire une pointe de quelques lieues du côté de la France pour reconnaître les mouvements de l'ennemi. Je suis parti mardi matin emmenant avec moi mes chevau-légers, 500 chevaux flamands sous la conduite du grand écuyer (1), 200 chevaux allemands et 300 arquebusiers espagnols. Je me dirigeai vers Stenay où l'on disait qu'était M. de Longueval (2). Je m'aperçois que la route est beaucoup plus longue que je ne me l'étais imaginé sur les dires de mes capitaines et de mes guides. J'aurais beau faire diligence, il reste si peu de nuit qu'il me serait impossible d'arriver à temps pour m'embusquer avant le jour. Je prends un autre parti et marche sur Longwy, ville de Lorraine, où les Français se sont jetés la veille dans le dessein d'intercepter nos vivres. Je bats tous les chemins par où ils ont pu passer pour faire leurs coups de main; point de nouvelles. Je suis revenu mercredi soir.

Le lieutenant du roi a mis la plus belle hâte à évacuer Luxembourg. Craignant de mourir de faim, il n'a pas voulu attendre jusqu'à demain comme il avait été stipulé. Il a demandé avec instance à partir ce matin vendredi — jour heureux pour notre empereur (3) — et le seigneur don Fernand a bien voulu le lui accorder. Il a pris la route de France avec la garnison, soit environ 1500 hommes de pied (4), laissant dans la place 42 pièces d'artillerie et des munitions suffisantes; Alexandre de Gonzague et le capitaine Giglio l'ont accompagné jusqu'à la frontière française (5).

Luxembourg est bien fortifié. Sa reprise est de la plus grande importance pour Sa Majesté; un tel succès au début de la campagne ne peut que lui être infiniment agréable.

Nous partirons demain, nous dirigeant vers la ville libre de Toul. Il s'agit d'entrer en France le plus tôt possible pour ne pas donner à l'ennemi le temps de se renforcer et de fortifier ses places.

(1) Jean Hénin-Liétard de Boussu († 1562), gentilhomme de la chambre, grand écuyer, souvent appelé « M. le Grand » tout court, chevalier de la Toison d'or. Il commande une partie de la cavalerie des Pays-Bas.

(2) Nicolas de Bossut, seigneur de Longueval.

(3) Le vendredi passait pour un jour malheureux. Il y a dans les mémoires du temps de fréquentes allusions à cette croyance. « Ce vendredy vingt-huictiesme d'octobre, jour infortuné, de ce partement estant M. d'Aumalle acertené (informé d'une manière certaine)... » RABUTIN, p. 437, coll. Michaud et Poujoulat.

(4) Francesco d'Este oublie les hommes d'armes. « ... Et en son lieu (au lieu de M. de Longueval, établi lieutenant du roi dans Luxembourg après la prise de la ville en septembre 1543) fut mis, avec pareil pouvoir, le viconte d'Estauges, surnommé d'Anglurre, avec sa compagnie de cinquante hommes d'armes et quinze cens hommes de pied. » DU BELLAY, p. 527.

(5) Alexandre de Gonzague et Giglio, deux capitaines de chevau-légers sous les ordres de Francesco d'Este; ils sont mentionnés plusieurs fois dans nos dépêches italiennes.

Le lieutenant du roi, M. d'Estoges, m'a dit en partant que le mauvais vouloir d'un homme — il voulait parler de M. de Longueval — était cause du mauvais service qu'il venait de rendre au roi, que Sa Majesté était convaincue qu'il avait reçu un secours de vivres et qu'à la nouvelle qu'il lui avait mandée de la capitulation, elle s'était enfermée pendant quatre heures dans une chambre, ne voulant voir personne et en proie à la plus vive douleur...

Du camp impérial sous Luxembourg, le 6 juin 1544.

Comme j'allais fermer ma lettre, on a décidé de remettre notre départ au 8, afin de mieux pourvoir aux affaires de Luxembourg.
De Votre, etc.

Don Francesco da Este.

6.

Sorcy, le 14 juin 1544.

Gonzague quitte Luxembourg et arrive à Sorcy. Reconnaissance de Commercy; ses deux châteaux. Pourparlers; les assiégés invoquent leur neutralité. Ils brûlent la ville et le château du duc de Lorraine et se retirent dans celui de Mme de la Roche-Guyon.

Illustrissime et Excellentissime Seigneur,

J'ai par ma lettre du 7 (1) de ce mois informé Votre Excellence que ce jour-là les Français avaient évacué Luxembourg; j'ajoutais que nous allions nous mettre en route pour la France.

Nous partîmes le 8. Nous arrivâmes en hâte à Sorcy, terre de Lorraine. A une lieue au delà se trouve Commercy, la première place de la frontière française. Par ordre de don Fernand, j'allai la reconnaître avant-hier avec ma cavalerie. J'appris que la veille, c'est-à-dire le 11, il y était entré deux pièces d'artillerie venues de France sous l'escorte de 80 chevau-légers italiens, ainsi que cinq voitures de munitions, poudre et boulets; des gens qui sortaient de la ville me certifièrent le fait. L'ennemi ne s'attendait pas à cette soudaine arrivée de Son Excellence. Ma brusque apparition le prit au dépourvu. Il se mit aussitôt à brûler les maisons en dehors de l'enceinte, mais sans tenter de sortie : c'est à peine si quelques gens de pied engagèrent une légère escarmouche avec les Espagnols que j'avais avec moi. J'avisai, à une portée d'arquebuse de la place, une maison à laquelle il n'avait pas eu le temps de mettre le feu; j'y laissai 400 arquebusiers. Ma reconnaissance terminée, je m'en retournai.

(1) Inadvertance; cette lettre est du 6 et non pas du 7.

Commercy renferme deux châteaux. L'un était au duc de Lorraine; les Français l'occupèrent le jour même où leur vinrent les deux pièces d'artillerie (1). De l'avis de tous les capitaines, nous le prendrons sans difficulté. L'autre appartient à une dame française appelée Mme de la Roche (2). Comme il est entouré des murs de la ville, excepté du côté de la Meuse qui forme un rempart inexpugnable, on ne peut le reconnaître exactement; mais on voit très bien qu'il n'y a pas de flanc couvert, que les deux tours de la courtine sont rondes, que le château lui-même est petit et qu'un monticule le commande, d'où le canon lui fera le plus grand mal. Le seigneur don Fernand est allé en personne examiner les lieux. Il estime que la prise du premier château qui n'est pas défendable, en nous livrant l'entrée de la ville, rend le second intenable. D'une part, en effet, les deux tours de la courtine une fois abattues, les approches en deviennent faciles; de l'autre, maîtres de la ville et la courtine n'étant plus défendue, nous comblons le fossé. Bref, le succès est certain (3).

A moins que les Français ne se ravisent et ne reviennent sur leur déclaration d'hier matin. Deux d'entre eux en effet, munis d'un sauf-conduit, vinrent dire à Son Excellence qu'ils ne livreraient la ville que sur l'ordre de leur dame. Don Fernand les avait fait sommer par un trompette; ils répondirent qu'ils étaient neutres et prêts à fournir à l'empereur, comme d'ailleurs au roi de France, des vivres et tout ce dont il aurait besoin. Son Excellence ne se paya point de cette réponse qu'elle savait n'être qu'une défaite et leur fit signifier en s'en allant qu'il lui fallait la place, qu'elle ne reconnaissait point leur neutralité et qu'ils eussent à prendre un parti. Ils demandèrent alors un sauf-conduit pour venir s'expliquer et se présentèrent aussitôt. Ils invoquèrent leur neutralité, disant que l'empereur lui-même l'avait reconnue (ce qui est faux) (4); ils confessaient d'ailleurs que les 400 hommes de pied qui se trouvaient dans la place étaient Français et que l'artillerie et les munitions venaient de France : c'était avouer qu'ils n'étaient pas neutres. Ils finirent par demander un délai de quatre jours afin de pouvoir aviser leur dame; si celle-ci y consentait, ils rendraient la ville. Don Fernand n'eut pas

(1) Par conséquent le 11.
(2) Philippe de Sarrebruck, veuve de Charles de Silly, seigneur de la Roche-Guyon. PAILLARD, p. 61.
(3) Cette vue du château haut est assez confuse dans le texte. On s'est aidé, pour arriver à un sens raisonnable, de la lettre, moins détaillée mais plus claire, de Gonzague à l'ambassadeur de Mantoue; on la trouvera dans la correspondance de Capilupo, à la date du 17 juin.
(4) « La terre, ville et seigneurie, de Commercy dépendait du duché de Lorraine... Commercy et ses deux châteaux commandaient le passage de la Meuse... Aussi François Ier prit-il de bonne heure la résolution d'y mettre une garnison. Nous ne voyons pas qu'il ait consulté pour cela le duc Antoine ni non plus que celui-ci ait fait entendre aucune protestation ». PAILLARD, p. 61 et 62.

de peine à découvrir leur jeu : ce qu'ils voulaient, c'était gagner du temps pour permettre aux autres places d'achever leurs préparatifs de défense. Il leur répondit que s'ils lui remettaient sur l'heure la ville et les châteaux, il les traiterait en soldats; sinon, la place prise, et il était certain de la prendre avec l'aide de Dieu et de sa vaillante armée, il leur jurait, foi de gentilhomme, qu'il les ferait tous pendre. Ils déclarèrent ne pouvoir le faire sans l'ordre de leur dame et se retirèrent.

Son Excellence voulait qu'on préparât immédiatement les gabions et que dans la nuit l'on disposât l'artillerie pour battre aujourd'hui le château du duc, persuadée, comme je l'ai dit, que ce château une fois pris, l'autre ne tiendrait guère. Mais l'ennemi nous a épargné cette peine : aussitôt après notre départ, il a mis le feu à la ville et au château du duc et s'est retiré dans celui de la dame. L'incendie était si grand qu'il a fallu remettre le bombardement à demain. Les Espagnols sont arrivés ce soir avec l'artillerie; trouvant la ville en cendres, ils l'ont occupée. On va tout préparer cette nuit, et demain matin de bonne heure on ouvrira le feu. L'ennemi, je l'espère, sera bientôt réduit aux abois (1) et paiera cher sa duplicité (2). Il est à croire d'ailleurs qu'il ne fait qu'obéir à une consigne, et que tout ce qu'on lui demande, c'est de tenir quelques jours; il ne peut se faire illusion sur la faiblesse de la place qui ne saurait résister longtemps à une armée comme la nôtre. Voilà où en sont les choses. Commercy aussitôt pris, j'en informerai Votre Excellence.

Sorcy, le 14 juin 1544.

De Votre, etc.

Don Francesco da Este.

7.

Commercy, le 15 juin 1544.

Prise de Commercy. Troupes, artillerie, munitions et vivres qu'on y trouve. Trois prisonniers de nom. Cette frontière est mal fortifiée et mal gardée. On va marcher sur Ligny.

Illustrissime et Excellentissime Seigneur,

J'ai écrit hier que l'ennemi avait mis le feu à Commercy et qu'à cause de l'incendie l'on avait dû remettre à aujourd'hui le bombar-

(1) Le texte dit « dare la stretta », en français italianisé du temps « donner la strette », c'est-à-dire réduire à l'extrémité. Du Bellay, Montluc, etc., se servent souvent de cette locution.

(2) Laquelle avait consisté à se dire neutre.

dement. Il a parfaitement réussi; j'en dois le récit détaillé à Votre Excellence.

On avait commencé dès hier un cavalier pour battre les murs de la place et quelques maisons qui gênent pour canonner le château de madame de la Roche. On a travaillé toute la nuit à disposer l'artillerie et à raser des maisons. Ce matin, de l'intérieur de la ville (1), plus bas que le cavalier que l'on construit en dehors de l'enceinte, on a ouvert le feu contre une grosse tour située au milieu du château. Presque tout un côté en ayant été troué, les assiégés ont fait signe avec un drapeau qu'ils voulaient parlementer. Don Fernand a donné l'ordre de les écouter. Ils ont dit que leur maîtresse ne leur avait enjoint de tenir que jusqu'au bombardement; elle aimait mieux voir son château pris que détruit; elle était persuadée que Leurs Majestés impériale et très-chrétienne ne tarderaient pas à se mettre d'accord et qu'au retour de la paix elle recouvrerait son bien intact : en conséquence ils étaient prêts à rendre la place, à condition de pouvoir s'en aller librement. Son Excellence a répondu que puisqu'ils ne s'étaient pas rendus le premier jour, elle ne les recevrait qu'à discrétion; ils ont refusé. On reprend aussitôt le feu contre la tour qui s'écroule au quart. Cependant on achève en toute hâte le cavalier et l'on abat les dernières maisons. Cela fait, on arme le cavalier et l'on bat en brèche le mur d'enceinte. Les assiégés qui se voient en mauvaise posture font signe de nouveau. Ils ne demandent plus que la vie sauve; don Fernand ne veut pas la leur accorder. Le bombardement continue; ils finissent par se rendre à discrétion.

Alors, par ordre de Son Excellence, le marquis de Marignan (2), Jean-Baptiste Gastaldo (3), don Alvaro de Sande (4) et moi nous

(1) On a vu dans la dépêche précédente que les Espagnols avaient occupé la veille, c'est-à-dire le 14, la ville basse ou château du duc. C'est de la ville basse qu'on canonna la grosse tour, c'est-à-dire le château proprement dit, la forteresse de la ville haute ou château de Mme de la Roche. La batterie du cavalier avait pour objectif le mur d'enceinte de la ville haute.

(2) Gian-Giacomo dei Medici, dit Medichino, de Milan (1497-8 novembre 1555), châtelain de Mus, près du lac de Côme, marquis de Marignan, frère du pape Pie IV, — entre dans la ligue de 1526 contre Charles-Quint, — passe au service de l'empereur en 1528, — commande l'artillerie impériale au siège de Saint-Dizier en 1544, de Metz en 1552, — défait Strozzi à Marciano en 1554. Brantôme, t. Ier, p. 291.

(3) Jean-Baptiste Gastaldo (1496?-1562), de Nocera (Campanie), plus tard marquis de Cassano, — fit ses premières armes sous Ferdinand-François d'Avalos, marquis de Pescaire et d'Aquin († 1525), — mestre de camp général de l'armée impériale en 1544, — mestre de camp général et général de la cavalerie dans la guerre contre les protestants en 1546, — lieutenant général en Hongrie de 1550 à 1553, — fait assassiner, sur l'ordre du roi Ferdinand, le cardinal hongrois Georges Martinuzzi en 1551, — servit plus tard Philippe II. Brantôme, t. Ier, p. 333.

(4) Il commandait les vétérans espagnols du « tercio » de Sicile, qui avaient hiverné dans le Luxembourg. Brantôme, t. Ier, p. 326.

sommes entrés dans la place. Nous y avons trouvé 500 hommes de pied dont 300 bons soldats pour des Français, quelques pièces d'artillerie, savoir une grosse bombarde, un vieux canon, quatre fauconneaux, une coulevrine, huit émerillons, deux douzaines d'arquebuses à croc, vingt autres également à croc, mais en fer, et enfin quatorze barils de poudre. Le château est assez fort et bien avitaillé.

Notre inspection terminée, on a ouvert les portes aux Espagnols. Ils ont fait un honnête butin ; outre les dépouilles des habitants, ils ont eu celles des réfugiés du voisinage. Nul désordre parmi les soldats, ni mort d'homme, autant dire.

Il y a trois prisonniers de marque : deux capitaines dont l'un s'appelle Montigny (1) et l'autre Rosoy (2), et un de nos compatriotes le Napolitain Murano Carbone (3). Si, comme on l'espère, on peut le rallier à la cause impériale, il nous rendra de grands services : car, outre qu'il connait parfaitement cette frontière, il est fort au courant des affaires de France.

Je sais combien Votre Excellence s'intéresse aux succès de l'armée impériale conduite par don Fernand : aussi me fais-je un devoir de les lui raconter tout au long. On ne perd pas le temps ici. On avance avec toute la rapidité possible. Il s'agit de profiter du désarroi de cette frontière qui n'est ni fortifiée ni gardée. Il n'y a de bonnes troupes que les quelques Italiens dont j'ai parlé; tout le reste, des francs-taupins (4). On ignore jusqu'à présent où se trouvent les Italiens. Nous marcherons après-demain sur Ligny, qui est à quatre lieues d'ici. Tous nos prisonniers le disent plus faible que Commercy. Le comte de Brienne est dedans avec 600 hommes de pied et 200 chevau-légers...

De Commercy, le 15 juin 1544.

De Votre, etc.

Don Francesco da Este.

---

(1) Don Francesco et Feruffino d'après lui sont les seuls qui parlent de Montigny. Il est probable que ces deux capitaines étaient champenois, l'un seigneur de Montigny et l'autre de Rosoy.

(2) Le texte porte Aranzo. Beaucaire écrit Rausa, et Varillas du Rosoy.

(3) Murano Carbone ou, comme écrit Feruffino, Morano Carboni. Don Francesco nous apprend qu'il était de Naples et Feruffino qu'il servait la France depuis trente ans. Pris à Commercy, il fut confié à la garde de don Francesco. Il refusa d'entrer au service de l'empereur. Il paraît avoir été particulièrement connu du duc et de la duchesse de Ferrare.

(4) Ces francs-taupins appartenaient à la légion de Champagne et de Brie; ils avaient pour capitaines des seigneurs champenois tels que Montigny et Rosoy, et, comme commandant en chef, le comte de Brienne, colonel de la légion.

8.

Ligny, le 25 juin 1544.

Arrivée de Gonzague devant Ligny. Préparatifs du bombardement.

Illustrissime et Excellentissime Seigneur,

Je n'ai pas écrit à Votre Excellence depuis Sorcy (1), n'ayant rien d'important à lui apprendre. Je lui disais dans ma dernière lettre que nous allions marcher sur Ligny. Nous y sommes. Hier, jour de la Saint-Jean, nos troupes ont investi la ville de deux côtés; le marquis de Marignan fit aussitôt tirer des volées de canon sur des tours plutôt pour effrayer l'ennemi que pour autre chose.

Le seigneur don Fernand a plusieurs fois reconnu la place. Bien qu'elle soit assez forte, il espère qu'on pourra s'en emparer avec moins de difficulté qu'on n'avait cru d'abord; le marquis de Marignan et les gentilshommes les plus entendus de l'armée sont du même avis.

Ce matin Son Excellence a envoyé le héraut sommer les assiégés de se rendre. Ils ont répondu qu'ils étaient venus avec l'intention de se défendre et qu'ils tiendraient aussi longtemps que possible. Ils ont à leur tête le comte de Brienne, seigneur du lieu, et son frère le comte de Roussy (2). M. des Chenets (3), qui était venu par ordre du roi et à la demande des deux comtes prendre part à la défense, serait reparti pour la France : c'est du moins ce que raconte un prisonnier qu'on a fait hier.

Pour nous, nous allons aviser aux meilleurs moyens d'enlever vivement la ville. Cependant on ralliera les troupes que, faute d'argent, on a dû jusqu'ici laisser un peu à la débandade. La paye aura lieu demain ou après-demain au plus tard...

Du camp impérial sous Ligny, le 25 juin 1544.

P.-S. — Je tiens d'un tambour, envoyé par les assiégés pour traiter du rachat de quelques prisonniers, que M. des Chenets n'est nullement parti. — On va mettre cette nuit l'artillerie en place pour ou-

---

(1) Inadvertance; sa dernière lettre est datée de Commercy, le 15 juin 1544.

(2) Le texte dit : « Les deux frères comtes de Roussy, seigneurs du lieu », ce qui est une erreur. — Antoine II de Luxembourg, comte de Brienne et de Ligny, capitaine de cinquante hommes d'armes et colonel de la légion de Champagne et Brie, marié en 1535 avec Marguerite de Savoie, fille du grand bâtard René, et devenu ainsi le beau-frère du maréchal de Montmorency. — Louis de Luxembourg, frère du précédent, comte de Roussy, mort le 14 mai 1571.

(3) Guillaume de Dinteville († 1559), seigneur des Chenets (ou d'Eschenez, Eschenais, Échenay), bailli de Troyes, capitaine de Langres, gouverneur du Bassigny.

vrir le feu demain matin. On pense qu'il faudra trois ou quatre jours de bombardement avant d'en venir à l'assaut. J'en ferai immédiatement connaître l'issue à Votre Excellence.
De Votre, etc.

Don Francesco da Este.

9.

Ligny, le 30 juin 1544.

Récit de la prise de Ligny.

Illustrissime et Excellentissime Seigneur,

Ligny est pris. C'est un si beau succès pour les armes de Sa Majesté impériale que je m'empresse d'en informer Votre Excellence, persuadé qu'elle partagera la grande joie que j'en éprouve. Voici le détail de ce qui s'est passé.

Nous arrivâmes devant Ligny le 24 (1). La nuit suivante don Fernand pénétra dans la ville que les ennemis avaient abandonnée pour se retirer dans le château (2). Il se rendit compte qu'une partie de ses troupes, placées derrière le mur d'enceinte, y seraient à couvert du canon des assiégés : il s'y établit donc dans la journée du 25 avec les Espagnols et les bas-Allemands. Faute des moyens d'exécution nécessaires, il fut impossible de dresser l'artillerie dans la nuit du 25 au 26. Mais on fit tant de diligence le 26 qu'on put ouvrir le feu dans la matinée. On tira tout le reste du jour de quatre points à la fois avec 12 canons, 6 demi-canons et quelques petites pièces, le tout disposé sur un monticule qui commande le château. Don Fernand ne jugeant pas qu'il fût encore temps de donner l'assaut, on le remit au lendemain. Le lendemain 27, on poursuivit le bombardement, mais sans arriver à un résultat suffisant. Dans la nuit du 27 au 28, par ordre de Son Excellence, je fis élever un cavalier pour battre avec deux canons la courtine en flanc; cette batterie fit plus de mal que tout le reste. Le 28, les deux pièces du cavalier et toutes celles du monticule firent feu du matin au soir : impossible encore de monter à l'assaut. Les choses en étaient là lorsque hier 29, au lever du soleil, les assiégés demandèrent un sauf-conduit pour deux

(1) L'écriture des dates est visiblement fautive dans le texte. La teneur de la dépêche indique qu'il faut lire de la manière suivante : le 24 juin, arrivée des Impériaux devant Ligny; — le 25, les troupes prennent position autour de la ville; — les 26, 27 et 28, bombardement de la place; — dans la matinée du 29, pourparlers et capitulation.

(2) Ils avaient mis le feu à la ville pour empêcher les Impériaux de s'y loger.

parlementaires; don Fernand le leur envoya. Le comte de Roussy et un de ses gentilshommes se présentèrent. Ils dirent qu'ils consentaient à rendre la place à des conditions honorables. Son Excellence exigea qu'ils se rendissent à discrétion. Ils se retirèrent au bout d'une heure en protestant qu'ils aimaient mieux mourir que d'accepter une pareille condition. Cependant le bombardement continuait toujours. Le comte ne tarda pas à revenir porteur de l'ultimatum de tous les chefs : ils demandaient à s'en aller en emportant ce qu'ils pourraient sur leurs chevaux et abandonnant le reste. Don Fernand répondit qu'il leur accordait la vie sauve et qu'ils resteraient ses prisonniers de guerre. Le comte répliqua qu'il n'avait pas reçu commission de négocier et qu'il apportait leur dernier mot; là-dessus il partit sans rien résoudre. Aussitôt Son Excellence donna l'ordre d'aller reconnaître la brèche. Des soldats s'avancèrent, beaucoup d'autres les suivirent : peu s'en fallut qu'ils n'entrassent dans la place. Mais la brèche ne paraissant pas encore praticable, on retint les troupes et l'on rappela les assaillants. Cette attaque soudaine avait jeté l'effroi parmi les ennemis. Ils me dépêchèrent par l'autre côté de la place un Italien de mes amis pour me prier de leur obtenir la vie sauve. Avec la meilleure volonté du monde on ne pouvait la leur promettre : car tous nos soldats étaient là, impatients de monter à l'assaut, et il paraissait impossible de les en empêcher. Je leur fis répondre de se rendre à discrétion comme Son Excellence le leur avait d'abord demandé et de m'envoyer immédiatement le comte de Roussy pour s'entendre avec moi. Je m'efforçai cependant de contenir les troupes conformément aux ordres de Son Excellence. Le comte arrive; M. des Chenets l'accompagne. J'obtiens d'eux qu'ils se rendent à discrétion; Son Excellence ferait d'ailleurs tout ce qui serait en son pouvoir pour leur sauver la vie. Afin d'éloigner les assiégés de la brèche et d'empêcher qu'ils n'y soient tués, Son Excellence me charge de demander quatre otages comme garantie qu'on ne tirera pas sur elle. Le comte de Brienne et trois gentilshommes sortent aussitôt. Trois ou quatre cents soldats les suivent laissant la porte ouverte, tandis qu'un grand nombre d'autres se jettent en bas des murs qui restent dégarnis. Ainsi nos troupes pénètrent dans la place à la fois par la porte laissée ouverte et par la brèche demeurée sans défenseurs. Grâce a cet expédient, il n'y a eu que cinq ou six ennemis tués.

Nos soldats ont fait un assez gros butin. La part de Son Excellence est surtout belle : les deux comtes sont ses prisonniers.

On a trouvé dans la place une assez grande quantité de vivres et des vins excellents. La garnison se composait de 80 hommes d'armes, de 2 enseignes françaises formant un total de 1 000 soldats et de 2 enseignes italiennes comprenant 600 hommes de pied. L'artillerie comptait un canon, une coulevrine, 2 demi-canons, 2 demi-coulevrines, 2 bâtardes et 20 petites pièces.

Je regarde la prise de Ligny comme un fait d'armes remarquable.

La ville était forte et pourvue de bonnes troupes; malgré cela, elle a été comme enlevée d'assaut. Ce foudroyant succès va donner une si grande idée des armes de Sa Majesté que l'ennemi n'osera plus tenir que dans des places très fortes et parfaitement munies comme il en a peu ou point. En tout cas, je puis assurer à Votre Excellence que l'artillerie impériale et la valeur espagnole ont fait la plus profonde impression sur les défenseurs de Ligny. A dire vrai, les Espagnols ont été superbes de résolution et d'audace. Les Allemands aussi se sont conduits en bons soldats...

Du camp impérial devant Ligny, le 30 juin 1544.

De Votre, etc.

Don Francesco da Este.

10.

Sous Saint-Dizier, le 8 juillet 1544.

La ville est très forte; sa situation avantageuse. — On canonne une tour. — Proposition des Espagnols aux Allemands au sujet de l'assaut; décision du généralissime — Pluie et froid.

Illustrissime et Excellentissime Seigneur,

Bien qu'il ne se soit passé rien de remarquable depuis la prise de Ligny, je croirais manquer à mon devoir si je laissais partir le courrier d'Italie sans écrire à Votre Excellence.

Nous voici campés devant Saint-Dizier. Ville et château, indépendants l'un de l'autre, se défendent chacun de son côté; tous ces seigneurs les tiennent pour très forts. La nature rivalise avec l'art pour augmenter leur résistance; ils sont hauts d'assiette et voient les alentours. On espère cependant que, Notre-Seigneur aidant, tout ira bien pour Sa Majesté.

Les assiégés auraient déjà fait connaissance avec notre puissante artillerie, n'eût été le mauvais temps. Depuis près d'un mois, la pluie s'acharne sur nous avec une incroyable persistance; elle a redoublé ces deux derniers jours et nous a empêchés de dresser nos batteries. On a pu malgré tout mettre deux canons en place et tirer, non sans succès, sur une tour (1) située au centre de la ville et qui, avec deux pièces établies à son sommet, balayait la campagne.

Les gens de pied espagnols ont fait proposer aux colonels allemands ou de donner eux-mêmes, ou de leur laisser donner, ou de jouer l'assaut de la place; ils disaient que c'était le seul moyen de

(1) Celle de l'église.

prévenir les dissensions qui pourraient s'élever entre les deux nations au sujet du butin, se plaignant qu'à la sortie de Ligny les Allemands se fussent emparés de dépouilles et de prisonniers qui appartenaient aux Espagnols. Les colonels allemands ont répondu en hommes sages qu'il n'était en leur pouvoir ni d'accepter ni de refuser. Mais ils ont prié le seigneur don Fernand de vouloir bien considérer que les deux nations réunies avaient été assez souvent victorieuses au service de Sa Majesté pour qu'on ne les séparât point dans cette campagne ; ils répondaient sur leur vie de la conduite des Allemands et feraient si bien que Son Excellence aurait lieu d'être contente. Là-dessus le seigneur don Fernand a décidé qu'Espagnols et Allemands iraient à l'assaut de compagnie.

Ce sont toutes les nouvelles.

Le temps ici est si mauvais que de ma vie je n'en ai vu de pire. Cela est d'autant plus extraordinaire que nous avançons dans la belle saison. On n'en revient pas qu'en plein été il puisse tant pleuvoir et faire aussi froid qu'en décembre...

Du camp impérial sous Saint-Dizier, le 8 juillet 1544.

De Votre, etc.

Don Francesco da Este.

11.

Sous Saint-Dizier, le 18 juillet 1544.

Arrivée de l'empereur le dimanche 13 juillet. — Bombardement de la ville ; les boulets viennent à manquer. — Récit de l'assaut du mardi 15 juillet. Le prince d'Orange, blessé le 14, meurt le lendemain.

Illustrissime et Excellentissime Seigneur,

J'ai dans ma dernière lettre annoncé à Votre Excellence notre arrivée devant Saint-Dizier ; je lui dois aujourd'hui le récit de ce qui s'est passé depuis.

Dimanche dernier, 13 juillet, Sa Majesté est arrivée, à la grande joie de notre camp. Toutes les troupes l'attendaient sous les armes. Ce fut un beau spectacle. Sa Majesté, en se rendant à son quartier, voulut absolument visiter les tranchées. Elles sont peu élevées, par conséquent peu sûres. Le seigneur don Fernand, qui était là pressant le bombardement, courut au-devant d'elle, la supplia de s'éloigner au plus vite et revint à l'artillerie.

On avait commencé le samedi à battre la ville avec 12 grosses pièces ; le dimanche, c'est-à-dire le jour même de l'arrivée de Sa Majesté, on mit en place le reste de l'artillerie, à savoir 27 canons, demi-canons et coulevrines. Le lundi à 18 heures (1), on tint conseil et l'on délibéra s'il fallait donner l'assaut. Sa Majesté et don Fernand furent d'avis d'attendre au mardi, et effectivement c'est ce jour-là que l'assaut a eu lieu; il leur paraissait d'abord nécessaire de combler pendant la nuit le fossé et, pour que les hommes pussent y arriver à couvert, de construire deux embranchements sur la tranchée principale. L'assaut ajourné au lendemain, on passa la nuit à ces travaux préparatoires; mais, à cause du manque de pionniers et de la poltronnerie du peu que l'on avait, on ne put les mener entièrement à bien. Le mardi matin, on recommença le feu : les assiégés avaient profité de la nuit pour réparer leurs défenses, et il fallait les ruiner de nouveau.

C'était le quatrième jour que l'on bombardait la ville et le nombre des bouches à feu était considérable. Une grande partie des munitions étaient demeurées en arrière, principalement les boulets. Ils allaient manquer; il n'en restait plus que pour tirer pendant deux heures. Devait-on livrer l'assaut? Après une laborieuse discussion, on décida que les troupes se rangeraient en bataille et se rapprocheraient des tranchées, que cependant deux capitaines iraient avec dix soldats reconnaître la brèche et qu'on se déterminerait d'après le rapport qu'ils feraient.

Le seigneur don Fernand donna des ordres en conséquence au mestre de camp don Alvaro de Sande. Celui-ci s'armait pour aller les exécuter, lorsqu'on entendit le tumulte des troupes qui, au lieu de s'avancer en reconnaissance, se précipitaient à l'assaut. Le mal était irrémédiable. Force fut de faire de nécessité vertu, de les soutenir et de les encourager dans leur entreprise, puisque n'écoutant que leur bravoure, d'elles-mêmes et sans commandement, elles avaient voulu donner l'assaut.

Déjà, par des prodiges de courage, plus de deux cents hommes étaient arrivés jusqu'au haut de la brèche; mais en voyant leur petit nombre, la plupart s'arrêtèrent : outre qu'il leur était presque impossible d'avancer, ils attendaient du renfort pour se jeter à corps perdu sur l'ennemi, soit en masse, soit en plusieurs partis. Au reste, plus rapprochés de l'ennemi, ils en étaient moins maltraités que leurs camarades demeurés au pied du fossé et qui, plus éloignés, se trouvaient sous le feu de flanc de son arquebuserie et de son artillerie. Ce fut en vain qu'à plusieurs reprises et sur différents points les nôtres renouvelèrent leur tentative; tous leurs efforts se brisèrent contre la difficulté de monter et la belle résistance des assiégés. Ils durent attendre qu'on vint à leur secours. On leur envoya quatre en-

(1) Nos ambassadeurs comptent d'ordinaire par 24 heures, à la manière italienne. L'heure part du crépuscule, lequel varie avec le coucher du soleil, qui lui-même varie sans cesse. Une table de concordance, dressée d'après le coucher du soleil, indique pour tout le cours de l'année le point de départ de l'heure. Ce point de départ étant pour la seconde moitié de juillet 7 h. 3/4 du soir, les 18 heures de notre dépêche correspondent à 1 h. 3/4 de l'après-midi.

seignes allemandes, de celles qui avaient hiverné en Flandre(1). Elles s'avancèrent bravement jusqu'au fossé; une poignée le franchit, mais s'arrêta devant la brèche. Cependant à la vue des Espagnols qui s'acharnaient à pénétrer dans la place, les hauts-Allemands se ressaisirent et tentèrent un suprême effort pour monter; ils ne purent y parvenir.

L'attaque durait depuis plus de deux heures. Fallait-il continuer et envoyer de nouveaux renforts? Tous les vétérans espagnols, huit des enseignes des « bisoños » qui venaient d'arriver avec l'empereur et les vétérans allemands (2) avaient déjà donné; seuls, parmi le reste des troupes, les bas-Allemands (3) demandaient à marcher, disant que c'était leur affaire de forcer les villes. D'un autre côté, les six cents Espagnols au plus qui étaient encore à l'assaut avaient à plusieurs reprises essayé de monter pied à pied à la brèche sans pouvoir y réussir. Don Fernand n'hésita point; il donna l'ordre à quatre enseignes du colonel de Hesse (4) de venir se ranger deux de chaque côté pour protéger la retraite et rappela les assaillants.

Commencé à 8 heures, l'assaut avait duré trois heures et demie. Un grand nombre de capitaines et d'enseignes y firent brillamment leur devoir. Mais quoi! la hauteur de la brèche, les pierres et les feux (5) lancés par l'ennemi ont rendu tous les efforts inutiles.

Des deux mestres de camp des vétérans espagnols, Alvaro a eu le visage, les mains et les pieds brûlés, et Luis Perez (6) a reçu un coup d'arquebuse à la cuisse; ni l'un ni l'autre ne sont en danger. Il n'est mort jusqu'ici aucun capitaine espagnol; mais il y en a qui sont très grièvement blessés. En revanche, deux capitaines allemands sont morts (7). Parmi les soldats, il doit y avoir, si je ne me trompe, environ 500 blessés et 250 tués.

(1) C'est-à-dire quatre des sept enseignes de hauts-Allemands commandées par Georges de Ratisbonne.
(2) Les quatre enseignes hautes-allemandes de Georges de Ratisbonne.
(3) Du prince d'Orange.
(4) Conrad de Bemmelberg, seigneur d'Ebingen (Wurtemberg), chevalier de la Toison d'or, désigné le plus souvent sous le nom de Hessen (de Hesse) ou de Petit Hessois. Il avait vingt enseignes de hauts-Allemands formant un total de 7 936 hommes et commandées sous ses ordres par quatre capitaines; il joignit don Fernand devant Commercy avec dix enseignes. PAILLARD, p. 72 et *passim*.
(5) Ces feux dits artificiels, artifices à feu, etc., étaient de différentes sortes et servaient à différents usages. Ceux dont il est question ici étaient jetés du haut des murs sur les assaillants. « On les appelait échaudés, marmites, saucisses à la française, etc., et ceux qui en étaient atteints avaient beau souffler dessus. Ils avaient pour base le soufre, l'huile, le bitume, la poix, le goudron, la térébenthine et le pétrole ». *Jean Errard de Bar-le-Duc*, p. 249, par LALLEMEND et BOINETTE. Paris, 1884.
(6) Luis Perez de Vargas; il commandait les vétérans espagnols du « tercio » d'Italie. Il fut tué en 1550 au siège d'Africa (Mahdia, sur la Méditerranée, à 36 lieues sud de Tunis). BRANTÔME, t. II, p. 5.
(7) Cortwille et le comte Eitel-Friedrich de Hohenzollern. V. la liste des tués et des blessés allemands, dans Capilupo.

Puisque Notre-Seigneur n'a pas voulu que nous prissions la ville d'assaut, nous allons essayer d'une autre méthode, plus longue, mais sûre, et qui, au dire de tous ces seigneurs, amènera certainement la reddition de la place. L'empereur a déclaré dans le conseil qu'il ne bougerait d'ici que maitre de Saint-Dizier; il devait à sa réputation de n'en partir que victorieux.

Le prince d'Orange était allé lundi visiter les tranchées; le seigneur don Fernand lui fit l'honneur de lui offrir le siège sur lequel il était assis. Un coup de coulevrine traverse la tranchée et effleure la tête de don Fernand, tandis que de la terre bouleversée par le boulet deux petites pierres vont donner dans l'épaule droite du prince d'Orange et lui brisent trois os. Sa Majesté en eut le plus profond chagrin; elle lui fit donner en sa présence tous les soins imaginables. Toute l'armée qui l'adorait fut consternée. Il est mort le lendemain (1).

Du camp impérial sous Saint-Dizier, le 18 juillet 1544.

De Votre, etc.

Don Francesco da Este.

12.

Sous Saint-Dizier, le 28 juillet 1544.

Récit de l'expédition de Vitry.

Illustrissime et Excellentissime Seigneur,

Je sais combien Votre Excellence s'intéresse aux succès de Sa Majesté. Aussi je considère comme un devoir de lui raconter en détail l'expédition de Vitry qui a eu lieu l'autre jour et dont, par ordre de l'empereur, je me suis trouvé faire partie.

Le seigneur don Fernand estimait qu'il était nécessaire de s'emparer de Vitry, et cela pour deux raisons : de ce poste avancé l'ennemi essayait journellement de jeter du monde dans Saint-Dizier, en même temps qu'il ne cessait d'inquiéter nos fourrageurs. Sa Majesté tint conseil là-dessus. Tout le monde fut d'avis qu'on ne devait à aucun prix garder cette paille dans l'œil. On fit valoir en outre les grands avantages qui résulteraient de l'occupation de cette ville pour le ravitaillement de l'armée. Le camp souffrait du manque de viande; le pays lui fournirait des animaux en abondance, ainsi que du blé, et l'on aurait pour le moudre la commodité des moulins qui s'y trouvaient. Enfin, grâce à ce refuge, nos éclaireurs pourraient étendre leurs courses et rayonner au loin.

(1) René de Nassau, fils de Henri de Nassau et de Claude de Chalon, neveu et héritier de Philibert de Chalon, prince d'Orange; il avait vingt-six ans.

L'empereur décida donc qu'on irait à Vitry; il régla la composition et la marche du corps expéditionnaire. Le comte de Fürstenberg (1) avec 10 de ses enseignes et 6 de celles du colonel de Hesse, le marquis de Brandebourg (2) avec ses 500 chevaux et Jean-Baptiste Gastaldo avec 4 demi-canons et 4 pièces de campagne marcheraient droit sur la place; le duc Maurice de Saxe (3) avec ses 1000 chevaux et moi avec mes quelques chevau-légers et 200 arquebusiers espagnols à cheval nous devions passer la rivière (4) et nous poster de l'autre côté de la ville, sur le chemin de Châlons, pour couper la retraite à l'ennemi s'il évacuait Vitry. Le départ eut lieu à une heure de nuit. Sa Majesté, qui était venue se placer sur notre passage, recommanda au duc de me suivre, lui disant qu'avec les guides que j'avais je le conduirais sûrement à l'endroit voulu. Je dus plusieurs fois faire halte à cause de la lenteur des chevaux allemands; mais, Dieu merci, je ne perdis pas un homme.

Arrivé au passage de la rivière (5), je m'arrêtai, le duc m'en ayant envoyé prier. Non loin de là est un village (6). Un serviteur d'Alexandre de Gonzague prend un paysan qui lui dit qu'à quelque distance au delà de l'eau se trouve un poste de 300 chevaux français. Le seigneur Alexandre m'en donne aussitôt avis. Justement le duc est là; il a pris les devants pour venir me prier lui-même d'attendre ses hommes. Je lui fais part de la nouvelle et le supplie de me suivre avec le plus grand nombre de chevaux possible, résolu que je suis à charger l'ennemi. J'ordonne aux chevaux du capitaine Pozzo et aux arquebusiers de Jules-César Brancaccio, qui font le service d'éclaireurs, d'emmener le paysan avec eux pour les guider et d'aller à la découverte du côté du village. Ils rencontrent la sentinelle, lui donnent la chasse, mais ne peuvent l'atteindre, et elle va donner l'alarme; ils arrivent bientôt au village et trouvent les Français qui commencent à fuir. Averti, je marche aussi vite que possible et lance en avant les

(1) Guillaume de Fürstenberg, célèbre condottiere allemand, mort en 1549, — sert François Ier pendant sept ou huit ans, — est chassé de France pour ses brigandages, — entre au service de Charles-Quint. BRANTÔME, t. Ier, p. 349.

(2) Albert de Brandebourg-Kulmbach (1522-1557). Défait par Maurice de Saxe à Stevershausen (Lunebourg) le 9 juillet 1553 et par Henri de Brunswick le 12 septembre de la même année, mis au ban de l'Empire, se réfugie en France où il meurt dans un état voisin de la misère. — ROBERTSON, *Histoire de Charles-Quint*, trad. Suard, t. 4, p. 205 et suiv.

(3) Maurice de Saxe (1521-1553), duc de Saxe depuis 1541.

(4) « La rivière de Vitry », comme dit DU BELLAY, p. 543, c'est-à-dire la Saulx.

(5) Francesco d'Este ne parle que d'une seule et même rivière. Cependant, s'il a suivi la route qu'indique Paillard, conjecturale, mais non dénuée de vraisemblance, il lui a fallu, pour atteindre Changy, traverser deux cours d'eau, la Saulx d'abord et ensuite la Chée. Tout dans le contexte montre qu'il s'agit ici de la Chée. La passa-t-il à gué ou sur un pont? Le texte dit seulement « il passo », le passage.

(6) Changy.

arquebusiers de Granico et les chevaux de M. de Dissey (1). Je m'efforce de tenir ramassé autour de moi le reste de mes chevaux à cause du voisinage de Vitry qui n'est qu'à deux milles, mais presque tous se débandent. Je veux faire corps avec les gens du duc; lui-même et ses arquebusiers à cheval courent au village où il y a déjà plus de monde que je ne voudrais et qu'il n'est nécessaire, l'ennemi fuyant de toutes parts dans le plus grand désordre. Les Français en effet, après avoir, en sortant du village, fait tête à ceux de mes chevaux arrivés les premiers, se mirent tous à fuir. Mes chevau-légers s'emparent de l'étendard de M. de Langey (2), et tant de sa compagnie que de celle du fils (3) de M. d'Annebaut, 300 hommes en tout, en prennent 50 à 60, en tuent autant et font un gros butin. Les Français auraient perdu plus de monde si, avertis la veille au soir de notre départ du camp, ils ne s'étaient tenus sur leurs gardes.

Peu s'en fallut que je ne me trouvasse hors d'état de remplir l'objet principal de ma mission. Leurs prisonniers et leur butin retinrent nos cavaliers au village d'où l'on ne put les arracher; la plupart y restèrent. Cependant je voulais à tout prix exécuter les ordres de l'empereur. J'allai trouver le duc et le priai de mander à ses lances, demeurées en arrière, d'accélérer leur marche; il le fit. Comme nous étions à les attendre, mes chevau-légers vinrent m'annoncer que les Français commençaient à évacuer Vitry. Je voyais au loin les lances du duc qui arrivaient. Je dis à Sa Seigneurie que nous allions, elle avec ses arquebusiers et moi avec mes chevaux, — ils n'étaient pas cent, — gagner les devants; elle donnerait l'ordre à ses hommes d'armes de se former en deux escadrons et de nous suivre. Là-dessus je pris la tête et marchai dans la direction de l'ennemi. Arrivé sur un monticule (4), j'aperçus les gens de pied et les chevaux français qui opéraient leur retraite sur un village (5); je savais par les prisonniers qu'ils étaient en tout 1 200 chevau-légers sous la conduite de Brissac (6) et 3 000 hommes de pied. Je jugeai qu'il n'y avait pas de temps à perdre et je dis au duc que j'étais d'avis d'attaquer : de ses deux escadrons de lances qui nous suivaient, l'un viendrait en toute hâte nous prêter l'épaule et l'autre ne bougerait sous

---

(1) Marc de Rye seigneur de Dissey, capitaine d'une compagnie de chevau-légers bourguignons.

(2) Martin du Bellay, devenu seigneur de Langey à la mort de son frère aîné Guillaume du Bellay (9 janvier 1543). Il était alors en Piémont; sa compagnie était commandée par Cathelin Raillart, seigneur de Marville, son lieutenant. *Mémoires de Martin du Bellay*, p. 543, coll. Michaud et Poujoulat.

(3) Jean d'Annebaut, seigneur de la Hunaudaye, fils de l'amiral et de Françoise de Tournemine, dame de la Hunaudaye et de Retz, mort en 1562. BRANTÔME, t. III, p. 211.

(4) Le Mont-de-Fourché, d'après la conjecture de Paillard.

(5) Couvrot.

(6) Charles de Cossé, comte de Brissac (1505-31 décembre 1563). BRANTÔME, t. IV, p. 75.

aucun prétexte sans l'ordre de Sa Seigneurie. Nous descendîmes à la rencontre de l'ennemi. A notre vue, il réunit les deux escadrons qu'il avait et qui se trouvaient séparés : l'un marchait à la tête des gens de pied, entre ceux-ci et nous, qui n'étions qu'une centaine, et l'autre, d'environ quatre cents chevaux commandés par Brissac en personne, était à la queue de ces mêmes gens de pied dont il pressait l'arrivée au village. Si nombreux que fussent les chevaux ennemis, je donnai sur eux avec mes seuls chevaux ; le duc ne voulut pas se ranger de front avec moi, mais il me suivit de près, chargeant de son côté. En nous voyant venir, au lieu de faire tête, tous se mirent à fuir vers le bas du village ; leur course folle acheva de jeter le désordre parmi leurs gens de pied qui s'étaient arrêtés à l'entrée et aux premières maisons. Poursuivis l'épée dans les reins et le village aboutissant à la rivière (1), ceux qui ne furent ni tués ni pris se jetèrent à la nage. Pour protéger leur passage, une dizaine de leurs chevaux firent tête sur le bord et chargèrent les miens. Ils prirent Jean-Alphonse de Bisbale (2) qui, à cause des arbres, ne les vit point venir ; ils eussent pris le seigneur don Charles d'Aragon qui se trouvait du même côté si celui-ci ne se fût vaillamment défendu et ne les eût reçus à coups de dague. Eux-mêmes ensuite traversèrent à la nage.

Brissac était sur l'autre bord avec cent arquebusiers. Les miens voulaient aller à sa poursuite ; mais la rivière à franchir, le difficile accès de la rive opposée et la présence de tant d'arquebusiers firent que je les en empêchai. Tout à coup l'idée me vint de me faire montrer le gué par un prisonnier italien ; j'y allai avec dix chevaux, appelant en chemin les Allemands qui pour mon malheur ne me comprenaient point. Après m'être assuré qu'il était bon, je dépêchai au duc un gentilhomme flamand ; je le priais pour le service de Sa Majesté et pour son propre honneur de vouloir bien m'accompagner au delà de la rivière. En attendant sa réponse, je parvins à rassembler une centaine de chevaux. Le temps passait. Je me rendis moi-même auprès du duc et le suppliai avec les meilleures raisons que je sus trouver ; il me répondit que je pouvais m'en aller et qu'il me suivait. Persuadé qu'il allait venir, je m'éloignai. Ce ne fut pas lui qui vint, mais un exprès ; il m'envoyait dire que ses chevaux étaient fourbus et qu'il ne pouvait me suivre. Je n'avais en tout, tant chevaux qu'arquebusiers, qu'une centaine d'hommes ; mes capitaines furent d'avis que je ne devais point avec si peu de monde passer la rivière.

M. de Brissac peut se vanter de l'avoir échappé belle. Le baron de

(1) La Marne.
(2) Francesco d'Este écrit « Bisbale », Feruffino « Bisballe », Capilupo « Bisballo » et Navager Bisbaldo. Ces deux derniers nous apprennent qu'il avait été pris l'année précédente avec Francesco d'Este (par conséquent entre Guise et Landrecies) et qu'étant pauvre il s'en était tiré avec une centaine d'écus de rançon. Marino Cavalli, ambassadeur de Venise en France (dépêche datée de Paris, le 29 juillet 1544) l'appelle « Bilbao » et le dit Napolitain. — A voir comme on s'occupe de lui, il semblerait qu'il fût quelqu'un.

Corlaon (1) tombe sur lui par derrière; Brissac met l'épée à la main pour se défendre. Le baron, ignorant qui il est, le laisse pour un autre qui lui semble mieux vêtu. « Vous avez fait, lui dit celui-ci, un bien mauvais échange en laissant Brissac pour moi. » Le baron voulut le rattraper, mais il n'était plus temps.

Il y eut dans le village plus de 300 cavaliers noyés, tués ou pris; les gens de pied auraient perdu 300 morts et 500 prisonniers. M. de Sansac (2), qui commandait un escadron de 300 chevaux, ne parut point; les prisonniers ont dit qu'au sortir de Vitry il avait pris à notre gauche. L'avant-garde, composée de gens de pied, quitta la ville le matin de très bonne heure; nous ne l'avons pas vue.

Je croyais que tout était terminé lorsque j'appris que quelques soldats s'étaient retirés dans une église (3); ils tiraient des coups d'arquebuse et avaient tué M. de Hallwin (4), capitaine de deux cents hommes d'armes en Flandre. Je n'avais pas de gens de pied et l'église était forte; je dus me borner à les faire sommer par deux fois de se rendre. Ils avaient un tel mépris pour moi qu'ils refusèrent d'entendre ceux qui leur portaient mes sommations. Je ne pouvais cependant pas m'en aller sans leur avoir infligé le châtiment qu'ils méritaient; je restai donc et disposai mes chevaux de telle sorte qu'aucun d'eux ne pût fuir. Cette précaution prise, j'envoyai prier le comte de Fürstenberg d'avancer avec 500 hommes de pied. Après s'être fait attendre assez longtemps, il vint avec 800. Nous leur donnâmes l'assaut, mais sans succès. Je me vis obligé de prier le seigneur Jean-Baptiste Gastaldo d'aller chercher deux demi-canons à Vitry. En attendant, je fis mettre le feu à la porte. Lorsqu'elle fut à peu près détruite, trois fois nos gens essayèrent d'entrer et trois fois ils furent repoussés. On a beau leur crier que l'artillerie vient, rien n'y fait; ils ne veulent pas entendre parler de se rendre. Ils sont là plus de 300 — je ne m'en doutais point — tirant sans cesse. Le comte de Fürstenberg reçoit un coup d'arquebuse au cou; la blessure, d'ailleurs sans gravité, exaspère ses hommes. Enfin l'artillerie arrive et, tandis que les nôtres continuent à jeter du feu par la porte et par les fenêtres, elle tire une dizaine de coups. Les assiégés sont à demi brûlés et suffoqués par la fumée. Nos Allemands entrent sans résistance et les passent tous au fil de l'épée, à l'exception de quatre à six qui n'échappent à la mort que par miracle. Non contents de tuer les ennemis, ils tuent encore mon commissaire Hercule Nuvolone et quatre de mes gens qu'ils avaient pris en passant par le village.

Tous nos capitaines se sont brillamment conduits; le seigneur

(1) Seigneur bourguignon; il faisait partie sans doute de la compagnie de M. de Dissey.
(2) Louis Prévost, seigneur de Sansac « un des meilleurs chevau-légers de son temps ». BRANTÔME, t. III, p. 397.
(3) L'église de Couvrot.
(4) Jean III de Piennes, seigneur de Hallwin (aujourd'hui Halluin), capitaine d'ordonnance et gentilhomme de la bouche de Charles-Quint.

Scipion de Gennaro (1) a été blessé à la main. Après être restés 23 heures à cheval, nous allâmes nous reposer à Vitry ; nous y avons passé deux jours par ordre de Sa Majesté. Le samedi matin, le seigneur don Fernand vint reconnaître la place; il trouva qu'elle n'était pas tenable. C'est aussi mon opinion, comme je l'ai écrit à Votre Excellence. Il ordonna donc de brûler la citadelle, la ville et les faubourgs, mais de conserver le château où on ne laisserait que deux enseignes et deux cents chevaux allemands; le reste des troupes rejoindrait l'armée. Son Excellence repartit le jour même et je m'en retournai avec elle. Les Allemands, harassés de fatigue, remirent leur départ au lendemain matin; en partant, ils mirent le feu aux quatre coins de la ville et la brûlèrent tout entière. Jalouses de leur prouesse, les deux enseignes qui devaient occuper le château, et à qui, paraît-il, cela plaisait médiocrement, l'incendièrent et partirent; elles sont arrivées hier au soir un peu après les autres.

Je termine ici ma lettre en priant Votre Excellence d'en excuser la longueur.

Comme prisonniers de marque, on a pris deux capitaines, deux enseignes et neuf gentilshommes.

Les capitaines sont M. de Scarabigliano et M. Jacques de Belsère; les enseignes, M. de Montrot et M. de Renouard (2); les gentilshommes, M. de Memonet, M. de Fondrigant, M. de Morel, M. de Beaumont, M. de Gironde (3), M. d'Anile (4), M. de Listic (5) et deux Italiens, l'un de Fermo, qui se nomme Francesco de Novi, et l'autre de Plaisance, de la maison des Scotti.

On s'est emparé de huit drapeaux de gens de pied et de deux de cavalerie; ils ont été remis à Sa Majesté...

Du camp impérial sous Saint-Dizier, le 28 juillet 1544.

De Votre, etc.

Don Francesco da Este.

---

(1) Napolitain.
(2) Brantôme, t. IV, p. 72.
(3) Lieutenant et l'un des héritiers de Salvoison. Brantôme, t. IV, p. 106.
(4) Sans doute « M. d'Anville », plus tard « couronnel de la cavalerie légère ». Brantôme, t. IV, p. 72.
(5) Le baron de Chépy (Brantôme dit « d'Espic »), fils ou petit-fils de Paul de Busserade, baron de Chépy. Brantôme, t. II, p. 423; Montluc, p. 160. — L'altération de la plupart de ces noms en rend l'identification incertaine.

13.

Sous Saint-Dizier, le 7 août 1544.

Travaux de siège : tranchées, cavalier et mines. — Envoi d'une garnison allemande à Vitry; fausse alarme; elle quitte la ville.

Illustrissime et Excellentissime Seigneur,

Je dois à Votre Excellence les nouvelles de ces jours derniers. Après l'assaut du 15 juillet, Sa Majesté déclara qu'elle n'entendait pas passer outre avant d'avoir pris Saint-Dizier. On entreprit donc en grande diligence de conduire des tranchées jusqu'au fossé pour battre le boulevard (1), qui n'est défendu par aucun flanc, et d'élever un cavalier pour canonner l'intérieur de la place. Ces travaux, du moins autant que j'en puis juger, doivent nous en rendre maîtres. Mais le seigneur don Fernand a beau se prodiguer, pressant jour et nuit les pionniers, ceux-ci ont toujours été si peu nombreux que ni tranchées ni cavalier ne sont encore en état et qu'on ne pourra commencer l'attaque que dans quatre ou six jours. Si assuré qu'on soit d'ailleurs, Dieu aidant, de mener le siège à bien avec ces deux ouvrages, on n'en travaille pas moins à pratiquer des mines. Mais ceci, parait-il, ne sera prêt qu'après cela, et l'on est certain d'emporter la ville sans le secours des mines.

Les premiers Allemands laissés à Vitry s'étant empressés de rejoindre l'armée, on imagina l'autre jour d'en envoyer d'autres sous la conduite du frère du cardinal de Trente (2) : trois enseignes et 200 chevaux du duc Maurice, qui devaient rester là pour garder les moulins. Ils ne tardèrent pas à nous donner l'alarme sous prétexte que les Français marchaient sur eux. Sa Majesté elle-même voulut se porter à leur secours. Elle me donna l'ordre de passer la rivière (3) et de battre les alentours de l'autre côté de Vitry. Je devais rencontrer les Français; je n'en vis pas un seul. Sa Majesté s'en retourna, et avec nous la nouvelle garnison allemande, qui au fond ne demandait qu'à s'en aller de Vitry. En réalité, environ 150 chevaux français s'étaient montrés; elle nous en avait signalé 2 000.

Je m'arrête en baisant les mains à Votre Excellence.

Du camp impérial sous Saint-Dizier, le 7 août 1544.

De Votre, etc.

Don Francesco da Este.

---

(1) Le bastion ouest, appelé plus tard le bastion de la Victoire.
(2) Hildebrand Madruzzo (1522-17 février 1547), fils de Jean Gaudence, baron de Madruzzo, échanson héréditaire du comte de Tyrol, et frère de Christophe Madruzzo (1512-1570), évêque de Trente en 1539 et cardinal en 1544. Brantôme, t. Ier, p. 346.
(3) La Saulx.

14

Sous Saint-Dizier, le 10 août 1544.

La capitulation.

Illustrissime et Excellentissime Seigneur,

J'annonce à Votre Excellence que notre armée toujours heureuse compte une victoire de plus et qu'aux succès ininterrompus de cette campagne est venue s'ajouter la capitulation de Saint-Dizier.

Après avoir fait longtemps les braves, les Français ont enfin demandé à se rendre ; ils y ont mis hier tant d'ardeur et de fougue qu'on n'en revenait pas.

Vendredi matin donc, jour heureux pour Sa Majesté, ils envoient un trompette demander au seigneur don Fernand un sauf-conduit pour deux gentilshommes qui doivent traiter avec lui au nom du comte de Sancerre, commandant en chef dans Saint-Dizier. Le sauf-conduit accordé, le vicomte de la Rivière (1) et le capitaine de la Chémière(2) se présentent ; ils apportent par écrit les conditions auxquelles le comte consent à livrer la ville à Sa Majesté. Elles sont si énormes que, sans consulter l'empereur, le seigneur don Fernand les leur rend et les congédie en leur disant qu'elles sont indignes d'un si grand prince. En s'en allant, ils conviennent avec le marquis de Marignan qu'il leur laisserait un de nos trompettes pour le cas où ils reviendraient dans l'après-midi avec de nouvelles propositions. Deux heures après, avec l'impétuosité et la furie françaises, les voici de retour. Ils demandent un délai de quinze jours pour attendre du secours et la faculté d'emmener douze pièces d'artillerie, sans parler d'autres clauses qui, celles-ci, ne font point de difficulté. Sur leur départ, ils en viennent à des conditions plus raisonnables. On les écoute et on leur accorde six jours, mais point d'artillerie. On les invite à se consulter là-dessus et à revenir le lendemain matin avec des résolutions définitives. Cependant Sa Majesté tient conseil et décide qu'on pourra leur accorder huit jours, mais toujours sans artillerie. Ils sont revenus ce matin à l'heure dite, et après avoir longtemps discuté sur le délai et sur l'artillerie, on a conclu la capitulation que Votre Excellence trouvera ci-incluse (3).

(1) Il commandait dans Saint-Dizier deux enseignes formant un effectif de 1 000 gens de pied. Du Bellay, p. 511 et 514.

(2) Du Bellay, confusément renseigné sur les événements du siège, ne mentionne qu'un seul parlementaire : « Jacques de la Chasteigneraye, seigneur de la Chenvaire, lieutenant dudit comte de Sancerre », p. 545. La Chenvaire et la Chémière ne seraient-ils pas le même personnage ?

(3) Cette copie de la capitulation de Saint-Dizier se trouve aux Archives de Modène ; elle porte le sceau de Francesco d'Este.

Nous nous considérons dès maintenant comme maitres de la place, car il n'y a nulle apparence qu'une armée de secours puisse venir la délivrer. Enfin, Dieu merci, voilà l'obstacle écarté et Sa Majesté libre désormais de poursuivre ses desseins.

Je finis en baisant les mains à Votre Excellence et en priant le Seigneur de conserver heureusement son illustrissime personne.

De l'heureuse armée impériale sous Saint-Dizier, le 10 août 1544.

De Votre, etc.

Francesco da Este.

15.

Sous Saint-Dizier, le 14 août 1544.

Concentration des subsistances à Saint-Dizier. L'armée impériale se renforce; les enseignes de Landenberg. Les Français se réunissent au delà de Châlons.

Illustrissime et Excellentissime Seigneur,

Enfin, après bien des retards, le courrier se décide à partir. J'en profite pour annoncer à Votre Excellence que Saint-Dizier parait être définitivement à nous et que d'aucun côté on n'entend dire qu'une armée de secours vienne le délivrer. Aussi Sa Majesté s'apprête-t-elle à poursuivre sa marche vers Châlons; elle se mettra en route le plus tôt possible, c'est-à-dire, à mon avis, dans six ou huit jours au plus tard. En attendant on concentre tous nos vivres pour en établir un dépôt à Saint-Dizier : de là, plus rapprochés, ils nous parviendront plus aisément. Sa Majesté s'occupe également de renforcer son armée. Elle a reçu dix des enseignes que Landenberg (1) conduisait au roi d'Angleterre; les quatre autres ont été laissées en Flandre pour en garder les frontières. Ce sont des soldats superbes et pour la plupart tout équipés. On attend en outre 3 000 hommes de pied et 800 chevaux allemands qui doivent arriver sous peu.

On dit que les Français s'amassent au delà de Châlons et que leur nombre augmente à chaque instant. Quoi qu'il en soit, la sagesse de l'empereur, nos efforts et les circonstances aidant, je ne doute point du succès.

Là-dessus je termine...

Du camp impérial, le 14 août 1544.

De Votre, etc.

Don Francesco da Este.

---

(1) Christophe de Landenberg.

16.

Sous Saint-Dizier, le 18 août 1544.

L'évacuation. Hommage aux défenseurs de Saint-Dizier. — Garnison provisoire. — Le départ de l'armée retardé. — Négociations; on attend l'amiral d'Annebaut. — Toujours les coureurs français. — L'armée manque de gens de pied italiens.

Illustrissime et Excellentissime Seigneur,

Je continue à tenir Votre Excellence au courant de ce qui se passe pour obéir à l'ordre qu'elle m'en a donné par lettre.

Hier 17 août, conformément à la capitulation, les Français ont évacué Saint-Dizier; ils pouvaient être en tout 2 500 hommes et faisaient une fort bonne figure. Comme ils devaient passer près du camp, Sa Majesté avait fait défendre à son de trompe, sous des peines terribles, de les inquiéter soit pendant, soit après leur passage; aussi personne n'a bougé. Très dignes et en bon ordre, avec deux petits fauconneaux que le seigneur don Fernand avait consenti à leur laisser, ils s'en sont allés le jour même du côté de Châlons. Sa Majesté a voulu visiter la place.

Je ne ravirai point à l'ennemi l'honneur qui lui est dû. Les Français se sont très bien conduits pendant ce siège; ils ont tenu jusqu'à la dernière extrémité; ils n'avaient plus que six barils de poudre.

Tant que Sa Majesté restera ici, le mestre de camp Velasco de Acuña occupera la ville avec trois enseignes, une de chaque « tercio » (1); Sa Majesté désignera en partant le commandant et les troupes qui devront y tenir garnison.

Notre départ se trouve retardé tant parce qu'on est en train de concentrer toutes les subsistances sur Saint-Dizier d'où elles pourront rayonner commodément au gré de Sa Majesté, que parce qu'on attend de l'argent pour la solde de l'armée; mais tout cela est en bonne voie et ne nous retiendra guère.

Nous attendons l'amiral (2) après-demain ou le surlendemain; il n'a obtenu de sauf-conduit que pour une suite aussi peu nombreuse que possible. Puisse Notre-Seigneur inspirer Sa Majesté pour son bien et pour celui de la chrétienté!

(1) Velasco de Acuña commandait les « bisoños ». Francesco d'Este est le seul qui fasse de ces conscrits un troisième « tercio » ; ce nom d'honneur ne se donnait qu'aux vieilles troupes. Les autres ambassadeurs ne connaissent que les deux « tercios » d'Italie et de Sicile, commandés le premier par Luis Perez et le second par Alvaro de Sande; ils donnent jusqu'à la fin le nom de « bisoños » aux recrues amenées d'Espagne par Velasco.

(2) Claude d'Annebaut, baron de Retz, maréchal de France (1538), amiral (1543), mort à La Fère, le 2 novembre 1552. BRANTÔME, t. III, p. 205.

Trois cents chevaux français s'étaient approchés du camp pour détrousser nos fourrageurs. Sa Majesté l'apprit et m'envoya leur donner la chasse. Ils m'aperçurent de loin et détalèrent si vite que je fis quatre lieues après eux au trot et au galop sans pouvoir les atteindre ; c'est à peine si nous en prîmes deux.

On sent vivement ici le manque de gens de pied italiens et je crois que nous le sentirons chaque jour davantage…

Du camp impérial sous Saint-Dizier, le 18 août 1544.

De Votre, etc.

Don Francesco da ESTE.

17.

Sous Saint-Dizier, le 22 août 1544.

Prise de Joinville. — On décide de marcher en avant. — Une pointe vers Sainte-Menehould. — La garnison de Saint-Dizier. — Départ prochain.

Illustrissime et Excellentissime Seigneur,

J'ai dans mes lettres précédentes annoncé à Votre Excellence la capitulation et l'évacuation de Saint-Dizier. Aujourd'hui, ne voulant rien omettre, je me crois obligé de lui faire part de la prise de Joinville.

Mardi dernier, Sa Majesté me donna l'ordre de prendre avec moi mes chevaux, mille chevaux flamands, trois mille hommes de pied espagnols et quatre demi-canons, et de marcher sur cette ville. Elle appartient à M. de Guise (1) et on la disait gardée par un assez grand nombre de soldats. Parti de nuit, j'arrive le lendemain matin mercredi. J'entoure la place de chevaux, et lorsque les gens de pied et l'artillerie sont arrivés, l'on entre ; elle était sans défense. Au château, vingt archers et quelques paysans seulement, qui se rendent sans résistance au seigneur Jules-César Brancaccio. D'autres châteaux des environs, mais sans grande importance, se sont également rendus. J'ai laissé dans celui de Joinville le capitaine Ximenes avec sa compagnie. Aujourd'hui, par ordre de Sa Majesté, un commissaire des vivres doit s'y rendre pour l'approvisionnement de Saint-Dizier.

Je suis rentré hier trop tard pour pouvoir assister au conseil tenu par Sa Majesté. Mais ces seigneurs me disent que le seigneur don

(1) Claude de Lorraine, duc de Guise (20 octobre 1496-12 avril 1550), second fils de René II, duc de Lorraine, et de Philippe de Gueldre.

Fernand a donné tant de bonnes raisons en faveur de la marche en avant qu'on a décidé qu'on pousserait d'abord jusqu'à Vitry et que là, parmi les nombreuses routes qui mènent au cœur de la France, on arrêterait définitivement celle qu'il conviendra de prendre pour porter de plus rudes coups au roi et rendre de plus grands services à Sa Majesté.

Le comte de Fürstenberg avec ses gens de pied allemands et deux demi-canons et le comte Francesco della Somaglia (1) s'en vont faire une pointe du côté de Sainte-Menehould pour contraindre certains châteaux à nous amener des vivres.

Sa Majesté a désigné pour tenir garnison à Saint-Dizier le colonel de Schaumburg (2) avec quatre de ses enseignes allemandes et trois compagnies de chevaux, une d'allemands et deux de flamands; la place est largement pourvue de toutes choses.

Notre départ aura lieu dimanche ou lundi au plus tard; on attend toujours de l'argent et des vivres.

Désormais, s'il plait à Notre-Seigneur, nous marcherons, je l'espère, de succès en succès, et je ne manquerai point d'en informer Votre Excellence...

Du camp impérial sous Saint-Dizier, le 22 août 1544.

De Votre, etc.

Don Francesco da Este.

18.

La Chaussée, le 30 août 1544.

Sur la route de Châlons. — Négociations; deux entrevues.

Illustrissime et Excellentissime Seigneur,

Mes dernières lettres de Saint-Dizier ont appris à Votre Excellence ce qui s'est passé jusqu'à notre départ.

Depuis nous n'avons fait que marcher; nous ne nous sommes arrêtés qu'un jour à Vitry pour passer la Saulx et gravir les hauteurs sur la route de Châlons, d'où, par parenthèse, nous ne serons plus demain qu'à une lieue de distance. Hier l'arrivée de M. l'amiral et du grand chancelier de France (3) a nécessité une nouvelle halte; ils sont venus pour traiter de la paix avec le seigneur don Fernand et M. de Granvelle (4), et l'on espère beaucoup de la négociation.

(1) Giovanni Francesco Gavazzi della Somaglia, d'une famille patricienne de Milan. *Correspondance politique de Guillaume Pellicier,* p. 52 et 352.
(2) Bernard de Schaumburg, maréchal de la cour impériale.
(3) Errault, seigneur de Chemans.
(4) Nicolas Perrenot de Granvelle (1484-1550) succède en 1530 au Piémontais

16

Le hasard a voulu que je fusse chargé de protéger la conférence qui se tenait à plus d'un mille du camp (1). J'ai pris mille gens de pied espagnols, quatre cents hommes d'armes et cent de mes chevaux, et j'ai heureusement rempli la mision que m'avait confiée le seigneur don Fernand. Lundi doit avoir lieu une seconde et décisive entrevue, et c'est encore moi sans doute qui aurai l'honneur de veiller à la sûreté des négociateurs. Les ennemis ont une si grande peur de nous que j'en ai pitié. Je les voudrais plus audacieux; Sa Majesté aurait plus de gloire à les vaincre. Car nous les battrons avec l'aide de Notre-Seigneur, j'y compte bien.

Du camp impérial, à la Chaussée, le 30 août 1544.

De Votre, etc.

Don Francesco da Este.

19.

Cateau-Cambrésis, le 26 septembre 1544.

Don Francesco complimenté par le duc de Ferrare pour sa victoire de Vitry. Sa mission à la cour de France. Prétentions excessives du roi d'Angleterre. Départ prochain de don Francesco pour l'Italie. Le duc de Ferrare nommé dans le traité de paix.

Mon très illustre, très excellent et très honoré Seigneur,

J'ai reçu la lettre que Votre Excellence m'a écrite le 28 août. Je la remercie respectueusement de la satisfaction qu'elle veut bien me témoigner du succès que nous avons remporté à Vitry, ces seigneurs allemands et moi; j'avoue que je m'y attendais, sachant qu'elle me considère toujours comme son serviteur.

Je reviens de la cour de France où l'empereur m'a fait l'honneur de m'envoyer pour féliciter le roi au sujet de la paix. Je l'ai trouvé si bien disposé et animé de sentiments si sincères que je ne pouvais rien souhaiter de plus pour le bien de la chrétienté et celui des deux princes; il m'a fait tous les honneurs et toutes les caresses imaginables.

La France et l'Angleterre négocient; mais je ne crois pas qu'elles arrivent à se mettre d'accord. Sa Majesté très chrétienne m'a dit que

Mercurino da Gattinara, chancelier de Charles-Quint. « Les historiens franc-comtois donnent à Granvelle le titre de chancelier qu'il n'eut jamais : il était premier conseiller d'État et garde des sceaux de l'empereur. » GACHARD, *Trois années de l'histoire de Charles-Quint*, p. 64. Bruxelles, 1865.

(1) Au village de Saint-Amand.

les prétentions du roi d'Angleterre étaient excessives. Il demande Boulogne, Montreuil et Ardres avec un million d'or; il exige en outre que Sa Majesté renonce absolument à protéger l'Écosse et qu'elle fasse remettre entre ses mains la fille du feu roi (1). Sa Majesté lui a répondu qu'eût-elle perdu une bataille, elle n'accepterait point de telles conditions. Mais elle m'a chargé de dire à l'empereur que si tel était son bon plaisir, elle ferait la paix à des conditions pires encore.

Quant aux recommandations que Votre Excellence m'a faites relativement au traité de paix, il me suffit de lui dire que je n'ai jamais cessé de m'employer pour elle. Je crois inutile de lui en écrire plus long, devant la voir sous peu. Je ne songe plus qu'à m'en retourner. Je pars sans le moindre regret, la cavalerie légère allant être licenciée.

Dieu veuille accorder à Votre Excellence toutes les faveurs qu'elle mérite et que je lui souhaite!

De Cateau-Cambrésis, le 25 septembre 1544.

De Votre, etc.

Feruffino m'ayant dit de m'informer si Votre Excellence était personnellement nommée dans le traité de paix, j'ai su que chacune des deux parties contractantes avait voulu que son nom y figurât en toutes lettres.

Don Francesco da Este.

(1) Marie Stuart, née le 5 décembre 1542, fille de Jacques V, mort en 1542, et de Marie de Lorraine.

(Archives d'État de Modène.)

II

HIERONYMO FERUFFINO A HERCULE II, DUC DE FERRARE

SPIRE, LE 9 JUIN — RIBEMONT, LE 21 SEPTEMBRE 1544.

NOTICE SUR HIERONYMO FERUFFINO (1)

La « casa feruffina » était originaire d'Alexandrie, dans le Milanais. On n'a pu découvrir à Modène le lieu et la date de naissance de notre ambassadeur; peut-être les trouverait-on à Milan ou à Alexandrie. Il naquit sans doute dans cette dernière ville : des affaires de famille l'y rappellent encore en 1547 et l'y retiennent quelques jours. Un de ses ascendants est qualifié « noble d'Alexandrie et de Ferrare ». Un de ses neveux dit que sa maison eut anciennement deux protecteurs : le duc de Milan, son seigneur naturel, et le duc de Ferrare, son seigneur adoptif (2).

Jérôme Feruffino passa toute sa vie au service de Ferrare. Sa carrière diplomatique fut aussi remplie que possible : ambassadeur en Angleterre de 1527 à 1529, auprès du duc de Milan du 25 avril au 15 septembre 1530, en France de 1534 à 1537, en Espagne de 1541 à 1543, en Allemagne de 1543 à 1545 et enfin à Venise de 1549 au 13 février 1554, date de sa mort. Il fut chargé en outre de différentes missions, notamment à Rome du 28 au 30 septembre 1547.

En 1546, Hercule II, voulant reconnaitre tant de services, profita de l'occasion d'un fief vacant pour le lui conférer. L'acte d'investiture est des plus élogieux : « ... notre très cher gentilhomme que nous aimons singulièrement pour les excellentes qualités qui brillent en lui et pour la diligence, l'affection et la fidélité avec lesquelles il

---

(1) Nous devons à M. Ognibene, directeur des Archives d'État de Modène, les particularités biographiques de cette notice sur Feruffino. M. Ognibene n'a cessé de nous aider dans nos recherches avec une bonne grâce et une compétence dont nous ne saurions trop le remercier.

(2) Pier Francesco Feruffino, lettre datée de Bruxelles, le 12 avril 1554.

nous a servi plusieurs années comme ambassadeur auprès de leurs Majestés impériale et très chrétienne... »

A Venise où il mourut et où il fut enseveli à San Francesco dalla Vigna (1), sa haute valeur et son extrême courtoisie lui avaient concilié le respect et la faveur de tous. La Seigneurie, qui s'y entendait, prisait sa grande connaissance des affaires et surtout « sa belle manière de les traiter » (2).

Il ne paraît pas que Jérôme Feruffino ait été marié; du moins n'a-t-il pas eu d'enfant. On lui voit un fils adoptif nommé Jean Feruffino; il l'institua son héritier et le recommanda en mourant au duc de Ferrare (3).

Les dépêches de Feruffino forment une suite ininterrompue de Spire, le 9 juin, à Ribemont, le 21 septembre 1544; elles embrassent donc toute la campagne. Le malheur est qu'elles sont un peu maigres. Feruffino enregistre exactement le fait, l'opération militaire ou la négociation de paix; mais il néglige trop les détails qui sont l'âme du fait. D'où vient cette sorte de sécheresse? Elle tient, ce semble, à une situation assez ingrate. Ils étaient deux à informer la cour de Ferrare : lui, ambassadeur officiel, et don Francesco, frère du duc et officier général de l'empereur. Sans doute leur entente était parfaite. Feruffino saisit toutes les occasions de faire valoir don Francesco. Celui-ci de son côté lui témoigne une entière confiance et cause avec lui à cœur ouvert. Plus à même, par le rang qu'il occupe dans l'armée, de voir et de savoir, il l'informe et l'inspire : c'est son principal et presque unique fournisseur de nouvelles. Il n'en est pas moins vrai que sa naturelle déférence pour le frère de son souverain était plutôt faite pour diminuer sa propre activité. Il lui abandonnait le soin de renseigner à fond sa cour; il sentait que quoi qu'il fît, don Francesco était en situation de mieux faire; il prenait son parti de ce rôle de doublure auquel le condamnaient les circonstances : de là cette sorte d'incuriosité et ses dépêches sommaires.

Mais Feruffino retrouve sa personnalité quand il est saisi par la vision des choses et le contact des réalités, et cette personnalité est attachante. Nature délicate et peu faite pour suivre une armée en campagne, avec cela d'une santé peu robuste, ce semble, il souffre des duretés et des horreurs de la guerre au point d'en être malade. Dans le camp affamé et boueux, il songe à ses laboureurs et envie leur pain et leur chaumière. Avec son fils Jean, il assiste d'aussi près que possible à l'assaut de Saint-Dizier : à un moment, vers le milieu de l'action, il croit entendre des cris de détresse du côté des assiégés et visiblement leur angoisse l'émeut. Il est heureux et comme soulagé d'apprendre de la bouche même de don Francesco qu'il n'a pas brûlé

(1) Dépêche de Nicolo Bendidio, Venise, le 14 février 1554. Bendidio fut d'abord son suppléant pendant sa maladie et ensuite son successeur.
(2) Lettre de Jean Feruffino au duc de Ferrare, Venise, le 16 février 1554.
(3) Dépêche de Bendidio, Venise, le 14 février 1554.

Joinville. Il maudit la brutale barbarie des Allemands qu'il traite de bêtes féroces. Il déplore la dévastation et la ruine de ces belles campagnes de France qu'il a vues, de Saint-Dizier à Soissons, livrées à l'incendie et au pillage. Sans doute ces sentiments sont communs à tous les ambassadeurs italiens, mais ils semblent chez lui plus profonds et plus vifs. Avec cela, un ardent patriotisme national et local, une âme à la fois italienne et ferraraise. « Tous les fils de Ferrare, gentilshommes et simples soldats, se sont brillamment conduits », est-il heureux d'écrire après l'affaire de Vitry.

1.

Spire, le 9 juin 1544.

Évacuation de Luxembourg. — Marche de Gonzague sur la Champagne. — Départ de l'empereur pour Metz.

Mon très illustre, très excellent et très honoré Seigneur,

... Dans ma précédente dépêche, j'avisais Votre Excellence de l'évacuation de Luxembourg, le 6; j'ajoutais que l'illustrissime seigneur don Fernand allait marcher sur la France à la tête de l'armée impériale. Il s'est dirigé vers la Champagne par la route de Toul, inclinant ainsi un peu à gauche du côté de la Bourgogne.

On assure que Sa Majesté doit décidément partir d'ici demain pour se rendre à Metz.

Je baise encore une fois les mains à Votre Excellence.

Ut supra Spire, le 9 juin 1544.

De Votre Excellence
le très fidèle et très humble serviteur.

Hieronymo FERUFFINO.

2.

Metz en Lorraine, le 18 juin 1544.

Arrivée de l'empereur à Metz. — Bonnes nouvelles de partout : dans le Milanais, victoire du marquis del Vasto; en France, prise de Commercy. — Trois prisonniers de nom : les deux capitaines français Montigny et Rosoy et l'ingénieur napolitain Carbone. — Marche de Gonzague sur Ligny. — L'empereur doit quitter Metz dans six jours. — Impressions d'un Suisse sur Paris.

Mon très illustre, très excellent et très honoré Seigneur,

... Sa Majesté est arrivée ici avant-hier. Pour moi, je suis arrivé hier matin avec le nonce, l'ambassadeur de Venise et celui de Florence (1).

On a reçu des lettres du seigneur don Fernand, du seigneur don Francesco et de Gastaldo qui donnent les meilleures nouvelles des commencements de la campagne. En même temps d'autres lettres venant de l'Etat de Milan annonçaient la grande victoire (2) du marquis del Guasto (3) sur les bandes italiennes qui ont été tuées ou prises.

L'illustrissime seigneur don Fernand avec l'armée impériale arriva dans la nuit du 14 devant Commercy, qui se trouve à 12 lieues d'ici et à 4 lieues au delà de Toul. Il fit mettre aussitôt l'artillerie en position, et le 15, un peu avant le jour, on ouvrit le feu sur une tour. Lorsqu'elle se fut en partie écroulée, les assiégés firent signe qu'ils voulaient parlementer. Ils commencèrent par faire leurs conditions et finirent par se rendre à discrétion. Par ordre de Son Excellence, le seigneur don Francesco, le marquis de Marignan et Gastaldo entrèrent dans la place pour empêcher qu'il ne se produisit aucun désordre parmi les soldats. On accorda le sac de la ville aux gens de pied espagnols. Tout s'est si bien passé, paraît-il, qu'il n'y a pas eu mort d'homme. On a fait prisonniers trois capitaines : deux français appelés Montigny et Rosoy, et un napolitain de ma connaissance, dit le capitaine Carbone. Il sert la France depuis vingt-six ans. Le seigneur vice-roi, le sachant homme de talent, ingénieur de son état et fort au courant des affaires de France, voudrait l'attacher au service de l'empereur.

Son Excellence écrit à la date du 17 qu'elle va marcher sur Ligny, qui se trouve du côté de la Champagne.

On pense que Sa Majesté partira d'ici dans six jours.

Dans mon voyage de Spire à Metz, un Suisse, qui avait quitté Paris le 2 mai, m'a raconté que l'on y faisait presque tous les jours des processions et que les gens y vivaient dans les transes, à la merci des malandrins qui mettent la ville à sac...

De Votre, etc.

Hieronymo FERUFFINO.

---

(1) Nous n'avons pu retrouver ses dépêches.
(2) Défaite de Pierre Strozzi à Serravalle, à cinq milles de Tortone, le 8 juin 1544, d'après DU BELLAY, p. 539. — G. DE LEVA, *Storia documentata di Carlo V*, t. III, p. 506.
(3) Alfonse d'Avalos, marquis del Guasto ou del Vasto (Abruzze Citérieure), puis de Pescara (25 mai 1502-31 mars 1546), chevalier de la Toison d'or, lieutenant général de Charles-Quint dans le Milanais. BRANTÔME, t. Ier, p. 200.

3.

Metz, le 19 juin 1544.

L'empereur attend son artillerie, des troupes et des vivres. — Mort du duc de Lorraine. — Le comte de Beckingen.

Mon très illustre, très excellent et très honoré Seigneur,

... On pense que le départ de Sa Majesté pour Toul et l'armée aura lieu lundi 23, mais peut-être sera-t-il retardé. L'empereur attend en effet son artillerie que l'on a embarquée sur le Rhin et qui doit remonter la Moselle jusqu'ici; il attend également des troupes et des vivres.

On dit que le pauvre duc de Lorraine est mort subitement le 14 de ce mois. (1).

Après la reddition de Luxembourg, un comte de Beckingen (2), Allemand au service de la France, fut pris en Lorraine par les Impériaux et conduit ici où l'on croit qu'il va être décapité. Mais peut-être devra-t-il son salut au crédit du comte Guillaume de Fürstenberg dont il est le neveu. Sa femme, qui appartient à une grande maison de Bourgogne, est accourue pour supplier Sa Majesté de lui faire grâce de la vie; elle n'a pu rien obtenir jusqu'à présent...

De Votre, etc.

Hieronymo Feruffino.

4.

Metz, le 23 juin 1544.

L'empereur manque d'argent. — Ce que lui coûtent ses gens de guerre.

Mon très illustre, très excellent et très honoré Seigneur,

... *(En chiffres).* Le départ de l'empereur pour l'armée ne peut avoir lieu aussitôt qu'il l'aurait voulu et qu'on l'avait annoncé. Il est

(1) Antoine le Bon, duc de Lorraine et de Bar, comte de Vaudemont, fils de René II et de Philippe de Gueldre, né le 24 juin 1490, duc en 1508, mort le 14 juin 1544. Brantôme, t. III, p. 223.

(2) Feruffino écrit Picblin, Capilupo (Metz, le 19 juin), Pichnin, Navager (Metz, le 22 juin), Picchelin; de son côté, du Bellay (p. 493) parle d'un comte Piguelin, Allemand au service de la France : toutes ces formes sont visiblement altérées. Beckingen est conjectural, mais germanique. — Village de la province du Rhin, présidence de Trèves.

toujours à attendre de l'argent, des munitions et des vivres, ainsi que les Espagnols de nouvelle levée, comme je l'écrirai en clair à Votre Excellence. Il enrage de se voir cloué ici. S'il eût pu entrer en campagne tout de suite, il aurait pris le roi de France au dépourvu et sans ses Suisses, tandis qu'à cette heure, paraît-il, ceux-ci sont en chemin.

Malgré ces contre-temps, la guerre est plus en faveur que jamais, et l'on est disposé à la pousser vigoureusement. On a dit que le roi d'Angleterre allait s'entremettre pour la paix. Il n'y a pas lieu, je crois, de faire fond sur son intervention : les courriers et les dépêches, reçus le 12 par l'ambassadeur d'Angleterre (1), n'y font pas la moindre allusion. La vérité est, comme Votre Excellence ne manquera pas de l'apprendre, que le vent est à la guerre tant du côté de l'Angleterre que de celui de l'empereur.

Certes Sa Majesté trouvera tout l'argent nécessaire pour cette guerre, mais pour le moment elle en est fort courte et c'est tout au plus s'il lui en reste jusqu'à la fin du mois. Or Votre Excellence connaît mieux que personne le prix du temps dans une campagne et combien douze à vingt jours perdus peuvent représenter de grandes occasions manquées. On calcule qu'en y comprenant toutes les troupes qu'il entretient dans ses différents États, la dépense de l'empereur pour ses gens de guerre s'élève à près de 500 000 ducats par mois.

De Votre, etc.

Hieronymo FERUFFINO.

5

Metz, le 24 juin 1544.

Plan de campagne de l'empereur. — Importance qu'il attache à la possession de Ligny. — Concentration des troupes à Metz. — Préparatifs du supplice du comte de Beckingen; l'empereur lui fait grâce.

Mon très illustre, très excellent et très honoré Seigneur,

... *(En chiffres).* On croit que le départ de Sa Majesté impériale n'aura lieu que dans la première semaine de juillet. Elle attend de l'argent et la fin du siège de Ligny. On dit qu'il se trouve dans cette ville 500 hommes de pied italiens et 1 500 gascons et français. Le dessein de l'empereur, d'après ce qu'aurait dit le seigneur don Fernand, a toujours été de se jeter au cœur de la Champagne, sans s'ar-

(1) Le docteur Nicolas Wotton († 1566), doyen de Canterbury et d'York.

rêter aux places frontières. C'est pourquoi Sa Majesté voudrait que pendant qu'elle est retenue ici, l'on se rendît maître de Ligny, d'où l'on veillerait à la sûreté des routes et des convois de vivres.

(En clair). Aujourd'hui 500 des 1 000 chevaux du marquis de Brandebourg (1) — ce n'est pas l'électeur — ont traversé Metz pour se rendre au camp. Comme ils passaient par la rue où je loge, j'ai pu les voir à mon aise. Il ne saurait y avoir de plus belle troupe, ni mieux équipée ni mieux montée; la plupart ont des armes blanches.

Le marquis de Brandebourg est ici, ainsi que le prince d'Orange et le duc Maurice de Saxe. Le duc a également 1 000 chevaux; un autre seigneur allemand, comte palatin, en a autant...

Samedi dernier 21, tout était prêt et l'échafaud dressé sur la grande place de la ville pour l'exécution de ce comte de Beckingen, neveu du comte Guillaume de Fürstenberg, dont j'ai l'autre jour conté le cas à Votre Excellence; le peuple était venu en foule pour jouir du spectacle. Mais le prince d'Orange, le duc de Saxe et le marquis de Brandebourg surent si bien retourner Sa Majesté qu'elle, qui voulait à tout prix la mort du comte, lui fit grâce de la vie et le soir même lui rendit la liberté, à condition qu'il irait à ses frais guerroyer en Hongrie avec six chevaux.

Le crime du comte était de servir le roi de France et d'embaucher pour lui des soldats allemands...

De Votre, etc.

Hieronymo FERUFFINO.

6.

Metz, le 27 juin 1544.

Bonnes nouvelles du siège de Ligny. — Arrivée des nouveaux Espagnols. — Départ prochain de l'empereur; itinéraire qu'il doit suivre. — Visite du nouveau duc de Lorraine. — Espion pendu.

Mon très illustre, très excellent et très honoré Seigneur,

Les lettres du seigneur don Fernand et les personnes qui arrivent du camp disent que l'on a bon espoir d'emporter Ligny d'assaut ou de contraindre la garnison à se rendre. Déjà, paraît-il, Son Excellence a ruiné avec le canon une bonne partie des défenses, de sorte que les gens de pied espagnols peuvent camper sans danger tout près de la place. Je n'ai pas de lettres du seigneur don Francesco; il doit être tout entier à sa gloire et au service de Sa Majesté.

(1) Le marquis Albert de Brandebourg-Kulmbach. — L'électeur était Joachim II, marquis de Brandebourg (1505-1571).

Les nouveaux Espagnols sont arrivés tout près d'ici; ils traverseront la ville aujourd'hui même et s'en iront plus loin attendre Sa Majesté.

On tient pour certain que l'empereur partira mardi ou mercredi, c'est-à-dire le 1er ou le 2 juillet. Il se rendra d'abord à Pont-à-Mousson, place considérable du duc de Lorraine, située à cinq petites lieues de Metz; de là à Commercy, qui est à une égale distance de Pont-à-Mousson; enfin à Ligny, qui se trouve à trois ou quatre lieues au delà de Commercy. C'est la route que suivent les gens de guerre qui se rendent au camp.

J'ai annoncé à Votre Excellence la mort du duc de Lorraine. Le nouveau duc (1), son fils, est venu faire une visite à Sa Majesté; il doit repartir aujourd'hui ou demain.

Hier, sur la place du palais de Sa Majesté, on a pendu un espion qui avait fort bon air; il était, à ce qu'on dit, aux archers du roi de France, et originaire du pays de Trèves.

De Votre, etc.

Hieronymo FERUFFINO.

7.

Metz, le 29 juin 1544.

Le comte de Feria. — Ligny résiste; les comtes de Brienne et de Roussy. — Le campement des nouveaux Espagnols. — Encore le départ de l'empereur. — Le duc de Lorraine toujours à Metz.

Mon très illustre, très excellent et très honoré Seigneur,

... Le comte de Feria (2) a été nommé capitaine de l'étendard et escadron de Sa Majesté; il aura désormais une escorte d'une quarantaine de hallebardiers portant sa livrée. Il a obtenu en outre pour un de ses frères une commanderie de 6 000 ducats de revenu.

J'ai écrit à Votre Excellence que l'on avait bon espoir de prendre Ligny. Depuis hier la chose ne paraîtrait plus aussi facile. Outre les 2 000 gens de pied, dont cinq ou six cents italiens, que l'on a dit être dans la place, il y aurait encore 50 hommes d'armes et 100 archers de la compagnie du comte de Ligny, autrement dit M. de Brienne. M. de Roussy, son frère, commanderait en chef. Il aurait avec lui un jeune frère; mais le châtelain, M. de Brienne, ne serait pas dans la ville (3). J'entends dire que ces seigneurs sont de la maison de Luxembourg. Autrefois Ligny faisait partie du duché de Luxem-

---

(1) François Ier (1544-1545).
(2) Navager fait son éloge, dépêche du 30 juin.
(3) Ces on-dit recueillis par l'ambassadeur sont inexacts.

bourg, mais étant devenu une ville considérable, il s'en sépara et finit par se donner au roi de France.

Les nouveaux Espagnols sont campés à un demi-mille de Metz.

On pense que le départ de Sa Majesté n'aura lieu qu'après la prise de Ligny.

Le duc de Lorraine n'est pas encore reparti, mais il ne tardera guère...

De Votre, etc.

Hieronymo FERUFFINO.

8.

Metz, le 1ᵉʳ juillet 1544.

Ligny s'est rendu. — Gonzague marche sur Saint-Dizier. — Le dauphin, le duc d'Orléans et M. de Guise gardent la Champagne. — Le roi de France chasse. — Merveilleux progrès de l'armée impériale; elle a pris coup sur coup Luxembourg, Commercy et Ligny. — Départ probable de l'empereur à la fin de la semaine. — Le duc de Lorraine a quitté Metz. — Attaque de Longwy par les Français; leur échec.

Mon très illustre, trés excellent et très honoré Seigneur,

... On a reçu hier matin de bonne heure la nouvelle certaine que Ligny s'était rendu à discrétion. Les lettres du seigneur don Francesco à M. d'Arras (1) portent simplement « à discrétion », mais celles du seigneur vice-roi ajouteraient, paraît-il, « sous réserve de la vie. » Le seigneur don Francesco écrit qu'outre M. de Roussy et un de ses frères, il y avait encore dans la place M. des Chenets; on ignore si on lui a promis la vie sauve. La garnison était nombreuse; elle avait des vivres, des munitions et de l'artillerie en quantité. La ville a été mise à sac. Son Excellence va y laisser une garnison suffisante et marcher aujourd'hui même sur Saint-Dizier. C'est une place assez forte et défendue par le capitaine Pietro Corso (2) qui se trouvait l'année dernière à Landrecies (3); elle est située à quatre lieues au delà de Ligny.

On croit qu'il n'y a plus au delà de Saint-Dizier de ville assez forte

(1) Antoine Perrenot (20 août 1517-21 septembre 1586), fils de Nicolas Perrenot de Granvelle et de Nicole Bonvalot, évêque d'Arras en 1540, conseiller d'État en 1543, cardinal en 1561.

(2) San Pietro ou Sampietro (1501-1567), d'origine corse, d'où le surnom de « Corso » que les contemporains lui donnent et qui fait comme partie de son nom. BRANTÔME, *passim*. — L'ambassadeur confond le capitaine corse San Pietro avec Lalande.

(3) La défense et le ravitaillement de Landrecies en octobre 1543 avait eu un grand retentissement; ce fut un titre d'honneur d'y avoir pris part. DU BELLAY, 518 et suiv.

pour arrêter l'armée impériale et l'empêcher d'aller droit à Châlons, en pleine Champagne. Le roi de France aurait envoyé pour garder cette province le dauphin (1) à Troyes, le duc d'Orléans (2) à Langres, si je ne me trompe, et M. de Guise à Reims; celui-ci a de nombreuses troupes sous ses ordres, mais pas une armée à proprement parler. Quant au roi, d'après ce qu'un espion arrivé de Paris a rapporté à l'ambassadeur d'Angleterre, il chasse tous les jours aux environs de sa capitale : faut-il qu'il aime la chasse !

Il y a des gens qui trouvent qu'on a perdu beaucoup de temps au commencement de cette campagne. Cependant, pour peu qu'on réfléchisse, l'on doit admirer la foudroyante rapidité des opérations militaires depuis Spire : les Impériaux ont emporté coup sur coup Luxembourg, Commercy et Ligny, et les voilà en marche sur Saint-Dizier.

Sa Majesté partira sitôt qu'elle jugera le moment opportun; ce sera sans doute vers la fin de cette semaine.

C'est hier seulement que le duc de Lorraine a quitté Metz.

Le nonce (3) m'a dit hier que les Français avaient tenté un coup de main sur Longwy, terre du duc de Lorraine; la place, qui est forte, s'est si bien défendue qu'elle leur a tué, parait-il, 150 hommes...

De Votre, etc.

Hieronymo Feruffino.

9.

Metz, le 2 juillet 1544.

Détails sur la capitulation et le sac de Ligny; Brienne, Roussy et des Chenets prisonniers de Gonzague; la place était munie. — Marche de l'armée impériale sur Saint-Dizier; ce qu'on dit à Metz de l'importance de cette ville. — Départ prochain de l'empereur.

Mon très illustre, très excellent et très honoré Seigneur,

... C'est le 29 au matin que Ligny s'est rendu à discrétion, sous

(1) Henri II, deuxième fils de François Ier et de Claude, né à Saint-Germain-en-Laye le 31 mars 1519, duc d'Orléans jusqu'à la mort de son frère ainé François, dauphin en 1536, roi le 31 mars 1547, mort à Paris le 10 juillet 1559.

(2) Charles, duc d'Orléans, troisième fils de François Ier, né le 22 janvier 1522, mort le 8 septembre 1545.

(3) Jean Poggio, né à Bologne en 1493, protonotaire apostolique, collecteur papal en Espagne et en même temps nonce auprès de Charles-Quint dès le pontificat de Clément VII, évêque de Tropea (Calabre Ultérieure II) en 1541, accompagne l'empereur dans la campagne contre le duc de Clèves en 1543 et dans celle de France en 1544, se démet de la nonciature vers la fin de 1544 et retourne en Espagne comme collecteur, cardinal en 1551, mort en 1556. — Nous n'avons pu retrouver ses dépêches pendant la campagne de France.

réserve de la vie. L'artillerie a causé de grands ravages; elle a fait de nombreuses victimes parmi les assiégés. Un petit nombre d'entre eux a été tué aussi à l'entrée des Espagnols. Ceux-ci se tenaient au pied des murs, prêts à livrer l'assaut. Cependant on discutait les clauses de la capitulation. Les assiégés demandèrent d'abord à sortir bagues sauves, mais se rabattirent bientôt à la vie sauve. Son Excellence refusa; mais, à la prière de M. le grand écuyer, elle finit par consentir. Pendant qu'on négociait, les Espagnols entrèrent par la brèche, tuant quelques hommes de la garnison. Cette attaque inattendue fut le signal d'un désordre effroyable. Aussitôt, d'après les lettres que j'ai vues de Gastaldo et d'autres, Son Excellence se jeta dans la place pour tâcher, non sans danger pour sa vie, d'empêcher le plus de mal possible. Elle et le seigneur don Francesco firent tous leurs efforts pour sauver la vie et l'honneur des femmes.

Les deux frères M. de Roussy et M. de Ligny se sont rendus prisonniers à Son Excellence; M. des Chenets, pris par un Allemand d'assez bas lieu, s'est lui aussi rendu à elle; tous les trois ont soupé avec elle le soir.

La garnison se composait de 2 000 gens de pied dont 600 Italiens, comme je l'ai écrit à Votre Excellence, et de 100 hommes d'armes, au dire de Gastaldo, mais, je crois, de 50 seulement, et de 100 archers. La place était convenablement pourvue de canons, de munitions et de vivres; ses défenses étaient des plus imposantes. Mais l'artillerie, placée sur un monticule qu'on avait négligé d'occuper, a fait de tels dégâts et de telles ruines que les assiégés n'ont pas hésité à accepter les dures conditions qui leur étaient imposées.

Ce n'est qu'aujourd'hui que Son Excellence doit lever le camp pour marcher sur Saint-Dizier-en-Perthois, en France.

J'entends dire à des personnes d'ici que Saint-Dizier est beaucoup plus important que Ligny-en-Barrois; il aurait une garnison de 6 000 gens de pied; longtemps négligé, il serait aujourd'hui en parfait état de défense. Mais on est en train de vaincre, et il n'y aura pas besoin d'un miracle pour le prendre ou le réduire à se rendre, d'autant plus que Sa Majesté tient à être là au moment de l'assaut avec toutes les troupes qu'elle a réunies ici; elle veut être en mesure en effet, aussitôt Saint-Dizier pris, de marcher immédiatement sur Troyes, Châlons ou Reims, selon qu'elle le jugera.

On parle toujours du départ de l'empereur pour vendredi ou samedi, 4 et 5 courant, ou, au plus tard, pour lundi ou mardi, 7 et 8...

De Votre, etc.

Hieronymo Feruffino.

10.

Metz, le 5 juillet 1544.

Rapatriement des Italiens et des Français de Ligny. — Départ de l'empereur; son armée; ses haltes probables. — Arrivée de Gonzague devant Saint-Dizier; divers on dit sur cette ville. — Le roi de France continue à chasser; avis contradictoires sur les mouvements de ses troupes.

Mon très illustre, très excellent et très honoré Seigneur,

Mes lettres précédentes auront appris à Votre Excellence que Commercy d'abord et Ligny ensuite se sont rendus à discrétion, sous réserve de la vie.

On va rapatrier la garnison de Ligny : les Italiens par l'Allemagne et les Français par la Flandre.

Le départ de l'empereur, qui devait avoir lieu aujourd'hui, a été remis à demain matin de bonne heure. On a envoyé en avant les nouveaux Espagnols pour former l'avant-garde; ils se trouvent à deux petits milles d'ici. Le prince d'Orange avec 4 000 piétons des Pays-Bas, de beaux et bons soldats, et un nombre considérable de chevaux, composera l'arrière-garde. C'est donc comme une seconde armée que l'empereur emmène avec lui. Les voitures de la cour, c'est-à-dire de Sa Majesté, du prince Maximilien (1) et d'autres seigneurs, sont parties aujourd'hui; celles de M. de Granvelle, des ambassadeurs et de plusieurs autres partiront demain matin, une heure avant le jour. On se rendra demain à Pont-à-Mousson, qui appartient au duc de Lorraine et où se trouve la mère du feu duc (2); il est à cinq lieues d'ici. De là on ira à Toul et ensuite au camp.

Son Excellence a quitté Ligny le 3 et a dû arriver hier devant Saint-Dizier. On disait avant-hier que le gouverneur de la ville s'étant avisé d'amener l'eau de la Marne (3) dans les fossés, une partie des murs s'était écroulée; j'ai vu moi-même des lettres datées de Ligny, le 2, qui disaient que de nombreux rapports attestaient le

---

(1) Fils aîné de Ferdinand, roi des Romains, né en 1527, accompagne l'empereur dans la campagne de France en 1544, épouse en 1548 la princesse Marie, fille de Charles-Quint, roi des Romains en 1562, empereur en 1564 sous le nom de Maximilien II, mort en 1576.

(2) Philippe de Gueldre, femme de René II et mère du « feu duc » Antoine. Veuve (10 décembre 1508), elle entre en 1519, à l'âge de cinquante-huit ans, au couvent des clarisses de Pont-à-Mousson et y meurt le 6 février 1547.

(3) Ce n'était pas la Marne, mais l'Ornel qui alimentait les fossés de Saint-Dizier.

fait. Aujourd'hui la nouvelle est tenue pour fausse. Des personnes venues du camp assurent au contraire que la place est bien fortifiée, qu'elle commande la rase campagne et qu'elle a une garnison de 6000 gens de pied. Après cela, si on la prend ou qu'on la force à se rendre, on pourra dire que Sa Majesté tient la fortune dans sa manche. C'est du reste l'avis de beaucoup de monde.

On dit que le roi de France est toujours à Paris ou dans les environs et qu'il va presque tous les jours à la chasse. Le bruit avait couru qu'il avait envoyé le dauphin à Reims, le duc d'Orléans à Troyes-en-Champagne et M. de Guise à Langres. On prétend maintenant qu'il a envoyé le dauphin en Picardie avec 30 000 hommes pour tenir tête aux Anglais avec M. de Vendôme (1). Enfin, pour ne négliger aucun on dit, le duc d'Orléans aurait sous ses ordres 7 000 écoliers (2)...

Il se pourrait que l'empereur s'arrêtât quelque temps à Toul pour voir la tournure que prend le siège de Saint-Dizier; toutefois on le croit très pressé d'arriver au camp avec toutes ses troupes...

De Votre, etc.

Hieronymo Feruffino.

11.

Metz, le 5 juillet 1544.

L'empereur part demain.

Mon très illustre, très excellent et très honoré Seigneur,

... Le départ aura lieu demain matin de bonne heure, car l'empereur veut aller d'une traite à Pont-à-Mousson pour y dîner; il y restera jusqu'au lendemain...

De Votre, etc.

Hieronymo Feruffino.

---

(1) Antoine de Bourbon, duc de Vendôme (22 avril 1518-17 novembre 1562), fils de Charles de Bourbon et de Françoise d'Alençon, lieutenant général de François Ier en Picardie, roi de Navarre en 1555, père de Henri IV.

(2) On leva dans Paris un régiment d' « écoliers », et un autre de moines, mais il ne paraît pas que ces deux régiments aient quitté la capitale. Brantôme, t. II, p. 239.

12.

Pont-à-Mousson, le 7 juillet 1544.

L'empereur se dirige vers le camp. — Les comtes de Brienne et de Roussy sont conduits en Flandre. — Le duc de Brunswick et le landgrave. — Composition de l'armée impériale. — Le nonce et le duc de Camerino. — L'empereur visite dans son couvent la mère de feu le duc de Lorraine. — L'archiduc Maximilien.

Mon très illustre, très excellent et très honoré Seigneur,

J'apprends à l'instant du maitre de poste qu'il y a ce soir, dans deux heures au plus tard, un départ pour l'Italie; j'écris à la hâte à Votre Excellence. Je lui ai adressé plusieurs lettres de Metz; les dernières étaient du 5.

L'empereur a quitté Metz hier matin pour venir ici. Il prendra demain matin de bonne heure la route de Toul; il s'arrêtera pour la nuit à trois lieues de la ville soit dans un village, soit en rase campagne. Le lendemain matin il se rendra à Toul et de là, avec toutes ses troupes, j'allais dire avec son armée, tant elles sont nombreuses, il rejoindra le camp devant Saint-Dizier. Fort du côté de la Marne, Saint-Dizier le serait beaucoup moins du côté de la France : c'est naturellement par l'endroit le plus faible qu'on va l'attaquer et qu'on a bon espoir de le prendre.

Le comte de Brienne et son frère M. de Roussy, pris à Ligny, ont été conduits à l'empereur, à Metz; M. de Brienne a eu, paraît-il, un long entretien avec Sa Majesté qui aurait remonté son courage. Les deux prisonniers devaient être internés en Flandre.

J'ai oublié, dans mes lettres de ces jours-ci, de dire à Votre Excellence que le bruit courait qu'après que l'empereur eut quitté l'Allemagne, le duc de Brunswick (1) aurait levé une vingtaine de mille hommes pour tâcher de recouvrer ses États dont le landgrave (2) l'a dépouillé. Je ne sais si le fait est vrai, mais on croit généralement que le duc n'aura eu garde de bouger pour ne pas irriter Sa Majesté : les divisions des princes allemands lui causent assez d'ennuis sans qu'elles dégénèrent encore en guerres intestines.

Il y a ici avec l'empereur, logés dans les villages d'alentour ou en pleine campagne, d'abord les nouveaux Espagnols qui, bien armés

(1) Henri le Jeune de Brunswick-Wolfenbüttel (1489-1568). Dépouillé de ses États en 1543 par l'électeur de Saxe et le landgrave de Hesse, il se réfugie à la cour de Bavière. A la diète de Spire en 1544, il demande vainement justice à l'empereur, lève des troupes et se tient coi.

(2) Philippe le Magnanime, landgrave de Hesse, succède à son père Guillaume II en 1509, embrasse le luthéranisme en 1526, est battu par Charles-Quint à Mühlberg le 24 avril 1547, reste quatre ans prisonnier de l'empereur et meurt en 1567.

et bien habillés, forment un très beau corps, ensuite 5 à 6 mille hommes des Pays-Bas et enfin les chevaux du prince d'Orange, du marquis de Brandebourg et du duc Maurice de Saxe, sans parler d'une nombreuse artillerie et d'abondantes munitions.

Le nonce resta hier à Metz avec l'agrément de Sa Majesté pour y attendre le duc de Camerino (1). Il aurait désiré qu'on lui laissât 25 à 30 chevaux pour lui servir d'escorte à son départ, mais on n'en voulut rien faire. J'apprends qu'il vient d'arriver après avoir vainement attendu le duc hier et ce matin.

L'empereur est allé ce matin entendre la messe au couvent où s'est retirée la duchesse-reine (2), mère de feu le duc de Lorraine d'heureuse mémoire; après la messe, il a rendu visite à cette dame. J'assistais à cette messe, et j'ai entendu dire à plusieurs gentilshommes qu'ils trouvaient à Sa Majesté une santé, une bonne mine et une gaieté qu'ils ne lui avaient pas vues depuis dix ans; il m'a paru en effet qu'elle se portait le mieux du monde. Le prince Maximilien, son neveu, l'accompagnait; il est d'une rare distinction, l'air modeste, très grand et de belle prestance. Il ne serait pas mauvais, je crois, que Votre Excellence m'envoyât pour lui une lettre en latin; cela me permettrait de lui rendre visite en son nom. Qui sait? peut-être le verrons-nous un jour duc de Milan; le bruit court en effet, Votre Excellence ne l'ignore point, que Sa Majesté veut le marier avec sa fille ainée (3)...

De Votre, etc.

Hieronymo FERUFFINO.

13.

Du camp près Saint-Dizier-en-Perthois, le 14 juillet 1544.

Arrivée de l'empereur au camp. Blessure mortelle du prince d'Orange.

Mon très illustre, très excellent et très honoré Seigneur,

Sa Majesté est arrivée hier au camp avec ses troupes, c'est-à-dire les nouveaux Espagnols, les Allemands des Pays-Bas et les chevaux

(1) Octave Farnèse, fils de Pierre-Louis Farnèse et petit-fils de Paul III (Alexandre Farnèse), né en 1524, épouse en 1538 Marguerite d'Autriche, fille naturelle de Charles-Quint, veuve en 1537 d'Alexandre de Médicis, duc de Florence, succède à son père en 1547 dans le duché de Parme et de Plaisance et meurt en 1586.

(2) René II, duc de Lorraine, se disait roi de Sicile et se qualifiait « duc-roi » : de là le titre de « duchesse-reine » ou, plus courtoisement encore, de « reine » tout court, donné à sa veuve Philippe de Gueldre.

(3) La princesse Marie; elle épousa l'archiduc Maximilien en 1548.

du prince d'Orange, du duc Maurice de Saxe et du marquis de Brandebourg.

Aujourd'hui, à la batterie, le prince d'Orange a été grièvement blessé à l'épaule droite par le canon de la place. On ne croit pas qu'il en réchappe; maître Jean-Baptiste Cavani, médecin du seigneur don Francesco, déclare qu'il y a plus de chance de mort que de vie. Le marquis de Marignan était là, assis sur une chaise. Survient son Excellence; elle accepte la chaise du marquis et lui évite le coup qui l'eût atteint s'il fût resté assis. Le prince arrive à son tour; Son Excellence se lève et l'invite à s'asseoir, obligée d'aller tantôt ici et tantôt là, sans s'arrêter longtemps au même endroit. Le prince s'assied et sauve ainsi la vie à Son Excellence : car à peine était-il assis que l'ennemi fait feu de ce côté, démasquant soudain une coulevrine ou demi-coulevrine dont le coup atteint le bon et vertueux prince, sans contredit l'un des personnages les plus considérables de l'armée. Sa Majesté est profondément affectée de ce malheur (1)...

(En chiffres). Le nonce m'apprend que Sa Majesté elle-même, qui, passant par là, s'était arrêtée un moment à la batterie, avait failli s'asseoir sur cette chaise.

De Votre, etc.

Hieronymo Feruffino.

14.

Du camp près Saint-Dizier, le 15 juillet — terminée le 16.

L'assaut. — Mort du prince d'Orange. — On cesse le feu faute de boulets. — Pas de nouvelles de l'armée anglaise. — Les Français de Champagne ne bougent point. — On attend le capitaine Christophe de Landenberg avec ses troupes, de l'argent et des munitions. — Pertes de l'armée dans l'assaut. — Le capitaine Carbone. — Le comte de Sancerre et le capitaine Lalande. — Disette de vivres.

Mon très illustre, très excellent et très honoré Seigneur.

J'ai reçu aujourd'hui, sur le tard, les lettres de Votre Excellence du 27 du mois dernier et du 1ᵉʳ de ce mois.

(En chiffres). Vers l'heure du dîner, Sa Majesté a fait donner l'assaut; la garnison s'est bravement défendue. Le seigneur don Francesco me dit qu'il y a eu un millier de morts et de blessés; d'autres, qui étaient présents, ne parlent que de six cents. L'attaque des Espagnols a duré plus de deux heures; celle des Allemands, qui l'a suivie, environ une heure. Quelques Espagnols et trois enseignes sont

(1) Brantôme, t. 1ᵉʳ, p. 245 et 246.

montés sur la brèche. Plusieurs croient que s'il y eût eu plus d'ordre dans l'assaut, la ville eût été prise. De l'endroit où j'étais, vers le nord, je pouvais à peine apercevoir les assiégés et entendre leurs cris; mais mon fils Jean (1) a galopé si près qu'il a pu mieux voir et mieux entendre : leurs cris lui paraissaient pleins de crainte et d'effroi. Le bombardement et l'assaut ont eu lieu du côté du sud. Il n'a été tué aucun homme de marque, sauf, à ce qu'on dit, un capitaine des bas-Allemands (2) et son enseigne. Quant aux soldats, ce ne sont pas les moins braves, Votre Excellence s'en doute, qui ont été tués ou blessés. Le colonel, c'est-à-dire le mestre de camp des vieux Espagnols, don Alvaro, a été brûlé au visage et aux mains par les feux (3) que lançaient les Français, mais il en guérira. On croit que les assiégés ont eu beaucoup de morts et de blessés...

(En clair). Le prince d'Orange a succombé à sa blessure au grand regret de Sa Majesté et de toute l'armée. Si, comme on l'espère, on finit par s'emparer de la place, les assiégés paieront cher cette mort. *Ut supra* le 15.

(En chiffres). Depuis hier après l'assaut, on a cessé le feu, et cela, parce qu'on manque de boulets et qu'il faut attendre qu'il en vienne d'autres. On en a tant usé pour le bombardement que si on l'eût prolongé il n'en serait plus resté. C'est la raison qui a décidé l'empereur à faire donner l'assaut. Quant à bouger d'ici sans avoir pris la ville, il n'y songe point; il est déterminé à tout faire pour en venir à bout. Il est vrai que l'occupation de Saint-Dizier est d'une importance capitale pour le succès de la campagne.

On n'a pas d'autres nouvelles de l'armée anglaise; l'ambassadeur vient de me dire qu'il en attendait d'heure en heure.

Les Français, j'entends ceux de Champagne, se tiennent fort tranquilles, sans nous donner la moindre alarme.

On attend l'arrivée du capitaine Christophe de Landenberg avec ses 4 000 Allemands et ses 1 000 chevaux; il convoie, à ce qu'on dit, de l'argent et des munitions.

Pour ce qui est des morts et des blessés dans l'assaut d'hier, le nonce dit tenir de bonne source que les Espagnols n'ont pas plus d'une quarantaine de tués et d'une centaine de blessés et que les pertes réunies des Espagnols et des Allemands ne dépassent pas quatre cents morts ou blessés. J'en causais hier avec le seigneur don Francesco; il me dit qu'il en ignorait le nombre et qu'on en dressait

---

(1) Son fils adoptif. — L'ambassadeur mourant recommanda au duc de Ferrare « messire Giovanni, son fils très cher, qu'à cause de sa bonté et de son obéissance il avait adopté et institué son héritier universel ». Bendidio, dépêche datée de Venise, le 14 février 1554. *Archivio di Stato in Modena, Cancelleria ducale.*

(2) Les bas-Allemands n'allèrent pas à l'assaut. Deux capitaines hauts-allemands, Cortwille et le comte Eitel-Friedrich de Hohenzollern, furent tués, mais leurs enseignes ne furent que blessés.

(3) Ce qu'on appelait des « feux artificiels ».

l'état officiel. — J'ai su depuis qu'on s'était entendu pour cela avec les assiégés. — On parle, lui dis-je, d'un millier de morts et de blessés. C'est bien possible, me répondit-il. — Présentement on tient pour 400...

(En chiffres). Le capitaine Murano Carbone, fait prisonnier à Commercy, a été mis sous la garde du seigneur don Francesco. C'est lui qui accompagna votre Excellence et Madame (1) jusqu'à San Nazaro; il est le serviteur de Votre Excellence et lui baise les mains. Il m'a certifié que c'est le comte de Sancerre qui commande en chef dans Saint-Dizier et qu'il a avec lui la compagnie d'hommes d'armes du duc d'Orléans dont il est le lieutenant et 2000 gens de pied gascons dont une partie est sous les ordres du capitaine Lalande (2). L'empereur voudrait l'attirer à son service, mais lui qui depuis trente ans sert le roi très-chrétien ferait, parait-il, la sourde oreille. Quant à ce siège, il dit exactement ce que j'ai dit moi-même : si l'on ne construit pas une paire de cavaliers pour enlever les défenses des assiégés, l'on n'arrivera pas à grand'chose avec les assauts. J'ignore ce que décideront ceux que cela regarde.

La disette est grande dans le camp. Si l'on doit s'éterniser ici, Dieu sait ce qui arrivera. Le pain, le vin et la viande sont si chers qu'on n'y tiendra pas longtemps. Les soldats n'ont d'autre ressource que la maraude. Pour moi, deux écus par jour ne me suffisent pas pour le pain et le vin; j'aurai du mal, je crois, à m'en tirer, tout compris, avec quatre écus par jour. Du reste, je ne suis pas autrement inquiet : tant qu'avec de l'argent l'on pourra se procurer des vivres, je n'en manquerai point...

Je baise de nouveau les mains à Votre Excellence, *Ut supra* le 16.
De Votre, etc.

Hieronymo Feruffino.

---

(1) La duchesse. — Renée de France (25 octobre 1510-12 juin 1575), fille de Louis XII et d'Anne de Bretagne, épousa à Paris, le 28 juin 1538, Hercule II d'Este, duc de Ferrare. Peut-être fut-ce dans leur voyage de Paris à Ferrare, après leur mariage, que Carbone, depuis longtemps au service de la France, accompagna le duc et la duchesse jusqu'à San Nazaro.

(2) Eustache de Bimont, seigneur de Lalande, dit le capitaine Lalande, — fait partie comme capitaine des troupes envoyées par François Ier en 1519 au secours de Christian II, roi de Danemark, contre la Suède (Du Bellay, p. 130), — contribue à la défense d'Hesdin en 1522 (*Id.* p. 166), — s'illustre à la défense de Landrecies en 1543 (*Id.*, p. 520 et suiv.), — entre dans Saint-Dizier le 2 juillet 1544, deux jours avant l'arrivée de Gonzague en vue de la place (dépêche de Capilupo, 5 juillet), — et y est tué le 13, d'après son épitaphe conservée dans la cathédrale de Laon où il fut inhumé.

15.

Du camp de Saint-Dizier, le 17 juillet 1544.

Conjectures sur la fin du siège. — Mauvais temps et disette; plaintes de l'ambassadeur. — Tranchées et mines.

Mon très illustre, très excellent et très honoré Seigneur,

... *(En chiffres).* Quant à Saint-Dizier, le seigneur don Francesco ne doute point qu'on n'arrive à le prendre avec le pic et la houe (1) du côté où ont eu lieu le bombardement et l'assaut. Mais, tandis que le seigneur don Fernand pense qu'on en aura fini dans dix ou douze jours, il croit qu'il en faudra une vingtaine. Il estime en outre, contrairement à l'opinion du seigneur don Fernand, que la prise de Saint-Dizier terminera la campagne et qu'il sera impossible d'aller plus loin dans la direction de Châlons.

Pour moi, je serais plutôt de l'avis du seigneur Don Francesco. Il me paraît difficile de marcher en avant par le temps qu'il fait; il est si mauvais que si l'empereur avait à rester longtemps ici, il risquerait fort de n'en pouvoir ramener son artillerie, les chemins étant chaque jour plus détrempés et plus impraticables. Le vent, la pluie et le froid sont tels, que des fourrures et des vêtements d'hiver feraient mieux notre affaire que nos habits d'armoisin. Comme j'écrivais cette lettre dans ma tente, j'ai eu toute la peine du monde à me défendre du vent et de la pluie, et j'ai dû, à mon grand déplaisir, m'arrêter pendant une grande heure. Il semble, en vérité, que le ciel soit contre nous, comme tout le reste d'ailleurs. Voici en effet qu'avec le mauvais temps dans un pays boueux et extrêmement humide, nous avons encore un commencement de famine. Comme je tiens à garder un sac de biscuit comme dernière ressource, j'en suis réduit à manger un pain qui est loin de valoir celui dont je nourris mes laboureurs. Je n'exagère pas et Votre Excellence peut m'en croire : trop souvent trois écus par jour ne me suffisent point pour le pain et le vin de mes dix bouches. Cependant je vais être obligé d'en nourrir une onzième, car j'ai loué aujourd'hui même, à raison de trois écus par mois, un second fourgon, celui que j'avais déjà et qui m'en coûte deux étant insuffisant. Que de peurs il m'a faites, ce malheureux fourgon, et combien de fois j'ai tremblé de le perdre, lui et son attelage de quatre chevaux, portant et trainant toute ma fortune, j'entends tout mon bagage, et celui de mes gens, et quelque nourriture pour eux et les chevaux! J'ai tant souffert un jour qu'en plein camp je me suis pris à envier le sort du pauvre laboureur dans

---

(1) « Con la zappa et badile » paraît être une locution toute faite pour désigner les deux outils qui servaient à la sape. A eux deux ils tenaient lieu de la pioche, pic d'un côté et houe de l'autre. Sur la « zappa » de Sforza, BRANTÔME, t. V, p. 368, qui fait de « zappa » un mot napolitain et le traduit par « pioche ».

sa chaumière. Je demande pardon à Votre Excellence de lui raconter mes ennuis, mais je tiens à lui faire connaître toutes les misères qu'il me faut endurer...

(En chiffres). Je reviens au siège de Saint-Dizier. On attend toujours des boulets et des munitions. Cependant on ne perd pas le temps et l'on travaille ferme aux tranchées et aux mines : car c'est avec le pic et la houe, comme j'ai dit, que l'on compte se rendre maître de la place. Que l'on y réussisse dans douze ou quinze jours, je connais l'empereur et je ne doute point qu'il ne marche aussitôt sur Châlons, en Champagne.

De Votre, etc.

Hieronymo Feruffino.

16.

Du camp de Saint-Dizier-en-Perthois, le 18 juillet 1544.

Vitry: les gens de pied et les chevaux qui s'y trouvent; le duc de Guise se tient aux environs. — Embuscade éventée de Francesco d'Este.

Mon très illustre, très excellent et très honoré Seigneur,

... *(En chiffres).* Le Seigneur don Francesco est parti à minuit avec ses chevau-légers pour aller s'embusquer du côté de Vitry ; il est rentré à 3 heures de l'après-midi. Vitry se trouve à 6 lieues d'ici et à 7 lieues de Châlons ; il est plus grand que Saint-Dizier, mais n'est pas fortifié. On dit qu'il y a 1 500 hommes de pied et quantité de chevaux. M. de Guise serait lui aussi dans le voisinage. Les gens de Vitry, ayant eu vent de l'embuscade, étaient sortis en nombre. Le seigneur don Francesco les aperçut, mais n'étant pas en force, il ne put qu'engager une légère escarmouche...

De Votre, etc.

Hieronymo Feruffino.

17.

Du camp de Saint-Dizier, le 21 juillet 1544 — terminée le 22.

Résumé des quatre dépêches précédentes. — Nouveaux détails sur l'assaut du 15. — Les prisonniers de Ligny. — Le comte de Brienne déclaré traître et ses biens confisqués.

Mon très illustre, très excellent et très honoré Seigneur,

Je n'ai pu envoyer à Votre Excellence le double de mes dépêches des 14, 15, 16 et 17 courant, qui répondaient à ses lettres des 17, 20 et 27 du mois dernier et du Ier de ce mois; je vais les résumer ici le plus brièvement possible tout en ajoutant les détails nouveaux qui se présenteront au bout de ma plume.

Le 13, l'empereur arriva au camp avec les gens de pied, les chevaux et les chefs que j'ai indiqués dans mes dépêches antérieures.

Le 14, comme le prince d'Orange, assis sur une chaise, était à regarder le tir de l'artillerie, il fut mortellement blessé à l'épaule droite par un projectile et rendit son âme à Dieu le 15, profondément regretté de l'empereur et de l'armée. On dit que cette chaise était destinée à Sa Majesté. Le marquis de Marignan l'occupait; il se leva pour l'offrir au vice-roi, qui l'offrit à son tour au prince d'Orange, en lui disant qu'il ne pouvait rester longtemps au même endroit et qu'il devait aller sans cesse d'un lieu à un autre. A peine le malheureux prince était-il assis, qu'il recevait le coup fatal. On peut dire qu'il a sauvé la vie au vice-roi, comme celui-ci d'ailleurs au marquis de Marignan.

Le 15, un peu avant midi, les Espagnols coururent à l'assaut et y furent superbes; les Allemands leur succédèrent; l'attaque dura 3 heures. Mais comme la place est forte et la garnison excellente, la résistance fut victorieuse. On croit cependant que si l'assaut eût été mieux réglé et qu'on eût envoyé aux Espagnols des renforts suffisants, on aurait pu emporter la ville ce jour-là; mais on ne jugea pas à propos de sacrifier plus de monde. On entendit des Espagnols s'écrier : « O Italiens nos frères, que n'êtes-vous avec nous à cette heure! » Il parait que l'empereur et le vice-roi regrettent de n'en avoir pas quatre ou cinq mille : regret tardif et vain (1). Du milieu des assiégés s'élevaient des cris d'épouvante; je me trouvais si près de la ville que je pus les entendre. On raconte qu'à un moment, vers le milieu de l'assaut, leur courage faiblit.

On évalue à 400 le nombre des Espagnols et des Allemands tués ou blessés. Quant aux assiégés, de l'aveu même des Français et des prisonniers, ils ont eu beaucoup de morts; mais la perte la plus grande qu'ils auraient faite serait celle du capitaine Lalande qui était un homme d'une rare valeur.

C'est le comte de Sancerre, lieutenant du duc d'Orléans, qui commande en chef dans Saint-Dizier; les gens de pied étaient sous les ordres du capitaine Lalande. La garnison se compose, à ce qu'on dit, des 100 hommes d'armes du duc d'Orléans et de 2 000 gens de pied.

Il y avait dans Ligny 50 hommes d'armes du comte de Brienne, seigneur de la ville, et 25 hommes d'armes et archers de la compa-

(1) Charles-Quint passait pour faire peu de cas des soldats italiens. « Toutesfois à ce grand assault de Sainct-Disier, qu'il y perdit environ cinq cents Espaignols, il se repentit fort qu'il n'eust amené en ceste guerre quelques régimens italiens pour ayder aux Espaignols aux assaultz et prises de villes, qu'y eussent peu servir. Mais aucuns disoient qu'il ne les souhaitoit, sinon pour participer à humer la fricassée que ces pauvres Espaignolz avoient tous seulz humée et mangée ». BRANTÔME, t. VI, p. 162.

gnie du duc d'Orléans. Je tiens ces détails du capitaine Murano Carbone; il loge comme prisonnier chez le seigneur don Francesco et est placé sous la garde de ses gens. Le comte de Brienne, M. de Roussy, son frère, et M. des Chenets ont été emmenés en Flandre; il paraît qu'on les a séparés et enfermés chacun en lieu sûr. Le comte n'a pas seulement perdu sa terre de Ligny et sa liberté : déclaré traître par le roi de France, tous ses biens, à ce qu'on assure, auraient été confisqués et adjugés à M. de Guise (1).

(En chiffres). On prétend que les morts et les blessés de l'assaut ne sont pas moins de 800 ; le seigneur don Francesco croit même qu'ils doivent être tout près de 1 000.

(En clair). Le bombardement et l'assaut n'ayant point réussi, l'on a recours au pic et à la houe, sans se dissimuler d'ailleurs que ce sera plus long. On n'en dit pas moins que l'empereur est décidé à ne partir d'ici qu'après s'être rendu maître de la place et qu'aussitôt après il marchera sur Châlons, qui se trouve à 13 lieues de Saint-Dizier.

(En chiffres). C'est le seigneur don Fernand qui dit qu'aussitôt Saint-Dizier pris l'on marchera sur Châlons. Le seigneur don Francesco estime au contraire que, pour peu que le siège traîne en longueur, la campagne pourrait bien finir ici, dans l'impossibilité où l'on sera d'aller plus loin. Pour moi, me fondant sur le caractère de l'empereur, j'incline à penser qu'à tout prix il voudra marcher en avant, surtout si les Anglais se décident de leur côté à pousser vigoureusement la guerre...

(En chiffres). Pendant qu'avec le pic et la houe l'on travaille aux tranchées et aux mines pour faire sauter un cavalier (2) placé en face de la batterie et combler de ses décombres cette partie du fossé, on attend des munitions et des vivres qui permettront, le moment venu, de marcher en avant : car le camp manque de tout et la disette y est extrême...

De Votre, etc.

Hieronymo Feruffino.

18.

Du camp de Saint-Dizier, le 24 juillet 1544 — terminée le 26.

Récit de l'expédition de Vitry.

Mon très illustre, très excellent et très honoré Seigneur,

... Vitry est une ville importante qui se trouve sur le chemin de Saint-Dizier à Châlons, à 5 lieues du premier et à 7 du second. M. de

(1) Ce bruit était faux.
(2) L'ambassadeur appelle « cavalier » le bastion de la Victoire.

Brissac s'y était établi avec ses 50 hommes d'armes et sa compagnie de chevau-légers, sans parler de celles dont les capitaines étaient placés sous ses ordres, soit environ 1 200 chevaux en tout ; il y avait en outre 6 enseignes de gens de pied italiens et 4 autres de gens de pied français, commandées les premières par le capitaine San Pietro, Corse, et les secondes par le capitaine Pothon (1), c'est-à-dire à peu près 2 000 hommes de pied.

De ce poste avancé les Français donnaient la chasse aux soldats en maraude ou débandés et les prenaient à coup sûr. Ils se proposaient encore, au dire des prisonniers, un autre but qui était de jeter un secours d'hommes et de vivres dans Saint-Dizier ; ils l'avaient tenté de nuit à plusieurs reprises, mais toujours sans succès. A propos de Saint-Dizier, il se confirme que Lalande est mort et que les assiégés ont eu près de 300 tués à l'assaut.

Le seigneur don Francesco avait fait plus d'une chevauchée et dressé plus d'une embuscade du côté de Vitry ; il lui arriva plus d'une fois de passer toute la nuit et presque tout le jour en campagne, le tout jusqu'à présent sans rencontre sérieuse. Enfin la fortune lui a procuré l'occasion d'un important et signalé fait d'armes.

Hier au soir donc, à nuit tombante, l'empereur commanda pour aller déloger les Français de Vitry le seigneur don Francesco avec ses chevau-légers, le duc Maurice de Saxe et le marquis de Brandebourg avec leurs hommes d'armes et le comte Guillaume de Fürstenberg avec ses gens de pied allemands — qui auraient dû être 4 000 et étaient à peine 2 000 — 4 pièces de campagne et 4 pièces de siège. Après avoir marché toute la nuit et traversé un cours d'eau (2), don Francesco et le duc Maurice convinrent de se porter entre Châlons et Vitry, à droite, au-dessus et une lieue au delà de la ville ; le marquis avec ses chevaux et le comte Guillaume avec ses gens de pied et son artillerie devaient prendre position à gauche de la place. Don Francesco arriva au point du jour, seul avec ses chevaux italiens, en vue d'un village, situé, comme j'ai dit, à une lieue au delà de Vitry (3) ; le duc le suivait, mais à une grande distance. Il convient de remarquer que le duc et le marquis se sont toujours, excepté dans une circonstance, exactement conformés à ses ordres (4). Le seigneur don Francesco envoya quelques chevaux reconnaitre le village ; ils rencontrèrent trois cents chevaux des compagnies de M. de Sansac et de M. de Langey, qui en sortaient. Sa Seigneurie les chargea avec tant d'impétuosité qu'elle les eut bientôt rompus et mis en fuite, non sans leur avoir fait beaucoup de prisonniers et tué quelques hommes. Ils opérèrent leur retraite sur Vitry pour rejoindre M. de Brissac. Mais

(1) François Rafin de Pothon ou Poton, sénéchal d'Agénais.
(2) Ils avaient dû en traverser deux : la Saulx et la Chée.
(3) Du chemin de traverse qu'ils auraient suivi d'après Paillard, Changy n'est pas au delà, mais au-dessus de Vitry.
(4) Il semble d'après notre ambassadeur que Francesco n'aurait pas été seulement le héros de la journée, mais encore le chef de l'expédition.

il avait déjà quitté la ville, lui, ses capitaines et toute la garnison, avec vivres et bagages, pour prendre le chemin de Châlons.

Cependant les Allemands du marquis et du comte Guillaume n'étaient pas encore arrivés, non plus que ceux du duc qui ne rejoignit que plus tard Sa Seigneurie. Quoique réduit à ses seules forces, don Francesco s'attache à la poursuite des chevaux qui fuyaient sur Vitry, atteint le gros des troupes de M. de Brissac et les met en pleine déroute. M. de Brissac lui-même, serré de tous côtés, est contraint de se rendre au baron de Corlaon, gentilhomme bourguignon de la maison de l'empereur et zélé serviteur de sa Seigneurie. Ce second combat eut lieu, si j'ai bien compris, dans un autre village (1), au passage d'une rivière (2).

Un grand nombre de chevaux italiens, et notamment ceux du capitaine Giugeri, étaient restés à butiner dans le village où avait eu lieu le premier engagement; il y en eut même qui s'en retournèrent droit au camp avec les prisonniers et le butin qu'ils avaient faits. Cet acte d'indiscipline, qui mériterait d'être sévèrement puni, avait sensiblement affaibli don Francesco; il ne lui restait que fort peu de chevaux et ses capitaines. Ces derniers étaient le seigneur Alexandre de Gonzague, M. de Dissey, venu tard avec ses chevaux bourguignons, le seigneur Scipion de Gennaro qui s'est brillamment conduit et a été légèrement blessé à la main droite comme il tenait son épée et celle d'un prisonnier qui venait de se rendre, le seigneur Jules-César Brancaccio : lui et ses arquebusiers à cheval ont fait des prodiges de valeur, et enfin le capitaine Pozzo qui n'a pas quitté un instant Sa Seigneurie et s'est montré à la fois homme de cœur et de tête.

Si le seigneur don Francesco avait eu plus de monde avec lui, il eût remporté une victoire complète. Mais les Français et San Pietro, Corse, s'étant aperçus du petit nombre des chevaux italiens, firent volte-face, se portèrent au secours de M. de Brissac et parvinrent à le dégager. En se retirant, ils firent quatre prisonniers de marque : Jean Alphonse de Bisballe qui, ayant de mauvais yeux, avait poussé trop avant, M. de Diest (3), neveu de M. d'Andelot (4) et deux gentilshommes de la maison de l'empereur.

Le marquis de Terranova (5), je parle du fils, jeune et petit, mais brave, se trouvait avec Sa Seigneurie; il ne tarit point sur son courage et son ardeur, sa prudence et son sang-froid. Si les chevaux allemands, moins lents, eussent mieux secondé les chevaux italiens,

---

(1) Couvrot.
(2) La Marne.
(3) Diest, dans le Brabant, sur la Demer.
(4) Jean d'Andelot, gentilhomme comtois grand maître de l'ordre d'Alcantara, lieutenant du grand écuyer Boussu, souvent chargé par l'empereur de missions importantes.
(5) Il y a une « Terranova » au sud de la Sicile et une autre au nord-est de la Sardaigne.

pas un ennemi n'échappait : cavaliers et piétons, tout eût été tué ou pris. Le seigneur don Francesco n'en a pas moins fait subir aux Français de grandes pertes : près de 1 500 hommes tués, noyés ou pris, sans parler des bagages et des chevaux capturés. Je n'ai pas vu un seul de ses soldats qui n'eût ou un prisonnier ou un cheval ou autre chose.

Il y avait dans l'arrière-garde française 300 hommes de pied italiens avec leurs bagages et quelques chevaux qui, pressés de fuir, les abandonnèrent. Comme ils désespéraient d'arriver à temps pour passer sur le pont d'une rivière qui n'était pas guéable (1), ils se réfugièrent dans une église, se mirent à tirer du haut du clocher des coups d'arquebuse sur les chevaux du seigneur don Francesco qui ne les avaient pas aperçus et tuèrent un gentilhomme (2). Sa Seigneurie leur envoya dire que s'ils voulaient se rendre elle leur ferait grâce de la vie. Mais, comme voués à la mort par la fatalité, ils répondirent par de nouveaux coups d'arquebuse, des blasphèmes et des bravades. L'arrivée des gens de pied avec de l'artillerie put seule les décider à demander merci, mais il n'était plus temps. Le comte Guillaume avait été légèrement blessé d'un coup d'arquebuse et un de ses capitaines avait été tué; les Allemands étaient furieux. Le seigneur don Francesco ne pouvait leur arracher leur proie qu'au risque de les soulever contre lui. Tous ces pauvres gens furent massacrés, et de 260 qu'ils pouvaient être, il n'y en eut que cinq qui échappèrent à la mort. Le magnifique messire Silvio Trotto avait rendu des services aux Allemands. Ils le traitèrent en gentilhomme et lui accordèrent la vie d'un ennemi : c'était un pauvre enfant français qu'ils allaient tuer avec les autres.

Les fils de Ferrare, gentilshommes et soldats, se sont montrés superbes; ils ont vaillamment secondé Sa Seigneurie et partagé avec elle les fatigues et les dangers de cette glorieuse journée.

Lorsque les Français eurent passé le pont, fuyant éperdument vers Châlons, don Francesco pria et supplia le duc Maurice et le marquis de se mettre avec lui à leur poursuite pour compléter la victoire; ils s'en excusèrent en disant que leurs chevaux n'en pouvaient plus. Il est certain que si l'on eût vigoureusement poursuivi les fuyards, San Pietro, Corse, avec tout ce qui restait de gens de pied, de bagages et peut-être même de chevaux, eût été pris ou tué.

J'ai terminé ma lettre aujourd'hui 26. C'est aujourd'hui que don Francesco est revenu de Vitry en compagnie du vice-roi qui s'y était rendu hier matin. Je ne saurais exprimer à Votre Excellence la joie que cette victoire cause à l'empereur et à M. de Granvelle, ainsi qu'à toute la cour et à toute l'armée.

(1) Feruffino et Navager parlent d'un pont sur la Marne, mais ils n'assistaient pas au combat. Francesco d'Este, qui le dirigea, ne parle que d'un gué. « Il n'y eut jamais, croyons-nous, de pont à Couvrot », dit PAILLARD, p. 199.
(2) M. de Hallewin, Hallwin ou Halluin.

Le jour même de ce brillant fait d'armes, un Turc, ancien chevau-léger de Sa Seigneurie passé à l'ennemi, faisait avec quelques chevaux français une prise importante : il capturait quelques mulets de l'empereur et de l'archiduc Maximilien, la plupart de ceux de don Fernand et de don Francesco et bon nombre de cavaliers qui étaient allés au fourrage. Heureusement les chevaux de Scipion de Gennaro, en revenant de Vitry au camp, ont recouvré le tout, mais sans pouvoir mettre la main sur le traitre lui-même.

On a laissé à Vitry deux enseignes de gens de pied et 200 chevaux allemands. La ville a été détruite. On n'a conservé qu'un fort pour surveiller la campagne entre Saint-Dizier et Vitry et protéger les fourrageurs, car elle abonde en fourrage...

Le siège de Saint-Dizier suit son cours sans que les assiégés donnent signe de vie. Aussi travaille-t-on sans relâche avec le pic et la houe. On construit un cavalier pour battre et enlever plus sûrement les défenses de ce côté de la place. On se croit à la veille de prendre la ville...

J'avais tant de choses à raconter sur le beau succès de don Francesco que j'ai oublié de dire à Votre Excellence qu'il avait pris 10 drapeaux : 8 d'infanterie et 2 de cavalerie.

De Votre, etc.

Hieronymo FERUFFINO.

19.

Du camp de Saint-Dizier, le 28 juillet 1544.

Vitry brûlé par la garnison allemande. — Échange de prisonniers. — On fortifie Châlons.

Mon très illustre, très excellent et très honoré Seigneur,

... Hier, au grand déplaisir de don Francesco et contrairement aux ordres de Sa Majesté, les Allemands, laissés à la garde du château de Vitry, l'ont entièrement brûlé, ainsi que la ville qui était grande et belle, dans une situation charmante, entourée de riants jardins et de superbes plaines. On croit qu'ils ont fait le coup pour n'avoir pas à y tenir garnison.

On avait envoyé à Châlons un trompette de don Francesco pour remettre à M. de Brissac quelques prisonniers rendus à la liberté ; il en a ramené ce matin 16 Espagnols pris ces jours-ci comme ils étaient à la maraude...

On a bandé les yeux au trompette avant de l'introduire dans la ville. C'était par représailles : ces jours derniers en effet, par ordre de don Fernand, on en avait usé de la sorte avec un trompette français à son arrivée au camp. On a laissé partir notre trompette sans lui remettre le bandeau ; il a donc pu voir qu'il y avait un grand nombre de pionniers et qu'on poussait avec une extrême activité les travaux de fortification. Il a rapporté en outre que le duc d'Orléans était à Reims, qui se trouve à 10 lieues de Châlons.

De Votre, etc.

Hieronymo FERUFFINO.

20.

Du camp de Saint-Dizier, le 29 juillet 1544.

Le temps se remet au beau. — Le siège continue sans incidents.

Mon très illustre, très excellent et très honoré Seigneur,

... Hier au soir le temps est devenu serein et il semble ce matin vouloir se maintenir au beau ; jusqu'à présent nous l'avons eu presque toujours mauvais.

Quant au siège, c'est toujours la même chose. On continue à travailler aux mines et au cavalier, avec la résolution de réussir à tout prix. Il n'en est pas moins vrai que cet arrêt devant Saint-Dizier permet aux Français de fortifier Châlons ; sans cela, pris au dépourvu, on l'aurait emporté sans coup férir. Je me demande seulement comment les Français vont s'y prendre pour mettre en état de défense une ville aussi vaste que Châlons. Enfin Dieu seul sait ce qu'il adviendra de cette guerre...

De Votre, etc.

Hieronymo FERUFFINO.

21.

Du camp de Saint-Dizier, le 31 juillet 1544.

Pourparlers de paix : M. de Berteville et le frère Gabriel de Guzman. — Opinion de don Francesco sur la fin de la guerre. — La rançon qu'a touchée don Fernand de ses prisonniers de Ligny. — Eloge de l'ingénieur Carbone. — L'ambassadeur résume ses dépêches précédentes, n'ayant pu en envoyer le double.

Mon très illustre, très excellent et très honoré Seigneur,

... *(En chiffres)*. M. de Berteville, lieutenant du comte de Brienne, était dans Ligny ; il se rendit prisonnier au marquis de Marignan et se racheta. Don Francesco m'a chargé d'écrire à Votre Excellence que ce personnage était venu deux fois au camp avec un sauf-conduit, qu'il était envoyé par les Français pour traiter de la paix et qu'il devait revenir. Sa Seigneurie m'a dit encore qu'un moine espagnol résidant en France, frère Gabriel de Guzman (1), avait écrit ici au confesseur de l'empereur pour avoir un sauf-conduit qui lui permit de se rendre au camp où il avait à négocier une affaire de la plus haute importance. Un trompette de M. de Brissac, porteur de la lettre, s'en ouvrit d'abord à don Francesco. Celui-ci en parla à l'empereur, qui lui dit qu'il pouvait renvoyer le trompette et qu'on répondrait plus tard. Peut-être semblait-il à Sa Majesté que M. de Berteville étant déjà venu et devant revenir, si l'on accordait encore un sauf-conduit à ce frère, on aurait l'air d'avoir un trop grand désir de la paix : c'est la raison sans doute qui lui faisait congédier le trompette sans lui donner de réponse. Mais celui-ci déclara au seigneur don Francesco qu'il avait l'ordre exprès de M. de Brissac de ne partir qu'après en avoir reçu une et qu'il était décidé à l'attendre. Sa Seigneurie en ayant référé à l'Empereur, celui-ci finit par lui dire de retenir le trompette, qu'il allait voir M. de Granvelle et qu'il se déciderait peut-être à accorder le sauf-conduit demandé. Ces pourparlers dont il m'a dit d'aviser Votre Excellence font croire à don Francesco que la guerre va se terminer sous peu de jours ici après la prise de Saint-Dizier. Son opinion est très ferme là-dessus et je la crois fondée, à cela près que ce siège pourrait bien se prolonger plus longtemps qu'on ne pense.

On assure que don Fernand a touché de ses prisonniers de Ligny 20 à 25 000 écus de rançon. Comme les Espagnols se plaignaient du maigre butin qu'ils avaient fait dans cette ville, il a distribué différentes sommes à leurs capitaines, 500 écus à l'un et 200 à l'autre, 100 à celui-ci et 50 à celui-là. Il aurait dit à ses intimes qu'il se proposait de donner 4 à 5 000 écus à don Francesco, non seulement parce qu'il s'était signalé dans toutes les affaires, mais encore parce qu'il lui revenait une certaine part sur les prisonniers de Ligny. Il est très vrai que ceux-ci dirent à plusieurs reprises qu'ils se rendaient à don Fernand et à don Francesco, bien que Sa Seigneurie se récusât et leur enjoignit de se rendre au seul général en chef...

Le seigneur Murano Carbone, gentilhomme de France, dont j'ai souvent parlé à Votre Excellence, fut pris dans Commercy, que le roi l'avait chargé de fortifier. Il y exécuta de nombreux et excellents travaux pour le peu de temps qu'il y fut. J'ai ouï dire que l'empereur mettait Commercy de beaucoup au-dessus de Ligny... Il a du talent et du jugement et n'est point sans lettres ; du reste un parfait

---

(1) Il était de l'ordre de Saint-Dominique et confesseur de la reine Éléonore, sœur de Charles-Quint. « ... et par bonne ruse (l'empereur) suscita un moyne, qu'on appela depuis le *moyne de la paix*, qui fit la bonne paix ». BRANTÔME, t. III, p. 162.

honnête homme. Il est fort versé dans les choses de la guerre. Il y a une trentaine d'années qu'il sert la France. Il a commandé 1 000 et jusqu'à 2 000 hommes de pied. Il a toujours été en grand crédit à cause de ses bons et loyaux services...

Je n'ai pu envoyer avec cette dépêche le double de celles des 18, 21, 22, 24, 26, 28 et 29 de ce mois. J'espère que Votre Excellence les a reçues, du moins les plus importantes, et qu'elle connait la mort du prince d'Orange, l'assaut du 15 juillet, le parti qu'a pris l'empereur de se rendre maitre de Saint-Dizier avec le pic et la houe, et enfin le magnifique exploit de don Francesco chassant de Vitry M. de Brissac avec ses 2 000 gens de pied et ses 1 200 chevaux et lui infligeant, en tués, noyés ou pris, une perte de plus de 1 200 hommes...

De Votre, etc.

Hieronymo FERUFFINO.

22.

Du camp de Saint-Dizier, le 2 août 1544.

Résumé des dépêches précédentes. — L'ambassadeur d'Angleterre croit à la continuation de la guerre; don Francesco d'Este et le marquis de Marignan sont pour la paix. — Saint-Dizier manque de vivres et de poudre.

Mon très-illustre, très-excellent et très honoré Seigneur,

J'ai dernièrement adressé deux plis à Votre Excellence : l'un renfermait mes dépêches des 18, 21, 22, 24, 26, 28 et 29 juillet, et l'autre, celle du 31. Je vais récapituler, pour plus de précaution, les principaux faits qu'elles contiennent, en ajoutant certains détails qui me paraîtront intéressants.

J'ai annoncé à Votre Excellence l'arrivée de l'empereur devant Saint-Dizier le 13 juillet : don Fernand et don Francesco s'y trouvaient déjà depuis six ou sept jours avec le gros de l'armée; la mort du prince d'Orange; l'assaut du 15 juillet; le parti qu'avait pris l'empereur, en présence d'une place aussi forte et aussi bien défendue que Saint-Dizier, de s'en emparer avec le pic et la houe; la mort du capitaine Lalande; les pertes considérables qu'avaient faites à la fois les assiégés et l'armée impériale; enfin le magnifique exploit de don Francesco chassant de Vitry, ville importante, située à mi-chemin de Saint-Dizier à Châlons, M. de Brissac à la tête de 1 200 chevaux et de près de 3 000 gens de pied italiens et français et lui infligeant avec ses seuls chevau-légers, à peine épaulés par les chevaux et les gens de pied allemands avec 8 pièces d'artillerie — lui infligeant, dis-je, en tués, noyés ou pris, une perte de plus de 1 200 hommes, tant chevaux que gens de pied.

J'ai mandé en outre à Votre Excellence que le roi d'Angleterre était arrivé à Calais le 14 juillet, que le duc de Norfolk (1) et le lord du sceau privé (2) avec l'avant-garde et l'arrière-garde assiégeaient Montreuil depuis trois semaines, que de son côté le duc de Suffolk (3) avec le corps de bataille avait mis le siège devant Boulogne et enfin que le roi lui-même, d'après ce que le secrétaire d'État Paget (4) avait écrit à l'ambassadeur (5), après avoir pris quelque repos à Calais, allait se mettre en campagne à la tête de nombreuses troupes.

(*En chiffres*). J'ai rapporté au long dans ma dernière dépêche certaines informations que don Francesco m'avait données. Un lieutenant du comte de Brienne, pris à Ligny et mis ensuite en liberté, était venu deux fois au camp avec un sauf-conduit pour traiter de la paix. Un frère Gabriel de Guzman, demeurant en France, avait écrit ici au confesseur de l'empereur afin d'avoir un sauf-conduit qui lui permit de se rendre au camp pour une négociation importante.

Depuis, dans un entretien que j'ai eu avec l'ambassadeur d'Angleterre, celui-ci m'a dit que le roi de France faisait tout au monde pour arriver à un accommodement; il y emploie toutes sortes de personnes même de basse condition, sans négliger les prisonniers de guerre qui se trouvent soit auprès du roi d'Angleterre, soit auprès de l'empereur. Quant aux propositions que fait Sa Majesté très chrétienne pour obtenir la paix où une trêve où tout autre accord, l'ambassadeur ne les connaissait point. Mais il croyait savoir que les négociations ne sont pas plus avancées aujourd'hui qu'elles ne l'étaient ces mois derniers. Les faits d'ailleurs ne tarderaient pas à le montrer. Maître de Saint-Dizier, l'empereur est décidé à poursuivre la guerre et à marcher en avant, tandis que de son côté le roi d'Angleterre va résolûment entrer en campagne.

Cependant don Francesco, ainsi que le marquis de Marignan que j'ai vu hier encore, estiment qu'après la prise de Saint-Dizier il ne sera guère possible, à cause de la saison avancée, d'aller plus loin ni de rien entreprendre d'important. Le marquis m'a dit qu'assurément si l'empereur avait eu le moyen de faire vivre son armée pendant une couple de mois, il aurait pu faire beaucoup de mal au roi de France, mais que, somme toute, mieux valait pour lui conclure la paix : en cherchant à s'entre-détruire comme ils l'ont fait jusqu'ici, les deux souverains travaillent pour le Turc qui se rendra maître de tout.

Saint-Dizier manque de vivres et de poudre. Il a été impossible aux Français d'y faire entrer des vivres, et ils n'ont pu y introduire

(1) Thomas Howard, troisième duc de Norfolk (1474-1554).
(2) Lord John Russel.
(3) Charles Brandon, créé duc de Suffolk par Henri VIII en 1513.
(4) William Paget (1506-1563), nommé premier secrétaire d'État en 1543.
(5) Nicolas Wotton.

que 13 petits sacs de poudre, apportés par des cavaliers. On a pris quelques-uns de ceux-ci avec leur charge. Le marquis de Marignan, qui baise les mains à Votre Excellence, m'a montré hier un de ces petits sacs. Il est convaincu que la place ne tiendra plus longtemps et qu'elle sera prise dans 6 ou 8 jours.

On est persuadé que c'est M. de Granvelle ou l'empereur lui-même qui ont dit à l'ambassadeur d'Angleterre qu'aussitôt après s'être emparé de Saint-Dizier l'on marcherait en avant, et cela dans le but d'enlever tout prétexte au roi d'Angleterre et de l'obliger à s'engager à fond.

Je crois qu'aussitôt Saint-Dizier pris l'on en remettra les fortifications en état. De même pour Ligny et Commercy, si ce n'est déjà fait. Après cela l'on se dirigera vers la Flandre en faisant le plus de mal possible aux Français et en leur reprenant au besoin certaines places qu'ils détiennent, paraît-il, sur cette frontière...

De Votre, etc.

Hieronymo FERUFFINO.

23.

Du camp de Saint-Dizier, le 6 août 1544.

Démarches en faveur de la paix : le frère Gabriel de Guzman, M. de Berteville, un gentilhomme du duc de Lorraine. — Le pont d'assaut. — Dires d'un prisonnier sur la situation de Saint-Dizier. — L'empereur songerait à la retraite.

Mon très illustre, très excellent et très honoré Seigneur,

... (*En chiffres*) Le frère Gabriel de Guzman, muni d'un sauf-conduit, est venu conférer avec le confesseur de l'empereur; il était, paraît-il, envoyé par la reine (1). S'il faut en croire le nonce, la paix n'en serait pas plus avancée, le roi maintenant toutes ses prétentions. J'ai su par don Francesco qu'un M. de Berteville s'était de son côté présenté au camp avec un sauf-conduit. Quel a été le résultat de sa démarche? Je n'ai pu le découvrir. En ce moment on parle d'une trêve. L'ambassadeur d'Angleterre est convaincu qu'on va poursuivre la guerre et marcher en avant. Don Francesco et le marquis de Marignan estiment au contraire qu'après avoir pris Saint-Dizier il ne sera guère possible de rien faire de plus.

Outre les cavaliers qu'on élève et les mines qu'on pratique, un ingénieur du Frioul (2) construit un pont de bois des mieux ima-

(1) Éléonore, sœur de Charles-Quint, née en 1499, mariée en 1519 à Emmanuel de Portugal († 1521), remariée en 1530 à François Ier, morte en 1558.
(2) Maître Antoine de Tolmezzo.

ginés (1). Une cinquantaine de soldats y seront à couvert des coups d'arquebuse. Il ira développant ses parties successives clouées ensemble jusqu'aux remparts, les atteindra dans une dizaine de jours et dominera la place. Alors on donnera un second assaut.

J'ai dans plusieurs de mes dépêches antérieures parlé du premier, de la mort du prince d'Orange, des pertes nombreuses des Espagnols et des Allemands, de celles des assiégés et de la mort du capitaine Lalande.

J'ai déjà raconté aussi le beau fait d'armes de don Francesco et de ses chevau-légers. Du reste Votre Excellence en aura été informée par Sa Seigneurie elle-même.

Un soldat, sorti de la place, vient d'être fait prisonnier. Il dit que chaque homme reçoit deux pains par jour, mais pas de vin, que l'on creuse des puits pour avoir de l'eau, et que l'on continue à boire du vin à la table du comte de Sancerre...

(En chiffres). Je tiens du nonce qu'outre les autres personnes venues ici pour traiter de la paix, il s'est présenté un gentilhomme du duc de Lorraine et que c'est lui qui a le plus avancé la négociation. Malheureusement les propositions du roi restent invariables et elles sont loin de satisfaire l'empereur.

J'en étais là de ma dépêche lorsque don Francesco est venu me dire qu'on se croyait à la veille de prendre Saint-Dizier et qu'on parlait déjà de le mettre en état de défense, ainsi que Ligny et Commercy, et d'y laisser des garnisons, comme si l'on voulait terminer ici la campagne...

De Votre, etc.

Hieronymo FERUFFINO.

24.

Du camp de Saint-Dizier, le 8 août 1544 — terminée le 9.

Saint-Dizier parlemente. — Continuation des pourparlers de paix. — Vues de don Francesco d'Este sur la situation militaire.

Mon très illustre, très excellent et très honoré Seigneur,

... Ce matin le comte de Sancerre, qui commande en chef dans Saint-Dizier, a fait demander à don Fernand par un trompette un sauf-conduit pour deux de ses gentilshommes; ils devaient faire connaître à Son Excellence les conditions auxquelles on consentait à

(1) Le pont d'assaut, machine de siège très ancienne, diversement construite et nommée, au fond toujours la même. *Jean Errard,* p. 52, par MM. LALLEMAND et A. BOINETTE.

rendre la ville à l'empereur. Ils sont venus dans la journée. Leurs demandes n'ayant pas plu, on les a congédiés. Je parlerai d'eux tout à l'heure s'il y a lieu.

(En chiffres). Le nonce m'a dit que le frère Gabriel de Guzman repartait ce soir pour la France, peu satisfait de sa négociation, mais que M. de Berteville, lieutenant du comte de Brienne, allait revenir, et qu'il lui semblait en somme que les pourparlers de paix ou de trêve prenaient de la consistance.

Don Francesco croit fermement que, s'emparât-on aujourd'hui même de Saint-Dizier, on n'en serait pas moins obligé de s'arrêter et de clore la campagne. Outre que la saison est avancée, l'armée manque de tout. La situation est telle que ce sera beaucoup si l'on peut fortifier et approvisionner Saint-Dizier et Ligny et les pourvoir de garnisons suffisantes. Quant à marcher sur Châlons, il n'y a pas à y songer. Il y a d'abord la difficulté du fourrage. Ensuite, Châlons pris, il faudra le garder : de là l'entretien d'une grosse garnison, c'est-à-dire une dépense énorme.

Il en eût été autrement si l'empereur avait eu cinq ou six mille Italiens et une plus grande facilité de nourrir son armée; il y a tout lieu de croire qu'alors il eût pu sans trop de peine réduire le roi de France à la dernière extrémité.

(En clair). Les deux gentilshommes du comte de Sancerre doivent revenir. Je ne sais si je pourrai envoyer par ce courrier le résultat de cette seconde entrevue.

Don Francesco m'a dit que M. de Berteville était revenu hier soir, mais que l'empereur semblait compter fort peu sur un accord...

De Votre, etc.

Hieronymo Feruffino.

25.

Du camp de Saint-Dizier, le 9 août 1544.

On discute les clauses de la capitulation. — L'empereur paraît décidé à continuer la guerre.

Mon très illustre, très excellent et très honoré Seigneur,

On est en voie de se mettre d'accord sur les conditions de la capitulation. Voici les articles dont on est convenu aujourd'hui :

Les assiégés livreront la ville dans un délai de huit jours avec l'artillerie et les munitions qui s'y trouvent; ils sortiront enseignes déployées avec armes et bagages et avec deux pièces d'artillerie;

En attendant, on suspendra des deux côtés tous les travaux d'attaque ou de défense;

Ne sera considérée comme armée de secours qu'une armée assez nombreuse et assez forte pour pouvoir livrer bataille et faire lever le siège à l'empereur.

(En chiffres). Don Francesco m'apprend à l'instant qu'on parle de poursuivre la campagne. Dans ce cas, l'ambassadeur d'Angleterre aura dit vrai : c'est signe que les affaires de son maître vont bien et qu'il est disposé à une action vigoureuse.

Quoi qu'il en soit, si l'empereur se décide à marcher en avant, il faut croire qu'il a pris ses précautions et qu'il dispose de plus grandes ressources qu'on ne pensait. Peut-être aussi sait-il de bonne source que le roi de France est hors d'état de se défendre et qu'en voyant l'ennemi pénétrer jusqu'au cœur de son royaume il ne tardera pas à rabattre de ses prétentions...

De Votre, etc.

Hieronymo Feruffino.

26.

Du camp de Saint-Dizier, le 10 août 1544.

L'empereur ratifie la capitulation; envoi d'une copie de cet acte à Ferrare. — La tente des otages. — Incertitude sur ce que va faire l'empereur; raisons contre la marche en avant. — Critiques de Gastaldo.

Mon très illustre, très excellent et très honoré Seigneur,

Hier, comme je venais d'adresser à Votre Excellence un gros paquet de lettres de don Francesco et de moi, l'empereur a ratifié la capitulation. Conformément à une des clauses, le comte de Sancerre a envoyé six otages. On les a installés dans une tente qu'on a dressée loin des autres dans un espace vide au milieu de l'armée; ils ne bougent pas de là. J'ai vu ce matin des hallebardiers de l'empereur qui montaient la garde autour de leur tente. Je n'ai pas à revenir après don Francesco sur les pourparlers qui ont précédé l'accord. Votre Excellence verra dans ses lettres les conditions que demandèrent d'abord les assiégés et celles dont ils ont fini par se contenter; elle y trouvera aussi une copie de l'acte définitif.

(En chiffres). Don Francesco ne sait pas encore ce que va faire l'empereur après avoir pris possession de Saint-Dizier. Il lui semble comme à tout le monde que la marche en avant présente de nombreuses difficultés. Si l'empereur veut s'aventurer en personne dans l'intérieur de la France, il faut d'abord qu'il emmène avec lui toutes les forces dont il croira avoir besoin; il faut ensuite qu'il emporte tout l'argent nécessaire pour tout le temps que durera la campagne : car, une fois au cœur du pays, il n'aura plus le moyen de faire venir derrière lui ni argent ni soldats. Le roi de France au contraire sera

toujours à même de se renforcer; il aura toujours la facilité d'appeler non seulement des Suisses, mais encore des Italiens. L'empereur, il est vrai, va se grossir des 4 000 Allemands du capitaine Christophe de Landenberg qui doivent être proches, car il y a plus de quatre jours qu'ils étaient à Pont-à-Mousson; il attend également quelques troupes du roi de Danemark (1). Mais don Francesco ne croit pas que tout cela soit suffisant; il estime qu'il faudrait à l'empereur des renforts beaucoup plus considérables.

Je causais ce matin avec Jean-Baptiste Gastaldo; il m'a dit entre autres choses qu'on agissait avec une lenteur désespérante, qu'on n'y entendait rien et qu'on se conduisait en dépit du bon sens. Il ne fallait pas accorder un délai de huit jours aux assiégés, c'est courir un trop grand risque. En huit jours le roi de France peut mettre sur pied une grosse armée, livrer bataille et délivrer Saint-Dizier; cela lui est d'autant plus facile qu'il a rappelé ses troupes de Piémont et qu'il peut s'aider d'une bonne partie de celles qu'il a en Picardie contre les Anglais. Quant à la capitulation, il la trouve absolument glorieuse pour le comte de Sancerre...

De Votre, etc.

Hieronymo FERUFFINO.

27.

Du camp de Saint-Dizier, le 11 août 1544.

Confidences politiques : propos de table de l'ambassadeur d'Angleterre et de don Fernand. — De Saint-Dizier en Flandre.

Mon très illustre, très excellent et très honoré Seigneur,

(*En chiffres*). Ce matin l'ambassadeur d'Angleterre m'a prié à dîner. Il m'a dit en grand secret que les négociations allaient bon train, grâce surtout à l'ardeur qu'y mettait le roi de France. Sa Majesté très chrétienne allait envoyer à l'empereur un de ses gentilshommes avec des propositions qui lui agréeront peut-être, ainsi qu'au roi d'Angleterre; de son côté Sa Majesté impériale se disposait à adresser au roi d'Angleterre un de ses gentilshommes flamands.

Comme je rentrais dans ma tente, j'ai rencontré don Francesco qui venait de dîner avec don Fernand; je me suis empressé de lui communiquer les confidences que l'ambassadeur d'Angleterre m'avait faites sous le secret. Il m'a fait part à son tour de celles qu'il avait reçues de don Fernand en me priant de les transmettre à Votre Excellence. Don Fernand lui a dit que le roi de France, qui professe la plus vive amitié pour Votre Excellence — c'était la seconde fois depuis hier que don Fernand l'en assurait — avait le plus grand désir de con-

(1) Christian III.

clure la paix. Prochainement lui don Fernand ou M de Granvelle doivent se rendre auprès de Sa Majesté très chrétienne, mais ce sera probablement lui, le roi de France l'honorant de sa confiance. Ce n'est pas seulement comme négociateur de la paix que Leurs Majestés impériale et très chrétienne lui font l'honneur de l'employer; elles lui réservent encore le commandement en chef de l'expédition qu'elles se proposent de faire de concert en Hongrie contre le Turc, les Français ayant déclaré ne vouloir marcher que sous ses ordres. Enfin don Fernand est convaincu que tout va s'arranger par le mariage de la fille de l'empereur (1) avec le duc d'Orléans à qui l'on donnera soit l'Etat de Milan, le duché de Savoie ou la Flandre...

A mon avis, et c'est au fond, je crois, celui de l'ambassadeur d'Angleterre, les négociations ne sont pas près d'aboutir et la guerre va suivre son cours. Dans ce cas, si, au lieu d'avancer, le roi d'Angleterre continue à assiéger les villes du littoral, il est probable que l'empereur n'ira pas à Châlons et de là à Paris. Il marchera sur les places de Sedan et de Mézières, la première à Robert de la Marck (2) et la seconde au roi de France, et ensuite sur Yvoy que les Français occupent dans le duché de Luxembourg. Après, c'est le Luxembourg, qui mène en Flandre. Ces trois villes prises, la voie devient libre et grande ouverte jusqu'à Saint-Dizier. L'empereur pourra le ravitailler à son aise et par là pénétrer en France quand bon lui semblera...

De Votre, etc.

Hieronymo FERUFFINO.

28.

De la très heureuse armée impériale près Saint-Dizier,
le 13 août 1544.

On fait fête aux otages. — Les melons de Châlons. — Effet produit par les bruits de paix sur les différents ambassadeurs. — Le roi de France, les princes allemands et l'empereur. — Nombre et composition de l'armée française. — On ne croit pas qu'elle essaiera de dégager Saint-Dizier; sécurité dans le camp impérial. — Arrivée des Allemands de Christophe de Landenberg.

Mon très illustre, très excellent et très honoré Seigneur,

... Votre Excellence aura appris par la lettre de don Francesco et par les miennes les clauses de la capitulation de Saint-Dizier. La ville

(1) Marie, fille de Charles-Quint, mariée en 1548 à l'archiduc Maximilien, fils aîné de Ferdinand, roi des Romains.
(2) Robert IV de la Marck (1520-1556), maréchal de France en 1547, premier duc de Bouillon reconnu comme duc en France. BRANTÔME, t. III, p. 190 et *passim*.

sera remise à l'empereur ou à son représentant dans la matinée de dimanche 17 courant.

(En chiffres). Quant aux négociations, aux diverses démarches du roi de France auprès de l'empereur et du roi d'Angleterre, et au départ de M. de Granvelle pour la France, qui, d'après ce que don Fernand a confié à don Francesco, doit avoir lieu sous peu, je m'en réfère à ma dépêche du 11 courant que j'ai remise à la poste publique passant par Mantoue et Bologne.

On ne saurait mieux traiter qu'on ne fait les six otages français. On leur offre des banquets, on les entoure d'égards, on est aux petits soins avec eux.

M. de Brissac envoie à don Francesco des melons et des fruits de Châlons; l'empereur, don Fernand, M. de Granvelle et d'autres seigneurs en ont leur part.

C'est le nonce que tous ces bruits de paix rendent rêveur; le rétablissement de l'amitié entre les trois souverains ne lui dit rien qui vaille pour son maître (1). L'ambassadeur de Venise ne paraît pas non plus autrement satisfait. En revanche l'ambassadeur d'Angleterre est rayonnant. Ce matin encore il me disait dans un accès de gaieté familière : « C'est le duc ton maître qui serait content si la paix se faisait! Et il aurait raison, car il y gagnerait »...

(En clair). J'ai appris de bonne source que le roi de France avait écrit ces jours-ci aux seigneurs d'Allemagne pour les détacher de l'empereur, mais que ceux-ci s'étaient empressés d'envoyer sa lettre à Sa Majesté impériale comme une preuve de leur inaltérable dévouement.

Outre un certain nombre de Suisses, 4 000 Allemands seraient arrivés, à ce qu'on dit, au camp français, près de Châlons. Il y aurait là, paraît-il, Suisses, Allemands, Italiens et Français compris, une trentaine de mille hommes.

On n'a pas l'air de croire ici que l'armée française se portera en avant pour débloquer Saint-Dizier. Nul signe d'inquiétude, nul mouvement de troupes. Le camp offre le même aspect, chaque corps occupe la même place qu'au commencement. La capitulation, contrairement à ce qu'on aurait pu croire, n'a amené aucun changement.

Les 4 000 Allemands de Christophe de Landenberg sont arrivés, du moins en partie ; leur capitaine serait, paraît-il, resté en arrière avec trois ou quatre enseignes pour assurer le passage.

De Votre, etc.

Hieronymo FERUFFINO

---

(1) Paul III.

29.

De la très heureuse armée impériale près Saint-Dizier,
le 14 août 1544.

Prise de Boulogne par les Anglais : ses conséquences au point de vue de la paix. — On se prépare à marcher sur Châlons. — M. de Berteville disparaît comme négociateur, mais le frère Gabriel de Guzman reste. — Don Fernand et M. de Granvelle sur la manière de conduire les négociations.

Mon très illustre, très excellent et très honoré Seigneur,

Le courrier d'Italie n'est pas parti ce matin.

L'ambassadeur d'Angleterre m'a fait dire par son secrétaire que l'empereur avait été avisé hier dans la nuit qu'un gentilhomme du roi son maître venait d'arriver à Ligny, qu'il en partirait aujourd'hui avec l'escorte et qu'il apporte à Sa Majesté impériale la nouvelle de la prise de Boulogne en Picardie. Si le fait est vrai, il est gros de conséquences. Il est clair que les Français vont redoubler d'efforts pour obtenir la paix; si les négociations échouent, ce ne sera pas certainement de leur faute. J'ai toujours pensé d'ailleurs que s'ils avaient mis jusqu'ici tant d'ardeur à traiter, ce n'était pas seulement à cause des progrès des armes impériales, mais encore en prévision des coups qu'allait leur porter le roi d'Angleterre. La perte de Boulogne serait tout autrement considérable pour la France que n'eût été celle de Montreuil; du reste, Boulogne prise, Montreuil ne peut tenir.

J'apprends que le courrier d'Italie doit partir dans une heure ; je vais lui faire tenir cette dépêche. Si l'envoyé du roi d'Angleterre arrive avant le départ du courrier, l'ambassadeur saura par les lettres qu'il lui apporte si la nouvelle de la prise de Boulogne est vraie et je pourrai m'en informer auprès de lui : dans ce cas j'en instruirai Votre Excellence par une seconde dépêche. Si Votre Excellence ne reçoit que celle-ci, c'est que je n'aurai pas eu le temps d'en expédier une autre.

(*En chiffres*). Don Francesco, à qui j'avais dit que j'allais écrire à Votre Excellence, m'apporte à l'instant une poignée de nouvelles. On fait tous les préparatifs nécessaires pour marcher sur Châlons : arrivé là, l'empereur délibérera sur ce qu'il doit faire et prendra le parti qui lui paraîtra le plus conforme à ses intérêts. M. de Berteville est parti et ne reviendra plus; mais le frère Gabriel de Guzman doit revenir. Don Fernand et M. de Granvelle ne sont pas d'accord sur la marche à suivre dans les négociations. M. de Granvelle voudrait que le roi de France formulât d'abord ses conditions. Don Fernand répond que ce n'est pas connaître le caractère des Français et qu'ils mettront leur point d'honneur à ne faire que des propositions inacceptables. Le

seul moyen d'aboutir, et c'est d'ailleurs celui que les Français indiquent eux-mêmes, serait que l'empereur l'envoyât, lui don Fernand, traiter avec le roi de France. Du reste don Fernand ne se soucie pas d'une telle mission et dit qu'elle revient à M. de Granvelle, qui ne s'en soucie pas davantage...
De Votre, etc.

Hieronymo Feruffino.

30.

De la très heureuse armée impériale près Saint-Dizier, le 14 août 1544.

Rien de certain encore sur la prise de Boulogne. — Arrivée du duc de Lorraine.

Mon très illustre, très excellent et très honoré Seigneur,

J'ai ce matin donné avis à Votre Excellence de la prise de Boulogne. D'après des lettres venues de Ligny dans l'après-midi, le courrier du roi d'Angleterre aurait dit qu'il avait quitté le camp au moment où l'on allait donner l'assaut et qu'il mettrait sa tête à couper que Boulogne est prise. Ce n'est que demain qu'on saura exactement à quoi s'en tenir. L'escorte avance lentement, accompagnant de l'argent, des vivres et nombre de gens venant de Metz, parmi lesquels le courrier du roi d'Angleterre et, j'en suis sûr, Bonacciolo (1).

Le duc de Lorraine (2) est arrivé vers l'heure du diner. Il est descendu chez l'empereur avec lequel il est resté quelque temps. Il s'est rendu ensuite avec don Fernand chez M. de Granvelle où l'on vient de les laisser tous les trois ensemble. Ce ne peut être une visite de pure courtoisie que le duc fait à l'empereur; il était déjà venu à Metz lui rendre ses hommages. Il est clair pour moi qu'il est chargé d'une mission. Je ne pense pas qu'il séjourne longtemps : l'empereur est tout entier aux choses de la guerre qui ne souffrent point de retard, et d'ailleurs le duc ne pourrait être que fort mal logé. Si, comme je le crois, le roi de France l'envoie pour négocier la paix, c'est que, sans parler des progrès de l'empereur de ce côté, ses affaires ne doivent pas être brillantes en Picardie.
De Votre, etc.

Hieronymo Feruffino.

---

(1) Carignan s'étant rendu le 20 juin au comte d'Enghien, les Espagnols qui formaient une partie de la garnison s'emparèrent de Brescello, place du duché de Ferrare. Le duc en réclame la restitution; Bonacciolo parait l'avoir obtenue.

(2) François I*er*.

31.

De la très heureuse armée impériale près Saint-Dizier,
le 17 août 1544.

*Arrivée de Bonacciolo, agent du duc de Ferrare. — Le frère Gabriel
de Guzman continue ses allées et venues. — Détails sur l'évacuation
de Saint-Dizier.*

Mon très illustre, très excellent et très honoré Seigneur,

Bonacciolo est arrivé le 14, comme il a dû l'écrire à Votre Excellence, mais il n'a pu avoir encore d'entretien sérieux avec Sa Majesté impériale. Il vient à un moment où trois grandes affaires occupent l'empereur : la reddition de Saint-Dizier, la discussion du projet de paix apporté par le duc de Lorraine et enfin de graves déterminations à prendre en conseil sur la conduite de la guerre, notamment sur le *quid agendum* après avoir occupé et approvisionné Saint-Dizier ..

(En chiffres). Le frère Gabriel de Guzman, continuant ses allées et venues entre la cour de France et le camp impérial, est venu encore une fois et reparti ce matin. D'après ce que le confesseur de l'empereur vient de dire au nonce qui me l'a répété, les négociations prennent une bonne tournure et il y a lieu d'espérer que la paix se fera...

Les Français ont évacué Saint-Dizier ce matin; ils ont remis la ville entre les mains de don Fernand. L'empereur avait consenti que le roi de France envoyât deux cents chevaux pour remonter les gentilshommes et hommes d'armes du comte de Sancerre; il ne leur a rien envoyé : on en conclut qu'il est mécontent de leur conduite. On ne sait pas encore ce qu'il y a d'artillerie et de munitions dans la place. Défense avait été publiée de se trouver au départ des Français. J'ai fait le tour de la ville; elle m'a paru très forte. Je vais pouvoir maintenant en visiter l'intérieur; je ferai part de mes impressions à Votre Excellence...

On croit qu'on va rester ici trois ou quatre jours encore. On verra ensuite le chemin que prendra l'empereur.

De Votre, etc.

Hieronymo FERUFFINO.

32.

De la très heureuse armée impériale près Saint-Dizier,
le 20 août 1544.

On presse les négociations : M. d'Annebaut et M. de l'Aubespine. — Expédition de Joinville. — On attend des nouvelles de Boulogne.

Mon très illustre, très excellent et très honoré Seigneur,

... *(En chiffres)*. J'ai écrit à Votre Excellence que, d'après ce que don Fernand avait confié à don Francesco, lui ou M. de Granvelle seraient envoyés auprès du roi de France qui en avait exprimé lui-même le désir. Mais j'ai négligé de l'informer de ce que m'avait dit l'ambassadeur d'Angleterre, tant cela me paraissait invraisemblable : d'après lui, la visite du duc de Lorraine avait pour unique objet de demander à l'empereur un sauf-conduit pour un personnage que le roi voulait lui envoyer en qualité de négociateur. Quant à ce que don Fernand a dit à don Francesco, la chose est fort croyable et peut-être y sera-t-il donné suite après que les agents du roi auront vu l'empereur. Le roi les a chargés de lui dire qu'il avait quatre partis à lui proposer, tous également acceptables, mais dont l'un surtout était fait pour lui plaire.

Votre Excellence voit que les négociations se poursuivent avec activité. Le sauf-conduit demandé avait été délivré au nom de M. d'Annebaut. Mais, à ce que m'a raconté le nonce, le roi tenait à envoyer d'abord Claude de l'Aubespine (1), secrétaire de ses finances, qui est particulièrement au courant de ses intentions. Celui-ci a donc fait demander de Châlons un sauf-conduit à son nom pour pouvoir se présenter sans M. l'amiral. La demande a surpris l'empereur et ses ministres, mais on a fini par expédier le sauf-conduit.

Hier, à une heure de nuit, don Francesco reçut l'ordre de marcher sur Joinville, terre de M. de Guise, située à 6 lieues d'ici ; il est parti avec ses chevau-légers, les hommes d'armes du grand écuyer M. de Bossu, nombre de gentilshommes de la maison de l'empereur, tous les gens de pied espagnols, à l'exception d'une poignée qui occupe Saint-Dizier, et de l'artillerie. Je me demande pourquoi cette expédition en pleins pourparlers de paix et lorsque le roi se dispose à envoyer un personnage pour traiter avec l'empereur ; elle me semble plutôt propre à irriter les Français et à entraver les négociations. Ces seigneurs croient sans doute que la prise de Joinville rendra le roi plus accommodant et qu'ils en obtiendront des conditions plus avantageuses, ou peut-être jugent-ils nécessaire, pour le cas où la paix

(1) Claude de l'Aubespine, baron de Châteauneuf, secrétaire d'État, mort en 1567.

échouerait, de détruire une ville d'où les Français inquiéteraient sans cesse la garnison impériale de Saint-Dizier. Quoi qu'il en soit, si Boulogne vient à être prise, et l'ambassadeur d'Angleterre en attend d'heure en heure la nouvelle, il est à croire que les Français feront tout au monde pour conclure la paix. Je rendrai compte dans ma première dépêche du résultat de l'expédition de Joinville...

De Votre, etc.

Hieronymo FERUFFINO.

33.

De la très heureuse armée impériale près Saint-Dizier,
le 20 août 1544.

Prise de Joinville.

Mon très illustre, très excellent et très honoré Seigneur,

Je venais de faire remettre au nonce mon courrier d'aujourd'hui lorsque la nouvelle est arrivée que Joinville s'était d'abord rendue à discrétion à don Francesco, sans attendre le canon. Les détails à ma première dépêche...

De Votre, etc.

Hieronymo FERUFFINO

34.

De la très heureuse armée impériale près Saint-Dizier,
le 21 août 1544.

Incendie de Joinville. — Prochaine levée du camp. — On attend M. de l'Aubespine.

Mon très illustre, très excellent et très honoré Seigneur,

Don Francesco est revenu de Joinville avec ses troupes. La ville s'est rendue sur-le-champ; elle a été brûlée selon l'ordre donné, sauf le château qui est magnifique. La ville aussi était belle ; mais l'incendie est l'ordinaire fruit de la guerre.

On croit que l'empereur partira d'ici avec toute l'armée après-demain 23, laissant dans Saint-Dizier une garnison convenable; il prendra la direction de Vitry et ira camper à deux lieues d'ici, en un village placé sur la route de Châlons où l'on a déjà tout préparé.

M. de l'Aubespine, secrétaire d'État aux finances, doit arriver demain...

De Votre, etc.

Hieronymo FERUFFINO.

35.

De la très heureuse armée impériale près Saint-Dizier, le 22 août 1544.

Arrivée de M. de l'Aubespine. — L'empereur se renforce. — Détails sur la prise de Joinville. — Une pointe du côté de Bar-le-Duc. — On munit Saint-Dizier. — Don Francesco d'Este se défend d'avoir brûlé Joinville.

Mon très illustre, très excellent et très honoré Seigneur,

... J'avais déjà fait remettre mon courrier quand est arrivé hier au soir M. de l'Aubespine, secrétaire des finances du roi. J'ai précédemment écrit à Votre Excellence qu'on lui avait envoyé un sauf-conduit pour lui permettre de venir traiter. Le roi en avait d'abord demandé un avec instance pour M. d'Annebaut. On en demanda ensuite un autre pour M. de l'Aubespine, en disant que de son côté M. d'Annebaut ne tarderait pas à se présenter. Il paraît en effet qu'il est déjà à Châlons. M. de l'Aubespine a dîné ce matin chez M. de Granvelle avec don Fernand et don Francesco et doit repartir ce soir pour Châlons. C'est tout ce que je sais jusqu'à présent. Il est certain qu'on mène rondement les négociations et qu'au train dont on y va nous saurons dans huit jours à quoi nous en tenir. Si, pour le malheur de la chrétienté, l'on n'arrive pas à se mettre d'accord, la guerre continuera plus acharnée et plus terrible que jamais. Je tiens de bonne source que l'empereur fait encore venir d'Allemagne 2 000 reîtres et nombre de gens de pied.

Don Francesco est revenu hier de Joinville, bonne et belle ville de M. de Guise. J'ai dit à Votre Excellence qu'il avait reçu l'ordre de la brûler; le château seul, qui est très beau, a été épargné. On y a trouvé fort peu de gens de guerre et d'habitants. On y a pris des chevaux, des bœufs, d'autres choses encore; on a fait aussi quelques prisonniers.

On a dirigé aujourd'hui du côté de Bar-le-Duc un corps de 4 000 hommes de pied allemands avec un certain nombre de chevaux également allemands; le but de l'expédition est de détruire une forteresse d'où les Français qui l'occupent en force interceptent les communications entre Ligny et le camp impérial.

Ce n'est pas demain, mais lundi ou mardi, paraît-il, c'est-à-dire le

25 ou le 26 courant, que l'on prendra la route de Vitry et Châlons. On achève de munir Saint-Dizier; il est probable que les Espagnols, qui jusqu'ici y ont tenu garnison, seront remplacés par des Allemands. On attend en outre de l'argent et des vivres...

Ce sont les serviteurs et les soldats de don Francesco qui, à leur retour de Joinville, ont dit qu'ils avaient laissé la ville en flammes. J'ai voulu en avoir le cœur net avant de terminer ma dépêche et m'en suis informé auprès de don Francesco lui-même. Il m'a déclaré que c'était faux. Il avait commencé, il est vrai, à faire mettre le feu à trois ou quatre maisons, mais il l'avait fait aussitôt éteindre. Il se dit que l'empereur serait toujours à même de détruire la ville puisqu'on y laissait un capitaine espagnol avec sa compagnie, lequel vraisemblablement resterait là jusqu'à la fin des négociations. Dieu veuille qu'elles réussisent et nous donnent la paix!...

De Votre, etc.

Hieronymo FERUFFINO.

36

De la très heureuse armée impériale près Saint-Dizier, le 24 août 1544.

Propositions du roi; réponse de l'empereur. — Plan de campagne du généralissime. — Le duc de Lorraine en France. — L'armée partira demain matin.

Mon très illustre, très excellent et très honoré Seigneur,

... Hier arrivèrent au camp de nombreuses voitures de munitions et de salaisons.

On ne croit pas que l'armée prenne demain la route de Vitry et Châlons; le départ n'aurait lieu qu'après-demain. Demain on attend M. d'Annebaut; je n'ai rien appris de nouveau au sujet des négociations.

(En chiffres). Toutefois don Francesco me charge d'écrire à Votre Excellence que le roi a fait proposer ces jours-ci les deux partis suivants à l'empereur : la main de sa fille avec le Milanais pour le duc d'Orléans, ou l'abandon et la remise entre les mains du roi de tout l'État de Savoie avec le Piémont et le pays d'Asti; dans ce second cas, le roi dédommagerait le duc de Savoie (1). Si l'empereur adopte le premier parti, le roi rendra la Savoie au duc. L'empereur a répondu que, fût-il prisonnier du roi, il n'accepterait point de sem-

(1) Charles III, duc de Savoie (1504-1553), dépouillé de la plus grande part de son État par François 1er en 1536. BRANTÔME, t. II, p. 143.

blables conditions, et qu'il les acceptait encore moins aujourd'hui qu'il était victorieux et en train de poursuivre ses succès sur le royaume de France. Pour ce qui était du mariage, il offrait une fille du roi des Romains pour le duc d'Orléans. Don Francesco ne connaît pas les nouvelles propositions du roi après cette réponse de l'empereur.

Sur la conduite de la guerre au cas où l'on n'arriverait pas à conclure la paix ou une trêve ou une suspension d'armes, don Francesco est du même avis que moi. Il ne croit pas qu'on marche sur Châlons, mais on fera une démonstration de ce côté pour peser sur les négociations et obtenir des conditions plus avantageuses. On ira donc à Vitry, Mais de là, si aucun accord n'intervient, l'intention bien arrêtée du vice-roi est de se porter non sur Châlons, Reims ou Troyes, mais sur Mézières, Sedan et Ivoy, pour tâcher de les reprendre et de s'emparer de quelque place frontière le long du Luxembourg ou de la Flandre. J'ai exposé précédemment les raisons de cette marche.

Si le départ a lieu demain comme c'est probable, d'après ce que j'écris en clair à Votre Excellence, c'est, je pense, pour que M. d'Annebaut puisse constater par lui-même que les négociations n'empêchent pas l'empereur de poursuivre sa marche.

Le duc de Lorraine est en France; le roi l'aurait prié, paraît-il, de se rendre auprès de lui. L'empereur soupçonne fort le roi de vouloir en user avec la Lorraine comme il a fait avec la Savoie; il prend ses précautions et fait mettre garnison dans Bar-le-Duc où demeure la duchesse (1).

(*En clair*). Des personnes qui arrivent de la cour et le seigneur Scipion de Gennaro m'apprennent à l'instant que le départ de l'armée pour Vitry est définitivement fixé à demain matin...

De Votre, etc.

Hieronymo Feruffino.

37.

De la très heureuse armée impériale, Saint-Lumier,
le 29 août 1544.

La marche en avant : les trois premières étapes. — Les négociateurs des deux parties se réunissent dans l'église d'un village. — Conjectures sur les conditions de paix.

Mon très illustre, très excellent et très honoré Seigneur,

Conformément à ce que j'avais annoncé à Votre Excellence dans ma dépêche du 24, l'empereur levait le camp le lundi 25 et s'avan-

(1) Chrétienne de Danemark († 1590), fille de Christiern II, roi de Danemark, et d'Élisabeth ou Isabelle d'Autriche, sœur de Charles-Quint.

çait à deux lieues au delà de Saint-Dizier sur la route de Vitry. Le mardi, il campa à Vitry et dans les villages voisins que les habitants avaient abandonnés. Hier 28, il est arrivé ici, à cinq lieues de Châlons.

Pendant la marche d'hier, le marquis de Marignan — qui se recommande à Votre Excellence comme son plus dévoué serviteur — me dit, ce que je savais d'ailleurs, qu'on espérait beaucoup que la paix se ferait et qu'un fait entre autres paraissait l'indiquer. L'empereur avait envoyé le comte Guillaume de Fürstenberg occuper Bar-le-Duc de crainte que les Français ne s'en saisissent; on venait de le rappeler, lui et ses troupes. Cela montre, lui semble-t-il, que les négociations avancent et qu'on doit être près de se mettre d'accord.

Ce matin M. d'Annebaut et le vice-chancelier de France (1), accompagnés de 25 à 30 gentilshommes, sont arrivés en un village (2) situé à un petit mille italien d'ici, où ils avaient pris rendez-vous avec les ministres de l'empereur. Le vice-roi, M. de Granvelle et don Francesco y sont allés de leur côté avec une escorte de 30 ou 40 seigneurs; une troupe d'élite, composée de gens de pied espagnols et de chevau-légers, les suivait à distance dans la campagne. Le vice-roi a fait apporter à dîner dans l'église du village disposée à cet effet. On s'est rencontré et embrassé près de l'église. Ensuite le vice-roi, M. d'Annebaut, M. de Granvelle et le vice-chancelier de France sont entrés pour se mettre à table. Le dîner terminé, on s'est retiré dans une pièce où l'on est resté près de trois heures. Il y avait là, pour l'empereur, le vice-roi, M. de Granvelle, M. d'Arras et Idiaquez (3), et, pour le roi, M. d'Annebaut, le vice-chancelier de France et trois autres personnes, secrétaires ou autres, dont je ne connais pas encore les noms. Don Francesco se tenait dans la campagne avec ses chevau-légers. Les négociateurs se sont séparés sans paraître autrement satisfaits du résultat de leur conférence. Aussi ne règne-t-il plus la même confiance en une solution pacifique que montraient hier le nonce et beaucoup d'autres. Autre circonstance de mauvais augure : demain matin l'armée poursuivra sa marche sur Châlons. Tout cela fait croire que la paix rencontre beaucoup plus de difficultés qu'on ne pouvait le supposer. On dit cependant que les ministres du roi doivent avoir dans deux ou trois jours une nouvelle conférence avec ceux de l'empereur...

Il ne court sur les conditions de paix que des bruits en l'air. On dit que l'empereur *(quod tamen minime a nonnullis creditur)* consent à donner au duc d'Orléans une fille du roi des Romains avec le Milanais; il garderait le duc d'Orléans auprès de lui et ne lui remettrait

---

(1) Errault de Chemans.
(2) Saint-Amand.
(3) Alfonso de Idiaquez, secrétaire de l'empereur en 1535, mort secrétaire d'État en 1547.

les places fortes du Milanais que lorsqu'il lui naitrait un fils. Le duc de Savoie rentrerait en possession de son État. Si cette nouvelle était vraie, on pourrait considérer la paix comme faite; mais l'ambassadeur d'Angleterre n'y croit pas et la tient pour invraisemblable...

Comme j'en étais là de ma dépêche, j'ai appris qu'on parlait du mariage de Mme Marguerite de France (1) avec l'archiduc Maximilien à qui l'on donnerait le duché de Milan. Il ne serait plus question, pour les motifs que l'on connait, de la fille ainée de l'empereur pour le duc d'Orléans; il épouserait une fille du roi des Romains avec je ne sais quelle dot...

De Votre, etc.

Hieronymo FERUFFINO.

38.

Du camp impérial, dans un village à 3 lieues de Châlons, le 31 août 1544.

Conjectures sur les conditions de paix.

Mon très illustre, très excellent et très honoré Seigneur,

... Aujourd'hui, comme je l'ai dit, l'empereur ira camper en vue de Châlons.

Demain les ministres du roi doivent avoir une nouvelle entrevue avec ceux de l'empereur.

Si l'on en croit le nonce et d'autres personnages, on peut considérer la paix comme faite. Mais on varie sur les conditions. Les uns disent qu'on donnera au duc d'Orléans une fille du roi des Romains avec le Milanais; l'empereur garderait le duc auprès de lui et ne lui remettrait les places fortes du Milanais que le jour où il aurait un fils. Les autres prétendent que l'empereur victorieux ne cédera point le Milanais et que cependant le duc de Savoie recouvrera ses États, dont le roi voudrait garder le Piémont ou la Bresse. Bref,pour les conditions de paix et les mariages, je ne croirai qu'au fait accompli. Je tiendrai Votre Excellence au courant des événements...

De Votre, etc.

Hieronymo FERUFFINO

---

(1) Fille de François I*er* et de Claude de France, née à Saint-Germain-en-Laye le 5 juin 1523, mariée le 9 juillet 1559 à Philibert-Emmanuel, duc de Savoie, morte à Turin le 14 septembre 1574. BRANTÔME, t. VIII, p. 128 et *passim*.

39.

Du camp impérial, à une petite lieue de Châlons,
le 1er septembre 1544.

Escarmouche sous Châlons. — Nouvelle conférence dans le château d'un village. — Fausse marche.

Mon très illustre, très excellent et très honoré Seigneur,

Au moment où hier matin de bonne heure l'armée se mettait en marche pour venir camper ici près de Châlons, on annonça tout à coup un courrier pour l'Italie; je me mis à écrire en toute hâte à Votre Excellence...

Hier, comme l'armée arrivait près de Châlons, don Francesco avec ses chevau-légers engagea une légère escarmouche avec les Français, qui étaient sortis de la ville; il en tua quelques-uns et en prit quelques autres sans essuyer lui-même la moindre perte.

Aujourd'hui, un peu après midi, M. d'Annebaut et le vice-chancelier de France sont arrivés avec leur suite au château d'un village (1) situé à un quart de mille du camp, du côté de Châlons. J'y suis allé : ils s'étaient enfermés avec le vice-roi, M. de Granvelle, M. d'Arras et Idiaquez. Je n'ai pas cru convenable de m'y arrêter longtemps, d'autant que je ne voyais là aucun autre ambassadeur que celui de Mantoue. D'ailleurs, fussé-je resté, que je n'en aurais pas appris plus long que je n'en sais : c'est que l'on s'est séparé sans avoir rien conclu. La paix paraît à cette heure bien malade et presque désespérée. Aussi croit-on que demain matin l'armée va reprendre sa marche pour aller camper au delà de Châlons, sur cette rive-ci de la Marne (2). .

L'empereur, avant son départ de Saint-Dizier, avait envoyé le duc Maurice avec ses hommes d'armes et le comte Guillaume de Fürstenberg avec ses gens de pied du côté de Sainte-Menehould, ville du roi, sur la route de Flandre. Ce mouvement avait pour but de faire croire aux Français qu'on n'avait pas l'intention de se porter sur Châlons; il ne s'agissait donc pas, comme le bruit en courut, d'aller occuper Bar-le-Duc où d'ailleurs on a laissé une garnison. Après cette fausse marche, le duc Maurice et le comte Guillaume rallièrent l'armée...

De Votre, etc.

Hieronymo FERUFFINO.

---

(1) Le château de Sarry.
(2) La rive droite.

40.

Du camp impérial en Champagne, près de la Marne et
à 4 lieues de Reims, le 4 septembre 1544.

*Prise d'Épernay. — Les Allemands mettent tout à feu. — Deux
prisonniers de marque : le prince de la Roche-sur-Yon et le
comte Guillaume de Fürstenberg.*

Mon très illustre, très excellent et très honoré Seigneur,

Le 2, l'armée alla camper au delà de Châlons, quittant le côté de
la ville qui regarde Vitry pour celui qui regarde Reims, situé au-
dessus de Châlons; elle passa si près de la place que les Français ont
pu craindre qu'on ne voulût l'emporter d'assaut.

A deux heures de nuit, l'empereur, laissant comme arrière-garde
les troupes les plus rapprochées de Châlons avec ordre de ne se
mettre en route que quelque temps après son départ, décampa en
silence avec le corps de bataille et l'avant-garde et marcha toute la
nuit à la clarté de la lune sans tambour et sans bruit; son but,
comme je l'appris la nuit même, était d'arriver à Épernay avant l'armée française et de s'en emparer par un coup de main. Épernay se
trouve à 6 ou 7 lieues de Châlons, de l'autre côté de la Marne; les
Français y avaient accumulé les vivres, les munitions et les bagages.
Malheureusement l'armée impériale traine avec elle une si lourde
masse d'équipages, sans parler d'une nombreuse artillerie, que l'empereur ne put exécuter qu'une partie de son plan ; il se proposait en
effet, après avoir pris Épernay et enlevé aux Français leurs vivres et
leurs bagages, maintenant qu'il était au delà de la Marne et en contact avec le roi, d'aller le relancer dans son fort et de l'obliger à
livrer bataille.

Hier matin au lever du jour, après avoir fait 4 lieues, on arriva à
un village, près d'un pont de la Marne que l'ennemi avait en partie
rompu. Au-delà de ce pont, à un demi-mille italien, nous aperçûmes
le camp du roi assis entre deux villages (1) et dont la position nous
parut très forte. L'empereur n'ayant pu atteindre Épernay d'une
traite, les Français, avertis de sa marche, eurent le temps d'enlever
leurs approvisionnements. Don Francesco m'apprend qu'aujourd'hui
de grand matin le vice-roi, dont l'activité et la vigilance surpassent
tout ce qu'on en saurait dire, a dirigé sur la ville 6 000 Espagnols et
Allemands qui s'en sont emparés. Elle était abandonnée, mais on y
a trouvé des vivres en abondance, comme les Espagnols et les Allemands en découvrent partout dans ces plantureux villages et ces
opulentes cités, laissés là par la fuite éperdue des habitants. Ce ne

(1) Aulnay et Jâlons ou Jaalons.

serait rien pour les Français que de perdre des vivres. Ce qu'il y a de terrible, c'est que les Allemands brûlent villes et villages et mettent tout à feu : toute cette partie de la France, si belle et si riche, est la proie des flammes. C'est la dévastation et la ruine complète du pays.

Lorsque hier matin don Francesco, qui précédait l'avant-garde avec ses chevau-légers, arriva près du pont dont j'ai parlé, il découvrit le camp français. Pour le mieux voir, il monta sur une éminence, laissant le capitaine Pozzo et M. de Dissey avec la cavalerie en leur ordonnant de l'attendre. A peine s'était-il éloigné avec une faible escorte, que ses deux lieutenants aperçurent une troupe de chevaux français. Ils délibérèrent s'ils devaient envoyer les reconnaître. Le capitaine Pozzo, vaillant homme de guerre et des plus expérimentés, déclara que c'était son avis et que si le commissaire messire Jules Zerbinati voulait lui en donner l'ordre, il irait volontiers. Il part avec 25 chevaux; M. de Dissey le suit. Ils rencontrent le prince de la Roche-sur-Yon (1) avec ses 50 hommes d'armes et ses 100 archers, fondent sur eux sans regarder au nombre et les rompent. Le prince tombe de cheval et est fait prisonnier; son lieutenant et 28 de ses gentilshommes sont pris; l'enseigne se sauve avec le reste de la compagnie. Le prince est prisonnier de don Francesco qui en aura une belle rançon : lui et ses gentilshommes toucheront, à ce qu'on dit, plus de 40 000 ducats.

Le comte Guillaume de Fürstenberg, qui se trouvait à l'avant-garde et, en dernier lieu, avec le capitaine Pozzo, quitta celui-ci pour se rendre en un village avec 4 à 6 de ses hommes; il y rencontra des chevaux français qui le prirent sans combat. On craignit que le roi ne le fît mettre à mort et l'on envoya dire sur-le-champ par un trompette que comme on traiterait le comte Guillaume, le prince de la Roche-sur-Yon serait traité.

L'empereur a quitté ce soir le campement où nous arrivâmes hier sur les 22 heures (2) après avoir chevauché toute la nuit; il a fait avec toute l'armée une demi-lieue à travers des montagnes ou plutôt des collines pour gagner une route plus commode...

M. d'Annebaut, le vice-chancelier et leurs auxiliaires doivent, parait-il, revenir demain pour proposer de nouveaux arrangements. Le frère Gabriel de Guzman est venu encore une fois avant-hier...

De Votre, etc.

Hieronymo Feruffino.

---

(1) Charles de Bourbon, prince de la Roche-sur-Yon, fils de Louis de Bourbon, premier du nom, et de Louise de Bourbon, comtesse de Montpensier, — frère puiné de Louis de Bourbon, deuxième du nom, duc de Montpensier, — mort le 10 octobre 1565. Brantôme, t. V, p. 26.

(2) Cinq heures de l'après-midi.

41.

Du camp impérial en rase campagne et dans des villages à 2 lieues de Château-Thierry, le 7 septembre 1544.

Arrivée du frère Gabriel de Guzman. — Prise de Château-Thierry. — Ban pour défendre à l'armée impériale tout acte d'hostilité. — Mission de M. d'Arras auprès du roi d'Angleterre. — On parle d'une prochaine entrevue entre la reine de France et l'empereur.

Mon très illustre, très excellent et très honoré Seigneur,

Votre Excellence trouvera dans les dépêches ci-jointes les nouvelles qui m'ont paru les plus intéressantes. Dans celle du 4, écrite d'un campement à un demi-mille d'Épernay, je raconte la marche forcée de l'empereur et la prise de cette ville qui compte plus de 2000 feux et où l'on a trouvé une grande quantité de vivres.

A ce même campement se présenta sur les deux heures de la nuit le frère Gabriel de Guzman avec deux secrétaires, venant de la part du roi conférer avec M. de Granvelle et le vice-roi; il repartit le 5 au matin lorsque l'armée se mit en route, fort satisfait, parait-il, et plein d'espérance. L'empereur accepterait les propositions qui lui ont été soumises, mais il attend que le roi les lui confirme et lui en garantisse l'exécution, ce que celui-ci s'empressera de faire, à ce qu'on dit.

Hier, 6, on arriva à 4 lieues de Château-Thierry. Don Francesco reçut l'ordre d'aller s'en emparer; il le trouva abandonné et put y entrer sans combat. La ville est grande et riche. Le butin s'est élevé à plusieurs milliers de ducats. Il y avait beaucoup de vin et de farine. Pour empêcher le gaspillage des vivres, l'empereur en confia la garde à don Alvaro, mestre de camp des vétérans espagnols, avec ordre d'interdire l'entrée de la ville aux Allemands, mais de leur faire délivrer une bonne quantité de vin.

Au campement d'hier soir, qui était le second de la journée et que nous avons quitté ce matin, il fut publié et crié de par l'empereur que dorénavant l'armée eût à s'abstenir de tout acte d'hostilité sur le sol français, que nul ne fût assez hardi pour brûler, piller ou causer un dommage quelconque à l'habitant, que nul ne fît ni butin ni prisonnier ni autre capture, et que nul enfin, piéton ou cavalier, ne s'éloignât du camp, le tout et pour tous sous peine du gibet.

Ce matin, avant que l'armée se mit en marche, M. d'Arras est parti, accompagné d'un gentilhomme francais, pour se rendre par la France auprès du roi d'Angleterre; l'empereur l'a chargé d'aller lui soumettre les conditions de paix et de s'assurer si elles lui convenaient. Je tiens de l'ambassadeur d'Angleterre que de son côté le roi de France avait déjà envoyé à son souverain le cardinal du Bellay (1) et M. de l'Aubespine.

Le nonce et des gentilshommes de la maison de l'empereur qui sont de mes amis me disent que la reine de France doit avoir demain au soir une entrevue avec Sa Majesté impériale...

De Votre, etc.

Hieronymo FERUFFINO.

42.

Du camp impérial, au delà et près de Neuilly-Saint-Front, le 11 septembre 1544 — terminée le 14 à Soissons.

Pillage de Neuilly-Saint-Front. — Etat des négociations. — Sac de Soissons — Férocité des Allemands.

Mon très illustre, très excellent et très honoré Seigneur,

Aujourd'hui l'armée a passé par Neuilly-Saint-Front; la ville, qui était abandonnée, a été livrée au pillage; le château, après avoir fait mine de vouloir se défendre, s'est rendu à discrétion; il a été mis à sac et en partie brûlé.

M. d'Annebaut a eu ces deux derniers jours de nouvelles entrevues avec M. de Granvelle et le vice-roi. Il est venu en outre deux secrétaires d'État, Bayart (2) et un autre; ils ont logé l'avant-dernière nuit chez M. de Granvelle, et hier matin, à la levée du camp, on les accompagna sur la route de Soissons. Les négociations sont conduites vivement, mais dans le plus grand secret. Tout ce que l'on croit savoir, c'est que les deux souverains sont tombés d'accord sur les conditions et qu'après avoir vu et revu les termes de la convention ils les ont définitivement arrêtés; le traité serait apporté au roi pour qu'il le signe et rapporté ensuite à l'empereur qui à son tour le signera. Si tout cela est vrai, il est clair qu'on doit s'être entendu également sur la question des otages. On parle de M. de Vendôme (3)

---

(1) Jean du Bellay (1492-16 février 1560), successivement évêque de Bayonne (1526-1532), de Paris (1532-1541), de Limoges (1541-1544), de Bordeaux (1544-1553), d'Albano (1550-1553), de Tusculum (1553), de Porto (1553-1555), et d'Ostie (1555-1560), — cardinal le 21 mai 1535, — lieutenant général en Champagne et en Picardie (1536), — chargé de missions diplomatiques en Angleterre (1527 et 1533), — quitte les affaires après la mort de François Ier, et se retire à Rome (1547). Tausserat-Radel, *Correspondance politique de Guillaume Pellicier*, p. 225.

(2) Gilbert Bayart ou Bayard, seigneur de la Font, secrétaire d'État, mort en 1547.

(3) Antoine de Bourbon.

et de M. d'Annebaut; on ne nomme point le duc d'Orléans. Des conditions de paix elles-mêmes, il n'en est pas soufflé mot...
On n'attend plus pour tout terminer que le retour de M. d'Arras d'auprès le roi d'Angleterre. Le fait d'ailleurs que l'empereur a quitté la route de Paris d'où il n'était qu'à 14 ou 15 lieues pour prendre celle de Soissons ne permet plus de douter de la paix. C'est avec transport que la république chrétienne en accueillera la nouvelle. Quoi de plus triste en effet que de voir les deux plus grands princes de la chrétienté se faire une guerre acharnée et mettre tout à feu et à sang, sans pitié pour les malheureux peuples que foulent, ruinent et désespèrent à l'envi amis et ennemis!

Avant-hier 12, on arriva devant Soissons; on laissa aux habitants tout le temps que l'on put pour leur permettre de s'enfuir avec leurs effets les plus précieux. Dans la nuit du 12 au 13, les Allemands saccagèrent la ville; il n'y eut pas moyen de les en empêcher. Hier 13, les bagages et l'artillerie traversèrent la ville; les troupes passèrent par le pont de l'Aisne. La queue de l'armée a campé cette nuit dans la ville et y campe encore aujourd'hui 14, tandis que le gros se trouve au delà, sur la route de Saint-Quentin.

L'empereur loge dans l'abbaye du révérendissime cardinal (1), dévalisée par les Allemands avant son arrivée. Il est certain qu'il a fait tout ce qu'il a pu pour sauver les objets sacrés, les églises, l'honneur des femmes; il a été jusqu'à faire pendre un de ses bombardiers et un de ses hallebardiers allemands. Mais Votre Excellence ne peut pas se faire une idée de l'insolente barbarie des Allemands : ce sont des bêtes féroces. J'ai tant souffert et souffre tant encore à la vue de leurs atrocités que si je reviens de cette campagne ce ne sera que par une spéciale protection du ciel. A la souffrance morale s'ajoute la souffrance physique : l'inclémence du temps, les mauvaises journées et les nuits pires encore ruinent mon estomac. Enfin Dieu soit loué! Le ban impérial publié dernièrement n'a produit qu'un seul bon résultat : c'est que les Allemands n'incendient plus. Un jour ils se livrèrent à de tels désordres que l'empereur en fit noyer une vingtaine dans la Marne et qu'il en frappa plusieurs de sa main...

De Votre, etc.

Hieronymo FERUFFINO.

---

(1) L'abbaye de Saint-Jean-des-Vignes, qui était au cardinal de Ferrare.

43.

Du camp impérial, Soissons, le 15 septembre 1544.

L'armée se dirige vers Saint-Quentin. — L'empereur reste à Soissons pour hâter le départ du train. — Les négociateurs français à l'abbaye de Saint-Jean-des-Vignes.

Mon très illustre, très excellent et très honoré Seigneur.

Ce matin de bonne heure l'armée a reçu l'ordre de se mettre en marche dans la direction de Coucy (1), sur la route de Saint-Quentin. Quant à l'empereur, il est resté ici toute la journée pour hâter le départ de l'artillerie, des munitions, de l'équipage de pont et des autres bagages, départ qui aura lieu demain sous l'escorte de l'avant-garde allemande.

Les ministres et les secrétaires du roi ont dîné avec don Fernand et M. de Granvelle à l'abbaye de Saint-Jean (2), près de la ville; ils ont passé la journée avec eux. Rien n'a transpiré de leur entretien, sinon que la paix est assurée...

De Votre, etc.

Hieronymo FERUFFINO.

44.

Du camp impérial, Anizy-le-Château, à 4 lieues au delà de Soissons sur la route de Guise, le 17 septembre 1544.

Récapitulation des dépêches précédentes. — La paix. — Départ d'Anizy-le-Château. — Licenciement des gens de pied allemands.

Mon très illustre, très excellent et très honoré Seigneur,

Si Votre Excellence a reçu mes dépêches depuis le départ de l'empereur de Saint-Dizier, elle a pu suivre étape par étape l'armée impériale dans sa marche en avant. Hier j'ai encore remis au nonce, pour être expédié par Bologne, un nouveau pli renfermant mes dernières lettres, y compris celles d'hier et d'avant-hier.

De Châlons à Château-Thierry, on a tout pris et brûlé, villes, châteaux et villages. Nulle part on n'a rencontré de résistance : de l'autre côté de la Marne, à une grande distance, l'armée française marchait

(1) Coucy-le-Château.
(2) Saint-Jean-des-Vignes.

parallèlement à la nôtre, et de ce côté-ci le pays était abandonné.
Le 6, l'empereur fit publier la paix quoiqu'elle ne fût pas encore
conclue et crier par tout le camp que nul désormais ne fût assez
hardi pour brûler, causer un dommage quelconque aux habitants et
se débander pour courir à la maraude, le tout sous peine de la
potence ; son but était de mettre un terme aux incendies des Allemands.

Le 7, à la levée du camp, l'empereur donna l'ordre à M. d'Arras
de se rendre sous l'escorte d'un gentilhomme français auprès du roi
d'Angleterre pour l'entretenir de la paix.

Votre Excellence doit connaître encore, si, comme je l'espère, mes
dépêches lui sont parvenues, la marche de nuit de l'empereur pour
surprendre Épernay, ville considérable et remplie de vivres, quel
beau pays nous avons parcouru en Champagne et jusqu'à Soissons,
la route de Paris suivie d'abord et ensuite abandonnée pour arriver
à la paix, la capture du prince de la Roche-sur-Yon, de son lieutenant et de plusieurs gentilshommes de sa compagnie et sa déclaration
qu'il se rendait à don Francesco dont il reste le prisonnier.

Hier enfin, grâce au ciel, après des négociations infinies entre les
ministres du roi d'une part, don Fernand et M. de Granvelle de
l'autre, la paix a été presque officiellement annoncée. Cependant
M. d'Arras, chargé, comme je l'ai dit, d'aller en soumettre les conditions au roi d'Angleterre, n'est pas encore de retour...

L'armée impériale quitte ce matin Anizy-le-Château pour prendre
la route de Laon et de Guise, dans la direction de la Flandre.
M. l'amiral vient avec 200 chevaux faire escorte à l'empereur. Peut-
être l'accompagnera-t-il tant qu'il sera sur le territoire français : c'est
du moins ce que me disait hier M. de Champagney, fils de M. de
Granvelle (1). On assure que le duc d'Orléans doit se rendre ce soir
auprès de l'empereur; s'il arrive, j'en donnerai avis à Votre Excellence par un post-scriptum.

A Soissons, les gens de pied allemands ont quitté l'armée pour rentrer dans leurs foyers; ils ont, paraît-il, touché leur solde jusqu'au
12 courant. On les dirige par le chemin le plus court sur le Luxembourg et Cologne. Tout le monde est ravi de leur départ : c'était une
troupe de bêtes féroces. Les Espagnols, les bas-Allemands du pauvre
prince d'Orange et jusqu'à présent les chevaux allemands restent avec
l'empereur...

De Votre, etc.

Hieronymo FERUFFINO.

---

(1) Frédéric Perrenot de Champagney (Haute-Saône), le plus jeune des quatorze enfants de Nicolas Perrenot de Granvelle, maître d'hôtel de Philippe II,
puis successivement capitaine de cavalerie, gouverneur d'Anvers, chef du conseil des finances de Flandre, mort en 1595.

45.

Crépy-en-Laonnais, le 19 septembre 1544.

Le duc d'Orléans auprès de l'empereur. — Arrivée de M. de Vendôme. — Les otages. — La paix semble durable.

Mon très illustre, très excellent et très honoré Seigneur,

Il se peut que l'empereur envoie ce soir don Francesco à Paris pour complimenter le roi à l'occasion de la paix.

Le duc d'Orléans est allé ce matin à la messe avec l'empereur; il se tenait à sa gauche, tandis que l'archiduc Maximilien chevauchait seul un peu en avant. On dit qu'il fait venir sa maison; il parait disposé à rester tant qu'il plaira à Sa Majesté.

M. de Vendôme est arrivé ce matin; il restera aujourd'hui et demain; il s'en retournera au moment où l'empereur partira d'ici avec ce qui lui reste de troupes.

Les otages ne tarderont pas à venir. Ce sont le révérendissime cardinal de Meudon (1), parent de Mme d'Etampes, M. de Guise (2), le fils de M. d'Annebaut (3) et M. de Laval (4). Aussitôt qu'ils seront arrivés, on procédera à l'exécution des clauses du traité, notamment de celle par laquelle chaque partie doit restituer à l'autre les villes qui lui appartiennent.

A voir les témoignages d'amitié que se prodiguent les deux souverains, il semble qu'on ne puisse douter de la sincérité de leur réconciliation. Du reste l'on croit d'autant plus à la durée de la paix qu'elle s'est faite comme par miracle et parait l'œuvre même de Dieu...

De Votre, etc.

Hieronymo FERUFFINO.

---

(1) Antoine Sanguin, cardinal de Meudon, oncle de la duchesse d'Étampes, établi par lettres patentes de François Ier, datées de l'abbaye du Bec-Hellouin (Eure), le 16 avril 1544, « son lieutenant général représentant sa personne en la ville et cité de Paris ».
(2) Claude de Lorraine, duc de Guise.
(3) M. de la Hunaudaye.
(4) Un de Laval, Gui XVI, comte de Laval, mort le 20 mai 1531, avait déjà été donné en otage par le traité de Madrid. BRANTÔME, t. III, p. 171.

46.

Ribemont, près de Guise et à 3 lieues de Saint-Quentin, le 21 septembre 1544.

L'armée impériale évacue la France.

Mon très illustre, très excellent et très honoré Seigneur,

Hier, avant le départ de l'empereur de Crépy, la paix a été confirmée et jurée. Les otages arrivés, il n'y aura plus qu'à s'occuper de l'exécution du traité. Reste la question du rétablissement de la paix entre la France et l'Angleterre. J'ai vu l'ambassadeur anglais en grande conférence avec M. de Granvelle. On dit qu'un accord intervenu entre l'empereur et le roi d'Angleterre autorisait l'empereur à faire la paix avec la France et même à traiter au nom et pour le compte du roi d'Angleterre; le même accord garantissait les mêmes droits au roi d'Angleterre. J'ignore ce qu'il y a de vrai dans cet on dit.

L'empereur arriva hier à Ribemont avec le duc d'Orléans et M. d'Annebaut. Aujourd'hui on ira à une abbaye de campagne (1), à une demi-lieue de Guise, demain à Cateau-Cambrésis et ensuite à Cambrai...

De Votre, etc.

Hieronymo FERUFFINO.

(1) Vraisemblablement l'abbaye bernardine de Bohéries, établie en 1141. — Bohéries, aujourd'hui hameau de la commune de Vadencourt, est désigné dans une charte de 1333 sous le nom de *Bohories-dales-Guise*. A. MATTON, *Département de l'Aisne*.

(*Archives d'État de Modène.*)

III

CAMILLO CAPILUPO
AU CARDINAL RÉGENT HERCULE DE GONZAGUE
ET A LA DUCHESSE RÉGENTE
MARGUERITE DE MONTFERRAT

FORBACH, LE 15 JUIN. — RIBEMONT, LE 20 SEPTEMBRE 1544

NOTICE SUR CAMILLO CAPILUPO (1)

On ne peut dire que l'ambassadeur de Mantoue soit un homme supérieur, mais il a de fort belles parties. A l'universelle culture de

(1) La famille Capilupo ou Capilupi existe encore à Mantoue. M. le marquis Alberto Capilupi, député à la chambre italienne, a bien voulu puiser pour nous à pleines mains dans les archives familiales; nous lui en sommes infiniment reconnaissants. Voici d'abord, dressée par lui, une carte généalogique qui, en même temps qu'elle éclairera cette notice, permettra de corriger les erreurs et de combler les lacunes de Bayle sur les Capilupo du seizième siècle. — Le marquis Alberto Capilupi est mort le 30 janvier 1905; M. le marquis Giulio est aujourd'hui le chef de la famille.

BENEDETTO CAPILUPO
ET
TADEA DEL GROTTO

Francesco	Lelio	Alfonso	Federico	Camillo et Lucrezia de Grado	Flavia	Girolamo	Ippolito	Ascanio
† enfant	Attaché au service du cardinal de Ferrare (Hippolyte d'Este)	Capitaine du marquis François II de Gonzague		Ambassadeur auprès de Charles-Quint	Mariée à Vincenzo Valenti	Capitaine de Charles-Quint		Évêque de Fano

Antonio	Silvio	Livia	Emilio	Camilla	Alfonso	Camillo	Tadea	Alessandro	Grottino	Orazio
† à la guerre	† enfant	Religieuse au couvent de San Giovanni	dans les Flandres	Religieuse au couvent de San Giovanni	Page d'Henri III, roi de France. Marié à Ippolita Arrigoni. Branche existante	Protonotaire apostolique	Mariée à Francesco Aliprendi	Chevalier de l'ordre du Christ. Ambassadeur à Madrid	† enfant	Archiprêtre de Rivalta, village près de Mantoue

son temps il joint une certaine originalité. Durant ses trois années d'ambassade auprès de Charles-Quint, il se montre diplomate informé, ingénieur entendu devant une place forte et poète charmé en présence d'un beau paysage.

Camillo Capilupo naquit à Mantoue le 31 mars 1505; il était le cinquième des neuf enfants de Benedetto Capilupo et de Tadea del Grotto. Mantoue se pressait à la petite cour de son marquis. Les représentants des principales familles y avaient une charge : le père de Camillo était secrétaire de François II de Gonzague et d'Élisabeth d'Este, sa femme, et son beau-père, Antonio de Grado, avait été professeur de médecine du jeune Frédéric II.

Un fait peu ordinaire marqua la première jeunesse de Camillo : il se maria ou plutôt fut marié à l'âge de quinze ans. Antonio de Grado tenait beaucoup à son nom et n'avait qu'une fille appelée Lucrèce. Sentant sa fin approcher, il l'institua son héritière universelle, mais à condition que si elle se mariait, son mari prendrait le nom de de Grado. Trois jours après, c'est-à-dire le dernier février 1520, sa femme fit appeler Camillo, qui était son neveu, et lui dit : « Mon mari se meurt; il ne passera pas la journée. Il ne laisse qu'une fille ; je veux avant qu'il meure lui donner un fils pour l'accompagner à sa dernière demeure. Je t'ai choisi pour être ce fils. Tu ne t'appelleras plus Capilupo, mais de Grado : autrement tu ne pourrais épouser notre enfant. Comme le temps presse, tu vas l'épouser tout de suite devant les personnes ici présentes. » Camillo écrivit le jour même au marquis Frédéric pour lui apprendre son mariage; il lui raconte, non sans quelque confusion et cherchant des excuses, dans quelles circonstances il a eu lieu. « Jeune comme je suis, dit-il, et ma tante d'ailleurs ne m'ayant pas donné le temps de réfléchir, je n'ai rien trouvé à lui répondre et me suis laissé marier à ma cousine Lucrèce (1). » L'union fut heureuse : onze enfants en naquirent.

Quant aux autres particularités de sa jeunesse, Camillo fut d'abord page du cardinal Rangone et ensuite attaché au service du marquis Frédéric II. Plus tard il passa quelques années auprès d'Alphonse de Gonzague, seigneur de Castelgoffredo.

On ne connait qu'un de ses maitres : Parrhasius de Cosenza, célèbre en son temps par son érudition, son bien-dire et sa belle voix (2). Curieux d'apprendre tout ce qui s'enseignait, Camillo étudia non seulement les belles-lettres, mais encore la philosophie, la jurisprudence, les mathématiques, l'astronomie et surtout l'art militaire où il se

---

(1) Lettre publiée par Alessandro Luzio et Rodolfo Renier dans leur ouvrage intitulé : *La coltura e le relazioni litterarie di Isabella d'Este Gonzaga*, p. 424. Turin, 1903. — Conformément à l'engagement verbal qu'il avait pris en se mariant et qu'il renouvela par devant notaire le 7 avril de la même année, Camillo Capilupo signe sa lettre « Camillo de Grado ». Il parait cependant que dans la vie ordinaire il continua de s'appeler de son nom de famille ; toutes ses dépêches sont signées « Camillo Capilupo ».

(2) Bayle lui a consacré un article.

rendit fort habile. Tout lettré de la Renaissance était plus ou moins un Pic de la Mirandole.

A la mort de Frédéric II (1540), d'abord marquis et ensuite duc par la grâce de Charles-Quint (1530), son frère le cardinal Hercule, évêque de Mantoue, et sa veuve Marguerite de Montferrat, gouvernèrent le duché en qualité de régents pendant la minorité de François III. Camillo avait trente-cinq ans; le nouveau gouvernement le jugea mûr pour les honneurs. Il le nomma d'abord podestat de Viadana, gros bourg du Mantouan, et quatre ans après, en 1544, ambassadeur auprès de Charles-Quint. Ce poste, d'ailleurs infiniment honorable, offrait plus de loisirs que de difficultés : c'était une sinécure diplomatique. L'empereur était mieux disposé que jamais pour la famille ducale : Fernand de Gonzague était son général en chef et jouissait de toute sa confiance. Cela explique pourquoi l'ambassadeur fait si peu de politique dans ses dépêches; il n'avait pas besoin d'en faire. Il n'eut à s'en occuper un peu qu'aux approches de la paix. Mantoue poursuivait le recouvrement du Montferrat, échu par héritage à la duchesse Marguerite, c'est-à-dire au duché, et occupé en partie par les Français; il s'agissait d'obtenir que la restitution en fût stipulée dans le traité à intervenir entre l'Empire et la France. L'affaire alla toute seule. L'empereur y consentit d'autant plus volontiers que le pays était aux mains de l'ennemi, et quant au roi, pressé de conclure, il dut se résigner à rendre sa conquête. L'heureux ambassadeur porta lui-même à Mantoue l'ordre de restitution.

Sur la fin de 1546, Camillo Capilupo fut rappelé. Peut-être sollicita-t-il lui-même son rappel. Sa troisième année d'ambassade lui avait été douloureuse. Il avait emmené avec lui pour les former deux de ses fils, Emilio et Alfonso; il perdit Emilio dans les Pays-Bas en janvier 1546. La régence le nomma gouverneur de Casale. Ce fut son dernier poste. Il mourut au printemps de 1548 après dix mois de maladie; il n'avait que quarante-trois ans (1).

Les Capilupo étaient une famille de lettrés. Cinq d'entre eux écrivirent en prose et en vers sur les sujets et dans les genres les plus divers. Camillo cultiva, non sans succès, la poésie latine et italienne. Son frère aîné Lelio paraît s'être renfermé dans le centon où il excella. Un autre de ses frères, Ippolito, qui fut évêque de Fano dans l'État ecclésiastique, se distingua dans l'élégie. Camillo, septième enfant de

---

(1) Il fut enterré dans le tombeau de la famille Capilupo, placé dans l'église de Saint-François, à Mantoue, avec l'épitaphe suivante :

CAMILLO CAPILVPO DE GRADV
BENE : CAPILVPI F. QVI VIX. ANN.
XLIII MENS. IIII DIES XXIII. OB.
ID. MAII. MDXLVIII.

L'église de Saint-François ayant été transformée en arsenal par les autorités françaises en 1796, le tombeau fut détruit et l'épitaphe transportée dans la basilique de Saint-André où elle se trouve encore.

l'ambassadeur et portant le même prénom que son père, composa une histoire de la Saint-Barthélemy intitulée : *Le Stratagème*. « Il y raconte non seulement ce qui fut fait à Paris pendant le massacre, mais aussi les préparatifs artificieux qui le précédèrent et qui, par une longue suite d'intrigues, firent tomber dans le piège les huguenots » (1). Giulio (2), fils d'Ippolito, poète et mathématicien, fit des centons comme son oncle Lelio et publia à Rome un ouvrage un peu obscurément intitulé : *Fabbrica ed uso di alcuni stromenti orarii universali*, ritrovati da Giulio Capilupi, gentiluomo mantovano; il s'agit, parait-il, d'horloges solaires. Les œuvres poétiques de la famille se trouvent réunies en un volume in-quarto paru à Rome en 1590 et intitulé : *Capiluporum carmina*. Mais la pièce la plus hardie et la plus savoureuse, le *Cento virgilianus* de Lelio contre les moines, ne figure point dans ce recueil. Bayle le proclame « inimitable » Il est certain que les quelques vers qu'il en cite sont pétillants d'esprit et de malice et que Lelio « se sert des expressions de Virgile pour représenter des choses à quoi ce poète n'avait point pensé ». Cette poésie érudite des Capilupo, ingénieuse sans doute, mais dénuée de souffle et de vie, ne survécut guère à ses auteurs : faite pour les lettrés contemporains qu'elle semble avoir charmés, la postérité l'ignore.

Profondément oublié comme poète, Camillo Capilupo présente un grand intérêt comme ambassadeur. Sa volumineuse correspondance subsiste presque tout entière aux archives des Gonzague, à Mantoue. Elle compte 220 dépêches pour 1544 et 438 pour les deux années suivantes. Celles de 1544 sont datées de Trente, Brixen, Innsbruck, Spire, Kaiserslautern, Forbach, Metz, Ligny, Saint-Dizier, la Chaussée, Crépy-en-Laonnais, Ribemont, Paris et Lyon : elles indiquent l'itinéraire de l'ambassadeur depuis son départ jusqu'à son retour à Mantoue par Paris et Lyon après le traité de Crépy. Nous ne donnons ici que les dépêches qui ont trait à la guerre de 1544. Elles vont de Forbach, le 15 juin, à Ribemont, le 20 septembre, et se suivent régulièrement, à une lacune près : l'importante dépêche du 16 juillet, contenant le récit de l'assaut donné la veille à Saint-Dizier, n'a pas été retrouvée.

Capilupo est pour nous de beaucoup le plus précieux des ambassadeurs italiens. Sur le siège de Saint-Dizier et sur les étapes des Impériaux de Saint-Dizier à la frontière, nul document connu n'est aussi complet ni aussi précis que ses dépêches. Seul parmi ses collègues, il quitte l'empereur à Metz pour courir à l'armée de Gonzague qu'il joint à Ligny le 29 juin. A son entrée en France, quoique habitué aux merveilles de sa patrie, il admire la beauté des paysages, les villes gracieusement assises au pied des collines et leurs maisons aux blanches murailles de pierre. Ligny est la première ville qu'il

(1) Bayle, art. *Capilupus*. — Cf. Montaigne, t. I, p. 149, éd. Le Clerc.
(2) Né avant l'entrée d'Ippolito dans les ordres. Le père et le fils se traitaient d'oncle et de neveu par respect des convenances.

décrit; elle s'était rendue depuis une heure. Les Français y avaient mis le feu avant de se retirer dans le château. Il en visite curieusement les ruines. Sa grandeur et sa beauté le surprennent; la grande rue lui paraît plus longue que celle de Mantoue. Il remarque que la plupart des maisons qui la bordent ont des boutiques : il en conclut que les habitants devaient s'adonner au commerce. Il juge par ce qui reste de l'église qu'elle devait être très belle. Surtout une petite place, située non loin de l'église, le ravit : c'est une vraie féerie, s'écrie-t-il. Un détail qu'il donne indique la rareté du fer à cette époque : il nous montre le soldat allemand enlevant les ferrures des fenêtres et cherchant des clous dans les poutres consumées.

Devant Saint-Dizier, sa science d'ingénieur militaire se donne carrière. Nous ne possédons plus le plan de la ville en 1544; deux de ses dépêches nous permettent de le rétablir exactement. La première, datée du 5 juillet, c'est-à-dire du lendemain de son arrivée, nous décrit Saint-Dizier vu du dehors; la seconde, écrite le 18 août, le lendemain de l'évacuation, après une seconde visite de la place, nous en détaille la force et la faiblesse avec une compétence et une précision qui ne laissent presque rien à désirer. Tout cela est si net, du moins dans ses grandes lignes, que nous voyons à plein le Saint-Dizier du siège. D'autres dépêches fort curieuses, quoique moins importantes, nous font connaître les différents quartiers du camp, c'est-à-dire l'emplacement occupé par les différentes troupes ou nations qui composaient l'armée impériale. Notre ambassadeur s'étend infiniment sur les travaux d'approche, mais ici l'on a quelque peine à le suivre et l'on en est trop souvent réduit aux conjectures.

Il est une dépêche d'un intérêt historique plus général : c'est celle datée de Crépy, le 17 septembre, où Capilupo récapitule en quelque sorte la marche des Impériaux sur Paris d'abord et ensuite vers Soissons et la frontière. Il les prend à Saint-Lumier — entre Saint-Dizier et Saint-Lumier, il manque visiblement une ou deux dépêches — et les suit d'étape en étape, évaluant en milles ou en lieues le chemin parcouru chaque jour, mais omettant trop souvent les noms de lieu. Heureusement pour nous qu'il nomme une localité essentielle et tranche ainsi définitivement une question jusqu'ici fort controversée. Où s'arrêtèrent exactement les Impériaux dans leur marche sur Paris? Capilupo nous dit expressément que leur dernière étape sur la route de Paris fut le parc du Triangle, propriété de l'abbaye d'Essommes. Ce n'est pas à dire que des partis de gens de pied et les chevau-légers de Francesco d'Este n'aient poussé plus avant, pillant et incendiant; mais l'état-major général et le gros de l'armée s'arrêtèrent au Triangle; ils y arrivèrent le 9 septembre, y séjournèrent le 10 et en partirent le 11 dans la direction de Soissons. Voilà, ce semble, un point désormais établi.

Notre ambassadeur s'excuse auprès de son gouvernement, non sans quelque coquetterie peut-être, de tant parler fortifications et campements. Evidemment cela ne constitue pas toujours la plus facile et la plus agréable des lectures, mais c'est surtout par la sûreté et l'abondance de son information militaire qu'il a bien mérité de l'histoire.

I.

Forbach, le 15 juin 1544.

Marche de Gonzague : Bouconville, Sorcy et Commercy. — Reconnaissances : Vaucouleurs et Ligny. — L'empereur à Saint-Avold. — Dispositions hostiles des habitants de Metz.

Révérendissime (1),

Illustrissimes Seigneurs et mes vénérés Maîtres,

... J'ai reçu deux lettres de Bardelone (2), l'une du 13 et l'autre du 14. Il m'écrit que Son Excellence est arrivée le 11 en un lieu ouvert appelé Bouconville. Il s'y trouve un petit château; les habitants s'y étaient retirés avec ce qu'ils avaient de plus précieux, fuyant les soldats comme on les fuit partout. Des hommes de l'avant-garde, composée en grande partie des Allemands du comte Guillaume de Fürstenberg, dévalisèrent quelques pauvres gens; ils furent sévèrement punis. La quantité infinie des bagages, surtout les fourgons allemands mettent le désordre dans la marche de l'armée. Son Excellence a toutes les peines du monde à les faire avancer à la file; elle espère cependant les réduire à la raison : deux jours auparavant, elle avait fait pendre trois hommes qui voulaient à toute force prendre la tête. Le 12, Son Excellence atteignit Sorcy, à trois lieues de Bouconville. Sorcy est situé dans une vallée délicieuse autour de laquelle s'élèvent en amphithéâtre d'agréables et fertiles collines. Il a un château assez fort, avec des fossés aussi larges que ceux du château de Mantoue et où l'on voit d'aussi beaux poissons que dans ceux de notre Marmirolo (3). Non loin coule la Meuse. On la

(1) « Révérendissime » est propre au cardinal; le reste lui est commun avec la duchesse.

(2) Capilupo, le seul de nos ambassadeurs qui parle de lui, ne dit pas quel était son emploi dans l'armée de Gonzague. On le voit chargé de missions de confiance ou d'honneur : on l'envoie inventorier les effets de Nuvolone, commissaire de Francesco d'Este, tué à Couvrot; Gonzague le choisit pour porter à Mantoue la nouvelle de la restitution du Montferrat. Lui et Natale, dont il est question plus loin, doivent être des familiers de la cour ducale : ils écrivent de l'armée à la duchesse Marguerite. Il est probable que plusieurs gentilshommes de Mantoue servaient sous les ordres de Gonzague sans avoir d'ailleurs d'emploi déterminé et faisaient partie de sa maison militaire.

(3) Magnifique palais des Gonzague auprès de Mantoue, aujourd'hui détruit.

traverse sur un pont et l'on arrive devant Commercy, à un peu plus d'une demi-lieue de Sorcy. Commercy a deux petits châteaux. Les Français les occupent; à la première apparition des Impériaux, ils brûlèrent les faubourgs. Son Excellence a fait reconnaître les deux châteaux; quoique peu forts, ils font mine de vouloir résister. Le 14, à la tombée de la nuit, on devait dresser l'artillerie; on ne doutait pas de les prendre. Son Excellence n'a détaché contre eux que quelques troupes pour ne pas leur faire trop d'honneur; le gros de l'armée est resté à Sorcy. La nuit précédente, le capitaine Scipion de Gennaro avec sa compagnie avait poussé jusqu'à Vaucouleurs, à 3 lieues de Sorcy, sur la frontière, mais en territoire français; la ville était abandonnée.

Les Français fortifient Ligny, à 5 lieues au delà de Sorcy.

La veille, à l'arrivée de l'avant-garde espagnole, les Français de Commercy avaient engagé une légère escarmouche. Don Francesco, qui lui-même s'était porté fort en avant, chargea le chevalier Chiucchiaro de poursuivre la reconnaissance. Chiucchiaro bat deux lieues de pays du côté de Bar et rencontre un parti de 150 chevaux. Tandis que les 15 de tête escarmouchent avec 10 des siens, il gagne le haut d'une colline avec le reste de sa compagnie pour voir s'il ne découvre pas d'autres ennemis; il n'en aperçoit point. Cependant, pour plus de sûreté, il se décide à faire retraite et rentre indemne, sans autre résultat.

Bardelone ajoute dans un post-scriptum à sa lettre du 14 qu'en ce moment même l'on se rapprochait de Commercy pour le battre, mais que le bombardement ne pourrait commencer que le lendemain; il fallait d'abord établir l'artillerie dans les faubourgs brûlés par l'ennemi.

L'empereur est parti tout à l'heure pour Saint-Avold, à 3 lieues et demie en avant de Forbach. On ne sait pas encore quand il fera son entrée dans Metz. J'apprends que les habitants ont levé des troupes et muni la ville. Il leur a fait savoir qu'ils aient à les licencier et à ouvrir leurs portes à son armée. C'est demain, je crois, qu'ils doivent donner leur réponse.

N'ayant plus rien à dire, je baise très humblement les mains à Leurs Seigneuries.

De Forbach, le 15 juin 1544.

De Vos Révérendissime et Illustrissimes Seigneuries
l'humble serviteur,

Camillo Capilupo.

2.

Metz, le 17 juin 1544.

Lettre de Gonzague à l'ambasssadeur où il lui raconte la prise de Commercy.

Révérendissime,

Illustrissimes Seigneurs et mes vénérés Maîtres,

... Je reçois de Son Excellence une lettre dont voici la copie. Je ne saurais rien ajouter à son heureuse brièveté...

De Metz, le 17 juin 1544.

De Vos, etc.

Camillo CAPILUPO.

« Magnifique Messire et mon cher Camillo,

Je suis arrivé hier devant Commercy. Cette nuit on a dressé l'artillerie et au lever du jour on a ouvert le feu contre une grosse tour située au centre de la ville. J'ai fait d'abord canonner cette tour parce qu'elle était tout près de la courtine que je me proposais de battre. A la quatrième décharge, les assiégés demandèrent à parlementer. Ils se seraient volontiers rendus sur-le-champ si j'avais admis la moindre condition. Je répondis que je ne les recevrais qu'à discrétion; ils refusèrent. Nouvelle et cinquième décharge. Une partie de la tour s'écroule. Ils veulent se rendre à discrétion sous la réserve de la vie; je refuse. Je donne l'ordre de battre la courtine et deux tours qui la flanquent. A cette vue, sur les 10 heures, ils se rendent sans condition. J'ai envoyé dans la place don Francesco d'Este, le marquis de Marignan, Gastaldo et don Alvaro. Je n'ai pas encore décidé du sort des prisonniers; il me parait cruel de mettre à mort des gens qui se sont rendus. Je vous tiendrai au courant. Il y a dans le nombre un ingénieur italien (1) que je veux sauver à tout prix. J'attends de lui les plus grands services; il est impossible qu'il ne connaisse à fond cette frontière. Après demain, je marche sur Ligny. Dieu veuille que nous soyons aussi heureux et que nous ne rencontrions pas plus de résistance!

Le temps me manque pour écrire au cardinal; vous lui enverrez une copie de ma lettre. Donnez aussi de mes nouvelles à ma Princesse (2) et dites-lui bien que je me porte à merveille. Je vous salue de tout cœur.

De Commercy, le 15 juin 1544.

Tout vôtre.

Ferrando GONZAGA. »

---

(1) Morano Carbone.
(2) La duchesse douairière Marguerite de Montferrat, sa belle-sœur.

3.

Metz, le 18 juin 1544.

Gonzague marche sur Ligny; il s'arrête une journée pour se procurer des vivres. — Escarmouche devant Ligny. — Dires des prisonniers sur la place.

Révérendissime,
Illustrissimes Seigneurs et mes vénérés Maîtres,

Je suis allé ce matin porter mon courrier à la poste; j'y ai trouvé une lettre de Bardelone datée du 16. En voici la substance.
Don Fernand a quitté Commercy le 16, après avoir mis garnison dans la place. Elle est assez forte : de bons murs, et, en arrière des murs, un solide terre-plein; fossé superbe avec escarpe. Elle eût été tenable si les Français avaient eu soin d'abattre la tour et d'enlever les parapets et les autres œuvres mortes. Ils disent qu'ils n'en ont pas eu le temps, surpris par la soudaine apparition de l'armée impériale.
Son Excellence était arrivée à Saulx (1), sur la route de Ligny. Elle devait s'y arrêter toute la journée du lendemain 17, c'est-à-dire d'hier, pour se procurer des vivres. Elle en attendait de Toul; les Français ont intercepté les communications. Elle comptait reprendre aujourd'hui sa marche sur Ligny.
Dans l'après-midi du 15, M. de Boussu avec une partie de ses chevaux s'était avancé jusqu'à Ligny. Il engagea l'escarmouche avec des gens de pied italiens sortis de la ville et peu s'en fallut qu'il n'en taillât en pièces plus de 300. Il en tua 30 et en prit 12; il ne perdit qu'un homme. Les prisonniers disent qu'il se trouve dans la place un millier de gens de pied français, les gens de Strozzi (2) au nombre

(1) Le texte porte « Sazi ». Entre Commercy et Ligny, il n'y a que Saulx (-en-Barrois) que l'on puisse rapprocher de « Sazi ».
(2) Pierre Strozzi (1510-20 juin 1558), émigré florentin, fils de Philippe Strozzi et de Claire ou Clarisse de Médicis, cousin de Catherine de Médicis, — depuis 1536 « servit bien le roy François en Italie, tantost avec bonne, tantost avec malle fortune », — « quicta l'Italie et s'en vint en France trouver le roi au camp de Marolles (Nord, à une lieue de Landrecies) avec la plus belle compagnie qui fut jamais vue », — général des galères en 1545, maréchal de France en 1554. Brantôme, t. II, p. 239 et suiv. — Ces « gens de Strozzi » étaient commandés par son lieutenant Vincent Taddeo. Lui-même guerroyait en ce moment en Italie contre les Impériaux. Il s'y était rendu après la victoire des Français à Cerisoles (14 avril 1544); on l'y voit encore à la date du 13 juillet, et il est probable qu'il y resta jusqu'à la trêve de trois mois conclue pour le Piémont et le Milanais le 8 août 1544. Martin du Bellay, t. V, p. 542. — G. de Leva, *Storia documentata di Carlo V*, t. III, p. 506.

d'environ 600 et un renfort de 400 hommes amené par M. des Chenets; ils ajoutent qu'elle est abondamment pourvue de tout. Ici, à Metz, on dit également qu'elle est très forte ; Son Excellence n'en ira pas moins la tâter...
De Vos, etc.

Camillo CAPILUPO.

4.

Metz, le 19 juin 1544.

Allées et venues du prince d'Orange. — Le comte de Beckingen, agent d'embauchage du roi de France. — Autres embaucheurs à Strasbourg. — Troupes, munitions et vivres autour de Metz.

Révérendissime,

Illustrissimes Seigneurs et mes vénérés Maitres,

Arrivé avant-hier, le prince d'Orange est reparti cette nuit. Une personne, qui a des amis dans son entourage, m'a dit qu'il refusait de servir sous les ordres du vice-roi. C'est invraisemblable. Il ne pouvait ignorer que Son Excellence était général en chef de l'armée impériale et qu'à ce titre les plus grands devaient lui obéir. Le prince est allé au camp et doit revenir ici. Son voyage a pour objet, je crois, certaines affaires de son beau-frère, le duc de Lorraine (1).

On a arrêté, il y a douze jours, le comte de Beckingen, neveu du comte Guillaume de Fürstenberg, riche de quatorze mille florins de revenu, jeune et fort noble. Il fut pris dans son lit. On trouva chez lui 8000 écus qu'il avait reçus du roi de France pour embaucher des soldats autour de Metz. Il doit être exécuté demain sur la place publique. Sa femme, une dame d'âge mûr, alla hier supplier l'empereur de lui faire grâce de la vie; il se montra inexorable. Elle est venue ce matin parler à M. de Granvelle dans une église où il entendait la messe. Comme elle était à se lamenter, j'ai cru m'apercevoir à certains gestes que M. de Granvelle cherchait à la consoler en lui donnant quelque espoir. L'autre jour, à Strasbourg, on a pris d'autres embaucheurs qui distribuaient de l'argent au nom du roi de France; ils étaient chargés de lever quarante enseignes. Cette chasse à l'embauchage n'a pas empêché le roi de recruter, à ce qu'on m'assure, près de 5000 gens de pied dans le pays. Leur rendez-vous est Saint-Nicolas, à six lieues de Metz; il en est parti d'ici environ 400. Le

---

(1) Il avait épousé en 1540 Anne de Lorraine, fille du duc Antoine, mort le 14 juin 1544; il était donc le beau-frère du nouveau duc régnant François Ier, fils et depuis cinq jours successeur d'Antoine.

doyen de la ville me dit qu'à cinq écus par homme, comme il les paie, le roi aura autant de lansquenets qu'il voudra. Il ajoute, il est vrai, que ceux d'ici n'ont d'abord reçu guère plus d'un écu, ce qui est la solde ordinaire, et qu'il ignore ce qu'on a pu leur donner ensuite.

Je tiens d'un juif, qui me dit avoir vu l'armée de don Fernand, que son effectif ne dépasse pas 12 000 gens de pied et n'atteint pas 1 800 chevaux.

On ne sait pas encore quand partira l'empereur, mais il ne saurait tarder. Il a autour de Metz 25 enseignes allemandes pour son escorte. Il disposera sous peu de 30 000 sacs de blé et de farine. Sans cesse on en dirige sur Toul : 12 000 sacs sont en route. Il est déjà parti deux barques cette nuit et d'autres vont les suivre (1). Toul est à quelque six lieues de Ligny : c'est une place fort médiocre, au dire d'un vivandier qui est tout à moi. De Ligny à Paris, les marchands font la route en trois petites journées.

De Metz, le 19 juin 1544.

De Vos, etc.

Camillo CAPILUPO.

5.

Metz, le 21 juin 1544.

Projets de l'ambassadeur pour son départ de Metz.

Révérendissime,

Illustrissimes Seigneurs et mes vénérés Maitres,

... On ne parle pas encore du départ de l'empereur; il attend, je crois, que son artillerie soit arrivée de Flandre et que toutes ses troupes se trouvent réunies.

Pour moi, je suis décidé à partir avec Camille Colonna (2) ou le premier capitaine qui se mettra en route, car il faut une escorte. Si je ne puis partir avant, j'attendrai M. de Dissey ; il m'a dit ce matin qu'il aurait sa compagnie mercredi et qu'il partirait jeudi. Je serais déjà parti il y a deux jours, mais j'avais deux chevaux qui boitaient.

De Metz, le 21 juin 1544.

De Vos, etc.

Camillo CAPILUPO.

---

(1) Ces barques remontaient la Moselle de Metz à Toul.
(2) Camillo Colonna, fils de Marcello Colonna, entré au service de l'empereur en 1525, mort en 1558.

6.

Ligny, le 29 juin 1544.

Récit de la prise de Ligny.

Révérendissime,

Illustrissimes Seigneurs et mes vénérés Maîtres,

Je suis arrivé ce matin à Ligny ; il était pris depuis une heure. Au point du jour, les batteries, étagées sur la colline qui domine le château, ouvrirent le feu. Lorsque les assiégés se virent découverts de tous les côtés et impuissants à se défendre, ils sollicitèrent un sauf-conduit pour venir parlementer; on le leur délivra. M. de Roussy, frère de M. de Ligny, comte de Brienne, se présente et demande à Son Excellence quelles conditions elle entend accorder. Elle répond la vie sauve, et pour le reste, à discrétion ; il refuse. Le bombardement recommence; les troupes sont prêtes à donner l'assaut. Les parlementaires reviennent dire qu'ils acceptent les conditions offertes par son Excellence. Elle répond qu'il est trop tard et qu'ils auraient dû d'abord le prendre au mot et profiter de sa clémence. M. le grand écuyer va leur parler et revient auprès de Son Excellence. A sa prière et à celle de plusieurs autres seigneurs, elle finit par leur accorder la vie sauve. Elle donnait aux troupes d'assaut l'ordre de se retirer quand les assiégés se mettent à descendre par la brèche pour se livrer aux Impériaux. Le soldat, qui veut le sac, se rapproche, pénètre dans la place, fait prisonniers tous ceux qu'il rencontre et en tue un petit nombre. Indignée, Son Excellence se précipite au péril de sa vie pour faire cesser le carnage. Je l'ai trouvée dans le château, recueillant les quelques femmes qu'il y avait pour les faire conduire dans sa tente où elles sont en sûreté. Elles sont peu nombreuses, et toutes des plus pauvres et des plus laides.

M. de Ligny et M. de Roussy se sont rendus à don Fernand ; ils ont dîné avec lui, ou plutôt soupé, car il était près de six heures de l'après-midi. A table se trouvait encore M. des Chenets, prisonnier d'un bas-Allemand de médiocre condition. Tout le monde augure mal de son sort : on craint que l'empereur ne lui fasse couper la tête. Lui affirme que M. le grand écuyer lui a promis la vie sauve.

Capitaines et enseignes ont eu une assez grosse part de butin. Il n'est pas jusqu'au maître queux de Son Excellence qui n'ait reçu 500 écus de rançon d'un secrétaire de Pierre Strozzi qui lui était échu. Vincent Taddeo, lieutenant de Strozzi, est prisonnier du marquis de Marignan.

Il paraîtrait que les Italiens se plaignent beaucoup des Français qui se seraient rendus sans leur en rien dire. Je n'ai pu encore vérifier le fait, mais on me l'a dit et l'on ajoute que c'est M. des Chenets qui n'a pas voulu qu'on leur en parlât.

On a trouvé dans le château beaucoup de vivres et de munitions qui seront fort utiles aux Impériaux, les munitions surtout. Si le château avait tenu toute la journée d'aujourd'hui, ils n'auraient pu s'en emparer que quelques jours plus tard, faute de boulets.

Peut-être l'empereur prendra-t-il les Italiens à son service; il ne tiendra qu'à lui, car je crois que pour eux ils accepteraient volontiers.

On parle de marcher sur Saint-Dizier, mais je ne pense pas que nous puissions partir avant deux jours; il faut d'abord recueillir les boulets tirés...

De Ligny, le 29 juin 1544, à 7 heures du soir.

De Vos, etc.

Camillo CAPILUPO.

P.-S. — Tous les Italiens que j'ai interrogés, simples soldats ou capitaines, m'ont affirmé que c'est à leur insu que les Français se sont rendus à discrétion, sous la seule réserve de la vie sauve. Ils n'ont connu et approuvé que les premières propositions auxquelles Son Excellence ne voulut point entendre et qui stipulaient entre autres choses qu'on sortirait enseignes déployées; on leur a laissé ignorer le reste. Aussi disent-ils pis que pendre des Français.

M. des Chenets m'a raconté qu'il avait écrit au roi que la place n'était pas tenable et qu'il vaudrait mieux de l'abandonner comme neutre (1) que d'y perdre du monde. Le roi prit cet avis pour un effet de la peur et donna l'ordre de tenir; on voit le résultat.

Prodigieux les ravages de l'artillerie impériale. Prodigieux aussi les travaux de défense des assiégés; ils ont épuisé les moyens de fortifier la place. Mais quoi! il leur eût fallu pouvoir abaisser les collines de pierre qui la commandent.

Il y avait dans le château 15 pièces d'artillerie, savoir un canon, une coulevrine, des demi-canons et des demi-coulevrines. Neuf de ces pièces sont hors de service, les unes rompues par les Français eux-mêmes et les autres par le canon des Impériaux.

Un neveu de M. des Chenets a été blessé d'un coup de pierre et un frère de Dominique Arriano (2) fait prisonnier; j'en parle parce qu'ils sont de mes amis.

(1) « Le Barrois et la Lorraine avaient été déclarés neutres par François Ier et par Charles-Quint ». PAILLARD, *l'Invasion allemande en 1544*, p. 94.

(2) Domenico Arriano, capitaine ferrarais au service de la France. *Correspondance politique de Guillaume Pellicier, passim.*

7.

Ligny, le 30 juin 1544.

Description de Ligny : ville, château, bombardement, ruines.

Révérendissime,
Illustrissimes Seigneurs et mes vénérés Maîtres,

Hier, pressé par le temps, je n'ai pu qu'annoncer la prise de Ligny. Je me promettais d'y revenir et d'entrer dans le détail du bombardement et de l'assaut, mais Bardelone et Natale me disent qu'ils ont écrit là-dessus une longue lettre à Mme la Princesse (1). Je ne saurais rien dire qu'ils n'aient dit : car, n'y ayant point assisté, je n'en connais que ce qu'ils m'ont appris, eux et quelques autres. Je tiens cependant à dire un mot de la situation et de la forme de la ville, de ses ruines aussi, que j'ai pu visiter aujourd'hui tout à mon aise. Il n'y a que le château, gardé par des Allemands, où je ne sois pas encore entré. J'y suis allé hier à cheval en compagnie de Son Excellence; il y avait une telle foule et une telle confusion que je n'ai pu le voir.

Ligny est délicieusement situé, mais le pays est peu fertile. Comme toutes les villes d'ici, il est bâti au pied d'une colline. Tout autour une ceinture de coteaux. Une petite rivière (2), dont on a barré une partie, alimente ses fossés, larges d'une dizaine de perches, inégalement profonds. Ses murs sont tout en pierre de taille, assez hauts, flanqués de quelques tourelles construites à l'antique, faibles et chétives. Ils ont rendu un grand service à l'armée impériale. Avant de se retirer dans le château, les Français avaient brûlé la ville pour que les Impériaux ne pussent s'y loger. Les murs restaient debout : Son Excellence plaça derrière eux les Espagnols et les bas-Allemands, dérobant ainsi une partie de ses troupes à la vue de l'ennemi. Les hauts-Allemands se masquèrent dans un pli de terrain sur la colline qui domine le château.

On bombarda le château de quatre points différents, mais on ne le battit en brèche que du côté le plus avantageux. L'artillerie placée sur la colline visait moins à ruiner qu'à balayer les défenses. On m'a dit que les assiégés s'étaient terrés contre son feu plongeant; je n'ai pas vu leur gabionnage, n'étant pas, je le répète, encore entré dans le château. La batterie dressée au-dessous du château, sur le front des Espagnols, et qui avait la courtine pour objectif, fit des merveilles. Le mur était en pierre de taille ici comme partout, épais de 32 pieds à mi-hauteur et appuyé contre un solide terre-plein; il n'en fut pas

(1) La duchesse Marguerite de Monferrat.
(2) L'Ornain.

moins détruit jusqu'au ras de l'eau du fossé. L'amas des décombres et le peu d'eau qu'il y avait en cet endroit facilitaient la montée de la brèche. Celle-ci était de 16 à 18 perches. On résolut de donner l'assaut à la grosse tour de la courtine. Elle regardait la colline où se trouvaient les hauts-Allemands et n'était point flanquée de ce côté. Cela rendait aisée et presque sans danger l'application des échelles : si les assiégés s'avisaient de quitter leur abri gabionné pour repousser l'escalade, ils étaient foudroyés par la colline. De l'aveu de tout le monde, ce fut Son Excellence qui découvrit ce point unique pour battre le château. Ce fut elle encore qui, la nuit d'avant l'assaut, eut l'idée d'amener à mi-colline les pièces établies au sommet; elles ouvrirent un feu terrible sur une casemate dont la ruine acheva de démoraliser les assiégés. Son Excellence avait en tout 32 pièces : 16 canons et autant de demi-canons; une seule s'est rompue.

Vu du dehors, le château paraît inexpugnable. On dirait une masse de pierre savamment bastionnée. Cependant les bastions ne sont pas en pierre dans toute leur hauteur. Ils se terminent en terre, mais cette terre est si bien liée qu'elle offre au canon plus de résistance que la pierre elle-même. L'aspect d'ailleurs en est des plus agréables : un épais et vert gazon la recouvre et réjouit la vue.

J'ai visité aujourd'hui l'intérieur de la ville. C'est un spectacle à fendre l'âme. Je ne comprends pas que le seigneur du lieu ait pu se laisser aller à y mettre le feu et à la ruiner comme il l'a fait. Comment ne s'est-il pas rendu compte que, la ville détruite, il ne serait plus seigneur que d'un petit château ? Quant à jamais la rebâtir aussi belle qu'elle était, tout entière en pierre de taille comme on construit dans le pays, il ne pouvait s'en flatter.

Ligny est deux fois plus long que large. Une voie assez spacieuse le traverse, plus longue à mon avis ou du moins aussi longue que celle de notre ville de Mantoue. Des deux côtés de cette rue s'élevaient des maisons aux murs de pierre blanche. Presque toutes, ce semble, avaient une boutique; les habitants devaient se livrer au commerce. Un peu plus loin qu'à moitié rue, à gauche, une église de belle apparence; il n'en reste plus d'intact qu'un christ et deux apôtres de pierre au-dessus de la porte. Près de cette église, mais à droite de la voie, une petite place qu'on dirait l'œuvre d'un magicien : tels les sites enchanteurs et les superbes palais décrits dans les romans de chevalerie et créés par l'art magique de Maugis (1). Un corridor aux parois de pierre fait le tour des remparts, restés debout, ainsi que je l'ai dit; il est si large qu'on peut s'y promener à l'aise. Il n'est pas de maison dont le faîte n'ait été détruit au moins jusqu'à mi-hauteur des murs. Or, chose extraordinaire, on ne rencontre presque pas de bois parmi les décombres. Peut-être la plupart des maisons étaient-elles terminées en voûte. Ce qu'il y a de certain, c'est

(1) V. l'*Orlando furioso* de l'Arioste, publié à Ferrare vingt-huit ou vingt-neuf ans auparavant.

que presque tous les sous-sols sont voûtés; les Français n'ont pas jugé à propos de les détruire. On ne trouverait pas davantage 20 livres de fer dans toutes ces ruines; j'ai dit 20 livres, et c'est encore trop, j'en suis sûr. Mais ceci est le fait de nos insatiables Allemands : non contents de l'or, des bijoux et des hardes qu'ils ont pris en quantité, du vin dont ils se sont enivrés pour un mois, ils ont passé toute la journée d'aujourd'hui à enlever les ferrures des fenêtres et à chercher des clous dans les poutres consumées.

MM. de Brienne et des Chenets m'ont dit qu'avant de brûler la ville et de s'enfermer dans le château, ils avaient renvoyé toutes les femmes jeunes et jolies, ne gardant que celles dont ils avaient besoin pour leur faire à manger et laver leur linge; je ne m'étonne plus d'en avoir vu sortir si peu, et toutes fort laides.

On a fait un butin considérable; de pauvres diables de soldats ont ramassé mille, deux mille et jusqu'à trois mille écus. Don Fernand a donné à Alexandre de Gonzague un prisonnier dont celui-ci espère tirer plusieurs milliers d'écus de rançon : c'est M. de Gonsoles (1), un des principaux seigneurs français qui se trouvaient dans Ligny; il avait 400 écus sur lui.

Peut-être Son Excellence ira-t-elle cette nuit reconnaître Saint-Dizier.

Hier, dans le sac du château, la poudrière a pris feu; un Allemand ivre aurait causé l'accident. Il n'y avait heureusement que peu de poudre. On parle de sept caques; j'ignore la contenance de la caque. Un interprète du vice-roi a été brûlé.

Je baise humblement les mains à Leurs Seigneuries.

De Ligny, le 30 juin 1544.

Camillo CAPILUPO.

P.-S. — M. de Ligny m'a dit qu'il avait fait venir un ingénieur pour examiner la ville et que celui-ci lui avait déclaré que c'était une place frontière des plus fortes de France. Ce fut donc avec une véritable joie qu'il vit arriver les Impériaux; il comptait se couvrir de gloire en les repoussant. Quelle folie d'exposer à la ruine une si belle ville pour acquérir de l'honneur !

De Ligny, à 6 heures du soir.

---

(1) Jacques de Gonsoles, gentilhomme du Bourbonnais, écuyer d'écurie du roi.

8.

De la campagne de Ligny, le 1ᵉʳ juillet 1544.

Départ de Ligny. — Une partie des murs de Saint-Dizier se serait écroulée. — François Iᵉʳ à Châlons. — Proclamation de don Fernand à la France.

Révérendissime,
Illustrissimes Seigneurs et mes vénérés Maîtres,

Ce matin nous avons plié bagage et poussé jusqu'à une maison de campagne, à un demi-mille en avant de Ligny; les gens de pied n'ont pas encore quitté leurs campements.

Son Excellence a reçu de Bar la nouvelle suivante, qu'une lettre, datée de la même ville, est venue confirmer. Le gouverneur de Saint-Dizier ayant détourné ou barré la rivière (1) qui coule auprès de la place pour l'amener dans les fossés, l'eau a fait crouler un pan de muraille avec le bastion construit en cet endroit (2) : cet accident, croyait-on, allait forcer le gouverneur d'abandonner la ville.

Autre nouvelle, mais qui mérite confirmation : le roi de France serait à Châlons.

Don Fernand a fait publier aujourd'hui par un de ses hérauts, au son de 15 ou 16 trompes, une proclamation à la France. L'empereur, dit-il, fait la guerre au roi et non pas au royaume; il ne vient pas démembrer la France, mais arracher les Français à la tyrannie d'un prince qui est l'allié des Turcs; il fait savoir à tous, seigneurs et peuples du royaume, qu'il accueillera ceux qui viendront à lui et châtiera les autres comme fauteurs et complices des crimes du roi (3).

Nous ferons demain environ deux lieues vers Saint-Dizier.

Je baise humblement les mains à Leurs Seigneuries.

Camillo Capilupo.

---

(1) L'Ornel. — Nos ambassadeurs croient qu'il s'agit de la Marne; Feruffino la nomme expressément.

(2) Il semble que ce « canard », dûment enregistré par tous nos ambassadeurs, ait fait le tour de l'Italie. Le 12 juillet, Cristiano Pagni, agent diplomatique du duc de Florence à Milan, écrit à son gouvernement : « .. Havendo li Francesi... volto l'acqua d'un certo fiume vicino per empiere i fossi, il fiume haveva inundato di sorte che haveva buttato a terra un gran spatio di muraglia... » Archives d'État de Florence, *Archivio Mediceo*. — Nous devons cette communication à l'obligeance de M. Gherardi, le distingué archiviste de Florence.

(3) Nous n'avons pu retrouver cette curieuse proclamation, éternel mensonge des envahisseurs. Capilupo est le seul de nos ambassadeurs qui en fasse mention.

9.

Près Saint-Dizier, le 5 juillet 1544.

Fernand de Gonzague en vue de Saint-Dizier; campement provisoire. — Reconnaissance de la place; son assiette, ses défenses, sa garnison. — Ligny centre de ravitaillement. — Mauvais temps. — Éloge du lieutenant général; son activité; ses remontrances aux chefs de corps. — Les prisonniers de Ligny.

Révérendissime,
Illustrissimes Seigneurs et mes vénérés Maîtres,

Nous voici depuis hier à un mille à peu près et en vue de Saint-Dizier, campés en partie derrière la rivière qui coule vers la ville ou forteresse — elle s'appelle la Marne, à ce que j'apprends, et serait la même que la « Matrona » de César — en partie sur une colline entourée de bois qui longe la rivière. A peine fûmes-nous arrivés que Son Excellence, éclairée par une bonne escorte de chevaux et de gens de pied, alla reconnaître la place. Les remparts et les tours se couvrirent aussitôt de monde, accouru pour nous voir. Du côté où est notre camp et à main droite, Son Excellence s'approcha des murs à une portée d'arquebuse. On déchargea sur nous force sacres et mousquets, mais sans atteindre personne, bien que les nôtres se fussent répandus en foule aux alentours dans la campagne. Le projectile d'un sacre vint tomber entre son Excellence et moi, à moins de deux ou trois perches de distance. Je crus m'apercevoir qu'elle était particulièrement visée : on l'avait reconnue sans doute à son plastron et à sa salade rouges, ou au chien qui la suit partout et qui l'accompagnait. Nous y sommes retournés aujourd'hui ; elle n'avait plus ni son armure ni son chien : aussi a-t-elle pu très bien voir toutes choses avec moins de danger.

On ira camper demain sous les murs de la place, du moins de deux côtés; la plus grande partie des gens de pied y sera couverte, et Son Excellence parfaitement abritée.

La ville me paraît beaucoup plus grande que la Mirandole. Elle est située dans un pays entièrement plat; il y a des collines au nord et au sud, mais si éloignées que l'artillerie y porte à peine. De l'est à l'ouest s'allonge la vallée. Nous sommes maintenant à l'est, mais nous nous établirons demain à l'ouest et au sud : ce sont les deux points par où la ville pourrait être le plus facilement secourue, car ils regardent la France. Si l'empereur vient, peut-être pourrait-il camper à l'endroit que nous occupons en ce moment.

Notre armée sera coupée en deux par la rivière; mais on aura soin de la réunir, je pense, en construisant deux ou trois ponts. Il est vrai qu'on peut passer à gué tant en amont où nous sommes qu'en aval où nous irons; mais il faut songer aux gens de pied et se précautionner contre une crue des eaux.

La rivière ne coule pas sous les remparts, mais à une assez grande distance. C'est que, du côté de l'ouest, la ville monte sensiblement, tandis que la rivière suit naturellement le fond de la vallée. Cela fait que les troupes campées sur la rivière, entre celle-ci et cette partie de la ville, seront hors de la portée du feu de la place. Son Excellence ne courrait là aucun danger.

La ville, beaucoup plus longue que large, s'étend de l'est à l'ouest, sans affecter d'ailleurs la ligne droite. A son extrémité ouest, à plus d'une portée d'arquebuse des remparts, il existait, sur une petite éminence, un certain nombre de maisons et de jardins; l'ennemi a tout brûlé et détruit. Cependant le mur d'un jardin reste encore debout; il forme un abri, et avec un rien de tranchée il sera facile de s'y couvrir entièrement des remparts, ainsi que du bastion (1) que les assiégés y construisent, déjà en état de défense, mais pas encore assez haut à leur idée.

La tour d'une église, à cause de sa grande élévation, peut seule nous atteindre et nous faire du mal; aussi c'est elle qu'on va battre d'abord. L'ennemi y a hissé quelques pièces d'artillerie; mais, autant qu'on en peut juger par le peu de largeur de la tour et par le faible bruit de celles que nous avons vu décharger sur nous, ce ne doit être tout au plus que des sacres et des mousquets. On ne voit pas de ce côté d'autre défense, avec cette tour, que le bastion en terre que l'ennemi est en train d'exhausser; il est vrai qu'il est très fort. Quant aux murs et au terre-plein, on ignore ce qu'ils valent.

Du côté de la rivière, à l'extrémité d'aval de la ville — la rivière coule vers l'ouest — il y a quelques petites tours que l'on pourra battre en plaçant l'artillerie sur l'autre rive où le terrain s'élève. Ces tours, il est vrai, me semblent défendues, ainsi que toute la courtine, par un grand bastion en terre nouvellement construit à l'autre extrémité de la place, c'est-à-dire à l'extrémité est, également du côté de la rivière. Ce bastion défend aussi cette même extrémité du côté de l'est. En allant de cette extrémité est vers le nord, on rencontre un autre bastion de fière apparence qui défend presque toute la courtine septentrionale. Celle-ci court en dehors de l'extrémité ouest et, grâce à un saillant qu'elle forme, se défend elle-même. Il me semble avoir vu un creux où le mur était rompu; je présume que l'ennemi a pratiqué cet enfoncement pour y établir un flanc quelconque. Au bout de la courtine se trouve une toute petite tour.

La ville a un château qui, par ce qu'on en voit, a l'air d'être

---

(1) Le texte dit « baduardo », aujourd'hui « baluardo ». On appelait boulevard ce que nous appelons bastion. Dans cette première vue de Saint-Dizier, notre ambassadeur en compte trois : celui-ci, à l'ouest, dit plus tard « bastion de la Victoire »; celui du sud-est, qui était plutôt un cavalier, le cavalier du château; le troisième à l'est, le bastion de Gigny.

très fort; mais on ne sait pas ce qu'il est du côté de la place.
Les fossés de la ville n'ont pas encore été reconnus; peut-être y enverra-t-on cette nuit.

Le seigneur Jean-Baptiste (1) est allé seul tout à l'heure revoir les lieux pour déterminer les campements d'après les indications de Son Excellence.

Il y a dans la ville, à ce qu'on dit, près de 3000 gens de pied. M. de Lalande, le même qui était l'année dernière dans Landrecies, y est entré le 2 de ce mois avec 300 piétons. Je ne me rappelle pas le nom du commandant en chef, et le seigneur Jean-Baptiste ne sait pas me le dire.

Hier Son Excellence endossa son armure et chevaucha dans la campagne, pensant que les ennemis viendraient reconnaître notre position. Le bruit court en effet qu'il y a ici autour plus de 1000 chevaux, mais ils ne se font pas voir.

Hier, dès que Son Excellence, venant de reconnaître la place, eut repris le chemin de notre campement et qu'on eut rappelé les Espagnols qui se tenaient dans des broussailles près de la ville, du côté du château, environ 500 piétons sortirent de la place, mais rentrèrent aussitôt.

Tout le monde estime que Saint-Dizier est beaucoup plus difficile à prendre que Ligny et qu'on aura besoin de beaucoup de pionniers.

Je ne vois plus rien à dire à Leurs Seigneuries et leur baise humblement les mains.

L'empereur devait quitter Metz hier pour se rendre à Commercy et à Ligny, et de là, je pense, à notre camp. On continue à diriger tous les vivres sur Ligny pour être ensuite expédiés ici. Il y a à Ligny deux moulins à eau qui moulent 80 sacs par jour. De son côté, Sa Majesté en a fait faire près de 200 à bras pour les emmener avec elle; ils voyagent deux par voiture et se trouvent actuellement à Ligny où ils travaillent sans relâche.

Dans dix jours, je pense, on pourra moissonner ici autour un peu de seigle et de blé mûr, quoique le temps soit si mauvais et si pluvieux que je m'étonne que rien puisse mûrir. Depuis notre départ de Spire, il n'a pas cessé un seul jour de pleuvoir; il a plu tout hier, toute la nuit et tout ce matin. Ce temps détestable n'arrête point Son Excellence. Après ce que j'ai vu d'elle en ce peu de jours, je ne crois pas qu'on puisse trouver de chef d'armée plus rempli de sollicitude, plus vigilant, plus infatigable ni plus brave. Il semble que ce soit elle qui commande et exécute à la fois, et cela non seulement dans les choses militaires, mais encore en ce qui concerne la poste, qu'elle a si bien organisée qu'on peut écrire où l'on veut. Bref, officiers et capitaines ont l'air d'être sous Son Excellence comme les écoliers sous le maître, qui dicte et fait le thème, comme on dit.

Je reçois à l'instant une lettre de Vos Révérendissime et Illustris-

(1) Gastaldo, mestre de camp général.

simes Seigneuries, datée du 25 juin, qui est un accusé de réception de mes dernières dépêches.

Ce soir, c'est-à-dire dans l'après-midi d'aujourd'hui, Son Excellence a fait appeler M. le Grand (1), le comte Guillaume de Fürstenberg et M. de Hesse, qui sont les principaux de l'armée. Elle les a entretenus entre autres choses de la nécessité de maintenir l'ordre dans les campements et s'est élevée à ce sujet contre le peu de cas qu'on fait des instructions du mestre de camp; elle leur a montré et fait toucher au doigt les graves conséquences de cette insubordination, pour eux-mêmes d'abord sur qui pourraient en retomber le dommage et la honte, et ensuite pour le service de Sa Majesté. Elle leur a parlé aussi des mesures à prendre pour empêcher que, dans les villes emportées d'assaut, les soldats d'une nation ne frustrent ceux d'une autre nation. Elle leur a mis enfin devant les yeux, en même temps que les bienfaits de l'union, les maux qui naissent de la discorde. Là-dessus les trois seigneurs se sont engagés sur l'honneur à faire tous leurs efforts pour que le seigneur Jean-Baptiste Gastaldo soit parfaitement obéi et à se conformer eux-mêmes à ses ordres pour les choses qui relèvent de sa charge. En ce qui concerne les querelles entre soldats de différentes nations au sujet du butin dans les villes prises de force, ils ont promis, le cas échéant, de faire jurer à leurs gens, avant d'aller à l'assaut, qu'ils ne s'approprieront ni prisonnier ni chose quelconque qui ait déjà maître, et s'il en est qui violent leur serment, de poursuivre la punition des coupables. Et comme la plupart de ces querelles ont pour cause les maisons et habitations que l'on a coutume de se réserver en les déclarant sous sa sauvegarde, désormais la sauvegarde sera interdite.

Ce soir, à table, Son Excellence s'est plainte de Sancho Bravo (2), capitaine de piétons espagnols, qui a écrit à l'empereur qu'elle lui avait enlevé M. de Roussy qu'il avait fait prisonnier. Cela est faux de tout point. D'abord elle ne lui a pas pris M. de Roussy puisque celui-ci fut directement conduit à la tente de Son Excellence. Ensuite les deux négociateurs de la capitulation de Ligny, c'est-à-dire M. le Grand et le seigneur don Francesco, sans parler de plusieurs autres gentilshommes qui étaient présents, savent parfaitement que c'est à Son Excellence que les chefs de la place se sont tous rendus. D'ailleurs les prisonniers eux-mêmes me l'ont souvent répété.

Lorsque Son Excellence fit envoyer à l'empereur la liste de ses prisonniers, le secrétaire, messire Giuliano, oublia d'y porter M. des Chenets, celui-ci se trouvant alors entre les mains d'un bas-Allemand. Sa Majesté se prévaut de cette omission pour le revendiquer. On estime que Son Excellence doit tenir bon et ne pas le lui livrer

---

(1) Le grand écuyer M. de Boussu.
(2) Don Sancho Bravo de Mardones y Lagunas, commandeur d'Alcantara, premier contrôleur du camp; il commandait en second le « tercio » de Luis Perez de Vargas.

parce qu'elle lui a garanti la vie sauve par la capitulation accordée. Aussi, quand le pauvre seigneur vit qu'on le menait en Flandre, fut-il aussi atterré que si on l'eût mené à l'abattoir; il ne cessait de répéter qu'on violait la foi donnée.

Je termine et de nouveau baise humblement les mains à Leurs Seigneuries.

Près Saint-Dizier, le 5 juillet 1544, à une heure et demie de nuit.

Fürstenberg viendra dîner demain avec Son Excellence. Sa Majesté lui a écrit une lettre en bonne forme; aussi se montre-t-il depuis deux jours plus raisonnable.

De Vos, etc.

Camillo CAPILUPO.

10.

Sous Saint-Dizier, le 8 juillet 1544.

Campement définitif; place de chaque corps. — L'armée occupe ses quartiers. — Le mauvais temps retarde le bombardement de la place. — Nouvelle destination des prisonniers français et italiens faits à Ligny. — Critique du camp par le mestre de camp.

Révérendissime,

Illustrissimes Seigneurs et mes vénérés Maîtres,

L'illustrissime et excellentissime seigneur Fernand est allé avant-hier revoir la ville de Saint-Dizier afin d'étudier encore une fois l'emplacement le plus avantageux pour asseoir son camp; il a fini par s'arrêter à celui que je vous indiquais dans ma dépêche d'avant-hier comme me paraissant le plus favorable.

Il a donc placé les Espagnols au sud, le long de la rivière, entre celle-ci et la ville, à une portée d'arquebuse des murs; malheureusement l'endroit est un peu plus à découvert qu'on ne l'avait jugé d'abord, à voir le rideau d'arbres qui semblait le mettre hors de toute atteinte.

Au delà de la rivière, derrière les Espagnols, à l'ouest, dans un coude où le terrain est très bas, il a établi les sept enseignes du capitaine Georges de Ratisbonne (1) qui, avec autant d'enseignes espagnoles, sont désignées pour aller à l'assaut.

De ce côté-ci de la rivière, à l'ouest, mais en inclinant vers le nord, dans les lieux les moins découverts, c'est-à-dire les plus bas — car toute cette campagne est également découverte, et ce ne sont pas les

(1) Il commandait les sept enseignes de piétons hauts-Allemands, qui avaient hiverné à Cambrai avec les vétérans espagnols de Luis Perez.

quelques arbres qu'on y rencontre qui peuvent nous protéger contre le soleil — il a mis le reste des gens de pied allemands.

Presque en face de ces derniers, du côté de la ville et au bord de la rivière, sur un tertre isolé où poussent quatre à six noyers, se dresse la tente de Son Excellence; elle n'est couverte de la place que par les quelques arbres qui se trouvent tant dans le quartier des sept enseignes allemandes que dans celui des Espagnols. Moi et mes gens, nous campons près de Son Excellence et n'avons pas plus d'ombre qu'elle.

Il y avait en face de nous, au delà de la rivière, un bas-fond abrité par une hauteur. Son Excellence avec toute sa maison y aurait été le plus sûrement du monde; mais elle n'en a voulu ni pour elle ni pour personne, bien que ce fût l'endroit le plus à couvert qu'il y eût de ce côté de l'ouest. Il est vrai qu'il se trouve dans le voisinage d'un grand bois, qu'il est commandé par le plateau qui s'étend au delà de la rivière et que l'ennemi, se portant au secours de la ville, aurait pu s'en emparer par surprise; ce sont ces inconvénients sans doute qui en ont éloigné Son Excellence. Elle a préféré s'établir de ce côté-ci de l'eau, sur cette éminence, plus sensible, ce semble, au danger d'être exposée à un coup de main de l'ennemi qu'au mal que peut lui faire ici la place. Elle compte d'ailleurs la mettre bientôt hors d'état de nuire en ruinant la tour dont l'artillerie peut seule nous atteindre.

Son Excellence avec sa maison est donc campée sur la rivière. Vers le nord, sur notre gauche et en arrière, se trouve le gros des Allemands et derrière eux, plus bas, toute la cavalerie. Si l'empereur vient, c'est là, dans un village de trente à quarante feux (1), qu'on se propose de le mettre.

Ainsi toute l'armée impériale sera campée en deçà de la rivière, à l'exception des sept enseignes allemandes désignées pour l'assaut, qui sont au delà, près de la ville. Cette situation me paraît des plus avantageuses. D'abord c'est ici que la place est le moins forte et, la tour une fois ruinée, elle ne pourra guère nous faire de mal. Ensuite, et c'est un point capital, c'est par ce côté de la Marne que s'opère le ravitaillement de l'armée. Enfin la réunion de toutes les forces de l'empereur sur ce plateau, plus haut que celui de la rive opposée et le commandant, fera réfléchir les Français, tentés de secourir la ville; s'ils s'en avisent, il leur faudra passer sous notre feu. Il ne m'en paraît pas moins indispensable de jeter trois ou quatre ponts sur la rivière et de les fortifier, afin de rester maîtres de l'un et l'autre plateau.

Hier, deux heures avant le jour, les Espagnols et les gens du capitaine Georges sont allés occuper leurs quartiers; Son Excellence, les hommes d'armes et le reste des troupes n'ont pris possession des leurs que vers huit heures. L'armée a perdu dans ce mouvement un ou deux Espagnols, un Italien, un porte-enseigne, allemand, je crois, et deux autres Allemands. Pendant que nous nous campions et cette

(1) Hoëricourt.

nuit, l'ennemi a tiré à mitraille (1) et nous a tué encore quelques hommes, principalement des Espagnols, très peu en somme. Aucun homme de qualité n'a été atteint, que je sache. Son Excellence, accompagnée seulement de Gastaldo, du marquis de Marignan et du comte della Somaglia (2), s'est approchée de la ville pour mieux la reconnaître et examiner l'endroit où l'on devait placer l'artillerie; on ne leur a pas ménagé, paraît-il, les coups de mousquet.

J'apprends à l'instant que les assiégés ont retiré de la tour le peu d'artillerie qu'ils y avaient mise; ils auront vu sans doute que nous dressions quatre pièces pour la battre. Ce qu'il y a de certain, c'est qu'on ne les entend plus tirer.

On n'a pas encore commencé à battre la ville; l'artillerie n'est pas même en place parce qu'il a plu tout hier et qu'il pleut encore. Hier au soir, comme nous étions en train de souper, une trombe d'eau et de vent s'est abattue, si violente que nous avons été obligés de nous lever de table et de nous couvrir de casaques de feutre; la pluie, fouettée par le vent, transperçait la tente de Son Excellence. Jugez ce qu'il en devait être des tentes des gentilshommes et des pauvres soldats. Tous les effets sont tellement trempés qu'il faudra plusieurs jours pour les faire sécher, surtout si la pluie continue. Tout le monde s'accorde à dire que le temps et les campements dont nous avons été gratifiés jusqu'ici pendant cette campagne sont beaucoup plus mauvais que ceux que l'on avait l'an dernier sous Landrecies. Sous la tente comme au dehors, on patauge constamment dans la boue. Ajoutez à cela qu'il fait un tel froid que ceux qui ont des fourrures sont heureux de les mettre; celui-là est le mieux et le plus honorablement vêtu qui a une casaque de feutre et de bonnes grosses bottes de vache. Le vin se vend quatre et jusqu'à cinq batz (3) la « mossa », le grand pain quatre batz. Les blés de la campagne environnante ne seront bons à moissonner que dans une dizaine de jours, le temps se mît-il au beau, et alors les cheveaux auront tout détruit ou consommé; ils en abiment plus avec les pieds qu'ils n'en mangent.

Les prisonniers français qu'on envoyait en Flandre et les prisonniers italiens qu'on renvoyait en Italie ont été rappelés pour être conduits en France; ils doivent être échangés contre les Espagnols, pris ces jours passés sur un navire venant d'Espagne (4). Il doit

(1) « Tirando a fochi », dit le texte. — « Les feux armés, boulets en fer, en bronze, grenades en bronze, en fer, en verre, pots, marmites, bombes, trompes, guirlandes armées, etc. » — *Jean Errard*, p. 250, par M. LALLEMEND et A. BOINETTE.

(2) Navager, dépêche du 25 juillet, l'appelle « le comte Giovanni-Francesco della Somaglia ». Il s'agit du comte G.-F. Gavazzo della Somaglia, ancienne famille milanaise.

(3) « Bazzi ». C'est l'allemand « batzen », monnaie de la valeur de trois sous.

(4) Voy. sur ces prisonniers espagnols les deux dépêches de Navager du 30 mai et du 30 juin.

rester peu de ceux-ci : huit sur dix ont pu fuir, leur rançon payée ou leur parole donnée de la payer. Leurs maîtres ont eu pitié d'eux; ils craignaient qu'on ne les envoyât aux galères. Il avait été crié en effet que tous les prisonniers qui auraient satisfait au paiement de leur rançon eussent à se rendre en un certain lieu. La peur des galères et la nécessité où ils étaient d'intéresser leurs maîtres à leur fuite ont fait sans doute qu'ils ont payé ou promis de payer plus qu'ils n'auraient voulu.

Le chevalier Chiucchiaro a poussé hier avec une vingtaine de chevaux jusqu'à six ou sept lieues dans la direction de Châlons. Il a ramené trente-trois ou trente-quatre paysans à cheval et quelques autres à pied qu'il avait faits prisonniers; je crois qu'on a relâché aujourd'hui tous ces pauvres gens. Il est surprenant que les chevaux français, qu'on dit si nombreux à quatre ou cinq lieues alentour, ne nous aient pas encore donné signe de vie; on assure qu'il y en a plus de mille.

Gastaldo m'a dit qu'il n'était pas facile de se camper sûrement devant cette ville, qu'il n'eût fallu ni tant se hâter ni se mettre si près et qu'assis et improvisé comme il l'est, ce camp est des plus dangereux du monde parce qu'on n'y a construit d'abord ni retranchements ni tranchées et qu'à cette heure, par le temps qu'il fait, il n'y a pas moyen de se remparer. Aussi faut-il penser que si l'ennemi tire si peu sur des campements aussi à portée et aussi à découvert, c'est apparemment qu'il est mal approvisionné de poudre et de boulets.

La place nous a dépêché hier un tambour qui venait soi-disant pour traiter du rachat de je ne sais quel prisonnier. Son Excellence s'est doutée qu'il venait en réalité pour reconnaître son camp et elle s'est empressée de l'envoyer au prévôt des Allemands, avec ordre de le garder jusqu'à ce que le campement fût terminé et l'armée en sûreté dans ses quartiers.

Espagnols et Allemands, je crois vous l'avoir dit, sont convenus d'aller de compagnie à l'assaut et de se conduire en bons camarades; mais il sera interdit de prendre des maisons sous sa sauvegarde.

Ne voyant plus rien à dire à Leurs Seigneuries, je leur baise humblement les mains.

Sous Saint-Dizier, le 8 juillet 1544, à 6 heures du soir.

De Vos, etc.

Camillo CAPILUPO.

11.

Sous Saint-Dizier, le 10 juillet 1544.

La tour continue son feu. — Toujours la pluie. — Heureuse assiette du camp; ses avantages. — Les Français de Vitry tentent de secourir Saint-Dizier; ils enlèvent les convois de vivres. — L'armée manque de pain. — Nouvelle tranchée.

Révérendissime,
Illustrissimes Seigneurs et mes vénérés Maîtres,

... Je disais dans ma dépêche d'avant-hier qu'on était venu m'annoncer, comme j'étais en train d'écrire, que les assiégés avaient retiré leur artillerie de la tour. La nouvelle n'était vraie qu'à moitié; ils l'avaient retirée, mais seulement pour la changer de place : ils la couchèrent sur le flanc dans une sorte de nid de cigogne de leur façon et la montèrent plus haut. Naturellement leur feu s'en trouva interrompu pendant un bon bout de temps, et les nôtres qui les considéraient et entendaient le bruit qu'ils faisaient en hissant leurs pièces purent croire qu'ils les enlevaient. L'artillerie est donc encore sur la tour et continue de tirer sur le camp, surtout sur le quartier des Espagnols; il est vrai qu'ils en souffrent moins, maintenant qu'ils sont couverts par des tranchées.

N'eût été le temps détestable qu'il a fait, cette tour serait déjà par terre. Mais le travail est si pénible que c'est merveille qu'on ait pu faire la moitié de ce qu'on a fait. Pas une heure sans pluie. Il est heureux que Son Excellence ait le coup d'œil infaillible et qu'elle se soit campée précisément dans le meilleur endroit. Cet éternel mauvais temps n'a pas été la moindre des raisons qui l'ont déterminée à choisir ce côté de la ville, qui en est de beaucoup le plus élevé et le plus sec; il eût été impossible partout ailleurs de faire même le peu de besogne que nous avons faite : comment, dans des terres détrempées ou inondées, ouvrir des tranchées et s'y tenir? Au contraire, celles que l'on construit à cette extrémité de la place, du quartier des Espagnols vers le nord, sont d'une exécution facile; grâce au terrain qui est formé de gravier, le fond en est infiniment plus sec que la terre sous la meilleure de nos tentes. Cette nature graveleuse du sol a même amené Son Excellence, je ne dis pas à se camper, mais à donner l'assaut de ce côté : car le terrain du camp n'est plus le même, et, bien que nous occupions un plateau qui domine sur tous les alentours, nous avons de la boue jusqu'au genou. Mais, près de la ville, ce n'est que du gravier. Son Excellence en a conclu que la partie du terre-plein de la place qui se trouve en face devait être peu solide, et cette considération lui a été encore une raison déterminante, quoique indirecte, de se camper ici.

On a pris avant-hier un page des Français. Il a dit qu'il avait ordre d'entrer dans Saint-Dizier et de prévenir les assiégés que la nuit suivante trois enseignes bourguignonnes viendraient les renforcer; elles étaient parties de Vitry sous l'escorte de 1 500 chevaux et devaient profiter de la nuit pour pénétrer dans la place. Sur cet avis, Son Excellence établit partout des postes. Elle voulait envoyer des chevaux au-devant de l'ennemi; mais elle réfléchit qu'à cette heure tardive ils risquaient fort de ne pas le rencontrer sur la route et que celui-ci se serait sans doute déjà embusqué; elle craignit en outre que si la nuit venue les Français se présentaient pour exécuter leur coup de main, il ne lui restât pas assez de chevaux pour les bien recevoir, d'autant qu'il en était déjà sorti un grand nombre pour aller convoyer les vivres et l'argent qui arrivaient. Ces raisons la décidèrent à attendre l'ennemi dans son camp, sauf à ne rien négliger pour l'étriller d'importance s'il osait se montrer. C'est ainsi, comme je l'ai dit, qu'elle posta des gens de pied et des chevaux en différents endroits. Ces précautions prises, elle se rendit le soir aux tranchées tant pour presser les travailleurs et leur indiquer la direction à suivre que pour se trouver au milieu des Espagnols, qu'elle pensait devoir être attaqués par les assiégés. Nous y restâmes jusqu'à minuit; pendant que nous y étions, des coups d'arquebuse blessèrent deux pionniers. Nous visitâmes ensuite l'artillerie qui se trouve à gauche des Allemands, sur un vaste plateau, du côté de la route de Vitry. N'ayant entendu aucun bruit suspect, nous allâmes dormir.

On aperçut tout au matin, à une lieue d'ici, des Français qui se retiraient. S'il avait fait un peu plus jour et qu'on eût eu sous la main un homme connaissant le pays, Son Excellence aurait envoyé immédiatement surprendre Vitry, qui devait se trouver abandonné et vide de troupes; les nôtres, au retour, pouvaient en outre rencontrer les Français qui, en venant secourir Saint-Dizier, nous avaient enlevé je ne sais combien de voitures de vivres, et leur faire rendre gorge. Peu de jours auparavant, ils nous en avaient pris 80 arrivant de Bar : là-dessus le duc a déclaré qu'il n'enverrait plus de vivres si on ne lui garantissait chevaux et voitures.

Tout cela fait que l'armée ne nage pas précisément dans l'abondance : hier au soir ni ce matin, pas de pain. Je suis favorisé. J'avais envoyé à Bar un de mes serviteurs malade avec un page de Son Excellence, malade aussi, qui s'appelle Louis. Ceux de mes gens, chargés de les conduire, achètent trois sacs de pain, de quoi faire bombance, mais ils manquent d'être pris : comme ils sortaient de la ville, c'est-à-dire des faubourgs — car on n'a admis dans la ville que les malades amenés par le chapelain de Son Excellence — les Français y entraient. Les serviteurs du seigneur Alexandre (1) et ceux de Bardelone, également envoyés aux vivres, pour revenir plus vite, sont revenus à vide ce matin. Les miens rentrent à l'instant; je ne les attendais plus.

(1) Alexandre de Gonzague.

Hier dans la nuit, Son Excellence est retournée aux tranchées. On y avait abattu de la besogne. Nous présents, on a gabionné quatre pièces d'artillerie pour battre la tour en deux endroits. Le bombardement devait avoir lieu ce matin, mais il a plu toute la nuit et il pleut encore.

Son Excellence va faire ouvrir une seconde tranchée qui, partant à peu près du milieu de la première qui s'en va faite, se dirigera vers le nord, de l'autre côté du bastion que l'ennemi est en train de construire à cette extrémite ouest de la ville où nous sommes campés; nous pourrons de la sorte battre les deux flancs du bastion et les deux courtines joignantes. On se mettra au travail dès demain si la pluie fait trêve. Mais je crains fort qu'elle ne cesse de toute cette lune, et s'il en est ainsi, nous voilà frais. Ma parole, il ne fait pas meilleur marcher dans le camp que sur la route de Curtatone (1) au cœur de l'hiver. Sous nos tentes même, nous ne sommes pas à l'abri de la pluie...

Sous Saint-Dizier, le 10 juillet 1544, à midi.

De Vos, etc.

Camillo CAPILUPO.

12.

Sous Saint-Dizier, le 17 juillet 1544.

L'assaut a été désordonné. — Mort du prince d'Orange; son éloge; sa succession. — Tués et blessés des deux « tercios » espagnols. — L'ambassadeur pense qu'il faut recourir à d'autres moyens d'attaque; travaux d'approche qu'il propose. — Pertes des assiégés dans l'assaut.

Révérendissime,
Illustrissime Seigneur et mon vénéré Maître (2),

J'ai raconté dans ma dépêche d'hier (3) l'assaut donné à Saint-Dizier la veille dans la matinée, assaut tumultuaire et qui eut lieu sans l'ordre de l'illustrissime seigneur vice-roi. Les Espagnols ont payé cher leur indiscipline; l'ennemi les a étrillés d'importance. Son Excellence est saine et sauve, et toute sa maison aussi, excepté Cecco et le Sicilien Patella, deux de ses gentilshommes, qui ont été blessés; mais on a bon espoir qu'ils s'en tireront.

Le pauvre prince d'Orange est mort du coup de mousquet reçu la veille de l'assaut. Toute l'armée le pleure. Il en était considéré

(1) A 5 kil. O. de Mantoue.
(2) Dépêche adressée au cardinal régent seul.
(3) Cette dépêche du 16, renfermant le récit de l'assaut du 15, n'existe plus aux Archives de Mantoue.

comme la fleur. C'était sans contredit celui des chefs ultramontains (non italiens) sur lequel on faisait le plus de fond : car il avait des troupes superbes et, brave comme il l'était, il les aurait conduites à la victoire. Il a recommandé ses affaires au seigneur vice-roi. On assure qu'étant mort sans enfants sa principauté passe à M. de Ligny ; mais voilà qu'on dit que sa femme est enceinte. Orange d'ailleurs n'est que la moindre partie de sa succession ; ses possessions les plus considérables se trouvaient en Bourgogne, et l'on pense qu'elles reviendront à l'empereur.

J'envoie à Votre Révérendissime et Illustrissime Seigneurie le nombre des morts et des blessés des deux « tercios » espagnols. Je n'ai pu savoir celui des nouveaux Espagnols ; j'estime qu'ils ne doivent pas être moins de 50 tant tués que blessés. Je ne connais pas davantage celui des Allemands ; leur colonel (1) ne se fera pas faute de porter plus de manquants qu'il n'y en a pour qu'on ne s'aperçoive point des payes volées jusqu'à ce jour.

Je suppose qu'on sentira la nécessité d'user d'autres moyens pour s'emparer de la ville. Le succès que l'ennemi vient de remporter a singulièrement exalté son courage ; il lui donne en outre un répit qui va lui permettre de se fortifier à son aise. Je pense donc qu'on établira un cavalier à l'endroit que je vous indiquai d'abord comme le plus favorable, près de certaines maisons brûlées. Le sol y était presque au niveau du bastion que les assiégés ne faisaient que de commencer ; il est vrai qu'aujourd'hui qu'ils l'ont exhaussé et mis en état de défense, le cavalier ne rendra plus les mêmes services. Je prévois encore non loin des murs, du côté de la rivière, la construction d'un fort capable d'abriter quatre cents arquebusiers. La nuit d'avant l'assaut, il y avait là une tranchée, mais si mal faite que l'homme debout n'y était protégé que jusqu'à mi-cuisse et qu'à genou la moitié supérieure du corps était à découvert ; cela causa la mort de quantité de gens. Je m'imagine enfin qu'on essaiera de miner le bastion, mais je doute que l'on y réussisse, le terrain n'étant que gravier, comme je vous l'ai dit. Le mieux, à mon avis, serait de creuser deux tranchées, l'une couverte et l'autre découverte, et d'avancer avec la pioche, à force de pionniers, jusque sous les murs. Tout ce que je vous dis là est de mon cru, car je suis l'homme de la cour qui entends le moins discourir de ces choses...

Sous Saint-Dizier, le 17 juillet 1544.

De Votre, etc.

Camillo Capilupo.

P.-S. — On a pris hier un homme sorti de la ville. Il a dit que les assiégés avaient perdu 200 hommes, presque tous tués par notre artillerie. Elle ne causa pas moins de ravages parmi les nôtres. L'assaut ayant eu lieu sans commandement, les soldats ignoraient sur quel

(1) Georges de Ratisbonne.

point on tirait : ils se portèrent confusément de tous côtés, et ceux qui se rencontrèrent sous le feu de nos pièces furent tués.

NOMBRE DES MORTS ET DES BLESSÉS DES DEUX « TERCIOS » ESPAGNOLS (1)

« Tercio » de Luis Perez

	Morts	Blessés
Compagnie de Luis Perez	5	14
— de Mardones	10	24
— de don Guglielmo (Plus huit ou dix manquants)	3	29
Compagnie de Tarifa	2	12
— du capitaine Ganboa	7	24
— d'Antonio Moreno	4	22
— du capitaine Guijosa	3	15
— de don Hieronimo Durea	3	24
— du capitaine Pagano (2)	10	21
— d'Aldana	3	18
	50	203

« Tercio » de don Alvaro de Sande (3)

	Morts	Blessés
Compagnie de don Alvaro	3	15
— de Ximenes	9	23
— de Francesco Perez	7	26
— de Zuccariate	4	27
— de Bernard Soler	2	20
— de don Garcia Sermoneta	3	25
— de Pedrarias	7	28
— de Luis Bravo	4	16
— de Francesco de Haro	4	30
— de Gio. del Rio	1	22
— de Diego de Vargas	4	21
— de don Filippo de Ordas	4	18
— de Monsalve	8	16
« Tercio » de don Alvaro	60	287
« Tercio » de Luis Perez	50	203
TOTAL	110	490

(1) Ce texte est visiblement la traduction italienne de l'original espagnol qui n'a pas été retrouvé : ainsi Giovanni, Francesco, etc., au lieu de Juan, Francisco, etc.
(2) Parmi les capitaines espagnols nommés par Brantôme se trouve « le capitaine Rodrigo Pagano ». BRANTÔME, t. Ier, p. 331.
(3) BRANTÔME lui a consacré une courte notice, t. Ier, p. 326.

Don Alvaro a le visage, les mains et les pieds brûlés, mais guérira.

Le seigneur Luis Perez a reçu un coup d'arquebuse, mais la blessure est saine.

Plusieurs enseignes ont été blessés et quelques-uns tués.

13.

Sous Saint-Dizier, le 18 juillet 1544.

Travaux des assiégeants et des assiégés pendant les trois jours qui ont suivi l'assaut. — Reconnaissance du côté de Vitry; les Français grossissent dans cette ville. — Un fournisseur de boulets. — On fortifie Paris. — Les Anglais en Picardie. — On commence à miner; obstacles au succès de la mine. — Son Excellence s'expose trop; l'ambassadeur ne se sent pas assez d'autorité pour le lui dire. — Pourquoi il donne tant de place à la description des lieux et des campements.

Révérendissime,
Illustrissimes Seigneurs et mes vénérés Maîtres,

... L'assaut donné et les Impériaux repoussés — c'était le 15 — on a passé la nuit et le jour suivants à exhausser les tranchées. Je vous ai dit qu'elles me paraissaient trop basses. Je ne les trouve pas encore assez hautes; on y est encore trop à découvert en certaines parties.

Les ennemis travaillaient de leur côté, mais avec bien plus d'entrain et de courage que nous. Tout en remettant en état les points les plus importants, ils tiraient ferme sur le campement des Espagnols dont ils blessaient et tuaient un grand nombre. La nuit d'après l'assaut, ils sont sortis, ont dépouillé ceux qui étaient restés dans le fossé et à la brèche et achevé les blessés; les Espagnols ne purent en sauver que cinq ou six. Cette même nuit et le jour suivant, ils n'ont cessé de leur crier toutes sortes de vilenies, d'injures et de bravades; ces railleries les faisaient plus souffrir que leurs blessures. On raconte qu'ayant pendu par un pied un de ceux pris dans le fossé, ils lui ont attaché une poule mouillée. On dit encore que cinq ou six cavaliers sortis dans la journée sont tombés sur un valet espagnol qui faisait de l'herbe, lui ont coupé le nez et les oreilles et l'ont laissé aller. Aussi Espagnols et Allemands (1), ceux-là furieux de ces avanies et des pertes subies, ceux-ci de la mort du prince d'Orange, ont-ils juré, lorsqu'ils prendraient la ville, de ne faire grâce à âme qui vive.

(1) Les bas-Allemands.

Pendant l'assaut, ou, plus exactement, lorsque les nôtres commencèrent à se retirer, les assiégés firent venir à la brèche jusqu'aux pages. J'y vis même deux femmes qui disaient et faisaient le diable contre les plus braves Espagnols.

La seconde nuit et le second jour, on a ouvert une nouvelle tranchée qui, partant de la première, se rapproche du campement des Espagnols et les couvre beaucoup mieux. Les ennemis, autant qu'on peut s'en rendre compte, remplissent de terre la tour de l'église et réparent la brèche sans relâche; la nuit, ils nettoient le fossé et exhaussent la pointe de leur bastion inachevé. Je vous ai écrit qu'il me paraissait nécessaire d'élever un cavalier en face de ce bastion; la chose sera maintenant plus difficile.

La nuit dernière, Son Excellence est allée aux tranchées pour aviser à la construction de ce fort dont je vous parlais hier. A peine les pionniers étaient-ils au travail qu'une petite alarme les a mis en fuite. Il était près de minuit avant qu'ils fussent tous revenus; ils n'ont presque rien fait. Nous avons regagné nos tentes sur les 12 heures (1).

Cette nuit encore, l'illustrissime seigneur don Francesco et, je crois, le duc Maurice sont allés pousser une reconnaissance jusqu'à deux lieues de Vitry où l'on disait qu'était M. de Guise; je ne sais pas encore s'ils sont de retour.

Un homme du pays est venu hier trouver Sa Majesté; il lui a offert de lui fournir plus de deux mille boulets par semaine. On devait aujourd'hui lui donner de l'argent pour faire faire les moules, et l'on a envoyé à Bar pour en ramener de gré ou de force je ne sais quels maîtres (2).

On donnait comme certain, il y a quatre ou cinq jours, que le roi de France était à Paris avec 10 000 pionniers pour fortifier la ville. Rien de nouveau du côté de l'Angleterre. Le bruit a couru ces jours-ci que l'avant-garde et l'arrière-garde de l'armée anglaise assiégeaient je ne sais quelle place de Picardie; mais on n'a pas entendu dire que le roi lui-même fût arrivé.

Je crois que les Espagnols seront obligés de changer en partie leur campement. L'ennemi les commande d'heure en heure davantage avec son bastion qu'il élève sans cesse; son artillerie, paraît-il, en a tué cinq ou six jusque derrière les tranchées.

On doit ouvrir la mine cette nuit, mais je doute qu'on réussisse. Le terrain, comme je vous l'ai écrit, n'est que sable et gravier, et la rivière est à deux pas; ce voisinage et l'extrême perméabilité du sol me font craindre l'invasion des eaux à une certaine profondeur. En outre, la mine fait beaucoup moins d'effet sur des cavaliers et des bastions en terre que sur des murs; ils s'ouvrent et se fendent çà et là au lieu de s'écrouler.

(1) Huit heures du matin.
(2) Des maîtres fondeurs sans doute.

C'est la faute d'une sentinelle qui a été la cause de la petite alarme de cette nuit. Les Espagnols étaient de garde; les Allemands venaient les relever. Une sentinelle espagnole, qui n'avait pas encore été rappelée, vit celles que les Allemands posaient et crut que c'étaient les ennemis. Son devoir était de se retirer en silence et de venir dire ce qu'elle avait vu; elle n'en fit rien : elle cria aux armes et les Allemands battirent le tambour.

Son Excellence était en ce moment avec le seigneur Camille Colonna et le marquis de Marignan; ils allaient clopin-clopant arrêter l'emplacement et l'ordonnance du fort. Au premier cri d'alarme, ils rebroussent chemin; nous ne savions plus où les retrouver. Son Excellence a raison sans doute de vouloir aller seule. Elle est plus en sûreté; elle attire moins l'attention et le feu de l'ennemi que si elle était escortée: soit! Mais au moins devrait-elle permettre aux gentilshommes de sa maison de la suivre de loin. En un cas comme celui-ci, mais où l'ennemi serait réellement sorti, le danger est évident. Il faut compter en outre avec la jalousie et les haines qui règnent dans les cours et dans les armées. Je n'ai pas encore assez d'autorité auprès de Son Excellence pour lui dire cela ni autre chose, mais il est de mon devoir de vous l'écrire. Je n'ai pas manqué d'ailleurs d'en parler à certains seigneurs qui l'approchent et sont en situation d'en être écoutés.

Le seigneur don Francesco et les autres cavaliers viennent de rentrer de leur reconnaissance; ils n'ont point rencontré l'ennemi. Cependant un parti de chevaux français est venu près d'ici et a pris les mules de plusieurs des nôtres qui étaient allés en maraude.

Aujourd'hui est venu un trompette français; il amenait quatre prisonniers espagnols. Je crois qu'ils les envoient ainsi par petits paquets pour se ménager l'occasion d'avoir tous les jours leurs trompettes dans notre camp.

Les Français, paraît-il, grossissent à Vitry; on parle de 2 000 chevaux et de 3 000 piétons.

Tels sont, à ma connaissance, les faits et les nouvelles de la journée. Il a été question aussi de changer le campement de Sa Majesté et des gens venus avec elle. Son Excellence voudrait que l'empereur consentît à quitter les maisons et à s'incorporer davantage à l'armée en prenant la place des bas-Allemands qui sont derrière elle (1). Mais la cour se trouve fort bien là où elle est. D'ailleurs l'emplacement qu'on lui propose est détestable; on y est dans la boue jusqu'au genou. Il n'y a donc nulle apparence qu'elle l'accepte. On se contentera de renforcer le campement impérial en mettant des gens de pied derrière les hommes d'armes qui sont immédiatement derrière Sa Majesté; on serrera un peu plus ces derniers.

Je vous ai parlé de certains points qu'il me semblait nécessaire de

---

(1) *Derrière elle* relativement au quartier général de Gonzague, mais en réalité *devant elle* ou *au-dessus d'elle*, sur la gauche.

construire et de fortifier; on ne les a pas faits, et j'ignore pourquoi. Si l'ennemi venait à prendre position de l'autre côté de la rivière, en face de Sa Majesté, sur un mamelon boisé qui commande tout ce côté-ci, je crois que l'empereur et sa cour seraient obligés de déloger, tandis que s'il y avait deux ponts, l'un près de la ville et l'autre vis-à-vis de Sa Majesté, chacun avec un fort sur la rive gauche, nous serions maîtres de la campagne sur les deux bords de la rivière.

Certains peuvent trouver étrange que j'entretienne de mes plans militaires Vos Révérendissime et Illustrissimes Seigneuries. Mais j'ai du temps de reste et peu de chose à dire; j'en suis réduit, et cela est loin de me déplaire, à vous décrire par le menu les lieux et les campements.

On rapprochera sans doute les « bisoños » des vieux Espagnols, affaiblis par leurs pertes en morts et en blessés dans l'assaut.

On fera demain la montre des vieux Espagnols et des chevaux.

Ne voyant plus rien à vous dire, je vous baise humblement la main.

De Vos, etc.

Sous Saint-Dizier, le 18 juillet 1544.

Camillo CAPILUPO.

14

Sous Saint-Dizier, le 20 juillet 1544.

Changements dans les quartiers de campement. — Travaux d'approche. — Reconnaissance du côté est de la place. — Son Excellence devient plus prudente. — Bombardement et assaut prochains. — La viande manque. — Mules et chevaux enlevés. — Indiscipline dans l'armée. — On canonne la tour de l'église. — Envoi de l'état nominatif des morts et des blessés du « tercio » de Perez et des Allemands. — Officiers espagnols tués ou blessés. — Bruit de la mort de Lalande. — Bruit de la confiscation des biens de M. de Ligny.

Révérendissime,

Illustrissimes Seigneurs et mes vénérés Maitres,

Sa Majesté garde son campement. On a serré davantage les hommes d'armes de Brederode (1) et de M. le Grand; ils sont derrière l'empereur et ils ont à leur tour derrière eux, toujours sur la rivière, je ne sais combien d'enseignes allemandes. On a placé une

(1) Renaud de Brederode; il commandait 1 000 chevaux bas-allemands.

partie des « bisoños » encore plus près des vieux Espagnols et mis ces derniers plus à couvert.

Nous sommes allés cette nuit aux tranchées et au fort que l'on construit à un peu plus de 60 brasses des fossés; on a vivement travaillé. Nous sommes restés jusqu'à minuit; les Français n'ont pas tiré un seul coup de canon ni d'arquebuse, ce qui nous a fort étonnés; nous ne les avons pas entendus bouger. Je suppose qu'ils se sont tenus tranquilles parce qu'il faisait noir comme dans un four, le ciel étant couvert et la lune sur sa fin.

Le seigneur Jean-Baptiste Gastaldo est allé de nouveau reconnaître la place en compagnie d'un certain capitaine Frédéric, demi-ingénieur (1) de Sa Majesté. Peut-être établira-t-on une autre batterie du côté de l'est, dans cet enfoncement de terrain dont je vous parlais à mon arrivée et où je vous disais qu'on pourrait masquer un bon nombre d'hommes; mais rien n'est encore décidé. On ira cette nuit examiner plus à fond ce côté de la ville. Pour moi, quand je le vis, je jugeai qu'il devait en être le plus fort. A gauche, dans la direction de la rivière, un énorme cavalier nouvellement construit (2). A droite, le château, dont les murs paraissent faits à l'antique, ce qui indiquerait qu'il doit être rempli de terre; il commande toute la campagne environnante. Vers l'est, un retranchement assez considérable qu'entourent de bons fossés. Cela fait un fort assez bon; il est vrai qu'occupé par nous, ces fossés et la terre amoncelée sur leur revers couvriraient les nôtres et leur serviraient de rempart. Comme je n'y suis point entré, j'ignore s'il peut recevoir de l'artillerie (3).

Il me semble que Son Excellence devient un peu plus prudente; elle ne se tient plus tout le jour aux tranchées comme elle faisait.

Je crois que dans quatre jours on battra la place; peut-être donnera-t-on un nouvel assaut. Son Excellence est plus que jamais remplie d'espérance.

Aujourd'hui dimanche, l'armée a été sans viande.

On a enlevé hier les chevaux et la voiture de l'illustrissime seigneur Fabrice Colonna et tué un de ses gens. Avant-hier, on avait pris les mules de don Ferdinand d'Aragon (4).

On ne peut venir à bout de ces Allemands; ils dévalisent les vivandiers et commettent mille vilenies. Deux d'entre eux sont allés ce matin se plaindre à Son Excellence; elle leur a payé leur pain de son argent et les a renvoyés à leur prévôt, qui est une brute et se soucie du mestre de camp comme moi de mes vieilles bottes.

Avant-hier Sa Majesté était allée en personne marquer leurs emplacements à Brederode et aux autres hommes d'armes. Eh bien! ç'a

(1) « Mezzo ingegnero »; notre ambassadeur est le seul qui en parle et paraît en faire peu de cas.

(2) Le cavalier du château.

(3) Peut-être faut-il voir dans cet ouvrage extérieur la redoute de l'Étanche.

(4) Ferdinand d'Aragon, fils de Frédéric, roi de Naples, — prince de Tarente, — chevalier de la Toison d'or, — gouverneur de Valence, — mort en 1551.

été comme si elle ne les leur eût pas assignés de sa propre bouche; il a fallu y retourner hier.

Cet esprit d'indiscipline impose aux mestres de camp et au général la plus grande prudence. Avec cela, qu'il se produise des faits malheureux, suites inévitables de ces désobéissances et de ces désordres, ce n'en est pas moins sur eux qu'en retombe le blâme.

On a tiré hier quelques coups de canon sur la tour de l'église, que les assiégés, comme je vous l'ai écrit, avaient commencé à remplir de terre; la canonnade a fait tomber toutes les machines qu'ils avaient disposées au sommet pour y hisser je ne sais quelles petites pièces d'artillerie.

Hier a eu lieu la montre des vieux Espagnols.

Je vous ai adressé, il y a deux jours, le chiffre des morts et des blessés des deux « tercios » espagnols; je vous adresse aujourd'hui la liste des pertes allemandes.

Je vous envoie également l'état nominatif des morts et des blessés du « tercio » de Luis Perez; je n'ai pu me procurer celui du « tercio » d'Alvaro.

Voici les capitaines et gradés blessés du « tercio » de Luis Perez :

Luis Perez lui-même : coup d'arquebuse à une cuisse; ce ne sera rien.

Spino, sergent-major : deux coups d'arquebuse aux cuisses.

Le capitaine Ganboa : coup d'arquebuse ; il va mal.

Son enseigne et son sergent.

Le capitaine Guijosa : coup d'arquebuse; peu de chose.

Don Guglielmo : blessé deux jours avant l'assaut; il va mieux.

Le capitaine don Hieronimo Durea : coup de pierre; il va bien. — Son enseigne blessé.

Le capitaine Pagan : coup d'arquebuse. — Son enseigne tué.

Le sergent du capitaine Mardones blessé.

Du « tercio » de don Alvaro, je ne connais que ceux-ci :

Don Alvaro lui-même : brûlé à la tête, aux mains et aux pieds.

Le capitaine Monsalve : brûlé aussi et plus encore. — Ils ont l'air de deux démons, mais ils guériront.

Le capitaine Zuccariate : coup d'arquebuse; il va mal.

Le capitaine Bernard Soler : coup d'arquebuse; il va assez bien.

Je ne sais pas les noms des enseignes et des sergents de ce « tercio » qui ont été blessés.

Parmi les capitaines de « bisoños » blessés, il y a les deux suivants :

Jean Gaetano : coup d'arquebuse; ce ne sera rien.

Don Alphonse de Carvajal (1) : coup d'arquebuse à la tête; il va mal.

(1) « De bonne race et noble », dit BRANTÔME, t. Ier, p. 333.

... Le bruit a couru dans le camp que le capitaine Lalande avait été tué; mais on ne le croit pas : car le premier homme qui est sorti de la ville et qu'on a fait prisonnier n'a pas même dit qu'il fût blessé.

On racontait aussi que le roi de France avait confisqué les biens de M. de Ligny et des autres chefs qui étaient dans la place et qu'il les avait déclarés traîtres. Mais un trompette de M. de Guise est venu ce soir, qui assure que M. de Guise se trouve à Brienne, terre de M. de Ligny, et que lui-même n'a rien entendu dire de semblable.

N'ayant plus rien à vous écrire, je vous baise humblement la main.

Sous Saint-Dizier, le 20 juillet 1544, à une demi-heure de nuit.

J'envoie l'état nominatif des morts et des blessés allemands en allemand parce que je n'ai pas eu le temps de le faire traduire; il sont en tout 250 (1).

Je ne connais pas le nombre des « bisoños » tués ou blessés.

De Vos, etc.

Camillo CAPILUPO.

PERTES DES ESPAGNOLS

L'infanterie espagnole était de beaucoup la meilleure de l'armée impériale. Elle se composait de «vieux Espagnols» ou vétérans et de « nouveaux Espagnols » ou « bisoños », c'est-à-dire recrues. Les vétérans étaient divisés en deux « tercios » : l'un, sous les ordres de Luis Perez de Vargas, comprenait 10 compagnies; l'autre, commandé par Alvaro de Sande, en avait 13. Quant aux « bisoños », ils en formaient 14; Velasco de Acuña les commandait en chef. Il semble qu'en évaluant la compagnie ou enseigne espagnole à 200 hommes l'on soit aussi près que possible de la vérité (2). A ce compte, les 37 compagnies donneraient un effectif de 7 400 combattants.

Tous les vétérans et 8 enseignes de « bisoños » prirent part à l'assaut du 15 juillet, dit Francesco d'Este. Cela fait 31 compagnies, c'est-à-dire 6 200 hommes. Quelles furent les pertes des Espagnols? Les ambassadeurs italiens mirent une hâte et un soin extrêmes à s'en informer, et cela se comprend : c'est à l'importance des pertes que leurs gouvernements pourront mesurer la gravité de l'échec. L'ambassadeur de Mantoue paraît avoir été le plus heureux dans son enquête : il réussit à se procurer trois pièces diversement intéressantes, mais également officielles. Il envoie le 17, deux jours après l'assaut, le total des pertes de chaque compagnie des deux « tercios », le 20 les noms des capitaines et des gradés tués ou blessés du « tercio » de Luis Perez et de quelques-uns de celui d'Alvaro, et enfin, ce même jour, l'état nominatif des morts et des blessés du « tercio » de Luis

(1) C'est une erreur; l'état nominatif ne porte que 116.
(2) Peut-être cette estimation est-elle un peu faible. Navager (Saint-Dizier, 16 juillet) évalue les quatorze enseignes de « bisoños » à 3 700 hommes, ce qui donne 264 hommes par enseigne ; mais il a paru que ces enseignes nouvellement formées pouvaient être plus remplies que celles des « tercios ».

Perez. Le premier de ces documents est le plus important; il nous fait connaître le chiffre des pertes des deux « tercios » : en tout 600 tués et blessés. Il convient de remarquer que le nombre de 50 tués et de 203 blessés attribué au « tercio » de Luis Perez est entièrement conforme à celui de l'état nominatif ; il suit de là que pour le « tercio » d'Alvaro, dont notre ambassadeur ne put se procurer l'état nominatif, le chiffre de 60 tués et de 287 blessés doit être tenu pour rigoureusement exact. La liste des capitaines et des gradés blessés n'a d'autre intérêt que celui de nous faire connaître la nature des blessures. Sur 12 blessés, 9 ont reçu des coups d'arquebuse, 2 ont été affreusement brûlés par les « feux artificiels » et un a été atteint par une pierre : peut-être les « feux artificiels » jetaient-ils l'effroi parmi les assaillants ; mais c'est l'arquebuse en somme qui semble leur avoir fait le plus de mal. L'état nominatif des tués et des blessés du « tercio » de Luis Perez a été dressé par le fourrier de chacune des 10 compagnies : cela fait dix écritures différentes, toutes d'un déchiffrement assez pénible, les unes par leur informité et les autres par leur luxe d'enjolivements. Les tués et les blessés sont désignés soit par leurs prénoms et leurs noms patronymiques, soit par leurs prénoms suivis des noms de leur lieu d'origine. Si l'on en juge par ces lieux d'origine, le « tercio » de Luis Perez se composait surtout de gens sortis des provinces du nord ; il s'y trouve un certain nombre de noms patronymiques qui sont visiblement basques.

L'ambassadeur de Mantoue n'est complet que sur le « tercio » de Luis Perez; il n'a pu avoir l'état nominatif de celui d'Alvaro et il déclare, ce qui est plus grave pour nous, ne rien savoir des « bisoños ». Cependant il n'est pas impossible, à l'aide de la première des trois pièces qu'il adresse à son gouvernement, d'arriver, et c'est là l'essentiel, à une certaine approximation des pertes de ceux-ci. Les 23 compagnies des deux « tercios » ayant perdu ensemble 600 hommes, chacune d'elles en perdit donc 26 en moyenne. Si l'on admet, ce qui paraît vraisemblable, que les 8 compagnies de « bisoños » qui furent engagées souffrirent autant que celles des « tercios », elles eurent, à raison de 26 hommes par compagnie, 208 hommes hors de combat. En ajoutant ces 200 « bisoños » aux 600 tués et blessés des « tercios », l'on a aussi approximativement que possible le total des pertes espagnoles à l'assaut du 15 juillet, soit 800 hommes.

On pourrait croire que les quatre enseignes de Georges de Ratisbonne qui perdirent 116 hommes, c'est-à-dire 29 par enseigne, furent plus maltraitées que les Espagnols qui n'en perdirent que 26 par compagnie. Mais l'enseigne allemande était de 500 hommes au complet et il y a toute apparence que les enseignes de Ratisbonne en comptaient un peu plus de 400, c'est-à-dire deux fois plus que les compagnies espagnoles ; en réalité, les hauts Allemands perdirent moitié moins de monde que les Espagnols. Ils en perdirent trop pour ce qu'ils firent, et cela tient à la circonstance suivante : c'est que le gros des quatre enseignes allemandes, au lieu de franchir le fossé et d'aborder la brèche, s'arrêta court à une certaine distance et se trouva placé sous le canon des assiégés.

Si l'on considère maintenant que, d'après le rapport de Vésale à l'ambassadeur de Venise, la plupart des blessés moururent et que d'un autre côté, campés trop près de la place et en quelque sorte sous son feu, les Espagnols ne cessèrent de perdre du monde du premier au dernier jour du siège, l'on ne s'étonnera point de l'évaluation de Navager dans son recensement de l'armée impériale au départ de Saint-Dizier. « Il n'y a pas, dit l'ambassadeur de Venise, plus de 5 000 Espagnols tant vétérans que recrues, commandés par Luis Perez, don Alvaro et Velasco de Acuña. » Le siège de Saint-Dizier réduisit d'un tiers le contingent espagnol et le fit tomber de 7 400 à 5 000. La « nation espagnole », comme on disait alors, la plus brave de l'armée impériale, en fut aussi la plus éprouvée.

ÉTAT NOMINATIF DES MORTS ET DES BLESSÉS DU « TERCIO »
DE LUIS PEREZ.

1. — *Compagnie du capitaine don Geronimo Durea.*

Le seigneur capitaine don Geronimo Durea — blessé.
L'enseigne Pero (= Pedro?) Negro blessé.
Francisco Maldonado gravement —
Carrion —
Antonio de Torez (= Torres. Il y a une infinité de « Torre » et de « Torres » en Espagne) blessé.
Francisco Sanchez —
Diego Aldrogo gravement —
Mechior (= Melchior) de Torez (= Torres) blessé.
Castoverde gravement —
Francisco Ruyz — —
Luis de Manjon (= Majones, dans la prov. de Navarre) gravement blessé.

Pero (= Pedro?) de la Costaña (= Castaño? dans la prov. de Huelva) gravement blessé.
Andres Prieto gravement —
Gordo Inela — —
Pedro de Baeça (= Baeza, dans la prov. de Jaen) gravement blessé.
Migel (= Miguel) de Henares (dans la prov. de Madrid gravement blessé.
Rodrigues (= Rodriguez) gravement blessé.
Pedro de Toro (dans la prov. de Zamora) blessé.
Espinosa —
Francisco Hernandez mort.
Mena —

Autres noms connus depuis à ajouter à la liste précédente.

Francisco Ruys mort.
Cisneros blessé.
Cristoval (= Cristobal, Christophe) blessé.
Lope Garcia gravement —

2. — *Compagnie du capitaine Antonio Moreno.*

(Littéralement : Ceux qui sont blessés et morts de la compagnie du capitaine Antonio Moreno.)

Blessés.

Alonso de Cordova (= Cordoue, ch.-l. de la prov. de ce nom).
Juan de Ayton (= Aytona, dans la prov. de Lerida).
Juan Carrillo.
Gregorio de Rrufrancos (= Rufrancos, dans la prov. de Burgos).
Antonio Maldonado.
Juan Morcillo.
Jines (= Ines) Civera.
Francisco Muñoz.
Juan de Basurto (dans la prov. de Biscaye).
Juan Cerdan.
Juan de San Martin (dans la prov. d'Oviedo, etc.).
Pierriz Dastariz (= de Astariz, dans la prov. de Lugo et d'Orense).
Pedro Martinez.
Xroval (sigle d'origine grecque = $X\rho[\iota\sigma\tau]$ ό[ς]$ = Cristoval ou Cristobal, Christophe) Rodrigez (= Rodriguez).
Benito (= Benoit) de Oviedo (ch.-l. de la prov. de ce nom).
Francisco Palomar.
Diego de Çaballos (= Sabayes? dans la prov. de Huesca).
Miguel de Salinas (dans la prov. de Guipuzcoa, etc.).
Pedro Tajonar.
Juan Mateo.
Sabastian (= Sebastian) de Navarrete (dans la prov. de Logroño, etc.).
Juan Jimenez (= Ximenez).

Morts.

Juan de Sahagun (dans la prov. de Léon). Miguel de Cairada?
Diego de Hulate? Juan Navarro.

3. — Compagnie du capitaine Pagan.

(Litt. : Liste des morts et des blessés de la compagnie de Pagan.)

En premier lieu le capitaine (Pagan)	blessé.
L'enseigne	mort.
Tomas Riguelme	blessé.
Carote	—
Moyano	—
Harieta.	mort.
Bution.	—
Arraga	blessé.
Olibas	—
Miranda	—
Castillo	—
Juan de Arbibe (= Uribe? dans la prov. de Biscaye)	—
Martin Pascal (= Pascual)	—
Floies	—
Nofre Gabilanes	—
Julian de Medina (dans la prov. de Burgos, etc.)	blessé.
Battista	—
Pedro Prieto	—
Hontiberos	—
Janbrana	—
Juan de Villalon (dans la prov. de Palencia)	blessé
Francisco Hernandez	—
Cristobal de Medina (dans la prov. de Burgos, etc).	mort.
Viberos	blessé.
Vrijo	—
Domingo de Abrego (= Abregon, dans la prov. d'Orense)	blessé.
Millan de Abrego	mort.
Nerla	blessé.
Diego Hernandez	mort.
Juan Gariga	blessé.
Juan Garcia	—
Jaca	—
Requena	—
Juan Palao	—
Juan Murao	—
Diego Lopez	mort.
Miranda	—
Juan de Salazar (dans la prov. de Burgos, etc.)	mort.
Juan Cibello	blessé.
Alonso Muñoz	—
Martos de Montoya?	—
Pedro de Azpeleta (= Espelette? dans le Labourd, aujourd'hui ch.-l. de canton, Basses-Pyrénées)	blessé.
Iynes (= Iines = Ines) de Quesada dans la prov. de Jaen)	blessé.
Hernando de Quintana (dans la prov. de Badajoz, etc.)	mort.

4. — Compagnie du capitaine Geronimo de Guijosa.

(Litt. : Liste des soldats morts et blessés de la compagnie du capitaine Geronimo de Guijosa (1).)

Morts.

Pedro Marquina. qui était à l'assaut, manque.
Juan de Arjona (dans la prov. de Jaen), Geronimo Calabres.

(1) Deux localités de ce nom : l'une dans la province de Guadalajara et l'autre dans celle de Soria.

Blessés.

Myguel (= Miguel) de la Casa (dans la prov. de Logroño, etc.).
Bernardino de Mercado (dans la prov. d'Orense).
Diego de San Cristobal (dans la prov. de Polencia, etc.).
Juan de Castilla.
Baldenebro.
Juan Cortiz.
Juan del Valle (une quarantaine de
« Valle »).
Juan de Morales (dans les prov. de Léon, Logroño, etc.).
Juan Lopez.
Juan de Pamesa (?).
Miguel Sardo.
Miguel Hitos.
Juan Ryco.
Balcaçar.
Myguel (= Miguel) Ruyz.

5. — Compagnie du capitaine Ganboa.

(Litt. : Les blessés et les morts de la compagnie du capitaine Ganboa).

Le capitaine Ganboa — blessé.
Son enseigne Diego Cottiz — —
Son sergent Villasirga — —
Nuño de Soras (= Sora? dans la prov. de Barcelone) — blessé.
Martin Hernandez — mort.
Alonso Cotiz — blessé.
Pedro de Coria (dans la prov. de Caceres) — blessé.
Floran — —
Cristobal Rrodriguez (= Rodriguez) — blessé.
Juan de Munguia (dans la prov. de Biscaye) — blessé.
Juan de Huribe (= Uribe, dans la prov. de Biscaye) — blessé.
Santesteban (= S. Estevan, Saint-Étienne — mort.
Diego Lopez de Harieta (= Arrieta, dans la prov. de Navarre, Alava, Burgos) — blessé.
Francisco de Balderas (= Valderas, dans la prov. de Léon) — mort.
Francisco Ais — —
L'enseigne Leyba — blessé.

Francisco Guomez (= Gomez) blessé.
Francisco de Miranta (= Miranda, dans la prov. de Navarre, etc.) blessé.
Juan Balenciano — —
Guomez (= Gomez) Rodriguez — —
Miguel Maldonado — —
Geronimo Sycra. — —
Alonso Guarobo — —
Geronimo de Coropesa (= Oropesa. dans la prov. de Castellon de la Plana, etc. blessé.
Miguel Martinez — —
Coihoa de Uelguara (= Vergara, dans la prov. de Guipuzcoa) mort.
Alonso Rrodriguez (= Rodriguez) blessé.
Domingo de Camora (= Çamora = Zamora, ch.-l. de la prov. de ce nom) mort.
Miguel Carbonero blessé.
Marcos Goncalez (= Gonçalez = Gonzalez) mort.
Pero (= Pedro?) Hernandez de Barrios (dans la prov. de Léon, etc.) blessé.

6. — Compagnie du capitaine Tarifa.

Morts.

Redondo.

Pedro de Gesalas (= Gesalaz, dans la prov. de Navarre).

Blessés.

Juan Mateos (= Mateo, Jean-Mathieu).
Belasco (= Velasco).
Fabian de Poyatos (dans les prov. de Cuenca, de Jaen, de Huelva).
Alonso Rodaguez.
Santiago de Paredes (dans la prov. de Saragosse, etc.).
Juan de Guxillo.
Juan Dangulo (= de Angulo, dans la prov. de Burgos).

Raimundo de Villamayor (dans la prov. de Saragosse, etc.).
Alonso de Sagund (= Sagunto, Sagonte, dans la prov. de Valence).
Francisco de Solana (dans la Manche, etc.).
Pedro Moreno.
Diego de Gallegos (dans la prov. de Salamanque, etc.).

7. — Compagnie du capitaine Mardones.

(Litt. : Les morts de la compagnie de Mardones — et les blessés — sont les suivants.)

Morts.

Francisco de la Rua (dans la prov. d'Orense).
Juan Luys de San Pedro (dans la prov. de Santander, etc.
Pedro de Xerica (= Gerica, dans la prov. de Castellon de la Plana).
Geronymo (= Geronimo) de Palencya (= Palencia, ch.-l. de la prov. de ce nom).
Goncalo (= Gonçalo = Gonzalo) de

Caceres (ch.-l. de la prov. de ce nom).
Juan de Azpetia (= Azpeitia, dans la prov. de Guipuzcoa).
Juan Ramero.
Vartolome (= Bartolome, Barthélemy) de la Huerta (dans la prov. de Burgos, etc.).
Pedro Tomas.
Agostin Holiva (= Agustin Oliva).

Blessés.

Le sergent.
Pedro de Mendoza (dans la prov. d'Alava).
Gaspar de Salazar (dans la prov. de Burgos).
Geronymo (= Geronimo) de Salinas (dans la prov. de Guipuzcoa, etc.)
Unaldyno de Salinas.
Un autre Pedro de Mendoza.
Juan de Salazar.
Alonso Duran.
Alonso de Rueda (dans les prov. de Palencia, Léon, Valladolid, Saragosse, Guadalajara).
Le caporal Salzedo.
Juan de Ugara (« Ugaran » dans la prov. de Biscaye et « Ugar » dans celle de Navarre).
Pedro de Castro (dans la prov. de Corogne; d'autres avec des qualificatifs dans les prov. d'Orense, de Léon et de Zamora).

Gaspar de Trujillo (dans la prov. de Caceres).
Alonso Herero.
Juanes de Cariaga (= Arriaga, dans la prov. de Guipuzcoa, de Biscaye et d'Alava).
Juan de Turnegano (= Turegano, dans la prov. de Ségovie).
Sancho de Vermeo (= Bermeo, dans la prov. de Biscaye).
Andres Melgizo.
Vyllasante.
Lara.
Cosme de Salzedo (dans les prov. d'Alava et de Santander).
Cosme de Cordova (= Cordoue, ch.-l. de la prov. de ce nom).
Juan Salazar.
Salbatiera.

8. — *Compagnie du capitaine Aldana.*

(Litt. : de la compagnie de Aldana — ou Aldan.)

Pasqual (= Pascual) Aragones.
Juan Pardo.
Huesta.
Juan de Paxares (= Pajares. dans la prov. de Biscaye, etc.).
Rodrigo de Lobera (dans la prov. de Navarre, etc.).
Cisneros.
Aguilera.
Juan Balenciano.
Pedro de Callar (= Cullar? dans la prov. de Grenade; — Culla? dans la prov. de Castellon de la Plana).
Miguel de Leon (ch.-l. de la prov. de ce nom).
Medrino.
Francisco Gueco.
Diego Perez.
Pedro de Aria (dans la prov. de Navarre).
Juan de Nebreda (dans la prov. de Burgos).
Alderette.
Ruiz Garcia.
Luca de Campobaces (?).

9. — *Compagnie du mestre de camp Luis Perez de Vargas.*

(Litt. : Les morts et les blessés de la compagnie du mestre de camp Luys Prez (=Perez) de Bargas (=Vargas) sont les suivants.)

Blessés.

Le mestre de camp Luys Perez.
Mondragon.
Penado.
Sotomayor.
Andres de Montes (dans les prov. de la Corogne, de Léon et de Lugo).
Hernando de Ayala (dans la prov. d'Alava.
Anton (=Antonio) Barrenotos.
Pedro Sanchez.
Juan de Cambray (alors ville impériale).
Carreno.
Amoroso.
Juan Soler.
Julian de Camora (=Çamora=Zamora, ch.-l. de la prov. de ce nom).
Amaro Aznarez.

Morts.

Pedro Dubia.
Diego de Nabarrete (=Navarette, dans la prov. de Burgos).
Pineda.
Uneda.
Anton (=Antonio) Sanchez.

10. — *Compagnie du capitaine don Guillen.*

(Litt. : Les morts et les blessés de la compagnie de don Gillen (=Guillen) sont ceux-ci.)

Cereseda	blessé.	Domyngo (=Domingo) Lopez	blessé.
Rosales	—	Errera	—
Don Pedro	—	Garcia Ruyz	—
Mateo	—	Alonso Gomez	—
Fernandez	—	Pedro	—
Davon	—	Bartolome Arso	—
Muñoz	mort.	Escobar	—
Crispo	—	Perez	mort.

Juan de Alvlr (Albi? dans la prov. de Lerida)	blessé.	Morato	blessé.
Hernandez	—	Mateo Laneyez	—
Marco Hernandez	—	Quesada	—
Anton (=Antonio) Navarro	—	Moya	—
Domyngo (=Domingo) Vizcayno (Biscaïen, de la Biscaye)	blessé.	Martinez	—
		Jean Duarte	—
Juan Martinez	—	Mygel (=Miguel) Navarro	—
Lope Vizcayno	—	Juan Frontin	—
		Jean Rondes	—

Plus huit ou dix manquants dont on ignore le sort.

(Litt. : En dehors de ceux-ci, manquent huit ou dix, et l'on ne sait ce qu'ils sont devenus.)

PERTES DES ALLEMANDS

Nous avons ici, à n'en point douter, l'état officiel des pertes allemandes. L'original occupe le recto de trois feuillets; il est de quatre écritures différentes : le papier a passé du scribe d'une compagnie à celui d'une autre, chacun d'eux notant à la suite les pertes de sa compagnie. Sur le premier feuillet se trouvent les morts et les blessés du capitaine Christophe Nögelin et du capitaine comte Eitel-Friedrich de Hohenzollern; sur le second, ceux du capitaine Cortwille et d'une partie du capitaine Hieronymus de Hall; sur le troisième, la suite de ce dernier capitaine.

Il n'y eut en réalité que quatre enseignes ou compagnies allemandes qui parurent à l'assaut. Cela résulte non seulement de cette liste, mais encore du témoignage formel de Francesco d'Este dans sa précieuse dépêche du 18 juillet. Ces quatre enseignes appartenaient au corps de Georges de Ratisbonne qui en comptait sept, soit un effectif de 3 100 hommes; d'après Navager, l'enseigne allemande se composait de 500 hommes, mais il était rare qu'elle fût au complet. C'étaient des soldats aguerris, presque des vétérans; ils avaient fait la campagne de l'année précédente. On les appelait les Allemands de Cambrai parce qu'ils avaient hiverné dans cette ville à côté des vieux Espagnols. Ils passaient pour la meilleure troupe allemande qui fût dans l'armée impériale. Ce renom de bravoure leur valut d'être désignés pour aller à l'assaut avec les vétérans espagnols. Dans l'établissement du camp, on les plaça les uns auprès des autres : les Espagnols au sud, entre la Marne et la ville, les Allemands à l'ouest, derrière les Espagnols, mais au delà de la Marne, dans un coude de la rivière.

Lorsqu'on vit les deux « tercios » espagnols et huit enseignes de « bisoños » décimés au pied des murs par le feu des assiégés ou en détresse sur la brèche, impuissants à s'ouvrir un passage et réduits à attendre du secours, on envoya quatre enseignes de Ratisbonne pour les soutenir. Elles se montrèrent au-dessous de leur réputation et trompèrent l'attente de tous. Elles s'avancèrent assez résolûment jusqu'au fossé, mais arrivées là une poignée seulement tenta de le franchir et d'aborder la brèche. Un coup de canon leur ayant tué six ou sept hommes, elles se retirèrent dans le plus grand désordre. Les Allemands se sont conduits lâchement (1), dit Navager.

(1) Ce mot étonne sous la plume de Navager, si maître de lui d'ordinaire; mais il ne faut pas oublier que l'Italien, ambassadeur, capitaine ou soldat, détes-

Il ne restait plus d'autres troupes assez solides pour aller à l'assaut que les bas-Allemands du prince d'Orange. Ils demandaient à marcher, mais il parut inutile de sacrifier plus de monde. On rappela les assaillants qui tenaient encore et l'on prit des mesures pour protéger leur retraite.

En somme, l'assaut fut l'œuvre des Espagnols; ils y mirent d'autant plus d'acharnement qu'ils s'y étaient rués d'eux-mêmes et sans en attendre l'ordre. Les enseignes de Ratisbonne n'y firent en quelque sorte qu'une apparition et n'y jouèrent qu'un rôle misérable. Leur défaillance explique l'insignifiance de leurs pertes : 32 morts et 84 blessés. Il semble que les chefs, voyant leurs troupes lâcher pied, aient voulu leur donner l'exemple du courage : ils payèrent bravement de leur personne. Deux capitaines ont été tués, dit Francesco d'Este. Notre liste les nomme : le comte Eitel-Friedrich de Hohenzollern et Cortwille. Hieronymus de Hall et les quatre enseignes furent blessés.

A la suite du nom, qui n'est quelquefois qu'un prénom, notre liste indique le lieu d'origine, ville ou village. Presque tous les morts et blessés sont originaires de Bavière : Bavarois, Georges de Ratisbonne avait levé ses sept enseignes parmi ses compatriotes.

De ces 116 morts ou blessés, deux seuls sont des personnages : le comte Eitel-Friedrich de Hohenzollern (1) et l'enseigne Guy de Sirgenstein. Ce Hohenzollern appartenait à la ligne de Souabe. Qu'était-il dans l'armée impériale? Capitaine d'une des sept enseignes de Georges de Ratisbonne, d'après notre liste. Il figure en outre comme « commissaire spécial des fantassins hauts-Allemands » dans l'*Ordo militiae* qui nous a été transmis par Antoine de Musica (2). Nos ambassadeurs italiens l'ignorent; il est vrai qu'ils ne connaissent qu'une douzaine de grands chefs et ne s'intéressent qu'à ceux d'origine italienne. Quant à Guy de Sirgenstein, il était de l'ancienne et noble famille des Surg, Sirg ou Syrg de Sirgenstein, originaire de la vieille région de l'Allgau répartie aujourd'hui entre le Wurtemberg, la Bavière et le Vorarlberg (Autriche) (3).

tait l'Allemand. Il convient de remarquer en outre que Granvelle se sert exactement du même terme à l'égard de la garnison française de Ligny. On peut en conclure, ce semble, qu'en certains cas la diplomatie d'alors ne gardait pas la même mesure que celle d'aujourd'hui.

(1) On donnait souvent deux prénoms aux enfants : Hans-Friedrich, etc. Lorsqu'on n'en donnait qu'un, on en avertissait en quelque sorte en le faisant précéder de l'adjectif « eitel » qui, dans une de ses acceptions, signifie : pur, sans mélange, seul. Eitel-Friedrich veut donc dire « seulement Friedrich, rien que Friedrich ». Note de M. d'Althaus. — Il existe à la Bibliothèque nationale une lettre en français de ce Hohenzollern ou « Zollern », comme il signe ; elle est adressée au « capitaine Claude ». Il prie ce capitaine de présenter ses offres de service à François Ier. Il s'engage à venir « avec un certain nombre de gens de pied ou de gendarmes ». Il se fait fort de « lever cent ou deux cents chevaux. Il a « deux fortes maisons » qui pourront être très utiles au roi.

(2) Paillard, p. 278.

(3) Cette famille s'est éteinte de nos jours avec le baron Louis, mort le 23 novembre 1892. Note de M. d'Althaus.

ÉTAT NOMINATIF DES TUÉS ET BLESSÉS ALLEMANDS (1)

1. — *Compagnie de Cristophe Nögelin.*

Tués.

Hans (contrac. de Johannes, Jean) Widman, de Merspurg (= Meersburg, Grand-Duché de Bade, sur le lac de Constance).
Jerg (= Georg, George), de Graffenwerdt (Grafenwöhr, ville de Bavière, Haut-Palatinat).
Jerg Durn, de Partekirch (= Partenkirchen, Haute-Bavière).
Besty (contract. de Sebastian, Sébastien), de Kitzbihel (= Kitzbühel, ville du Tyrol, Autriche).
Hans Getz, de Wassertrüdingen (ville de Bavière, Franconie-Moyenne).
Jerg Wessnitzer.

Gravement blessés.

L'enseigne Bartholme (= Bartholomäus, Barthélemy), d'Augspurg (= Augsbourg, ville de Bavière).
Hans Mayr, d'Augs(purg?), sergent (waÿbl = webel).
Hans Lyssi, de Fieret (= Vieret, village de Bavière, Haute-Franconie)
Lorentz (= Lorenz, Laurent) Haubenschmidt.
Bernhardt (= Bernhard, Bernard) Deybler.
Hans Herrner, d'Ernperg (Ehrenberg, village de la Haute-Bavière).
Gabriel Rissel.
Jerg Kon.
Hans Schneweis.
Vest (= Veit, Guy) Rauch.
Jerg Esslinger.
Mathes Ott (= Mathieu-Othon).
Jerg Wiest.
Jacob Schwartznburger.

2. — *Compagnie du comte Eitel-Friedrich de Hohenzollern.*

Comte Eÿttelfriderich de Hochenzoren (= Eitel-Friedrich de Hohenzollern) tué.
L'enseigne Veÿt de Surgenstain (= Veit ou Gui de Sirgenstein) blessé.
Hans Mach —
Jorg (= Georg, George) Huober —
Caspar (Gaspard), de Bada (= Baden-Baden) blessé.
Hans Jacob (Jean-Jacques) Fetzer —
Hans Clusmar —
Mÿchel (Michel) Feÿel tué.
Berna(r)dt Megler blessé.
Stoffel (= Christoph, Cristophe) Schindele blessé.
Caspar Kÿlmaÿr blessé.
Claus (Colas) Kienle, de Wurtza (= Wurzach, ville du Wurtemberg) blessé.
Urban (Urbain) Kÿeffer —
Theÿs (= Mathias) Sunderhaintz —
Jacob Scholder —
Bastian (Bastien) Kiebler tué.
Conrat (Conrad) Schmÿdt blessé.
Hainrich (= Heinrich, Henri), de Myndert (= Mindorf? Bavière, Haut-Palatinat) tué.
Hans Ruodolff (= Hans Rudolph, Jean-Rodolphe) blessé.
Hans Resle, de Rotenborig (Rothenburg,

(1) Nous devons à M. le baron d'Althaus de Fribourg-en-Brisgau, ancien lieutenant-colonel dans l'armée autrichienne, le déchiffrement de cette liste, ainsi que l'identification des noms de lieu : travail délicat dont il s'est tiré avec une heureuse et prudente sagacité. — Notre collaborateur et ami le baron Camillo d'Althaus est mort le 10 mai 1908.

CAMILLO CAPILUPO AUX RÉGENTS DE MANTOUE 347

ville de Bavière, Franconie-Moyenne) blessé.
Lÿp Reÿser, de Scher (= Scheer, ville du Wurtemberg) blessé.
Sÿmundt (Sigismond) Leÿtermut —
Claus Stainmetz —
Lienhardt (= Leonhard, Léonard), de

Veldtkierch (Feldkirch, dans le Vorarlberg) blessé.
Iocham (Joachim) Burster tué.
Jorgle (= Georg, George), de Weÿller (= Weiler, ville de l'Allgau bavarois) tué.

3. — Compagnie de Cortwille.

Tués.

Capitaine Cortwille.
Veit (Guy) Koch, de Stainekirch (= Steinkirchen, village de la Haute-Bavière, canton d'Erding; — canton de Pfaffenhofen).
Petter (= Peter, Pierre) Sachs, de Nürnberg (= Nürnberg, Nuremberg.)
Bappendick.
Jörg (= Georg, George) Maier, de Forchen (= Forchheim, ville de Bavière, Haute-Franconie; — village de la Franconie-Moyenne, canton de Beilngries).
Petter Miellich.

Lorenntz (= Lorenz, Laurent), de Dressen (= Dresden, Dresde).
Lienhart Reichert, de Barait (= Baireuth, ville de Bavière, Haute-Franconie).
Hanns Stauber, de Feichtwang (= Feuchtwangen, ville de Bavière Franconie-Moyenne).
Michell Gebhart, de Kitzingen (ville de Bavière, Basse-Franconie.
Hanns Tagner (ou Lagner), de Meron (= Meran? ville du Tyrol).
Bartlin (= Bartholomäus, Barthélemi) Baier, d'Ulm (ville de Wurtemberg).

Blessés.

L'enseigne Anthonÿ (Antonius, Antoine) Plondell.
Anthony Liechterfelt.
Herrman(=Hermann, Armand) Kelbell.
Dietterich = (Dietrich, Thierry) Schnelling.

Hainrich Hilleman.
Wolff Weis, de Kemade (= Kemnath, village de Bavière, canton de Günzburg; — ville du Haut-Palatinat).
Hanns Pickell.
Hanns Hiebner.

4. — Compagnie de Hieronymus de Hall.

Tués.

Hansz Mair, de Pottmair?
Haintz (= Hinz ou Heinz, dimin. de Heinrich) Sturmer, de Nürmberg (Nuremberg).
Melcher Stettner, tambour (trümelschlager = trommelschläger).
Endres (Andreas, André) Mur, de Kitzing (= Kitzingen, ville de Bavière, Basse-Franconie).
Melcher Wegner, de Lohenstain

(= Lauenstein, village de Bavière, Haute-Franconie).
Hansz Pock, de Rora (= Rohr, nom de cinq villages de Bavière).
Rubrecht (= Ruprecht, Robert) Schneÿder, de Nürnberg.
Hansz Hauff, de Diettenhoffen (= Dietenhofen, bourg de Bavière, Franconie-Moyenne, canton de Neustadt).

Blessés.

Capitaine lheronymus (= Hieronymus, Jérôme) de Hall (probablement Hall en Wurtemberg).

L'enseigne Fabiann (= Fabian, Fabien) Berleinfein.

Melcher, sergent-major (Weltwaybell = feldwebel), de Pfullendorff (= Pfullendorf, ville du Grand-Duché de Bade, cercle de Constance).

Hansz Rietter, de Nürmberg.

Hansz Möchell, de Nürmberg.

Thoman (Thomas), de Baÿrreutt (Baireuth).

Peter Vogck, de Morspach (= Morsbach, village de Bavière, Franconie-Moyenne, canton de Beilngries).

Schaff, d'Altznaw (= Alzenau, ville de Bavière, Basse-Franconie).

Haintz Appell de Furt (= Furth, ville de Bavière, Haut-Palatinat; — village de la Basse-Bavière, canton de Grafenau; — canton de Landshut).

Carlein (Charlot) Saÿller, de Wangnen (= Wangen, village de la Haute-Bavière, canton de Schrobenhausen; — ville du Wurtemberg, dans l'Allgau).

Jorg Eÿfflender.

Walthas (Balthasar) Lelein, de Magdorff?

Hansz Bischoff, de Nürmberg.

Henszelein (Jeannot), de Bischoffsham (= Bischofsheim, ville de Bavière, Basse-Franconie).

Blessius (= Blasius, Blaise) Gunstell, de Freÿberg (village de Bavière, Haute-Franconie, canton de Staffelstein).

Jobst (Jodocus, Josse) Apt, de Pfullendorff.

Philip Seitz, d'Iglein (= Iggelheim? village de Bavière, Palatinat; — Igling, Oberigling, Unterigling, villages de la Haute-Bavière).

Hansz Prembs, d'Aÿstatt (= Eichstadt, ville de Bavière, Franconie-Moyenne).

Bastlein (= Bastian, Bastien), de Berlin.

Cuntz (= Cunz, dimi. de Conrad) Hainlein, de Meckenhaussen (= Meckenhausen, ville de Bavière, Haut-Palatinat, canton de Neumarkt).

Jorg Schneÿder, de Nürmberg.

Wilhelm (Guillaume) Jordann, de Winszham (= Windsheim, village de Bavière, Haute-Franconie, canton de Teuschnitz; — Basse-Franconie : cantons de Hammelburg et de Kissingen).

Maximilian (Maximilien), de Riett (= Ried, nom de six villages de Bavière.

Merten (Märten, Martin) Schaller, de Memingen (= Memmingen) (Bavière, Haut-Danube).

Stoffell Graman, d'Ambstetten (= Amstetten, village du Wurtemberg, grand bailliage de Geislingen).

Walthas Mair, d'Elwangnen (= Ellwangen, ville du Wurtemberg).

Hansz Hoffman, de Koburg (Cobourg, ville de Turinge).

Hansz Rupffell, de Willer (= Weiler, village de Bavière, canton de Lindau).

Diettrich Schwimb.

Veitt (= Veit, Guy) Hoffman, de Folcka (= Volkach, ville de Bavière, canton de Gerolzhofen).

Gregor (Grégoire), de Wittenberg.

Hansz Schwarzpeck, de Haÿlsprun (= Heilsbronn, village de Bavière, Franconie-Moyenne).

Linhart (= Leonhard, Léonard) Pupp, de Nürmberg.

Jorg Wolff, de Schwerhim (= Schwerin, dans le Mecklenburg).

Mertein Rull, d'Ochsenfurt (ville de Bavière, Basse-Franconie).

Hainrich, de Hoff (= Hof, ville de Bavière, Haute-Franconie).

Sebolt (= Sebaldus) Grosz, de Nürmberg.

Bastlein Saltzbürger, d'Amberg (ville de Bavière, Haut-Palatinat).

Hansz Mülner, de Bamberg (ville de Bavière, Haute-Franconie).

Hansz Mülner, de Bersa (= Pfersee,

village de Bavière, canton d'Augsbourg).
Hansz Schwartz, d'Otting (village de Bavière, Souabe, canton de Donauwörth; — de la Haute-Bavière, canton de Laufen).

Hansz Scheffer, de Lindenn (= Linden, village de Bavière, Franconie-Moyenne, canton de Neustadt; — Haute-Bavière, canton de Munich; — Souabe, canton de Kaufbeuren).

15.

Sous Saint-Dizier, le 22 juillet 1544.

Tués et blessés à l'assaut. — Bruits divers sur la mort de Lalande. — Le demi-ingénieur de Sa Majesté. — Achèvement de la nouvelle tranchée. — Assaut prochain.

Révérendissime,
Illustrissimes Seigneurs et mes vénérés Maitres,

J'ai écrit avant-hier à Vos Révérendissime et Illustrissimes Seigneuries par un messager qui allait à Metz et de Metz à Augsbourg. Je leur ai adressé par la même occasion la liste des tués et des blessés à l'assaut de Saint Dizier; ils ne sont guère moins d'un millier en tout.

La mort de Lalande, qui se trouvait l'année dernière dans Landrecies et qui était arrivé depuis quelques jours à Saint-Dizier, parait se confirmer. De nombreux prisonniers, faits à différentes reprises à la compagnie de M. de Guise et du colonel de Bossut (1), n'ont pas fait difficulté d'avouer qu'ils en avaient reçu la nouvelle. Les uns le font mourir sur une chaise sur laquelle, déjà blessé ou malade, il s'était fait porter à la brèche; les autres disent qu'il a été tué le jour de l'assaut par un coup de canon. En somme, tous ont appris qu'il était mort, mais aucun d'eux ne saurait dire au juste comment.

On prit hier non loin d'ici, dans une forêt où ils s'étaient égarés, dix à douze soldats appartenant à trois enseignes du colonel de Bossut, venues pour tenter de jeter 150 de leurs hommes dans la place. On en a pris deux autres ce matin avec un paysan porteur d'une lettre, mais c'était une lettre d'amour qu'une femme écrivait à son amant...

Sa Majesté ordonna hier au marquis de Marignan de faire remettre deux couleuvrines à un certain Federico, son demi-ingénieur, qui promettait de les placer en un si bon endroit qu'elles feraient le plus grand mal à l'ennemi. Il les établit à découvert et de biais en un lieu où un coup de canon rompit l'une en travers.

(1) M. de Longueval; il n'était pas colonel, mais lieutenant de M. de Guise, gouverneur de Champagne. « Colonel » était encore peu usité sous François Ier, mais très répandu en Italie d'où il passa en France.

La nouvelle tranchée n'est plus, en ligne droite, qu'à 40 pas du fossé. Elle l'atteindra demain matin, et dans quatre jours, si le mauvais temps ne vient pas interrompre le travail, on pourra, je crois, donner l'assaut, bien que l'on compte pousser avec la pioche jusqu'au pied de la muraille ou pour mieux dire du bastion en terre pour le couper en flanc. L'ennemi voit le péril et, autant qu'on en peut juger, désespère de pouvoir le conjurer, car il est en train d'abattre des maisons pour dégager ses derrières et se faire un peu de place...

Sous Saint-Dizier, le 22 juillet 1544, à 2 heures de nuit.

De Vos, etc.

Camillo Capilupo.

16.

Sous Saint-Dizier, le 25 juillet 1544.

Expédition de Vitry.

Révérendissime,

Illustrissimes Seigneurs et mes vénérés Maîtres,

... Je vous mandais encore que les prisonniers français avaient confirmé la mort du capitaine Lalande qui était dans Saint-Dizier. On n'en fait plus aucun doute; il a eu, parait-il, la tête emportée par un coup de canon comme il était assis malade dans sa chanbre. Je vous disais ensuite qu'une de nos coulevrines avait été rompue par une coulevrine de la place et enfin qu'on avait en partie changé les campements. On a mis les bas-Allemands à l'extrémité est de la ville, en un fond où je vous ai écrit qu'on pourrait masquer un bon nombre d'hommes. On les a établis là pour empêcher plus sûrement le secours attendu de pénétrer dans la place...

Dans les premiers jours de notre arrivée ici, il y a déjà quelque temps, je vous écrivis que Son Excellence avait appris d'un prisonnier que les Français qui sont à Vitry en étaient partis pour jeter un renfort dans Saint-Dizier. Vitry se trouvant dégarni, l'idée lui vint de le prendre; elle se disait en outre qu'en s'en retournant le corps expéditionnaire pourrait rencontrer les Français sortis de la ville et les tailler en pièces. Elle avait déjà commandé le seigneur don Francesco avec tous les chevau-légers, quand au dernier moment une vive opposition se produisit de la part de certains chefs; si excellent que fût son projet, elle dut l'abandonner. Ceux qui ne savaient pas le dessous des cartes s'en émurent. Il y eut des murmures dans l'armée et ensuite à la cour. Il paraissait étrange à tout le monde qu'on ne s'emparât point de Vitry, une bicoque, et qu'on y souffrit les Français qui tous les jours enlevaient impunément nos vivres et nos bagages; on s'en prenait à Son Excellence et l'on mordait sur elle ouvertement. Rien cependant ne lui tenait plus au cœur que l'occupation de Vitry, et mieux que personne elle en sentait l'importance. Mais elle savait que les Français avaient eu vent de son dessein; ils se tenaient sur leurs gardes, leurs chevaux toujours sellés. Elle imagina de paraître fermer les yeux sur leurs exploits et de les laisser triompher à leur aise de quelques chariots enlevés; cette feinte négligence ne manquerait pas de les induire en une sécurité qui leur coûterait cher. On leur permit donc pendant quelques jours de prendre certaines libertés avec nos bagages; ils en devinrent si insolents qu'ils venaient relancer nos goujats jusque dans leur campement. Ils s'en retournaient ensuite à Vitry le plus tranquilllement du monde et y vivaient dans une aussi grande quiétude que s'ils eussent été maîtres de la campagne.

Je vous disais avant-hier qu'on avait fait un certain nombre de prisonniers dans une forêt où ils s'étaient égarés. Son Excellence apprit d'eux que les Français se proposaient d'introduire à toute force des gens dans Saint-Dizier et notamment un chef, le capitaine corse San Pietro, pour remplacer Lalande; elle savait d'un autre côté que le parti de cavalerie qu'avait poursuivi le duc Maurice était rentré avant-hier à Vitry. Elle en conclut qu'après avoir fait reposer pendant la journée d'hier leurs chevaux harassés, ils viendraient dans la nuit pour tenter de jeter du monde dans la place. Dans cette prévision, d'accord avec l'empereur, elle commanda hier soir, à la tombée de la nuit, le seigneur don Francesco avec tous les chevau-légers tant bourguignons qu'italiens au nombre d'environ 600, le duc Maurice avec ses hommes d'armes, le marquis de Brandebourg et le comte de Fürstenberg avec toutes leurs troupes, quatre pièces d'artillerie, des vivres et des munitions, pour marcher sur Vitry et s'en emparer; le seigneur don Francesco reçut l'ordre de prendre les devants avec tous ses chevau-légers pour couper la retraite à l'ennemi s'il se décidait à quitter la ville. Son Excellence disposa ensuite le reste des chevaux et de l'armée autour de Saint-Dizier de manière à bien recevoir les gens de Vitry s'ils se présentaient. Elle-même a passé toute la nuit sous les armes en compagnie de M. le Grand dans une plaine au nord, près de la place : c'était de ce côté qu'on pensait que les ennemis viendraient de préférence. Nous sommes restés là jusqu'à une heure de soleil; Sa Majesté nous a fait dire alors de revenir. Nous n'avons entendu que les coups de mousquet que les assiégés tiraient sur nos tranchées; il faisait si noir qu'ils ne pouvaient nous voir.

Don Francesco et les autres seigneurs marchèrent dans l'ordre que j'ai indiqué. Les Français, à ce qu'ils disent, reçurent avis de notre expédition hier soir à deux heures de nuit; ils ne s'en inquiétèrent point, rassurés par notre longue inaction. Toutefois 300 cavaliers détachés de Vitry et assez exposés dans un village sans défense sellèrent leurs chevaux, sans bouger d'ailleurs; ils attendaient un second avis plus catégorique, car notre armée est remplie de leurs espions.

Cet avis ne put leur parvenir; Son Excellence, qui se doutait de la chose, avait pris soin de faire garder les issues du camp. Nos chevau-légers arrivèrent au village, que les ennemis étaient encore dans leurs logements. Peu échappèrent; la plupart furent tués, blessés ou pris. Il y avait là, entre autres, Michelangelo, de Rome, que l'on croit prisonnier, et la compagnie de M. de Langey. Vitry est proche; on y apprit aussitôt la nouvelle. MM. de Brissac, de Sansac, San Pietro et les autres capitaines décidèrent de quitter la ville sur-le-champ. Averti de leur fuite, le seigneur don Francesco se porte en avant de Vitry pour leur couper la retraite sur Châlons; il s'arrête en un lieu favorable et les attend. En même temps il fait prier le duc Maurice de hâter sa marche et, si ses hommes d'armes ne peuvent aller plus vite, de lui envoyer du moins ses pistoliers à cheval dont, selon l'usage allemand, il avait un assez bon nombre. Cependant les chevaux français commencent à arriver; le seigneur don Francesco tombe sur leurs derrières, bien qu'en ce moment il n'ait pas avec lui plus de cent cinquante chevaux. Les Français, à ce que j'entends dire, font d'abord bonne contenance; mais ayant vu de loin un gros d'hommes d'armes, ils tournent bride et se replient en désordre sur leur infanterie, c'est-à-dire sur leur arrière-garde; car les Italiens qui formaient leur avant-garde avaient déjà passé la rivière avec six enseignes et beaucoup de bagages. M. Pothon est à l'arrière-garde avec quatre enseignes. Les chevaux, en se rabattant sur elles, ont mis la confusion dans leurs rangs; elles sont entièrement défaites par le seigneur don Francesco qui s'est jeté résolûment au milieu d'elles et par les arquebusiers à cheval du duc Maurice qui arrivent ensuite : tout a été tué, blessé ou pris. Les chevaux de Brissac et de Sansac, au nombre de plus de quatre cents, ont pu en grande partie passer la rivière, non sans avoir eu beaucoup de morts et de prisonniers. Les quatre enseignes de Pothon, ou pour mieux dire ses trois enseignes et une autre dont nous ne connaissons pas encore le chef, ont été faites prisonnières. Le duc Maurice et le marquis de Brandebourg (1), qui commandaient les hommes d'armes, se sont bien conduits, quoique un peu lents à venir; il est vrai qu'ils étaient assez loin : ayant trouvé les chevau-légers maîtres du village, ils s'étaient retirés en deux escadrons sur deux collines pour leur laisser le butin. Les gens de pied sous les ordres du comte Guillaume et du seigneur Jean-Baptiste Gastaldo, celui-ci expressément envoyé par Sa Majesté pour la tenir au courant de tout, sont arrivés trop tard. En somme, le seigneur don Francesco et les chevaux italiens ont eu tout l'honneur de la journée; il est vrai qu'ils ont été admirablement secondés par M. de Dissey et sa belle compagnie de deux cents chevaux.

Le marquis de Terranova, qui était avec le seigneur don Francesco, est venu porter à Sa Majesté la nouvelle de la victoire. Il estime les

---

(1) Le marquis de Brandebourg n'était pas avec Francesco d'Este et Maurice de Saxe, mais avec Fürstenberg; il n'eut pas l'occasion de se montrer.

pertes de l'ennemi en morts et en prisonniers au moins à un millier d'hommes; il dit que les nôtres ont fait un assez riche butin. Si les hommes d'armes avaient couru à toute bride ou seulement marché bon train, ni Brissac ni Sansac ni personne n'eût échappé. Il n'y a pas eu, que l'on sache, d'homme de qualité pris ni tué dans l'action. Mais, l'affaire terminée, San Pietro, resté derrière les autres avec une dizaine d'arquebusiers à cheval, a pris le seigneur Alphonse Bisballo et failli prendre le marquis de Terranova et le capitaine Scipion de Gennaro qui, tous les trois ensemble, s'étaient aventurés seuls le long de la rivière. Les arquebusiers, parmi lesquels Gennaro dit avoir reconnu San Pietro, arrivèrent sur eux sans être aperçus et firent Bisballo prisonnier. Bisballo fut pris l'année dernière avec le seigneur don Francesco. Comme il est pauvre, il en fut quitte pour une centaine d'écus : comment va-t-il s'en tirer cette fois?

Des gens de pied au nombre d'environ 400, français ou italiens, on ne sait, se sont retirés dans une église assez forte où ils paraissent vouloir se défendre. Le seigneur don Francesco leur a envoyé un trompette; ils ont refusé de se rendre. Il a fait venir deux pièces d'artillerie et deux enseignes allemandes. Pour moi, ils ne sauraient manquer d'être tous brûlés ou passés au fil de l'épée. Ce sera un régal pour le comte de Fürstenberg de brûler l'église et ses saints; à Ligny ses soldats ont graissé leurs bottes avec les saintes huiles.

Sa Majesté a mandé aux seigneurs qui sont à Vitry d'examiner si dans la ville même ou dans un fort, facile à construire, huit ou dix enseignes ne pourraient pas tenir au moins une journée; cela serait important au point de vue des vivres.

Le mauvais temps est tel qu'on n'a pu encore conduire la nouvelle tranchée jusqu'au fossé. Je porte une chemise de laine à manches de maille, un plastron et une saie de drap, et j'ai froid. Il pleut tous les jours. Je rêve de fourrures, car je crois bien que dans un mois nous gèlerons.

Le capitaine Zuccariate (1), blessé à l'assaut, vient de mourir, et don Alfonso (2), capitaine de « bisoños », va très mal. Il est mort depuis quatre jours plus de 40 blessés.

Ne voyant plus rien à vous dire, je vous baise humblement la main.

Sous Saint-Dizier, le 24 juillet 1544.

25 juillet, à l'heure de diner (3). Pas d'autres nouvelles de Vitry.
De Vos, etc.

Camillo CAPILUPO.

P.-S. — Les Français avaient pris hier matin les mules du prince Maximilien et aussi quelques-unes de celles du seigneur don Fer-

(1) Du « tercio » d'Alvaro de Sande.
(2) Don Alphonso de Carvajal.
(3) De 11 heures à midi.

nand; mais une poignée d'Espagnols armés d'arquebuses les reprit presque aussitôt, sans même avoir eu besoin de faire feu. Les ravisseurs abandonnèrent leur butin et gagnèrent le large en entendant les salves d'artillerie tirées à Vitry pour annoncer la victoire et la prise de la place. On a trouvé quantité de vin dans la ville; les Allemands ne font que godailler.

On cite parmi nos blessés messire Marcello, maitre d'hôtel de l'illustrissime seigneur don Fernand, atteint de deux coups d'arquebuse, l'un à la cuisse et l'autre au buste, je ne sais en quelle partie; messire Frédéric Cavriano (1), parti lui aussi avec le seigneur don Francesco, est resté pour soigner le blessé jusqu'à ce que Son Excellence lui mande de revenir. M. d'Hallewin, Flamand, gentilhomme de la bouche de l'empereur, a reçu un coup d'arquebuse à la gorge.

On reçoit à l'instant la nouvelle qu'on a passé au fil de l'épée tous ceux qui s'étaient réfugiés dans l'église. C'étaient des Gascons et en majeure partie des Italiens au nombre de 300 en tout; pas un n'a échappé. Le seigneur don Francesco voulait en sauver un certain nombre qu'il connaissait, mais il n'y a pas eu moyen. Parmi les compagnies italiennes était celle du comte Troïlo de San Secondo (2), mais je ne suis pas sûr que lui-même y fût. Il se trouvait malheureusement faire partie de l'arrière-garde et c'est à lui, d'après ce que j'ai entendu, c'est-à-dire à sa compagnie, qu'échut la garde de la porte de Vitry, où l'on a fait beaucoup de prisonniers. Comme il n'est encore revenu aucun soldat, je n'ai pu savoir ce qu'il était devenu.

Le 25 juillet, après diner.

P.-S. — On vient d'apprendre que le pauvre messire Hercule Nuvolone, qui était prisonnier dans l'église où s'étaient retirés les 300 Français, a été tué par les Allemands comme il sortait pour traiter au nom des assiégés. Les Allemands avaient juré de ne point faire de quartier; ils tenaient à venger d'insignifiantes blessures que deux coups d'arquebuse avaient faites au comte de Fürstenberg. Ils ont mis le feu à l'église et massacré presque tous ceux qui s'y trouvaient; très peu ont échappé. Son Excellence, comme d'ailleurs toute la cour, a un extrême regret de la mort de Nuvolone; elle a chargé Bardelone d'aller inventorier ses effets.

Le seigneur Alexandre (3) s'est très bien conduit. Sa compagnie a

(1) Médecin de Fernand de Gonzague et plus tard de son neveu Louis de Gonzague, troisième fils de Frédéric II, duc de Mantoue, et de Marguerite de Montferrat, né le 18 septembre 1539, mort à Nesle le 23 octobre 1595, devenu duc de Nevers par son mariage avec Henriette de Nevers. Brantôme, qui avait connu Cavriano à la cour, l'appelle Cabrian, t. IX, p. 569.

(2) On voit à la fin de 1540 le comte de San Secondo (Pietro-Maria Rosso, des Rossi de Parme) offrir ses services à François Ier. *Correspondance politique de G. Pellicier*, p. 197. — San Secondo, petite place forte sur le Taro, près de Parme.

(3) Alexandre de Gonzague.

pris deux étendards et deux enseignes; l'un des deux étendards est celui de Brissac. Un gentilhomme de Sa Majesté (1) s'était emparé de Brissac lui-même; mais le voyant mal habillé, il l'a lâché pour courir à un autre qui s'est trouvé être son serviteur.

17

Sous Saint-Dizier, le 29 juillet 1544.

Le lieutenant général fait déployer devant les tranchées les enseignes prises à Vitry et engage les assiégés à se rendre. — Leur réponse.

Révérendissime,
Illustrissimes Seigneurs et mes vénérés Maîtres,

... Hier matin l'illustrissime et excellentissime seigneur Fernand fit arborer sur le front de nos tranchées les enseignes prises à Vitry; il envoya ensuite un de ses trompettes aux assiégés pour leur faire entendre qu'ils n'avaient plus de secours à attendre et que le mieux pour eux était de se rendre à l'empereur auprès duquel Son Excellence les servirait de son crédit. Ils répondirent qu'ils savaient à merveille que les enseignes qu'on leur montrait étaient celles qui avaient été prises à Ligny, et que M. de Brissac eût-il d'ailleurs été défait, ce n'était pas d'un petit seigneur comme lui qu'ils attendaient du secours, mais de leur bras et de leur roi, qui ne tarderait pas à venir les délivrer à la tête de cinquante mille hommes; ils voulaient vivre et mourir pour son service, et si Son Excellence leur donnait un nouvel assaut, elle trouverait à qui parler...

Sous Saint-Dizier, le 29 juillet 1544.
De Vos, etc.

Camillo CAPILUPO.

18.

Sous Saint-Dizier, le 30 juillet 1544.

Sortie de nuit. — Attaque des tranchées.

Révérendissime,
Illustrissimes Seigneurs et mes vénérés Maîtres,

Son Excellence est allée cette nuit aux tranchées; elle y est restée jusque près de minuit. On y plantait les gabions, non pour battre la

(1) Le baron de Corlaon.

place, mais pour se protéger pendant que l'on travaillerait au cavalier; il est si bas d'assiette qu'il faut encore l'exhausser de six brasses. Nous étions là, à le regarder s'élever, quand des soldats sortent de la ville, courent à la tête de la tranchée qu'on ouvre, y jettent des marmites de feu et, criant tous ensemble aux armes, assaillent d'en haut les pionniers à coups de pierres et de piques. Le marquis de Marignan et les capitaines Aldana (1) et don Garcia (2) se trouvaient là; ils durent battre en retraite, don Garcia blessé à la tête d'un coup de pierre ou de hallebarde, je ne sais pas encore. Si les assaillants s'étaient approchés doucement et sans crier gare, ils les arrangeaient tous les trois de la belle manière, car la sentinelle ne les avait pas vus venir. La tête de la tranchée n'est plus qu'à quatre piques de la place, mais comme, à cette distance, on est sous le feu de l'ennemi, on est obligé pour se couvrir de multiplier les tours et les détours, ce qui fait que l'on n'avance guère. Cependant, averti de l'attaque, l'illustrissime seigneur vice-roi voulut y couper court et empêcher que les assiégés, entendant la bagarre, n'inquiétassent les pionniers qui dressaient les gabions; il fit monter sur l'heure tous les arquebusiers à la tranchée et leur ordonna de tirer sans discontinuer. A cette salve inattendue, les soldats qui avaient fait le coup de main déguerpirent si vite qu'on eût dit que les minutes leur paraissaient des siècles.

Sous Saint-Dizier, le 30 juillet 1544.

De Vos, etc.

Camillo Capilupo.

19.

Sous Saint-Dizier, le 2 août 1544.

Un pionnier qui s'est enfui de la place décrit la détresse des assiégés. — L'ambassadeur regarde cet homme comme un émissaire.

Révérendissime,

Illustrissimes Seigneurs et mes vénérés Maîtres,

... Avant-hier un pionnier s'enfuit de la place en descendant par la brèche; les Français tirèrent sur lui des coups d'arquebuse. Pris par les nôtres, il fut conduit d'abord devant Son Excellence et ensuite devant Sa Majesté. Il dit s'être enfui parce qu'il mourait de faim. Les assiégés, à l'entendre, n'ont plus de vin, et il ne leur reste qu'un peu de blé que deux moulins à main, très petits, n'arrivent point à

(1) Capitaine d'une compagnie du « tercio » de Luis Perez.
(2) Don Garcia Sermoneta, capitaine d'une compagnie du « tercio » d'Alvaro.

moudre en quantité suffisante; ils manquaient de poudre, mais ils viennent d'en faire un peu avec du salpêtre qu'ils ont trouvé. Il me paraît que ces seigneurs ajoutent foi aux paroles de cet homme, car ils continuent à le bien traiter et ne le tiennent pas trop étroitement. Pour moi, je suis persuadé que c'est un émissaire chargé de les amener à l'idée de s'emparer de la place par un siège en règle. Cela donnerait plus de temps au roi pour envoyer du secours, sans compter que peut-être les assiégés se sentent incapables de soutenir un nouvel assaut, faute de poudre et de gens. Ce pionnier et un page sorti de la ville porteur d'une dépêche chiffrée disent en effet que le premier assaut ne leur a pas coûté moins de quatre à cinq cents hommes tant tués que blessés...

Sous Saint-Dizier, le 2 août 1544.

De Vos, etc.

Camillo CAPILUPO.

20.

Sous Saint-Dizier, le 7 août 1544.

Décharge nocturne d'artillerie contre la place. — Situation des assiégés, d'après un prisonnier. — Lettre de M. d'Esternay à M. de Dissey pour lui recommander des Chenets. — Description d'un pont d'assaut construit par un ingénieur du Frioul. — Petites nouvelles du siège.

Révérendissime,

Illustrissimes Seigneurs et mes vénérés Maîtres,

... Son Excellence était allée la veille aux tranchées et avait fait braquer l'artillerie contre le parapet du rempart. Elle y retourna la nuit et fit d'abord donner l'alarme à la place : toute l'arquebuserie exécuta une décharge du côté du parapet pour faire courir ceux de la ville aux défenses, après quoi tout d'un coup l'artillerie fit feu. On croit qu'elle tua beaucoup de monde.

Le 5, un chef d'escouade sortit de la ville par la brèche ou plutôt sauta en bas; il portait l'arquebuse suspendue à une banderole rouge. Arrêté par les nôtres, il déclara qu'il avait fui parce qu'il avait tué un homme. Les assiégés, à ce qu'il a dit, ne vivent depuis quelques jours que de pain et d'eau; le soldat ne reçoit que deux pains par jour, et qui ne sont pas gros. Ils manquent de poudre et de balles; ils font encore un peu de poudre avec du salpêtre qu'ils ont trouvé, et des balles d'arquebuse avec de l'étain, au risque de faire éclater l'arme. — Le fait est que leur tir est plus rare que jamais. — Il n'est pas entré d'autre poudre dans la place que celle apportée certaine nuit par les 14 à 16 cavaliers dont je vous ai parlé. Quant aux ouvrages de défense, ils ne comptent plus sur le bastion que nous avons battu depuis qu'ils le voient commandé par le cavalier que nous élevons; ils le regardent comme perdu. Mais ils ont construit en arrière un large fossé avec son flanquement, un autre plus petit également flanqué et un cavalier qui battra leur bastion; ils ont creusé des puits dans les fossés tant pour éventer nos mines que pour rendre le passage plus difficile. Cinq Allemands de notre camp les tiennent au courant de ce qui s'y passe en lançant dans la ville des lettres attachées à des pierres. On pense que ce sont des gens de Fürstenberg qui autrefois le suivirent en France lorsqu'il était au service du roi.

De lui-même et sans qu'on le mit à la torture, le prisonnier disait ce qu'il savait, et il a l'air de savoir beaucoup de choses; il se recommandait de plusieurs de nos soldats qui le connaissent. Son Excellence le fit conduire à l'alcade, avec ordre de lui donner cinq traits de corde et de l'interroger pour s'assurer si ce qu'il disait était vrai ou faux. Gastaldo a fort mal pris la chose. Il dit que c'est au seul mestre de camp qu'il appartient d'interroger les soldats sur les faits de guerre, que ce n'est pas le premier prisonnier que l'on soustrait à sa juridiction, mais qu'il en a été de même pour tous les autres; il a encore beaucoup d'autres sujets de mécontentement.

Après dîner, un tambour de la place s'est présenté; il était porteur d'une lettre de M. d'Esternay (1) pour M. de Dissey. M. d'Esternay est le neveu de des Chenets et son lieutenant aux cinquante lances que le roi lui avait données; lui et ses hommes d'armes se sont très bien conduits pendant le siège et notamment à l'assaut. Il priait dans sa lettre Dissey, qui est leur parent, de lui donner des nouvelles de des Chenets et le lui recommandait. Au commencement, les assiégés ne voulaient pas recevoir nos tambours; maintenant ils nous en envoient : c'est signe qu'ils s'apprivoisent.

Mario Savorgnano (2) est arrivé au camp; il a amené avec lui un

(1) Jean Regnier, seigneur d'Esternay (Marne), mort en 1569. Brantôme, t. IV, p. 357.

(2) Mario Savorgnano l'Ancien (1513?-1574), d'une célèbre famille du Frioul. Treize Savorgnano se distinguèrent comme ingénieurs militaires au quinzième et au seizième siècle. Carlo Promis leur a consacré de courtes notices, parues après sa mort dans la *Miscellanea di storia italiana*, t. XIV. Il a commis une inadvertance au sujet de Mario Savorgnano. Il dit qu'étant au service de la France il fortifia Landrecies en 1543; il cite là-dessus du Bellay, qui n'en dit rien. Il ne parait pas que Mario Savorgnano ait jamais servi la France, et il est à peu près certain que « le seigneur Hiéronyme Marin, Boulonnois (de Bologne), fortificateur », fut chargé de fortifier cette place. Du Bellay ne le dit pas expressément, mais nous savons par lui que Marini se trouvait à Landrecies. Or, il est invraisemblable que François Ier, qui lui-même était là, ne se soit pas adressé à son ingénieur favori, d'autant que le plan des fortifications de Landrecies une fois arrêté et son exécution en bon train, il l'envoie aussitôt fortifier un château que du Bellay appelle « le chasteau d'Emery », p. 510.

ingénieur (1). Celui-ci construit un pont ou échelle horizontale qu'en un rien de temps on pourra jeter sur le rempart. Quatre arquebusiers y marcheront de front; ils seront protégés contre les coups d'arquebuse de l'ennemi par des planches qui garnissent les côtés. Elle sera terminée ce soir et l'on en fera aussitôt une autre. Sa Majesté est allée hier la voir manœuvrer. On pourra aussi la jeter sur une rivière.

Imaginez-vous deux poutres parallèles, distantes l'une de l'autre de plus de six brasses, et entre elles, au lieu d'échelons, un tablier. Ce premier appareil en supporte deux autres qui, grâce à un ingénieux mécanisme, vont se ranger bout à bout. Cela fait trois ponts ou, comme je l'ai dit, trois échelles horizontales superposées et agencées de telle sorte que les deux du haut roulent d'abord ensemble en avant de celle du bas et ensuite celle des deux qui est au-dessus de l'autre en avant de celle-ci. Les côtés des échelles étant armés d'épaisses planches de protection, il en résulte que, pour qu'elles puissent courir l'une sur l'autre, celle du bas est plus large que celle du milieu et celle-ci plus large que celle du haut. L'échelle du bas a près de 20 brasses de long; elle sera fixe. Elle porte deux rouleaux, un à chaque extrémité, auxquels vont s'adapter des câbles que des hommes placés en arrière, à la naissance de l'échelle ou du pont, sont chargés de tirer pour faire avancer l'échelle du milieu. Chaque rouleau obéit à une croix (je l'appelle ainsi parce que j'ignore le mot propre (2); les hommes la manœuvrent en appuyant de leur poitrine ou en s'aidant de cordes et mettent de la sorte les rouleaux en mouvement. L'échelle du milieu peut avoir 30 brasses; elle porte également deux rouleaux. Celle du haut a environ 40 brasses. Les montants de chaque échelle sont d'une seule pièce. Les trois échelles mises en place n'auront pas plus de 60 pieds de portée; comme elles s'appuient l'une sur l'autre, elles perdent beaucoup de leur longueur. Ainsi l'échelle du bas demeure fixe à l'endroit où on la dresse, tandis que les deux autres portent les hommes au rempart. L'échelle du haut, qui est la plus longue, mais la plus étroite, mesure 5 brasses de large, celle du milieu 6 et celle du bas 7. Trois ou quatre arquebusiers au plus y tiendront de front, mais on en pourra mettre plusieurs rangs les uns derrière les autres, en ayant soin de placer les hommes du second rang entre ceux du premier, ceux du troisième entre ceux du second, et ainsi de suite. Disposés de la sorte sur toute la longueur des échelles, il y aura de la place pour un assez grand nombre d'hommes; ils seront à l'abri et en sûreté derrière les planches qui garnissent les côtés, à condition, bien entendu, que l'ennemi ne soit point flanqué.

A l'extrémité de l'échelle supérieure, il y aura un parapet qui sera matelassé à la manière des galères ou recouvert de peaux de bœuf fraîches pour résister au feu; il pourra descendre et servira comme

(1) Antoine de Tolmezzo.
(2) Cabestan.

d'échelle aux soldats pour regagner le sol. En somme, la machine est belle et d'une manœuvre aisée; elle serait plus maniable encore si le bois était sec. On ignore ce qu'elle donnera, mais on croit qu'elle sera d'un grand secours pourvu qu'au dernier moment l'ennemi ne découvre quelque flanc ou quelque cavalier qui la batte.

On a décidé de battre la place d'un autre côté ; c'est le Federico de Sa Majesté qui, avec le comte Ugo da Cesena (1), en aura la charge.

On continue à travailler aux mines, mais sans grande confiance.

On ne pourra de huit jours encore assaillir la ville; ce retard est dû à la construction de ces machines d'assaut et aux difficultés que présentent les mines, sans compter que les tranchées ayant atteint le fossé, un petit nombre de pionniers peuvent y travailler à la fois.

Il est arrivé ce soir 800 chevaux de remonte et 500 pionniers; tout cela vient de Flandre...

Sous Saint-Dizier, le 7 août à 22 heures (2).

De Vos, etc.

Camillo CAPILUPO.

21.

Sous Saint-Dizier, le 9 août 1544.

Négociations. — Première journée : les deux parlementaires, M. le vicomte de la Rivière et M. de la Chémière, voient leurs propositions rejetées dans une première entrevue; ils se montrent plus accommodants dans une seconde. — Seconde journée : Marini, troisième parlementaire; il est opposé à la reddition de la place. — Après deux entrevues, on finit par se mettre d'accord et on arrête les articles de la capitulation.

Révérendissime,

Illustrissimes Seigneurs et mes vénérés Maîtres,

Hier matin, une heure ou deux avant le jour, il y eut une grosse alarme. Sa Majesté elle-même et le prince Maximilien accoururent armés de pied en cap, salade en tête; ils restèrent ainsi jusqu'à une heure de jour, continuant à ignorer la cause du tumulte, car on ne vit personne. Cette prise d'armes d'ailleurs n'a pas été inutile. Les assiégés ont cru qu'un secours leur venait et que nous l'avions repoussé. Ils se sont décidés alors à envoyer un trompette demander à l'illustrissime et excellentissime seigneur Fernand un sauf-conduit pour deux gentilshommes qui désiraient l'entretenir de choses qui lui seraient

(1) Cesena, sur le Savio, dans la Romagne.
(2) Cinq heures et demie du soir.

agréables. Le trompette arrive juste au moment où l'on vient de démonter la tente du seigneur Fernand pour la réparer; elle avait été soulevée et tordue. Il voit la tente par terre et demande en riant ce que cela signifie. Son Excellence lui répond le plus naturellement du monde qu'il va la faire porter aux tranchées, résolue d'en finir avec ce siège. On lui délivre le sauf-conduit.

Après dîner, deux gentilshommes se présentent, tous les deux d'âge mûr et de grand air. Le plus âgé et le plus considérable, celui qui porte la parole, se nomme M. le vicomte de la Rivière; l'autre, M. de la Chémière. Ils dirent qu'ils n'avaient pas oublié les conditions honorables que Son Excellence leur avait fait offrir au cas où ils consentiraient à remettre la ville à l'empereur, qu'assurément ni le courage ni les forces ne leur manquaient pour prolonger la résistance, mais qu'ils estimaient avoir assez bien servi leur roi et rempli leur devoir d'hommes de bien pour mériter l'approbation de Sa Majesté et l'estime de l'empereur, et qu'en conséquence ils venaient lui faire savoir qu'ils étaient disposés à rendre la place si l'on voulait tenir les promesses qu'on leur avait faites.

Son Excellence répondit que l'empereur était la bonté et la clémence mêmes, que sans doute il avait eu lieu d'être blessé des réponses qu'ils lui avaient faites, mais qu'il était de sa nature plus enclin à pardonner qu'à punir, et qu'elle espérait pouvoir obtenir de lui de bonnes conditions, pourvu que de leur côté ils se montrassent raisonnables. Elle les invita à lui faire connaître leurs propositions; elle leur dirait ensuite ce qu'elle pensait pouvoir faire. Les parlementaires lurent une note en français qui contenait les articles suivants : que s'ils ne recevaient pas de secours dans un mois, ils livreraient la place à l'empereur vie et bagues sauves, qu'ils sortiraient bannières déployées et emmèneraient leur artillerie, et que, dans les trois mois qui suivraient la remise de la ville, l'empereur n'y pourrait faire exécuter de travaux de fortification. A peine eurent-ils terminé, que Son Excellence les congédia en disant que l'empereur avait coutume de dicter des conditions et non pas d'en recevoir, que jamais elle n'oserait lui exposer leurs prétentions et qu'ils n'avaient plus qu'à se retirer et à se bien défendre. Ils s'en allèrent en déclarant qu'ils voulaient tous mourir dans la place. Cependant, s'étant ravisés, ils firent dire dans la soirée à Son Excellence qui était chez M. de Granvelle que, si elle voulait bien les recevoir, ils lui apporteraient tout à l'heure de nouvelles propositions. Au même instant, un de nos trompettes vint annoncer l'arrivée de M. de Thionville (1). Son Excellence donna l'ordre qu'on le fit attendre dans une autre tente pour qu'il ne vit pas les parlementaires qui allaient venir; elle fit conduire pour la même raison chez le seigneur don Francesco un trompette de M. de Guise et un autre de M. de Brissac qui venaient d'arriver.

(1) Le receveur de Thionville.

Les deux parlementaires se présentèrent. Ils dirent qu'ils étaient prêts à rendre la place dans quinze jours à condition qu'ils sortiraient vie, bagues et artillerie sauves et bannières déployées. On leur accorda six jours, en ajoutant que l'empereur voulait l'artillerie. Il ne fut plus question des trois mois pendant lesquels ils ne voulaient pas qu'on fortifiât la ville. Ils n'acceptèrent ni ne refusèrent le terme de six jours, demandant jusqu'au matin pour répondre.

Ce matin donc, vers 11 heures d'Italie (1), les voilà revenus. L'ingénieur Hieronimo Marino les accompagne; il déclare que, pour ce qui est de lui, il ne rendrait à aucun prix la place parce qu'il ne voit pas de raison sérieuse qui oblige de la rendre. On offre aux parlementaires un délai de huit jours, mais sans l'artillerie. Ils acceptent le délai, mais ils veulent absolument l'artillerie. De guerre lasse, Son Excellence, d'accord avec M. de Granvelle qui s'était rendu chez elle, consent à leur laisser deux pièces dont elle se réserve le choix. Ils ne se prononcent point; ils ne se croient pas de pouvoirs assez étendus. Ils demandent à en référer à leur commandant en chef M. de Sancerre et promettent de revenir dans la soirée avec une réponse définitive. On les attend.

Si l'accord se conclut, comme on l'espère, les assiégés livreront quatre otages au choix de Son Excellence, le commandant en chef excepté. Je dis quatre, car c'est le nombre qu'on avait d'abord demandé. Aujourd'hui on en voudrait davantage pour plus de sûreté. On craint que M. de Sancerre ne découvre le stratagème dont on a usé avec lui ou qu'il n'en soit informé par le roi, car on va lui permettre d'envoyer deux de ses gentilshommes à Sa Majesté pour l'aviser de tout, et qu'alors il ne soit d'autant plus tenté de rompre l'accord qu'il aura moins d'otages à sacrifier. Ce stratagème est le suivant. Les assiégés écrivaient au roi pour lui exposer l'extrémité où ils étaient et lui demander du secours. On intercepta la lettre et on leur répondit que s'ils ne pouvaient faire autrement et que dans un temps donné il ne leur vint aucun secours, ils se rendissent aux meilleures conditions qu'ils pourraient obtenir.

Ainsi, d'une part, la croissante rareté des choses nécessaires à la vie et à la défense avouée par les parlementaires eux-mêmes, nos tranchées et notre cavalier qui les étreignaient, surtout ces nouvelles tranchées que j'avais prévues s'il vous en souvient et qui, commencées depuis deux jours, allaient nous permettre de battre l'autre côté de leur bastion; ce stratagème d'autre part et les nombreux drapeaux conquis à Vitry sur les compagnies de secours et triomphalement arborés devant eux : telles ont été, ce semble, les principales causes qui ont amené leur reddition. Quant à leur hâte à négocier, à leurs incessantes allées et venues depuis hier, croyez que l'heureuse réponse de Son Excellence au sujet de sa tente n'y est pas étrangère; ils en ont conclu qu'ils auraient l'assaut dans un ou deux jours et

(1) Vers 8 heures du matin.

qu'impuissants à le soutenir ils allaient se trouver à la merci du vainqueur.

J'ai tenu à conduire mon récit jusque-là ; car, une fois l'affaire terminée, je n'aurais pas eu le temps de vous écrire tous ces détails avant le départ du courrier. Me voici au bout de ma feuille. Je vous baise humblement la main.

Sous Saint-Dizier, le 9 août 1544, vers 18 heures d'Italie (1).

De Vos, etc.

Camillo Capilupo.

P.-S. — A l'instant même, vers 21 heures (2), on vient de conclure l'accord. En voici les articles : dans la journée de dimanche prochain, les assiégés livreront la place s'il ne leur arrive d'ici là un secours puissant, c'est-à-dire une armée qui déloge la nôtre et délivre la ville; ils sortiront avec deux fauconneaux, enseignes déployées et bagues sauves; ils donneront six otages. Je ne me rappelle pas leurs noms; mais il se trouve parmi eux un des parlementaires, M. de la Chémière, je crois, un fils de M. de Longueval (3) et un enseigne de M. d'Orléans (4). La convention est arrêtée, mais non encore signée; on la couche par écrit. Aussitôt qu'elle sera signée, Son Excellence se rendra auprès de Sa Majesté. En attendant, pour n'être pas devancé par un exprès du nonce ou de quelque autre ambassadeur, j'envoie ma dépêche à la poste et un duplicata au nonce. Je ne manquerai pas de vous aviser par un autre papier de ce que je pourrai apprendre. Je ne vois pas autre chose à vous dire et vous baise humblement la main.

Sous Saint-Dizier, le 9 août 1544.

En ce moment, on se rend chez Sa Majesté pour la signature de la capitulation.

De Vos, etc.

Camillo Capilupo.

---

(1) Vers 2 heures de l'après-midi.
(2) Vers 5 heures de l'après-midi.
(3) « M. de Cabron », d'après le texte de Modène ; — « M. de Cantron », d'après celui de Brantôme, t. III, p. 239.
(4) Le texte de Brantôme dit seulement « le porte-enseigne de M. d'Orléans », sans le nommer; celui de Modène « monseigneur Duysans, porteur d'enseigne de la compagnie de mon dit sieur d'Orléans ».

22.

Sous Saint-Dizier, le 10 août 1544.

Pourparlers et accord définitif; envoi du texte français de cet accord. Cessation des hostilités. — Opinion de Marini sur Saint-Dizier. — Pourquoi les assiégés ont mis tant de hâte dans les négociations.

Révérendissime,
Illustrissimes Seigneurs et mes vénérés Maîtres,

... Le trompette de la place est venu avant-hier matin demander un sauf-conduit pour deux gentilshommes qui désiraient conférer avec l'illustrissime et excellentissime seigneur Fernand. Aussitôt en possession de leur sauf-conduit, les deux gentilhommes se présentèrent. On ne put s'entendre; ils prétendaient à un traitement si honorable qu'on refusa de discuter. Ils revinrent après dîner, plus raisonnables et plus modestes dans leurs prétentions. On se contenta de leur offrir les mêmes conditions que la première fois; ils n'acceptèrent ni ne refusèrent, exprimant le désir d'en référer au commandant en chef. Ils se présentaient de nouveau hier matin. Ils ne semblaient pas éloignés d'acquiescer aux autres articles, mais ils tenaient toujours à emmener leur artillerie; ils acceptaient d'ailleurs le terme de huit jours. Enfin, revenus après dîner, on conclut l'accord définitif dont vous verrez la teneur dans le texte français que je vous envoie (1). Il n'a pas été traduit faute de temps; le secrétaire du seigneur Fernand, qui vient de me le remettre, m'a dit qu'étant très occupé il n'avait pu le traduire. Le différend au sujet de l'artillerie s'est arrangé de la manière suivante : ils ont consenti à abréger le terme d'un jour et à le réduire à sept, et Son Excellence leur a de son côté accordé deux pièces d'artillerie.

Donc dimanche prochain au matin, c'est-à-dire le 17 du mois courant, nous prendrons, s'il plaît à Dieu, possession de la ville, à condition pourtant que d'ici là une armée de secours ne nous mette en déroute ou ne nous fasse reculer d'au moins deux lieues. Mais nous sommes sans crainte là-dessus. Loin que le roi soit ici dans huit ni dans dix jours, on n'a pas nouvelle qu'il s'apprête à entrer en campagne. En attendant, assiégeants et assiégés vont se croiser les bras. Il a été stipulé que ceux-ci sortiraient de la ville tambours battants et enseignes déployées.

Cinq des otages sont arrivés hier soir. Le sixième, qui est le fils de Longueval, se sentait indisposé, je crois; il viendra ce matin. L'un d'eux, M. d'Esternay, qui est fort mon ami, me dit hier soir en arrivant — il pouvait être deux heures de nuit — que Saint-Dizier était

(1) Ce texte de la capitulation n'existe plus aux Archives d'État de Mantoue.

la plus forte place de cette frontière. C'est aussi, soit dit en passant, l'opinion de Hieronimo Marino, qui le met bien au-dessus de Châlons. Il ajouta que les tranchées, le cavalier que Son Excellence faisait construire et les nouvelles tranchées que l'on creusait à main gauche du bastion allaient leur causer une terrible gêne. Ils s'étaient persuadé qu'on leur donnerait l'assaut dans deux ou trois jours, et cela sur un mot de Son Excellence adroitement lancé à l'improviste au trompette qui était venu demander le sauf-conduit. Le hasard voulut que la tente du seigneur Fernand se trouvât en ce moment couchée par terre pour être raccommodée. Le trompette s'en étonne et en demande autour de lui la raison. Son Excellence l'entend et répond sur-le-champ : « Je l'ai fait mettre à bas pour l'envoyer aux tranchées, car je veux en finir. » Le trompette ne manqua pas de répéter le propos : de là leur empressement à parlementer jusqu'à venir deux fois par jour. Je doute fort que n'eût été la crainte qu'ils ne finissent par découvrir la ruse de guerre autrement importante de Son Excellence, on leur eût fait d'aussi bonnes conditions...

Sous Saint-Dizier, le 10 août 1544,
à 10 heures d'Italie (1).

De Vos, etc.

Camillo Capilupo.

23.

Sous Saint-Dizier, le 12 août 1544.

Le fils et le gendre de M. de Longueval. — Causeries avec les otages. — La ville manquait de poudre; un Lorrain y avait mis le feu. — Souvenirs de l'assaut. — La blessure du comte de Sancerre; son secrétaire. — La mort du capitaine Lalande.

Révérendissime,
Illustrissimes Seigneurs et mes vénérés Maîtres,

J'ai écrit le 9 et le 10 à Vos Révérendissime et Illustrissimes Seigneuries ; je leur parlais de la capitulation de Saint-Dizier et leur adressais une copie de cet acte. Rien de nouveau depuis. sinon que le fils et le gendre de Longueval, ainsi que la Rochebaron, qui sous prétexte de maladie s'étaient fait remplacer par d'autres otages, se sont présentés avant-hier; leurs remplaçants sont rentrés dans la place. Quant à eux, il semble bien que leur maladie ne fût qu'une feinte, car ils paraissent se porter le mieux du monde. Les otages

(1) Cinq heures et demie du matin.

ont dîné hier chez M. de Granvelle et aujourd'hui chez le seigneur don Fernand; ils dineront demain chez le seigneur don Francesco et après-demain chez M. de Dissey. On ne veut pas leur laisser le temps de s'ennuyer.

Il est venu hier un trompette de Châlons au sujet de quelques prisonniers; il a dit que les seigneurs qui sont à Châlons blâment fort ceux de Saint-Dizier de s'être rendus. J'ai ce matin rapporté le propos à un des otages; je passe avec eux une bonne partie de la journée. Je lui ai dit qu'en effet je ne m'expliquais pas bien qu'ils se fussent rendus, la place étant aussi forte qu'on dit et les vivres, de leur propre aveu, ne manquant pas encore. Il m'a répondu qu'on en saurait la raison le lendemain de l'évacuation, mais que je tinsse pour certain qu'aucun d'eux ne songeait à se rendre. Ensuite, de fil en aiguille, j'en suis venu à lui dire que nous nous étonnions fort qu'ils nous eussent laissés si facilement pousser notre tranchée jusqu'à la muraille, quand cette muraille nous commandait de tous les côtés. C'est, m'a-t-il dit, que nous manquions de poudre. Je redouble d'étonnement. Comment, me suis-je écrié, le roi n'a-t-il pas mieux pourvu de poudre une place aussi forte et où il a mis tant d'hommes de bien, car Dieu sait s'il en trouve quand il s'agit de le défendre? Il y avait de la poudre, m'a-t-il répondu, mais un homme du pays de Lorraine y fit mettre le feu et fut pendu pour ce fait. Il m'a fait entendre que cet homme était un agent et que, convaincu d'avoir donné deux écus à un autre pour faire le coup, il avait avoué n'avoir agi qu'à l'instigation et pour le compte d'autrui.

Cela se passait pendant l'assaut. Il paraît qu'à cet assaut M. de Sancerre, qui commande en chef, manqua d'être tué; un coup de canon lui brisa l'épée dans la main et lui enleva je ne sais quelles lames de l'armure. Un des nôtres nommé Guerra, qui était prisonnier dans la place, raconte la scène suivante. Au commencement de l'assaut, le secrétaire du comte de Sancerre vient le trouver; tout en lui témoigne que sa démarche part du cœur et que c'est sa seule affection pour son maître qui la lui a dictée. Il le supplie de vouloir bien se souvenir à l'entrée des Impériaux des infinies bontés et des grandes promesses que son serviteur a reçues de lui, et il place devant lui cinq à six mille écus qu'il tire d'une cassette; il lui dit qu'il avait cet argent pour la paye des soldats et le prie, le moment venu, de le prendre. Quelque temps après, le comte allait lui-même trouver son secrétaire; il était recru de fatigue et harassé du combat, encore tout étourdi du coup qu'il avait reçu. Il lui disait à son tour mille bonnes paroles lorsque survient un messager qui lui annonce que le gros d'Allemands qu'il avait vu venir tournait déjà le dos et que les Espagnols se retiraient également. Le comte à ces mots retrouve son ardeur et ses forces et court l'épée à la main animer les soldats.

Ces faits montrent assez, ce semble, que si l'on s'était conformé pour l'assaut aux ordres de Son Excellence, certainement on emportait la place. La prise en eût été d'autant plus facile qu'un ou deux jours auparavant le capitaine Lalande, en qui les soldats mettaient leur espérance, avait été tué d'un coup de canon comme il était assis dans sa chambre...

Sous Saint-Dizier, le 12 août 1544.

De Vos, etc.

Camillo CAPILUPO.

24.

Sous Saint-Dizier, le 17 août 1544.

Les Français évacuent la ville; leur nombre. — Vivres et munitions trouvés dans la place. — Mécontentement du roi à la nouvelle de la capitulation.

Révérendissime,
Illustrissimes Seigneurs et mes vénérés Maîtres,

Ce matin les Français sont sortis de Saint-Dizier sous huit enseignes d'infanterie et quatre étendards de gendarmerie. Ils étaient deux mille gens de pied en ordre de bataille et cent hommes d'armes; ils avaient un gros bagage. Trois enseignes de « bisoños » tiennent la place. On y a trouvé, à ce que m'a dit le marquis de Marignan, 2000 sacs de blé et 21 pièces d'artillerie. Il n'y avait plus en tout que 8 barils de poudre. Ni l'empereur ni le seigneur don Fernand ne sont encore entrés dans la ville...

M. le vicomte de la Rivière, que ceux de Saint-Dizier envoyèrent porter au roi la nouvelle de la capitulation, m'a dit que l'amiral (1) avait voulu lui arracher les yeux parce qu'ils s'étaient rendus, et que le roi était resté plus de quatre heures sans vouloir lui donner audience; il n'avait fini par l'obtenir qu'à la prière de la reine de Navarre (2). Le roi parut s'apaiser un peu en apprenant qu'ils n'avaient plus de poudre et que nos tranchées les mettaient dans l'impossibilité de continuer la lutte, mais il se plaignit amèrement de n'avoir pas été prévenu. Là-dessus M. de la Rivière de répondre qu'ils avaient avisé M. de Guise de l'extrémité où ils étaient et qu'ils avaient reçu de Son Excellence l'autorisation de se rendre. J'en ai

---

(1) Claude d'Annebaut.
(2) Marguerite d'Angoulême, fille de Charles d'Orléans, comte d'Angoulême, et de Louise de Savoie (11 avril 1492-21 décembre 1549); — épousa, le 1er décembre 1509, Charles III, duc d'Alençon; — veuve le 11 avril 1525; — se remaria en janvier 1527 à Henri d'Albret, roi de Navarre, dont elle eut Jeanne d'Albret, mère de Henri IV.

conclu à part moi que le secret de la ruse de guerre avait été jusqu'ici bien gardé.

N'ayant plus rien à dire, je vous baise humblement la main.

Sous Saint-Dizier, le 17 août 1544.

De Vos, etc.

Camillo CAPILUPO.

25.

Sous Saint-Dizier, le 18 août 1544.

L'ambassadeur visite Saint-Dizier. — Il revient sur l'assaut et les travaux d'approche et, à ce propos, célèbre les talents de Gonzague — Description des fortifications et de la ville.

Révérendissime,

Illustrissimes Seigneurs et mes vénérés Maîtres,

... Je suis retourné ce matin — j'y avais déjà été hier — visiter nos tranchées et l'intérieur de la place en compagnie de MM. les ambassadeurs, y compris celui de Venise.

Les tranchées et les mines seront en grande partie, c'est-à-dire les nouvelles, nivelées dès ce soir, ainsi qu'une bonne partie du cavalier : les pionniers sont assez nombreux et tous travaillent ; la peur ne les fait plus fuir ni se cacher ni rester inertes comme quand ils entendaient et essuyaient les coups d'arquebuse.

La place est entièrement entourée d'un terre-plein très solide et tout entier de construction nouvelle ; mais les plates-formes (1), qui sont en terre, ne flanquent point intérieurement, comme on pensait, les courtines du terre-plein ; elles sont si près du mur d'enceinte qu'elles ne peuvent les voir de flanc. Le côté de la ville que l'on a bombardé n'était pas fortifié de la manière qu'on l'avait cru sur la foi d'un faux rapport : ces fossés, arrière-fossés, flancs et cavaliers que nous vantait ce prisonnier dont je vous ai parlé, rien de tout cela n'a été retrouvé, et il est clair aujourd'hui qu'on nous avait dépêché cet homme pour nous en conter. Je m'en étais d'abord douté et je vous l'ai écrit. Cette hauteur que nous apercevions derrière le cavalier ou boulevard battu (2) n'était qu'un méchant tas de terre élevé sur le flanc gauche (3) du boulevard à l'endroit où il joint la courtine battue (4). Sur ce monceau de terre se dressaient de gros

(1) L'ambassadeur dit indifféremment plates-formes, cavaliers, boulevards et bastions.
(2) Le bastion ouest (de la Victoire).
(3) Le flanc nord. L'ambassadeur regarde le bastion de face.
(4) La courtine nord du bastion. Courtine se disait non seulement du front du mur d'enceinte entre deux bastions, mais encore des flancs d'un bastion.

gabions vides, mais qui se présentaient si bien qu'à nous, qui les voyions de loin, ils nous paraissaient pleins. Ainsi en était-il de tous les autres rangés le long du mur d'enceinte et sur les plates-formes. Il est évident pour nous autres ambassadeurs de toute l'Italie, comme aussi pour beaucoup de seigneurs et de soldats, que l'illustrissime et excellentissime seigneur Fernand ne pouvait battre la place en un endroit moins fort ni mieux se camper pour aller à l'assaut. Grands et petits, comme on dit, après avoir bien considéré le point battu, concluent d'une commune voix que, si l'on eût livré l'assaut en suivant les ordres de Son Excellence, bien qu'il manquât ici l'irrésistible émulation des Italiens et des Espagnols qui emporta Düren (1), la ville était prise. Il n'est pas en effet de soldat qui ne convienne qu'il était bien plus aisé ici de monter à l'assaut soit par la brèche qui était praticable, soit par les flancs qui étaient raisonnablement ruinés (ce qui n'était pas le cas à Düren), et cela aurait été bien plus facile encore si, comme le voulait Son Excellence, l'on eût continué de battre une heure ou deux encore avant de donner l'assaut.

Pendant toute la nuit qui suivit l'assaut, les ennemis travaillèrent avec une extrême diligence. Ils réparèrent de leur mieux le mal causé par notre artillerie à leur parapet du boulevard et de la courtine. Ils ne le remirent pas tout entier en état: cela leur était impossible dans le court espace d'une nuit; mais ils le redressèrent et l'escarpèrent si bien sur une étendue de deux ou trois brasses (2) que ce travail d'une seule nuit rendait l'accès de la place difficile.

Si donc l'on eût continué de battre le parapet, on le jetait par terre en une heure et demie, et l'escalade devenait facile non seulement pour les Espagnols, mais même pour les Allemands : de sorte qu'alors, n'eût-il été tenu d'ailleurs aucun compte des ordres donnés, la plupart des soldats estiment que si l'on eût renouvelé l'assaut et soutenu opiniâtrément les premiers assaillants, on entrait dans la place.

Dieu sans doute en a disposé autrement pour le plus grand avantage de l'empereur et pour la plus grande gloire du seigneur don Fernand, comme aussi pour le repos et la paix de la chrétienté. De même, en effet, que le profit et l'honneur remportés à l'assaut de Düren livré sans commandement ont été la cause de ce nouveau

(1) « Le 22 août 1543, Charles-Quint arrivait devant Düren, où venaient le rejoindre 9 000 lansquenets et 2 000 chevaux envoyés par la gouvernante des Pays-Bas, sous la conduite du prince d'Orange. Deux jours après, ni le double fossé et les hauts bastions, ni la bravoure des défenseurs ne résistaient à l'impétuosité des Espagnols et des Italiens qui, voyant une brèche ouverte, sans attendre le signal convenu, s'élancèrent à l'assaut avec une émulation que je qualifierais de généreuse si elle avait eu un autre mobile que celui de ne pas partager le butin avec les Allemands. » *Storia documentata di Carlo V, etc.*, del professore Giuseppe DE LEVA, t. III, p. 490. Padoue, 1875.

(2) La brasse équivalant à environ 5 pieds anciens, soit $1^m,62$, deux ou trois brasses répondent donc à $3^m,24$ ou $4^m,86$.

désordre, de même le dommage et la honte subis à l'assaut de Saint-Dizier par les Espagnols à cause de leur désobéissance, comme ils l'avouent eux-mêmes, les rendront peut-être plus dociles à l'avenir, ainsi que tous les autres soldats, et ce retour à la discipline sera beaucoup plus profitable à Sa Majesté que ne l'eût été alors la prise de Saint-Dizier.

D'un autre côté, si l'assaut eût réussi et que la place eût été enlevée, une partie de l'honneur en revenait aux soldats, tandis que maintenant le seigneur don Fernand en a toute la gloire. En effet, il est constant d'abord que si l'on avait exécuté ses ordres, on emportait la ville, et l'on reconnait ensuite qu'au bout du compte ce sont les tranchées qui ont eu raison de l'ennemi. Or l'auteur et l'ordonnateur de ces tranchées, c'est lui seul; il les a voulues là où elles étaient, et cela contre l'avis de certains qui prétendaient faire la batterie ailleurs et qui à cette heure n'ont garde de s'en vanter.

Il y a des gens qui ne trouvent jamais rien de bien. Ils critiquent le cavalier que nous étions en train de faire (1). Ils disent qu'il n'aurait pas servi à grand'chose (comme s'il ne battait pas en plein celui de l'ennemi!) (2) et qu'on s'en doutait bien, qu'il est visiblement dans un endroit trop bas et qu'il aurait fallu encore des jours et des jours pour l'élever au point qu'il commandât la place. Mais qui donc a choisi ce lieu? C'est bien plutôt le marquis de Marignan que Son Excellence. Il a fait les dernières instances pour qu'on l'établît là, près des tranchées que l'on ouvrait, dans la pensée sans doute que la terre en pourrait servir à le construire; Son Excellence n'y a consenti qu'à cause du manque de pionniers. Supposez, en effet, qu'on eût construit le cavalier en un autre endroit, un peu plus à gauche, vers la pointe du boulevard que nous battions, qu'arrivait-il? Il fallait creuser de nouvelles tranchées pour y aller travailler, et ces tranchées, l'ouvrage terminé, devenaient inutiles, tandis que celles qu'on était en train de faire allaient couper le flanc du boulevard au point où la courtine, sans embrasure ni flanc d'aucune sorte pour la couvrir, avait été déjà battue et aurait pu l'être encore, plus directement que de tout autre lieu, du cavalier qu'on élevait (3). J'ajoute que si l'ennemi était parvenu à refaire ou à réparer la pointe ruinée de son bastion, ce qui n'était guère aisé, je l'avoue, c'est encore de là qu'il eût été le plus facile de la battre. Ce qu'il y a de certain, c'est

(1) Il semble que par ce cavalier l'ambassadeur entende ici l'ouvrage — qu'il appelle ailleurs un fort — que l'on construisait du côté de la Marne pour battre l'aile gauche du bastion.

(2) Le bastion ouest.

(3) Plus bas, dans la description de la partie sud de la ville, l'ambassadeur place expressément ce cavalier au sud-ouest; il s'agit donc ici du flanc et de la courtine sud du bastion de la Victoire. Le texte dit que cette courtine avait déjà été battue. L'artillerie qui battait le front du bastion l'avait battue sans doute, mais de profil seulement et sans lui faire grand mal : de là, plus loin, « la face non endommagée du boulevard battu ».

qu'on manquait de pionniers pour entreprendre à la fois de nouvelles tranchées et achever celles qui étaient commencées. C'est pour cela qu'on décida de terminer celles-ci, qui auraient servi à ruiner le flanc du boulevard à l'endroit où nous avions battu la courtine, et de construire le cavalier au milieu d'elles, si bas que fût le lieu. Quoi qu'on puisse dire d'ailleurs de son assiette, il n'en avait pas moins, outre les autres avantages dont je viens de parler, celui de pouvoir encore croiser son feu de gauche avec notre feu de droite le jour où nous aurions battu le bastion.

On a donc pu se convaincre que notre batterie et nos nouvelles tranchées étaient établies dans l'endroit le plus favorable, et ceux qui s'obstinaient à dire que notre artillerie se trouvait d'abord placée trop loin et qu'elle était à plus de 400 pas de la place ont dû constater qu'ils se trompaient de la moitié. J'ai fait parcourir la distance par un de mes serviteurs, et j'ai compté jusqu'au fossé 330 pas de ceux que l'on fait communément en allant très doucement; le fossé peut avoir 30 pas de largeur : tout cela ne fait en somme qu'environ 180 pas de mesure (1).

Telle est la vérité, tels sont les faits. Les mauvaises langues n'ont plus qu'à se taire. Il demeure constant que si Saint-Dizier est pris, toute la gloire en appartient au seigneur don Fernand, et elle lui appartient d'autant plus qu'à lui seul il l'a pris à la fois de toutes les manières dont on pût prendre une ville aussi bien gardée.

On peut dire d'abord qu'il a emporté la ville d'assaut. Il en avait ouvert et facilité l'accès aux soldats; il leur avait prescrit le moment de l'attaquer : de sorte que si l'assaut a échoué, tout le monde est d'accord que c'est uniquement par la faute des soldats. A eux donc le dommage et la honte, à lui l'honneur.

On peut dire ensuite qu'il l'a prise avec la pioche. Nous voyons en effet par l'inspection des lieux que les Français étaient dans une situation désespérée; la courtine du terre-plein se trouve de ce côté si près des maisons qu'ils étaient acculés.

D'ailleurs les Français m'ont avoué eux-mêmes que les deux causes principales qui avaient amené la reddition de la place étaient d'un côté le grand jugement et de l'autre l'esprit de ruse de Son Excellence.

Ce jugement s'est montré dans l'établissement du camp, de la batterie et des tranchées; tout cela était si bien entendu que la ville en souffrit le plus grand mal.

Cet esprit de ruse s'est signalé par la réponse que Son Excellence imagina de faire au nom de M. de Guise à la lettre interceptée des assiégés. Ceux-ci la reçurent comme authentique; ils y trouvèrent l'autorisation de traiter. Là-dessus, sans autre avis du roi, ils entrèrent

---

(1) Pas de mesure, c'est-à-dire pas géométrique, soit 1^m 62. 180 pas de mesure = 291^m,60. La portée de l'artillerie impériale aurait donc été d'environ 300 mètres.

en composition. Peut-être n'eussent-ils point capitulé, si grande que fût leur détresse, s'ils n'avaient cru avoir le consentement du roi. Ce qui semble certain, c'est que si le roi avait été consulté, jamais il n'aurait consenti. Cela paraît à la manière dont il reçut M. de la Rivière qui lui était dépêché par les gens de Saint-Dizier. C'est M. de la Rivière lui-même qui, le matin de l'évacuation, m'a raconté l'accueil que lui avait fait Sa Majesté. Il donna au roi comme première raison qu'ils manquaient de poudre et qu'ils n'en avaient plus assez pour soutenir une journée d'assaut. Sa Majesté n'admit pas cette excuse; elle dit qu'ils auraient dû affronter les hasards de cette journée et attendre au moins l'assaut. Alors il invoqua une seconde et plus puissante raison : il dit que nos tranchées les avaient réduits à la dernière extrémité; il pria Sa Majesté d'envoyer avec lui deux gentilshommes pour voir à quel point ces tranchées les étouffaient; il se fit fort d'obtenir pour eux de l'illustrissime seigneur Fernand et de Sa Majesté impériale la permission d'entrer dans la place; il termina en disant que si leur rapport concluait que la ville était encore tenable, il consentait volontiers que Sa Majesté lui fit couper la tête. Le roi répliqua qu'au moins n'auraient-ils pas dû se rendre sans le prévenir. Sur quoi M. de la Rivière ne manqua pas de lui déclarer qu'ils avaient écrit à M. de Guise pour lui faire connaître tous leurs embarras et qu'il leur avait répondu de se rendre puisqu'ils avaient fait leur devoir et qu'il n'y avait plus moyen de les secourir.

— Et voilà comment on peut dire encore que Son Excellence a pris Saint-Dizier par ruse.

Tout le monde ne connaît pas ce stratagème. Pour moi, sans le tenir de Son Excellence, je l'ai appris de bon lieu. Je n'eus pas de peine à y croire. La nouvelle que des lettres avaient été interceptées s'était répandue en un instant; j'observai certaines allées et venues; je surpris certains indices : tout cela me revenait à l'esprit et confirmait à merveille le dire de mon ami. Je crus devoir vous en faire part. Aujourd'hui, après ce que j'ai entendu de la bouche de M. de la Rivière, la chose me paraît encore plus certaine. Je ne vous l'ai pas écrite en chiffres : à quoi bon? Ce n'est plus qu'une vieille nouvelle, et si elle peut encore servir à la gloire de Son Excellence, elle ne saurait plus nuire au succès de son entreprise. D'ailleurs, si elle est vraie, le comte de Sancerre doit s'être présenté à M. de Guise sa lettre à la main et toute la France à cette heure sait à quoi s'en tenir; si au contraire elle est fausse, personne ne peut en recevoir ni dommage ni honte.

Tout bien considéré, nous devons remercier Dieu que la ville ne se soit pas rendue au premier assaut : les soldats auront appris à leurs dépens à être plus obéissants à l'avenir, et Son Excellence a pu déployer ses talents et ses connaissances et triompher de l'envie.

Plaise aussi à la bonté divine que je ne me trompe point en pensant qu'elle en a disposé ainsi pour le plus grand bien de la chrétienté! Si cette armée, en effet, déjà trop orgueilleuse peut-être de tant de succès remportés au pas de course et sans coup férir sous la conduite du seigneur don Fernand, eût encore enlevé Saint-Dizier et poursuivi sa marche ininterrompue, grossie de la nouvelle armée que Sa Majesté venait d'amener au camp, je crois que cette armée, ainsi couverte de gloire et accrue du double, aurait fait de si grands progrès dans le pays de France, alors assez mal gardé, que nous n'aurions pu entendre la faible voix de la chrétienté désolée qui nous suivait à pas lents en implorant la paix. Mais, grâce à ce temps d'arrêt devant Saint-Dizier, l'empereur s'est un peu retourné à cette voix et, cédant à sa bonté naturelle, il lui a prêté l'oreille au delà de toute espérance. L'affaire jusqu'ici paraît marcher si bien qu'il y a lieu d'en attendre une heureuse issue. Si elle réussit, le seigneur don Fernand n'y aura pas pris une part moins glorieuse qu'à la guerre : il est visible, en effet, qu'il met autant d'ardeur à traiter qu'il en a mis à combattre. Si elle échoue, le monde saura du moins que Son Excellence s'est montrée plus jalouse du bien de la chrétienté que du sien propre.

Je reviens à Saint-Dizier ; j'y étais à peine entré que j'en suis sorti, entraîné par les mérites du seigneur don Fernand. La ville ne paraît pas aussi forte qu'on l'avait cru, excepté du côté de l'est où le château est inexpugnable. A l'extrémité sud du château, dans la direction de la rivière, se dresse ce cavalier en terre dont je vous parlais à mon arrivée (1). Il est très fort et très bien entendu, assis sur la pierre ou tuf dur et solide et entouré d'un fossé profond et rempli d'eau. Il est en outre admirablement situé et protégé. Couvert lui-même par de la terre amoncelée sur le revers de son fossé et commandant la campagne qui descend à ses pieds jusqu'à la rivière, il a encore au-dessus de lui, au centre de la partie est, le château qui domine toute la plaine et couvre son flanc gauche : ainsi défendu de tous côtés, il est inattaquable. Le château, comme je viens de le dire, se trouve au milieu de la partie est, entre le cavalier qui en est détaché et la courtine du mur de la ville. Ce mur suit une courbe formée par l'avance du cavalier et par la courtine de la place. Celle-ci ressort si vigoureusement vers le nord avec une plate-forme fortement saillante à son extrémité (2) que, flanquée par le château, elle-même le flanque tout entier, ainsi que l'aile du cavalier qui lui fait face. Si bien que cavalier, château, courtine et plate-forme se répondent et, liés pour ainsi dire ensemble, concourent tous ensemble à la ruine de l'assaillant. Ce que j'appelle château fut autrefois un château, mais aujourd'hui l'on dirait plutôt d'un cavalier. Nulle habitation ni trace d'habitation, sauf une petite chapelle dans une petite tour qui sert

(1) L'ambassadeur appelle cet ouvrage « puntone » ou « pontone », une fois boulevard, jamais cavalier. Le génie militaire italien appelait « pontone » une terrasse placée devant le saillant de la contre-garde. Peut-être ce que nous appelons le cavalier du château paraissait-il à l'ambassadeur comme la contre-garde du château, qui lui-même lui faisait plutôt l'effet d'un cavalier.

(2) Le bastion est (de Gigny).

de flanc. Il est carré, mais avec deux côtés plus longs que les autres. Au milieu, une assez grande place; tout autour, un gros terre-plein. La partie nord est très forte d'assiette. La campagne est si basse qu'on n'y saurait camper ni creuser de tranchées. C'était bien mieux encore à notre arrivée : tous les champs nageaient dans l'eau. Aujourd'hui non seulement les champs, mais les fossés sont si secs que s'ils avaient été ainsi, peut-être nous serions-nous laissé persuader de battre la place de ce côté; mais je ne crois pas qu'il soit sage en ce pays de se fier au temps et à la température qui sont extrêmement variables. Du reste le terrain fût-il très sec, la plaine est si découverte et si basse qu'il faudrait commencer la tranchée au bout du monde, et l'on mettrait un siècle à la finir. Ce côté nord à deux faces qui s'en vont ressortant lentement et gardant entre elles et le terre-plein une distance de cinq ou six brasses. A l'extrémité de chaque face est une plate-forme (1), et au milieu, au sommet de l'angle formé par leur jonction, une autre. Le mur, mauvais partout, ne vaut rien de ce côté. Ni le mur ni le terre-plein intérieur ne sont flanqués. En dehors du mur, à chacune des trois plates-formes, est une petite tour sans importance.

Du côté ouest se trouve la dernière des trois plates-formes dont je viens de parler. Elle couvre la campagne vers le sud et la face non endommagée du boulevard battu. La courtine, des deux côtés de la plate-forme, rentre d'abord pour ressortir ensuite vers le boulevard. Cela fait qu'à l'endroit où elles sont le plus rapprochées, les deux courtines se prêtent quelque secours. Mais on y est mal pour se défendre parce que le terre-plein n'a pas ici de parapet; nulle part d'ailleurs il n'y en a de bons. J'ajoute que si l'on voulait en construire un, notamment près du boulevard, il ne resterait plus de place pour les combattants, sans compter que le terre-plein est si haut et si escarpé en dedans qu'on a toutes les peines du monde à monter à la défense. C'est de ce côté du bastion, dans le dessein de le battre, qu'on dirigeait les nouvelles tranchées dont j'ai parlé.

La partie sud, vers le fleuve, s'avance d'abord en ligne droite. La courtine était primitivement défendue par le boulevard battu et par quatre petites tours, aujourd'hui détruites. Le terre-plein en cet endroit, comme je l'ai dit en commençant, touche les maisons et rase le mur d'enceinte. En somme, cette courtine n'avait présentement ni flanc ni plate-forme ni cavalier qui la protégeât; tout ce côté du boulevard était entièrement découvert. A partir de la quatrième tour, le mur d'enceinte trace une courbe, et la courtine vers l'est se retire et rentre. Il y a de ce côté une porte flanquée d'une assez bonne tour et des moulins maintenant en ruine. Au delà, la muraille fait une seconde courbe plus prononcée qui flanque la courtine jusqu'au cavalier que j'ai décrit en premier lieu. Ensuite la courtine res-

(1) Sur le front ouest, le bastion de la Victoire, sur le front est le bastion de Gigny et au nord, « au sommet de l'angle », le bastion des Capucins.

sort vigoureusement et fait un saillant sur lequel une plate-forme a été construite. Cette plate-forme bat en courtine jusqu'à la quatrième tour, c'est-à-dire jusqu'à la naissance de la première courbe, et elle battait par la campagne jusqu'au cavalier que nous étions en train de construire sur le flanc de celui des ennemis (1), mais nous nous serions couverts avec des gabions. Enfin la partie de la courtine qui se trouve entre la seconde courbe de la muraille et le cavalier du château est très bien gardée par l'une et par l'autre.

A l'extrémité est, en face du cavalier du château, la rivière coule très près de la ville; mais ensuite, à mesure qu'elle descend, elle va s'en éloignant toujours davantage, de sorte qu'à l'autre extrémité elle en est à un bon trait de mousquet.

La place avait trois portes. L'une était à l'endroit où l'on a construit le boulevard que nous avons battu : c'était la porte principale, à laquelle aboutissait la plus belle rue de la ville. La seconde est celle dont j'ai parlé, vers le fleuve, près des moulins. La troisième se trouve du côté du château, à main gauche : c'est celle par où l'on passe maintenant. Il y a encore une petite porte de secours vers le fleuve entre le cavalier du château et la seconde courbe de la muraille : seul endroit de la place, par parenthèse, où le terre-plein se trouve si éloigné du mur d'enceinte qu'on a jugé à propos d'en flanquer du dedans les deux extrémités; cette petite porte correspond directement à la porte du château.

La ville est beaucoup plus laide et beaucoup plus petite qu'on ne pensait. Je ne crois pas qu'elle ait plus de mille pas de circuit (2). Il n'y a qu'une rue qui mérite d'être vue. Les maisons sont très laides, la place n'est pas belle; nul édifice public qui vaille qu'on le décrive. L'église a été convertie en magasin à blé et en grange de moulin. L'empereur et Son Excellence ne l'ont pas encore visitée. On travaille en ce moment à y mettre quelque ordre; je pense qu'après cela Sa Majesté s'y rendra.

Le seigneur don Francesco vient de battre la campagne, mais il n'a pu joindre l'ennemi; il n'a fait qu'un ou deux prisonniers.

J'aviserai Vos Révérendissime et Illustrissimes Seigneuries de ce qui arrivera. En attendant, je leur baise humblement la main et prie Dieu de les conserver.

Sous Saint-Dizier, le 18 août 1544, par une chaleur excessive et au milieu de tant de mouches, et si assommantes, qu'elles nous tuent et nous dévorent les chevaux.

De Vos, etc.

Camillo Capilupo.

---

(1) Le bastion de la Victoire.
(2) Le pas géométrique étant de $1^m,62$, cela ferait 1 620 mètres de circonférence.

26.

Sous Saint-Dizier, le 22 août 1544.

Envoi du plan de Saint-Dizier de Mario Savorgnano.

Révérendissime,
Illustrissimes Seigneurs et mes vénérés Maîtres,

J'ai fait, il y a trois ou quatre jours, à Vos Révérendissime et Illustrissimes Seigneuries la description de la forteresse de Saint-Dizier. Aujourd'hui, pour leur rendre les choses plus claires, je leur envoie le plan qu'en a dressé le seigneur Mario Savorgnano. Il y a dans ce plan trois boulevards, marqués A. B. C., qui n'existent point, mais qu'il sera nécessaire de construire, je crois, si l'on veut bien fortifier la place. La courtine nord du mur d'enceinte n'est pas non plus en ligne droite comme ici; elle fait au milieu un saillant si considérable que la tour de l'un des bouts ne voit pas celle de l'autre (1). C'est pour cela qu'au milieu l'on a construit une plate-forme (2) qui répond aux deux qui se trouvent aux extrémités. A part ces deux points, tout le reste est exact, ainsi que les mesures (3).

Sous Saint-Dizier, le 22 août 1544.
De Vos, etc.

Camillo Capilupo.

27.

Sous Saint-Dizier, le 24 août 1544.

Légères améliorations aux fortifications. — Garnison et vivres, artillerie et munitions.

Révérendissime,
Illustrissimes Seigneurs et mes vénérés Maîtres,

J'ai adressé il y a deux jours à Vos Révérendissime et Illustrissimes Seigneuries le plan de Saint-Dizier augmenté de nouveaux bastions. Je disais que ceux-ci me paraissaient nécessaires. Mais Sa Majesté, ayant pris conseil du temps, de sa bourse et d'autres nécessités

---

(1) De la tourelle du bastion de Gigny on n'aperçoit point celle du bastion de la Victoire, et *vice versa*.
(2) Le bastion des Capucins.
(3) Ce plan de Saint-Dizier par Mario Savorgnano n'a pas été retrouvé.

encore, a décidé que l'on se bornerait pour le moment à construire une casemate ou pour mieux dire un ouvrage bâtard, ni bastion ni cavalier, et à établir entre cet ouvrage et le bastion battu une plateforme qui servira de cavalier. En outre, si l'on ne change pas d'avis, on allongera la pointe du bastion du côté où il a été battu afin qu'il voie mieux le nouvel ouvrage, qui doit être construit au point A du plan. On a mis dans la place 1 500 Allemands du colonel de Schaumburg (1) et 200 chevaux de M. de Binche, Flamand. On la fournit de vivres pour huit mois. On y laisse 1 500 barils de poudre et l'artillerie qui s'y trouvait, avec quelques autres pièces. On y a rassemblé environ 600 vaches que l'on salera au premier froid...

Sous Saint-Dizier, le 24 août 1544.

De Vos, etc.

Camillo CAPILUPO.

28.

La Chaussée, le 30 août 1544.

Conférence de Saint-Amand. — On ne sait rien de ce qui s'y est passé; conjectures. — L'affaire du Montferrat. — Arrivée à la Chaussée. L'ennemi ne se montre pas. — Le duc d'Orléans s'est rendu auprès du roi. — Nouvelle de la prise de Boulogne par les Anglais et de celle d'Alba par Pierre Strozzi. — La marche en avant : étonnement qu'elle cause. — Ni vivres ni argent. — Nécessité pour l'empereur de conclure la paix ou de livrer bataille.

Révérendissime,

Illustrissimes Seigneurs et mes vénérés Maîtres,

Hier, après déjeuner, sur les 15 heures d'Italie (2), don Fernand et M. de Granvelle, escortés de presque toute la noblesse de la cour et d'une force imposante d'Espagnols, de Bourguignons et d'Italiens, se portèrent à la rencontre de M. l'amiral de France. Ils firent près d'un demi-mille au delà du rendez-vous fixé. Arrivés là, ils l'attendirent en se promenant. L'attente fut assez longue. A la vue de nos arquebusiers déployés sur les collines environnantes, l'amiral alla bride en main, dépêchant le frère Guzman sous la conduite d'un de nos trompettes pour demander ce que cela voulait dire. Sur la réponse de Son Excellence que ces troupes avaient été placées là pour

---

(1) Bernard de Schaumburg. Il commandait cinq enseignes du régiment haut-allemand de Conrad de Bemmelberg.

(2) Dix heures du matin.

sa sûreté, il hâta gaiement son allure. Don Francesco et le seigneur Camille Colonna, qui étaient allés au-devant de lui, l'accompagnaient. Don Fernand et M. de Granvelle l'attendaient dans un délicieux vallon. Lorsqu'il fut tout près, ils firent une centaine de pas à sa rencontre. On se salua à cheval et l'on continua de marcher toujours à cheval, don Fernand à la droite de l'amiral et M. de Granvelle à la gauche du grand chancelier de France (1). L'amiral montait un alezan turc; il était vêtu d'un pourpoint à bandes longitudinales alternantes, l'une de velours figuré cramoisi, l'autre de velours noir avec brocatelle d'or noire, enrichie de nœuds et de feuillages et piquée de rosettes d'or tissées dans l'étoffe. Cinq pages sur de beaux chevaux le précédaient, le pourpoint de velours noir, mais tout chamarré de galons d'or liés en faisceau ; ils avaient sur la poitrine et sur le dos une ancre d'or entourée d'une devise. Une centaine de cavaliers, tous nobles, le suivaient pêle-mêle. On me cita parmi les personnages les plus considérables le grand chancelier, M. de Boutières (2), M. della Moretta (3), M. de Gia (4), neveu du prince de Bisignano (5), M. de la Palisse, un tout jeune homme, et un secrétaire d'État dont le nom m'échappe (6).

On arriva tout en causant à l'endroit désigné pour la conférence. C'était une église dédiée à Santo Amando, en français Saint-Amand : d'où le nom du village. Ce nom parut à tous de bon augure. Saint-Amand est un assez gros village, situé à un mille en avant de celui où nous campions (7). L'église a fort bon air : une nef avec une voûte soutenue par deux rangées de piliers et des bas côtés avec également des voûtes en pierre. La porte, les piliers et les murs intérieurs disparaissaient sous les branches de hêtre. Si bien que tout semblait respirer la concorde et appeler la paix, le nom de cette église et de ce village, cette verte décoration et toute l'assistance. Tant que dura la séance, on ne laissa pénétrer personne dans l'église; un alcade en défendait l'entrée. Don Fernand, M. de Gran-

(1) Errault de Chemans. Il n'était pas chancelier, mais seulement garde des sceaux. « Durant le procès de Poyet (1ᵉʳ août 1542-24 avril 1545), la chancellerie avait été administrée par de simples gardes des sceaux, parce que l'office de chancelier, étant inamovible, ne pouvait être enlevé au titulaire que par un jugement solennel ». Henri MARTIN, *Histoire de France*, t. VIII, p. 267.

(2) Guigues ou Gui Guiffrey, seigneur de Boutières (il signait Botières), gentilhomme du Dauphiné. BRANTÔME, t. III, p. 220.

(3) Charles de Soliers, seigneur de Moretta en Piémont, gentilhomme de la chambre du roi, — guide eu 1515 l'armée française au passage des Alpes (DU BELLAY, p. 123), — envoyé comme otage à Henri VIII en 1519 (DU BELLAY, p. 131), — premier ambassadeur de François Iᵉʳ auprès de Charles-Quint après la paix de Crépy. — DU BELLAY nomme encore, p. 520, « le sieur Bertin de Solliers, l'un des seigneurs de Morette ».

(4) Il y a Gioia dans la terre de Bari, Gioiosa et Gioja dans les Calabres.
(5) Dans la Calabre Citérieure.
(6) Gilbert Bayard ou Bayart.
(7) Saint-Lumier.

velle, Idiaquez et M. d'Arras pour l'empereur, l'amiral, le grand chancelier et le secrétaire d'État pour le roi entrèrent seuls. Aussitôt entrés, ils s'enfermèrent : nul témoin de ce qu'ils firent. Ils étaient là depuis trois grandes heures quand l'amiral sortit pour satisfaire un besoin naturel (1). Il s'approcha de M. della Moretta et lui dit qu'à un moment tout paraissait rompu, mais qu'on avait fini par se raccommoder. M. della Moretta, un aimable vieillard et un zélé partisan de la paix, lui recommanda d'user de beaucoup d'art et de ménagements. C'était précisément le conseil que les seigneurs Camille et Pirrho (2) Colonna et le marquis de Marignan venaient de donner en ma présence à M. della Moretta lui-même. Le meilleur moyen, disaient-ils, d'obtenir de l'empereur ce que vous désirez, c'est de le séduire à force de douceur et de cordialité. L'amiral rentré, les négociateurs demandèrent à collationner; don Fernand leur fit servir un goûter qu'il avait eu soin de faire apporter. Enfin, au bout de quatre heures, ils quittèrent l'église. Lorsqu'ils parurent et prirent congé les uns des autres, tous les yeux se fixèrent sur eux, épiant leur physionomie et leur maintien. Ce fut peine perdue. Aussitôt sorti, l'amiral saute en selle et part; je ne pus voir son visage. Don Fernand et M. de Granvelle surent si bien dissimuler qu'ils ne laissèrent rien voir. Don Fernand y mit d'autant plus de maitrise qu'il se savait particulièrement observé. Il avait prévenu avant la conférence les seigneurs Camille et Pirrho qu'il ne pourrait leur rien dire, et ceux-ci lui avaient répondu qu'il leur serait bien permis de lire sur sa figure s'il y avait lieu de craindre ou d'espérer. En somme, on ignore jusqu'ici non-seulement les détails, mais le point capital. Toutefois, si j'en juge sur de secrets indices que j'ai recueillis et qui ont leur importance, je regarde la paix comme probable.

L'amiral s'est rendu ce matin auprès du roi; il reviendra demain à Châlons et l'on se réunira de nouveau après-demain. Le seigneur Camille, qui lui fit un bout de conduite, m'a raconté qu'il lui avait dit que l'empereur le prenait de trop haut. Il a cru comprendre que le roi demandait tout le Piémont, offrant de dédommager en France le duc de Savoie (3). Il avait appris d'autre part, mais d'une source

(1) « Ad urinare ».
(2) Pirrho Colonna, général de l'empereur en Italie. Affamé par d'Enghien dans Carignan, il se rendit le 20 juin d'après DU BELLAY, p. 538. La capitulation portait « que le seigneur Pierre (Pirrho) Colonna, dedans huict jours, après qu'il auroit faict un voyage à Milan, viendroit en France se mettre entre les mains du Roy, pour y demeurer un an entier, si le Roy ne luy faisoit grâce; ce que feit ledit Colonna ». DU BELLAY, p. 538. — Montluc le rencontra à Villaume (Villanova, province de Coni). « ... et à l'hostelerie où j'allay descendre, trouvay le seigneur Pierre Colonna, que le capitaine Renouard amenoit prisonnier au Roy, suyvant la capitulation de Carignan ». MONTLUC, p. 71. — Le roi le reçut à Villers-Cotterets, lui fit grâce et lui permit de se rendre auprès de l'empereur. Il arriva devant Saint-Dizier après la capitulation. Navager, dépêche du 23 août.
(3) Charles III, dit le Bon, fils de Philippe II, né en 1486. Il succède en 1504

peu sûre, qu'il était question du mariage d'une fille du roi Ferdinand avec le duc d'Orléans. On croit généralement qu'on n'est encore définitivement d'accord sur aucun point. On ignore si, bien qu'entrés dans l'église avec don Fernand et M. de Granvelle, Idiaquez et M. d'Arras ont assisté à la conférence. Peut-être saura-t-on quelques détails par les Français à la nouvelle entrevue.

Je n'ai garde de rebattre à don Fernand l'affaire du Montferrat (1); je croirais lui faire injure. Il est l'âme des négociations et ne saurait oublier dans le traité de paix les intérêts d'un neveu dont il est le tuteur (2). Je n'ai pas manqué de lui en dire un mot dès les premiers pourparlers, comme je vous l'ai écrit.

Nous sommes arrivés aujourd'hui à un village appelé la Chaussée, à deux lieues et demie de Châlons; nous serons demain à un mille de la ville. Jusqu'à présent nous n'avons pas vu l'ennemi; il a tout l'air de ne pas vouloir nous combattre.

M. d'Orléans est allé il y a trois jours à la cour.

L'empereur a dit ce matin que Boulogne était prise et qu'il tenait la nouvelle d'un trompette français. Si le fait est vrai, la paix en sera plus facile. On a su aussi, par la voie de France, que Pierre Strozzi était passé en Piémont et qu'il avait enlevé Alba (3); je serais désolé que cela fût vrai.

à son frère Philibert II. Frère de Louise de Savoie, il était l'oncle de François Ier. Il devient le beau-frère de Charles-Quint par son mariage avec Béatrix, fille d'Emmanuel, roi de Portugal, dont la sœur, Élisabeth, avait épousé l'empereur. N'ayant pas su « conniver, sans autrement se déclairer ny pour l'empereur ny pour le roy », il se voit enlever Turin par François Ier, le 27 mars 1536. « Ayant perdu tout son estat, tant de Savoye que du Piémont, au moins la plus grande part, il se retira à Nice », et mourut en 1553. BRANTÔME, *passim*.

(1) Le dernier marquis de Montferrat, Jean-Georges Paléologue, étant mort sans enfants en 1533, le marquisat revint à Frédéric II de Gonzague, duc de Mantoue, qui avait épousé en 1531 Marguerite de Montferrat, nièce de Paléologue. Le nouveau possesseur le posséda le moins possible. Français et Impériaux se le disputaient. En ce moment les Français l'occupaient. Après Cerisoles, « tout le Montferrat se rendit au seigneur de Thais (Jean, seigneur de Taix, un des lieutenants du comte d'Enghien), pour l'effroy de la bataille que les Impériaux avoient perdue, horsmises Cazal, Trin et Albe ». DU BELLAY, p. 538. — Le cardinal régent et la duchesse Marguerite cherchaient à en obtenir la restitution et pressaient leur ambassadeur d'agir auprès de Fernand de Gonzague, leur frère et beau-frère, tout-puissant auprès de l'empereur, agréable au roi de France et maître de la paix.

(2) Le futur François III de Gonzague, duc de Mantoue, « qu'on appelloit le Gobin parce qu'il estoit fort bossu ». BRANTÔME, t. IX, p. 361. — Il épousa en 1549 Catherine d'Autriche, fille de Ferdinand Ier et sœur de Maximilien II, et mourut le 21 février 1550. Guillaume Pellicier (dépêche à Rincon, datée de Venise, le 30 juillet 1540) dit que c'était le cardinal de Mantoue qui était tuteur du jeune duc.

(3) Avec le concours du comte d'Enghien. DU BELLAY, p. 541. — Alba appartenait au Montferrat : de là le regret de l'ambassadeur.

N'ayant plus rien à dire, je baise humblement les mains à Leurs Seigneuries.

De la Chaussée, le 30 août 1544.

Camillo CAPILUPO

P. S. — L'empereur a décidé ce matin de faire demain quatre lieues en avant. Comme il n'y en a pas plus de trois d'ici à Châlons, on en conclut qu'il est résolu de se porter au delà. Tant d'audace surprend tout le monde. L'armée royale se trouve à deux lieues de Châlons; elle est forte de 18 à 20 mille gens de pied; elle occupe une position inaccessible, défendue de deux côtés par la rivière et des marécages et en outre, de notre côté, par un fossé qu'on a creusé. Sans compter que la moisson est enlevée et la campagne nue comme la main, et qu'on a plus de 3 000 chevaux à nourrir.

A l'instant même, c'est-à-dire sur les deux heures de nuit, je viens de rappeler à Son Excellence l'affaire du Montferrat, la priant de ne pas l'oublier dans le traité de paix; elle m'a répondu qu'elle ferait tout son possible.

(En chiffres). Voici la situation.

Le comte de Fürstenberg, M. de Hilliquin (1) et le duc Maurice avaient été envoyés à Bar; ils devaient se porter sur certaines places françaises de la frontière luxembourgeoise et leur couper tout secours, tandis que l'empereur ferait une démonstration sur Châlons. On vient de les rappeler. Si bien qu'au lieu de nous retirer vers le Luxembourg, comme tout le monde le croyait, nous allons à Châlons. A la bonne heure! cela est plus crâne, d'autant plus crâne qu'on n'a ni pain ni argent et qu'il sera plus difficile d'en faire venir.

Le duc de Lorraine n'envoie plus de vivres; on lui mande pas plus tard que cette nuit qu'il ait à en expédier. On a dû aujourd'hui attaquer le biscuit. Il faut que l'empereur fasse la paix ou qu'il livre bataille, car cela ne peut durer ainsi. Il est probable qu'il aimera mieux traiter que risquer le combat.

29.

Crépy, le 19 septembre 1544.

Conclusion de la paix à Soissons le 17 septembre sur les 14 heures d'Italie. — Restitution du Montferrat. — L'amiral chez l'empereur. — Départ de Soissons et arrivée à Anizy. — Le 18, l'empereur reçoit le duc d'Orléans à Crépy. — Prochaine arrivée des otages et

(1) Hilliquin, surnom de Jean de Heyldessen, seigneur de Hilarez, chevalier de la Toison d'or. Il commandait en chef 1 120 cuirassiers hauts-allemands. PAILLARD, *passim.*

de l'ordre de restituer le Montferrat; l'ambassadeur compte passer par Paris en portant cet ordre à Mantoue. — Retour de M. d'Arras : raisons pour lesquelles l'empereur a conclu la paix sans attendre la réponse du roi d'Angleterre. — Comment Boulogne a été prise; le roi d'Angleterre refuse de la rendre. — Évacuation de la France et licenciement de l'armée impériale. — Ignorance où l'on est des conditions de paix. — L'affaire du comte de la Mirandole. — Arrivée de M. de Vendôme. — Les otages. — Marche des Impériaux, étape par étape, de Saint-Lumier à Soissons (30 août-12 septembre).

Révérendissime,
Illustrissimes Seigneurs et mes vénérés Maîtres,

Enfin la paix est conclue, publiée et irrévocablement arrêtée. Dieu en soit glorifié et don Fernand loué, lui qui en a été le principal ouvrier ! Je me réjouis de tout mon cœur avec Votre Seigneurie révérendissime et avec Madame la Marquise (1) de cet heureux événement, tant pour le bien de la chrétienté et l'honneur de don Fernand, que pour le profit qui en revient à votre maison. Sa Majesté très chrétienne, à la demande de l'empereur et sur les instances de M. de Granvelle, qui s'est fait le champion résolu de votre cause, ainsi que par considération pour don Fernand, comme elle a tenu à le lui faire savoir, a consenti à vous rendre tout le Montferrat. Je pense, d'après ce que m'a dit don Fernand, vous apporter dans six jours l'acte de réintégration. Il voulait d'abord que j'allasse sur l'heure vous annoncer la chose. Je me bottais quand il s'est ravisé. Il a jugé qu'il était préférable que j'attendisse l'ordre de remise, et que, porteur de cette pièce, j'en serais mieux reçu. Quant à la paix, il ne doute point que vous n'en ayez été informés par la voie de France. D'ici aucun envoyé extraordinaire, que je sache, n'a été encore en aviser les Etats d'Italie; mais Cavriano part à l'instant et son Excellence le charge de vous en faire part.

Le 17 courant, sur les 14 heures d'Italie (2), don Fernand et M. de Granvelle pour l'empereur, M. l'amiral et M. de Neuilly, maître des requêtes, pour le roi, apposèrent leur signature au bas du traité. Après dîner, M. l'amiral, son fils (3) et M. de Brissac, ce dernier arrivé dans la matinée, allèrent baiser la main à l'empereur. Sa Majesté les attendit sans bouger à une fenêtre de sa chambre; elle était entourée de l'archiduc d'Autriche (4), du duc de Camerino (5)

(1) « Marquise » au lieu de « duchesse », peut-être par une vieille habitude, n'y ayant eu avant elle que des marquises de Mantoue. Le marquis Frédéric II fut créé duc le 15 mars 1530, c'est-à-dire un an avant son mariage avec Marguerite de Montferrat. Peut-être encore parce qu'elle était marquise de Montferrat.
(2) Huit heures et demie du matin.
(3) M. de la Hunaudaye.
(4) Maximilien.
(5) Octave Farnèse.

et de tous les gentilshommes de sa cour revêtus de leurs armes. Don Fernand et nous tous qui les accompagnions nous étions sans armes et sans suite. L'empereur leur fit l'accueil le plus charmant et prit à part M. l'amiral à la fenêtre. Ils y furent près d'une heure, causant le plus gaiement du monde, à la grande satisfaction de la galerie. L'entretien terminé, M. l'amiral alla présenter ses hommages à l'archiduc. Immédiatement après nous quittâmes Soissons; l'amiral, son fils, M. de Neuilly et le secrétaire Bayart firent route avec l'empereur. Nous fîmes ce jour-là quatre lieues. Nous logeâmes à Anizy; il s'y trouve une petite redoute près de laquelle le cardinal de Bourbon (1) se fait construire un château qui a fort grand air. Les Allemands et l'artillerie étaient arrivés la veille. L'empereur leur avait fait prendre les devants à la fois pour être plus libre le lendemain et pour ôter aux Allemands l'occasion de faire un mauvais coup; ils ne parlaient de rien moins que de dévaliser les Espagnols et les chevau-légers italiens.

Hier 18, l'empereur arriva ici à Crépy-en-Laonnais (2). La ville est assez importante; beaucoup d'habitants sont restés, les femmes surtout, mais non celles de condition. Don Fernand avec l'arrière-garde attendit M. d'Orléans à Anizy; il vint en poste sur les 18 heures (3) avec une escorte d'une quinzaine de chevaux. Son Excellence, le seigneur Camille (4), le seigneur Pirrho (5) et moi avec une dizaine d'autres cavaliers nous allâmes une demi-lieue à sa rencontre. On s'embrassa à cheval, très cordialement. Après avoir fait un bon bout de chemin ensemble, voici l'amiral qui, resté à Anizy, venait au-devant du duc. Ils s'embrassèrent avec autant de tendresse et d'effusion que s'ils ne s'étaient pas vus depuis un siècle. M. d'Orléans était vêtu d'un manteau de velours à bandes longitudinales de cordon d'or et d'un pourpoint blanc aux manches si étroites que les bras y tenaient à peine. Il arriva à Crépy sur les 22 heures (6). L'empereur descendit l'escalier et alla au-devant de lui jusqu'à la porte de la rue. L'amiral, qui avait mis pied à terre, s'approcha de Sa Majesté et lui dit : « Voici votre prisonnier ». Elle répondit : « On ne fait pas de prisonnier en temps de paix, mais il pourrait bien le devenir en temps de guerre ». Alors le duc s'avança, s'inclina profondément et, fléchissant le genou, lui baisa la main en disant qu'il était son prisonnier et son serviteur. L'empereur, à ce qu'on m'a dit, lui aurait répondu en riant qu'il faisait bien de se rendre sans attendre d'être pris. Il le releva et je vis qu'il l'embrassa

(1) Louis, fils de François de Bourbon-Vendôme et de Marie de Luxembourg, né en 1493, évêque de Laon en 1510, cardinal en 1517, archevêque de Sens en 1536, mort en 1556.
(2) L'ambassadeur dit textuellement « Crepia della Noia ».
(3) Midi et demi.
(4) Camille Colonna.
(5) Pirrho Colonna.
(6) Quatre heures et demie de l'après-midi.

de l'air le plus joyeux. Il le fit passer le premier pour monter l'escalier. Arrivés dans la chambre, ils se retirèrent à une fenêtre. Son Excellence remit à Sa Majesté une lettre autographe du roi très chrétien. L'empereur la reçut avec le plus grand plaisir, l'ouvrit et la lut, non sans s'interrompre à plusieurs reprises pour causer avec le prince. Je n'ai pu connaître encore la teneur de cette lettre. M. d'Orléans se proposait d'aller loger dans quelque ville du voisinage; mais l'empereur voulut qu'il logeât chez lui. Le duc restera aussi longtemps qu'il voudra auprès de Sa Majesté; il fait venir sa maison.

Les otages arriveront, je crois, dans trois ou quatre jours, ainsi que l'ordre de restituer le Montferrat et toutes les places prises dans cette guerre. Dès qu'il sera arrivé, Son Excellence m'enverra en poste à Mantoue; je compte passer par Paris.

M. d'Arras est revenu hier matin d'auprès le roi d'Angleterre; il était parti il y a douze jours, chargé de lui annoncer que l'empereur traitait et à quelles conditions. J'ai cru comprendre que l'empereur et le roi d'Angleterre étaient convenus que chacun d'eux pourrait négocier séparément et faire sa paix particulière au mieux de ses intérêts sans prendre conseil l'un de l'autre. L'empereur voulut mettre son allié au courant de la négociation et lui envoya à cet effet M. d'Arras avec un sauf-conduit de France valable seulement jusqu'au dimanche au soir. M. d'Arras a trouvé à son retour la paix conclue, publiée et signée. Il tardait trop à revenir. Chaque jour de retard rendait plus délicate la situation de l'empereur; il ne pouvait sans péril attendre plus longtemps. Il marchait en plein pays ennemi. A chaque instant un incident de guerre pouvait surgir et ruiner une paix assurée et qu'on semblait tenir. D'ailleurs le roi d'Angleterre ne pouvait qu'approuver les clauses du traité qui le touchaient. Enfin l'empereur ayant quitté la route de Paris ne pouvait sans déshonneur quitter la France que fort d'une paix en règle et garantie par des otages. Voilà, ce semble, les raisons qui l'ont déterminé à en finir sans attendre la réponse du roi d'Angleterre. C'est ainsi qu'au retour de M. d'Arras tout était terminé. M. l'amiral avait déjà baisé la main à Sa Majesté et le duc d'Orléans se rendait auprès d'elle.

A propos de Boulogne, M. d'Arras a dit que c'était l'artillerie anglaise qui avait eu raison de la ville ou plutôt du château, car l'espace occupé par la défense n'était pas plus grand, paraît-il, que le château de Milan; on a lancé sur ce point plus de 120 000 boulets. Les assiégés se sont rendus à des conditions que je ne connais pas encore. Enflé de sa conquête, le roi d'Angleterre n'entend pas l'abandonner, et si jamais il la rend, ce ne sera que remboursé des sommes énormes qu'elle lui a coûtées. Il ne ferait pas d'objection aux autres clauses du traité qui le concernent; mais il ne s'expliquerait point que l'empereur, qui ignorait la chute de Boulogne, eût pu comprendre cette ville dans le nombre de celles à restituer comme ayant été prises durant la guerre. Ce n'est ni don Fernand ni M. d'Arras qui m'ont donné ce dernier détail. Je le tiens d'autres seigneurs qui sont en situation de savoir quelque chose, bien que cette cour soit la plus mystérieuse du monde, qu'on n'y dise jamais la vérité vraie et qu'on en soit réduit aux conjectures. Ce qu'il y a de certain, c'est que le roi d'Angleterre refuse de rendre sa conquête et que l'armée française qui allait être licenciée marche sur Boulogne. Quant aux seigneurs français, ils déclarent que le roi de France abandonnera Boulogne et la moitié de son royaume si l'empereur l'exige; sinon, non. Ils sont assurés d'ailleurs de reprendre la ville et de battre les Anglais. Qu'en sera-t-il? Dieu seul le sait. Mais quoi qu'il arrive, rien ne saurait désormais rompre la paix qui vient d'être conclue.

Aujourd'hui, les Espagnols et les chevau-légers s'en vont à l'Abbaye (1), au delà de Guise, tandis que par un autre chemin les bas-Allemands avec l'artillerie se dirigent vers Cambrai. L'empereur se mettra en route demain avec le reste de l'armée; il arrivera le 22 à Cateau-Cambrésis, en même temps que l'artillerie à Cambrai : là on paiera et on licenciera les troupes. Ainsi finit cette glorieuse campagne.

Vos Seigneuries doivent être impatientes de connaître les conditions de paix. Je ne demanderais pas mieux que de pouvoir les satisfaire, mais encore une fois je ne sais rien de certain. Ce qui me console, c'est que don Francesco et le prince de Salerne (2) avouent qu'eux-mêmes n'en savent pas davantage. Voici, d'après certains seigneurs français, quelles seraient les principales clauses du traité. L'empereur a quatre mois pour décider s'il donnera au duc d'Orléans sa fille avec la Flandre ou sa nièce avec le Milanais; l'opinion générale est qu'il optera pour ce dernier parti. Le roi de France cède la Savoie, le Piémont et le Montferrat. On se rendra de part et d'autre les places prises pendant la guerre. Hesdin fit une grosse difficulté. L'empereur a fini par le laisser au roi, qui lui donne en Bourgogne une autre ville dont j'ignore le nom. Si l'empereur se détermine pour la Flandre, il en aura l'usufruit sa vie durant et en occupera les places fortes jusqu'à ce que le duc d'Orléans ait des enfants; si pour le Milanais, il en gardera également les places fortes, mais en abandonnera l'usufruit au duc d'Orléans, lequel sera tenu de le suivre contre le Turc à la tête de 10 000 gens de pied et de 6 ou 800 chevaux (3). Tels sont les on dit français; il est prudent, je crois, de ne pas les regarder comme paroles d'Évangile. Hier au soir justement, on causait du traité dans la chambre du prince de Salerne et de don

(1) Capilupo dit « alla Badia », comme si c'était le nom d'une localité; Feruffino, « ad una abbatia in campagna presso de Guisa una mezza lega » — à une abbaye de campagne située à une demi-lieue de Guise. — L'abbaye de Bohéries.

(2) Ferdinand de San Severino, comte de Marsico et prince de Salerne (1507-1568); en 1547, il quitta le service de l'empereur pour celui de la France. BRANTÔME, *passim*.

(3) Ce n'est pas le duc d'Orléans, mais le roi de France qui devait fournir ce contingent en hommes ou en argent contre le Turc.

Francesco. Don Fernand était là; ils logent tous les trois dans la même maison. « Bah! fit le prince, on a beau faire, tout vient à se savoir : ainsi ces conditions de paix dont on fait tant de mystère et que tout le monde connait depuis plus de dix jours. » Et il se mit à débiter les dires ci-dessus. « Vous serez bien fin si vous arrivez à me tirer les vers du nez, lui répondit Son Excellence. » Don Francesco dit que pour lui il avait fabriqué des conditions de paix à sa manière et les avait envoyées telles quelles en Italie. Heureusement que Vos Seigneuries auront reçu de France des informations plus rapides et plus sûres. Don Fernand ne m'a pas dit un mot du traité. Je ne tiens de sa bouche qu'une chose : la restitution de toutes les villes du Montferrat occupées par les Français. Cette bonne nouvelle doit suffire, ce me semble, à faire bien accueillir ma lettre. Peut-être, quand je viendrai, serai-je en mesure de vous en apprendre davantage.

On dit que l'empereur pardonne au comte de la Mirandole : ainsi l'action criminelle se trouve éteinte et l'action civile reste seule ouverte (1).

M. de Vendôme est arrivé ce matin.

En fait d'otages, il n'y a encore ici que le fils de M. l'amiral. On attend les trois autres qui sont : M. de Guise, M. de Laval et le cardinal, oncle de Mme d'Étampes (2).

Voilà ce qui s'est passé, à ma connaissance, depuis trois jours que nous avons quitté Soissons. Je reviens maintenant à la marche en avant des Impériaux après la première conférence de don Fernand et de M. de Granvelle avec M. l'amiral et le grand chancelier, qui eut lieu au delà de Châlons, à Saint-Amand. J'envoyai de ce village une longue dépêche à Vos Seigneuries par un exprès que l'empereur expédiait à Naples au sujet des galères prises au pape (3). C'était, si je ne me trompe, le 30 août.

Le 31, on atteignit un village (4) situé à une demi-lieue de Châ-

(1) Galeotto Pico avait assassiné en 1533 son oncle Jean-François II, comte régnant de la Mirandole et de Concordia, et s'était emparé du pouvoir. Déjà, lors de la trêve de Nice en juin 1538, on avait passé l'éponge sur cet assassinat et décidé « qu'on laisserait en état les choses de la Mirandole, mais qu'on pourrait poursuivre civilement le comte Galeotto ». *Venetianische Depeschen, etc.*, t. Ier, p. 153.

(2) Antoine Sanguin, cardinal de Meudon.

(3) Giannettin Doria s'était emparé le 18 août, à Naples, de quatre galères du pape en compensation du riche héritage qu'Imperiali Doria, évêque de Savone, avait laissé en mourant à son parent André Doria et sur lequel la chambre apostolique avait mis la main ». *Storia documentata di Carlo V, etc.*, t. III, p. 522.

(4) Le texte porte « una villa ». — Aucun de nos ambassadeurs ne nomme ce campement du 31 août, le cinquième depuis Saint-Dizier. Capilupo le place à une demi-lieue de Châlons, Feruftino (dépêche du 1er septembre) « sous Châlons » et Navager (dépêche du 6 septembre au doge) à trois milles italiens de la ville. Dans sa dépêche du même jour au Conseil des Dix, Navager dit que le château épiscopal de Sarry se trouve à un mille italien en avant du camp et à

lons. Aussitôt arrivé, don Fernand détacha en avant des fusiliers allemands à cheval (1) et des arquebusiers espagnols à pied pour faire l'escarmouche avec ceux de la place; ils étaient presque tous sortis et se tenaient rangés en ordre de bataille le long de la rivière qui baigne un des côtés de la ville et dont un bras la traverse. Lui-même ensuite, à la tête des chevau-légers et suivi à quelque distance d'hommes d'armes allemands, s'en alla reconnaître la place; le duc de Camerino l'accompagnait. L'escarmouche s'engagea en présence de toute notre avant-garde, mais ne s'échauffa guère, les Français ne voulant pas s'éloigner des remparts et Son Excellence ne permettant pas aux nôtres de s'en rapprocher. On prit à l'ennemi deux ou trois gentilshommes et on lui en tua un autre; il nous en prit autant. Il y eut de part et d'autre 18 à 20 soldats prisonniers. Ce même jour, mais du côté opposé de la ville, ce qui fit que nous n'y assistâmes point, une autre escarmouche eut lieu, plus honorable pour nos armes. 50 à 60 fusiliers allemands marchaient dispersés en avant, comme cela se pratique dans les reconnaissances. 200 chevaux français, les voyant sans lance, les prennent pour des valets d'écurie dont ils ont l'air en effet et leur donnent la chasse. Nos Allemands se ramassent et se serrent les uns contre les autres comme un troupeau de porcs, en excellents cavaliers qu'ils sont, tiennent tête et font si bien qu'ils prennent ou tuent plus de cent ennemis et mettent le reste en fuite. Il est vrai qu'eux-mêmes furent presque tous blessés, y compris leur chef, nommé Othon, s'il m'en souvient, capitaine du duc Maurice. On ne put ce jour-là reconnaître que le côté de la ville qui regarde Saint-Dizier. Les troupes étaient harassées et il se faisait tard; il fallut camper.

Le lendemain 1er septembre, on reconnut les côtés nord et ouest; quant au côté sud, cela fut impossible, la rivière passant là près des murs et en défendant l'approche. Il y eut des escarmouches, mais rien de remarquable. Châlons fut jugé très fort, moins par ses défenses que par le nombre de ses défenseurs et par le voisinage de l'armée royale qui ne manquerait pas de voler à son secours. Le soir, c'est-à-dire après dîner, les plénipotentiaires se réunirent dans une délicieuse maison de campagne appartenant à l'évêque (2) et située à un mille de la ville; ils se séparèrent l'air peu satisfait.

Le 2, on dépassa Châlons d'une demi-lieue et l'on fit mine de camper, mais sur les deux heures de nuit, ordre de déloger en

une égale distance ou un peu plus en arrière de Châlons. De son côté Fcruffino met Sarry à un quart de mille en avant du camp. Il suit de ces deux derniers témoignages que les Impériaux campaient non pas à Sarry, mais à une certaine distance en arrière de Sarry.

(1) Littéralement : « des fusiliers allemands à cheval armés à leur manière ». C'étaient des pistoliers. « ... et furent tuez de coups de pistoles, qui sont petites harquebuses qui n'ont qu'environ un pied de canon, et tire-l'on avecques une main, donnant le feu avecques le rouet ». Du Bellay, p. 548.

(2) Le château de Sarry.

silence, sans tambour ni trompette, et de se diriger sur Épernay. C'est une ville située sur la Marne ; le roi de France y avait amassé tous les vivres qu'il avait pu pour être expédiés soit à Châlons, soit à toute autre place des environs dont les Impériaux feraient le siège. L'intention de Sa Majesté et de Son Excellence était d'y arriver le matin à l'improviste et de l'enlever par surprise. Malheureusement nous traînions avec nous un si énorme bagage, de petits cours d'eau et des chemins étroits nous firent perdre tant de temps, les Espagnols et les Allemands allumèrent tant de feux, ceux-ci brûlant des maisons et ceux-là des barils entiers de poudre qu'ils avaient volés ou reçus comme munition, que notre coup de main fut éventé. Non que les gens d'Épernay vinssent nous inquiéter : la nuit était si noire qu'apparemment ils hésitèrent à s'aventurer dans les ténèbres. Tous ces feux d'ailleurs ne devaient leur dire rien qui vaille : peut-être soupçonnèrent-ils quelque ruse de guerre là où il n'y avait qu'inconscience du soldat. Mais le matin, à la pointe du jour, l'armée royale, campée à trois lieues au delà de la Marne, nous aperçut et vint se ranger dans son fort secondaire, à une lieue de la rivière, juste en face de nous qui longions l'autre rive ; elle détacha aussitôt un gros de cavaliers qui s'avancèrent jusqu'au bord de l'eau et se tinrent là tout le jour pendant que nous défilions, se gaussant de nous intarissablement. Cependant l'empereur surveillait du haut d'une colline le passage des bagages ; il resta là plus de trois heures. La pensée lui vint plus d'une fois de franchir la Marne en s'aidant d'un vieux pont et en en jetant d'autres à côté et de livrer bataille. Don Fernand l'en dissuada. Il lui représenta la multitude des bagages et le danger qu'il y avait à jeter des ponts en présence de l'ennemi ; réussit-on, il serait toujours loisible aux Français, après nous avoir fait perdre un jour ou deux, de se retirer dans leur fort principal, près de Châlons. Là-dessus on défendit à tout le monde de traverser la rivière pour aller à l'escarmouche et l'on hâta la marche sur Épernay. J'ai dit que l'entreprise était déjà fort compromise ; un bruit malencontreux acheva de tout gâter. Comme nous laissions l'ennemi derrière nous, l'empereur marchait à l'avant-garde. On vint lui rapporter que le seigneur Jean-Baptiste Gastaldo, parti en avant avec les fourriers pour préparer le campement, avait été chargé et capturé par les gens d'Épernay. Cette mauvaise nouvelle, l'heure avancée — il était près de 21 heures (1) — l'arrière-garde à quatre milles de distance, tout cela le décida à s'arrêter. Il m'appela — je me trouvais en ce moment avec l'archiduc d'Autriche — et me pria d'aller dire à Son Excellence qui était à l'arrière-garde, occupée à faire avancer les bagages, que le mestre de camp général avait été pris et qu'on allait camper au lieu où l'on était, dans une petite vallée resserrée entre des collines. A peine eut-on dressé les tentes qu'on sut que Gastaldo n'avait été nullement capturé. Le faux bruit

---

(1) Quatre heures de l'après-midi.

de sa prise avait vivement contrarié Sa Majesté et plus encore Son Excellence, qui disait ne pas savoir par qui le remplacer.

Ce matin-là, avant le jour, le comte Guillaume de Fürstenberg fut pris, grâce à son imprudence ou plutôt à sa folie. Il était à l'arrière-garde quand il s'en alla seul, sans un page, cheminant dans la nuit comme en rêve; il dépassa l'avant-garde et traversa la rivière sur ce vieux pont dont j'ai parlé. Deux ou trois cavaliers qui se trouvaient sur l'autre bord se saisirent d'autant plus aisément de lui que non seulement il était seul, mais sans armes et comme absent de lui-même. Croyant avoir affaire aux nôtres, il se nomma et dit qu'on le conduisît à l'empereur. Tous les seigneurs français que nous avons vus depuis, soit devant, soit derrière nous, racontent qu'il se livre à mille extravagances; ils sont persuadés qu'il est fou ou qu'il contrefait le fou (1).

Le matin de ce même jour, les nôtres firent de leur côté un prisonnier de marque. Un certain Francesco, des montagnes de Viadana, créature de Son Excellence, et un chevau-léger albanais capturèrent le prince de la Roche-sur-Yon, frère puiné du duc de Montpensier, de la maison royale de France. Ce Francesco et son lieutenant Antonio Agnello auront de lui au moins quatre ou cinq cents écus de rançon chacun. Le prince est sous la garde de don Francesco d'Este.

Ainsi, dans la journée du 3, prise de Fürstenberg et campement dans un vallon, à une lieue d'Épernay.

Le 4, on fit sommer la ville. L'ennemi, au lieu de se rendre, mit le feu aux munitions et à plusieurs quartiers. L'empereur, s'il eût voulu, eût sauvé presque tout. Les enseignes allemandes venaient d'arriver; il n'avait qu'à les lancer contre l'incendie. Mais résolu à poursuivre sa marche, il ne pouvait s'embarrasser d'un aussi gros butin; quant à la ville, elle n'était pas gardable. Il laissa donc le feu de l'ennemi consumer ce que lui-même eût été contraint de livrer aux flammes.

J'ai su plus tard que dans la nuit du 3 au 4 l'on délibéra de traverser la Marne et d'aller combattre ou plutôt assiéger l'armée royale dans son fort principal, près de Châlons. Maîtres d'Épernay où étaient les munitions de l'ennemi, les Impériaux devaient, laissant la ville derrière eux, revenir sur les Français, les enfermer du côté de Châlons et leur couper le chemin de Paris. Déjà on commençait à jeter les ponts quand on donna contre-ordre. Au dernier moment l'empereur recula, doutant de son armée dont il ne se sentait plus maître, faute d'argent pour la payer. Ce plan, au dire des hommes les plus compétents, ne pouvait manquer de réussir; Son Excellence, qui l'avait imaginé, n'y renonça qu'à regret. Le succès en paraissait d'autant plus assuré que l'armée royale n'était pas encore au complet et ne fut remplie que trois jours après. Sans compter que notre soudaine

(1) Nulle part ailleurs, que nous sachions, il n'est question de cette prétendue folie de Fürstenberg.

apparition le 3, aux premières lueurs du jour, avait déjà mis les Français en désarroi ; eux-mêmes ont avoué depuis que cette marche en avant les avait entièrement déconcertés. Le déplorable esprit des troupes impériales, dont à plusieurs reprises j'ai secrètement informé Vos Seigneuries, fit qu'on dut abandonner l'excellente idée de Son Excellence. Sans cela, et si le 4, au lieu de se rabattre sur leur fort, les Français s'étaient portés à notre rencontre, l'empereur aurait passé la Marne sur les ponts que l'on commençait à jeter et l'on en serait venu à une journée décisive. Mais pourquoi cette retraite des Français? C'est que, d'après ce que me dit le lendemain M. de Granvelle, Fürstenberg, fait prisonnier le 3, leur affirma que le jour suivant l'empereur franchirait la rivière sans faute pour leur livrer bataille.

Je reviens à Épernay. Les Français abandonnèrent la ville après y avoir mis le feu et les nôtres la laissèrent brûler. On trouva cependant une quantité infinie de vin et de blé qui, déposés dans des caves, avaient échappé aux flammes. On prit en outre quatre grands bateaux chargés de provisions de toutes sortes qui descendaient vers Paris. Les Français mirent également le feu à un village de la rive gauche, à une demi-lieue d'Épernay; ils y avaient amassé beaucoup de vivres et ils voulaient empêcher qu'en passant les Impériaux n'en profitassent. Sur la rive droite, nos Allemands brûlèrent deux ou trois villages rencontrés en chemin. Ainsi amis et ennemis incendiaient à l'envi et des deux côtés de la rivière tout le pays était en feu. C'était un spectacle lamentable et le cœur le plus dur en eût été ému. Je le montrai la nuit à M. de Neuilly et au secrétaire d'État Bayart auxquels Cavriano et moi nous tenions compagnie dans la tente du viceroi en attendant qu'il revint de chez l'empereur; Vos Seigneuries peuvent juger de leur douleur.

Dans la nuit du 3 au 4, les négociations firent un grand pas et les espérances de paix se fortifièrent. La dévastation du pays, la perte de tant d'approvisionnements, cette marche foudroyante sur Paris, ville sans défense et l'une des plus riches du monde, d'une armée toujours heureuse, conduite par un si grand capitaine, sous les auspices d'un si puissant empereur, cette armée prête à donner la main à toutes les forces anglaises qui pressaient l'une des frontières de France les mieux gardées, tout cela donna sans doute à réfléchir aux Français et les rendit plus raisonnables. Ce ne furent qu'allées et venues de M. de Granvelle chez don Fernand, de don Fernand chez M. de Granvelle et de l'un et l'autre chez l'empereur : presque toute la nuit se passa en délibérations tant sur les affaires de la paix que sur celles de la guerre. On jeta, comme j'ai dit, des ponts sur la rivière, on donna l'alarme à l'ennemi dans son fort, le tout pour l'amuser et lui faire croire que nous voulions passer la Marne. Il s'agissait en réalité de gagner sur lui une journée de marche. Nous avons pu depuis poursuivre notre route sans jamais être inquiétés sur nos derrières. Nous avions une si prodigieuse quantité d'impedimenta et tel était le désordre parmi les Espagnols et les Allemands qui se débandaient pour piller et laissaient le drapeau presque seul, que si l'ennemi eût été à nos trousses, il nous eût certainement allégés de nos bagages et peut-être capturé beaucoup de monde ; il fallait que la vigilance du commandement remédiât incessamment à l'indiscipline des troupes et que Son Excellence se multipliât pour maintenir quelque ordre dans la marche.

Le 5, nous fîmes quatre lieues et nous arrivâmes sous Châtillon, situé sur une colline ; il fut mis à sac dans la matinée. On peut dire que c'est là que la paix fut conclue. M. de Neuilly et le secrétaire d'État Bayart s'en retournèrent tout joyeux vers le roi, emportant avec eux l'ordre donné par l'empereur de publier un ban pour défendre aux soldats de brûler les maisons et de s'éloigner du camp sans permission. On dépêchait en même temps M. d'Arras au roi d'Angleterre pour lui faire part de tout ce qui avait été arrêté jusqu'à ce jour.

Le 6, après deux lieues de marche, on atteignit un village (1) à un mille de Châtillon (2). On y publia le ban : les troupes n'en tinrent aucun compte. A partir de ce jour-là ou du 7, les Français, abandonnant leurs bagages, précipitèrent leur marche vers Paris.

Le 7, on arriva devant Château-Thierry, ville très riche, qui fut prise et saccagée ; on dit que don Francesco y fit un gros butin. Don Fernand et M. de Granvelle étaient restés à l'arrière-garde près de Châtillon. Ils eurent une conférence avec M. l'amiral, M. de Neuilly, remplaçant le grand chancelier qui venait de mourir (3), et le secrétaire d'État Bayart. On parla pour la première fois d'Hesdin et l'on se sépara sans s'être mis d'accord ; chaque partie voulait l'avoir.

Le 8, on s'avança jusqu'à une très belle abbaye de bénédictins, près de Château-Thierry. Elle fut mise à sac. On dit que des gens de pied espagnols y trouvèrent plus de dix mille écus ; M. d'Andelot m'a certifié le fait. Son Excellence y passa la nuit. J'occupais la chambre où étaient les coffres en fer primitivement destinés, je crois, à serrer l'argent ; ils renfermaient quantité de beau linge, tel que nappes et draps, des livres et d'autres objets de prix. Bardelone et moi qui l'habitions ensemble nous ne laissâmes toucher à rien ; mais j'ignore ce que tout cela devint après notre départ. Son Excellence et M. de Granvelle restèrent pour aller conférer avec les seigneurs français en

---

(1) « ... Ad una villa », maison de campagne ou village.

(2) Châtillon étant peu fort, on se contenta sans doute de diriger sur lui un simple détachement, probablement des chevau-légers et des arquebusiers à cheval ; le gros de l'armée était resté fort en arrière : cela explique qu'après avoir fait deux lieues le lendemain, les Impériaux ne se soient trouvés qu'à un mille en avant de Châtillon.

(3) Errault de Chemans, tombé malade après la conférence de Saint-Amand, mourut à Châlons le 3 septembre.

un village appelé Marcilly (1); les négociateurs se quittèrent l'air tout à fait d'accord.

Le 9, nous arrivâmes à un parc de l'abbaye, qu'on appelle le Triangle. On y publia un ban pour défendre d'emmener des charrettes sans la permission de l'alcade. On voulait se débarrasser d'une infinité de voitures à deux roues que les soldats menaient avec eux; mais cela n'y fit rien. On en fut quitte pour donner un batz à l'alcade pour le laissez-passer; il n'en fit pas brûler dix! Je perdis là un de mes chevaux de trait qui se noya comme on le baignait; je l'avais payé 16 ducats. Il m'en avait été pris et tué un autre à Épernay, qui m'en avait coûté 20 à mon départ de Saint-Dizier. Pour comble, je crains fort que cette après-midi les paysans ne m'en aient assommé deux autres avec les deux valets qui les conduisaient et qui étaient allés dérober du foin en dehors de la ville; on commence à payer les autres marchandises. Je crois d'autant plus à un malheur que, partis après dîner, ils ne sont pas encore rentrés, et il est presque une demi-heure de nuit. Si bien que demain matin où l'on doit se mettre en route, je n'aurai ni voitures ni chevaux ni conducteurs. Je me verrai probablement réduit à laisser là tentes, caisses et meubles et à me contenter d'une ou deux valises. Voilà pour moi les profits de la guerre : sept chevaux (2) et trois voitures, mes gens et mes bagages perdus.

Le 10, séjour au parc du Triangle (3) et nouvelle réunion des plénipotentiaires.

Le 11, nous quittâmes le bord de la Marne et la route de Paris et nous fîmes quatre lieues dans la direction de Soissons, dépassant Neuilly d'un mille. Le château de Neuilly attendit l'avant-garde, mais en voyant le gros de l'armée, il se rendit à discrétion. On le mit à sac et l'on fit toute la garnison prisonnière.

Le 12, on fit six lieues et l'on arriva devant Soissons que l'on envoya sommer par un trompette. Ne croyant pas que l'armée fût si près, les habitants refusèrent de se rendre. Cependant ils enlèvent à

---

(1) Le texte dit : « Ad una villa detta Marsigli ». Il n'y a plus trace de cette localité dans les environs de Château-Thierry. On ne peut songer, ce semble, à Marcilly, hameau de la commune de Barzy (canton de Nouvion), trop loin et en arrière de Château-Thierry.

(2) Il n'est question ici que de quatre.

(3) Ce parc était la propriété de l'abbaye d'Essommes. C'est donc incontestablement de cette abbaye que parle notre ambassadeur, bien qu'il la dise bénédictine, là-dessus mal informé; elle appartenait en réalité aux chanoines réguliers. Ce parc était compris entre la grande route et deux petits ruisseaux affluents de l'Ourcq : de là son nom de Triangle. Il était situé à 15 kilomètres environ en avant de Château-Thierry. Il est aujourd'hui presque entièrement défriché, mais il existe encore un hameau du Triangle dépendant de la commune d'Essommes. L'ambassadeur de Mantoue est le seul témoin qui nous fasse connaître l'endroit précis où les Impériaux quittèrent la rive droite de la Marne pour se diriger vers Soissons : le parc du Triangle fut leur dernière étape sur la route de Paris.

la hâte ce qu'ils ont de plus précieux et s'enfuient au delà de l'Aisne par un pont qui est dans la ville. Mais à la vue de l'avant-garde où se trouve l'empereur, ils demandent à parlementer. Son Excellence était à l'arrière-garde, à plus de trois mille de distance. A la nouvelle que Soissons refuse d'ouvrir ses portes, elle accourt auprès de Sa Majesté qui déjà la faisait appeler, s'approche de la place, s'abouche avec trois petits bourgeois, les notables étant en fuite, et les conduit à l'empereur auquel ils se rendent à discrétion. Sa Majesté les console et leur assure qu'elle fera tout son possible pour les garder de mal. Là-dessus, ayant mandé le duc Maurice de Saxe et le lieutenant de Fürstenberg, elle leur ordonne d'entrer dans la ville et de la faire respecter comme si c'était sa femme, ajoutant d'autres propos aimables et galants, le tout en présence des trois parlementaires auxquels elle fait entendre qu'on ne leur demanderait que des vivres pour l'armée. Soissons passa tranquillement la nuit sous la garde du duc Maurice.

Ce jour-là l'ennemi captura 150 Espagnols qui étaient allés en maraude. Parmi eux se trouvaient le capitaine Mardones (1), le seigneur Rodrigue Gonsalve, gentilhomme de la maison de Sa Majesté, et Cespedes, gentilhomme de Son Excellence.

Le 13, dans la matinée, les Allemands qui composaient l'avant-garde entrèrent dans Soissons pour passer l'Aisne. A peine furent-ils dans la ville qu'au mépris des ordres de l'empereur ils mirent tout à sac, ne respectant ni églises ni reliques ni ostensoirs ni les objets les plus sacrés. On en pendit deux qui étaient à Sa Majesté : un maître Hans, excellent bombardier, et un hallebardier ; ils avaient enlevé l'argenterie de l'église d'une abbaye de M. de Soissons, située hors des murs, sur le point le plus élevé des alentours (2). Ce maître Hans, s'autorisant de la liberté que lui donnait sa qualité de demi-bouffon de l'empereur, poussa l'audace jusqu'à venir lui montrer son vol sacrilège.

Le 14, le reste de l'armée traversa la rivière.
Le 15, arrivée de M. l'amiral.
Le 16, arrivée de M. de Brissac.

J'ai raconté à Vos Seigneuries la suite des événements à partir de ce jour-là. Si j'ai commencé par la fin, c'est que je tenais à vous parler d'abord des affaires de la paix, plus intéressantes pour vous que celles de la guerre. Vous en apprendrez davantage de la bouche de Frédéric Cavriano et de Jean-Jacques Bardelone que Son Excellence a décidé au dernier moment d'envoyer à ma place vous porter

(1) Du « tercio » de Luis Perez.
(2) L'abbaye de Saint-Jean-des-Vignes (chef d'ordre des Johannistes) dont le cardinal de Ferrare était abbé. Feruffino, dépêche du 11-14 septembre, et Navager, dépêche du 14 septembre. — Le texte dit « abbaye de M. de Soissons », c'est-à-dire, vraisemblablement, sous la juridiction de M. de Soissons. « Le nom de Saint-Jean-des-Vignes provient d'un clos de vignes qui était situé à côté de l'église de Saint-Jean ». Matton, *Département de l'Aisne*.

la bonne nouvelle. Je n'en suis pas autrement contrarié pourvu que je reste dans vos bonnes grâces et qu'à mon tour je vous porte bientôt l'ordre de restitution du Montferrat. Puissent enfin Vos Seigneuries rentrer heureusement en possession de ce pays et les héritiers de notre duc en jouir à jamais! C'est mon vœu le plus cher et la prière que j'adresse à Dieu.

N'ayant plus rien à dire, je baise humblement la main à Vos Seigneuries.

De Crépy, le 19 septembre 1544.

De Vos, etc.

Camillo CAPILUPO.

30.

Ribemont, le 20 septembre 1544.

Conditions auxquelles Boulogne s'est rendue. — On parle d'envoyer don Fernand au roi d'Angleterre. — Arrivée des otages. — L'empereur jure la paix à Crépy. — Départ de l'amiral. — L'empereur, accompagné du duc d'Orléans, arrive à Ribemont. — L'ambassadeur est obligé de laisser ses bagages en arrière (1).

La garnison de Boulogne s'est rendue vie et bagues sauves; elle est sortie tambours battants et enseignes déployées. M. d'Arras m'a dit qu'à son arrivée les Anglais se disposaient à mettre le feu à la mine.

On parle tout bas d'une mission de don Fernand auprès du roi d'Angleterre.

M. de Guise et M. de Laval sont arrivés ce matin; il ne manque plus que le cardinal de Meudon qu'on attend dans deux jours.

Après avoir entendu la messe en l'église de Notre-Dame-du-Jardin (2), à Crépy, l'empereur, s'étant avancé vers l'autel, a juré sur le missel, entre les mains de M. d'Arras, de tenir tout ce qu'il a promis. Peut-être M. d'Arras ira-t-il demain recevoir le serment du roi.

L'amiral est retourné aujourd'hui à la cour de France.

L'empereur, causant presque tout le temps avec M. d'Orléans, est

(1) Cette dépêche, sorte de post-scriptum, se trouve à la suite de la précédente sur la même feuille : de là l'absence des formules ordinaires au commencement et à la fin.

(2) Notre-Dame de Crépy date du treizième siècle. Elle a subi à travers les âges des remaniements importants : les bas côtés ont été supprimés, l'ancien clocher détruit, etc. Le qualificatif « du Jardin » s'est entièrement perdu; on en ignore aujourd'hui non seulement l'origine, mais jusqu'à l'existence.

arrivé à Ribemont, situé à cinq grandes lieues en avant de Crépy.

Ma voiture et mes gens n'ont plus reparu, et j'ai dû laisser en arrière la plus grande partie de mes bagages. Me voilà bel et bien dévalisé. Ce n'est pas moi qui pourrai désormais aller un train de poste.

De Ribemont, le 20 septembre 1544.

Archives d'État de Mantoue.

IV

BERNARDO NAVAGER AU DOGE DE VENISE (1)

SPIRE, LE 12 MAI. — BRUXELLES, LE 22 OCTOBRE 1544

NOTICE SUR BERNARDO NAVAGER

L'ambassadeur de Venise est connu; son œuvre diplomatique, curieusement fouillée en ces derniers temps, n'a pas été inutile à l'histoire. Il était fils de Jean-Louis Navager et de Laura Agostini. Il naquit le 12 janvier 1508, fit ses études à l'université de Padoue (2), épousa Istriana Lando, petite-fille du doge Pietro Lando, et vécut ambassadeur; devenu veuf le 24 juillet 1547, il entra dans les ordres et finit cardinal et évêque de Vérone. Beaucoup de tact et de mesure, une curiosité discrète, un jugement sûr, une parole facile et persuasive que les contemporains appelèrent de l'éloquence, le rendaient également propre aux missions d'apparat et aux grandes ambassades. La Seigneurie, qui le tenait en haute estime, lui prodigua les unes et les autres. Elle l'envoya deux fois à Mantoue complimenter, d'abord en 1540, à la mort du duc Frédéric II, les deux régents, c'est-à-dire le cardinal Hercule de Gonzague et la duchesse Marguerite de Montferrat, et ensuite, en 1549, le nouveau duc François III devenu majeur; — à Turin, en 1548, saluer Henri II quand il alla visiter « son beau pays de Piémont (3) »; — à Rome, en 1555, féliciter Paul IV de son élection; — à Vienne, en 1556, complimenter le nouvel empereur Ferdinand Ier; — enfin à Paris, en 1559, saluer le nouveau roi François II.

(1) Pietro Lando, doge du 19 janvier 1539 au 11 novembre 1545.
(2) « Le sénat de Venise, en date du 14 mars 1514, avait interdit tout enseignement académique ailleurs qu'à Padoue, dont l'université se trouvait placée sous son entière protection. Trois réformateurs, résidant à Venise, avaient la régence et l'administration de tout ce qui concernait l'université. Ses professeurs de médecine et de droit touchaient des émoluments princiers... Les étudiants, dont le nombre atteignit jusqu'à dix-huit mille, affluaient à Padoue de tous les points de l'Europe. » TAUSSERAT-RADEL, *Correspondance politique de Guillaume Pellicier*, p. 121.
(3) BRANTÔME, t. III, p. 249.

Ce furent là comme les intermèdes de sa vie diplomatique. Trois grandes ambasssades la remplirent. Nommé auprès de Charles-Quint le 14 juillet 1543, il reçut sa commission à Bassano le 18 septembre et arriva à Mons vers la fin d'octobre. Il resta à la cour impériale jusqu'au 12 juin 1546, obtint enfin son rappel longtemps imploré et rentra malade à Venise. Il alla se reposer à Padoue dont le séjour lui plaisait. On le nomma en décembre de cette même année ambassadeur auprès du roi d'Angleterre, mais Henri VIII étant mort le 28 janvier de l'année suivante, il ne se rendit pas à son poste et devint podestat de Padoue en attendant une nouvelle ambassade. On lui donna celle de Constantinople le 21 septembre 1549, mais il ne partit que le 31 mai 1550 : elle dura 39 mois, à compter du jour de sa nomination. Rome fut sa dernière ambassade ; il représenta la République auprès de Paul IV de 1556 à 1558.

Il fournit dans l'Église le reste de sa carrière. Le 26 février 1561, Pie IV le promut cardinal du titre de Saint-Nicolas *inter Imagines* et en 1562 évêque de Vérone. Envoyé à Trente, il fut l'un des quatre légats du pape qui présidèrent à la clôture solennelle du concile le 4 décembre 1563 (1). Il mourut à Vérone le 31 mai 1565 et fut enseveli dans son église cathédrale ; il n'avait que 57 ans.

Les dépêches de Navager que nous publions vont de Spire, le 12 mai 1554, à Bruxelles, le 22 octobre.

L'ambassadeur de Venise est surtout diplomate. Il observe de près et juge de haut. Il n'omet aucun fait essentiel, mais ne donne que les détails nécessaires : peu ou point de descriptions, en cela moins précieux pour nous que l'ambassadeur de Mantoue. Il cherche à se rendre compte des ressources financières de l'empereur, du nombre et de la qualité de ses troupes, de ses moyens de ravitaillement, de tout ce qui fait sa force ou sa faiblesse : toutes choses du plus grand intérêt pour Venise. L'Italie craignait de voir Charles-Quint trop victorieux. Venise partageait cette crainte, mais encore meurtrie des derniers coups du Turc, elle était tout entière à la neutralité. Paris, Rome et Ferrare essayèrent en vain de l'entraîner dans une ligue contre lui ; elle resta inébranlable. L'empereur ravi soigne Venise avec une extrême habileté. Pendant toute la campagne, il développe intarissablement à l'ambassadeur ce thème que plus il sera puissant, plus il sera à même de contribuer à la grandeur et à la prospérité de la République, et l'ambassadeur, sans être autrement convaincu, ne peut que se confondre en remerciements. Lorsque ses agents lui dénoncent certains faits qui se passent sur le territoire de la République : le rassemblement des partisans de la France à Brescia, les enrôlements pour le roi et le séjour de Strozzi à Venise, il feint de n'y attacher aucune importance et abonde dans les explications de l'ambassadeur : jamais, quoi qu'on puisse lui dire, il ne doutera de Venise. Ces infinies protestations d'amitié et cette affecta-

(1) PALLAVICINI, *Histoire du concilé de Trente,* passim.

tion d'aveugle confiance lui réussirent; l'Italie ne bougea point. A côté des dépêches publiques adressées au doge et destinées au sénat, où l'ambassadeur continue à raconter les événements de la campagne, s'ouvre avec les négociations une série de dépêches secrètes au Conseil des Dix. Elles n'offrent guère d'intérêt; l'ambassadeur en est réduit à déclarer qu'il ne sait rien. On traita dans le plus grand mystère et les négociateurs impériaux restèrent impénétrables. Les princes italiens désiraient ardemment connaître les clauses qui pouvaient les concerner; leurs représentants ne purent les satisfaire. Malgré ses puissants moyens d'information, Navager ne fut pas plus heureux que ses collègues. Le 22 octobre, c'est-à-dire un mois après la conclusion de la paix, il n'a pu avoir encore communication du traité. Cela explique le caractère effacé de ses dépêches aux Dix. Nous nous bornons à en donner quelques extraits à leur date.

La correspondance de Navager est infiniment intéressante, nous allions dire attachante, à certains moments et en certaines parties. Elle nous donne sur le siège de Saint-Dizier et sur la campagne en général, avec des appréciations aussi sincères que judicieuses, des informations qu'on ne rencontre point ailleurs. Du camp impérial, centre de nouvelles, elle embrasse le reste de l'Europe et l'orient turc et nous fait entrevoir les nombreux intérêts en éveil autour de la guerre présente. Elle nous montre à l'œuvre enfin la politique vénitienne, d'une correction si fière encore en ce moment humilié de neutralité forcée.

I.

Spire, le 12 mai 1544.

Gonzague quitte Spire pour marcher sur Luxembourg.

Sérénissime Prince,

... On a appris aujourd'hui par quelqu'un venu hier au soir sur le tard que 6 à 8 000 gens de pied français avec environ 1 500 chevaux devaient se mettre en marche le 12 courant, c'est-à-dire aujourd'hui, pour jeter des hommes et des vivres dans Luxembourg. Cette nouvelle a fort troublé don Fernand; il est monté à cheval sur-le-champ, c'est-à-dire à 22 heures (1), et s'est dirigé de ce côté en compagnie

(1) Cinq heures et demie de l'après-midi.

du seigneur Francesco d'Este, capitaine général de la cavalerie italienne. Sa première traite ne sera que de deux lieues...

De Spire, le 12 mai 1544.

Bernardo NAVAGER,
(ambassadeur de Venise auprès de Charles-Quint.)

Domenico MOROSINI (1),
(ambassadeur de Venise auprès de Ferdinand, roi des Romains.)

2.

Spire, le 14 mai 1544.

Des capitaines français font des enrôlements dans l'État de Venise. — Deux Espagnols, venant du Luxembourg, disent que les Français ne bougent point. — Les membres de la diète commencent à partir. — Accusé de réception de trois lettres du doge.

Sérénissime Prince,

... Le marquis de Marignan est revenu aujourd'hui d'Italie; il ira dans deux ou trois jours rejoindre don Fernand sur la route de Luxembourg pour prendre le commandement de l'artillerie. Il raconte entre autres choses que sur plusieurs points du territoire de la République, malgré la défense de Votre Sérénité, dûment publiée par les gouverneurs des villes, les habitants, sollicités par des capitaines français, ne laissaient pas de s'enrôler comme gens de pied au service de la France.

Il est arrivé hier au soir deux Espagnols, partis samedi dernier des environs de Luxembourg. Ils disent qu'il n'était aucun bruit dans le pays de mouvements et de préparatifs des Français pour secourir la ville. Bien qu'ils aient affirmé la chose à Sa Majesté le roi des Romains hier soir à son souper, nous n'y croyons pas. La nouvelle du contraire, que nous avons donnée dans notre dernière dépêche, sortait de la bouche même de don Fernand qui venait de la recevoir; il en fut si alarmé qu'il partit sur l'heure. Si nous enregistrons le dire des deux Espagnols, c'est uniquement pour tenir Votre Sérénité au courant de tous les bruits qui parviennent à la cour, comme nous les relaterons du reste jour par jour.

L'électeur de Saxe (2) est parti avec sa compagnie d'environ deux cents chevaux; il est si gros qu'il ne peut voyager qu'en voiture. On

---

(1) Né vers 1508, ambassadeur auprès du roi Ferdinand en 1542, mort en 1558. *Venetianische Depeschen vom Kaiserhofe*, t. Ier, p. XIII. Vienne, 1889. — Tant que les deux souverains restèrent à Spire, c'est-à-dire jusqu'au 10 juin, la correspondance des deux ambassadeurs fut commune.

(2) Jean-Frédéric.

croit que le landgrave (1) partira incessamment. Tout cela indique que la diète tire à sa fin.

Nous avons reçu ce matin trois lettres de Votre Sérénité, deux du 5 et l'autre du 6; elles ont trait tant au ban publié pour défendre à tout sujet de la République d'entrer à la solde d'aucun prince, qu'à la réponse faite à l'ambassadeur (2) de Sa Majesté impériale au sujet du complot de Brescia (3). Nous nous conformerons de notre mieux aux instructions qu'elles renferment.

De Spire, le 14 mai 1544.

Bernardo NAVAGER.
Domenico MOROSINI.

3.

Spire, le 21 mai 1544.

Le marquis de Marignan critique les dernières opérations militaires dans le Milanais. — M. de Chantonay, revenu de sa mission, raconte les préparatifs du roi d'Angleterre. — Date probable du départ de l'empereur. — Situation des Français en Piémont. — Les Français marchent au secours de Luxembourg : craintes de don Fernand. — Juan de Vega et Alvaro de Luna donnés comme conseils au marquis del Guasto. — Départ de Francisco Duarte, commissaire des vivres, pour l'armée de Gonzague. — Envoi de munitions.

Sérénissime Prince,

Nous annoncions dans notre dépêche du 14 le retour du marquis de Marignan; il n'a passé que deux jours à la cour et est allé par Metz rejoindre don Fernand. Personne ne s'est exprimé plus librement que lui, soit de vive voix, soit par écrit, sur les affaires d'Italie. Sans avoir égard aux personnes, mais du reste avec une convenance parfaite, il a signalé nombre de fautes commises. Ici, l'on avait agi mollement et manqué l'occasion; là, on avait brusqué la fortune dans les conditions les plus défavorables et les plus périlleuses. On a

(1) Le landgrave de Hesse, Philippe le Magnanime.
(2) Don Diego Hurtado de Mendoza, né à Grenade à la fin de 1503 ou au commencement de 1504, mort à Madrid en 1575; — d'abord ambassadeur en Angleterre, ensuite à Venise (1538) et enfin à Rome.
(3) Brescia était aux Vénitiens. Les agents impériaux eurent vent que des gens — apparemment des partisans de la France — y préparaient un coup de main contre une place du Milanais. Là-dessus représentations à la République qui s'empressa de donner l'ordre aux gouverneurs des villes de redoubler de vigilance.

hasardé la bataille pour ravitailler Carignan qui avait encore des vivres pour plusieurs jours (1)...

Nous avons écrit précédemment que M. de Chantonay (2), fils de M. de Granvelle, avait été envoyé auprès du roi d'Angleterre; il est revenu ces jours-ci. A ce qu'on a pu savoir de M. d'Arras, son frère, et d'autres personnes, il a dit que le roi l'avait chargé de l'excuser auprès de l'empereur s'il avait tardé jusqu'ici à passer en France : ce n'était pas négligence de sa part, mais manque de navires. Il a levé d'ailleurs une armée nombreuse et fait un amas considérable de vivres et de toutes les choses nécessaires à la guerre; tout cela est prêt. Il viendra en personne. Le duc d'Alburchech (*sic*) commandera l'aile droite, le duc de Suffolk (3) l'aile gauche et lui le corps de bataille. Quant au nombre de ses troupes, il est, comme nous l'avons dit, de 35 à 40 000 hommes de pied et de 3 000 chevaux (4).

Le départ de l'empereur aura lieu le mois prochain, pas plus tard que le 12 ni plus tôt que le 8, à ce que l'on croit.

Tous les avis d'Italie représentent la situation des Français comme très forte. Nous n'en informons Votre Sérénité que pour lui faire connaître le sens des renseignements qu'on reçoit ici sur les affaires d'Italie.

De Spire, le 21 mai 1544.

Bernardo NAVAGER.
Domenico MOROSINI.

P.-S. — Nous allions fermer notre dépêche lorsque des lettres de don Fernand sont arrivées, portant que 5 000 gens de pied et environ 2 500 chevaux français étaient prêts à secourir Luxembourg. Elles ajoutent qu'on craignait qu'ils ne vinssent dans la journée d'aujourd'hui. Dans ce cas, don Fernand serait hors d'état de les repousser : il n'avait pas encore toutes ses troupes; il ne les attendait que le 22 ou le 23, c'est-à-dire demain ou après-demain.

On tient de bonne source que don Juan de Vega (5), ambassadeur de l'empereur à Rome, va passer quelques semaines auprès du marquis del Guasto : on ne veut pas dans des circonstances aussi critiques

(1) Il s'agit de la bataille de Cerisoles où le comte d'Enghien (François de Bourbon) défit le marquis del Guasto le 14 avril 1544.
(2) Thomas Perrenot de Chantonay (ou Chantonnay, village de la Haute-Saône), l'aîné des quatorze enfants de Nicolas Perrenot de Granvelle et de Nicole Bonvalot, né à Besançon le 22 mai 1514, mort à Anvers en 1575. — Il devait rendre compte à Henri VIII du succès de la diète et l'engager à hâter ses préparatifs pour la guerre de France. Voy. la dépêche de Navager et de Morosini datée de Spire, le 14 avril 1544.
(3) Charles Brandon.
(4) Dépêche de Spire, 2 mai 1544.
(5) Juan de Vega, seigneur de Grajal, vice-roi de Navarre, ambassadeur à Rome d'avril 1543 à février 1547, vice-roi de Sicile de 1547 à 1558.

s'en remettre à un seul homme de la conduite des affaires dans le Milanais. Don Alvaro de Luna (1), commandant du château de Milan, doit se joindre à eux. Nous ne doutons pas que Votre Sérénité n'ait appris ces nouvelles d'ailleurs, mais nous les tenons de si bon lieu que nous avons cru devoir lui en faire part.

Don Francisco Duarte, commissaire des vivres, est parti ce matin pour aller rejoindre don Fernand du côté de Luxembourg.

Il est parti d'ici dans la même direction une soixantaine de voitures de munitions, boulets et poudre.

(Retenue jusqu'au 22.)

4.

Spire, le 23 mai 1544.

Nouvelles de l'armée de Gonzague. — Les protestants n'acceptent pas la déclaration que l'empereur a faite en dernier lieu à la diète. — Hésitation des deux ambassadeurs sur le sens de leurs instructions.

Sérénissime Prince,

Depuis notre dépêche d'hier où nous avons mis tout ce que nous avions appris, nous ne saurions avoir grand'chose à dire. Mais on expédie en toute hâte un courrier en Italie; nous ne voulons pas le laisser partir sans lui remettre quelques lignes, en même temps que le double de notre dépêche d'hier : peut-être par cette voie rapide arrivera-t-il avant la dépêche.

Il est venu ce matin une lettre de don Fernand datée du 21. A cette date, les Français n'avaient pas encore secouru Luxembourg. Don Fernand avait déjà reçu une partie des chevaux qu'il attendait, ainsi que les vétérans espagnols qui ont hiverné à Cambrai et dans les environs (2). Grâce à l'arrivée de ces troupes, il disposait d'une armée de 14 à 16 000 gens de pied et de 150 à 200 chevaux, mais de leur côté les Français grossissaient; il allait se mettre en campagne et faire tout son possible pour empêcher le ravitaillement de Luxembourg.

On dit que les protestants n'acceptent pas la dernière déclaration de l'empereur; ils demandent que la première sorte son plein effet; ils disent qu'ils ne sont point autorisés par leurs chefs, qui ont déjà quitté Spire, comme nous l'avons écrit, à signer les autres délibéra-

---

(1) Capitaine de galères, commandant du château de Milan, gouverneur par intérim du Milanais à la mort du marquis del Guasto (fin mars 1546) jusqu'à la nomination de Fernand de Gonzague (octobre 1546).

(2) Le « tercio » de Luis Perez de Vargas.

tions si la première déclaration impériale ne figure pas dans le recez. On croit cependant que l'empereur voudra clore la diète sur ce qu'il a déclaré en dernier lieu. Si, comme on nous l'a promis, on nous remet tout à l'heure une copie de cette dernière déclaration, nous la joindrons à cet envoi; sinon, ce sera pour le suivant. C'est l'empereur lui-même qui dépêche ce courrier en Italie à la suite d'un autre arrivé de Rome en grande diligence hier au soir sur le tard; rien jusqu'ici n'a transpiré des nouvelles qu'il a apportées.

Votre Sérénité nous charge par ses lettres du 5 et du 6 courant de parler, si l'occasion s'en présente et si nous jugeons que l'intérêt de l'État le demande, des deux affaires suivantes : les enrôlements pour la France et le complot de Brescia dont elle a été avisée par Fedeli, son secrétaire à Milan (1), de manière à faire ressortir sur ces deux points l'attitude parfaitement correcte de la République.

Nous n'avons pu jusqu'ici donner suite à ses instructions, et cela pour deux raisons : d'abord l'empereur a voulu se purger ces jours-ci pour être plus en état d'affronter les fatigues de la campagne; ensuite nous avons longtemps hésité sur le sens et la portée de ses lettres.

Votre Sérénité nous invite dans l'une à parler si l'occasion s'en présente; elle dit dans les deux autres que le fait (2) dont le secrétaire de l'ambassadeur impérial (3) s'est plaint à elle au nom du marquis del Guasto, celui-ci doit en avoir sans doute avisé directement l'empereur; elle ajoute qu'elle a voulu joindre ces deux dernières lettres à la première comme complément d'information pour nous permettre de défendre ses actes en connaissance de cause si nous jugeons que l'intérêt de l'État le demande. Mais Votre Sérénité ne nous enjoint pas expressément de demander audience à l'empereur pour lui exposer au vrai les faits incriminés et le convaincre de la loyauté de sa conduite.

Dans ces conditions, était-il de notre devoir de faire cette démarche et entrait-il dans les intentions du sénat que nous la fissions?

La formule de l'une des lettres de Votre Sérénité est plutôt restrictive et faite pour nous en dissuader : « ... si l'occasion se présente d'en parler » semble dire en effet que nous ne devons en parler qu'autant qu'on nous en parlera. Mais celle de ses deux autres lettres : « ... si vous jugez que l'intérêt de l'État le demande » nous donne presque carte blanche en nous laissant libres de faire ce qui nous paraîtra le plus utile et le meilleur.

(1) Vincenzo Fedeli, secrétaire résident de Venise à Milan : informé qu'un complot se forme à Brescia, ville vénitienne, il en avertit le doge. Navager fait à l'occasion déposer ses dépêches chez lui, à Milan, avec ordre de les faire passer immédiatement à Venise. « ... le secrétaire Fidèle, qui est pour cez seigneurs vers le marquiz du Guast... » *Ambassade de Guillaume Pellicier*, p. 7, par TAUSSERAT-RADEL. — Fedeli appartenait à l'ordre des secrétaires; les ambassades étaient réservées aux patriciens.
(2) Les enrôlements pour la France.
(3) Don Diego.

Considérant en outre : 1° que l'empereur, comme nous l'écrit Votre Sérénité elle-même, doit avoir été mis au courant de tout, qu'en dernier lieu il s'est longuement entretenu avec le marquis de Marignan sur les affaires d'Italie et que celui-ci lui a dit entre autres choses que les enrôlements pour la France se pratiquaient ouvertement sur le territoire de la République; — 2° que Sa Majesté impériale a lieu de craindre que les Français, d'heure en heure grossis de levées italiennes, ne viennent à mettre à mal quelque place du Milanais et qu'en présence d'un recrutement aussi actif et d'une éventualité aussi grave, notre silence à nous ambassadeurs de Venise peut fortifier ses soupçons à l'endroit de la République, d'autant que ses agents se sont déjà plaints à Votre Sérénité; — 3° que l'intention de Votre Sérénité étant, comme elle nous l'a écrit dernièrement, d'observer la plus stricte neutralité et de rester l'amie de tous les princes, il est de la plus haute importance de ne prêter à aucun soupçon de la part de l'empereur ou des autres États avec lesquels elle tient à vivre en paix; — 4° que Votre Sérénité revient à deux reprises dans ses lettres sur le désir qu'elle a de voir sa conduite pleinement justifiée auprès de l'empereur sur les deux affaires en question, et qu'on en peut inférer qu'elle verrait avec plaisir que nous nous en chargions; — 5° que notre initiative ne peut avoir que des avantages sans aucun inconvénient, tandis que le moins fâcheux effet de notre abstention serait d'entretenir les soupçons de l'empereur à l'égard de la République : — tout cela bien considéré, nous avons décidé d'un commun accord de demander audience à l'empereur et de lui parler les premiers des enrôlements au nom de la France pratiqués sur notre territoire et des menées qui se trament à Brescia dans le but de s'emparer de quelque ville du Milanais...

De Spire, le 23 mai 1544.

Bernardo NAVAGER.
Domenico MOROSINI.

5.

Spire, le 24 mai 1544.

Gonzague a gagné les Français de vitesse.

Sérénissime Prince,

... On a reçu aujourd'hui des lettres de don Fernand. Il dit qu'il occupe certains défilés par où les Français doivent nécessairement passer (1) et qu'il ne craint plus qu'ils ravitaillent Luxembourg; il

(1) Mont-Saint-Jean.

ajoute qu'il attend le jour même le prince d'Orange avec tous les chevaux et les gens de pied de Flandre.

De Spire, le 24 mai 1544.

Bernardo NAVAGER.
Domenico MOROSINI.

6.

Spire, le 27 mai 1544.

Les deux ambassadeurs donnent à l'empereur des explications sur le complot de Brescia et sur les enrôlements pour la France; sa réponse. — Les 6 000 recrues espagnoles, Luxembourg et les bandes italiennes.

Sérénissime Prince,

Comme nous en étions convenus, nous avons demandé audience à l'empereur; il nous a reçus aujourd'hui.

Nous avons dit :

Le résident de la République à Milan (1) a écrit à Sa Sérénité qu'un secrétaire du conseil secret de cette ville l'avait avisé d'un complot formé à Brescia dans le but de s'emparer d'une place du Milanais.

Le marquis del Guasto s'est plaint à don Diego, ambassadeur de Sa Majesté impériale auprès de Sa Sérénité, que l'on voyait sur plusieurs points du territoire de la République des soldats avec la croix blanche et un grand nombre de gens s'enrôler au service de la France.

Sa Sérénité n'a pas appris ces deux faits sans le plus vif déplaisir, et elle est persuadée que la République tout entière, dont elle connait les sentiments envers Sa Majesté impériale, partage le regret qu'elle en éprouve. Aussitôt avisée, elle a prescrit aux gouverneurs de Brescia et des autres villes de redoubler de vigilance et de s'opposer par tous les moyens aux entreprises de ce genre, contraires à l'honneur et à l'intérêt de la République, qui a pour principe de vivre en paix et en amitié avec tout le monde. Quant aux enrôlements pour la France, elle les a fait défendre par cri public. Mais il y a des gens sans famille et sans bien, et qui n'ont rien à perdre; ils vont à qui leur donne de l'argent, s'engageant indifféremment au service de Sa Majesté impériale ou de Sa Majesté très chrétienne : c'est leur unique gagne-pain, et il est impossible de les en empêcher.

L'empereur a répondu :

(1) Fedeli.

« Je remercie beaucoup la Seigneurie du zèle qu'elle témoigne pour mes intérêts. J'ai la certitude que ni à Brescia ni dans le reste de la République il ne sera jamais rien entrepris à mon préjudice, mais je n'en reçois pas moins avec le plus grand plaisir la nouvelle assurance que vous m'en apportez. Je ne doute pas que les gouverneurs de Brescia et des autres villes ne se conforment aux ordres de la Seigneurie.

« J'ai été informé de plusieurs côtés, voilà déjà quelque temps, qu'un grand nombre de vos sujets s'enrôlaient au service du roi de France; mais, comme vous l'avez dit, il est impossible de les en empêcher. Je sais parfaitement d'ailleurs, pour l'avoir appris de différentes sources, que la Seigneurie l'a fait défendre par cri public et que sa volonté est qu'aucun de ses sujets ne s'engage au service de l'étranger. Mais, encore une fois, on ne saurait empêcher cela : les pauvres gens qui n'ont rien à risquer vont à celui qui les paie. »

L'empereur a ajouté de lui-même que les procédés si constamment amicaux de Sa Sérénité non seulement dans le passé, mais encore dans le présent, comme en faisaient foi les rapports qu'il recevait, ne pouvaient que le confirmer dans les sentiments qu'il avait toujours professés et qu'il professera toujours pour elle. Pour ne citer qu'un fait, don Diego ne lui avait pas laissé ignorer la ferme et loyale attitude de la République en présence des offres magnifiques que lui a faites dernièrement le cardinal de Ferrare : les plus hautes influences ni les plus pressantes sollicitations n'ont pu les lui faire accepter, et elle est restée inébranlable dans son amitié pour lui (1).

L'empereur a fini par ces mots : « Il ne me reste plus qu'à reconnaître les grandes obligations que j'ai à la République; je ne les oublierai jamais. »

Nous avons répondu conformément aux dernières instructions de Votre Sérénité.

Depuis notre dernière dépêche, le bruit s'est répandu à la cour du débarquement des 6 000 Espagnols en Flandre et de la capitulation de Luxembourg. L'occasion nous a paru favorable pour nous renseigner auprès de l'empereur. Il nous a dit que si les Espagnols n'étaient pas encore arrivés, ils ne tarderaient guère, car on les avaient vus dans la Manche (2). Sur Luxembourg, voici ses paroles :

---

(1) François Ier et Paul III voulaient engager Venise dans une ligue contre Charles-Quint; le cardinal de Ferrare était leur agent. Voy. la dépêche de Navager et de Morosini datée de Spire, le 12 avril 1544. — G. DE LEVA, *Storia documentata di Carlo V, etc.*, t. III, p. 517.

(2) En novembre 1543, l'empereur envoya lever en Espagne 4 000 gens de pied selon les uns, 6 000 selon les autres, pour remplacer les Italiens dont il était mécontent et qu'il venait de licencier (Navager, Valenciennes, le 15 novembre 1543). Il apprit à Spire, le 25 mars 1544, que les 6 000 hommes qu'il avait demandés étaient déjà prêts et qu'ils allaient s'embarquer en Biscaye pour passer en Flandre (Navager, Spire, le 29 mars 1544). Au 1er mai, aucune nouvelle encore de leur traversée (Navager, Spire, le 1er mai 1544). Enfin, vers la fin de mai, on les signale dans le Pas-de-Calais.

« S'il est vrai qu'ils aient aussi peu de vivres qu'on m'écrit, j'ai bon espoir. »

Puis il a ajouté de lui-même : « On m'annonce d'Italie que les partisans du roi de France, qui se rassemblaient à Brescia, ont passé l'Adda et que vraisemblablement ils ne tarderont pas à se dissoudre. »

Après ce long entretien, sachant l'empereur fort occupé, nous avons pris congé...

De Spire, le 27 mai 1544.

Bernardo NAVAGER.
Domenico MOROSINI.

Spire, le 30 mai 1544.

Arrivée de Paget, secrétaire du roi d'Angleterre : succès en Écosse et préparatifs contre la France. — Nouvelles de Luxembourg. — Les recrues espagnoles débarquent à Calais. — Au sujet du départ de l'empereur.

Sérénissime Prince,

... Paget, secrétaire du roi d'Angleterre, est arrivé de Londres il y a trois jours; il a fait le voyage en sept jours. Nous avons cherché à pénétrer l'objet secret de sa mission. Nous croyons savoir que, sous couleur de rendre compte à l'empereur du succès des armes anglaises en Écosse, il est chargé de l'informer que dès maintenant le roi son maître est en mesure de tenir beaucoup plus qu'il n'a promis et qu'il ne doute point que lui-même ne se mette en devoir de remplir ses engagements conformément au traité qui les lie. Il a eu une longue audience le lendemain de son arrivée et doit repartir dans deux jours, à ce qu'on dit; il est très bien vu de l'empereur qui le comble de caresses.

Le jour même de l'arrivée de Paget, un courrier est venu d'Angleterre en cinq jours. Ils s'accordent à dire que l'armée anglaise vole de victoire en victoire, brûlant et ruinant tout. Édimbourg n'a pas seulement été pris, comme nous l'avons écrit à Votre Sérénité, mais détruit de fond en comble. A ce spectacle, le cardinal d'Écosse (1) s'est enfui en s'écriant : « *Vae mihi pro te, civitas!* » Depuis on ne sait rien de lui, sinon qu'il n'a plus reparu. Une députation des

---

(1) David Beatoun, né en 1494, archevêque de Saint-Andrew's, garde des sceaux sous Jacques V, cardinal en 1538, chancelier et maître du gouvernement pendant la minorité de Marie Stuart, assassiné le 29 mai 1546 dans le château de Saint-Andrew's.

grands du royaume est allée faire des protestations au roi d'Angleterre, mais on lui a tant de fois manqué de parole qu'il ne veut plus entendre à rien. La flotte revient chargée de butin; elle a pris un grand nombre de navires écossais, deux fameux entre autres : « la Licorne » et « la Salamandre », celui-ci, don de Sa Majesté très chrétienne au roi d'Écosse à l'occasion de son mariage en France (1). Bref, ils assurent que le roi leur maître est en train de conquérir l'Écosse.

Ils ajoutent qu'il passera lui-même en France, et avec lui, comme nous l'avons annoncé à Votre Sérénité, le duc d'Alburchech *(sic)* qu'il honore de sa faveur et de sa confiance. Il s'occupe en ce moment de faire provision de vivres pour six mois : il ne veut pas que la faim le contraigne d'abandonner ses entreprises; ce travail, ardemment poursuivi, l'absorbe tout entier. Quant à son armée, ils en disent des merveilles. Elle sera aussi belle que nombreuse : plus de 50 000 hommes pleins d'ardeur et sûrs de la victoire...

Rien de nouveau du côté de Luxembourg depuis notre dernière dépêche, sinon que les Français grossissent tous les jours. Une lettre particulière qui nous a été communiquée dit qu'ils sont une vingtaine de mille hommes et de nombreux chevaux. Elle ajoute que de son côté don Fernand se renforce, grâce aux gens de pied et de cheval qui lui arrivent sans cesse, si bien que son armée comprend, elle aussi, 20 000 gens de pied et environ 2 000 chevaux. Les uns vont faire tout au monde pour secourir Luxembourg, les autres pour les en empêcher.

Les Espagnols qu'on attendait et que l'empereur nous dit avoir été signalés dans la Manche sont arrivés à Calais (2). La nouvelle est certaine : on la tient de différentes sources et en dernier lieu de quelqu'un débarqué justement à Calais.

Voici quelques détails sur leur compte. 18 navires les ont pris sur les côtes d'Espagne : 16 ont effectué la traversée; 2 avec 400 hommes ont dû rétrograder à moitié route parce qu'ils faisaient eau. Ils sont 5 000. Les Espagnols de la cour disent que ce sont de très belles troupes. Ils ont pour capitaine Velasco de Acuña, de Tolède. C'est un homme d'une cinquantaine d'années, renommé pour sa valeur et sa sagesse et rompu à la guerre pour l'avoir faite autrefois.

On n'est pas encore d'accord sur le départ de l'empereur. Les uns disent qu'il aura lieu tout au commencement du mois, les autres dans la seconde moitié. Ce qu'il y a de certain, c'est que la maison de Sa Majesté n'est pas encore payée. Peut-être l'empereur voudra-

(1) Jacques V épousa le 1er janvier 1536 Madeleine de France, troisième fille de François Ier et de Claude de France, laquelle mourut le 2 juillet 1537, et en secondes noces par procuration, le 9 mai 1538, à Châteaudun, Marie de Lorraine, fille de Claude de Lorraine, duc de Guise, et d'Antoinette de Bourbon, veuve (9 juin 1537) de Louis d'Orléans, duc de Longueville. Il s'agit ici de son premier mariage.

(2) Le 23 mai.

t-il attendre que les nouveaux Espagnols soient arrivés devant Luxembourg...

De Spire, le 30 mai 1544.

Bernardo NAVAGER.
Domenico MOROSINI.

8.

Spire, le 2 juin 1544.

Capitulation de Luxembourg. — Composition de l'armée de Gonzague. — Le roi de France fortifie sa frontière de l'est. — Le lieutenant du roi dans Luxembourg accuse de trahison le gouverneur de la province. — Barberousse et le roi de France. — Prochain départ de l'empereur. — Affaires d'Angleterre et d'Écosse.

Sérénissime Prince,

... Cavriano (1) est venu hier apporter à l'empereur la nouvelle de la reddition de Luxembourg ; don Fernand, dont il est le favori, a tenu à le charger de cet heureux message. Il a fait connaître les clauses de la capitulation. Votre Sérénité trouvera là-dessus tous les détails désirables dans la lettre que nous lui envoyons ; elle m'a été adressée à moi Bernardo par le trompette qui a été employé aux négociations ; elle est écrite dans son dialecte et de sa main (2).

Cavriano a rapporté en outre les nouvelles suivantes. L'armée de don Fernand se compose à cette heure de 10 000 lansquenets sous les ordres du comte Guillaume de Fürstenberg, de 8 000 Frisons venus avec le prince d'Orange et des vétérans espagnols au nombre de 4 à 5 000 ; elle grossit tous les jours ; on attend incessamment les recrues espagnoles débarquées à Calais ; les chevaux sont au nombre de 3 000. — D'après les rapports des espions, le roi de France est à Troyes en Champagne avec 10 à 15 000 légionnaires de cette province ; il a rassemblé en outre 3 000 paysans armés de faux, prêts à ravager le pays, si, comme il le croit, l'empereur veut pénétrer par là dans son royaume. On fortifie en toute hâte certaines petites places de cette frontière et l'on répartit entre elles les troupes qu'on avait réunies pour ravitailler Luxembourg. — Le lieutenant du roi dans

(1) Frédéric Cavriano, médecin de don Fernand.
(2) Ce trompette était un certain Bernardin, de Vérone, agent secret de l'ambassadeur, qu'il servait avec d'autant plus de zèle qu'il espérait obtenir par lui la grâce de son frère, banni par la République. Il est souvent question de lui dans la correspondance de Navager. Voy. les dépêches au Conseil des Dix, Saint-Dizier, le 30 juillet, le 2 août, etc. — Il était trompette de Fernand de Gonzague (dépêche au Conseil des Dix, Saint-Dizier, le 22 août. — Annexe I).

Luxembourg (1) déclare hautement que c'est le gouverneur de la province (2) qui l'a perdu; il n'a pas cessé depuis Pâques de lui faire espérer qu'il allait le secourir; il ne l'a pas fait à cause de la haine qu'il lui porte. Si le roi ne châtie point sa trahison, lui-même saura l'en faire repentir et en tirer raison l'épée à la main. — Telles sont les nouvelles données par Cavriano. Si elles sont vraies, Votre Sérénité sera avisée de la plupart d'entre elles par la voie de France.

En même temps qu'on recevait la nouvelle de la reddition de Luxembourg, une autre des plus extraordinaires arrivait de Rome : mécontent du roi de France, Barberousse (3) avait désarmé six de ses galères et emmené avec lui le capitaine Paulin (4) et le prieur de Capoue (5). Certains, voyant l'empereur y croire et s'en réjouir, y ajoutent foi. La plupart la regardent comme invraisemblable. Ils disent entre autres choses que le prince Doria (6) n'eût pas manqué d'expédier un exprès à l'empereur pour lui faire connaître le plus rapidement possible un fait d'une si haute importance. Votre Sérénité doit savoir mieux que personne à quoi s'en tenir. Pour nous, notre devoir est de l'informer de tout ce qui se dit ici, et sur quel fondement...

Le bruit court que l'empereur a déclaré formellement, il y a deux jours, qu'il voulait partir le 5 ou le 6 courant. Mais la diète n'est pas encore close et ne le sera, parait-il, que jeudi ou vendredi, c'est-à-dire précisément le 5 ou le 6. Certains en concluent que le départ de l'empereur pourrait bien n'avoir lieu que la semaine prochaine.

Paget n'est pas encore parti, mais ne saurait tarder.

A propos des affaires d'Angleterre, on dit que la petite héritière d'Écosse (7), les grands et le cardinal se sont réfugiés dans la partie montagneuse du royaume. Le roi d'Angleterre a fait mettre à feu

(1) M. d'Estoges ou Estauges.

(2) M. de Longueval, lieutenant du gouverneur de Champagne.

(3) Khair-ed-Din (Barberousse chez les chrétiens), fils d'un renégat albanais, né vers 1465, roi d'Alger sous la suzeraineté du sultan après la mort de son frère Aroudj (1518), capitan-pacha en 1534, mort à Constantinople en 1546.

(4) R. Escalin (c'est ainsi qu'il signe toujours), baron de la Garde, dit le capitaine Poulin, Polin ou Paulin, lieutenant général des galères le 23 avril 1544, destitué en juin 1547, réintégré en 1551, remplacé en 1557, rétabli dans sa charge en 1566, mort en mai 1578. BRANTÔME, t. IV, p. 139.

(5) Léon Strozzi, frère de Pierre Strozzi, chevalier de Malte, prieur de Capoue, général des galères, né en 1515, quitta le service de la France en 1551, y rentra en 1554, fut mortellement blessé en reconnaissant Scarlino, à quatre lieues de Piombino (Toscane). BRANTÔME, t. IV p. 120, et *passim*.

(6) André Doria, prince de Melfi et marquis de Tursi, né à Oneille le 30 novembre 1466, passa du service de la France à celui de l'Empire en 1528, « et, tant qu'il le servit, le roy estoit maistre de la mer, aussi bien que l'empereur despuis », — mort le 25 novembre 1560. BRANTÔME, t. II, p. 29, et *passim*.

(7) Marie Stuart, fille de Jacques V et de Marie de Lorraine, née à Linlithgow (Écosse) le 5 décembre 1542, morte sur l'échafaud à Fotheringay le 18 février 1587.

une soixantaine de lieues de pays ennemi dans la partie plate et riche ; il a fait ravager de même une bande de sa propre frontière : il espère que, ruinés et affamés, les Ecossais se tiendront tranquilles et ne lui causeront pas d'embarras pendant qu'il sera occupé à la guerre de France...

De Spire, le 2 juin 1544.

Bernardo NAVAGER.
Domenico MOROSINI.

9.

Spire, le 3 juin 1544.

Les deux ambassadeurs félicitent M. de Granvelle au sujet de la reddition de Luxembourg.

Sérénissime Prince,

... Après avoir de nouveau remercié M. de Granvelle dans les termes qui nous ont paru les plus conformes à l'intérêt de la République, nous lui avons dit que Votre Sérénité avait été extrêmement heureuse de la reddition de Luxembourg, comme d'ailleurs elle le serait toujours des succès de l'empereur. Il nous a répondu : « Ceci n'est rien auprès de ce qui va suivre; tout marche à souhait et semble conspirer au triomphe de Sa Majesté ». Nous lui avons ensuite demandé quand aurait lieu le départ : « Je crois, nous a-t-il dit, que tout sera terminé à la fin de la semaine »...

De Spire, le 3 juin 1544.

Bernardo NAVAGER.
Domenico MOROSINI.

10.

Spire, le 5 juin 1544.

Complimenté par les deux ambassadeurs sur la reddition de Luxembourg, l'empereur leur fait des protestations d'amitié pour la République. — Traité entre l'empereur et le roi de Danemark. — Envoi d'une copie de l'état de l'armée impériale. — Les deux ambassadeurs vont se séparer pour suivre l'un le roi des Romains et l'autre l'empereur.

Sérénissime Prince,

... La nouvelle de la reddition de Luxembourg a été agréable à toute la cour, mais elle a causé à l'empereur une joie extrême. Nous avons cru devoir lui faire compliment sur cette heureuse entrée en campagne. Il nous a répondu d'un air plus gai qu'à l'ordinaire que nous avions bien raison d'applaudir à ses succès, car la République n'avait pas de meilleur ami que lui. Il a ajouté : « On cherche à m'inspirer des soupçons envers la Seigneurie. Eh bien! je vous le déclare, si éclatantes et décisives que puissent être mes victoires, jamais je ne changerai de sentiments pour elle : mon amitié lui est inébranlablement acquise. Plus je serai grand et puissant, plus la République me sera chère... »

Comme nous l'avons écrit à Votre Sérénité, les différends entre l'empereur et le roi de Danemark sont arrangés. L'accord est tenu secret, mais on en connait les clauses suivantes. Le roi prisonnier, beau-frère de l'empereur, sera rendu à la liberté et pensionné comme il convient à son rang (1). Si le roi régnant ne laisse pas d'enfant mâle, la couronne sera dévolue à la fille du roi prisonnier, femme du comte palatin, ou à ses fils. Le roi paiera pendant trois ans à l'empereur la somme nécessaire à l'entretien de 6 000 gens de pied selon les uns, de 12 000 suivant les autres. Il garantit au commerce flamand le libre accès de la Baltique (2). Il rompra toute alliance avec le roi de France ou autre ennemi quelconque de l'empereur...

Nous joignons à cette dépêche une copie de l'état de l'armée impériale (3) : gens de pied, chevaux et munitions.

Leurs Majestés impériale et royale partant samedi, moi Domenico je suivrai le roi des Romains dès dimanche afin d'avoir de meilleurs logements. Je ferai rapidement le voyage pour reprendre le plus tôt possible ma correspondance régulière avec Votre Sérénité. Moi Bernardo je partirai deux ou trois jours après l'empereur avec les autres ambassadeurs d'Italie. Je m'efforcerai de tenir Votre Sérénité au courant des événements en lui écrivant le plus souvent que je pour-

---

(1) Christian II, fils de Jean, élu roi en 1513 à la mort de son père, — beau-frère de Charles-Quint par son mariage avec Isabelle d'Autriche, sœur de ce dernier, — détrôné en 1523 et remplacé par son oncle Frédéric Ier, — vaincu et enfermé par celui-ci au château de Sonderburg, dans l'île d'Alsen, où il mourut en 1559. A la mort de Frédéric Ier le 10 avril 1533, Charles-Quint tenta de mettre la main sur le Danemark en faisant nommer roi le comte palatin Frédéric qui lui était entièrement dévoué et qu'il voulait marier avec sa nièce Dorothée, fille aînée de Christian II et d'Isabelle (ce mariage eut lieu plus tard, le 9 septembre 1535); mais il échoua dans son projet : les états élurent le 4 août 1534 Christian III, fils aîné de Frédéric Ier. L'empereur conclut d'abord avec le nouveau roi une trêve de trois ans à Bruxelles le 3 mai 1537 et enfin la paix à Spire le 23 mai 1544. — Si la clause relative au prisonnier de Sonderburg, dont parle notre ambassadeur, fut réellement stipulée dans le traité, Christian III n'en tint aucun compte. DE LEVA, *Storia documentata di Carlo V*, etc., t. III, p. 496, et *passim*.

(2) La ligue hanséatique prétendait interdire l'entrée de la Baltique au commerce des Pays-Bas.

(3) Cet état n'a pas été retrouvé.

rai; mais, d'après ce que j'entends, les occasions vont devenir plus rares. Toute personne que je saurai venir de ces côtés, je la chargerai de mes dépêches. Si malgré cela le sénat trouve ma correspondance trop lente, je le supplie de n'en accuser que la difficulté des communications.

De Spire, le 5 juin 1544.

Bernardo NAVAGER.
Domenico MOROSINI.

11.

Spire, le 5 juin 1544.

Opinion de Gastaldo sur la paix.

Sérénissime Prince,

... Jean-Baptiste Gastaldo est un homme considérable et tenu en haute estime à la cour. Comme nous causions avec lui de choses et d'autres, il nous a dit que, sans cette malheureuse défaite de Piémont (1), la paix serait à cette heure rétablie entre les deux princes. L'empereur n'y était point opposé. Aujourd'hui il ne saurait traiter : il aurait l'air d'avoir peur. Voilà son opinion. Votre Sérénité, dans sa sagesse, appréciera ce qu'elle vaut...

De Spire, le 5 juin 1544.

Bernardo NAVAGER.
Demenico MOROSINI.

12.

Spire, le 9 juin 1544.

*L'empereur part demain. — Évacuation de Luxembourg;
nouvelles venues de ce côté.*

Sérénissime Prince,

L'empereur, qui nous avait dit vouloir partir vendredi ou samedi, n'est pas encore parti aujourd'hui lundi. On assure qu'il partira demain sans faute et prendra la route de Metz avec 1 500 à 2 000 gens de pied. Toutefois, à l'heure qu'il est, le recez de la diète n'est pas encore publié.

(1) La défaite de Cerisoles.

Luxembourg a été remis à don Fernand conformément aux termes de la capitulation. C'est à peine si pendant le délai accordé aux assiégés l'on a vu 400 chevaux français, qui, après s'être montrés, ont tourné bride aussitôt et ont bien fait : car don Fernand avait par deux routes différentes lancé sur eux un millier de chevaux contre lesquels il leur eût été difficile de se défendre. Les nouvelles disent qu'on a trouvé dans la place 70 pièces d'artillerie et une grande quantité de munitions. Les assiégés mouraient de faim ; ils ont demandé à évacuer la ville un jour plus tôt ; l'armée impériale a dû nourrir ceux qui étaient restés. Malgré toutes les diligences qu'on avait faites pour connaître les préparatifs du roi de France, on ne savait rien, sinon que son grand moyen de défense consisterait à ravager le pays pour affamer l'ennemi. On ne signalait de troupes nulle part. Si bien que don Fernand allait marcher droit vers la France.

De Spire, le 9 juin 1544.

Bernardo NAVAGER.
Domenico MOROSINI.

13.

Spire, le 9 juin 1544.

Le roi d'Angleterre, le roi de France et l'empereur.

Sérénissime Prince,

Le nonce accrédité auprès de l'empereur m'a donné les nouvelles suivantes, qu'il m'a dit tenir de la meilleure source.

Le roi d'Angleterre a écrit dernièrement à l'empereur. S'il ne passe pas lui-même en France, ce sera uniquement parce que son absence lui paraîtra dangereuse pour la sûreté de son royaume. Le roi de France l'a pressé et le presse encore de s'entendre avec lui. Il lui offre l'Ecosse ; il lui rappelle les injures qu'il a autrefois prodiguées à l'empereur ; il lui fait observer qu'il est imprudent de travailler à l'agrandissement d'un prince dont la puissance peut devenir un grave péril pour lui ; il lui parle de sa récente victoire en Piémont (1), qui l'a presque rendu maître de l'Italie. Le roi d'Angleterre lui a répondu que si l'empereur était aussi fort qu'il le disait, il n'eût pas été battu, et encore moins, pour une bataille perdue, eût-il perdu l'Italie. Du reste, c'est précisément parce que l'empereur vient d'essuyer une défaite qu'il juge opportun de le secourir. Quant à l'offre qu'il lui fait de l'Ecosse, c'est lui offrir ce qui déjà

(1) La victoire de Cerisoles.

est presque à lui. Toujours d'après le nonce, le roi d'Angleterre disait en terminant qu'il serait heureux de voir les deux souverains se mettre d'accord et conclure la paix.

Ces nouvelles nous ont paru assez intéressantes pour être transmises à Votre Sérénité.

De Spire, le 9 juin 1544.

Bernardo NAVAGER.
Domenico MOROSINI.

14.

Spire, le 9 juin 1544.

Divisions dans la diète. — Nombre de pièces d'artillerie trouvées dans Luxembourg. — Marche de Gonzague vers la France.

Sérénissime Prince,

Comme nous avons le temps, nous en profitons pour ajouter ces quelques lignes.

Le recez n'a pu être publié ce matin. La diète s'est trouvée si profondément divisée qu'on a cru que tout allait être remis en question. Les protestants ne voulaient rien rabattre de leurs prétentions; certaines restrictions que les catholiques demandaient qu'on mît dans le recez les exaspéraient. Enfin on est arrivé, paraît-il, à faire entendre raison aux uns et aux autres. Il reste quelques points à régler; on s'est réuni après dîner pour les discuter. Voici qu'il est 22 heures (1). On n'est nullement certain que le recez soit terminé ce soir. Dans ce cas on ne croit pas que l'empereur et son frère le roi des Romains partent demain. S'ils partaient et qu'il surgît de nouvelles difficultés, les choses pourraient tourner autrement qu'ils ne le désirent. On sera fixé d'un moment à l'autre. Nous nous tenons prêts à aviser Votre Sérénité.

Le nombre des pièces d'artillerie trouvées dans Luxembourg n'est pas de 70, comme nous l'avons écrit, mais de 41.

Don Fernand se dirige du côté de (2)..., ville de Lorraine, située à 14 lieues de Luxembourg.

De Spire, le 9 juin 1544.

Bernardo NAVAGER.
Domenico MOROSINI.

---

(1) Six heures de l'après-midi.
(2) Le mot manque. Probablement Toul, d'après la dépêche de Francesco d'Este, datée de Luxembourg, le 6 juin 1544.

15.

Spire, le 10 juin 1544.

Publication du recez. — Départ pour Metz.

Sérénissime Prince,

Me voici chez le nonce, prêt à partir pour Metz en compagnie des autres ambassadeurs d'Italie. Je trouve à point un messager pour annoncer à Votre Sérénité que le recez a été publié d'un consentement unanime; l'empereur et le roi des Romains ont assisté à la cérémonie. L'empereur monte à cheval à l'instant même pour se rendre à Metz. Je pars aussi, mais par un autre chemin. J'ai tenu d'abord à écrire à Votre Sérénité. Mon collègue Morosini lui expédiera la copie du recez.

De Spire, le 10 juin 1544.

Bernardo NAVAGER.

16.

Metz, le 18 juin 1544.

Arrivée à Metz. — Envoi de la copie du recez. — Accusé de réception de trois lettres du doge. — Le roi de France, Venise et l'empereur. — Prise de Commercy et siège de Ligny. — Capture d'un racoleur allemand du roi de France. — Mort du duc de Lorraine.

Sérénissime Prince,

Le 10 de ce mois, jour où l'empereur quitta Spire, j'écrivis à Votre Sérénité, prêt à partir et déjà à cheval, pour lui annoncer la publication du recez qui avait eu lieu le matin même et le départ de Sa Majesté pour Metz. Je priai en même temps mon collègue Morosini de vouloir bien se charger d'envoyer à Votre Sérénité la copie du recez, lequel, par parenthèse, est entièrement conforme à nos prévisions. Il me parait donc superflu de le faire moi-même; je ne doute pas en effet qu'il ne s'acquitte de ce soin avec le zèle et la ponctualité qu'il apporte en toutes choses. Il le pourra d'ailleurs beaucoup plus facilement que moi, car il a maintenant toutes sortes de commodités d'envoi que je n'ai pas ici.

Parti de Spire par un autre chemin que l'empereur, je suis arrivé à Metz hier 17; Sa Majesté était arrivée la veille. J'ai trouvé ici trois lettres de Votre Sérénité : la première, du 24 du mois dernier, a

trait aux marchandises enlevées à Alvise Foscarini par les frégates (1);
la seconde, du 31 du même mois, est relative à la réponse faite au
cardinal de Ferrare; la troisième enfin, du 2 courant, renferme la
lettre de Fedeli, secrétaire résident à Milan.

Je sors à l'instant même de chez l'empereur. Je lui ai dit que
Votre Sérénité m'avait chargé de lui faire part de la réponse du
sénat au cardinal de Ferrare pour qu'il pût juger de la foi que l'on
a dans sa bienveillance et son amitié pour la République, comme
aussi des respectueux sentiments que l'on professe à son égard. J'ai
ajouté que le cardinal de Ferrare était venu solliciter Votre Sérénité
de se liguer avec le roi de France et que Votre Sérénité lui avait
répondu qu'elle était trop pénétrée des périls et des maux de toutes
sortes que la guerre déchaine sur la chrétienté pour qu'elle ait
d'autre désir que de continuer à vivre en paix et en amitié avec tout
le monde sans épouser la cause de personne.

L'empereur a répondu : « Je remercie sincèrement la République
de son inébranlable fidélité. La nouvelle preuve qu'elle vient de m'en
donner m'est infiniment agréable; j'y suis d'autant plus sensible
qu'on n'a rien négligé, je le sais, pour la détacher de moi. Les amis
que ni l'adversité ni les offres les plus séduisantes n'ont pu nous
aliéner méritent qu'on se souvienne d'eux dans les jours heureux.
Croyez-moi, plus je serai puissant, plus je saurai reconnaître l'inaltérable attachement de la République. Savez-vous pourquoi ma dernière victoire en Piémont m'a causé tant de joie (2)? C'est parce que
les succès de mes armes, qui, je l'espère, iront toujours croissant, me
permettront de récompenser mes vrais amis. »

Revenant encore sur sa reconnaissance, il a déclaré qu'il ne laisserait passer aucune occasion de contribuer à la grandeur de la République; il s'est étendu là-dessus plus qu'il n'en a l'habitude et
paraissait si rempli de son sujet qu'il avait de la peine à finir.

J'ai répondu du mieux que j'ai pu à tant d'aimables paroles. J'ai
dit que quoi qu'on pût dire ou écrire des sentiments de Votre Sérénité pour lui, il pouvait s'en promettre encore davantage.

(1) Il est question dans quatre dépêches (18, 22, 26 et 30 juin) de ces marchandises enlevées « au magnifique messire Alvise Foscarini ». Sur l'ordre du
doge, l'ambassadeur parle de cette affaire à M. de Granvelle et obtient une lettre
impériale prescrivant la restitution des marchandises et la punition des voleurs
(ladroni). Il prie en outre don Ferdinand d'Aragon d'écrire à son frère, président
de Sicile, et paraît faire plus de fond sur cette lettre que sur celle de l'empereur.
Il suit de là, ce semble, que la piraterie avait été commise dans les eaux sici-
liennes. — Deux Foscarini figurent dans le fameux procès des révélateurs
(1542), qui troubla si profondément Venise et perdit Guillaume Pellicier, ambassadeur de France : Marco Foscarini, sénateur, et Sebastiano Foscarini,
membre du Conseil des Dix. Jean ZELLER, *la Diplomatie française* (1539-
1542). Paris, 1880.

(2) Victoire remportée par les Impériaux sur Pierre Strozzi au passage de la
Scrivia à Serravalle, à cinq lieues de Tortone.

Je lui ai communiqué ensuite les nouvelles de Constantinople ; il en a pris occasion pour remercier de nouveau Votre Sérénité.

Puis il m'a dit : « Je compte partir dans 4 ou 5 jours. Je partirais volontiers plus tôt, mais mon artillerie est encore à 10 lieues d'ici. Au reste, on ne perd pas le temps. Don Fernand a pris Commercy (1) et il assiége Ligny ; j'espère qu'il ne tardera pas à s'en rendre maître ».

Je tiens de source privée que Commercy a été emporté d'assaut et qu'il y a eu 100 tués. On ne pouvait le laisser derrière soi ; il eût gêné le ravitaillement de l'armée. Ligny est considéré comme plus fort ; sa garnison est plus nombreuse et meilleure. Gastaldo écrit que le capitaine corse San Pietro se trouve dans la place.

L'empereur m'a appris enfin qu'on venait de prendre un capitaine allemand qui faisait des recrues en Allemagne pour le compte du roi de France (2). On l'a conduit ici à Metz et l'on va en faire prompte et sévère justice.

Je n'ai pu encore entretenir M. de Granvelle des marchandises enlevées à Alvise Foscarini. Comme je me promenais dans l'antichambre impériale en attendant d'avoir audience, il est sorti du cabinet de l'empereur, s'est approché de moi et m'a dit à l'oreille : « La Seigneurie a fait preuve de sagesse et Sa Majesté lui en sait bon gré. » Là-dessus il s'est éclipsé sans attendre ma réponse. Je tâcherai de me rencontrer avec lui pour exécuter la commission que Votre Sérénité me donne dans sa lettre du 24.

Je ne veux pas laisser ignorer à Votre Sérénité un mot de l'empereur que m'a rapporté aujourd'hui l'ambassadeur de Florence. Sa Majesté l'a reçu après moi et lui a manisfesté sa joie de sa victoire en Piémont et de la réponse du sénat au cardinal de Ferrare. Elle lui a dit à ce propos : « La réponse m'est d'autant plus agréable qu'elle a été faite avant la victoire. »

Le duc de Lorraine (3) est mort le 14 de ce mois et la santé de son fils (4) laisse, paraît-il, beaucoup à désirer. On dit que cette mort arrive fort à propos pour l'empereur. Le fils et successeur du duc est son neveu (5). S'il meurt à son tour, il laisse un enfant de deux ans (6), et la mère ne voudra dépendre que de l'empereur, son oncle.

De Metz, le 18 juin 1544.

Bernardo NAVAGER.

---

(1) Le 15 juin.
(2) Le comte de Beckingen.
(3) Antoine le Bon.
(4) François Ier.
(5) Par sa femme Chrétienne de Danemark, fille de Christiern ou Christian II et d'Isabelle ou Élisabeth d'Autriche, sœur de Charles-Quint. Veuve en 1535 de François Sforza, duc de Milan, elle épousa en 1540 François Ier, duc de Lorraine (mort le 12 juin 1545) et mourut le 10 décembre 1590. BRANTÔME, t. IX, p. 624.
(6) Charles II, duc de Lorraine et de Bar, fils de François Ier et de Chrétienne de Danemark, né le 15 février 1543, mort le 14 mai 1608. *Ibid.*

17.

Metz, le 18 juin 1544.

Commercy et Ligny. — Le recruteur allemand du roi de France. — La victoire des troupes impériales en Piémont. — Les forces anglaises.

Sérénissime Prince,

Le courrier est parti à midi, c'est-à-dire plus tôt qu'on ne s'y attendait. Plusieurs n'ont pas eu le temps d'écrire, entre autres le nonce, qui se décide à expédier ce soir un exprès. Je vais en profiter pour envoyer le double de ma dépêche de ce matin et ajouter quelques nouveaux détails.

Commercy, qui s'était rendu à discrétion, a été réduit en cendres. La garnison n'a pas été passée au fil de l'épée, mais entièrement dépouillée; tout du reste a été mis à sac.

Il y a dans Ligny 400 Italiens de Strozzi, un millier de Français et 100 hommes d'armes. Mon trompette (1) m'informe que la place est très forte et que les assiégés paraissent résolus à se bien défendre. Quant à la présence du capitaine corse San Pietro, il n'y a jusqu'ici que Gastaldo qui l'ait signalée.

Le recruteur allemand (2) du roi de France dont m'a parlé l'empereur est homme de condition, parent du landgrave (3) et riche de 10 à 15 000 florins de revenu. Il était chargé de lever 20 enseignes allemandes et de promettre 6 écus par mois et par tête.

La victoire remportée en Italie le 4 courant (4) a causé ici d'autant plus de joie qu'elle était inespérée. On l'amplifie à plaisir. On raconte que 60 enseignes ont été faites prisonnières et tous leurs capitaines tués ou pris; seul Pierre Strozzi a pu s'enfuir et en a été quitte pour deux coups d'arquebuse. On s'attend à recevoir d'un jour à l'autre la nouvelle d'un succès plus décisif : la défaite des troupes qui investissent Carignan si elles ne s'empressent de lever le siège. Devant cet enthousiasme de la cour, j'ai cru devoir ce matin complimenter l'empereur sur cette victoire. Il s'est montré fort touché de l'attention et m'a dit qu'il ne saurait plus douter désormais que Votre Sérénité ne prenne part à tout ce qui lui arrive d'heureux ou de malheureux. Il m'a répété encore une fois qu'elle avait bien raison d'ailleurs de se réjouir de ses succès : car plus il sera puissant, plus

(1) Bernardin de Vérone.
(2) Le comte de Beckingen.
(3) Philippe, landgrave de Hesse.
(4) D'après du BELLAY, p. 539, la défaite de Pierre Strozzi à Serravalle eut lieu douze jours avant la reddition de Carignan, c'est-à-dire le 8 juin, Carignan s'étant rendu le 20.

il sera en mesure de servir la République. Tout cela m'est échappé de la mémoire ce matin, pressé que j'étais par le temps et craignant de manquer le courrier; je tiens à réparer cet oubli.

Ce qui fait encore qu'on est si heureux de cette victoire, c'est qu'elle prive le roi de France d'un renfort considérable : on avait été avisé en effet que les troupes qu'on vient de battre allaient passer en France pour courir à la défense du royaume. On va donc se mettre en campagne avec plus d'ardeur et de confiance que jamais, dans l'opinion où l'on est que l'on ne rencontrera guère de résistance. Les sages, il est vrai, se montrent moins optimistes; la question des vivres leur parait grosse de difficultés et fort capable de traverser les desseins de l'empereur.

Je tâcherai par tous les moyens possibles de tenir Votre Sérénité au courant des événements à mesure qu'ils se produiront. Pour le moment il ne me reste plus rien à dire, sinon que, d'après le bruit de la cour, l'armée du roi d'Angleterre ne sera pas aussi forte qu'on l'avait prétendu jusqu'ici.

De Metz le 18 juin 1544 (retenue jusqu'au 19).

Bernardo NAVAGER.

18.

Metz, le 22 juin 1544.

Le nouveau duc de Lorraine. — Gonzague manque d'argent; envoi des Fugger. — Causes qui retiennent l'empereur à Metz. Le roi d'Angleterre. — L'empereur fait grâce de la vie au comte de Beckingen, recruteur du roi de France. — Le marquis del Guasto marche sur Carignan. — Le comte de Landriano réclame de l'argent pour les troupes du Milanais. — Arrivée de Camille Colonna. — Ordre de restituer les marchandises à Alvise Foscarini. — Affaire de Castiglione. — Cherté de la vie à Metz.

Sérénissime Prince,

J'ai écrit le 18 par deux voies différentes et depuis il ne s'est rien passé d'important. Je n'ai donc pas grand'chose à dire à Votre Sérénité, mais je ne veux perdre aucune occasion de lui écrire.

Le nouveau duc de Lorraine (1), fils du feu duc (2) et neveu de Sa Majesté, qu'on disait maladif, se porte à merveille. Il est, parait-il, entièrement dévoué à l'empereur, non seulement à cause de l'étroite

(1) François Ier.
(2) Antoine le Bon.

parenté qui l'unit à lui, mais par affection et de son gré. Il passe pour avare, en cela fort différent de son père qui, trop libéral, était d'ordinaire court de finance.

L'armée, qui devait marcher sur Ligny, n'a pas encore bougé, n'étant pas payée. Heureusement il est arrivé 200 000 écus des 600 000 qu'au taux annuel de 14 pour 100 les Fugger (1) ont prêtés pour deux ans à l'empereur sur les revenus d'Espagne; elle touchera aujourd'hui un mois de solde et se dirigera demain sur Ligny, situé a 4 lieues de l'endroit où elle se trouve (2) et à 14 lieues de Metz.

L'empereur restera ici plus longtemps qu'on ne pensait. Parmi les causes qui l'y retiennent à son grand désespoir, il y a d'abord le manque d'argent. Les Fugger n'ont encore envoyé que les 200 000 écus dont je viens de parler. L'Empire devait faire un premier versement le 1ᵉʳ juin; on ne l'espère plus que pour le commencement de l'autre mois. Ce ne sera qu'à ce moment non plus que la Flandre, taxée à 150 000 ducats par mois, s'acquittera pour juillet. On attend ensuite les recrues espagnoles qui, à ce qu'on dit, ne peuvent être ici avant la fin du mois. Enfin toute l'artillerie n'est pas encore arrivée. D'autres parlent en outre de l'extrême difficulté que l'on éprouve à réunir les vivres nécessaires à l'armée. Ce retard, quelle qu'en soit la cause, est considéré comme aussi préjudiciable à l'empereur qu'utile au roi de France. L'empereur le sent mieux que personne et il se tourmente de ne pouvoir faire autrement. Il est rare que les choses arrivent comme on se l'était figuré et les plans les plus sagement combinés rencontrent toujours quelque obstacle imprévu.

On est devenu beaucoup plus froid sur le compte du roi d'Angleterre. M. d'Arras a laissé entendre qu'il ne viendrait pas en France; j'ai écrit le 7 mai que tel était l'avis de don Fernand. Ses partisans assurent que son armée sera aussi nombreuse qu'on l'a dit d'abord. J'apprends d'autre part que si elle est forte de 20 000 hommes de pied, ce sera beaucoup. On verra bientôt.

J'ai écrit le 18 à Votre Sérénité que l'empereur m'avait dit qu'on venait d'arrêter un recruteur allemand du roi de France et qu'il voulait en faire un exemple. On l'avait condamné à avoir la tête tranchée. Hier toute la cour se trouvait réunie pour assister au spectacle quand l'empereur lui fit grâce. On dit publiquement qu'il a cédé aux instances de son neveu l'archiduc Maximilien. Mais le coupable était parent du landgrave et par conséquent du duc Maurice de Saxe, gendre du landgrave, et qui commande ici 1 000 chevaux allemands; d'autre part sa femme était la fille d'une sœur du comte Guillaume de Fürstenberg, c'est-à-dire sa propre nièce, et un tel oncle, l'un des principaux chefs de l'armée impériale, méritait à

(1) Célèbres banquiers d'Augsbourg. Bayle leur a consacré un article. — Antoine Fugger (1493-1560) était alors le chef de la maison.
(2) Capilupo, dépêche de Metz, 18 juin, nomme cet endroit « Sazi ». Peut-être Saulx (-en-Barrois).

cette heure plus d'égards qu'à l'ordinaire : ces circonstances ont surtout contribué à fléchir l'empereur. Il n'eût pas été l'habile politique qu'il est s'il fût resté sourd en ce moment aux prières de si hauts et puissants seigneurs qui intercédaient et faisaient intercéder pour leur parent. Le comte de Beckingen, c'est le nom du personnage, a été mis en liberté, à condition d'aller servir en Hongrie avec ses hommes et à ses frais, comme du reste il s'était engagé à le faire pour sa Majesté très chrétienne. On trouva sur lui, quand on le prit, 8 000 écus du roi de France ; il va sans dire qu'on ne lui rendra pas son argent. Sa femme a remué ciel et terre pour le tirer d'affaire. Elle a réduit tous les grands de la cour à solliciter sa grâce. Elle-même a vu plusieurs fois l'empereur et a fini par lui arracher la vie de son mari. Toute la cour assista hier au départ du comte.

Les dernières nouvelles d'Italie sont du 13. Le marquis del Guasto avait reçu 50 000 écus de Giovanni de Marino, marchand génois résidant à Milan ; il avait payé ses troupes et marchait sur Carignan. Si j'enregistre ces faits, c'est uniquement pour que Votre Sérénité puisse se rendre compte de ce que l'on sait ici des affaires d'Italie.

Le comte de Landriano (1), qui est venu demander de l'argent pour l'armée d'Italie, me disait aujourd'hui qu'il n'aurait jamais cru rester si longtemps ; il est toujours à attendre une réponse qui n'arrive jamais. « Dieu veuille, a-t-il ajouté, qu'elle ne ressemble pas à toutes les autres, qui n'ont été que de vaines promesses ! » A ce propos, je tiens de bonne source que M. de Granvelle a dit qu'il avait l'intention de procurer de l'argent au marquis del Guasto pour le mettre en état de poursuivre ses succès. Dans le cours de la conversation, le comte de Landriano m'a raconté que dernièrement, je ne sais à quelle occasion, l'empereur a témoigné tant de satisfaction de Votre Sérénité et tant de confiance en elle qu'on ne saurait rien désirer davantage.

Le seigneur Camille Coloma est arrivé il y a quelques jours ; il n'a pas encore d'emploi pour la campagne.

M. de Granvelle a consenti de fort bonne grâce à faire faire une lettre pour ordonner que les marchandises soient restituées à Alvise Foscarini et les voleurs punis ; elle n'attend plus que la signature de l'empereur. Si on me la remet à temps, je l'expédierai avec cette dépêche ; sinon, je la joindrai à mon premier envoi.

J'ai reçu le 20 la lettre que Votre Sérénité a bien voulu m'écrire le 5 de ce mois au sujet de la possession de Castiglione (2). J'aborderai

---

(1) François, comte de Landriano, d'une ancienne famille milanaise, conseiller militaire de Charles-Quint, conseiller militaire, conseiller d'État et président du royaume de Sicile sous Philippe II, mort en 1570.

(2) Francesco Sforza, le dernier de sa famille qui ait régné sur Milan (1522-1535), avait donné Castiglione aux Vénitiens. Ils ne la possédèrent que d'une manière assez précaire, les agents impériaux de Milan continuant à la considérer comme faisant partie du Milanais : de là pour Venise des difficultés sans cesse renaissantes. Le fisc milanais alla même jusqu'à prétendre lever l'impôt à Casti-

cette affaire au moment et de la manière qui me paraîtront les plus favorables à sa réussite. Je ne dois pas laisser ignorer à Votre Sérénité que depuis la réponse à l'intimation, il ne m'a été fait aucune autre communication.

La vie est infiniment plus chère à Metz que partout où j'ai été jusqu'à présent, et Dieu sait cependant s'il m'en a toujours coûté gros; à peine m'en croirait-on si je le disais. Mais si lourdes qu'aient été pour ma bourse et pour ma santé les dépenses et les fatigues que j'ai supportées depuis le jour où je pris congé de Votre Sérénité, cela n'est rien auprès de ce qui m'attend. Je suis loin de m'en plaindre : pourrais-je sacrifier ma fortune et ma vie pour une plus noble cause que le service de l'État?

Je me proposais d'envoyer ma seconde dépêche du 18 par un exprès que le nonce devait expédier ce jour-là; cet exprès n'étant pas parti, je la joins à celle-ci.

De Metz, le 22 juin 1544.

Bernardo NAVAGER.

19.

Metz, le 26 juin 1544.

Préparatifs de guerre du duc de Brunswick. — Le roi d'Angleterre et les lansquenets; ce qu'on dit de lui à la cour et ce que déclare son ambassadeur; incursion en Écosse des troupes anglaises de la frontière. — Siège de Ligny; la place est forte et munie. — L'empereur attend son artillerie et les Espagnols. — L'ordre pour la restitution des marchandises à Alvise Foscarini est à la signature. Combinaisons financières pour le paiement des troupes du Milanais. — Arrivée du duc de Lorraine. — Rareté d'occasions pour l'Italie.

Sérénissime Prince,

J'écrivis le 18 deux dépêches dont la première seule put partir; je joins la seconde à cet envoi avec le double de la première. J'y joins aussi celle du 22, que je ne trouvais pas davantage l'occasion d'expédier.

Le duc de Brunswick avait quitté Spire sans prendre congé de l'empereur. Il était fort mécontent : il avait vu sa plainte renvoyée avec toutes les autres à la prochaine diète. Outre que son droit lui paraissait incontestable, il avait rendu de signalés services dans la

glione. On voit en effet, en 1546, Alvise Mocenigo, ambassadeur de Venise auprès de Charles-Quint, réclamer contre cette prétention et obtenir gain de cause. *Venetianische Depeschen vom Kaiserhofe*, t. 1er, p. 622.

dernière guerre contre le duc de Clèves (1) et le roi de France : l'empereur lui devait, pensait-il, de statuer sur son cas, toute affaire cessante, et de le remettre immédiatement en possession de ses États. Le bruit a couru ces jours-ci qu'il avait déjà levé de nombreux chevaux, et qu'il se disposait à prendre à sa solde la plus grande partie des gens de pied que le roi de Danemark (2) allait licencier à la suite de son récent accord avec l'empereur; son but serait de se jeter sur les États de son ennemi le duc de Saxe (3). Mais un personnage des plus autorisés m'a déclaré hier qu'à son avis le duc n'en ferait rien. Il se fondait sur les raisons suivantes. Le duc fera réflexion qu'il est plus aisé de prendre les armes que de les déposer et que, si la guerre se prolonge, les plus prévoyants manquent d'argent. Il ne saurait lui échapper non plus que l'empereur a donné sa sanction au recez de Spire et que ce recez, en une de ses dispositions, porte que toutes choses demeureront en état jusqu'à la nouvelle diète : attenter à l'ordre existant, c'est donc forcer l'empereur à venger son autorité méconnue et à punir l'auteur de l'attentat. Le personnage en question ne disconvenait pas d'ailleurs que si le duc, malgré tout, confiant dans ses ressources financières et ne tenant aucun compte de la volonté impériale, s'obstinait en aveugle à tenter la fortune, il jetterait l'empereur dans le plus grand embarras : attaqués, le duc de Saxe et le landgrave accuseraient l'empereur de leur avoir manqué de parole en ne faisant point respecter leurs États, lui refuseraient leurs subsides pour la guerre contre la France et mettraient toute l'Allemagne sens dessus dessous.

On parle diversement des affaires d'Angleterre; je dirai ce que j'en sais et de qui je le tiens, laissant à Votre Sérénité le soin d'apprécier. Monfalconetto (4), majordome de l'empereur et, comme il ne quitte guère la chambre de Sa Majesté, son confident de tous les instants, nous a donné au nonce, à l'ambassadeur de Florence et à moi la nouvelle suivante. Les 4 000 lansquenets, levés pour le compte du roi d'Angleterre et, comme je l'ai écrit à son heure, destinés à servir sous les ordres de M. de Büren (5), sont en désaccord avec le roi au

(1) Guillaume, fils de Jean III († 6 février 1539) et de Marie de Juliers, né en 1516, duc de 1539 à 1566, mort en 1592. — Guillaume, quoique vassal de l'Empire, s'était allié à la France, avait envahi les Pays-Bas, conquis la Gueldre et poussé jusqu'aux portes d'Anvers. Charles-Quint marcha contre lui, prit d'assaut, saccagea et brûla Düren dans le duché de Juliers le 26 août 1543. Réduit à l'extrémité et abandonné de François Ier, Guillaume, accompagné du duc de Brunswick et du coadjuteur de l'archevêque de Cologne, alla se jeter aux pieds de l'empereur qui lui imposa le traité de Vanloo (7 septembre 1543) et lui laissa les duchés de Clèves et de Juliers.
(2) Christian III.
(3) Jean-Frédéric le Magnanime, électeur de Saxe.
(4) Philibert de la Baume, baron de Monfalconetto.
(5) Maximilien d'Egmont, seigneur d'Ysselstein, comte de Büren, chevalier de la Toison d'or, gouverneur de la Frise, mort à Bruxelles en décembre 1548. Brantôme, t. Ier, p. 313.

sujet de la solde : le roi veut les payer non seulement moins qu'il ne paie d'ordinaire, mais encore moins qu'il ne leur a promis. L'empereur craint que ces troupes, mécontentes, ne passent au service du roi de France qui, dans la situation critique où il se trouve, ne manquera pas de leur faire de grandes offres. Il a donc dépêché un homme de confiance, avec ordre, au cas ou elles n'arriveraient pas à s'entendre avec le roi d'Angleterre, de les embaucher pour lui à n'importe quel prix. Si la chose est vraie, elle indiquerait, ce semble, que les forces anglaises ne seront pas aussi importantes qu'on l'a dit jusqu'ici et que ces seigneurs l'espéraient. Cependant ils affirment plus hautement que jamais, surtout M. de Granvelle, que si le roi d'Angleterre ne vient pas lui-même — ils paraissent n'y plus compter — il enverra une armée considérable et remplira tous ses autres engagements; ils disent même que 20 000 Anglais sont déjà débarqués. De son côté l'ambassadeur d'Angleterre (1), qui est fort mon ami, maintient ses déclarations antérieures tant sur le nombre des troupes de son maître que sur sa prochaine arrivée; il a répété aujourd'hui même à mon secrétaire (2) qu'il viendrait certainement. Ce qui a pu faire croire le contraire, c'est que son roi souffrait d'une jambe. Mais maintenant qu'il se porte à merveille, nul doute qu'il ne vienne. La preuve, c'est qu'il a gardé le corps de bataille qu'il veut commander en personne, tandis qu'il a déjà expédié l'avant-garde avec le duc de Suffolk et l'arrière-garde avec le lord du sceau privé (3). Ainsi, sur la même éventualité, les hommes les plus dignes de foi se contredisent. L'ambassadeur a dit encore à mon secrétaire qu'il y a treize jours le commandant du corps d'observation sur la frontière d'Écosse avait fait avec 4 000 gens de pied et de cheval une incursion dans le territoire ennemi; il prit et brûla complétement une place forte appelée Jedburgh; il fallut 500 chevaux pour transporter le butin.

L'armée est depuis deux jours devant Ligny, mais elle n'a encore rien fait, que l'on sache. Il est vrai que le temps a été et est encore si mauvais que les soldats doivent avoir beaucoup de mal à se défendre de la pluie et des incommodités qu'elle entraîne. D'ailleurs on apprend chaque jour que la place est très forte et parfaitement approvisionnée. Cela est d'autant plus croyable qu'on a la certitude que

---

(1) Wotton.
(2) « Navager dit dans sa relation au sénat (Relazioni, etc., 1re série, t. Ier, p. 366) qu'il a eu, pendant sa mission, deux secrétaires : l'un, Buonricio, qui a été avec lui pendant quatre mois; l'autre, Tramezzino, « letterato diligente et « bellissimo scrittore », qui y a été tout le temps ». Gachard, p. 128. — D'après cela, la mission de notre ambassadeur datant de la seconde moitié de septembre 1543, Buonricio ne serait resté en fonction que jusqu'en février 1544; il s'agirait donc ici de Tramezzino.
(3) Lord John Russel. Il figure avec le titre de « garde du sceau privé » parmi les huit commissaires anglais nommés le 26 décembre 1543, pour concerter le plan d'invasion avec les deux commissaires impériaux.

le seigneur du lieu (1) s'y est enfermé avec tout ce qu'il possède. Toute l'artillerie n'est pas encore arrivée à Thionville et il paraît difficile qu'elle y soit au complet ce mois-ci. Après cela il faudra la remettre en état et les réparations demanderont du temps. Les Espagnols (2) non plus ne peuvent être ici avant la fin du mois. De plus on les dit sans armes pour la plupart et leur armement prendra quelques jours. On a déjà fait venir 1 500 corselets. Il serait donc téméraire de rien affirmer au sujet du départ de l'empereur; tout ce qu'on peut dire, c'est qu'il aura lieu aussitôt que tout sera prêt. Certains ajoutent que l'empereur ne serait peut-être pas fâché de voir d'abord la tournure que va prendre le siège de Ligny.

Je ne désespère pas de pouvoir joindre à ma dépêche la lettre que M. de Granvelle a fait écrire pour ordonner la restitution des marchandises à Alvise Foscarini; on m'assure en effet qu'il y a ce soir signature impériale.

Le comte de Landriano, qui veut bien se charger de ma correspondance, quitte la cour, gratifié par l'empereur, à ce qu'il dit lui-même, de 500 écus de revenu dans l'État de Milan, sans compter ce qu'on lui fait espérer. Quant à l'argent qu'il venait demander pour les troupes du marquis del Guasto, on y a pourvu de la manière suivante. D'abord on a concédé au marchand génois (3), comme compensation des 50 000 ducats qu'il a versés, la ferme de la gabelle dans le Milanais pour une période de neuf ans, ferme qu'il n'avait auparavant que pour quatre ans. On s'est procuré ensuite, par l'intermédiaire des Génois, 45 000 écus de change sur l'Espagne. Enfin le marquis del Guasto a rappelé à l'empereur que les offices de judicature de l'État de Milan étaient tenus à certaines redevances et qu'il y avait lieu de les exiger; on aura de ce chef, au dire du comte de Landriano, une cinquantaine de mille ducats.

Aujourd'hui, à midi, est arrivé le nouveau duc de Lorraine (4). Aussitôt descendu de cheval, il est allé faire sa révérence à l'empereur.

Je suis désolé de n'avoir pu, depuis mon départ de Spire, écrire aussi souvent à Votre Sérénité que je le faisais auparavant; ma seule consolation est de pouvoir me dire que je n'ai laissé partir personne pour l'Italie sans le charger de mes dépêches. Désormais les occasions vont devenir chaque jour plus rares, et c'est peut-être dans les circonstances où Votre Sérénité sera le plus impatiente d'avoir des nouvelles qu'il me sera le plus difficile de lui en envoyer.

De Metz, le 26 juin 1544.

Bernardo NAVAGER.

---

(1) Antoine II de Luxembourg, comte de Brienne et de Ligny.
(2) Les recrues débarquées à Calais.
(3) Giovanni de Marino.
(4) François Ier.

20.

Metz, le 30 juin 1544.

Départ du duc de Lorraine : conjectures sur l'objet de sa visite à l'empereur; mot que lui dit Monfalconetto. — Arrivée des Espagnols; naufrage et massacre de la compagnie de don Carlos de Zuñiga sur les côtes de Bretagne. — Pendaison d'un espion; attachement de Metz à la France. — L'équipée du duc de Brunswick jugée par l'empereur. — Choses d'Angleterre : l'affaire des lansquenets de Christophe de Landenberg racontée par l'ambassadeur anglais. — Nouvelles d'Italie : l'État de Sienne ravagé par Barberousse; Carignan n'a plus de vivres. — Le comte de Feria nommé capitaine de l'étendard et de la maison de l'empereur. — On attend le duc de Camerino. — Envoi de la lettre de l'empereur et d'une lettre de recommandation de don Ferdinand d'Aragon au président de Sicile au sujet des marchandises d'Alvise Foscarini. — L'empereur n'attend plus pour partir que l'argent de la diète.

Sérénissime Prince,

Arrivé le jour même où j'envoyai ma dernière dépêche, c'est-à-dire le 26 courant, le nouveau duc de Lorraine est parti aujourd'hui après être resté quatre jours. Certains amis de la paix se flattèrent d'abord qu'il venait pour parler en sa faveur; il leur a fallu reconnaître qu'ils s'étaient trompés et que sa visite n'avait pas d'autre but que de saluer l'empereur et lui offrir ses services. Il lui a déjà donné, paraît-il, des preuves de son zèle. Les Français s'étant présentés pour occuper une de ses places appelée Longwy, de crainte, disaient-ils, que les Impériaux ne s'en emparassent, on les avait victorieusement repoussés en leur tuant 150 hommes. L'empereur a fait au duc de grandes démonstrations d'amitié. Mais Monfalconetto, son majordome, qui a son franc-parler avec tout le monde, ne lui a point déguisé la vérité : il lui a dit, à ce qu'il a raconté lui-même, que s'il ne se tenait pas tranquille en ses États, il lui arriverait comme au duc de Savoie. Le duc répéta en riant le propos à l'empereur, qui lui répondit en riant que Monfalconetto n'en disait jamais d'autres.

Les Espagnols sont arrivés hier et ont campé à une lieue de Metz. Il en est venu un grand nombre dans la ville pour y être armés et équipés; ils m'ont paru de bons et solides soldats. On les dit au nombre de 4 500. A propos de ces Espagnols, on m'a raconté le fait suivant. Quelques-uns des navires qui les transportaient d'Espagne furent obligés, comme je l'ai écrit à Votre Sérénité, de rebrousser chemin parce qu'ils faisaient eau. L'un d'eux, après avoir été radoubé, reprit la mer et fut jeté par la tempête contre les côtes de

Bretagne. Il y avait à bord 300 hommes commandés par don Carlos de Zuñiga (1) : tous ont été cruellement massacrés (2).

On a pendu, il y a trois jours, un espion du roi de France qu'il avisait en chiffres de tout ce qui se passait ici. Il aurait dit en allant au supplice : « Je n'ai vraiment pas de chance! La moitié des habitants de cette ville sont des espions, et c'est moi seul qui suis condamné à mort. » Il est visible en effet, Sérénissime Prince, que Metz est profondément attaché à la France.

Quant au duc de Brunswick, l'empereur a dit à une personne qui me l'a fidèlement rapporté, que ses troupes, furieuses de s'être laissées duper et de ne pas recevoir l'argent qui leur avait été promis, s'étaient mutinées et avaient voulu se saisir de lui; son fol orgueil, l'idée qu'à Spire on n'avait pas eu pour lui tous les égards qu'on lui devait, l'ont jeté dans cette sotte aventure; son équipée n'aura pas d'autres suites.

Je parlais dans ma précédente dépêche des bruits contradictoires qui couraient ici sur les affaires d'Angleterre; j'ai voulu en avoir le cœur net. Je suis allé trouver l'ambassadeur anglais, homme des plus aimables et des plus lettrés, et qui est fort mon ami, pour tâcher de savoir de lui la vérité. Je lui ai d'abord communiqué pour l'amorcer quantité de nouvelles fraîches venues d'Italie, ainsi que des lettres que mes collègues italiens et des amis de la cour m'avaient données à lire. Enfin, après maints propos en l'air, je l'ai prié de me donner quelques détails sur le différend survenu au sujet de la solde entre son roi et les 4 000 lansquenets, n'en ayant entendu parler jusqu'ici que d'une manière fort confuse. « Voici l'histoire, m'a-t-il répondu. Un certain Christophe de Landenberg, autrefois colonel dans l'armée impériale sous Landrecies, s'offrit à lever 4 000 Allemands pour le compte de mon roi; il écrivit lui-même les conditions, signa et partit. Les commissaires du roi le rejoignirent à Spire où il recrutait son monde. Il leur dit : « La somme convenue n'est point suffisante. L'empereur payant plus les Allemands, il ne convient pas que le roi les paie moins; il y va de son honneur. » Les commissaires lui répondirent qu'ils ne se croyaient pas autorisés à modifier le traité et qu'ils allaient en référer. La réponse fut que le roi paierait autant que l'empereur. Là-dessus ils lui versèrent l'argent nécessaire pour conduire ses troupes à l'endroit indiqué par le roi. Voici nos Allemands à Aix-la-Chapelle et sur les confins du pays de Liège; ils y trouvent les commissaires venus pour les payer. Nouvelle difficulté : ledit Christophe n'entend pas que l'argent de route compte pour la solde. Les commissaires aux abois en réfèrent de nouveau. J'ignore la réponse. » J'ai encore adressé à l'ambassadeur les deux questions suivantes : le roi viendra-t-il? — quel est le nombre des troupes déjà débarquées et où se trouvent-elles? Il a répondu à la

---

(1) Dans la province de Navarre.
(2) Capilupo, dépêche du 8 juillet, raconte la chose tout autrement.

première : « Je puis vous affirmer qu'à moins d'être gravement indisposé le roi viendra certainement » ; et à la seconde : « Il y a environ 30 000 hommes de pied d'arrivés. Ils sont campés près de Boulogne. Les dernières nouvelles, qui ne sont pas très fraîches, portaient qu'ils allaient marcher sur Ardres. » Il a ajouté qu'il avait entendu dire que le roi de France envoyait M. de Vendôme pour tenir tête aux Anglais. Voilà ce que m'a dit l'ambassadeur d'Angleterre ; j'ai cru devoir le transmettre en détail à Votre Sérénité. Monfalconetto ne se trompait donc pas en disant que le roi d'Angleterre était en désaccord avec les lansquenets au sujet de la solde, mais ce n'était pas avec les lansquenets de M. de Büren, comme il le croyait ; il était également dans le vrai en ajoutant qu'à la nouvelle de cet incident l'empereur avait donné des ordres pour que, si l'on n'arrivait pas à s'entendre, l'on engageât ces Allemands à son service.

Les dernières nouvelles d'Italie, venues aujourd'hui de Milan et de Gênes, sont du 20 et du 23 ; elles disent l'État de Sienne ravagé par Barberousse (1), Carignan en proie à la famine, le grand nombre de Français qui bloquent la place et les efforts du marquis del Guasto pour la ravitailler. Je n'entre pas dans les détails ; Votre Sérénité doit les connaître. Ces nouvelles ont détruit les belles espérances qu'avait fait naître ici la victoire de Serravalle après laquelle on voyait Carignan délivré et l'ennemi en pleine déroute. On n'entrevoit plus pour cette ville qu'une seule chance de salut : c'est la nécessité où pourra se trouver le roi de France de rappeler ses troupes de Piémont pour défendre son royaume.

L'empereur vient de nommer le comte de Feria (2) capitaine de son étendard et de sa maison militaire ; cette charge fut autrefois donnée au comte de Bénévent pour la campagne de Provence et au duc de Camerino pour l'expédition d'Alger. Le comte, à la fois modeste et magnifique, passe pour un gentilhomme accompli : aussi est-il très bien vu de l'empereur et de toute la cour. A sa prière, Sa Majesté a aussi octroyé à un de ses frères, qui est ici, une faveur dont elle est extrêmement avare : elle a autorisé la renonciation, faite à son avantage par un oncle, de 6 000 ducats de revenus ecclésiastiques en Espagne.

Le duc de Camerino est attendu d'un moment à l'autre ; le courrier qui est arrivé aujourd'hui dit l'avoir laissé à Trente.

J'envoie à Votre Sérénité la lettre de l'empereur pour la restitution des marchandises d'Alvise Foscarini, ainsi qu'une copie de cette lettre. J'y joins une lettre de recommandation de don Ferdinand d'Aragon (3) au président de Sicile, qui est son frère utérin ; il y a

(1) Après la levée du siège de Nice. « Lorsque Barberousse tourna de Provence avec son armée... et commençoit à piller et ravager la Toscane par les saccagemens et bruslemens... » BRANTÔME, t. II, p. 17.
(2) Dans la province de Badajoz.
(3) Ferdinand d'Aragon, fils de Frédéric, roi de Naples († 1504), prince de Tarente, chevalier de la Toison d'or, gouverneur de Valence, mort en 1551.

mis à ma prière beaucoup de cœur et de chaleur, et peut-être ne produira-t-elle pas moins d'effet que la lettre impériale.

Maintenant que les Espagnols sont arrivés, que toute l'artillerie se trouve réunie à Thionville — une partie a déjà été acheminée vers l'armée (1) — et que le siège de Ligny s'est heureusement terminé, comme je l'écrirai avec plus de détails lorsque je serai moins pressé, on ne sait pas encore au juste quand partira l'empereur. On croit communément qu'il n'attend plus que l'argent; il vient de charger le docteur Naves (2), vice-chancelier de l'Empire, d'aller réclamer les subsides promis par la diète.

De Metz, le 30 juin 1544.

Bernardo NAVAGER

21.

Metz, le 1ᵉʳ juillet 1544.

Détails sur la prise de Ligny.

Sérénissime Prince,

J'ai reçu le 29 juin la lettre que Votre Sérénité m'a écrite le 7 pour me charger de complimenter l'empereur, M. de Granvelle et les autres personnages qu'il me paraîtra convenable au sujet de la victoire de Serravalle.

J'avais déjà félicité l'empereur le 10. J'eus ce jour-là occasion de le voir et j'en profitai pour lui communiquer la réponse de Votre Sérénité au cardinal de Ferrare. Il fut le premier à me parler de la victoire que venait de remporter son armée d'Italie et me dit, comme je l'écrivis alors, qu'il en était d'autant plus ravi que ses prospérités lui permettront de contribuer à la grandeur de la République et de reconnaître sa fidèle et constante amitié. Je n'ai donc pas cru devoir lui renouveler mes félicitations.

Quant à M. de Granvelle, je l'ai complimenté ce matin même. Je lui ai dit ce que Votre Sérénité m'avait chargé de lui dire. J'ai ajouté qu'inébranlable dans son respectueux attachement à l'empereur, la République tout entière prenait la part la plus vive non seulement à la victoire de Serravalle, mais encore à la prise de Ligny et à tous les autres succès de Sa Majesté impériale, tant à ceux qu'elle a déjà remportés qu'à ceux qu'elle ne peut manquer de remporter dans la suite. Il m'a répondu : « Les triomphes de l'empereur sont les vôtres. Je connais ses sentiments à votre égard. Je puis vous assurer qu'il ne

(1) De Gonzague.
(2) Jean Naves, de Luxembourg, conseiller impérial, mort le 20 février 1548.

désire rien tant que de voir la République puissante et qu'il ne négligera aucune occasion d'aider à sa grandeur. Pour moi, jaloux de me conformer à la pensée impériale, je m'emploierai toujours à servir les intérêts et la gloire du sérénissime État. » Il a ajouté : « L'autre jour, dans l'antichambre de l'empereur, je vous ai dit en passant qu'il vous savait un gré infini de votre sage et loyale conduite ; je vous le confirme aujourd'hui. J'ai eu vent qu'on faisait de nouveaux efforts pour circonvenir la Seigneurie et la détacher de lui. Je lui en parlai hier ; il me répondit qu'il était bien tranquille et que la République lui avait donné trop de preuves de sa fidélité pour qu'il pût douter d'elle. Quant à l'affaire de Marano (1), elle est à l'étude et, quoi que l'on décide, vous aurez lieu d'être satisfaits ». N'ayant point là-dessus d'instructions, je n'ai pu répondre qu'en termes généraux, remerciant l'empereur et lui-même de leur extrême bienveillance. J'allais me retirer quand il m'a dit : « La prise de Ligny n'est pas une petite affaire. La place renfermait 2 000 gens de pied, des vivres et des munitions en abondance ; elle passait pour une des plus fortes du pays. Nous ne désespérions pas de la prendre, mais nous ne pouvions nous attendre à l'avoir si vite et sans perte. Tout a réussi au delà de nos espérances, et l'on peut voir déjà que Dieu favorise la juste cause de l'empereur. Parmi les prisonniers, il y a le seigneur du lieu et M. de Roussy, son frère, de la maison de Luxembourg, l'une des plus anciennes et des plus nobles de France ; il y a aussi votre M. des Chenets ». J'ai demandé : « Vous l'appelez « nôtre » parce qu'il a séjourné quelque temps à Venise ? ». — « Parfaitement », m'a-t-il répondu. Et poursuivant : « On va renvoyer les Italiens après les avoir dépouillés ; on gardera prisonniers tous les autres. Par ma foi, ces gens-là se sont conduits lâchement ; ils ont livré la place sans même attendre l'assaut. Cependant les deux frères et ce

(1) Marano, au fond du golfe de Venise, sur les côtes du Frioul, entre les bouches du Tagliamento et celles de l'Isonzo. — « Et si est le lieu estimé d'aussi grande importance que nul aultre qui soyt en cette mer Adriatique, voyre d'ici (de Venise) à Constantinople... » Venise le posséda de 1420 à 1513 ; elle le perdit alors par la trahison d'un prêtre nommé Mortegliano, qui le livra à Maximilien Ier. En 1541, Ferdinand, roi des Romains, offrit de le lui vendre avec tout le comté de Goritz pour la somme de 500 000 écus ; le Conseil des Dix refusa, « craignant de desplaire au Grant Seigneur pour fournyr argent à son ennemi ». Un aventurier d'Udine, Bertrame Sachia, agent secret de Pellicier, ambassadeur de François Ier à Venise, s'en empara le 2 janvier 1542 ; des Chenets, qui, ayant encouru on ne sait pourquoi la disgrâce royale, s'était fixé à Venise, fut d'un grand secours à l'ambassadeur dans cette délicate affaire. Vers la fin de 1543, François Ier céda Marano à Pierre Strozzi et l'autorisa à le vendre aux Vénitiens, qui l'achetèrent 35 000 ducats. Mais Charles-Quint et Ferdinand n'en continuèrent pas moins de le réclamer. Entre Venise et la maison d'Autriche, les négociations durèrent ; elles n'aboutirent qu'en 1583 où Rodolphe II, moyennant une indemnité, se désista de ses prétentions sur Marano. *Correspondance politique de Guillaume Pellicier*, etc.. ZELLER, *la Diplomatie française*, etc., p. 302.

M. des Chenets avaient-ils crié assez haut que leur unique désir était de voir l'empereur venir se frotter à leur forteresse! L'empereur n'a pas eu besoin de se déranger; il a suffi d'une partie de son armée pour l'enlever ». J'ai remercié encore une fois M. de Granvelle de toutes les communications qu'il avait bien voulu me faire et j'ai pris congé de lui.

Ligny, Sérénissime Prince, a capitulé le 29. J'ai eu entre les mains deux ou trois lettres particulières; elles s'accordaient sur les détails suivants. Les assiégés se sont rendus à discrétion, à condition toutefois d'avoir la vie sauve. L'artillerie a causé des ravages énormes. Les ouvrages intérieurs de défense étaient merveilleux; mais on a beau faire, les petites places non flanquées, et commandées, comme Ligny, par une hauteur d'où, ainsi que d'un cavalier, l'ennemi peut les canonner à son aise, ne sont pas tenables. Le seigneur de Ligny et son frère se sont rendus à don Fernand; Son Excellence les a invités le jour même à sa table. M. des Chenets est prisonnier d'un Allemand. Don Fernand a fait ce qu'il a pu pour sauver l'honneur des femmes; mais, dans l'inévitable désordre du premier moment, beaucoup ont été violées. Ce n'est qu'à grand'peine et sur la prière de M. le grand écuyer (1) que don Fernand a consenti à accorder aux assiégés la clause de la vie sauve; il voulait qu'ils se rendissent à discrétion. On se disposait à marcher dans deux ou trois jours sur Saint-Dizier, fort d'assiette, à ce que disent les lettres que j'ai vues, mais les bastions et les fossés laissent beaucoup à désirer. Il se pourrait toutefois qu'on prît une autre direction. Je tiens en effet de la meilleure source que l'empereur a un nouveau plan; il en a écrit à don Fernand et attend son avis. Quant à ce que m'a dit M. de Granvelle qu'on mettrait les Italiens en liberté et qu'on retiendrait prisonniers tous les autres, je n'ai jusqu'ici rien vu de tel dans aucune des lettres qui m'ont été communiquées.

Le 29 juin également, j'ai reçu de don Diego (2) une lettre datée du 15; il dit m'écrire par ordre et me fait part en même temps de ce que l'empereur lui a écrit de Spire le 4. J'envoie sa lettre dont je garde copie. Quant à l'affaire dont il parle, comme je n'ai pas reçu d'instructions de Votre Sérénité, qui est mon maitre et dont je dépends uniquement, je n'agirai point si elle ne m'en donne l'ordre. J'ai cru devoir faire à don Diego la réponse dont Votre Sérénité trouvera ci-incluse la copie.

De Metz, le 1er juillet 1544.

Bernardo NAVAGER.

---

(1) Jean de Hénin-Liétard, seigneur de Boussu.
(2) Ambassadeur impérial à Venise.

22.

Metz, le 5 juillet 1544.

Les Français et les Italiens de Ligny; le butin; les prisonniers. — Nouvelles de l'armée et de Saint-Dizier. — Envoi d'argent de Fugger. — L'empereur part demain; son itinéraire; les troupes qui l'accompagnent. — Le mauvais temps. — Difficultés du ravitaillement de l'armée; mauvaise volonté des habitants de Metz. — Préparatifs du roi de France; plan de campagne qu'on lui prête. — Irrégularité et insécurité des courriers en pays ennemi. — L'ambassadeur n'attend plus que le signal du départ.

Sérénissime Prince,

Les deux dernières dépêches que j'ai adressées à Votre Sérénité étaient du 30 juin et du 1er juillet; je lui en envoie aujourd'hui le double.

On a su depuis que les Français de Ligny, frappés de terreur à la vue des dégâts causés par l'artillerie, avaient fait leur capitulation sans en rien dire aux 400 Italiens qui étaient dans la place, tous résolus à faire leur devoir et à se défendre jusqu'à la mort. On apprend tous les jours que le butin a été des plus considérables; il n'y avait pas d'assiégé qui n'eût par devers lui, qui 50, qui 100 écus. Le vice-roi, paraît-il, a touché de grosses sommes; le marquis de Marignan, d'autres encore, n'ont pas été moins heureux. Naturellement ceux qui ont eu peu ne pardonnent point à ceux qui ont eu beaucoup : de là quelques murmures. L'empereur avait d'abord ordonné de rapatrier les Italiens par l'Allemagne et les Français par la Flandre; il s'est ravisé en ce qui concerne les Italiens : il a pensé qu'ils pourraient lui être utiles dans cette campagne et il les garde à son service. A en juger par certains d'entre eux qui sont venus à Metz, ce doivent être d'excellents soldats. Tous ont appartenu aux bandes de Strozzi; ils étaient sous les ordres de son lieutenant, fait prisonnier lui aussi. Ils promettent de servir fidèlement l'empereur et de faire leur devoir. M. de Ligny, M. de Roussy, son frère, et M. des Chenets sont ici, prisonniers dans la maison de M. de Granvelle.

L'armée n'est pas encore arrivée devant Saint-Dizier, que l'on sache. Le 2, est venue du camp la nouvelle suivante. Le gouverneur de Saint-Dizier ayant voulu amener un cours d'eau dans les fossés pour qu'ils fussent plus difficiles à franchir, une partie des murs et un bastion important se sont écroulés sous la poussée de l'eau. On croit, si le fait est vrai, ou que les Français évacueront la place, ou qu'on n'aura pas de peine à la prendre.

Fugger de Nuremberg a fait ces jours-ci un gros envoi; je n'en connais pas la somme exacte. Quant à l'Empire, on ne sait pas encore de quelle couleur est son argent. Malgré cela, l'empereur veut partir demain. Il se rendra d'abord à Pont-à-Mousson, situé à 4 lieues d'ici; il ira ensuite à Toul, de Toul à Bar et enfin au camp. Il se mettra en marche, couvert de son armure, à la tête des Espagnols, des bas-Allemands du prince d'Orange, qui est venu tout exprès pour l'accompagner, et des hommes d'armes du duc Maurice et du marquis de Brandebourg. Quel est au juste le nombre des Espagnols et du reste de l'escorte impériale? Que valent les gens de pied et de cheval qui la composent? Je vais tâcher de m'en rendre compte du mieux que je pourrai, et je renseignerai là-dessus Votre Sérénité dans une prochaine dépêche. Lorsque les troupes de la suite de l'empereur seront arrivées au camp, je me livrerai à la même étude sur l'ensemble de l'armée impériale; j'en décrirai à Votre Sérénité le nombre, la qualité, les quartiers de campement et les opérations.

Le temps est toujours détestable et la pluie ne cesse de tomber; les chemins sont aussi défoncés qu'en plein hiver en Italie. C'est une calamité pour l'armée.

Quelque peine que se soit donnée l'empereur, il lui a été impossible d'envoyer au camp autant de convois de vivres et de munitions qu'il aurait voulu. Les habitants de la ville et de la campagne déclarent à l'envi qu'ils n'ont pas de voitures. Que sera-ce quand l'empereur ne sera plus là? On fera sagement de ne pas trop compter sur les gens de ce pays pour subvenir aux besoins de l'armée.

Quant aux préparatifs des Français, on dit que le dauphin s'est dirigé vers la Picardie avec des forces considérables, que le duc d'Orléans va se jeter dans Troyes avec 6 000 écoliers de Paris et que le roi est autour de sa capitale avec 12 à 13 000 Suisses, toutes ses troupes de Piémont et une superbe cavalerie. S'il faut en croire ceux qui se flattent de pénétrer ses secrets desseins, son plan serait de se tenir sur la défensive et d'amuser l'empereur, et quand celui-ci se verrait contraint d'opérer sa retraite, de tomber sur ses derrières et de l'écraser. Je transmets ces nouvelles à Votre Sérénité, non que je les tienne pour certaines, mais pour ne lui rien laisser ignorer de ce qui se dit ici; elle doit être d'ailleurs parfaitement instruite des affaires de France par son ambassadeur (1).

Je me permets de répéter à Votre Sérénité ce que je lui ai déjà écrit : désormais mes expéditions vont devenir plus difficiles et plus aléatoires, la marche des courriers n'étant plus libre et sûre en pays ennemi. J'ose espérer qu'elle voudra bien me pardonner si elle ne reçoit pas de moi d'aussi fréquentes dépêches que l'exigerait la gravité des circonstances et que je le désirerais moi-même. Son ambassadeur auprès du roi de France, qui a toutes les facilités pour com-

---

(1) Le chevalier Marino; il signe ses dépêches « Marinus de Caballis ».

muniquer avec elle, ne manquera pas de suppléer à l'involontaire rareté de mes informations.

De Metz, le 5 juillet 1544 (retenue jusqu'au 6 au matin)

L'empereur part aujourd'hui ; tous les bagages sont en route. Me voici moi-même éperonné, prêt à le suivre au premier signal de la trompette.

Bernardo NAVAGER.

23.

Pont-à-Mousson, le 6 juillet 1544.

Arrivée de l'empereur à Pont-à-Mousson. — Cherté des vivres. — L'envoi de Fugger et la contribution de la Flandre. — La reddition de Carignan.

Sérénissime Prince,

J'ai écrit ce matin tout ce que j'avais à dire. Mais on expédie un courrier en Espagne par la voie de Gênes, et j'en profite pour envoyer les nouvelles de la dernière heure.

Aujourd'hui, à 22 heures d'Italie (1), nous sommes arrivés à Pont-à-Mousson. L'empereur partira demain pour Toul. On annonce que désormais nous coucherons en rase campagne. Les Espagnols et les Allemands qui accompagnent l'empereur sont logés dans les villages autour de Pont-à-Mousson. L'empereur a fait son entrée dans la ville avec une escorte de 2 000 chevaux, partie du duc Maurice et du marquis de Brandebourg, partie du grand maître de Prusse (2), sans parler de sa maison militaire et de sa cour.

Ici un pain noir, grand comme celui qu'on a coutume de payer un « marchetto » à Venise, vaut une plaque (3), c'est-à-dire à peu près quatre « marchetti » de Votre Sérénité. Le vin et l'avoine sont à des prix fabuleux. Si les vivres commencent à manquer au moment où l'on franchit la frontière et où les approvisionnements doivent être au complet, que sera-ce plus tard en plein pays ennemi?

(1) Six heures de l'après-midi.
(2) Wolfgang Schuzbar, dit Milchling. « Le 5 mai... Charles-Quint... se rendit à l'hôtel de ville (de Spire) où il lui donna l'investiture de la grande maîtrise de l'ordre teutonique, dignité dans laquelle il avait succédé l'année précédente à Walter de Cronberg. Le nouveau grand maître offrait à l'empereur de le servir en personne et à ses dépens, dans la campagne qui allait s'ouvrir, avec 400 chevaux ». GACHARD, *Trois années de l'histoire de Charles-Quint*, p. 36, d'après Navager, dépêche de Spire, le 5 mai.
(3) Monnaie brabançonne valant un tiers de sou ou 24 mittes. GACHARD, p. 58.

J'ai appris aujourd'hui en route que l'envoi de Fugger était de 150 000 ducats et que l'empereur avait reçu en outre deux mois de la contribution flamande, soit 300 000 ducats; là-dessus on a payé hier un mois de solde aux Espagnols.

On a su par des lettres de Trente que Carignan s'était rendu. La cour tient la nouvelle secrète et ne veut pas qu'on l'ébruite : elle n'aime à publier, grossis et amplifiés, que les succès de l'empereur.

De Pont-à-Mousson, le 6 juillet 1544.

Bernardo NAVAGER.

24.

Pont-à-Mousson, le 7 juillet 1544.

Nouvelles du camp et de Saint-Dizier. — Les lansquenets de Christophe de Landenberg. — Passage de convois.

Sérénissime Prince,

L'empereur, qui devait partir aujourd'hui, a différé son départ jusqu'à demain.

Don Fernand est arrivé devant Saint-Dizier. On a reçu aujourd'hui des lettres du camp écrites par des personnes qui avaient reconnu la place; elles ne confirment point la nouvelle, tenue ici pour certaine, qu'un cours d'eau amené dans les fossés a détruit une partie des murs et un bastion. Elles disent en revanche qu'il y a dans Saint-Dizier un nombre considérable de gens de pied (on exagère toujours en pareille circonstance) et que M. de Lalande, qui s'illustra à la défense de Landrecies, y est entré le 2 avec 300 hommes.

J'ai appris aujourd'hui que les 4 000 lansquenets de Christophe de Landenberg viennent se mettre au service de l'empereur.

Les voitures pour le transport des vivres, des munitions et de l'équipage de pont, bateaux et autres objets, sont extrêmement nombreuses; il en est passé toute la journée d'hier et toute celle d'aujourd'hui. Le pain et toutes les choses nécessaires à la vie n'en sont pas moins hors de prix dès le début de la campagne.

Le courrier n'étant pas encore parti, j'ai cru devoir ajouter ces nouvelles à celles que j'ai données hier à Votre Sérénité.

De Pont-à-Mousson, le 7 juillet 1544.

Bernardo NAVAGER.

25.

Saint-Dizier, le 16 juillet 1544.

De Pont-à-Mousson à Saint-Dizier. — L'empereur visite Commercy et Ligny; il va saluer la duchesse de Lorraine à Nançois-le-Petit. — Le comte de Ligny et son frère sont envoyés de Metz à Namur. — M. des Chenets est enfermé dans la forteresse de Vilvorde; on l'interroge sur l'affaire de Marano. — Nombre, composition et qualité des troupes amenées par l'empereur; artillerie, munitions, équipage de pont. — Description de Saint-Dizier; sa garnison; Lalande et Marini. — Les Impériaux manquent de vivres. — Mort du prince d'Orange; son éloge. — L'assaut du 15 juillet; courage des Espagnols et défaillance des Allemands; héroïque résistance des assiégés. — Choses d'Angleterre, de France et d'Italie.

Sérénissime Prince,

Mes dernières dépêches à Votre Sérénité étaient datées de Metz, le 5, et de Pont-à-Mousson, le 6 et le 7.

Partis de Pont-à-Mousson le 8, nous sommes arrivés le 13 à Saint-Dizier. La pluie a été continuelle; les chemins étaient affreux. Durant la marche, l'empereur n'a négligé aucun des devoirs d'un sage et vaillant capitaine, ayant l'œil à tout et se montrant sur tous les points de l'armée. Commercy était à deux milles italiens en dehors de la route; il n'en voulut pas moins le voir et s'y rendit avec quelques chevaux. Plusieurs l'en blâmèrent : on disait en effet que M. de Guise battait le pays avec une nombreuse cavalerie. Cela ne l'empêcha pas de visiter Ligny presque seul, bien que toutes les troupes dussent y passer le lendemain. Il avait couché à Nançois-le-Grand, qui en est à une lieue. Il en partit pour aller à Nançois-le-Petit, à une lieue en dehors du chemin de Ligny, saluer la duchesse de Lorraine, sa nièce (1). Sa visite terminée, il se rendit à Ligny et l'examina longuement. Après cette rude journée, il rejoignit l'armée à la tombée de la nuit, quatre heures après tous les autres, recru de fatigue.

De Commercy, Sérénissime Prince, je ne saurais rien dire, n'y étant pas allé. Quant à Ligny, tous ceux avec qui je l'ai visité se sont accordés à dire qu'il était très fort. Si le terre-plein eût été terminé et qu'il n'y eût point manqué de 16 à 18 pas du côté où a eu lieu le bombardement, il eût été difficile d'emporter la place. Même en cet état, des capitaines et des troupes plus braves auraient pu la défendre ou du moins en faire payer cher la prise à l'ennemi.

Le comte de Ligny et son frère ont été envoyés de Metz à Namur par ordre de l'empereur. D'après ce que m'a dit un personnage des

(1) Chrétienne de Danemark.

plus autorisés, qui n'est autre que M. d'Arras, M. des Chenets et un écuyer du roi de France (1) ont eu à subir un interrogatoire au sujet de certaines lettres trouvées sur eux au moment où on les fit prisonniers. J'ai eu depuis l'occasion de causer là-dessus avec Sagante, premier secrétaire de M. de Granvelle. Il lui a échappé de me dire qu'on avait surtout questionné M. des Chenets sur l'affaire de Marano. A peine eut-il parlé qu'il regretta visiblement sa confidence. On a envoyé M. des Chenets à la forteresse de Vilvorde, entre Bruxelles et Malines : on n'y envoie d'ordinaire, parait-il, que ceux à qui l'empereur réserve la peine capitale.

J'ai dit que l'empereur était allé rendre ses hommages à la duchesse de Lorraine à Nançois-le-Petit. Le duc son époux et le frère de celui-ci, qui est évêque de Metz (2), étaient avec elle. L'empereur resta une heure, après quoi, accompagné du duc et de son frère pendant près d'un mille, il rejoignit son armée. Je me trouvais avec les autres ambassadeurs chez M. de Granvelle, à peu de distance de Ligny ; il nous pria de continuer notre route, tandis qu'il irait à Nançois-le-Petit. Cela montre qu'il tenait plutôt à nous éloigner.

Les troupes amenées par l'empereur comprennent : 1° 9 enseignes du prince d'Orange ; 2° 4 enseignes allemandes levées dans les environs de Spire. Si ces 13 enseignes étaient au complet, cela ferait 6 500 hommes. L'enseigne allemande est en effet de 500 hommes, mais elle est rarement au complet. — 3° 14 enseignes espagnoles, c'est-à-dire à peine 3 700 hommes. De toutes ces troupes, les meilleures sans contredit sont celles du prince d'Orange : elles sont plus exercées, plus en haleine, mieux armées et plus obéissantes. Les 4 enseignes de hauts-Allemands ne les valent point : ce sont des recrues à peine instruites. De même les Espagnols, que tout le monde appelle « bisoños », c'est-à-dire conscrits. En fait de cavalerie, il y a d'abord les chevaux du duc Maurice de Saxe que l'on dit être au nombre de 1 000, mais s'ils sont 800, c'est tout le bout du monde, et ensuite les chevaux du marquis de Brandebourg, dont le chiffre nominal est de 700 et le chiffre réel un peu au-dessus de 500. Ajoutez à cela la garde à cheval de l'empereur, toute sa maison militaire, les chevaux du grand maître de Prusse et de quelques autres Allemands, soit en tout un millier de chevaux. Toute cette cavalerie est excellente, parfaitement armée et prête à bien faire. L'empereur a amené en outre 8 pièces de canon, un équipage de pont de 100 bateaux, 3 000 barils de poudre, 760 quintaux de plomb, de 150 livres le quintal, pour faire des balles, et 1 000 pionniers qui, avec ceux qui se trouvent ici, feront à peu près 2 000. Cette seconde armée impériale a opéré sa jonction avec la première le 13 devant Saint-Dizier. Je me réserve de parler de celle-ci, du nombre et de la qualité des troupes qui la composent, quand je l'aurai vue à mon aise ; tout ce que je puis dire

(1) Jacques de Gonsoles.
(2) Nicolas, évêque de Metz et de Verdun.

aujourd'hui, c'est qu'on en porte généralement le chiffre à 23 000 gens de pied et 3 000 chevaux. A notre arrivée, on bombardait la ville. Les assiégés nous ont accueillis avec de nombreuses décharges d'artillerie qui n'ont causé que peu de mal. L'empereur a voulu le jour même reconnaître la place; il est allé si en avant et si à découvert que tout le monde a trouvé qu'il ne devait pas s'exposer de la sorte.

Saint-Dizier, Sérénissime Prince, a une assiette naturelle des plus fortes. Il est situé au centre d'une plaine entourée d'épaisses forêts et si aquatique qu'il n'est abordable à l'artillerie que du côté du sud, et encore avec une extrême difficulté et seulement à une assez grande distance : c'est de là que 27 pièces, établies à 300 pas de la muraille, le canonnent. Il occupe en outre la partie la plus élevée de la plaine, et cela en rend encore l'accès plus difficile à l'ennemi. Au delà des murs apparait un gros terre-plein. Le fossé est très large et si profond qu'un homme y disparait jusqu'au cou (1). On dit qu'il y a dans la place 2 000 gens de pied et 200 chevaux, et, ce qui est tout autrement important, deux hommes du premier ordre : Girolamo Marini, de Bologne, que l'on considère comme un grand ingénieur militaire, et M. de Lalande qui s'illustra à la défense de Landrecies. Les assiégés font bonne contenance et n'ont donné jusqu'ici aucun signe de faiblesse.

Le jour même de notre arrivée, nous avons été sans pain; deux jours auparavant, l'armée de don Fernand s'était trouvée dans le même cas. Les commissaires des vivres nourrissent les gens de bonnes paroles et de belles promesses. Le ravitaillement de l'armée préoccupe tous ceux qui en connaissent l'importance; ils craignent qu'il ne devienne de plus en plus difficile et que le succès de la campagne n'en soit gravement compromis.

Le 14, le prince d'Orange descendit dans la tranchée pour voir le feu de la batterie. Don Fernand était là, assis sur une chaise; il se leva, le pria de prendre sa place et s'assit à terre en face de lui. A peine le prince fut-il assis, qu'un coup de mousquet, venant mourir dans la tranchée, l'atteignit au côté droit de la poitrine, à la jointure de l'épaule et du bras. Il tomba; on le crut mort; il a vécu jusqu'à hier sur les 24 heures (2). Il est impossible d'exprimer la douleur de l'empereur, de la cour et de l'armée. Le prince commandait 8 000 gens de pied, les meilleurs qui fussent au service de Sa Majesté; il se battait pour la gloire et pour l'empereur; il était adoré non seulement de ses soldats, mais encore des Espagnols et des autres

(1) Le texte dit *fino alla coscia* (jusqu'à la cuisse). Un tel fossé n'eût été qu'une rigole. Peut-être faut-il lire *fino allo collo* (jusqu'au cou). Ce ne serait pas encore beaucoup. Les ingénieurs d'alors donnaient au fossé une profondeur de 3 ou 4 toises (5 à 6 mètres). Voy. *Jean Errard de Bar-le-Duc*, par LALLEMEND et BOINETTE, p. 218. — Ce que Navager dit, ici et ailleurs, des fossés de Saint-Dizier est confus et contradictoire.

(2) Sept heures trois quarts de l'après-midi.

troupes. Ce qui le rendait cher à tous, c'étaient une bonté et une libéralité sans bornes que rehaussait l'éclat de sa noblesse et de sa valeur. Il avait vingt-six ans, une figure agréable et 60 à 70 000 ducats de revenu; il en aurait eu 110 000 si le roi de France et le landgrave n'eussent détenu une partie de ses possessions. Il était fils du comte de Nassau et d'une sœur du prince d'Orange, mort en Toscane (1); il succéda au principat et aux États de son oncle qui par testament l'instituait son héritier, à condition de renoncer à la famille de Nassau et de porter les armes et le titre de prince d'Orange. L'empereur perd en lui non seulement un prince dévoué et un vaillant capitaine, mais encore, peut-être, les meilleures troupes qu'il ait à cette heure : car, habituées au service de leur prince qui les traitait si bien et ne les laissait manquer de rien, on craint qu'elles ne supportent mal une autre autorité.

Le 15, après trois jours d'un bombardement ininterrompu, opéré du côté et à la distance que j'ai indiqués, l'assaut fut livré à Saint-Dizier; il était 9 heures, c'est-à-dire trois heures plus tôt que l'empereur et son état-major ne l'avaient décidé. Don Alvaro avait reçu l'ordre d'envoyer un homme de sa compagnie reconnaître de nouveau le fossé et voir si l'on n'apercevait pas quelque nouvel ouvrage des assiégés; on comptait pouvoir donner l'assaut vers midi. Sans vouloir rien entendre, impatients et comme enragés, les Espagnols s'élancent à la brèche. Ne s'attendant pas à ce qui arrive, l'empereur, don Fernand et les autres capitaines étaient à table, ayant avancé leur dîner pour être prêts à l'heure convenue. Les Espagnols font des prodiges de valeur pour entrer dans la place. Mais les assiégés ne leur cèdent point en courage; ils ne désertent jamais les postes les plus périlleux et ne cessent de promener deux drapeaux sur la muraille pour exalter leur résistance. Bref, l'acharnement de l'attaque n'a d'égal que l'héroïsme de la résistance. Enfin, après une lutte de plus de trois heures, les Espagnols sont repoussés, vaincus à la fois par la raideur de la brèche et par deux ouvrages en terre, jusque-là inaperçus, qui les canonnent à outrance. Ils ont eu plus de 200 tués, les plus braves d'entre eux, et un nombre encore plus grand de blessés. Le capitaine Luis Perez a reçu un coup d'arquebuse à la cuisse et don Alvaro a eu la main et le visage à moitié brûlés, mais ni l'un ni l'autre ne paraissent en danger. Ce qui leur a fait le plus de mal et leur a blessé le plus de monde, ce sont les pierres que les assiégés faisaient pleuvoir sur eux du haut des murs. Plusieurs assurent qu'ils ont vu sur la muraille jusqu'à des vieilles femmes aider à la défense et leur lancer tout ce qui leur tombait sous la main.

Les Allemands qui ont hiverné à Cambrai avec les vétérans espagnols passent pour les meilleurs soldats de leur nation qui soient dans

---

(1) Philibert de Chalon, prince d'Orange et de Melfi, né en 1502, fils de Jean de Chalon, prince d'Orange, et de Philiberte de Luxembourg, comtesse de Charny, tué au siège de Florence le 3 août 1530. BRANTÔME, t. Ier, p. 238.

l'armée impériale. Ils reçurent l'ordre de reprendre l'assaut et se comportèrent lâchement : ils avançaient sans entrain, lorsqu'un coup de canon, emportant six ou sept d'entre eux, suffit à les mettre en fuite. On s'aperçoit trop tard de la faute qu'on a commise en ne voulant pas d'Italiens. J'ai entendu les Espagnols s'écrier : « Où sont maintenant les Italiens nos frères? ».

L'empereur a été extrêmement sensible à cet échec. Tout le monde s'accorde à dire qu'il faut se rendre maitre de la place quoi qu'il en puisse coûter d'hommes; il y va non seulement de l'honneur, mais encore et surtout du ravitaillement de l'armée, déjà si difficile à cette heure et qui serait impossible si on laissait Saint-Dizier aux Français. On est donc résolu à mettre tout en œuvre pour s'en emparer. Réussira-t-on? Qui le sait? Ce qui est certain, c'est que la journée d'hier doit avoir exalté la confiance des assiégés comme elle a rabattu celle des assiégeants.

Saint-Dizier a un château. Délogés de la ville, les assiégés peuvent s'y retirer. On en parle diversement. Les uns le disent assez fort pour tenir; les autres prétendent qu'une fois la place enlevée il n'est plus défendable.

Aujourd'hui 16, les Impériaux n'ont pas tiré un seul coup de canon. Ils n'ont plus de boulets, paraît-il; ils en attendent 12 voitures qui ne sont pas encore arrivées. Ils ont tant bombardé Saint-Dizier qu'ils ont épuisé leur provision.

Le pain est rare et si cher que la solde suffit à peine à la nourriture de l'homme; avec cela, très noir et très mal cuit. Quant au vin, pourri et infect, peu de personnes peuvent en acheter : ce qui vaut un écu en Italie en vaut dix ici.

On ne parle pas plus du roi d'Angleterre que s'il n'existait pas. L'ambassadeur m'a dit qu'il n'avait pas reçu de nouvelles depuis celles qu'il m'avait données et que j'ai transmises à Votre Sérénité.

Pour les affaires de France, voici ce que m'a rapporté un trompette véronais (1) de don Fernand, revenu hier au soir sur le tard de Châlons où il était allé accompagner des Italiens et des Français, faits prisonniers à Ligny. Il y avait à Châlons 7 000 gens de pied, dont 2 000 Italiens, et 800 pionniers travaillant sans relâche à fortifier la ville; tout ce monde paraissait fort gai et plein d'entrain. Le duc d'Orléans, après avoir été à Reims, a rejoint le roi son père, qui se trouve à deux journées de Paris. M. de Guise et M. de Brissac, le premier avec 400 hommes d'armes et le second avec de nombreux chevau-légers, battent le pays autour de Saint-Dizier pour intercepter les vivres venant de Toul et de Bar. Le trompette rencontra en s'en retournant un détachement de chevaux français qui lui demandèrent d'où il venait et où il allait. Sur sa réponse qu'il venait de conduire des prisonniers à Châlons et qu'il regagnait le camp, ils lui firent bonne mine et se montrèrent fort courtois. Il leur dit en riant

(1) Bernardin de Vérone.

qu'il avait hâte d'arriver pour ne pas manquer l'entrée de l'empereur dans Saint-Dizier. Sur quoi les Français, qui connaissaient déjà l'insuccès de l'assaut, répliquèrent que l'empereur pouvait prendre Saint-Dizier, mais qu'il lui en aurait toujours coûté la vie du prince d'Orange et de plusieurs autres personnages. Le trompette m'a raconté encore qu'à une ou deux lieues au plus de Saint-Dizier dans la direction de Châlons, il règne une abondance incroyable de toutes choses. Les habitants mettent tout ce qu'ils possèdent à la disposition des soldats et ne savent que faire pour leur être agréables; il leur parait naturel de partager leurs biens avec ceux qui défendent leurs vies et leurs foyers.

J'avais oublié de dire qu'hier au soir, leur solde étant échue depuis deux jours, les Allemands se mirent à crier geld! geld! — de l'argent! de l'argent! Il a fallu leur en donner.

Un homme pendu par un pied a été vu sur les murs de la ville. Etait-il des leurs ou des Impériaux? On croit plutôt que c'est un des leurs qui aura eu des intelligences avec l'ennemi ou parlé de se rendre.

Les dernières nouvelles d'Italie disent que Barberousse après avoir saccagé Pouzzoles et fait captifs 1 500 habitants, faisait voile sur Salerne; elles ajoutent que Carignan s'est rendu et que Pirrho Colonna et ses soldats se sont engagés à ne pas servir l'empereur de six mois. Tout cela est mauvais pour les Impériaux. Ils s'efforcent d'en pallier l'effet en publiant, sur la foi d'une information qu'ils ont reçue, que la flotte de Barberousse a été assaillie par une violente tempête et qu'elle ne peut manquer d'avoir essuyé de grandes pertes.

Je n'ai pas d'autre moyen d'envoyer ma dépêche et je comprends avec quelle impatience Votre Sérénité doit attendre les nouvelles en des circonstances aussi importantes. Je me décide donc à la confier au comte Ercole de Contrari, gentilhomme de Ferrare, qui part demain pour Milan et doit voyager à petites journées. J'estime qu'elle sera à Milan dans 15 jours et j'écris au secrétaire de la République en cette ville (1) pour le prier de la faire parvenir sans retard à Votre Sérénité. S'il se présente dans l'intervalle une occasion plus rapide, j'en profiterai pour expédier le double de ma dépêche, en y ajoutant les faits nouveaux qui auront pu se produire. Le service ordinaire de la poste ne fonctionne pas jusqu'au camp, et les routes sont trop mauvaises et trop peu sûres pour que je puisse envoyer un de mes gens porter ma correspondance jusqu'au point où s'arrêtent les courriers.

L'armée impériale est campée le long de la fameuse (2) rivière de Marne qui, quoique navigable, a plusieurs gués.

J'envoie à Votre Sérénité la distribution d'évêchés que l'empereur

---

(1) Fedeli.
(2) « Fameuse » parce que César la nomme.

vient de faire. M. d'Arras et le cardinal de Mantoue (1) briguaient Valence, le premier soutenu par son père (2) et le second par son frère (3), tous deux également influents; mais la bonté et la science de frère Thomas Villanova l'ont emporté. Il est rare d'ailleurs que l'empereur accorde les grandes Églises d'Espagne à d'autres qu'à des Espagnols.

De l'armée impériale sous Saint-Dizier, le 16 juillet 1544.

Bernardo NAVAGER.

26.

Saint-Dizier, le 17 juillet 1544.

Opérations des Impériaux pour nettoyer le pays autour de Saint-Dizier. — Ce que raconte un homme sorti de la ville. — Les deux plans d'attaque en présence. — Le commandement des troupes du prince d'Orange. — La flotte de Barberousse. — Les Italiens de Ligny restent au service de la France.

Sérénissime Prince,

Le départ du comte Ercole pour Milan n'ayant pas eu lieu ce matin comme il l'avait annoncé, j'ajoute à ma dépêche d'hier quelques faits qui me paraissent devoir intéresser Votre Sérénité.

Ces seigneurs ont appris par le trompette qui me raconta hier la chose à moi-même et par les rapports de leurs espions que M. de Guise et M. de Brissac, avec le nombre de chevaux que j'ai indiqué, se tenaient dans les environs de Saint-Dizier pour enlever les convois de vivres; ils ont en conséquence donné l'ordre au duc Maurice de Saxe de nettoyer le pays avec 2000 chevaux d'élite et de tomber sur l'ennemi s'il parvenait à le joindre. Je rendrai compte à Votre Sérénité dans ma prochaine dépêche du résultat de cette opération.

Surpris du silence de l'artillerie impériale dans la journée d'hier, les assiégés n'étaient pas éloignés de croire qu'on allait lever le siège; ils firent sortir le soir un des leurs pour voir ce qu'il en était. Cet homme fut reconnu, pris et interrogé. Il déclara d'abord qu'on l'avait chargé d'aller aux nouvelles; il donna ensuite de nombreux détails sur la place. Il s'y trouve, outre 2000 gens de pied et 100 hommes d'armes qui composent la garnison, 300 gentilshommes volontaires parfaitement armés et 700 habitants en état de

(1) Hercule de Gonzague.
(2) M. de Granvelle.
(3) Fernand de Gonzague.

bien faire. Les assiégés sont décidés à tenir jusqu'à la dernière extrémité et ont juré de mourir plutôt que de manquer à l'honneur et à leur devoir. Pendant le bombardement et le jour de l'assaut, l'artillerie impériale leur a tué 200 hommes et blessé une centaine d'autres. Ils disposent de tant d'espace pour la défense des murs et de la brèche qu'ils peuvent se tenir en ordre de bataille. En arrière des remparts, il existe un autre fossé, flanqué d'autres bastions, qui forme un nouveau front de résistance. Toutes choses abondent dans la place, vivres et munitions. Ils redoutaient le premier assaut; ils ne craignent plus les autres. Tant que dura l'assaut, tandis que les soldats et tous les habitants valides se battaient, les femmes et les faibles ne cessèrent de prier et de faire des processions. Voilà ce qu'a raconté ce prisonnier. Peut-être, dans le désir de faire valoir les siens et de les montrer redoutables, a-t-il exagéré leurs forces et leurs avantages.

L'empereur et son entourage sont convaincus qu'il est nécessaire à tous les points de vue de se rendre maître de Saint-Dizier; aussi est-on résolu de mettre tout en œuvre pour s'en emparer. Deux plans, paraît-il, sont en présence. L'un consiste à s'approcher de la place avec le pic et la houe et à construire un cavalier qui la commande; l'autre, en un assaut général et à l'attaquer non seulement du côté où a eu lieu le bombardement, mais par tous les points à la fois, sans prendre garde à leur force. Il y a au premier deux difficultés. D'abord, sur 2 000 pionniers dont on dispose, c'est à peine si un peu plus de 600 consentent à travailler; tout le reste s'y refuse, sous prétexte qu'ils meurent de faim. Il est vrai qu'on pourrait remédier à cela en faisant travailler les soldats. Ensuite, quelque diligence que fassent les Impériaux, les assiégés les gagneront de vitesse et continueront à les dominer, grâce à la situation élevée de la place : une brasse d'exhaussement de leur part équivaudra à plus de quatre de l'autre. Quand au second plan, on se rend compte que ce serait sacrifier les meilleures troupes : comment, sans bombardement ni brèche, pourraient-elles franchir le fossé et parvenir au sommet d'un mur très élevé et parfaitement gardé? Quoi qu'il en soit, rien n'arrêtera l'empereur. Il lui faut à tout prix Saint-Dizier, dût-il y aller de sa vie; sa réputation, d'autres considérations encore exigent qu'il le prenne. Il va de soi que de leur côté les assiégés feront une résistance désespérée; leurs biens et leurs vies sont en jeu. Il leur a suffi du répit qu'on leur a laissé hier non seulement pour réparer la brèche, mais encore pour exhausser la muraille de la moitié du corps d'un homme.

On n'a encore rien décidé au sujet des troupes du prince d'Orange, mais on croit généralement que le grand écuyer M. de Boussu en aura le commandement. Ses terres se trouvent dans le voisinage de la Flandre, à 3 lieues de Mons, dans le comté du Hainaut; il est riche de 15 à 20 000 ducats de revenu et a la réputation d'un vaillant homme.

Hier au soir sur le tard, l'empereur a reçu du cardinal de Trente (1) la nouvelle que la tempête dont je parlais dans ma dernière dépêche aurait détruit 15 galères de Barberousse. On attend impatiemment des lettres d'Italie, de Naples ou d'ailleurs, pour savoir la vérité.

Le convoi de boulets et autres munitions n'a pas encore paru. La disette augmente.

On avait dit que les Italiens faits prisonniers à Ligny passeraient presque tous au service de l'empereur; laissés libres de servir qui bon leur semblerait, ils sont restés au service de la France (2).

De l'armée impériale sous Saint-Dizier, le 17 juillet 1544.

Bernardo NAVAGER.

27.

Saint-Dizier, le 17 juillet 1544.

Opinion du docteur Vésale.

Sérénissime Prince,

Je venais de fermer ma dépêche quand j'ai reçu la visite du docteur Vésale (3), l'un des médecins de l'empereur. Il m'a affirmé que le nombre des blessés à l'assaut de Saint-Dizier, soignés par lui et ses confrères, s'élevait à près de mille et que la plupart des blessures étaient mortelles.

De l'armée impériale sous Saint-Dizier, le 17 juillet 1544.

Bernardo NAVAGER.

(1) Christophe Madruzzo (1512-1570), évêque de Trente en 1539, administrateur de Brixen en 1542, cardinal en 1544.
(2) Le chevalier Marino écrit de Paris, le 29 juillet : « Les 300 Italiens pris à Ligny sont revenus. On dit qu'à la demande d'un personnage l'empereur leur a rendu la liberté sans condition. »
(3) André Vésale de Bruxelles (1514-1564), créateur de l'anatomie, entre en 1534, à l'âge de vingt ans, au service des armées impériales comme chirurgien, enseigne l'anatomie à l'Université de Padoue de 1539 à 1546, fut rappelé à la cour impériale et reçut le 11 août 1555 le titre de « palatin ». *Venetianische depeschen*, etc., p. 460.

28.

Sous Saint-Dizier, le 23 juillet 1544.

Travaux d'approche. — Manque de pionniers. — Les fourrageurs sans cesse inquiétés. — Mort de Lalande. — Arrivée du roi d'Angleterre en France. — Accusé de réception d'une lettre du doge. — L'armée de don Fernand. — Premier versement de l'Empire. — Rareté de la viande. — Continuation du mauvais temps. — Maladie du roi de France. — Brillante situation des Français en Italie.

Sérénissime Prince,

J'ai confié mes deux dernières dépêches, datées du 16 et du 17, à un gentilhomme de Ferrare (1) qui se rend à petites journées à Milan, avec ordre au secrétaire Fedeli de les expédier à Votre Sérénité; j'en envoie ci-inclus le double. J'ai peu de chose à ajouter, car il ne s'est passé depuis rien d'important.

Nous sommes encore ici. Depuis l'échec des Espagnols, on n'a fait que travailler au pic et à la houe. On ouvre des tranchées pour approcher le plus possible de la place : l'objectif est une tour et un bastion qui font beaucoup de mal. Les chefs de l'armée pensent par cette nouvelle méthode d'attaque se rendre sûrement maîtres de la ville, mais ce sera long et peut-être n'y arrivera-t-on pas avant la fin du mois. Il peut se faire en effet qu'après avoir pris la tour et le bastion, l'on se trouve en présence d'une seconde ligne d'ouvrages. La vérité est, tout le monde l'avoue, que Saint-Dizier est à cette heure plus fort que jamais; on a laissé trop de temps aux assiégés.

Il y a très peu de pionniers à la besogne; la plupart sont morts de faim ou en fuite. L'empereur a donné l'ordre d'en faire venir de Bourgogne, mais ils ne seront pas ici de sitôt. En attendant, il fait travailler les soldats; on leur donne, en sus de leur paye, quatre plaques par jour. Ils font, parait-il, aussi peu d'ouvrage que possible : tant de jour que de nuit ils ne travaillent que 3 heures sur 24.

Il ne se passe pas de jour où les chevaux français ne tombent sur les goujats au fourrage, leur enlevant mulets et voitures; l'escorte qu'on leur donne et les chevau-légers de don Francesco d'Este sont impuissants à les protéger et à tenir en respect les partis ennemis. Le duc Maurice, chargé, comme je l'ai dit dans ma dernière dépêche, de nettoyer le pays avec 2 000 chevaux, est rentré hier au soir sans avoir rien fait.

Des prisonniers que l'on a faits s'accordent à dire que M. de Lalande a été tué d'un coup de canon la veille de l'assaut.

L'ambassadeur d'Angleterre est sans nouvelles de son maître. On

(1) Ercole de Contrari.

aurait appris par des marchands d'Anvers que le roi devait débarquer le 13 courant et que ses troupes assiégeaient Montreuil. C'est également sur des lettres d'Anvers que l'ambassadeur affirme à la cour que le roi est arrivé; quant au siège de Montreuil, je n'en ai entendu parler qu'à lui. Il est étrange que ni l'ambassadeur ni ces seigneurs n'aient pas été avisés officiellement de ces faits.

J'ai reçu hier au soir sur le tard la lettre de Votre Sérénité du 28 du mois dernier. Conformément à ses ordres, je communiquerai à l'empereur les nouvelles qu'elle renferme et tâcherai d'obtenir qu'on rappelle des eaux de Chypre la galère de Cicala et que les sujets de la République soient indemnisés de leurs pertes; je remplirai la même mission auprès de don Fernand (1).

Je ne saurais encore rien dire de l'armée de ce dernier; elle se trouve disséminée en différents quartiers qu'il n'est pas aisé de visiter. Je me réserve d'en parler en détail et d'en indiquer le chiffre et la qualité lorsque je l'aurai vue en marche : c'est le bon moment pour se rendre compte de toutes choses.

L'Empire a opéré son premier versement; l'argent est arrivé à Toul. On dit qu'avant de livrer un nouvel assaut à Saint-Dizier, l'empereur fera distribuer aux troupes un mois de solde pour leur donner du cœur.

On n'avait manqué jusqu'ici que de pain et de vin; on en souffrait moins parce qu'on avait de la viande. Mais voici qu'à son tour la viande devient rare. Elle est relativement beaucoup plus chère que le pain et le vin : qui a la chance de s'en procurer six livres pour un écu peut se vanter de faire bonne chère à bon marché. Avec cela, toujours le froid et la pluie, et ce maudit temps, joint à tout le reste, fait qu'on souffre terriblement.

On a appris à la fois de Flandre et des gens de ce pays-ci que le roi de France était malade; certains disent même qu'il l'est gravement.

(1) BRANTÔME, t. II, p. 36, nomme « Cigalle » parmi « les bons capitaines de mer qui ont très bien servy et assisté » André Doria; plus loin, p. 51, il raconte que Dragut captura dans le golfe de Gênes « une gallère du visconte de Cigalla, qui venoit du Levant, chargée d'esclaves et de marchandises ». Il est probable qu'il faut écrire Cicala, nom d'un bourg de la Calabre Ultérieure 2ᵉ. — Cette galère de Cicala, dont il est question dans cinq de nos dépêches, était commandée par Cicala, mais appartenait à plusieurs propriétaires; Fernand de Gonzague était l'un d'eux. Elle se tenait dans les eaux de Chypre, à l'affût des bonnes prises turques, non sans détrousser à l'occasion le commerce de l'île. Chypre était aux Vénitiens. La Seigneurie chargea son ambassadeur de demander le rappel de la galère et des indemnités pour ses sujets lésés. L'empereur admit le principe des indemnités et dit qu'il ferait écrire en ce sens par M. de Granvelle, mais il refusa de rappeler la galère, trop bien placée, lui semblait-il, pour nuire aux Turcs. L'ambassadeur lui ayant fait observer que les Turcs ne fréquentaient guère ces parages, il ne répondit point. Navager se promit de s'autoriser de ce silence pour faire insérer l'ordre de rappel dans la lettre qu'allait préparer M. de Granvelle; il ne nous dit pas s'il y réussit. Il expédia le 13 août la lettre impériale à la Seigneurie.

Les dernières nouvelles d'Italie, datées des 7 et 8 courant, présentent la situation des Français en Piémont comme très forte.

Je n'ignore pas que Votre Sérénité est parfaitement au courant de ce qui se passe en France et en Italie, mais je crois de mon devoir de l'informer de ce qu'on en dit ici.

De l'armée impériale sous Saint-Dizier, le 23 juillet 1544.

Bernardo NAVAGER.

29.

Sous Saint-Dizier, le 24 juillet 1544.

Le combat de Vitry. — Lenteur des travaux de siège. — Détails sur la mort de Lalande. — Partisans français et goujats impériaux.

Sérénissime Prince,

Hier, ma dépêche terminée, je la fis remettre à Gastaldo qu'on m'avait dit avoir une occasion pour Milan; je ne sais si elle arrivera, ni quand. C'est encore par Milan que j'envoie celle-ci; je n'ai pas d'autre moyen de l'expédier. Je la confie à un Espagnol qui part pour cette ville et doit voyager à petites journées.

Vitry est une place faible et incapable de se défendre; il se trouve à 4 lieues d'ici, c'est-à-dire à environ 10 milles italiens. Les Impériaux avaient appris par leurs espions qu'il y avait là un important rassemblement de forces françaises : d'abord deux des meilleurs capitaines du roi de France, le Corse San Pietro et Jean de Turin (1), avec 4 enseignes d'Italiens et 4 autres de Français et de Gascons, soit à peu près 1 500 gens de pied, et ensuite le fils de M. de Guise (2) avec 300 hommes d'armes et quelques chevau-légers; leur but était de jeter un renfort dans Saint-Dizier pour le mettre en état de soutenir un assaut général s'il venait à être attaqué non plus d'un seul côté, mais de tous les côtés à la fois. On résolut de les déloger de ce poste avancé. On commanda à cet effet le comte de Fürstenberg et Gastaldo avec 4 000 Allemands et 1 500 Espagnols, don Francesco d'Este avec ses chevau-légers et le duc Maurice avec 1 500 hommes d'armes; ils emmenèrent avec eux 4 pièces d'artillerie pour battre la place au cas où elle s'aviserait de résister. La colonne ainsi formée partit du camp à la tombée de la nuit, quitta la route ordinaire pour prendre un che-

---

(1) Jean de Turin, colonel en Piémont. BRANTÔME, *passim*.
(2) François de Lorraine (17 février 1519-24 février 1563), duc de Guise et d'Aumale, fils aîné de Claude de Lorraine et d'Antoinette de Bourbon. BRANTÔME, t. IV, p. 187.

min détourné, plus long mais plus discret, et sans tambour ni bruit déboucha en vue de Vitry au point du jour. Trop tard! Les Français avaient été prévenus; ils ont une nuée d'espions dans l'armée impériale. La plus grande partie de leurs chevaux et tous leurs capitaines ont échappé; les 4 enseignes italiennnes se sont tirées d'affaire en prenant par une colline; bref, on n'a pu mettre la main que sur les bagages. Tués ou pris, environ 500 Français, tant gens de pied que de cheval, qui, serrés de trop près, firent volte-face à l'entrée d'un pont, mais chargés par les chevau-légers que les gens de pied vinrent soutenir, ils furent mis en déroute. Les Impériaux, à ce qu'ils disent, n'ont eu qu'un tué, mais un grand nombre de blessés et un de leurs gentilshommes fait prisonnier : c'est Jean-Alphonse Bisbaldo, déjà pris l'an dernier par les Français en même temps que don Francesco d'Este. On a raconté ici ce fait d'armes de tant de manières différentes qu'il était assez difficile de démêler la vérité; je crois mon récit d'autant plus exact qu'il se trouve conforme à ce que rapportent ceux des acteurs qui sont rentrés au camp.

J'ai aujourd'hui fait demander audience à l'empereur pour l'entretenir des affaires dont Votre Sérénité me parle dans sa lettre du 28 du mois dernier; il n'a pu me l'accorder à cause de ses nombreuses et importantes occupations.

L'artillerie est toujours à la même place et garde le même silence. On travaille, mais avec la lenteur et la nonchalance ordinaires; j'entends dire que leurs travaux de tranchées et de mines ne seront pas terminés avant la fin de la semaine prochaine.

On a quelques détails sur la mort de Lalande. Le jour de l'assaut, déjà blessé à la main d'un coup d'arquebuse, il se fit porter à la brèche sur une chaise pour diriger la défense et animer les soldats; il était là, attentif à tout, lorsqu'il eut la tête emportée par un boulet. Ces seigneurs croient que, démoralisés par cette mort, les assiégés se montreront plus disposés à se rendre.

Le commandement des troupes du prince d'Orange n'est pas encore donné; on pense toujours que c'est le grand écuyer qui l'aura.

Aujourd'hui les Français ont capturé un grand nombre de goujats et de bêtes, entre autres huit mulets de don Francesco d'Este; heureusement pour lui, ses chevau-légers les ont rencontrés et repris avec beaucoup d'autres.

De l'armée impériale sous Saint-Dizier, le 24 juillet 1544.

Bernardo NAVAGER.

30.

Sous Saint-Dizier, le 25 juillet 1544.

Nouveaux détails sur le combat de Vitry.

Sérénissime Prince,

Ce n'est pas le fils de M. de Guise, comme je le dis par erreur dans la dépêche ci-jointe, mais M. de Brissac, qui se trouvait à Vitry. Ce matin, de bonne heure, arrivait la nouvelle qu'environ 300 Italiens, serrés par les Impériaux, s'étaient réfugiés dans une église. On vient d'apprendre à l'instant que tous ont été massacrés, deux seuls exceptés. Le comte Guillaume de Fürstenberg a reçu un coup d'arquebuse au cou; la blessure serait sans gravité si la balle rompant le gorgerin, un éclat ne s'en fût enfoncé dans la plaie. On dit que le nombre des tués, des noyés et des prisonniers dépasse 1 000. On a pris 6 drapeaux de gens de pied et 3 de cavalerie. Je tiens ces détails du comte Giovanni-Francesco della Somaglia, dont j'ai reçu aujourd'hui la visite; il m'a chargé d'assurer Votre Sérénité de ses très humbles respects. On n'a trouvé dans la place que 400 barriques de vin.

L'empereur a commandé aujourd'hui tous les mulets et voitures de la cour avec les serviteurs pour aller en forêt faire des fascines; cela semble indiquer que l'on se prépare à donner un nouvel assaut à Saint-Dizier.

De l'armée impériale sous Saint-Dizier, le 25 juillet 1544.

Bernardo NAVAGER.

31.

Sous Saint-Dizier, le 26 juillet 1544.

Nouvelles de Constantinople. — La galère de Cicala dans les eaux de Chypre. — Pertes des Français au combat de Vitry; M. de Brissac. — Causes de l'échec du 15 juillet. — On transporte des fascines à l'extrémité des tranchées. — Le grand écuyer chargé de s'emparer d'une forteresse. — Persistance du mauvais temps. — La victoire de Vitry ranime le courage des Impériaux. — Embarras de l'ambassadeur pour expédier ses dépêches.

Sérénissime Prince,

J'avais déjà remis ma correspondance à cet Espagnol qui se rend à Milan, lorsque, hier au soir, l'empereur me fit appeler par un huissier. Je me présentai. Après les premiers compliments, je lui fis donner lecture des nouvelles de Constantinople. A la dernière qui portait que le Grand Seigneur (1) viendrait au printemps assiéger Vienne, il me demanda, n'ayant pas bien entendu, si c'était cette année que le Turc devait venir. Je lui répondis que la nouvelle disait l'année prochaine.

Je lui parlai ensuite du préjudice que causait aux sujets de la République la présence de la galère de Cicala dans les eaux de Chypre ; je le priai, au nom de Votre Sérénité, de vouloir bien la rappeler et ordonner en même temps que ceux qui avaient été lésés fussent dédommagés de leurs pertes. Il me répondit : « Je suis toujours désolé quand un de mes sujets cause le moindre ennui à l'illustrissime Seigneurie. Il est juste que les ayants droit soient indemnisés ; je ferai écrire pour qu'ils reçoivent une complète satisfaction et de plus pour que dorénavant on ne moleste aucun des vôtres. Quant à rappeler la galère des eaux de Chypre où elle est en bonne posture de nuire aux Turcs mes ennemis, je ne crois pas que je le doive. Il doit suffire à la République qu'on ne lèse en rien ses sujets ». Je me permis d'insister pour que la lettre impériale fût délivrée le plus tôt possible ; j'ajoutai que le rappel de la galère était sans inconvénient, les Turcs ne fréquentant guère les eaux de Chypre. Il répondit sur le premier point qu'il allait faire écrire et que je fisse dire à M. de Granvelle et à Idiaquez de le lui rappeler ; il resta muet sur le second. Je m'autoriserai de ce silence pour tâcher de faire insérer dans la lettre impériale l'ordre de rappel de la galère. Si je réussis, tant mieux ; sinon, je l'enverrai telle quelle.

L'empereur se mit à me parler du combat de Vitry. On avait tué ou pris à l'ennemi plus de 1 500 hommes. M. de Brissac n'avait échappé que par miracle. Il s'était rendu, mais sans donner sa parole : sans quoi, étant chevalier, il n'eût sans doute pas fui. Rejoint par les siens, bien en selle et se confiant à sa fortune, il se jeta dans la rivière qu'il franchit à la nage. Sa Majesté ajouta : « Si l'autre jour on n'a pas réussi à prendre Saint-Dizier, c'est parce que mes soldats livrèrent l'assaut à contre-temps et sans attendre le signal ; mais tout ira bien ». Je répondis que j'étais parfaitement renseigné sur le glorieux et important fait d'armes de Vitry ; j'en avais aussitôt transmis la nouvelle à Votre Sérénité, certain qu'elle lui serait infiniment agréable. Quant à l'assaut de Saint-Dizier, je savais que tout le mal était venu des soldats, qui avaient attaqué sans en avoir reçu l'ordre ; ils avaient montré d'ailleurs une ardeur et un courage admirables. Je ne doutais point qu'une aussi puissante armée, commandée par l'empereur lui-même, dont la sagesse et la vaillance étaient connues, ne marchât de victoire en victoire. L'empereur m'avait écouté avec un visible plaisir. Il mit fin à l'audience en disant : « Je compte sur la protection de Dieu et sur la sympathie de la République ».

(1) Soliman le Magnifique.

Les attelages de la cour que l'empereur avait commandés pour aller en forêt sont revenus chargés de fascines et de toutes sortes de bois; ils ont transporté le tout à la tête des tranchées, près du fossé.

Le grand écuyer est parti hier au soir avec environ 1 500 chevaux dans la direction de Ligny; l'objectif de l'expédition est une forteresse dont j'ignore le nom, où l'on a su par des espions que se tenaient un certain nombre de chevaux français.

Je vais charger mon secrétaire de solliciter la lettre impériale. Pour moi, je tâcherai de voir don Fernand au sujet de cette affaire; le difficile est de le trouver libre, absorbé qu'il est par le commandement de l'armée.

Le temps continue à être froid et pluvieux.

Ces seigneurs croient que la prise de Vitry précipitera celle de Saint-Dizier en démoralisant les assiégés : ceux-ci, qui s'attendaient à un prompt secours de ce côté, ne seront plus soutenus par cette suprême espérance.

Je sais combien Votre Sérénité s'intéresse à ce qui se passe ici et avec quelle légitime impatience elle en attend des nouvelles : aussi ferai-je tous mes efforts pour la satisfaire. J'envoie aujourd'hui par Metz, à tout hasard, le double de mes dépêches d'hier; j'espère qu'elles arriveront de Metz à Augsbourg et d'Augsbourg à Trente; j'écris au maitre de poste de Trente de les expédier immédiatement. Mes lettres ne vont pas aussi vite que je voudrais : Dieu veuille du moins qu'elles arrivent sûrement, sinon rapidement! Mon unique pensée à cette heure est de trouver le moyen de faire parvenir mes dépêches à Votre Sérénité.

De l'armée impériale sous Saint-Dizier, le 26 juillet 1544.

Bernardo NAVAGER.

32.

Sous Saint-Dizier, le 29 juillet 1544.

Nouvelle tentative pour amener Venise à se liguer avec la France.
— Don Fernand est un des armateurs de la galère de Cicala.

Sérénissime Prince,

J'ai reçu hier avec le respect que je dois à Votre Sérénité la lettre qu'elle m'a écrite le 8 courant; j'ai pu aujourd'hui même faire à l'empereur la communication dont elle me charge.

Introduit auprès de lui, je lui ai exprimé ma crainte d'être importun en lui demandant si souvent audience au milieu de ses nombreuses et importantes occupations; je m'applaudissais d'ailleurs de toutes les occasions qui m'étaient offertes de lui montrer l'inaltérable attachement que lui portait la République. J'étais particulièrement heureux d'avoir à lui dire de la part de l'excellentissime sénat que le magnifique seigneur Bartolomeo Cavalcanti était venu, envoyé par le cardinal de Ferrare, proposer de nouveau à Venise, en présence de l'ambassadeur de Sa Majesté très chrétienne (1), de se liguer avec la France, et que Votre Sérénité lui avait fait la même réponse qu'elle avait déjà faite au cardinal lui-même. L'empereur m'a répondu : « Ne craignez point de paraître importun avec moi; eussiez-vous à m'entretenir d'affaires capables de me déplaire, je vous écouterai toujours volontiers. Mais je n'entends jamais de vous que des choses agréables et celle que vous venez de m'apprendre me cause un plaisir extrême. Que vous dirai-je, sinon que je ne saurais assez remercier la République de son inébranlable loyauté? Je sais que je lui suis grandement redevable, et je saisirai toutes les occasions de m'acquitter. Plus je serai fort, plus je serai en mesure de lui témoigner ma reconnaissance ». Il a ajouté d'autres propos de ce genre qu'il m'avait déjà tenus à Metz. Je lui ait fait la même réponse qu'alors. Quoi qu'il pût faire pour la grandeur de Venise, ses bons offices ne sauraient la surprendre : après toute sa conduite passée et les bienveillantes déclarations qu'il n'avait cessé de me faire depuis que j'étais accrédité auprès de lui, la République avait lieu de s'attendre à tous les bienfaits de sa part. Sa Majesté a répliqué : « Venise ne sera point déçue dans son attente, et mes actes seront au-dessus de mes paroles ».

Conformément aux ordres de Votre Sérénité, j'ai fait ensuite la même communication à M. de Granvelle et à don Fernand.

M. de Granvelle m'a tenu le même langage que l'empereur. Il m'a dit en outre que, quelle que fût la fortune de ses armes, Sa Majesté était décidée à avoir toujours pour nous les mêmes égards politiques que pour son frère le roi des Romains, plus prononcés encore s'il était possible, et que nous devions avoir en elle une entière confiance. Je lui ai répondu qu'il ne saurait entrer dans la pensée de Votre Sérénité qu'un si haut et si vertueux prince pût manquer à sa parole, qu'après toutes les protestations qu'il m'avait faites et que lui-même M. de Granvelle avait confirmées, elle se croyait en droit de s'attendre aux plus généreux procédés, et qu'elle considérait comme de sûrs garants de ses espérances la rare bonté de l'empereur, la loyauté de M. de Granvelle et les lettres qu'elle avait reçues en tant d'occasions des ministres de Sa Majesté. M. de Granvelle a reparti : « Vous verrez que les effets répondront aux paroles et au désir qu'a l'empereur de procurer en toutes circonstances la grandeur de la République. »

(1) JEAN DE MONTLUC († 13 avril 1579), frère de Blaise de Montluc, l'auteur des *Commentaires*, « solliciteur du roi en cour de Rome » en 1538, ambassadeur à Venise le 30 octobre 1542, évêque de Valence. BRANTÔME, t. IV, p. 45.

Don Fernand s'est montré très sensible à la démarche que je faisais auprès de lui. Il m'a dit qu'en sa qualité d'Italien il aimait beaucoup Venise qui seule soutenait le nom de l'antique Italie et qu'il remerciait infiniment Votre Sérénité de la confiance qu'elle daignait lui témoigner. Il a ajouté : « Je vous déclare, foi de gentilhomme, que l'empereur est aussi bien disposé que possible envers la République. Il sait quelles offres magnifiques lui ont été faites et avec quelle fermeté elle les a rejetées. Toujours sage et avisée, elle s'est justement défiée des vaines promesses d'un vieillard de 90 ans (1) qui, oublieux aujourd'hui des bienfaits dont l'empereur l'a comblé, lui et toute sa famille, n'eût pas manqué demain, soit caprice ou intérêt, de la payer de la même ingratitude. Rarement chez les princes les effets répondent aux paroles, mais pour Venise l'empereur fera toujours plus qu'il n'a promis. » J'ai répliqué que Votre Sérénité y comptait bien et qu'elle ne croyait pas qu'il pût en être autrement. « A la bonne heure! a-t-il reparti. Du reste, si cela n'était pas vrai, je ne vous l'aurais point dit. » Je lui ai parlé ensuite des dommages causés dans les eaux de Chypre par la galère de Cicala. Comme je le priais de s'employer pour que les sujets de la République fussent indemnisés, sans me laisser achever : « Faites-moi envoyer, m'a-t-il dit, l'état officiel de leurs pertes, et je m'engage non seulement à en payer ma part comme l'un des propriétaires de la galère, mais encore à persuader à mes co-propriétaires d'en faire autant, comme c'est leur devoir. »

Tel est le résultat des différentes conversations que j'ai eues aujourd'hui en exécution des ordres de Votre Sérénité; j'ai tenu, aussitôt rentré chez moi, à lui en donner connaissance.

De l'armée impériale, le 29 juillet 1544.

Bernardo NAVAGER.

33.

Sous Saint-Dizier, le 30 juillet 1544.

Travaux de siège; leur lenteur. — Fière réponse des assiégés. — Les Allemands brûlent Vitry; leur insolence. — Petits sacs de poudre trouvés dans cette ville; ce qu'on en conclut. — Hypothèses sur la durée du siège. — Arrivée du roi d'Angleterre à Calais. — Revue des Allemands. — Il est venu un peu d'argent. — Le grand écuyer n'est pas encore de retour. — La disette augmente.

Sérénissime Prince,

La plus grande nouvelle que j'aie à écrire à Votre Sérénité est qu'il ne s'est passé rien de nouveau depuis ma dernière dépêche. Ces sei-

(1) Paul III.

gneurs continuent de travailler à leurs mines et à leurs tranchées et ont en outre commencé un cavalier. Tout cela marche si lentement que, soit à cause de l'importance des travaux ou du peu d'ardeur qu'on y met, on n'aura pas fini avant huit ou dix jours.

Après la déroute des Français qui occupaient Vitry, on a envoyé un trompette aux assiégés pour leur faire entendre que les troupes de secours sur lesquelles ils comptaient ayant été défaites, il ne leur restait plus qu'à se rendre. Ils ont répondu qu'ils étaient assez forts pour n'avoir pas besoin d'être secourus et que le jour où un secours leur viendrait, il serait si puissant qu'il pourrait se mesurer avec l'armée impériale tout entière.

L'empereur voulait concentrer à Vitry tous les blés du voisinage, utiliser les nombreux moulins qui s'y trouvent et en faire comme le grenier de l'armée dans sa marche en avant; les Allemands, qui ne savent que tuer et brûler, l'ont presque tout entier réduit en cendres. Ce bel exploit l'a fort mécontenté. Le pire, c'est qu'il n'ose sévir ; ils sont le nombre et font la loi au reste de l'armée. Les Espagnols et les autres disent que lorsqu'il leur arrive d'avoir à combattre avec eux ils les redoutent plus que l'ennemi. Leur insolence est telle qu'il faut l'avoir vue pour s'en faire une idée. Ils s'arrogent la garde et la disposition des quelques vivres qu'on reçoit. Ils ne veulent reconnaitre aucune autorité. Ils prétendent à tout le butin et enlèvent de vive force aux soldats qui ne sont pas de leur nation les prises qu'ils ont faites. Témoins impuissants de leurs brutalités, tous ces seigneurs regrettent aujourd'hui qu'on n'ait pas engagé d'Italiens pour cette campagne, et c'est à qui parmi eux se défendra de n'en avoir pas voulu : unis d'esprit et de cœur, Espagnols et Italiens auraient formé un corps solide et discipliné qui, quoique moins nombreux, eût tenu en respect cette horde allemande.

On a trouvé à Vitry des petits sacs de poudre que les Français se proposaient d'introduire dans Saint-Dizier en même temps que le secours; ces seigneurs en tirent bon augure et sont persuadés que les assiégés doivent manquer de munitions. Cependant les deux dernières nuits, comme on élevait le cavalier, l'artillerie de la place n'a cessé de tirer sur les travailleurs, et je tiens de bon lieu qu'elle en a tué une dizaine.

Comment se terminera ce siège? Si l'on réussit à s'emparer de Saint-Dizier, quelle route prendra l'empereur et de quel côté dirigera-t-il son armée? Que résoudra-t-il si l'on échoue? Je ne saurais sur tout cela qu'émettre d'oiseuses hypothèses. Autant de têtes, autant d'avis. Il me parait plus sage d'attendre les événements et d'en informer Votre Sérénité au fur et à mesure qu'ils se produiront. Il est un point cependant sur lequel tout le monde est d'accord : c'est que nous sommes encore ici jusqu'au 10 août et peut-être plus tard.

L'ambassadeur d'Angleterre a reçu des lettres datées du 18; elles portent que le roi est arrivé à Calais le 14, et qu'une partie de l'armée continue à assiéger Montreuil, et l'autre Boulogne.

Ce matin on a passé en revue tous les Allemands, gens de pied et gens de cheval, à l'exception des troupes du prince d'Orange qui, par parenthèse, sont encore commandées par son lieutenant. Les gens de pied sont moins nombreux et moins bons qu'on ne croyait; quant aux gens de cheval, ils sont excellents et parfaitement armés, mais leur nombre à eux aussi s'est trouvé inférieur à celui des payes qu'ils recevaient.

L'argent est arrivé, mais pas tout : on n'a reçu que 70 000 ducats.

Le grand écuyer n'est pas encore revenu de son expédition.

La disette se fait sentir plus que jamais. Le pain et le vin sont hors de prix ; presque tout le traitement que m'alloue par jour Votre Sérénité passe à leur achat. J'ai toujours eu à ma table des convives venus d'eux-mêmes et sans avoir été priés, comme c'est l'usage ici ; j'en ai beaucoup plus à cette heure et je dois à ma qualité d'ambassadeur de la République de leur faire accueil.

De l'armée impériale sous Saint-Dizier, le 30 juillet 1544.

Bernardo NAVAGER.

Analyse de la dépêche du 30 juillet au Conseil des Dix et de son annexe.

L'agent secret de l'ambassadeur, le trompette Bernardin de Vérone, lui a remis dans la matinée un rapport écrit. Il est revenu à 3 heures 3/4 et lui a dit qu'il venait de laisser tête à tête en un logis M. de Granvelle et M. le bailli de Dijon (1); il lui a appris en outre que la revue du matin n'avait eu d'autre but que de donner à ces seigneurs français une haute idée des forces impériales.

Dans son rapport écrit, l'agent dit en substance : « Le 22 courant, don Fernand et M. de Granvelle me chargèrent d'accompagner un homme qui parlait plusieurs langues. Nous montâmes sur l'heure à cheval et nous arrivâmes à Bar. Le lendemain 23, nous allâmes à Châlons ; il m'y laissa pour se rendre à la cour de France. Il revint le 27 avec un gentilhomme qu'on appelle M. le bailli de Dijon. C'est un personnage à l'air aussi avisé que courtois ; il ne doit avoir guère moins de soixante-dix ans, bien qu'il ne les paraisse pas. M. le bailli de Dijon, M. de Longueval et Mme d'Étampes se sont rencontrés avec don Fernand et M. de Granvelle dans un château situé à une lieue de Bar; je crois que le duc de Lorraine s'y trouve aussi : ils négocient la paix dans le plus grand mystère ».

Près de Bar, le 28 juillet.

---

(1) Africain de Mailly — fils de Simon de Mailly, seigneur de Mailly (près d'Auxonne), d'Arc-sur-Tille, de Bressey et en 1491 de Villers-les-Pots — et de Henriette de Saint-Seine ; — chevalier d'honneur au Parlement de Dijon en 1532 ; — bailli de Dijon de 1536 à 1552 ; — conseiller et panetier ordinaire du roi, chevalier de l'Ordre (de Saint-Michel). Archives de Dijon.

34.

Sous Saint-Dizier, le 31 juillet 1544.

Le nonce demande à l'ambassadeur si son gouvernement lui a écrit que Cavalcanti fût un agent du pape; réponse de l'ambassadeur.

Sérénissime Prince,

J'ai reçu aujourd'hui la visite du nonce (1). Il m'a demandé instamment et en toute confiance de vouloir bien lui dire si Votre Sérénité m'avait écrit que ce fût de la part du pape que Cavalcanti était venu lui faire de nouvelles propositions. Il a ajouté : « On veut à la cour que le pape agisse contre l'empereur plus qu'il ne fait à ma connaisssance, et tout le monde répète que c'est en son nom qu'a eu lieu cette dernière tentative auprès de la République. Je suis sans lumière là-dessus et n'ai reçu aucun avis de Rome; je m'adresse à vous avec une entière franchise, certain que vous me direz ce qu'il en est ».

Pressé de la sorte, considérant que le désir de la République est de vivre en paix et en amitié avec tous les princes et que le maintien des bonnes relations avec le souverain pontife rentre visiblement dans cette politique et ne peut avoir que de grands avantages, sans m'écarter d'ailleurs des termes prudents et généraux de la lettre de Votre Sérénité, j'ai répondu au nonce que je ne savais qu'une chose : c'est qu'un gentilhomme nommé Cavalcanti avait été envoyé à Votre Sérénité par le cardinal de Ferrare. Il m'a paru ravi de ma réponse. Il m'a confié qu'il avait de bonnes raisons de croire que c'était sur des lettres de don Diego (2) qu'on publiait à la cour que le pape était l'âme de cette négociation. Il avait craint que la République ne partageât cette opinion. Mais il connaissait sa sagesse et son attachement pour le saint-siège et en particulier pour le pontife régnant, qui du reste le lui rendait au delà de ce qu'il pourrait jamais dire.

J'ai cru de mon devoir de rendre compte de cette conversation à Votre Sérénité. Je suis persuadé que la réponse que j'ai faite au nonce, et qui d'ailleurs est conforme à la vérité, plaira infiniment au pape, sans que personne ait sujet d'en être froissé; elle ne saurait donc porter aucun préjudice à la République, et j'espère qu'elle recevra l'approbation de Votre Sérénité.

De l'armée impériale sous Saint-Dizier, le 31 juillet 1544.

Bernardo Navager.

---

(1) Jean Poggio.
(2) Ambassadeur de Charles-Quint à Venise.

35

Sous Saint-Dizier, le 2 août 1544.

Le grand écuyer tombe malade à Saint-Mihiel. — On met garnison dans Vitry. — Saint-Dizier reçoit un peu de poudre. — Un prisonnier pendu. — Assiégeants et assiégés travaillent : cavaliers, mines et contremines. — Opinions sur le siège. — L'affaire de Chypre.

Sérénissime Prince,

J'ai écrit à Votre Sérénité que le grand écuyer avait été envoyé à la découverte avec 1 000 chevaux ; il est tombé malade il y a deux jours à Saint-Mihiel, au delà de Ligny. L'empereur a appris aujourd'hui que M. de Guise, instruit de sa maladie, marchait contre lui à la tête de 2 000 chevaux ; il a aussitôt expédié à son secours le duc Maurice également avec 2 000 chevaux et de plus quelques enseignes de gens de pied.

Le frère (1) du cardinal de Trente a reçu l'ordre de se rendre avec trois enseignes à Vitry où 300 chevaux doivent le joindre ; ces troupes sont chargées d'assurer l'emmagasinement dans cette ville de tous les blés des environs.

Hier, 11 cavaliers selon les uns, 13 selon les autres, sont entrés dans Saint-Dizier, portant chacun un petit sac de poudre ; chaque sac pouvait peser une trentaine de livres, à en juger par ceux qu'on a saisis et dont la poudre, paraît-il, n'est ni très bonne ni très fine. Ils étaient une trentaine d'hommes à cheval, vêtus comme des voyageurs pour ne pas éveiller les soupçons. Arrivés à quelque distance de la garde, ils se lancèrent à fond de train pour pénétrer dans la ville : une douzaine y réussirent, la plupart furent pris, quelques-uns échappèrent. Ceux qu'on a pris disent qu'ils étaient chargés de faire savoir aux assiégés de la part du roi que s'ils tenaient quinze jours encore, l'empereur aurait alors bien autre chose à faire que de s'occuper de Saint-Dizier.

Hier encore, on a pris un jeune gars fort éveillé, qui portait des lettres en chiffres pour le roi. Il s'est vanté d'être sorti et rentré a plusieurs reprises, mais quant aux affaires d'importance, il a été impossible d'en rien tirer. Comme il était sujet de l'empereur (2), on l'a pendu.

On travaille toujours au cavalier, mais lentement ; il n'y a pas de pionniers, et les soldats ne font guère de besogne. Les assiégés en construisent un de leur côté avec les matériaux provenant de la démolition de leurs maisons. Cependant assiégeants et assiégés se canon-

(1) Hildebrand Madruzzo.
(2) Italien sans doute.

nent à l'envi pour empêcher le travail les uns des autres. Les Impériaux craignent beaucoup que les assiégés n'aient éventé toutes leurs mines et fait autant de contre-mines.

Il en est qui voudraient qu'on bombardât Saint-Dizier d'un second côté; cela obligerait les assiégés à diviser leurs forces pour soutenir un double assaut et la résistance en serait plus faible sur l'un et l'autre point. Don Fernand n'est pas de cet avis pour deux raisons : d'abord il compte pouvoir se rendre maitre de la ville par les travaux de siège qu'il poursuit; ensuite, pour battre la place d'un nouveau côté, il faudrait ouvrir de nouvelles tranchées et mettre de nouvelles pièces en position, ce qui prendrait un temps énorme.

Voilà où l'on en est, et du train dont on va, il n'est pas difficile de prévoir qu'on sera encore ici le 10 août, même si tout succède au gré de l'empereur.

On n'a pu me délivrer encore la lettre pour Chypre, parce qu'elle n'a pas reçu la signature impériale; l'empereur est tout entier aux affaires de la guerre et son entourage hésite à lui parler d'autre chose.

De l'armée impériale sous Saint-Dizier, le 2 août 1544.

Bernardo NAVAGER.

36.

Sous Saint-Dizier, le 6 août 1544.

Alarme dans Vitry; rappel de la garnison. — Continuation des travaux de siège. — Les assiégés reçoivent encore un peu de poudre. — Ordre général à l'armée anglaise — Nouvelles d'Italie : préparatifs de Strozzi; le marquis del Guasto sans argent; ravages de Barberousse; l'armée française toujours en Piémont. — Le comte de Sancerre reçoit l'ordre de Saint-Michel. — Savorgnano. — Pont d'assaut.

Sérénissime Prince,

Plus Votre Sérénité est impatiente d'apprendre les progrès de l'armée impériale, plus elle doit trouver froides mes dépêches qui ne lui apportent que les faits insignifiants d'un statu quo qui s'éternise. J'envoie ci-inclus le double des dernières qui vont du 29 du mois passé au 2 courant.

Le 3, le seigneur Hildebrand, frère du cardinal de Trente, qui commandait à Vitry, avisa l'empereur que 4 à 5 000 gens de pied et un grand nombre de chevaux avait quitté Châlons et marchaient sur la ville, décidés à prendre leur revanche et à en déloger les Impériaux comme ceux-ci avaient fait des Français. Don Fernand part sur-le-champ avec 6 000 Allemands et Espagnols, suivi bientôt de l'empereur lui-même à la tête de toute sa maison militaire et de 1 000 chevaux allemands. Ils arrivent à Vitry, n'aperçoivent que quelques chevaux ennemis au delà de la rivière et reviennent sur leurs pas; partis avant midi, ils rentraient au camp après minuit. Après cet incident, on résolut de rappeler la garnison, ne voulant ni la laisser exposée à un coup de main ni courir sans cesse à son secours.

On continue à travailler aux mêmes ouvrages avec la même lenteur.

D'autres cavaliers, ceux-ci déguisés en vivandiers, ont réussi à entrer dans Saint-Dizier avec de la poudre.

L'ambassadeur d'Angleterre est sans nouvelles. Il a dit à mon secrétaire que Paget lui avait écrit qu'il ne lui en donnerait qu'après la prise de Montreuil et de Boulogne. Il a ajouté : « J'ai reçu l'ordre général à notre armée; je le communiquerais volontiers à votre ambassadeur s'il n'était en anglais. En voici les principaux points : « que le très saint sacrement de l'eucharistie soit respecté et honoré, ainsi que toutes les choses sacrées; — qu'on ne brûle point les images des saints; — qu'on ne fasse point de prisonniers au-dessous de quatorze ans, sauf les fils des princes, des seigneurs et des nobles; — qu'on ait pour les femmes en couche les mêmes ménagements que la famille, qu'on ne leur fasse ni injure ni violence d'aucune sorte et qu'on se garde même de leur faire peur; — que tous ceux qui apporteront des vivres à l'armée soient payés et bien reçus; — que les immondices des troupes soient enfouies à je ne sais combien de pieds. » Tels sont, au dire de l'ambassadeur, les ordres les plus importants donnés à l'armée; toute transgression est punie de mort.

Les dernières dépêches d'Italie sont du 18 juillet. Elles parlent des nouveaux et grands préparatifs que Strozzi et d'autres capitaines au service de la France font à la Mirandole (1), de la pénurie d'argent où se trouve le marquis del Guasto, de plusieurs milliers d'Italiens emmenés en esclavage par Barberousse et de sa tentative contre Lipari; elles donnent enfin une nouvelle si surprenante que ces seigneurs n'en reviennent pas : c'est que le roi de France n'avait pas encore rappelé son armée de Piémont (2).

(1) Après sa défaite à Serravalle (8 juin), Pierre Strozzi « retourna à la Myrandole, auquel lieu luy et le duc de Somme... firent nouvel amas de six mille hommes de pied et délibérèrent de passer par le duché de Milan, en despit des Impériaux, pour se venir joindre à monseigneur d'Anguien, lequel estoit despourveu de forces ». Du BELLAY, p. 541.

(2) Carignan pris (20 juin), François 1er donna ordre au comte d'Enghien « qu'il luy renvoyast de Piémont six mille soldats françois des vieilles bandes et six mille Italiens pour résister à l'empereur ». Du BELLAY, p. 539. M. de Taix (Jean, seigneur de Taix) ramena en France vingt-trois enseignes d'après MONTLUC, p. 72, vingt-cinq d'après BRANTÔME, t. VI, p. 13. Nous n'avons pu découvrir la date de leur départ d'Italie ni celle de leur arrivée au camp de Jalons. Il paraît étrange

Sa Majesté très chrétienne a envoyé l'ordre de Saint-Michel à M. de Sancerre qui commande en chef dans Saint-Dizier depuis la mort de Lalande; l'envoi était accompagné d'une lettre des plus flatteuses et des plus cordiales où le roi l'appelait son frère et promettait de le traiter royalement. On tient ces détails des cavaliers qui ont été faits prisonniers en voulant introduire de la poudre dans la ville.

Le magnifique messire Mario Savorgnano est arrivé il y a déjà quelques jours. Sa première visite a été pour moi; il m'a dit que Votre Sérénité avait bien voulu l'autoriser à suivre cette guerre pour s'instruire et pouvoir ensuite, à l'exemple de ses ancêtres, travailler plus utilement à la grandeur de la République. Il est venu accompagné de quelques bons soldats et d'un ingénieur qui est son compatriote. Celui-ci se fait fort de construire un pont qu'on jettera du bord du fossé sur les murs de la place et qui permettra d'aller à l'assaut sans danger. Ces seigneurs l'ont pressé de se mettre au travail. Réussira-t-il? Les avis sont partagés. J'attends d'avoir vu son œuvre pour la juger (1).

De l'armée impériale sous Saint-Dizier, le 6 août 1544.

Bernardo NAVAGER.

que ces troupes n'aient pas encore quitté le Piémont le 18 juillet, c'est-à-dire presque un mois après leur rappel, surtout dans l'extrême besoin qu'en avait François 1er.

(1) Autorisé par la Seigneurie à se rendre au camp impérial, Mario Savorgnano arrive devant Saint-Dizier à la fin de juillet ou au commencement d'août. Navager en avise le doge le 6 août. Le Conseil des Dix veut savoir ce qu'il fait et, le 3 septembre, demande des détails à l'ambassadeur. Celui-ci lui répond par la curieuse dépêche que voici, datée de Bruxelles, le 3 octobre.

« ... Les soldats qui formaient la suite de Mario Savorgnano n'étaient qu'au nombre de deux. L'un, un certain Jean-Baptiste de Pesaro, appartenait au duc d'Urbin (Guid'Ubaldo II della Rovere); Mario m'a dit qu'il lui avait été donné par l'ambassadeur du duc à Venise et ce Jean-Baptiste m'a lui-même confirmé le fait; il le paie dix ducats par mois. L'autre était un messire Fabio, frère d'un messire Cornelio, docte gentilhomme d'Udine. Ce dernier l'a quitté à son arrivée au camp et s'est attaché au marquis de Marignan. Mario m'a déclaré qu'il n'avait plus voulu de lui parce qu'il avait cru s'apercevoir qu'il était peu affectionné à la République. Fabio m'a dit de son côté que si, après être venu en compagnie du seigneur Mario, il s'était séparé de lui, c'était parce qu'il le regardait trop du haut de sa grandeur. Tous les deux se sont trouvés en même temps à ma table; Fabio s'évertua pour lier conservation avec lui, mais il ne put en obtenir de réponse. Plus libre avec mon secrétaire qu'avec moi, il lui dit : « Je ne m'explique pas pourquoi le seigneur Mario me traite avec tant de hauteur; je fus d'abord toute sa suite et jusqu'à Venise il n'eut point d'autre soldat que moi ».

L'ingénieur, venu avec Savorgnano, est un certain maître Antoine de Tolmezzo; il ne loge ni ne mange chez lui. Il avait offert de construire un pont d'assaut pour prendre Saint-Dizier. La place s'étant rendue et ce travail n'ayant plus d'objet, il n'a pas trouvé d'autre occasion de s'employer. J'ignore quels sont ses appointe-

37.

Sous Saint-Dizier, le 7 août 1544.

Nouvelles protestations d'amitié à Venise pour son refus de se liguer avec le pape et le roi de France contre l'empereur. — Propos d'un des chefs de l'armée sur l'issue du siège et de la campagne. — L'ambassadeur reçoit un supplément de traitement; détail de ses dépenses.

Sérénissime Prince,

Je suis allé ce matin, comme je fais tous les jours, entendre la messe dans la tente du nonce. Idiaquez, secrétaire de l'empereur, est venu à moi et m'a dit : « Monsieur l'ambassadeur, l'empereur et M. de Granvelle vous ont déjà exprimé leur satisfaction au sujet de la réponse faite par Sa Sérénité d'abord au cardinal de Ferrare lui-même et ensuite à son envoyé le gentilhomme de Florence (1). Mais, quoi qu'ils aient pu vous dire, ils estiment que ce n'est pas encore assez et ils m'ont chargé de vous confirmer que rien ne saurait être plus agréable à Sa Majesté que la loyale attitude de la République en toute circonstance, qu'elle se fera un devoir de lui en témoigner sa gratitude en saisissant toutes les occasions qui se présenteront d'accroître sa puissance et que vous pouvez vous fier à sa

ments, n'ayant pas songé à m'en informer. Il est venu me voir plusieurs fois : c'est un esprit grossier et sans aucune culture.

Pour en revenir à Savorgnano, je ne connais des motifs qui l'ont amené à cette cour que ce qu'il m'en a lui-même appris. Il me dit en causant que don Diego lui avait donné des lettres de recommandation pour Idiaquez et d'autres personnages de ses amis. Il vit l'empereur et M. de Granvelle; il reçut un accueil particulièrement chaleureux de don Fernand, qui lui fit allouer un traitement de cent écus par mois. Il n'a cessé d'être au mieux avec lui, suivant à ses côtés les opérations de l'armée ; je ne sache pas qu'il eût d'ailleurs de grade ou d'emploi déterminé. Il m'a déclaré qu'il n'était venu que pour s'instruire, heureux de mettre ensuite ses connaissances militaires au service de la République. Après le vice-roi, c'est Jean-Baptiste Gastaldo qu'il fréquentait le plus; il était fort lié aussi avec Pirrho Colonna. Bref, tout entier aux choses de la guerre, il ne quittait point ces capitaines. Encore en ce moment il se trouve à Cambrai en compagnie de don Fernand. Il m'a dit enfin que si la guerre entre la France et l'Angleterre eût promis de durer quelques mois et qu'on lui eût fait quelque ouverture, peut-être se fût-il laissé tenter, mais que, de compte fait, il aimait mieux s'en retourner dans son pays, m'affirmant de nouveau qu'il ne désirait rien tant que de servir la République. Voilà tout ce que je puis dire jusqu'ici de Mario Savorgnano. Si j'apprends d'autres choses, et j'y tâcherai, je ne manquerai pas d'en informer Votre Sérénité ».

(1) Bartolomeo Cavalcanti ; les Cavalcanti avaient été bannis de Florence avec les Strozzi. Bartolomeo fut d'un grand secours pour Montluc pendant le siège de Sienne en 1555.

parole. » Il a ajouté : « Sa Majesté a été avisée par les dernières dépêches de don Diego que Strozzi, comme vous le savez sans doute, se trouvait à Venise (1). Elle s'en tient aux représentations que son ambassadeur a faites là-dessus à Sa Sérénité, sans vouloir autrement insister; la sagesse de la République lui est connue et le passé lui répond de l'avenir. » J'ai répondu qu'en effet l'empereur et M. de Granvelle avaient bien voulu me dire combien ils étaient satisfaits de la réponse de la République et que j'avais déjà transmis leurs gracieuses déclarations à Votre Sérénité, mais que cette nouvelle démarche, faite par un homme tel que lui, ne lui en serait pas moins infiniment agréable. Revenant ensuite sur sa dernière phrase, à savoir que l'empereur ne manquerait point à sa parole, j'ai ajouté que cela ne convenait pas à un simple particulier ni à plus forte raison à un prince, surtout à un prince aussi vertueux et aussi grand que l'empereur, et que c'était la dernière chose qu'on dût craindre. Quant à la présence de Strozzi à Venise, j'ai dit que je n'en avais pas été avisé et que c'était ma première nouvelle, comme c'est la vérité, mais que Votre Sérénité, qui tient à vivre en bons rapports avec tous les princes, n'avait jamais manqué et ne manquerait jamais aux égards qu'elle leur doit. Il a répliqué en termes généraux des plus honorables pour la République, et la conversation a pris fin.

En quittant Idiaquez, je me suis entretenu avec un personnage fort au courant des choses de l'armée pour en avoir le maniement. Il m'a dit que l'assaut n'aurait lieu que dans six ou huit jours, plus tard peut-être, et qu'il lui était difficile d'en prévoir l'issue. Les tranchées et les autres ouvrages s'annonçaient bien et donnaient les meilleures espérances, mais l'on manquait de troupes propres à forcer les places : il n'y avait guère que les vétérans espagnols qui en fussent capables, et ils étaient encore démoralisés par leur dernier échec. Sans compter que Saint-Dizier se trouvait aujourd'hui plus fort que jamais. Tout cela le rendait perplexe et l'empêchait de se prononcer. Je lui ai répondu que j'avais trop de confiance en ses talents militaires pour que je pusse douter un instant du succès, mais que fera-t-on une fois Saint-Dizier pris? « Si, m'a-t-il dit, les nou-

(1) Bannis de Florence, les Strozzi se fixèrent à Venise. Philippe avait laissé quatre fils : Pierre (1500-1558), maréchal de France; Léon (1514-1554), prieur de Capoue; Robert, administrateur de la fortune et de la banque familiales; Laurent (1523-1571), évêque de Béziers en 1548, cardinal en 1557, archevêque d'Alby en 1561, d'Aix en 1566. L'intimité des Strozzi avec l'ambassadeur de France, qu'ils aidaient de leurs conseils et de leur argent, les rendit suspects à la Seigneurie; ils furent bannis en 1542, lors du procès des révélateurs des secrets d'Etat. Soit que le décret de bannissement eût été abrogé, soit que le Conseil des Dix fermât les yeux, cette dépêche nous montre Pierre Strozzi à Venise. L'empereur se plaint : Pierre Strozzi était « l'âme et le bras de la politique française en Italie ». La plainte n'eut pas d'effet. Charles-Quint la renouvelle encore en avril 1546. *Venetianische depeschen vom Kaiserhofe*, p. 467. — J. ZELLER, *La diplomatie française*, etc.

velles de France sont vraies et que le roi doive disposer bientôt, en plus de sa cavalerie, de 25 000 gens de pied dont 13 000 Suisses et le reste des Gascons et autres troupes, avec une pareille armée toujours à ses trousses, l'empereur sera réduit à l'impuissance, et si, pour en sortir, il réunit toutes ses forces en appelant à lui les garnisons de Pont-à-Mousson, de Bar et de Toul, il se trouvera dans quelques jours aux prises avec un ennemi tout autrement redoutable que le roi, je veux dire la faim. » On m'avait dit hier dans la soirée que l'empereur avait donné l'ordre de lever 4 000 gens de pied et 1 000 chevaux dans les États du duc de Clèves; je lui ai demandé ce qu'il en était. Il m'a répondu qu'il en avait été question, mais que jusqu'ici l'on n'avait rien décidé; ces troupes d'ailleurs, fussent-elles enrôlées tout de suite, ne pourraient arriver à temps. Voilà ce que m'a dit un homme en qui, je le répète, on peut avoir une entière confiance. Je m'empresse d'en donner communication à Votre Sérénité pour lui faire connaître la situation et ce qu'en pensent les chefs de l'armée.

J'en étais là de ma dépêche quand je reçois à l'instant une lettre de mon frère qui m'annonce la gracieuse libéralité que Votre Sérénité et le sénat ont bien voulu me faire; j'en suis profondément touché et je les prie d'agréer ma respectueuse reconnaissance. Ce nouveau témoignage de leur bienveillance, tout en augmentant les obligations que je leur ai, ne saurait rien ajouter d'ailleurs à mon extrême désir de bien faire et à mon ardeur sans bornes pour le service de la République. Le don même que Votre Sérénité a daigné m'accorder montre qu'elle s'est parfaitement rendu compte des dépenses extraordinaires de ma charge; aussi ne ferai-je que les indiquer. En prenant congé de Votre Sérénité voici onze mois, je traversai l'Allemagne épuisée par le récent passage de l'armée impériale et où, ma suite est là pour l'attester, je dus dépenser 8 et souvent 10 écus par jour. J'arrivai en Flandre, en une Flandre déchue de son ancienne opulence et doublement ruinée par les dernières guerres de Clèves et par le voisinage actuel des armées : à eux seuls le vin et le logement me revenaient d'ordinaire à 4 écus par jour, et mon traitement n'est que de 6. Le voyage de Bruxelles à Spire m'occasionna des frais énormes. A Spire où la tenue d'une des diètes les plus fameuses de ce temps avait amené un peuple de princes, tout ce que je fus obligé de dépenser pour faire honneur à la République, personne ne l'ignore. Vinrent les préparatifs de la vie de camp si nouvelle pour moi et pour laquelle tout me manquait. Je dus acheter des tentes et toutes sortes d'ustensiles non seulement pour moi, mais pour ma suite; je les payai d'autant plus cher que tout le monde en demandait à la fois et que les gens du pays ne perdent aucune occasion de s'enrichir. Je ne parle pas de la cherté de toutes choses à l'armée et de beaucoup d'autres dépenses extraordinaires que connaît le sénat. J'ai pu jusqu'ici suffire à tout avec ma modeste fortune et celle de mon frère qui ne me fit jamais défaut. Si elles eussent été assez considérables pour me permettre de continuer, le don de Votre Sérénité n'eût été pour moi qu'une nouvelle preuve de la bienveillance qu'elle m'a toujours témoignée; mais dans l'épuisement de mes ressources et de celles de mon frère, et cela à un moment où il me faut dépenser plus que jamais, ce secours de l'État me sera d'un grand soulagement et m'aidera du moins à payer quelques dettes. J'offre à la République la seule chose que je puisse lui offrir, je veux dire ma vie. Je la sais grande et magnanime; elle me viendra toujours en aide dans mes besoins.

De l'armée impériale sous Saint-Dizier, le 7 août 1544.

Bernardo NAVAGER.

38.

Sous Saint-Dizier, le 9 août 1544.

Capitulation de Saint-Dizier. — Joie des Impériaux; M. de Granvelle invite les ambassadeurs à sa table, ce qu'il n'avait pas encore fait. — Envoi du plan de Saint-Dizier.

Sérénissime Prince,

Hier matin les gens de Saint-Dizier envoyèrent demander un sauf-conduit au vice-roi pour venir conférer avec lui; l'empereur donna l'ordre de le leur accorder. Le vicomte de la Rivière et un autre se présentèrent aussitôt. Ils dirent que si Son Excellence voulait les laisser s'en aller librement, enseignes déployées, avec l'artillerie, les munitions et les vivres qui étaient dans la ville, ils consentaient à se rendre, à condition toutefois que si dans le délai d'un mois le roi de France venait à leur secours, la capitulation serait considérée comme non avenue; ils demandèrent en outre que durant les trois mois qui suivraient l'évacuation, l'empereur n'ajoutât rien aux fortifications existantes et ne mît point de garnison dans la place. Don Fernand répondit que leurs propositions étaient telles qu'il n'oserait jamais les soumettre à l'empereur, mais que lorsqu'ils en feraient de raisonnables, il les appuierait de tout son crédit; il les invita à réfléchir et à voir au plus tôt ce qu'ils avaient à faire. Là-dessus ils s'en retournèrent. Ils revinrent dire dans l'après-dinée qu'au lieu du mois de délai qu'ils avaient demandé le matin, ils se contentaient de quinze jours. Don Fernand répondit que ce serait tout au plus s'ils en obtenaient quatre ou cinq de l'empereur et qu'il jugeait inutile de parler d'autre chose avant d'avoir vidé ce point. Cela dit, il les congédia.

Les deux parlementaires sont revenus ce matin de bonne heure, accompagnés cette fois de Marini, le célèbre ingénieur de Bologne.

On s'est mis d'accord sur la date de l'évacuation, qui aura lieu le dimanche 17 courant au lever du soleil, mais on n'a pu s'entendre au sujet de l'artillerie : ils tenaient à l'emmener tout entière, et le vice-roi n'a jamais voulu y consentir. Enfin, revenus dans l'après-midi, ils ont conclu aux conditions suivantes, que je tiens de plusieurs personnes et notamment de M. de Granvelle. Saint-Dizier sera livré à l'empereur le jour et à l'heure que je viens de dire, avec cette réserve que s'il vient d'ici là une armée française assez forte pour présenter la bataille à l'armée impériale ou la rejeter à deux lieues de la place, la capitulation n'aura pas son effet, mais que tout secours moindre ne saurait l'annuler. Les assiégés sortiront avec armes et bagages, enseignes déployées, laissant les vivres et toute l'artillerie, à l'exception de deux pièces, au choix du vice-roi. En attendant, tous travaux d'attaque et de défense cesseront de part et d'autre et, pour veiller à l'exécution de cette clause, il y aura un commissaire impérial dans la place et au camp un commissaire français. Les assiégés seront autorisés à dépêcher sur-le-champ l'un d'entre eux au roi de France pour lui faire part de leur capitulation. Ils livreront en garantie de leur parole six otages choisis parmi les plus marquants d'entre eux.

Il paraîtrait que l'ingénieur Marini était désolé de voir Saint-Dizier capituler. Il a déclaré à un gentilhomme italien que la place était des plus fortes et que les plus graves raisons qu'on eût de se rendre étaient la privation de vin, insupportable pour les Français, et le manque de poudre, auquel on eût pu remédier.

Quant aux Impériaux, leur joie est immense, et pour cause. S'ils ont accordé neuf ou dix jours aux assiégés, c'est qu'ils n'étaient pas maîtres de faire autrement : les ouvrages avec lesquels ils comptaient prendre la ville ne pouvaient être achevés avant. Beaucoup même, et des plus expérimentés, doutaient du succès ou craignaient de le payer cher.

Nous passions à cheval, le nonce, l'ambassadeur de Florence et moi, près de la tente de M. de Granvellle ; il nous a appelés et a voulu à toute force que nous prissions place à sa table, ce qui ne lui était jamais arrivé depuis que je suis à cette cour. Il a été pendant tout le repas d'une gaieté extraordinaire. Il nous a d'abord raconté les détails que je viens de donner au sujet de la capitulation et dont la plupart m'étaient déjà connus. Il a dit ensuite que l'empereur avait l'intention de laisser un grand nombre de gens de pied et de chevaux à Saint-Dizier, d'en fortifier les points les plus faibles et d'en faire un magasin de vivres : de là, comme par une porte toujours ouverte sur toutes les parties du royaume, il pourra inquiéter le roi partout où il voudra. En attendant, il va faire couper tous les blés du voisinage ; il y emploiera entre autres 700 pionniers venus dernièrement de Flandre et dont on ne sait que faire pour le moment. Il va s'occuper en outre d'approvisionner la place de toutes les choses nécessaires. L'heure venue d'en prendre possession, il n'aura plus qu'à faire raser les ouvrages commencés et presque terminés ; ce sera l'affaire de quelques jours. On croit généralement qu'il pourra partir d'ici le 25. Sur la route qu'on voudrait lui voir prendre, trois opinions sont en présence, au dire des mieux informés. Ceux-ci lui conseillent de se diriger vers la Bourgogne et ceux-là vers la Flandre, tandis que d'autres en petit nombre le pressent de marcher sur Châlons. L'empereur incline visiblement à ce dernier parti, que la plupart déclarent plein de difficultés et de périls. J'informerai Votre Sérénité, le moment venu, de l'avis qui aura prévalu.

J'envoie un plan de Saint-Dizier tel que j'ai pu le faire dresser (1).

De l'armée impériale sous Saint-Dizier, le 9 août 1544.

Bernardo·Navager.

39.

Sous Saint-Dizier, le 13 août 1544.

Châlons et la capitulation de Saint-Dizier. — Arrivée des troupes de Christophe de Landenberg et des pionniers de Bourgogne. — Nouvelles d'Italie : prise de Lipari par Barberousse; les bandes de Strozz et une partie de l'armée française de Piémont en marche vers la France. — Forces du roi égales à celles de l'empereur. — Intelligence du saint-siège et de la France; il est question du rappel du nonce. — Retour du grand écuyer. — Pas de nouvelles du roi d'Angleterre. — Chaleur excessive. — Envoi de la capitulation de Saint-Dizier et de la lettre impériale au sujet de la galère de Cicala.

Sérénissime Prince,

L'expédition du courrier pour l'Italie a été remise de jour en jour à cause de la naturelle lenteur de cette cour. Cependant, comme je m'attendais toujours qu'elle aurait lieu le lendemain, je n'ai presque pas laissé passer de jour sans écrire. J'écris encore aujourd'hui sur le bruit qui court que si l'empereur signe ce soir elle se fera demain matin.

La nouvelle de la capitulation de Saint-Dizier a désagréablement surpris le gouverneur (2) et la garnison de Châlons, au dire d'un trompette qui en revient; il ajoute qu'on travaille jour et nuit à fortifier la place, dans la conviction où l'on est que l'empereur va venir l'attaquer.

Christophe de Landenberg est arrivé il y a 2 jours avec 6 enseignes;

(1) Ce plan n'a pas été retrouvé.
(2) « ... monsieur de Nevers qui estoit dedans Challons... » Du Bellay, p. 546. — François de Clèves (25 octobre 1516-13 février 1562), fils de Charles de Clèves, comte de Nevers, et de Marie d'Albret. Brantôme, t. IV, p. 373.

la revue en a été faite en présence de l'empereur. Ce sont de fort belles troupes et bien armées; on en a compté 700 qui avaient des corselets. Il est venu également 1 500 pionniers de Bourgogne.

Les dernières nouvelles d'Italie sont des 27, 28 et 29 juillet. Quoique de provenance diverse, elles sont unanimes sur ces deux points : Barberousse a pris Lipari et fait plus de 6 000 captifs; 8 000 Italiens de Strozzi et 7 à 8 000 gens de pied de M. d'Enghien avec une partie de ses chevaux accourent au secours de la France. Ceci n'est pas sans causer une vive inquiétude aux Impériaux. Ils se disent qu'avec les Suisses qu'on dit être déjà venus et ces nouvelles troupes qui arrivent d'Italie, le roi de France va disposer de forces sinon supérieures, du moins égales à celles de l'empereur. Aussi la plupart sont-ils d'avis qu'en partant de Saint-Dizier l'on se dirige du côté de la Bourgogne ou de la Flandre; on aurait ainsi des places sûres et amies pour s'y jeter à tout événement. Mais l'empereur parait plus que jamais décidé à marcher sur Châlons.

On croit généralement ici que le pape est d'intelligence avec Strozzi et que c'est lui qui a fait les frais de sa nouvelle levée. D'autre part les nouvelles d'Italie disent que Sa Sainteté attend d'un jour à l'autre l'arrivée d'un gentilhomme de Sa Majesté très chrétienne. A ce propos, je sais de bonne source que le nonce a reçu l'ordre d'aller reprendre sa charge de collecteur en Espagne. J'en ai causé avec lui; il n'a répondu ni oui ni non. Les personnes dont je tiens le fait l'expliquent en disant que l'empereur ayant rappelé son ambassadeur auprès du saint-siège (1), il est naturel que de son côté le pape en fasse autant.

Le grand écuyer est revenu en assez mauvaise santé. Le détachement n'a infligé ni subi aucune perte; il n'a eu aucune occasion de rien faire. On n'entend pas dire d'ailleurs que depuis quelque temps les partis français aient pris ni tué personne; toutefois, il y a deux jours, ils ont encore capturé près de Bar une trentaine d'Espagnols, un convoi et des bagages.

On est sans nouvelles du roi d'Angleterre (2).

Le temps, de froid et pluvieux qu'il était, est devenu tout d'un coup excessivement chaud et sec.

J'ai pu me procurer une copie de la capitulation. Bien qu'elle ne diffère guère de l'analyse que j'en ai donnée dans ma dépêche du 9, j'ai tenu à en envoyer le texte lui-même à Votre Sérénité (3). Je lui

(1) Juan de Vega, ambassadeur de Charles-Quint à Rome (avril 1543-février 1547).

(2) Dans sa dépêche du 10-13 août au Conseil des Dix, l'ambassadeur dit que l'empereur a envoyé le 12 au roi d'Angleterre M. de Montbardon, gentilhomme de la bouche. Est-ce pour rendre compte à son allié de l'état des négociations ou pour lui annoncer la reddition de Saint-Dizier, il l'ignore. — Ce Montbardon ou Monbardon, gentilhomme attaché au duc de Bourbon, passa avec lui au service de Charles-Quint. Brantôme, t. II, p. 234.

(3) Cette copie n'a pas été retrouvée aux archives de Venise.

envoie en même temps la lettre impériale relative à la galère de Cicala.

De l'armée impériale sous Saint-Dizier, le 13 août 1544.

Bernardo NAVAGER.

40.

Sous Saint-Dizier, le 14 août 1544.

On parle de la prise de Boulogne.

Sérénissime Prince,

Le courrier n'est pas encore parti, mais il va partir tout à l'heure. On a reçu de Ligny une lettre du trésorier de l'empereur ; il annonce qu'il y a là plusieurs courriers, entre autres un d'Angleterre qui apporte la nouvelle de la prise de Boulogne, et il demande une escorte tant pour eux que pour quelque argent qui vient d'arriver. J'ai aussitôt fait demander à l'ambassadeur d'Angleterre s'il savait que Boulogne fût prise ; il a répondu que le bruit en courait et qu'il l'espérait. La nouvelle m'a paru si importante que j'ai tenu à faire connaître à Votre Sérénité ce qu'on en savait ici.

De l'armée impériale sous Saint-Dizier, le 14 août 1544, à 3 heures de jour.

Bernardo NAVAGER.

41.

Sous Saint-Dizier, le 14 août 1544.

Nouvelles de l'armée anglaise : Boulogne et Montreuil. — Visite du duc de Lorraine à l'empereur. — Arrivée de 20 000 écus.

Sérénissime Prince,

Le courrier d'Angleterre est arrivé aujourd'hui à 22 heures (1). L'ambassadeur m'a aussitôt envoyé dire qu'il avait reçu des lettres du 5 et qu'elles ne disaient point que la prise de Boulogne fût encore un fait accompli. Mais on bombardait la place à outrance et l'on se disposait à lui donner l'assaut de quatre côtés à la fois : le roi et son

(1) Cinq heures et demie de l'après-midi.

entourage pensaient l'enlever aisément. Quant à Montreuil, défendu par 3 000 gens de pied et 200 hommes d'armes, il avait été difficile d'en faire les approches ; on avait pu enfin construire un cavalier si haut et si fort que les assiégés, se défiant de leurs premières défenses, avaient dû creuser en arrière de nouveaux fossés. La nouvelle de la prise de Boulogne était donc prématurée, et le trésorier de l'empereur, qui l'avait annoncée, s'était mépris : le courrier ne lui avait pas dit que la place était déjà prise, mais seulement que, grâce aux ravages de l'artillerie et aux forces des assaillants, elle ne pouvait manquer de l'être au plus tard à son retour au camp. Comme j'ai déjà fermé et fait remettre mes autres dépêches, j'envoie celle-ci séparément ; j'ai tenu à profiter de l'heureux retard du courrier qui n'est pas encore parti pour rétablir la vérité en ce qui concerne Boulogne.

Aujourd'hui est arrivé le duc de Lorraine (1) ; il est resté deux heures avec l'empereur et est parti pour Bar. On dit qu'il est venu se plaindre des dégâts que les soldats commettaient sur ses terres et prier qu'on y mît ordre.

Les autres courriers qui se trouvaient à Ligny en même temps que celui d'Angleterre n'en ont pas encore bougé, faute d'escorte ; il y en a deux de Gênes qui apportent 20 000 écus à l'empereur. On s'étonne de l'envoi de cet argent lorsque, paraît-il, l'armée d'Italie en manque totalement.

De l'armée impériale sous Saint-Dizier, le 14 août 1544, à 23 heures (2).

Bernardo NAVAGER.

Analyse de la dépêche du 20 août au Conseil des Dix.

L'ambassadeur donne sur le moine Gabriel de Guzman les renseignements suivants : « Il est Espagnol, gentilhomme et dominicain. Il fut longtemps à la cour impériale où il confessait beaucoup de seigneurs espagnols. Il habite maintenant Paris ; il est le confesseur de la reine (Éléonore), du cardinal de Paris (Jean du Bellay) et, au dire de certains, du roi lui-même. Il a écrit plusieurs fois au confesseur de l'empereur pour le presser d'exhorter à la paix Sa Majesté impériale et ses ministres. Lui-même n'a cessé de la prêcher au roi et à ses conseillers. Il a fini par les persuader, et si on lui accorde un sauf-conduit pour se rendre à la cour impériale, il se flatte de réussir dans sa négociation. On ne lui répondit d'abord que par de vagues politesses, mais les pourparlers une fois engagés, on s'est décidé à l'entendre. On le tient pour un brave homme, mais peu apte à traiter les affaires d'État. La dernière fois qu'il est venu, on attendait M. d'Annebaut au nom duquel on avait délivré un sauf-conduit, autorisant une escorte de 20 chevaux ; il dit que l'amiral était indisposé et repartit avec un autre sauf-conduit au nom de M. Claude de l'Aubespine, conseiller du roi et son secrétaire des commandements. » L'ambassadeur ajoute : « Tout le monde sait qu'on négocie, mais personne ne connait rien des négociations ; ceux qui les conduisent sont peu nombreux et n'en laissent rien transpirer. »

(1) François 1er.
(2) Six heures et demie de l'après-midi.

Extrait de la dépêche du 22 août au Conseil des Dix.

« M. de l'Aubespine est un gentilhomme de belle apparence, à l'air affable et bienveillant, simple en ses habits et grave en ses manières. Il a passé toute la journée d'hier et celle d'aujourd'hui jusqu'à midi avec M. de Granvelle et don Fernand. Ses propositions d'hier au soir n'avaient pas dû être du goût de ces seigneurs, à en juger par leur mine. Mais ce matin 22, après avoir longuement conféré et gaiment diné avec eux, il est reparti fort satisfait, et ces seigneurs de leur côté ne cachent point leur joie ».

42.

Sous Saint-Dizier, le 23 août 1544.

Récit de l'évacuation de Saint-Dizier. — Blé, poudre et artillerie qu'on y a trouvés. — Le côté faible de la place : on s'étonne qu'elle ait pu tenir si longtemps; fortifications projetées. — Arrivée de Pirrho Colonna; ce qu'il a vu à Châlons. — Le nonce reste à son poste. — Expédition de Joinville. — Ouvrages proposés par Mario Savorgnano; envoi de son plan de Saint-Dizier. — Approvisionnement de la ville; sa garnison. On doit partir demain. — L'empereur veut marcher sur Châlons : ce n'est pas l'avis de ses généraux. — Les anabaptistes des Pays-Bas. — On attend le duc de Camerino.

Sérénissime Prince,

Comme je l'ai dit dans mes dernières dépêches dont j'envoie ci-inclus le double à Votre Sérénité, les assiégés devaient, aux termes de la capitulation, évacuer Saint-Dizier le 17 au matin. Ils sortirent dans l'ordre suivant. En tête, en manière d'avant-garde, marchaient 700 hommes dont une partie seulement était armée; ils servaient plutôt comme pionniers que comme soldats : aussi avaient-ils l'air d'excellents manœuvres et de médiocres combattants. Venaient ensuite les deux pièces d'artillerie qu'on avait consenti à leur laisser, puis les bagages et tous les *impedimenta*, entre lesquels tous les habitants de la ville qui, du plus jeune au plus âgé, sans distinction de sexe, avaient voulu partir, témoignant ainsi de leur inaltérable fidélité envers leur roi ; ils emmenaient avec eux le corps de Lalande qu'ils avaient exhumé. 1 500 gens de pied suivaient, superbes d'allure et de tenue, tous parfaitement armés; il y avait parmi eux 100 hommes d'armes également à pied, la lance sur l'épaule : cette belle troupe marchait sous huit enseignes déployées. Enfin parut le gouverneur M. de Sancerre, armé de pied en cap, flanqué de quatre étendards et escorté de 25 à 30 cavaliers d'élite, gentilshommes des plus nobles et bourgeois des plus considérables. L'empereur tint à assister en personne à leur départ. Il avait appris que les bas-Allemands du prince d'Orange voulaient à tout prix venger la mort de leur général; il leur fit quitter la veille leur quartier de campement par où les Français étaient obligés de passer; il recommanda à don Fernand et aux autres capitaines de redoubler de vigilance pour qu'il ne se produisît aucun désordre; il donna l'ordre en outre de mettre les échelles et les cordes aux potences et se plaça lui-même auprès, entouré de nombreux officiers de justice : cet appareil causa tant d'épouvante que personne n'osa bouger. M. de Sancerre quitta son chemin pour aller faire la révérence à l'empereur en pleine campagne; il en reçut l'accueil le plus courtois. Lorsqu'il prit congé, don Fernand et d'autres capitaines l'accompagnèrent.

On a trouvé dans la place beaucoup de blé, 4 000 sacs, à ce qu'on dit, 10 barils de poudre, sans compter celle que les arquebusiers ont emportée dans leurs poudrières, et 22 pièces d'artillerie, dont 10 grosses et les autres petites.

Saint-Dizier, Sérénissime Prince est si heureusement situé qu'on en peut faire une place de guerre des plus importantes. Si du côté où on l'a bombardé il eût été aussi fort qu'il l'est partout ailleurs, jamais l'on ne s'en fût rendu maître. Mais de ce côté, entre le terre-plein d'ailleurs solidement construit et les maisons, il y a si peu d'espace que les gens de pied destinés à soutenir l'assaut ne peuvent s'y mouvoir. C'est là une grande cause de faiblesse, et l'émerveillement des hommes du métier en voyant les lieux c'est qu'on n'ait pas enlevé la place du premier coup. Le canon et la mine en avaient rendu l'accès presque facile; le fossé n'était ni large ni profond; le bastion ne s'appuyait sur aucun autre ouvrage, et cette première défense emportée, il n'existait en arrière ni fossé ni retirade. Tout cela montre clairement que les assiégés méritent d'être loués pour avoir tenu si longtemps plutôt que blâmés de s'être enfin rendus. On voit maintenant combien l'on a eu tort de croire que la partie invisible de la place en était la plus forte et de s'en rapporter là-dessus aux prisonniers qui célébraient de concert leurs fossés et leurs bastions intérieurs. On conseille à l'empereur d'améliorer les fortifications de la ville. Cela, paraît-il, ne demandera guère de temps ni d'argent. Il suffira de démolir les maisons trop rapprochées du terre-plein, de construire deux nouveaux bastions pour flanquer de chaque côté le bastion existant et défendre le fossé, et de donner enfin au fossé lui-même beaucoup plus de largeur; avec cela, au dire des hommes du métier, on fera de Saint-Dizier une place de premier ordre.

Ces jours-ci est arrivé le seigneur Pirrho Colonna; l'empereur l'a reçu le plus gracieusement du monde; les capitaines et les soldats lui ont fait fête. Il est venu par Châlons. Ce qu'on lui en a montré lui a paru très fort. Pour mieux se rendre compte de l'état de la place, il demanda à rester jusqu'à ce qu'on lui envoyât un trompette de l'armée impériale. On lui répondit qu'il n'avait pas besoin de trompette : il n'avait rien à craindre des Français, étant accompagné de l'un des leurs, ni à plus forte raison des Espagnols puisqu'il était au service de l'empereur. Il y avait en ce moment dans la ville 4 500 gens de pied, sans parler d'une foule de gentilshommes et de seigneurs venus comme volontaires ; l'intention du roi était d'y mettre 7 000 hommes. Il croit, et beaucoup sont de son avis, que la garnison de Saint-Dizier, sinon tout entière, du moins en grande partie, ira grossir celle de Châlons. On travaillait jour et nuit à mettre la place en parfait état de défense. Le roi se trouvait à Villers-Cotterets, à trois lieues au delà de Paris. Il n'était nullement inquiet ; il disposait déjà de 13 000 Suisses campés à trois lieues de Châlons et de 5 000 Gascons. Le seigneur Pirrho Colonna conclut que marcher sur Châlons garni de tant de troupes, avec toute l'armée royale dans le voisinage prête à les soutenir, est une entreprise des plus difficiles et des plus hasardeuses.

Le nonce s'attendait à recevoir d'un moment à l'autre l'ordre de retourner en Espagne : son frère et l'archevêque Ricci de Montepulciano (1), qui va comme légat en Portugal, lui avaient écrit de Rome que son rappel était chose décidée ; don Fernand lui avait dit qu'il en avait également reçu la nouvelle de Rome. Or il vient de recevoir des lettres du cardinal Farnèse qui n'en soufflent mot (2). Il reste donc et il en parait ravi ; il dit que son départ n'eût été ni profitable à Sa Sainteté ni honorable pour lui-même.

Don Francesco d'Este et don Alvaro (3) reçurent ordre, il y a trois jours, de marcher sur Joinville, le premier avec ses chevau-légers et un gros d'autres chevaux, le second avec un fort détachement de gens de pied espagnols et allemands et quatre pièces d'artillerie. Joinville est une terre de M. de Guise, située à 15 milles italiens d'ici. Un de ses fils s'y tenait : de là, avec 4 000 chevaux et les gens du pays, il ne cessait de harceler les Impériaux. On n'y trouva que 17 archers et quelques paysans qui ne firent aucune résistance. On mit le feu à la ville qui était fort belle ; on n'épargna que le château qui, au dire de ceux qui l'ont vu, n'a pas son pareil pour le charme du site et la beauté de l'architecture. Le fils de M. de Guise était parti avec ses chevaux quatre jours auparavant.

J'envoie ci-inclus à Votre Sérénité le plan des nouvelles fortifications de Saint-Dizier. On ne voulait d'abord construire que deux bastions ; il y en aura trois. On va s'occuper en premier lieu de celui qui est marqué A. Les deux autres pressent moins : il y a déjà là deux plates-formes. Ce plan est de messire Mario Savorgnano qui m'en a fait hommage. Il y a mis tout le soin et toute l'exactitude

---

(1) Giovanni Ricci de Montepulciano (son lieu de naissance), archevêque de Siponte et de Pise, cardinal en 1551, mort en 1573.
(2) Alexandre Farnèse (1524-1589), fils ainé de Pierre-Louis Farnèse et petit-fils de Paul III (Alexandre Farnèse), cardinal en 1434.
(3) Alvaro de Sande.

dont il est capable. L'empereur et ses entours en ont été ravis; jamais on n'en avait vu de si parfait. L'empereur a donné l'ordre d'appointer son auteur, tant qu'il restera à l'armée, sur le pied de 100 écus par mois, à dater du jour où il a quitté Venise. En me contant ces détails, Savorgnano m'a dit qu'il n'était venu que pour voir et s'instruire. La campagne terminée, malgré toutes les offres auxquelles il ait lieu de s'attendre d'ici ou d'ailleurs, il est décidé à retourner en Italie et à se consacrer tout entier au service de la République qui disposera de lui comme elle l'entendra.

On laissera dans Saint-Dizier 1 300 gens de pied allemands, 200 chevaux et 400 pionniers. Tous ces jours-ci les attelages de la cour ont été employés à y transporter le blé du pays avec la paille.

Le départ aura lieu demain, à ce qu'on assure. La première étape sera à six milles italiens d'ici, dans la direction de Vitry. C'est dire qu'on va marcher sur Châlons. Ces seigneurs y sont toujours opposés, mais l'empereur y tient. On compte encore, pour l'en détourner, sur les difficultés qui ne peuvent manquer de surgir à chacun de ses pas. Si malgré tout il persiste dans sa résolution, ce sera uniquement dans l'espérance de se rencontrer avec l'ennemi et d'avoir une journée comme celle de l'année dernière à Landrecies. Je tiendrai Votre Sérénité au courant des mouvements de l'armée impériale avec autant de rapidité que me le permettra mon éloignement du point de départ de la poste.

Le bruit court depuis quelques jours que la secte des anabaptistes s'est soulevée en Hollande, en Frise et dans quelques villes importantes de la Flandre.

On attend aujourd'hui le duc de Camerino qui est resté plus d'un mois et demi à Metz. On ne s'est pas fait faute à la cour d'épiloguer sur ce retard; la vérité, c'est que le manque d'argent en a été l'unique cause.

De l'armée impériale sous Saint-Dizier, le 23 août 1544.

Bernardo NAVAGER.

43.

Sous Saint-Dizier, le 24 août 1544.

Arrivée du duc ae Camerino. — Convoi de vivres — Argent d'Allemagne et lettres de change de Sicile; l'île est épuisée. — Nouvelles d'Italie : passage des montagnes de Gênes par Strozzi; dégâts de Barberousse en Calabre. — Bruit de la retraite du marquis del Guasto. — Don Fernand brigue le gouvernement du Milanais pour lui-même et celui de la Sicile pour don Francesco d'Este. — Pas de nouvelles d'Angleterre. — Sancerre et 400 gens de pied de la gar-

nison de Saint-Dizier sont entrés dans Châlons; Marini s'est rendu auprès du roi. — Le prince de Salerne est attendu. — Un agent du duc de Ferrare. — On part demain. — Lenteur des courriers due à l'insécurité des chemins. — Le secrétaire de l'ambassadeur a la fièvre.

Sérénissime Prince,

Le duc de Camerino est arrivé hier. Personne de la cour n'est allé à sa rencontre, et cela a été fort remarqué : car, outre qu'il est le gendre de l'empereur (1), il a fait ces années-ci une dépense effroyable pour traiter ces seigneurs.

On a reçu hier 700 voitures de vivres. On en avait un besoin extrême : le pain était rare et le vin introuvable. On en attend un second convoi : il en faut tant pour nourrir tant de monde.

Avec les vivres sont arrivés 300 000 ducats. La moitié est en espèces sonnantes et vient d'Allemagne; l'autre moitié est en lettres de change tirées sur l'Allemagne et vient du royaume de Sicile. A propos de cette somme levée sur la Sicile, don Ferdinand d'Aragon, frère du gouverneur actuel, m'a dit qu'on lui avait écrit qu'après les 100 000 ducats que l'île avait déjà fournis cet hiver à l'empereur et que lui-même lui avait apportés à Spire, et après les énormes sacrifices qu'elle avait dû s'imposer pour se mettre en état de défense contre une attaque possible de la flotte de Barberousse, cette nouvelle et si prompte saignée l'avait épuisée et comme anéantie.

Les dernières nouvelles d'Italie sont d'hier; elles parlent, en même temps que de l'audacieux passage des montagnes de Gênes par Pierre Strozzi, des dégâts et du butin que Barberousse avait faits en Calabre.

J'apprends de différentes sources que depuis un certain temps le marquis del Guasto demande instamment à l'empereur dans chacune de ses lettres de lui donner un successeur. Peut-être va-t-il être exaucé : don Fernand en effet, dont le crédit est à son apogée, sollicite le gouvernement du Milanais pour lui-même et celui de la Sicile pour don Francesco d'Este auquel il est fort attaché.

On n'a pas d'autres nouvelles d'Angleterre depuis ma dernière dépêche.

De la garnison de Saint-Dizier il n'est entré dans Châlons que M. de Sancerre et 400 gens de pied; le reste a continué son chemin. On dit que l'ingénieur Marini est allé faire sa révérence au roi.

On attend d'un moment à l'autre le prince de Salerne (2).

Un agent du duc de Ferrare, venu pour négocier la restitution de Brescello, est reparti il y a deux jours; on assure qu'il l'a obtenue.

---

(1) Octave Farnèse avait épousé en 1538 Marguerite d'Autriche, fille naturelle de Charles-Quint, veuve en 1537 d'Alexandre de Médicis, duc de Florence.

(2) Ferdinand de San Severino, quatrième prince de Salerne, né à Naples en 1507, mort à Avignon en 1568.

Nous partirons demain. Notre premier campement reste fixé au point que j'ai indiqué dans ma dépêche ci-jointe. Nous irons ensuite à Vitry où peut-être on s'arrêtera quelques jours.

Plus on avancera, plus le service des dépêches sera difficile et lent. Le courrier de cabinet parti le 15 a été vu hier encore à Ligny; cette extrême lenteur tient à l'extrême insécurité des chemins. Si les courriers de ces seigneurs vont si lentement, Votre Sérénité peut juger de ce que doit être des autres. La même cause fait que les lettres d'Italie nous arrivent avec le même retard.

Mon secrétaire tremble la fièvre en écrivant : Dieu veuille qu'il n'aille pas faire une maladie !

De l'armée impériale sous Saint-Dizier, le 24 août 1544.

Bernardo NAVAGER

44.

La Chaussée, le 31 août 1544.

Départ de Saint-Dizier. — Arrêt à Saint-Lumier. — Arrivée à la Chaussée. — Pourquoi on marche sur Châlons. — Recensement de l'armée impériale. — On ne voit pas un seul Français. — Disette — Expédition de plus en plus difficile des dépêches.

Sérénissime Prince,

L'empereur a quitté Saint-Dizier le 25. Il ne s'est arrêté qu'à Saint-Lumier où il a passé la journée du 29. Il est arrivé hier au soir à la Chaussée, à 6 milles italiens de Châlons; il part d'ici dans 2 heures. Cette marche sur Châlons, personne ne la conseillait, personne n'y croyait; l'empereur l'a décidée dans l'espérance sans doute que l'armée française se trouvant à cinq milles de la ville, il pourrait la joindre et lui livrer bataille. Il paraît en effet que du lieu où l'on doit camper ce soir, on ne sera plus qu'à cinq ou six milles du camp français.

J'ai voulu pendant la marche me rendre compte non seulement par moi-même, mais encore par mes amis et affidés, de l'effectif de l'armée impériale; je ne crois pas qu'il dépasse 20 à 30 000 gens de pied et 5 à 5 500 chevaux. L'infanterie comprend 6 000 hommes du prince d'Orange — beaucoup se retirèrent à sa mort, — 5 000 de Guillaume de Fürstenberg, autant du colonel de Hesse, 3 000 — de Christophe de Landenberg, autant de Georges de Ratisbonne — ce sont ceux qui ont hiverné à Cambrai — et enfin pas plus de 5 000 Espagnols tant vétérans que recrues, commandés par Luis Perez, don Alvaro et Velasco de Acuña. Tel paraît être le chiffre réel des gens de pied, mais l'empereur en paie un bien plus grand nombre; ils sont en grande partie excellents et capables de bien faire. La cavalerie se compose des chevaux du duc Maurice, du marquis de Brandebourg, du grand écuyer, du prince d'Orange et de quelques autres Allemands, des chevau-légers italiens et bourguignons, et de la maison militaire de l'empereur dont j'ai indiqué ailleurs le nombre; tous ces chevaux sont superbes, sauf les chevau-légers.

Il y a 60 pièces d'artillerie, 40 de siége et 20 de campagne. J'ai tenu à les voir; elles sont magnifiques.

Depuis notre départ de Saint-Dizier, nous avançons en pays ennemi sans rencontrer un cavalier français. L'armée campe et décampe à son aise; jamais elle n'est inquiétée. En revanche, la question des vivres devient fort tourmentante; ils se font chaque jour plus rares et l'on n'y voit point de remède. N'eût été une petite provision de biscuit que j'avais eu la bonne idée de faire, nous aurions plus d'une fois manqué de pain, ma maison et moi. Mais qu'est cette privation et tant d'autres encore, si pénibles qu'elles soient, auprès de la désolation où je suis de ne pouvoir envoyer de nouvelles à Votre Sérénité, au moment surtout où les plus graves événements vont se précipiter et où elle est impatiente de les connaître!

De l'armée impériale, à la Chaussée, le 31 août 1544.

Bernardo NAVAGER.

(Dépêche au Conseil des Dix.)

La Chaussée, le 31 août 1544.

Conférence de Saint-Amand

Excellentissimes Seigneurs,

J'ai dit dans ma dépêche publique que l'empereur avait passé la journée du 29 à Saint-Lumier. C'est que M. d'Annebaut devait venir ce jour-là conférer avec don Fernand et M. de Granvelle. L'entrevue eut lieu. J'envoyai certains de mes affidés aux écoutes; ils m'ont rapporté quelques détails. L'amiral parut avec une escorte d'une soixantaine de chevaux; il était accompagné du secrétaire d'État Bayart, de M. de Morette et de plusieurs autres gentilshommes. M. de Granvelle, don Fernand, M. d'Arras et le secrétaire Idiaquez se présentèrent de la part de l'empereur. Le lieu du rendez-vous était l'église du village de Saint-Amand, à un mille italien en avant de Saint-Lumier. L'amiral, le chancelier (1) et Bayart pour le roi, don Fernand, M. de Granvelle, son fils M. d'Arras et Idiaquez pour l'empereur, entrèrent dans l'église. Cela faisait quatre négociateurs impériaux, contre trois français. Pour que le nombre fût égal des deux côtés ou plutôt, je crois, parce qu'il avait été jusque-là mêlé à la négociation et qu'il en connaissait la suite, le frère de Guzman fut introduit. On discutait depuis près de quatre heures lorsque l'amiral sortit pour un besoin naturel. Aussitôt

(1) Errault de Chemans.

tous les Français de l'entourer. Mais il prit à part M. de Morette, lui parla assez longtemps et lui dit entre autres choses : « J'ai cru qu'on allait rompre les pourparlers tant il paraissait impossible de s'entendre ; mais maintenant cela commence à marcher. » Je tiens le propos d'un homme à qui M. de Morette lui-même l'a répété. L'amiral rentré, la séance dura longtemps encore. On remarqua qu'en sortant tous les négociateurs étaient moins joyeux qu'en entrant. Tout le monde croit qu'il y aura demain une nouvelle conférence. Le trompette (1), revenu hier au soir de Châlons, m'a dit que l'amiral en était parti dès l'aube, se rendant en poste auprès du roi qui se trouve à 4 lieues de la ville. Je tiendrai Vos Excellences au courant des événements aussi exactement et aussi rapidement qu'il me sera possible.

De l'armée impériale, à la Chaussée, le 31 août 1544.

Bernardo NAVAGER.

45.

A 16 lieues de Paris, le 6 septembre 1544.

Giannettin Doria capture les galères du pape; l'empereur envoie l'ordre de les relâcher. — Marche de l'armée impériale depuis la Chaussée jusqu'à 16 lieues de Paris; incidents divers.

Sérénissime Prince,

Le départ du courrier du 31 août pour l'Italie eut lieu à l'improviste. L'empereur avait dans la nuit du 30 reçu par un exprès une lettre du vice-roi de Naples (2) lui annonçant que Giannettin Doria (3) venait de capturer les galères du pape ; mécontent de cette prise, il décida d'envoyer aussitôt l'ordre de les relâcher. J'écrivis précipitamment, pressé par le temps : car on levait déjà le camp lorsqu'un de mes amis me fit dire qu'il allait y avoir une expédition secrète. J'envoie ci-inclus le double de ma dépêche.

Le 31 août, l'armée impériale quitta la Chaussée et s'avança jusqu'à trois milles de Châlons ; elle resta là toute la journée du 1ᵉʳ septembre. Le 2, elle alla camper à deux milles au delà de la ville ; elle passa si près des remparts qu'elle était sous leur feu. On reconnut la place. Les nouvelles défenses, la force de la garnison et le voisinage de l'armée royale en rendaient l'attaque hasardeuse ; il fallut songer à autre chose.

L'empereur avait appris qu'en une ville appelée Épernay, à

(1) Bernardin de Vérone.
(2) Don Pedro Alvarez de Toledo (1484-1553), marquis de Villafranca, vice-roi de Naples de 1532 à 1553, date de sa mort.
(3) Giannettin Doria († 1547), fils de Tomaso Doria, cousin d'André Doria, qui, n'ayant point d'enfants, l'adopta.

18 milles plus loin, les Français avaient fait un grand amas de vivres; il résolut d'aller surprendre Épernay. A quatre heures de nuit, les Impériaux décampèrent en silence, sans tambour, et marchèrent toute la journée du 3 jusqu'à 20 heures (1), brûlant et détruisant sur leur passage, en longeant la rive droite de la Marne, les plus beaux villages qu'on pût voir. Le 3 au matin, à deux heures de soleil, ils se trouvèrent à un mille du camp français, placé sur la rive opposée. La rivière séparait les deux armées, mais un pont et plusieurs gués permettait d'aller et venir aisément d'un bord à l'autre. Cela fit que beaucoup de cavaliers et de gens de pied allèrent à l'escarmouche : plus d'un combattant de part et d'autre resta sur le carreau. Du côté des Impériaux, le comte Guillaume de Fürstenberg fut pris. Aucune capture ne pouvait être plus agréable au roi ni plus désagréable à l'empereur. Le roi ne peut lui pardonner de l'avoir autrefois mal servi. Quant à l'empereur, le comte lui était à cette heure infiniment précieux. Il connaissait parfaitement le pays, les forces du roi et le caractère des Français : aussi passait-il pour être en ce moment plus écouté de l'empereur qu'aucun de ses ministres ou de ses conseillers ordinaires. Les Français eurent également un prisonnier de marque : ce fut le prince de la Roche-sur-Yon, jeune homme de 33 ans, noble et riche à souhait, fils d'une sœur de Mgr de Bourbon, et qui offrit d'abord à l'Albanais qui l'avait fait prisonnier 15 000 écus pour sa rançon (2). A la nouvelle de la prise du comte Guillaume, l'empereur envoya aussitôt un trompette au dauphin pour lui faire savoir qu'il traiterait le prince et les autres prisonniers comme le roi traiterait le comte. Cependant l'armée française s'était déployée en ordre de bataille. A la grande étendue de terrain qu'elle occupait, on jugea qu'elle devait être fort nombreuse et prête à accepter le combat. Mais l'empereur avait la Marne à traverser; il ne se soucia pas d'en tenter le passage. Il savait d'ailleurs que la position de l'ennemi était extrêmement forte et craignait de ne pouvoir l'enlever. L'armée impériale poursuivit donc sa marche jusqu'à vingt heures où elle dut camper, incapable d'aller plus loin et d'atteindre Epernay : cette longue marche de presque toute une nuit et de toute une journée l'avait harassée.

Le pays que nous traversons ne s'attendait pas à être envahi et pillé; toutes choses y abondent. Les chevau-légers surtout ont fait un butin considérable; nous en avons vécu pendant quelques jours. Les campagnes sont encore couvertes de blé; les villages regorgent de toutes sortes de vivres. Par malheur l'Allemand brûle tout, maisons et provisions. Si le roi, dévastant lui-même ses États et ruinant ses propres sujets, ne s'avise de faire le vide devant l'armée impériale,

(1) Trois heures de l'après-midi.
(2) Charles de Bourbon († 10 octobre 1565), prince de la Roche-sur-Yon, second fils de Louis de Bourbon, prince de la Roche-sur-Yon, et de Louise de Bourbon, sœur aînée du connétable. BRANTÔME, t. V, p. 4.

on espère qu'à mesure qu'elle avancera, elle trouvera plus facilement à subsister. Mais qui eût jamais pensé que les Français laisseraient un libre cours à l'invasion et lui permettraient de désoler leur pays! On est déjà fort avant dans le royaume et l'on parle hautement d'aller à Paris. Les chefs allemands ont offert à l'empereur de le servir, eux et leurs hommes, sans argent et sans vivres; ils comptent qu'on les paiera largement à la fin de la campagne, et quant au reste, ils vivront du pays comme ils l'ont fait jusqu'ici.

Épernay a été occupé le 4. On y a trouvé du vin et de la farine en si grande quantité que si on les ménageait, il y en aurait assez pour nourrir l'armée pendant huit jours; mais les Allemands gaspillent tout. On a brûlé la ville, ainsi que tous les villages d'alentour.

On annonce à l'empereur que l'armée française, où le dauphin et le duc d'Orléans se trouvent en personne, a quitté sa position et marche contre lui. Sur cet avis, il décide de laisser tous les bagages et les non-combattants et de passer la rivière dans la matinée du 5 pour se porter au-devant de l'ennemi. On prépare les ponts. Beaucoup de ces seigneurs se disposent à se confesser dans la nuit. Tout le monde croit à une bataille pour le lendemain. Cependant on envoie don Alvaro de Luna avec 100 arquebusiers à cheval s'assurer de la chose; il revient et rapporte que les Français n'ont pas bougé. L'empereur alors continue sa marche sur la rive droite et fait environ dix milles dans la journée. Aujourd'hui il n'en a fait que deux.

Si j'ai écrit cette dépêche, ce n'est pas que je puisse l'envoyer sur-le-champ : du cœur de la France où je me trouve, les occasions pour l'Italie sont rares. Mais je tiens à informer de point en point Votre Sérénité de tout ce qui se passe. Or, comme il me serait impossible de tout mettre, sans rien oublier, en une seule lettre écrite au dernier moment, sur le départ du courrier, j'écris tous les quatre ou six jours, notant soigneusement les événements survenus dans l'intervalle. J'expédierai le tout à la première occasion, et Votre Sérénité recevra de la sorte en une seule fois toute la suite et le détail exact des faits.

De l'armée impériale, à 16 lieues de Paris, le 6 septembre 1544.

Bernardo NAVAGER.

(*Dépêche au Conseil des Dix.*)

De l'armée impériale, en pleine campagne, à 16 lieues de Paris, le 6 septembre 1544.

Entrevue de Sarry. — Lettre de la reine Eléonore à l'empereur. — Arrivée du bailli de Dijon. — M. d'Arras est envoyé au roi d'Angleterre. — Défense de prendre des vivres sans les payer.

Excellentissimes Seigneurs,

J'ai écrit le 31 août que les négociateurs devaient avoir une nouvelle entrevue le lendemain 1ᵉʳ septembre. Ils se réunirent dans un très beau château de l'évêque de Châlons, situé à un mille italien en avant du camp et à une égale distance, ou un peu plus, de la ville. Ils restèrent quatre heures ensemble. Le vice-chancelier (Errault de Chemans) n'était pas venu. On dit qu'il était indisposé et l'on a reçu depuis la nouvelle de sa mort. M. de Neuilly le remplaçait. Le dominicain ne fut point admis à cette seconde conférence. On fit des deux côtés assaut de courtoisie, mais quant à ce qui fut dit, personne au monde n'en sait rien.

Le 4, ce ne fut plus M. d'Annebaut qui vint au camp, mais le secrétaire d'État Bayart et un gentilhomme, porteur d'une lettre de la reine pour l'empereur, son frère.

Eux partis, arriva le lendemain, 5, le bailli de Dijon. Il a passé toute la nuit avec ces seigneurs et est parti ce matin, 6. Le bruit a couru après son départ que la paix était conclue et qu'il était venu au nom du roi souscrire aux conditions de l'empereur. Ce que je sais et puis affirmer, c'est que M. d'Arras part en poste cette nuit ou demain matin pour se rendre auprès du roi d'Angleterre; l'ambassadeur d'Angleterre m'a dit qu'il allait lui annoncer non pas que la paix était faite, mais qu'on traitait. Ce que je sais encore, c'est qu'aujourd'hui 6 septembre, à 23 heures (5 h. 3/4 du soir), on a fait publier un ban pour défendre à tout soldat, capitaine ou gentilhomme de voler des vivres ou autre chose quelconque en ce pays, avec ordre de payer toutes les provisions apportées par les vivandiers français, les seuls qu'on puisse rencontrer ici, le tout sous peine de la disgrâce impériale...

De l'armée impériale, en pleine campagne, à 16 lieues de Paris, le 6 septembre 1544.

Bernardo NAVAGER.

46.

Soissons. — A 4 lieues au delà de Soissons, 14-17 septembre 1544.

Marche de l'armée impériale du 7 au 17 septembre. — Sac de Château-Thierry, de Neuilly-Saint-Front et de Soissons. — Trêve en Piémont. — L'empereur fait des exemples : deux exécutions. — Les Impériaux se dirigent vers la Flandre.

Sérénissime Prince,

Plus les circonstances sont graves, plus Votre Sérénité doit être impatiente de recevoir des nouvelles. Aussi n'est-il rien que je ne tente pour la satisfaire. Comme je désespérais de pouvoir expédier mes lettres du 6, une occasion s'est présentée, aussi sûre que rapide, de les faire passer à mon collègue de France (1). J'espère qu'il les

(1) Marino Cavalli, ambassadeur auprès du roi Ferdinand de septembre 1541 à décembre 1543, en France de 1544 à 1547, auprès de l'empereur de 1548 à 1550.

aura exactement reçues : du moins m'a-t-on affirmé qu'elles lui seraient remises en main propre. J'en envoie ci-inclus le double.

Fidèle à ma promesse, je continue à écrire tous les six ou huit jours, notant tout ce qui s'est passé dans l'intervalle, sans savoir d'ailleurs quand je pourrai expédier mes dépêches.

Le 7, on a fait très peu de chemin, deux milles au plus, je crois. On continua ainsi à longer la Marne par des routes étroites et mauvaises jusqu'au 9. Le 10, soit que cette voie parût impraticable, soit que l'empereur, instruit que par la rive gauche l'armée française sans bagages marchait jour et nuit pour lui barrer le passage, renonçât à aller à Paris, on s'éloigna de la rivière, et après avoir franchi quelques collines, on arriva le 12 devant Soissons. La ville était abandonnée : pas de garnison, pas même d'habitants. Elle est située à 22 lieues de Paris et à 23 de Saint-Quentin ; une rivière, l'Aisne, la traverse. Avant d'atteindre Soissons, les Impériaux saccagèrent un grand nombre de villages, d'abbayes et de villes importantes, telles que Château-Thierry et Neuilly. C'étaient toujours les Espagnols et les chevau-légers italiens qui butinaient. Les Allemands murmuraient, prêts à se mutiner ; l'empereur résolut de leur livrer Soissons. Ils n'y trouvèrent que quelques vivres : avertis de l'approche de l'ennemi, les habitants s'étaient enfuis avec ce qu'ils avaient de plus précieux.

Le 10, est arrivé don Rodrigue d'Avalos, envoyé par le marquis del Guasto au sujet de la trêve conclue (1) en Piémont pour tout le mois de septembre. Il a fait le voyage en huit jours par la France. Il a rendu visite au roi et a vu l'armée royale en ordre de bataille ; il estime qu'elle s'élève à plus de 30 000 gens de pied et à 6 ou 8 000 chevaux. On vient d'apprendre qu'elle se trouve en ce moment à 4 lieues de Paris.

Le 13, j'ai logé dans Soissons avec les autres ambassadeurs. La ville m'a paru très belle : de grandes et vénérables églises, de vastes hôtels, une noble et riche abbaye dont est abbé le cardinal de Ferrare (2). Églises et abbaye, quoique placées sous la garde du duc Maurice, n'en ont pas moins été pillées. A ce propos, voici un trait de l'empereur qui témoigne de sa pénétrante et sévère justice. Il apprit qu'un de ses favoris, de bombarbier devenu huissier de sa chambre, avait volé un ostensoir en argent où était le corps de Notre-Seigneur et qu'il l'avait encore en sa possession ; il ordonna de le pendre. On vient lui dire que la corde s'est rompue et que l'homme, quoique attaché très haut, est retombé vivant. « C'est, dit-il, qu'il n'a pas été seul à commettre le sacrilège. » On l'interroge de nouveau et l'on découvre qu'il a eu pour complice un de ses hallebardiers qu'il aimait beaucoup ; il donne l'ordre de les pendre tous

---

(1) Le 8 août 1544, entre le comte d'Enghien et le marquis del Guasto. Du Bellay, p. 542; G. de Leva, t. III, p. 507.

(2) L'abbaye de Saint-Jean-des-Vignes.

deux avec de bonnes cordes. Mais l'empereur a eu beau faire des exemples, rien n'a pu réfréner l'insolence des Allemands qui se sont livrés aux plus horribles excès, enlevant l'argenterie et les vases sacrés des églises et dispersant les reliques et les corps saints; le spectacle de ces profanations arrachait des larmes à tous les vrais chrétiens.

Le 14, nous sommes encore à Soissons. Quelque diligence que l'on ait faite hier et aujourd'hui, c'est à peine si l'artillerie et les bagages ont pu avancer d'un mille; tout doit traverser la ville sur un pont unique. On peut juger par là de la lenteur de notre marche en cas de mauvais temps ou de routes étroites : que serait-ce donc si nous avions l'ennemi à nos trousses! Heureusement les Français ne nous inquiètent guère. Cependant 400 chevaux embusqués ont pris dernièrement 80 Espagnols qui s'étaient débandés pour courir à la maraude..

De l'armée impériale, Soissons, le 14 septembre 1544 (retenue jusqu'au 17).

L'empereur s'est arrêté ces deux jours-ci à Soissons pour attendre la fin des négociations. — La paix est conclue; j'en indique les principales conditions dans ma dépêche au Conseil des Dix. — Aujourd'hui on a fait 4 lieues; on gagne la Flandre par le plus court. — On va licencier les Allemands, qui sont payés jusqu'au 12 courant.

De l'armée impériale, à 4 lieues au delà de Soissons, sur la route de Flandre.

Bernardo NAVAGER.

(*Dépêche au Conseil des Dix.*)

Soissons, le 14 septembre 1544.

Activité dans les négociations; leur secret. — Venise et la paix. — On attend le retour de M. d'Arras.

Excellentissimes Seigneurs,

Depuis ma dépêche du 6 que j'expédiai par la voie de France et dont vous trouverez le double ci-inclus, les bruits de paix n'ont cessé de prendre de la consistance, étayés, il est vrai, plutôt sur des conjectures que sur des renseignements positifs. On fait remarquer que l'armée impériale a pris une autre direction et qu'elle marche avec autant de sécurité que si elle était en pays ami; on ajoute qu'également épuisés, les deux monarques ont un égal intérêt à conclure la paix. Voilà ce qui se dit; au fond, personne ne sait rien. A moi de vous transmettre les faits, à vous de les interpréter : mes informations, aidées de celles des autres ambassadeurs de la République, vous permettront sans doute de démêler la vérité.

Ce que je puis affirmer, c'est que, depuis ma dépêche du 6, il n'est presque pas de jour où l'on n'ait vu soit M. d'Annebaut, soit le secrétaire d'État Bayart et M. de Neuilly. Ils ont passé une partie de la journée et toute la nuit du 10 avec don Fernand et M. de Granvelle; on assure qu'ils ont fini par se mettre d'accord sur la question des otages.

Toute cette négociation a été conduite jusqu'ici dans le plus grand secret. J'ai pensé que, dans l'intérêt de la République, je ne devais pas me montrer trop curieux ; il ne m'eût pas été impossible d'en apprendre davantage, mais peut-être aurais-je éveillé les soupçons. A ce propos, voici ce que m'a raconté un certain Marsilio de Lodi, autrefois au service du dernier duc d'Urbin (1) et présentement écuyer de l'empereur. Il vint me voir le 7, et après m'avoir fait de grandes protestations de son amour et de son respect pour la République, il me dit : « Je me trouvais un de ces jours, comme il m'arrive souvent, dans la chambre de l'empereur. Quelqu'un ayant dit que le pape et Venise ne manqueraient pas de prendre ombrage et de s'alarmer de cette paix, l'empereur répliqua : « Les Vénitiens ne craignent rien et n'ont rien à craindre de moi ; ils savent que j'ai toujours été leur ami et que je tiens à le rester. » Il ne dit pas un mot du pape. » Je répondis à ce Marsilio que la République avait reçu de l'empereur tant de preuves d'amitié qu'elle n'avait pas lieu de s'inquiéter de l'accroissement de sa puissance ; elle comptait sur sa bienveillance comme il pouvait compter sur son dévouement.

Aujourd'hui 14, à deux heures de l'après-midi, sont arrivés Bayart, Neuilly et le bailli de Dijon ; on dit que M. d'Annebaut viendra demain.

M. d'Arras n'est pas encore de retour. A son départ, le gentilhomme, qui, d'après ce que m'a dit le trompette (Bernadino) devait l'accompagner jusqu'à Paris, le quitta à 6 lieues de l'endroit où il avait couché. Il rencontra le soir M. de Brissac ; ils soupèrent ensemble le plus gaiement du monde.

On attend des nouvelles du roi d'Angleterre non plus de jour en jour, mais d'heure en heure.

De l'armée impériale, à Soissons, le 14 septembre 1544.

Bernardo NAVAGER.

(Dépêche au Conseil des Dix.)

A 4 lieues au delà de Soissons, le 17 septembre 1544.

La paix est conclue. — Ce qu'on sait des conditions; on ne les publiera qu'après le retour de M. d'Arras. — L'empereur reçoit en vainqueur M. d'Annebaut et sa suite. — Deux nouveaux sujets de conversation : le concile et la prochaine campagne contre les Turcs. — L'ambassadeur demande des instructions.

Excellentissimes Seigneurs,

J'ai dit dans la lettre ci-jointe (dépêche du 14) que M. d'Annebaut devait venir le lendemain ; il est venu. Lui et les autres commissaires royaux arrivés la veille s'abouchèrent aussitôt avec les commissaires impériaux ; M. d'Arras étant absent, ceux-ci s'étaient adjoint le docteur Boisot que M. de Granvelle aime beaucoup (2). Ce jour-là il courut sur la paix les bruits les plus divers. Jusqu'à midi on la crut faite ; dans la soirée, une difficulté s'étant élevée au sujet

(1) Francesco-Maria I della Rovere, de 1508 à 1538.
(2) Charles Boisot, un des principaux conseillers de l'empereur.

BERNARDO NAVAGER AU DOGE DE VENISE

d'Hesdin, on douta qu'elle se fît. Hier enfin 16 septembre, vers midi, le Saint-Esprit invoqué, la paix a été conclue à Soissons : Dieu veuille qu'elle procure avec le bien général de la chrétienté la sécurité et la grandeur de la sérénissime République!

Voici, autant qu'on peut le savoir, quelles en seraient les conditions les plus importantes. Le duc d'Orléans recevra comme dot de la princesse qu'il épousera ou l'État de Milan ou le comté de Flandre : le Milanais, si l'empereur lui accorde la fille du roi des Romains; la Flandre, si c'est sa propre fille : il aura un délai de quatre mois pour décider à laquelle des deux il préfère le marier. Si l'empereur donne le Milanais, il gardera les citadelles de Milan et de Crémone jusqu'à ce que le duc ait un fils; si c'est la Flandre, il s'en réserve la jouissance toute sa vie durant, mais il en laissera le gouvernement au duc à partir du commencement de l'année prochaine. — Le duc de Savoie sera remis en possession de tous ses États de Piémont et de Savoie, à l'exception de quelques places sur lesquelles le roi de France a des prétentions : là-dessus il sera statué judiciairement. Turin sera rendu, mais sa citadelle rasée. — Les deux princes se restitueront mutuellement toutes les places qu'ils ont conquises l'un sur l'autre depuis la prise de Nice (1), avec l'artillerie et les munitions de guerre qui s'y trouvent.
— C'est à propos de cette dernière clause que surgit le différend au sujet d'Hesdin : les Français qui s'en étaient emparés (2) avant la prise de Nice prétendaient le garder, tandis que l'empereur tenait à le ravoir à cause de son importance. — On raconte enfin que le roi s'est engagé à solder 10 000 gens de pied et 600 chevaux pour reconquérir la Hongrie sur le Turc. Voilà ce que j'ai entendu dire jusqu'ici de plus vraisemblable. Je tiens ces renseignements de la bouche même du moine qui a été mêlé aux négociations et d'une autre source tout aussi autorisée. Questionnés par des personnes de leur intimité, M. de Granvelle et don Fernand ont répondu que la paix était conclue, mais que le moment n'était pas encore venu d'en divulguer les conditions.

L'empereur a exigé des otages pour être plus sûr que le roi s'exécuterait à l'égard du duc de Savoie et qu'il remplirait tous ses autres engagements. On dit que ce sont le cardinal de Meudon, oncle de Mme d'Étampes, M. de Laval, le fils de M. d'Annebaut et M. de Guise.

L'empereur a fait appeler ce matin l'ambassadeur d'Angleterre; il n'a mandé jusqu'ici aucun autre ambassadeur.

M. d'Arras n'est pas encore revenu; il est en retard de trois jours sur le terme qu'il s'était fixé pour sa mission. On croit que les négociateurs ne parleront qu'après son retour.

M. d'Annebaut avec plusieurs seigneurs est allé ce matin faire la révérence à l'empereur, qui l'a reçu couvert de son armure et entouré d'une cinquantaine de gentilshommes; les Français étaient sans armes. Sa Majesté l'a invité à l'accompagner au quartier impérial, en pleine campagne, où lui et sa suite seraient beaucoup mieux.

On annonce pour demain l'arrivée du duc d'Orléans; il restera à la cour et suivra l'empereur.

Après la paix, c'est du concile et de la campagne de l'an prochain contre le Turc que l'on cause davantage. On m'a dit à ce propos que l'empereur n'avait

---

(1) Par le comte d'Enghien et Barberousse, le 22 août 1543. — Le traité porte « depuis la trêve de Nice » en juin 1538.

(2) En 1537. « ... puis (le Roy) marcha devant Hédin, place forte, et de conséquence audit seigneur Roy pour la sureté de ses autres places, et à l'Empereur fort nuisible estant entre noz mains. » Du Bellay, p. 440 et suiv.

consenti à traiter qu'à la condition expresse que le roi s'engagerait à coopérer à cette expédition.

Je n'ai jamais reçu d'instructions sur la conduite que j'aurais à tenir en cas de paix. Si donc les circonstances m'obligent à échanger des compliments à ce sujet ou que, soit l'empereur lui-même, soit l'un de ses ministres, vienne à m'en parler, je me gouvernerai selon que Dieu m'inspirera; je le supplie ardemment de me dicter les paroles les plus convenables pour le plus grand bien de la République. J'aurai soin d'ailleurs de ne me servir que de termes généraux et qui ne tirent pas à conséquence; si j'ai à m'expliquer sur un point important, je prendrai le temps d'en référer à Votre Sérénité. Pour que la nouvelle de la conclusion de la paix lui parvienne plus sûrement, j'ai préparé deux plis que je vais envoyer par deux voies différentes; on ne saurait tarder en effet d'expédier des courriers sur plusieurs points de l'Italie.

J'ai cru devoir pour plusieurs raisons réserver à Vos Excellences tout ce qui avait trait aux négociations. Maintenant que la paix est faite, j'écrirai au sénat pour lui en faire connaître les conséquences.

De l'armée impériale, à 4 lieues au delà de Soissons, le 17 septembre 1544.

Bernardo NAVAGER.

47.

Crépy, le 18 septembre 1544.

Arrivée du duc d'Orléans. — Retour de M. d'Arras. — Prise de Boulogne.

Sérénissime Prince,

Aujourd'hui le duc d'Orléans est venu en poste saluer l'empereur avec une escorte d'une cinquantaine de chevaux; don Fernand et beaucoup d'autres gentilshommes de la cour avaient fait deux lieues à sa rencontre. Le duc a l'air vif et gracieux; il m'a paru surtout d'une affabilité et d'une modestie extrêmes. Il a fait une révérence infinie à l'empereur, qui de son côté a fait les plus tendres amitiés à son futur gendre ou neveu.

Aujourd'hui également, un peu après midi, M. d'Arras est revenu de sa mission auprès du roi d'Angleterre. Il a apporté la nouvelle de la reddition de Boulogne. On n'en connaît encore ni le jour ni les clauses. Plusieurs croient que si la nouvelle était arrivée plus tôt, la paix aurait bien pu ne pas se faire. Mais Dieu qui la voulait a permis que M. d'Arras fût en retard.

La faveur d'aller au nom de l'empereur porter la nouvelle de la paix aux différents États d'Italie est fort recherchée; il y a là de beaux cadeaux à recevoir. J'apprends qu'un favori de don Fernand demande instamment à être dépêché à Votre Sérénité. Mais comme on ignore en somme quand partiront ces envoyés, j'aime mieux confier ma lettre au comte Giovanni-Francesco della Somaglia qui se charge de la faire remettre au secrétaire Fedeli. J'écris à celui-ci de l'envoyer en diligence à Votre Sérénité.

De l'armée impériale, à Crépy, à 7 lieues de Guise, le 18 septembre 1544.

Bernardo NAVAGER.

48.

Crépy, le 19 septembre 1544.

La capitulation de Boulogne. — Pourquoi l'empereur a pu conclure la paix avant le retour de M. d'Arras. — Clause du traité relative au duc de Savoie. — L'empereur donnera-t-il au duc d'Orléans la Flandre ou le Milanais? Pronostics des hommes politiques. — L'empereur et Venise. — Adieux du roi de France au duc d'Orléans. — M. d'Annebaut présente le duc d'Orléans à l'empereur. — Arrivée de M. de Vendôme. — On envoie don Francesco d'Este au roi de France. — Deux cardinaux, envoyés par le pape pour exhorter les deux souverains à faire la paix, apprennent à Lyon que la paix est faite. — Déclaration de M. de Granvelle à l'agent du duc de Savoie.

Sérénissime Prince,

Dans ma dépêche d'hier dont j'envoie le double ci-inclus, je dus me borner à la seule annonce de la prise de Boulogne, en ignorant encore les circonstances. La ville s'est rendue le 14. Le canon des Anglais en avait ruiné les remparts; les assiégés manquaient de vivres et de munitions. Les Français ont obtenu de sortir avec armes et bagages, à ce que m'a dit l'ambassadeur d'Angleterre, mais sans emmener l'artillerie et les munitions et sans les tambours battants et les enseignes déployées.

A propos des affaires d'Angleterre, je viens d'avoir enfin, et j'en suis enchanté, l'explication d'un fait dont je ne pouvais me rendre compte. Le traité d'alliance conclu à Barcelone entre l'empereur et le roi d'Angleterre renferme cette clause, qui fut réclamée par l'empereur lui-même, que l'un des deux princes ne pourrait faire la paix avec le roi de France sans le consentement de l'autre. Comment se faisait-il alors que l'empereur eût conclu la paix avant le retour de M. d'Arras, c'est-à-dire sans attendre la réponse du roi d'Angleterre qui, lui, continuait la guerre et presque au même moment s'emparait de Boulogne? Eh bien! cette difficulté qui me tourmentait, moi et beaucoup d'autres, un homme des plus autorisés m'en a aujourd'hui même donné la solution. Il m'a dit qu'en effet le traité de Barcelone portait la clause dont j'ai parlé, mais que, dès l'ouverture des négociations, une nouvelle convention était intervenue, d'après laquelle chacun des deux souverains demeurait libre de traiter séparément s'il y trouvait son avantage. Voilà pourquoi l'empereur a pu faire sa paix, tandis que le roi d'Angleterre n'est pas près de faire la sienne, maintenant surtout qu'il est maitre de Boulogne. Jamais en effet, dit son ambassadeur et là-dessus tout le monde est de son avis, il ne consentira à rendre cette ville. Or il ne paraît pas douteux que de son côté le roi de France ne pose comme première condition de paix la remise de cette importante place. Certains croient même qu'il va immédiatement diriger sur Boulogne toutes les forces qu'il a sous la main pour essayer de la reprendre avant que les Anglais ne s'y soient fortifiés; mais d'autres font remarquer que la saison est déjà trop avancée et qu'on ne peut espérer reprendre la ville tout d'une haleine. Je supplie Votre Sérénité de faire en sorte que tout ceci reste secret : car, si cela venait à se savoir, on ne voudrait plus me rien confier. On est fort au courant ici de ce qui se dit à Venise, et si l'on apprenait que de telles nouvelles y circulent, je serais aussitôt reconnu pour en être l'auteur.

Il est stipulé dans le traité de paix que le duc de Savoie rentrera immédiatement en possession de tous ses États, à l'exception de Turin, Moncalieri, Pignerol, Bourg-en-Bresse et Montmélian : ces cinq places, le plus beau fleuron de sa couronne, à ce que m'a dit son agent qui, par parenthèse, va sans doute se charger de ma dépêche, ne lui seront rendues qu'après le mariage du duc d'Orléans; le roi de France pourra d'abord, si bon lui semble, en faire raser les citadelles.

L'empereur donnera-t-il la Flandre, c'est-à-dire tous les Pays-Bas, au duc d'Orléans, ou bien le Milanais? Auquel de ces deux partis s'arrêtera-t-il? Là-dessus les hommes politiques qui passent pour les plus avisés sont d'un avis différent. La plupart croient qu'il se décidera pour la Flandre, et ce qui le leur fait supposer, c'est précisément la clause par laquelle il s'en est réservé la possession toute sa vie durant ; d'autres inclinent à penser qu'il donnera le Milanais. Je connais la Flandre et je puis dire qu'il n'est pas de plus beau ni de plus riche pays : c'est elle qui a le plus aidé l'empereur dans toutes ses guerres et qui lui a fourni le plus d'hommes et d'argent. D'un autre côté, l'État de Milan est un des principaux membres de l'Italie : que de sang répandu et d'or dépensé jusqu'ici pour sa possession! Je laisse donc à Votre Sérénité le soin de juger quel sera le choix de l'empereur. Pour moi, j'attendrai le terme de quatre mois qu'il s'est fixé pour sa décision : car, si je vois beaucoup de raisons pour qu'il cède la Flandre, je n'en vois pas moins pour qu'il cède le Milanais.

Je saisis toutes les occasions qui se présentent d'amener la conversation sur ce qui peut intéresser la République. C'est ainsi que j'ai su de différents côtés que l'empereur était des mieux disposés pour elle. Mais je n'ai jusqu'ici rien appris de particulier et je n'ai pas cru devoir m'adresser à certains personnages en situation de me renseigner. Nous attendons tous les jours, le nonce et moi, qu'on nous fasse quelque communication. Peut-être aussi Votre Sérénité jugera-t-elle à propos de m'envoyer ses instructions.

Ce matin le comte Giovanni-Francesco della Somaglia, homme grave et digne de foi, m'a fait part des dernières recommandations que le roi de France avait faites au duc d'Orléans au moment de leur séparation; il les a connues sans doute par les seigneurs français avec lesquels il est étroitement lié. « Mon fils, dit le roi, vous avez déjà vingt-deux ans (1) et vous pouvez vous rendre compte que toutes les guerres que j'ai faites et tous les périls auxquels je me suis exposé, c'est à cause de vous et pour l'amour que je vous porte. Dieu et la fortune ont voulu que mes efforts eussent le résultat que vous voyez. J'ai résolu de vous donner à l'empereur pour fils et pour serviteur : honorez-le comme un père et obéissez-lui comme à un maître. Sur ce, je vous bénis, vous exhortant comme vieillard et vous ordonnant comme père, dût l'empereur vous commander de porter les armes contre moi et mon royaume, de marcher sans hésitation. » J'ai pensé que ces paroles méritaient d'être transmises à Votre Sérénité, comme aussi celles que l'amiral d'Annebaut a prononcées hier au soir en présentant le duc d'Orléans à l'empereur. « Sire, a-t-il dit, voici votre prisonnier que le roi mon maître vous envoie. » A quoi l'empereur a répondu : « Ce n'est pas mon prisonnier, mais mon fils, et je l'accepte pour tel », accompagnant ces mots d'un sourire des plus doux et d'embrassements les plus paternels.

Ce matin M. de Vendôme est arrivé avec une très belle suite et ce soir don Francesco d'Este se rendra auprès du roi de France.

Les deux cardinaux (2), envoyés par le pape pour exhorter les deux souverains à la paix, se sont arrêtés à Lyon : de là, comme ils en avaient reçu l'ordre, ils ont dépêché vers le nonce de France (3) et vers celui-ci (4) pour savoir d'eux ce qu'ils avaient à faire, la paix étant si avancée qu'à Lyon on la disait conclue. On croit qu'ils vont s'en retourner, leur mission n'ayant plus d'objet. Du reste l'empereur et le roi ont donné à entendre qu'il leur paraissait inutile qu'ils poursuivissent leur voyage.

L'agent du duc de Savoie vient prendre ma dépêche. M. de Granvelle lui a déclaré que le duc ne recouvrerait d'abord que ce qu'il a perdu depuis la dernière trêve (5); le reste, comme je l'ai dit, ne lui sera rendu que plus tard.

De l'armée impériale, à Crépy, à 7 lieues de Guise, le 19 septembre 1544.

Bernardo Navager.

---

(1) Il en avait vingt-quatre.
(2) Morone et Grimani; le premier devait se rendre auprès de l'empereur, le second auprès du roi. — Jean Morone (1509-1580), évêque de Modène en 1529, nonce auprès du roi Ferdinand en 1536, cardinal en 1542. — Marco Grimani (1485-1547), évêque de Ceneda en 1508, patriarche d'Aquilée en 1517, cardinal en 1527.
(3) Philibert Ferrerio († 1550), évêque d'Ivrée en 1518, cardinal en 1550.
(4) Jean Poggio.
(5) La trêve de dix ans conclue à Nice le 18 juin 1538.

49.

Cateau-Cambrésis, le 23 septembre 1544.

De Crépy à Cateau-Cambrésis. — L'empereur va voir la reine Marie à Cambrai. — Il comble d'amitiés le duc d'Orléans. — Arrivée des otages. — On va licencier les Allemands. — L'ambassadeur n'a encore reçu aucune communication au sujet de la paix. — L'empereur et le pape. — Pourquoi l'ambassadeur n'est pas allé présenter ses hommages au duc d'Orléans. — Crédit de don Fernand auprès de l'empereur.

Sérénissime Prince,

J'ai écrit de Soissons le 18; le comte Giovanni-Francesco della Somaglia se chargea de faire remettre ma dépêche au secrétaire Fedeli à Milan. J'ai écrit ensuite de Crépy le 19; je confiai ma lettre avec le double de celle du 18 à un agent du duc de Savoie qui me promit de la faire parvenir également à Milan.

De Crépy, par un autre chemin que l'armée, mais en couchant toujours à peu de distance du lieu où elle campait, nous sommes arrivés le 22 à Cateau-Cambrésis. L'empereur en est parti aujourd'hui 23, escorté de quelques gentilshommes, pour aller embrasser la reine Marie à Cambrai et lui présenter le duc d'Orléans; peut-être aussi veut-il se rendre compte de l'état de cette place.

L'empereur n'a cessé de prodiguer au jeune duc les marques de la plus vive tendresse. Il a voulu qu'il mangeât à sa table; il a tenu en route à l'avoir constamment à ses côtés, causant familièrement avec lui et riant plus que d'habitude; souvent il est allé le surprendre dans sa chambre. Tant de prévenance a, paraît-il, profondément touché le duc. De leur côté, les seigneurs français de sa suite s'en sont montrés très fiers : ils pensent que les honneurs qu'on lui rend rejaillissent sur eux. Il est certain qu'on leur a toujours réservé les meilleurs et les plus beaux logements. On dit que de Cambrai le duc doit aller retrouver le roi son père ou se rendre à l'armée qui marche sur Boulogne.

Les otages séculiers sont déjà arrivés; on attend le cardinal (1) d'un jour à l'autre.

On va rester quatre ou cinq jours ici pour payer et licencier les Allemands; l'argent est déjà venu de Flandre. Don Fernand n'a pas bougé d'ici de toute la journée d'aujourd'hui, occupé à examiner et à régler les comptes.

Depuis la conclusion de la paix, ni l'empereur ni les ministres ne m'en ont encore dit mot. A Crépy, le 20, à deux heures de nuit, M. de

(1) Le cardinal de Meudon.

Granvelle me fit dire qu'il désirait me parler. Je donne l'ordre de seller mon cheval. L'envoyé me dit : « Attendez, je vais retourner; je vous rapporterai ce que vous avez à faire. » Il revient, dit à un de mes serviteurs que l'heure lui paraît trop avancée et demande où demeure l'ambassadeur de Florence. J'ai su depuis de ce dernier que M. de Granvelle l'avait fait appeler ce soir-là même, mais qu'il ne l'avait entretenu que des affaires du duc son maître (1). Le 21, comme je revenais chez moi à cheval, je rencontrai M. de Granvelle. Je le salue. Il me dit : « Monsieur l'ambassadeur ! » Je fais mine de descendre de cheval pour voir ce qu'il me veut; il me prie instamment de n'en rien faire. « Je n'ai qu'un mot à vous dire, dit-il : la paix est faite et la République a lieu d'être aussi satisfaite que possible ». Là-dessus il s'éloigne, sans attendre ma réponse. Tout cela me confirme dans l'idée que je ne dois pas chercher à le voir à moins qu'un ordre de Votre Sérénité ou une affaire grave ne me le commande : en effet cette invitation à venir le trouver aussitôt retirée, son insistance pour que je ne descendisse pas de cheval, son laconisme et cette sorte de fuite devançant ma réponse, ce visible souci de se dérober n'indique-t-il pas suffisamment sa volonté de ne pas m'en dire plus long avant que lui-même me fasse appeler? Je suis entré dans tous ces détails pour que Votre Sérénité connaisse exactement la situation et qu'elle puisse me donner des instructions en conséquence.

Le nonce m'a dit que M. de Granvelle l'avait mandé, mais j'ai su qu'il s'était présenté de lui-même. Il avait appris qu'on allait charger des envoyés extraordinaires de porter la nouvelle de la paix à tous les princes d'Italie, excepté au pape. Il me fit demander s'il était vrai qu'on envoyât un gentilhomme à Venise; je répondis que je ne savais rien en dehors des bruits de la cour. Là-dessus il alla le soir même trouver M. de Granvelle. Quelques instances qu'il ait faites, il n'a pu obtenir qu'on envoyât au pape un personnage particulier; tout au plus chargera-t-on peut-être un capitaine espagnol, déjà désigné pour Florence et pour Naples, de remplir cette mission à son passage à Rome.

Devais-je aller au nom de Votre Sérénité faire compliment au duc d'Orléans? J'ai beaucoup hésité. Certes la République doit avoir de grands égards pour le roi de France avec lequel elle est en paix et en amitié. D'un autre côté, les principaux personnages de la cour ne m'ayant pas encore soufflé mot de la paix ni donné lieu par conséquent d'aller les féliciter, je craignais que mon empressement à complimenter le duc d'Oléans ne fût pris en mauvaise part. Heureusement une circonstance ne tarda pas à me tirer d'embarras : nous nous mîmes en route pour ne plus nous arrêter, et l'on ne pouvait raisonnablement me reprocher de manquer à un devoir qu'il m'était impossible de remplir. Maintenant on dit que le duc ne reviendra plus ou

(1) Cosme Ier de Médicis (1519-1574), duc de Florence en 1537, grand-duc de Toscane en 1569.

du moins de sitôt; j'ai donc le temps d'attendre des instructions sur ce point comme sur beaucoup d'autres.

J'ai l'honneur de présenter à Votre Sérénité le magnifique Federico Cavriano, envoyé impérial et porteur des présentes. C'est de tous ses gentilshommes celui que don Fernand préfère de beaucoup et aime davantage (1). En le comblant de prévenances et de bontés, Votre Sérénité n'honorera pas seulement un envoyé de l'empereur, mais elle sera infiniment agréable à don Fernand qui a tout fait pour que son gentilhomme favori fût chargé de cette mission auprès de la République. Le vice-roi jouit d'un crédit sans bornes et qui dépasse tout ce qu'on a vu depuis nombre d'années; il est l'oracle de l'empereur pour les conseils de la paix comme pour les opérations militaires.

De Cateau-Cambrésis, le 23 septembre 1544.

Bernardo NAVAGER.

50.

Cateau-Cambrésis, le 25 septembre 1544.

L'empereur à Cambrai; son retour. — La reine Marie part pour Valenciennes avec tous les otages. — Le duc d'Orléans va se rendre à l'armée de Picardie. — M. d'Arras en France. — On parle d'une prochaine entrevue entre l'empereur et le roi. — On paie les Allemands. — Les troupes espagnoles. — Accusé de réception. — Ce qu'on dit de la guerre contre le Turc. — Le concile.

Sérénissime Prince,

L'empereur est revenu hier de Cambrai. Il y a trouvé la reine Marie et l'archiduc Ferdinand; celui-ci était venu à un mille au-devant de lui. Il fit toutes sortes d'amitiés à la reine Marie qui de son côté fit le plus tendre accueil au duc d'Orléans et l'embrassa. L'empereur, la reine, les deux fils du roi des Romains et le duc d'Orléans mangèrent ensemble. L'empereur a visité la citadelle qui, paraît-il, est extrêmement forte.

La reine part pour Valenciennes avec tous les otages; le cardinal avait rejoint les autres à Cambrai. Le bruit courait dans cette ville que décidément le duc d'Orléans se rendrait à l'armée qui marche contre les Anglais.

M. d'Arras est parti pour la France; certains croient qu'il restera comme ambassadeur auprès du roi et que M. de Morette viendra en

(1) Cavriano était son médecin.

cette qualité auprès de l'empereur. Je tiens de bonne source qu'il est question d'une entrevue de l'empereur et du roi à Cambrai pour la Saint-Martin.

On s'occupe en ce moment à payer les Allemands qui, aux payes, se trouvent beaucoup plus nombreux qu'ils n'étaient en réalité.

On parle de réorganiser les Espagnols qui comptent presque plus d'officiers que de soldats : sur les 3 000 qui restent (1), peut-être y a-t-il 60 officiers. On leur doit trois payes. Ils menacent, si on ne leur donne de l'argent, d'entrer au service du roi de France. On croit que pour beaucoup de raisons, mais surtout pour ne pas donner au roi d'Angleterre l'occasion de se plaindre, l'empereur les gardera et les mettra en quartier d'hiver de ces côtés-ci, sans que l'on sache encore où.

J'ai reçu hier avec ma révérence ordinaire deux lettres de Votre Sérénité, l'une du 6 et l'autre du 16 du mois dernier. J'ai trouvé dans celle du 6 des réponses faites à l'ambassadeur impérial et qui me sont envoyées pour mon instruction dans le cas où l'on viendrait à me parler des affaires qu'elles traitent; je suivrai les sages indications qu'elles renferment. J'y ai trouvé également des nouvelles de Constantinople du 16 au 23 juin. La lettre du 16 ne contenait que celles du 14 juillet. Je communiquerai toutes ces nouvelles à l'empereur. Je suis décidé à profiter de l'occasion pour le complimenter en termes généraux sur la conclusion de la paix : un plus long silence de ma part pourrait être mal pris. J'aviserai exactement Votre Sérénité de la réponse qu'il me fera. Je désirais le faire par cette dépêche. J'ai fait courir ce matin mon secrétaire après M. Adrien (2) pour demander audience, mais il n'a pu le rencontrer. Je suis donc obligé de remettre mon compte rendu à une autre lettre.

On parle avec moins d'enthousiasme que ces jours-ci de la campagne de l'an prochain contre le Turc. A force d'en discourir, on a fini par s'aviser que c'était là une grosse entreprise, qu'elle exigeait des ressources considérables en hommes et en argent, que le temps manquait pour les préparatifs et que les deux princes, épuisés et réduits à la paix par tant de guerres, étaient incapables d'un nouvel et si grand effort; bref, les plus sages estiment que si l'on peut se préparer pour l'année prochaine à soutenir la défensive, ce sera déjà beaucoup.

Il est plus que jamais question du concile; l'entourage de l'empereur le conseille et le désire.

Je vais faire mon possible pour me tenir au courant des résolutions

(1) Évaluation inexacte. Le nombre des Espagnols se trouva sensiblement le même à la revue passée à Cambrai (dépêche de Bruxelles, le 4 octobre) qu'au départ de Saint-Dizier (dépêche de la Chaussée, le 31 août), soit environ 5 000.

(2) Adrien Dubois, aide de chambre favori de l'empereur : c'était à lui que s'adressaient tous les ambassadeurs pour demander audience. Navager, dépêche de Mons, le 27 octobre 1543.

que l'on prendra sur ces différents points et je m'empresserai de les faire connaître à Votre Sérénité.

Cateau-Cambrésis, le 25 septembre 1544.

Bernardo NAVAGER.

51.

Objet de la mission de M. d'Arras auprès du roi de France. — Retour de don Francesco d'Este : joie du roi et du peuple au sujet de la conclusion de la paix ; mécontentement du dauphin. — Désir de l'empereur de rétablir la paix entre le roi de France et celui d'Angleterre. — Départ de don Rodrigue d'Avalos. — Remise du Piémont et du Montferrat.

Sérénissime Prince,

Je venais de fermer ma dépêche et de la remettre à Cavriano quand j'ai appris que M. d'Arras avait pour mission de faire jurer au roi le traité de paix et de lui rendre compte de sa négociation avec le roi d'Angleterre ; il ne restera pas comme ambassadeur.

Don Francesco d'Este est revenu il y a deux heures. Il raconte, parait-il, que le roi, ainsi que tout le monde, est ravi de la conclusion de la paix ; seul le dauphin est mécontent.

L'empereur a un extrême désir de rétablir la paix entre le roi de France et celui d'Angleterre, mais cela lui sera difficile.

Avec Cavriano va partir don Rodrigue d'Avalos que le marquis del Guasto avait envoyé à l'empereur au sujet de la trêve ; il s'arrêtera quelques jours à Paris et en repartira avec un gentilhomme du roi, chargé de faire la remise du Piémont et du Montferrat (1).

De Cateau-Cambrésis, le 25 septembre 1544.

Bernardo NAVAGER.

52.

Bruxelles, le 3 octobre 1544.

De Cateau-Cambrésis à Bruxelles. — Remise de Landrecies à l'empereur, de Saint-Dizier, de Ligny et de Commercy au roi de France et de quelques places au duc de Lorraine. — Nouvelles de l'armée française. — Les Anglais lèvent le siège de Montreuil. — La paix et le roi d'Angleterre. — Arrivée de trois cardinaux à la cour impé-

(1) Du Piémont au duc de Savoie et du Montferrat au duc de Mantoue.

riale. — Revue des Espagnols; réduction du nombre de leurs officiers; leurs quartiers d'hiver. — Ce que coûte par mois l'artillerie impériale. — Maladies causées par les fatigues de la campagne.

Sérénissime Prince,

Ma dernière dépêche est du 25 du mois dernier; je la remis au gentilhomme que l'empereur envoyait porter la nouvelle de la paix à Votre Sérénité et qui partit le jour même.

Je disais que j'avais l'intention de demander audience à l'empereur. Je chargeai mon secrétaire d'en parler à M. Adrien, lequel me fit répondre qu'il voyait l'empereur si occupé à payer les Allemands que si je n'avais pas à l'entretenir d'une affaire urgente, il valait mieux attendre jusqu'à Valenciennes. La paye fut terminée le 27. L'empereur partit le jour même pour Landrecies, qui vient de lui être rendue et qu'il désirait voir. Il se rendit le 28 à Valenciennes, mais ne s'y arrêta qu'un jour, et arriva le 1er octobre à Bruxelles où je l'ai rejoint hier. C'est dire qu'il a toujours été en voyage et que je n'ai pu encore lui communiquer les nouvelles de Constantinople. Du reste il doit en avoir eu connaissance par une autre voie. Je crois même qu'il en sait de plus importantes que celles que j'ai à lui montrer : le secrétaire Idiaquez a dit, par exemple, qu'on avait reçu avis de Don Diego que la discorde venait d'éclater entre le Grand Seigneur et son fils aîné. Quoi qu'il en soit, je tiens à profiter de cette occasion de le voir pour savoir ce qu'il me dira au sujet de la paix; je transmettrai religieusement ses paroles à Votre Sérénité.

On commence à exécuter certains articles du traité de paix. Landrecies a été remise à l'empereur. Avant de tomber entre les mains des Français, elle appartenait au duc d'Aerschot; mais comme elle est aujourd'hui une place forte des plus importantes, on croit que si l'empereur ne se décide pas à donner les Pays-Bas au duc d'Orléans, il la gardera pour lui, sauf à céder au duc d'Aerschot quelque autre ville en compensation. De son côté, le roi de France a recouvré Saint-Dizier, Ligny et Commercy, mais cette dernière place sous condition : si le duc de Lorraine arrive à prouver qu'elle est à lui, comme il le prétend, elle devra lui être restituée. On rendra également au duc de Lorraine quelques autres places occupées par les Français. Si bien que cette paix lui aura été avantageuse de tout point : non seulement il ne perd pas une parcelle de ses États, comme il avait lieu de le craindre, mais il acquiert en outre certaines villes qu'il ne possédait pas avant la guerre.

Les dernières nouvelles de l'armée française disaient qu'elle n'était plus qu'à deux lieues des Anglais; ceux-ci avaient levé le siège de Montreuil et réuni toutes leurs forces en un seul corps. Le roi de France aura du moins réussi à sauver Montreuil; la place était à l'extrémité et l'on craignait pour elle le sort de Boulogne. Cependant la situation est des plus graves : le voisinage et l'animosité naturelle des deux armées ennemies peuvent les précipiter l'une sur l'autre et amener une action générale. On est d'avis qu'en faisant sa paix avec le roi de France l'empereur n'a pas précisément rendu service au roi d'Angleterre et que celui-ci a les meilleures raisons de ne pas lui en savoir gré. De fait, il se trouve en assez mauvaise posture et il doit le sentir mieux que personne ; il a dû abandonner Montreuil qu'il considérait déjà comme à lui, et il risque de perdre Boulogne qu'il a tant convoitée et dont il n'a fini par s'emparer qu'au prix de tant de travaux et de dépenses.

Trois cardinaux sont arrivés ces jours-ci à la cour, dont deux, les cardinaux de Meudon et de Lorraine (1), en qualité d'otages. Le cardinal de Meudon n'a fait que se conformer au traité de paix qui le désigne comme tel, mais celui de Lorraine est venu remplacer M. de Guise qui a voulu à toute force prendre part à la campagne de Boulogne. On trouve que l'empereur aurait bien fait de l'y autoriser sans exiger que son frère le cardinal vint prendre sa place. Le troisième cardinal est celui de Tournon (2). On croit qu'il est ici pour affaires, et ces affaires, à en juger sur la réputation du personnage qui passe pour un homme des plus capables, doivent être des plus graves. Je n'ai encore pu savoir lesquelles ; mais maintenant que je suis arrivé ici, je me trouve en bon lieu pour m'informer de ce qui l'amène.

Le lendemain du jour où l'empereur quitta Valenciennes, don Fernand se rendit à Cambrai pour passer la revue des Espagnols et réduire le nombre de leurs officiers. D'après ce qu'on a pu savoir de Son Excellence, qui déclarait du reste n'avoir pas encore pris de résolution à ce sujet, des trois payes qu'on leur doit ils n'en toucheraient qu'une ; ils hiverneraient à Cateau-Cambrésis, Landrecies et autres places voisines. De Cambrai don Fernand reviendra à Valenciennes pour s'occuper de l'artillerie. On lui doit environ 60 000 ducats, c'est-à-dire un mois et demi de solde : car, à ce que m'a dit le marquis de Marignan, et d'autres me l'ont confirmé, l'artillerie coûte à elle seule 40 000 ducats par mois.

On commence à se ressentir des fatigues et des privations de la campagne. Il n'est personne à la cour qui ne soit malade ou qui n'ait la plupart de ses gens malades. Jusqu'ici, grâce à Dieu, nous allons bien, mon secrétaire et moi ; mais tous mes serviteurs sont ou en danger de mort ou si mal en point qu'ils ne peuvent me rendre aucun service.

De Bruxelles, le 3 octobre 1544.

Bernardo NAVAGER.

---

(1) Jean de Lorraine (1498-1550), fils de René II et de Philippe de Gueldre, évêque de Metz en 1501, cardinal en 1518, archevêque de Narbonne en 1520, archevêque de Reims en 1533.

(2) François de Tournon (1489-1562), archevêque d'Embrun en 1517, de Bourges de 1525 à 1536, cardinal en 1530, archevêque d'Auch en 1537, évêque de Sabine (États de l'Église) en 1550, archevêque de Lyon de 1551 à 1562, évêque d'Ostie en 1560.

53.

Bruxelles, le 3 octobre 1544.

Accusé de réception. — Audience retardée. — Libéralité du Sénat à l'ambassadeur.

Sérénissime Prince,

Je venais d'achever la dépêche ci-jointe quand on m'a remis deux lettres du 5 du mois dernier; je crois qu'elles sont restées au moins huit jours en souffrance à la cour. J'accomplirai de mon mieux les ordres qu'elles me donnent; mais je n'aurai pas occasion de voir le cardinal Morone qui ne viendra pas, ayant dû rebrousser chemin, ainsi que je l'ai écrit. Quant aux autres instructions que Votre Sérénité a bien voulu m'adresser et dont je la remercie respectueusement, je m'y conformerai de point en point.

J'ai renouvelé aujourd'hui ma demande d'audience. M. Adrien m'a fait répondre par mon secrétaire que l'empereur ne voulait recevoir personne avant dimanche, c'est-à-dire dans deux jours, mais que je serais reçu le premier. M. de Granvelle est ici et l'on attend don Fernand d'un jour à l'autre, mais il ne me paraît pas convenable de les voir avant d'avoir vu l'empereur, ce qui ne tardera point, je l'espère.

Il me reste à remercier le sénat de la gracieuseté qu'il m'a faite et que j'ai connue par une lettre de ma famille; j'en suis d'autant plus touché que je n'ai rien fait qui pût m'en rendre digne. Si j'ai couru des dangers, enduré des fatigues et supporté des dépenses, j'en dois plutôt rendre grâce à Dieu qui m'a fourni ainsi l'occasion de m'acquitter dans une faible mesure des grandes obligations que j'ai à la République. Quoi que j'aie fait ou puisse faire, je ne fais que mon devoir, tandis qu'elle fait plus qu'elle ne doit en me comblant de ses libéralités. Le souvenir de sa munificence restera profondément gravé dans mon cœur et dans celui de mes enfants. Jamais je n'ai goûté ni ne goûterai sans doute de joie comparable à celle que je dois aux nombreux témoignages de sa bienveillante satisfaction.

De Bruxelles, le 3 octobre 1544.

Bernardo Navager.

54.

Bruxelles, les 4 et 5 octobre 1544.

Visite de l'ambassadeur au cardinal de Tournon; leur entretien. — Arrivée de don Fernand à Bruxelles; chiffre des Espagnols passés en revue à Cambrai. — Mission d'Idiaquez en Espagne.

Sérénissime Prince,

Je n'ai pu aujourd'hui encore avoir audience de l'empereur; il est allé à la chasse et ne reviendra, paraît-il, que ce soir.

J'ai pensé qu'il était de mon devoir et de l'intérêt de la République de faire une visite au cardinal de Tournon et aux deux autres cardinaux français. Ces politesses, quoique banales, ne laissent pas d'être utiles et contribuent au maintien des bons rapports; y manquer fait d'ailleurs un mauvais effet. Je me suis donc rendu chez le cardinal de Tournon; il y était. Aussitôt que je lui ai été annoncé, il a descendu vivement l'escalier et est venu au-devant de moi jusqu'à la porte d'entrée, suivi de nombreux seigneurs français, parmi lesquels M. de Morette, ambassadeur du roi de France auprès de l'empereur. Je lui ai dit d'abord combien j'étais sensible à l'accueil si courtoisement empressé dont il daignait honorer le représentant de Venise. J'ai ajouté que l'amitié naturelle de la République pour Sa Majesté très-chrétienne et les obligations sans nombre qu'elle lui avait, comme aussi les bons offices que lui-même ne cessait de lui rendre et que les rapports de ses ambassadeurs ne manquaient pas de lui signaler, m'avaient fait considérer comme un devoir de venir lui présenter mes hommages : non que j'eusse d'ailleurs rien de particulier à lui dire; mais je tenais à l'assurer de l'inaltérable dévouement de la République à Sa Majesté très-chrétienne et de son infinie reconnaissance pour le zèle que lui-même ne cessait de lui témoigner. Le cardinal m'a répondu : « Le roi mon maître est des mieux disposés pour la République, et celle-ci a bien raison d'en être persuadée. Comme je connais à la fois les sentiments du roi et ceux de votre gouvernement, je m'efforce en toute circonstance d'affermir et d'accroître l'amitié qui les unit, quoique cela soit difficile en ce qui concerne le roi, tant il est affectionné à la République. Pour moi, je suis heureux toutes les fois qu'il m'est donné de rendre service à Venise ou à l'un de ses sujets. » Du reste de sa conversation qui a été des plus variées, j'ai retenu trois choses qui m'ont paru de quelque importance. Il a dit d'abord que l'Italie devait être reconnaissante au duc d'Orléans de l'amour extrême qu'il lui porte et qui est chez lui comme un goût naturel, qu'il ne désirait rien tant que de la voir heureuse et qu'il ne manquerait jamais une occasion d'être agréable à un Italien; il m'a semblé que ce n'était pas là de sa part un propos en l'air. Il a ensuite exprimé le regret de n'avoir pas encore visité Venise, quoiqu'il eût longtemps séjourné en Italie et surtout à Ferrare qui en est si voisine. « Si, a-t-il dit, le concile se tient à Trente, je me promets bien d'aller la voir. » Il a enfin parlé de la paix, déclarant qu'elle était véritablement l'œuvre de Dieu; il a ajouté : « Elle ne peut manquer de devenir générale, ces deux princes faisant la loi à tous les autres. » Sans rien répondre sur les deux autres points, je me suis empressé de l'assurer que le jour où il lui plaira de visiter Venise il y sera royalement reçu.

Je me suis permis de demander au cardinal s'il avait des nouvelles des Anglais et combien de temps il comptait rester ici. Il m'a répondu : « Je ne pense rester que peu de jours, le roi me pressant de revenir. Quant aux Anglais, un gentilhomme, venu dernièrement du théâtre de la guerre, a rapporté qu'une partie de leur armée avait repassé la mer et que les nôtres marchaient hardiment à la reprise de Boulogne; j'espère qu'ils la reprendront ». A ce propos, le bruit a couru aujourd'hui, lequel d'ailleurs ne paraît guère fondé, que M. de Büren (1), que l'empereur avait envoyé au roi d'Angleterre avec 6 à 8 000 gens de pied et 2 à 3 000 chevaux, avait quitté l'armée anglaise.

Le cardinal m'a fait le plus grand éloge de Giovanni Antonio Venier (2). Il l'a vu à l'œuvre comme ambassadeur et le regarde comme un diplomate des plus habiles et des plus affectionnés à sa patrie; il lui souhaite tous les bonheurs du monde. Je lui ai appris qu'il venait de rentrer à Venise en parfaite santé et qu'on lui avait fait l'accueil le plus flatteur; il en a paru enchanté.

Je me disposais à me rendre chez les deux autres cardinaux, mais j'ai su qu'ils étaient avec la reine occupés à examiner certaines étoffes de satin; j'ai remis ma visite à un moment plus favorable.

De Bruxelles, le 4 octobre 1544.

Le 5. — Don Fernand est arrivé hier au soir; il paraît qu'à la revue des Espagnols qu'il vient de passer à Cambrai il s'en est présenté 5 000. L'empereur est revenu de la chasse, mais je n'ai pu avoir audience; M. Adrien m'a fait dire qu'il serait occupé toute la journée à lire des lettres. Je me proposais de voir aujourd'hui les deux autres cardinaux français; ils dînent chez la reine. Idiaquez doit partir sous peu de jours pour l'Espagne. Il est chargé de sonder les dispositions des seigneurs espagnols au sujet du mariage de la fille de l'empereur avec le duc d'Orléans; beaucoup de gens ici, et non des moins clairvoyants, croient qu'ils y consentiront difficilement.

Bernardo NAVAGER.

55.

Bruxelles, le 7 octobre 1544.

Les Espagnols et la reine Marie blâment le traité de paix; le peuple l'approuve. — Bref du pape contre l'empereur. — Conjectures sur la mission du cardinal de Tournon. — Il est question d'une expédition d'Alger.

Sérénissime Prince,

J'apprends de différents côtés que les Espagnols de la cour sont furieux du traité de paix. Ils disent que le roi de France se fût

(1) Maximilien Egmont, seigneur d'Ysselstein, comte de Büren.
(2) Ambassadeur de Venise auprès de Charles-Quint de 1535 à 1538 et auprès de François Ier en 1542 et 1543. J. ZELLER, *la Diplomatie française*, etc., p. 378.

trouvé au cœur de l'Espagne avec son armée victorieuse qu'il n'eût pas obtenu des conditions plus honorables; ils prétendent que le fils de l'empereur et son héritier présomptif ne commettra pas la faute de consentir à l'aliénation des Pays-Bas, son patrimoine naturel, et que l'Espagne de son côté ne permettra point qu'une fille de l'empereur et son héritière éventuelle soit mariée à un fils de France. Quant à la reine Marie, on la dit fort irritée contre don Fernand qu'elle regarde comme l'instigateur de la clause relative à la Flandre. En revanche la plupart des habitants paraissent désirer le mariage avec les Pays-Bas comme dot. Ils disent qu'il est nécessaire au bien de l'État que le prince réside au milieu de son peuple et que l'Espagne est trop loin de la Flandre; cette combinaison les délivrerait en outre de la domination des femmes qu'ils supportent difficilement.

Ces jours passés, lorsqu'on était à Cateau-Cambrésis, est arrivé un certain M. David, camérier du pape. J'ai pensé qu'il n'était pas venu sans sujet et je me suis enquis du but de son voyage. Je tiens de bonne source qu'il est porteur d'un bref adressé à l'empereur et dans lequel le pape lui reproche violemment de s'être montré favorable aux protestants dans le recez de la dernière diète. Le nonce, le jugeant inopportun, en a arrêté la présentation. Mais l'empereur sait qu'il est entre les mains du camérier et qu'il y est fort maltraité. Un de ses confidents les plus intimes m'a rapporté que le pape lui écrivait en propres termes : « ...qui jura et leges conculcasti ».

J'ai cherché également à connaître l'objet de la mission du cardinal de Tournon. Je me suis adressé à des personnes qui d'habitude me renseignent fort exactement. J'ai recueilli deux versions : les uns disent qu'il est venu négocier le mariage de la fille du roi de France avec l'empereur (1) et les autres qu'il est chargé de concerter avec lui la marche à suivre pour amener la prochaine diète à décider la tenue du concile.

J'épuise tous les moyens d'information; j'interroge toutes les personnes qui me paraissent en situation de savoir, et tout ce que j'apprends, je le transmets à Votre Sérénité.

Dernière nouvelle : on parle beaucoup depuis quelques jours d'une nouvelle expédition d'Alger.

De Bruxelles, le 7 octobre 1544.

Bernardo NAVAGER.

---

(1) Marguerite de France (5 juin 1523-14 septembre 1574), mariée le 9 juillet 1559 à Philibert-Emmanuel, duc de Savoie. BRANTÔME, p. 128.

56.

Bruxelles, le 9 octobre 1544.

L'ambassadeur a audience de l'empereur. — Il voit ensuite M. de Granvelle et don Fernand. — Il recueille partout des protestations d'amitié pour Venise, mais rien de précis sur ce qui peut la concerner dans le traité de paix.

Sérénissime Prince,

J'ai eu hier matin audience de l'empereur. Je le félicitai d'abord sur sa santé qui ne paraissait pas se ressentir des fatigues et des travaux de la campagne; il me répondit qu'il souffrait depuis quelques jours d'un commencement de catarrhe, mais qu'il espérait que ce ne serait rien. Je me suis excusé ensuite sur l'extrême lenteur des lettres d'Italie de venir lui présenter si tard les respectueux remerciements de la République; mais, pour être tardive, l'expression de sa reconnaissance n'en était pas moins sincère. Votre Sérénité avait été infiniment sensible à la démarche si cordiale de don Diego qui était allé l'informer de l'ouverture des négociations et lui donner l'assurance que si l'on faisait la paix, comme il a plu à Dieu qu'on la fit, on aurait un égard particulier pour Venise et qu'elle serait traitée comme le meilleur des amis; j'étais chargé de lui faire agréer les plus vifs remerciements de la République au sujet de cette déclaration. J'ai ajouté que ce nouveau témoignage de bienveillance, après tous les bons offices qu'il lui avait déjà rendus, ne pouvait qu'affermir Votre Sérénité dans la conviction où elle avait toujours été qu'il ne voulait que le bien et la grandeur de la République. L'empereur m'a répondu : « La paix est conclue. J'ai voulu que dans le traité Venise tînt une place digne de l'amitié que je lui ai toujours portée. Elle verra combien je lui suis affectionné. Je lui veux du bien et je saisirai toutes les occasions de lui en faire ». Il m'a répété qu'elle figurait honorablement dans le traité de paix et qu'il n'avait pas l'habitude d'oublier ses amis. C'est tout ce qu'il m'a dit. Je l'ai remercié de nouveau de son amitié pour la République, lui disant qu'elle n'en avait jamais douté, mais qu'elle en était plus certaine que jamais après tant de preuves éclatantes qu'il lui en avait données. Je n'ai eu garde de l'interroger sur les clauses du traité; j'ai toujours pensé qu'il fallait se contenter de ce qu'il plaisait aux princes de nous dire, quitte à chercher par d'autres voies à en savoir plus long. Passant à un autre sujet, je lui ai fait donner lecture des nouvelles de Constantinople; il les a écoutées avec la plus grande attention et a paru fort aise de les connaître. Il m'a dit qu'il avait appris de son côté que le Grand Seigneur cherchait à faire mourir son fils aîné. Je lui ai répondu que je n'en savais rien et qu'apparemment l'avis qu'il en avait reçu était de fraîche date. Je lui ai demandé enfin quand il partait et où il allait. « Je pense, m'a-t-il dit, quitter Bruxelles dans les premiers jours de novembre pour me rendre à Worms où se tiendra la diète ». J'ai été après dîner chez M. de Granvelle. Je lui ai fait la même communication qu'à l'empereur; sa réponse a été des plus bienveillantes, mais des plus générales. L'empereur lui avait dit la veille au soir qu'il me donnerait audience le lendemain matin; il ne doutait donc pas que je ne l'eusse déjà vu. Il ne pouvait prétendre m'exprimer avec plus de force qu'il ne l'avait fait lui-même sa profonde et inaltérable amitié pour Venise, qu'il traitera toujours comme il ferait son propre frère le roi des Romains, et dont rien au monde ne pourra le détacher. Pour lui, il s'était toujours appliqué à l'entretenir dans ces sentiments, persuadé que l'empereur et la République avaient un égal intérêt à rester indissolublement unis. Il m'a dit en terminant : « La paix est des plus honorables », sans s'expliquer davantage et se bornant à ajouter que l'Italie, et surtout Venise, auraient lieu de se réjouir de la tranquillité qu'elle leur assurait. Là-dessus j'ai pris congé de lui après l'avoir remercié du mieux que j'ai su.

De chez M. de Granvelle je me suis rendu chez don Fernand; il n'y était pas et je n'ai pu le voir que ce matin. Il a paru extrêmement touché de ma visite et m'a chargé de présenter à Votre Sérénité tous ses remerciements pour la confiance qu'elle voulait bien lui témoigner. Il m'a dit : « L'empereur est infiniment affectionné à la République. Il a montré pendant les négociations autant de sollicitude pour ses intérêts que pour les siens propres. M. de Granvelle vous a-t-il communiqué le traité? » Je lui ai répondu que non. Il en a été fort contrarié. « Ce ne peut être qu'un oubli de sa part, m'a-t-il dit. Il faut l'excuser. Je puis vous dire que nous avons été, lui et moi, déchirés à belles dents par ces seigneurs flamands et autres au sujet de ce traité. La reine Marie, qui me comblait d'amitiés, me parle à peine. Je n'en demeure pas moins convaincu que cette paix est une des choses les meilleures et les plus utiles au bien général qu'il m'aura été donné d'accomplir en toute mon existence, et je suis homme à rendre raison à quiconque me dira le contraire. Mais ce pauvre M. de Granvelle perd facilement la tête et ne sait que se tourmenter : c'est là, je crois, l'unique cause de son oubli. Je me charge en tout cas de lui en rafraîchir la mémoire et de lui faire comprendre qu'il ne saurait y avoir de secret entre l'empereur et la République qu'une amitié réciproque unit si étroitement ». Il a conclu en disant : « Tenez pour certain que ni dans le présent ni dans l'avenir il ne sera jamais rien fait qui puisse porter préjudice à Venise : tant que je vivrai et que je serai au service de l'empereur, j'aurai l'œil à cela, je vous en donne ma parole. Si l'empereur garde le Milanais, vous verrez le facile et libéral voisin que vous aurez en lui ; je vous le dis parce que je le sais ». Je l'ai remercié dans les termes les plus chaleureux de ses sentiments envers la République. J'ai ajouté que si les ministres ne m'avaient pas communiqué le traité, c'était uniquement parce qu'ils n'y avaient pas pensé, tout entiers à leurs nombreuses et importantes occupations. Je serai d'ailleurs heureux de le connaître pour en transmettre la teneur à Votre Sérénité : elle verra dans cette marque de confiance la preuve que son respectueux dévouement à l'empereur est apprécié comme il le mérite; elle en sera d'autant plus touchée qu'elle saura ne la devoir qu'à la bienveillante intervention de Son Excellence. Quant à l'amitié de l'empereur, la République n'a pas plus de sujet d'en douter en cette paix qu'en toute autre occasion : elle en a pour garants les bons offices qu'il n'a cessé de lui rendre, sa bonté et son honneur tant de fois éprouvés, toutes les protestations enfin qu'elle a reçues tant de sa propre bouche que de celle de ses ministres. Don Fernand m'a répondu : « Si l'empereur manquait à sa parole, il serait le plus mauvais prince du monde, et il est le meilleur que la chrétienté ait eu depuis bien des années; la République a donc raison, je vous l'affirme, de compter sur lui comme vous dites qu'elle y compte ».

Comme le bruit court que Son Excellence va se rendre en Italie, je lui ai demandé quand aurait lieu son départ. « Je suis ici pour plus longtemps que je ne pensais, m'a-t-elle répondu. L'empereur attend la visite de sa sœur la reine de France; il a expédié hier un courrier au neveu de l'évêque de Rennes (1) pour lui annoncer qu'il serait heureux de recevoir la reine à Bruxelles. »

Don Fernand m'a dit encore qu'il avait appris que M. d'Arras, chargé d'arranger les différends qui existent entre les rois de France et d'Angleterre, avait quitté la cour de France pour se rendre à Calais. « Qu'espère-t-on de sa mission? » lui ai-je demandé. Il m'a répondu : « Les Français sont à cette heure maîtres de la campagne; le roi d'Angleterre est rentré dans son royaume, laissant 4 000 hommes dans Boulogne. La place a tant souffert du bombardement qu'elle est presque ouverte. Mais sa garnison est considérable et l'on est à la fin de la saison; je doute que les Français puissent la reprendre. Hier, comme j'étais en visite chez le cardinal de Lorraine, j'ai cru comprendre à ses paroles que si l'on arrivait à se mettre d'accord sur tous les autres points et qu'il ne restât plus que la question de Boulogne, les Français se contenteraient de voir raser la ville; je ne crois pas que le roi d'Angleterre se soumît à une pareille condition. Ce prince a vu cette paix de mauvais œil. Il est vrai que l'empereur l'a conclue sans prendre son avis. Il en avait le droit : il fut convenu entre eux, dès l'ouverture des négociations, que chacun serait libre de traiter séparément s'il y trouvait son intérêt. (C'est exactement ce que j'écrivis de Crépy à Votre Sérénité). D'ailleurs le roi n'a tenu aucun des engagements qu'il avait contractés par-devant moi dans ma

(1) Claude Dodieu (famille d'origine lyonnaise), seigneur de Vély ou Velly, abbé de Saint-Riquier, maître des requêtes, ambassadeur auprès de Charles-Quint le 27 septembre 1540, évêque de Rennes en 1541, mort à Paris le 4 avril 1558. — Son neveu était Claude Dodieu, seigneur d'Epercieux (Epercieux-Saint-Paul, village du département de la Loire), qui fut chargé de diverses missions diplomatiques. *Correspondance politique de G. Pellicier*, p. 124.

récente mission en Angleterre, tandis que l'empereur n'a pas manqué à un seul des siens ». Son Excellence a conclu en disant qu'elle avait de la peine à croire que les négociations de M. d'Arras avec les commissaires anglais qui l'attendaient à Calais pussent aboutir à la paix.

J'ai dit dans la dépêche ci-jointe qu'on parlait du mariage de l'empereur avec la fille du roi de France et d'une nouvelle expédition d'Alger. Voyant don Fernand si aimable, je lui ai demandé ce qu'il en pensait. Sur le mariage, il a fait un signe de tête qui disait non, mais qui donnait à entendre qu'il en avait été question. Au sujet de l'expédition d'Alger, il m'a dit : « Beaucoup de gens en parlent, mais vous n'ignorez pas que nous aurons fort à faire cette année pour résister au Turc s'il se met en campagne ». Il m'a demandé à ce propos si j'avais des nouvelles de Constantinople ; je lui ai dit que oui, lui promettant d'envoyer après dîner mon secrétaire lui montrer toutes celles que j'avais reçues. Il en a paru enchanté.

De Bruxelles, le 9 octobre 1544.

Bernardo NAVAGER.

57.

Bruxelles, le 11 octobre 1544.

Départ des trois cardinaux français. — On attend le marquis del Guasto. — Les capitaines italiens désirent retourner chez eux. — L'artillerie va être embarquée à Anvers pour l'Espagne.

Sérénissime Prince,

J'ai envoyé à don Fernand, comme je le lui avais promis, les nouvelles de Constantinople ; mon secrétaire m'a dit qu'elles l'avaient beaucoup intéressé et qu'il me remerciait infiniment de les lui avoir communiquées.

Le cardinal de Tournon a quitté hier Bruxelles avec les deux autres cardinaux français. Je n'ai pu encore rendre mes devoirs à ces derniers, quelque désir que j'en aie : les chasses, les banquets et les fêtes qui ont lieu en leur honneur prennent tout leur temps.

Le marquis del Guasto est attendu ; on parait croire que son avis aura beaucoup d'influence sur la détermination de l'empereur au sujet du Milanais.

Les capitaines italiens sont impatients de retourner chez eux, mais ils ne voudraient partir qu'après avoir touché de fortes gratifications ; ils s'inquiètent de ce qu'on va leur donner.

L'artillerie a été conduite à Anvers, où on va l'embarquer pour l'Espagne.

Les dernières dépêches que j'ai envoyées à Votre Sérénité étaient datées du 3 et du 4. Je les confiai le 5 au secrétaire de don Fernand qui partait en poste pour la Sicile par la voie de France; il me promit qu'arrivé à Mantoue il les ferait porter par un exprès à Votre Sérénité. J'en envoie le double ci-inclus.

De Bruxelles, le 11 octobre 1544.

Bernardo NAVAGER.

58.

Bruxelles, le 17 octobre 1544.

Échec des Français devant Boulogne. — Difficulté de la paix entre les rois de France et d'Angleterre. — L'ambassadeur n'a pas encore reçu communication du traité de paix. — Récompenses accordées par l'empereur. — Les deux cardinaux français toujours occupés.

Sérénissime Prince,

J'ai reçu le 12 courant, avec mon respect accoutumé, la lettre de Votre Sérénité du 26 du mois dernier, ainsi que les nouvelles de Constantinople qui y étaient jointes. Je n'ai pu encore communiquer celles-ci à l'empereur qui a été indisposé tous ces jours-ci.

On a reçu il y a trois jours la nouvelle suivante. Un coup de main de 700 Gascons les avait déjà rendus maitres de la basse Boulogne, le faubourg de la ville, et de la nombreuse artillerie qui s'y trouvait, lorsque, dans une soudaine et vigoureuse sortie, les Anglais de la place les taillèrent en pièces (1); après cet échec, l'armée française avait commencé à battre en retraite. Les connaisseurs et les hommes du métier ne croient plus que le roi de France puisse ravoir Boulogne cette année.

On est sans nouvelles des négociations entre le roi de France et celui d'Angleterre; tout le monde estime que la question de Boulogne rendra la paix extrêmement difficile.

Je n'ai pu voir encore le traité de paix. Don Fernand, qui m'avait promis de me le montrer, a passé tous ces jours-ci à Anvers. Rentré aujourd'hui, il repart demain avec l'empereur, la reine Marie et les archiducs Maximilien et Ferdinand pour aller jusqu'à Mons au-devant de la reine de France. C'est le 20 ou le 21 qu'elle fera son entrée à Bruxelles. La ville est en train de lui préparer toutes sortes de divertissements : joutes, tournois et courses de bagues.

L'empereur a distribué ces jours-ci d'importantes récompenses. Il a

(1) C'est « la camisade de Boulogne », longuement décrite par MONTLUC, p. 72 et suiv.

donné à don Lorenzo Emmanuel, un de ses majordomes, la grande commanderie d'Alcantara, vacante par la mort de don Pedro de Cuevas et rapportant 6 000 ducats par an ; à son grand écuyer M. de Boussu, la rente d'un fief impérial vacante à Liège par la mort d'un neveu du feu cardinal (1) et s'élevant à 5 ou 6 000 florins ; à don Juan Manrique de Lara, frère du duc de Najera, une commande de 2 000 ducats de revenu ; et enfin à Idiaquez, qui par parenthèse part demain pour l'Espagne, chargé de la mission dont j'ai parlé à Votre Sérénité, la commande qu'avait auparavant don Juan Manrique et qui vaut 1 000 ducats.

Les deux cardinaux français sont toujours si occupés que je n'ai pu encore leur présenter mes hommages.

De Bruxelles, le 17 octobre 1544.

Bernardo NAVAGER.

59.

Bruxelles, le 22 octobre 1544.

Conversation de l'ambassadeur avec don Fernand — Interruption de la vie diplomatique à cause des fêtes en l'honneur de la reine de France. — Don Fernand conseille à l'empereur de garder le Milanais. — Les anabaptistes des Pays-Bas.

Sérénissime Prince,

Peut-être Votre Sérénité a-t-elle eu connaissance du traité de paix par une autre voie. Quoi qu'il en soit, j'estime qu'il est de mon devoir de chercher discrètement à le voir.

Je me disposais à aller, comme il m'arrive souvent, faire une visite à don Fernand. J'avais lieu de compter sur sa bienveillante entremise : ne s'était-il pas chargé, comme je l'ai écrit le 9, de faire comprendre à M. de Granvelle qu'on ne saurait avoir de secret pour le représentant d'un gouvernement aussi profondément dévoué à l'empereur que l'avait toujours été Venise? Je n'ai pu le voir qu'aujourd'hui. Aussitôt après ma dépêche du 9, il partait pour Anvers. Rappelé par l'empereur pour aller à la rencontre de la reine Eléonore, il ne passa qu'une nuit à Bruxelles. Il est rentré hier au soir. J'ai couru chez lui ce matin : c'est le bon moment pour le rencontrer. Dès qu'il m'a vu, il m'a dit : « Je viens de causer avec Granvelle; vous verrez le traité. En attendant, voici ce qu'il renferme d'essentiel. L'empereur donnera la Flandre à sa fille ou le Milanais à sa

(1) Le cardinal Erard de la Mark, prince-évêque de Liège.

nièce. Ce n'est pas la première fois qu'il a offert de sacrifier les Pays-Bas à son amour de la paix. Toujours le roi de France refusa; il accepte aujourd'hui. Il y a eu des difficultés. Les Français demandaient que les Pays-Bas fussent abandonnés sans condition au duc d'Orléans, qu'il entrât immédiatement en leur possession et qu'ils lui demeurassent si sa femme mourait sans héritier. Mais l'empereur n'a pas entendu de cette oreille-là; il a stipulé qu'à sa mort ils reviendraient à sa fille, qu'à aucun moment le duc d'Orléans n'y pourrait exercer d'autres droits que ceux du mari sur les biens de sa femme et que s'il lui naissait des enfants, eux seuls en hériteraient, à l'exclusion de leur père, qui ne pourra aucunement en disposer. Il s'est réservé en outre la collation des offices, des châtellenies et en général de toutes les juridictions. Bref, en ce qui concerne la Flandre, l'empereur ne donne que ce qu'il avait déjà offert et il y met des restrictions que pour ma part je considère comme des plus considérables. Quant au Milanais, supposé que ce soit cette seconde combinaison qu'il préfère, il reste le maître d'y occuper autant de places qu'il voudra, sans aucune limitation de temps. Il est vrai, comme vous le verrez, que le roi de France peut de son côté occuper certaines places de la Savoie. Voilà le principal du traité; le reste est secondaire ».

J'ai vivement remercié Son Excellence, non sans lui dire en souriant qu'admirablement instruit, grâce à elle, du sort que le traité fait aux autres, il ne me déplairait pas d'avoir quelques clartés sur celui qu'il fait à la République. « L'empereur et le roi de France, m'a-t-il dit, animés des mêmes sentiments pour Venise, ont voulu qu'elle y figurât de la manière la plus honorable »

Là-dessus, passant à un autre sujet, don Fernand m'a dit que l'armée française, comme il était aisé de le prévoir, avait dû lever le siège de Boulogne et qu'elle était en pleine retraite. Il a ajouté : « Ces seigneurs français disent que le roi a l'intention de bâtir une nouvelle ville à l'entrée du port, mais, à la manière dont ils le disent, on voit qu'ils n'en croient rien. »

De propos en propos don Fernand est venu à me parler du Turc. Il m'a dit que l'empereur avait été avisé de différents côtés qu'il se disposait à marcher sur Vienne avec de grandes forces et que cela paraissait fort vraisemblable. Il a ajouté : « Quant au plan de campagne de l'empereur, on ne le connaîtra qu'à la diète. Je crois qu'on ne fera que se défendre avec vigueur. Pour prendre l'offensive, il faudrait être prêt le 15 avril, et cela est impossible cette année. Pour la défensive, il suffira de l'être le 15 juin : car quelque diligence que fasse le Turc, il a tant de chemin à faire, et les armées, comme vous avez pu le voir, marchent si lentement qu'il ne saurait arriver avant juin. Ce qui m'étonne, c'est que, maître de la moitié de la Hongrie, il n'y ait pas fait hiverner la plus grande partie de ses troupes : cela lui eût permis de conquérir l'autre moitié en quelques jours. Sans doute a-t-il craint qu'en son absence il n'éclatât des troubles du côté de Constantinople ». J'ai pour principe, Sérénissime Prince, quand on me parle des affaires du Turc, d'écouter ce qu'on me dit et de ne rien dire moi-même qui puisse tirer à conséquence.

Voilà deux fois que don Fernand m'assure qu'on me montrera le traité; j'attends. Ce qui me désole, c'est que, pendant ces fêtes en l'honneur de la reine de France, il me sera impossible de voir personne: tout le monde va se dire occupé et m'ajourner à l'envi. Quant à demander en ce moment audience à l'empereur, et cela dans l'unique but de lui communiquer les dernières nouvelles de Constantinople, il n'y avait pas à y songer. J'ai donc envoyé mon secrétaire en donner lecture à M. de Granvelle; je l'ai chargé de lui dire que je me permettais de les lui communiquer à lui-même pour ne pas déranger l'empereur, si occupé à cette heure, et dans l'espérance qu'il voudrait bien lui en faire part quand il le jugerait convenable. M. de Granvelle a fort loué ma discrétion; il m'a fait répondre qu'il ne manquerait pas d'en rendre compte à l'empereur et qu'il ne doutait point que cette communication ne lui fût extrêmement agréable.

Il me revient de différents côtés, et certaines paroles de lui semblent autoriser cette opinion, que don Fernand voudrait à tout prix que l'empereur donnât les Pays-Bas et gardât le Milanais. M. de Granvelle est fort perplexe et l'on ignore lequel des deux partis il conseillera.

Le marquis del Guasto devait venir et le désirait fort; il restera si la dernière dépêche de l'empereur l'atteint avant son départ de Milan : tant en toutes choses les influences rivales s'agitent et se combattent!

Don Fernand a une envie extrême de revoir l'Italie; il espère que l'empereur lui accordera cette faveur.

J'écrivais le 14 août de Saint-Dizier que j'avais appris par des amis de Flandre qu'il venait de s'élever dans le pays une nouvelle secte. Me trouvant sur les lieux, j'ai pris des renseignements. J'ai su qu'elle avait pour fondateur un certain Georges David. J'ai interrogé sur les croyances de ces sectaires un moine des plus orthodoxes et des plus savants, que consultent les magistrats chargés d'instruire contre eux : je transmets à Votre Sérénité la note qu'il m'a remise. Il reste à Anvers une centaine de ces hérétiques. Un grand nombre se sont enfuis; l'un de ces fugitifs est riche de plus de 25 000 ducats. L'empereur a ordonné de sévir contre eux avec la dernière rigueur et de punir de mort ceux même qui se rétracteraient et confesseraient leurs erreurs; cet ordre a reçu un commencement d'exécution.

De Bruxelles, le 22 octobre 1544.

Bernardo NAVAGER.

(*Archives d'État de Venise.*)

DÉPÊCHES

DE

FRANCESCO D'ESTE
HIERONYMO FERUFFINO, CAMILLO CAPILUPO
ET BERNARDO NAVAGER

(TEXTES ITALIENS)

DÉPÊCHES

DE

FRANCESCO D'ESTE
HIERONYMO FERUFFINO, CAMILLO CAPILUPO
ET BERNARDO NAVAGER

(TEXTES ITALIENS)

I

FRANCESCO D'ESTE
A HERCULE II, DUC DE FERRARE

1.

Spire, le 12 mai 1544.

Illmo et Exmo Signor, Signor mio osser^{mo}.

Questa matina, che è il duodecimo del presente, lo ill^{mo} signore Ferrante parte di qui, et io insieme, incaminandoci alla volta di Messe, ove non credo però chel predetto signor Ferrante si sij per intertener molto, ma penso che passarà innanti fin ad un luoco chiamato Theonville, et lì farà la adunanza di tutto lo exercito di S. M^{tà} Ces^{rea}, con proponimento di andar poi alla volta di Lucimborgo, per experimentare se li potrà far qualche danno, anchor che non gli habbia molta speranza, per esser gionto nuova che dal canto di Franza si sono incaminati da quindeci o sedeci millia fanti, con assai ben notabil numero di cavalleria, per volerlo vittuagliare, e forsi fin qui l'hanno fatto : la qual cosa ci ha apportato malissima nuova, et sarà forsi caggione di interrompere e sturbare alcuni buoni disegni di S. M^{tà} C^{rea}, il che Dio non voglia. Mi è parso fare intendere questo tanto alla ex^{ma}. S. V. acciò sij fatta participe dei progressi di questa corte, certificandola che del resto che succederà, farò che

sarà avisata a parte a parte. Nè mi occorrendo altro, nella buona gratia di V. Ex^{m} S. humilmente mi raccomando.
Di Spira, alli xij maggio M. D. xliiij.
Di V. Illma et Exma S^{ria}

obligatissimo servitor
Don Francesco DA ESTE.

2.

Thionville, le 19 mai 1544.

Illmo et Exmo Signor mio osser^{mo}.

... Qui non è altro che scriver di nuovo a V. Ex^{tia}, se non che hier sera lo ill^{mo} signor Ferrante et io giongessimo a Theonvilla, e questa matina S. S. ill^{ma} ha voluto che si vadi a ricognoscere il monte San Gioanni, luoco per il quale hanno da passar li Francesi, volendo andare a soccorrere Lucimborgo : il quale sin qui non hanno vittuagliato, e meno si crede che lo faranno, perchè già si è fatta tal provisione, che venendoci con puoco numero di cavalli, le fanterie spagnole, quali adesso si trovano in essere, seranno molto ben sufficienti a vietarlilo; se ancho ci vorranno venire con gran summa di genti, sendo necessario che ci interpongano tempo, lo ill^{mo} signor Ferrante haverà ancho lui commodità di raccogliere tutte le genti imperiali et andar ad opponerceli, et così seranno forzati o non darli aiuto, o prima rendere buon conto con noi...

Di Theonvilla, alli xviiij maggio del 1544.
Di V., etc.

Don Francesco DA ESTE.

Postscripta. — Essendosi intertenuto di inviare lo presente dispazzo per non si partire così presto la posta, si è inteso di poi come li Francesi, con numero de xv millia fanti et de tre millia cavalli, doveano venire questa sera ad alloggiar tra Arlone e Salobre per andar poi dimani a vittuagliare Lucimborgo : per il che, se ben non si è inteso che ci siano poi venuti, lo ill^{mo} signor Ferrante si è molto più aprestato di andar più frettatamente alli luochi nelli quali ha designato di mettersi, per vietarli il passo; e così si gli andarà dimani e li si forzarà di interromperli i disegni in maniera che non lo soccorrino, e spera di farlo sì per la tardanza del dì d'hoggi, come perchè intendendo li andamenti e progressi di S. Ex^{tia}, seranno ancho loro forzati a soprastare e pensar alli casi suoi. Nè altro ci è di nuovo...

3.

Sous Luxembourg, le 25 mai 1544.

Ill.mo et Ex.mo Signor mio osser.mo.

Per l'ultime mie date in Theonvilla, penso che V. Ex.tia haverà inteso come lo ill.mo signor don Ferrante havea designato il sequente giorno, cioè alli xxi del presente, di mettersi in campagna et andare ad alloggiar presso il monte San Gioanne, un meggio miglio italiano; il che fu fatto, e perchè S. Ex.tia, gionta che fu al detto luoco, volse con più diligentia rivedere i passi per i quali potessero passar Francesi volendo vittuagliar Lucimborgo, e havendoli trovati molto più di quelli di che gli era stata data intentione, e parendoli per alcuni respetti che fossero difficili da defendere quando Francesi fossero venuti con qualche numerosa cavalleria, però determinò di non fermarsivi altramente, ma andare innanzi alla volta di Lucimborgo, e pigliando tutti quelli passi per i quali potessero venire, cingerlo di maniera che restasse sicura che non lo potessero soccorrere; et così hoggi si gli siamo presentati e havemo pigliati li alloggiamenti in più commodo e vicin luoco che sia stato possibile, tenendo S. Ex.tia per fermo che a modo niuno lo possano più vittuagliare, e buona speranza habbi da esser nostro fra curtissimo termine, e se pur il rendersi loro andasse qualche puoco più in longo di quello che è di suo parere, S. Ex.tia ha concluso di lassarvi un capo, qual facilmente potrebbe essere il principe di Orangia, con sufficiente numero di gente per guardar i suddetti passi e cavarne la totale expeditione, et essa andarsene di longo alla volta di Franza col resto dello exercito, con quella maggior celerità che le serà possibile, per obstare alli inimici di non pottersi rinforzarsi e tuorli tempo di fortificare le terre. E questo è quanto fin a quest'hora le posso dire. Il resto è che sendosi dato il buon principio, qual si pensa, che habbiamo dato alla guerra, non possemo se non tener certo di haver a restare con buonissimo animo del rimanente...

Di campo sotto Lucimborgo, alli xxv de maggio del 1544.

Di V., etc.

Don Francesco da Este.

4.

Sous Luxembourg, le 29 mai 1544.

Ill.mo et Ex.mo Signore, Signore mio osser.mo.

Havendo scritto per la mia de xxv a V. Ex.tia quanto era accaduto fin a quel punto doppo la partita nostra de Theonvilla, mi è parso mio debito certificarla ancho di quanto si è fatto di poi. Però ella saperà come non parendo allo ill^mo signor Ferrante di star più nel luoco nel quale per la suddetta mia le ho fatto intendere che havevamo pigliati li alloggiamenti, per esser un poco discosti da Lucimborgo, si determinò di farseli più appresso. Così, levato il campo, venessimo con tutto lo exercito in una valle tanto puoco discosta, che una sua canonata arriva alle genti nostre, ove, non intermettendo S. Ex^tia indugio alcuno, mandò in un medemo tempo a domandarli per lo araldo se si voleano rendere, che sarebbero trattati da buon soldati, ancho che nol meritassero, sendosi andati tanto presuntuosamente a mettere nelle terre de la M^tà Ces^rea, e che nol facendo, sariano poi trattati di maniera che se ne pentiriano: alle quali parole non fu data altra resposta, se non che dovesse tornare il giorno sequente, perchè per all'hora non si potevano risolvere. Così hier l'altro tornatoli lo araldo, hebbe medemamente un altro longetto, dicendo che hieri responderiano e che però tornasse. Al qual tempo tornatoli, domandorno salvo condutto per tre persone, il quale subito le fu concesso da S. Ex^tia, e vennero tre gentilhuomini con la introclusa copia de capituli, la qual mando a V. Ex^tia acciò la possi minutamente vedere: alli quali sendo stato resposto ne la maniera che ancho vederà per la inclusa copia che pur medemamente le mando, sendo essi gentilhuomini stati a cena e ad alloggiar hier sera con S. Ex^tia, questa matina si sono partiti con la capitulatione datali dal signor Ferrante, con apontamento che tornassero questa sera, e così han fatto, con resolutione di contentarsi el suo generale di detta capitulatione, eccetto che vorriano portar le sue insegne, nè vorriano far giuramento di non servire al re loro, il che li è stato concesso, e questa sera si è fermata la capitulatione con termine de domani in otto giorni al restituire de la terra. Mi rendo certissimo che tal principio sia di quella importantia, che noi altri proprij havessemo sapiuto desiderare, sì per la recuperatione di questo ducato, tanto necessario alle cose di Fiandra per esser la porta di Frantia e di Alemagna, quanto per li disturbi che haveria dato, lassandoselo in dietro, alli disegni di S. M^tà in queste parti. E poi che già li comminciamo a pungerli ove li duole, non serà molto, che lor mal grado, divertano da le cose de Italia, per trovarsi del tutto sprovista questa frontiera, nè vi esser altra gente buona che mille et cinquecento Italiani; tutto 'l resto frantupini, che serano da sei in otto millia e da tre millia cavalli. Le cose del nostro exercito vanno benissimo guidate, e con tanta abundantia di vittuaglia, che piacesse a Nostro Signore che per lo avenire ne la nostra impresa non se ne havesse ad havere più mancamento. La gente del principe d'Orangia dicono che sarà bellissima, per haverne già fatta la mostra in Ghelder, e fra x giorni sarà qui, e in poco più tempo serano anchor li Spagnoli, ove fra tanto si expettano le artegliarie, e tutto si metterà in ordine per il nostro camino verso Frantia, quando da S. M^tà non sia il signor don Ferrante intertenuto, la qual M^tà mostra per sue

lettere desiderare che si expetti, nè si facci alcuna cosa senza essa.
Dicesi esser in Lucimborgo circa ottanta pezzi di artegliara con assai
honesta munitione...

Di campo sotto Lucimborgo, alli 29 de maggio 1544.

Di V., etc.
Don Francesco DA ESTE.

Questa matina li medesimi gentilhuomini, con procura amplissima
de monsignor le viconte Antois, locotenente del re in Lucimborgo,
han ratificata la capitulatione fatta in suo nome. Et essendoseli hiersera messa per la parte nostra un puoco de difficultate sopra il con-
cederli tutte le insegne, e parersi giusto che giurassero non servire
contra S. M.tià Ces.rea per li quattro mesi, di che de l'uno e de l'altro
facevamo puoco conto, anzi quando havessino soprastato a concludere questa matina, già il signor don Ferrante se ne saria contentato;
pur per mostrar loro in tutto la sua buona natura, in esser facile a
condescendere quando si trovino in alcuna necessità, ha accordato di
lassar una insegna de le quattro che tengono, e da li capitanei e
gentilhuomini in fuori, consentire che facciano tutto il resto il giuramento di non servire, che ben si crede sarà da loro puoco osservato,
come sogliono negli altri suoi affari.

5.

Sous Luxembourg, le 6 juin 1544.

Ill.mo et Ex.mo Signor mio osser.mo.

V. Ex.tia per le precedenti mie haverà inteso lo appuntamento fatto
con quelli che teneano Lucimborgo, del qual con esse mie gli ne
mandai la copia. Dipoi che non è occorso altra cosa degna di sua
notitia, se non che havendomi fatto commissione lo ill.mo signor don
Ferrante, ch'io dovessi scorrere qualche leghe alla volta di Franza per
intendere nuova circa i progressi dei nemici, marti matina montai a
cavallo e menando meco li mei cavalli leggieri, cinquecento cavalli
fiamenghi, condutti dal cavallerizzo maggiore, ducento cavalli thodeschi e trecento archibusieri spagnoli, mi incaminai alla volta di
Astene ove si diceva che era monsignor di Lungavalle; nel qual
camino trovando esser assai più strada di quella che da alcuni capitanij e guide mi era stato referto, con tutto ch'io usassi quella maggior diligentia che mi fusse possibile, per la cortezza de la notte non
poti arivar tanto a tempo che facessi la mia imboscata, sopragiongen-
domi il giorno : il che fu causa di farmi mutar proposito. E così
pigliassimo la volta di Lonvi, terra di Lorena, in la quale li Francesi
il giorno innanti erano corsi a rompere le vittuaglie nostre, e

nel camino passassimo per tutte quelle strade e luochi per i quali potevamo pensare che li Francesi potessero uscire per saperne nuova; ove non ne trovando pista alcuna, me ne tornai il mercori sera.

De i successi poi de Lucimborgo V. Ex^tia saperà una buona diligentia usata dal luocotenente del re, il qual dubitandosi di morir de fame, non ha voluto aspettare fin a domani, come havevamo capitulato, ma facendo molta instanza di uscirsene, questa matina, che è veneri (dì certo fortunato al nostro Cesare), il signor don Ferrante gli ne ha fatto gratia, et così con le sue genti, le quali potevano ascendere alla summa de mille e cinquecento fanti, hoggi si è partito et andato alla volta di Franza, lassando dentro pezzi quaranta dui di artigliaria e suffitiente munitione per essa, accompagnato dal signor Alessandro Gonzaga e dal capitanio Giglio, i quali li conducano fin dentro Franza a salvamento. La terra è fortificata di buon modo, et essendo la recuperatione di essa di tanta importanza alli disegni di S. M^tà, tengo per fermo che i successi habbiano ad esser in buona parte conformi alli desiderij suoi, per la expedition de quali, domani, partendosi de qui, andaremo alla volta di Thu, terra franca, per seguitar il viaggio di Franza et tuorli il tempo di ingrossarsi e fortificare le terre.

Parlando al suo partire con monsignor di Toies, locotenente del re, mi ha detto che la mechiantaria de alcuno, volendo inferire de monsignor de Longavalle, è stato causa di far questo disservitio al suo re, e che S. M^tà tenea per fermo ch'esso fosse stato soccorso de vittuaglie, e che al ricever de la nuova, ch'esso li havea mandato, de la capitulatione fatta qui con il signor don Ferrante, il re si serrò in una camera per spatio di quattro hore senza lassarsi vedere a persona, mostrando rencresciergline mirabilmente...

Di campo cesareo sotto Lucimborgo, alli 6 de giugno 1544.

Non havendo anchor serata questa mia, si è concluso intertenire la partita de qui fin alli otto, per meglio provedere alle cose di Lucimborgo.

Di V., etc.

Don Francesco DA ESTE.

6.

Sorcy, le 14 juin 1544.

Illmo et Exmo Signor, Signor mio osser^mo.

Con le mie di sette del presente diedi a questi dì aviso a V. Ex^tia della effettuale recuperatione di Lucimborgo, significandole ancho come era stato concluso di partirsi et incaminarsi alla volta de Franza; così V. Ex^tia ha da sapere come alli otto partissimo, et usando grandissima diligentia, siamo pervenuti in Sarsoi, terra di Lorena, e discosta dal castel Commersi, prima frontiera de' Francesi, circa una lega : la qual, sendo io hier l'altro, per ordine del signor don Ferrante, andato a riconnoscere con la mia cavalleria, trovai chel giorno innanti, cioè alli xi, vi erano entrati dentro dui pezzi de artegliaria venuti di Franza, et accompagnati da ottanta cavalli leggieri italiani, e per altra parte vi erano entrati cinque carri de munitione con polvere e balle : il che da molti che uscivano de la terra mi fu confirmato esser verissimo. Nè pensando l'inimici che S. Ex[tia] dovesse usare tanta sollicitudine nel caminare, li trovai molto alla improvista, di modo che al gionger mio, comminciorno ad abbruggiare alcuni borghi, non uscendo però fuori, se non ben poca gente da piedi, la qual pur con li Spagnoli, ch'io meco menava, fece un puoco di scaramuzza : onde trovando una villetta a tiro di arcobuso presso della terra, nella qual per la fretta non haveano potuto accender fuoco, come era sua intentione, vi lassai quattrocento arcobusieri, e ricognosciuto il luoco, il quale è situato con dui castelli, uno de' quali, ch'era del duca di Lorena, haveano preso li Francesi il giorno medemo che vi entrò l'artegliaria, me ne tornai, parendo a tutti quelli capitanij ch'el castello del detto duca senza niuna difficultate se havesse a pigliare ; l'altro, che è d'una signora francese nominata madama de la Rossa, per esser circondato da le muraglie de la terra se non per la parte del fiume Mosa, alla qual non è luoco da farvi batteria, non si puotè ben riconnoscere ; ma ben si vede, che per non vi essere fianco alcuno coperto, et essendo le torre tonde e il castello picciolo, et essendovi ancho una montagnetta superiore, che col tirarli se li farà grandissimo danno : onde preso il primo, qual non può far difesa, et intrando per quel medemo ne la terra, giudica il signor don Ferrante, che l'ha ancho lui similmente considerato, che in niuna maniera possino tener l'altro, battendo abbasso due torre che vi sono, vedendosi già quanto facile sia lo approssimarvisi ; e, presa che habbiamo la terra, restando già la cortina senza difesa, riempir poi il fosso di terreno, e così tener il guadagno certo ; anchor che potria essere che come savij mutassero proposito di quel che hier matina dui de quelli di dentro con salvo condutto risolsero con S. Ex[tia], cioè, che non commandando la patrona loro che ponessero in potere di S. M[tà] Ces[rea] il castello, che non lo dariano, sì come il signor don Ferrante li havea fatto adimandar per un trombetto ; al quale prima haveano resposto che erano neutri, e che non manco serviriano a S. M[tà] Ces[rea] di vittuaglie et altre cose che fosser a suo servitio, di quel che fariano al re de Franza. Nè contentandosi il signor don Ferrante di tal resposta, cognoscendovi l'inganno sotto, nel partir li replicò che volea il castello per lo imperatore, e che non intendeva questa sua neutralità, ma che meglio si declarassero. Per il che domandorno salvo condutto per portarli più resoluta resposta, e concedendoglilo S. Ex[tia], subito vennero, e volendo pur allegare la sua neutralità, qual affermavano esser stata approbata da S. M[tà] (il che però è falso), confessando lor proprij, che li quattrocento fanti son Francesi e l'artegliaria e munitione esser venuta di Franza, che mostrava loro non esser neutrali. In ultimo domandorno quattro giorni di tempo per poterne avisar la lor patrona, che, contentandosi essa, lo dariano. A che cognoscendo S. Ex^{tia} questo lor procedere esser per intraporre tempo e dar commodità alli altri luochi di meglio fortificarsi, li respose, che se in quel tempo volcano dar la terra e li castelli, li faria trattamento da soldati, e quando non, li giurava a fede di gentilhuomo che pigliandoli, come tenea speranza in Nostro Signore e nel potente exercito di S. M^{tà}, che tutti li farebbe impicare senza alcuna remissione. A che respocero non poterlo fare senza ordine di sua patrona e così se ne andorno. S. Ex^{tia} volea che subito si preparassero li cestoni, e che si piantasse questa notte passata la artegliaria per far la batteria hoggi ad ogni modo al castello del detto duca, con disegno che, havutolo, come ho detto di sopra, fusse men difficile lo expugnar l'altro; ma l'inimici, partiti che fussimo, per minor fatica nostra, ritirandosi nel castello della signora francese, posero il fuoco nella terra et in quello del duca, di maniera che, per lo incendio grande, è stato necessario di differire la batteria al dì de domani. Così questa sera conducendosi l'artegliaria nella terra la qual subito, visto il fuoco, occuparono li Spagnoli, questa notte si ponerà in ordine ogni cosa necessaria e dimatina, a buon'hora, si comminciarà a darli la stretta, e speramo de farlo nostro in breve, e che loro restaran gastigati della perfidia sua, la quale ci fa credere che li sia stato expressamente commandato che così procedano, per intertenersi questi puochi dì, non essendo tale la fortezza che dovesser tenere ardimento de resistere a tanto exercito. E fin a questo termine siamo, e succedendo la expugnatione, ne certificarò subito V. Ex^{tia}...

Di Sarsoi, alli xiiij de giugno 1544.

Di V., etc.

Don Francesco da Este.

7.

Commercy, le 15 juin 1544.

Illmo et Exmo Signor mio osser^{mo}.

Essendosi, come per la mia del dì d'heri ho scritto a V. Ex^{tia}, differita la batteria del castel Commersi a questo di d'hoggi per causa del fuoco, et essendo stato tale il successo suo, che mi parebbe commettere gran fallo se non ne dessi particular aviso a V. Ex^{tia}; però intenderà come havendosi hieri incomminciato a far un poco de cavalier fuor delle mura della terra per batter poi la detta muraglia et alcune case per esser più commodo a battere il castello di quella signora della Roscia, essendosi tutta questa notte passata dato opera a questo effetto per piantar l'artegliaria e spianar quelle mura che impedivano, questa matina nella piazza più basso del cavalier fatto per mettervi l'artegliaria si incomminciò a battere in una torre grossa nel mezzo del castello, et havendosili aperta quasi tutta una schiena, li inimici fecero segno con una bandiera di voler parlamentar, et havendo il signor don Ferrante ordinato che fossero ascoltati, dissero che la lor patrona li havea dato commissione di defender quel castello fin tanto che li inimici lo incomminciavano a battere, e poi acciò la casa sua non li fusse dirupata e ruinata, attento che anchor fusse presa, pensava veder buona amicitia fra S. M^{tà} Ces^{rea} e la Christ^{ma}, il che saria causa farli tornare integro il suo castello, e per questo suo commandamento si contentava dar la piazza con che potesse uscire liberamente a suo piacere. Li fu dal signor don Ferrante resposto che non si essendo resi il primo giorno, non intendeva se non di voler il castello in suo potere e il resto a sua discretione : al che dissero non si contentare. E così subito si ritornò a battere la torre, qual per la quarta parte cadette, e a dar pressia al finire il cavaliere e lo abattere di muraglie : il che fatto, vi si pose sopra l'artegliaria, e si tornò a tirare nel luoco ove stava disegnata la nostra batteria. Per il che, vedendosi in mali termini, fecero segno di tornar a parlar, e si contentavano solo salva la vita. Nè questo tan poco gli fu dal signor don Ferrante concesso, e seguitando il battere, alla fine si risolsero rendersi a discretione. E così, per ordine di S. Ex^{tia}, il marchese di Marignano, Gio.-Battista Castaldo, don Albero de Sando et io siamo entrati dentro e trovatoli cinquecento fanti, de quali li trecento pareano buoni per Francesi, alcuni pezzi de artegliaria, che sono una bombarda grossa, un canon vecchio, quattro falconi, una colubrina, otto smeriglij, due dozene di archibusi a crocco, vinti pur a crocco, ma di ferro, quattordici barili di polvere.

Il castello è assai forte e buon numero di vittuaglie. Il che visto, si sono aperte le porte alle fanterie spagnole, qual han fatto honesto buttino di robbe della terra e del circonvicino, che vi si erano ridutte. Disordine alcuno non è accascato fra li soldati, nè tan poco si è amazzato persona. Prigioni di nome son dui capitanij, l'uno chiamato Montegni, e l'altro Aranzo, et un nostro Napolitano nominato Murano Carbone, qual convertendo alla parte nostra, come speramo di fare, penso che serà di molto utile, per esser instrutto di queste frontiere et ancho di altre cose di Franza. Onde riputandomi che li felici successi di S. M^{tà} guidati per la persona del signor don Ferrante debbiano esser carissimi a V. Ex^{tia}, gli ne ho voluto dar particular conto, acciò sappi che qui non si perde tempo, anzi con ogni diligentia possibile si attende a spingersi innante, mentre che queste frontiere non sono meglio proviste sì di fortificatione, come de gente buona, non vi essendo altro che quelli pochi Italiani, et il resto tutto frantupini, non vi essendo nuova certa ove essi Italiani se siano posti. Posdomani se partirà per Ligni, lontano di qui quattro leghe, e per relatione di tutti questi nostri pregioni, dicono il castello esser più debile di questo nostro. Dentro vi si trova il conte di Brienza con seicento fanti et ducento cavalli leggieri...

Di Comersi, alli xv de giugno 1544.

Di V., etc.

Don Francesco da Este.

8.

Sous Ligny, le 25 juin 1544.

Ill.mo et Ex.mo Signor mio osser.mo.

Doppo le mie, che di Sorsoi scrissi a V. Ex.tia, non le ho dato altro conto de i progressi nostri, per non haver havuto cosa degna di sua notitia. Hora essendosi transferiti sotto Lygni, secondo che le scrissi che dovevamo fare, mi è parso di farli sapere come hieri, che fu il giorno di San Gioanni, lo circondassimo da due bande con lo exercito nostro; e subito il marchese di Marignano comminciò a battere alcune torre con buone canonate, ben più presto con presuposito di metter paura a quelli di dentro, che per fare altro effetto. Il signor don Ferrante già l'ha alcune volte molto ben riconnosciuto e considerato; e benchè il castello sij assai forte, nondimeno tiene bonissima speranza di pigliarlo, e forsi ancho con minor difficultà di quella che prima si pensava, concorrendo nella sua medema opinione et il marchese di Marignano, et ancho tutti questi altri gentilhuomini del campo che se ne intendono. E questa matina, havendo S. Ex.tia mandato lo araldo a dimandarli se si vogliono rendere, hanno resposto, che essendovisi messi dentro con animo de tenersi, che vogliono difendersi quanto possono. E i principali che dentro vi si trovano sono dui conti fratelli de Rosci, proprij patroni del luoco, essendosene già andato alla volta di Franza monsignor de Scienè, qual (come scrissi a V. Ex.tia) di commissione del re di Franza, et a requisitione d'essi conti, vi era venuto anch'esso alla guardia, benchè di tal partita non se ne ha altro di certo, se non la relatione d'un prigione fatto hieri di quelli di dentro. Noi dal canto nostro non mancaremo de tutte quelle provisioni che seranno opportune per haverlo presto, e in tanto si andarà radunando lo exercito nostro, il qual sin qui, per diffetto di denari, è andato assai sbandato, mettendo ordine di darli le paghe per domani o l'altro alla più longa...

Di campo cesareo sotto Lygni, alli xxv de giugno del 1544.

Postscripta. — Per un tamburino uscito a ricuperare alcuni suoi prigioni, ho pur inteso che monsignor di Scienè non è partito altrimenti, e questa notte si piantarà l'artegliaria, comminciando dimatina a batterlo gagliardamente, benchè si stima che la batteria potria

andar in longo tre o quattro giorni, nanti che si venghi allo assalto, del qual subito darò aviso a V. Ex^{tia}.
Di V., etc.
Don Francesco da Este.

9.

Sous Ligny, le 30 juin 1544.

Illmo et Exmo Signor mio osser^{mo}.

Essendo passata la felice expugnatione de Ligny tanto a servitio di S. M^{tà}, e parendomi mio debito avisarne subito V. Ex^{tia} acciò insieme con me ne possi pigliar quella contentezza che si conviene, però ho voluto farline dar questo aviso più particularmente e minutamente si possi. Saperà dunque come alli xxiiij del presente venessimo sopra Ligny, e la notte seguente fu il signor don Ferrante a pigliar la terra, la qual non era però guardata da quelli del castello, acciò alle spalle della muraglia vi potesse alloggiar con parte dell' exercito, come fece, e così alli xxvi, con le fanterie spagnole et li Alemanni bassi, S. Ex^{tia} se ne passò qui sotto la terra, e havendosi mancato alcune cose necessarie per il piantar dell'artegliaria, quella medesima notte non si potè. Però alli xxvij con tutta la diligentia possibile si mise, e la matina si incomminciò a battere, che durò tutto 'l giorno per quattro parti con xij canoni e sei mezi con alcuni pezzi piccioli che stavano in cima della montagnetta. Nè parendo al signor don Ferrante esser tempo di darvi lo assalto, si differì all'altro giorno, pensando poterlo fare; nè però fu possibile anchor che tutto 'l giorno si battesse. E di più la notte, per ordine di S. Ex^{tia}, feci far un cavaliere, che li batteva di fianco alla difesa della cortina con dui canoni, quali li offendeano più che tutto 'l resto. E così questi, come gli altri, incomminciorno la matina fin alla notte a battere; nè si potendo per quel dì darvi lo assalto, hieri, che fu alli xxix, al levar del sole, fu mandato da quelli di dentro a far intender al signor don Ferrante che mandasse salvo condutto per dui gentilhuomini che voleano trattare, e così li fu mandato : col quale uscì il conte de Rosci et un suo gentilhuomo, che dissero che si contentavano rendere il castello ogni volta che li fossero fatte buone conditioni. Al che li fu dal signor don Ferrante resposto che li pigliaria a discretione : onde il conte se ne tornò con termine d'un' hora, dicendo che più presto moririano che accettare tal partito. Ma però in tanto si batteva, et essendo alla fine ritornato, portò in scritto la resolutione de tutti i capi, che era : contentarsi di andarsene con le robbe che con cavalli poteano portare, lassando tuto 'l resto. Li fu dal signor don Ferrante resposto che contentandosi della vita, restando prigioni di buona guerra, esso gli lo haveria concesso; e dicendo il conte non haver altra commissione da trattar, irresoluto se ne partì, dicendo esser quella la lor ultima voluntà. Onde subito da S. Ex^tia fu commandato si ricognoscesse la batteria, et essendovi andato alcuni soldati, e molti altri seguitandoli, montarono quasi dentro il castello. Pur non parendo anchor dar l'assalto, furno intertenuti li altri che li voleano seguire, e quelli se ne tornorno : qual fu causa tornare il timore alli inimici, che subito per l'altra parte mandorno a me un soldato italiano, mio amico, a pregarmi volessi ottenere da S. Ex^tia il partito di salvarli la vita. Nè potendosi sicuramente prometterglilo per causa che tutta la gente stava già propinqua per intrare, nè vi era rimedio a ritenerli, li fu da me resposto che a discretione S. Ex^tia li pigliaria e che fusse a farmi venire il medemo conte di Rosci per trattare e concluder con lui; et così stando, detenendo la gente per ordine di S. Ex^tia, conclusi col detto conte e monsignor di Scienè che si rendessero a discretione. Ben era vero che S. Ex^tia non mancaria farli trattar come meglio li fusse possibile, sì della vita come del resto. E per poter S. Ex^tia più sicuramente far ritirare la gente e farli questo benefitio, che non fossero sopra la batteria morti, mi commandò, per sua assicuranza, addimandassi a quelli di dentro quattro ostaggi : così, a questa causa, li dimandai li detti ostaggi con li quali promettessero che quelli suoi della batteria non tirassero a S. Ex^tia. Onde uscendo il conte de Brienna con tre gentilhuomini, fu seguitato da trecento o quattrocento soldati lassando la porta aperta, e incomminciando gran parte a gettarsi per la muraglia a basso, che fu causa che per quella parte si entrasse, e nel medesimo tempo entrorno alla batteria senza difesa : che è stato causa che de' nimici non son morti se non quattro o sei. Il sacco è stato assai buono, e miglior sarà anchor per il signor don Ferrante, qual tiene li dui conti presi. Vi si è trovata vittuaglia assai e bonissimi vini. Li soldati che si trovano esser stati dentro, erano da ottanta huomini d'arme, due insegne francesi con mille soldati, e due insegne di seicento fanti italiani. L'artegliaria è stata un canone, una colubrina, dui mezi canoni e due meze colubrine, e due bastarde con xxv altre pezzi de picciole. Questa vittoria, a mio juditio, è da estimar molto, sì per esser il castello forte, come provisto de gente buona, e preso come per forza; e questa nostra entrata, credo, portarà tanto di reputatione alla impresa di S. M^tà, che serà di bisogno esser il luoco fortissimo (che pochi o nulli ne tengano) e provisto di tutte cose necessarie, volendo che inimici tengano animo di difenderseli dentro, promettendo a V. Ex^tia che questi Francesi hanno del tutto perso l'animo sì per la forza di S. M^tà con l'artegliaria, come per il vallore della natione spagnola, qual certo in questa impresa andava con grandissima determinatione e bravura. Li Alemanni erano anch'essi a questo assalto, e si son portati da buoni soldati...

Di campo cesareo sopra Ligny, all'ultimo de giugno del 1544.
Di V., etc.

Don Francesco DA ESTE.

10.

Sous Saint-Dizier, le 8 juillet 1544.

Illmo et Exmo Signor mio osser °.

Anchorchè, doppo la expugnatione de Ligny, non sia occorsa cosa degna della Ex^tia V., nondimeno preparandosi il presente dispaccio per Italia, per mio debito non ho voluto lassarlo venire senza mie lettere. Però V. Ex^tia saperà come dipoi se ne siamo venuti sopra Sandisire, la cui terra e castello di pari se difendono e, a giuditio de tutti questi signori, l'una e l'altro è reputato per forte assai, sì per artifitio et industria, come per natura di sito, sendo posti in luoco un puoco eminente e che discuopre assai; pur si spera, con l'aiuto di Nostro Signore, che le cose passaranno bene in servitio di S. M^tà. E già si sarebbe incomminciato a farli conoscere quanto vagliono le artegliarie nostre, s'el tristo tempo, il qual da quasi un mese in qua ci ha sempre molestato con fastidiosissima pioggia, augumentandosi questi dui dì, non havesse vietato il piantarvila sotto a giusto tiro; pur, con tutto che continuamente sia piovuto, se gli ne sono piantati dui canoni, i quali però han fatto profitto tirando in una torre, posta nel meggio della terra, la quale scopre molto l'intorno, e sopra gli haveano dui pezzi di artegliaria. Le fanterie spagnole han fatto fare proposta alli colonelli alemani, che vogliano pigliare, o dar, over giocare lo assalto di questa terra, acciò che mescolandosi l'una e l'altra natione dentro, non causasse dissensioni, lamentandosi li Spagnoli che da Thodeschi, all'uscire della porta di Ligny, li foron tolte alcune robbe e prigioni. E li collonelli alemani hanno resposto come huomini prudenti, dicendo non volere nè accettar nè rifutar, ma hanno supplicato il signor don Ferrante, che havendo queste due nationi molte volte havute vittorie assai in servitio di S. M^tà, in questa guerra tan poco li voglia dividere, e che li inconvenienti che potessero nascere per li Alemani, essi voleano obligare la vita, e che dariano tal ordine che S. Ex^tia ne restarebbe satisfatta; e così S. Ex^tia se ne contentata che vadano giontatamente. Il che è quanto occorre di nuovo, certificando V. Ex^tia che in queste parti il tempo è di sorte tristo, che a dì mei non vidi mai il peggio, e tanto più sendosi tanto innanzi come si è, che par un impossibile, che da questi tempi siano pioggie così continue, e un freddo simile a quel di decembre...

Di campo cesareo sotto San Disir, alli viij de luglio del 1544.
Di V., etc.

Don Francesco DA ESTE.

11.

Sous Saint-Dizier, le 18 juillet 1544.

Ill™° et Ex™° Signor mio osser™°.

Havendo per la precedente mia fatto intendere a V. Ex^(tià) come eravamo gionti qui sopra Sandisire, per mio debito m'è parso significarle ancho quanto è accaduto di poi. Però saperà come la domenica, che fu alli xiij, arivò qui S. M^(tà) con molta alegrezza di questo campo, expettandola tutti in squadroni, che fu bella vista, nè vi fu rimedio ritenere S. M^(tà) che di passata al suo alloggiamento non fosse alle trincere, le quali per esser non molto alte non erano troppo sicure, e incontrandola il signor don Ferrante, qual stava sollicitando il battere, la fece, più presto che puotè, ritirare, et esso se ne tornò all' artegliaria : la quale il sabatto con xij pezzi grossi havea incomminciato a battere, e il dì medesimo che gionse S. M^(tà), vi fu posto il resto che furno xxvij pezzi fra canoni, mezi canoni e colubrine. Il luni a xviij hore, fu posto in conseglio se si dovea dar l'assalto o non. Nondimeno parve a S. M^(tà) et al signor don Ferrante diferirlo in sin al marti, come poi si è dato, parendoli esser necessarie due cose : rempire quella notte il fosso, e far dui rami de trincere che portassero le genti coperte in sino al fosso. E così essendosi risoluto il diferire, si attese quella notte alle soprascritte provisioni, le quali per mancamento di guastatori, e li pochi che qui sono esser poltroni, non fu fatto perfettamente quanto si era ordinato; e sopragiongendo il giorno, si tornò a battere per levare quelle difese che si cognosceano li inimici haversi reparato la notte. E così essendo il marti il quarto giorno che si batteva con tanti pezzi, restando gran parte delle munitioni di drieto, e fra l'altre cose balle da canone, incomminciando già esse balle a mancarsi, che più di due hore non si poteva battere, fu, doppo molte dispute se si dovea dar l'assalto o non, risoluto che la gente si ponesse all' ordine e se incomminciasse ad avicinar alle trincere, e fra tanto andassero dui capitanij con dieci soldati a ricognoscere la batteria, e conforme alla relatione loro poi si gubernaria. E partendosi don Albero de Sande, mastro di campo, con quest' ordine datoli dal signor don Ferrante, e fra tanto armandosi detto signor, si sentì il rumore della gente, che non a ricognoscere, ma a dar lo assalto, correano tutte : onde essendo irremediabile il disordine, fu necessario far di necessità virtù con aiutarli all' impresa e darli animo, poi che, con tanta bravura e senza commissione, da lor medesimi haveano voluto dar lo assalto. Et essendo già più di ducento homini arivati in sin all' alto della batteria, et havendo fatto sforzo, trovandosi pochi, si fermò la maggior parte, sì perchè quasi era impossibile spingersi più innanti, come per expettare più numero de genti, che unitamente, over per molte parti, potessero far impeto; e questi, per esser già tanto presso alli inimici, stavano più sicuri che li altri a piè del fosso e più di qua stavano a causa delli archibusieri e dell' artegliaria loro, che di costato giocava, et havendo più volte e per più parti fatto sforzo li nostri, e trovandovi dificultà assai nel montare e anchor la resistentia de inimici, quali honestamente han combatuto, se ne restarno expettando soccorso di gente. E così li fur mandate quattro insegne di Alemani di quelle invernate in Fiandra, et in sin al fosso remessero bravamente; poi non molti passorno al soccorso de nostri, ma si fermorno al bersaglio. Onde vedendo la gente nostra, qual sempre per qualche parte procurava di intrare, fecero un' altra volta prova di forzarsi e montare, però fu impossibile. Onde fra questo tempo, che bene senza dubio passorno più di due hore, si stette in dubio se più gente de rinfresco se li dovea mandare; e trovandosi già tutti li Spagnoli vecchij nello assalto et otto insegne de bisogni, venuti nuovamente, con li Thodeschi vecchij, nè vi essendo che li Alemani bassi, quali faceano instantia di andarvi, facendo loro professione d'esser atti ad assalto de terre; vedendo la gente spagnola, che stava alla montata non più de seicento, e già più volte havendo provato come di passo in passo facevano, nè vi essendo stato rimedio, ordinò il signor don Ferrante che quattro insegne del colonnello Es venessero due per cadauna delle bande, acciò facessero spalle al ritirare della gente nostra : così commandò che si ritirassero. Lo assalto durò da tre hore e meggia e incomminciò alle otto. Molti e molti capitanij et alfieri si sono segnalatamente mostrati ; pur non è stato possibile, per l'altura della batteria e per la difesa de fuochi e sassi, intrarvi. Li dui mastri de campo, don Albero resta bruggiato la faccia, mani e piedi, pur non haverà male; Luygi Peres con una archibusata in una coscia, et è pur senza periculo. Capitanio alcuno de Spagnoli non è morto in sin a quest'hora, ma bene ve ne sono alcuni che stano malissimo ferriti. Ben è vero che dui thodeschi capitanei son morti. Il numero della gente che a mio poco giuditio resta ferrita, mi penso che arivano al numero de cinquecento, e da ducentocinquanta li morti. Poi chè a Nostro Signore non è piaciuto darce questa vittoria per questo mezo, pensamo con altro modo, anchor che vi si ponerà un poco più di tempo, si ottennerà, come tutti questi signori concludono e tengono per fermo che senza dubio si expugnarà. E così S. M^{tà} nel conseglio ha concluso, non convenendo alla sua reputatione partir de qui fin tanto che questa impresa non sia expedita, fermarsi.

Il luni, essendo venuto il principe d'Orange alle trincere, et havendoli il signor don Ferrante fatto honor di metterlo a sedere ove esso stava sopra una sedia, venne un tiro di colubrina qual passò de parte in parte la trincera e radè la testa del signor don Ferrante, e, delle pietre picciole che si trovavano nella terra mossa, ne diedero due ne la spalla dritta del principe d'Orange e li ruppe tre ossa : ove, havendone havuto quel resentimento che sia stato possibile S. M^{tà}, la qual è sempre stata presente a farlo curare, e tutto quest' exercito, sendo esso molto amato; il giorno dopo se ne morì...

Di campo cesareo sopra Sandisire, alli xviij de luglio 1544.
Di V., etc.

Don Francesco DA ESTE.

12.

Sous Saint-Dizier, le 28 juillet 1544.

Illmo et Exmo Signor mio osser^{mo}.

Rendendomi certo che V. Ex^{tia} habbia a pigliare satisfattione de li prosperi successi de S. M^{tà}, essendosi l'altro giorno fatto la impresa de Vitri, et havendomi commandato S. M^{tà} il trovarmeli, ne li darò particularmente conto, come servitor ch'io le sono, e le dirò che havendo parso al signor don Ferrante che la dicta impresa de Vitri fosse necessaria per molte cause, sì per levar quel redutto alli nimici, con il quale ogni giorno procuravano metter soccorso di gente dentro di questa terra, come anchor per discostare quella gente che dentro vi si trovava, acciò più sicuri potesser li nostri bagaglij ire in foraggio; onde tenendo S. M^{tà} conseglio sopra di questa impresa, da tutti fu accettato, che per ogni modo non si lassasse quel stecco ne gli occhij per le ragioni soprascritte, e per poter in quel luoco tenervi guarnigione di gente, qual serviria a tener abondante lo exercito, sì de bestiame, di che il campo nostro già ne pateva, per poter li cavalli correre più innanti e tener quel ridutto a salvarsi, come di fromento qual del medesimo paese si cavaria, e con la commodità de li mulini del luoco, si teniria il campo abondante di pane. E determinando S. M^{tà} che l'impresa si dovesse fare, la ordinò di questa maniera : che il conte di Furstemberg con diece de le sue insegne et sei di quelle del collonello Es, il marchese di Brandiburg con cinquecento de suoi cavalli, con Gioan Battista Castaldo in lor compagnia con quattro mezi canoni e quattro pezzi da campagna, fossero al camino dritto de Vitri, e commandò al duca Mauritio de Sassonia con mille cavalli de suoi, et a me con questa poca cavalleria e ducento archibusieri spagnoli a cavallo, che fossimo a passar il fiume e si mettessimo da l'altra parte de la terra nel camino tra Vitri e Chialone, qual era il luoco ove loro si ritirariano, non volendo tener la terra. E ponendosi cadauno al suo camino, si partimo de qui ad un' hora di notte, e venendo S. M^{tà} a mettersi su la strata nel camino, ordinò al duca che mi venesse appresso, che, con le guide mie ch'io tenevo, lo haverei condutto ove S. M^{tà} commandava. E così incomminciassimo a caminare, ove per il viaggio fui forzato molte volte far alto per tardanza de li cavalli thodeschi; pur, gratia de Nostro Signore, non si perse un' homo di camino. Et essendomi fermato presso il fiume per havermi mandato a pregar il duca che così facesse, sendo una villa presso 'l passo del fiume, fu preso, da un servitor del signor Alessandro Gonzaga, un villano, qual dicea che là presso passato il fiume stavano alloggiati trecento cavalli francesi, et essendomi dal signor Alessandro riferto, trovandosi meco il duca, qual s'era spinto innanti a parlarmi per detenirmi ad expettar le sue genti, li dissi la nuova che teneva de li cavalli, supplicandolo a seguitarmi con quelli più cavalli che poteva, chè io designava di spingermi innanti a far questa impresa, e così diedi ordine alli cavalli del capitanio Pozzo et alli archibusieri del signor Giulio Cesare Brancazzo, quali andavano per corritori, che con il medesimo villano si spingessero alla volta di questa villa; et incontrando con la lor sentinella, li diedero la caccia, nè però la potero pigliare, e fu a darvi all'armi. Da lì a poco tempo vi gionsero li detti corritori, e trovorno che già incomminciavano a fugire, e così avertito di questo, caminai quanto potei e spinsi innanti li archibusieri de Granico e li cavalli di monsignor de Disce, tenendo il resto più unito che mi era possibile, per la vicinanza di Vitri, qual stava a duoi miglia; però fu impossibile, che quasi tutti si sbandorno; e credendomi poter far corpo con la gente del duca, tan poco non potè che lui medesmo e li suoi archibusieri a cavallo non seguitasse, essendovi già più gente appresso di quel che harei voluto, fugendo loro disuniti chi qua e chi là, anchor che all'uscire de la villa, alli primi che arivorno de mei, dettero una carca e fecero faccia, e poi tutti si messero a fugire; onde da questi presa la insegna di monsignor de Lange, e tra la sua compagnia e quella del figliuolo d'Anibao, ch'erano trecento cavalli, ne forno presi da cinquanta o sessanta, e morti altri tanti, e fu fatto da li mei gran butino. Ben è vero che più ne sarian restati de cavalli quando la sera innanti non fossero stati avisati del nostro cavalcare, qual li fece star sopra l'aviso. Et a causa de li prigioni e de la preda, fu quasi caggione di farmi perder occasion maggiore, non si potendo cacciare la gente da la villa, che quasi tutta vi si restò. Pur non volendo perdere punto di quanto teneva in commissione da S. M.tà, me ne andai a trovare il duca e pregarlo a voler far caminar la gente sua, che venea appresso, cioè le lanze, e così commandò. E stando noi fermi aspettandola, hebbi nuova da li mei cavalli che li Francesi, che stavano dentro da Vitri, incomminciavano andarsene, e così scoprendosi di lontano li cavalli del duca che veneano, dissi a S. S. ch'essa con li suoi archibusieri et io con li mei cavalli, che non erano cento, caminassimo innanti, e che alle genti sue facesse fare dui squadroni e li commandasse si seguitassero. E ponendomi innanti, caminai alla volta de nimici, et arivando sopra una montagnetta, vidi che le fanterie francesi marchiavano per ritirarsi alla volta de un casale, e si scopriva anchor la lor cavalleria, qual per relatione ch'io tenevo de prigioni, erano in tutto milleducento cavalli leggieri con Brissac e 3 mila fanti; e parendomi non perder più tempo, dissi al duca che mi pareva li investissimo, e che li dui squadroni che veneano appresso, l'uno caminasse quanto poteva per aiutarci a combattere, e l'altro per niun conto si havesse a movere senza ordine de S. S. E così abassassimo alla volta de li inimici, quali vedendoci, si raunorno insieme li dui squadroni che tenevano, l'uno che venea tra la lor fanteria e noi altri che potevamo esser da cento cavalli, e l'altro che venea alla coda della fanteria, ch'erano da quattrocento con la persona de Brissac, qual faceano caminar quanto poteano per farla arrivar alla villa. Onde cognoscendo questo loro avantaggio, carricai alla volta loro con li mei cavalli; nè insieme di fronte meco volse investire il duca, ma appresso assai vicino carricando anchor esso, mi seguitava. Onde vedendo li inimici la nostra determinatione, non fecero faccia, ma si messero in fuga per la villa abasso; qual fu causa anchor di disordinar tutta la lor fantaria, qual si era posta allo entrare et alle case della villa; et essendo da noi altri seguitati con gran pressia, trovandosi gionta con il casale la fiumara, forno forzati quelli che scapparno di non esser morti o presi butarsi ne la riviera e passarla a nuoto. Onde, per far spalle a quelli che se gitavano nel fiume, restorno da diece cavalli, quali fecero testa e carricorno sopra i mei, dove fu preso Gioan Alfonso Bisbale, che per esser tra li arbori non li puotè vedere, e il medesimo volsero far al signor don Carlo de Aragona, che ne la medesma parte si trovava, se non che valorosamente si difese, dando una cortellata in faccia all'inimico; e fatto ciò notarno anchor loro. Et essendosi fermato Brissac dall'altra parte del fiume con cento archibusieri, volendo li mei seguitarlo, per causa dell'aqua, la ripa mala e li suoi archibusieri che con esso si erano giontati, commandai che se ne tornassero, e da un soldato de i loro Italiani presi partito de farmi mostrare il passo, e subito con diece cavalli fui al detto passo, chiamando di camino li Thodeschi, quali per mia disgratia non mi intendeano, e, fatto provar il vado, mandai un gentilhomo fiamengho a pregar il duca che volesse, per il servitio di S. M.^{tà} et honor suo, seguitar la impresa; e fra tanto expettando risposta, giontai da cento cavalli, e vedendo che già tardava, io proprio fui al duca a supplicarlo con quelle miglior raggioni ch'io seppi, e mi disse che io fussi, che mi seguitava, e pensando esser accompagnato da esso, me ne venni. Ove poi in suo luoco hebbi un'imbassata, che li cavalli suoi erano stracchi e ch'esso non potea seguitarmi. Ove trovandomi solo fra cavalli et archibusieri da cento, non parve a questi mei capitanei ch'io dovessi passar sì mal accompagnato. Non con poca buona sorte sua mi è scappato da le mani monsignor de Brissac, che essendo incontrato per le spalle dal baron di Corlaut, e poi posto mano alla spada e martellandolo, se li rese; nè sapendo il baron chi fusse, parendoli un altro meglio vestito, lo lassò e prese l'altro, qual subito li disse : « Mal cambio havete fatto lassar Brissac per me », e tornando per esso, non vi fu più rimedio. Ne la villa era gente da cavallo, annegata, morta, presa, saranno più di 3 cento; de li fanti, seranno li morti

3 cento e li presi 5 cento. Monsignor di Sansac, qual menava un squadrone di 3 cento cavalli, non comparse mai; ma dicono questi prigioni ch'esso, all'uscire de la terra, prese il camino sopra la nostra stanca. L'avanguardia, ch'era di fanteria, partì molto di buon'hora la matina; nè fu da noi altri vista.

E credendomi che già tutto fosse finito, hebbi nuova come alcuni soldati si erano messi in una chiesa e là tiravano archibusate con le quali haveano morto monsignor de Aloin, capitanio di ducento huomini d'arme in Fiandra. Ove non trovandomi fantaria et esser la chiesa forte, mi contentai per due volte farli dire che si rendessero, e loro sprezzandomi, non volsero sentire la mia imbasciata; e non convenendo il partirmi senza darli il debito gastigo, mi fermai e ripartii le genti da cavallo di maniera, che niuno di loro poteva fugire; e mandai al conte de Furstemberg a pregarlo se volesse spingere innanti con 5 cento fanti; e di poi de haverlo buon tempo expettato, venne con 8 cento, e li provassimo con un assalto che fu frustratorio. E così fui necessitato pregar il signor Gioan-Battista Castaldo che fosse a Vitri a far venire l'artegliaria, cioè dui mezi canoni, e fra tanto si ponesse fuoco alla porta, il qual vi fu posto; et essendo quasi del tutto aperta, provorno tre volte di entrar e forno ributati; nè con tutto che se li mandasse a dire che l'artegliaria venirebbe, non vi fu rimedio che si volessero rendere. E fra tanto tirando, sendo il numero di dentro più di 3 cento, il che non pensavo, diedero una archibusata al conte de Fustemberg nel collo, de la qual non haverà però male; et indegnata la gente sua, e giongendo l'artegliaria, et essi soldati continuando per la porta e fenestre mettervi il fuoco, da poi de haverli tirato da xij colpi l'artegliaria, mezi bruggiati e attoniti dal fumo, li nostri entrorno senza resistentia e tutti li messero a fillo de spada, eccetto da quattro o sei a chi miraculosamente fu salvata la vita; e non contenti de amazzar li inimici, tagliorno anchor in pezzi il mio commissario Hercule Nuvolone e quattro altri soldati, che al passar de la villa loro haveano presi. Tutti questi capitanij si sono signalatissimamente mostrati; e il signor Scipion de Genaro resta ferrito in una mano. Il nostro star a cavallo fu per xxiij hore, ove poi se ne tornassimo a riposare in Vitri; e così, per ordine de S. M^{tà} vi si siamo fermati dui giorni; e il sabbato matina venne il signor don Ferrante a riconnoscere la terra, la qual trovò de la sorte ch'io le havea scritto, che era piazza che mal si poteva difendere, e per questa causa ordinò che restassero solo due insegne e ducento cavalli thodeschi nel castello, e la citadella, e la terra e borghi si abbruggiassero, e che tutto 'l resto se ne tornasse; et il medemo giorno me ne rivenni con S. Ex^{tia}, e li Thodeschi tutti per causa de la stracchezza se ne restorno a partir la matina seguente: il che fecero di maniera che al sloggiare messero fuoco de ogni banda e la brusorno tutta. E, per non esser men cortesi, quelli del castello, si reputa per poca voluntà che havessero di restarvi, le due insegne posero fuoco al castello, e poco dopoi de li altri arivorno qui hieri sera. Che sarà la fine, supplicando V. Ex^tia perdonarmi la mia prolixità. Di prigioni di nome sono stati pigliati dui capitanij e dui alfieri, con nove gentilhuomini. E li capitanij si chiamano monsignor de Scarabigliano e Jacques de Belsere, e li alfieri monsignor de Montrot e monsignor di Renohard; li gentilhuomini sono poi monsignor de Memonet, monsignor de Fondrigant, monsignor de Morel, monsignor de Beanmont, monsignor de Gironde, monsignor de Anile, monsignor de Listic, e due Italiani, uno da Fermo nominato Francesco de Novi e un Piacentino di casa scotta. Di bandiere di gente da piedi otto se ne sono riportate, e due di gente da cavallo, le quali ha havuto S. M^tà...

Di campo cesareo sopra Sandisire, alli 28 de luglio 1544.

Di V., etc.

Don Francesco DA ESTE.

13.

Sous Saint-Dizier, le 7 août 1544.

Illmo et Exmo Signor et Padrone mio osser^mo.

Per non lassar di dar conto a V. Ex^tia di quel che occorso da alcuni giorni in qua, la saperà che doppo l'assalto dato a San Desir, che fu alli xv del passato, et la resolutione fatta da S. M^tà di non passar più oltra prima che l'impresa del detto luoco non sia expedita, si è atteso con tutta la diligenza a far trinzere che vadino al fosso, per picchar il halouardo, qual non sta diffeso da nissuno fianco, e similmente a far un cavalliero per battere di dentro, che sarà, a mio poco giuditio, la totale expeditione. E con tutto che il signor don Ferrante giorno e notte habbij travagliato per espedirsi presto de qui, è stato et è tal il pocho numero de guastadori che l'una e l'altr'opera resta ancora a potersene valere et incominciare alla expugnatione fra quattro o sei giorni : il che si vede con l'aiuto de Nostro Signore Dio che tutto passerà conforme al desiderio nostro. Non si lassa ancor di provar con mine; però si reputa che questi altri aparecchi seran li primi ad ordine, e senza aiuto de mine si spera che senza dubbio si expugnerà. Doppo il ritorno de'nostri Todeschi che doveano restar alla guardia de Vitri, si provò ancor l'altro giorno mandarvi il fratello del cardinale di Trento con tre insegne e 200 cavalli del duca Mauritio, che dovessero restar dentro per deffenssione delli mulini. Quali havendosi dato a noi altri qui arma con darci ad intendere che li Francesi andavano sopra di loro, S. M^tà volse ancor essa venire al soccorso, et havendomi comandato passare il fiume da l'altra parte vicino a Vitry per donde havevano a trovarci li Francesi, non vi era persona, e così S. M^tà se ne ritornò; nè contendando alli Todeschi di dentro lo stanciar de Vitri, insieme con noi altri se ne ritornorno al campo. Bene è vero che da 150 cavalli erano comparsi sopra loro; però il numero fu qui dipinto da 2000. E resto basando le mani di V. Ex^{tia}.

Di campo cesareo sotto San Desir, il di vii d'agosto 1544.

Di V., etc.

Don Francesco da Este.

14.

Sous Saint-Dizier, le 10 août 1544.

Illmo et Exmo Signor mio osser^{mo}.

Questa serà per tenere del continuo Vostra Ex^{tia} avvisata di quanto sucede di loco in loco a questo felicissimo esercito, et hora di San Dessir, che doppo de haver lungamente braveggiato, li Francesi han fatto al fine il suo sollicito di rendersi, come heri fecero con tanta furia e timore, che la causa quasi non si ha possuto comprendere, perchè il venerdì matina, dì fortunato de S. M^{tà}, per un trombetta mandorno a dimandare salvo condutto al signor don Ferrante per due gentilhuomini per trattare con esso per parte del conte di San Ser, principale in San Dissir, et concessolli dal detto signore, venne il visconte de la Rivera et il capitanio la Scimiera, quali portorno per iscritto li capituli chel conte si contentava fare per haver a dar la villa a S. M^{tà}, li quali furno tanti enormi che, senza consulta a S. M^{tà}, il signor don Ferrante gli li rese et espedì con responderli che tal proposta non hera degna di tanto principe. Et così partendossi, consertorno con il marchese di Marigliano lasciare un trombetta nostro, che forsi usciriano ancho quella sera con altri capituli. Et così spinti dal timore e furia francesi, di la a due hore tornorno a dimandare 15 giorni a esser soccorsi, di xij pezzi d'artegliaria, con altre conditioni alle quale non si metteva difficultà. Il che partendossi, si acostorno a cose oneste, furno ascoltati et concessolli sei giorni senza artegliaria, et che sopra questo consultassero et dimatina tornassero ressoluti per concludere. Et così parse a S. M^{tà} tener conseglio sopra questa materia et fu concluso da S. M^{tà} che otto giorni senza artegghiaria se li potesse concedere. Così tornando lor questa mattina, non perdendo punto de l'hora ordinata, doppo molte parole del soccorso, de l'arteggliaria, se conclusero li capitoli che V. Ex^{tia} vedrà qui di sotto.

Questa vittoria si tien già per espedita, non se intendendo che li innimici possano in niuna manera soccorrere con lo esercito. Il Signore ne sia laudato, poi che questo impedimento sarà levato a S. M^{tà}, che più determinatamente potrà resolvere quello che li parerà più convenire. E con questa farò fine, basando le mani a V. Ex^tia, che'l Signor Idio fellicemente l'ill^ma persona conservi.

Da lo fellicissimo esercito cessareo sopra San Dissir, il dì x de agosto del 44.

Di V., etc.

Don Francesco DA ESTE.

15.

Sous Saint-Dizier, le 14 août 1544.

Illmo et Exmo Signor mio osser^mo.

Volendosi partir la posta doppo tanta tardanza, non mi è parso lassare di havisar V. Ex^tia, come tenendosi già per espedita questa impresa, non se intendendo de niuna parte tal rumore che bastasse dar soccorso a questa terra, S. M^tà pensa spingerse innanti alla volta di Scialon, partendo de qui quanto più presto potrà; il che, credo, serà fra sei o otto giorni al più tardi. E fra tanto non si attende ad altro, che a raccogliere tutte le nostre victovaglie per mettere qui in San Dissir, acciò più comodamente si possano servire per la vicinanza, et ancor non lassa S. M^tà de proveder de gente nova, de la qual già una parte ne sonno armate, ch'erano de quelli che Anderberg dovea condurre in servitio del re de Inghilterra, che sonno x insegne, et le quattro de più che vi erano, sono restate in quelle frontiere di Fiandra, et è bellissima gente e la magior parte tutti armati. Altri tre milia si espettano, et otto cento cavalli thodeschi, quali bempresto si trovaranno nel campo nostro. Delli Francesi se intende che da l'altra parte di Scialon incominciaveno giuntar qualche numero di gente e che di passo in passo crescievano. Non di meno tutto si gubernerà con il prudentissimo parere di S. M^tà e come il servitio nostro et il tempo si amaestrarà; nè dubito che tutto non habbi a sucedere bene, et con questa farò fine...

Dal campo cesareo, il dì xiiij de agosto del 44.

Di V., etc.

Don Francesco DA ESTE.

16.

Sous Saint-Dizier, le 18 août 1544.

Illmo et Exmo Signor mio osser^mo.

Per non restar di dar conto a V. Ex^tia de le occorrentie del campo, per obedirla de scriverle e far quanto mi ha commandato con le sue, li dirò come hieri, che fu alli xvij, conforme alla capitulation fatta, li Francesi se ne uscirono de la terra, quali contati hanno arivato a circa duo millia e cinquecento; qual gente era in faccia assai buona. S. M^{tà} fece buttar bando terribile per causa de la sua passata per presso il campo nostro, acciò da niuno li fosse stato dato impedimento, così nel passar, come nel seguitarli : il che è stato osservato e senza niuno imbarazzo. Quietissimi e con buon ordine, e con dui falconetti datili dal signor don Ferrante, se ne sono andati alla volta di Chialone: hieri medesimo S. M^{tà} volse vedere la terra. Et io, per non levare l'honor alli inimici anchor quando lo meritano, li Francesi si sono portati benissimo in sustentarla tanto, tenendo la terra molto in perfettione, come con nou tener dentro in quest'ultimo che sei barili di polvere. Fintanto che S. M^{tà} restarà qui, vi restarà dentro il mastro di campo Basco de Acugna con tre insegne, una di cadaun terzo, fintanto che S. M^{tà} risolverà la persona che vi habbia a restar, e con che genti. La nostra partita de qui si è diferita per causa de la radunanza che qui si ha da fare de le nostre vittuaglie, per haverle più commode alli disegni di S. M^{tà} et anchor per pagar la gente, per il che si expetta il denaro. Nondimeno nè l'un nè l'altro impedirà molto, perchè già si è provisto benissimo. L'armiraglio expettiamo posdomani o l'altro con salvo condutto di menar quella manco gente che potrà. Nostro Signore inspiri a S. M^{tà} il benefitio suo e quel de la christianità! Essendo venuti trecento cavalli francesi vicini al campo nostro per robar li nostri forragieri, havendone S. M^{tà} nuova, mi commandò andarvi. Il che scoprendomi lor di lontano, si ritirarno in tanta pressia che per quattro leghe, che al trotto e al galloppo li seguitai, mai vi fu rimedio aggiongerli; pur ne furno presi dui.

Qui si sente mirabilmente il mancamento di fanteria italiana, e mi dubito che ogni giorno se ne accorgeremo meglio...

Di campo cesareo sopra Sandisire, alli xviij di agosto 1544.

Di V., etc.

Don Francesco DA ESTE.

17.

Sous Saint-Dizier, le 22 août 1544.

Illmo et Exmo Signor mio osser^{mo}.

Per le precedenti mie V. Ex^{tia} haverà inteso de la rendita di Sandisire et de l'andata di quelli che vi erano dentro. Hora, non volendo preterire occasione alcuna, per mio debito mi par di farli sapere, come marti passato mi fu commandato da S. M^{tà} che con la mia cavalleria, mille cavalli fiamenghi e tre millia fanti spagnoli e quattro mezi canoni dovessi andar all'impresa di Gianvilla, terra di monsignor di Guisa, ne la qual dicevano esser buon numero di soldati a difenderla. E partendomi di notte, vi gionsi il mercori di matina, e circondandola con la gente da cavallo, venendo appresso la fanteria con l'artegliaria, si introò dentro de la terra, la qual non era difesa. Nel castello non vi essendo che xx artieri et alcuni villani, si resero al signor Giulio Cesare Brancazzo senza far niuna resistenza, et il medemo han fatto alcuni altri castelli, che pur si son resi, ma son di poca importantia. In quel di Gianvilla vi ho lassato il capitanio Simenes con la sua compagnia, et hoggi, per ordine di S. M[tà], vi andarà un commissario per vittuaglie per provedere a questa terra di Sandisire.

Heri arivai tardi, nè poti trovarmi a tempo de la proposta di S. M[tà]; però mi dicono questi signori, che doppo molte raggioni allegate dal signor don Ferrante che si dovea passar innanti in Franza, si risolse di caminar in sin a Vitri, dove in quella terra vi erano molti camini per dove si potea offendere al re : i quali, gionti a Vitri, si discuteriano, et si pigliaria quella strada che meglio paresse convenire al servitio di S. M[tà].

Il conte de Furstemberg e il conte Francesco de la Sumaia con le sue fanterie alemanne e dui mezi canoni se ne vanno alla volta di alcuni castelli presso San Menau per astrengerli di portar vittuaglie al campo nostro.

S. M[tà] ha determinato lassar alla guardia di San Disir il collonel Schiamburg con quattro insegne de le sue alemanne, tre compagnie de càvalli, una de thodeschi e due de fiamenghi, provisto del resto di tutto quel che si ha possuto. La partita nostra di qui sarà la domenica o al più tardi il luni, expettandosi fra tanto denari e vittuaglie. Del successo buono che da qui innanti spero, con l'aiuto di Nostro Signore, che succederà, ne serà V. Ex[tia] raguagliata...

Di campo cesareo a Sandisire, alli 22 d'agosto 1544.

Di V., etc.

Don Francesco DA ESTE.

18.

La Chaussée, le 30 août 1544.

Illmo et Exmo Signor mio osser[mo].

Per le ultime mie da Sandisire, V. Ex[tia] serà stata avisata di quanto occorea. Doppo non si è atteso ad altro che a caminare, eccetto un giorno che se siamo fermati in Vitri per causa del fiume So e montagna che si havea a passar per il nostro camino di Chialone, al quale domani si accostaremo ad una lega. Hieri anchor se affermamo per la venuta di monsignor l'armiraglio e gran cancellier di Franza a negotiar col signor don Ferrante e monsignor di Granvilla sopra la pace, del trattato della quale si spera bene, e per ventura a me toccò il carrico de la assicuratione di questo conclavio, sendo fuori del campo nostro più di un miglio. E cosi con mille fanti spagnoli, quattrocento huomini d'arme e cento de mei cavalli, feci quanto dal signor don Ferrante mi fu commandato per loro assicuranza; e penso che il luni mi toccarà anchor il medesimo, essendo concluso il tornarsi a parlare con la resolutione del trattato. E li inimici stanno con tanta paura che, per contrario che li sono, li tengo compassione, desiderando che il valor loro fosse maggior, acciò accrescesse la riputatione del guadagno per S. M^{tà} in superarli, come tengo speranza in Nostro Signore...

Di campo cesareo alla Saussea, alli 30 di agosto 1544.

Di V., etc.

Don Francesco da Este.

19.

Cateau-Cambrésis, le 25 septembre 1544.

Illmo et Exmo Signor mio oss^{mo}.

O receputo la lictera de V. Ex^{tia} de li 28 de agosto e li baso le mani de la contentezza e satisfatione che mostra haver havuta de la fattione che quelli signori todeschi et io facesimo insieme in Vitri : di che certo ne era più che sicuro, sapendo che V. Ex^{tia} mi tiene per suo servitor. In questo punto arivo da la corte di Francia ove a S. M^{tà} Ces^{rea} li parse farmi questo honore mandarmi a alegrar con il re de la pace e de la nuova amicicia contrata, ove certo o travato tanta dispositione e volontà in el re che più non poteva desiderare per il beneficio de la cristianità e de questi dui principi, havendomi il re honorato et acarezato quanto dir si possi. Francia et Inghelterra tratteno la pace; però mi dubito non sia per succedere, stando il re de Inghelterra molto alto in le adimande, secondo mi a detto S. M^{tà} Christi^{ma}, le quali sono voler Bologna, Monteru, Ardre, con un millione de oro, e che del tutto lassasi la protetione de Scocia e liberamente li facesse dar ne le mani la figliola dal (sic) re già morto : alla qual proposta mi a detto S. M^{tà} haverli risposto, che quando si trovasse haver perso una bataglia, non seria per acctarle, però che io dicesse a l'imperator che seria per far la pace di questi, e peggio quando S. M^{tà} volesse. Quello che V. Ex^{tia} mi comandava de dover far sopra li trattati de la pace, non li risponderò altro, sendo sempre pronto a servirla. Con che farò fine dovendo in breve vederla, non attendendo de hora inanti se non a espedirmi, per venirmene con manco fastidio de animo, licenciandosi come si farà li cavali leggieri, e pregando Nostro Signore li conceda quelle gracie che merita et io, suo servo, le desidero.

De Sciateo Cambresi, a li xxiiiij de septembre 1544.

Di V., etc.

Havendomi detto il Farufino me informase se V. Ex^{tia} è nominata particularmente in questa pace, o inteso che si da l'una parte e da l'altra.

Don Francesco DA ESTE.

R° Archivio di Stato in Modena. Cancelleria ducale. Casa : Car teggio di principi estensi. Francesco da Este.

II

HIERONYMO FERUFFINO A HERCULE II DUC DE FERRARE

1.

Di Spira, alli 9 di giugno del 44.

Illmo et Ecc^{mo} Signor, Signor mio col^{mo}.

... Cum le precedenti ho dato aviso a V. Ex^{tia} della effettuale deditione de Lucemborgo, seguita alli 6, et che lo ill^{mo} signor don Ferrante, cum il felicissimo exercito di S. Ces^{rea} M^{tà}, dovea marchiare alla volta di Franza per la via di Tou, in Lorena; caminò verso Chiampagna, et divertendo un poco alla sinistra, caminò etiamdio verso la Borgogna. La partita de la M^{tà} S. de qua si afferma che sarà domane omninamente verso Mes, et itterato alla Ex^{tia} V. bascio le mane. *Ut supra*, alli 9 di giugno, di Spira.

De V. Ex^{tia},

fidelissimo et ben humil servitore
Hieronymo FERUFFINO.

2.

Di Mes in Lorena, a 18 di giugno del 44.

Illmo et Ecc^{mo} Signor, Signor mio col^{mo}.

... Avant' heri Ella (S. M^{tà}) aggionse qui, dove io cum il predetto signor nuntio, signor ambasatore di Venetia et Firenze arrivai heri matina. Et per littere del ill^{mo} signor don Ferrante et del ill^{mo} signor don Francesco et del Gastaldo si è havuto nova di bon principio, havutasse in tempo che sono comparse littere del stato de Milano, per le quali si è inteso la grandissima et honorata vittoria del ill^{mo} signor marchese del Vasto contra delle genti italiane rimaste tutte disfatte et prese. Alli 14, la notte, il predetto ill.mo signor don Ferrante, cum il felicissimo exercito cesareo, aggionse a Conmersi, distante di qua xij leghe et oltra Tou 4 : dove fatto piantare la notte l'artellaria, alli 15, poco inanti il giorno, fece S. Ex.tia comenzare la batteria in una torre della quale, cascata una parte, quelli di dentro fecero segno di volere parlare, et in fine si voleano dare a patti; pure si contentorno in ultimo di renderse a discretione; et perciò fuo mandato dentro lo ill.mo signor don Francesco, acciò non seguisse disordine tra soldati, et anche il marchese di Melignano et Gastaldo. Il sacco et bottino fuo dato alla fanteria spagnola, il qual scriveno esser stato senza morte di persone; che la vita si è donata a tutti. Tre capitani si sono fatti pregioni; dui Francesi nominati Montegni et Aranzo, et uno Neapolitano qual io cognosco, detto il capitan Carbone, stato cum Franza da xxvi anni, il qual dissegna il signor vicere di tenere a servitio del imperatore per esser persona de ingegno, et ingegniero, et che sa assai delle cose di Franza. S. Ex.tia, alli xvii, per quello ha scritto, dovea partire per andare sopra Ligni, parte ch'è sita verso Chiampagna. La partita di qua della M.tà S., stimassi, serà fra sei giorni. In camino, da uno Svizaro, partito alli 2 di maggio da Parigi, ho inteso che quasi ogni giorno si faceano processione, et che si sta in timore grandissimo, et che li populi si trovano disperati per il gran guasto et ruyne che hanno da li luoro medemi...

De V., etc.

Hieronymo Feruffino.

3.

Di Mes, alli 19 di giugno del 44.

Ill.mo et Ecc.mo Signor, Signor mio col.mo.

... La partita de qua de S. M.tà verso Tou et il campo, ragionasse sarà luni 23; tuttavia si presume che per aspettarsi l'artellaria imbarcatasse sopra del Rheno, qual poi per la Mosella, a contrario d'acqua, se ha da condurre in questa città, et anche per aspettare gente et monitione di vivere, che non serà forsi così presto. Il povero signor duca di Lorena si afferma che passò a l'altra vita subito passato 14 de questo. Appresso la deditione di Lucemborgo, uno conte de Pichlin, Allemano, qual stava cum Francesi, fuo preso dalle genti cesaree in Lorena et condutto qui, dove si ha oppinione che sarà decapitato; tuttavia potrebbe forse aggiutarlo il respetto del conte Guglielmo de Fustembergh del qual egli è nipote; la moglie, Borgognona et di gran casa, di esso Pichlin è qui supplicando a S. M.tà per la vita del marito. Imperò sin mo non ne ha sicurezza alcuna...

De V., etc.

Hieronymo Feruffino.

4.

Di Mes in Lorena, a 23 di giugno del 44.

Illmo et Ecc^mo Signor, Signor col^mo.

... (In cifra). [La partita di qua dello imperatore per il campo non può essere così presta come S. M^tà havria voluto, et come si era detto, per haver essa d'aspettar qui et denari et monitioni et vettovaglie et li nuovi Spagnoli, come dirò in chiaro : di che S. M^tà si rode, perchè se subito havesse potuto marchiare, havria trovato il re disimparato et senza Sviceri, per quanto se ne intende : li quali Sviceri hora è detto che sono in camino. Tuttavia non si lascierà per questo de procedere animosamente alla guerra, parendomi che la cosa di prattica di pace per mezo del re d'Angliterra non sia però così sicura come si suspicava, perchè, havendo havuto l'ambassator corrieri et lettere di xii, parmi che le cose, come V. Ex^tia intenderà, siano tuttavia volte alla guerra così da quella banda d'Angliterra come da questa dello imperatore, il quale ha denari a bastanza per questa guerra, ma non alla mano di presenti. Imperò per la maggior parte intendo che S. M^tà li havrà per tutto questo mese. Vero chel perdere xii o xx giorni di tempo et occasioni grandi nelle cose di guerra è di quella importanza che sa V. Ex^tia. La spesa la qual corre a S. Ma^tà, computate tutte le genti di guerra che ha in diverse parti di sue provincie, si calcula che possa essere poco meno di cinquecento milla. Δ. il mese]...

De V., etc.

Hieronymo Feruffino.

5.

Di Mes, li 24 di giugno del 44.

Illmo et Ecc^mo Signor, Signor mio col^mo.

... (In cifra). [La partita di qua de S. M^tà Ces^rea si crede che non sarà più presto che in la prima settimana de luglio, sì per aspettar denari, come ancho per veder che reuscirà de questa impresa de Ligni, nel qual se intende che sono da cinquecento fanti italiani, et mille et cinquecento di natione guascona et francesa. Il dissegno del imperatore, per quanto intendo che ha detto il signor don Ferrante, era et è, come possi, de penetrare inanti per questa parte de Schiampagna et non consumar tempo circa lochi di frontieri muniti; imperò si vorrebbe guadagnar, potendo, il detto loco de Ligni per rispetto delli camini et vittuaglie, et massime fra tanto che si ha da star qui].

Hoggi delli mille cavalli del signor marchese de Brandimborgo (non lo ellettor) cinquecento ne sono passati dentro questa città per il campo, et essendo passati per questa strada del mio alloggiamento, li ho visti io medemo; la gente non potria essere più bella nè meglio in ordine d'arme et de cavalli, et per la magiore parte sono armati in arme bianche.

Il predetto signor marchese è qui; il signor principe di Orangie et signor duca Mauritio di Saxonia vi sono similmente, qual duca ha anch' esso mille cavalli, et altri mille un altro signor tedesco pallatino....

Sabato passato, 21 de questo, essendo apparechiato in la piazza grande di questa città il luoco di giustitia per mostrare de volere decapitare il conte de Pichlin, nipote del conte Guglielmo da Fustimbergh, per quello che io ho significato per l'altra, et essendo il populo addunato per vedere pensando spettaculo di lui, il signor principe di Orangie, insieme cum li predetti signori duca et marchese, tanto fecero cum S. M^{tà}, la qual volea in ogni modo che esso fosse condutto sino al loco detto, che in fine gle ne fece gratia, et in oltra la sera medema fuo liberato, cum obligatione che vadi a servire in Ongaria, a sue spese, cum sei cavalli. Et ciò li è avenuto perchè, come ho scritto, servea a Franza et procurava de condurvi gente allemana...

De V., etc.

Hieronymo FERUFFINO

6.

Di Mes, a 27 di giugno del 44.

Illmo et Ecc^{mo} Signor, Signor mio col^{mo}.

Della oppugnatione de Ligni, per lettere, intendo, scritte dal ill^{mo} signor don Ferante, et per relatione di persone venute di campo, se intende che si spera molto di expugnarlo o de constrengere il presidio a venire a deditione, perchè di già pare che S. Ex^{tia} cum batteria le habbia, da una parte assai importante, levato le diffensioni, et di manera che la fanteria spagnola, senza pericolo d'essere offesa, si è posta et accampata molto sotto la terra. Dal ill^{mo} signor don Francesco io non ho lettere perchè S. S. ill^{ma} deve essere in tutto intenta al servitio di S. Ces^{rea} M^{tà} et alle fattioni del honore suo. Li Spagnoli novi sono qui vicinissimi, li quali hoggi hanno da passare per questa città, oltra la quale passerano alquanto per aspettar presente S. M^{tà}, la partita di qua della quale verso il campo si ragiona et se tiene per oppinione ferma che serà marti o mercore, primo et secondo di luglio, et che de qua la M^{tà} S. andarà al Ponte a Monsone, distante de qua cinque leghe picciole, terra grossa del signor duca di Lorena, et di là a Conmersi, altro tanto camino, et dippoi a Ligni, 3 o 4 leghe

oltra detto Conmersi : camino qual fa la gente di guerra di qua al campo. V. Ex^tia per le precedenti havrà inteso la morte del signor duca di Lorena. Il signor duca figliuolo è venuto qui a S. M^tà, di dove intendo che S. Ex^tia deve partire hoggi o domane. Heri, sopra la piazza del pallazzo de la M^tà S., fuo impicata una spia, la qual haveva del honorevole, et è detto che fuosse delli arcieri del re di Franza, et del paese di Trevere...
De V., etc.

Hieronymo FERUFFINO.

7.

Di Mes, a 29 di giugno del 44.

Illmo et Ecc^mo Signor, Signor mi col^mo.

... Il signor conte di Feria è fatto capitano del stendardo et squadrone di S. M^tà et perciò, da mo inanti, havrà seco una banda et guarda de allabarderi, li quali, intendo, sarano da 40, vestiti da S. S. a sua livrea. Et in oltra presento che ha ottenuto per un suo fratello una commenda de sei millia ducati d'entrata.

De Ligni V. Ex^tia dovrà havere inteso per mie la molta oppinione che si ha d'haverlo; vero che da heri in qua se ragiona che la cosa non ha tanto del facile quanto è stata fatta. Oltra li 2 m. fanti, tra quali da 5 in 600 sian italiani, se intende che sono dentro 50 homini d'arme et 100 arcieri, banda del conte de detto Ligni, altramente detto monsignor de Briena. Monsignor de Rosy, fratello, vi è dentro, si ragiona, per capo, et un altro suo fratello minore, ma non il predetto monsignor de Briena, signore. Essi intendo che sono de la casa de Lucemborgo, et che già erano sotto la dittione di quel ducato; imperò che per esser Ligni terra assai buona, che fuo separata et che in fine si fece de Franzesi et si sottopose al dominio del re. Li Spagnoli novi sono qui fori alloggiati presso meggio miglio. La partita di qua de S. M^tà per il campo non serà, si presume, sino finita la expeditione lignana. Il signor duca di Lorena non è ancho partito; se intende però che partirà presto...
De V., etc.

Hieronymo FERUFFINO.

8.

Di Mes, il primo di luglio del 1544.

Illmo et Ecc^mo Signor, Signor mio col^mo.

... Heri matina, ben di bon hora, si hebbe la nova et la certeza della deditione a discretione de Ligni. Le lettere del ill^mo signor don Francesco in monsignor di Arras non specifican altramente se non-a discretione. Imperò quelle dell'ill^mo signor vicere, per quanto ne intendo, specifican-salva la vita. Oltra monsignor de Rosy et un fratello, il predetto signor don Francesco scrive esser dentro monsignor de Schiene, la vita del qual non si sa ben come sarà sicura. Il presidio era grande et, per quanto sin qui ne intendo, da viver havevon assai cum molta monitione et artellaria. La terra è detto che si è data a sacco, et che lassato presidio conveniente dentro, che S. Ex^tia hoggi se levava da Ligni a campo a San Desir, loco, dicon, assai munito et nel qual sia il capitano Pietro Corso, che si trovò in Landresi l'anno passato. Il detto San Desir è oltra Ligni quattro leghe : di là non si ha più terra, per quanto ne intendo, che impedischi l'exercito et S.M^tà Ces^rea in passare et entrare in Chiampagna, et è oppinione che da San Desir si andrà a campo a Chialon, città in Chiampagna, in la qual Chiampagna si ragiona chel re habbia mandato il ser^mo delfino a Troes, et il signor duca di Orliens, se ben mi ricordo, a Langres, et in Rens, pur in Chiampagna, monsignor de Guisa, imperò cum copie di gente, ma non cum giusto exercito. La persona del re, per quello chel signor oratore anglico mi ha detto essersi inteso per spia venuta da Parigi, stava in detto Parigi et collà intorno andando quasi ogni giorno a caccia, la quale Iddio sa come S. M^tà deve gustare. De S. M^tà Ces^rea, per quantunche sia parso ad alcuno che si sij consumato et perduto alquanto di tempo, chi vole può considerar bene, encomenzandossi da Spira, non si è mai perduto ponto di tempo. Prima si è fatta la impresa de Lucemborgo, dippoi subito quella di Conmersi, et appresso questa de Ligni, et hora si va a quella de San Desy, cioè S^to Desiderio. Di qua poi la M^tà S. partirà come veggi che le sia expediente, et la partita, tiensi, sarà circa il fine de questa settimana. Il signor duca di Lorena partì heri et non più presto. Lonvy, loco in Lorena di S. Ecc^tia, volevon, per quanto heri dal signor nuntio intesi, occupare Francesi ; imperò quelli del loco, qual è forte, non solo se sono deffesi, ma è detto che habbiano amazato da 150 d'essi Francesi...

De V., etc.

Hieronymo FERUFFINO.

9.

Di Mes, il 2 di luglio del 1544.

Illmo et Ecc^mo Signor, Signor mio col^mo.

... La deditione de Ligni fuo a 29, la matina, a discretione, salvo la vita. La ruyna, la qual ha fatto la batteria, è stata grandissima, et molti del presidio di artigliaria sono morti. Alcuni puochi ancora fuoron amazati nel entrar che fecero li Spagnoli, perchè ritrovandosi essi pronti et sotto per dare l'assalto, in altercandosi circa la deditione che volevon quelli di dentro salve etiam le robbe, dippoi risolvendossi di darse salve solamente le vite, et non volendo poi contentarsene lo ill^mo signor don Ferante, in fine, a preghiere di monsignor lo grande scudiero, S. Ex^tia si ne contentò. Imperò per la batteria in tanto detti Spagnoli comenzaro di entrare, et per ciò alcuni pochi forno morti del detto presidio, et ogni cosa dentro andò sottosopra. Per il che il predetto signor vicere, per quanto per lettere del Gastaldo et de altri ho visto, andò subito dentro per remediare più che potesse, cum qualche periculo, scrivon, però della vita di S. Ex^tia, la quale et lo ill^mo signor don Francesco attesero a l'honore et alla salvatione de le done più che puotessero. In potere de S. Ex^tia sono rimasti prigioni monsignor de Rosy et monsignor de Ligni, fratelli, et monsignor de Scene, prigione d'uno Allamano assai basso; pure in potere restava anch'egli della Ex^tia S., cum la quale la sera cenarono tutti tre li predetti. Il presidio scrivessi che fuosse de 2 m. fanti tra quali, come per le altre ho scritto, erano 600 Italiani, et 100 homini d'arme, scrive il Gastaldo, però io credo 50, et 100 arcieri. Artellaria assai cum molta monitione hanno trovato dentro et da viver honestamente, et le fortificationi de la terra erano, per quanto ne scrivon, grande veramente; però la batteria che da un monte, ch'essi de dentro non curavano, ha fatto tanto danno et tanta ruina, che le ha constretto a darse ben voluntieri del modo detto. La partita et levata da Ligni de S. Ecc^tia cum il felicissmo exercito per San Desie in Franza et in la provintia di Partois, per quanto ne ho dippoi inteso, non sarà stata più presto de hoggi. Il detto loco di San Desie ragionassi et da homini di questa città intendo essere molto più de Ligni, il qual è in Barroy, et dicon ch'el presidio è di 6 m. fanti et che, ancora che altre volte non fuosse munito, che hora si presume sia stato ben fortificato; tuttavia essendossi come si è su la vittoria et sul vincere, non sarà miraculo sel sarà expugnato o constretto a venir a deditione, massime perchè S. Ces^rea M^tà cum sua persona et cum tutte queste altre genti qua si afferma che se gli vorrà trovare : perchè ottenutossi San Desie non si ha da trovare alcuno impedimento per il qual non si puossi subito marchiar verso Troes o Chialon o Rens, come parerà alla M^tà S. La partita della quale, come pure per le dette d'heri ho significato, si afferma che sarà venere o sabato, 4 et 5 di questo, o al più longo lune o marti 7 et 8...

De V., etc.

Hieronymo Feruffino.

10.

Di Mes, a 5 di luglio del 1544.

Illmo et Ecc^mo Signor, Signor mio col^mo.

... Per le predette mie, V. Ex^tia haverà inteso le deditioni de Conmersi et poi quella de Ligni, salve solamente le vite. Alla fanteria italiana, qual era in detto Ligni, intendo che si farà pigliare il camino de Allemagna per ritornare alle luoro case, et alli Francesi, quello de Fiandra per ritornare in Franza. La partita di qua di S. M^tà dovea essere hoggi ; imperò è differta a domattina di bonhora. La fanteria nova spagnola è stata premessa et sarà avanguarda, et si è alloggiata dua piccole miglia di qua. Il signor principe di Orangie cum quattro millia fanti del Paese Basso, bona et bella gente, et cum grosso numero de cavaleria, sarà retroguarda : di modo che si può dire che la M^tà S. seco, senza l'exercito grosso, habbi quasi giusto exèrcito. Le carrette della corte, cioè della M^tà S. et del ser^mo principe Maximiliano et de altri signori di essa corte, se sono encaminate hoggi. Domattina, ad un' hora avanti giorno, partirono quelle di monsignor di Granvela et quelle delli ambasciatori et de molti altri. Andrassi domane a Ponte a Monson del signor duca di Lorena, et dove è la madre del signor duca morto, loco distante da questa città 5 leghe; di là ragionassi che si andrà a Tuo, et dippoi al campo, il qual levossi da Ligni alle 3, et heri Sua Excellentia cum detto campo dovea arrivare et porsi sopra de San Desie. Una parte della muraglia del qual heri et l'altro se intendeva che, in volendo col fiume della Marna tirar acqua in la fossa il governator, fuosse caduta, et io ne vidi lettere di 2 de Ligni per le quali scrivveon che per dupplicati avisi si era inteso ec simil ruina. Impero hoggi se intende che li avisi sono falsi et che per persone venute di campo viene referito che quel loco sta benissimo fortificato et che egli tiene la campagna rasa et spazzata et cum presidio di 6 m. fanti; et per tanto essendo expugnato o constretto a venir a deditione, si potria ben dire che le cose succedessero in tottal favore di S. M^tà cesarea, comme è oppinione de molti che cosi habbia de vederse. Il re se intende che tuttavia sta in Parigi et per collà intorno et che non lassa d'andare quasi ogni giorno a caccia ; et cosi come era detto che S. M^tà havea mandato il serenissimo delfino in Rens et il signor duca d'Orliens in Troes in Campagna et monsignor de Guisa in Langres; hora si dice che la M^tà S. ha mandato il predetto serenissimo delfino cum 30 m. homini in Picardia, oltra monsignor di Vandome, per opporse ad Anglesi, raggionandossi che cum il predetto signor duca d'Orliens la M^tà Sua ha mandato 7 m. scolari, per dir quello si ne dice.

... In Tuo potria star che S. M^tà si retenesse forsi alquanto per vedere come la impresa di San Desie si buttarà; tuttavia è ancho oppinione che la M^tà S. cum tutta questa parte del exercito, vorrà senza dilatione andare ella medema in campo...

De V., etc.

Hieronymo FERUFFINO.

11

Di Mes, alli 5 di luglio del 1544

Ill.mo et Ecc.mo Signor, Signor mio col.mo.

... La partita di qua si afferma che sarà domattina di buonhora, intendendossi che S. M.tà vole d'una cavalcata andar a Ponte a Monsone per desinare et stare ivi dimane...
De V., etc.
Hieronymo FERUFFINO.

12.

Di Ponte a Monson in Lorena, alli vii di luglio del 1544.

Ill.mo et Ecc.mo Signor, Signor mio col.mo.

Havendo stasera et in questo ponto inteso dal mastro delle poste che avanti di due hore si farà expeditione per Italia, mi sono messo a fare subito la presente a V. Ex.tia. Da Mes ho scritto molte mie, l'ultime de quali forno de avantheri 5 de questo.

La partita di S. Ces.rea M.tà da detto Mes fuo heri mattina per questo loco, dal qual partirà domatina di bon'hora al camino di Tuo et alloggiarassi in uno villaggio et in campagna, lontano da questa terra 3 leghe, et la matina seguente andarassi a detto Tuo, di dove la M.tà S. cum questa gente de guerra che ha seco (la quale se può dire che sia quasi giusto exercito) andarà al campo et al exercito grosso, il quale è sopra de San Desie : il qual, per quanto intendo, è forte dalla banda del fiume Marna, ma non però molto, dicon, dalla parte di Franza, dalla quale presento se vogli oppugnare cum speranza di expugnarlo. Il conte di Briena, signor de Ligni, col fratello monsignor de Rosy, si trovò dentro del detto Ligni, di dove prigioni forno condutti a S. M.tà in Mes, cum la quale esso monsignor de Ligni intendo che parlò per bon spacio et che dalla M.tà S. gli fuo fatto bon animo. Da Mes, per quello chio ne intesi, doveron essere condutti in Fiandra. Ho lassato per le mie de questi giorni de significare alla Ex.tia V. che è qualche voce chel duca di Brunswick, poi della partita de Allemagna del imperatore, mettesse insieme da xx m. homini per vedere di recuperare le cose sue che li sono ritenute da langravio; tuttavia io non puosso verificare che così sii, anzi è creduto chel predetto duca si ne sarà guardato per non offendere l'animo della M.tà S., massime perchè le cose di Allemagna tra essi signori germani non hanno bisogno de tumulti d'arme tra luoro. Cum S. M.tà qui alloggiati in villagi vicinissimi a questa terra et in campagna sono li Spagnoli novi posti in ordine d'arme et de panni molto bene et è bellissima fanteria, et da 5 in 6 m. fanti del Paese Basso, cum le cavalerie del signor principe di Orangie, del marchese de Brandimborgo et del duca Mauritio, intendo di Saxonia, cum molti pezzi d'artellaria et cum molta monitione.

Heri il signor nuntio cum saputa de S. M^{tà} restò in Mes per aspettare il signor duca di Camerino, et haveria voluto che da S. M^{tà} gli fuossero stati lassati da 25 in 30 cavalli per scorta da detto Mes, qual tuttavia non si ne fece altro; et hora intendo chel predetto signor nuntio è arrivato qui; però è senza il predetto signor duca, il qual non è aggionto in quella città nè heri nè stamani, come S. S. si persuadeva. Stamattina l'imperatore è stato a messa alla gesia di donne tra le quali è la regina madre del signor duca di Lorena di felice memoria. Dippoi la messa S. M^{tà} ha visitato la predetta signora, et essendomi ritrovato a detta messa, è stato giudicato da molti cavaleri che la M^{tà} S. da x anni in qua non sia stato vista più sana, bella et allegra di quella si è veduta questa mattina, et a me pare che sia così veramente. Cum la M^{tà} S. era il serenissimo principe Maximiliano, nipote suo, il quale era tutto galante, ha del modesto, et è assai grande et ha bellissima vista. Non credo che fuosse si non bene che io havessi qualche lettera latina di V. Ex^{tià} da dare a S. A. per visitarla in nome de quella, che non saria miraculo che ancor fuosse visto duca de Milano, massime per l'oppinione che si ha, come V. Ex^{tià} scia, che S. M^{tà} dissegni di maritare seco la serenissima sua primogenita...

De V., etc.

Hieronymo FERUFFINO.

13.

Di campo presso Sandesie in Partois, a 14 di luglio del 1544.

Illmo et Ecc^{mo} Signor, Signor mio col^{mo}.

Heri aggionse S. M^{tà} qui in campo cum l'exercito delle genti che seco ha condutte, delli Spagnoli novi et delli Allemani del Paese Basso, cum il signor principe di Orangie, duca Mauritio de Sassonia et marchese di Brandimborgo cum cavaleria. Et hoggi poi, nel luoco dove si fa la batteria a detto Sandesie, il predetto signor principe è rimasto d'artellaria così malamente ferito nella spalla diritta che, per quanto intendo da ognuno et massime da mastro Gio. Battista Cavani, medico del ill^{mo} signor don Francesco, è più sicuro della morte che della vita. Nel detto loco della batteria, il marchese de Melignano haveva una sedia dove sedea; vi sopragionse lo ill^{mo} signor vicere, il qual evitò il colpo al marchese perchè S. Ecc^{tià} se vi pose a sedere; dippoi sopragionto il principe detto, il signor don Ferrante si levò et volse che S. S. vi sedesse perchè S. Ecc.tia non si havea da fermare molto per andare hor in uno et hor in un altro loco, et per tanto esso principe cum sua gionta salvò la Exc.tia S., la qual levatasse, et ivi postosse a sedere il principe bono et virtuoso, quasi subito fuo sparato da quelli di dentro a quella parte che non più presto havevon scoperta coluvrina o mezza coluvrina, dal tiro della quale il predetto personaggio, persona quasi principale et di molta importanza, è rimasta malamente ferita : il caso della quale è sentito grandemente dalla M.tia S...

(*In cifra*). [Haveva lassato de scrivere che la M.tia havea da sedere ella medema in la sedia detta, per quello ne ho inteso dal nuntio, et per quella parte S. M.tia passò et caminò alquanto].

De V., etc.

Hieronymo Feruffino.

14.

Di campo presso Sandesie, alli 15 di luglio, finita alli 16.

Ill.mo et Ecc.mo Signor, Signor mio co.mo.

Hoggi tardi mi sono pervenute le lettere di V. Ex.tia de 27 del passato et primo di questo.

(*In cifra*). [Circa l'hora del disinare. S. M.tia ha fatto dar l'assalto a questa terra, il presidio della quale si è difesso bravamente, et per quanto il signor don Francesco mi ha confirmato, tra li morti et feriti sono da mille; imperò da molti che se vi sono ritrovati intendo che possono essere da 600. L'assalto de Spagnoli è durato più di due hore, dipoi quello de li Allemani da una hora. Sopra dela batteria sono ascesi alcuni Spagnoli et tre banderali, et se l'assalto fosse stato più ordinato, è oppinione de molti che la terra restava presa. Io, da una parte, laquale è verso il settentrione, ho visto alcuni de quelli di dentro et odito la voce, et Giovanni, mio figliolo, è stato tanto vicino in galopando, che ha potuto meglio vedere et udire dette voce, lequali gli sono parute piene di molto timore et tremante. La batteria et l'assalto è stato verso meggio giorno. D'homeni di conto non sono morti, salvo, per quello si ne afferma, uno capitano di fanteria del Paese Basso de Tedeschi con il suo portatore de insegna; però delli fanti V. Ex.tia pò considerare che li morti et feriti sono deli megliori. Il collonelo, cioè mastro di campo deli Spagnoli vecchi, don Alvero, è rimasto del volto et dele mani cremato de fochi gittati da Francesi; pur non haverà male. Di quelli di dentro è oppinione che molti sian morti et feriti...]

Il signor principe di Orangie è morto cum molto dispiacere, intendo, di S. M.tia et di tutto lo exercito; et pertanto expugnandosse come si crede che sarà in fine expugnata questa terra, la morte sua non restarà senza vendetta. *Ut supra*, alli 15.

(In cifra) [Da hieri in qua, appresso de l'assalto, si è cessato di battere, et la causa è per essere mancate le palle, et è bisogno di aspettarne come si aspettan, et perciò S. M.^{tià} con la batteria fatta et con quella che di più si poteva fare, fece dare l'assalto prima che la monicione desse palle manchasse. Di qua S. M.^{tià} non vol partire, determinando di far tutto per expugnare questo locho, il qual è di molta importanza a questa impresa a tutti. De l'exercito angle non se intende anchor altro; l'ambasciatore anchor hora mi ha detto che sta aspettando un suo a hora per hora. Francesi si ne stanno quieti, cio è quelli che sono in Schiampagna, senza farci dare alarme. Con il capitano Christoforo de Landembergh et con li suoi quattro milla Allemani et mille cavalli, intendo che venerano et danari et molta monitione. In quanto alli morti et feriti nel assalto d'heri, il signor nuntio dice intendere per la verità che li Spagnoli morti non sono più di quaranta et da cento feriti, et che sia detti Spagnoli et Allemani, de morti et feriti non sono più di 400 in circha, che heri quando ne parlai con il signor don Francesco, S. S. non sapeva il numero, et mi disse che si stavano cavando — ho inteso poi con consentimento de quelli della terra — et per tanto soggiongendo io a S. S. che intendeva che potevano essere da mille tra morti et feriti, mi rispose che tanti potevano ben essere. Imperò hora si raggiona di 400]...

(In cifra). [Il capitano Morano Carboni, qual restò pregione in Commersi, rimane appresso del signor don Francesco, però come custodito. È quello che compagnò V. Ex^{tia} con madama sino a San Nazaro, et come servitore di V. Ex^{tia} li bascia le mani. Da lui resto certificato che in questa terra è capo il conte de Sanser, locotenente del signor duca di Orliens, con la banda de gente d'arme di S. Ex^{tia} et con dua millia fanti guasconi, de parte de quali la Landa è capitano. Lo imperatore si vorrebbe servire di lui; imperò egli, come servitor di trenta anni del Re Christ^{mo} non se ne contentarebe. In quanto a questa oppugnatione, quello che haveva detto io medemo è detto da lui, che senza un paro de cavalleri da quali sia levate le defese a quelli de dentro, che pocho potrano fare con li assalti; però non so quello sarà fatto da quelli ai quali tocca.

La penuria et carestia di tutto in questo campo è grandissima, et havendo a starsi in questo loco per un pezzo, Dio sa come la cosa passarà, che in verità vino, pane et carne se vendeno talmente salati, che non si potrà resistere molto. Imperò soldati vanno buscando il vivere. Tra vino et pane, doi scuti il giorno non mi posson bastare, et dubito che haverò fatica a poter vivere con quattro scuti il giorno; pur non curo la carestia, mentre che per denari si possi havere da vivere che non mi mancharano...]

Ut supra, alli 16.
De V., etc

Hieronymo FERUFFINO.

15.

Di campo a Sandesic, alli 17 di luglio del 1544.

Ill.mo et Ecc.mo Signor, Signor mio col.mo.

(*In cifra*) [... In quanto poi alla impresa di questa terra, S. S. dice che si tiene per fermo che sarà expugnata con la zappa et badile da quella parte per laquale si è fatto la batteria et datto l'assalto et chel signor don Ferrante tiene di poterla expedire in termine di x a xii giorni; imperò S. S. tiene che l'exito di questa expeditione non si vederà più presto che dentro da vinti giorni, et che la presente guerra terminarà in questa expeditione di Sandesie, et che non si potrà passar più oltra et andare sopra di Schialon, come il signor don Ferrante dice che potrà fare. Tuttavia io son del parere in ciò del prefatto signor don Francesco, sì per il tempo qual è molto contrario allo imperatore, come ancho per non havere da sogiornare molto S. M.tà per rispetto de l'artigliaria, et deli paesi da quali per male vie non si potrebbe poi ricondure : che in vero li venti, le pioggie et freddi sono così sovente tali che più bisognano di fodre et robbe de inverno che non facciamo deli ormesini; et in scrivendo la presente nel mio paviglione, ho havuto fatica grande a potermi difendere da l'acqua et dal vento, che mi hanno al dispetto mio fatto fare pausa di una grossa hora. Che certamente pare che habbiamo li cieli et ogni altra cosa contraria; che appresso del mal tempo in paese fangoso et molto humido, habbiamo ancho un poco di carestia. Che in quanto a me spetta, volendo riservare uno saccho de biscotto in caso di maggior necessitade, posso dire che li miei lavoratori a casa mia mangiano assai meglior pane di quello ch'io manzo, et credami V. Ex.tia che in pane et in vino solamente tre scuti il giorno molte volte non possono bastare per le mie diece boche; et sono constretto a crescere d'un' altra, et anchor hoggi ho pigliato a mio servitio un carettone accordato a tre scuti il mese, oltra un altro che ne ho a due scuti per mese, che questo solo non bastava, et ho havuto gran pavura di perdere molte volte la caretta di quatro rotte con li cavalli che sono quattro, et con tutte le robbe et cose mie, et deli miei, et con un poco de vivere per le bocche et cavalli, et ho patito tanto in tal giorno da mezo il campo che mi sono agurato di essere uno povero zappatore a casa sua. Sichè V. Ex.tia non se meravigli se io mi extendo in fare che ella sappia le pene et li crudelissimi travagli che mi conviene già et già sofrire]...

(*In cifra*) [Ritorno a questa expeditione di questo locho per la qual si expettano palle et monitioni. Imperò fra tanto non si perde tempo, perchè si lavora in far trinzere et mine per guadagnare la terra, come ho detto, con la zappa et badile, et dico in oltre che, considerata la natura del imperatore, che se fra xii o xv giorni si

venisse a fine di questa impresa, che voglio credere che non mancharà di volere andare sopra di Schialone in Schiampagna]...
De V., etc.

Hieronymo FERUFFINO.

16.

Di campo a Sandesie in Partois, a 18 di luglio del 1544.

Illmo et Ecc^{mo} Signor, Signor mio col^{mo}.

(In cifra) [... la quale (Signoria), (don Francesco da Este), dal meggio de la notte passata sino hoggi passato mezo giorno di tre hore, è stata in campagna con la sua cavalleria in una imboscata verso Vitri, terra distante da Sandesie sei leghe et da Schialon sette, non forte, ma più grossa di questa, et in laquale se intende che sono da mille et cinquecento fanti et grosso numero de cavalli, et che monsignor de Guisa sta anch'egli lì intorno et vicino a queste parti; quelli di Vitri si sono aveduti della detta imboscata, et per tanto sono usciti in buon numero, et sono stati visti da S. S. et da li soi; nè altro si ha potuto fare se non un pocho di scaramuza]...
De V., etc.

Hieronymo FERUFFINO.

17.

Di campo a Sandesie, a 21 di luglio del 1544, finita a 22.

Illmo et Ecc^{mo} Signor, Signor mio col^{mo}.

Non havendo potuto dupplicare mie de 14, 15, 16, et 17 di questo per V. Ecc^{tia}, cum le quali ho risposto a sue de 17, 20, 27 del passato et primo del presente, cum questa reassumerò il scritto di esse più brevemente che potrò, et in oltra soggiongerò quel più che mi occorrerà.

Alli 13, S. M^{tià} aggionse qui in campo cum le fantarie, cavallarie et cum li capi per altre mie denotati. Alli 14, il principe di Orangie cum molto sentimento della M^{tià} S. et dispiacere di tutto lo exercito, essendo a vedere la batteria sopra d'una sedia, fuo ferito in la spalla destra d'artigliaria a morte, et alli 15 rese l'anima a Dio. La detta sedia, per quanto fuo detto, era stata preparata per S. M^{tià}. In essa sedeva prima il marchese de Melignano, da la quale levossi per lassarla al ill^{mo} signor don Ferrante, et S. Ecc^{tia} poi se ne levò per farvi sedere il predetto principe cum dirle che esso non si poteva fermare per havere d'andare hor in uno et hor in un altro loco, et per ciò il destinato principe postossi a sedere fuo quasi subito ferito, et si può dire che egli servasse il signor vicere, et il signor vicere il marchese de Melignano. Alli 15, poco inanti mezzo giorno, fuo principiato da Spagnoli l'assalto molto bravamente; dippoi fuo finito da Tedeschi, et durò da tre hore in circa. Imperò per essere il loco molto forte et cum presidio buono, fuo gagliardamente diffeso; vero che si giudica che se detto assalto fuosse stato più ordinato che non fuo, et che dippoi dalla natione spagnola fuosse stato rinforzato, che si puoteva in quel giorno expugnare. Tuttavia non parve bene de arrisigare più numero di buona gente, et forno odite voci de Spagnoli che dicevano: « O fratelli Italiani, perchè non sete hora qui cum noi! », et tiense che S. M.ᵗᵃ et il signor vicere se trovin pentiti di non haverne quattro o cinque millia; pure il pentirsene hora non giova. Voci de quelli di dentro forno odite molto timorose, et io medemo mi trovai così vicino alla terra che ne potei odire, et in mezzo del assalto se è inteso che combatterno flossamente. De questi de S. M.ᵗᵃ, tra Spagnoli et Allemani, et tra morti e feriti, si raggiona che possono essere da 400 in circa; de quelli di dentro, per quanto si è dippoi ritrhatto da Francesi et prigioni, ne sono morti molti, ma quello che più le importa è che si parla della morte del capitano la Landa, persona di molto valore. Il conte di Sanser, locotenente del signor duca di Orliens, è dentro di questo loco et capo de tutti, et lo detto Landa era capitano de fanteria. Il presidio, per quello se ne dice, è di 100 homini d'arme del predetto signor duca di Orliens et di 2 m. fanti. In Ligni erano 50 homini d'arme del conte di Briena, signore desso Ligni, et da 25 tra huomini d'arme et arcieri della banda di esso signor duca, il che ho inteso dal capitan Moran Carbone, prigione, qual si ne sta cum questi del ill.ᵐᵒ signor don Francesco alloggiato. Il detto conte de Ligni et Briena et monsignor de Rosy, fratello, et monsignor de Schiene forno prigioni, mandati in Fiandra, dove, per quello se intende, sono stati divisi et mandati cadauno per sè in loco securo, et il predetto conte non solo ha perduto il loco suo et è rimasto captivo, ma dal re si afferma che egli è nominato e tenuto traditore et che S. M.ᵗᵃ ha confiscato et donato tutti i beni suoi a monsignor de Guisa.

(*In cifra*) [Li morti et feriti a detto assalto si afferma che non sono meno di ottocento et il signor don Francesco tiene che sian più presto da mille che altramente.]

Quello che non si è fatto cum la batteria et cum l'assalto primo si vole fare cum la zappa et badile, ancora chè la expugnatione havesse d'andare un puoco più in longo de quello fuosse stato dessignato, et è detto che S. M.ᵗᵃ determina di volere prima guadagnare questa terra che di levarse di qua, la quale ottenuta si ha oppinione che moverà il campo de qui a Chialon in Chiampagna, distante da questo loco de San Desier 15 leghe.

(*In cifra*) [Il signor don Ferrante è quello qual dice che, expedito questo loco, si andarà a Chialon; imperò il signor don Francesco tiene che andando come potrebbe andare in longo la expeditione et expugnatione di questa terra, che la guerra per hora potrebbe finire qui senza passare più avanti; tuttavia considerando io la natura de S. M^tá voglio credere più presto che ella sarà per passare più oltre, massime se Anglesi dalla parte loro faranno la guerra gagliardamente]...

(In cifra) [Intanto che si attende con la zappa et badile a tagliata et mina per fare cascare un cavallero et impire il fosso a quella parte che quelli di dentro hanno alla parte della batteria, qui si aspetta monitioni et vituaglia per potere poi di qua passare avanti, che invero la carestia di tutto per il vivere del huomo è grandissima]...
De V., etc.

Hieronymo FERUFFINO.

18.

Di campo a Sandesie, a 24 di luglio del 1544, finita alli 26.

Illmo et Ecc^mo Signor, Signor mio col^mo.

... Vitri è terra vicina al campo 5 leghe, assai grande, al camino et distante di Chialon 7. In essa si era posto monsignor de Brisac cum li soi 50 huomini d'arme et cavalli legieri et cum tutte le compagnie, per quello intendo, et cum li capitani de cavalli legieri a lui sottoposti, li quali vien detto che potessero essere da 1200 cavalli in circa et cum 6 bandiere de fanteria italiana, et 4 de francesa, capitani Gio : Pietro Corso et monsignor de Poton, le quali in tutto potevon essere da 2000 fanti, per disturbare et fare preda de saccomani et de gente sbandata, et cum dissegno, per quanto si ne è inteso da prigioni, di mettere in Sandesie et viveri et gente per subsidio, et alcune fiate, di notte, per quanto se ne raggiona, ne hanno fatto prova; tuttavia la cosa sempre li è reuscita vana. (La morte de la Landa et da 300 delli soi nel giorno del assalto si conferma.) Per le genti de Vitri lo ill^mo signor don Francesco ha fatto alquante cavalcate et imboscate et è stato alcuna volta fori tutta la note et quasi tutto il giorno; imperò non è accaduto a S. S. ill^ma di puotere fare più presto che oggi fattione signalata, la quale è veramente signalata et di molta importanza. Heri presso la notte da S. M^tá fuo mandata S. Illma S. cum la sua cavaleria, et cum lei il signor duca Mauritio di Saxonia et il signor marchese di Brandimborgo cum sue bande di cavalleria et il conte Guglielmo de Fustimberg cum banda di fanteria allemana, la quale dovea essere di 4 m. fanti, et a pena erano, intendo, 2 m., cum 4 pezzi d'artigliaria di campagna et 4 grosse. Cosi havendo marchiato tutta la notte, et essendo il predetto signor et il duca Mauritio passati un'acqua et postossi tra Chialon e Vitri, alla mano destra, sopra et oltra detto Vitri una lega, il marchese et il conte Guglielmo cum le

sue cavalarie et fanterie et artigliaria alla mano sinistra della terra,
S. S. ill^{m*} cum la sola cavaleria italiana sopragionse, nel fare del
giorno, ad un villaggio oltra Vitri, come ho detto, una lega, che il predetto signor duca seguiva, imperò se ritrovando molto discosto. Vero
che in tutto, eccetto che in una sola cosa, hanno fatto, intendo, et esso
et il marchese, secondo l'ordine di S. Ill^{m*} S. Per ricognoscere il villagio detto, havea S. S. mandato alcuni cavalli, li quali trovaron che
fuori di esso uscivano da 300 cavalli in circa delle compagnie de monsignor de Sansac et de monsignor de Lange, et per ciò S. S. cum li
suoi solamente investì et fece impeto così animoso contra di luoro,
che gli sbarattò et puose in rotta et fuga assai presto, restando però
d'essi molti presi et alcuni morti. Quelli della fuga pigliaro il
camino de Vitri per andare a congiongersi cum monsignor de Brisac,
et cum li altri luoro capitani, il qual cum tutta la gente sua era
uscito da detto Vitri et havea preso il camino de Chialon cum molti
bagagi et vittualie. La fanteria tedesca cum il marchese et conte
Guglielmo non era ancor gionta, nè la cavaleria allemana del duca,
la qual fuo tarda, si truovò in tempo cum S. S. : la qual tuttavia
seguitando la vittoria delli fugati et ponendo etiandio in disordine et
in fuga la massa grossa de quelle de Brisac, il qual se ritrovò invilup-
pato, et si era dato et reso prigione al baron de Cornleu, borgognone
et gentilhomo della casa di S. M^{ti}, il qual fa molto servitio cum
S. S. ill^{ma}. Imperò perchè nel villagio primo (che quest'altra fattione,
se ben ho inteso, fuo nel passare d'un'acqua et d'un altro villaggio),
erano rimasti molti cavalli italiani et del capitan Giugeri (che ne
meritarebbon castigo) a bottinare, et alquanti d'essi cum prigioni et
bottini si ne ritornorno qua al campo, S. S. se ritrovò cum pochissimi
cavalli et cum li capitani suoi, signor Alessandro Gonzaga, et dippoi
li sopragionse, ma tardo, monsignor de Disse cum li Borgognoni, il
signor Scipion di Genaro, rimasto ferito alquanto nella mano della
spada nella quale teneva la sua et quella d'un suo prigione, et si è
portato, per quanto ne ho inteso, molto valorosamente, et etiamdio il
signor Giulio Cesare Branchaccio : da Cesare intendo, et egli et suoi
archibusieri a cavallo, et il capitan Pozzo, qual non lassò mai S. S.,
et è valentissimo soldato et di bon giuditio. Non si possette fare compitamente la fattione, perchè avistossi Francesi et Giovan Pietro Corso
della rarità della detta cavalleria italiana si prevalsero alquanto, et per
ciò monsignor de Brisac fuo aggiutato et salvossi, et in retirandossi
detti Francesi, il signor Gio. Alfonso Bisballe, per non havere molto
bon occhio, anzi mala vista, trovossi tanto inanti, che esso et monsignor de Diest, nipote de monsignor Andalo, et doi altri della casa di
S. M^{ti} se ne andorno cum essi prigioni. Il signor marchese di Terranova, cioè il figliuolo, giovane, piccolo, ma valente, si è trovato cum
S. S., del valore, animo et gran cuore cum prudenza della quale non
potria dire più di quello ne dice. Se la cavaleria tedesca havesse
cavalcato et fuosse stata più diligente et havesse fatto come S. S.
faceva cum li suoi, tutta la gente da cavallo, et la fanteria simil-

mente, restava disfatta et presa ; imperò cum tutto questo la fattione del predetto signore et delli suoi è stata tale che da 1 500 huomini sono rimasti morti, annegati et presi cum molti bagagi, et assaissimi cavalli se sono guadagnati, che non ho saputo vedere alcuno de quelli de S. S. che non habbia guadagnato o prigione o cavallo o altra cosa.

In la retroguarda de Francesi essendo restati da 300 fanti italiani cum bagagi et alquanti cavalli, da quali essi fanti forno ben presto abbandonati, et per ciò non potendo ritrovarse in tempo de passare un certo ponte sopra d'un'acqua che non si può guazzare, si puosero in una gesia forte, et sopra d'un campanile dal qual tirando et sparando archibusate alli cavalli de S. S. ill^{ma}, che a pena di luoro si erano aveduti, et oltra che havessero morto un certo gentilhuomoi da S. S. gli fuo mandato a dire che si vollessero rendere, che gli salvarebbe la vita. Essi, come quelli che erano destinati et condannati alla morte, risposero sempre cum archibusate, biasteme et bravarie. In fine, sopragiongendo la fanteria cum l'artellaria, si volsero dare; imperò non forno a tempo, per chè essendo stato ferito, non di periculo. il conte Guglielmo d'una archibusata et mortogli uno delli suoi capi, S. S. non poteva più salvargli senza molta indignatione d'essi Allemani, et pertanto li poveri malaventurati foron tutti amazzati, et da 260 che potevon essere, cinque ne foron solamente salvati, et il magnifico messer Silvio Trotto come vero gentilhuomo ne hebbe uno in dono cum suo buono officio da detti Tedeschi, il qual era figliuolo francese che essi volevon insieme amazzare cum gl'altri.

Tutti questi gentilhuomini et soldati di Ferrara si sono portato molto valorosamente, et tutti cum S. S. hanno fatto una fattione molto penosa et di molto travaglio, pure è stata gloriosa. Passato che hebbero li Francesi il ponte de l'acqua detta, retirandosse cum gran furia a Chialon, il predetto signor invittò et exhortò il signor duca Maurizio et signor marchese a passare di compagnia sua detto ponte per seguire la vittoria; imperò essi se scusaro cum dire che li luoro cavalli erano stracchi : che invero si cognosce manifestamente che se si passava, che Gio : Pietro Corso, cum il resto della fanteria tutta et tutti li bagagi et forse gran parte della cavaleria salvata restava disfatta et perduta.

La presente ho finito in questo giorno 26, nel qual il predetto signor don Francesco è ritornato da Vitri et il signor vicere similmente, il qual vi andò heri mattina. Quanto sia piacciuta questa fattione a S. M^{tà} et quanto si ne sian allegrati monsignor ill^{mo} di Granvela et tutta la cuorte et lo exercito, non potrei dimostrare, per quello ne intendo, a V. Ex^{tia} per queste mie. Et nel medesimo giorno della fattione, un Turcho, stato caval legiero de S. S. ill^{ma} passato a Francesi, cum alquanti cavalli di luoro havea fatto una grandissima preda d'alquanti mulli di S. M^{tà}, del serenissimo principe Maximiliano, archiduca d'Austria, et bona parte de quelli delli ill^{mi} signor don Ferrante et signor don Francesco, et de molti cavalleri, li quali andavano in foraggio; imperò da cavalli del signor Scipione di Gennaro, che da Vitri ritornavan al campo, forno tutti recuperati, ma non poterno havere nelle mani il traditore turcho. In Vitri se sono lassati due bandiere de fanteria et 200 cavalli tedeschi, disfatta et lassata la terra, guardando solamente certa fortezza di essa per havere la campagna, abbundante per li cavalli, di qua collà sicura et expedita...

La obsidione de questa terra si ne sta tuttavia senza sentirse motivo alcuno de quelli di dentro, et per ciò lavorassi tutt'hora cum la zappa et badile, et fassi un cavalero per batterli meglio et levarli le diffese da quella parte, et stimasse che la cosa non puotrà andare molto più in longo...

Questa fattione del predetto signor ha tanti capi che havevo lassato di avisare che in essa ha guadagnato, intendo, x bandiere, 8 di fantaria et 2 di cavalleria.

De V., etc.

Hieronymo Feruffino.

19.

Di campo a Sandesie, a 28 di luglio del 1544.

Illmo et Ecc^{mo} Signor, Signor mio col^{mc}.

... Heri, cum dispiacere dell' ill^{mo} signor don Francesco et contra l'ordine, intendo, di S. M^{tà}, li Allemani, lassati in custodia del castello de Vitri, lo abbruggiaro in tutto, come hanno fatto della terra, bella, grande, di bel sito, de belli giardini et de bellissime campagne : il che hanno fatto, si presume, per non havere causa de starsene in quello loco. Uno trombetta de S. S., ritornato stamane da Chialone per alcuni prigioni liberati et mandati a monsignor de Brisac, ha seco ricondutto in qua da 16 fanti spagnoli, li quali a questi giorni sbandati per guadagnare forno fatti prigioni...

Il predetto trombetta, in arrivando a Chialon, lo hanno fatto entrare cum li occhi bendati, perchè, d'ordine del ill^{mo} signor don Ferrante, fuo a questi dì comenzato a fare questo ad uno trombetta francese in aggiongendo al campo. Al partire poi da detto Chialon, hanno lassato venire il detto trombetta senza chiudergli li occhi, et per ciò ha potuto rifferire che vi hano buon numero de guastatori et che vi lavorano gagliardamente per fortificarlo, rifferendo in oltra chel signor duca d'Orliens è in Rens, distante da Chialon x leghe...

De V., etc.

Hieronymo Feruffino.

20.

Di campo a Sandesie, il 29 di luglio del 1544.

Ill.mo et Ecc.mo Signor, Signor mio col.mo.

... Heri sera comenzò tempo sereno et stamani mostra de havere da conzarse in bono; così come sia, qui lo havemo quasi sempre havuto male. De la oppugnatione et obsidione di questa terra, non mi accade a scrivere più del scritto ; basta che tuttavia si attende a lavorarli et cum mine et cum cavalero, cum oppinione di guadagnarla in ogni modo. Ben vero è che questa dimora ha dato tempo a Francesi de fortificare Chialon, che altramente si cognosce che in marchiando se pigliava; tuttavia, essendo terra grande, non so come lo potrano havere tanto fortificato che sian per poterlo diffendere, andandosse sopra di esso. Iddio è quello che sa l'exito quale per sua permissione ha da vederse di questa guerra...
De V., etc.

Hieronymo FERUFFINO.

21

Di campo a Sandesie, a l'ultimo di luglio del 1544.

Ill.mo et Ecc.mo Signor, Signor mio col.mo.

(*In cifra*) [In Ligni, del marchese de Melignano fu pregione Berteville, locotenente del conte de Briena, il quale fu liberato, et, per quello chel predetto signor don Francesco mi ha detto, scrivi a V. Ecc.tia : il detto Berteville con salvo condotto è stato qui due volte, et che è venuto et stato mandato da Francesi con pratica di pace, et che di novo ha da ritornare ; che oltra dicciò fra Gabriel Gusmano, spagnolo, qual sta in Franza, ha scritto al confessor qui dell' imperatore per haver salvocondotto da potere venir qui per havere da parlare di cosa di molta importanza, et che un trombetta de monsignor de Brisach ha portato la lettera di esso frate et fatto capo a S. S., la qual havendone parlato con S. M.tà, le è stato prima risposto da lei che pò rimandare detto trombetta et che dipoi si farà fare anchor risposta alla lettera d'esso frate, parendo forsi a S. M.tà che per essere venuto qui Berteville et havendovi da ritornare, et che facendo salvocondotto di presente per il frate detto, che dimostrarebbe di haver troppo desiderio di la pace, rispose se rimandasse il trombetta senza risposta. Tuttavia che havendo risposto al trombetta detto che se ne ritornasse, et havendogli egli replicato che Brisach li ha ordinato che non ritorni senza risposta et che senza di essa non vole ritornare, di che avendo S. S. riparlato con S. M.tà, che li ha dappoi detto che se intertenghi il trombetta, et che ne parlarà con Granvela, et che forsi li farà dare la risposta. La oppinione del predetto signor don Francesco che forsi la guerra finirà permo in questo loco, parmi, per quello che S. S. mi ne ha detto di presente ancho chio ne scrivi a V. E., se verificarà, et mi la dice quasi per sicura : sichè et in questo et ancho che la presente expeditione di San Desire andaria a molti giorni, il giuditio di S. S. ill^mª sarà certamente stato bonissimo. Delli prigioni de Ligni il signor don Ferrante intendo havere da xx in xxv m. scuti de taglie, et che per contentare li Spagnoli, che si doleano di non havere guadagnato, S. Ecc^tiª disse di dare alli capitani cinquecento scuti per uno, et a chi ducento, et a chi cento, et a chi cinquanta, et, per quello che ne disse alli suoi, desegnava di dare al signor don Francesco da 4 in v milla scuti, per chè, oltra le molte fatiche et fattioni in tutte le expeditioni di questa guerra, di S. S., in la deditione de detto Ligni, quelli di dentro dissero più fiate che si rendevano al signor don Ferrante et al signor don Francesco, anchor chè S. S. sempre recusasse et dicesse che havevan da nominare solamente il generale de l'exercito]...

Il signor Morano Carbone, gentilhuomo del regno nobilissimo, come per altre ho significato a V. Ex^tiª, restò preggione in Conmersi dove era stato mandato dal re per fortificare quel loco, et per il poco tempo che egli vi stette, fece assai, et ho inteso che a l'imperatore è piu piaciuta la fortezza desso Conmersi che quella de Ligni... È persona di bonissmo ingegno et giuditio et non senza lettere, e da ben et molto virtuoso, et sa delle cose della guerra molto; sono da 30 anni che comenzò de servire a Franza, et è stato colonello de 1 000 et de 2 000 fanti, et sempre in bon credito perchè ha servito et ben et fidelmente...

Il duppticato di mie de 18, 21, 22, 24, 26, 28 et 29 di questo non ho potuto mandare cum queste ; pur spero che le principali le sarano pervenute, et per esse haverà inteso la morte del signor principe di Orangie, l'assalto che fuo dato alli 15 a questo loco de Sandesie, la determinazione di S. Ces^reª M^tià di guadagnarlo cum la zappa et col badile et la honorata et molto signalata fattione del ill^mº signor don Francesco di havere cacciato da Vitri monsignor de Brisac cum 2 000 et più fanti et cum 1 200 cavallli, havendo dessi disfatto tra morti, annegati et presi più di mille e docento soldati...

De V., etc.

Hieronymo FERUFFINO.

22.

Di campo a Sandesie, alli 2 d'agosto del 44.

Ill^mº et Ecc^mº Signor, Signor mio col^mº.

Oltra doi altri miei plichi mandati ultimamente a V. Ecc^tiª cum mie de 18, 21, 22, 24, 26, 28, 29 del passato et cum una de l'ultimo, non lassarò per questo di replicare per la presente quello che mi parerà più necessario, et in ultimo soggiungerò quanto mi occore più del scritto degno di notitia.

Doverà V. Ecc.tia havere inteso per dette mie la gionta qui di S. Ces.rea M.tà alli 13 del passato, dove lo ill.mo signor don Ferrante et ill.mo signor don Francesco cum l'exercito grosso si trovavano intorno di questa terra da sei o sette giorni inanti. Havrà dippoi inteso la morte del signor prencipe de Orangie, l'assalto dato alli 15, la determinatione di S. M.tà, per essere il loco munito et cum presidio bono, di volerlo guadagnare cum la zappa et badile, la morte del capitano la Landa cum molti altri di esso presidio et anche de molti di S. M.tà, dippoi la honorata et signalata fattione del ill.mo signor don Francesco d'havere non solamente cacciato da Vitri, terra grossa, posta in mezzo da qui a Chialone, monsignor de Brisac cum 1 200 cavali et cum da 3 000 fanti in circa tra italiani et francesi, ma anche cum la sola sua cavaleria si può quasi dire, vero cum le spalle de cavaleria allemana et fanteria et cum 8 pezzi di artigliaria, d'haver disfatto, tra morti, annegati et presi, da 1 200 huomini francesi di la loro cavaleria et fanteria. Haverà poi V. Ex.tia inteso che alli XIIII arrivò in Cales il re d'Angliterra et che il duca de Nolfolco et il signor del privato sigillo cum l'avanguardia et retroguarda erano da tre settimane in qua intorno di Monteroy, et il duca di Suffolco cum la battaglia sopra di Bologna, et chel proprio re, per quanto il secretario Pagetto havea scritto al signor oratore qui, riposato alquanto in Cales, cum grosso numero di gente deliberava d'andare in campo...

(*In cifra*) [Per quello chel predetto signor don Francesco mi ha detto, secondo che per le precedenti ho diffusamente scritto, un luocotenente del conte di Briena, qual in Ligny fu fatto prigione, liberato, è stato rimandato qui due volte con salvocondutto per prattica di pace, et uno fra Gabriel Gusmano, qual sta in Francia, ha scritto qui al confessore dell' imperatore per haver salvocondotto da poter venire qui per cosa, scrive, molto importante. Havendo poi parlato con l'orator anglo, S. S. mi ha detto chel Re Christ.mo per persone di grado basse et di ogni qualità, et per mezzo de prigioni tanto appresso il re suo quanto appresso lo imperatore, fa tutto per venir a qualche appontamento; imperò, che partiti siano offerti da S. M.tà Christ.ma per ottener pace, o qualche appuntamento di tregua o d'altro accordio, non sa; ma che ben mi assicura, per quanto ne sa esso, che di presente la cosa di pace non è in più speranza di quello che la si fusse alli mesi passati, et che la experientia serà quella che ce lo mostrerà, perchè expugnata o ottenuta questa terra, che si procederà alla guerra et si passerà più inanti, perchè il medemo farà il re suo. Impero il signor don Francesco et anco il marchese de Melignano, col qual parlai ancor heri, tengono che finita questa impresa di San Desir, che non si potrà far molto più, nè passar più avanti, per esser si inanti il tempo come l'è, dicendo il predetto marchese che se lo imperatore havesse havuto modo di vittuagliare lo exercito suo per un par

·de mesi, che S. M.ᵗⁱᵃ haveria potuto far molto danno a Francesi; tuttavia che nissuna cosa migliore potria fare, che di venire a pace, et non procurare, come sino qui hanno fatto, di ruinarsi loro, et far il Turcho del tutto monarcha. Questi di San Desyr stanno male del vivere et di polvere. Francesi non hanno potuto soccorrerlo di vivere, ma de tredici besacchini di polvere portati da cavalli, de quali alcuni sono stati intercetti con i suoi besacchini di polvere, de quali esso marchese (che a V. Ex.ᵗⁱᵃ bascia le mane) me ne fece heri veder uno; et quanto al luoco, egli tiene che non potrà difendersi, et che serà guadagnato, ma non però più presto che fra sei o otto giorni. Ancora si crede che monsignor de Granvela haverà mostrato, et inoltra S. M.ᵗⁱᵃ, all' ambasciatore d'Inghilterra, che ottenuta questa terra, si vorrà passare più inanti per far chel re suo muti via et procedi gagliardamente alla guerra. Ottenendosi questa terra, voglio credere che si attenderà subito alla reparatione et fortificatione di essa et del Ligny et Commersi, che tuttavia debbono essere fortificate, et che di qua si pigliarà forsi il camino verso le parti di Fiandra, per andare facendo più danno si potrà alle cose de Francesi, et per guadagnare forsi ancho certi lochi retenuti, intendo, da loro...]
De V., etc.
                                Hieronymo Feruffino.

23.

Di campo a Sandesie, li 6 d'agosto del 44.

Ill.ᵐᵒ et Ecc.ᵐᵒ Signor, Signor mio col.ᵐᵒ.

... (*In cifra*) Fra Gabriel Gusmano venne qua col salvocondutto al confessore di S. M.ᵗⁱᵃ, mandato, intendo, dalla regina. Et, per quanto dice il signor nontio, si ha poca speranza di pace, maxime stando il Re Christ.ᵐᵒ sopra delle già proposte conditioni. Berteville, francese, fu qui similmente con salvocondutto, come il signor don Francesco mi disse, et partì; con che non ho potuto rittrarre. È vero che si è parlato de presente di tregua. Imperò l'ambasciatore d'Inghilterra crede che si procederà alla guerra et che si passarà più avanti di qua, quantunque il signor don Francesco et marchese di Melignano tengono altramente, parendoli che non si potrà, ottenuta questa terra prima, fare molto più di quello è stato fatto. Oltra cavallieri et mine, fassi un ponte di legno per un Furlano artificioso, sopra del quale, defesi et sicuri da arcobusi, intendo, potranno stare da 50 fanti. Il qual ponte con chiavatura serà buttato et mosso sino al principio del muro della terra, la qual fra termine di x giorni in circa è detto che potrà essere coniunta et superata, et che se gli darà il secondo assalto. Del primo, come della morte del principe de Orange, et della perdita in detto assalto de buon numero de Spagnoli et Alemani, et anco di la morte di quelli di dentro col capitano Lalanda, mi rimetto a quanto per più mie ne ho scritto.

Della honorata fattione del signor don Francesco con la sua cavalleria, rimettomi similmente al scritto di esse mie, et a quello che V. Ex.^tia per lettere di S. S.^tia propria ne intenderà. Hora, per fante francese di dentro uscito fuori et intercetto, si è inteso che li fanti hanno il giorno doi pani senza vino, et fanno pozzi per haver acqua, et che il conte di Sansera alla sua tavola beve vino...

Dal nontio havevo inteso che oltra li altri qui venuti per pratica di pace, che un gentilhuomo del signor duca di Lorena vi è similmente venuto, et che esso è quello che è passato più inanti delli talri; imperò che le conditioni sono le solite, et quelle che non contentano. Havendo scritto la presente sin qui, il signor don Francesco mi ha detto che questa terra, per opinione sì ha, si pigliarà, et che di già si pensa alla fortificatione et reparatione di essa, di Ligny et Comersi, con li presidii che se vi hanno da lassare, per non designare di passare più inanti...]
De V., etc.

Hieronymo Feruffino.

24.

Di campo a Sandesie, li 8 di agosto del 44, finita alli 9.

Illmo et Ecc.^mo Signor, Signor mio col.^mo.

... Havendo stamani il conte di Sanser, capo del presidio di questa terra, mandato fori un trombetto all' ill.^mo signor don Ferrante per havere salvocondutto per doi gentilhuomini suoi che volea mandare a S. Ecc.^tia per venire a compositione di dare la terra a S. Ces.^rea M.^tà, et essendo poi hoggi venuti fori li predetti gentilhuomini cum li capitoli delle conditioni che vorrebbon per venire a deditione, sono stati rimandati exclusi perchè le petitioni non satisfano. Di luoro soggiongnerò dipoi in questa quel più che mi occorrerà.

(In cifra) [Dal signor nuntio ho inteso che fra Gabriello Gusmano parte stasera per suo ritorno di Franza, non contento del suo negotio, imperò che Berteville, locotenente di monsignor di Briena, deve ritornare qui, et che le pare che le pratiche di pace o tregua si vadino tuttavia stringendo. Il signor don Francesco tiene per cosa certa che la guerra per hora finirà qui anchor chè si ottenghi questa terra; che, per il poco tempo che si ha con la mala forma al resto, non serà poco di poter fortificare questo loco et vituagliarlo con Ligni, lassandoli presidio necessario; che d'andare a Chialone, oltra la difficultade del vivere per li cavalli, quantunque si pigliasse, non so come si potesse poi mantenire et conservarlo per la molta spesa che correrebbe nel presidio grande che se li haverebbe da lassare; ma se lo imperatore havesse havuto cinque o sei millia Italiani et

più modo al vivere del suo exercito, haveria facilmente posto il Re Christ^{mo} in gran necessità et periculo per molte cause che se potrebono allegare.]

L'additione de stamani del viiii è per significare a V. Ecc^{tia} che li doi gentilhuomini del conte di Sanser debbon ritornare fori per trattar la deditione di questo luoco, circa la quale non so si per questa expeditione se haverà tempo de scrivere quello che si ne farà.

Berteville, per quanto il signor don Francesco mi ha detto, ritornò qui heri sera, imperò S. M^{tà} mostra di sperare poco in accordo...

De V., etc.

Hieronymo FERUFFINO.

25.

Di campo a Sandesie, li viiij d'agosto del 44.

Illmo et Ecc^{mo} Signor, Signor mio col^{mo}.

La cosa della deditione di questa terra intendo che si accordarà et che restarà stabilita per tutto hoggi sotto queste conditioni : che in termini de otto giorni darano la terra cum la monitione et artigliaria che vi hanno, et che luoro si lasseranno partire cum le robbe, arme, bandiere spiegate et cum doi pezzi d'artellaria; che in tanti nè essi puosson reparare nè fortificare, nè questi di S. Ces^{rea} M^{tà} lavorare in le trinchiee contra essi, et che non si puossino intendere soccorsi se non cum exercito che venesse a giornata o vero sforzasse la M^{tà} S. aretirar se.

(In cifra) [Hora il signor don Francesco dice che si comincia a parlare di procedere alla guerra et di andare inanti, il che facendosi, l'ambassatore anglo haverà di ciò inteso la verità, et serà segno che le cose del re suo siano gagliarde et per procedere tuttavia a danni de Francesi, et che lo imperatore habbi anco esso miglior forma alle cose per detta guerra che non era stimato, et che inoltra S. M^{tà} sappia chel Re Christ^{mo} habbia mal modo di poter ben difendersi, et che perciò procedendo et passando inanti, serà constretto di venire a partiti che habbiano da satisfare]...

De V., etc.

Hieronymo FERUFFINO.

26.

Di campo a Sandesie, li x d'agosto del xliiii.

Illmo et Ecc^{mo} Signor, Signor mio col^{mo}.

Hieri poi ho fatto consignare un grosso piego de lettere del ill^{mo} signor don Francesco et mie per V. Ecc^{tia}, fuo stabilita cum S. M^{tà} la cosa della deditione di questa terra, per la quale forno mandati dal conte di Sanser sei obstaggi, li quali sono guardati et custoditi in una tenda fatta piantare in uno campo voto quasi in meggio del exercito, appresso della quale non è attendato alcuno, et di là non si moveno; et stamani ho visto la tenda circundata da allabarderi di S. M.ià. Et perchè delle conditioni che Francesi per detta deditione ricercavano, et di quelle de quali in fine se sono contentati, il predetto signor don Francesco scrive a V. Ecc.tia per sue lettere particulari, et in oltra le manda la copia della capitulatione, per la presente non ho da scriverne altro, rimettendomi al scrivere di S. S. ill.ma.

(In cifra) [La quale sino qui non può sapere quello che lo imperatore sarà per fare, havuto che S. M.tà haverà la terra, parendole, come per il vero si conosce, che l'andare inanti habbia molte difficultade : perchè volendosi la M.tà S. cacciare con sua persona in Franza, è bisogno che ella habbi seco tutta la gente prima che le parerà expediente, et etiam dio la summa tutta del danaro che le sarà necessario per tutto quel tempo che si haverà da stare in la guerra : perchè, poi che ella si fusse cacciata in Franza, non haverebbe da guardarse più indrieto per havere più gente et denari; che, in quanto alla gente, il Re Christ.mo potrà sempre rinforzarsi et havere non solamente Svizeri, ma etiam dio Italiani. A S. M.tà Ces.rea devon venire quattro milla Alemani del capitano Cristoforo de Landemburgh, li quali debbon essere vicini perchè sono più de quattro giorni che erano a Ponte a Monson, et in oltra, per quello chel signor don Francesco mi ha detto, vengono similmente alcune genti a S. M.tà del paese di Dannimarche. Imperò non pare a S. S. che basteranno, anzi che S. M.tà haverebbe da rinforzare questo exercito di più numero de genti di quello che viene. Il signor Gio : Battista Castaldo, parlando meco stamani, si è alargato in dirmi che in tutto è usata molta tardità, et che le cose sono et male intese et governate, et che, per suo parere, non si sarebbe dato questo tempo alli Francesi di Sandesie, perchè la cosa potrebbe causare qualche gran disordine, come a dire che sel re con questo tempo potesse havere exercito grosso insieme, non sarebbe miraculo che venesse a qualche giornata et soccorresse il loco, et massime havendo S. M.tà revocata la gente sua del Piemonte, et che potesse valerse de bona parte de la gente che ha in Picardia contra Anglesi, oltra che le conditioni chel conte di Sanser ha ottenuto in la deditione sono per esso gloriose]...

De V., etc.

Hieronymo Feruffino.

27.

Di campo a Sandisier, li xj d'agosto del xliiij.

Ill.mo et Ecc.mo Signor, Signor mio col.mo.

(In cifra) [Essendo io stato ritenuto stamane dal signor ambassatore anglo a desinare seco, mi ha detto, sotto molta secretezza, che la cosa

della pace va molto inanti per essere caldamente procurata dal Re Christ^mo et che per questo gentilhuomo francese con partiti, che forsi satisfaranno all'imperatore et al serenissimo re suo, serà mandato qui da S. M^tià Christ^ma, et che sopra di ciò si expedisse un gentilhuomo fiamengo di S. M^tià Ces^rea al predetto re suo. Ritornato ch'io sono stato al mio paviglione, ho ritrovato chel signor don Ferrante havea desinato col signor don Francesco, col quale parlando io, et dicendo quanto mi ha detto in gran secretezza il predetto ambassatore, mi ha soggiunto scrivi per questa mia a S. Exc^tià chel predetto signor don Ferrante le ha detto già due volte da heri in qua chel Re Christ^mo mostra di haver gran fede in lei et desiderare grandemente la pace, et che in breve o esso o monsignor di Granvela haverà d'andare in Francia da S. M^tià Christ^ma, et che crede che l'andata toccarà a lui per dimostrare il re di haver molta confidentia in sua persona, dell' opera della quale disegnavo valersi non solamente in questa pratica di pace, ma anco in la impresa commune che disegnarebbono di fare giuntamente in Ongaria contra del Turcho, et che perciò Francesi habbino detto che in detta impresa non vogliano che alle genti sue sia altro superiore che S. Ex^tia et che si spera che col mezo del parentato della figliola dell' imperatore col signor duca d'Orliens o col Stato di Milano, o col ducato di Savoia, o con la Fiandra, che le cose si addattaranno...

Procedendosi alla guerra, et non succedendo di presente accordio, per quanto io ne giudico, et viene dall'oratore d'Anglia indicato, S. M^tià Ces^rea, se per causa del re suo non si andasse a Chialon per andare più verso Parigi, di qua pigliarà il camino verso Sedano, luoco di Roberto della Marchia, et Messiers del re, per guadagnare quelli luochi, et Ivois, luocho occupato et tenuto da Francesi nel ducato di Lucimburgh, vicino a quella parte de essi luochi, et camino di Fiandra, perchè S. M^tià Ces^rea facilmente poi potrebbe soccorrere San Desir, et per questa parte haverebbe la via aperta et fatta per penetrare in Francia]...

De V., etc.

Hieronymo FERUFFINO.

28.

Dal felicissimo essercito cesareo presso Sanaisier,
li xiij d'agosto del xliiij.

Illmo et Ecc^mo Signor, Signor mio col^mo.

... Della deditione di questa terra, che domenica 17 la matina ha da esser data a S. M^tià o a chi per essa sarà ordinato, et delli patti passati per detta deditione, haverà V. Ex^tia inteso et per lettera del ill^mo signor don Francesco et per mie.

(*In cifra*) [In quanto quello che per mie di xi di questo ho significato a V. Ex^tia della stretta pratica di pace, et quanto il Re Christ^mo la procura per più vie, sì appresso del imperatore come del re d'Inghilterra, et chel signor don Ferrante, per quanto S. Ex^tia ha detto al signor don Francesco, monsignor di Granvela haverà di andare in Francia per conto di essa pace, mi rimetto al scritto di dette mie mandate publicamente per via di Mantua et di Bologna. Di più non so dire, salvo che li sei ostaggi francesi per la osservatione della capitulatione fatta in essa deditione sono banchettati, honorati et accarezzati, et molto ben trattati. Et da monsignor de Brisach sono mandati meloni et altri frutti di Chialone al signor don Francesco, de quali frutti S. M^tia, signor don Ferrante, monsignor di Granvela et altri signori hanno havuto parte. Et il signor nontio è quello che veggio star di mala voglia non per altro, se non perchè conosce che pace tra questi tre principi non sarebbe punto favorevole per suo patrone. L'ambassatore de Venetia mi pare che anch'egli di suspitione di pace non stia molto contento. L'oratore anglio è quello che ne gode, et ancora stamane parlando seco mi ha detto : « Se pace tra questi tre principi succedesse, il signor duca, tuo signore, mi persuado che se ne haverebbe da rallegrare, perchè voglio credere che sarebbe con utile di S. Ex^tia »]...

Di buon luoco ho inteso che havendo il re di Franza mandato a giorni passati lettere a signori di Germania per removerli dal bon volere et animo che hanno al imperatore, che essi in segno di luoro constantia hanno mandato le proprie lettere a S. Ces^rea M^tà. Oltra qualche numero de Sviceri gionto, si dice, a Francesi presso di Chialone, è detto in oltra che da 4 m. Tedeschi sono passati poi a servitio de Franzesi : li quali tra sviceri, essi tedeschi, franzesi et italiani, habbian da 30 m. fanti in le parti di detto Chialone. Imperò non mi pare che qua si habbi una minima suspitione che essi habbiano da comparere per soccorrere questo luoco; nè si cognosce alcun segno nè dimostratione de timore, perchè questo felicissimo exercito sta collocato et accampato come è stato sino del principio, nè si è astretto et mosso come fuo creduto poi delli patti de la deditione. Li 4 m. Allemani del capitan Christoforo de Landemberg, cioè parte di luoro, è gionta qui in campo, et esso capitano cum 3 o 4 insegne si è fermato, intendo, in camino per assicurare il passaggio...

De V., etc.

Hieronymo Feruffino.

29.

Dal felicissimo essercito cesareo presso Sandisier,
li xiiii d'agosto del xliiij.

Illmo et Ecc^mo Signor, Signor mio col^mo.

Non essendo stamani partito il correro per Italia, et havendomi il signor ambassatore d'Angliterra mandato a dire per il suo secretario che heri notte fuo detto a S. M^tià che uno gentilhuomo del re suo mandato alla M^tià S. era gionto in Ligni dove si era fermato per venir hoggi cum la scorta, et che esso porta nova della presa di Bologna in Piccardia, la qual invero, se sarà in effetto, è nova di molta et molta importanza, et voglio credere che Franzesi sarian per fare tutto per venire a compositione di pace et che per essi non mancaria; et io ho creduto, intendendo che tuttavia procurano et solicitan per la pace, che oltra li felicissimi progressi di S. Ces^rea M^tià, che essi Franzesi habbin dubbitato et cognosciuto che Anglesi fuossero per fargli molto danno; che se vero è che habbiano guadagnato detta Bologna, giudico che sia al regno di Franza di molto più dano che non saria stato la perdita di Monteroy, il qual mal potrassi diffendere se Bologna è perduta. Il detto correro intendo che partirà fra un hora, et per ciò la presente harò fatto consegnar in questo ponto; tuttavia se prima del partire suo aggiongesse il gentilhuomo anglese, dal predetto signor ambassatore, per le lettere che S. S. havrà, potrei restare chiaro della cosa di essa Bologna, et per additione farne similmente più certa V. Ex^tia, et se cum questa non sarà altra mia, sarà segno che non havrò havuto tempo.

(In cifra) [Il signor don Francesco mi ha hor hora detto, havendo inanti il scrivere della presente parlato con S. S., che si fanno tutte le preparationi necessarie per passare avanti et andare a Chialon, dove poi S. M^tià Ces^rea consultarà et determinarà di fare quello che le parerà che sia più expediente alle cose sue. Mi ha di poi S. S. soggiunto che Berteville partì et che egli non tornarà più sopra pratica di pace, ma che ritornarà fra Gabriel Gusmano; chel signor don Ferrante et monsignor di Granvela sono tra loro in disparere, che al predetto monsignor parerebbe che in questa pratica di pace si facesse chel Re Christ^mo proponesse le conditioni et li partiti di essa, et che al signor don Ferrante non pare, perchè dice che Francesi, per l'honore et per loro natura, non proponeranno partiti che possano essere accettati dall'imperatore, et che li parerebbe meglio, poichè essi Francesi hanno ricercato che esso, signor don Ferrante, sia mandato al re da S. M^tià Ces^rea, che se le mandasse et che la pratica si governasse per questa via; imperochè S. Ex^tia recusa d'andarvi essa, et che exhorta che monsignor di Granvela sia quello che vi vadi; tuttavia che S. S. non se ne contenta]...

De V., etc.

Hieronymo Feruffino.

30.

Dal felicissimo essercito cesareo presso Sandisier, li 14 d'agosto del 1544.

Illmo et Ecc^mo Signor, Signor mio col^mo.

Appresso l'aviso dato a V. Ecc^tia per la mia di questa mattina della presa di Bologna, si è poi inteso che per lettere de quelli di Ligni è stato scritto chel corriero del re d'Angliterra ivi gionto ha detto, che al partire suo di campo si voleva dare l'assalto a detta Bologna, et che vole perdere la testa non si trovando che sia stata presa : di che più presto che domane non si puotrà havere chiarezza et certitudine, havendo come ha di aggiongere qui da detto Ligni la scorta cum denari, ho inteso, vittualie et cum molti che vengon da Mes, tra quali sarà l'huomo d'Angleterra, et tengo per certo il Bonacciolo.

Il signor duca di Lorena circa l'hora del desinare è aggionto qua in campo et è disceso al alloggiamento di S. M^{tà}, cum la quale essendo S. Ecc^{tia} stata un pezzo e dippoi subito di compagnia del ill^{mo} signor don Ferrante andato a trovare monsignor ill^{mo} di Granvela, dove hor hora sono stati lassati tutti tre insieme. Questa venuta del predetto signor duca, V. Ecc^{tia} ha da cognoscere che la non è per venire a visitare la M^{tà} S., anzi che è assai chiaro et manifesto che essa è mandata, che la visitatione fuo in Mes, et voglio credere che S. Ecc^{tia} se vi affermarà molto puoco, sì perchè le cose della guerra presente non patiscon molta dilatione, come anche perchè essa qui potrebbe se non alloggiare incomodamente ; et per tanto essendo mandata et solecitata da Francesi per la pace, oltra il periculo nel qual essi si veggon per questa parte di S. M^{tà} Ces^{rea}, è segno manifesto che le cose de Piccardia per luoro non debbon essere in molto bon stato...
De V., etc.

Hieronymo Feruffino.

31.

Dal felicissimo exercito cesareo a Sandesir,
li 17 d'agosto del 1544.

Illmo et Ecc^{mo} Signor, Signor mio col^{mo}.

... come il medemo giorno del 14, il magnifico Bonacciolo aggionse qui in campo, come quella per sue sarà avisata, et perchè è arrivato in ponto che S. M^{tà} per tre cause importante si trovava occupatissima : per la deditione di questa terra, per la gionta qua del signor duca de Lorena et per la prattica di pace et per tenere consiglio et consultare circa le cose di la guerra *quid agendum*, massime ottenuto et provisto questo luoco de quello è necessario, non si è cum comodità della M^{tà} S. potuto negociare cum lei...

(In cifra) [Frate Gabriel Gusmano, mandato da Francesi qui sopra la pratica di pace, venuto et ritornato alquante volte, ultimamente se ne è partito questa mattina, et per quanto il padre confessore di S. M^{tà} Ces^{rea} ha detto hor hora al signor nontio, la detta pratica di pace si astringe molto, et, per quello che S. S. me ne ha detto, se ne spera bene]...

Li Francesi de Sandesir sono usciti dalla terra stamattina et hanno consegnato il luoco al ill.mo signor don Ferrante, et perchè in la capitulatione S. Ces.rea M.tià si era contentata che da Francesi gli fussero mandati 200 cavalli da cavalcare per li gentilhuomini et huomini d'arme quali sono col conte di Sanser, non havendo gli Francesi voluto mandare, si congiettura ch'el re non resta ponto satisfatto di luoro. Che artellaric et monitione se siano ritrovate in esso loco, non puosso sapere ancora. Il partire dessi Francesi al uscire che hanno fatto, non ci è stato licito di vedere per bando che è stato mandato. La terra intorno ho veduta et mi è parsa molto forte; penso che potrò hora vederla dentro, et così del loco potrò cum altre scrivere più certificatamente...

Qui è oppinione che si starà ancora per tre o quattro giorni, et dippoi si vedrà il camino che la M.tià S. haverà determinato de pigliare...

De V., etc.

Hieronymo Feruffino.

32.

Dal felicissimo exercito cesareo di Sandesier,
li xx d'agosto del 1544.

Ill.mo et Ecc.mo Signor, Signor mio col.mo.

... *(In cifra)* [Et perchè il signor don Ferrante havea comunicato al signor don Francesco che S. Ex.tia o monsignor di Granvela havea da esser mandato in Francia, per haver così ricercato S. M.tià Christ.ma, lasciai di credere e scrivere quello ch'io havevo inteso dall' ambasciatore d'Inghilterra, che fu che la venuta qua del signor duca di Lorena era per ottenere da S. M.tià Ces.rea salvocondutto da poter il re mandar qualche suo personaggio; imperò, come ho detto, ho creduto a quanto dal signor don Ferrante fu detto al signor don Francesco, il che si potria poi veder succedere, stato che seran qua all'imperatore li agenti del Re Christ.mo. Per li quali intendo che ha mandato a dire a S. M.tià Ces.rea che farà proponer quattro partiti, li quali tutti, credo, haveranno da contentarla, imperochè uno d'essi ce ne è per certo che haverà da satisfare alla M.tià S. La pratica, come V. Ex.tia intende, si astringe molto; tuttavia così come il salvocondutto è stato mandato per monsignor d'Annibo, per quanto in questo conto ho inteso dal signor nontio, il Re Christ.mo, prima di mandarlo lui, vorrebbe mandare Claude Laubespine, secretario de finance, istrutto molto bene della mente di S. M.tià Christ.ma, et per ciò da Chialone ha mandato qua per haver salvocondutto da poter venire senza monsignor l'amiraglio. Il che, intendo, è parso strano al imperatore et a suoi ministri; tuttavia che hanno poi infine risoluto di mandarlilo, et che per ciò gli lo l'hanno mandato.]

Heri, presso un'hora di notte, lo ill^mo signor don Francesco con la sua cavalleria tutta, con quella del signor gran scudiero monsignor di Henin, et con molti cavalieri et gentilhuomini della casa di S. M^tà, et con tutta la fanteria spagnola, se non alcuni pochi che sono in Sandesir, et con l'artigliaria, fu mandato a far la impresa di Gianvilla, terra di monsignor de Ghisa, distante da questa sei leghe. Hor io non so se per essersi in questa pratica di pace, et per haver da mandar il re personaggio all'imperatore, facendosi detta impresa di Gianvilla, fusse in causa di farne ritirar Francesi, et potesse disturbarla; io voglio credere che questi signori qui si persuadano che pigliandosi detta terra, che haveranno le conditioni megliori della pace, et che ad essa disponeranno più Francesi, et che non succedendo, disfaranno un luoco nel quale il Re Christ^mo tenerebbe presidio, che di continuo infestaria il presidio imperiale di Sandesir. Imperò se Bologna de Piccardia fusse per perdersi, come l'ambasciatore qui di quel re sta in expettazione d'esserne avisato ad hora per hora, si può credere che Francesi faranno tutto per haver pace. Del successo di questa impresa di Gianvilla scriverò poi con le prime...

De V., etc.

Hieronymo FERUFFINO.

33.

Dal felicissimo exercito cesareo di Sandesir,
li 20 d'agosto del 1544.

Illmo et Ecc^mo Signor, Signor mio col^mo.

Havendo fatto consignare al signor nuntio il plico mio d'hoggi per V. Ex^tia ho inteso che si dice che quelli di Gianvilla subito se sono renduti a discretione all'ill^mo signor don Francesco, senza aspettare colpo d'artellaria; circa che mi rimetto a quello che ne haverò da scrivere poi cum mie prime...

De V., etc.

Hieronymo FERUFFINO.

34.

Di Sandesier nel felicissimo exercito cesareo,
alli 21 d'agosto del 1544.

Illmo et Ecc^mo Signor, Signor mio col^me.

Lo illme signor don Francesco è ritornato di presente cum la gente da Gianvilla, la quale subito si diede, et di comissione è stata abbrugiata, salvo il castello il qual è troppo bello; et la terra anch'essa era et bella et buona, imperò li frutti de la guerra sono sovente col focho. S. M.tà cum tutto l'exercito, lassato in Sandesir presidio opportuno, intendo si moverà di qua forsi posdomane 23, et l'alloggiamento è di già fatto a due leghe di qua verso Vitri, in uno villaggio, al camino di Chialone. Claude Laubespine, secretario de finance, è dicto che serà qui domane...

De V., etc.

Hieronymo FERUFFINO.

35.

Di Sandesir nel felicissimo exercito cesareo, li 22 d'agosto del 1544.

Ill.mo et Ecc.mo Signor, Signor mio col.mo.

... Heri sera, poi d'havere fatto consignare plico de mie lettere per V. Ex.tia, aggionse qui Claude Laubespine, secretario regio de finance, al qual, come per altre ho significato, fuo mandato salvocondutto da puotere venir per trattare le conditioni della pace. Dal re fuo prima ricercato cum molta instantia salvocondotto per monsignor d'Anebo; dippoi è stato ricercato per il detto secretario, cum dirse chel predetto monsignor d'Anebo venerà poi anch'esso, et intendo che di già egli è a Chialon per venire. Stamani il predetto secretario ha disinato cum monsignor di Granvela, dove li ill.mi signor don Ferrante et signor don Francesco hanno similmente desinato, et stasera, per quello ho ritrhatto, il secretario detto se ne ritorna verso Chialon. Più oltra sin qui non ho potuto intendere. Imperò si cognosce che le cose vanno strette, et è oppinione che se pace ha da succedere, che in termine de otto giorni se ne vedrano segni, et che quando anche, per disgratia de christiani, la prattica se risolvi in nulla, che la guerra serà fatta et brava et crudele, et di buon loco intendo che S. Ces.rea M.tà fa venire novamente da 2 m. cavalli allemani et altro numero di fanteria.

Heri lo ill.mo signor don Francesco ritornò dalla impresa de Gianvilla, terra bona et bella de monsignor de Guisa, alla quale S. S. ill.ma, come per l'altre ho scritto, fuo mandata, et di commissione la terra fuo abbrugiata, ma non il castello qual è molto bello. In essa terra si trovavan pochissime genti sì di guerra come del luoco; tuttavia bottini de cavalli, bestie bovine et d'altre cose forno fatti cum alquanti prigioni.

Hoggi poi sono stati mandati da 4 m. Allemani cum numero de cavaleria pure allemana verso Barleduc, per quanto ho inteso, per pigliare et ruinare un certo castello de Francesi nel qual essi Francesi si mettean in grosso per interrompere li camini di qua a Ligni.

La partita de qua verso Vitri, al camino, si dice, di Chialon, non sarà domane, ma, sì bene intendo, luni o marti 25 o 26 di questo. In tanto se fornisce di tutto questa terra de Sandesir nella quale forno messi Spagnuoli; tuttavia è oppinione chel presidio se vi lassarà serà de Allemani, et in oltra intendo che si stanno aspettando et danari et vitualie...

Al ritorno del predetto signor don Francesco da detta Gianvilla, da li medemi servitori et soldati di S. S. ill^{mo} fuo detto che in partendo da quel luoco l'havevano veduto abbruggiare; imperò havendone parlato poi, prima di fornir la presente, cum S. S., ho inteso che non è vero che fuosse abbrugiata, ma che ben si era posto foco in tre o quattro case per abbrugiarla; tuttavia che ella fece extinguere il focho perchè sarà sempre in mano di S. M^{tà} di farla ruinare, havendossegli lassato un capitan spagnolo cum una compagnia de Spagnoli, li quali, stimassi, vi seranno lassati tanto che si vegga il fine di questa prattica di pace, alla quale la bontà di Dio ponghi sua santissima mano...

De V., etc.

Hieronymo FERUFFINO.

36.

Di Sandesir nel felicissimo exercito cesareo,
li 24 d'agosto del 1544.

Illmo et Ecc^{mo} Signor, Signor mio col^{mo}.

... Heri qua in campo forno condutte molte carra de monitione et vittualie ben salite; imperò la partita di qua verso Vitri, al camino di Chialon, è oppinione che non sarà domane, et che la mossa del exercito cum S. Ces^{rea} M^{tà} non sarà sino a posdomane, havendo qua d'aggiungere et venir domane monsignor Danebo circa il negocio et maneggio, del quale non ho da scrivere più del scritto per le altre.

(In cifra) [Tuttavia il signor don Francesco mi ha detto ch'io scriva a V. Ex^{tia} chel Re Christ^{mo} havea fatto proponere questi doi partiti sino ai giorni passati all'imperatore per venire alla pace : o che S. M^{tà} Ces^{rea} li desse il Stato de Milano et sua figliuola per il signor duca d'Orliens, overo li desse et facesse havere tutto il Stato di Savoia col Piamonte et Astesano, et in questo secondo partito che esso contentarebbe il signor duca di Savoia, et che nel caso che S. M^{tà} volesse contentarse del partito primo, che S. M^{tà} Christ^{ma} ritornarebbe tutto il detto Stato di Savoia a S. Ex^{tia}. Circa che S. M^{tà} Ces^{rea} rispondesse, che se esso si ritrovasse prigione et in potere di esso re, che non saria per accettare detto partito, et che per tanto molto meno è per accettarlo, trovandosi esso sopra della vittoria nel regno de Francia, offerendoli, in quanto al parentato spetta, una figliuola

del re de Romani per il prefato signor duca d'Orliens. Nè S. S. circa questa pratica di pace, sollicitata però dal re, non ostante la detta risposta dell' imperatore, ha inteso più oltra. In quanto al procedere della guerra di presente, non succedendo pace o tregua o suspension d'arme, S. S. intende quello ch'io ne ho giudicato, cioè che non s'andarà sopra di Chialon, ma che si mostrarà di volervi andare per haver meglior conditioni della pace, et per farla, facendosi, con più favore, et per ciò andarassi sino a Vitri, et di là poi non succedendo pace, chel signor vicere sta risoluto che non si haverà d'andare nè sopra detto Chialon, nè Rens, nè Troes, ma che da Vitri si haverà da pigliar il camino verso Mesirs, Sedan et Ivors, per recuperarli, et guadagnarà qualche loco in quelle parti verso il paese di Fiandra et di Lucimburgh, per le ragioni per altre mie denotate. Se la partita serà domani, come dirò in chiaro, voglio credere che serà per fare che monsignor d'Annibo vegga lo exercito in moto et che lo imperatore non è per causa della pratica di pace per perder tempo. Il signor duca di Lorena è in Francia, et, per quanto s'intende alla corte, pregato dal re che vi andasse. Et perchè S. M^{tà} Ces^{rea} suspica ch'el re non sia per fare del Stato di Lorena come ha fatto di quel di Savoia, intendo che S. Ces^{rea} M^{tà} vuole provedere, et che perciò ha ordinato presidio da lasciare in Barri, cioè Barleduch, dove sta la duchessa.]

In finiendo la presente, intendo da persone che vengon da cuorte et dal signor Scipion di Gennaro che è stabilita la levata et partita di qua per domattina al camino de Vitri...

De V., etc.

Hieronymo Feruffino.

37.

Da Sanlemie nel felicissimo exercito cesareo, li 29 d'agosto del 1544.

Illmo et Ecc^{mo} Signor, Signor mio col^{mo}.

Dal campo et alloggiamento di Sandesier, come per mie de 24 ho significato a V. Ecc^{tia}, levossi S. Ces^{rea} M^{tà} cum l'exercito, et venne il lune 25 due leghe verso Vitri. Il marti si venne a fare alloggiamento et campo in esso Vitri et soi villaggi circumvicini, abbandonati però tutti da gl'habbitanti, et heri, giove 28, si venne qui villaggio presso di Chialone 5 leghe. In marchiando heri, dal marchese de Melignano, qual si raccomanda a V. Ecc^{tia} come suo devotissimo servitore, intesi, oltra quello che ne ho havuto da altri, che si spera molto che pace si habbi da fare et che di già si ne vedde segno assai manifesto. In Barri S. M^{tà} Ces^{rea} havea mandato il conte

Guglielmo de Fustimbergh cum presidio per tenere et conservare quella terra, acciochè da Francesi non fuosse preoccupata : il qual conte essendone stato revocato cum detto presidio, si fa congiettura che le cose di essa pace siano ridutte a termine buono et a quasi certa speranza di venirne a fine. Hoggi monsignor Danebo et monsignor il vicecancellero de Franza, accompagnati da 25 in 30 gentilhuomini, sono venuti ad uno villagio vicino a questo un piccol millio italiano per concerto preso et havuto circa ciò da questi ill^mi ministri di S. M^tà Ces^rea. Così stamani li ill^i signor vicere, monsignor di Granvela, signor don Francesco cum da 30 in quaranta cavaleri de la M^tà S. et cum una banda bellissima et scelta de fanti spagnoli et cum un'altra de cavaleria, le quali distante da essi signori hanno marchiato in campagna. Il predetto signor vicere in una gesia di esso villaggio preparata ha fatto portare da desinare, et appresso di essa è stato l'abboccamento et abbracciamenti. Dippoi il signor vicere, monsignor Danebo, monsignor di Granvela et vicecancellero de Franza sono entrati, dove poi desinati sono stati in una camera retirati et insieme da tre hore : per la parte del imperatore li predetti signor vicere, monsignor di Granvela, monsignor di Arras et Idiacques, et per la parte del re monsignor Danebo, il vicecancellero et tre altri tra secretari et altri che non so anco nominare. Lo ill^mo signor don Francesco in campagna se ne stava cum la sua cavaleria. Dippoi, senza altra dimostratione di havere nè l'una nè l'altra parte sadisfatione, se sono partiti de insieme, et per quanto si comprende sino hora, non si ha della pace la oppinione che heri dal signor nuntio et da molti era havuta, anzi per haverse da movere domattina il campo per avicinarsi più a Chialon, si congiettura che le cose della pace habbiano ancora maggiore difficultà di quello si presumeva, quantunche se intende che li predetti ministri reggii habbiano da ritornare a raggionamento cum questi ill^mi ministri cesarei fra due o tre giorni...

Circa le conditioni di essa (pace) non s'intende cosa che habbi fondamento. È detto che l'imperatore *(quod tamen minime a nonnullis creditur)* si contenta di lassare il Stato de Milano al signor duca d'Orliens, cum il quale se mariti una delle figliuole del ser^mo re de Romani, et che S. Ex^tia habbia da stare appresso di S. Ces^rea M^tà in potere della quale habbian da remanere le fortezze di esso Stato de Milano sino che naschi un figliuolo alli predetti congiungendi ; se questa conditione fuosse vera, il Stato de Savoia haveria da essere restituito al signor duca, et potriassi quasi tenere la pace per fatta ; imperò il signor oratore anglico non la crede et la tiene difficile...

Havendo scritto la presente sin qui, ho inteso circa le conditioni de la pace raggionarse che madama Margarita de Franza sarà forsi data per moglie al ser^mo principe Maximiliano, alla cui Altezza sarà dato il ducato de Milano, et che della primogenita dell'imperatore per il signor duca d'Orliens non haversi da parlare per quei rispetti

che si sciano, ma che a S. Ecc[tia] si darà una delle figliuole de ser[mo] re de Romani, cum qual dotta non so dire...
De V., etc.

Hieronymo FERUFFINO.

38

De campo cesareo in villagio distante da Chialon tre leghe,
a l'ultimo d'agosto del 1544.

Illmo et Ecc[mo] Signor, Signor mio col[mo].

.. Hoggi, come ho detto, S. Ces[rea] M[tà] cum l'exercito si accamparà assai vicin. et a vista dessa città di Chialone. Domane li predetti ministri del re debbon ritornare a novo ragionamento delli ill[mi] ministri cesarei, et per dir quello chel siggnor nuntio et molti personaggi credeno, la pace si tiene quasi per fatta. Di le conditioni si parla variamente. È detto ch'el Stato de Milano si darà al signor duca d'Orliens cum una delle figlie del ser[mo] re de Romani per moglie, il qual signor duca habbi da stare appresso del imperatore, in mano della cui M[tà] habbiano da restare tutte le fortezze desso Stato sino che li nasca un figlio masculo. È detto etiamdio ch'el detto Stato de Milano restarà a S. M[tà] Ces[rea], non lo volendo essa dare per ritrovarse superiore et in gran favore de le cose, et che ciò non obstante ch'el Stato di Savoia sarà restituito al signor duca di Savoia; imperò ch'el re vorrebbe per esso o il Piemonte o ver il paese della Bresa. Ma come si vogli di le conditioni, come anco delli matrimoni, mi rimetto a quello che ne sarà per il vero et che forsi potrò scrivere cum altre...
De V., etc.

Hieronymo FERUFFINO.

39.

Di campo cesareo sotto Chialon una piccol lega.
al primo di settembre del 1544.

Illmo et Ecc[mo] Signor, Signor mio col[mo].

Il levandossi heri mattina di bonhora il campo per venire ad accamparse qui presso di Chialone come si venne, fuo fatta in uno subito expeditione per Italia, et pertanto io scrissi una mia a V. Ecc[tia] in molta pressa...
In arrivando heri lo exercito presso di Chialone, lo ill[mo] signor don Francesco cum sua cavaleria scaramuzzò alquanto cum Francesi

che erano usciti, de quali alcuno fuo morto et alcun preso senza perdita nè giattura de detta cavaleria.

Hoggi, passato di poco mezzo giorno, monsignor Danebo et vicecancellero de Franza cum suoi sono venuti in uno castello d'un villagio vicino al campo un quarto di miglio verso Chialone, dove io medemo sono stato, et in tempo che li ill.mi signor don Ferrante et monsignor di Arras et Idiacques erano serrati insieme cum li predetti signori francesi. Tuttavia non mi è parso de fermarmeli molto, per che, dal ambasciatore mantuano infori, non vi si trovava alcuno ambasciatore; nè per starvi havrei potuto intendere più di quello ne ho inteso, la somma di che è che si sono partiti de insieme senza alcuna conclusione; anzi, per quanto si cognosce et se intende, la cosa de la prattica sino hora rimane imperfetta et cum poca speranza de venirne a bon fine, et per tanto domattina si ragiona che si leverà di qua il campo et che si passarà da l'altro canto di Chialone verso Franza, imperò di qua c'è presso la Marna...

Il duca Mauritio cum cavaleria et conte Guglielmo da Fustimbergh cum fanteria, prima ch'el campo si levasse da San Desier, forno mandati da S. Ces.rea M.tà al camino, per quanto ho inteso, di Saint Menehoule, loco del re, imperò caminò verso Fiandra, per dimostrare a Francesi che la M.tà S. non fosse per venire a questa parte di Chialone; nè fuo vero, per quello che ho dippoi inteso, ch'el predetto conte Guglielmo fuosse mandato a Barri, nel qual loco presento che è rimasto presidio di S. M.tà Ces.rea, et li predetti duca Mauritio et conte Guglielmo, divertendo il camino, se ne venero et ritornaro dippoi al campo...

De V., etc.

Hieronymo FERUFFINO.

40.

Di campo cesareo in Chiampagna, presso la Marna et di Rens da quattro leghe, alli 4 di settembre del 1544.

Ill.mo et Ecc.mo Signor, Signor mio col.mo.

Alli doi, S. M.tà mosse il campo da quella parte di là da Chialone verso Vitri et passò di qua verso Rens sopra desso Chialone, et tanto sotto che Francesi potevon suspicare che la M.tà S. non fuosse per attendere alla oppugnatione di quella città. Imperò, in circa due hore di notte, senza strepito et molto secretamente, lassando quella parte del exercito più vicina alla terra per retroguarda cum ordine di levarse alquanto più tardo della battaglia et avanguarda, si mosse et levò il campo caminando a lume di luna tutta la notte senza tamborri et altro strepito, cum dissegno, per quanto la medema notte intesi, di potere prevenire l'exercito de Francesi et pigliare Eperne, loco distante da detto Chialone da 6 in 7 leghe, di là da la Marna, per essere terra piena et abuondante de vivere, et in la quale se intendea ch'el detto exercito francese havesse qui tutti i soi impedimenti et bagagi. Imperò, per li molti impedimenti che sono in questo exercito, et anche per la gran banda d'artellaria che si conduce, S. M.¹ non possette ben compitamente adimpire il dessegno suo, il qual era, poi di presa quella terra et privato Francesi de molta comodità di vivere et de soi bagaglii, ritrovandosse come la M.tà S. si sarebbe ritrovata ultra la detta Marna, essendovi da quella parte il re, di andare a ritrovarlo nel forte suo per tirarlo a giornata. Tuttavia, heri mattina nel far del giorno, si aggionse, havendo caminato da quattro leghe, appresso di certo villaggio et d'un ponte, rotto in parte da Francesi, sopra il detto fiume di Marna, oltra el qual ponte un mezzo miglio italiano, vedessimo il campo del re attendato tra doi villaggi et in essi, in sito, per quello si comparse, assai forte, et per ciò l'imperatore d'una tirata non possette andare a detto Eperne, dal qual Francesi, che sapevan del camino di S. M.tà Ces.rea, levorno le cose loro. Tuttavia hoggi il detto loco, per quanto ho inteso ritrovandomi cum lo ill.mo signor don Francesco, è stato preso da 6 m. fanti tra spagnoli et allemani, li quali ben di bon hora li forno encaminati dal ill.mo signor vicere, della vigilantia et diligentia del quale non ve potrebe dire tanto quanto per il vero ne è molto più, et, per quello che ho inteso, il detto Eperne hanno trovato abbandonato, ma cum molto vivere dentro, come trovano li Spagnoli et Allemani in molti belli et boni villaggi et terre, per non haver gl'homini di esse havuto tempo di potere dare ordine alle cose loro. Ma la cosa del viver sarà a Francessi assai tollerabile; ma li incendi grandi che sono fatti da Tedeschi, da quali et terre belle et bone et molti villaggi sono brusate, di modo che tutta questa bella parte della Franza si vede a fiamma et a focho riduta, non sarà così tollerabile, anzi grave, dispiacevole et de molto danno.

Heri mattina lo ill.mo signor don Francesco cum la sua cavaleria inanti de l'antiguarda, gionto nel loco detto del ponte dal qual scopresse il campo francese, per meglio poterlo scoprire andò sopra d'un loco eminente et lasciò il capitan Pozzo et monsignor de Desie cum la detta cavaleria in esso loco cum ordine che ivi l'aspettassero. Partita che fuo S. S. ill.ma cum pochi, forno scoperti dalli predetti sopra di certa parte montuosa alquanti cavali francesi, et disputato fra loro utrum fuosse ben di mandare a recognoscere detti cavali, il predetto capitano Pozzo, valente et molto experto, disse che a lui parea bene et che, se messer Giulio Zerbinati, commissario, glielo comandava, che vi andarebbe. Così cum 25 cavali, et di compagnia sua monsignor de Deser, andò, et in summa erano 50 huomini d'arme et 100 arcieri del principe della Rocha-Surrion, il qual non solamente fuo rotto da puochi, ma per sua disgratia, per caduta del suo cavalo, rimase prigione, et delli soi la magior parte gentilhuomi vi restorno presi da 28 in circa, perso il guidone et locotenente, et la insegna fuo salvata cum il resto della detta compagnia. Il predetto principe è prigione del ill^mo signor don Francesco che ne haverà una bona taglia, et tra S. S. et soi gentilhuomini intendo che la somma delle taglie ascenderà a più di 40 m. ducati.

Il conte Guglielmo de Fustimbergh, che se ritrovava in l'antiguarda et de compagnia in fine del capitano Pozzo, lassando egli esso Pozzo, cum 4 o 6 de suoi si puose in uno villaggio, nel qual ritrovandosse cavali francesi, fuo da loro preso senza contesa; et per timore et suspetto ch'el re non lo facia morire, fuo di subito mandato un trombetta per fare intendere a S. M^tià Christ^ma che quello trattamento che sarà fatto ad esso conte Guglielmo, ch'el medesimo i farà al principe della Rocha-Surrion.

Stasera S. Ces^rea M^tià si è levata dal alloggiamento nel qual venghissimo et arrivassimo heri intorno le 22 hore, poi de havere cavalcato tutta la notte, et ha marchiato cum tutto l'exercito circa meggia lega per passare certi monti o più presto colli per havere il camino più expedito...

È detto che monsignor Danebo, signor vicecancellero cum gl'altri loro, sono per ritornare domane da S. M^tià Ces^rea sopra la prattica de pace, per la quale il fra Gusmano avant'heri ritornò, mandato da Francesi alla M^tià S...

De V, etc.

Hieronymo Feruffino.

41.

Di campo cæsareo in campagna et villaggi distanti da Castelterri 2 leghe, li vii di settembre del xliiij.

Illmo et Ecc^mo Signor, Signor mio col^mo.

Per le mie qui alligate intenderà V. Ex^tia quanto mi è accaduto degno di notitia, et per quella di quatro la diligentia usata in marchiare di S. Ces^rea M^tià et la presa di Esperne, appresso del quale la data della detta mia di 4 dovea essere a mezzo miglio. In esso loco di Esperne, il qual è de 2000 e più fochi, fuo trovato dal exercito vivere assai. La notte, intorno le due hore, in detto alloggiamento della predetta de 4, venne in campo a monsignor ill^mo di Granvela et al ill^mo signor vicere fra Gabriel Gusmano cum doi secretarii franzesi, rimandati dal re sopra la prattica di pace, et la matina delli 5, nel levarsi il campo, partirno, et per quanto s'intese, cum buona speranza dessa pace, circa le conditioni della quale presento che S. Ces^rea M^tià si contenta, ma che per la osservatione della capitulatione et conventioni la M^tià S. vole sicurezza da S. M^tià Christ^ma, la quale è detto che si contenta di volerla dare.

Heri 6, si venne appresso de Castelterri 4 leghe, al impresa del quale fuo mandato lo ill.mo signor don Francesco, et senza contesa, anzi abbandonato, fuo preso : luoco, intendo, richo et grande. Il bottino fattossi in esso presento che importa molte migliaia di Δ.ti; vino assai et farine se vi sono ritrovate, et perchè non vadin le vittualie in fumo, S. M.tà ha dato la cura et custodia di esso a don Alvero, mastro di campo delli Spagnoli vecchij, cum ordine che alli Tedeschi, che non vi hanno da entrare, sia donato buona quantità di vino.

Heri sera, nel altro alloggiamento dal qual siamo partiti sta mani, forno mandati bandi et cride imperiali publicando la pace per l'exercito, ordinando et comandando, a pena della forcha, che nisuno ardischi di più abbruggiare, nè fare correrie in marchiando sopra di questo regno a dani de Francesi, comandando che non si faccia nè bottini nè prigioni nè altri danni, et che nisuno nè fante nè cavallo, a pena della forcha, presumi di sbandarse.

Stamani, prima chel campo se sia levato, monsignor di Arras è partito dal exercito, mandato da S. Ces.rea M.tà per la Franza cum uno gentilhomo francese al re d'Angliterra, per certificarse S. M.tà, intendo, se le conditioni et capitoli de la pace contentino et sodisfano il predetto re d'Angliterra. Oltra di ciò, dal medemo oratore anglo hoggi ho inteso chel cardinale de Bellay et il secretario Laubespine sono stati di già mandati al re suo. Dal signor nuntio et d'alcuni cavaleri della casa di S. M.tà, miei amici, ho inteso che domane sera la christianissima regina si vedrà cum S. M.tà Ces.rea...

De Vostra, etc.

Hieronymo FERUFFINO.

42.

Di campo cesareo, oltra et presso Nogli Senfron, li xj di settembre del 44, — finita alli xiiij in Suessone.

In passando hoggi il campo di S. M.tà per la terra de Nogli Senfron abbandonata et saccheggiata, il castello di essa per havere ardito de non darse subito al ill.mo signor vicere, essendossi poi ben presto reso a discretione, è stato anch'egli saccheggiato, et di più, se non in tutto, in parte abbruggiato.

Monsignor di Annebo da doi giorni in qua è stato a novi raggionamenti cum li ill.mi signore don Ferrante et monsignor de Granvela. Dippoi vi sono venuti il secretario Baiardo cum un altro secretario reggio, et l'altra notte si ne stettero alloggiati cum il predetto monsignor di Granvela, et heri matina, nel levarse del campo, al camino di Suessone forno accompagnati. Le cose di questa pratica di pace si veggon andare molto strette et secrete, et per ciò solo s'intende che queste due Maestà convengon delle conditioni et che la capitulatione di esse è stata vista et revista dalle Maestà luoro, et che ne rimangon accordate, et che per questo in ultimo è stata portata al re perchè S. M^tà la sottoscrivi, et che dippoi serà raportata al imperatore, acciò che dippoi sii signata et sottoscritta dalla M^tà S. Onde che se tutto questo è vero, è anche da credere che in quanto alli ostaggi ch'el re ha da dare al imperatore, che sian similmente d'accordo, murmurandossi che detti ostaggi sarano forsi monsignor di Vandomo et monsignor di Annebo, et non il signor duca di Orliens. In quanto poi alle conditioni di essa pace, non se intende alcuna cosa...

Circa la perfettione de essa pace, non pare che s'aspetti salvo il ritorno de monsignor di Arras dal re d'Angliterra, et vedendossi che S. M^tà Ces^rea lassa il camino di Parigi, appresso del quale siamo stati da xiiij in xv leghe, et che piglia questo di Suessone, è fatto giudicio che non sii alcun dubbio nè alcuna difficultà in la prattica di questa pace, tanto necessaria, quanto si cognosce, alla repubblica christiana, che invero è cosa troppo scura da vedere la guerra tra questi primi principi christiani, et massime col focho et danno infinito de poveri populi, quali da soi come da inimici sono et ruinati et malmenati.

Avant'heri xij, si venne cum l'exercito sopra di Suessone, alli cittadini del qual fuo dato tutto quel tempo che si puotette perchè si ne andassero cum le luoro cose più chare. Heri xiij, che la notte precedente fuo saccheggiato da li Allemani, nè se gli puotte fare altro, si fecero passare li impedimenti et artellaria per la città; per passare uomini, si passò sopra del ponte il fiume Aisna, et così stanotte passata et hogi xiiij il campo sta alloggiato parte in la terra, et la maggior parte oltra essa, al camino de San Quintino, et S. M^tà sta alloggiata in la abbadia del reverendissimo signor cardinale, la qual dalli Tedeschi è stata molto mal trattata, et la ruina fuo prima che la M^tà S. vi potesse andare : la quale per la salvatione delle cose sacre, delle gesie et del honore delle donne ha fatto tutto quello che ha potuto, cum fare impiccare uno de suoi bombardieri tedeschi et uno allarbardiero. Tuttavia, Signor, a vedere la insolentia di queste fere, è cosa troppo horrenda che, in quanto a me, ho tanto patito et pato che riportandone la vita non ho fatto puoco, et sarà stata gratia de Iddio, che in fine per le male giornate et pessime notti il stomaco mio ne ha patito et pate tutt'hora molto : de tutto Iddio sia laudato. Per li bandi imperiali che S. M^tà mandò per il campo ne è seguito un sol bene che li Allemani si sono poi guardati di più abbrugiare, et è stato giorno che la M^tà S., per disordini che facceano, che ne fece annegare et affochare in la Marna da xx in circa, et cum sue mani ne feritte molti...

De V, etc.

Hieronymo FERUFFINO.

43.

Di campo cesareo in Suessone, li xv di settembre del 44.

Illmo et Ecc^{mo} Signor, Signor mio col^{mo}.

Il signo della partita di qua verso Cocy, camino de Sanquintino, fuo dato stamani di buon hora; imperò S. M^{tà} è dippoi rimasta qui per hoggi, havendo fatto incaminare l'artellaria, munitioni, barche et altri impedimenti al camino de domane cum l'avanguarda de Allemani. Li ministri et secretarii regii sono desinati in una abbatia di San Giovanni fori et qui vicino cum li ill^{mi} signor don Ferrante et monsignor de Granvela, et tutto hoggi sono stati insieme, nè cosa alcuna se può intendere, salvo che la conclusione della pace si tiene per certa et per sicura...

De V, etc.

Hieronymo FERUFFINO.

44.

Di Anisi-el-Chiateau, oltra Suessone 4 leghe, al camino di Guysa, li 17 di settembre del 44, di campo cesareo.

Illmo et Ecc^{mo} Signor, Signor mio col^{mo}.

Se mie iscritte et mandate a V. Ex^{tià} le saranno pervenute da che S. Ces^{rea} M^{tà} si mosse da Sandesier verso Chialone, havrà inteso assai minutamente, per quello che ho potuto, li accidenti et progressi della guerra, et ancor heri, per via del signor nuntio, mandai plico addrizzato a Bologna cum più mie, l'ultime de quali sono d'heri et di l'altro. Da Chialone sino presso Castelterri, di qua da la Marna, ha caminato l'exercito della M^{tà} S., pigliando et abbruggiando tutte le terre, castelli et villaggi, nè si sono mai havuti contrasti, che l'exercito francese marchiava assai distante da questo, oltra la detta Marna. Et sempre si sono trovati tutti li lochi abbandonati. Alli vij, S. Ces^{rea} M^{tà} fece mandare bandi per tutto il campo, publicando la pace quantunque non fuosse fatta, che a pena della forcha nisuno ardesse de più abbruggiare nè far danno a Francesi nè sbandarse. Il che se intese che fuosse fatto per provedere S. M^{tà} che Allemani non facessero più danno col foco. Il bando però fuo alli vj. Che alli vij, nel levarsi il campo, fuo expedito et mandato monsignor di Arras cum gentilhuomo francese al re d'Angliterra per la prattica, giudicosse, della pace. Della diligentia che S. Ces^{rea} M^{tà} ha usato in marchiare, et massime tutta una notte, per prevenire et guadagnare Esperne, luoco grosso et abbundante de vivere, et del bel paese che si è cavalcato per la Chiampagna et dippoi, fori di essa, sino a Suessone, havendo prima tenuto il camino verso Parigi, dippoi lassatolo per stringerse le cose della prattica di pace, et della captura del principe della Rochasurrion cum il suo locotenente et cum molti gentilhuomini di la sua compagnia, il qual principe resta prigione del ill^mo signor don Francesco, doverà V. Ex^tia havere inteso per dette mie se le saranno, come spero, pervenute.

Finalmente, per la gratia de Iddio, heri, poi de molte et molte prattiche et raggionamenti seguiti in più volte tra li ministri regii et ill^mi signor don Ferrante et monsignor de Granvela, fuo come publicato la pace, ancorchè monsignor di Arras, qual, come ho detto, fuo mandato insieme cum gentilhuomo francese al re d'Angliterra per havere, fuo presumito, il consenso di questa pace, non sia ritornato...

La partita da questo luoco nominato Anisi-el-Chiateau è questa mattina, al camino, intendo, de Lan et Guysa, verso Fiandra. Cum S. Ces^rea M^tà, come ho scritto, v ene et forsi venirà sino che caminamo per la Franza, monsignor l'arm.iraglio cum forsi 200 cavali, per quanto heri mi disse monsignor di Chiampagne, figliuolo de monsignor di Granvela. È detto, come per la presente significai heri, chel signor duca d'Orliens sarà stasera cum la M^tà S., il che succedendo potrò per additione darne aviso a V. Ecc^tia. Da Suessone si è fatto pigliare altro camino di questo alla fanteria allemana, la quale, per quanto intendo, è pagata, et non deve havere salvo da li xii di questo in qua. Il camino che essa fa et farà sarà per la più breve, intendo, verso le parti del ducato de Lucemborgo, di Colonia, per ritornare alle case luoro. Che invero della separatione da detta fanteria allemana, compagnia ferina, cadauno ne è ben lieto. Cum S. M^tà vengon li Spagnoli et li Allemani del Paese Basso, che forno condutti dal povero principe di Orangie, cum la cavaleria sin mo tedesca...

De Vostra, etc.

Hieronymo Feruffino.

45.

Di Crepi-in-Lanoy, li 19 di settembre del 44.

Illmo et Ecc^mo Signor, Signor mio col^mo.

Lo ill^mo signor don Francesco sarà forsi expedito stasera de qua da S. Ces^res M^tà per Parigi al Re Christ^mo, si presume, per fare officio cum la M^tà S. di congratulatione della pace. Il signor duca d'Orliens è andato stamani a messa cum S. M^tà a canto ad essa dal lato sinistro, et il serenissimo principe Maximiliano solo cavalcando poco inanti della M^tà S. Il predetto signor duca, per quanto intendo, ha mandato per la casa di S. Ex^tia per venire cum essa S. M^tà, appresso della quale presento che starà fino che piacerà alla M.tà S. Mons.r ill.mo di Vandomo gionse qui alla cuorte stamatina, dove Sua Excellentia starà hoggi et domane. Al partire di qua del imperatore cum questa parte del exercito, esso monsignor di Vandomo, intendo, se ne ritornarà a casa sua. Li ostaggi non tardarano, presento, a venire, li quali sarano il reverendissimo, come ho scritto, cardinale d'Orliens, parente di madama de Etampes, monsignor de Guysa, il figliulo de monsignor de Anebo et monsignor de Bonavale. Gionti che essi sarano a S. Ces.rea M.tà, è detto che si darà subito principio alla executione delli capitoli della pace, et massime alla restitutione che si ha da fare de luochi da l'una et da l'altra parte. La pace tra queste due Maestà, per quanto a segni exteriori si cognosce, è buona et si presume et giudica che sarà perpetua, parendo che Iddio quasi miracolosamente l'habbia fatto seguire...

De Vostra, etc.

Hieronymo FERUFFINO.

46.

Da Ridmont, presso de Guysa et di San-Quintino 3 leghe,
alli 21 di settembre del 44.

Ill.mo et Ecc.mo Signor, Signor mio col.mo.

Prima che S. M.tà Ces.rea partesse hieri da Crepi, intesi che le cose de la pace tra la M.tà S. et Re Christ.mo foron stabilite et che ne fuo fatto giuramento, et per tanto gionti sarano a questa cuorte li ostaggi, non si haverà salvo di attendere alla executione del capitolato, et in oltra alla prattica di pace tra S. Christ.ma M.tà et re d'Angliterra, per la quale ho visto l'oratore di esso molto negocioso cum monsignor ill.mo di Granvela, et per quanto ho inteso, l'imperatore haveva facultà et intelligentia cum esso re di venire a pace come è venuto et di trattarla et farla etiamdio cum Franza a nome d'Anglesi, et che l'Anglese havesse la medema, circa che mi rimetto a quello che per il vero ne è in effetto.

Heri S. M.tà venne a Ridmont et il signor duca d'Orliens et mons.r d'Anebo, et hoggi si va, per quanto vien detto, ad una abbatia in campagna, presso de Guisa una mezza lega, et domane pensassi che se andarà a Cambresi, et dippoi a Cambray...

De V, etc.

Hieronymo FERUFFINO.

R.° Archivio di Stato in Modena. Cancelleria ducale. Carteggio degli ambasciatori del duca di Ferrara in Germania. Girolamo Feruffino.

III

CAMILLO CAPILUPO
AU CARDINAL RÉGENT HERCULE DE GONZAGUE
ET A LA DUCHESSE RÉGENTE
MARGUERITE DE MONTFERRAT

1.

Forbach, le 15 juin 1544.

R^{mo} et Ill^{mi} Sig^{ri} et Patroni miei Osservand^{mi}.

... Per lettere di 13 et di 14 dal Bardelone, ho inteso che alli xi Sua Ecc^{tia} andò ad un loco aperto detto Bocconville, nel qual loco è uno castelletto dove gli habitatori d'esso con lor robbe, come si costuma per fuggir soldati, si erano ridotti. Furono alcuni dell' antiguarda, la quale era de Tedeschi et la maggior parte di quelli del conte Guglielmo di Fustinbergo, li quali svaliggiorno certi poveri homini di alcune poche lor robbacciole, et Sua Ecc^{tia} ne fece dar loro castigo. Scrive che, nel caminar l'essercito, è fatica et cura grande di far andar i bagagli che sono infiniti e i carrettoni tedeschi per ordine; tuttavia Sua Ecc^{tia} spera a poco a poco di ridurli sotto la buona disciplina, et di duo giorni innanzi ne haveva fatto appendere tre che volsero a dispetto di ognuno passar avanti. Alli xij, andò a Sonsy, luogo tre leghe più addentro di Bocconville, posto nel piano di una valle amenissima et circondata attorno di colli piacevoli et fruttiferi, che a guisa di amphitheatro il circondano. È in esso uno castello assai forte, per quanto mi scrive, con una fossa della larghezza ch'è quella del castello di Mantova, nella quale si vede non minor bellezza et quantità di pesci che in cotesta nostra di Marmirolo. Nè molto lunge vi corre il fiume Mosa sopra il qual fiume siede un ponte per lo quale si passa ad un altro loco detto Comorsi, lontano da Sonsy poco più di mezza lega. Sono in esso Comorsi duo castelletti guardati da Francesi, li qual sul comparir del l'essercito imperiale incominciorno ad ardere i borghi della terra. Sua Ecc^{tia} mandò a riconoscerli et le fu riferito non essere troppo forti, nondimeno mostravano di volersi tenere. La notte venendo, il quartodecimo giorno, vi dovevano appresentare l'artiglieria nè dubitavano di non haverli. Vi haveva Sua Ecc.tia mandato solamente una parte dell'essercito per non dar lor tanta reputatione quanta havrebbe fatto se tutto vi l'havesse inviato. Il corpo maggiore dell'essercito non si moveva. Fu, la notte innanzi, il capitano Scipion di Genaro con la sua compagnia ad un loco detto Bocagliur, lontano da Sorsy 3 leghe, sulle frontere et nel paese di Francia, e'l ritrovò del tutto abbandonato. Francesi fortificavano Ligni, discosto cinque leghe da Sorsy. Il giorno avanti, in arrivando l'antiguarda de Spagnoli, quelli de i duo castelletti di Commorsi scaramucciorno un poco. Il sig.r don Francesco, il quale era andato buona pezza innanzi, mandò la compagnia del cavaliere Chiucchiaro a correre presso a due leghe nel paese de' nemici verso Bar. Et esso Chiucchiaro vi trovò da 150 cavalli de nemici, con 15 de quali (ch'erano de primi) scaramucciorno da x de suoi corridori, et esso col resto della compagnia si ridusse sopra la cima di un colle per vedere se scopriva altro; non vide alcuno. Tutta via per più sicurezza si ridusse con la compagnia sano et salvo a casa senza perdervi o guadagnarvi cosa alcuna. Nelle lettere, o per dir meglio in uno poscritto di 14, mi scrive che allhor partivano per accostarsi più a Comarsi per batterlo, il che non potevano fare fin al dì seguente perchè bisognava piantare l'artiglieria là dove havevano i nemici arso i borghi.

L'imperatore va questa sera et pur hor hora è passato di qui a Centanbur, 3 leghe et mezza più innanzi. Non si sa anchor certo quando anderà a Messe, perchè intendo che quelli di Messe hanno fatto gente et fornita la terra. Sua M.tà ha mandato addir loro che la cassino et che vi introducano la sua. Verrà, credo, la risposta dimane di ciò che vorranno fare. Nè mi occorrendo altro, lor bacio humilmente la mano. Da Forpurgh, alli 15 di giugno 1544.

Di V. R.ma et Ill.ma Sig.rie.

Humil servo
Camillo CAPILUPO.

2.

Metz, le 17 juin 1544.

R.mo et Ill.mi Sig.ri et Patroni miei Osservand.mt.

... Ritrovai lettere dell' ill.mo et ecc.mo sig.r Ferrando, la copia delle quali lor mando perchè nè io saprei più brevemente nè meglio per altre parole ridire quel ch'ella mi scrive...

Da Messe, alli 17 di giugno 1544.
Di V., etc.

Camillo CAPILUPO.

« Magnifico Messer Camillo mio Carissmo.

Heri venni ad alloggiar sotto questa terra di Comarsi. Questa notte se gli è piantata l'artiglieria, et nel far del giorno si è dato principio al batter una torre grossa posta nel mezzo del castello, dalla quale giudicai che si dovesse incominciar la batteria per essere assai vicina alla cortina che havevamo a battere, et non così presto vi si hebbe tirato quattro volte che quelli di dentro cominciorno ad dir di volermi parlare, et s'haverebbono renduti di buona voglia con qualche patto se avessi dato lor orrecchio, ma risposi non essere per riceverli in altro modo che a mia discretione, il che non volsero accettare. Feci continuare la batteria in detta torre della quale cadde una buona parte tosto che sentì il quinto tirro, et per questo dissero un' altra volta di volersi rendere a mia discretione, salvo perhò la vita; alla qual cosa non volsi anco assentire, et diedi principio al battere la cortina et due torri che li facevano fianco. Visto questo, pur hora che possono essere le x, si sono renduti a mia discretione. Ho mandato dentro don Francesco da Este, il marchese di Marignano, il Castaldo et don Alvaro, nè per anchora mi sono resoluto di come li trattarò, perchè mi par forte cosa l'amazzar huomini renduti.

« Di quello succederà sarete avvisato.

« V'è dentro un Italiano che fa del ingegnero, il qual voglio far conservare sopra tutti, sperandone molto servitio, perchè è impossibile che egli non sappia tutte le fortificationi di queste frontiere. Partirò postidimane per andar sopra Ligni piacendo a Nostro Signore, alla cui Maestà divina piaccia che con tanta facilità et buona sorte si possa, come a questa volta s'ha fatto, continovar in l'espugnatione d'altri luoghi de nemici. Per la brevità non ho tempo di scrivere a monsigr rmo, ma voi li mandarete copia di questa, et darete anco nova di me alla Pma mia, certificandole che mi trovo buono di salute, et non occorrendomi altro, me vi raccomando.

« Di sotto Comarsi, il 15 di giugno M. D. xxxxiiij.

« Tutto vostro
« Ferrando Gonzaga. »

3.

Metz, le 18 juin 1544.

Rmo et Illmi Sigri et Patroni miei Osservandmi.

Questa mattina sono stato per portare un plico di mie lettere al mastro delle poste, et vi ho trovato una lettera che mi scrive il Bardelone, la quale è di 16 et è di questa sostanza, che quel giorno erano partiti con l'essercito da Comarsi, lasciatovi perciò nel castello presidio, il qual castello scrive che saria stato fortissimo se havessono i nemici abbassata la torre et levati i parapetti et le opere morte, perchè la muraglia è assai ben forte et dentro evvi un bono terrapieno con una scarpa et ossa bravissima, ma Francesi si scusavano di non haver ciò fatto, oppressi troppo tosto da Sua Ecc^{tia}.

Erano andati a Sazi verso Ligni, dove si intertenerebbono per tutto heri per provedersi di vittovaglie delle quali pativano per haver Francesi rotto dal canto di Tul, donde le aspettavano, la strada; per lo che Sua Ecc^{tia} non haveva voluto andare il dì seguente, come prima haveva designato, a Ligni, non essendo giunte le vittovaglie come sperava, ma pensava di andarvi hoggi.

Era andato la sera avanti et ritornato mons. di Bosu da correre a Ligni con una parte de suoi cavalli, et sotto la terra scaramucciò con alcuni fanti italiani ch'erano usciti, et poco mancò, secondo referse, che non ne tagliasse più di 300 a pezzi; ne amazzò almeno da 30 et 12 ne prese, nè de' suoi ve ne rimase più di uno. I presi referiscono che in Ligni sono intorno a mille fanti francesi, et le genti dello Strozza che ponno essere da 600, et alcuni altri fin alla summa di 400 mandati dal re con mons^r di Scené per difesa di quel loco, il quale dicono essere benissimo fornito, et molti di questi qui mi dicono essere fatto molto forte; nondimeno Sua Ecc^{tia} l'anderà ad assaggiare...

Da Messe, alli 18 de giugno 1544.
Di V., etc.

Camillo Capilupo.

4.

Metz, le 19 juin 1544.

R^{mo} et Ill^{mi} Sig^{ri} et Patroni miei Osservand^{mi}.

... Monsr d'Oranges venne qui l'altro hieri et è partito questa notte. Ho inteso da una persona privata, che ha qualche amicitia in sua corte, ch'egli ricusava di stare sotto il vice re; ma nol credo perchè fin da principio che gli fu dato il carico che ha, sapeva Sua Ecc^{tia} esser generale. È andato al campo et ha da tornare; credo si travagli per Lorena, suo cognato.

Già 12 giorni fa, fu preso il conte di Pichnin, nipote del conte Guglielmo di Fustimburgo, persona ricca di forse 14 m. fiorini di entrata, giovine et molto nobile, et fu preso a letto, et per quanto intendo, ritrovatovi 8 m. scudi che haveva hauto da far qui intorno gente per Francia. Si dice che domani il faranno morire qui in Messe dove è stato condotto et publicamente. Heri la moglie fu a supplicar l'imperatore per la vita del marito, et intendo che Sua Maestà sta dura di voler che moia. Nondimeno questa mattina la moglie, la quale è donna di matura età, è venuta a parlare a monsr di Granvela in una chiesa dove egli era a messa, et tutto ch'ella piangesse continovamente, a me perciò parve nei gesti ch'ei la consolasse. Furono anco presi l'altro dì alcuni altri in Argentina, che davano dinari per lo re, et se non si obviava, tutti questi havevano da fare 40 insigne. Non sarà perciò con tutto questo che il re, per quanto ho inteso da uno che l'ha inteso da chi li ha veduti, non habbia di questo contorno da cinque mila fanti, li quali si ragunano a San Nicolo, 6 leghe lontano di qui, et di questa città ve ne sono andati da 400, et mi dice il decano qui che il re haverà più Tedeschi che non si pensa et che da cinque scudi per fante. Questi levati qui hebbero solamente, come si costuma, uno scudo o poco più sul principio; quanto dipoi habbiano hauto, non sa certo. Mi ha detto uno Hebreo lui essere stato nel campo nostro, et che in effetto il Sr don Ferrando non ha più che xij mila fanti, et non arriva a mille ottocento cavalli.

L'imperatore non si sa anchor quando partirà, ma non può tardare molto perchè ha qui intorno per sua guarda 25 insegne d'Alemani. Haverà fra poco in essere da 30 m. sacchi di formento et di farina; a quest'hora ne ha fra qui et Tul, dove tuttavia si conduce la monitione, da 12 m. Questa notte ve ne sono andate due barche, et questa notte ve n'anderanno dell'altre. Tul è appresso a Ligni qualche sei leghe, et loco non molto forte, per quanto mi dice un vivandero che è tutto mio.

Da Ligni a Parigi sono tre commode giornate de mercatanti...

Da Messe, alli 19 di giugno 1544.

Di V., etc.

Camillo Capilupo.

5.

Metz, le 21 juin 1544.

Rmo et Illmi Sigri et Patroni miei Osservandmi.

... Non si parla anchor della partita di Sua Maestà; credo che aspetti l'artiglieria che viene di Fiandra et che tutte le genti si uniscano.

Io anderò col sigr Camillo Colonna et con altri che prima parta, perchè bisogna andar con scorta; se non prima, anderò con monsigr di Disse, il quale questa mattina mi ha detto che mercordì aspetta la sua compagnia di cavalli, et che giovedì partirà. Sarei andato già tre dì se duo miei cavalli zoppi non mi havessono intertenuto.

Da Messe, alli 21 di giugno 1544.

Di V., etc.

Camillo Capilupo.

6.

Ligny, le 29 juin 1544.

R.mo et Ill.mi S.ri et Patroni miei Osservand.mi.

Questa mattina io sono aggiunto a Ligni et hollo ritrovato preso di qualche un' hora prima. Nel far del giorno, quelli di dentro, scoperti già da ogni canto per le batterie fatte et dall'artiglieria posta sulla collina che loro soperciava, mandorno fuora da Sua Ecc.tia ad dimandar salvocondotto, che volevano venir a parlamento. Fattolo loro, venne fora mons.r di Rossi, fratello del conte di Ligni, detto monsig. di Brian, et ricercò Sua Ecc.tia delle conditioni che lor farebbe quando le dessero la terra. Ella rispose che lor salverebbe la vita e'l resto fusse a discretione; il che non parve a que' di dentro d'accettare. Onde continovandosi la batteria et già poste in ordine le genti per dar l'assalto, ritornò a mandare et ad offerisi di darsi nel modo da Sua Ecc.tia lor offerto; a che non pareva a lei di assentire, da che la prima volta non havevano saputo servirsi della sua cortesia. Nondimeno ito mons.r le Grand a parlare con essi loro ritornò et, a preghere sue et di molti altri signori, Sua Ecc.tia si contentò. Già haveva incominciato affar ritirar le genti quando nemici cominciorno ad uscire per la batteria fatta per darsi a gli Imperiali; ma la gente che già era per dar l'assalto si accostò ed entrò dentro et prese ognuno, con la morte perciò di alcuno de nemici, ma di pochissimi: di che Sua Ecc.tia, per quanto intendo, molto si turbò et subito, non senza poco suo pericolo, corse ad obviare lo scandalo che ne seguiva. Io il trovai nel castello che faceva ridurre quelle poche donne che si potevano havere in una casa per farle condurre, come ha fatto, qui al suo padiglione; ma sono pochissime, et tutte povere et brutte.

Mons.r di Ligni et mons.r di Rossi sono suoi prigioni et hanno desinato, o per dir meglio cenato, con Sua Ecc.tia, perchè sono circa le sei hore dopo il mezzo dì. Ci ha mangiato anchor mons.r di Scené, il qual è prigione di uno Tedesco della Magna bassa, nè di molta conditione. Tutti fanno cattivo giuditio sopra casi suoi et si dubita che Sua Maestà non gli facci tagliar la testa; nondimeno esso dice che mons.r le Grand gli ha promesso di salvar la vita. Tutti i capitani et alferi hanno guadagnato assai bene, fin al sopracoco di Sua Ecc.tia è tocco un segretario di Pietro Strozza che gli ha dato cinque cento scudi. Vicenzo Taddeo, locotenente dello Strozza, è in mano del marchese di Marignano. Intendo che Italiani molto si dogliono de Francesi che sono venuti a rendersi senza dir lor niente. Questo non so perciò anchor certo, ma molti mi l'hanno detto, et intendo che Scené non voleva. Nel castello sono molte vittovaglie et monitioni delle quali Sua Maestà si potrà servire; se per tutto hoggi si tenevano, bisognava tardar qualche giorni ad haverlo, perchè già non ci erano più palle da battere.

Potrebbe essere che l'imperatore si servisse di questi Italiani, li quali credo che, volendo essa, rimarrebbono a suoi servitij. Si ragiona di andare sopra San Desir, ma credo che non partiremo per dui giorni, che bisognerà ritrovar le palle tratte...

Da Ligni, alli 29 di giugno 1544, alle hore 7 di sera

Di V., etc.

Camillo CAPILUPO.

P.-S. — Che Francesi si siano resi di questa maniera, salva sola la vita, senza saputa d'Italiani, mi sono chiarito da molti di essi et da lor capitani essere vero. Si erano ben sottoscritti ali primi capitoli che ricercavano, li quali erano di uscire con le bandiere spiegate, ma non passorno, et di poi non fecero loro intendere altro, di maniera che ne dicono tutti i mali del mondo. Mons.r di Scenè mi ha detto che egli scrisse al re che questo loco non era da tenersi et che saria stato meglio di lasciarlo neutrale che perdervi gente, ma che Sua Maestà mostrò di pensare che gli lo scrivesse per paura, et commise che si tenesse, onde sono ridotti a questo termine. La ruina che ha fatto l'artiglieria è cosa meravigliosa da vedere, et meravigliose sono le opere et fortificationi che que' di dentro havevan fatto; ma in effetto i colli tanto li soprastanno che non è possibile di più fortificarla se i colli non si spaniano, li quali sono di sasso.

Dentro havevano quindici pezzi di artiglieria, cioè un canone, una colubrina, non so che mezzi canoni et mezze colubrine, ma nove ne sono creppati parte da loro stessi, parte imboccati da canoneri imperiali. È ferito un nipote di mons.r di Scenè da un sasso, et un fratello di messer Domenico Arriano è preso. Scrivo particolarmente di questo perchè sono miei amici.

7.

Ligny, le 30 juin 1544.

R.mo et Ill.mi Sig.ri et Patroni miei Osservand.mi

Heri scrissi a V.a R.ma et Ill.me Sig.ie la presa di Ligni, rimettendomi a scriver poi loro in maggior ocio il modo tenuto nel batterlo et altre particolarità che per la strettezza del tempo ch'io haveva mi lasciava. Ma ho poi inteso dal Bardelone et dal sig.r Natale che essi ne hanno scritto così difusamente alla sig.a principessa ch'io non so mettermi a scriverne loro, bisognando rimettermi a quanto da essi et da altri io ho inteso per non esserci stato. Nondimeno io non rimarrò di dire quattro parole sopra il sito del loco et sopra la forma della terra et delle ruine, ch'io ho vedute hoggi a mio più bell'agio, benchè io non habbia puotuto anchor entrare nel castello, alla guarda del quale sono posti Tedeschi, et heri per la moltitudine che vi era et per lo rumor grande, essendo a cavallo con Sua Ecc^tia, nol potei vedere. Ma il sito di questa terra mi pare uno de' dilettevoli che si possa vedere a riguardarlo, ma non troppo fruttifero. È, come sono tutti i luoghi di questi paesi, posto al pie' di una collina, circondato tuttavia da tutti gli altri lati pur da colline non molto alte; ha uno fiumicello che con artificio sostenuto in alcune parti gli dà l'acqua intorno alle fosse, le quali ponno essere da diece pertiche di larghezza, in alcuni luoghi profonde, in altri no; le mura sono tutte di marmo, assai ben alte, con alcuni torrioncelletti fatti all'antica, piccioli et deboli : le quali mura han fatto grandissimo servitio all'essercito imperiale, perciò che arsa et abbandonata la terra da nemici perchè non vi si potessero gli Imperiali raccogliere, esse mura assicuravano buona parte dell'essercito, che sotto vi era posto, da quelli del castello, li quali non lo potevano pur vedere : al coperto di queste mura erano alloggiati i Tedeschi bassi, il sig^r vicere et gli Spagnuoli. Sopra et sotto il colle vicino al castello, in un certo cubito o seno di esso colle, si coprivano i Tedeschi alti. Il castello si batteva da quattro parti, ma la batteria perciò si faceva si puo dire in un sol loco et nel più forte, et quella posta in alto serviva più a tenere che nemici non potessono venire alla difesa che a ruinare : li quali perciò si havevano (per quanto intendo, perchè, come ho detto, io non l'ho potuto anchor vedere) fatti alcuni cavi in alto sotto a gabbioni ne' quali si coprivano. Quella posta al basso, in capo de gli aloggiamenti de Spagnoli, che batteva la cortina, fu quella che fece miracoli. Era il muro in quello loco nel mezzo 32 piedi et di marmo, et poi haveva un terrapieno fermissimo, et nondimeno ha ruinato tutto il muro fin all'acqua, et la ruina haveva fatto assai bona ascesa, et per bona sorte in quel loco si trovava poca acqua. Non credo perciò che la batteria fusse più di xvi o xviij pertiche, da questa parte pensavano di salire et dal torrione medesimo di essa cortina, il quale guarda verso il colle de gli Alemani, perchè non essendo egli per faccia difeso da parte alcuna, vi si potevano commodamente et forse più sicuramente che altrove appoggiar le scale, havendo massimamente il colle che non havria lassato uscir fuor de cavi quelli che dentro vi si ascondevano. Et questa parte più forte da battere fu, per quanto da ognuno intendo, ritrovata da Sua Ecc^tia, la quale fece poi anco la notte innanzi che dovevano dare l'assalto, abbassare a mezzo colle alcuni pezzi di artiglieria che fecero maraviglioso effetto in una casamatta che nemici havevano fatta, la quale levata pose grandissimo terrore a Francesi. L'artiglieria che qui ha Sua Ecc^tia sono 32 pezzi, 16 mezzi canoni et sedici canoni, nè ce n'è altro che uno che si sia seguato. Il castello, a vederlo di fuori, pare inespugnabile, perchè si vede una massa di marmo et baduardi molto ben intesi. È vero che non sono alzati tutti di marmo come andavano, ma Francesi di terra gli havevano forniti, et si ben legatala insieme che era più forte a colpi di artiglieria che il marmo, et non men bella da vedere per essere tutta herbosa et verde.

Sono stato hoggi dentro la terra, la quale non è core si duro (credo io) che non commova ad attristarsi, nè so come il signor del loco si potesse mai lasciar persuadere di arderla et ruinarla del modo che ha fatto per tenersi poi in un castello si piccolo che senza la terra io non so di cui pensasse di rimaner signore, nè come poteva sperare di mai più rifarla perchè essa parimente era tutta di marmo et molto bella da vedere, che qui, per quanto veggio, non si fabbrica d'altro. È più longa al doppio di quello che è larga, et ha una strada nel mezzo assai ben larga et più longa, al mio giudicio, overo almeno tanto quanto il nostro borgo de Mantova. Da ogni canto erano case, come ho detto, con pareti tutti di marmo bianco; et quasi ogni casa mostra che havesse una bottega, il che fa credere che le persone tutte fossero da traffico. Poco più oltra il mezzo della strada, era a man manca una chiesa molto bella di fuori, della quale non è restato intero altro che Nostro Signore et dui apostoli di marmo sulla porta. Presso la chiesa, pur nel dritto della via, è una piazzetta che mostra essere stata già fatta per arte magica. In somma mi pare che fusse uno di questi castelli dipinti o descritti da'romanzi fatti da Malagigi. Intorno alle mura, le quali, come ho detto, sono rimase intere, è uno corritore di marmo tanto largo che commodissimamente vi si può andare attorno passeggiando. Non ci è casa che non sia ruinata fin al mezzo almeno di tutte le pareti, et è cosa meravigliosa il considerare che in tanta ruina non si vedono quasi legna : il che mi fa credere che la maggior parte delle case fossero in volta; certo è che quasi tutte hanno li volti perchè sotto terra non ha puotuto descendere la crudeltà di costoro. Et è parimenti meraviglioso che in tanta ruina non credo si trovasse più di 20 pesi di ferro, et mi pare di dire assai. Ma ciò procede dall'avaritia di questi nostri Tedeschi, li quali non contenti de l'oro, delle gioie, de'drappi, che erano molti, et del vino, nel quale si sono ebbriacati per un mese, sono stati tutto hoggi scalpellando le ferrate delle finestre et cercando i chiodi per le travi arse. Mi sono chiarito da mons^r de Scené et da mons^r di Briene che tutte le donne di qualche affare et di qualche buona presenza si mandorno via innanzi che ardessero la terra et si rinchiudessero in castello, nè ritennero se non quelle che lor faceva bisogno per far da mangiare et lavar panni : onde non è meraviglia se quelle che io vidi uscire furono si poche et si brutte. Il sacco è stato certo grandissimo, et molti poveri soldati hanno guadagnato per mille et duo mila et tre mila scudi. L'ill^{mo} sig^r don Ferrando ha donato un prigione al sig^r Alessandro Gonzaga, del quale spera di cavarne qualche migliaia di scudi; si chiama mons^r di Gussoles, uno de'principali ch'erano qui dentro; gli ha trovato adosso 400 scudi. Forse questa notte Sua Ecc^{tia} anderà a riconoscere San Disir.

Nè mi occorrendo altro, lor bacio humilmente la mano.

Da Ligni, alli 30 di giugno 1544.

Heri nel sacco fu messo foco o per dir meglio si accese, per colpa, si crede, di qualche Tedesco ebbriaco, nella monitione di polve del castello, ma non ce n'era molta, dicono da sette cacche; non ho puotuto informarmi quanto sia una cacca. Seco arse un servidore del sig^r vicere che serviva per interprete.

Camillo Capilupo.

P.-S. — Mi era scordato di scrivere a V^a R^{ma} et Ill^{me} Sig^{ie} che mons^r di Ligni mi ha detto che esso haveva fatto venire uno ingegnero a vedere et considerare il loco, il quale gli disse che quello era una delle forti frontere che fusse in Francia, onde il povero signore mi disse che ei quasi si allegrava che gli venisse sopra l'essercito, pensando questa doverli essere ottima occasione per acquistar nome al loco et a sè stesso. Hor quelle considerino che cervelli sono questi a ruinare un si bel loco con simile speranza.

Da Ligni, alle 6 hore di sera.

8.

De la campagne de Ligny, le 1er juillet 1544.

R^{mo} et Ill^{mi} Sig^{ri} et Patroni miei Osservand^{mi}.

Questa mattina siamo partiti di sotto Ligni dove eravamo attendati et siamo venuti ad una villa lontana mezzo miglio, rimanendo perciò le fanterie a luoghi suoi. È venuto aviso a Sua Ecc^{tia} da Barri, et confermato dal medesimo loco per una lettera scritta dopo la prima, che volendo il governatore di San Disir dare l'acqua alle fosse, ha rotto o alzato la rivera che presso gli corre et postolavi dentro, la qual acqua ha fatto ruinar un pezzo di muro col riparo fattovi : per la qual cosa pareva che esso governadore fusse per abbandonare il loco. Et è venuta parimenti nova, ma non se ne ha fin qui havuto incontro, che il re era venuto a Salon. L'ill^{mo} sig^r don Ferrando hoggi ha fatto fare un bando in nome del' imperatore et da un suo araldo a sono di 15 o sedici trombe : come S. M^{tà} non si move contro Francia per occupar o torre il suo al re di Francia, ma per liberare i popoli dalla servitù et dalla sua tirania, et per essere confederato de' Turchi; per tanto fa intendere a tutti e signori et popoli di questo regno che vorranno venire in sua protectione che gli accetterà et li difenderà et tratterà bene; quando no, saranno castigati come consentienti et partecipi delle malvagità che fa il re. Dimane anderemo presso di due leghe verso San Disir. Nè mi occorrendo altro, loro bacio humilmente la mano.

Dalla villa di Ligni, allo primo di luglio 1544.

Di V., etc.

Camillo Capilupo.

9.

Près Saint-Dizier, le 5 juillet 1544.

Reverendissimo et Illustrissimi Signori
et Patroni miei Osservandissimi.

Heri venimmo qui presso un miglio et in vista di San Disir, allogiati dietro al fiume in parte che corre a la città o castello, il quale dicono chiamarsi Marne, che saria quello che Cesare chiama Matrona, et in parte allogiati sopra il colle che seconda il detto fiume, fra alcuni boschi. Aggiunti, subito Sua Eccellentia (mandata prima dalle bande bonissima scorta di cavalli et di fanteria) andò a riconoscere la terra. Furono immancinente cariche le mura et torrioni di gente molto spessa che vennero a vederci. Sua Eccellentia fu dalla parte dove alogiamo etricman destra vicino alle mura al tiro di uno archebugio, et ci furono scaricati parecchi et parecchi sacri et moschetti addosso; ma quantunque fusse molta gente attorno sparsa per la campagna, non perciò offesero alcuno. Uno sacro fra gli altri vi fu che diede fra Sua Eccellentia et me non discosto due o tre pertiche. Et a me parve che tenessero più saettata Sua Eccellentia che altri; dubito che dall' armatura ch'era uno lastrino et una celata coperti di rosso, o dal cane che le va sempre appresso, il quale era seco, fusse conosciuto. Hoggi che vi siamo tornati, ha lassato et l'abito e'l cane, et ha riconosciuto benissimo il tutto con più sicurezza. Dimane vi si anderà ad allogiar sotto da due lati almeno, dove la maggior parte de le fanterie staranno coperte, et Sua Eccellentia se vorrà copertissima. La terra, al mio giuditio, è più grande della Mirandola assai bene, e tutta posta in piano; ha da settentrione et da mezzodì colli, ma tanto lontani che appena un tiro di artiglieria vi aggiunge. Verso oriente et verso ponente si allonga la valle. Noi hora siamo verso oriente et l'allogiamento da dimane sarà verso ponente et verso mezzo dì, le quai due parti sono quelle donde potria venir loro più facilmente soccorso, perchè sono verso Francia.

Qui presso dove hor noi siamo, potrebbe forse allogiare l'imperatore venendoci. Sarà diviso l'essercito nostro dal fiume, ma si congiungerà, secondo il credere mio, con dui o tre ponti, tutto che et qui sopra dove hor noi siamo, et sotto dove anderemo, si passi a guado, ma per le fanterie et per qualche cresciuta d'acqua si faranno i ponti. Esso fiume non passa dietro alle mura, ma discosto buona pezza, talchè essendo come è la terra verso ponente posta in alto, et passando il fiume per mezzo uno vallone, le genti, che saranno al longo del fiume, fra esso fiume et fra l'erta del terreno, se ne staranno sicurissime, et quivi potrebbe sicuramente allogiare Sua Eccellentia. Per testa della terra, la quale è assai più longa che larga, et la longhezza sua è da levante a ponente, benchè non affatto per diritta linea, erano molte case et horti lontani più di uno tiro di archibugio sopra un poco di eminenza di terra, le quali case da nemici sono state arse et ruinate; nondimeno evvi anchor intero un muro di uno giardino che copre assai, et quivi sarà facile con ogni poco di trinzea coprirsi affatto dalle mura et dal baduardo che vi fanno, il quale è in difesa, ma non è perciò alto al loro disegno. Evvi una torre sola di una chiesa molto levata, la quale darà danno; ma la prima cosa che si batterà sarà la detta torre et chiesa, sopra la quale hanno condotto alcuni pezzi di artiglieria; ma, per quel che si può comprendere alla larghezza di essa torre et per quelli che habbiamo uditi et veduti scaricar verso noi, non sono più di sacri et moschetti. Da questa parte non si vede altra difesa che di uno baduardo di terra che fanno, ma molto grande, et della detta torre. Non si sa come stiano di mura et di terrapieno. Dalla parte del fiume, nel capo di sotto (perchè il fiume corre verso ponente) sono alcune torricelle, le quali si potranno battere ponendo l'artiglieria oltra il fiume dove il terreno s'innalza dalla valle, le quai torri mi paiono perciò difese, et tutta la cortina, da uno gran baduardo di terra fatto novamente da quest'altro capo di levante, verso pur il fiume: il qual similmente difende quest'altro capo in parte di levante: dal qual capo, verso settentrione, è un altro gagliardo baduardo che difende quasi tutta la cortina di settentrione, la qual cortina si va trahendo in fuora dall'altro capo di ponente in maniera che da sè stessa si difende, et parmi di haver veduto in alcuno seno rotto il muro dove penso che habbiano cavato qualche fianco. In capo è una torretta non molto grande. Ha la detta terra uno castello, il quale, per quel che si vede, è molto forte, ma non si sa come stia verso la terra. Le fosse della terra non sono state anchor riconosciute. Questa notte vi si potrebbe mandare. Il sig^r Giovan-Battista hora è tornato solo a riveder i luoghi per dissegnar gli alloggiamenti secondo il disegno fattoli da Sua Eccellentia. Sono, per quanto s'intende, nella terra presso di tre mila fanti. Entrovvi alli 2 di questo monsignor della Landra con 300 fanti, il quale era l'altro anno in Andresi; è capo di tutti uno monsignor ch'io non mi ricordo (nè il sig^r Giovan-Battista mi lo sa dire.)

Heri Sua Eccellentia si armò et cavalcò armato pensando che nemici dovesseno venire nel merchiare a riconoscerci, perchè è fama di essere qui attorno più di mille cavalli, ma non si lassano vedere. Da che fu Sua Eccellentia heri partita da riconoscere la terra et già incaminata verso l'alloggiamento, et richiamati Spagnuoli ch'erano iti in alcune macchie presso la terra dal lato del castello, uscirono intorno a 500 fanti, ma ratto se ne tornorno dentro. Ciascuno stima questa terra molto più forte di Ligni per darle assalto, et doverci far di mestieri di molti guastatori. Nè mi occorrendo altro, lor bacio humilmente la mano.

L'imperatore doveva partire heri da Messe et veniva a Comarsi et a Ligni, poi, credo, all'essercito. In Ligni si sono fatte condurre et si fanno tutte le vittovaglie da risponderle poi all'essercito; dentro vi sono duo molini da acqua che macinano 80 sacchi al giorno, et Sua Maestà ne ha fatto fare presso a 200 da mano per condur seco, et dui ne vanno per ogni carro, li quali ora sono in Ligni et tuttavia lavorano. Si comincierà, penso, fra x giorni a mietere qui intorno qualche secale et formento maturi, benchè vada si mal tempo et si piovoso che non so come alcuna cosa possa maturire. Da che partimmo da Spira fin hora, ogni dì è piovuto, et tutto heri et tutta notte et tutta mattina non ha fatto altro; nè perciò ha puotuto fare stare Sua Eccellentia indarno. Non credo si possi trovare il più sollecito, il più vigilante, il più forte, nè il più ardito, per quel che in questi pochi giorni ho veduto di lei. A me pare in effetto che Sua Eccellentia sia quella che ordini et faccia tutte le cose così nelle armi come nelle lettere che si scrivono ovunque si voglia, et che tutti gli ufficiali et capitanei sotto di lei siano come discepoli sotto il maestro che dia et faccia, come si dice, il thema.

Ho hauto hor hora una lettera di V^a R^{ma} et Ill^{me} Signorie di 25 di giugno per aviso di alcune mie lettere ricevute solamente.

Questa sera, ciò è hoggi dopo il mezzo dì, Sua Eccellentia ha fatto chiamare mons^r le Grand, il conte Guglielmo di Fustimbergh et mons^r d'Esse, principali dell'essercito, et fra le altre cose ha trattato con esso loro del modo che si ha da tener nel allogiare et della poca ubidienza che danno al maestro di campo, mostrando et facendo lor conoscere et toccar con mano il danno et la vergogna che per tal causa ne potrebbe lor venire e'l diservitio di Sua Maestà, et parimenti ha trattato del modo che si ha da tenere nel dar assalto a terre per vietare che una natione non faccia soperchieria all'altra, dimostrando loro similmente l'utile che dall' unione segue, e 'l danno et la vergogna che dalla disunione... onde hanno conchiuso et dato la fede loro di fare che interamente il s^r Giovan-Battista Castaldo sarà ubidito et che non si partiranno da quello che egli ordinerà intorno al suo ufficio. Et circa il dar assalti, han promesso, quando verrà l'occasione, di dare il giuramento a tutti i suoi ch'entreranno all'assalto di non torre nè prigioni nè cosa guadagnata da altri, et se si troverà poi alcuno contravenire al giuramento, promettono di dare essi aiuto perchè si castighino coloro che haveranno errato. Ma perchè il più delli disordini pare che in casi simili nascano per le case et allogiamenti che si togliono a salvare, si vieterà che niuno possa torre a salvar case quando le terre si piglieranno per forza.

Questa sera Sua Eccellentia si è doluta a mensa che Sanchiobravo, capitano di fanterie spagnuole, si sia doluto con lettere a l'imperatore che Sua Eccellentia gli habbia tolto mons^r di Rossi ch' egli haveva fatto prigione, la qual cosa è falsissima : prima è falso che gli l'habbia tolto perchè diritto fu condotto al suo padiglione; dipuoi quelli che capitolorno, li quali sono mons^r le Grand et il sig^r don Francesco, dove erano molti altri gentilhomini, sanno che si aresero tutti a Sua Eccellentia, et io l'ho udito più et più volte confessare alli stessi prigioni. Quando Sua Eccellentia fece scrivere a l'imperatore de prigioni ch'essa haveva, il cancelliero, che fu messer Giuliano, si scordò di porvi mons.r di Scené perchè allhor si trovava in mano di uno basso Alemano : per la qual cosa Sua Maestà il vorrebbe.

Non si crede che Sua Eccellentia gli lo debbia dare per haverli già ne' capitoli assicurata la vita. Ma il povero signore, quando partio per Fiandra, partio così morto che pareva andasse al macello, ne cessava di ricordare et publicare ad ognuno la fede datali. Hor qui facendo fine, lor bacio di novo humilmente la mano.

D'appresso San Disir, alli 5 di luglio 1544, ad un' hora et mezza di notte.

Dimane verrà a desinare con Sua Eccellentia Fustinbergh, al quale Sua Maestà ha scritto in buona forma, et da duo giorni in quà pare che sia assai moderato.

Di V.. etc.

Camillo CAPILUPO.

10.

Sous Saint-Dizier, le 8 juillet 1544.

Reverendissimo et Illustrissimi Signori
et Patroni miei Osservandissimi.

Ritornò l'altr' hieri l'ill.mo et eccell.mo sig.r Ferrando a rivedere la terra di San Disir et a considerare di novo il sito dove con più vantaggio potesse accamparsi, et finalmente si risciolse di collocar l'essercito in que' luoghi dove scrissi l'altr'hieri a quelle che io pensava si dovesse porre. Ha fatto metter adunque li Spagnoli longo al fiume verso mezzo dì, fra la terra et fra il fiume, sotto alle mura al tiro d'uno archibugio : il qual loco si è ritrovato un poco più aperto di quello ch'ognuno stimava per la spessezza de gli arbori che dalle offese il coprivano. Oltra il fiume, dietro a Spagnoli, verso ponente, in un certo seno dove il terreno molto si abbassa, ha fatto porre sette insegne del capitan Giorgio di Ratisbona, alle quali insegne con altrotante de' Spagnoli è stato assignato la battaglia. Di qua dal fiume, verso ponente, inchinando verso settentrione, in que' luoghi li quali sono meno aperti, cio è più bassi (perchè il tutto è scoperto dal sole, che gli arbori non ci danno troppo aiuto) è messo tutto il resto delle fanterie thedesche, quasi a fronte delle quali verso la terra et sulla riva del fiume, sopra un' alta campagna fra quattro o sei noci, coperto dalla terra da alcuni arbori solamente che sono nel quartiero delle sette insegne thedesche et in parte del quartiero de' Spagnoli, è attendata Sua Eccellentia et noi altri presso di lei, senza pur un solo arbore. Era a rimpetto nostro oltra il fiume una bassa coperta da una altezza di campagna, nella quale Sua Eccellentia con tutti i suoi poteva stare sicurissimamente; ma non vi ha voluto stare

nè porvi alcuno, tutto che questo fusse il più coperto loco che sia da
questo lato verso ponente, credo io per essere vicino ad un bosco
grande et per essere signoreggiato dalla campagna oltra il fiume,
donde, venendo soccorso alla terra, nemici potrebbono venire : si chè
nell'accamparsi di quà dal fiume sopra questa eminenza, io credo
che Sua Eccellentia habbia hauto più riguardo al danno che le
havrebbe potuto venire lasciandosi libera a' nemici che potrebbono
sopraggiungere, che al danno presente che ci dà la terra, al quale
Sua Eccellentia spera tosto di remediare levando la torre, che solo su
questa campagna ci pò far qualche danno. È adunque posta Sua
Eccellentia con li suoi longo al fiume, et a man'manca nostra, verso
settentrione, si stende indietro tutto quasi lo sforzo maggiore di
Thedeschi, et dietro a loro, più abbasso, stanno tutti i cavalli. Quivi
è disegnato di allogiare l'imperatore, in caso che venga all' essercito,
dove è una villa di qualche trenta o quaranta case. Sarà adunque
tutto l'essercito de l'imperatore accampato di quà dal fiume, da quelle
sette insegne thedesche in fuori, presso la terra, le quali sono per
combattere. Le comodità che havrà l'essercito da questa parte, per
quel ch'io comprendo, saranno : prima che la terra da questo canto
pare men forte, et levata la torre ci potrà meno offendere; dipoi alle
vittovaglie, che tutte vengono da questa parte del fiume, si darà
maggior favore; appresso si farà pensar più a' nemici sopra casi loro
volendo venire a soccorrerla, perchè tutte le forze de l'imperatore
saranno unite in una campagna larga et molto superiore a quella
che siede da l'altro lato del fiume, per la quale, venendo Francesi,
si troveranno soggetti agli Imperiali. Non è perciò che su questa
rivera non siano ordinati tre o quattro ponti, li quali si fortificheranno per rimaner padroni dell'una et dell'altra campagna. Ieri,
di duo hore innanzi giorno, Spagnoli e quelli del capitano Georgio
andorno a pigliare il loro allogiamento. Sua Eccellentia et le genti
d'arme et il resto dell' essercito accampò intorno alle otto hore.
Furono amazzati nel caminare uno o dui Spagnuoli, uno Italiano et
uno porta-insegna, credo thedesco, con dui altri Alemani. Ne l'accamparsi et questa notte tirando a fochi ne sono stati amazzati alcuni
altri, et massìme Spagnoli ; ma niuno, ch'io sappia, di conditione, et
pochissimi. Sua Eccellentia sola col Castaldo et col marchese di Marignano et col conte della Sommaia andò più vicino alla terra per
meglio riconoscerla et considerare il loco dove si doveva piantare
l'artiglieria, a' quali intendo che fur tirate di molte moschettate. Hor
hora ho inteso che que' di dentro hanno tirato giuso dalla torre que'
pochi pezzi di artiglieria che sopra vi havevano messo, accortisi che
vi si piantavano quattro pezzi per batterla, onde più non si sente che
tirino. Non si è dato anchor principio di batter la terra, nè si è piantata l'artiglieria, perchè non fece mai altro tutto heri che piovere nè
anchor cessa, et heri sera, mentre eravamo a cena, venne una tem-
pesta d'acqua et di vento si grande che fummo sforzati a levarsi da
tavola et sotto la tenda di Sua Eccellentia a porsi attorno i feltri per

la pioggia grande che a guisa di saette cacciata dal vento la trappassava; hor quelle pensano come dovevano stare le altre de' gentilhomini et de poveri soldati. Sono talmente bagnate tutte le cose ch'erano sotto le tende, che ad asciugarle havremo da far qualche dì, andando il tempo che va. Tutti conchiudono che il tempo fin qui andato et gli alloggiamenti che si hanno hauto et tuttavia si hanno sono molto peggiori che quelli dell'altro anno sotto a Landresi. Si sta continovamente, allo scoperto et al coperto, nel fango, et fa un freddo che chi ha pelle la gode, e il meglio et il più honoratamente vestito di tutti, chi ha feltro et stivali di vacchetta ben grossi. Il vino si vende quattro bazzi la mossa et fin a cinque; un pane di quelli grandi quattro altri. Le biade non saranno da mietere qui intorno di questi diece giorni quando vadi buon tempo, ma sarà a quel tempo tutta la campagna qui intorno consumata per li cavalli, che più co' piedi se ne guasta che non si gode.

I prigioni francesi che si mandavano in Fiandra et gli italiani che si mandavano in Italia sono stati richiamati per mandarli in Francia, per riscatto de' Spagnoli, che furono, a' dì passati, presi, venendo su quella nave che io scrissi di Spagna, benchè di questi, pochi ne siano rimasi, che de dieci li otto sono stati fatti fuggire, pagate perciò le taglie o data segurtà di pagarle; et ciò per pietà che molti havevano di loro, temendo non si mandassero alla galera, fatta la grida che tutti i prigioni c'havevano sodisfatto a lor patroni si riducessero in un certo loco : la qual tema causò forse che per essere salvati da lor patroni pagorno o promisero di pagar più di quello c'havrebbono fatto. Fu heri il cavalier Chiucchiara qualche sei o sette leghe verso Salon con qualche vinti cavalli et condusse trentatre o trentaquattro cavalli de poveri homini et alcuni altri poveri homini prigioni, li quali credo che poi hoggi si siano rilassati. È meraviglia come tanti cavalli che s'intende essere qui intorno a quattro et cinque leghe non siano anchor venuti a farsi vedere; dicono esservene più di mille.

Il Castaldo mi ha detto questa essere stata una difficilissima terra d'accamparvisi così subito et così sotto come si è fatto, et essere uno de' più pericolosi allogiamenti che mai si habbia veduto, per esservisi accampati, come ho detto, subito, senza far prima riparo o trinzea alcuna, et per andar il tempo che va di non potercesene fare : onde si stima per lo tirar poco che fa terra ad allogiamenti così scoperti che non debbiano haver nemici troppo gran monitione di polve o di palle.

Mandorno heri que' di dentro fuora un lor tamburrino sotto spetie di voler riscoter non so che prigione, et perchè Sua Eccellentia stimò che fusse venuto per riconoscere il suo allogiamento, il mandò al provosto di Thedeschi, che il ritenesse finchè overo la impresa fusse fornita o posto l'essercito et gli allogiamenti in siccuro.

Spagnoli, come ho detto, et Thedeschi sono rimasi d'accordo di dare insieme l'assalto et fare da buoni compagni, ma non sarà lecito di torre a salvar case. Nè mi occorrendo altro, lor bacio humilmente la mano.

Di sotto di San Disir, alli 8 di luglio 1544, a sei hore di sera.
Di V., etc.

Camillo Capilupo.

11.

Sous Saint-Dizier, le 10 juillet 1544.

Reverendissimo et Illustrissimi Signori
et Patroni miei Osservandissimi.

... Scrissi in quella dell'altr'heri come era venuto aviso, mentre io scriveva, che que' di dentro havevano levata l'artiglieria della torre. Fu vero l'aviso et fu vero che la mossero, ma non la levorno; la retirorno indietro et fatto quasi un nido di cicogna l'alzorno collocandola per fianco, et perciò il tirare cessò per buona pezza, onde i nostri che ciò consideravano et udivano il rumore che facevano issando, pensorno che la levassero. Ella vi è adunque anchor sopra, nè cessa di far qualche male nel campo, ispezialmente de' Spagnuoli, ma non perciò molto, perchè homai sono coperti dalle trinzere. Se non fusse stato il malissimo et pessimo tempo che ha fatto, ella saria stata mo forse battuta a terra; ma va si mal lavorare che è meraviglia come si sia fatto la metà del lavoro che si è fatto. Non è mai cessato nè cessa pur una hora di piovere, et se non era l'ottimo giuditio di Sua Eccellentia, col quale essa considerando il tempo che andava, presso all'altre molte ragioni che a ciò l'inducevano, volle accamparsi da questo canto via più eminente et asciutto degli altri, non ci era ordine di farci manco quel poco che si è fatto, nè di fare per alcun modo trinzee in altra parte, che per l'abbondanza dell'acqua non si havriano puotute nè fare nè guardare, et qui dove si fanno, incominciate dal campo de' Spagnoli per testa della terra verso settentrione, hanno ritrovato si buon lavorare che le trinzee sono molto più asciutte in fondo che sotto a qual si voglia tenda di tutto l'essercito per essere il terreno giarroso : la qual sorte di terreno indusse anco Sua Eccellentia a venire da questo lato accamparsi o per dir meglio a dar l'assalto, perchè dove noi siamo accampati habbiamo il fango fin a ghinocchi, tutto che siamo in campagna più alta di tutto il contorno, ma il terreno non è giarrino, et appresso la terra da questo lato dove si batterà, il terreno è, come ho detto, di ghiarra, per la qual cosa Sua Eccellentia, pensando il terrapieno di questo lato dover essere cattivo, tanto più volontieri vi si ha voluto accampare. Fu preso l'altr'heri un paggio de' Francesi, il quale disse che egli era mandato perentrare in San Disir et avisar que' di dentro come la notte

CAMILLO CAPILUPO AUX RÉGENTS DE MANTOUE

seguente saria venuto lor soccorso di tre insegne burgognone, le quali si erano partite da Vitri con forse mille et cinquecento cavalli, et venivano per entrar la notte. Sua Eccellentia pose le guarde a tutti i luoghi, et haveria mandato anco loro incontro gente, ma già era l'hora tarda et temeva che andando i cavalli non gli errassero, perchè già puotevano i nemici essere imboscati, et che venendo poi la notte non ci ritrovassero la cavalleria che ci saria fatta di mestieri, della quale gran parte già si trovava fora in scorta per vittovaglie et per dinari che venivano : onde per lo meglio si elesse di stare a vedere se qui presso et nel campo si havesse puotuto dare loro una stretta. Collocò adunque, come ho detto, buon novero di fanti et di cavalli in diversi luoghi, et Sua Eccellentia andò la sera alle trinzee si per sollicitar i lavoradori et designar dove le havevano a guidare, come per ritrovarsi fra Spagnoli, li quali pensava che da que' di dentro dovessero essere assaltati. Vi stemmo fin a mezza notte, et mentre vi stemmo, fur feriti dui guastatori d'archibugio; poi se ne andammo alla guarda dell'artiglieria, la quale è a man sinistra de' Thedeschi sopra una campagna larghissima, verso il camin di Vitri, ma non s'intese mai altro et se ne andammo a dormire. La mattina Francesi si videro qui presso ad una lega, ma ritornorno a dietro. Se fusse stato un poco più di giorno et che si havesse hauto (si come non si ha) alcuno homo pratico del paese, Sua Excellentia era di animo di mandare subito verso Vitri et tentar di haver Vitri che doveva essere abbandonato o voto di gente, che poi nel ritorno haveriano forse anco incontrato questi altri che venivano per soccorrere, li quali ritrovorno non so che carri di vittovaglie che qui venivano et ce li condussero via, et poco innanzi havevano tolto 80 carra di vittovaglia che venivano da Barri, di maniera che il duca ha detto di non voler mandare più vittovaglia se non si gli assicurano et carri et cavalli : il che ci commincia affar patir molto di vittovaglia, che heri sera et questa mattina non si trovava pane ne l'essercito. Io ho hauto ventura che havendo mandato un mio servitore infermo a Barri con un paggio di Sua Eccellentia parimente infermo, detto Luigi, hanno comperato i miei tre sacchi di pane, onde hanno da sguazzare, ma sono bene anch'essi stati a rischio d'essere presi, perchè mentre essi uscivano di Bari, cio è de borghi, perchè nella terra non volsero lasciar entrare se non gli infermi e'l capellano di Sua Eccellentia, Francesi entravano dentro, I servitori del sig^r Alessandro e quelli del Bardelone, ch'erano andati anch'essi per vittovaglia, per venir più spediti, ritornar voti questa mattina; i miei sono aggiunti quando più non gli aspettava hor hora.

Heri di notte Sua Eccellentia ritornò alle trinzee, nelle quali si era fatto bonissimo lavoro, et mentre vi fummo, si piantorno i gabbioni per quattro pezzi di artiglieria da battere la torre in duo luoghi. Questa mattina si doveva battere, ma non ha fatto tutta notte nè fa hor se non piovere. Ha ordinato un'altra trinzea che si trahe quasi dal mezzo di questa già quasi fatta, et si conduce verso settentrione, dall'altro canto del baduardo che nemici fanno da questo canto de ponente, dove noi siamo per batterli ambiduo i fianchi et la cortina che è presso a' fianchi, et credo si potrà cominciar dimane se il tempo ci farà tregua, ma io non credo che cessi di piovere per tutta questa luna, et se ciò sarà, stiamo freschi. Do la fede mia a quelle che per tutto il campo non è meglior andare di quello che sia per la via di Curtatone da mezzo il verno. Ne' padiglioni non siamo sicuri dall'acqua...

Di sotto a San Disir, alli x di luglio 1544, a mezzo dì.

Di V., etc.

Camillo CAPILUPO.

12.

Sous Saint-Dizier, le 17 juillet 1544.

Reverendismo et Illustrismo Signore
et Patrone mio Osservandismo. (1)

Scrissi heri l'assalto dato a San Disir hier mattina con niuno ordine et senza commissione dell'illm° signor vicere, di che Spagnuoli ne riportorno da nemici la pena. Basta che Sua Eccellentia sta bene et tutti i suoi, dal Cecco in fuora ferito e'l Patella, Ceciliano, gentilhomini di Sua Eccellentia, de'quali si ha buona speranza. Il povero principe d'Oranges morio della moschettata hauta il dì innanzi con dolore estremo di tutto l'essercito, il qual era tenuto il fior d'esso et era quello in cui mi pareva che si facesse più fondamento che in alcun altro oltramontano, sì perchè haveva bellissima gente, come perchè ei l'havrebbe fatta combattere per essere valoroso. Ricomandò le cose sue al sigr vicere. Lo Stato dicono che perverrà a mons. di Ligni morendo senza figliuoli, ma si è cominciato ad dire che la moglie è gravida; benchè la minor parte del suo havere sia quello di Oranges, che la maggiore era in Burgogna, la quale stimasi che tocherà all'imperatore.

Mando a V. Reverenma et Illma Signoria la lista di que' che sono morti et feriti ne' duo terzi di Spagnuoli. De Spagnuoli novi non ho puotuto intendere il novero, ma non credo siano manco di 50 fra morti et feriti. Degli Alemani non so manco il novero, ma si pensa che il colonnello dirà che gli ne mancano assai perchè non si veggano così le paghe fin hor rubbate. Credo che si attenderà mo a pigliar la terra con altro ordine, perchè nemici han preso troppo ardire et havranno tempo di fortificarsi. Credo che si farà un cavaliere dove io fin da principio scrissi a quelle che pensava vi si dovesse fare, presso a certe

(1) Dépêche adressée au cardinal régent seul.

case arse, nel qual luogo il terreno è quasi alto al pari del lor belluardo incomminciato. È vero che hora non servirà come prima perchè già nemici di dentro sono alzati et riparati, et credo si farà un forte presso alle mura, verso il fiume, sul quale possano stare coperti da quattrocento archibugieri, dove la notte innanzi che si desse l'assalto, si fece una trinzea, ma fu si mal fatta che non copriva a mezza coscia i soldati standovi in piedi, talchè inghinocchiati erano scoperti dal mezzo in suso, et questa fu cagione di farne morir molti et molti. Credo parimente che tenteranno di far mine al belluardo, ma io dubito che non riescano perchè il terreno è, come già ho scritto, tutto ghiarroso. Vi si potrebbono far due trinzee, una coperta et una scoperta, et con queste andar sotto alle mura colle zappe provedendosi di guastatori. Tutti questi sono miei discorsi perchè di queste cose io ne odo manco ragionare che alcun altro di corte...

Da sotto a San Disir, alli 17 di luglio 1544.

Di V., etc.

Camillo Capilupo.

P.-S. — Per uno che fu preso heri, il quale uscio della terra, si è inteso che di que'di dentro ne sono morti 200, quasi tutti dall'artiglieria nostra, la quale ne amazzò anco assai et assai de nostri, perchè essendo dato l'assalto senza commissione, i soldati che non sapevano a qual parte fusse indirizzata l'artiglieria, andorno ad assalire a tutte le parti confusamente, onde quelli che a quella s'indirizzorno furono morti.

Lista di que' che sono morti et feriti ne' duo terzi di Spagnuoli.

NEL TERZO DI LUIS PERES

	Morti	Feriti
Della compagnia di Luis Peres	5	14
— — di Mardones	10	24
— — di don Guglielmo	3	29
(Et gli ne manca otto o dieci che non sa che ne sia)		
Della compagnia di Tarifa	2	12
— — del capitan Ganboa	7	24
— — di Antonio Morena	4	22
— — del capitan Guijosa	3	15
— — di don Hieronimo Durea	3	24
— — del capitan Pagano	10	21
— — di Aldana	3	18
	50	203

NEL TERZO DI DON ALVARO

	Morti	Feriti
Della compagnia del sig' don Alvaro	3	15
— — del capitan Ximenes	9	23
— — di Francesco Peres	7	26
— — di Zuccariate	4	27
— — di Bernard Soler	2	20
— — di don Garzia Sormenta (sic)	3	25
— — di Pedrarias	7	28
— — di Luis Bravo	4	16
— — di Francesco de Haro	4	30
— — di Gio. del Rio	1	22
— — di Diego de Bargas	4	21
— — di don Filippo di Ordas	4	18
— — di Monsalve	8	16
Di don Alvaro	60	287
Del sig' Luis Peres	50	203
In tutto	110	490

Don Alvaro ha il volto, le mani e piedi arsi, ma guarirà. Il sig' Luis Peres è ferito di uno archibugio, ma la ferita è salubre. Degli alferi sono feriti parecchi et alcuni morti.

13.

Sous Saint-Dizier, le 18 juillet 1544.

Reverendis^{mo} et Illustris^{mi} Sig^{ri}
et Patroni miei Osservandissimi.

... Dato l'assalto et ributtati gli Imperiali, che fu alli xv, si attese la notte vegnente e 'l giorno ad alzare un poco più le trinzee, le quali, come scrissi, mi parevano essere un poco abbassate, nè perciò anchora stanno bene, a mio giudicio; io dico così perchè si va per esse ancho molto scoperto in alcune parti. Nemici fratanto attesero anch'essi, ma molto più allegramente et più gagliardamente di noi, a riparare dove più loro importava et a tirare gagliardamente negli alloggiamenti de' Spagnuoli, de' quali molti ne ferirono, et de già feriti ne uccisero. Uscirono appresso la notte et spogliorno molti ch'erano rimasi nella fossa et sulla batteria, et fornirono d'amazzare quelli che vi erano rimasi feriti, benchè Spagnuoli ne ricuperassero da quattro a sei. Le villanie et le parole ingiuriose et dishoneste che gridando alteramente dissero tutta quella notte e 'l giorno vegnente a Spagnuoli et li scherni che lor fecero furono lor quasi più pungenti che le ferite. Si dice che di quelli tolti dalla fossa uno ne appesero per un piede et che vi appesero una gallina bagnata, et usciti poi il giorno fuora da quattro o sei cavalli presero uno mozzo de' Spagnuoli che segava herba et gli tagliorno il naso et le orrecchie, poi il lasciorno andare, di maniera che Spagnuoli per queste ingiurie e per lo danno ricevuto et Thedeschi per la morte del principe d'Oranges hanno deliberato, pigliando la terra, di amazzarli tutti.

Quando si dava l'assalto o per dir meglio quando incomminciorno li nostri a retirarsi, que' di dentro fecero venir alla batteria fin i paggi, et due donne anco vi vidi che facevano il diavolo di parole et di fatti contra i più bravi Spagnuoli. La seconda notte e 'l secondo giorno, condussero dalla prima un'altra trinzea più vicina agli alloggiamenti de' Spagnuoli per coprirli. Que' di dentro, per quanto si pò concetturare, attesero ad empire la torre et a riparare tuttavia la batteria, et la notte a purgare la fossa et ad inalzare la punta del belluardo non fornito, al quale scrissi ch'iò pensava si dovesse fare un cavaliere, il che sarà mo forse più difficile di fare.

Questa notte passata, Sua Eccellentia fu alle trinzee ad ordinare quel forte che scrissi heri stimarsi doversi fare, et mentre guastatori si mettevano a lavoro, si diede un poco d'arme che tutti li fece fuggire onde cessata l'arma, innanzi che si riducessero, ma non tutti insieme, fu quasi mezza notte, per lo che non molto si puote lavorare. Noi ritornammo alle tende presso alle 12.

Questa notte è cavalcato l'ill^{mo} sig^r don Francesco et credo anco il duca Mauritio presso di Vitri a 2 leghe, dove s'intendeva essere mons^r di Ghisa; non so se anchor siano tornati.

Fu heri a ritrovar uno di questo contorno Sua Maestà, il quale le offerse di farle havere meglio di 2m. palle di canone la settimana. Hoggi si gli dovevano dar dinari per andare affar fare le forme, et si è mandato a Barri per trarne non so che maestri per amore o per forza.

Già quattro o cinque giorni, si intese per cosa verissima che il re di Francia era in Parigi con forse x m. guastatori per fortificarlo. D'Inghelterra non si è inteso altro. Già alcuni dì, si diceva l'antiguarda et la retroguarda essere accampo a non so che terra di Piccardia, ma del passar della persona sua non s'intendeva altro.

Credo che Spagnuoli saranno sforzati a mutar in parte alloggiamenti, perchè ogn'hor nemici si fanno più lor superiori col belluardo loro che tuttavia innalzano. È venuto nova che fin sotto a le trinzee ne hanno con artiglieria amazzato quattro o sei. La mina si comminciarà questa notte, ma io dubito che non si farà frutto, prima perchè il terreno è, come già ho scritto, ghiarroso et harenoso, dipoi perchè il fiume non gli è molto discosto, il quale, come si abbassi la mina, temo che per lo terreno raro vi penetrerà dentro; oltra che il minare cavalieri et belluardi di terra ha più del difficile che il minare mura, et minati, credo che più tosto si debbiano aprire et fendersi alquanto che ruinare.

Quell'arma che si diede questa sera fu per colpa di una sentina et non fu niente. Erano alla guarda Spagnuli, et in quel punto subintravano Thedeschi; la sentinella de' Spagnuoli non revocata anchora vide quelle che Thedeschi ponevano, stimò che fussero nemici, et si come doveva tacitamente retirarsi et venir ad dire ciò che haveva visto, egli diede allarma, et Thedeschi al tamburro. Si trovava in quel punto Sua Eccellentia col sig^r Camillo Colonna et col marchese di Marignano tutti quasi zoppi et soli esser iti a considerare il loco dove havevano affare il forte et a compartirlo, onde bisognò che si movessero di passo, nè noi sapevamo dove poterli ritrovare. A me certo pare che Sua Eccellentia, benchè voglia gir sola perchè in effetto si va più sicuro, che non si è così visto da nemici nè si dà così materia di tirare come andare in frotta, non dimeno, come ho detto, mi pare ch' ella doveria così de lunge almeno lasciarsi seguire da suoi, si per rispetto di un caso simile, come saria stato questo se nemici fussero usciti, come per molte malevolenze et invidie che regnano et nelle corti et per gli esserciti. Io, perchè non sono anchor di tanta autorità presso di Sua Eccellentia che le possi ricordar questo nè altra cosa alcuna, lo scrivo a quelle; non sono perciò mancato di ricordarlo ad alcuno di questi signori che le parlano et con più autorità ponno fare l'ufficio.

Sono ritornati hora il sig^r don Francesco et quegli altri cavalli ch' erano andati a correre, nè hanno trovato alcuno. Sono ben venuti parrecchi cavalli francesi qui presso et hanno tolto i muli a parrecchi ch'erano iti a saccomanno.

È venuto uno trombetta francese hoggi che ha condotto quattro Spagnuoli che havevano preso; credo li mandino così a pezzo a pezzo per haver occasione di tener ogni dì lor trombetti nel nostro campo.

Par che Francesi si habbiano incommianciato ad ingrossare a Vitri et in quel contorno vi sono da 2m cavalli et da 3m. fanti.

Questo è quanto si è inteso et fatto per tutto hoggi, ch'io sappia. Si è ragionato appresso di mutar gli alloggiamenti di Sua Maestà et delle genti venute con essa. Sua Eccellentia vorrebbe che s'incommodasse di lasciar le case et che s'incorporasse più nel l'essercito, ponendosi nel loco de bassi Alemani che sono dopo le spalle di Sua Eccellentia; ma perchè tutta la corte è molto meglio accommodata là dove è, et questi altri alloggiamenti sono pessimi, che ci è il fango fin al ghinocchio, credo che non si moverà, et che più tosto il fortificheranno di genti da piedi alle spalle degli homini d'arme, le quali sono a tergo et continove con Sua Maestà, ragunandole un poco più trette insieme.

Que' ponti ch'io scrissi pensare si dovessero fare et fortificarsi non sono mai stati fatti, et non so perchè, di maniera che se nemici venissero e si accampassero dal l'altra parte del fiume a rimpetto di Sua Maestà, dove è quasi uno colle et uno bosco, il qual signoreggia molto quest' altra campagna, dubito che bisognerebbe Sua Maestà et le genti sue tutte dislogglare; che se vi fessero due ponti, l'uno presso la terra, l'altro a rimpetto di Sua Maestà, con duo forti oltra il fiume, sarebbono patroni del fiume et dell' una et del l'altra campagna.

So dover parere ad alcuni questi miei discorsi con V. Reverend^{mi} et Illmo Signorie impertinenti, ma mi giova, da che il tempo mi avanza nè ho altro che scrivere, di dar loro conto minutamente del sito de' luoghi et degli alloggiamenti.

I bisogni senza dubbio li moveranno et più gli accosteranno a Spagnuoli vecchi, che per li morti et feriti nell'assalto sono restati deboli. Dimane si farà la mostra de' Spagnuoli vecchi et de' cavalli.

Nè mi occorrendo altro, lor bacio humilmente la mano.

Di sotto a San Disir, alli 18 di luglio 1544.

Di V., etc.

Camillo CAPILUPO.

14.

Sous Saint-Dizier, le 20 juillet 1544.

Reverendis^{mo} et Illustris^{mi} Signori
    et Patroni miei Osservandissimi.

L'imperadore rimane ne' suoi alloggiamenti; hanno ristretto più le genti d'arme di Bredaroda et di mons^r le Grand che gli sono alle spalle, et alle spalle d'essi, pur dietro al fiume, non so quante insegne d'Alemani; parte de' bisogni gli hanno accostati più a Spagnuoli vecchi, et quelli messi più in sicuro.

Questa notte fummo alle trinzee et al forte che si fa presso alle fosse poco più di 60 braccia dove si lavorò gagliardamente, nè fin a mezza notte che vi stemmo, Francesi tirorno mai colpo d'artiglieria nè d'archibugio : il che ci ha fatto meravigliare, nè sentimmo ch'essi punto si movessero; credo rimanessero perchè era scurissimo si per lo tempo come perchè pur hora è fatta la luna.

Il sig^r Giovan Battista Castaldo è stato di novo insieme con uno capitano Federico, mezzo ingegnero di Sua Maestà, a riconoscere la terra, et credo che dalla parte di levante, dove scrissi da principio essere una certa bassa nella quale si saria coperto benissimo buon novero di gente, si farà forse un'altra batteria; ella non è perciò terminata anchora. Questa notte si anderà meglio a rivedere il loco. A me, quando io il vidi, parve il più forte da espugnare di tutto il resto, perchè a man manca, verso il fiume, è uno puntone fatto di novo grandissimo, et alla destra è il castello, il quale, quantunque sembra di havere le mura all' antica, si stima perciò essere tutto pieno di terra, et questo signoreggia molto la campagnia presso al castello; verso levante è uno spatio assai ben grande circondato da buone fosse, il qual è assai buon forte per nemici, ma le medesime fosse et la terra gettata sulla riva coprirebbono et fariano forti le nostre genti. Io non fui dentro di quel forte, perciò non so se vi si potrebbe piantar l'artiglieria.

Parmi che Sua Eccellentia habbia incomminciato di andar un poco più cauto, nè sta così tutto il giorno come faceva alle trinzee. Fra quattro giorni stimo che si batterà et forse darassi un novo assalto. Sua Eccellentia ne sta con megliore speranza che mai. Hoggi ch' è domenica, l'essercito è stato senza carne. Heri fur tolti i cavalli e'l carro dell' ill^{mo} sig^r Fabricio Colonna et amazzatoli un suo, et tolsero l'altr' heri i muli a don Ferrando d'Aragona.

Non si può metter ordine a questi Thedeschi che svaliggiano vivanderi et fanno mille poltronarie. Questa mattina dui ne sono stati a dolersi da Sua Eccellentia; essa prima del suo lor paga quasi il pane, dipoi li rimette al lor prevosto, il quale è una bestia et tanto stima il maestro di campo quanto fo io i miei stivali.

Sua Maestà fu in persona l'altr' heri a compartire gli alloggiamenti a Bredaroda et alle altre genti d'arme; nè valse che Sua Maestà di bocca sua li designasse, che bisognò ritornarvi heri un' altra volta, et queste cose sono di quelle che fanno che i maestri di campo e'l generale son sforzati di andare con rispetto, et de sinistri che vengono et verranno per queste inubidienze et disordini, essi ne haveranno poi forse il biasimo.

Heri si tirorno alcune canonate alla torre della chiesa, la quale, come scrissi, havevano incomminciata ad empir di terra, et gli fecero cadere tutti gli argani che sopra vi havevano posti per alzarvi sopra non so che pezzetti di artiglieria. Si fece heri la mostra de' Spagnuoli vecchi.

Mandai, dui dì sono, il novero de' Spagnuoli morti et feriti nelli dui terzi; in questa mando quello de gli Alemani, et mando il nome di tutti quelli del terzo di Luis Peres, che dell' altro non gli ho puotuto havere. Quei di grado in questo terzo sono :

Primo, esso Luis Peres ferito d'uno archebugio in una coscia, ma non haverà male.

Spino, sergente maggiore, di 2 archebuggiate nelle coscie.

Il capitano Gamboa, d'archebugio, et sta male; il suo alfiero et sergente.

Il capitano Ghisosa, d'archebugio, et ha poco male.

Don Guglielmo, che fu ferito dui giorni innanzi, megliora.

Don Hieronimo capitano Durea, ferito di sasso, ma sta bene, et l'alfier ferito.

Il capitano Pagan ferito d'archebugio, et l'alfier suo morto.

Il sergente del capitano Mardona ferito.

Del terzo di don Alvaro non so altri che questi :

Esso don Alvaro arso la testa, le mani et i piedi, e'l capitano Monsalvo similmente et più, che paiono dui diavoli, ma guarriranno.

Il capitano Zuccarata ferito, et sta male, d'archebugio.
Il capitano Bernardo Saler, d'archebugio, et sta assai bene.
Ci sono de gli alfieri et sergenti di questo terzo feriti, ch' io non so il nome.

Delli capitani de' bisogni feriti so questi :

Giovan Gaetano, di uno archebugio, ma non haverà male.
Don Alons de Carvasal, nella testa, di uno archebugio, et sta male.

... Si è detto qui per lo campo che Lalandra, capitanto in San Disir, è morto; ma non si crede perchè quel primo che si prese, il quale uscio, non disse pur che fusse ferito.

Si era anco detto che il re di Francia haveva confiscato i beni di monsr di Ligni et de gli altri capi che vi erano dentro et publicatili traditori; ma questa sera è venuto uno trombetta di monsr di Ghisa, il quale dice che si trova in Briena, terra del detto monsr di Ligni, et dice ch'esso non ne ha udito dir niente.

Nè mi occorrendo altro, lor bacio humilmente la mano.
Di sotto San Disir, alli 20 di luglio 1544, a mezza hora di notte.
La lista de' Thedeschi morti la mando in thedesco perchè non ho havuto tempo di farla tradurre.
Sono in tutto morti et feriti 250.
Li bisogni non so quanti siano.
Di V., etc.

Camillo Capilupo,

ÉTAT NOMINATIF DES MORTS ET DES BLESSÉS DU TERCIO DE LUIS PERES

Compañia del capitan Geronimo Durea

El señor capitan don Geronimo Durea,	herido.	Luis de Manjon,	mal herido.
El alferez Pero Negro,	—	Pero de la Costaña,	— —
Francisco Maldonado,	mal —	Andres Prieto,	— —
Carrion,	—	Gordo Inela,	— —
Antonon de Torez,	—	Pedro de Baeça,	—
Francisco Sanchez,	—	Migel de Henares,	— —
Diego Aldrogo,	mal —	Rodrigues,	— —
Mechior de Torez.		Pedro de Toro,	
Castoverde,	— —	Espinosa,	
Francisco Ruyz,	— —	Francisco Hernandez,	muerto.
		Mena.	

Despues aca(h)an parecido estos en la compañia de don
Geronymo Durea

| Francisco Ruys, | muerto. | Cristoval, | herido. |
| Cisneros, | herido. | Lope Garcia, | mal — |

Los que son heridos y muertos de la compañia del capitan
Antonio Morenno

Alonso de Cordova,	herido.	Christoval Rodrigez,	herido.
Juan de Ayton,	—	Benito de Oviedo,	—
Juan Carrillo,	—	Francisco Palomar,	—
Gregorio de Rrufrancos,	—	Diego de Cavallos,	—
Antonio Maldonado,	—	Miguel de Salinas,	—
Juan Morcillo,	—	Pedro Tajonar,	—
Jines Civera,	—	Juan Mateo,	—
Francisco Muños,	—	Sabastian de Navarrete,	—
Juan de Basurto,	—	Juan Jimenez,	—
Juan Cerdan,	—	Juan de Sahagun,	muerto.
Juan de San Martin,	—	Diego de Hulata,	—
Pierriz Dastariz,	—	Miguel de Cairada,	—
Pedro Martinez,	—	Juan Navarro.	—

Memoria de los muertos y eridos de la comp* de Pagan

Pri^{mente}	el capitan, herido.	Cristobal de Medina,	muerto.
El alferez,	muerto.	Viberos,	herido.
Tomas Riguelme,	herido.	Vrigo,	—
Carote,	—	Domingo de Abrego,	—
Moyano,	—	Millan de Abrego,	muerto.
Harieta,	muerto.	Nerla,	herido.
Bution,	—	Diego Hernandez,	muerto.
Arraga,	herido.	Juan Gariga.	herido.
Olibas,	—	Juan Garcia.	—
Miranda,	—	Jaca,	—
Castillo,	—	Requena,	—
Juan de Arbibe,	—	Juan Palao,	—
Martin Pasqual,	—	Juan Murao,	—
Floies,	—	Diego Lopez,	muerto.
Nofre Gabilanes,	—	Miranda,	—
Julian de Medina,	—	Juan de Salazar,	—
Battista.	—	Juan Cibello,	herido.
Pedro Prieto,	—	Alonso Muñoz,	—
Hontiberos,	—	Martos de Montoya,	—
Janbrana,	—	Pedro de Azpeleta,	—
Juan de Villalon,	—	Jynes de Quesada,	—
Francisco Hernandez,	—	Hernando de Quintana.	muerto.

CAMILLO CAPILUPO AUX RÉGENTS DE MANTOUE

Relacion de los soldados muertos y heridos de la compᵃ del capitan Ge^{mo} de Guijosa

Pedro Marquina,	muerto.	Juan del Valle,	herido.
Juan de Arjona no parece y fue a la bateria.		Juan de Morales,	—
		Juan Lopez,	—
Geronimo Calabres,	muerto.	Juan de Pamesa.	—
Myguel de la Casa,	herido.	Miguel Sardo,	—
Bernardino de Mercado,	—	Miguel Hitos,	—
Diego de San Cristobal,	—	Juan Ryco,	—
Juan de Castilla,	—	Balcaçar,	—
Baldenebro,	—	Myguel Ruyz.	—
Juan Cortiz,	—		

Los heridos y muertos de la compañia del capitan Ganboa

El capitan Ganboa,	herido.	Francisco Guomez,	herido.
Su halferez Diego Cottiz,	—	Francisco de Miranta,	—
Su sargento Villasirga,	—	Juan Balenciano,	—
Nuño de Soras,	—	Guomez Rodriguez,	—
Martin Hernandez,	muerto.	Miguel Maldonado,	—
Alonso Cotiz,	herido.	Geronimo Syera,	—
Pedro de Coria,	—	Alonso Guarobo,	—
Floran,	—	Geronimo de Coropesa,	—
Cristobal Rrodriguez,	—	Miguel Martinez,	—
Juan de Munguia,	—	Coihoa de Uelguara,	muerto.
Juan de Huribe,	—	Alonso Rrodiguez,	herido.
Santesteban,	muerto.	Domingo de Camora,	muerto.
Diego Lopez de Harieta,	herido.	Miguel Carbonero,	herido.
Francisco de Balderas,	muerto.	Marcos Goncalez,	muerto.
Francisco Ais,	—	Pero Hernandez de Barrios,	herido.
El alferez Leyba,	herido.		

Compañia de Tarifa

Redondo,	muerto.	Juan de Guxillo,	herido.
Pedro de Gesalas,	—	Juan Dangulo,	—
Juan Mateos,	herido.	Raimundo de Villamayor,	—
Belasco.	—	Alonso des Sagund,	—
Fabian de Poyatos,	—	Francisco de Solana,	—
Alonso Rodaguez,	—	Pedro Moreno,	—
Santiago de Paredes,	—	Diego de Gallegos.	—

Los muertos de la compᵃ de Mardones y los heridos son los sigientes

Los muertos.

Francisco de la Rua,	Pedro de Xerica,
Juan Luys de San Pedro,	Geronymo de Palencya,

39

Goncalo de Caceres,
Juan de Azpetia,
Juan Ramero,

Vartolome de la Huerta,
Pedro Tomas,
Agostin Holiva.

Los heridos.

El sargente,
Pedro de Mendoza,
Gaspar de Salazar,
Geronymo de Salinas,
Unaldyno de Salinas,
Otro Pedro de Mendoza,
Juan de Salazar,
Alonso Duran,
Alonso de Ruede,
El caporal Salzedo,
Juan de Ugara,
Pedro de Castro,

Gaspar de Trugillo,
Alonso Herero,
Juanes de Cariaga,
Juan de Turnegano,
Sancho de Vermeo,
Andres Melgizo,
Vyllasante,
Lara,
Cosme de Salzedo,
Cosme de Cordova,
Juan Salazar,
Salbatiera.

De la compañia de Aldana

Pasqual Aragones,
Juan Pardo,
Huesta,
Juan de Paxares,
Rodrigo de Lobera,
Cisneros,
Aguilera,
Juan Balenciano,
Pedro de Callar,

Miguel de Leon,
Medrino,
Francisco Gueco,
Diego Perez,
Pedro de Aria,
Juan de Nebreda,
Alderete,
Ruiz Garcia,
Luca de Campobaces.

Los muertos y eridos de la comp^a del m. de campo Luys Prez de Bargas son los seguientes

Los heridos.

El m. de campo Luys Perez,
Mondragon,
Penado,
Sotomayor,
Andres de Montes,
Hernando de Ayala,
Anton Barrenotos,

Pedro Sanchez,
Juan de Canbray,
Carreno,
Amoroso,
Juan Soler,
Julian de Camora,
Amaro Aznarez.

Los muertos.

Pedro Dubia,
Diego de Nabarrete,
Pineda,

Uneda,
Anton Sanchez.

CAMILLO CAPILUPO AUX RÉGENTS DE MANTOUE

Los muertos hieridos (y heridos) de la compañia de don Gillen son estos

Cereseda,	herido.	Juan de Alvir,	herido.
Rosales,	—	Hernandez,	—
Don Pedro,	—	Marco Hernandez,	—
Mateo,	—	Anton Navarro,	—
Fernandez,	—	Domyngo Vizcayno,	—
Davon,	—	Juan Martinez,	—
Muñoz,	muerto.	Lope Vizcayno,	—
Crispo,	—	Morat	—
Domyngo Lopez,	herido.	Mateo Laneyez,	—
Errera,	—	Quesada,	—
Garcia Ruyz,	—	Moya,	—
Alonso Gomez,	—	Martinez,	—
Pedro,	—	Juan Duarte,	—
Bartolome Arso,	—	Mygel Navarro,	—
Escobar,	—	Juan Frontin,	—
Perez,	muerto.	Juan Rondes.	

Fuera de estos faltan ocho o diez et no se sabe que sean [h]echo.

ÉTAT NOMINATIF DES MORTS ET DES BLESSÉS ALLEMANDS

Verzaichnet todt und geschossen Knecht so onter Cristoffen Nögelin ligen

Todt

Hans widman von merspurg.
Jerg von Graffenwerdt.
Jerg Durn von partekirch.

Bestÿ von Kitzbihel.
Hans getz von wassertrüdingen.
Jerg wessnitzer.

Hart geschossen

Der vendrich Bartholme von augspurg.
Hans maÿr von aug (spurg) waÿbl.
Hans Lÿssi von fieret.
Lorentz haubenschmidt.
Bernhardt Deÿbler.
Hans herrner von ernperg.
Gabriel rissel.
Jerg Kon.
Hans schneweis.
Vest rauch.
Jerg esslinger.

Mathes ott.
Jerg wiest.
Jacob Schwartznburger.
Graff eÿttelfriderich zu hochen zoren ist todt.
Fenderich geschossen
Veÿt vom surgenstain.
Hans mach.
Jorg huober.
Caspar von bada.
Hans Jacob fetzer.

Hans Clusmar.
Mychel feÿel ist todt.
Bernardt megler.
Stoffel schindele.
Caspar Kÿlmaÿr.
Claus Kienle von wurtza.
Urban Kÿeffer.
Theÿs sunderhaintz.
Jacob scholder.
Bastion Kiebler, todt.

Conrat schmÿdt.
Hainrich von myndert, todt.
Hans Ruodolff.
Hans Resle von Rotenborig.
Lÿp Reÿser von der scher.
Sÿmundt Leÿtermut.
Claus Stainmetz.
Lienhardt von veldtkiercb.
Iocham burster, todt.
Jorgle von weÿller, todt.

Diss sind die gestorbne Knecht

Hauptman Cortwille.
Veit Koch von stainekirch.
Petter sachs von Nürmberg.
Bappendick.
Jörg Maier von forchen.
Petter Miellich.

Lorenntz von Dressen.
Lienhart Reichert von Barait.
Hanns stauber von feichtwang.
Michell gebhart von Kitzingen.
Hanns tagner von Meron (Meran?)
Bartlin Baier von Ulm.

Diss sind geschossne Knecht

Der fenderich
Anthonÿ plondell.
Anthonÿ liechterfelt.
Herrman Kelbell.
Dietterich schnelling.

Hainrich hilleman.
Wolff weis von Kemade.
Hanns pickell.
Hanns hiebner.

Todt

Hansz Mair von pottmair?
Haintz sturmer von Nürmberg.
Melcher Stettner, trumelschlager.
Endres mur von Kitzing.

Melcher wegner von lohenstain.
Hansz pock von Rora (Rom?)
Rubrecht schneÿder von Nürmberg.
Hansz hauff von diettenhoffenn.

Verwundt

Jheronymus von hall, haubtman.
Fabiann berleinfein, vendrich.
Melcher von pfullendorff, veltwaybell.
Hansz Rietter von Nürmberg.
Hansz möchell von —
Thoman von baÿrreutt.
Peter vogck von morspach.
Schaff von altznaw.
Haintz appell von furt.
Carlein Saÿller von wangnen.
Jorg Eÿfflender.
Walthas lelein von Magdorff.
Hansz bischoff von Nürmberg.
Henszelein von bischoffsham,

Blessius gunstell von freÿberg.
Jobst apt von pfullendorff.
Philip Seitz von Iglein.
Hansz prembs von Aÿstatt.
Bastlein von berlin.
Cuntz hainlein von Meckenhaussen.
Jorg schneÿder von Nürmberg.
Wilhelm jordann von winszham.
Maximilian von Riett.
Merten schaller von Meuingen.
Stoffell graman von ambstetten.
Walthas Mair von Elwangnen.
Hansz hoffman von Koburg.
Hansz Rupffell von willer.

Diettrich Schwimb.	Sebolt gross von Nürmberg.
Veitt hoffman von folcka.	Bastlein Saltzbürger von amberg.
Gregor von wittenberg.	Hansz Mülner von bamberg.
Hansz schwarzpeck von haÿlsprun.	Hansz Mülner von bersa.
Linhart pupp von Nürmberg.	Hansz schwartz von otting.
Jorg wolff schwerhin,	Hansz scheffler von lindenn.
Mertein Rull von ochsenfurt.	onder
Hainrich von hoff.	Jheronÿmus von hall.

15.

Sous Saint-Dizier, le 22 juillet 1544.

Reverendissimo et Illustrissimi Signori
et Patroni miei Osservandissimi.

Per uno messo che veniva a Messe et indi ad Agosta scrissi l'altr' heri a V· Reverend^{me} et Illustris^{me} Signorie et lor mandai la nota de' morti et de' feriti all' assalto di San Disir, li quali ponno essere in tutto da mille o poco meno.

La morte del Lalandra che l'altro anno era in Andresi, venuto già alcuni dì in San Disir, pare che pur si verifichi per molti prigioni che in più volte sono stati presi da' nostri della compagnia di mons· di Ghisa et del colonnello Botton, appresso a' quali è la medesima nova, nè la dissimulano. Dicono esser morto sopra una seggia sopra la quale si haveva fatto portare alla batteria, o che fusse ferito prima, o che havesse altro male, o che quel giorno l'artiglieria l'amazzasse. La sorte della morte non sanno certa, ma dicono esser lor ita la nova della morte.

Heri furono preso da 10 over 12 soldati qui presso in un bosco, li quali, venuti con tre insegne del collonello Botton per entrar se potevano 150 di loro nella terra, si erano smarriti per lo bosco. Questa mattina ne sono stati presi duo altri con un villano con una littera, ma la littera era d'amore di una donna, che scriveva ad un suo amico...

Heri Sua Maestà ordinò al marchese di Marignano che facesse consignare due colubrine ad un certo Fedirico, suo mezzo ingegnero, il quale prometteva di collocarle in un certo loco dove haveria fatto gran danno a nemici. Come le hebbe, le collocò allo scoperto et al traverso in parte dove venne una canonata di que' di dentro che ne ruppe una al traverso.

La nova trinzea che si fa già è condotto presso alla fossa per diritto 40 passi; diman mattino sarà nella fossa, et fra quattro giorni, se il tempo non interrompe, credo si potrà dare l'assalto, benchè si faccia conto di andar sotto alle mura o per dir meglio al belluardo di terra con le zappe et tagliarlo a traverso. Di che accortisi e nemici, pensando forse non poter ciò vietare, per quanto si può conietturare, hanno incomminciato a ruinar case, et si stima vi facciano un poco di piazza all' incontro...

Di sotto San Disir, alli 22 di luglio 1544, ad hore 2 di notte. Di V., etc.

Camillo CAPILUPO.

16.

Sous Saint-Dizier, le 25 juillet 1544.

Reverendis^{mo} et Illustris^{mi} Signori
et Patroni miei Osservandissimi.

... Le avisava anchora la morte, verificata per prigioni francesi, del capitano Lalandra, il quale era in San Disir, della qual morte più non si dubita, et si ha per fermo che uno pezzo di artiglieria gli levò la testa in camera dove infermo sopra una sedia sedeva; et di una colubrina nostra che Francesi con una loro ci havevano rotta; et come gli alloggiamenti si erano in parte mutati, havendo posti i bassi Alemani verso levante, per testa della terra, dove già scrissi essere una certa bassa, nella quale buon novero di gente si haveria puotuto ascondere, et ciò si è fatto per vietar più sicuramente il soccorso che que' di dentro aspettavano.

... L'ill^{mo} sig^r don Ferrando, come scrissi loro già alcuni dì, fin da principio che qui venimmo ad alloggiare sotto San Disir, hauto aviso da uno prigione che Francesi, li quali erano in Vitri, erano usciti per venir a porre gente in questa terra, hebbe animo di mandare a pigliar Vitri, con speranza che nel ritorno dovessono poi anco rompere le genti uscite, se in quelle si fussero incontrati, et a questo fine già haveva fatto armare il sig^r don Francesco con tutti i cavalli leggieri; ma la discordia, come allhora scrissi, non lasciò haver effetto il suo buon discorso, che convenne lasciar l'impresa. Sopra ciò fur vari mormoramenti per l'essercito presso di coloro che non sapevan la cosa, et dipoi anco nella corte, parendo a tutti strano che in Vitri, loco non forte, stessero genti francesi, che ogni dì ci togliessero le vittovaglie e'i bagagli senza resintirsene : onde quasi ne mordevano publicamente Sua Eccellentia, la quale haveva ciò più a petto che niun' altra cosa, per la importanza ch'ella era. Ma essendo già stato scoperto il suo pensiero, per lo che stavano Francesi sempre con le selle sopra i cavalli, imaginò, col fare il negligente et col lasciarli invaghire di qualche carriaggio nostro, di indurli in una securezza che poi lor dovesse costare, come ha fatto. Perchè toltici hoggi et dimane et l'altro qualche bagagli, erano venuti si insolenti che venivano a sturbare i nostri saccomanni quasi negli alloggiamenti et così sicuramente se ne tornavano et stavano in Vitri come se fussero stati essi padroni dalla campagna.

Hauto adunque aviso Sua Eccellentia, per quelli che l'altro heri scrissi essere stati presi nel bosco, havendo essi smarrita la via, come Francesi designavano di porre ad ogni modo gente nella terra et ispetialmente un capo, il qual doveva essere San Pietro Corso, per esservi mancato Lalandra, et hauto aviso che quelli dietro a'quali scrissi essere cavalcato il duca Mauritio erano ritornati l'altr' heri in Vitri, Sua Eccellentia si persuase che overo vi si dovessono riposare havendo i cavalli stracchi, o che dovessono venir questa notte passata, riposati heri, a porvi dentro le genti. Pertanto con l'imperatore ordinò che heri su l'imbrunire il sig^r don Francesco con tutti i cavalli leggieri e burgognoni et italiani che ponno essere da 600, e'l duca Mauritio con li suoi, e'l marchese di Brandimburgo, e'l conte di Fustimbergo con tutte le sue genti, cavalcassero a Vitri, con quattro pezzi di artiglieria et vittovaglia et altre monitioni, per assaltar la terra, et che il sig^r don Francesco passasse innanzi con li leggieri acciò che abbandonando i nemici la terra ei si trovasse all' incontro loro; et Sua Eccellentia ordinò poi il resto de' cavalli et dell' essercito qui intorno alla terra, di modo che se fussero venuti per soccorrerla sariano stati i mal venuti. Ella con mons^r le Grand armata è stata tutta notte in un piano verso settentrione presso alla terra, dalla qual parte, più tosto che d'alcuna altra, si stimava che dovessono venire. Qui dunque noi se ne stemmo fin ad un' hora di sole, che Sua Maestà ci mandò a levare, senza sentir altro che moschettate, le quali tiravano que' di dentro alle trinzee, perchè era si scuro che non ci potevano veder noi.

Il sig^r don Francesco et gli altri signori con l'ordine già detto cavalcorno. Furono Francesi, per quanto dipoi han detto, avisati la sera a due hore di notte del movimento del nostro essercito; ma già per longo uso assicurati, non ne fecero molta stima. Tuttavia 300 cavalli ch'erano fuor di Vitri, ad un certo villaggio aperto, non troppo ben sicuri, insellaro i cavalli, ma non si mossero, aspettandone qualche altro più certo aviso, perchè questo nostro essercito è pieno tutto di loro spie: il qual secondo aviso non puotè lor andare, perchè ciò imaginandosi Sua Eccellentia, subito mandò a porre le guarde a i passi, di maniera che nostri aggiunsero a questo casale che nemici erano anchora negli alloggiamenti, onde pochi ne camporno che non fussero o morti o feriti o prigioni; eranvi fra gli altri Michelangelo, Romano, il quale si dubita che sia preso, et la compagnia di mons^r di Lagne. Andò il rumore a Vitri, che non vi è molto discosto: onde mons^r di Brisach, monsig^r di Sansach et Pietro Corso con molti altri capitani deliberorno di levarsene et salvarsi. Il sig^r don Francesco, avvertito che se ne uscivano, non andò a Vitri, ma cavalcò al vantaggio dove dovevano andare verso Salon, et aggiunse in un certo loco buono, per lo quale non erano anchor passati i nemici; mandò a sollecitare il duca Mauritio che cavalcasse con le genti d'arme et s'elle non potevano essere si presto, che mandasse almeno que' suoi schioppi a cavallo de' quali all' usanza thedesca ne ha assai buon novero. Fra tanto Francesi incomminciorno ad arrivare, cioè i cavalli, fra quali il sig^r don Francesco diede sotto spalle di que' che venivano, tutto che non havesse allhora con esso lui più di 150 cavalli. Da principio Francesi, per quanto intendo, non parve che lo stimassono, ma dipoi veduto uno groppo da lunge di genti d'arme si misero in fuga verso la fanteria loro, cioè verso la retroguarda, perchè già Italiani, ch'erano avanguarda, erano passati, con sei insegne et con molti bagagli, il fiume. Era retroguarda mons^r di Poton con quattre insegne, le quali, turbate prima da lor cavalli istessi, furono dipoi dal sig^r don Francesco, che animosamente le penetrò, et da gli archibugi a cavallo del duca Mauritio, che poi aggiunsono, rotte affatto, et parte morti et feriti, parte presi. Li cavalli che erano più di 400, de' quali era capo, come ho detto, Brisach et Sansach, passorno per la maggior parte sicuri; tuttavia molti ve ne rimasero morti et prigioni. Le quattro insegne di Poton, o per dir meglio tre sue et un'altra, la quale non sapiamo anchor certo di cui fusse, si guadagnorno. Il duca Mauritio e'l marchese di Brandimburgo, ch'erano con le genti d'arme, in questo si portorno bene, benchè fussero un poco pigri al soccorrere, che veduto già nemici da cavalli leggieri rotti, si formorno in duo squadroni sopra duo colli, per lasciar la preda a chi si l'haveva guadagnata. Le fanterie, con le quali era il conte Guglielmo, e'l sig^r Giovan Battista Castaldo, mandatovi da Sua Maestà per chè di punto in punto l'avvisasse del successo, non arrivorno a tempo. Si può adunque dire che tutta l'impresa sia stata del sig^r don Francesco et de' cavalli italiani, fra quali era perciò mons^r di Disse con la sua compagnia che è di 200 cavalli ben in arnese. Sono morti et presi de nemici, per quanto ha detto il marchese di Terranova, venuto a portarne la nova a Sua Maestà perchè era ito col sig^r don Francesco, intorno a mille et più tosto più che meno, et hanno guadagnato i nostri assai bene. Se gli homini d'arme premevano o per dir meglio se più gagliardamente cavalcavano, nè Brisach nè Sansach nè alcuno d'essi campavano. Non si sa di persona alcuna segnalata che sia presa o morta anchora. San Pietro Corso, che rimase dopo gli altri con circa 12 archebuggieri a cavallo, fornita tutta la zuffa, prese il sig^r Alfonso Bisballo et poco mancò che non pigliasse il marchese di Terranova e'l capitano Scipion di Genaro, li quali tutti tre insieme, fornita già l'impresa, si erano allontanati da gli altri presso al fiume, et sopra di loro che non se ne avvidero arrivorno da 12 archebuggieri, fra quali quel di Genaro dice che vi conobbe San Pietro, et presero il predetto Bisballo; questi fu preso anco l'altro anno col sig^r don Francesco, et perchè è povero pagò da 100 scudi; non so come farà hora.

Sono ridotti da 400 fanti francesi o italiani che si siano in una chiesa assai forte et pare che si voglian difendere. Il sig^r don Francesco ha mandato da loro uno trombetta, nè si hanno voluto rendere; ha mandato a torre duo pezzi di artiglieria et due insegne thedesche. Penso che tutti vi gli arderanno dentro o taglieranno a pezzi, nè è da dubitare che il conte di Fustimbergo gli manchi per ruinare et arderne insieme la chiesa co' santi, da che suoi soldati a Ligni si unsero li stivali d'oglio santo. Sua Maestà ha scritto là a que' signori che veggano se in quel loco si puotesse tenere o farvi qualche forte facilmente da potervi tenere, per la impresa di un giorno almeno, da otto o x insegne, perchè ciò molto importerebbe alle vittovaglie.

La trinzea nova non è anchor condotta sulla fossa per lo mal tempo che va. Io ho una camicia di lana, le maniche di maglia, uno lastrino et un saglio di panno, et ho fresco, et ogni dì piove; mi aguro haver delle pelli, che fra un mese dubito che agghiacciaremo.

È morto il capitano Zuccarata che fu ferito all'assalto, et sta malissimo don Alfonso, capitano de' bisogni, et da quattro giorni in qua sono morti, de' feriti, più di 40.

Nè mi occorrendo altro, lor bacio humilmente la mano.

Di sotto a San Disir, alli 24 di luglio 1544.

Fin hor che ne habbiamo 25 et è hora di desinare, non è venuta altra nova delle genti che sono a Vitri.

Di V., etc.

Camillo Capilupo.

P.-S. — Havevano Francesi preso heri mattina i muli del principe Massimiliano et di quelli del sig^r don Ferrando; ma furono quasi subito da certi pochi Spagnuoli con archebugio, senza haver pur foco, recuperati, et di ciò fu causa che Francesi, li quali li havevano presi, udirono l'artiglieria a Vitri e'l rumore che si fece, la qual artiglieria fu tirata per dar segno della presa di Vitri et della felice vittoria. Hanno ritrovato nella terra vino assai onde Thedeschi vi sguazzano.

È ferito de nostri, ch'io so, messer Marcello, scalco del l'ill^{mo} sig^r don Ferrando, di due archibugiate, una in una coscia, l'altra nel busto, ma non so in qual parte; messer Federico Cauvriano, il quale anch'esso era ito a quella impresa col sig^r don Francesco, è restato ad haverne cura fin che Sua Eccellentia il manda a levare; et mons^r. d'Alvino, Fiammengo, gentilhomo della bocca del l'imperatore, ha una archibugiata nella gola.

Hor hora è venuto aviso come hanno tagliato a pezzi tutti quelli ch'erano in quella chiesa ridotti, li quali erano Guasconi et la maggior parte Italiani, fin al numero di 300, che non n' è pur campato uno. Il sig^r don Francesco ne voleva salvar non so quanti che conosceva, ma non vi è stato ordine. Era nelle compagnie italiane quella del conte Troilo da San Secondo, ma non so certo s'ei vi fusse, et per mala sorte era nella retroguarda et, per quanto ho inteso, a lui era tocco, cioè alla sua compagnia, esser alla guarda della porta di Vitri, dove molti ne fur presi. Per non esser venuto anchor soldato alcuno, non ho puotuto intendere che sia di lui.

Data dopo desinare, alli 25 di luglio.

Ce P.-S. appartient à une dépêche du 26 juillet.

P.-S. Hor hora è venuto nova come il povero messer Hercole Nuvolone, il quale era prigione in quella chiesa dove si erano ridotti que' 300 Francesi, è stato amazzato da Thedeschi per esser egli uscito fuora per capitolare per nemici, li quali Thedeschi havevano deliberato di amazzar tutti per haver essi ferito il conte di Fustimbergo di due archebuggiate, le quali non sono perciò di momento. Hanno adunque arsa la chiesa et uccisi quasi tutti; pochissimi ne sono campati. È rincresciuto fuor di modo a Sua Eccellentia della sua morte e a tutta la corte; ha mandato il Bardelone affar inventario delle sue robbe.

Il sig[r] Alessandro si è portato benissimo et la sua compagnia ha guadagnato duo stendardi et due insegne, et fra questi è lo stendardo di Brisach, il quale Brisach era stato preso da un gentilhomo di Sua Maestà, ma per esser mal vestito il lasciò et corse a pigliar un altro che era poi suo servitor.

17.

Sous Saint-Dizier, le 29 juillet 1544.

Reverendissimo et Illustrissimi Signori
et Patroni miei Osservandissimi.

… Heri mattino l'ill[mo] et eccel[mo] signor Ferrando fece spiegare alle nostre trinzee le insegne guadagnate all'impresa di Vitri et dipoi mandò uno suo trombetta a que' della terra affar lor intendere come non bisognava che più aspettassero soccorso; perciò li esshortava a rendersi a l'imperatore presso il quale Sua Eccellentia haveria veduto di intercedere mercè per loro. Essi risposero che sapevano bene quelle insegne essere quelle guadagnate in Ligni, et benchè fusse perduto mons[r] di Brisach, ch'egli era picciol signore et ch'essi non aspettavano da lui il soccorso, ma da le loro istesse braccia et dal lor re, il quale sapevano che fra poco verrebbe con cinquanta mila persone a soccorrerli. Per tanto volevano vivere et morire al suo servitio, et che Sua Eccellentia si apparecchiasse pure al novo assalto, ch'essi si difenderebbono…

Di sotto San Disir, alli 29 di luglio 1544.
Di V., etc.

Camillo CAPILUPO.

18.

Sous Saint-Dizier, le 30 juillet 1544.

Reverendissimo et Illustrissimi Signori
et Patroni miei Osservandissimi.

Questa notte Sua Eccellentia è stata alle trinzee fin presso a mezza notte; vi si sono piantati i gabbioni non per battere, ma per alzar il cavaliere, il quale va alto anchor da sei braccia perchè il loco dove si fa non è molto alto di natura. Mentre noi eravamo lì a veder lavorare al cavaliere, uscirono parecchi soldati della terra, et vennero alla bocca della trinzea che si fa, et vi gettorno dentro alcune pignate di foco, et tutti ad un tempo gridando all'arme assalirono di sopra via còn sassi et con aste la trinzea. Eranvi nella bocca il marchese di Marignano, il capitano Aldana, e'l capitano don Garzia, li quali bisognò che si retirassero; ma vi rimase ferito sulla testa don Garzia o da sasso o da labarda, ch'io nol so anchora. Se venivano queti et non gridando, li accoglievano tutti tre a lor modo, perchè la sentinella non li vide. La bocca della trinzea è sotto a quattro piche; ma tanto si va torcendo et vi si fanno i seni si spessi perchè ogni tratto si scopre, che non si può far molto lavoro. Aviso che non fecero altro male, che l'ill^{mo} sig^r vicere, in quel punto perchè que' di dentro non havessono da udir il rumore nè molestare que' che piantavano i gabbioni, commandò che tutti gli archebuggieri salissero alla trinzea et continovamente tirassero, onde a quelli usciti udita la salva parve un punto mille anni di salvarsi.

Alli 30 di luglio. Di sotto San Disir.
Di V., etc.

Camillo Capilupo.

19.

Sous Saint-Dizier, le 2 août 1544.

Reverendissimo et Illustrissimi Signori
et Patroni miei Osservandissimi.

... Venne l'altr' hieri fora uno guastatore della terra fuggendo giù per la batteria, al quale Francesi scaricorno di molte archebuggiate. Fu preso da' nostri et condotto da Sua Eccellentia et poi da Sua Maestà. Egli dice esser fuggito perchè moriva di fame, che dentro non vi hanno vino et poco grano, et che non vi hanno se non duo molini da mano che non ponno supplire al bisogno, li quali sono ben piccioli, et che non hanno polve, tuttavia che havevano pur trovato del salnitro et fattone un poco. A me pare che questi signori gli dian fede perchè l'hanno trattato e'l trattano bene, nè il tengono molto distretto; ma io credo sia stato cacciato fuora ad arte et forse per indurre questa opinione in questi signori di voler haver la terra per assedio per dar più spatio al re di mandar soccorso, conoscendosi forse mal atti di difendersi per carestia di polve et di gente dandovisi l'assalto di novo, perchè et questo et un altro paggio ch'era mandato fora con una ziffera dicono che nell' altro assalto fra morti et feriti non fur meno di 4 overo di cinquecento...

Alli 2 di agosto 1544.

Di V., etc.

Camillo CAPILUPO.

20.

Sous Saint-Dizier, le 7 août 1544.

Reverendissimo et Illustrissimi Signori
et Patroni miei Osservandissimi.

... Il dì innanzi Sua Eccellentia, ita alle trinzee, fece assettar l'artiglieria et giustarla al parapetto delle mura, et la notte, poi tornatovi, fece dare un allarma grosso et da quella parte scaricar tutta l'archebugieria per far correre que' della terra alle difese; poi tutto ad un' tratto fece dar foco all'artiglieria, la quale si crede che molti ne amazzasse.

Uscio alli v della terra per la batteria o per dir meglio saltò giuso uno capo di squadra di que' di dentro con l'archebugio et con una banda rossa, il qual preso da' nostri disse esser fuggito per haver ucciso uno. Questi referisce che vivono già alcuni dì a pane et acqua, et che danno 2 pani non molto grossi al giorno per soldato, et che hanno carestia di polve et di palle; tuttavia che hanno trovato un poco di salnitro et che fanno della polve, et che adoprano dello stagno per far palle d'archebugio, le quali sono pericolose di farli crepare; in effeto si vede che tirano più rado che mai, et dice non esservi entrata altra polve che quella che portorno quella notte que' 14 o 16 cavalli. Circa il difendersi, ch'essi non fanno fondamento sul belluardo che noi battimmo et sopra il quale facciamo il nostro cavaliere et che l'hanno messo per perduto; ma hanno fatto di dentro una fossa larga con suoi fianchi et poi un' altra fossa più picciola con altri fianchi et con un cavaliere che batterà il lor belluardo, et hanno fatto nelle fosse parecchi pozzi, si per le mine che intendono noi fare, come per far più difficile il transito, et dice che que' di dentro sono avisati di ciò che si fa da cinque Alemani del nostro campo, li quali gettano dentro lettere legate a sassi. Si stima che siano di quelli di Fustimbergo stati altre volte con esso lui in Francia col re. Esso, senza tormento, diceva ciò che sapeva et è homo che può saper delle cose assai et per conoscenza di sè dava molti de' nostri soldati che il conoscono. Sua Eccellentia ordinò che fusse menato al alcairo, che li desse cinque tratti di corda et l'interrogasse per chiarirsi se fingeva le cose o no. Il Castaldo ha molto hauto ciò per male, perchè dice questo esser uffìcio del maestro di campo di interrogar soldati per conto di guerra, nè si è mosso per questo solo, ma perchè dice che di tutti gli altri prigioni si è fatto il simile, et per altre cause.

Dopo desinare venne fora un tamburino con alcune lettere a mons.r di Dissè da un nipote di Scenè detto mons.r di Sternè, suo nipote et suo locotenente delle 50 lancie che haveva hauto dal re, con le quali è qui dentro et all'assalto si è portato benissimo; il pregava per esser Dissè lor parente a darli aviso di Scenè et gli lo raccommandava. Prima non volevano ascoltar nostri tamburri; hor essi ne mandano fuora de' loro, segno di volersi un poco domesticare.

È venuto il sig.r Mario Savorgnano, il quale ha condotto seco uno ingegnero che fa un ponte o scala pianissima da gettar alle mura in pochissimo spatio, sul quale anderanno di pari quattro archebugieri, armata da i lati di assi per difesa da gli archebugi. Questa sera sarà fornita et se ne farà poi un'altra.

Fu Sua Maestà heri a vederla andare; sarà buona da gettar anco sopra un fiume. Sono duo travi posti di pari, lontani più di sei braccia l'uno da l'altro, et invece di scaglioni intavolata da' assi che sono fra mezzo, et sopra questi ne sono duo altri ordini, li quali poi con artifici si urtano l'uno in capo dell'altro. Quelle faccian conto che siano tre scale larghe piane o ponti, come ho detto, una posta sopra l'altra, et che quelle di cima si pingano ambedue l'una sopra l'altra, si come stanno in capo dell'ultima, et poi la prima, cioè quella di cima, in capo della seconda; ma perchè, come ho detto, vanno armate di assi forti, la più bassa va più larga della seconda et questa più della terza perchè possano correre. L'ultima, cioè la più bassa, è longa presso di 20 braccia, et questa starà ferma; sopra essa sono duo rizzuoli o rotoli, uno per capo, a quali vanno accommandate alcune funi che tireranno alcuni che staranno a dietro in capo della scala o del ponte per pingere innanzi la seconda, et da ogni capo del rotolo è una croce (così la chiamo perchè non so il proprio vocabolo) alla quale appoggiati col petto alcuni homini o con funi aiuteranno a voltare essi rotoli. Et questa seconda scala può essere da 30 braccia, sulla quale sono rotoli simili; la terza è poi forse da 40 braccia; et le travi sono tutte di uno pezzo intere, ma poste non rimarranno più longhe di 60 piedi perchè nell'appoggiarsi l'una adosso all'altra molto se ne perde. La prima adunque starà ferma dove si pianterà; le altre due ascenderanno con gli homini armati al muro; la superiore, che è la più longa, ma più stretta, sarà netta di dentro da cinque braccia, la seconda sei, la terza sette, et benchè di pari non vi possano stare più di 3 o di 4 archebuggieri, ve ne potranno perciò stare più file, et i secondi si rimetteranno ne' primi, i terzi ne' secondi et così di mano in mano, et sotto alla longhezza delle scale vi potranno stare coperti di molti homini et sicuri, perchè nemici non vi havranno fianchi. In capo della prima scala superiore, sarà uno parapetto armato forse di matarazzi et coperto a guisa di galera et forse di corio fresco di bue, per resistere al foco : il qual parapetto, ascesi che siano e soldati alla cima, si potrà calare et sarà scala per discendere. L'edificio è bello et agevole assai, et più sarebbe se i legni fussero secchi. Non si sa mo come riuscirà al bisogno; non di meno si crede che gioverà assai purchè non si scopra qualche fianco o cavaliere che il batta.

Si è conchiuso di battere la terra da un altro canto, et quel Federico di Sua Maestà e'l conte Ugo da Cesenna ne haveranno la cura. Alle mine tutta via si lavora, ma danno poca speranza. Non si potrà combattere la terra di questi otto giorni anchora; si tarda, si per questi edifici et mine, come perchè hor che si è nella fossa con le trinzee, pochi vi ponno lavorare.

Questa sera sono aggiunti da 800 cavalli da monitione, et da 500 guastatori venuti di Fiandra...

Di sotto San Disir, alli 7 di agosto 1544, ad hore 22.

Di V., etc.

Camillo CAPILUPO.

21.

Sous Saint-Dizier, le 9 août 1544.

Reverendissimo et Illustrissimi Signori
　　　et Patroni miei Osservandissimi.

Hier mattino, cioè la notte di una o di due hore innanzi dì, fu dato uno all'arma molto grosso al qual corse etiamdio Sua Maestà e'l principe Massimiliano armati di tutto punto con la celata in testa, et vi la tennero fin ad un'hora di giorno, nè seppero per qual causa, perchè non fu visto alcuno; ma giovò forse perchè que' di dentro, pensando forse che fusse venuto soccorso et che fusse stato loro impedito, mandorno fora uno trombetta, il qual venne da l'ill^{mo} et ecc^{mo} sig^r Ferrando a dimandar salvocondotto per duo gentilhomini di que' di dentro, che volevano venir a parlarli di cose che gli sarebbono piacute; et venne in un punto che il padiglione del signore si era allentato et torto, onde fu tolto giuso per racconciarlo. Vedutolo così per terra, il trombetta ricercò al signore la causa, ridendo di ciò; Sua Eccellentia pronta rispose che il voleva far portare alle trinzee per uscirne tosto da questa impresa. Fu fatto adunque il salvocondotto, et vennero dopo desinare duo gentilhomini di età buona et di bonissima presenza : il più vecchio e'l più honorevole de' quali, cioè quello a cui toccò parlare, si chiama il sig^r visconte di Rivera, et l'altro mons^r di Asinera. Il ragionamento loro fu che mossi dalle buone parole et offerte da Sua Eccellentia già mandate lor fare in caso che volessero dare la terra a l'imperatore, quantunque in essi non fusse nè mancato l'ardire nè talmente le forze che non fussero anchor atti per buona pezza di difendersi, che non dimeno parendo ad essi di haver fin hora fatto tal servitio al re loro et essersi portati di maniera che et Sua Maestà non havrebbe cagione di dolersi di ciò che succedesse, nè l'imperadore causa di sprezzarli, erano venuti affarle intendere che sarebbono per darle la terra se trovassero honeste conditioni, come era già stato lor promesso.

Sua Eccellentia lor rispose che nel imperadore era tal bontà et pietà che quantunque le risposte da lor già date havessono hauto forza d'inacerbarlo, essendo perciò di sua natura più pronto al perdonare che al castigare, sperava di poter impetrar da lei buone conditioni qualhor anch'essi da quelle non si levassono et pertanto essi proponessono ciò che vorrebbono, che su quello direbbe loro ciò che sperasse di poter fare. Gli ambasciadori apersono una lista nella quale erano in lingua francese questi capitoli : che fra un mese non venendo lor soccorso darebbono la terra a l'imperadore salve le robbe et le persone et che se ne potessono andare a bandiere spiegate et condursene l'artiglieria, et che Sua Maestà, per tre mesi dopo data la terra, non vi potesse far lavorar dentro per fortificarla. Letto subito ciò, Sua Eccellentia li accommiatò, dicendo che l'imperadore soleva dare et non ricevere le conditioni et perciò non oserebbe a parlargli di questo, che se ne andassero et si difendessono bene. Se ne andorno dicendo che vi volevano morir tutti dentro. Nondimeno consultatisi meglio, sulla sera rimandorno addire a Sua Eccellentia, la qual allhor si trovava da mons^r di Granvela, che ritornerebbono fuora con altri partiti se le piaceva.

In quel medesimo punto venne uno trombetta nostro addire che era venuto mons^r di Tionville, il quale mandò Sua Eccellentia affar guardare in uno altro padiglione, acciò non vedesse que' della terra che ritornavano, et nel medesimo tempo vennero duo altri trombetti, uno di mons^r di Ghisa, l'altro di mons^r di Brisach, li quali furono mandati al padiglione del sig^r don Francesco per lo medesimo rispetto a guardarsi.

Venuti que' di dentro furono a questo, che fra 15 giorni darebbono la terra, salve le robbe et persone et l'artiglieria et di poter andare a bandiere spiegate; fu lor promesso di aspettare sei giorni, ma che l'imperadore voleva l'artiglieria, nè si parlò più de' tre mesi ne' quali non volevano che si fortificasse.

Essi non accettorno nè ricusorno il termine di sei giorni, ma presero spatio fin a questa mattina di rispondere; et così questa mattina, intorno alle xi hore italiane, se ne sono tornati et con que' primi venne Hieronimo Marino ingegnero, il quale mostrava se stesse a lui che a niuno patto si renderebbe perchè non sa che cosa importante gli stringa. In questo ragionamento secondo si rimase in questo, che lor si sarebber dati 8 dì di termine et che havessono lasciato l'artiglieria; del termine si contentorno, ma volevano ad ogni modo l'artiglieria. Alla fine Sua Eccellentia et mons^r di Granvela, che qui venne al padiglione del signore, si contentorno di lasciar loro duo pezzi et quelli che a Sua Eccellentia fussero piacuti, la qual cosa non accettorno perchè dissero non haver tanta autorità dal capo che è mons^r di San Serra, et percio dimandorno tempo di poterla andar a conferire, et che questa sera sarebbono tornati con la risolutione, et così si attendono.

Succedendo, come si spera, la deditione, daranno que' di dentro quattro statichi, quali Sua Eccellentia ricercherà, dal capo infuora. Dico quattro perchè tanti prima se n'erano dimandati, benchè hora più se ne vorebbono per più sicurezza, dubitandosi che il cap^{no} San Serra accortosi o dal re, al quale si concederà che mandi duo suo gentilhomini per avisarlo del tutto, avisato dello stratagemma et dell'inganno usatoli, non lasci per ventura perdersi gli statichi. Et lo stratagemma è stato questo, che intercette lettere di que' di dentro al re nelle quali dimandavano soccorso narrandoli le necessità in che si trovavano, si è lor risposto : che non puotendo far altrimenti et fra tanto spatio non venendo loro soccorso 'si diano con quelle meglior conditioni che potranno. Si che si stima che parte per le necessità che li stringono, come questi ambasciadori non niegano, et massimamente per le trinzee nostre et per lo cavaliere che li suffocano, et più, per quello che si stima, per nove trinzee che da duo giorni in qua si sono incominciate affare per battere dall' altra parte del belluardo battuto, si come già scrissi che pensava doversi fare, et parte per questo stratagemma et per le bandiere acquistate a Vitri delle compagnie che li dovevano soccorrere, già loro mostrate, siano venuti a darsi, et si stima che non poco gli habbia fatti affrettare l'andare e'l ritornare si spesso che hanno fatto da heri in qua, la parola di Sua Eccellentia uscitale così a proposito sopra il suo padiglione ch'era per terra, dubitando forse di havere fra uno o duo giorni l'assalto et di non poter poscia havere patto alcuno.

Ho voluto scrivere fin qui perchè succeduta la cosa non potrei poi haver tempo innanzi lo spaccio di scrivere il tutto. Per tanto facendo qui fine da che il foglio è pieno, lor bacio humilmente la mano.

Di sotto San Disire, alli 9 di agosto 1544, ad hore circa 18 italiane.

Di V., etc

Camillo CAPILUPO.

P.-S. — Hor hora che sono intorno alle 21 hore, si sono finalmente conchiusi i capitoli, li quali sono a questo modo : che per tutto domenica prossima che viene, que' di dentro daranno libera la terra non venendo fra tanto lor soccorso possente, cioè essercito che per forza faccia retirar il nostro et li soccorra, et se ne anderanno con duo falconetti, a bandiere spiegate, con lor robbe. Daranno fra tanto sei statichi, il nome de' quali non mi ricordo, ma fra essi sono uno di questi ambasciadori, et credo sia Asinera, et un figliuolo di mons^r di Longavalle, et uno porta insegna di mons^r d'Orliens. Perchè i capitoli non sono anchor affermati, ma già sono conchiusi et si scrivono, et affermati, subito Sua Eccellentia anderà da Sua..., et fra tanto potrebbe venir alcuno mandato o dal nontio o da altri, ho voluto mandar questa alla posta con uno dupplicato al nontio. Non mancherò poi fare un'altra police di quel più che intenderò. Nè mi occorrendo altro, lor bacio humilmente la mano.

Di sotto San Disire, alli 9 di agosto 1544.

Hora si va da Sua Maestà per fermare i capitoli.
Di V., etc.

Camillo Capilupo.

22.

Sous Saint-Dizier, le 10 août 1544.

Reverendissimo et Illustrissimi Signori
    et Patroni miei Osservandissimi.

... L'altr' hieri venne la mattina fuora il trombetta a torre salvocondotto per duo gentilhomini che volevano venir a parlare all' ill^{mo} et ecc^{mo} signor Ferrando; havutolo vennero essi anchora. Si partirono discordi perchè dimandavano partiti troppo honorevoli, a quali non fu dato pur orrecchio. Dopo desinare, meglio consigliatisi, ritornorno et vennero a più honeste conditioni. Ne fur lor offerte dell' altre, le quali non accettorno nè ricusorno, prendendo tempo di conferirle col lor capo. Onde hier mattino venuti, a quelle più si accostorno, ma volevano poter pure condur via l'artiglieria. Degli otto giorni di termine si contentavano; finalmente, ritornati dopo desinare, si conchiuse la pratica del modo che quelle vederanno per li capitoli che lor mando francesi. Non si sono fatti tradurre perchè non ci è tempo, che il segretario del signore pur hora mi li ha dati, et esso, occupato in altro, non li ha puotuto tradurre. La difficoltà et la differenza dell'artiglieria si accomomdò a questo modo. Si contentorno que' di dentro dia ccorciar il termine un giorno et ridurre gli otto in sette dì, et Sua Eccellentia si contentò di donar loro duo pezzi d'artiglieria.

Domenica mattina adunque che viene, che sarà alli 17 di questo, piacendo a Dio, si haverà la terra, non venendole soccorso di essercito campale che overo ci rompa o ci faccia retirare almeno due leghe;

di che non dubitiamo perchè non si ha nova che il re sia per uscire in campagna, non che aggiunger qui di questi otto giorni nè dieci. Fra tanto nè essi nè gli Imperiali lavoreranno; è conceduto loro di andare con tamburri et con le bandiere spiegate.

Hanno dato cinque statichi che vennero hieri sera; questa mattina verrà il sesto, che si sentiva, credo, hieri male, figliuolo di Longavalle. Monsr di Sternè, statico, molto mio amico, mi disse hieri sera quando venne, che puoteva essere da due hore di notte, che questa è la più forte piazza che sia a queste frontere e'l medesimo disse Hieronimo Marino, anteponendola a Salon, et mi disse che molto li stringean le trinzee e'l cavalier fatto fare da Sua Eccellentia et la nova via che si teneva con le seconde trinzee verso la man sinestra del belluardo. Si stimavano di dover havere l'assalto fra duo giorni o tre, et questo per una parola sola che accortamente all' improviso uscio da Sua Eccellentia quando la prima volta venne fora il trombetta per lo salvocondotto.

Il padiglione del sig^r Ferrando a caso era per terra per farsi acconciare; di che meravigliatosi il trombetta et ricercandone a non so cui, che gli era appresso, la causa, subito Sua Eccellentia che l'intese gli rispose haverlo fatto abbassare per mandarlo alle trinzee, che ne voleva homai uscire. Queste parole, il trombetta le referse : onde si affrettorno così di venire due volte al giorno a parlamento, et se non fusse stata la tema che non si scoprisse un altro stratagema di Sua Eccellentia di più importanza scritto nell'altre mie lettere, non credo si fussero lor fatte si buone conditioni...

Di sotto San Disir, alli x di agosto 1544, ad hore 10 italiane.

Di V., etc.

Camillo CAPILUPO.

23.

Sous Saint-Dizier, le 12 août 1544.

Reverendissimo et Illustrissimi Signori
et Patroni miei Osservandissimi.

Da ch'io non scrissi a V^a Reverend^{ma} et Illustris^{me} Signorie, che fu a li 9 et a x di questo, della capitolatione fatta con quelli di San Disir, della quale mandai lor copia, non è accaduto altro, eccetto che il figliuolo e'l genero di Longavalle et la Rocebaron, in cambio de' quali erano venuti altri statichi, se ne vennero l'altro heri, e i primi ritornorno dentro, nè alcuno d'essi ha un male al mondo come fingevano. Furono heri a desinare con mons^r di Granvela, questa mattina con l'ill^{mo} sig^r don Ferrando; dimane anderanno col sig^r don Francesco, l'altro con mons^r di Disse, et così non si lascierà loro increscere.

Heri venne uno trombetta da Salon per alcuni prigioni; dice che quelli signori vituperano molto questi che si sono resi. Il che dicendo io questa mattina ad alcuno d'essi, co' quali sto buona pezza del giorno, et meravigliandomi come si fussero così resi, essendo il loco forte, come dicono, et non havendo carestia di vivere, come non niegano, mi rispose che un giorno dopo la ricevuta della terra si sarebbe la causa, et che tenessi pur per certo che niuno d'essi haveva voglia di rendersi. Dipoi travalicati d'uno in altro ragionamento et venuto io nel dir come si meravigliavamo che ci havessono così lasciati accostare facilmente con la trinzea alle mura, le quali tutti ci signoreggiavano, fu astretto di confessare essere stato per mancamento di polve; ma più astringendolo col meravigliarmi che il re non havesse meglio provista una sì forte piazza et nella quale haveva posto tanti homini di conto perchè molti et molti ce ne sono per difendere il loro re, mi venne addire che ben ne havevano, ma che uno del paese di Lorena l'haveva arsa, il quale havevano fatto appendere, et mostrò ch'egli havesse confessato di haverlo fatto ad instanza d'altri, perchè ritrovorno ch'egli haveva donato duo scudi ad uno altro che vi ponesse foco, et ciò fu quando si diede l'assalto : nel qual assalto poco mancò che monsignor di San Serra, lor capo, non fusse occiso, perchè un pezzo di artiglieria li ruppe la spada in mano et gli portò via non so che lame dell'armatura. Et uno de' nostri, ch'era dentro prigione, chiamato Guerra, dice che nel principio del assalto il segretario del conte di San Serra andò a lui mostrando perciò di moversi da sè, per zelo del padrone, a pregarlo che entrando Imperiali volesse ricordarsi delle carezze ch'egli haveva hauto da suo padrone et promettendoli gran cose, et gli pose innanzi da cinque a sei mila scudi, che trasse fuor di una cassa, li quali diceva essere dinari c'haveva da pagar soldati, affine chè venendo il caso pigliasse quelli. Nè molto di poi andò a lui il capitano istesso tutto lasso dal longo affaticarsi et dal combattere, et sbigottito dal colpo già ricevuto, il quale anch' esso incomminciò ad usarli mille buone parole, quand'ecco viene un messo che gli annontiò, che quel groppo d'Alemani ch'esso haveva visto venire già dava volta et che parimenti Spagnuoli si ritiravano : alla qual voce ripreso l'ardire et le forze se ne uscì con la spada in mano inanimando e soldati. Di maniera che si conchiude se l'assalto si dava con l'ordine posto da Sua Eccellentia, senza dubbio la terra si haveva, et tanto più facilmente quanto che di uno o di duo giorni innanzi era stato ucciso Lalandra, capitano, da uno pezzo di artiglieria, sedendo nella sua camera, sopra il qual capitano havevano i soldati gran speranza...

Di sotto San Disir, alli 12 di agosto 1544.

Di V., etc.

Camillo Capilupo.

24.

Sous Saint-Dizier, le 17 août 1544.

Reverendissimo et Illustrissimi Signori
et Patroni miei Osservandissimi.

Questa mattina sono usciti Francesi di San Disir sotto otto insegne di fanterie et quattro stendardi d'homini d'arme. I fanti sono stati di ordinanze duo mila et gli homini d'arme cento; hanno portato via di gran robba. Alla guarda della terra sono entrate tre insegne de' bisogni; vi sono restati dentro, per quanto mi ha detto il marchese di Maregnano, duo mila sacchi di formento et 21 pezzi d'artiglieria. Non havevano in tutto più di 8 barili di polve. Nè l'imperadore nè il signor don Ferrando sono entrati anchor nella terra...

Monsignor visconte della Rivera, che fu da'l re mandato da questi ch'erano in San Disir a notificarli la capitolation fatta, mi disse che l'amiraglio gli haveva voluto trarre gli occhi perchè si erano resi, et che perciò il re stette più di quattro hore innanzi che gli volesse dare audienza, pur alla fine impetrata dalla regina di Navarra, l'hebbe, et Sua Maestà, intesa la necessità in che si trovavano della polve et la speranza lor tolta per le trinzee nostre di potersi difendere, restò un poco meglio sodisfatto; non dimeno molto si dolse di non essere stato prima avisato. In risposta della qual cosa egli addusse di haverne avisato monsignor di Ghisa et da Sua Eccellentia haver hauto licenza et commissione di rendersi; di maniera che le cose mi paiono essere passate segrete fin qui et bene.

Nè mi occorrendo altro, lor bacio humilmente la mano.

Di sotto San Disir, alli 17 di agosto 1544.

Di V., etc.

Camillo Capilupo.

25.

Sous Saint-Dizier, le 18 août 1544.

Reverendissimo et Illustrissimi Signori
et Patroni miei Oservandissimi.

... Sono stato questa mattina (oltra che vi fussi anco heri) a rivedere con questi signori ambasciadori et con quello di Vinegia le trinzee et la terra di dentro. Le trinzee et le mine saranno questa sera per la maggior parte, cioè le nove, poste al piano, et buona parte similmente del cavaliere, perchè et ci sono guastatori assai, et tutti que' che ci sono lavorano, che nè la paura li fa fuggire nè li fa nascondere nè li fa pigri come faceva quand'udivano et sentivano gli archebugi.

La terra attorno attorno ha fermissimo terrapieno tutto fatto di novo; ma nè le piatte forme fatte di terra fiancheggiano le coltrine di dentro del terrapieno, come si pensava, perchè sono state fatte tanto sotto alle mura che non vi hanno puotuto far fianchi, nè alla batteria è stato riparato della maniera che veniva referito et che si pensava, che quelle fosse et retrofosse et fianchi et cavalieri, ch'io scrissi havere quel prigion referito ch'eran fatte, non si sono ritrovate, onde si è chiarito che fu mandato fora astutamente, come io scrissi di dubitare. Quella eminenza che noi vedevamo alzarsi dietro al cavaliero o belluardo battuto era un poco di terreno accumulato nel fianco sinestro del belluardo, dove quello si aggiunge con la cortina battuta, sopra il qual mucchio di terra posti erano alcuni gabbioni grandi et voti, ma si ben fatti che a noi, che da lunge li vedevamo, parevano pieni, et così erano tutti gli altri posti attorno alle mura et sulle piatte forme. Di maniera che per noi altri ambasciadori di tutta Italia, et per molti signori et soldati, si è conchiuso che l'ill^{mo} et eccel^{mo} sig^r Ferrando non poteva battere in loco men forte, nè accamparsi, per venir a darvi l'assalto, meglio, et veduta et ben considerata la batteria ciascuno, et grande et picciolo (come si dice), conchiude che se l'assalto si dava come Sua Eccellentia l'haveva ordinato, tutto che non ci fusse l'emulatione che fu a Dura d'Italiani et di Spagnuoli, la terra si pigliava, perchè non è soldato che non confessi che qui non fusse molto più facile l'ascendere, si per la batteria piana, come per li fianchi molto ben levati, che non fu a Dura, et più facile assai sarebbe stato se si fusse battuto anchora una o due hore, come Sua Eccellentia haveva designato, innanzi che si fusse dato l'assalto.

Perciò che, havendo e nemici lavorato con somma diligenza tutta la notte andata per riparare un poco quel che l'artiglieria nostra haveva battuto del lor parapetto, posto così al belluardo come alla cortina, se non l'havevano affato rimesso (come non l'havevano puotuto, in si breve spatio di una si corta notte, rimettere) l'havevano almeno dirizzato et di fuora fattolo si erto, che quel solo lavoro di duo o di tre braccia di quella notte faceva difficile l'ascesa. Di maniera che, battuto quello come in una hora et mezza si batteva a terra, si faceva una scala agevole non solo per li Spagnuoli, ma per li Thedeschi; et non ostante che non si fusse manco tenuto l'ordine dato del combattere, è parere della maggior parte de' soldati che se l'assalto si rinfrescava e i primi saliti ostinatamente si soccorrevano, che vi si entrava.

Ma Dio forse per maggior utile del imperatore, et per far prova maggiore della virtù del sig^r don Ferrando, et per quiete et pace della christianità, così volse: perchè si come l'utile et l'honore ricevuto nel l'assalto di Dura, dato fuor di commandamento, ha causato questo novo disordine, così il danno et la vergogna che a questo assalto ne ha riportato la natione spagnuola per la inubidienza, la qual non negano, faran forse et loro et tutti gli altri soldati più ubidienti nel combattere per l'avvenire, la qual cosa potrà essere molto più profitevole a Sua Maestà che la presa allhora di San Disire. Et se in quello assalto la terra si pigliava, bisognava che il sig.r don Ferrando facesse parte della sua gloria a'soldati. Là onde al presente ha et tutta quella, perchè si conosce che serbato l'ordine suo si pigliava, et tutta questa, perchè il condur delle trinzee, le quali in effetto si vede ch' erano quelle che sforzavano e nemici, è stato tutta inventione et ordine di Sua Eccellentia, et contra il parer di alcuni che altrove volevano battere, li quali hor più non parlano. Solamente quelli che non sanno dir bene oppongono che il cavalier nostro che si faceva poco aiuto puoteva dare (quanto sia nel battere di dentro al loro) come si stimava, perchè si vede ch'egli era in loco troppo basso et che bisognava consumar anchor di molti et molti giorni volendosi far superiore a quei della terra. Ma la elettione di questo loco fu più tosto del marchese di Marignano che di Sua Eccellentia, il quale instò sommamente che vi si facesse, imaginando potersi forse servire della terra delle trinzee, che si facevano attorno a quello, per inalzarlo; al qual suo parere, Sua Eccellentia consentio più tosto per carestia di guastatori che per altro, perchè facendosi in un altro loco, più a man sinestra un poco, verso la punta del belluardo che si batteva, faceva di mestieri fare nove trinzee per andarvi a lavorare, le quali non potevano servir poscia così bene come facevano quest'altre fatte, le quali andavano a tagliar il belluardo per fianco, dove si era fatta la batteria alla cortina non difesa da tronera nè da fianco alcuno, la qual cortina veniva appresso battuta più per lo diritto da questo che dal'altro che si fusse fatto, oltra che la tronca del bastione già levata, quando fusse stata rifatta o racconcia da nemici, non si havria forse così commodamente puotuta battere da quello come da questo, benchè di rifarla non vi fusse molto ordine. Si chè, per non esserci guastatori da fare l'une et l' altre trinzee, si elesse di far più tosto quelle che meglio potevano servire al zappar il fianco del belluardo, et che conducevano alla cortina della batteria, che l'altre, et fra queste, quantunque il sito fusse più basso assai, accommodarvi il nostro cavaliere, dal quale battendosi il bastione de' nemici, oltra le sopra dette commodità, la batteria veniva ad incrociarsi con quella che dall'altro canto del bastione si faceva, come loro scrissi.

Si è veduto adunque et la batteria et le trinzee nove essere state fatte nel più opportuno loco che fusse, et coloro, i quali perfidiavano essersi l'artiglieria posta la prima volta troppo lunge et passare il tratto quattrocento passi, si hanno puotuto chiarire non essere la metà. Io l'ho fatto passeggiare da un mio servidore et l'ho ritrovato fin alla fossa del belluardo 330 passi di quelli che si fanno communevolmente caminando et pian piano, et la fossa pò esserne da 30, che sarebbono da 180 passi di misura. Per le qual cose parmi che otturate dalla verità et dall'esperienza le lingue de'maligni, resti a

Sua Eccellentia la gloria di tutta l'impresa; la qual impresa parmi che ella habbia vinta con tutti e modi ch'una terra si ben guardata come questa si possi vincere.

Prima si pò dire che combattendola l'habbia presa, perchè haveva di maniera aperta et facilitata la via a' suoi et dato loro tal ordine in scritto di entrarvi, che il non haverla presa è stato, secondo il giuditio di ognuno, manifesta colpa de' soldati; onde il danno et la vergogna ad essi, et a Sua Excellentia è restato l'honore.

Si pò dire etiamdio ch'ei l'habbia presa co' guastatori perchè, oltra che noi apertamente veggiamo che Francesi non vi havevano remedio per essere la cortina del terrapieno loro tanto sotto alle case da quella parte che niente più si potevano retirare, Francesi istessi hanno a me confessato due essere state le cause principali che li hanno fatti perdere, ambedue le quali sono procedute dal buon giuditio et dall'accortezza di Sua Eccellentia: dal buon giuditio venne loro la prima necessità proceduta, come ho detto, dal accamparsi, dal battere et dalle trinzee fatte da lei; dall'accortezza sua la seconda, la quale fu di fare la risposta a quella lettera ch'io loro scrissi intercetta, per la qual risposta que'di dentro senza altra saputa del re, pensando perciò di haverne hauto il consenso suo per la lettera loro scritta in nome di mons^r di Ghisa, vennero alla capitolazione, alla quale non sarebbono forse venuti quantunque si trovassono in alcune grandi necessità se non havessono stimato havervi il re consentito. Et è da credere che Sua Maestà non vi havrebbe mai consentito, perchè quando mons della Rivera fu da Sua Maestà mandato da que'di dentro, come ch'ei gli havesse fatto constare la carestia della polve dell'artiglieria che havevano, la quale diceva non poter lor bastare per un giorno solo intero d'assalto, non perciò (per quanto ei mi disse quella mattina che uscirono) il re volle accettar questa iscusa, dicendo che dovevano attendere la sorte di quel giorno et aspettar almeno il novo assalto. Al quale replicando esso quest'altro rispetto come maggiore et questa necessità a che li conducevano le nostre trinzee, pregando Sua Maestà che volesse inviare con esso lui duo gentilhomini che considerassero come le trinzee nostre li affocavano. che gli havrebbe dato animo di operarsi con l'ill^{mo} sig^r Ferrando et con la Maestà cesarea che lor havrebbono conceduto di poter entrare, li quali se poi gli referivano che si potessero difendere, si contentava che a lui facesse tagliar la testa : mi dice che Sua Maestà gli rispose che non si dovevano almeno rendere senza sua saputa, col qual si salvo con dire che havevano tutte le difficoltà notificate a mons^r di Ghisa, et ch'egli haveva lor risposto che pur si rendessero, perchè havevano già fatto il debito loro, nè più ci era rimedio di soccorso : per la qual cosa possi anco dire che Sua Eccellentia l'habbia presa con questa astutia.

Questo stratagema non è noto così ad ognuno, nè io per me l'ho da Sua Eccellentia, ma bene l'hebbi d'assai buon loco, et l'ho creduto perchè delle lettere intercette immantenente si seppe certo, et allhor io vidi alcuni andamenti, a' quali, dopo che n'ebbi qualche lume, ripensando, mi confirmai meglio nell' opinione indottami da quel mio amico, et perciò a quelle lo scrissi. Ma hora che quest' altro monsr della Rivera mi ha ciò detto, me ne fa essere più certo. Non ho scritto questa cosa in ziffera prima perchè mo che la cosa è passata, ella pò apportare più tosto a Sua Eccellentia gloria che all' impresa danno, appresso perchè essendo vera, giunto il conte di San Serra al paragone di monsr di Ghisa con la sua lettera, non pò essere che la cosa non sia già scoperta in Francia; quando anco sia falsa, non ne riporta persona alcuna danno nè vergogna.

Potiamo adunque ringratiar Dio che al primo assalto non si rendesse la terra, prima perchè i soldati, come è detto, havran forse imparato a lor costo di ubidire, dipoi perchè la virtù e'l savere di Sua Eccellentia, vinta l'invidia, meglio si ha fatto conoscere. Così piaccia anco alla divina sua bontà ch'io non m'inganni pensando ciò essere stato da lei consentito per beneficio della christianità. Perchè se a questo poderoso essercito del imperatore, insuperbito forse più del dovere di tante vittorie et felici successi hauti in si breve spatio di tempo sotto il governo dell'illmo sigr don Ferrando senza spargervi sangue, vi si fusse anchor aggiunta così immantenente quest' altra nell' arrivar apunto di Sua Maestà con novo essercito al campo, io credo che passando più oltra subito con quella reputatione et con doppio essercito nel paese di Francia, allhora non troppo ben guardato, si sarebbe in quello fatto tanto progresso che non havressimo puotuto udire la debil voce dell'afflitta christianità, che dietro ci veniva a passo lento supplicando la pace. Alla qual voce, mentre qui si siamo intertenuti, pare che Sua Maestà si sia pur un poco rivolta et vinta dalla sua innata bontà, fuori quasi d'ogni speranza, le habbia dato orrecchia. Et le cose fin qui passano, per quel che si vede, di tal maniera che ne potiamo sperar buon fine. Succedendo, non vi havrà men parte di gloria il sigr don Ferrando che nella guerra, perchè nel trattar questa non men se ne dimostra, per quanto si vede, amatore, che in quella forte combattitore. Non succedendo, haverà il mondo conosciuto almeno essere stata Sua Eccellentia gelosa più del bene della christianità che del suo particolare.

Hor per tornare alla terra di San Disire, onde appena entratovi io ne uscì fuora, trattone dalle virtù dell' illmo sigr don Ferrando, dico che alle persone quella non è riuscita si ben riparata come stimavano, e perciò, dalla parte verso oriente, dove è il castello inespugnabile, perchè dal capo verso mezzo dì et verso il fiume, ha quel puntone, che da principio scrissi, fatto di terra, fortissimo et benissimo inteso, fondato perciò sul marmo o tuffo duro et sodo, con una fossa profonda et piena d'acqua intorno, et posto in loco et in modo che per l'altezza della terra gettata sulla riva intorno alla fossa, la qual eminenza di terra il copre, et per la bassezza della campagna verso il fiume, che è grandissima, et per la soggettione che ha la pianura dall' altra parte al castello che signoreggia tutta quella campagna nel mezzo et batte per cortina la faccia di questo belluardo, esso non può essere battuto. Il castello, come ho detto, è nel mezzo di questa parte posta verso oriente, fra il detto puntone, onde quello si spicea, et fra la cortina del muro della terra porto in un seno causato et dal sopra detto puntone posto infuora, et dalla cortina della terra, la quale si arditamente si pinge infuora verso settentrione con una piatta forma bravissima in capo, che si come il castello quella, così quella batte et difende gagliardissimamente tutto il castello et la faccia del puntone verso lei. Di maniera che il puntone, il castello, la cortina della terra et la piatta forma in capo della cortina, tutti a vicenda si rispondono et come collegati insieme, tutti insieme, a morte et a ruina di cui gli assale, si difendono. Quel ch'io chiamo castello fu già castello; hora si pò chiamare più tosto un cavaliere, perchè non vi è abitatione alcuna, nè altro inditio di esservene stata, che una capelletta, la quale è posta in uno torrioncelletto, che fa ufficio di fianco; quello è quadro, ma ha due faccie più longhe dell' altre; nel mezzo è una piazza assai ben larga; attorno attorno terrapieno grossissimo.

La parte verso settentrione è fortissima per lo sito, perchè la campagna è tanto bassa che non vi si pò alloggiare nè farvi trinzee; et più forte era quando noi ci venimmo, perchè tutti i campi natavano nell' acqua; hora non solo i campi, ma le fosse sono sì secche che se allhor fussono state tali, ci havrebbono forse puotuto dar qualche speranza di combatterla da questa parte, benchè io non crederei che fusse troppo saviezza in queste regioni a fidarsi tanto del tempo et de l'aria che ci è varijssimo, perchè posto che il terreno fusse secchissimo, per l'apertura et per la soggettion grande del campo, bisognerebbe incomminciar la trinzea un mondo lontana, la quale in parecchi dì non si fornirebbe. Questa parte fa due faccie, le quali vanno lentamente pingendo infuora, tra, come ho detto, uno terra pieno grossissimo, lontano dal muro da cinque o da sei braccia: da ogni capo una piatta forma, et nel mezzo, nel'angulo delle due faccie, un' altra; le mura, si come da tutte le altre parti sono male, da questa sono pessime. Nè le mura nè il terrapieno di dentro han fianco alcuno. Fuor delle mura, dove sono le tre piatte forme, sone tre torrette, le quali non sono di momento alcuno.

Dalla parte d'occidente, è la piatta forma ultima c'ho detto, la quale batte la campagna verso mezzo dì, et batte la faccia non offesa del belluardo battuto. La cortina partendosi dalla piatta forma si va trahendo addentro per le due parti, et poi ritorna infuora verso il belluardo, di sorte che una cortina pò soccorrere un poco l'altra, ma vi si pò stare male alla difesa, che il terrapieno non vi ha parapetto, come non hanno manco gli altri che sia buono, et volendovisi fare, massimamente presso al belluardo, si strigne di maniera che malamente vi si potria poi combattere, e'l terrapieno è tanto alto et così erto cresce di dentro, che con difficoltà grandissima si pò salire alla difesa. Et questa è quella parte alla quale hor si conducevano le altre nove trinzee, ch'io scrissi, per batterla.

La parte verso mezzo dì et verso il fiume va un poco diritta; la cortina difesa era già dal sopra detto belluardo battuto et da quattro torricelle, le quali hora sono ruinate. Il terrapieno per questo spatio, come da principio ho scritto, aggiunge alle case di dentro et si accosta alle mura. Questa cortina adunque hor non haveva nè fianco nè piatta forma nè cavaliere che la difendesse, nè la faccia del belluardo, da questo canto, era difesa da parte alcuna. Da quella quarta torricella le mura si incorvano, et la cortina, che segue verso levante, si ritira addentro; è da questo canto una porta con una torre assai bona che fiancheggia, et alcuni molini c'hor sono rotti; oltra a quali con un buon cubito si fa la muraglia più addentro, il qual cubito fiancheggia la cortina che segue fin al primo pontone, che da principio descrissi; la qual cortina si fa poi tanto gagliardamente in fuora, che fattovi sulla punta una piatta forma, batte per cortina fin alla quarta torre, dove le mura s'incorvano, et batteva per campagna fin al cavalier che noi facevamo, il qual era al fianco di quello de' nemici, ma con gabbioni si saressimo coperti da quella.

Quel pezzo di cortina, il qual è fra questo cubito et fra il puntone, è guardato benissimo dall' uno et dall'altro. Dal capo di questo puntone, il fiume è vicino molto alla terra, ma descendendo se ne va sempre più allargando, talche d'all' altro capo della terra si trova discosto un buon tiro di moschetto.

Haveva la terra tre porte, una dove han fatto il belluardo battuto, la qual era la più maestra et era al diritto di quella più bella strada che vi sia; la seconda, quella c'ho detto verso il fiume presso a' molini; la terza, dal canto del castello a man sinestra, la quale hor si adopra. Evvi appresso uno usciolo da soccorso verso il fiume, fra il puntone et fra il cubito che fa la muraglia, dove il terrapieno in questa sola parte è tanto lontano dalle mura che di dentro da ogni capo vien fiancheggiato, il qual usciolo va a referire dirittamente alla porta del castello.

È riuscita la terra molto più brutta et molto più picciola di quello che si stimava. Non credo sia più di mille passi di circuito, et non ha altra che una strada che sia da vedere; le case bruttissime, la piazza non bella, nè vi è publico edificio degno da descrivere. La chiesa è fata magazzino di biada, et casa da molini. L'imperatore nè Sua Eccellentia vi sono stati anchor dentro. Hora si dà opera ad ordinarla un poco, et poi Sua Maestà, credo, vi anderà.

Ritornò il sig^r don Francesco da cercar nemici, ma non li puote aggiungere; prese un solo o dui.

Di ciò che succederà ne darò a V^a Reverendissima et Illustrissime Signorie aviso; fra tanto a quelle humilmente bacio la mano et prego Dio che le conservi.

Di sotto San Disir, alli 18 di agosto 1544, con un caldo grandissimo et con tante et si fastidiose mosche che ci ammazzano et ci mangiano i cavalli.

Di V., etc.

Camillo CAPILUPO.

26.

Sous Saint-Dizier, le 22 août 1544.

Reverendissimo et Illustrissimi Signori
et Patroni miei Osservandissimi.

Scrissi, tre o quattro dì sono, a Vostra Reverendissima et Illustrissime Signorie descrivendo la sorte della fortezza di San Disire. Hora, per maggior lor chiarezza, lor mando il disegno il qual ha fatto il sig^r Mario Savorgnano. Nel qual disegno sono posti tre belluardi segnati A. B. C., che non vi sono, ma volendosi fortificar bene, credo vi si bisognerebbono fare. Et la cortina delle mura verso settentrione non è diritta come è qui posta, ma va così infuora nel mezzo che la torre da un capo non può veder quella dall'altro capo, et perciò nel mezzo vi hanno fatto una piatta forma, che risponde a quelle che sono da i capi. Tutto il resto sta benissimo con le misure sue...

Di sotto San Disire, alli 22 di agosto 1544.

Di V., etc.

Camillo Capilupo.

27.

Sous Saint-Dizier, le 24 août 1544.

Reverendissimo et Illustrissimi Signori
et Patroni miei Osservandissimi.

Mandai dui dì sono il disegno di San Disir a Vostra Reverendis^{ma} et Illustris^{me} Signorie con l'aggiunta di alcuni belluardi, li quali io stimava si dovessero fare; ma Sua Maestà, consigliatasi col tempo e con la borsa et con altre necessità, è risoluta di non far per hora altro che una casa matta o, per dir meglio, uno bastardo che non havrà forma nè di belluardo nè di cavalliere, et fra mezzo a quello et al battuto, una piatta forma che servirà per cavalliere, et s'ingrosserà, se non si pentono, la punta del belluardo battuto dalla parte battuta per fare ch'ei volti più la faccia a quello che si farà, il quale sarà dove è quello che sul disegno è segnato A. Nella terra si sono posti 1500 Alemani del colonello Sanspurgh et 200 cavalli di mons^r di Begni, Fiandresco. La forniscono di vittovaglia per 8 mesi et vi lasciano 1500 barilli di polve et l'artiglieria che vi era con alcuni altri pochi pezzi, et forse da 600 vacche, le quali si saleranno al primo fresco...

Di sotto San Disir, alli 24 di agosto 1544.

Di V., etc.

Camillo Capilupo.

28.

La Chaussée, le 30 août 1544.

R.mo et Ill.mi Sig.ri et Patroni miei Osservand.mi.

Heri, dopo fatta colatione cerca le 15 hore, l'ill.mo et ecc.mo sig.r don Ferrando et mons.r di Granvela, accompagnati dalla maggior parte della nobiltà della corte et dell' exercito de Spagnoli et de Burgognoni et d'Italiani, andorno incontra a mons.r ammiraglio di Francia oltra il loco dove si havevano di aggiuntare presso a mezzo miglio italiano, et ivi l'attesero passeggiando buona pezza, perchè veduti nostri archibusieri su per certi colli, era andato ritenuto et mandò innanzi il frate con un trombetta nostro per intendere che voleva ciò inferire. Ma assicurato da Sua Ecc.tia che que' soldati erano stati là messi per sua sicurezza, se ne venne allegramente. L'ill.mo sig.r don Francesco e'l sig.r Camillo Colonna, che erano andati un poco innanzi ad incontrarlo, vennero seco; stettero l'ill.mo sig.r don Ferrando et mons.r di Granvela, da che incomminciò a vedersi, fermi in mezzo ad una amenissima valletta ad attenderlo fin che lor fu vicino. Dipoi si mossero et l'andorno ad incontrare per spatio di cento passi; salutatisi così a cavallo, a cavallo mons.r ammiraglio si mise, il sig.r don Ferrando a man destra, et mons.r di Granvela, il gran cancelliero di Francia alla destra. L'ammiraglio era sopra uno cavallo turco sauro, vestito di uno saglio a liste poste al longo, una di velluto figurato cremesino, l'altra di velluto negro in broccatello d'oro negro fatto a groppi et a foglie con alcune rosette d'oro tessutevi dentro. Innanzi gli andavano cinque paggi sopra bellissimi cavalli, i qual paggi erano vestiti di velluto negro, ma ricamati i sagli tutti di cordoncini d'oro legati in fascetti; nel mezzo del petto et nel mezzo della schiena havevano un' ancora da mare d'oro avviluppata in un breve che tutta la circondava. Erano con esso lui da cento cavalli et tutte persone nobili, li quali venivano senza ordine. De' primi ch'io udi nominare furono, oltra il gran cancelliero, mons.r di Butires, mons.r della Moretta, mons.r di Gia, nepote del principe di Bisignano, mons.r della Palisa, giovanetto, et uno segretario del re, il nome del quale non mi ricordo. Vennero così ragionando a cavallo fin al loco deputato al parlamento, il qual loco fu una chiesa intitolata Santo Amando, dal qual santo la villa nella quale è posta la chiesa piglia il suo nome, et in francese chiamasi Sant Aman, dal qual nome ciascuno ne prese buon augurio. La villa è assai buona, vicina a quella dove noi eravamo alloggiati un miglio; il tempio è assai bello, voltato sopra pilastri doppi, con due navi da i lati parimenti voltati di pietra. Havevano la porta e i pilastri et le pareti di dentro coperti tutti di rami verdi di faggi. Talchè la villa, il tempio, le frondi et gli homini tutti olivano d'amore et chiamavano pace.

Dentro non vi lasciavano entrare alcuno; perchè non s'ingombrasse, alcaide vi stava alla guardia. Entrorno solamente l'ill^mo sig^r don Ferrando, Granvela, Idiaches et mons^r d'Aras, dal canto imperiale; dal canto francese, l'ammiraglio, il gran cancelliero e'l segretario : li quali entrati subito dentro si chiusero, onde non si puotè videre ciò che facessero. Vi stettero così rinchiusi senza che persona ne uscisse tre grosse hore. Ne uscì poi mons^r ammiraglio ad urinare, il quale accostatosi a mons^r della Moretta, gli disse come dentro si erano rotti, ma che poi di novo si erano rattaccati. La Moretta, il quale parmi uno galante vecchione et che molto disideri la pace, gli ricordò a procedere destramente, il qual consiglio era stato poco innanzi dato ad esso dal sig^r Camillo, et dal sig^r Pyrrho Colonna, et dal march^se di Marignano, co' quali mi trovava anch'io, persuadendoli et con piacevolezza et con amore sarebbono più atti di ottenere dal' imperatore ciò che volessono che altrimenti. Ritornato l'ammiraglio dentro, non stettero molto che dimandorno la colatione, la qual fu data a lor soli dentro, fattavi portare dall' ill^mo sig^r don Ferrando. Dipoi, in capo delle quattro hore, ne uscirono; ciascuno era intento a guardar i volti e i modi che tenevano, et nel uscire et nel accommiattarsi, ma pochi li puotero ben notare, perchè usciti dalla chiesa l'ammiraglio subito montò a cavallo et se ne andò. Io per me nol vidi nel volto. Il sig^r don Ferrando et Granvela che rimasero non dimostrorno varietà alcuna di viso, ma ciò fecero con arte, perchè il sig^r Camillo e'l sig^r Pyrrho, co' quali Sua Ecc^tia si era già iscusata di non voler dir loro niente, le havevano detto che lor ben dava l'animo di conoscere al viso ciò che si dovesse o temere o sperare. Si che fin qui non si ha potuto venir in cognitione non solo di particolarità alcuna, ma non pure di quel che si speri. Tuttavia, da certe mie altre conietture segrete et di qualche importanza, mi pare che si possa sperare la pace.

Questa mattina l'ammiraglio è ito alla corte; ritornerà dimane a Salone, et postdimane si abboccheranno di novo. Il sig^r Camillo, il quale accompagnò l'ammiraglio indietro un pezzo, mi ha detto che a lui disse che l'imperatore stava troppo alto, et havere presentito come il re dimanda la integratione di tutto il Piamonte con promessa o con offerta di dare al duca di Savoia la ricompensa in Francia, et che si tratta di dare una figliuola del re Ferrando a mons^r di Orliens. Ma non ha perciò questo da loco troppo buono. È opinione che le particolarità non siano anchor passate, più oltre che il sig^r don Ferrando et Granvela, et benchè Idiaches et mons^r d'Aras entrassero, che perciò forse non intervenissero al ragionamento. Ma a questo altro parlamento intenderassi forse da Francesi qualche particolarità.

Delle cose del Monferrato io non ne parlo perchè mi parrebbe far affronto a Sua Ecc^tia che ha tutto il maneggio della pace nelle mani a ricordale le cose di un suo nipote di cui è tutore. Nondimeno io non mancai, come loro scrissi, di ricordargliene da principio.

Hoggi siamo aggiunti qui ad una villa presso di Salon due leghe e mezzo, chiamata Sosea, et dimane anderemo sopra Salon ad un miglio, nè fin hora habbiamo veduto nemici, il che ci dimostra che non vogliano guerra con noi.

Monsr d'Orliens già tre giorni andò alla corte.

Questa mattina l'imperatore ha detto che Bologna è presa, et la nova l'ha hauta da uno trombetta di Francia. Se ciò fusse, faciliteria più la pace.

Si è anco inteso per la via di Francia che Pietro Strozza è passato nel Piamonte et ha preso Alba, di che molto mi increscerebbe quando fusse vero. Nè mi occorendo altro, lor bacio humilmente la mano.

Da Sosea, il penultimo di agosto 1544.

Di V., etc.

Camillo Capilupo.

P.-S. — Sua Maestà questa sera ha conchiuso di andar dimane 4 leghe innanzi, onde si stima che si passerà Salone, perchè da qui a Salon non ne sono più di tre. Ciascuno si meraviglia di tanto ardire, havendo il re presso di Salon a due leghe uno essercito di 18 o vinti mila fanti in un forte circondato da duo lati dal fiume et da paludi, et verso noi da una fossa che vi ha fatto, et essendo la campagna tutta mietuta, et più di 3 mila cavalli.

Ho ricordato hora, che sono quasi le 2 hore di notte, le cose del Monferrato a Sua Ecc^{tia} nel trattar della pace; mi ha risposto che si farà quel che si potrà.

[*In cifra*]. Le conietture son queste :

El conte di Fustemberg, mons^r di Lighin et il duca Mauritio, mandati a Bari per porsi intorno a non so che terre di Lucemburg acciò non vi entrasse soccorso, fingendo l'imperatore di venire a Salon, sono stati rivocati, et noi, che era opinione che andassimo verso quelle terre, andiamo a Salon, et vi andiamo con poco suspetto, dove facendosi si farà con più riputatione, et ciò tanto più si crede quanto non ci è pane nè denari a bastanza, nè ci serà commodità di farne venire.

El duca di Lorena non manda più vettoaglie, onde questa notte si manda a bravargli. Hoggi si è cominciato a mangiare biscotti, per tanto si stima o che la pace sia in mano dello imperatore o che vadi per dare la battaglia al re subito, perchè si conchiude che non vi si potrà stare, ma più si spera la pace perchè l'altro è troppo pericoloso.]

29

Crépy, le 19 septembre 1544.

R^{mo} et Ill^{mi} Sig^{ri} et Patroni miei Osservand^{mi}.

La pace è pur finalmente conchiusa et publicata et stabilita fra questi duo re. Che Dio ne sia glorificato et l'ill^{mo} et ecc^{mo} sig^r don

Ferrando, potissima cagione di quella, lodato! Della qual pace io con tutta l'affettione del mio core mi congratulo con V. R.mo et Ill.me Sig.ie et con l'Ecc.ma Sig.a Marchesa si per beneficio della christianità et per honore dell' ill.mo sig.r vicere come per util loro, perchè il re christianissimo, a richiesta della Maestà cesarea, ad istanza di mons.r di Granvela, il quale è stato lor possentissimo campione, et per rispetto del sig.r vicere, come il re medesimo ha mandato addire a Sua Ecc.tia, si è contentato di restituir loro tutto il Monferrato, la rientegration del quale spero io di portare fra sei giorni, secondo mi ha detto Sua Ecc.tia, la quale voleva ch'io venissi a dar loro questa nova, et già quasi mi era instivalato; dipoi l'è parso ch'io aspetti la integratione con la quale sarò forse più grato, perchè già la nova della pace quelle devono haverla hauta per la via di Francia. Di qui dalla corte non si è spedito anchor alcuno, ch' io sappia, eccetto hora che il Cauvoriano parte, per cui l'è paruto dare l'aviso.

Le conditioni della pace si sottoscrissero dal sig.r vicere et da mons.r di Granvela per la parte cesarea, et da mons.r ammiraglio et da mons.r di Nuli, maestro delle richieste, per la parte del re, alli 17 di questo mese, cerca hore 14.

Dopo desinare, mons.r ammiraglio, e'l figliuolo et mons.r di Brisach, il qual venne quella mattina, vennero a baciar la mano a Sua Maestà, la quale gli aspettò nella camera ad una finestra, donde nulla si mosse, col' archiduca d'Austria et col duca di Camerino et con tutti i gentilhomini della corte armati da canto. Il sig.r vicere et tutti noi altri che li accompagnavamo eravamo disarmati et senza banda. Sua Maestà li raccolse molto allegramente, et retiratosi con mons.r ammiraglio alla finestra soli stettero quasi un'hora insieme, ragionando con grandissima allegrezza loro et de' riguardanti. Fornito il ragionamento, mons.r ammiraglio andò dal' archiduca et l'honorò, poi partimmo subito da Suesson, et l'ammiraglio col figliuolo et mons.r di Nuli e'l segretario Baiardo vennero con Sua Maestà. Caminammo quel giorno 4 leghe et alloggiammo a Nisi, dove è un poco di ridotto presso al quale è uno pallazzo che si fa del cardinale di Borbon, assai bello, per quanto si può conietturare. Erano venuti il giorno avanti gli Alemani con l'artiglieria, parte per essere il dì vegnente Sua Maestà più espedita, parte per levare l'occasione a' Tedeschi di far male, li quali andavano dicendo di volere svaliggiare Spagnuoli et la cavalleria italiana.

Alli 18 adunque l'imperatore venne qui a Crepià della Noia, terra assai grande, nella quale si sono trovati degli habitatori assai et ispetialmente donne, ma non da rispetto. Il sig.r don Ferrando restò con la retroguarda a Nisi aspettando mons.r d'Orliens, il quale venne intorno alle 18 hore in posta con qualche 15 cavalli. Il sig.r vicere col sig.r Camillo et sig.r Pyrrho et qualche x altri cavalli andammo ad incontrarlo mezza lega : così a cavallo, a cavallo molto amorevolmente si abbracciorno, et caminati buona pezza insieme, l'ammiraglio restato a Nisi gli venne incontro, et strettissimamente si abbracciorno si come se già mille anni non si havessono veduto. Era mons.^r d'Orliens vestito di velluto con liste di cordelle d'oro tessute al longo et con un giuppone bianco con le maniche si strette che appena le braccia dentro vi capevano.

Aggiunto a Crepia presso a 22 hore, l'imperadore gli venne incontro giù della scala fin quasi alla porta della via. Monsr ammiraglio ch'era smontato prima et accostatosi a Sua Maestà, quando vide mons^r d'Orliens, rivolto al imperadore, gli disse : « Ecco il vostro prigioniero. » A cui Sua Maestà rispose : « Nella pace non è lecito di far prigioni, ma se fusse guerra potria ben essere che fusse anco mio prigione. » Allhor sopraggiunto mons^r d'Orliens, inchinatosi quasi a terra et quasi in ghinocchioni, le baciò le mani et le disse come a lei si rendeva suo prigione et servidore; al quale intendo che l'imperadore rispose ridendo che haveva fatto bene a rendersi volontariamente piu tosto che aspettar di esser preso, et sollevatolo et abbracciatolo con allegro viso, ch'io vidi, sel fece andar innanzi su per la scala. Saliti nella camera si ridussero amendui ad una finestra, dove Sua Ecc^{tia} diede a Sua Maestà una littera del christianissimo re et di sua mano, la quale, pur ridendo et di bonissima voglia, ricevette et aperse et lessela, interrompendo spesso la lettura et godendosi di ragionare con mons^r d'Orliens. La sostanza di essa non ho puotuto anchor intendere. Volle Sua Maestà che Sua Ecc^{tia}, la quale designava di andare qui presso ad un altro castello, alloggiasse seco et in casa sua. Starà presso di Sua Maestà tanto quanto ella vorrà, che già mons^r d'Orliens fa venir la casa sua.

Li statichi verranno, credo, fra tre o quattro dì con l'ordine della restitutione del Monferrato et delle terre prese a questa impresa, li quali venuti, Sua Ecc^{tia} mi manderà poi a Mantova in posta, et farò, credo, la via di Parigi.

Heri mattino ritornò mons^r d'Aras, il qual era ito dal re d'Inghelterra già 12 giorni per farli intendere tutto il trattato della pace et le conditioni, perchè parmi d'intendere che l'imp^{re} haveva autorità dal re di trattare et di conchiuderla come gli pareva, et che il re haveva anch' esso la medesima autorità dal imp^{re} : onde si trattava et dall'uno et dall'altro separatamente, nè l'uno sapeva a che termine l'altro havesse la cosa, là onde fu mandato mons^r d'Aras, come ho detto, per avisar il re del tutto, et hebbe salvocondotto da Francia solo per tutto domenica. Ritornato adunque ha ritrovato la pace già qui conchiusa et publicata et fermata, vedendosi ch'egli tardava troppo a venire, et che il tempo correva in pregiuditio del imp^{re}, perchè l'affermarsi più per attendere la risolutione erali di troppo grande interesse, l'andare contra nemici poteva succeder cosa che disturbava la pace, et già con questa speranza ferma della pace, et che Inghelterra dovesse haver rato et fermo quanto per lui dal imp^{re} si era trattato, erasi torto giù del camino di Parigi per lo quale si caminava. Il torsi poi anco giù del paese di Francia senza li statichi et senza la conchiusione et sicurezza della pace non era honesto :

onde, per quanto si stima, Sua Maestà, senza aspettar monsr d'Aras, fu astretto a conchiudere la cosa. Hor venne, come ho detto, hier mattino monsr d'Aras, che il tutto già era stabilito, et monsr ammiraglio haveva baciato la mano a Sua Maestà, et già monsr d'Orliens era in camino per venire da quella, et ha riportato come il re d'Inghelterra ha preso Bologna per tormento di canonate, nella qual terra o castello (perchè quello che si difendeva intendo non essere maggiore del castello di Melano), dice che ha tirato più di cento vinti mila palle, di maniera che si sono resi con alcune conditioni, le quali hor io non so. Per la qual presa insuperbito il re dice non volerla rendere, o che dovendola dare vole che si gli paghi la spesa fattavi in prenderla, et che del resto capitolato in suo nome dal impre con Francia si contenta, ma che non havendo l'impre notitia della presa di Bologna, non può haver inteso ch' anch'essa si dovesse restituire. Questo io non l'ho nè dal vicere nè da monsr d'Aras, ma da alcuni altri signori, che ne potrebbono saper qualche cosa, benchè questa sia una corte che nulla vi si intende di certo et più tosto si camina alla verità per conietture che per vie certe. Certo è che dice di non volerla rendere, et l'essercito di Francia, che già, per quanto s'intende, era incominciato a disolversi, camina verso Bologna. Questi signori francesi qui dicono che il lor re lascierà Bologna et mezza la Francia se l'impre gli lo commanda; quando no, ch'essi non dubitano di non recuperar Bologna et abbattere Inghelterra. Quel che ne seguirà non si sa, ma la pace fra questi duo non si disolverà più.

Hoggi li Spagnuoli et i cavalli leggieri se ne vanno oltra Ghisa alla Badia; i bassi Alemani con l'artiglieria per un altro camino verso Cambrai. Sua Maestà col resto del' essercito dimane s'inavierà, et alli 22 di questo l'essercito sarà su quello di Cambresi et l'artiglieria a Cambrai, dove si pagheranno le genti et si licentieranno, et questo è stato il fine di questa gloriosa impresa.

Delle conditioni della pace so che quelle desiderano sapere, et in me sta il medesimo desiderio per rispetto di Va Rma et Illme Sigie; ma, come ho detto, non so che scriver loro di certo, che l'illmo sigr don Francesco e'l principe di Salerno confessano non le saper manco essi certo. Ma quello che s'intende da alcuni di questi Francesi è questo : che l'impre vole essere in libertà quattro mesi di risolversi a dare o la figliuola o la nipote a monsr d'Orliens, et di darli o lo Stato di Melano o la Fiandra; ma ciascuno stima che più tosto si risolva nella nipote et nello Stato di Melano che nella Fiandra o nella figliuola, et che il re cederà la Savoia e'l Piamonte e'l Monferrato, et si restitueranno le cose tolte dall'una parte et dall'altra. Sopra Edia è stata difficoltà assai; alla fine intendo essersi contentato l'impre di lasciarla al re, il quale gli dà un'altra piazza nella Burgogna, il nome della quale non ho puotuto intendere; et dicono che dando la Fiandra si riserva l'impre l'usufrutto in vita sua, et tiene le fortezze fin che Orliens habbia figliuoli; dando Melano ritiene parimenti le fortezze et lascia l'usufrutto ad Orliens, il quale seguirà Sua Maestà, et dà sotto di lui al' imp^re x m. fanti et 6 overo 8 c. cavalli contra il Turco. Queste son cose perciò le quali io non ho per ferme, et tanto meno che ragionandosi hier sera sopra questa pace in camera del sig^r principe di Salerno et del sig^r don Francesco, li quali sono alloggiati qui in casa con l'ill^mo sig^r don Ferrando, il quale ci era, venuto il sig^r principe addire che non si poteva far cosa che non si risapesse per segreta ch'ella si tenesse, et che le conditioni di questa pace già più di x giorni si erano intese, et comminciò addire quanto io di sopra ho scritto, Sua Ecc^tia rispose : «Non farete poco se anco questo mi trharete di bocca». Il sig^r don Francesco disse anch'egli di haversile formate a suo modo et haverle scritte in Italia. Io per me credo che quelle et più tosto et più vere le haveranno haute di Francia che da questa corte. Sua Ecc^tia non me ne ha tocco parola, onde non le so dire altro di bocca sua che la restitutione delle terre perdute nel Monferrato, la qual buona nova parmi che debbia bastare per far lor grata questa lettera mia; alla venuta mia haverò forse qualche cosa di più certo.

Della Mirandola si è detto che l'imp^re perdona al conte et gli rimette il criminale, et che la causa si ha da rimettere a civile.

È venuto questa mattina mons^r di Vandom. Delli statichi che si danno non è qui altro che il figliuolo di mons^r ammiraglio unico; si aspettano mons^r di Ghisa, il duca di Hanversa, la Valle e'l cardinale, zio di madamma di Tampes, che sono gli altri.

Hor che ho scritto ciò ch'io so intervenuto questi tre giorni da che partimmo da Suesson, ritorno a scrivere il progresso di questo essercito, incomminciando dopo il primo parlamento che il sig^r vicere et mons^r di Granvela hebbero con mons^r ammiraglio et col gran cancelliero oltra Salon, a Sant Amando, dal qual loco già loro scrissi diffusamente per uno spedito a posta dal' imp^re a Napoli per causa delle galere tolte al papa, che fu, se non erro, alli 30 di agosto.

L'ultimo giorno adunque d'agosto, dal predetto loco si venne ad una villa vicina mezza lega di Salon, et nel'arrivare Sua Ecc^tia mando innanzi alcuni schioppetteri tedeschi armati secondo il lor costume a cavallo et altri archebugieri spagnuoli a piedi a scaramucciare con que'della terra, li quali erano quasi tutti usciti et se ne stavano verso il fiume, che passa da un canto et per mezzo la terra, in ordinanza; et poi Sua Ecc^tia se ne andò co' cavalli leggieri seguito così un poco da lontano da cavalli et homini d'arme tedeschi a riconoscere la terra. Era con Sua Ecc^tia l'ill^mo sig^r duca di Camerino. Incomminciossi nel cospetto di tutta l'antiguarda nostra la scaramuccia, ma non si riscaldò molto, perchè Francesi non si allontanorno mai troppo dalle mura, nè Sua Ecc^tia volle che nostri vi si appressassero; furono percio presi duo o tre de' nimici di qualche grado, et morto non so che mons^re, et preso altro tanti de'nostri di grado, cioè gentilhomini, et de fanti privati da 18 o vinti dell'una parte et dell'altra. Ma dall'altra parte della terra ne fu fatta in quel giorno un'altra, che noi non vedemmo, assai honorevole, che essendo passati avanti sparsi, come si costuma nel riconoscere, da cinquanta o sesanta Tedeschi, con que'loro schioppetti, cerca 200 cavalli de'nemici, vedutili così senza lancia, stimando forse (perchè ne hanno sembiante) che fussero famigli della stalla, si diedero a seguirli; Tedeschi, raccolti et stretti come porci insieme, si come sono benissimo a cavallo, diedero lor dietro, et si andò il fatto che questi cinquanta ne presero et ne amazzorno de'nemici più di cento, e'l resto misero in fuga. Evero che furono feriti anch'essi quasi tutti, col capo loro chiamato, se ben mi ricordo, Otho, cap° del duca Mauritio.

Il dì seguente, che fu il primo di settembre, perchè non si pote riconoscere la terra se non da un lato, verso San Disir, per le genti ch'erano stracche et l'hora tarda, dovendo alloggiare, si andò a riconoscere da duo lati, cioè verso settentrione et verso occidente; verso mezzo dì non si potè per lo fiume che vi passa presso alle mura. Scaramucciossi, ma non fu fatta cosa degna da scrivere. La terra fu stimata forte non tanto per li ripari fattivi, quanto per la gente che vi si vedeva dentro, et per l'essercito che vi stava vicino per soccorrerla. La sera, cioè dopo desinare, vennero i predetti a parlamento ad un loco assai dilettevole di mons^r di Salon presso un miglio alla città, dove pare che non ne uscissero troppo ben sodisfatti.

Alli 2, si venne di qua da Salon mezza lega quasi, in forma di volervisi accampare; ma la notte, intorno alle due hore, fu ordinato che tacitamente, senza strepito, si levasse et si marchiasse alla volta di Perne, castello sul detto fiume, dove il re haveva raccolte tutte le vittovaglie che haveva potuto per fornire o Salon o qualche altra terra, intorno alla quale di quel contorno si fusse andato, e'l disegno di Sua Maestà et di Sua Ecc^{tia} era di aggiungervi sopra la mattina, che non se ne fussero avveduti; ma tanti furono i nostri bagagli et tanta fu la difficultà di passare non so che acquette et luoghi stretti, et tali furono i fuochi fatti et da gli Alemani con arder case, et da Spagnuoli con arder barilli di polve interi, che havevano o rubbato o hauto dalla monitione, ma non diede lor agio di condurli che la cosa non puote stare segreta. Non già che uscisse alcuno della terra a venirci a molestare, che essendo la notte come era scura non vollero manco essi fidarsi delle tenebre, non essendo per manco chiari a che fine si facessero i detti fuochi, li quali lor davano più tosto forse da sospettare qualche stratagemma che ignoranza de'soldati. Ma la mattina per tempo l'essercito del re, il quale era alloggiato più avanti tre leghe dal'altro lato perciò del fiume, ma non longo al fiume, ci scoperse et venne in campagna al rimpetto nostro in un poco di forte che vi si haveva fatto lunge cerca una lega dal fiume, presso del quale noi passavamo, et mandò alcuni suoi cavalli a correre fin al fiume, li quali vi stettero tutto quel giorno mentre noi passavamo, scherzando et burlandosi di noi. Sua Maestà sopra un colle eminente alla ripa del fiume stette più di tre hore fermo aspettando che cariaggi passassero, et le venne più di una volta l'intento di far gettare i ponti presso ad un altro che vi era vecchio et passare a combattere; ma

Sua Ecc.tia il disuase, atteso il gran novero di carriaggi et la vicinità de'nemici, nel cospetto de'quali senza gran pericolo non si poteva gettar ponti, et considerato ch'essi ad ogni lor piacere puotevano, dopo che a Sua Maestà havessero fatto consumar un giorno o dui di tempo nel passare, ritirarsi nello primo forte presso di Salon. Talchè, senza lassar passare alcuno il fiume alla scaramuccia, si sollecito il caminare per aggiungere a Perne; ma, come ho detto, non vi fu ordine si per li rispetti già detti come per essere venuta nova al'imp.re, il quale era quel giorno avanguarda perchè si lasciavamo nemici alle spalle, che il sig.r Gio. Batti. Castaldo era stato preso in una carca datali da que'di Perne, dove egli era ito innanzi con li furieri per far l'alloggiamento. Dalla qual nova mossasi Sua Maestà et vedendo l'hora tarda, ch'era presso di 21 hora, et lontana la retroguarda forse quattro miglia, chiamò me, che all'hor mi trovava col'arciduca d'Austria, et mandommi addare questa nova al sig.r vicere, ch'era nella retroguarda affar passar carri, et addirli come essa farebbe ivi gli alloggiamenti fra certi colli in una valle stretta che vi era, dove si alloggiò; ma subito venne poi novo aviso non esser vero quello che del Castaldo si era detto. Mostrò Sua Maestà che molto gli dispacesse, et più Sua Ecc.tia usando questa parola : che non sapeva a cui dare quello ufficio.

Quella mattina fu preso innanzi giorno il conte Guglielmo di Fustinbergh solo per sua mera sciocchezza o, per dir meglio, per sua mera pazzia, perchè essendo egli retroguarda, si partì sol soletto senza pur un paggio seco, et caminando forse dormendo la notte si trovò innanzi l'antiguarda un pezzo et passò quel ponte vecchio, che di sopra ho detto, oltra il fiume, ove incontinente fu preso da duo o tre cavalli che vi erano, perchè oltra ch'ei fusse solo, era anco fuor di sè et senza arme, et quando il presero pensando egli fussero amici, disse che il conducessero dal'imp.re, che era il conte Guglielmo.

Dipoi questi signori francesi, che sono venuti innanzi e indietro più volte, referiscono che dice et fa mille pazzie et hanno per fermo che vaneggi o faccia il pazzo.

Fu preso, cioè da uno Francesco de' monti da Viadana, creato dal sig.r vicere, et da uno Albanese cavalleggiero, il principe di Rosiglione sotto del duca di Bonpensier, della casa regale, et dal medesimo Francesco et da mons.r Antonio Agnello, il suo locotenente, dal quale non haveranno meno di 4 over cinquecento scudi per ciascuno. Il principe è in mano del sig.r don Francesco da Este.

Il terzo giorno adunque fu preso Fustimbergh, et si alloggiò fra li predetti colli lunge da Perne una lega.

Il 4, si mandò a ricercar Perne di arrendersi; nemici non volsero darsi, ma posero foco alle monitioni et in più parti del castello et l'arsero. Vi agginusero perciò tanto a tempo le insegne de' Tedeschi mandatevi che, se Sua Maestà havesse voluto, se ne havria puotuto conservar la maggior parte ; ma designando di passar avanti et non havendo la commodità di condure tanta robba, nè essendo il castello atto a guardarsi, lasciò che il fuoco de'nemici consumasse quello ch'ei saria stato sforzato forse di far consumare.

Si fu, per quanto intendo, la notte innanzi in consulta di passar il fiume et di andar a combattere l'essercito nemico nel suo primo forte presso di Salon, o, per dir meglio, cercar di assediarlo, occupando Perne dove erano le monitioni et lasciandosilo poi alle spalle et volgendosi poi sopra l'essercito nemico, chiudendolo verso Salon et levandoli la campagna verso Parigi; et già si incominciorno a gettar i ponti, ma si rimase per non sentirsi Sua Mae.tà di haver essercito ubidiente et disposto a modo suo et secondo il bisogno nella carestia che si haveva del danaio, che altrimenti era opinione di persone intendenti et principalemente dell' ill.mo et ecc.mo sig.r vicere, che mosse et disuase il partito, che fussse cosa riuscibile et quasi franca: tanto più che l'essercito de' nemici non era anchor pieno, come di poi di genti mandatevi dal re in tre giorni si riempiette, et Francesi medesimi dopo hanno detto che molto ne dubitorno et che si trovorno molto smarriti quando si videro quella mattina così per tempo marchiato il campo cesareo avanti; ma, come ho detto, la mala forma del nostro essercito non lasciò esequire il buon pensiero di Sua Ecc.tia, de'disordini et mala condition del quale quelle sanno quante volte io ne ho segretamente loro scritto; et veramente se il giorno seguente l'essercito francese caminava così avanti come si ritirò nel suo forte, l'imp.re sopra i ponti già incomminciati a gettare passava il fiume et veniva con essi loro alla giornata; ma la causa per la quale Francesi si ritirorno nel forte, per quanto potei comprendere il dì seguente da mons.r di Granvella, fu che il conte di Fustimbergh accertò loro la giornata per lo dì seguente et che l'imp.re senza fallo havrebbe passato il fiume.

Francesi posero adunque fuoco in Perne et l'abbandonorno, et i nostri la lasciorno ardere; ma ciò non ostante vi si trovò una infinità di vino et di grano posto ne'volti sotto terra, che non haveva potuto ardere, et da quattro gran navi cariche di vino et di biada et d'altre robbe che caminavano all'ingiù verso Parigi. Arsero parimenti nemici un'altra buona villa, pur dal canto loro del fiume, presso mezza lega di Perne, piena di vittovaglie, acciochè passando Imperiali non se ne potessero servire, et dal canto nostro si vedeva ardere da' Tedeschi duo o tre altre ville, per le quali eravamo passati, talchè ogni cor duro si sarebbe mosso a pietà a vedere et dall'un lato et dall'altro del fiume ardere tutti i colli et tutto il paese da nemici parte, et parte da amici. Questo crudele spettacolo io il feci vedere la notte a mons.r di Nuli et al segretario Baiardo, mentre il Cavriano et io facevamo lor compagnia nel padiglione del sig.r vicere, aspettandolo che da Sua Maestà venisse dove era ito, li quali ponno quelle considerare con che faccia il mirassero. Quella notte la pratica della pace parve che con molto maggior speranza s'incominciasse a stringere, mossi Francesi forse di haver visto con tanto ardire et con tanta diligenza et con tanta ruina del paese et con la perdita di tanta monitione un così fatto essercito grande di reputatione sotto un tal capo con la persona di un tanto imp^re passar avanti verso Parigi, terra debole et delle più ricche del mondo, all'incontro di un altro essercito poderoso d'Inghelterra che con tante forze strigneva una delle più gagliarde frontiere del regno. Fu quella notte mons^r di Granvela dal sig^r vicere, il vicere da Granvela, l'uno et l'altro dal'imp^re una et due volte, et quasi tutta si vegliò parte nel trattato di questa pace, parte nella deliberatione della guerra. Si gettò, come ho detto, ponte et si mandò addare all'arma all'essercito nemico nel suo forte per tenerlo a bada et farli meglio credere che si volesse passare, acciò che nostri l'avanzassero un'altra giornata, tal che il caminare da quel giorno a dietro ci fosse poi più facile et più sicuro che se ne havessono seguiti. Alla moltitudine incredibile de' carriaggi che habbiamo et al poco ordine che tengono et Spagnuoli et Tedeschi nel caminare, li quali tutti per buscare si sbandavano et lasciavano quasi le insegne sole, è opinione de molti che ci havrebbono spogliati et alleggeriti de' carri et fattoci forse una schiavina, et perciò faceva di mestieri, dove mancava l'ordine et l'ubidienza, che Sua Ecc^tia supplesse con novi avisi.

Alli 5, si caminò 4 leghe et si venne sotto ad un castello detto Satiglion, il qual è sopra un colle et fu saccheggiato la mattina. Qui fu si può dire conchiusa la pace, che mons^r di Nuli et il segretario Baiardo se ne tornorno allegri dal re con ordine di far fare una grida che più non si ardesse case nè si andasse a correre senza licenza, et fu spedito mons^r di Aras dal re d'Inghelterra con ciò che fin alhora si era trattato.

Alli 6, si caminò due leghe ad una villa posta sotto di Satiglion un miglio, dove fu fatta la detta grida, la quale non fu osservata. Incominciorno quel dì overo alli 7 Francesi alleggeriti de' bagagli a caminare.

Alli 7, noi venimmo presso di Satiò Tiri, loco assai ricc, il qual fu preso et saccheggiato, et dicono che l'ill^mo sig^r don Francesco vi guadagnò molto et molto bene. Restò il sig^r vicere et mons^r di Granvela nella retroguarda presso di Satiglion et vennero a parlamento con mons^r amiraglio et con mons^r di Nuli, per essere morto il gran cancelliero, et col segretario Baiardo, li quali non parve che si partissero troppo concordi per Edià, che ciascuno il voleva, del quale non pare che havessero fin allhor trattato.

Alli 8, venimo ad una badia de' frati di San Benedetto, molto bella, posta sotto Satio Tiri, la qual fu saccheggiata, et è voce che alcuni fanti spagnuoli vi trovassono più che 10 m. scudi in dinari; mons^r Andalo a me disse di saperlo certo. Vi alloggiò di poi dentro il sig^r vicere, et io alloggiai nella camera dove erano le casse di ferro già dedicate, credo, a li dinari; eravi perciò della robba assai di lino, come lenzuola et tovaglie, libri et altre cose simili assai belle; ma il Bardelone et io che vi alloggiammo non lasciammo movere niente;

alla partita nostra, come si andassero non so. Qui restorno i predetti vicere et monsr di Granvela et vennero a parlamento con li signori francesi ad una villa detta Marsigli, donde parve che si partissono molto concordi.

Alli 9, venimmo ad un barco di detta badia, detto Triangolo, dove si fece il bando che niuno conducesse carro senza licenza del' alcade, per alleggerirsi di infinite carrette da due rote che conducevano i fanti privati, ma non giovò nulla; hebbe l'alcade un bazzo per la bolletta che faceva de' carri, et non ne arse diece. Io qui perdei un altro mio cavallo da carretta, che in un bugno mi si annegò, il quale mi era costato ducati 16, et un altro se me n'era ripreso et morto a Perne, che mi era costato 20, quando partimmo da San Disir, et questa sera dubito, anzi so quasi certo, di haverne perduto dui altri con duo servidori, li quali, credo, siano stati amazzati da' villani, iti fora della terra per torre feno, che tutto il resto si incomincia a pagare, et ciò credo perchè vi andorno dopo desinare et hora è quasi mezza hora di notte nè sono anchor tornati, et dimani mattino habbiamo da caminare, nè haverò carri nè cavalli nè famigli da stalla, per la qual cosa credo che sarò sforzato di gettar via tende e forciere et massariccie et ridurmi con una valige o due, et questi saranno i guadagni ch'io haverò fatti nella guerra : perduti 7 cavalli et tre carri et servidori et robbe. Stemmo fermi qui il x giorno et un' altra volta vennero a parlamento.

Agli xi, lasciammo il camino del fiume Marne et di Parigi et caminammo 4 leghe verso Suesson, oltra Nuli Castello un miglio, il qual castello aspettò l'antiguarda, et veduto il campo si rese a discretione, fu saccheggiato et fatto prigione ognuno.

Alli xij, si caminò sei leghe et venimmo a Suesson, dove si mandò uno trombetta; ma pensando di non haver si appresso il campo, non si volsero rendere; tutta via sollecitavano di sgombrare quel meglio che potevano et di fuggire oltra il fiume per lo ponte che havevano nella terra sopra il fiume Ena, ma veduta l'antiguarda, nella quale era Sua Maestà, vennero per capitolare. Sua Ecctia, che era nella retroguarda lontano più di tre miglia, inteso che non si volsero rendere, corse da Sua Maestà che già l'inviava a chiamare, et andò alla terra, et parlato con tre homini della terra di pochissimo affare perchè già tutti gli altri erano fuggiti, condottili da Sua Maestà li tolse a discretione. Datisi adunque in libertà, li consolò dicendo che a suo potere li guarderebbe da male, et fatto chiamare il duca Mauritio di Sassonia e'l locotenente di Fustimbergh li commise a che entrassero nella terra et la guardassero et conservassero illesa come fusse sua moglie, con quelle più amorevoli et gagliarde parole che si potesse dire, alla presenza di quelli della terra, dando loro intentione che non sarebbe molestato niente se non per lo vivere. Fu conservato il tutto bene la notte dal duca Mauritio. Quel dì fur presi forse 150 Spagnuoli iti là correre, fra quali fu il capo Mardona, il sigr Consalvo Rodorico, gentilhomo della casa di Sua Maestà, et Cespedes, gentilhomo del vicere.

Alli xiij, si fece passar la mattina l'antiguarda per la terra il fiume, la qual era di Tedeschi, et come fu dentro, fur rotti tutti gli ordini di Sua Maestà, perciò che sbandatisi posero tutta la povera terra a sacco nè hebbero riguardo a chiese, a relige, a sacramento, nè alle cose più ricommandate; fur fra tanti malfattori appesi dui Tedeschi di Sua Maestà, uno maestro Ans, ottimo bombardiero, et uno suo allabardiero, li quali havevano preso del' argento fuor della chiesa, che è fuori della città presso alle mura sulla parte più eminente, badia di mons^r di Suesson : il qual mastro Ans, per la dimestichezza che haveva con Sua Maestà per essere anco mezzo buffone, haveva hauto ardire di andarle a mostrare il sacrilegio fatto.

Alli xiiij, si passò col resto dell' essercito il fiume, et alli xv venne l'ammiraglio.

Alli 16, mons^r di Brisach, et da quel giorno in qua è passato quanto da principio ho scritto, parendomi che le cose della pace si dovessono antiporre a quelle della guerra et dover essere più queste ultime, che le prime da V^a R^{ma} et Ill^{me} Sig^{rie} desiderate, le quali perciò meglio le intenderanno et da mons^r Federico Cauvriano et da mons^r Gio. Giacomo Bardelone, li quali è poi paruto a Sua Ecc^{tia} di mandar in loco mio addar loro questa ottima nova, della qual cosa non haverò molto da curarmi pur che io resti in lor buona gratia et che tosto io possa lor portare la restitutione dello Stato, il quale Dio lasci lor godere felicemente et a gli heredi del sig^r duca nostro eternamente come io desidero et ne lo prego.

Nè mi occorendo altro, lor bacio humilmente la mano

Da Crepi, alli 19 di settembre 1544.

Di V., etc.

Camillo CAPILUPO.

30.

Ribemont, le 20 septembre 1544.

Bologna si rese salve le robbe et le persone et usciro con le insegne et li tamburi; quando vi aggiunse mons^r di Aras, volevano dar fuoco alla mina, per quanto ei m'ha detto. Si comincia a bucinare che l'ill^{mo} sig^r don Ferrando anderà dal re d'Ingheltera.

Questa mattina è venuto mons^r di Ghisa, et mons^r della Vale; ci manca solo il card^{le} di Medun, il quale verrà forse fra duo dì.

Udita la messa in Crepi nella chiesa di Nostra Dama del Giardino, l'imp^{re} giurò al' altare in mano di mons^r d'Aras sul messale di osservare quanto ha promesso; mons^r d'Aras anderà forse dimane a dare il giuramento al re.

Hoggi è tornato alla corte l'ammiraglio.

L'imp^re ragionando quasi sempre con mons^r d'Orliens è venuto qui a Ribemon, castello lontano da Crepia cinque leghe, ma longhe.

Il mio carro nè miei servidori ritornorno più di maniera che mi è convenuto lasciare indietro quasi tutte le mie robbe et così restato sono svaligiato nè più atto a correr poste.

Da Ribemon, alli 20 di settembre 1544.

(*Archivio di Stato in Mantova.*)

IV

BERNARDO NAVAGER AU DOGE DE VENISE

1.

Spire, le 12 mai 1544.

Serenissimo Principe,

... Hoggi si ha inteso per uno venuto heri sera al tardo che sei in 8 mila fanti francesi con circa 1500 cavalli si doveano movere alli 12 del presente che è hoggi per metter presidio et vettovaglia in Lucemburgh : la qual nova ha molto travagliato l'animo del sig^{or} don Ferrante, il quale hora che sono le 22 è montato a cavallo insieme col sig. Francesco da Este, cap° general della cavallaria italiana, per andarsene in quelle parti, et farà doi sole leghe...

Da Spira, a 12 di maggio nel 44.

NAUGERIUS et MAUROCENUS,
oratores.

2.

Spire, le 14 mai 1544.

Serenissimo Principe,

... Hoggi è aggionto il marchese di Marignano, il qual partirà fino doi o tre giorni, seguitando il sig^{or} don Ferrante alla volta di Lucemburgh, havendo il carico dell' artegliaria, il qual tra l'altre cose referisce che in molti luoghi di V. Ser^{tà}, se ben afferma che li proclami erano fatti in contrario delli rettori delle città di V. Ser^{tà}, si faceano fanti da capitani francesi.

Hieri sera vennero doi Spagnuoli da Lucemburgh, li quali partirno il sabbato passato, et referiscono come non si sentiva in quelli contorni moto et preparamento di metter soccorso nel detto luogo, la qual cosa, benchè loro habbino affermato a S. Regia Maestà hiersera quando 'l cenava, noi no'l crediamo, essendo uscita la nova, che scrivessimo a V. Ser.^tà per le precedenti nostre, di bocca del sig.^or don Ferrante, il quale per quella novella si partì tutto alterato. A noi, per dar conto d'ogni nova che viene alla corte a V. Ser.^tà, è parso di significarlo, et così faremo di giorno in giorno.

L'elettor di Sassonia è partito con compagnia sua di circa 200 cavalli, il quale per la corpulentia sua è andato, et va in caretta. Si crede che partirà anche presto lantgravio, di sorte che questi sono inditii che la dieta sia alla fine.

Questa mattina habbiamo ricevuto tre mano di lettere di V. Ser.^tà, due di 5 et una di 6, in materia delle proclame fatte che niuno suddito di V. Ser.^tà vadi a soldo d'alcun principe, et della risposta fatta al magn.^co orator cesareo circa il trattato ch'era in·Bressa, alle quali si sforzaremo dar essecutione secondo l'intentione di V. Ser.^tà.

Da Spira, a 14 di maggio nel 44.

NAUGERIUS et MAUROCENUS,
oratores.

3.

Spire, le 21 mai 1544.

Serenissimo Principe,

Il marchese di Marignano, il quale per le ultime nostre di 14 scrivessimo esser venuto d'Italia, è stato alla corte doi soli giorni, et è poi partito per Metz a ritrovare il sig.^or don Ferrante. Delle cose d'Italia non è huomo ch' habbi parlato et scritto più liberamente che questo marchese, havendo con poco rispetto, ma con modestia però, dimostrato molti errori che si sono fatti, et de qui non provedendo al bisogno, et de li tentando, con tanto disavantaggio et tanto pericolo d'ogni cosa, la fortuna, sendo massimamente Carignano, per il quale si è combattuto, così provisto di vettovaglia per molti giorni.

... Questi giorni è ritornato d'Inghilterra mons.^ore di Chiantone, figliuolo dell' ill.^mo di Granvela, il quale altre volte scrivessimo esser stato mandato a quella M.^tà; riporta, per quello che si è potuto intendere da monsignor d'Aras, suo fratello, et altri in conformità, che quella M.^tà si escusa prima con Cesare se fin hora li paresse che fusse stato negligente nel passare, il che dice esser processo per mancamento di legni et di armata, ma che le provisioni di gente et di vettovaglia et tutte l'altre cose necessarie per la guerra erano grandi et tutte in ordine, che passaria la persona istessa del re, che dell' essercito sariano doi capi generali, l'uno il duca di Suffolch, l'altro il duca di Alburchech, questo patron del destro corno dell' essercito, l'altro del sinistro, et della battaglia poi quel serenissimo re. Il numero dell'essercito è detto esser il medesimo, che sempre si ha scritto di 35 in 40 mila fanti, et... cavalli...

La partita di S. Maestà sarà quest' altro mese, et si giudica che non passarà li 12 nè potrà esser inanzi li otto.

Gli avisi che vengono d'Italia tutti in conformità fanno le cose de Francesi grande, il che non scrivemo per altro se non perchè V. Ser.tà sappi come sono avisate de qui le cose d'Italia. Gratie, etc.

Da Spira, a 21 di maggio 1544.

NAUGERIUS et MAUROCENUS,
oratores.

P. S. — Serrando le presenti, per lettere di don Ferrante s'è inteso ch'erano in ordine 5 mila fanti et circa 2500 cavalli francesi per soccorrer Lucemburgh, et li avisi dicono che dubitavano che per tutto hoggi si dovesse soccorrer il detto luogo, et ch'esso non era ancora in ordine per non esser arrivata tutta la gente, la quale era avisato che si aspettava alli 22 o 23 del presente. Si è anche inteso da buonissimo luogo chel signor Gio. de Vega, orator di Cesare a Roma, partirà de lì per andar a star qualche settimana co'l sig.or marchese del Guasto, et questo perchè vogliono che in questi tempi sia più d'un solo che consegli le cose di S. M.tà. Appresso questi doi sarà ancora don Alvaro di Luna, castellan del castel di Milano : il che se ben credemo che V. Ser.tà forsi habbia inteso per altra via, non habbiamo però voluto, habbiandolo da chi l'habbiamo, restar di farglielo intendere.

Questa mattina è partito don Francesco Odoardo, il qual ha il carico delle vettovaglie, verso Lucemburgh a trovar il sig.r don Ferrante, per dove anche sono sta inviati forsi 60 carri di munitione di balle et polvere di questa città. (Tenuta fino di 22.)

4.

Spire, le 23 mai 1544.

Serenissimo Principe,

Se ben hieri scrivessimo a V. Ser.tà quanto fin hora si havea inteso, et non vi potendo esser da poi successo molto da novo, pur intendendo che si espedisce in Italia, et che questa espeditione sarà presta et con molta diligentia, non habbiamo voluto restar di scriver queste poche parole et insieme mandar le replicate di heri, le quali saranno forsi più preste delle prime.

Quello che si ha inteso dapoi è per lettere di 21 di don Ferrante arrivate questa mattina, le quali dicono che fin quel dì Francesi non havevano soccorso Lucemburgh, et che già era arrivata parte della cavallaria che esso aspettava, et li Spagnuoli vecchi che haveano invernato in Cambrai et quelli luoghi vicini, di sorte chel suo essercito era già a numero de 14 in 16 mila fanti, et 150 in 200 cavalli; che medesimamente Francesi s'ingrossavano et che esso sig.or don Ferrante era per uscir in campagna, et far tutto quello che potesse, acciochè Lucemburgh non fosse soccorso.

Habbiamo anche inteso che li protestanti non si contentano della scrittura ultimamente prodotta da S. Maestà, però che vogliono che la prima che fu prodotta da lei habbia luogo, et dicono che non hanno commission dalli loro principali, li quali sono partiti, come habbiamo già scritto, di assentire ad alcuna deliberatione, se secondo la scrittura prima non si faccia il recesso; nondimeno è opinione che Cesare vorrà secondo quest'ultima concluder la dieta, la copia della quale se hora potremo havere, come n'è stata promessa, mandaremo a V. Ser.tà; se non, col primo spazzo.

La causa della presente espeditione a nome di Cesare per Italia è una posta venuta in molta diligentia heri sera al tardo da Roma, della quale non si ha fin hora potuto intender cosa alcuna.

Alle lettere di V. Ser.tà di 5 et di 6 del presente, nelle quali ne commette che ove n'occorrerà, et giudicando ricercar così il bisogno delle cose sue, facciamo intender nella materia di fanti che si fanno a nome di Franza, et in quella della qual scrisse il secr.rio Fidel da Milano a V. Ser.tà, giustifichiamo le ragioni di quell' eccell.mo Stato, non s'ha dato fin hora essecution alcuna, parte perchè Cesare alli dì passati s'ha voluto purgar per andar più gagliardo alle fatiche della guerra, parte perchè siamo stati longamente in dubbio tra noi, se commettendone V. Ser.tà per una sua lettera ove occorrerà parlare che dichiamo, etc, et nell'altre scrivendone che sendo cosa verisimile che il medesimo che era sta detto a V. Ser.tà dal secretario del mag.co orator cesareo per nome del marchese del Guasto dovesse esser dal medesimo marchese scritto a S. M.tà, che ne havea voluto aggionger quell' altre lettere, acciochè potessamo per la verità giustificar le ragioni di V. Ser.tà sì come giudicheremo ricercar il bisogno, se non ne essendo espressamente commesso che per questo dovessamo domandar audientia, et esponer a S. M.tà la verità del fatto et la intentione di V. Serenità, officio nostro et intentione di quell' ecc.mo Senato fusse di farglicla dimandar; da una parte ne move questa commission dubbia di V. Ser.tà nella qual si contiene queste parole : « Ove vi occorrerà parlare », dalle quali si può comprender che se non ne fosse parlato a noi non dovessamo noi parlar di questo; dall' altra, considerando noi nell' altre doi sue lettere, che ne scrive V. Ser.tà, si contiene : « Si giudicherete così ricercar il bisogno nostro », che è quasi un darne libertà che facciamo noi quello che ne parerà a utile et beneficio suo : considerando che S. M.tà, si come ne scrive V. Ser.tà, dovea esser informata particolarmente d'ogni cosa, et ultimamente dal marchese di Marignano, col quale è stato longo spatio di tempo, et l'ha dimandato particolarmente di tutte le cose d'Italia; il qual marchese sappiamo noi, si come scrivessimo a V. Ser.tà, che ha detto a S. M.tà tra l'altre cose che nelle terre et stato di quell' ill.ma Rep.ca si facea gente liberamente a nome di Franza, et considerando anche che ingrossandosi ogn' hora più Francesi de fanti italiani, si come sono avisati che fanno, potria succeder che forsi qualche loco del Stato di Milano si perdesse et patesse qualche incommodo, dal che s'haveria potuto accrescer la suspitione che già havesse havuto S. M.tà, vedendo che da noi amb.ri di quel seren.mo Stato non ne fusse, in una cosa di tanto pregiuditio suo et già fatta intender a V. Ser.tà da suoi ministri, detta parola alcuna, et considerando che questa suspitione, per l'intentione che V. Ser.tà ne scrisse per l'ultime sue di voler esser amica di tutti li principi, era bene di levar dall' animo de S. M.tà et de tutti quelli colli quali si desidera di viver in pace, vedendo poi che dall' haver replicato in questa materia le dette lettere sue, si può comprender l'animo di V. Ser.tà esser che si faccia questo officio, et finalmente parendone che dal farlo ne può venir utile et niun danno a V. Ser.tà, da non farlo, se non altro, almeno suspitione in S. Maestà di quella ill.ma Rep.ca, siamo risolti insieme di far dimandar l'audientia a Cesare et giustificar da noi il fatto delli fanti a nome de Francesi, et la cosa del trattato di Bressa per impatronirsi di qualche loco del Stato di Milano...

Da Spira, a 23 di maggio nel 44.

NAUGERIUS et MAUROCENUS,
oratores.

5.

Spire, le 24 mai 1544.

Serenissimo Principe,

... Hoggi sono gionte lettere da don Ferrante, il quale scrive haver occupato certi passi stretti, per li quali doveano passar Francesi di forza, che non dubita più che habbino essi Francesi a metter il soccorso in Lucemburgh, et scrive anche che hoggi il principe d'Oranges dovea gionger nel suo campo con tutta la cavallaria et gente fatta nella Fiandra. Gratie, etc.

Da Spira, a 24 di maggio (Tenuta fino 25).

NAUGERIUS et MAUROCENUS,
oratores.

6.

Spire, le 27 mai 1544.

Serenissimo Principe,

Si come scrivessimo a V. Ser.tà dover fare, così habbiamo dimandato et hoggi havuta l'audientia da S. M.tà, alla quale introdutti fu detto che havendo il secretario da Milano scritto a V. Ser.tà che da un secretario del cons° secreto di Milano li era sta detto che in Bressa si concertava di tuor un luogo di S. M.tà nel Stato di Milano, et dapoi havendo scritto il marchese del Guasto al sig.or don Diego, orator suo, dolendosi che in molti luoghi della Ser.tà V. si vedeano soldati colle croce bianche, et molti sudditi di quel ser.mo Stato andar alli servitii del re chr.mo, che V. Ser.tà havea sentito l'uno et l'altro di questi officii con discontento suo, perchè conoscendo come è disposto l'animo di tutta quella Rep.ca verso S. M.tà non potea se non agli avisi di questi officii, che erano contra la mente sua, risentirsi, che subito scrisse V. Ser.tà alli rettori di Bressa avisandoli che usassero quanto maggior diligentia potessero per intender et proveder che simil trattati non si facessero nelle città di quella Rep.ca che è studiosa di pace, et che ha animo di conservar l'amicitia con tutti; quanto poi appartiene al lassar li sudditi andar a servitii di Franza, che V. Ser.tà havea fatto le proclame sue, le quali però non obstante se ritrovavano molti senza facultà, senza figliuoli et senza havere da perdere, li quali si accostavano, non potendo viver altramente, a chi li dava dinari, et che non solamente per nome del re di Franza, ma ancora a servitii di S. Maestà, n'erano sta soldati di questi tali, li quali non si poteano per niun modo prohibire.

Rispose S. M.tà : « Veramente io ringratio molto quella Signoria che dimostra tanta affettione alle cose mie. So io certo che non solamente in Bressa, ma in tutti li altri luoghi di quello Dominio, non sarà mai fatto cosa in pregiuditio mio, et questo officio che havete fatto mi è stato gratissimo; quelli rettori di Bressa et tutti gl'altri del vostro Stato essequiranno l'intention di quella Sig.ria. » Al secondo disse : « Io son stato avisato per molte vie, et già molti giorni, che molti vostri sudditi andavano al servitio del re; ma, come havete detto voi, il prohibirli è cosa impossibile, et so certo, perchè sono stato avisato da diverse vie, che quelli Sig.ri hanno fatto le sue cride et che l'intention sua è che niuno suddito loro vadi a servitio d'altri; ma questo, come ho detto, è impossibile, perchè la povera gente, che non ha che perdere, va ove li sono dati danari. »

Entrò poi S. M.tà da se a dire che per molti avisi hora, et da molte altre cose prima, si confirmava nella buona volontà sua, che conosceva haver sempre havuto et voleva sempre haver a V. Ser.tà, perchè, per lassar tutte l'altre cose, era ultimamente avisata dal sig.or don Diego che quella Rep.ca era per continuar nella buona amicitia et pace che ha con Sua Maestà; se ben il card. di Ferrara li havea offerto gran cose, non mancando anche appresso altri che sollicitavano d'accettar quest'offerta, V. Ser^tà però era di animo di star constante nell' amicitia con lei, « del che, disse, non mi resta altro se non conoscer ch'io son grandemente obligato, et così voglio esser sempre a quella Rep^ca ».

Al che risposto per noi secondo l'ultima intentione di V. Ser^tà, ne parve dimandarla, sendo venuta voce nella corte dapoi l'ultime notre dell' arrivar in Fiandra delli 6 mila Spagnuoli, et del patteggiar di Lucemburgh, di l'una et l'altra di queste cose : alla prima delle quali rispose che se non erano arrivati in Fiandra, arrivaranno presto, perchè era avisata che erano stati veduti nelli canali d'Inghilterra; al patteggiar di Lucemburgh, disse : « Se è vero quello che mi è scritto, che habbino così poco da mangiar, io spero di bene ».

Disse poi da lei : « Sono avisato d'Italia che quella gente era passata Ada, et che potria esser che si disfacesse ».

Così essendo stato longo spatio di tempo con lei et vedendola molto occupata in altre cose, prendessimo licencia...

Da Spira, a 27 di maggio nel 44.

NAUGERIUS et MAUROCENUS.
oratores.

7

Spire, le 30 mai 1544.

Serenissimo Principe,

... Venne già tre giorni il sec^rio Paggetto dal ser^mo re d'Inghilterra in posta partito da Londra in 7 giorni in questa corte. Habbiamo cercato con diligentia d'investigar la causa di questa sua venuta; ritrovamo, se ben è secretamente, che è venuto per dar conto a Cesare di successi felici contra Scotia, ma principalmente per far intender a questa Maestà che già il re suo è in ordine per attender molto più di quello che ha promesso, et che S. M^tà si ricordi anche lei di far la parte sua, et di osservar quanto è convenuto tra loro. Hebbe il giorno sequente che venne audientia longa, et per quello intendemo, partirà fra doi giorni, molto ben visto et accarezzato da Cesare. Da lui prima, et poi in conformità da un corriero venuto in 5 giorni da quello regno, et arrivato il medesimo giorno che arrivò detto secretario, s'intende che l'essercito del ser^mo d'Inghilterra ha havuto molte vittorie, et quanto camina, tanto guadagna, abbrusciando et rovinando ogni cosa; che Edemburgh già preso, come scrivessimo a V. Ser^tà, era sta rovinato fino a terra, il che vedendo il card^l di quel regno si dice che fuggendo disse : « Veh mihi pro te civitas », del qual card^le non si sa fin hora altro se non che va fuggendo; che molti di quelli grandi di Scotia s'haveano mandato ad offerir al ser^mo d'Inghilterra, il quale ricordandosi che già li fu atteso poco altre volte, non volea altrimenti udirli; che l'armata tornava in Inghilterra carica di molta et ricca preda, havendo preso molte nave scozzese tra le quale vi sono doi famose, l'una chiamata l'Alicorno, l'altra Salamandra : una delle quali fu donata dal re chr^mo al re di Scotia quando si maritò in Franza. In somma dicono questi che non vi è più dubbio chel seren^mo re suo non debbi esser patron di tutto il regno di Scotia. Aggiongono appresso che quella Maestà passarà in persona all' impresa di Franza, et che'l duca di Alburchech li è molto grato et molto riputato da lei, il qual duca sarà anch' esso nell' essercito, come già scrivessimo a V. Ser^tà; che il re facea far provision di vettovaglia per sei mesi per non esser astretto dalla necessità di fame a lassar l'imprese sue. Questo esser il maggior suo pensiero, a questo attendere con ogni diligentia. Del numero del essercito dicono cose grande, affirmando che passarà 50 mila combattenti, et che vengono dispostissimi et quasi certi della vittoria.

... Di Lucemburgh non si è inteso altro dapoi l'ultime nostre se non che ogni giorno si vanno ingrossando Francesi, et habbiamo veduto per una lettera particolar che erano già circa 20 mila fanti con buon numero de cavalleria, et che medesimamente al sig^or don Ferrante sopragiongeva gente da piedi et da cavallo, di sorte che già l'essercito suo era anch'esso di 20 mila fanti et circa 2 mila cavalli : quelli faranno ogni cosa per soccorrer Lucemburgh, questi per vietarlo.

È venuta nova certissima per più vie, et ultimamente per uno sbarcato a Cales, che la gente spagnuola, che si aspettava et che ne disse Cesare esser sta veduta nelli canali d'Inghilterra, è disbarcata nel medesimo loco di Cales. Li particolari sono questi che di 18 nave che partirno con questa gente dalle marine di Spagna, 16 sono arrivate; le doi, a mezzo camino quasi, per far molta acqua, sono ritornate a dietro con 400 fanti; che detta gente è al numero di 5 mila. Aggiongono Spagnuoli della corte esser bellissima gente; il cap^no loro è chiamato Basco da Lugna da Toledo, huomo de circa anni 50, riputato valoroso et savio, et molto prattico della guerra per esserli stato altre volte.

Della partita di S. M^tà ancora si parla variamente; alcuni dicono che sarà al principio di quest' altro mese subito; altri che potria ancora differir passato mezzo il mese; questa è la verità che fin hora non è pagata la casa di S. M^tà et che forsi anche vorrà aspettar che questa nova gente venuta di Spagna arrivi a Lucemburgh...

Da Spira, a 30 di maggio nel 44.

NAUGERIUS et MAUROCENUS.

8.

Spire, le 2 juin 1544.

Serenissimo Principe,

... Hieri venne a questa corte la nova della rendita di Lucemburgh, fatta intender a questa M^tià dal sig^er don Ferrante per il Cavriano, molto suo favorito. Riferisce costui, oltra le conditioni et li patti di Lucemburgh, li quali più particolarmente potrà veder V. Ser^tià da una lettera d'un trombetta che ha maneggiato tutto questo fatto, drizzata a me Bernardo, la quale nel suo istesso linguaggio era di sua propria mano, habbiamo voluto mandar a V. Ser^tià, che l'essercito del signor don Ferrante era fin quel tempo di x mila lanschinech sotto'l governo del conte Guglielmo da Fustemburgh, 8 mila Grisoni venuti col' principe d'Oranges, et quelli Spagnuoli vecchi che possono esser da 4 in 5 mila; che di giorno in giorno s'andava ingrossando l'essercito, et che l'altra fanteria spagnuola già disbarcata, come scrivessimo alla Ser^tià V., saria ancor ella presto; il numero de cavalli dice lui esser fin hora circa 3 mila; avisa oltra di questo attrovarsi, per quanto si ha inteso da diverse spie, il re chr^mo a Troia in Campagna con circa x in xv mila huomini del paese, et appresso con 3 mila preparati con tante falce per dar il guasto a quella parte, per la quale crederà voler entrar l'imperatore nel suo regno; che si attendea a fortificar con diligentia alcuni luoghetti a quelle frontiere, nelle quali era divisa quella gente, la qual si havea messo insieme per voler soccorrer Lucemburgh; che'l cap° di Lucemburgh havea detto palesamente esser stato assassinato dal governator della provincia, il qual da Pasqua in quà li ha dato speranza ogni giorno di soccorrerlo, et che per particolar inimicitia non l'ha voluto fare : del qual tradimento, quando il re non ne vogli far vendetta, esser lui disposto col l'arme in mano a farlo riconoscer et pentirsi. Tutte queste cose riferì il Cavriano, della maggior parte delle quali, sendo vere, potrà la Ser. V. esser avisata per via di Franza.

Nel medesimo tempo che venne la nova della rendita di Lucemburgh, venne anche per via di Roma un' altra, che fu riputata di maggior importantia, la qual è che Barbarossa, poco satisfatto del re chr^mo, havea disarmato sei soe galere, et menato via il cap^no Polino et il priore di Capua. Da alcuni, li quali hanno veduto questa M^tià darli fede et allegrarsi, è creduta; a molti par poco verisimile per molte cause, et tra l'altre per questa : che una nova di tanta importantia non sia stata per huomo a posta, et con diligentia, fatta intender dal principe Doria a questi sig^ri. La verità V. Ser^tià deve saper più che alcuno altro; nostro debito è farli intender tutto quello che si dice de qui, et con che fondamento...

Già doi giorni, è voce nella corte che Cesare ha detto di sua bocca voler partir alli 5 o 6 di questo mese; ma non essendo ancora fatto il recesso della dieta, il qual però si ha da fare giove o venere, per quello si dice, che sono pur li 5 et 6 del presente, sono alcuni che pensano che Cesare potria differir la partita nell' altra settimana...

Il secretario Paggetto non è ancora partito, ma se dice che partirà di giorno in giorno; et in questo proposito d'Inghilterra, s'è inteso pur di più che la figliuola herede et tutti li grandi di Scotia et il cardinale sono ridotti nella parte montuosa del regno, et che'l ser.mo d'Inghilterra ha fatto brusciar 60 leghe intorno di paese nemico nella parte piana et abondante, et anche alli confini certa parte del suo, acciò che sendo occupato nella guerra di Franza non habbino li Scozzesi modo per così gran ruina del paese di darli molestia...

Da Spira, a 2 di giugno 1544.

NAUGERIUS et MAUROCENUS,
oratores.

9.

Spire, le 3 juin 1544.

Serenissimo Principe,

... Noi ringratiata da novo S. Sig.ria con quella più accommodata forma di parole che ne parve ricercar il beneficio delle cose di V. Ser.tà, dicessimo che della rendita di Lucemburgh et d'ogn' altro felice successo di S. M.tà, V. Ser.tà ne sentiria sempre somma satisfattione; al che rispose: « Questo è niente a quello che sarà, perciò che tutte le cose s'incaminano a beneficio di S. M.tà. » Poi li dimandassimo quando si partiria; al che rispose: « Alla fine di questa settimana credo chel tutto sarà ridotto a fine »...

Da Spira, a 3 di giugno nel 44.

NAUGERIUS et MAUROCENUS,
oratores.

10.

Spire, le 5 juin 1544.

Serenissimo Principe,

... La nova di Lucemburgh a tutta la corte è stata molto grata, ma S. M.tà l'ha sentita con grandissima satisfattione, dove che parve a noi che fusse officio di buona amicitia rallegrarsi con lei di così felice principio, la quale con ciera più allegra del consueto rispose che havevimo ben ragione di sentir consolatione delle prosperità sue, essendo così vero amico di V. Ser^tà, soggiongendo : « Et benchè molti mi vogliono far sospetto a quella Sig^ria, nondimeno niuna grandezza nè prosperità mia mi muterà dell'animo ch'io ho verso di lei, et che non li sia buono et constante amico, et quanto li miei successi et prosperità saranno maggiori, tanto più mi saranno cari...

Come scrivessimo, le differentie tra l'imp. et il re di Danimarca sono composte, et li capitoli, benchè si tengono secreti, pure quelle conditioni ch'havemo inteso significaremo a V. Ser^tà, le quali sono che il re pregione, cognato di Cesare, sia deliberato et habbia da viver secondo la condition sua ; che non havendo figliuoli maschi il re che hora è in stato, succeda nel regno la figliuola del re pregione, moglie del conte palatino, o suoi figliuoli ; che paghi per tre anni a Cesare, alcuni dicono 6 mila fanti, alcuni 12 mila ; che dia libero transito et senza impedimento alli commercii della Fiandra ; et che rinoncii all'amicitia et lega che ha col re chr^mo et con qualonque altro inimico di Cesare.

... Mandamo colle presenti alla Ser^tà V. la copia delle genti da pie et cavallo, che S. M^tà cesarea nell'essercito et di altre monitioni.

Io Domenico, partendo S. M^tà sabbato, la seguirò dominica per haver meglior alloggiamenti, et sollicitarò il viaggio per satisfar al servitio di V Ser^tà con ogni diligentia a me possibile.

Seguitarò ancora io Bernardo S. M^tà doi o tre giorni dapoi insieme con questi altri s^ri amb^ri italiani, procurando con tutte le forze mie di tenir, quanto più spesso potrò, avisata V. Ser^tà di tutto quello che occorrerà, il che però son informato che non si potrà fare così spesso come s'è fatto fin hora ; non venirà alcuno a quelle parti, che sapendo io non porti lettere mie alla Serenità V., le quali se saranno più tarde de quello che desidera quell' ecc^mo senato, la colpa sarà tutta della difficultà de'messi. Gratie, etc.

Da Spira, a 5 di giugno 1544.

NAUGERIUS et MAUROCENUS,
oratores.

II.

Spire, le 9 juin 1544.

Serenissimo Principe,

... Ragionando noi diverse cose co'l sig^or Gio. Batt^a Gastaldo, huomo qualificato et di molta existimatione in questa corte, ne disse che se non fosse successa la rotta in Piemonte, che fino a quest'hora sarebbe seguita pace tra questi dui principi, perchè Cesare non ne era alieno ; ma che hora l'imp^tor non la faria, perchè li pareria che fusse detto che la facesse per paura : il che habbiamo voluto significar a V. Ser^ti, rimettendo però al sapientissimo suo giudicio quello che ne possa seguire...

Da Spira, a 5 di giugno 1544.

NAUGERIUS et MAUROCENUS,
oratores.

12.

Spire, le 9 juin 1544.

Serenissimo Principe,

Cesare, il qual ne disse voler partire venere o sabbato, hoggi, che è luni, non è ancora partito; ma risolutamente si dice che partirà dimane et farà la strada di Metz, accompagnato da 1 500 in 2 000 fanti Il recesso fin quest'hora non è ancora publicato.

Lucimburgh è stato consignato sì come fu convenuto fra loro, et in questo mezzo tempo non sono mai comparsi se non 400 cavalli francesi per farsi vedere, li quali subito anche si ritornorno; fecero bene, perchè dal sig^or don Ferrante per doi vie erano stati mandati all'incontro circa 1 000 cavalli, dalli quali difficilmente s'hariano potuto defender. Dicono li avisi esser stati ritrovati in Lucemburgh 70 pezzi d'artegliaria et numero infinito di monitione, che non haveano più che mangiare, per il che quel giorno inanti il termine erano disposti d'uscire, et quelli che rimasero dentro furono sostentati con la vettovaglia dell'essercito cesareo; che per diligentia ch'havessero fatto usare in intendere li apparati del re chr^mo, non intendevano altro se non che la maggior sua provisione era di brusciar et guastar il paese; che non sapeano che vi fosse corpo d'essercito in alcun loco, per il che il sig^or d^n Ferrante havea animo di spingersi inanti...

Da Spira, a 9 di giugno 1544.

NAUGERIUS et MAUROCENUS,
oratores.

13.

Spire, le 9 juin 1544.

Serenissimo Principe,

Il sig^or noncio appresso Cesare me ha detto haver inteso per bonissima via che ultimamente il ser^mo d'Inghilterra ha fatto intendere a Cesare che se non passarà in persona sarà perchè giudica non poter lassar il regno suo coll'absentia sua molto sicuro; et chel chr^mo re ha tentato et tenta d'accordarsi con lui, offerendoli il regno di Scotia, ricordandoli l'ingiurie che altre volte ha ricevuto questo imper^{rc} da lui; che non è savio consiglio il suo ingrandir uno, la grandezza del quale possi ritornar in danno et pregiuditio di S. M^{tà}; che esso re chr^{mo} ha havuto ultimamente una vittoria in Piemonte, la quale l'ha fatto quasi patrone d'Italia : al che scrive quel ser^{mo} re haver risposto, se'l' imp^r fosse così grande come S. M^{tà} chr^{mà} lo tiene, che non perderia esserciti, come dice haver perso, ma per una sola battaglia perduta haveria perso tutta Italia, et che hora li par più tempo che mai di soccorrere l'imperator, havendo anche esso incominciato a perdere; quanto al regno di Scotia, esserli offerto cosa che è hormai quasi soa. Oltra di ciò ne disse il medesimo noncio esserli sta affermato chel ser^{mo} d'Inghilterra scrive che non saria mal di veder di trovar modo di compositione et pace tra loro. A noi è parso debito nostro quello che habbiamo et da chi lo habbiamo farlo intender alle Ecc^{me} Sig. Vostre. Gratie, etc.

Da Spira, alli 9 di giugno nel 44.

NAUGERIUS et MAUROCENUS,
or^{res}.

14.

Spire, le 9 juin 1544.

Serenissimo Principe,

Havendo tempo, ne è parso aggionger queste poche parole, che il recesso non è stato publicato questa mattina, et che in dieta vi sono state difficultà così fatte che fu per ritrattarsi ogni cosa, perchè li protestanti vogliono che ogni cosa si faccia a modo loro, et sopra alcune parole, che li cattolici voleano che si mettessero nel recesso, si sono alterati grandemente; pure pare si habbi attrovato via di acquietar l'una et l'altra parte. Restano però alcune altre difficultà, come si dice, per causa delle qual la dieta doppo mangiar è ridotta, nè fin a quest'hora, che sono le 22, si ha certezza che'l recesso si debba finir questa sera, il qual non concludendosi si giudica che Cesare non partisse dimane, nè il seren^{mo} suo fratello, perchè partendo loro et ogni momento risorgendo tante difficultà, le cose non potriano succeder secondo il desiderio loro. Quello che seguirà de momento in momento, havendo occasione, sarà fatto intender a V. Ser^{tà}.

Li pezzi di artegliaria ritrovati in Lucemburgh non sono, come si ha scritto per altra, 70, ma 41. Il sig^{or} don Ferrante marchia alla volta di..., città in Lorena, lontana da Lucemburgh 14 leghe.

Da Spira, a 9 di giugno 1544.

NAUGERIUS et MAUROCENUS,
oratores.

15.

Spire, le 10 juin 1544.

Serenissimo Principe,

Hora ch'io son venuto a casa del s.r noncio per andar insieme con li altri amb.ri italiani alla volta di Metz, ritrovando commodità di messo, ho voluto far intender che'l recesso è publicato di consentimento et unione di tutti : nel quale si hanno trovato in persona Cesare, et il seren.mo re dei Romani, il qual Cesare in questo punto monta a cavallo pur per Metz, et io medesimamente per un'altro camino, havendo voluto dar prima questa notitia alla Serenità Vostra. La copia d'esso recesso il cl.mo orator Moresini mandarà a V. Ser.tà.

Da Spira, a x di giugno nel 44.

Bernardo NAVAGERO
amb.r

16.

Metz, le 18 juin 1544.

Serenissimo Principe,

Alli x del presente, che fu il giorno che partì l'imperator da Spira, scrissi nel medesimo loco a cavallo la publicatione del recesso fatta la mattina del medesimo giorno, et insieme la partita di Sua Maestà per questa città; et perchè, prima ch'io partissi, il cl.mo amb.or Moresini tolse carico di voler mandar a V. Ser.tà la copia et la continentia d'esso recesso, il qual è si come per tante nostre li havemo sempre scritto, io non prenderò altrimente hora fatica di mandarglielo, sapendo che quel cl.mo orator non mancarà della solita virtù et diligentia sua in tener avisata V. Ser.tà et di questa et d'ogn'altra cosa, et che lo potrà far più commodamente assai che non faccio io, per haver hora maggior commodità di scriver et di espedire che non si ha qui.

Dapoi ch'io parti da Spira per diversa via da quella di S. Maestà, arrivai heri alli 17 in Metz, ove il giorno inanzi aggionse l'imperator. Qui ho ritrovato tre mano di lettere di V. Ser.tà, una di 24 del passato in materia delle robbe tolte da quelle fregate al m.co m.s. Alvise Foscarini, l'altra di 31 pur del passato nella materia della risposta fatta al r.mo di Ferrara, et la terza di doi del presente continente la lettera del Fedel da Milano : per il che havuta hor hora l'audientia dalla Maestà Sua le dissi che per lettere di V. Ser.tà mi era commesso che dovesse communicar a lei la risposta che quell' ill.mo Stato havea fatto al r.mo di Ferrara, acciò Sua Maestà potesse conoscer la confidentia che si ha nella benevolentia et affettione sua verso quello ser^mo Stato, et la reverentia che se gli ha; soggiongendo che la propositione del card^l è stata ricercar per nome del chr^mo re la Serenità V. a collegarsi con quella M^tà : ha risposto che delli travagli et pericoli, ne quali si trova la christ^tà per causa della guerra, ne sente sommo dispiacere V. Ser^tà et che'l desiderio suo è di continuare nella pace et amicitia che ha con ciascun principe senza impedirsi in guerra con alcuno.

Rispose Sua Maestà : « Io ringratio di cuore quella Sig^ria di questa sua constantia, et questa sua ultima resolutione mi è tanto più grata, et la debbo stimar tanto maggiormente quanto che so che non si ha lassato cosa alcuna per diverse vie di ridurre questa cosa a fine. Gli amici che stanno constanti nell'adversità, nè si lassino indurre da speranza et offerte grandi d'altri, sono da esser riconosciuti poi nelle prosperità. Io vi dico che quanto sarò sempre maggiore, tanto più sarò grato di questa fede et constantia di quella Signoria, et perciò anche mi è piacciuto la nova di quest'ultima vittoria, che ho havuto in Italia, perchè prosperando le cose mie, come confido in Dio che prospereranno, vedo essermi dato maggior modo di riconoscer et gratificar li veri amici miei. » Replicando da novo che saria grato, nè lassaria occasione alcuna d'ingrandir quel sereniss^mo Stato, dilatandosi in ciò oltra l'usanza sua, nè sapendo quasi di ritrovar modo di finire. Da me fu risposto siccome giudicai che convenisse a così affettuose parole che havea detto la Maestà Sua, affirmandoli ch'io non poteva scriver nè Sua Maestà dir tanto dell'affettione che ha V. Serenità che ancora lei non se ne promettesse molto più.

Communicati poi li avisi da Constantinopoli, havendo Sua M^tà ringratiato in questa parte da novo V. Ser^tà, soggionse : « Io mi partirò fra 4 o 5 giorni, et mi partirei anche più presto se l'artegliaria, che è dieci leghe lontana de qui, non mi impedisse; ma non resta però che in questo mezzo si perdi tempo. Già il sig^r Ferrante ha preso un loco chiamato Comarsi, et è hora sotto Ligní, et spero che lo haverà. »

Comarsi, Seren^mo Principe, si come ho inteso da particolari, fu preso per forza, et morti 100 huomini che si ritrovavano dentro, et era luogo che lassato dapoi le spalle haria potuto far impedimento grande alle vettovaglie. Lignì è riputato più forte per attrovarsi dentro maggior numero de fanti, et megliori, et, per quello che scrive il Gastaldo, il cap^no Gio. Pietro, Corso.

Oltra di ciò mi disse S. M^tà ch'era stato preso un cap^no todesco, il quale a nome del re chr^mo facea gente in Alemagna, il qual cap^no s'attrovava hora in questa città, et d'esso si faria presto la giustitia che ricercano li meriti suoi.

Coll'ill^mo di Granvela nella materia delle robbe tolte non si è ancora potuto parlare, il quale mentre io passeggiava nell'anticamera, aspettando l'audientia da Cesare, uscito fuori di camera dell'imperatore, accostatomi all'orecchia disse : « È molto savia quella Sig^ria, et S. Maestà li è molto obligata ». Nè volendo aspettar altra risposta da me, se n'andò. Io procurarò di ritrovarmi con Sua Eccell. per eseguire quanto nella sua di 24 mi è commesso.

Non voglio restar di scriver quello che mi ha detto hoggi l'amb^r. di Fiorenza, il qual havendosi trovato con S. Maestà doppo di me mi ha riferito che l'imperator ha dimostrato con lui un sommo contento della vittoria havuta in Italia, et anche della risposta che ha fatto Vostra Serenità al rev^{mo} di Ferrara, nel qual proposito li disse Cesare : « Questa cosa mi è tanto più grata quanto che è sta fatta inanzi che le mie genti havessero questa vittoria. »

Qui si è inteso la morte del s^r duca di Lorena, la qual fu alli 14 del presente; si è detto anche che'l figliuolo non sta molto bene. La morte di questo s^r duca è riputata qui esser molto a proposito di Cesare, dovendo succeder nel Stato il figliuolo, che è nepuote di Sua Maestà, il qual quando morisse lassando un figliolino di doi anni, la madre non vorria depender da altri che dall'imp^{tor}, suo barba.

Da Metz, a 18 di giugno nel 44.

Bernardo NAVAGER.

17.

Metz, le 18 juin 1544.

Serenissimo Principe,

Il corriero che partì hoggi a mezzo giorno, partì così presto che molti non hanno havuto tempo di scrivere, tra li quali è il sig^r noncio, il quale ha deliberato di espedir questa sera una staffetta. Ho voluto mandar le replicate et insieme aggiongerli che Commarsi è stato tutto brusciato, havendosi reso a discretione; li soldati però non sono morti, ma saccheggiati tutti et depredati. insieme con tutto quello che si attrovava dentro in esso castello. In Ligni si attrovano circa a 400 fanti italiani di quelli del Strozzi, et circa mille Francesi, et 100 huomini d'arme, et per quello ch'io sono avvisato da quello mio trombetta, la terra è assai forte, et essi che vi sono dentro dimostrano bonissimo animo. Che vi sia dentro Gio. Pietro Corso, non vi è alcuno aviso che quello del Gastaldo.

Quello Todesco del quale mi disse l'imperator, è, per quello che ho inteso, huomo di buona conditione, parente di lantgravio, ricco di x in xv mila fiorini d'entrata; havea carico di far 20 bandiere d'Alemani et prometterli scudi sei al mese per uno.

L'ultima vittoria havuta alli 4 del presente in Italia a questi signori è stata tanto più grata quanto che è venuta qui inespettata, et de qui è molto ingrandita. Dicono esser prese circa 60 bandiere, morti et presi tutti li capitani, Pietro Strozzi solo fuggito con doi archibusate; stanno in speranza d'udir di giorno in giorno qualche meglior successo, et credono di romper anche la gente che si trova sotto

Carignano se non si leva dall'obsidione : per il che a me parve questa mattina d'allegrarmi in nome di V. Serenità coll' imp^re di questa vittoria, il qual officio mio dimostrò di accettar molto gratamente, dicendomi che hormai non può più dubitare che V. Ser^tà non si dogli et non si allegri d'ogni adversità et prosperità sua, replicandomi quello che altre volte mi havea detto, che ha ragione quella Signoria di sentir consolatione d'ogni suo bene perchè quanto esso è et sarà maggiore, tanto più vuole et potrà esser di beneficio a V. Ser^tà. Questo io mi havea scordato di scriver per la precedente d'hoggi per la troppa pressa che mi era fatta, et però hora ho voluto supplir a quanto mancai per poca memoria et per desiderio d'esser a tempo di poter espedire alla Seren. V. Queste nove d'Italia hanno piacciuto grandemente anche per questo rispetto, che giudicano haver privato il re di gran parte della diffesa per il suo regno, sendo avisati che quella gente era per passar in Franza, et però andaranno più animosi che mai a questa impresa, con opinione di haver poca resistentia, benchè dagli huomini di giuditio la difficultà della vettovaglia sia stimata un grandissimo impedimento alli disegni di S. Maestà. Quello che seguirà di tempo in tempo io mi sforzerò per tutti quelli mezzi che potrò far intender alla Ser. V., alla quale non mi resta di dire altro per hora, senon che sento pur andar certa voce per la corte, che le cose di Inghilterra non saranno così gagliarde come si è detto fin hora.

Da Metz, a 18 di giugno (tenuta fino a 19) nel 44.

Bernardo NAVAGER.

18.

Metz, le 22 juin 1544.

Serenissimo Principe,

Havendo scritto alli 18 per doi vie, poco mi resta hora di scrivere a V. Serenità, non vi essendo successa cosa di momento; pur per non mancar per ogni mezzo di tenir avisata la Ser^tà V., le dirò che'l figliuolo del duca di Lorena morto, hora duca, nepuote di Cesare, il qual s'era detto non star bene, si ritrova gagliardo. È riputato questo novo duca molto imperiale non solamente per il parentado che è stretto tra lui et S. Maestà, ma per affettione et volontà; avaro, et in questa parte dissimile dal padre, il qual per donar troppo havea sempre poco.

L'essercito che dovea andar sotto Ligni fin hora non era mosso per mancamento de danari; ma essendo sopragionti 200 mila scudi delli 600 mila del cambio di S. M^tà con li Fuccheri delli denari di Spagna fatti per doi anni con utilità di 14 per cento all'anno, hoggi doveano dar una paga all'essercito et dimane caminar verso Ligni, luogo distante di dove hora si attrovava 4 leghe, et da noi 14.

L'imper^tor starà ancora qui più di quello che si pensava. Le cause che lo intertengono contra il voler suo sono prima il mancamento de danari : che quelli del cambio di Fuccher non sono ancora tutti comparsi, eccetto che li 200 mila ch'io scrivo; quelli della prima rata dell'Imperio che si doveano haver il primo di giugno si aspettano al principio di quest'altro; et medesimamente li 150 mila ducati della paga di luglio, si come fu scritto a V. Ser^{tà}, che li dà la Fiandra al mese. Poi si espetta anche la venuta delli Spagnuoli, li quali, per quello che s'intende, non possono esser prima che alla fine del mese. Vi è anche un terzo impedimento, che ancora l'artegliaria tutta non è aggionta. Sono alcuni anche che aggiongono la difficultà della vettovaglia. Hor questa tardità di Cesare, sia per qual causa si voglia, è riputata molto dannosa alle cose sue et molto utile a quelle del re christ^{mo}; lo conosce l'istesso imperator et si crucia non poter far altro : riescono rare volte le cose come si disegnano, et nell'essequire si scuoprono sempre nove difficultà.

Delle cose d'Inghilterra se ne ragiona qui hora assai freddamente, et mons^{or} d'Aras si è lassato intendere che la persona di quella Maestà non passarà, del che fin alli 7 di maggio fu scritto a V. Ser^{tà} dubitarne il sig^{or} d. Ferrante. Dell'essercito affermano questi affettionati che sarà del numero che fu detto, benchè io intendo da altra via che si arriva a 20 mila fanti sarà assai; pure questo si ha a vedere presto.

Quel Todesco, che per le mie di 18 scrissi havermi detto Cesare voler che patisse quella pena che meritavano li suoi delitti, era stato espedito che li fusse tagliata la testa, et già hieri la corte stava ridotta per veder questo spettacolo, quando Cesare li ha perdonato la vita, et benchè si dice publicamente haverlo fatto ad instantia del principe Massimiliano, suo nepuote, pure intendo io ch'el parentado che ha con lantgravio, et co'l duca Mauritio di Sassonia che è genero di detto lantgravio, et hora si attrova qui capitano di 1 000 cavalli todeschi, aggiongendosi appresso il rispetto che ha voluto haver Cesare al conte Gulielmo di Fustemburgh, colonello di S. Maestà, per haver costui una sua nepuote, figliuola d'una sua sorella, per moglie, li hanno giovato assai, non volendo l'imperator a questi tempi offender costoro, li quali tutti lo havevano pregato caldamente et fatto pregar per la vita di questo suo parente. Questo Todesco, a chi è stato perdonato, si chiama il conte Picchelin; è stato liberato con conditione che vadi a servir in Ongaria con suoi huomini a sue spese, come havea promesso al chr^{mo} re. A costui furno trovati quando fu preso 8 mila scudi del christ^{mo} re, li quali non saranno altramente restituiti. Sua moglie non ha lassato tratto di liberarlo; ha indutto tutti li grandi della corte a dimandarlo in gratia a Cesare, et ella medesima ha parlato più volte a S. Maestà, et finalmente ha ottenuto la vita del marito, il quale hieri fu veduto andarsene per tutta quella corte.

D'Italia li ultimi avisi, che sono de 13, ch'il s^{or} marchese havea pagato l'essercito, havendo havuto 50 mila scudi da Gioan da Marino, mercante genovese che habita in Milano, et che marchiava alla volta di Carignano, il che non scrivo per altro, se non perchè V. Ser^tà sappia quanto fin hora s'è inteso qui d'Italia. Hoggi il conte di Landriano mi ha detto che stava più di quello che credea dover stare, aspettando qualche resolutione da questi signori de danari, la quale disse : « Dio voglia che non sia come sono state l'altre, che hanno promesso di fare! » Et in questo proposito ho io inteso per altra et buona via haver detto mons^r di Granvela haver animo di proveder de danari, acciochè il marchese possi continuar il corso della vittoria sua. Questo conte di Landriano ragionando meco tra l'altre cose mi ha detto che Cesare ultimamente in certi propositi ha dimostrato tanta satisfattione di V. Ser^tà et tanta confidentia in lei, che più non si potria desiderare. E gionto qui già alcuni dì il sig^or Camillo Colonna, il quale non ha ancora conditione nè grado alcuno in questa guerra.

La lettera per la restitutione delle robbe al magnifico messer Alvise Foscarini, et punitione di quelli ladri, è stata ordinata da mons^or di Granvela molto cortesemente; si aspetta solamente che Sua Maestà la fermi, il che se si farà inanzi l'espedition di queste la mandarò colle presenti; se non, colle prime mie.

La lettera di V. S^tà di 5 del presente in materia della possession di Castel Lion recevi colla solita reverentia mia alli 20. Io gli darò quella essecutione che mi consigliarà l'occasione, et che, per il poco veder mio, potrò conoscer ricercar il beneficio della causa. Questo voglio bene che sappia V. Serenità che dapoi la risposta all'intimatione non mi è stato fatto intendere altro.

Non voglio restar anche di dire che in questa città ogni cosa vale il doppio più caro che in altro loco ch'io sia stato fin hora, et son pur stato ove si ha sempre convenuto spender tanto che a pena saria creduto se lo scrivessi. Le spese et le fatiche sostenute fin hora da poi ch'io parti dalli piedi di V. Ser^tà, se bene sono state insupportabili alle facultà et qualche indispositione mia, sono state però niente a quelle che s'apparecchiano; ma nè io posso spendere più honoratamente quello poco ch'io ho, nè con maggior mio contento metter la vita ad ogni pericolo, che in servitio di V. Ser^tà.

Quelle ultime di 18 ch'io scrissi dover mandar a V. Ser^tà per via del sig^or noncio saranno alligate alle presenti, perchè S. Signoria non espedì altramente.

Da Metz, a 22 di giugno nel 44.

Bernardo NAVAGER.

19.

Metz, le 26 juin 1544.

Serenissimo Principe,

Scrissi alli 18 doi mano di lettere, l'una delle qual sarà con queste perchè non fu espedito altramente, et saranno anche le replicate dell'altre pur del medesimo giorno che furno spazzate. Scrissi anche alli 22 et medesimamente queste non si havendo espedito saranno colle presenti.

Questi dì si è detto chel duca di Pransvich, il qual partì da Spira alterato senza prender licentia altrimente dall' imp^r, vedendo che le differentie del Stato suo, si come tutte l'altre, erano state rimesse all' altra dieta, et parendo lui che da Cesare, sì per la ragione che pretende haver dal canto suo, come per molti officii fatti da lui a favor di Sua Maestà nella guerra passata contra il duca di Cleves et contra il serenissimo re, dovea esser hora definita la causa sua, et fattole restituir il Stato, havea già preparato buon numero de cavalli, et disegnava di soldar gran parte di quella fantaria che teniva il re di Danimarca, la quale per l'accordo fatto novamente con Cesare era per licentiare, et con queste forze invader il Stato del duca di Sassonia, suo nemico; ma poi hieri intesi io da bonissimo loco che questo moto non procederà più oltra. È vero che chi me lo disse si fonda sopra la ragione che'l duca vorrà considerar che le guerre si togliono facilmente, ma non facilmente si lassano, et che vi è bisogno sempre de più danari che non si crede, et che l'imperatore havendo commandato et concluso il recesso in potestà cesarea, che fin alla nova dieta non si facci alteratione alcuna da alcuno principe di Germania, sarà astretto vendicarsi di lui, come di quello che habbi dimostrato tenir poco conto delli decreti pubblici di S. Maestà; ma se per caso questo duca, o perchè li paresse haver danari di poterlo fare, o perchè stimasse poco Cesare, o perchè come disperato non volesse considerar più oltra, continuasse in questa sua opinione, saria questo moto di molto disturbo all' imperatore, perchè vedendo il duca di Sassonia et lantgravio esser offesi dal nemico suo contra la parola et commandamento di Cesare, oltra che essi non contribueriano alla spesa dell' aggiuto già determinato, moveriano anche con questa occasione sottosopra tutto'l resto di Germania.

Delle cose di Inghilterra qui si parla così variamente, che a me par debito mio scriver tutto quello che si ha, et da chi, et lassarne poi il giuditio a Vostra Serenità. Monfalconetto, maggiordomo di Cesare et molto intrinseco suo, il qual parte rare volte dalla camera di Sua Maestà, ha detto per cosa certa al sig^r noncio, amb^{or} di Fiorenza et me, che li 4 mila lanzchinech, li quali doveano esser sotto'l governo di monsignor di Brera, sì come fin all'hora fu per me scritto alla Serenità Vostra, dovendo esser pagati dal serenissimo re d'Inghilterra, erano in qualche difficultà con quella Maestà per volerli pagar men dell' ordinario suo et men di quello che li era stato promesso : per il che Cesare, dubitando che questa gente mal contenta non si rivolti alli servitii del re christianissimo, il qual in questo suo bisogno non haria rispetto a prometterli et darli assai, ha inviato huomo in diligentia in quelle parti con commissione che non si accordando questi Todeschi co'l serenissimo d'Inghilterra, siano ad ogni modo et con ogni partito intertenuti a nome di Sua Cesarea

Maestà. Questa nova sendo vera può far credere che non saranno così grande quelle forze d'Inghilterra come si è sempre detto, et come hanno sperato questi signori, li quali divulgano però più che mai, et tra li altri mons.^or di Granvela, che quello re, se ben non venirà in persona, che questo già confessano, mandarà gente assai, nè mancarà in cosa alcuna, et già dicono che sono passati 20 mila Englesi. L'ambasciator di quella Maestà, il qual è molto amico mio, oltra il numero grande che afferma di gente, sta pur constante in dire, et hoggi da novo l'ha affermato al secretario mio, che il re suo passarà senza alcun dubbio, et che s'è stato detto qualche cosa del non passare, è stato perchè s'ha resentito quella Maestà in una gamba, ma che stando bene, come sta, passarà, et che per questo ha intertenuto la battaglia che non passa, sendo già passata l'antiguardia, della qual è capitano il duca di Suffolch, et la retroguardia, della qual è capitano il cancellier del privato sigillo di quella Maestà. Vede V. Ser.^tà come contrarie et diverse nove si dicono d'una medesima cosa da persone, alle quale tutte se li può dar fede. Appresso delle cose di Scotia disse al medesimo secretario mio che un capitano, che habita alli confini dell' Inghilterra verso la Scotia, con 4 mila fanti et cavalli già 13 giorni assaltò un castello in Scotia chiamato Geddur, et quello prese, et brusciò fino a fundamenti, et riportò 500 cavalli, carichi di buona preda.

L'essercito è gia doi dì sotto Ligni, nè si è inteso ch'habbi ancora fatto alcun' effetto, et veramente li tempi sono stati et sono così tristi et pluviosi, che haranno da far assai quelli soldati a diffendersi dall'acqua et dal disagio. S'intende pur ogni giorno più questo luogo esser molto forte et molto ben provisto, il che lo fa credere il saper certo che il signor del luogo s'attrova dentro con tutto quello che ha.

L'artegliaria non è ancora tutta arrivata a Theonvilla, et difficilmente potrà esser tutta per tutto questo mese; arrivata che la sia, harà bisogno di molti rassettamenti, li quali tutti importano tempo. Medesimamente la fanteria spagnuola non può essere se non alla fine del presente, la qual sendo disarmata in gran parte, come si dice, consumarà qualche giorno in ordinarsi et armarsi, et già qui sono stati condutti 1500 corsaletti a questo effetto, et però della partita dell' imperator non si può affermar cosa alcuna se non che la sarà quanto più presto si potrà, preparate che sieno tutte le cose necessarie. Et già sono alcuni che pensano che forsi vorrà vedere Sua Maestà l'essere di Ligni.

La lettera ordinata dall' illustr.^mo di Granvela per la restitutione delle robbe al mag.^co messer Alvise Foscarini spero poter mandar colle presenti perchè Sua M.^tà fermerà, per quello che si dice, questa sera.

Il conte di Landriano, apportator delle presenti, sicome dice lui, parte da questa corte donato da S. Maestà di 500 scudi di entrata nel Stato di Milano, et con speranza d'havere ancora più. De dinari per li bisogni del sig.^or marchese è stato spedito in questo modo : che a quello mercante genovese per li 50 mila ducati prestati siano ancora per nove anni confermati li sali di questo Stato, li quali havea prima solamente per quattro anni; che si provedi per via di Genovesi d'altri 45 mila scudi di cambio da esser tratti di Spagna; che alcune provisioni che sono state ricordate a Sua Maestà da quello sig.r marchese circa le camere del Stato di Milano siano essequite come S. Sig.ria ricorda, il che disse questo conte poter ascender alla somma di circa 100 mila ducati.

Hoggi a mezzo giorno è gionto il novo duca di Lorena in questa città, et subito smontato è andato a far riverentia a S. Maestà.

A me duole, Seren.mo P., non haver havuto occasione di tenir così spesso avisata la S.tà V.a poi ch'io mi parti da Spira, si come facea per inanzi; ma mi consolo bene che non vi è capitato alcuno in Italia che non habbi portato anche lettere mie. L'espeditioni nell' avvenire saranno tarde, et forsi quanto più desiderarà Vostra Ser.tà d'intender li moti de qui, tanto manco harò modo io di poterlo fare.

Da Metz, a 26 di giugno nel 44.

Bernardo NAVAGER.

20.

Metz, le 30 juin 1544.

Serenissimo Principe,

Il novo duca di Lorena, il qual aggionse qui il giorno dell'ultime mie alla Ser.tà Vostra, che fu alli 26 del presente, sendo stato 4 giorni, hoggi partì, et se ben al principio alcuni hebbero speranza che questa sua venuta potesse esser instrumento di pace, pur anche quelli che l'hanno havuta sono risolti in creder che sia venuto per far riverentia a Sua Maestà et offerirsi; et già s'intende che anche lo fa in effetto, perchè havendo voluto Francesi entrar in un luogo suo, chiamato Longhui, dubitando, come dicevano, che non fosse occupato da Imperiali, sono stati ributtati con morte di circa 150 huomini. Con questo duca ha usato Cesare molte amorevoli dimostrationi; ma Monfalconetto, maggiordomo di Sua Maestà, si come ha detto lui medesimo, ha parlato, come suole con tutti, liberamente, dicendoli che alla fine, facendo la guerra in questo paese, saria di lui, come è stato del duca di Savoia; il che havendo detto il duca ridendo a Cesare, li fu risposto, pur ridendo, che Monfalconetto non sa parlar se non a questo modo.

Li Spagnuoli arrivorno hieri una lega vicino alla città, ove anche alloggiorno; sono venuti molti di loro qui per armarsi et vestirsi, et, per quello si può veder, è gente assai buona et ben disposta; sono, per quanto s'intende, circa 4500. Et in questo proposito ho inteso che una nave, la qual partì insieme coll'altre di Spagna, ove erano

300 Spagnuoli con don Chiarles di Zugniga, suo cap⁰, et fu una di quelle che per far acqua, si come fu scritto a Vostra Serenità, ritornò indietro, sendo da novo ritornata per il viaggio suo, assaltata da una fortuna, non potendo più supportarla, è data in Bertagna, ove tutti li huomini sono stati malmenati et morti.

Già terzo giorno è stato appiccato uno incolpato d'esser spia del christianissimo re in questa città et avisar con zifra tutto quello che si facea; costui andando alla morte ha ditto, si come è stato riferito da molti : « E pur stata mala la fortuna mia, che, essendo mezza questa città spia del re, io solo debba morire ». Et veramente, Serenissimo Principe, che per quello che si può vedere, sono questi della città molto affettionati alle cose di Franza.

Del moto del duca di Pransvich ha detto l'imperator medesimo a persona, che me l'ha riferito fedelmente, che quella gente sua incapparata era mutinata per mancamento de danari et havea voluto prender il detto duca, il qual superbo, parendo che non li fosse havuto quel rispetto in Spira che se li dovea haver, havea inconsideratamente voluto tentar non so che, che però non procederia più oltra.

Scrissi per l'ultime mie la diversità delle nove, che si haveano inteso qui delle cose d'Inghilterra; per il che ho giudicato esser bene ritrovarmi coll'amb^r di quella Maestà, che è molto amico mio, et molto gentil et letterato, et intender particolarmente come passano quelle cose. Et prima havendoli communicato molte nove venute ultimamente d'Italia, et mostrato alcune lettere che mi mandano a veder questi sig^ri amb^ri italiani et altri amici miei della corte, doppo molti ragionamenti li dimandai che Sua Signoria fusse contenta di volermi chiarir come era successa certa differentia delli 4000 lanzchinech, che doveano esser pagati dal ser^mo re suo, perchè nella corte io ne havea sentito parlar confusamente. Rispose : « La cosa passa per così. Un Christoforo Landemburgh, il quale altre volte servì l'imperatore sotto Landresi per colonello, si offerse al re mio di condurli 4000 todeschi, et esso istesso di sua mano fece et sottoscrisse alli patti et conventione che ricercava dal re; partì, et sopra quella scrittura et quelli patti mandò il re mio commissarii suoi fino in Spira, ove si ritrovava questo Christoforo per levar le genti. Rispose questo che se ben era convenuto così, che però pagando l'imperator non so che di più l'altri soldati alemani, non le pareva honesto che questi fossero a peggior conditione, il che anche non potria esser se non con vergogna del re. A questo dissero li commissarii non haver commissione, ma che scriveriano, et aspetteriano la risolutione, la qual fu che fussero pagati al medesimo modo che pagava l'imperatore, et sopra questo li fu data certa quantità de danari, acciochè potessero condursi ove dissegnava il re. Hora mo venuti in Aquisgrana et alli confini di Liege, havendo lì ritrovati li commissarii del re per pagarli, è nata nova difficoltà, che questo Christoforo non vuole che li danari già dati per condurli vadino a conto della paga. Sopra questo non havendo altra commissione li commissarii del re hanno scritto, nè fin hora so io quello che sia stato risposto. » Da poi li dimandai se'l re passaria in persona a questa impresa, et quanta gente potea esser quella che era passata, et ove si ritrova. Della passata rispose : « Io vi affermo certo che se non sarà qualche sua gran indispositione, passarà certo » ; del numero disse : « Sono circa 30 000 fanti » ; del luogo, ch'erano alloggiati appresso Bologna et che era avisato per li ultimi avisi, li quali non erano molto freschi, che andariano sotto Arles : soggiongendomi haver inteso che'l christianissimo re mandava mons^r di Vandomo per opponersi alle forze englese. Questo è quello che ho inteso dall'amb^r di quello ser^{mo} re, il che ho voluto far intender particolarmente alla Ser^{tà} Vostra. La difficultà nelli 4000 lanzchinech, detta da Monfalconetto, fu vera, ma non in tutto, perchè non sono quelli che sono sotto'l governo di mons^r di Brera; et è anche vero che l'imperator intendendola espedì, come già scrissi, che non si accordando fussero intertenuti a nome di Sua Cesarea Maestà.

Gli avisi ultimi d'Italia venuti hoggi sono di 20 et 23 da Milano et da Genova; s'intendeno per essi le ruine che ha fatto Barbarossa nel Stato di Siena, la difficultà della fame in che si ritrova Carignano, il gran numero de Francesi che vi è intorno et il modo del proveder del signor marchese per veder di soccorrerlo. Non scrivo li particolari, perchè Vostra Ser^{tà} ne deve esser stata diligentemente avisata. Qui da quella prima opinione et speranza di liberar Carignano et romper la gente nemica doppo la vittoria di Seravalle sono ridotti per questi ultimi avisi a sperar solamente in questo, che il re christianissimo sia astretto a rivocar quell'essercito per la diffesa del regno suo et che a questo modo possi esser libero Carignano.

Il conte di Feria è stato deputato dall'imperator per cap° del stendardo et della casa di sua Maestà, grado, che altre volte in Provenza fu dato al conte di Benevento, et in Algier al duca di Camerino. È tenuto questo conte molto gentil signor, et molto modesto et liberale, et perciò gratissimo et alla Maestà Sua et alla corte tutta; ad instantia sua ha Cesare anche contentato che ad un suo fratello, il quale medesimamente hora si attrova qui, siano renonciati ad un suo barba sei mille ducati d'entrata di Chiesia in Spagna, cosa che rare volte et con difficultà suol conceder l'imperator.

Il duca di Camerino s'aspetta d'hora in hora, perchè il corriero, che venne hoggi, disse haverlo lassato a Trento.

Mando a Vostra Serenità la lettera di Sua Maestà per la recuperatione delle robbe del mag^{co} miser Alvise Foscarini, et insieme la copia d'essa, appresso anche una del signor don Ferrante d'Aragona, fratello uterino del signor presidente di Sicilia, il quale l'ha fatta ad instantia mia molto affettuosa et molto calda, et non farà forsi minor effetto di quella di Sua Maestà.

Della partita di Cesare, sendo già arrivati gli Spagnuoli che si aspettavano, arrivata l'artegliaria a Theonvilla tutta, et inviata parte d'essa all'essercito, espedito Ligni felicemente, si come più particolarmente per un'altra haverò tempo di scrivere a Vostra Ser^tà, non s'intendendo ancora giorno determinato; è commune opinione che espettino solamente li denari, per il che ho inteso io haver espedito Sua Maestà il dottor Naves, vicecancellier dell'Imperio, a sollicitar quelli che li ha promesso la dieta.

Da Metz, alli 30 di giugno nel 44.

Bernardo NAVAGER.

21.

Metz, le 1er juillet 1544.

Ser^mo Principe,

Alli 29 del passato recevi lettere di Vostra Ser^tà di 7, per le quali mi commette che della vittoria dell'essercito cesareo, havuta presso Seravalle, dovesse con Sua Maestà et coll' ill^mo di Granvela et con gli altri che mi paresse, in nome di Vostra Serenità, allegrarmi. Con Cesare havendo io già fatto l'officio alli 10, con quella occasione che mi fu offerta di parlar con Sua Maestà et esponerli la risposta al rev^mo di Ferrara, sendone sta anche invitato da lei, havendomi detto, sì come scrissi all'hora, che questa sua ultima vittoria in Italia li era grata, perchè, prosperando le cose sue, conosceva esserli data maggior occasione di ingrandir Vostra Ser^tà et gl'amici suoi fedeli et constanti, non mi è parso altrimente per novo ordine di Vostra Ser^tà rinovar con lei questo officio già fatto; ma ben hollo fatto questa mattina coll' ill^mo di Granvela, dicendole quanto Vostra Ser^tà mi commette, aggiongendo appresso che il medesimo officio per l'affettione et riverentia di tutta quella Rep^ca verso Cesare s'intendea fatto, per nome di Vostra Ser^tà, et di quest'ultima dedition di Ligni et di qualonque altro felice successo che havesse o fosse per haver Sua Maestà. Rispose sua Signoria : « Tutte le prosperità di Cesare, mio patrone, deveno esser riputate comune con quella ill^ma Rep^ca; io vi so dir per cosa certissima che l'imperator ha desiderio infinito di veder quella Signoria grande, nè esso lassarà occasione alcuna di farlo; so l'animo suo et ve lo affermo, et però io particolarmente conoscendo questa intentione di Sua Maestà farò sempre per quello ser^mo Stato quelle che conoscerò poterle esser di beneficio et di grandezza » ; sopragiongendo : « Io vi dissi alli dì passati, quando vi trovai nell'anticamera dell'imperator, che era savia quella Signoria, et che Cesare li era molto obligato; hora lo replico et dico appresso che, se ben si ha qualche aviso che da novo si cerca per nove vie tentar quella Signoria, che però parlando hieri con Sua Maestà di questo, mi disse non dubitar punto della constantia di quell' ill^mo Stato, il qual nella cosa di Marano resterà satisfatto, et già si è incominciato a parlar di questo negotio, nè si farà cosa che non sia di satisfattione di quelli Signori ». Io, Ser^mo Principe, a questa parte non havendo commissione nè lume da Vostra Ser^ti, non risposi altro, ma solamente con parole general havendo ringratiato la Cesarea Maestà dell'ottimo animo suo, et medesimamente sua Sig^ria ill^ma. Era per prender licentia quando mi disse : « Questa ultima vittoria di Ligni è di molta importantia, perchè, oltra che vi erano dentro 2 000 fanti entrati con animo di diffender il luogo, molte monitioni et vettovaglie, era poi riputato Ligni in questo paese molto forte, et già qui si stava con qualche pensiero, o che non si havesse, o non così presto, o non senza danno, ma il tutto è successo bene; et già si vede che Iddio favorisce la giusta causa di Sua Cesarea Maestà. In Ligni si sono trovati tra gli altri il conte del luogo et mons^r di Russi, suo fratello, della casa di Lucemburgh, che è della più antica et nobil famiglia di Franza, et il vostro mons^r di Senne ». « Nostro, dissi io, lo chiama Vostra Signoria ill^ma, perchè habitò in Venetia un tempo? » « Sì », rispose, et seguitò : ‹ Gli Italiani saranno licentiati colla vita sola; gli altri tutti rimaneranno pregioni, et per mia fé l'hanno reso molto vilmente, non havendo voluto aspettar pur un'assalto, ancora che quelli doi fratelli et quello di Senne dicessero non desiderar altro se non che l'imperatore andasse all'assedio di quello loco. È andato non l'imperator, ma parte del suo essercito, et essi sono resi. » Io, da novo ringratiata Sua Signoria che mi communicasse il tutto, presi licentia.

Ligni, Ser^mo Principe, si diede alli 29, et ho veduto io due o tre lettere particolari, le quali tutte in conformità dicono che si sono resi salva la vita a discretione; che è maravigliosa cosa a veder la ruina che ha fatto l'artegliaria, et li ripari che haveano fatto quelli di dentro; che li luoghi piccoli et senza fianchi, li quali si possono battere da parte superiore, come si potea questo da un colle che li è cavalliero, difficilmente si possono guardare; che'l signor di Ligni et il fratello erano prigioni del sig^r don Ferrante et haveano quel giorno mangiato con Sua Ecc^a; che mon^r di Senne era in podestà di un Alemano. Il sig^r don Ferrante havea salvato l'honor alle donne quanto havea potuto; ma che però nell'entrare, in quello primo impeto, molte erano andate a male; che l'haversi reso salva la vita a discretione era stato impetrato in singolar gratia dal sig^r don Ferrante a preghiere di mons^r il gran scudier. Disegnavano fra due o tre giorni partir per San Desir, luogo, si come scriveno, se ben forte per natura et sito, non però di belloardi et di fosse, benchè io intendo da bonissimo luogo che forsi non anderanno a quella strada, havendo scritto l'imperator a don Ferrante certi suoi novi disegni di tentare altra impresa, dal quale aspetta il giuditio et parer suo. Quello particolare che li Italiani sariano lassati andar liberi, et gli altri rimaneriano pregioni, che mi disse mons^r di Granvela, non ho io veduto in alcuna lettera fin'hora.

Il medesimo giorno di 29, recevi lettere di 15 dal sig^r don Diego insieme con quanto li scrive l'imperator da Spira alli 4 del passato, le quali dice scrivermi per esserli sta commandato così. Le sue istesse, tenendo la copia per me, ho voluto mandar a Vostra Serenità di quello che sua Signoria mi scrive; non havendo io ordine alcuno da Vostra Serenità, che mi è patrone et alla qual sola debbo obedir, non farò altro, s'altro non mi sarà commandato. Ho giudicato esser bene risponder a Sua Signoria nel modo che potrà veder Vostra Ser.tà dalla copia della mia risposta ch'io li mando inclusa.

Da Metz, a primo di luglio nel 44.

Bernardo NAVAGER.

22.

Metz, le 5 juillet 1544.

Serenissimo Principe,

L'ultime mie a Vostra Ser.tà furno d'ultimo del passato et primo del presente, delle quale hora mando le replicate.

Da poi s'è inteso che nella rendita di Ligni, Francesi, impauriti delle ruine della batteria, senza pur dir una parola a quelli 400 Italiani che erano dentro, disposti di voler, mentre erano vivi, tutti non mancar al debito loro, hanno patteggiato et concluso il tutto. Il bottino s'intende ogni giorno esser stato maggiore, perchè non li era fante alcuno particolare che non havesse, chi 50, chi 100 scudi, et si dice che'l sig.r vicere ha guadagnato una gran somma de danari, assai anche il marchese di Marignano et molti altri soldati, benchè dalli troppo guadagni d'alcuni sia nato qualche discontento in qualch'un'altro. Ordinò l'imperatore al principio che l'Italiani fossero fatti passare per via d'Alemagna in Italia, et li Francesi per via di Fiandra in Franza; ma poi ha giudicato esser maggior beneficio suo servirsi delli Italiani a questa guerra, e così saranno intertenuti : li quali, per quanto s'è potuto vedere da alcuni che sono capitati qui, sono buona gente et erano tutti di quelli del Strozzi, rimasti sotto un suo locotenente, il quale è anche lui fatto pregione; promettono di voler servir fedelmente Sua Maestà et dar buon conto di loro. Il conte di Ligni et mons.r di Russi, fratelli, et mons.r di Senne sono in questa città, pregioni in casa dell' ill.mo di Granvela.

L'essercito non si sa ancora che sia arrivato a San Desir, del quale luogo si hanno avisi del medesimo essercito di 2 del presente, che volendo il governator del loco condur un'acqua nelle fosse per far la defensione più gagliarda, che quell' acqua ha ruinato parte della muraglia et uno belloardo che era riputato di momento : il che, se è vero, giudicano che anche San Desir o sarà abbandonato, o venirà in potestà loro.

Questi giorni sono venuti gran parte di danari di Fuccher di Norimbergh; la quantità particolare io non so. Quelli dell' Imperio non sono ancora, ch'io sappi, comparsi; ma con tutto questo però dimane vuole partire l'imperator per Ponta Monzon, 4 leghe discosto de qui. Dicono che de lì andarà a Theu, et da Theu a Bari, et poi all' essercito.

Di qui partirà Sua Maestà armata con li Spagnuoli et la gente del principe d'Oranges, il quale è qui a questo effetto per voler accompagnar Sua Maestà, oltre una gran banda di cavalli del duca Mauritio et del marchese di Brandemburgh. Quanto siano gli Spagnuoli in verità, et quanta sarà questa parte d'essercito che va con Cesare, et quanta buona, la gente da pie' et da cavallo, vedendola et usando in ciò quella maggior diligentia ch'io potrò, per le prime mie avisarò Vostra Serenità, sì come anche mi forzarò d'avisarla di tutto il corpo dell' essercito quando sarà congionto, il numero, la qualità, la dispositione et ogni suo progresso di tempo in tempo.

Li tempi sono tanto cattivi, et tutti così rivolti alla pioggia, che hormai le strade sono a questo tempo qui così rotte come di mezzo inverno in Italia, il che è riputato una delle grande incommodità che possi haver l'essercito.

Sua Maestà, per diligentia che habbi usato in far espedir carri con vettovaglie et munitioni per il campo, ne ha però sempre mandati manco del desiderio et disegno suo. Si escusano questi della città et del paese non ne haver: dal che si giudica che, essendo lontana la persona sua, con difficoltà si potrà indur questa gente a soccorrer alli bisogni dell' essercito.

Delli apparati di Franza qui si ragiona che'l delfino è andato alla volta di Piccardia con gran numero di gente, che'l duca d'Orliens viene per mettersi in Troia con essercito di 6 000 scolari tratti da Paris, che'l christianissimo re sta intorno Paris et havea 12 in 13 000 Svizzari, l'essercito tutto che si attrovava in Piemonte con una gagliarda cavallaria. Et si è cosa credibile anche sapere li secreti et li disegni del re, sono alcuni che aggiongono che l'intention sua è d'intertenersi coll' imperatore et star sopra la diffesa fin che sia astretto Cesare a retirarsi: nel qual tempo ha animo di fare quanto potrà per dissipar et rovinar l'essercito suo. Queste cose ho voluto io scriver, non che l'habbia per verità infallibile, ma perchè Vostra Serenità sappia come s'intendono qui le cose di Franza, le quali però deveno più vere pervenir per altra via a notitia di Vostra Ser.^tà. Ben voglio replicar quello che anche altre volte ho scritto, che da mo inanzi difficilmente mi sarà data occasione di poter scriver alla Ser.^tà Vostra, perchè andando in paese nemico li corrieri et li spazzi non potranno andar nè venir sicuramente, per il che so io certo che da Vostra Serenità mi serà perdonato se non haverà così spesso lettere mie, come ricerca l'importantia di tempi et saria il desiderio mio. Il clar.^mo orator suo in Franza, che havrà le strade aperte et commodità di messi infiniti, supplirà a quello in che mancarò io per necessità.

Di Metz, a 5 di luglio 1544. (Tenute fino 6 da mattina).

Cesare parte pur hoggi, et fino quest' hora sono inviate le bagaglie tutte, et io sto colli speroni in piedi aspettando il suono della trombetta per seguir Sua Maestà.

Bernardo Navager.

23.

Pont-à-Mousson, le 6 juillet 1544,

Serenissimo Principe,

Se ben ho scritto questa mattina quanto mi occorreva, non voglio però havendo commodità di messo, che è uno corriero espedito in Spagna per via di Genova, restar di aggiongerli che siamo hoggi, alle 20 hore al nostro modo, arrivati a Pontomonzon, di dove partirà Sua Maestà dimane per Thu, et già si dice che da mo inanzi alloggiaremo in campagna. Li Thedeschi et Spagnuoli, che hanno accompagnato Sua Maestà, alloggiano in queste ville vicine. È venuto Cesare in mezzo di forse 2000 cavalli, parte del duca Mauritio, marchese di Brandemburgh, parte del gran m^{ro} di Prussia, et tutta la casa et corte sua.

Qui un pane negro, et tanto grande quanto è quello che suole costar un marchetto a Venetia, val una placca, ch'è quasi 4 marchetti di Vostra Serenità. Il vino et la vena val pretio inestimabile, di sorte che si giudica che s'hora, che siamo in paese nemico et nel principio della provisione, vi è tanta carestia, che penetrando più oltre vi debba esser mancamento.

Li denari ch'io scrissi di Fuccher ho inteso hoggi nel camino esser stati 150 000 ducati, et haver anche recevuto Sua Maestà 300 000 ducati di Fiandra per la paga di 2 mesi, delli quali denari hieri diede una paga alli Spagnuoli.

Sono sta vedute lettere di Trento per le quale s'intende la rendita di Carignano, la quale però questi della corte tengono occulta, nè hanno per bene che la si divulghi, volendo solamente divulgar et ingrandir la prosperità et felicità loro.

Da Pontomonzon, a 6 di luglio nel 44.

Bernardo Navager.

24.

Pont-à-Mousson, le 7 juillet 1544.

Serenissimo Principe,

L'imperator, che dovea partir hoggi, ha differito il partir a dimane, et alloggiarà, come scrissi, in campagna. Il signor don Ferrante è con l'essercito sotto San Desir, et per lettere venute hoggi dal campo da persone che sono state a riconoscer il loco, non si ritrova vera la nova qui tenuta per certa che da quell' acqua non fosse rovinata parte della muraglia et il belloardo. Dicono le lettere ritrovarsi in San Desir gran numero de fanti, il quale però in effetto sempre si ritrova minore, et alli 2 esserli entrato con 300 fanti quello mons^r di Landa, che si ritrovò alla difesa di Landresi.

Ho inteso anche hoggi che quelli 4000 Todeschi sotto Christophoro Landemburgh vengono a' servitij di quella Maestà.

La provisione di carri per portar munitioni et vettovaglia, et condur anche barche con l'altre cose necessarie per ponti, è d'uno numero molto grande; tutto hieri et tutto hoggi sono sta veduti passar carri per questo loco, ma però, come scrissi hieri, il pane et tutte le cose in questo principio sono carissime.

Non essendo ancora partito il corriero, mi è parso debito mio, aggiongendo questa a quelle di hieri, significar a Vostra Serenità quanto ho di più.

Da Pontomonzon, a 7 di luglio nel 44.

Bernardo NAVAGER.

25.

Sous Saint-Dizier, le 16 juillet 1544.

Serenissimo Principe,

L'ultime mie a Vostra Ser^{tà} furon di 5 da Metz, et di 6 et 7 da Pontomonzon, di donde partimo alli 8, et alli 13 siamo gionti sotto San Desir, havendo sempre havute continue pioggie nel viaggio, et però ritrovato stradde tristissime. Nel marchiar, non ha mancato Sua Maestà di tutti quelli officij che si possono aspettar da prudente et valoroso capitano; ha lei voluto ordinar ogni cosa et esser in ogni parte dell' essercito suo. Et benchè Comarsi fusse fuori del camino per quasi doi miglia italiani, volse però con alcuni pochi cavalli andarlo a vedere: il che non piacque a molti, intendendosi che mons^r di Guisa era in questi contorni con buon numero de cavalli. Il medesimo fece anche Sua Maestà di Ligni, per il qual loco se ben dovea passar l'essercito tutto il giorno sequente, si come passò, pure perchè havea deliberato Sua Maestà dallo alloggiamento di Nassao il Grande, discosto da Ligni una lega, ritrovarsi in Nassao il Piccolo, che era una lega fuori di camino di Ligni, con la duchessa di Lorena, sua nipote, vi andò quasi solo per vederlo, et havendo fatto tutto quel giorno buon camino, aggiongendo appresso questo di più, et il spatio del tempo che stette in veder et considerar Ligni, arrivò quattro hore doppo tutti gli altri poco inanzi la notte tutto stracco et affannato.

Di Commarsi, Ser^{mo} Principe, io non ne renderò conto a Vostra Serenità per non haverlo veduto; ma di Ligni dirò bene che è stato riputato da tutti quelli che l'hanno veduto, forte assai et tale che, se alla parte della battaria s'havesse compiuto da fare il terrapieno, il quale era già fatto in tutte l'altre parte del loco, et in quella mancava per 16 over 18 passa, saria stato impresa molto difficile, benchè anche a questo modo, se li cap^ni et soldati di dentro fussero stati valorosi, o si harriano potuto defendere, o perdendo harriano fatto morire molti nemici. Il conte di Ligni et il fratello, ch'io scrissi ritrovarsi in Metz, sono andati a Namur per commandamento di Cesare, et mons^r di Senne, per quanto mi ha detto huomo a chi debbo credere, et è mons^r d'Aras, insieme con un cavallerizzo del re christianissimo sono stati essaminati sopra alcune lettere ritrovate quando furono presi; ma per quanto poi in diversi ragionamenti intesi dal segretario Sagante, che è primo segretario di mons^r di Granvela, quel di Senne è stato particolarmente dimandato sopra la cosa di Marano, il che a pena mi disse, che conobbi haversi pentito d'havermelo detto. Questo Senne è stato mandato in Vilvordes, castello fra Brusselles et Malines, ove intendo io non si soler mandar se non quelli, che ha animo Cesare di tuorre la vita.

In Nassao Piccolo, si come ho scritto poco di sopra, vide l'imperator la duchessa di Lorena, et insieme il duca, suo marito, et il fratello, vescovo di Metz; stettero insieme per spatio d'un' hora, poi accompagnato dal duca et dal fratello quasi un miglio, ritornò all' essercito. Mi ritrovava io con gli altri amb^ri presso mons^r di Granvela non molto discosto da Ligni, quando disse Sua Sig^ria ill^ma ch'andassimo al nostro viaggio, ch'esso era per andar a Petit Nassao, che così lo chiamano loro. Il che scrivo perchè Vostra Ser^tà sappia che non hanno forsi voluto che noi si ritroviamo a questa vista.

L'essercito ch'ha condotto Sua Maestà sono 9 bandiere del principe d'Oranges; 4 di Alemani fatti nelli contorni di Spira : il qual numero sendo pieno, che è però rare volte, ascende al numero di 6 500 fanti, che in Alemagna sotto una bandiera s'intendono 500 fanti; 14 de Spagnuoli, li quali non arrivano al numero di 3 700. Di tutta questa gente è senza dubbio la megliore quella del principe, più essercitata, meglio disposta et armata, et più obediente. L'altre 4 bandiere di Tedeschi non sono tali per esser soldati novi et non molto bene disposti, et medesimamente li Spagnuoli, li quali nell'essercito si chiamano da tutti « bisogni ». La cavalleria è quella del duca Mauritio di Sassonia, che è in fama 1 000 cavalli, ma per la verità s'arrivano a 800, sono assai; quella del marchese di Brandemburgh, che è di 700, ma per la verità poco più di 500; appresso si aggionge la guardia di Sua Maestà a cavallo, et la casa sua tutta co li cavalli del gran m^ro di Prussia et alcuni altri Tedeschi, il che può importar da circa mille cavalli. La cavallaria è tutta buona, et bene armata, et da far ogni fattione. Ha condutto seco l'imperatore otto pezzi di cannoni, barche cento da far ponti, 3 000 barili di polvere, 760 cantara di piombo da far ballote, ch'ogni cantara pesa 150 lire, et circa 1 000 guastadori, li quali, con questi che si ritrovano qui, arrivano quasi a 2 000. Con questo essercito si ha congionto l'imperator alli 13 sotto San Desir con l'altro essercito suo, del quale io mi riservo a scrivere il numero et la qualità, quando lo potrò veder commodamente; ma per quello ch'intendo communemente, esso è di circa 23 000 fanti et 3 000 cavalli

Quando arrivamo a San Desir, lo ritrovamo battuto dall'artegliaria cesarea, et nell'arrivare furno da quelli della terra sparati molti tiri de cannoni, li quali fecero qualche danno, ma non di momento; volse il medesimo giorno Sua Maestà riconoscer il loco, e andò tanto inanti et così aperto, che fu giudicato da tutti ch'andasse in loco che non se li conveniva. San Desir, Ser^mo Principe, è loco posto in un sito per natura fortissimo, sendo in mezzo d'una pianura, circondato dall'uno et l'altro lato da spessissime selve. La pianura poi è tutta aquosa et tale che da niuna parte se li può accostare con l'artegliaria, se non con difficultà da quella di mezzo giorno, dal quale lo batteno con 27 cannoni, 300 passa però lontano dalla muraglia. La città è poi sita nella parte più rilevata della pianura, il che fa anche l'ascesa al nemico più difficile; oltre la muraglia, vi si è scoperto uno gagliardo terrapieno fin hora. La fossa è larga assai et profonda tanto, che l'huomo vi può star fino alla coscia. Vi sono dentro, per quello si dice, circa 2 000 fanti et 200 cavalli; ma quello ch'importa, doi huomini riputati d'assai, mons^r della Landa, si come io scrissi, et Geronimo Marin Bolognese : l'uno è riputato bonissimo ingegnero, che è questo Marino; l'altro, che diffese Landresi, che è il Landa. Hanno dimostrato fin hora poco timore, nè hanno dato segno alcuno di viltà. Il giorno istesso che arriviamo qui, si stette senza pane; nel qual termine doi giorni inanzi era stato l'essercito del sig^r don Ferrante : sustentano però questi commissarij tutti con buone parole e con gran promesse. È riputato da chi intende le cose un grande impedimento questo, et si dubita ch'ogni dì non si faccia maggiore.

Alli 14, havendosi voluto accostar alla batteria il principe d'Oranges discese nella trincea, ove stava il sig^r don Ferrante, il quale per honorarlo si levò d'una sedia, et volse che'l principe s'accommodasse; all'incontro del quale Sua Ecc^a si pose a seder in terra; apena si era accommodato il principe, ch'una moschettada diede nella trincea, et così stracca lo ferì sopra il petto destro nella congiuntura delle spalle col braccio; dal qual colpo, caduto in terra, fu riputato morto all'hora, all'hora ma è vivuto fino heri quasi alle 24 hore. Non si potria dire, Ser^mo Principe, quanto habbia doluto a Cesare, all'essercito tutto et alla corte questo caso; guidava questo principe 8 000 fanti di megliori che servino Sua Maestà, et facea la guerra per honore et per pura affettione et servitiò di Cesare; era caro non solamente a questi suoi soldati, ma alli Spagnuoli et a tutti gli altri; lo faceano amabile la molta humanità et liberalità sua, ornata poi dalla nobiltà et valore; era giovane di 26 anni, d'aspetto gratioso, ricco di 60 in 70 000 ducati d'entrata, et se fosse stato patrone di quello che li tiene occupato il christianissimo re et langravio, arrivaria a 110 000 ducati. Esso fu figliuolo del conte di Nassao et d'una sorella del principe d'Oranges, che morì in Toscana; successe al principato et Stati che havea il principe d'Oranges per volontà et testamento d'esso principe morto, suo barba, il quale volse che renonciasse alla famiglia di Nassao et portasse l'insegne della sua et si facesse nominare principe d'Oranges. Harà perduto Cesare con la morte di costui non solamente cap° et principe così affettionato et valoroso come era lui, ma forsi anche la più brava et miglior gente ch'habbia hora, la quale, sendo usa a servir il principe suo che la trattava così bene et le provedeva d'ogni cosa in tempo, si dubita che difficilmente potrà tolerare imperio d'altri.

Alli 15, havendosi battuto tre giorni et tre notti continue San Desir con li cannoni, et dal loco et distantia, che ho detto di sopra, tre hore inanzi mezo dì li fu dato l'assalto, a tempo però che non era intentione di Sua Maestà nè delli altri cap^{ni}, li quali haveano ordinato che in quel tempo don Alvaro mandasse alcuno della sua compagnia a riconoscer di novo la fossa et veder se si scopriva qualche novo riparo nel loco, per poter poi sul mezzo giorno darli l'assalto; ma furno così desiderosi o, per dir meglio, rabbiosi questi Spagnuoli che, contra il commandamento et ordine dato, andorno fuori di tempo ad assalire il loco in tempo che et l'imperatore, non l'aspettando, et il sig^r don Ferrante et gli altri cap^{ni} mangiavano per poter esser più all'hora determinata. Non mancorno li Spagnuoli di animo et di valore tentando d'entrare et impatronirsi della fortezza. Il medesimo animo et medesimo valore dimostrorno quelli di dentro, non abbandonando mai li più pericolosi luochi da diffendere, discorrendo sempre con doi bandiere sopra la muraglia, et finalmente non lassando li Spagnuoli tratto per offenderli, nè quelli di dentro per diffendersi. Doppo 3 hore et più furono alla fine ributtati li Spagnuoli, parte perchè l'ascesa era difficile, parte perchè doi belloardi di terra, non più scoperti, batteano così da ogni parte, che non se li potea rimediare. Sono morti in questo assalto 200 et più huomini spagnuoli di miglior soldati ch'havesse quella natione, et feriti più d'altretanti, fra li quali è Luis Peres, cap^{no}, d'una archibusata nella coscia non molto pericolosa, et don Alvaro mezzo brusciato nella mano et nella faccia, il che però non è giudicato male di momento. La maggior diffesa, ch'habbino fatto quelli di dentro quando nemici erano così sotto le mura, è stata nelli sassi dalli quali molti sono stati feriti et malmenati, et dicono molti di questi feriti haver veduto fino alcune donne vecchie et con sassi, et con quello che poteano, non haver mancato in quello tempo alla diffesa sua. Gli Alemani, che invernorno insieme con li Spagnuoli vecchi in Cambray, et sono quelli che sono riputati meglior soldati ch'habbia la natione tedesca in questo essercito, li quali haveano da rinfrescar l'assalto, si sono portati vilmente, havendo mostrato poco animo nell'appresentarsi alla muraglia, et minore assai nel retirarsi et fuggire, havendo uno pezzo d'artegliaria de quelli di dentro da uno delli belloardi portato via ad un tratto 6 o 7 di loro : per il che cominciano già a conoscer questi cap^{ni} l'error suo di non haver voluto Italiani al servitio loro; et li medesimi Spagnuoli ho inteso io che diceano : « Ove sono hora los Italianos, nostros ermanos! »

Ha sentito l'imperator questa retirata, et tutti li altri, con molto discontento loro. Conoscono tutti esser necessario, se ben si dovesse perder l'essercito tutto, impatronirsi di questa fortezza, parte per la riputatione, ma molto più per la commodità delle vettovaglie, delle quali, s'hora difficilmente si serve l'essercito, impossibil cosa saria servirsene lasciando questo loco in mano de Francesi; et però si farà quanto si potrà fare, et per ogni via, per espugnar questo loco. Quello che sia per essere, nè io nè alcun'altro lo può affirmare, ma ben dire che questa ultima retirata harrà dato animo grande a quelli di dentro, et toltone assai a quelli di fuori. Hanno, oltre la città, questi di San Desir un castello, ove disegnano di ridursi, perse ch'habbino le diffese della città. Del castello ho sentito parlar variamente; dicono alcuni che è forte et si può diffendere; dicono altri che, persa la città, non si può conservare.

Hoggi, che siamo alli 16, questi di fuori non hanno pur tirato un colpo d'artegliaria, et si dice perchè non hanno ballotte da poterlo fare, non essendo arrivati ancora 12 carri di questa monitione, et havendo consumata tutta quella che haveano in questa così gagliarda battaria.

Il pane si ha con difficultà, et caro tanto che a pena basta la paga a sustentare un povero fante, oltre che è negrissimo et malissimo cotto; il vino, marzo et fetido, alcuni pochi lo ponno comprare, perchè quello, che vale in Italia uno scudo, qui vale dieci.

Delle cose d'Inghilterra non s'intende nè si parla come di cose che non siano al mondo, et l'amb^r di quella Maestà mi ha detto, doppo quelli ultimi avisi ch'io scrissi alla Ser^{tà} Vostra, non haver havuto altre lettere da quelle parti.

Di Franza mi ha riferito hoggi un trombetta veronese del sig^{or} don Ferrante, il quale ritornò heri sera al tardo da Chialon, ove era stato mandato per accompagnar certi Italiani et Francesi presi in Ligni, haver veduto in quella città circa 7 000 fanti, delli quali 2 000 sono italiani, et 800 guastadori fino all'hora, li quali attendeano con ogni diligentia a fortificar il loco, li quali stavano molto allegri et faceano buona ciera; che il duca d'Orliens, il quale era stato in Rens, era presso il re, suo padre, il quale re era discosto due giornate, per quanto havea inteso lui, da Paris; che havea inteso ritrovarsi mons^r di Guisa et mons^r di Brisach, l'uno con 400 huomini d'arme, l'altro con molti cavalli leggieri, in questi contorni per impedir le vettovaglie che vengono et da Thu et da Bari; che heri venendo all'essercito s'incontrò in molti cavalli francesi, dalli quali essendo sta dimandato donde veniva et ove andava, et havendo esso risposto che ritornava da Chialon d'accompagnar alcuni pregioni et ritornava all'essercito, li fu fatto buona ciera et usato cortesia, et detto appresso ridendo che caminasse presto per poter esser a tempo d'entrar in San Desir, che già haveano inteso la retirata, le fu anche detto che havesse quando che volesse Sua Maestà San Desir, li costeria la vita del principe d'Oranges et de molti altri huomini segnalati;

ch'una o doi leghe al più discosto de qui verso Chialon vi è abondantia di tutte le cose incredibile; che quelli del paese fanno patroni li soldati di tutto quello che hanno volontariamente, nè sanno che far per tenerli contenti, dicendo che è honesto a far parte della robba a quelli che sono lì per difenderli la vita et le case sue.

Mi era scordato di scriver che hiersera li Alemani, sendo passata di doi dì la paga, cominciorno a cridare : « Ghelten! Ghelten! » che vuole dire in lingua nostra « Dinari! Dinari! » et è stato necessario trovar modo di contentarli.

Fu anche veduto sopra le mure di San Desir uno appiccato per un piede ; non si sa se sia delli suoi, o di questi del campo, ma si dubita più presto che sia delli suoi, il quale o havesse qualche intelligentia di fuori, o habbia parlato di rendersi.

Per li ultimi avisi d'Italia hanno questi signori l'assalto di Barbarossa a Puozzuolo, la preda di 1500 anime et l'andata sua verso Salerno, la rendita di Carignano con conditione che'l signor Pirro et quella gente tutta non servi l'imperator per cinque mesi : le quali tutte nove non molto buone per loro vanno mitigando con uno aviso che hanno, che l'armata di Barbarossa era stata assalita da una crudelissima fortuna et che non potea esser che non havesse patito molto danno.

Non havendo altro modo di espedire, conoscendo in quanto desiderio et espettatione di lettere mie die star Vostra Ser^{tià} a questi tempi, partendosi il conte Hercole di Contrari, gentilhuomo ferrarese, per Milano damattina a buon'hora a giornata, ho voluto mandarli per questa strada le presenti, sperando che in 15 giorni saranno a Milano, scrivendo al secretario de lì che subito l'invij a Vostra Ser^{tià}, et s'in questo mezzo venisse occasione d'altro spazzo et più presto, io non mancarò di mandar le replicate, et quello più che serà occorso da novo. Qui non sono le poste ordinarie, et le strade sono così rotte et mal sicure, che anche mi è tolto il modo de mandar uno delli miei in loco che potesse ritrovar le poste.

L'essercito è alloggiato lungo la Matrona, fiumana assai famosa et navigabile, la quale in molti luoghi si può sguazzar.

Mando a Vostra Ser^{tià} la distributione delli episcopati che ha fatto l'imperator, et se bene quello di Valenza è stato richiesto et da mons^r d'Aras, et dal rev^{mo} di Mantova, pur ha potuto più appresso Sua Maestà l'opinione che ha havuto della bontà et dottrina di quel fra Thomaso Villanova, che o l'auttorità del padre dell'uno, o quella del fratello dell'altro, dove che mal volentieri et rare volte si conduce Sua Maestà a dar le chiese importante di Spagna ad altri che a Spagnuoli.

Dall'essercito cesareo sotto San Desir, a 16 di luglio nel 44.

Bernardo NAVAGER.

26.

Sous Saint-Dizier, le 17 juillet 1544.

Serenissimo Principe,

Non essendo ancora partito il conte Hercole per Milano hoggi, come disse di voler partire, aggiongerò appresso quella d'heri quello poco di più, che giudicarò degno di cognitione di Vostra Serenità. Essendo questi signori informati et dal medesimo trombetta che lo disse a me, et da alcune altre loro spie, che mons^r di Brisach et di Guisa erano vicini a queste parti per impedir le vettovaglie con quello numero de cavalli che per le precedenti mie ho scritto, hanno mandato fuori il duca Mauritio di Sassonia con 2 000 cavalli eletti per assicurar il paese et combatter con loro se venira l'occasione; di quello che seguirà, et che effetto harrà fatto il duca, avisarò per le prime mie la Ser^{tà} Vostra.

Hieri sera vedendo quelli di San Desir che tutto'l giorno non s'havea pur tirato un colpo d'artegliaria, sperando che l'essercito si fusse per levare, mandorno uno delli suoi fuori a veder quello che si facea. Costui conosciuto et preso, essaminato, dice prima la causa della sua uscita esser quella ch'io dico di sopra, poi ritrovarsi 2 000 fanti nel loco, 100 huomini d'arme, et sono 300 gentilhuomini tutti armati, et appresso circa 700 della città atti a portar arme et diffendersi; sperar quelli del loco di potersi diffendere, et haver giurato tutti di voler morir prima che mancar all'honor et debito suo; dalli tiri dell'artegliaria cesarea, quando si facea la batteria, et il giorno dell'assalto, esserne sta morti appresso 200 et cento feriti; haver tanto spatio di terreno alla diffesa della muraglia et della battaria che possono star in ordinanza; et da poi esser un'altra fossa diffesa medesimamente da belloardi, la qual facilmente si potrà diffendere; abondar d'ogni sorte di vettovaglia et munitione; haver temuto più quello primo assalto che non mostrano temer li altri che siano per haver; le donne et la gente inutile, mentre si combatteva dalli soldati et da quelli della terra atti a questo essercitio, haver quello primo giorno continuamente pregato Iddio et fatto processione per la conservatione loro : così ha riferito costui, et potria essere che per far riputatione et credito alli suoi havesse parlato a questo modo.

L'imperatore et tutti questi suoi, conoscendo quanto importa l'espugnatione di questo loco per molti rispetti, è risoluto d'haverlo, se'l potrà, per ogni via, et, per quanto si può intendere, sono in consideratione due vie : o quella della zappa et badile col quale si possino accostar alla fortezza con uno cavalliere superiore al loco, o tentar non solamente dalla parte della battaria, ma da tutte l'altre anche della città, se ben sono forte, l'assalto ad un medesimo tempo. Alla prima ritrovarsi questo contrario, che di 2 000 guastadori che sono in campo, poco più di 600 compareno alle fattioni, escusandosi l'altri di non poterlo fare per esser mezzi affammati, benchè a questo vi saria rimedio a far lavorar li soldati; ma quello che importa è il tempo, che per ogni opera di 4 braccia che si facessi da quelli di fuori, uno solo che si facesse da quelli di dentro per il sito ove è posto saria sempre superiore. All'altra conoscono metter a risego et a pericolo la meglior gente che habbino, dovendo senza battaria et senza apertura alcuna passar una fossa et ascender una muraglia assai alta et molto ben guardata. Non restarà però l'imperator, se ben dovesse andarvi quanto può andar del suo, di tentar ogni strada, così è animato alla rovina di costoro, et tanto conosce importar alla riputation sua et ad altro la presa di questo loco. Il medesimo faranno quelli di dentro per conservarsi, perchè conoscono bene che ad ogni modo hanno a perder, et anco quello che hanno lì dentro, et la vita; et già in questo spatio di tempo, che non li è sta data molestia, non solamente hanno rifatto col terreno la rovina che li ha fatto nella muraglia l'artegliaria cesarea, ma inalzatosi più tanto quanto è l'altezza di mezzo huomo.

Della gente del principe d'Oranges non è sta fatto ancora alcuna determinatione; ma è commune opinione che harrà il carico della sua gente mons[r] il gran scudier, et si chiama mons[r] di Bossu; ha li Stati suoi vicini alla Fiandra, 3 leghe discosto da Mons, nel contado di Annonia; è ricco de xv in xx mila ducati d'entrata, et è riputato huomo da bene.

Hiersera al tardo, per lettere del rev[mo] di Trento d'8 del presente, è sta fatto intender all'imperator che la fortuna, della qual scrissi colle alligate mie, havea dissipato 14 galere di Barbarossa et appresso che Giannettino Doria ne avea preso quattro et due nave cariche di gran parte della preda che portava via esso Barbarossa. Aspettano qui con desiderio lettere et da Napoli et d'altra parte d'Italia per intender la verità.

Non sono ancora fin hora comparsi li carri delle monitioni et ballotte, et la fame si fa ogni dì maggiore.

Quelli fanti italiani che si diedero in Ligni, et ch'io scrissi serveriano questa Maestà tutti, eccetto alcuni pochi, essendo sta messi in libertà di fare quello che più li pareva, et servir chi volevano loro, sono ritornati a servitij del re christianissimo.

Dall'essercito cesareo sotto San Desir, a 17 di luglio 1544.

Bernardo Navager.

27.

Sous Saint-Dizier, le 17 juillet 1544.

Serenissimo Principe,

Doppo serrato il plico è stato a visitation mia il dottor Vesalio, che è uno delli medici di Sua Maestà, il quale mi ha affirmato che in questo assalto di San Desir li feriti, per il conto della portion sua et delli altri medici, arrivano presso mille, et la maggior parte de ferite mortali.

Dall'essercito cesareo sotto San Desir, a 17 di luglio 1544.

Bernardo NAVAGER.

28.

Sous Saint-Dizier, le 23 juillet 1544.

Serenissimo Principe,

Poco più posso scriver a Vostra Serenità doppo l'ultime mie di 16 et 17, spedite per un gentilhuomo ferrarese che andò a giornate fino a Milano, con ordine al secretario Fedele che l'inviasse a Vostra Serenità, delle quali hora mando le replicate, non vi essendo successo cosa da poi di momento. Qui siamo ancora, nè dapoi la rebattuta de Spagnuoli è sta fatto altro, salvo che tutti questi giorni hanno atteso a lavorare con la zappa et badile, approssimandosi con trincee più vicini che possono al loco, et disegnando di voler guadagnar una torretta et uno belloardo, che li fa molto danno, per questa via : il che dicono questi cap^{ni} di guerra sperare che li possi facilmente riuscir, ma importar tanto tempo che forsi alla fine di questo mese non potranno haver essequito il suo disegno, oltre che dubitano, guadagnato ch'habbino quella torre et il bastione, ritrovar ancora dentro forse non men gagliarda diffesa. Questa è la verità, et tutti lo confessano, che il loco è hora più forte che fusse mai per l'haverli dato tanto tempo. Pochissimi guastadori compareno a lavorar; la maggior parte d'essi o sono morti di fame, o sono fuggiti; ha mandato l'imperator a condurne del Stato di Borgogna, li quali saranno forsi tardi, ma in questo mezzo fa lavorar alli soldati, dandoli oltra la paga ordinaria 4 placche il giorno ; ma, per quello ch'io intendo, fanno pochissimo lavoro, lavorando solamente delle 24 tra il giorno et la notte 3 hore.

Ogni giorno si sente qualche danno che fanno li cavalli francesi alli saccomani che vanno fuori; molti hanno perso muli et carette, nè però o dalla scorta, o dalli cavalli leggieri, delli quali è cap^o don Francesco da Este, s'intende mai che sia fatta cosa di momento. Il duca Mauritio che per l'ultime mie scrissi esser partito con 2000 cavalli è ritornato hier sera senza haver fatto alcuno effetto.

Da alcuni Francesi presi in conformità s'intende la morte di mons^r di Landa, ferito d'artegliaria il giorno inanzi l'assalto.

Delle cose d'Inghilterra ha detto l'amb^r di quella Maestà non haver aviso alcuno lui, ma per via de mercadanti d'Anversa intendersi che alli 13 del presente dovea passar il re suo in persona, et che l'essercito era sotto Montreal. Della passata il medesimo affirma per la corte per lettere pur d'Anversa questo particolar, che l'essercito sia sotto Montreal; da altri non l'ho inteso che da Sua Signoria; ma è però gran cosa che nè lui nè questi signori habbino lettere publiche da quelle parti.

Hieri al tardo recevi lettere di Vostra Ser:tà di 28 del passato; communicarò gli avisi a Sua Maestà et procurarò per nome di Vostra Serenità, si come mi è sta commesso, che'l galeon del Cigala sia revocato dall'acque di Cypro con la refattion de' danni di sudditi della Ser:tà Vostra : il qual officio farò anche medesimamente col sig:r don Ferrante. Il numero dell'essercito del quale, et la qualità, per esser alloggiato in diverse parti, nè si poter veder commodamente, non scrivo hora, reservandomi quando si caminarà, nel qual tempo si potrà veder ogni cosa con verità, et particolarmente avisar la Ser:tà Vostra, alla quale non mi accade per hora dire altro, se non che li dinari della prima rata dell'Imperio sono arrivati a Thu, et si dice che prima che l'imperator tenti altrimenti San Desir, è per dar una paga all'essercito per animarlo tanto più.

Fin hora, Seren:mo Principe, vi è stata carestia di pane et di vino, la quale si sustentava, ritrovandosi della carne; ma hora comincia anche a mancar questa, et esser così cara che in proportione vale più assai che il pane o il vino; chi può havere sei libre di carne di 60 delle nostre per uno scudo li pare havere et ben da mangiare et a buonissimo mercato. Li tempi continuano ad essere freddi et pieni di pioggia, di sorte che, aggiongendosi oltre l'altre incommodità anche questa appresso, ogn'uno patisce più di quello che si può o scrivere o credere.

Mi era scordato di scrivere che per molti rincontri, parte di Fiandra et parte di persone del paese presi, s'intende l'indispositione del christianissimo re, et da alcuni è fatta d'importantia.

Per gli ultimi avisi d'Italia di 7 et 8 del presente, s'intende anche le cose di Francesi de lì esser assai gagliarde, le qual cose però Vostra Serenità dee saper più particolarmente, et io solamente le scrivo, perchè Vostra Ser:tà sappia quello che s'intende de qui.

Dall'essercito cesareo sotto San Desir, a 23 di luglio 1544.

Bernardo NAVAGER.

29.

Sous Saint-Dizier, le 24 juillet 1544.

Serenissimo Principe,

Scrissi hieri et mandai le lettere al Gastaldo, il quale si dicea ch'havea modo di espedire a Milano; non so che recapito haranno, et quando; et però hora replico per la medesima via di Milano, non vi essendo altro modo, per un Spagnuolo, il quale parte a giornate et dice voler usare gran diligentia nel viaggio. Havendo, oltre quanto scrissi hieri, da dirli che havendosi inteso per molte spie che in Vitri, loco debile, et così non atto a potersi defendere, 4 leghe, che può essere circa x miglia italiani, lontano de qui, vi si attrovava Gio. Pietro Corso et Giovanni da Turino, riputati così buoni huomini et cap.ni di guerra come habbia il christianissimo re, con 4 bandiere d'Italiani et altre tanti fra Francesi et Guasconi, che poteano esser circa 1500 fanti, et appresso il figliuolo di mons.r di Guisa con 300 huomini d'arme et alcuni cavalli leggieri, tutti venuti per voler soccorrer San Desir di gente, dubitando che da più che da una parte debbino haver questo novo assalto, fu deliberato che il conte di Fustembergh, colonello, et il Gastaldo partissero con 4000 Thedeschi et 1500 Spagnuoli, accompagnati dalla cavallaria leggera di don Francesco da Este et di 1500 cavalli sotto il governo del duca Mauritio, insieme con 4 pezzi d'artegliaria per batter la muraglia del loco, se si havessero voluto tenir dentro et lì far testa. Hor questa gente così ordinata partì dall'essercito nell'imbrunir della notte, et condutta fuori del camino ordinario per strada più longa, ma secreta, senza suon di tamburo et con quello minor strepito che si ha potuto, arrivò nel far del giorno sopra Vitri, nè fu tanto a tempo che, sendo già fatto intender a Francesi da molte spie, delle quali s'intende et si vede da gli effetti esservi un numero infinito in questo essercito, la maggior parte della cavallaria et li cap.ni tutti si sono salvati; le 4 bandiere d'Italiani medesimamente, prendendo la via d'un colle, sono salve; le bagaglie tutte prese; morti et presi circa 500 tra fanti et cavalli francesi, li quali, non potendo esser a tempo de salvarsi, fecero testa a certo ponte, ma sopravenuti dalla cavallaria leggiera, aggiutata dal resto dell'essercito, furon rotti con morte d'uno solo, per quello che si dice, de cesarei, ma ferite di molti, et presa d'un gentilhuomo che si chiama Gio. Alfonso Bisbaldo, che fu l'anno passato ancora preso da Francesi insieme con don Francesco da Este. Di questo successo de qui se n'ha parlato così variamente, che difficilmente si ha potuto trarre la verità, la quale io existimo che sia questa, perchè la maggior parte, et di quelli che sono stati sopra il fatto, ritornati all'essercito, conviene in questo.

Ho fatto dimandar hoggi l'audientia a Cesare per esseguire l'ultime lettere di Vostra Ser.tà di 28 del passato, nè l'ho havuta per molte et importante occupatione di Sua Maestà.

L'artegliaria non è ancora mossa dal loco suo primo, ma però non si è fatta sentire fin hora; si lavora, ma con la solita negligentia et tardità, et, per quello ch'intendo, li loro lavori che sono mine et trincee non saranno ridotte a fine prima che alla fine dell'altra settimana.

La morte di quello della Landa è confirmata con questi particolari che il giorno dell'assalto, sendo prima esso sta ferito d'una archibusata nella mano, si fece portar sopra una sedia per proveder alli bisogni et animar li soldati, dal qual officio suo, mentre in alcuna parte non manca, essergli sta da una artegliaria portata via la testa. Fanno questi signori gran fondamento sopra la morte di costui.

Il cargo della gente del principe d'Oranges non è stato dato ancora ad alcuno; si ragiona però che il gran scudier, si come io scrissi, lo haveria.

Hoggi sono sta presi molti carriaggi et saccomani dell'essercito, tra li quali erano otto muli di don Francesco da Este, et la buona sua ventura volse che certi suoi cavalli leggieri, incontrati in essi, li hanno recuperati insieme con molti altri.

Dall'essercito cesareo sotto San Desir, a 24 di luglio 1544.

Bernardo NAVAGER.

30.

Sous Saint-Dizier, le 25 juillet 1544.

Serenissimo Principe,

Non fu il figliuolo di mons^r di Guisa quello ch'io scrivo per l'alligate haversi ritrovato in Vitri, ma mons^r di Brisach. Hoggi la mattina a buon'hora venne nova che circa 300 Italiani, sopragionti dalla cavallaria et essercito cesareo, s'erano retirati in una chiesa; hora mo è venuta nova che tutti sono stati tagliati a pezzo, eccetto doi soli, et appresso ferito d'una archibusata il conte Guglielmo da Furstemburgh nel collo, la qual ferita non seria riputata d'importantia, se la ballotta non havesse nel colpo smagliato il gorgiarino nella ferita la maglia di esso insieme con un pezzo di collana. S'intende anche che'l numero di presi, morti et annegati passa 1 000, et che sono sta prese 6 bandiere de fanti et tre de cavalli; le quali cose mi ha detto il conte Gio. Francesco della Sommaia, venuto hoggi a visitation mia, il quale fa gran professione di esser buon servitore di questo ser^{mo} Stato. Nel loco sono sta trovate solamente 400 botte di vino.

L'imperator ha ordinato che tutti li muli et carriagi della corte hoggi insieme con li servitori vadino al bosco per tagliar et condur fassine, il che può esser inditio che vogliono presto tentar l'assalto.

Dall'essercito cesareo sotto San Desir, a 25 di luglio 1544.

Bernardo NAVAGER.

31.

Sous Saint-Dizier, le 26 juillet 1544.

Serenissimo Principe,

Hiersera, da poi l'espeditione delle lettere mie per quello Spagnuolo per via di Milano, mi mandò a chiamar Sua Maestà per un portiero, alla quale appresentatomi, doppo alcune prime parole officiose et reverenti, feci legger gli avisi da Costantinopoli, et a quell'ultima parte che dicea che'l sig^r Turco era per venir nella primavera in Ongaria per l'impresa di Vienna, non havendo ben inteso Sua Maestà mi dimandò se'l Turco era per venir quest'anno a Vienna; risposi che l'anno che viene diceano gli avisi che'l veniria. Poi li dissi gli danni che facea nell'acque di Cypro il galeon del Cigala, pregando Sua Maestà in nome di Vostra Ser^{tà} che fusse contenta rivocarlo et insieme commetter che fussero refatti li sudditi della Ser^{tà} Vostra delli danni già fatti. Rispose Sua Maestà : « Mi duole sempre che sia fatto da alcuno delli miei cosa d'uno minimo risentimento a quella Signoria; è honesto che siano rifatti i sudditi di quello Dominio, et io farò scriver in tal forma che sarà satisfatta ogni cosa, et insieme farò scriver che da mo inanzi non si faccia alcuna molestia ad alcuno delli vostri; ma revocar il galeon da quell'acque, ove si può far danno a Turchi, miei nemici, non so come doverlo fare; a quella Sig^{ria} die bastar che alli suoi sudditi non sarà dato danno nè data molestia alcuna. » Et instando io che la lettera si facesse presto et che la revocation del galeon si potea ordinare, perchè Turchi rare volte sogliono usare quella navigatione, rispose : « Io la ordinarò molto presta, et fate parlar a mons^r di Granvela et a Idiaches che me lo aricordino; io nel memorial farò metter. » Non mi havendo altrimente risposto Sua Maestà alla replica mia della revocatione del galeon, che'l sia revocato, et se la lettera sarà fatta così, a me sarà grato haverla ottenuta ; se non, io la mandarò del modo che la potrò havere. Entrò poi Sua Maestà a dimandarmi s'io sapea che la sua gente in Vitri havea presi et morti delli nemici più di 1 500, et che miracolosamente era scapolato mons^r di Brisach, il quale già s'havea reso ad uno, ma non li havendo data la fede, che forsi in quello caso, sendo cavallier, non haveria voluto fuggire, aggionto dalli suoi, et ben a cavallo, si comise alla fortuna, nodando col cavallo dalla parte di là del fiume, soggiongendomi : « Se l'altro giorno non sucesse la presa di San Desir, fu perchè li miei volsero combatter fuori di tempo et contra ordine, ma ogni cosa succederà bene. » Risposi io che di questo ultimo fatto di Vitri io ne era molto bene informato, sendo stato così illustre et di tanto beneficio di Sua Maestà, et che scrivendo a Vostra Serenità io sapea certo di scriverli cosa che li saria gratissima; et che dell'assalto di San Desir medesimamente io havea saputo che tutto il disordine era proceduto dal non haver osservato l'ordine di Sua Maestà, nel che però s'havea conosciuto anche l'ardor delli suoi soldati in metter la vita per servitio et grandezza sua, et ch'io non dubitava, vedendo tante forze, et quello ch'importa più, la persona di Sua Maestà tanto prudente et valorosa, ch'ogni cosa non fosse per succederli felicemente : le quali tutte cose udì Sua Maestà con allegro volto, dicendo nella fine : « Così confido in Dio, et so ch'ogni prospero mio successo sarà di molto contento di quella Signoria ».

Li muli et carriaggi commandati per Sua Maestà sono ritornati, havendo condutto gran numero di fascine et altri legnami fino all'ultime trincee sopra la fossa.

Il gran scudier partì hiersera con circa 1 500 cavalli alla volta d'un certo castello verso Ligni, il nome del quale non ho inteso, ove sono avisati da spie ritrovarsi certo numero de cavalli francesi.

La lettera di Sua Maestà farò sollicitar dal secretario mio, et darò opera di ritrovar tempo di poter esser col signor don Ferrante nel medesimo proposito, et la maggior difficultà ch'io haverò, sarà ritrovarlo libero, havendo il carico che ha.

Li tempi continuano ad esser et freddi et pieni di pioggia.

Non voglio restar di scriver che questo ultimo fatto de Vitri dà animo a questi signori di ottenir più facilmente San Desir, vedendosi quelli del loco, li quali instavano grandemente di soccorso di gente, privi di questa speranza.

Io conosco, Ser.mo Principe, in quanta espettation delle cose de qui stia Vostra Ser.tà, et però mi forzarò di satisfar a questo desiderio suo et debito mio per tutte quelle vie ch'io posso. Hoggi replico le medesime per via di Metz alla ventura, sperando che de lì potranno haver forsi recapito fino in Augusta et da Augusta a Trento, scrivendo poi al m.ro delle poste di Trento che subito l'invij alla Ser.tà Vostra. Non possono esser lettere mie così presto come vorrei, et Dio voglia che, se ben tarde, almeno sicure pervengono alle mani di Vostra Ser.tà. La maggior cura et pensier che habbi hora è di ritrovar modo di tenir avisata Vostra Ser.tà.

Dall'essercito cesareo sotto San Desir, a 26 di lugio nel 44.

Bernardo NAVAGER.

32.

Sous Saint-Dizier, le 29 juillet 1544.

Serenissimo Principe,

Havendo hieri ricevuto con quella reverentia ch'io debbo l'ultime lettere di Vostra Ser.tà di otto del presente, hoggi ho havuto modo di esponer a Cesare quanto in esse sue lettere mi ha commesso, al quale introdutto, dissi che d'una parte mi doleva d'essere per aventura importuno a Sua Maestà, domandandoli così spesso audientia in tante et così importante occupationi sue, ma che dall'altra mi piaceano però tutte quelle occasioni di venir a Sua Maestà, dalle quali ella potesse conoscer la perpetua et constante affettione et reverentia, che ha Vostra Ser.tà verso lei, si come era questa nella quale per ordine di quello ecc.mo Senato io li havea da dire che sendo sta da novo per il mag.co domino Bartholomeo Cavalcanti mandato a Venetia dal rev.mo di Ferrara, presente il rev.do amb.r del re christianissimo, fatta a Venetia la medesima propositione di unirsi col re christianissimo, che fu già fatta da Sua Signoria rev^{ma}, Vostra Ser^{tà} li havea risposto il medesimo che rispose all'hora, al che disse : « Non dubitate mai di parer importuno meco, che se bene havesti da trattar negotij fastidiosi et che non mi piacessero, io vi udirò sempre molto volontieri ; ma hora lo faccio tanto più volontieri quanto che intendo sempre da voi cose di sommo mio contento, sì come è questa che mi havete detto hora, nella quale a me non accade dir altro, se non che della fede et constantia di quella Signoria io non posso ringratiarvi quanto è l'animo mio ; conosco esserli grandemente obligato, et però ogni occasione che se mi offerirà di disobligarmi mi sarà sempre grata ; s'io sarò grande, tanto più facilmente lo potrò fare, » con molte altre parole tutte in questa sententia, che è la medesima che anche usò l'altra volta ch'io li parlai in Metz in simil materia ; al che giudicai a proposito risponder ancor io, sì come risposi all'hora, che ogni officio che fusse fatto dalla Maestà Sua a favore et grandezza di Vostra Ser^{tà}, non veniria mai nè novo nè inaspettato a quell'ill^{mo} Stato, il quale et per l'esperientia delle cose passate, et per quelle tante et così affettuose parole, che Sua Maestà tante volte mi havea affirmato poi ch'io era a questa legatione, et io havea scritto che non era cosa che non aspettasse da lei ; al che soggionse Sua Maestà : « Non s'ingannarà mai la Signoria di me in questo, et gl'effetti sempre saranno megliori che non sono state le parole. »

Il medesimo officio, sì come mi commette Vostra Ser^{tà}, ho fatto anche con l'ill^{mo} di Granvela prima, et poi col sig^r don Ferrante. Da mons^r di Granvela hebbi in risposta il medesimo che da Sua Maestà, con questo di più appresso, che sia qualsivoglia successo delle cose di Sua Maestà, ha deliberato l'imperator nelle cose di Stato di haver sempre quello rispetto a Vostra Serenità che haverà al ser^{mo} re, suo fratello, et qualche cosa di più, affirmandomi che non faltarà Sua Maestà, che vuol dire che non mancarà ; al che volsi replicare che niuna cosa meno può cadere in uno così alto et virtuoso principe, come è l'imperatore, che il mancare, et che però et per quello che mi havea detto Sua Maestà tante volte, et che in conformità mi havea affirmato Sua Sig^{ria} ill^{ma}, espettava Vostra Ser^{tà} ogni grande officio de qui, fidandosi della rara bontà di questo principe et della fede di Sua Sig^{ria} ill^{ma}, et delle lettere delli suoi ministri in ogni occasione. Disse lui : « Vederete con effetti comprobata la buona intentione et desiderio dell'imperator d'ogni grandezza di quella ill^{ma} Rep^{ca}.

Il signor don Ferrante, poi che dimostrò haver gratissima questa communicatione, et dapoi l'havermi detto che sendo Italiano non potea se non infinitamente esser affettionato servitore, oltre molti altri rispetti, di quell'Ecc^{ma} Rep^{ca}, la quale sola è sostegno dell'antiquo nome d'Italia, havendo appresso reso molte gratie a Vostra Ser^{tà} della confidentia che dimostra haver in lei, mi disse : « Impegnate la fede di uno cavalliero a quella Signoria, che l'animo di questo principe è così ben disposto verso quello Ser^{me} Stato che più non potria essere ; ha inteso l'imperator l'offerte grandi che sono sta fatte, ha veduto la constantia di tutta una Rep^ca, la quale è stata, come suole esser in tutte l'altre cose, savia anche in questa a non voler creder alle vane promesse d'un vecchio di 90 anni, il quale se in un tratto si ha scordato de tutti li beneficij che ha fatto l'imperator a lui et tutta casa sua. et senza causa si ha dimostrato così ingrato, harria anche con quella Sig^ria durato tanto quanto li havesse parso; che negli altri principi si trovano spesso gli effetti dissimili dalle parole, ma che l'imperator nelle cose pertinenti a Vostra Ser^tà farà sempre più di quello che ha detto di voler fare. » Al che dissi io che Vostra Ser^tà non solamente lo sperava, ma lo sapea certo, come cosa che non può esser altrimente. « Ben, disse esso, può haver questa certezza quella Rep^ca perchè io, se non fusse così, tacerei. » Entrai poi a dirli che havendo fatto molti danni il galeon del Cigala nelle acque di Cypro, fosse contenta Sua Ecc^za di commandar che fussero rifatti li danni di sudditi di Vostra Ser^ta; al che, non mi lasciando finire, disse : « Fate che per la verità quell'Illma Rep^ca mi faccia haver una informatione delli veri danni che hanno havuto li sudditi suoi, che non solamente io per la portione che ho in quello galeon, che è in parte mio, pagarò quanto toccarà a me, ma farò anche che gli altri satisfino d'ogni cosa, come è il dovere. »

Questo è il successo di quanto ho negotiato hoggi in essecutione di quello che mi è stato commesso, del che n'ho voluto, subito ritornato dalla negotiatione all'alloggiamento mio, darne conto a Vostra Ser^tà.

Dall'essercito cesareo, a 29 di luglio 1544.

Bernardo NAVAGER.

33.

Sous Saint-Dizier, le 30 juillet 1544.

Serenissimo Principe,

La maggior nova ch'io possi scriver a Vostra Ser^tà è che fin hora da poi l'ultime mie non mi sia successa nova alcuna di momento. Lavorano questi sig^ri le solite sue mine et trincee, havendo anche dato principio ad uno cavalliero, nelle quali cose procedono così lenti che o sia per la grandezza delle opere che fanno, o per la poca cura et diligentia che usano, le cose non saranno a fine fra otto o dieci giorni.

Fu mandato doppo la rotta de Vitri un trombetta a questi di San Desir per farli intendere che sendo sta morti et rotti quelli in chi speravano di soccorso, si dovessero hormai rendere; al che hanno risposto esser loro così gagliardi che non hanno bisogno di soccorso, il quale, quando li dovesse venire, veniria così potente che saria atto a combatter questo essercito tutto.

Havea l'imperator deliberato in Vitri ridur tutti li frumenti del paese vicino et lì far quasi un granaro per l'essercito suo, dal quale, commodamente, penetrando più oltre, colla commodità di molti molini che havea il loco, li potessero esser sumministrate le vettovaglie; ma l'insolentia de' soldati tedeschi, quali non sanno nè vogliono far altro che ammazzar et brusciar, ha arso quasi tutto il loco, per il che Cesare sta mal contento, et, quello che è peggio, havendo causa de punirli, non ha ardimento di farlo, per esser essi la maggior et più potente parte dell'essercito. Gli Spagnuoli et gl'altri, che si ritrovano alle fattioni con essi, dicono che hanno più da temer d'essi che dell'inimici. Et certo, Ser^{mo} Principe, non si può scriver tanto della insolentia loro quanto è in effetto; essi vogliono esser sempre patroni di quelle poche vettovaglie che compareno; non vogliono riconoscer alcuno per superiore et s'accade alcuna volta bottino o preda ove essi siano, la tolgiono per forza alli altri che non sono della sua natione. Dalle quali tutte cose ne è nato un mirabil pentimento nelli animi di tutti questi cap^{ni} di non haver, in luogo di tanto numero di Tedeschi, tanti Italiani che, congionti con li Spagnuoli, potessero, se ben inferiori di numero, almeno congionti d'animo et di volontà, raffrenar l'insolentie di questa natione, nè già si ritrova alcuno che voglia esser stato auttore di non haver voluto Italiani a questa guerra.

Fra l'altre cose che sono state trovate in Vitri, sono stati alcuni sacchetti di polvere, li quali disegnavano insieme col soccorso metter in questa fortezza. Sopra questo fondano molto la loro speranza questi signori, giudicando che la polvere et la munitione li manchi; ma però le doi notte passate, alzandosi il cavallier, non sono restati con continui tiri d'artegliaria cercar di disturbar l'opera, et hanno, per quello che intendo da huomo che lo può sapere, morti circa x huomini.

Di quello che sia per essere di questo loco, et che fine harà questa oppugnatione, et appresso havendosi et espugnandosi San Desir, qual camino sia per tener l'imperatore, et ove drizzar le forze del suo essercito, et non si havendo, quello che si habbino a fare, s'io volesse scriver a Vostra Ser^{tà}, scriverei cose che possono et non possono essere et che da diversi diversamente sono discorse, et però riservandomi di tempo in tempo di scriver quello che occorrerà, dirò solamente questo in che tutti convengono, che fino alli x d'agosto et forse più oltre saremo ancora qui.

D'Inghilterra, per lettere di 18, ha l'amb^r di quella Maestà che il re suo era passato a Cales alli 14, et che parte dell'essercito era ancora sotto Montreal, et parte sotto Bologna.

Questa mattina è sta fatta la mostra di tutti li Todeschi da pie' et da cavallo che s'attrovano qui, eccetto però la gente del principe d'Oranges, la quale fin' hora è governata dal suo luogotenente. Li Todeschi da pie' sono riputati di minor numero et bontà che non si credea; ma la gente da cavallo et buona et ben armata, ma non tanta quanta è pagata.

Li dinari sono arrivati, ma non tutti, imperochè questi sono solamente 70 000 ducati.

Il gran scudier non è ancora ritornato con li suoi cavalli.

Qui continua pur la carestia più che mai, et val tanto il pane et il vino che in questo solo spendo quasi quanto mi dà Vostra Serenità al giorno. Se ho havuto per il passato chi sono venuti alla tavola mia senza esser invitati, che questa è l'usanza de qui, molto più ne ho hora, nè con honor mio et dignità di Vostra Ser[tià] posso far di manco.

Dall'essercito cesareo sotto San Desir, a 30 di luglio nel 44.

Bernardo NAVAGER.

34.

Sous Saint-Dizier, le 31 juillet 1544.

Serenissimo Principe,

Hoggi il sig[r] noncio mi è venuto a ritrovare, et con molta instantia liberamente mi ha dimandato ch'io fosse contento di dirli se in queste ultime lettere di Vostra Ser[tià] mi era scritto che'l Cavalcanti fusse stato mandato da Sua Santità con nove offerte a Vostra Ser[tià], soggiongendomi: « Questi della corte vogliono pure che'l papa faccia contra l'imperator più di quello che so io che'l fa, divulgandosi per tutto che questa nova propositione a quelli Vostri Signori è sta fatta per nome di Sua Santità, del che non ne havendo lume o aviso alcuno da Roma, so certo che voi me ne direti la verità, et io ve l'ho voluta dimandare alla reale. »

Io Ser[mo] Principe, considerato che l'intentione di quell'Illma Republica è di conservar et accrescer per tutte le vie che può l'amicitia et pace che ha con tutti, et che l'intertenersi col pontefice non può esser se non di molto beneficio et conforme all' animo et fine suo; non mi partendo dalle prudente et generali parole delle lettere di Vostra Ser[tià], le dissi che io non havea altro, salvo che uno gentilhuomo di Cavalcanti era stato mandato dal rev[mo] di Ferrara a Vostra Ser[tià]; del che mostrò haverne un sommo contento, chiarendomi poi che credendo esso per alcune conietture che per lettere di don Diego fusse sparsa questa voce nella corte, dubitava che il medesimo anche non havesse io in conformità, ma che havea sempre conosciuta quella Rep[ca] savia et molto amica della Santa Sede, et in particolar di Sua Santità, dell'animo della quale verso lei mi disse assai, concludendo che non potea dir tanto che più non li restasse da dire. Ho voluto far intender il tutto a Vostra Serenità, come è debito mio, et giudico che sendo stato così richiesto haverle risposto per la verità sia stato officio che sarà sommamente grato a Sua Santità, nè potrà esser di dispiacer d'alcuno, o di maleficio di Vostra Ser[tià] et pero non ingrato a lei.

Dall'essercito cesareo sotto San Desir, all'ultimo di luglio nel 44.

Bernardo NAVAGER.

35.

Sous Saint-Dizier, le 2 août 1544.

Serenissimo Principe,

Il gran scudier, partito, sicome io scrissi, con 1 000 cavalli per ritrovarsi con Francesi, si ritrova già doi giorni amalato in uno loco chiamato San Michele, oltre Ligni : per il che hoggi l'imperator havendo inteso che mons^r di Guisa, avisato di questa sua indispositione, andava a quella volta con 2 mila cavalli, espedisce il duca Mauritio con altri 2 mila cavalli et certe bandiere de fanti per difesa di quella gente.

Il fratello del r^{mo} di Trento parte ancor esso con 3 bandiere, per quello che ho inteso, per Vitri, ove medesimamente si ritroveranno circa 300 cavalli per potersi servir commodamente delle biave di quello paese.

Hieri entrorno in San Desir, chi dice xi, chi 13 cavalli con sacchetti di polvere; intendo che per sacchetto possono esser da circa 30 lire : si estima così perchè gl'altri, che non hanno potuto entrare, hanno il sacchetto del medesimo peso; la polvere non è giudicata molto buona, nè molto fina. Erano venuti a questo effetto circa 30 huomini a cavallo, vestiti di habito da viaggio, per non dar suspitione di se, li quali, vicini che furono alla guardia, corsero a tutta briglia per entrar nel loco; ma di tutto questo numero quelli soli, che ho detto di sopra, sono entrati, la maggior parte degl' altri presi, alcuni pochi fuggiti; questi presi, per quello che si dice, dicono chel re mandava a dir per loro a quelli del loco che si tenessero per soli xv giorni ancora, che poi l'imp^{or} haria altro che fare che attendere a San Desir.

Il medesimo giorno anche fu preso da questi di fuori un ragazzo molto accorto, il quale era mandato con lettere in zifra al chr^{mo} re; confessa lui esser uscito et intrato molte volte. Delle cose d'importantia, per quello che intendo, non ha voluto dir cosa alcuna; è stato, per esser suddito di Cesare, appiccato.

Il cavallier si continua, ma lentamente; non vi sono guastatori et li soldati lavorano pochissimo; alzano anche quelli di dentro, disfacendo le case, il suo, il quale cercano questi di fuori d'impedire con l'artegliaria, si come quelli di dentro cercano d'impedir il suo per la medesima via. Le mine de Cesarei, per le conietture che hanno, sono sta ritrovate, et a tutte si dubita che non habbino proveduto con contramine. Sono alcuni, che vorriano far nove battarie in novo loco per poter da più parte, dando l'assalto, divider le forze et la diffesa di quelli di dentro; fin hora è contrario a questa opinione il s^{or} don Ferrante perchè spera d'ottener il loco a questo modo, et dice che tentar nova battaria importa molto tempo, per dover far nove trincee et condurre nova artegliaria; in questo stato fin hoggi s'attrovano le cose de qui, di sorte che si può già veder che si starà qui ancora oltre li x d'agosto, succedendo però anche ogni cosa felicemente a S. M.^{tà}.

La lettera per Cypro non si è havuta per non haver ancora firmato S. M^{tà}, la quale hora non attende ad altro che alle cose della guerra, et hanno rispetto questi suoi a parlarli d'altro.

Dall' essercito ces°, sotto San Desir, a 2 d'ago. 1544.

Bernardo NAVAGER.

36.

Sous Saint-Dizier, le 6 août 1544.

Serenissimo Principe,

Quanto maggior è il desiderio et espettatione di V. Ser^{tà} d'intender li progressi di questo essercito, tanto più fredde li pareranno le lettere mie non contenendo cosa di momento o d'importantia.

Il giorno sequente all' ultime mie, che furno di 29 del passato fino 2 del presente, replicate con queste, sendo avisato l'imp. dal s^r Aliprando, fratello del r^{mo} di Trento, che s'attrovava con quella gente in Vitri, come per quelle io scrissi, che da Chialon erano mossi 4 in 5 mila fanti et gran numero de cavalli per far a lui quello che già fu fatto da Cesarei alla gente del re chr^{mo} nel medesimo loco, inviò prima il sig^{or} don Ferrante con 6 mila fra Tedeschi et Spagnuoli, seguitò poi S. M^{tà} istessa con tutta la sua casa armata et 1 000 altri cavalli tedeschi; caminorno tutti fino presso Vitri, nè fu veduta mai altra gente, se non certi pochi cavalli dalla parte di là dal fiume; per il che ritornorno indietro, et essendo partiti assai inanzi mezzo giorno arrivorno doppo la mezza notte all' essercito. Fu deliberato per questo che quella gente del sig^{or} Aliprando, che era in Vitri, ritornasse qui, per non haver causa di star sempre in suspitione di perderla, o pensiero di soccorrerla ogni giorno.

Qui si lavorano le solite opere con la solita tardità. Doppo quelli ultimi cavalli entrati in San Desir che portorno la polvere, sono entrati anche alcuni pochi, vestiti da vivandieri, pure con polvere.

Delle cose d'Inghilterra non ha altro l'amb^{or} di quella M^{tà} da novo, il quale ragionando co'l sec^{rio} mio li disse che da quella parte non espettava lettere inanzi la resolutione dell' obsidione di questi lochi, che così li havea scritto il secr^{rio} Paggetto di voler fare, soggiongendo ultimamente : « Io ho havuto certi ordini dello essercito nostro, delli quali farei parte all'amb^{re} se fussero in altra lingua che englese; pure io ve ne dirò alcuni, et li più importanti, et sono questi : che'l Santiss° Sacramento della Eucharistia, et l'altre cose sacre siano risguardate et honorate; che medesimamente l'imagini de santi non siano abbrusciate; che non sian fatti pregioni in questa guerra quelli che non passaranno 14 anni, eccetto però li figliuoli de principi, s^{ri}

et nobili; che alle donne di parto s'habbia tutto quello rispetto che se li ha dagli suoi stessi, non li facendo non solamente ingiuria o violentia di sorte alcuna, ma non pur paura; che tutti quelli che conduranno vettovaglie nel campo nostro siano pagati et accarezzati; che l'immonditie dell' essercito siano per non so quanti piedi sotterate. » Questi sono li più notabili ordini che esso habbia detto, alli transgressori delli quali ordini, disse, è proposto la pena della vita.

Questo ultimo spazzo d'Italia per lettere di 18 del passato contiene le nove et grande preparation del Strozzi et altri capitani francesi alla Mirandola, il mancamento di danari dell'essercito del sig.^{or} marchese, la preda di Barbarossa di molte migliara d'anime con l'haver voluto tentar Lipari, et quello che non si credea nè si aspettava a questa corte, che ancora l'essercito di Piamonte de Francesi non era revocato d'Italia.

A mons^r della Serra, che dapoi la morte di quello della Landa è capo in San Desir, è stato mandato nel medesimo loco dal chr^{mo} re l'ordine di San Michele con parole et lettere molto honorate et affettionate, nelle quali è chiamato fratello, et promessoli parte del regno. Questo dicono essersi inteso da quelli, che venuti per portar polvere, come io scrissi, nel loco, furno presi.

Gionse già alcuni giorni il mag^{co} miser Mario Savorgnano a questa corte, il quale subito venne a trovarmi, et disse con grata permissione di quell' ill^{mo} Stato esser venuto a questa guerra, per poter poi, essercitandosi qui, nelli bisogni di quella Ser^{ma} Republ. far quello che hanno fatto tutti li suoi maggiori; ha menato seco alcuni buoni soldati, et uno ingegnero della patria, il qual ha proposto certo ponte da poter gettar dalle fosse alle mura, et per esso andar sicuramente all' assalto del loco; questi s^{ri} lo fanno lavorare, ma se'l sia per riuscire o non, diversamente se ne parla; io mi riservo a scrivere la verità doppo il fatto.

Dall' essercito ces^o sotto San Desir, a 6 di ago. 1544.

Bernardo NAVAGER.

37.

Sous Saint-Dizier, le 7 août 1544.

Serenissimo Principe,

Il secret^{rio} Idiaches questa mattina havendomi ritrovato a tempo ch'era per udir messa, come soglio ogni giorno, nella tenda del sig^{or} noncio, cominciò a parlar meco in questa forma : « Sig^{or} amb^{or}, se ben da S. M^{tà} et da mons^r di Granvela è stato amplamente fatto intender la molta satisfattione che ha havuto l'imp^{re} delle risposte fatte prima al r^{mo} di Ferrara et poi a quello gentilhuomo fiorentino, non però contento l'uno et l'altro di quanto v'hanno detto, perchè non li pare haversi satisfatto, m'hanno commesso ch'ancor io per nome suo confermi che niuna cosa potea accascar a S. M.tà più grata di questa constantia di quella Ill.ma Repubblica, et che ogni occasione che si offerirà a S. M.tà d'ingrandirla et di mostrarsi grata sarà accettata da lei allegramente, et mai mancarà. » Soggionse poi : « Circa la restitutione di Strozzi in Venetia, della quale n'è avisata S. M.tà per le ultime lettere di don Diego, sicome credo che voi sappiate, l'imp.tor, rimettendosi all' officio che ha fatto don Diego, non vuole dire altro, ne far instantia grande in questo, conoscendo quella Rep.ca savia, et che dalle cose passate può giudicar facilmente quello che potria intravenire. » Alla prima parte risposi che, se ben et da S. M.tà et dall' ill.mo di Granvela m'era stato detto tanto della satisfattione della risposta di V. Ser.tà et che io n'havea anche scritto tanto, che però ogni nova commemoratione in questa materia, massime che venisse da persona dell' autorità che è S. Sig.ria, se ben non saria nova a quello Ser.mo Stato, saria però gratissima; ripigliando io pure quelle parole che havea detto lui, che non mancaria mai l'imp.re, che'l mancare non è cosa che si convenga ad uno privato, non che ad uno principe, et che però d'ogni cosa si doveria più tosto dubitare che Cesare, che è principe et così virtuoso et grande, dovesse mancare. Alla 2.da, che io non ne sapea cosa alcuna, come è la verità, non ne havendo havuto aviso da V. Ser.tà, la quale in tutte l'attioni sue non era mai partita nè era per partir da quello che porta la giustitia, nè da questi ragionevoli rispetti che si deeno haver all' amicitia et pace che ha et è per havere con cadauno principe : alle qual cose non havendo replicato altro lui, se non parole generali et molto honorate di V. Ser.tà, fu finito questo ragionamento.

Doppo il quale accostatomi con un huomo, che intende assai le cose di questo essercito et lo maneggia, in diversi ragionamenti ho ritratto che'l novo assalto si differirà ancora 6 o 8 o forsi più giorni, et del successo difficilmente si può dire la verità, perchè, se ben le trincee et altre opere sono gagliarde, et dalle quali si possa promettere la vittoria et espugnatione del loco, che però l'haver poca gente atta ad espugnar fortezze, perchè non vi sono altri che Spagnuoli, et non tutti, ma quelli vecchi, et essi poi anche impauriti dall' assalto passato, ritrovandosi poi hora il loco più forte che fusse mai, gli mettea questo dubbio nell' animo, del quale non si sapea risolvere; et dimandando io se succedendo felicemente questa impresa, come io credea, principalmente per virtù sua, quello che potesse fare questo essercito, disse : « Se sono veri gli avisi che havemo di Franza, che presto il re sia per havere 13 mila Svizzari et tanto numero de Guasconi et altri, che possi far un corpo d'essercito di 25 mila fanti insieme colla cavallaria che ha, saria astretto l'imp.tor o non tentar cosa alcuna, havendo sempre alle spalle un' essercito tale, o tentando unir le forze sue tutte, le quali sono hora divise, parte a Pontomonzon, parte a Bari et parte a Thu; et in questo caso in pochissimi giorni saremo combattuti et vinti da maggior nemico che non è il re, che è la fame. » Et perchè hieri al tardo io havea inteso che l'imp.r havea mandato a condur 4 mila fanti et mille cavalli delli Stati del duca di Cleves, volsi anche dimandarli di questo : il quale disse esserne ben sta parlato, ma fin hora non esser risolto cosa alcuna ; ma se ben S. M.tà li mandasse a condur hor hora, non potriano esser se non tardissimi et fuori di tempo. Queste sono quelle cose, le quali havendo inteso io, come scrissi di sopra, da huomo a chi se gli die dar gran fede, mi è parso debito mio di scrivere a V. Ser.tà, acciochè sappia in che stato si ritrovano le cose de qui, et come sono considerate da chi le maneggiano.

Scrivendo le presenti, per lettere di mio fratello ricevute hor hora, ho inteso l'infinita cortesia et liberalità di V. Ser.tà et di quell'Ill.mo Senato usata verso di me, della quale io ne rendo quelle maggiori et più riverenti gratie ch'io posso ; nè per nove obligationi che mi si accrescano da novi offici di quella Ser.ma Rep.ca conosco potersi aggiongere punto all'infinito mio ardore et desiderio di servirla fedelmente. Et perchè con questo dono ha dimostrato V. Ser.tà esser ben informata delle spese di questa legatione, voglio solamente con poche parole dirli che in XI mesi, che tanti sono ch'io parti dalli piedi di V. Ser.tà, parte di questo tempo, che fu nel principio, convenne venire per Germania, per la quale poco inanzi era passato l'essercito di S. M.tà ; in questo viaggio, ne può far fede chi era meco, fui astretto spendere al giorno otto et molte volte dieci scudi. Arrivai poi nella Fiandra, provincia, per le guerre passate di Cleves et per la propinquità delli esserciti che si attrovavano a quello tempo, molto dissimile da quella che soleva esser già : qui, in vino solamente et in fitto di casa, mi andavano ordinariamente presso 4 scudi il giorno, et di provisione n'ho solamente sei. Successero poi le spese insopportabili di camino da Brusselles a Spira. In Spira, ove si ridussero tanti principi et ove si celebrò così famosa dieta come sia stata già molti anni, quanto io habbia convenuto spendere per necessità et per puro honor di V. Ser.tà, senza ch'io'l scriva, non è huomo alcuno che non lo sappia. Il prepararmi poi a questa nova et insolita vita di campo, conducendo meco et tende et tutte l'altre commodità della casa, no solamente per me, ma per la famiglia, si come fanno tutti gli altri, mi costa tanto quanto può e creder cadauno, che debbino valer quelle cose che tutti et ad uno med.mo tempo vogliono comprare, et in una provincia, la quale non lascia alcuna occasione, che se gli offerisce, di guadagnare. Lascio il pretio inestimabile di tutte le cose qui nell'essercito, et molte altre spese estraordinarie ben conosciute dalla prudentia di quell' Ill.mo Senato, le quali tutte ho io sostenuto fin hora con la povera facultà mia et quella di mio fratello, le quali se fussero tali ch'io havesse potuto continuar longamente a questo modo, il dono di V. Ser.tà mi saria stato grato per l'animo che havessi conosciuto in lei di volermi far sempre bene ; ma hora mi è anche grato, perchè havendo hormai da spendere poco del mio et poco di quello di mio fratello, il quale mai mi ha mancato, et convenendo spender più che mai, questo sovegno di V. Ser^tà mi sarà stato di gran sollevamento in pagar almeno qualche debito mio; io offerisco a quell' Illmo Stato questa vita, che non ho altro da poterli offerire, et son certo che dalla infinita clementia et magnanimità di quella Ser^ma Rep^ca sarò sempre soccorso alli bisogni miei.

Dall'essercito ces° sotto San Desir, a 7 d'agosto nel 44.

Bernardo NAVAGER.

38.

Sous Saint-Dizier, le 9 août 1544.

Serenissimo Principe,

Hieri da mattina mandorno quelli di San Desir a dimandar salvo condutto al sig^r vicere per poter venir a parlarli; il quale concesso per ordine di Cesare, vennero subito il visconte della Riviera et un'altro, et dissero che volendo Sua Ecc^tia lassarli andar liberi colle bandiere spiegate, coll'artegliaria, monitione et vettovaglia che hanno nella fortezza, si dariano, con conditione però, che, venendo in termine d'un mese il re a soccorrerli, non fossero tenuti a questa capitulatione, dimandando appresso che per tre mesi l'imperatore non fortificasse il loco più di quello che si attrova hora, nè vi mettesse presidio alcuno; alla quale propositione fu risposto dal sig^r don Ferrante che le conditioni erano tali che esso non ardiria parlarne con Cesare, ma che quando dimandassino quello che porta il dovere, esso usaria quanta auttorità ha per impetrar gratia dall'imperator, et che però pensassero meglio, et si risolvessero presto di quello che havessero a fare. Ritornorno con questa risposta nella terra, et venuti dapoi mangiare un'altra volta a parlare del mese già domandato la mattina, si ridussero a giorni 15; al che sendoli risposto che, quando s'impetrasse 4 o 5 giorni della Maestà cesarea, saria quello più che si potesse, et che dell'altre conditioni non volea parlare il sig^r don Ferrante, se prima non si risolvea questa del tempo, furon licentiati.

Hoggi poi la mattina a buon'hora ritornati quelli doi, et anche quello famoso ingegner bolognese, convennero del tempo, che sarà alli 17 del presente, dominica, al levar del sole, sendo però in difficultà di voler condur l'artegliaria tutta fuori della fortezza, al che non havendo voluto consentire per niente il vicere, da poi mangiare ritornati, hanno concluso et capitulato in questa forma, per quello ch'io ho potuto da molti et dall'ill^mo di Granvela ritrarre: che San Desir sia dell'imperatore il giorno et hora che ho scritto di sopra, con conditione però, che se in questo tempo venisse il christianissimo re con essercito così potente, che fusse atto a presentar la battaglia a questo, o desloggiarlo due leghe lontano de qui, che se intendino liberi, ma che ogni altro minor soccorso che venisse non possi romper questa sua capitulatione; che vadino con tutte l'arme sue et havere, et con le bandiere spiegate, lasciando la vettovaglia all'imperatore et tutta l'artegliaria che hanno dentro, conducendo seco doi pezzi di quelli che parerà al sig^r vicere; che nè dall'una parte nè d'altra in questo tempo si fabrichi più a offesa o diffesa, et che per questo effetto uno di questi gentilhuomini di fuori vadi dentro, et uno di quelli di dentro venghi fuori; che habbino modo di spazzare subito uno al christianissimo re per farli intender la capitulatione : per l'osservantia delle quali cose promettono dare 6 ostaggi di maggiori et più importanti che habbino.

Fu advertito da alcuni che quello Bolognese con molto suo discontento si conducea a capitulare; il quale a qualche capitano et sig^r italiano ha detto darsi una buona fortezza, et la causa del rendersi esser, tra le altre, il mancamento del vino che Francesi non possono tollerare, et della polvere, alla quale si haveria potuto trovare qualche rimedio.

Si vede, Ser^{mo} Principe, per questa deditione un'infinita allegrezza nelli animi di quelli che maneggiavano le cose di questo essercito, perchè se ben hanno concesso 9 o 10 giorni di tempo, hanno dato quello che non era in libertà loro di non poter dare, perchè l'opere che faranno, colle quali pensavano di espugnar San Desir, non poteano esser inanzi questo termine a fine. Dubitavano molti di essi, et li più prattichi, che o la cosa non le succedesse, o li succedesse con molto danno. Per il che passando io hoggi insieme col sig^r noncio et amb^r di Fiorenza a cavallo presso la stantia dell'ill^{mo} di Granvela, havendone veduto Sua Sig^{ria} Illma ne chiamò, et volse che ad ogni modo mangiassimo con lei : cosa non più fatta poi ch'io son a questa corte. Fu mirabil il contento et allegrezza di Sua Sig^{ria} in tutto'l mangiare, et oltre tutte le cose dette di sopra, la maggior parte delle quali, che s'haveano intese inanzi, disse che lassando l'imperatore, come ha animo di lassare, gran numero de fanti et de cavalli in questa fortezza, fortificandola appresso più in quelle parti che giudicarà più deboli, mettendovi presidio di vettovaglia, harà adito di poter molestar il re, suo nemico, in ogni parte del regno suo. In questo tempo farà l'imperator tagliar questi frumenti vicini, servendosi tra gl'altri di 700 guastadori venuti ultimamente di Fiandra, li quali per hora non saranno necessarij, et attenderà a far dell'altre provisioni che disegna di fare per il loco, acciochè venuto il giorno della consignatione non habbi poi da far altro, se non far ruinare l'opere et machine incominciate et quasi ridotte a fine, il che importerà qualche giorno di tempo, di sorte che è comune opinione de tutti che circa alli 25 del presente sarà in ordine Sua Maestà per poter partir de qui.

Del camino che habbi a fare Sua Maestà, sono, per quanto ho inteso da huomini che lo possono sapere, tre opinioni : alcuni vorriano che prendesse la via di Borgogna; altri, quella di Fiandra; et certi pochi altri, l'impresa di Chialon, alla quale Cesare è molto inclinato, benchè da tutti gl'altri quasi sia riputata molto difficile et pericolosa. Di quello che seguirà di tempo in tempo avisarò Vostra Serenità, alla quale mando il disegno di San Desir tale quale ho potuto far ritrarre.

Dall'essercito cesareo sotto San Desir, a 9 d'agosto 1544.

Bernardo NAVAGER.

39.

Sous Saint-Dizier, le 13 août 1544.

Serenissimo Principe,

L'espeditione del corriero per l'Italia è andata tanto d'hoggi in dimane per la natural tardità di questa corte, ch'io pensando sempre che dovesse partir di giorno in giorno, non ho lassato quasi passar dì che non habbi scritto; et scrivo anche hoggi perchè si dice che, fermando questa sera Sua Maestà, partirà damattina.

La deditione di San Desir è stata sentita molestamente dal governator et soldati di Chialon, per quello che ha riferito un trombetta di questo essercito ritornato di là, il quale anche riferisce che continuando giorno et notte in lavorare ripari et fortificarsi, sono quasi certi d'aspettar l'essercito a quella impresa.

Gionsero già doi giorni 6 bandiere di quello Christophoro Landemburgh, delle quali fu fatta la mostra in presentia di Cesare; è bellissima gente, et ben armata; sono sta numerati tra essi 700 armati de corsaletti. Vennero anche 1 500 guastadori di Borgogna.

Questi ultimi avisi d'Italia di 27, 28, et 29 del passato da diversi luoghi tutti in conformità dicono la presa di Lipari, con preda di 6 000 et più anime fatta da Barbarossa; che fin quello tempo havea il Strozzi circa 8 000 fanti italiani, i quali con 7 in 8 000 di quelli di mons^r d'Angen, et parte delli suoi cavalli, voltariano alla diffesa di Franza: il quale aviso fa star molto sospesi questi sig^{ri} che intendono le cose de qui, vedendo che con li Svizzari, che già sono avisati esser in Franza, congiongendosi questa parte di essercito che viene d'Italia, harà il re christianissimo forze se non superiori, almeno eguale a queste, et però la maggior parte d'essi consigliano l'andar, al partir nostro de qui, alla volta o di Borgogna o di Fiandra, per poter in ogni caso alle spalle haver luoghi sicuri et amici da potersi ridurre; ma però pare che Cesare sia più che mai intento all'impresa di Chialon.

Nè voglio restar di scrivere che è opinione universale de tutti di questa corte che la nova gente del Strozzi sia fatta con dinari et intelligenza del Pontefice, al quale anche s'è inteso dalli medesimi avisi d'Italia che di giorno in giorno dovea gionger un gentilhuomo del re christianissimo. Et in questo proposito ho inteso da bonissimo loco che questo sig^r nontio, il quale ragionando meco di ciò nè lo afferma nè lo nega, ha ordine di ritornar in Spagna all'officio suo di collettore, il che da quelli che'l sanno è giudicato che sia fatto perchè havendo già revocato Cesare l'amb^r suo da quella corte, vogli anche Sua Santità far il medesimo del suo sotto questo protesto.

Il gran scudier è ritornato qui non molto sano; la gente sua non ha fatto alcuno effetto, nè ha patito alcuno danno, et già molti dì non si è intesa nè presa nè morte di alcuno, se non già doi giorni di circa 30 Spagnoli et molti carriagi et bagaglie presi da Francesi presso Bari.

Delle cose d'Inghilterra non vi è aviso alcuno.

Li tempi, si come già alcuni giorni erano freddi et pieni di pioggia, così sono hora troppo caldi et troppo pieni di sole.

Havendo havuto li capitoli della rendita di San Desir, se ben contengono quasi il medesimo che per le mie di 9 ho scritto, pure ho voluto mandarli a Vostra Ser^{tà}, acciochè li veda, et insieme mando anche la lettera di Sua Maestà in materia del galeon del Zigala insieme con la copia.

Dall'essercito cesareo sotto San Desir, a 13 d'agosto 1544.

Bernardo NAVAGER.

40.

Sous Saint-Dizier, le 14 août 1544.

Serenissimo Principe,

Non ancora partito il corriero, il quale parte in quest'hora, è venuta nova per lettere del thesoriero di Cesare, che s'attrova a Ligni, che lì erano alcuni corrieri, ma tra gl'altri uno d'Inghilterra, il quale porta nova della presa di Bologna, et che però se gli mandi scorta, acciochè et alcuni dinari che sono gionti, et questi corrieri, possono venir sicuramente. Ho fatto dimandar l'amb^r di quella Maestà di questa cosa: ha risposto essersi detto così et sperarlo. A me è parso la nova di tanta importantia che ho voluto dare a Vostra Serenità quello lume, che habbiamo noi de qui fin hora.

Dall'essercito cesareo sotto San Desir, a 14 d'agosto 1544, a tre hore di giorno.

Bernardo NAVAGER.

41.

Sous Saint-Dizier, le 14 août 1544.

Serenissimo Principe,

Il corriero d'Inghilterra è arrivato hoggi alle 22 hore. Mi mandò à dire l'amb^r di quella Maestà subito che per le lettere sue di 5 del presente non havea che ancora Bologna fusse presa, ma che la batteria era così grande, et che l'assalto che erano per dare, dovendo esser da 4 parti, il ser^mo re et tutti gli altri speravano d'ottenerla facilmente, et che medesimamente quella parte dell'essercito, che era sotto Montreal, alla diffesa del qual si ritrovavano 3000 fanti et circa 200 huomini d'arme, s'havea accostato con difficultà alla città, alla quale erano arrivati con un cavalliero così forte et così alto che quelli di dentro erano sta astretti, diffidando di primi loro ripari, a far nove fosse nel loco per diffesa loro, et la nova, che fu divulgata per questa corte, della quale io scrissi questa mattina, è stata ingrandita da chi la scrisse, non havendo detto il suo corriero che già Bologna fusse presa, ma solamente che per le ruine fatte dall'artegliaria, et le forze di quello essercito, sperava, che avanti il ritorno suo di questa corte alla sua alla più longa, ritrovarla presa. Se ben già sono consignati et serrati li spazzi, nè ho avuto più modo di aggionger questa alle precedenti mie, ho voluto però, havendo tempo, con questa separata dall'altre, per non esser ancora partito questo benedetto corriero, far intender la verità a Vostra Serenità, alla quale mi occorre dire di più che hoggi è venuto il duca di Lorena a parlar a Cesare, et, sendo stato con Sua Maestà per spatio di due hore, è partito per Bari. La causa della sua venuta si dice esser stata per far intender all'imperatore le ruine che fanno questi soldati nello suo Stato, supplicandolo che sia contento di provederli.

Gli altri corrieri, che erano insieme con questo d'Inghilterra a Ligni, nè sono ancora mossi de lì per non havere havuto scorta; sono doi da Genova che conducono 20000 scudi a Sua Maestà, il che a molti pare cosa strana, intendendosi pure per ogni via che in Italia se n'habbi tanto bisogno.

Dall'essercito cesareo sotto San Desir, a 14 d'agosto, a hore 23-1544.

Bernardo NAVAGER.

42.

Sous Saint-Dizier, le 23 août 1544.

Serenissimo Principe,

Si come fu scritto per l'ultime mie, le replicate delle quali saranno con queste, quelli capitani et soldati, che si trovavano in San Desir, alli 17 la mattina doveano uscire della fortezza, così fu fatto. Mandorno prima inanzi quasi per antiguardia 700 huomini, parte armati, et parte non, delli quali si servivano più per guastadori che per soldati : questa fu riputata buona gente per questo essercitio, ma non forsi molto buona per combattere. Seguitavano poi li doi pezzi d'artegliaria, come si contenea nelli capitoli; poi le bagaglie tutte et gl'impedimenti, nella quale parte si comprendevano tutti li cittadini et habitanti del loco, li quali dal maggior al più piccolo, et d'ogni sesso, hanno voluto partire, il che può esser inditio della devotione loro verso il re suo naturale : nel qual proposito non voglio restar di scrivere che anche il corpo di mons' della Landa già sepulto hanno voluto condur seco. Furon poi veduti circa 1 500 huomini a piedi, bella gente, bene in ordinanza et ben armata, tra li quali erano 100 huomini d'arme, che pur caminavano a piedi con le loro lancie et arme in spalla, tutti sotto otto insegne spiegate. Seguitava poi mons' della Serra, governator del loco, tutto armato in mezzo di quattro stendardi da cavallo, accompagnato da circa 25 in 30 cavalli delli più importanti gentilhuomini et cittadini che si ritrovassero dentro. Volse ritrovarsi Cesare in persona alla partita loro, perchè havea pur inteso che gli Alemani bassi si haveano lassato intendere di voler vendicare ad ogni modo la morte del principe d'Oranges, suo patrone ; per il che commandò il giorno inanti che deslogiassero dal suo vecchio alloggiamento, per il quale era astretta a passare la gente di San Desir ; nè contento di questo, havendo commandato al sig' don Ferrante et altri cap^{ni} che fussero diligenti in non lassar seguire disordine alcuno, Sua Maestà med^{ma} commandò che s'attaccassero le scale et li lazzi alle forche, et volse trovarsi con molti officiali di giustitia presso di loro ; il che spaventò talmente tutti, che non fu alcuno che si movesse dal loco suo. Mons' della Serra venne fuori del camino a far reverentia a Sua Maestà in campagna, dalla quale fu accolto molto humana et allegramente. Partì poi accompagnato dal sig' don Ferrante et altri cap^{ni}. Hanno lassato nella città frumento assai, et dicono esser 4 000 sacchi, dieci barili di polvere oltra quella che hanno condotto seco li archibugieri nelli suoi fiaschi da polvere, 22 pezzi d'artegliaria, 10 grossa, il resto minuta.

Il loco, Ser^{mo} Principe, è in sito che si può far fortissimo, et se dalla parte ch'era battuto fosse stato così gagliardo come dall'altre, saria stata fortezza inespugnabile ; ma da questa parte, se ben hanno il terrapieno gagliardo, sono però le case così propinque, che non havendo loco da poter rimettere o retirare li fanti, è giudicato assai debole, et molti di questi sig^{ri} che se n'intendono, che l'hanno veduto, si maravigliano che a quello primo assalto non si prendesse, perchè et la batteria con le mine sue have fatto l'entrata non molto difficile, et la fossa non era nè larga nè profonda molto ; il belloardo poi non era diffeso da niuno altro riparo, et presa quella prima diffesa non vi sono ne fosse dentro più, ne ripari da potersi ridurre, per il che si vede chiaramente che meritano più tosto laude quelli di dentro d'haversi tenuti così longamente, che biasimo d'haversi reso ; et questi cap^{ni} cesarei si sono ingannati, credendo che la parte, che non vedeano, fosse più forte che non è stata ritrovata, et hanno creduto troppo alli presoni, li quali tutti in conformità riferivano esservi et altri fossi dentro et altri belloardi. È consigliato Cesare a fortificar questo loco, il che potrà fare con poca spesa et poco tempo, perchè ruinando le case da quella parte ch'io dico, che sono vicine al terrapieno, et facendo doi belloardi sopra doi anguli, che diffendi l'uno et l'altro quello che è fatto hora, et guardi la fossa, la quale anche è necessario far più larga assai, è giudicato da chi può giudicare di queste cose che sarà fortezza di momento.

Venne alli dì passati a questa corte il sig.^{r} Pirro Colonna; è stato sopramodo accarezzato da Cesare, et molto ben veduto da questi cap^{ni} et soldati. Nel venire è passato a Chialon, et riferisce il loco da quella parte che gli è stata mostrata esser assai forte, ma che, per poterlo veder più commodamente, havea trovato occasione di starli tanto che dall'essercito li potesse venire un trombetta per accompagnarlo : al che haverli detto quelli di Chialon esser poco necessaria questa compagnia del trombetta, non havendo esso da dubitar de Francesi, havendo seco uno delli suoi, et manco delli Spagnuoli, sendo servitore di Sua Maestà come è; esservi dentro fin quell'hora 4500 fanti, oltre uno grande numero de gentilhuomini et sig^{ri} francesi, li quali tutti volontariamente sono andati a mettersi nella città; et il disegno del re essere di mettere fino al n° 7000, oltre che, dice lui, et molti di questi capitani lo credono, che anche questa gente partita da San Desir, o la maggior parte, andarà in Chialon, ove non cessano dì et notte di fabricare et repararsi. Dice appresso ritrovarsi il christianissimo re a villa Cotre, tre leghe di qua da Paris, con poco pensiero che li possi essere data molestia; già haver in ordine 13000 Svizzari, li quali al partir suo doveano alloggiare tre leghe appresso Chialon, et 5000 Guasconi. Discorre ancor lui che'l andare a Chialon, ove è tanto numero de soldati, sustentato da uno essercito come havea il christianissimo re, sia impresa et difficile et pericolosa.

Il sig^r noncio, mentre d'hora in hora stava aspettando, si come li era sta scritto, et dal rev^{do} di Montepulciano che va legato in Portogallo, et da suo fratello da Roma, et detto dal sig^r don Ferrante, che medesimamente era avisato per via di Roma, di partir de qui per Spagna, ha havuto lettere dal rev^{mo} Farnese, le quale non fanno parola di ciò, et perciò resterà, et resta molto contento, per quello ch'io posso vedere, perchè li parea che questa sua revocatione potesse essere et di poco utile di Sua Maestà et poco honor suo particolare.

Già terzo giorno fu mandato don Francesco da Este con molti cavalli oltra li suoi, et don Alvaro con una gran banda di fantaria spagnuola et alemana, et 4 pezzi d'artegliaria, a Gianvilla, loco di mons^r di Guisa, distante de qui circa 15 miglia italiani, ove erano avisati ritrovarsi uno figliuolo del sopradetto mons^r con 400 cavalli, con li quali et li villani del paese facea molto danno a questo essercito. Quelli di Gianvilla, non havendo altri dentro che 17 arcieri et alcuni villani, si sono resi; il loco, che era molto bello, è stato brusciato, eccetto il castello però et palazzo di detto monsignore, che dicono questi che l'hanno veduto, essere il più bello et il più gentile che si possi vedere di sito, di fabriche et di piacevolezza; non fu trovato il figliuolo di mons.r di Guisa, che con li suoi cavalli de li era partito 4 giorni inanzi.

La fortificacione di San Desir si farà si come per l'occluso disegno potrà vedere Vostra Ser.tà, et se ben al principio si disegnava di fare doi soli belloardi, come io scrivo di sopra, pure sono risolti di farne tre, et il primo che si ha da fare sarà quello signato di A; gli altri doi poi si faranno per non esser riputati tanto necessarii, perchè hora quelle due parte sono diffese da doi piattaforme. Ho havuto questo disegno da miser Mario Savorgnano, il quale con molta diligentia et con tutte le sue mesure lo ha fatto, et è piacciuto più a Cesare et a gli altri cap.ni, che disegno che s'habbi veduto; ha ordinato l'imperator che li siano pagati di provisione cento scudi al mese dal giorno che partì da Venetia fin che starà qui alla guerra, et ragionando meco sopra ciò mi ha detto l'animo suo essere, finita questa guerra, alla quale è venuto solamente per veder et essercitarsi, ritornare in Italia, nè per partiti o premii grandi che li fossero proposti, o potesse sperare da altri principi, voler servir mai altri che Vostra Ser.tà o quelli che vorrà Vostra Ser.tà che servi.

In San Desir lassaranno 1 300 fanti alemani, 200 cavalli et 400 guastadori, et tutti questi giorni hanno fatto condur a tutti li carriaggi et muli della corte il formento di questo paese insieme con la paglia.

Partiremo dimane, per quello che si dice publicamente, de qui, et il primo alloggiamento nostro sarà 6 miglia italiani verso Vitri, che è per la strada verso Chialon, ove siamo per andare, et a qual impresa dicono questi sig.ri non si essere ancora risolti; perseverare pur Cesare nell'opinione sua di volere andare a Chialon, dalla quale sperano quelli, che hanno consigliato et vogliono altramente, che si rimoverà Sua Maestà per le difficultà che vederà nascer d'hora in hora, le quali se vorrà stimare manco di quello che si deeno stimare, lo farà con animo et con disegno che li possi succeder hora come li successe l'anno passato a Landresi, che è d'haver per la vicinanza, et con questa via, commodità d'una giornata. Di quel che seguirà, et li progressi che si faranno, con quella maggior diligentia che porterà il ritrovarmi tanto lontano dalle poste et dall'espeditioni, ne darò aviso alla Ser.tà Vostra, alla quale non voglio restare di scrivere che già alcuni dì s'intende qui essersi sollevata la setta de gli anabattisti in Olanda, in Frisia et in alcune città principali della Fiandra.

Hoggi s'aspetta il sig.r duca di Camerino, il quale è stato in Metz più d'uno mese et mezzo, et ha dato materia di parlar con questa sua tardità a molti della corte; ma la verità è che'l mancamento de danari l'ha fatto indusiar tanto.

Dall'essercito cesareo sotto San Desir, a 23 d'agosto 1544.

Bernardo Navager.

43.

Sous Saint-Dizier, le 24 août 1544.

Serenissimo Principe,

Il duca di Camerino venne heri, si come scrissi che dovea venir; non fu incontrato da alcuno de questi della corte, il che a molti è parso cosa nova, sendo genero di Sua Maestà, et havendo speso gl'anni passati quanto ha speso per intertenirsi con questi Signori. Vennero il medesimo dì circa 700 carri di diverse sorte di vettovaglie, delle quali n'era estremo bisogno qui, perchè et vino non si trovava, et pane con difficultà; s'aspettano ancora delli altri carri assai, et per la verità convien essere gran quantità quella che dia da mangiar a tanta gente. Colla medesima scorta che ha accompagnato li carri della vettovaglia, sono arrivati 300 000 ducati, la metà in contanti dell'Alemagna, et li altri 150 000 in polize tratti dal regno di Sicilia da esser pagati pure in Alemagna : del che ragionando meco il sig^r don Ferrante d'Aragon, fratello del presidente hora di quel regno, mi disse esserli scritto di là che l'haver hora voluto mandar questa somma qui, havendo anche in Spira questo inverno havuto Cesare dal medesimo regno 100 000 ducati, che li portò lui, aggiongendosi appresso le provisioni che è stato astretto a fare il presidente in Sicilia per diffesa di quell'isola, temendo l'armata di Barbarossa, fatte tutte con li denari del proprio regno, è stata cosa di molto danno et quasi ruina di tutta l'isola.

Questi ultimi avisi d'Italia venuti medesimamente hieri contengono l'ardita et animosa passata di Pietro Strozzi per le montagne di Genova, et le ruine et prede di Barbarossa in Calavria.

Non voglio restar di scriver quello che ho inteso da più d'uno loco che'l marchese del Guasto per ogni sua lettera da certo tempo in qua con molta instantia dimanda licentia all'imperatore, la quale potria essere che havesse, perchè, oltre qualche altra causa, il sig^r don Ferrante, il quale è di quella maggior auttorità che possi essere hora presso questo principe, desidera haver quello governo, et spera d'ottenere anche che don Francesco da Este, al qual egli è molto affettionato, habbia quello di Sicilia.

Delle cose d'Inghilterra non vi è cosa alcuna da poi l'ultime mie.

Della gente partita di San Desir altri non sono entrati in Chialon che 400 fanti et mons^r della Serra ; gl'altri tutti sono andati di longo. L'ingegner bolognese si dice esser andato a far riverentia al christianissimo re.

Il principe di Salerno s'aspetta d'hora in hora a questa corte. È partito de qui già doi giorni uno agente del sig^r duca di Ferrara venuto per la restitutione di Bresselli, et si dice che l'ha ottenuta.

Noi partiremo dimane et alloggiaremo si come scrivo per l'alligate; poi andaremo a Vitri, ove forsi si starà qualche giorno. De lì poi quanto più s'andarà inanti, tanto maggior si farà la difficultà di espedire et di scrivere; et in questo proposito sappi la Ser.tà Vostra che'l corriero, che parti alli 15, heri ancora fu veduto a Ligni, dal che si può comprendere la tardità delli messi non procedere da altro che dal pericolo del camino; la quale, s'è tanta in quelli che sono espediti a posta da questi sig.ri per le cose sue, saria molto maggiore in quelli che fussero espediti da altri. Colla medesima tardità anche per la medesima causa compareno lettere da quelle parti a queste. Il secretario mio scrive le presenti con una buona febre, la quale faccia Iddio che non li dia altra molestia.

Dall'essercito cesareo sotto San Desir, a 24 d'agosto 1544.

Bernardo NAVAGER.

44.

La Chaussée, le 31 août 1544.

Serenissimo Principe,

Cesare partì dall'alloggiamento di San Desir alli 25, si come per le mie di 24 scrissi che dovea fare, nè si havendo fermato in alcuno loco, se non a San Lumie un giorno, che fu alli 29, si ha condotto hieri sera fino a Villa Sasse, sei miglia italiani discosto da Chialon, per dove fino due hore partimo, et se ben questa andata a Chialon non era nè consigliata nè creduta da alcuno, vive però Sua Maestà forsi con disegno che, ritrovandosi l'essercito francese 5 miglia italiani presso Chialon, possi con questa vicinanza venire alla giornata, dovendo esser coll'alloggiamento, che si farà questa sera, lontano dall'essercito nemico non più di cinque o sei miglia italiani.

Ho voluto in questo viaggio diligentemente, non solamente io considerare, ma farlo far a molti amici et confidenti miei, il numero delle forze di questo essercito. Ritrovo non ecceder il numero di 20 in 30 000 fanti, et 5 in 5 500 cavalli. Sono quelli del principe d'Oranges 6 000 fanti, perchè molti doppo la morte sua si sono partiti; quelli del colonello Fustembergh 5 000, del colonello Esser *(sic)* altri tanti, 3 000 di Christophoro Landemburgh, altri tanti sotto il governo di Giorgio da Ratisbona, et sono quelli che invernorno in Cambray; 5 000 Spagnuoli tra vecchi et novi, che non sono più, sotto tre capitani, Luis Perez, don Alvaro et Basco da Cugna. Questo numero de fanti si ritrova haver Cesare molto buono per la maggior parte, et atto a far molte faccende, benchè ne paghi molto maggiore. Li cavalli sono quelli del duca Mauritio, del marchese di Brandemburgh, del gran scudier, del principe d'Oranges et d'alcuni altri Todeschi, li leggeri con li Borgognoni, et la casa tutta di Sua Maestà, il quale ascende al numero che ho detto di sopra, et sono tutti bellissimi cavalli, eccetto li leggeri. Si attrovano appresso 60 pezzi d'artegliaria, li quali ho voluto veder io : sono bellissimi, 40 da batter et 20 da campagna.

Doppo il deslogiar nostro di S. Desir, sendo sempre venuti per paese nemico, non s'è però mai veduto pur uno cavallo francese; nè, o nell'alloggiare o desloggiare, è stata data molestia alcuna a questo essercito. Ben n'ha havuto esso alle volte della vettovaglia, la quale ogni dì va più mancando, nè si vede che rimedio si possi trovare a questa difficultà. Io et la casa mia, se non fusse stata certa poca di provisione di biscotto ch'io feci, saria stato più d'una volta senza pane; ma se ben patisco, et di questo, et di molte altre cose, quello più che si può, non è però niente al tormento dell'animo mio, vedendomi esser tolto il modo di poter avisar la Ser^tà Vostra, et nell'avvenire tanto più difficilmente poterlo fare, quanto maggior è il desiderio et espettatione di Vostra Ser^tà d'intender questi progressi, et quanto maggior sarà l'importantia delle cose che si possono aspettar de qui.

Dall'essercito cesareo in villa Sesse, all'ultimo di agosto 1544.

Bernardo NAVAGER.

(Au Conseil des Dix.)

La Chaussée, le 31 août 1544.

Excell^mi Domini,

In San Lumie, alli 29, si fermò Sua Maestà, si come scrivo per le publiche, perchè mons^r d'Anibao dovea venir a parlar coll'ill^mi don Ferrante et Granvela quello giorno, si come fecero. Al quale abboccamento mandai alcuni miei confidenti, che intendessero particolarmente ogni cosa et me lo riferiscero per poterne avisar l'Ecc^ze Vostre. Ho donque inteso in conformità de più di doi che venne l'ammiraglio accompagnato da circa 60 cavalli, il secretario Lelu Baiart, mons^r della Moretta et molti altri gentilhuomini giovani; dall'altra parte di Cesare fur mandati l'ill^mi di Granvela et don Ferrante, mons^r d'Aras et il secretario Idiaches. Si ridussero in una chiesa in uno loco chiamato San Amant, uno miglio italiano discosto dall'alloggiamento di San Lumie; s'attrovorno nella chiesa solamente l'ammiraglio, il cancellier et il secretario Baiart per nome del christianissimo re, ma per conto di Cesare don Ferrante, mons^r di Granvela, mons^r d'Aras, suo figliuolo, et il secretario Idiaches, et forsi perchè questi erano 4, o, per quello che credo io, perchè confermasse quello che era passato fin all'hora in questa negotiatione, v'intravenne anche il frate Gusman. Stettero in questa chiesa circa 4 hore, nel qual spatio uscì per certo servitio natural l'ammiraglio, al quale si accostorno tutti quelli sig^ri francesi, dalli quali allontanandosi parlò solo assai longamente con mons^r della Moretta, et mi è stato detto, da persona che dice haverlo da questo mons^re, che li disse l'ammiraglio : « Io credea che non se ne dovesse parlar più, tanta è stata la difficultà tra noi; ma hora s'incomincia andar per camino. » Ritornato che fu dentro, stette ancora lungo spatio, et nell'uscire poi fu advertito da molti, che haveano questa commissione da me, che tutti uscissero molto manco allegri che non intromo. Intendo però, et è voce universale qui nella corte, che dimane da novo s'abboccaranno un'altra volta. Questo so ben io, perchè me l'ha detto il trombetta ritornato hieri sera da Chialon, che l'ammiraglio hieri all'alba parti in posta per ritrovare il christianissimo re, il quale s'attrova lontano 4 leghe da Chialon. Di quello che seguirà, ch'io intenda, havendo modo lo farò intender all'Ecc[ie] Vostre.

Dall'essercito cesareo in Villa Sesse, all'ultimo d'agosto 1544.

Bernardo NAVAGER.

45.

A 16 lieues de Paris, le 6 septembre 1544.

Serenissimo Principe,

La causa dell'improvisa et inespettata espeditione per Italia da questa corte all'ultimo del passato fu la voce che la notte del penultimo pure del passato hebbe Cesare con uno corriero a posta, il quale portò solo una lettera del vicere di Napoli, che Gianettino Doria havea intertenute le galere del pontifice; volse l'imperatore subito scrivere et commandare che fussero restituite, et dimostrò gran risentimento di questo fatto. Scrissi all'hora molto confusamente per haver poco tempo et perchè già s'havea cominciato a desloggiare, quando mi fu mandato a dire da un' amico mio che si dovea espedire et l'espeditione saria secreta. Di quanto scrissi all'hora mando a Vostra Ser[tà] le replicate.

Il medesimo giorno d'ultimo partì l'essercito et alloggiò tre miglia italiani presso Chialon; lì si stette tutto'l giorno sequente, et fu il primo di settembre. Alli doi si caminò, et si fermò doi miglia oltra Chialon, et nel marchiar si passò così vicino alle mure della città che si potea esser offesi dalli tiri dell' artegliaria nemica. Riconosciuta, considerata la città, fu ritrovata et per li novi ripari, et per il numero di gente che era dentro, et per la vicinanza dell'essercito del re, impresa da non tentare, et però si rivolse il pensiero ad altro. Et intendendo Cesare che in uno loco, chiamato Perne, lontano all'hora da noi circa 18 miglia italiani, s'attrovava vettovaglia dell'essercito nemico, la medesima notte di doi desloggiò alle 4 hore di notte l'essercito senza suono di tamburo, et caminò fino alle 20 del giorno seguente di tre, brusciando et ruinando le più belle ville che si possono vedere, tutte poste in una valle longo alla Matrona. In quello giorno, a doi hore di sole, si ritrovò l'essercito cesareo uno miglio italiano o poco più discosto dal nemico, ma però questo di quà dal fiume, et l'altro di là, il quale fiume si potea passare commodamente sopra un ponte già fatto, et in molti luoghi sguazzare : molti di questi cavalli et fanti scaramuzzorno, et da una parte et l'altra ve ne sono restati. De Cesarei è stato preso il conte Guglielmo Fustembergh, del quale non si potea prendere huomo di maggior contento del christianissimo re, nè di maggior discontento di Cesare, perchè et da lui il re si reputa esser stato altre volte mal servito, et l'imperatore se ne serviva hora molto, come di quello ch'era prattico assai di questi paesi, et intendeva la forza del re et la natura di questi populi; con costui è opinione che per questi rispetti communicasse questa Maestà più largamente li suoi disegni che con qualsivoglia altro ministro o consiglier suo. De Francesi è stato preso medesimamente il principe della Rocchea Soriana, giovane di circa 33 anni, di molta entrata et molto nobile, nato d'una sorella di monsignor di Borbon, il quale al primo tratto ad uno Albanese che lo prese si dice haver offerto 15 000 scudi di riscatto. Alla nova della presa del conte Guglielmo mandò l'imperatore per uno trombetta a far intender al ser^{mo} delfino che quello che faria esso del conte, si faria de qui et del principe preso et de tutti gl'altri che fussero presi. Si vidde l'essercito francese tutto in battaglia, et fu giudicato, perchè teniva uno grande paese, di assai numero, et furno molti che giudicavano che facilmente potesse seguir la giornata; ma non parve a Cesare di voler passar altrimente il fiume, dubitando anche, si come era avisato, che fussero nemici in loco assai forte et assai munito, dal quale non si potessero trarre per alcuna forza o arte. Si caminò più oltre, et alle 20 hore s'alloggiò, non havendo potuto arrivare al loco determinato di Perne, nè potendo andar più oltra per la fatica di tanto camino di tutta quasi la notte et tutto'l giorno. Hanno queste ville et luoghi vicini, li quali non aspettavano la venuta di questo essercito, dato assai guadagno a molti cavalli leggieri et altri che l'hanno saccheggiate, et insieme anche hanno sollevato le necessità nostre per qualche giorno. Le campagne tutte si ritrovano ancora piene di formenti, et questi ridotti vicini abondantissimi di robba et vettovaglia, le quali pero sono da questa natione todesca per la maggior parte brusciate insieme con le case; se o si ritrovarà il medesimo procedendo, o il re non prevenghi lui con gli incendij et ruine abbrusciar il proprio suo et delli suoi, quanto più s'andarà inanti, tanto sperano ritrovare maggior commodità di vivere : cosa che non era in consideratione di alcuno che Francesi lasciassero con questa strada la via aperta alla ruina loro.

Già si è molto inanti, et si lasciano intender questi sig^{ri} di voler condursi a Paris; et li colonelli et capitani todeschi hanno fatto intendere a Cesare esser loro con tutta la sua gente disposti di volerlo servire et senza danari et senza vettovaglia, sperando che delle sue paghe alla fine della guerra saranno satisfatti, et che della vettovaglia essi ne troveranno nel paese nemico, come ne hanno ritrovato sin'hora.

Perne, alli 4, fu occupato da Cesarei, ove si sono trovati tanti vini et tante farine che se fossero ben governate et non dissipate, come sono da Todeschi, ne potriano nutrir otto giorni; il luogo è arso, si come fanno anche tutte queste altre ville vicine; et perchè era avisato Cesare che l'essercito nemico, ove s'attrovavano in persona il ser^{mo} dolfino et Orliens, partito dal suo forte marchiano verso il suo, havea deliberato la mattina di 5, lasciati gl'impedimenti tutti et genti inutili, passare il fiume per combatterlo: per il che furon già ordinati li ponti, et molti di questi sig^{ri} quella notte si volsero confessare, et era publica voce nell'essercito che'l giorno seguente si combatteria; ma dapoi fatto certo l'imperator da don Alvaro di Luna, mandato a posta con cento archibugieri a cavallo per riconoscer questa verità, che l'essercito non era mosso dal forte suo, caminò con gl'impedimenti tutti di quà dal fiume circa x miglia italiani. Hoggi poi non si è fatto altro camino che di circa doi miglia de nostri.

Queste scrivo non perchè habbia hora modo di espedire sendo in mezzo la Franza, ma per tenir avisata di punto in punto Vostra Serenità di tutto quello che occorre: il che perchè non spero poter far con una sola lettera, scriverò ogni 4 o 6 giorni l'attioni di quel tempo, fino che harò commodità di espedire, acciochè poi pervenendo tutte insieme a Vostra Serenità resti informata, quanto più particolarmente harò potuto far io, di tutti li progressi de qui.

Dall'essercito cesareo, 16 leghe presso Paris, a 6 settembre 1544.

Bernardo Navager.

(*Au Conseil des Dix.*)

A 16 lieues de Paris, le 6 septembre 1544.

Excell^{mi} Domini,

Si come scrissi per l'ultime mie d'ultimo del passato chel dì sequente si doveano veder da novo questi sig^{ri} per la pace, così fu fatto. Si riddussero in uno castello molto bello del vescovo di Chialon, distante dall' essercito uno miglio italiano, e da Chialon altretanto ò poco piu. Furno per 4 hore di spacio insieme, et in loco del vice-cancellier, che non vi si trovò, perchè diceano esser indisposto, et fu il vero, perchè da poi è venuto nova che è morto, venne un' altro signore, il quale si chiama, per quello che intendo, mons^r di Nogli. Non volsero che s'attrovasse a questo secondo raggionamento il frate con loro. Gl'atti estranei dall' una parte et l'altra furno assai cortexi. Li particolari che si sono trattati, non vi è huomo che li sappia, et io non debbo scriver quello che si dice, perchè scriverei quello che ogn' uno secondo'l discorso suo ha giudicato che possi essere. Qui si è raggionato di tanti mezzi, et da tutti, che havendosi trattato, come si ha trattato, di pace, non puo essere che di qualch'una di queste non s'habbi parlato, perchè con altri non si può far pace. Quelli mo che sonno venuti qui in consideratione a chi discorre in questi tempi, molto più deveno esser venuti in consideratione della sapientia di Vostra Ser.tà

Alli 4 poi venne nell' essercito non più monsignor d'Anibao, ma il secretario Baiart et uno gentilhuomo mandato con litere della regina a Cesare, suo fratello. Partiti questi, il giorno seguente arrivò anche il bali di Degiun (che è quello vecchio che condusse il trombetta quando eravamo sotto San Desir). Stette tutta la notte con questi signori et la matina di 6 partì. Qui doppo la sua partita s'è divulgato esser conclusa la pace, et il re per costui haver mandato li capitoli sottoscritti secondo l'intentione di Cesare. Questo so bene io, et lo posso affirmare, che mons.r d'Aras parte o questa notte o da matina in posta per ritrovar il s.mo d'Inghilterra, et dall' amb.re di quella Maestà mi è stato detto che va *pro pace tractanda, non pro pace composita*, et hora, che sonno le 23 di 6, hanno fatto bando, che niuno soldato, o capitano, o gentil'huomo, robbi sorte alcuna di vettovaglia o altro in questo paese, et che tutto quello che sarà portato da vivandieri francesi, che altri non si possono aspettare in questo paese, sia pagato, sotto pena della disgratia di Sua Maestà...

Dall' essercito cesareo in campagna, 16 leghe presso Paris, a 6 di settembre 1544.

Bernardo NAVAGER.

46.

Soissons. — A 4 lieues au delà de Soissons,
14-17 septembre 1544.

Serenissimo Principe,

Tanta è l'importantia delli tempi presenti, et tanto credo che sia il desiderio di Vostra Ser.tà d'intender le cose de qui, et tale è il debito mio di tenir avisato quell' ecc.mo Senato per tutte quelle vie ch'io posso, che mandai l'ultime mie di 6 del presente, quando manco io aspettava di poterle mandare, per certa occasione che mi venne di poterle far capitar in mano del clar.mo orator in Franza, le quali credo che haranno havuto et presto et fedel recapito, perchè mi è stato affirmato che saranno date sicure a Sua Magnificentia, delle quali mando anche hora le replicate.

Et per non partir da quello che ho incominciato et che ho promesso di fare, che è di render particolar conto di tutti questi successi ogni sei overo otto giorni, se ben io non so quando possa espedire, Vostra Serenità intenderà che alli 7 si fece pochissimo viaggio, che non credo che fusse più di doi miglia italiani, et così per non molto buone strade et strette si caminò fino li 9 sopra le ripe della Matrona. Alli 10 poi, o perchè quella stradda era troppo trista et stretta, o pur perchè si mutasse Cesare d'opinione di voler andar a Paris giudicando non poter far cosa alcuna, perchè già l'essercito francese caminava dall'altra parte del fiume senza impedimenti il giorno et la notte per prevenir l'imperatore, si allontanò questo essercito dal fiume, et traversando alcune colline alli 12 arrivò tutto sotto Suesson, città vacua non solamente de diffensori, ma de habitatori, per mezzo della quale passa un fiume, che hora si chiama Ana, e distante da Paris 22 leghe, et da Lamin 23. Prima che sia arrivato qui, sono state prese et saccheggiate molte ville, molte abbatie et molti castelli, tra li quali li maggior et più importanti sono stati Chiantheothiri, così chiamato da loro, che vuol dire castello di Theodorico, et Nogli; et perchè sempre la presa era stata di Spagnuoli et di cavalli italiani leggieri, divulgandosi nell' essercito che Tedeschi si ritrovavano mal contenti, et dicevano di male parole, ha voluto l'imperatore dar in preda Suesson alli Todeschi, nel qual loco però si dice esservi stato ritrovato poco altro che robbe da mangiar, perchè quelli della città, avisati della venuta dell'essercito, son fuggiti con le più pretiose facultà loro.

Venne alli 10 a questa corte in otto giorni per Franza don Roderico di Avolos, mandato da quel sig^r marchese per la tregua fatta in Piamonte per tutto settembre. Referisce esser stato al christianissimo re, et haver veduto l'essercito di quella Maestà in battaglia, et haverli parso al giuditio suo di più di 30 000 fanti et 6 in 8 000 cavalli, il quale essercito si ha nova qui ritrovarsi hora quattro leghe presso Paris.

Alli 13, siamo alloggiati noi altri amb^{ri} in Suesson, et la città, per quello ch'io ho veduto, è assai bella, ha chiese molto grande et honorate, molti palazzi di momento, et una abbatia molto gentile et ricca del rev^{mo} di Ferrara : le quali tutte sono state spogliate, se ben Cesare havea commandato al duca Mauritio che le guardasse. Nè voglio restar di scrivere in questo proposito la prudentia et giustitia dell' imperatore, il quale sendogli sta fatto intendere che uno suo favorito, altre volte bombardiero di Sua Maestà et hora portiero, havea robbato uno tabernacolo d'argento, ove era il corpo di Nostro Signore, essendo stato ritrovato con esso adosso, commandò che fusse appiccato; et refferitoli che rotto'l laccio, suspeso da un loco molto alto, cadde in terra vivo, disse : « Non può esser altro, se non che costui non fosse solo a questa crudeltà », et però commandato da novo che fusse essaminato, et ritrovato ch'era in sua compagnia, et conscio di questa impietà, un suo alabardiero molto favorito, ordinò che l'uno e l'altro con un laccio molto grosso fossero appiccati. Ma non ha però con questi et molti altri simili spaventi questo principe raffrenar (sic) l'insolentia della natione tedesca, che non habbi fatto il peggio che habbia potuto, rubbando li argenti et cose sacre delle chiese, et dissipando le reliquie et corpi santi che hanno trovato, spettacolo dal quale difficilmente ogni huomo christiano, che lo habbia veduto, ha potuto contener le lachrime.

Alli 14, siamo anchora in Suesson, et tutto heri et tutt'hoggi usandosi quella maggior diligentia che si può, a pena ha potuto l'artegliaria et gl'impedimenti fare tanto viaggio di circa un miglio italiano, dovendo passare tutti per mezzo la città sopra uno solo ponte. Dal che si comprende che se o si rompessero li tempi, o si ritrovassero strade anguste, si potria far molto poco camino, et all'hora molto minore quando s'havessero nemici alle spalle, li quali fin hora non c'hanno dato alcuna molestia, salvo che 400 cavalli imboscati hanno preso ultimamente circa 80 Spagnuoli, che caminavano sbandati per rubbare.

Dall' essercito cesareo in Suesson, a 14 di settembre 1544. (Tenute fino a 17.)

È stato Cesare questi doi giorni continui in Suesson per veder il fine della trattation della pace, la qual è successa, si come harà inteso Vostra Ser.tà per altre mie scritte all' ill.mo consilio di X. Hoggi poi è caminato 4 leghe et va alla volta di Fiandra per la più breve, con animo di licentiar presto li soldati tedeschi, li quali sono pagati fin 12 del presente.

Dall' essercito cesareo oltre Suesson 4 leghe, al camino di Fiandra.

Bernardo NAVAGER.

(Au Conseil des Dix.)

Soissons, le 14 septembre 1544.

Excellentissimi Domini,

Doppo l'ultime mie di 6 del presente espedite per via di Franza, le quali hora saranno replicate con queste, il rumore della conclusione della pace è sempre andato crescendo, più però per conietture che per alcuna certa cognitione. Le conietture sono il veder l'essercito haver mutato camino et marchiare con poco ordine come quasi per paese amico, et il considerare le necessità dell' uno et l'altro di questi principi. Così si dice et si crede qui, ma non vi è però huomo che'l sappia et che lo possi affirmare. Debito mio è di scrivere quello che succede di giorno in giorno, et usar diligentia in avisar Vostra Serenità, lasciando poi il giuditio a lei, la quale et dalle mie et da altre lettere d'altri ministri suoi potrà trazer la verità. Questo posso affirmar io che doppo l'ultime mie quasi ogni giorno sono venuti in questo essercito hora mons.r d'Anibao, hora il secretario Baiart et mons.r di Nogli, li quali stettero quella parte del giorno et la notte di X con l'ill.mo don Ferrante et Granvela, et fu detto per cosa certa che anche la difficultà che haveano sopra li ostaggi era conclusa. Tutta questa trattatione è passata da principio fin hora molto secreta, et ho giudicato io esser benefitio di Vostra Serenità di non parer molto curioso et proceder reservatamente, perchè nè più harei potuto saper di quello ch'io ho saputo, et forsi harei dato qualche suspicione. Ne qual proposito, non voglio restar di scrivere che 'l giorno seguente all' ultime mie di 6 venne a trovarmi un miser Marsilio da Lodi, stato altre volte a' servitii del sig^r duca d'Urbino vecchio, et è hora cavalcator di Sua Maestà; doppo molte parole dell'affettione et reverentia sua verso quel ser^{mo} Stato, mi disse : « Voglio che sappiate che ritrovandomi uno de questi giorni, come soglio spesso, in camera di Cesare, fu detto a Sua Maestà che di questa pace il pontefice et Venetiani sariano gelosi et temeriano. Rispose l'imperatore : « Venetiani non temeranno mai di me, perchè conoscono bene ch'io li son stato sempre buon'amico et ho causa di essergli », non parlando però cosa alcuna del pontefice. » Mi parve di rispondere a questo miser Marsilio che di niuna grandezza o buona fortuna di Sua Maestà temerà mai Vostra Serenità, come quella la quale da molti segni ha conosciuto sempre l'amore et affettione di Cesare verso lei, causato et dalla buona natura di questo principe et dalla perpetua et costante servitù sua verso lei.

Hoggi poi, che siamo alli 14, sono venuti doi hore doppo mezzo giorno li medesimi Baiart et Nogli, con il bali di Degnin, che si dice che anche dimane venirà monsignor d'Anibao.

Non è ancora ritornato mons^r d'Aras, et fu quello gentilhuomo, che mi disse il trombetta, che dovea accompagnar a Paris, ma lo accompagnò solamente sei leghe dal loco ove erano alloggiati. La sera ritrovò mons^r di Brisach, col quale cenò molto allegramente.

Si aspetta d'Inghilterra non più di giorno in giorno, ma de hora in hora.

Dall' essercito cesareo in Suesson, a 14 di settembre 1544.

Bernardo NAVAGER.

(Au Conseil des Dix.)

A 4 lieues au delà de Soissons, le 17 septembre 1544.

Excellentissimi Domini,

Si come scrivo per le alligate che alli xv dovea venir mons^r d'Anibao, così venne, il quale insieme con quelli altri, che erano venuti il giorno inanti, negotiorno la pace, pure con li predetti cesarei; è vero che in loco di mons^r d'Aras absente s'attrovò il d^r Boysot molto favorito di mons^r di Granvela. Fu parlato quello giorno variamente della pace : fin mezzo dì fu riputata conclusa, alla sera poi nacque certa difficultà sopra Edin, per la quale furno alcuni che cominciorno a dubitare. Heri poi, alli 16, col nome del Spirito Santo, è stata conclusa pace in Suesson circa mezzo giorno fra questi principi, la qual pace faccia Iddio che sia a beneficio della christianità, et sicurta et grandezza di quella ill.ma Repca. Li capitoli principali et più importanti, per quello che si ha potuto intendere, sono che'l Stato di Milano o la contea di Fiandra sia data in dote al duca di Orliens : il Stato di Milano, se vorrà l'imperatore darli per moglie la figliuola del serenissimo re de Romani ; la Fiandra, se si risolverà di darli la propria sua, togliendo tempo 4 mesi di risolversi in quale di queste doi lo voglia maritare; che dando il Stato di Milano, tenga Cesare le fortezze di Milano et Cremona fino che habbino figliuoli; dando la Fiandra, godi esso imperatore in vita sua tutto quello Stato, lasciando però il governo in capo dell'anno al predetto duca; che sia restituito al duca di Savogia tutto'l Stato suo di Piemonte et Savogia, eccetto però alcuni luoghi sopra li quali pretende il re christianissimo haver ragione, et questi siano giudicati de iure. Ho anco inteso, che in questo capitolo si contiene che Turino sia restituito, ruinata la fortezza; che tutti li luoghi occupati et presi doppo l'ultima presa di Nizza siano restituiti dall'uno all'altro de chi erano, con l'artegliaria et munition da guerra che si ritrovassero dentro, et sopra questo nacque la difficultà di Edin, perchè sendo preso inanti questo tempo, Francesi non lo voleano restituire, et l'imperatore volea rihaverlo come loco d'importantia. Si dice anco che il re christianissimo si è obligato pagar 10000 fanti et 600 cavalli per la recuperatione del regno d'Ongaria contra il Turco. Di tante cose dette fin hora queste sono parse le più verisimili, et sono uscite di bocca et di quello frate che in parte ha maneggiato la pace, et di qualch'altro huomo di auttorità. È vero che dimandato monsr di Granvela et don Ferrante di particolari da persone molto confidenti loro, si come hanno confirmato questo generale che la pace è conclusa, così hanno detto non esser ancora tempo di dire alcuno particolare.

Li ostaggi, per l'osservanza della restitution del Stato di Savogia et dell'altre cose promesse dal re, si dicono esser il cardinal di Medon, barba di Madama di Tampes monsr della Valle, un figliuolo di monsr d'Anibao et monsr di Guisa.

Questa mattina è stato l'ambr d'Inghilterra a corte, chiamato da Cesare; a gl'altri tutti fin hora non è stato detto parola.

Non è ancora venuto monsr d'Aras, et già sono passati tre giorni del termine che tolse di voler ritornare. È opinione d'alcuni che inanti il suo ritorno, che tarda hormai troppo, non siano questi sigri che hanno trattato la pace per communicar cosa alcuna.

È stato monsr d'Anibao insieme con molti altri Francesi a fare questa mattina al tardo riverentia a Cesare, il quale si ha voluto dimostrare armato con circa 50 delli suoi gentilhuomini, sendo però et esso monsr d'Anibao et tutti gli altri disarmati; ha poi accompagnato l'imperatore a questo alloggiamento, nel quale per esser et lui, et la sua compagnia ben alloggiata, la corte di Cesare sta gran parte di essa alla campagna.

Si dice anco per cosa certa che dimane venirà il duca d'Orliens per star a questa corte et seguir Sua Maestà.

Doppo questa pace di doi cose si parla qui publicamente : l'una del concilio; l'altra dell'impresa quest'anno che viene contra il Turco. Nel qual proposito mi è stato riferito essersi mosso Cesare a questa pace con questa conditione, et a questo rispetto.

Non havendo io mai havuto lume da Vostra Serenità in questa materia, se mi venirà occasione o di allegrarmi, allegrandosi gli altri, o che me ne sia parlato da Cesare, o da alcuno di questi suoi, io mi governarò sicome m'inspirerà la maestà et bontà di Dio, la quale supplico divotamente che m'illumini a fare et dire l'utile et beneficio di quell'ecc^mo Stato, promettendoli di non usare mai altro che parole generali et communi, togliendo tempo, se sarà cosa d'importanza, di scrivere alla Ser^ta Vostra, alla quale desiderando dar conto de cosi importante conclusione ho preparato doi plicchi da espedire per doi vie, giudicando che non possi tardare che non si espedisca in più parti d'Italia. Da mo inanti scriverò all'ill^mo senato tutto quello che occorrerà in questa materia, la quale havendo dato principio di far intendere per diversi buoni rispetti all'EE. VV., ho giudicato anche esser bene continuare fino alla conclusione.

Dall'essercito cesareo, 4 leghe oltre Suesson, a 17 settembre 1544.

Bernardo NAVAGER.

47.

Crépy, le 18 septembre 1544.

Serenissimo Principe,

Hoggi è venuto il duca d'Orliens in posta con circa 50 cavalli a far reverentia a Cesare in questo luogo, incontrato per due leghe dal sig^r don Ferrante et molti altri gentilhuomini della corte. Appare gratioso et vivo principe, tutto humano et tutto modesto; la reverentia soa all'imperatore è stata infinita; le carezze di Cesare verso lui sono state tali quali si convieneno ad uno che li deve essere o genero o nepuote.

È anche poco doppo mezzo giorno aggionto mons^r d'Aras d'Inghilterra; ha portato la nova della rendita di Bologna; il giorno, il modo et le conditioni non si sono ancora intese, ma qui è giuditio de molti che se fosse venuta questa nova prima, forsi haveria impedito la pace. Dal che si comprende che è stata pura volontà di Dio che si concluda.

Molti fanno molta instantia per esser apportatori della nova della pace per nome di Cesare a diversi principi d'Italia, sperando di esser liberalmente donati, et intendo anche che è fatta instantia da un favorito del sig^r don Ferrante di venire a Vostra Serenità. Queste, non si sapendo ancora certa et risoluta espeditione, il conte Gioan Francesco dalla Sommaia mi ha promesso di far capitare in mano del secretario Fedele, al quale scrivo che subito l'invij in diligentia a Vostra Serenità.

Dall'essercito cesareo in Crepi, 7 leghe presso Guisa, a 18 di settembre 1544.

Bernardo NAVAGER.

48.

Crépy, le 19 septembre 1544.

Serenissimo Principe,

Il giorno della deditione di Bologna, della quale scrissi per quelle d'hieri, hora replico con questa, fu alli 14 del presente; la causa, perchè già la città per li colpi dell'artegliaria era tutta aperta, et quelli di dentro mancavano di vettovaglia et munitioni; le conditioni, per quello che ha detto l'amb^{re} di quella Maestà, sono che Francesi escano con le robbe loro et bagaglie, eccetto l'artegliaria et munitione, senza suon di tamburo et bandiere spiegate. Et poi ch'io sono in questo proposito d'Inghilterra, darò lume a Vostra Serenità di cosa che mi è stata grata ad intendere, perchè mi dava molestia, et tra me medesimo non mi sapea risolvere, perchè io non intendeva come potesse essere che sendo uno capitolo nella pace conclusa in Barcellona tra Cesare et il ser^{mo} d'Inghilterra, richiesto all'ho dall' imperatore che nell'uno nell'altro di questi doi principi potessero trattare o concludere pace col re christianissimo che non fusse di consenso et satisfattion de tutti doi, hora qui la pace fusse conclusa inanzi il ritorno di mons^r d'Aras, et in quello medesimo tempo quasi Bologna fosse presa. Questa difficultà, che a me dava molestia, et dà a molti altri, mi ha tolto dell'animo hoggi huomo che lo può sapere, havendomi detto che se ben nella capitulatione già fatta in Barcellona vi era quello capitolo che ho detto di sopra, pure che hora quando s'incominciò dar principio a questo negotio di pace, l'uno et l'altro di questi doi sono convenuti insieme che, trattandosi la pace, ogn'uno cercasse di farla con maggior avantaggio suo, et però qui è stata conclusa, et de lì si crede che, per questo novo accidente della perdita di Bologna, non succederà altrimente, perchè dice l'amb^r, et tutti lo credono, che quello ser^{mo} re non sia mai per render Bologna, et altrimente difficilmente pùo esser pace tra loro. Però sono alcuni che giudicano che'l christianissimo re sia hora per inviar l'essercito, che si attrova, alla recuperatione di quella città prima che si fortifichi, benchè alcuni altri discorreno che'l tempo hormai è troppo inanzi et che difficilmente si potrà recuperare. Quanto io scrivo, supplico Vostra Ser^{tà} che sia contenta far tenir secretissimo, perchè, sapendosi, mi saria tolto il modo di sapere dell'altre cose, et chi l'intendesse, come s'intendono molte cose de qui, saperia certo che non potesse esser uscito da altri che da me.

Nel capitolo della restitutione di Savogia vi è questo particolare che hora sia restituito tutto'l Stato, eccetto Turino, Moncalier, Pineruolo, Borgobressa et Momigliano, li quali cinque luoghi, che è la più importante parte di quello Stato, mi ha detto uno agente di quello principe, che sarà forsi apportator delle presenti, che deveno esser restituiti doppo la consumation del matrimonio del duca d'Orliens, con condìtione che sia in libertà del re christianissimo di ruinare le dette fortezze.

Sopra li doi partiti, l'uno di Fiandra, nel qual si comprende tutti li Stati del Paese Basso, per quello che si dice, l'altro del Stato di Milano, con uno de quali si deve fare questo matrimonio del duca d'Orliens, se parla, da huomini che fanno professione d'intender le cose del mondo, et sono qui riputati per tali, variamente. Crede la maggior parte che l'imperatore si risolverà in dare più tosto la Fiandra, sendovi massimamente quello capitolo, che si ha detto, che Sua Maestà lo godi in vita; inclinano alcuni altri in credere che darà il Stato di Milano. Io, Ser^{mo} Principe, che ho veduto la Fiandra, posso affirmare che è una bellissima et ricchissima provincia, quella della quale si ha servito l'imperatore più che d'altro Stato suo in tutte le guerre passate, de danari, di gente et di tutte le altre cose necessarie. È gran cosa anche il Stato di Milano, che è uno di principal membri d'Italia, per il quale solamente si è sparso tanto sangue, et speso fin hora tanto thesoro. Et però quello che possi essere, rimetto al sapientissimo giuditio di Vostra Serenità, et io starò a veder fra quattro mesi in quale parte inclinarà Cesare, perchè per molte ragioni si può credere che dia la Fiandra, per molte anche, che dia il Stato di Milano.

Circa le cose di Vostra Serenità, quando è venuta occasione in buon proposito parlarne, per molte vie intendo da molti una buona mente di Cesare verso quello ser^{mo} Stato. Particolare alcuno non ho saputo fin'hora, et ho giudicato esser bene non ne dimandare a quelli pochi che lo possono sapere, espettando di giorno in giorno, si come aspetta anche il sig^r noncio, che in questa materia mi sia detto cosa alcuna, o che habbia lume da Vostra Ser^{tà}, alla quale non voglio restare di scrivere quello che mi ha detto questa mattina il conte Gioan Francesco della Somaia, huomo in niuna parte vano, et che lo può sapere per haver stretta mistà con questi signori Francesi: che'l christianissimo re nel partir del duca d'Orliens gli usò queste parole: « Figliuolo mio, havete già 22 anni, et havete potuto veder che tutte le guerre ch'io ho fatto, et li pericoli alli quali mi sono messo, sono stati per causa vostra et per l'amor che vi porto. Ha voluto Dio et la fortuna che tutte le guerre habbino havuto quello fine che voi vedete. Io mi son risolto di darvi all'imperator per figliuolo et servitor; honoratelo come padre et obeditelo come signore, et con questo io vi benedico, essortandovi come vecchio, et commandandovi come padre, che se dall'imperator vi fosse commesso che vi armiate anche contra di me et contra il regno mio, lo facciate senza alcuno rispetto. » Ho giudicato queste parole degne di esser scritte à Vostra Ser^tà, si come anche mi pareno degne quelle che nell'appresentare del duca a Cesare heri sera disse l'ammiraglio : « Sire, ecco un vostro presoniero, che presenta a Vostra Maestà il re, mio signore »; al che rispose Cesare : « Questo è mio figliuolo, et per tale l'accetto », accompagnando queste parole con un riso pieno di dolcezza et abbracciamenti paterni.

È venuto questa mattina mons^r di Vandomo con assai honorata compagnia, et parte da questa corte questa sera al re christianissimo don Francesco da Este.

Li doi cardinali, mandati dal pontefice per essortare questi principi alla pace, si sono fermati in Lion, havendo espedito uno al sig^r nontio in Franza et a questo che è qui, per intender da loro, che così gli è stato commesso da Sua Santità, quello che habbino a fare, havendo inteso che la pace era tanto inanti che anche lì in Lion si reputava conclusa. Per quello che ho potuto intendere, forse se ne ritorneranno indietro, perchè già la cosa è conclusa, et si ha lasciato intender Cesare et questo signore che non era bene che venissero.

Quell'agente del duca di Savogia, venuto per tuor le presenti, mi ha detto circa le cose del patron suo haverle detto mons^r di Granvela che per hora a quel sig^r duca non dee esser restituito altro che li luoghi tolti doppo le ultime tregue; il resto poi, si come scrivo per l'alligate.

Dall'essercito cesareo in Crepi, 7 leghe presso Guisa, a 19 di settembre 1544.

Bernardo Navager.

49.

Cateau-Cambrésis, le 23 septembre 1544.

Serenissimo Principe,

Scrissi alli 18 da Suesson, et hebbi modo d'espedire per mezzo del conte Gio. Francesco della Sommaia in mano del secretario l'edele a Milano. Scrissi poi alli 19 da Crepi, et mandai le replicate di 18 per uno agente dell' ill^mo duca di Savogia, il quale mi promise di fare medesimamente pervenir il mio spazzo sicuro a Milano. Dapoi caminando pure per viaggio diverso dell' essercito, ma alloggiando però sempre poco discosto da esso, siamo arrivati alli 22 a Cambresi; di qui parti l'imperatore con alcuni pochi suoi gentilhuomini alli 23 per Cambrai per abbracciar la regina Maria che s'attrovava in quella città, et per far fare il medesimo officio all' illustr^mo d'Orliens, et anche forsi per veder quella fortezza.

Non si potriano dire, Ser^mo Principe, li favori che ha fatto Cesare al duca; ha voluto che manzi alla sua tavola; lo ha tenuto sempre nel viaggio appresso, parlando domesticamente et ridendo più del solito suo, et alle volte è andato a ritrovarlo nella sua stanza : il che, oltra che intendo esser stato sommamente grato ad esso sig^r duca, ha anche satisfatto sopramodo a questi sig^{ri} francesi, li quali ne gli honori fatti al duca giudicano ancora essi esser honorati, et per la verità tutti sono stati meglio et più honoratamente alloggiati de gli altri. Intendo che da Cambrai partirà Sua Ecc^a per andar a ritrovar il re, suo padre, overo andar all' essercito che camina alla recuperatione di Bologna.

Già sono aggionti li ostaggi seculari, eccetto il cardinale che si aspetta di giorno in giorno.

Qui si starà 4 over 5 giorni per pagar et licentiar la nation tedescha, che già sono venuti li dinari di Fiandra, et a questo effetto è rimasto hoggi qui l'ill^{mo} don Ferrante per veder li conti et intender et proveder in questo.

A me, doppo questa conclusion della pace, non è stato ancora nè da Cesare, nè da alcuno di questi grandi, detto parola. È vero che in Crepi, alli 20, alle due hore di notte, venne uno per nome dell' ill^{mo} di Granvela a dirmi che Sua Signoria mi voleva parlare; et mentre ch'io ordino che la cavalcatura si acconcia, disse questo tale : « Espettate, ch'io voglio ritornare, et venirò poi a dirvi quello che havete a fare. » Costui ritornato disse ad un servitor mio che l'hora non li pareva commoda, et domandò dove stava l'amb^r di Fiorenza, dal quale intesi poi che fu la medesima sera a Sua Sig^{ria} ill^{ma}, la quale li parlò, per quello che mi ha detto lui, solamente delle cose pertinenti al sig^r duca suo. Et alli 21, passando a caso a cavallo per andar all' alloggiamento mio, sendomi incontrato nell' ill^{mo} di Granvela et havendolo salutato, mi disse Sua Signoria : « Sig^r Amb^r », et volendo io smontar da cavallo per veder quello che mi volea dire, havendomi fatto instantia ch'io non scavalcasse, disse : « Quello che vi voglio dire è che la pace è fatta, et che quella ill^{ma} Rep^{ca} non potria star meglio », nè volendo altra risposta da me, si partì. Da questo mi son confermato nell' opinion mia di non voler da me, senza commissione o lettere di Vostra Serenità, o senz' altra occasione, andar a ritrovarlo, vedendo che quella sera parlò così mozzamente, et giudicando anche che l'havermi mandato a chiamare et poi essersi pentito, il non haver voluto ch'io scavalcasse et li rispondesse, sia uno tacitamente dirmi ch'io non voglia cercar più di quello che Sua Sig^{ria} ill^{ma} mi havea detto in quelle poche parole, et ch'aspetti occasione quando ch'io sia chiamato. Io mi sforzo in questa materia dare quanto più particolar conto io posso a Vostra Serenità di tutte le minutie et accidenti che mi accascano, acciochè informata chiaramente d'ogni cosa intendi come si procede de qui, et mi guidi come io habbia per beneficio suo a governarmi.

Il sig^r noncio mi disse lui esser stato chiamato dall' ill^{mo} di Granvela; ma intendo che vi andò da se, perchè havendo inteso che per nome di Cesare si espediva a tutti li principi d'Italia, eccetto che al pontefice, havendomi mandato a dimandare s'era vero ch'uno gentilhuomo andasse a Venetia, et havendoli io risposto che non sapea altro, se non quello che si dicea per la corte, quella sera fu all' ill^mo di Granvela, nè per molta instantia che habbi fatto, ha potuto ottenere che vi sia mandato alcuno a posta d'auttorità, benchè potria essere che un certo cap^no spagnuolo, già destinato à portar questa nova a Fiorenza et Napoli, dovendo passar per Roma facesse questo officio. Son stato longamente in dubbio se anche dovea appresentarmi in nome di Vostra Ser^tà all' ill^mo d'Orliens : da una parte mi movea il rispetto che si dee haver all' amicitia et pace che ha Vostra Ser^tà col christianissimo re; dall' altra, considerando che non mi era ancora sta detto parola alcuna da alcuno di questi grandi di questa pace, et ch'io non era andato da loro, dubitava che quest' officio non fusse interpretato da alcuno in non buona parte. Questo dubbio non mi ha longamente cruciato, perchè sempre siamo stati in camino, nel qual tempo il non haverlo fatto potrà esser escusato col non haver potuto et non voluto fare, et hora intendo che forse o non ritornerà più alla corte, o non così presto, per il che io harò tempo d'esser avisato et di questo et di molte altre cose da Vostra Ser^tà, alla quale non mi occorre dir altro per hora, salvo che questo gentilhuomo mandato dall' imperatore, apportatore delle presenti, è il mag^co Federico Cavriano, il più intimo et grato gentilhuomo che habbia l'ill^mo sig^r don Ferrante. Tutte le cortesie et honori che farà Vostra Ser^tà a lui, oltre che farà ad uno mandato da Sua Maestà, saranno anche sommamente grate a sua Ecc^za, la quale con molta instantia ha ottenuto questa gratia da Cesare di mandar questo suo a quell' ill^ma Rep^ca. L'auttorità del signor vicere è hora tale a questa corte che forse già molti anni non vi è stato alcuno signore presso questo principe della maggiore, servendosi Cesare di lui non solamente nell' espeditioni della guerra, ma anche ne gli consigli della pace.

Da Cambresi, a 23 di settembre 1544.

Bernardo NAVAGER.

50.

Cateau-Cambrésis, le 25 septembre 1544.

Serenissimo Principe,

Cesare ritornò hieri da Cambrai, ove ritrovò la regina Maria insieme con Ferdinando, dal quale fu incontrato un miglio italiano fuori della terra. Intendo che le carezze dell' imperatore alla ser^ma regina Maria sono state infinite; infinite anche sono state quelle a che la regina ha abbracciato l'ill^mo d'Orliens. Mangiorno insieme l'imperatore, la regina, li doi figliuoli del ser^mo re de Romani et l'ill^mo d'Orliens. Fu a veder Cesare la fortezza, la quale mi è sta riferito essere molto gagliarda.

Parte la regina per Valentiana insieme con tutti gli ostaggi, che in Cambrai vi si ritrovò il cardinale. Il duca di Orliens s'intese lì ch'anderia risolutamente all'essercito che va contra Englesi.

È partito de qui mons' d'Aras per Franza; credeno alcuni che resterà amb' di questa Maestà a quella corte, et che per il re christianissimo farà il medesimo officio qui Mons' della Moretta. Ho anco inteso da buon loco che potria essere che Cesare et il christianissimo re si vedessero in Cambrai a San Martino.

Qui hora s'attende a pagar l'essercito todesco, il quale alle paghe si ritrova molto maggiore che non era in effetto. Intendo anche che si riformerà la gente spagnuola, la quale ha quasi più capitani che soldati: non sono restati tra tutti 3 000, et sono fra essi forsi 60 capi; sono creditori di tre paghe, et si lassano intendere che non essendo pagati andaranno a' servitij del christianissimo re, benchè si crede che per molti rispetti Cesare, ma principalmente per non dar occasione al ser^{mo} d'Inghilterra di dolersi, l'intratenirà, inviandoli in queste parti, nè si sa ancora determinatione ove.

Hieri recevi con la solita reverentia mia lettere di Vostra Ser^{tà} di 6 et 16 del passato. In quelle di 6 erano alcune scritture in risposta al mag^{co} orator cesareo mandate a me per instruttion mia quando mi fosse parlato, delle quali mi servirò secondo il sapientissimo aricordo di Vostra Serenità; ritrovai anche inclusi certi avisi da Costantinopoli di 16 fin 23 giugno. Quelle di 16 conteneano solamente gli avisi di Costantinopoli di 14 luglio. Communicarò a Sua Maestà gli avisi contenuti in l'una et l'altra lettera, et con questa occasione mi son risolto che sia necessario con parole generali rallegrarmi della pace, che altrimente non so come fusse accettato questo silentio mio. Di quello che mi risponderà Cesare, particolarmente ne darò aviso a Vostra Ser^{tà}, alla quale desiderava per le presenti far intender quello ch'havesse potuto trazer da Sua Maestà in questa materia; ma havendo io fatto cercar questa mattina mons' Adriano per dimandare l'audientia, non havendolo potuto ritrovare il secretario mio, son astretto a differire ad un'altro spazzo.

Dell' impresa contra il Turco si parla hora più freddamente che non si facea già qualche dì, perchè quanto più se n'ha parlato, tanto più hanno conosciuto ch'ella si die fare con gran forze et con grandi apparati, li quali non si potendo fare in così breve spatio di tempo, nè da principi debilitati per tante guerre, et ridotti a pace, forsi per questa sola cagione è comune opinione delli più savij che quest'anno preparandosi a diffesa faranno assai.

Del concilio se ne parla più che mai, et quelli, che sono maggiori presso di Cesare, lo consigliano et lo desiderano. Io et di questo et dell' altre deliberationi che si faranno, usando diligentia di saperle, farò intender di tempo in tempo a Vostra Serenità. Gratie, etc.

Da Cambresi, a 25 di settembre 1544.

Bernardo NAVAGER.

51.

Cateau-Cambrésis, le 25 septembre 1544.

Serenissimo Principe,

Serrato et consignato il plico al Cavriano, havendo inteso che l'andata di mons.^{r} d'Aras in Franza è per far giurar li capitoli della pace et dar conto della trattation d'Inghilterra, et che non si fermarà altrimente per amb^r a quella Maestà, ho voluto farlo intender a Vostra Serenità, alla quale anche mi resta di scrivere che è ritornato già due hore don Francesco da Este, et referisce, per quello mi hanno detto alcuni che li hanno parlato, una mirabil contentezza del re et di tutta la gente per questa pace, la quale però non piace al ser^{mo} dolfino. Ho anche inteso che Cesare desidera sopramodo acquietar le differentie del re christianissimo col ser^{mo} d'Inghilterra, il che è riputato però cosa molto difficile. Parte insieme col Cavriano don Roderico d'Avolos, quello che fu mandato dal sig^r marchese per la tregua; si fermerà in Paris alcuni dì; de lì partirà con un gentilhuomo del christianissimo re, il quale harà da far la consignatione del Piemonte et del Monferrato.

Di Cambresi, a 25 di settembre 1544.

Bernardo NAVAGER.

52

Bruxelles, le 3 octobre 1544.

Serenissimo Principe,

L'ultime mie furon di 25 del passato, mandate per il gentilhuomo di Cesare, che veniva alla Ser^{tà} Vostra il medesimo giorno.

Si come scrissi all'hora che voleva fare, feci che'l secretario mio dimandasse l'audientia a mons^r Adriano, il quale disse che vedea l'imperatore talmente occupato et intento nell'espedittioni de'soldati alemani che, quando io non havesse cosa de molta importantia, differissi fino in Valentiana. Fu espedito di pagar la gente todesca alli 27, et il medesimo giorno parti Cesare per veder Landresi, il quale già è restituito. Alli 28, venne a Valentiana, et lì fermatosi un solo giorno al primo del presente è arrivato in Brusselles, dove io gionsi hieri, di sorte che sendo stata Sua Maestà sempre in viaggio, non ho havuto io modo di communicare gli avisi di Constantinopoli, li quali se ben Sua Maestà de haver saputo per altra via, et forsi alcuni di maggior importantia, perchè già ho inteso io che'l secretario Idiaches ha detto haver nova da don Diego che tra'l ser^{mo} sig^r Turco et il primogenito suo era nata discordia; pure io ho grata questa occasione di ritrovarmi con Cesare per vedere se della pace io potesse scrivere cosa a Vostra Serenità, che uscisse della bocca di Sua Maestà.

Li capitoli della pace già si sono incominciati a osservare; ha riavuto Cesare Landresi, il quale era già del duca d'Ariscot, ma sendo hora fortezza di momento, si crede che, risolvendosi di non dare la Fiandra al duca d'Orliens, lo tenirà per se, dando ricompensa al duca di qualche altro loco. È stato anche già restituito Ligni, et San Desir, et Commarsi, ma Commarsi con condittione che sendo del duca di Lorena, si come esso pretende che sia, lo rihabbia; al quale duca anche saranno restituiti alcuni altri luoghi occupati, di sorte che si haverà con questa pace non solamente liberato dal timore di perder quello che possedeva, ma rihaverà anche alcune cose che non havea.

Li ultimi avisi dell'essercito francese diceano che già erano due leghe vicini all'englese, il qual englese lassata l'obsidione di Montreal s'era tutto ridotto in un corpo. Harà il christianissimo re, se non farà altro, almeno conservato Montreal, il quale stava in molt necessità, et si dubitava che non succedesse di lui quello che era successo di Bologna. Pure dalla vicinanza di tante forze, et così naturalmente nemiche, potria anche nascer qualche fatto di maggior momento. Molti giudicano che la pace conclusa tra Cesare et il christianissimo re possi alienar l'animo del ser^{mo} d'Inghilterra da questa Maestà, considerando quel re quello che sogliono considerar tutti, ma molto più li principi, che da questo effetto ne siano venuti a lui molti incommodi, come è il ritirarsi da Montreal che già sperava d'haverlo, il star in pensiero di poter perder Bologna, la quale già tanto tempo ha sempre desiderato, et finalmente con tante fatiche et spese ottenuto.

Vennero alli dì passati tre cardinali a questa corte : due per ostaggi, che è quello di Medon et di Lorena; quello di Medon, perchè era obligato, come io scrissi, per la capitulatione di venire; questo di Lorena, perchè volendo ritrovarsi ad ogni modo mons^r di Guisa, il quale ostaggio anch'esso è, nell'essercito a questa impresa di Bologna, non ha voluto partire dalla corte, se prima non ha fatto venire il cardinale, suo fratello, benchè alcuni dicono che haria fatto generosamente Cesare a darli licentia liberamente. Il terzo, che è quello di Tornon, si giudica che sia venuto per negotij, nè possono esser se non gravi et d'importanza, dovendo esser trattati da persona dell'auttorità et giudicio ch'intendo essere Sua Sig^{ria} rev^{ma}. Non ho potuto parlar fin'hora con persona che me n'habbia potuto dar lume; hor che son qui mi sforzarò per qualche buona via d'intender la causa della sua venuta.

Il sig^r vicere, il giorno seguente che partì Cesare da Valentiana, andò in Cambrai per far la mostra della gente spagnuola et ridurla sotto minor numero de cap^{ni}; et per quanto si è potuto ritrarre da Sua Ecc^a, la quale però dicea che non era risolta di cosa alcuna, di tre paghe, che hora dieno havere, ne haranno Spagnuoli solamente una, et invernaranno in Cambresi, Landresi et quelli luoghi vicini; tornarà poi il sig.r don Ferrante in Valentiana per ordinar anche l'artegliaria, la quale è creditora de ducati circa 60 000, che è la paga di un mese et mezzo, che a me ha detto il marchese di Marignano, et molti altri l'hanno confirmato, che l'artigliaria sola portava di spesa 40 000 ducati al mese.

Le fatiche et disaggi della guerra già s'incominciano a sentire; non vi è huomo in questa corte che non sia o lui amalato, o non habbi gran parte della sua famiglia. Io fin hora et il secretario mio per la gratia di Dio siamo sani, ma però tutti li servitori miei o sono in termine di morte, o talmente conditionati ch'io non mi posso servir di loro.

Di Brusselles, a 3 d'ottobre 1544.

Bernardo NAVAGER.

53.

Bruxelles, le 3 octobre 1544.

Serenissimo Principe,

Dapoi scritte l'alligate, mi sono sta rese due lettere di 5 del passato, le quale penso che siano state qui alla corte almanco otto giorni. Ho veduto quanto mi commette la Ser.tà Vostra, et a quello, che è la mente sua, non mancarò per le piccole forze mie di sodisfare. È vero che non venendo altrimente, come già per mie scrissi che non dovea venir, il rev.mo Moron a questa corte, non mi accaderà far quell'officio che Vostra Ser.tà mi commette che dovesse fare, la quale ringratio, quanto più posso riverentemente, de lume che la si ha degnato di mostrarmi, dal quale io non mi partirò punto.

Ho fatto hoggi dimandar l'audientia da novo all'imperatore, et ha detto mons.r Adriano al secretario mio che fino dominica, che sarà fra doi giorni, non vuole Sua Maestà dar audientia ad alcuno, et ch'io sarò 'l primo che l'habbia. A me pare nè coll'ill.mo di Granvela che s'attrova qui, nè col sig.r don Ferrante quando 'l sarà, che s'aspetta di giorno in giorno, far officio, se prima non parlo con Cesare, che spero che non habbi a tardar molto. Di quanto succederà non mancarò di tenir la Ser.tà Vostra avisata, alla quale non mi resta dire hora altro, se non ringratiarla della cortesia sua, la quale son avisato per lettere de miei haver usato verso di me quell'ill.mo senato, al quale tanto più confesso dover esser obligato quanto conosco non haver fatto mai, nè poter far cosa che meriti tanto. S'io mi son attrovato in pericoli, fatiche et spese, debbo ringratiar Iddio, che con questa occasione m'habbia dato modo di poter satisfar in qualche parte a quelle tante obligationi ch'io ho a quell'Ecc.ma Rep.ca. Tutto quello ch'io ho fatto, è et sarà sempre debito mio di fare; ma quello che fa Vostra Serenità per me, è pura sua cortesia et liberalità, la quale resterà sempre impressa nelle radici dell'animo mio et di tutta la descendentia mia; nè so quando mai habbia havuto, nè sia per haver maggior contento di veder così amorevoli demostrationi di Vostra Ser.ᵗᵃ

Di Brusselles, a 3 d'ottobre 1544.

Bernardo NAVAGER.

(Au Conseil des Dix).

Bruxelles, le 3 octobre 1544.

Excellentissimi Domini,

Per obedir, come è debito mio, alle lettere della Ser.ᵗᵃ Vostra di 3 del passato recepute hoggi colla solita reverentia mia, gli dirò che li soldati, che menò seco d. Mario Savorgnano furno doi : uno Gio. Batt.ᵃ da Pesaro, soldato del sig.ʳ duca d'Urbino, il quale mi disse il predetto d. Mario, et esso Gio. Batt.ᵃ me lo confirmò, che l'amb.ʳ del signor duca d'Urbino glie l'havea dato; costui è pagato, per quanto m'ha detto il Savorgnano, a X ducati al mese. L'altro è un miser Fabio, fratello di un miser Cornelio, dottor gentilhuomo d'Udene, il quale venne col Savorgnano, ma poi a questa corte partì da lui, et s'accostò al marchese di Marignano. Mi disse d. Mario non haver voluto prattica sua longamente, perchè li pareva haver compreso non esser molto affettionato a Vostra Serenità, benchè esso Fabio m'habbi poi detto esser venuto solamente in compagnia sua fin qui, et essersi partito da lui, come da quello che li voleva esser molto più superiore di quello che giudicava lui che se li convenisse, et havendosi ritrovato l'uno et l'altro di loro ad uno medesimo tempo alla tavola mia, ho io advertito che havendo tentato questo Fabio di parlar in molti propositi ad esso Savorgnano, da lui mai non li era risposto; et col secretario mio, che meco non ha havuto ardimento di scoprirsi così palesamente, ha detto esso Fabio : « Gran cosa è che'l sig.ʳ Mario usi meco questa grandezza; altri soldati non so che habbi menato seco; anzi credo che non ne habbi d'altri, perchè lo saprei. »

L'inzegnero venne con lui alla corte, ma non si fermò nè in casa sua, nè alle sue spese; è chiamato mestro Antonio di Tolmezzo, propose, sì come avisai Vostra Serenità, di fare certo ponte per l'espugnatione di San Desir, et sendo successa la deditione, non fu altrimente adoperato. Ove s'intertenisse questo ingegnero, et con che stipendio, non havendo pensato d'intenderlo non ho saputo. È venuto molte volte a vedermi; a me pare huomo molto grosso et molto inetto.

Il fondamento con che sia venuto il Savorgnano a questa corte, non so qual che sia, se non che ragionando meco mi disse haver lettere da don Diego, Idiaches, et molti altri amici suoi in sua raccomandatione. Parlò coll' imperatore et coll' ill^mo di Granvela, et fu molto favorito dal sig^r don Ferrante; hebbe cento scudi di provisione al mese per lui, si come scrissi; vivea spesso col signor vicere, col quale andava alle fattioni; nè so che havesse grado o cargo alcuno determinato. A me ha detto, si come ho scritto, d'esser venuto solamente a questa guerra per imparare, per poter poi servir la Ser^tà Vostra; ha pratticato assai, oltre la casa del vicere, col sig^r Gio. Battista Gastaldo, et è anche fatto molto intrinseco del sig^r Pirro Colonna, et finalmente facendo questa professione d'arme et di guerra, era sempre con questi cap^ni, si come anco s'attrova hora col sig^r don Ferrante, che è andato in Cambrai, et a me ha detto che, se sperasse che per qualche mese havesse a durare la guerra di Franza con Inghilterra, o che sperasse di ritrovar anche lì partito, andaria in quella parte, ma che più presto crede di ritornarsene a casa, havendomi sempre affirmato che'l principale, anzi solo suo disegno è di servire la Ser^tà Vostra. Questo è quanto io posso dire di tutte l'attioni fin hora d'esso d. Mario; s'altro intenderò, et mi forzarò d'intender con destrezza, però, come vedo esser mente di Vostra Serenità, non mancarò di scrivere.

Di Brusselles, a 3 d'ottobre 1544.

Bernardo NAVAGER.

54.

Bruxelles, les 4 et 5 octobre 1544.

Serenissimo Principe,

Non havendo potuto parlar coll'imperatore, il quale è fin hora alla cazza, et si dice che tornerà questa sera, ho giudicato esser intention di Vostra Ser^tà et debito mio col rev^mo Tornon et gl'altri cardinali francesi far in nome di Vostra Serenità quelli communi officij, che fatti giovano assai et conservano l'amicitie, pretermessi non fanno alcuno buon effetto. Et però, andato hoggi al rev^mo di Tornon, lo ritrovai, quando gli fu detto che veniva, smontato di tutte le scale et venuto fino le prime porte per incontrarmi insieme con molti sig^ri francesi, tra li quali era monsignor della Moretta, amb^r qui per nome del re christianissimo: honore tutto fatto a Vostra Serenità et a quell'ill^mo Stato, del quale havendo io ringratiato Sua Sig^ria rev^ma assai, et insieme aggiontoli che per la natural amicitia che ha Vostra Serenità col christianissimo re, et per quelli officij che sono sempre venuti da quella Maestà a favore di quella Ser^ma Republica, aggiongendosi appresso li particulari officij che ha fatto in ogni occasione Sua Signoria rev^ma, delli quali et per lettere et per relationi de molti amb^ri era molto ben informata la Ser^tà Vostra, io era venuto non per dirli alcuna cosa nova, ma per confirmar quello che Sua Sig^ria rev^ma può haver sempre conosciuto, l'affettione et reverentia de tutta quella

Rep.ca verso'l christianissimo re suo, et la memoria che tiene della particolar cura che ha havuto Sua Signoria rev.ma delle cose di Vostra Serenità, mi rispose : « Il re, mio signore, è molto affettionato à tutta quella Signoria, et s'hanno questa opinione quelli sig.ri di Sua Maestà non s'ingannano ; io che conosco questa intention del patron mio, et che vedo anche l'affettion di quella Signoria verso Sua Maestà, ho cercato sempre, et così cercarò di accrescer, se però si può accrescer questa buona intentione del re ; in particolar poi, io son servitore di tutta quella Rep.ca, et di cadauno suo cittadino et membro. » Doppo le quali parole, essendo entrato in varij ragionamenti, quello che mi parve che Sua Sig.ria dicesse d'importantia, furno tre cose : la prima, che la nation italiana dovea esser molto obligata all'ill.mo duca d'Orliens, il quale ha una certa natural affettione così grande che li voria veder ogni felicità, affirmandomi che non lassa alcuna occasione di far piacer a tutti gl'Italiani, il che credo che non dicesse a caso ; la seconda, havendomi detto che si doleva, sendo stato longamente in Italia et a Ferrara, ch'è così vicina a Venetia, non l'havesse veduta, soggionse : « Se si farà il concilio in Trento, io non voglio perdere quella occasione » ; la terza, parlandosi di questa pace, disse ch'era proceduta solamente da Dio ; aggionse : « Non può essere se non pace universale, perchè questi dui principi sono quelli che moveno gl'altri. » Io a niuna altra cosa volsi rispondere, se non a quella nella quale mostrava desiderio di voler venir a veder Venetia, che sempre che venisse occasione o desiderio a Sua Sig.ria rev.ma di venir a Vostra Ser.tà, io gli affirmava che pochi altri principi saranno così gratamente raccolti et veduti come sua Sig.ria rev.ma, alla quale mi parve di dimandar quello che havea delle cose d'Inghilterra, et quanto staria a questa corte. Rispose : « A questa corte io penso star pochi giorni, perchè fa instantia il christianissimo re ch'io ritorni. D'Inghilterra, per uno gentilhuomo venuto ultimamente da quelle parti, si ha che l'essercito si era retirato nel suo regno con parte della sua gente, et li nostri vanno arditamente alla recuperatione di Bologna, et spero la recuperaranno. » Et in questo proposito d'Inghilterra, è stato detto hoggi, ma non con molto fondamento, che mons.r di Bura, il quale s'attrovava con quella Maestà per nome di Cesare con 6 in 8000 fanti et 2 in 3000 cavalli, era partito dall'essercito englese. Non voglio restar di scrivere l'honorate parole che mi disse Sua Signoria rev.ma del clar.mo mons.r Gio. Antonio Veniero, che lo havea conosciuto ministro et amb.or molto prudente et molto affettionato alla patria sua, per il che esso era astretto a desiderargli ogni felicità ; al che, havendo detto io che havea nova da Venetia che era gionto sano alla patria, et gratissimo a tutta quella Republica, dimostrò haverne molto contento.

Il medesimo officio che ho fatto con questo rev.mo cardinal, desiderava di far io con gl'altri doi, li quali sendo occupati colla ser.ma regina in vedere alcuni razzi, differirò a tempo più commodo.

Di Brusselles, a 4 d'ottobre 1544. (Tenute fin 5).

Hiersera, ritornò il sig.r don Ferrante, et intendo che nella mostra de Spagnuoli sono comparsi 5000. Ritornò anche l'imperatore da cazza, nè ho però potuto haver hoggi audientia, havendo detto mons.r Adriano che Sua Maestà era occupata hoggi in legger lettere. Con gl'altri doi cardinali francesi disegnava hoggi fare l'officio, ma non ho potuto per esser stati invitati a mangiare dalla ser.ma regina. Il secretario Idiaches partirà fra pochi giorni per Spagna per veder come sono inclinati quelli sig.ri al matrimonio della figliuola dell'imperatore nel duca d'Orliens, al quale molti huomini di giuditio pensano che per molti rispetti difficilmente vorranno assentire.

Bernardo NAVAGER.

55.

Bruxelles, le 7 octobre 1544.

Ser.mo Principe,

Intendo per molte vie che questi Spagnoli che s'attrovano alla corte non possono sopportare questa pace, et dicono che se'l re di Franza fosse stato in mezza Spagna armato non haveria havuto più honorate conditioni. Si lassano anche intendere che farà male il principe, figliuolo di Cesare, a contentare che Fiandra et questi Paesi Bassi, patrimonio suo natural, sia alienato per questa via, et che la Spagna non vorrà che una figliuola dell'imperatore, che potria hereditar tutti li Stati suoi, sia maritata nella casa di Franza; medesimamente la ser.ma regina Maria mi è stato detto essersi mostrata alterata col sig.r don Ferrante, come quello che essa pensa che sia stato auttore di condur la pace con questo partito della Fiandra. Dall'altra parte, la maggior parte di questi populi pare che desidera che segua il matrimonio con la dote di questi paesi, perchè dicono esser necessario alla conservation delli Stati haver li principi propinqui, et non lontani, come sono quelli di Spagna, oltra che alienandosi per questa via questi Stati veniriano a uscir di servitù di donna, che difficilmente vogliono tolerare.

Venne alli dì passati, quando s'era in Cambresi, un mons.r Davit, cameriero del pontefice, il quale giudicando io che non sia venuto senza causa, l'ho voluto ricercare, et ritrovo da buon loco ch'esso è venuto per appresentar a Cesare un breve, nel quale il pontefice con parole assai accerbe si duole che nel recesso della dieta passata Cesare habbia dimostrato di favorire la causa de protestanti. Il sig.r noncio vedendo come procedono hora le cose, et considerando la continentia d'esso breve, ha intratenuto che non s'appresenti. Sa però Cesare che costui è venuto per questo et che'l breve lo punge, et si ha lassato intendere huomo molto intimo dell'imperatore, et che lo può sapere, esservi dentro queste parole contra Cesare : « Qui jura et leges conculcasti. »

Medesimamente della venuta del cardinal di Tornon, da huomini, dalli quali soglio trarre molte verità, ho inteso due cose : dicono alcuni esser venuto per causa del matrimonio della figliuola del re christianissimo nell' imperatore; altri, che è venuto per ordinar con Cesare il modo col quale s'habbi a proceder nella dieta di quest'anno per far il concilio. Altro non posso far io che usando diligentia tentar tutte le vie d'intender da quelli, ch'io giudico che possino saper più de gl'altri a questa corte, et quello che intendo avisar a Vostra Ser.ti, alla quale, per dire ogni cosa, mi resta da scrivere che da certi dì in quà si ragiona anche assai dell'impresa d'Algieri.

Di Brusselles, a 7 d'ottobre 1544.

Bernardo NAVAGER.

(Au Conseil des Dix).

Bruxelles, le 8 octobre 1544.

Excellentissimi Domini,

Domino Mario Savorgnano venne col sig.r don Ferrante in questa città, et in diversi ragionamenti che ho havuto con lui, con destrezza ho sottratto che quel m.r Fabio, che venne in compagnia sua, si chiama a tre modi : Jrecento, Francapani et da Castello, che è di famiglia assai nobile; che esso Savorgnano è venuto qui con lettere dell' amb.r di Mantova all' ill.mo sig.r don Ferrante, per mezzo del quale è stato introdotto a Cesare, et a gl'altri; ha havuto la provision di 100 scudi, colla quale paga quello Gio. Batt.a da Pesaro, et gli dà, come scrissi, 10 scudi al mese; che presto è per venir in Italia esso, et quello Gio. Batt.a, ha usato gran diligentia in veder queste fortezze di Fiandra, et ne viene molto ben informato. Mi disse voler far riverentia all' imperatore prima che parti, et a tutti questi altri signori.

Fabio hora mi ha detto di voler ritornar anche lui, hora di non esser ancora risolto; il medesimo intendo anco dell' inzegnero. Se, restando l'uno et l'altro a questa corte, giudicheranno l'Ecc.e Vostre che sia beneficio suo intender gli andamenti loro, io, fatto certo dell' l'intentione di quell' ill.mo Consiglio, mi sforzarò fidelmente di tenerlo avisato.

Di Brusselles, a 8 d'ottobre 1544.

56.

Bruxelles, le 9 octobre 1544.

Serenissimo Principe,

Hieri damattina havuta l'audientia da Cesare, havendomi prima rallegrato con Sua Maestà di vederla doppo tante fatiche et travagli assai gagliarda, et havendomi ella risposto che da pochi dì in qua s'incominciava risentir di catarro, ma che sperava però che non saria altro, le dissi che le difficultà che si havea havuto di poter haver avisi d'Italia faria che li officij che per nome di Vostra Ser.tà io era per fare con Sua Maestà forsi li pareriano tardi; ma, se ben tardi, erano però tali che da essi poteria conoscer Sua Maestà il contento che ha havuto quella Signoria dell'amorevole et confidente officio fatto in nome suo dal sig.r don Diego, il quale havea communicato a Vostra Ser.tà il principio della trattation della pace, et appresso affirmato che concludendosi, come era piacciuto a Dio che sia conclusa, Sua Maestà era per haver quel rispetto alle cose di quella Signoria, che si puole havere a quelle de carissimi amici : del qual officio m'era commesso ch'io rendesse infinite gratie alla Maestà Sua, aggiongendoli appresso che non solamente in questa cosa, ma in tutte l'altre, sapea certo Vostra Serenità che da lei non poteva venir se non commodo et grandezza a quella Signoria. Mi rispose : « La pace è stata conclusa, et io ho voluto che s'habbi quel rispetto alla Signoria che ricerca l'affettione grande ch'io le ho non solamente in questa cosa, ma in tutte l'altre; vederanno quelli Signori quanto io li son affettionato amico; ho deliberato sempre di voler il ben suo, et così vederanno in effetto, » replicando che Vostra Serenità era stata inclusa in questa pace in loco honorato, et ch'esso è tale che non si suol dimenticare delli buoni et veri amici suoi, come è la Ser.tà Vostra. Non mi disse altro particolar alcuno, et io havendo ringratiato la Maestà Sua da novo di questa buona mente, della quale disse che in niun tempo havea dubitato nè potea dubitar la Ser.tà Vostra, la quale per molte et chiarissime pruove era confirmata in questa sua opinione, che già era fatta certezza, non mi parve di dimandarla d'alcuno particolare, credendo che sia sempre bene haver dalli principi quello che vogliono loro, et cercar poi per altre vie d'intender più oltre. Et però, messo fine a questa parte, gli feci leggere gli avisi da Costantinopoli, li quali udì con molta attentione et dimostrò haver gratissimi, dicendomi che havea pur inteso di più che'l Turco cercava di far morir il primogenito suo; al che dissi che non havea altro, et che potea essere che questo aviso, che ha Sua Maestà, fusse più fresco. Dimandai poi quando era per partire, et per che loco. Disse : « Al principio di novembre disegno partire per la dieta, la quale si farà in Vormatia. »

Doppo mangiare, andai all'ill.mo di Granvela, col quale havendo fatto il medesimo officio, si come mi commette la Ser.tà Vostra, hebbi in risposta parole tutte piene d'affetto et di dolcezza, ma generali : che havendo io parlato coll'imperatore, si come credea, perchè hiersera li disse che questa mattina mi daria audientia, esso non sperava poter dire del buon animo di Cesare più di quello che pensava che Sua Maestà medesima m'havesse detto, la quale havea havuto et volea haver sempre in tutte le cose a Vostra Serenità quello rispetto che ha al ser.mo re, suo fratello; che niuna occasione o accidente lo rimoverà mai da questa mente; et che Sua Signoria non era mancata nè mancarà mai di conservare questa buona intention di Cesare, che conosceva bene quanto importava et all'imperatore et a Vostra Ser^tà questa amicitia et unione, replicando : « La pace è stata conclusa et quella Signora è stata molto honoratamente, » non venendo però Sua Signoria ad altro particolare, salvo questo, che la pace saria con contento, satisfattion et quiete d'Italia, et massimamente della Ser^tà Vostra. Rinratiai, con quelle parole che giudicai esser a proposito, Sua Sign^ria ill^ma, et presa licentia, andai per ritrovare il sig^r don Ferrante, col quale non ho potuto parlar se non questa mattina.

Dimostrò haver gratissimo questo officio, et rese molte gratie della confidentia che dimostra Vostra Serenità in lui. Mi disse : « L'imperator è infinitamente affettionato a quella Signoria, et in tutta questa pace ha voluto che se li habbia il medesimo rispetto che alle cose sue proprie », et mi dimandò se mi era stata mostrata la capitulatione da mons^r di Granvela. Al che havendo io risposto che non, quasi alterato disse : « Questo non può esser se non per poca cura », soggiongendo : « Il povero signor anche dee esser escusato, perchè io vi so dire che et esso et io siamo stati lacerati da questi signori fiaminghi et altri per questa pace, et la regina Maria, che mi soleva far tante carezze, a pena hora mi parla ; io credo haver fatto et poter fare poche altre cose megliori et di maggior beneficio universal di questa, et son huomo da darne conto a chi me dicesse in contrario; ma mons^r di Granvela si perde facilmente, et il rimedio suo è affannarsi ; perciò credo io ch'abbia mancato da questo officio, ma gli voglio mostrar quanto importa di communicar le cose ad uno amb^r d'una Republica così affettionata a Sua Maestà come è la vostra, et alla quale il principe è così inclinato, come so io che è l'imperatore », replicando : « Tenite per certo che non solamente hora, ma nell'avvenire, mai si farà cosa che possi ritornar in danno di quell'ill^mo Stato, et io mentre sarò vivo et sarò operato da questo principe, attenderò a questo principalmente. Se l'imperatore si risolverà di tenere il Stato di Milano per se, conosceranno questi sig^ri il conto che farà di quella Signoria ; lo so, perciò ve lo dico ». Io ringratiata, con quella forma di parole che giudicai megliore et più affettuose, Sua Signoria di questo così buon animo suo, poi dissi che pensava certo che il non haver communicato particolarmente ogni cosa a me non potea esser per altro, se non per le molte occupationi et importantissimi pensieri di questi ministri ; che il veder la capitulatione et poter avisar la Ser^tà Vostra si come sarà officio conveniente all'affettion et reverentia di quell'ill^ma Republica verso questo principe, così non potea esser se non gratissimo a Vostra Serenità, et tanto più grato quanto che riconosceva ogni cosa da un particolar favor di Sua Ecc^a ; che l'animo di Cesare non solamente in questa pace, ma in tutte l'altre cose che potessino occorrere, Vostra Serenità nè havea dubitato mai, nè conosceva haver causa di poter mai dubitare, sapendo gli officij che ha fatto di tempo in tempo per Sua Maestà, conoscendo la bontà et virtù di Cesare, et ricordandosi di tante parole uscite tante volte della bocca di Sua

Maestà et de tutti li suoi ministri; al che disse : « Cesare o saria il più cativo principe del mondo, mancando, il che non è perchè è il meglior che habbia havuto la christianità già molti et molti anni, o quelli signori deveno esser sicuri, come dite voi, et io l'affirmo, della ottima mente et intention sua ». Dapoi havendolo io dimandato quando era per partire Sua Ecc* per Italia, perchè così s'intendea nella corte, mi disse : « Starò ancora qui più di quello che pensava di stare, et la causa è che la regina di Franza, sorella di Cesare, lo dee venir a ritrovar qui in Brusselles, et heri s'espedì al nepuote del vescovo di Rens a farli intender che era contento l'imperatore che la venisse ». Et che pur havea inteso che mons^r d'Aras, partito dalla corte di Franza, era andato a Cales per veder d'acquietar le differentie di quelle Maestà, gli dimandai quello che si potea sperare. Rispose : « Francesi hora sono patroni della campagna, et il re d'Inghilterra è gia passato nel regno, havendo lassato 4000 fanti per diffesa di Bologna, la quale se ben è per le batterie quasi aperta, io reputo però che sia gran presidio, considerando anche il tempo nel quale hora siamo, et però dubito che Francesi non la potranno recuperare, et hieri sendo stato a visitatione del rev^{mo} di Lorena, mi parve comprender che quando s'assettassero tutte l'altre differentie tra'l serenissimo d'Inghilterra et il re christianissimo, rimanendo questa sola di Bologna, sariano contenti Francesi che la si ruinasse et disfacesse del tutto », del che però mi disse dubitare che'l re d'Inghilterra non saria contento, il quale m'aggionse che mal volentieri havea veduto questa pace, dicendomi : « Voglio che sappiate che l'imperatore l'ha conclusa solo, perchè così rimasero d'accordo nel principio, (che è quello ch'io scrissi per mie da Crepi haver inteso per buona via) et poi, per dirvi liberamente, quello re, della capitolatione fatta per me, quando fui ultimamente in Inghilterra, no ha osservato pur un capitolo, et l'imperatore non ha mancato in parte alcuna. » Per queste cause concludeva Sua Signoria che difficilmente mons^r d'Aras potesse far alcuno buono effetto, il quale mons^r disse che havea da negotiar col consiglio di quella Maestà, lasciato a questo fine in Cales. Et perchè anche, et dal matrimonio dell'imperatore nella figliola del christianissimo re, et dell'impresa d'Algier, havea inteso quello ch'io scrivo per l'alligate, lo dimandai, vedendolo così cortese, dell'una et l'altra di queste cose. Al matrimonio, rispose con la testa solamente, facendo segno de non, dal che anche si puote comprendere che n'era stato parlato; dell'impresa d'Algier, disse : « Molti ne parlano, come dovete sapere; io credo ch'haveremo da far assai quest'anno resister al Turco se venirà inanzi. » Nel qual proposito mi dimandò s'io havea alcuna cosa da novo da quelle parti, et havendo io detto de si, li promise di mandarli a mostrare quanto havea per il secretario mio doppo mangiare, il quale officio dimostrò haver gratissimo.

Di Brusselles, a 9 d'ottobre 1544.

Bernardo NAVAGER.

57.

Bruxelles, le 11 octobre 1544.

Ser^{mo} Principe,

Si come scrivo per l'alligate che havea promesso al signor don Ferrante mandar il secretario mio con gli avisi da Costantinopoli, così feci, et, per quello che mi riferì il secretario, li hebbe gratissimi et rese molte gratie di questo officio.

Partì hieri de qui il rev^{mo} di Tornon con gl'altri doi cardinali; non ho ancora potuto fare, come desiderava, quelli primi officij in nome di Vostra Serenità, perchè sempre sono stati occupati in cazze, banchetti et altri solazzi.

Qui s'aspetta li marchese del Guasto, et è opinion de molti che'l parer di quel signor circa l'alienar il Stato di Milano sarà messo in molta consideratione da Cesare.

Questi sig^{ri} et cap^{ni} italiani tutti desiderano ritornar a casa et cercano di ritornar donati et ricchi; non sanno però quanto potranno ottenere.

L'artegliaria è stata condotta in Anversa per passar in Spagna.

Le ultime mie a Vostra Serenità furon di 3 et 4, tenute fin 5, espedite per il secretario del sig^r don Ferrante, che partì per Sicilia in posta per la via di Franza, et mi promise, gionto a Mantova, per huomo a posta indricciarle a Vostra Serenità, delle quali le replicate saranno con queste.

Di Brusselles, a xi d'ottobre 1544.

Bernardo NAVAGER.

58.

Bruxelles, le 17 octobre 1544.

Serenissimo Principe,

Gli ultimi avisi da Costantinopoli, ricevuti da me a 12 dell'instante colla solita reverentia mia in lettere di Vostra Serenità di 26 del passato, non ho potuto ancora communicare con Sua Maestà, per esser stata tutti questi giorni indisposta.

Terzo giorno venne nova a questa corte come gli Englesi, usciti di Bologna, tagliorno a pezzi 700 Guasconi, li quali haveano, con battaglia da mano, presa et saccheggiata Bologna la bassa, che è il borgo di Bologna, dove haveano ritrovato et preso molti pezzi d'artegliaria, et che l'essercito francese, doppo questo fatto, s'incominciava a retirare, di modo che giudicano questi che intendono le cose della guerra che per quest'anno il re christianissimo non sia per rihavere altrimente Bologna. Et della pace fra sua christianissima Maestà et il serenissimo d'Inghilterra non s'intende cosa alcuna, la quale per questa causa di Bologna crede ogn'uno che sarà cosa molto difficile da concludere.

Ancora non ho potuto vedere la capitulatione della pace, che mi promise di mostrare il sig^r don Ferrante, il quale è stato questi giorni in Anversa, et è venuto solamente hoggi per partire con Cesare, il quale insieme con la regina et li principi Massimiliano et Ferdinando parte dimane per Mons per incontrare la regina christianissima, la quale alli 20 o 21 del presente entrarà in questa città, dove hora si fanno assai preparationi di giostre, tornei et altri bagordi per ricever Sua Maestà.

Ha dato Cesare questi giorni la commendaria maggiore d'Alcantara, vacata per la morte di don Pedro della Cueva, a don Lorenzo Emanuel, uno de' suoi maggiordomi, la quale è di valuta di 6 000 ducati l'anno. Ha medesimamente dato Sua Maestà al suo cavallarizzo maggior, che è mons^r di Bossu, in feudo imperiale, 5 o 6 000 fiorini d'entrata vacata in Liege per la morte d'un nepuote del cardinal morto; a don Giovanni Manrique de Lara, fratello del duca di Nazara, una commenda di 2 000 ducati d'entrata; et al secretario Idiaches, il quale parte dimane per Spagna, come scrissi a Vostra Serenità che dovea partire, quella che godeva prima il predetto don Giovanni Manrique, che è di valore di 1 000 ducati.

Colli doi cardinali francesi non ho ancora potuto fare quelli primi officij, che scrissi a Vostra Serenità dover fare, per le continue loro occupationi.

Di Brusselles, a 17 d'ottobre 1544.

Bernardo NAVAGER.

59.

Bruxelles, le 22 octobre 1544.

Serenissimo Principe,

Conoscendo io esser debito mio di usare ogni modesta diligenza per veder la capitulatione della pace, se ben per altra via Vostra Serenità havesse havuto modo di vederla, mi ho voluto ritrovar, come soglio alle volte, a visitation del sig^r don Ferrante, sperando per mezzo di Sua Ecc^a di vederla, havendomi massimamente detto quello ch'io scrissi per le mie di 9, che esso voleva dire a mons^r di Granvela quanto importava communicar ogni cosa ad uno amb^{re} di Vostra Serenità così affettionata et così constante nell'amicitia di Cesare; et però non havendo potuto prima che hoggi, perchè et doppo quelle prime lettere partì esso subito per Anversa, et, mandato a chiamar dall'imperator per incontrare la regina Eleonora, si fermò una sola notte in questa città, et heri sera ritornò, andai questa mattina, che è l'ora più commoda che'l si possi ritrovar, per visitarlo, il quale subito che mi vide, mi disse : « Ho parlato mattina con Granvela di quello che vi dissi che volea parlare, et la capitulatione voi la vederete, della quale la somma e l'importantia è che l'imperator darà li Stati di Fiandra alla figliuola, o il Stato di Milano alla nepuote, et perchè sappiate altre volte ha voluto dar questo principe questi paesi per la pace, non volse all'hora il re, et ha voluto hora, et le difficultà sono state in questa parte queste : che voleano Francesi che queste provincie fossero date, ma libere, al duca d'Orliens, il quale subito ne fosse patrone, et che morendo la figliuola senza herede rimanessero sue; non ha voluto l'imperator conceder altro, salvo che doppo la sua morte questi Stati pervenghino nella figliuola, et che in niun tempo possi il duca d'Orliens haver maggior attion sopra che quella che suol haver il marito sopra le cose della moglie, et che havendo figliuoli siano questi Stati delli figliuoli, delli quali il padre non ne possi altrimente disponer. Il dar li officij, le castellanie et le altre giurisdittion tutte sono in potestà di Cesare, si che in questa parte l'imperator ha dato quello che altre volte ha voluto dare, et a me pare con conditioni assai buone. Circa il Stato di Milano, quando si risolvesse l'imperatore di darlo, vi è questa conditione : che esso possi tener quante fortezze li parerà senza alcuna prescrittione di tempo. È ben vero che anche il re di Franza può tener alcune fortezze di Savogia, si come vederete. Et questo è quello in questa capitulatione ch'importa, nè gli altri poi sono articoli di poco momento ».

Io ringratiata assai Sua Signoria di questo officio, della nostra Republica dissi ridendo, poi che si sa tanto di tutti gli altri, è pur officio mio di cercar d'intender qualche cosa; al che disse : « Quella Signoria è stata honorata et compresa molto honoratamente et dall' imperator et dal re. »

Entrò poi da se a dirmi che già l'essercito francese era retirato da Bologna, et ch'ogn'uno potea veder questo fine, soggiongendomi : « Dicono questi signori francesi che'l re è risolto di voler nella bocca del porto edificar una nova città, ma li medesimi che lo dicono, lo dicono di modo che difficilmente mostrano di credere. »

Et parlandomi poi di diverse cose mi venne a dir che l'imperator era avisato per molte vie, il che anche li pareva verisimile, che'l Turco quest' anno molto potente alla volta di Vienna, soggiongendo : « Di quello ch'habbia a fare Sua Maestà, non si può sapere se non alla dieta; ma quello che credo io è che quest'anno si farà una gagliarda deffensione, perchè per offender il Turco bisogneria esser in ordine alli 15 d'aprile, et questo non può esser per quest'anno. Alla diffesa basterà che siamo in ordine alli 15 di giugno, perchè usando il Turco quanto maggior diligenza che'l può, la via è cosi longa, et li esserciti caminano, come havete visto, cosi lenti, che non potrà esser prima che di giugno in quelle parti », dicendo da se : « Mi meraviglio che'l Turco, havendo tanta parte del regno d'Ongaria, non habbi invernato gran parte delle sue forze in quel Stato, dal quale in poche giornate haria potuto esser presto alla ruina del resto; ma questo io credo che non possi esser per altro che perchè dubita che lassando Constantinopoli et quélli paesi senza di se, li potesse succeder qualche novità. »

Io, Serenissimo Principe, in tutti questi ragionamenti delle cose del sig.r Turco, udirò sempre tutto quello che mi sarà detto, et mi sforzarò sempre di non dir parola sopra la quale questi signori, che mi parleranno, possino far fondamento o disegno alcuno. Medesimamente havendomi già due volte detto il signor vicere ch'io vederò la capitulatione, starò aspettando quello che succederà, mi spiace solamente che con questa occasion di festa, nella quale tutti questi signori saranno occupati, haveranno essi occasion d'escusarsi. Per la medesima causa di queste feste non sperando haver l'audientia da Cesare, et giudicando non esser bene domandarglila in questo tempo per communicar solamente gl'ultimi avisi di Vostra Serenità, ho mandato il secretario mio a farli leggere a mons.r di Granvela, dicendoli che coll'imperatore, in tante occupationi di Sua Maestà, havea deliberato non volerli esser molesto con audientia particolare, et che quanto havea da communicar a Sua Maestà facea intendere a Sua Signoria ill.ma, la quale con occasione potria poi riferir il tutto all'imperatore. Laudò grandemente mons.r di Granvela l'opinion mia di non haver dimandato audientia per questo, et disse ch'esso non mancaria di far l'officio a tempo, affirmando che questi avisi non potriano esser se non gratissimi a Sua Maestà.

Da molti luoghi intendo, et da molte sue parole l'huomo si può confirmare in questa opinione, che'l sig.r don Ferrante vorria che ad ogni modo Cesare desse via tutti questi Stati della Fiandra et tenesse quello di Milano per se; mons.r di Granvela è tutto sbigottito nè si sa in che parte inclinerà.

Il marchese del Guasto, che dovea venir a questa corte et desiderava grandemente di venir, se non sarà partito da Milano inanzi il gionger dell'ultimo spazzo di Cesare per Italia, se ne resterà : tanto importano le concorrentie di equali in tutte le cose.

Il sig.r don Ferrante ha grand'animo di ritornar in Italia, et lui dice sperar ottener questa gratia da Cesare.

Scrissi già da San Desir alli 14 di agosto che havea pur inteso da alcuni amici miei di questi paesi che qui si era sollevata una nova setta. Di quanto intesi allora volendo meglio informarmi, ritrovo esser stati auttori di questa heresia uno certo Giorgio et Davit; quello che esso, gli adherenti suoi credono, havendo io havuto da un frate molto christiano et molto letterato, col quale si consigliano quelli che vogliono punir questi tali, mando hora a Vostra Ser.tà. Sono ritenuti di questa heresia circa cento in Anversa, et molti fuggiti, tra li quali vi è uno riputato ricco di più di 25 000 ducati. Ha ordinato l'imperatore che non li sia havuto alcun rispetto, et che se ben volessero ridirsi et confessar l'error suo, siano però castigati colla morte, si come già intendo che si ha dato principio di fare.

Di Brusselles, a 22 d'ottobre 1544.

Bernardo NAVAGER

(Archivio di Stato in Venezia)

INDEX ALPHABÉTIQUE

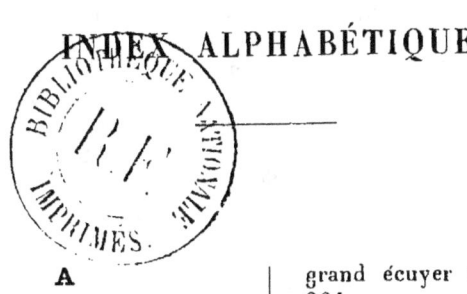

A

ACUÑA (Velasco DE), commandant en chef des *bisoños*, 21, 30, 157, 159, 239 note, 337, 408, 476.
AERSCHOT (duc D'), 6, 495.
AGNELLO (Antonio), chevau-léger, 389.
AGOSTINI (Laura), mère de Bernardo Navager, 396.
Alba (Piémont), 380.
ALBURCHECH (*sic*), (duc D'), 401, 408.
Alcantara (commanderie d'), 506.
ALDANA, capitaine espagnol, 130, 356.
Alexandrie (Piémont), 244.
ALPHONSE Ier D'ESTE, duc de Ferrare, 207, 208.
ALPHONSE II D'ESTE, duc de Ferrare, 207.
ALPHONSE D'ESTE, bâtard d'Alphonse Ier, 207, 208.
Alsen (île d', Schleswig) 412 note.
ALVARO DE LUNA, commandant du château de Milan, 402.
ALVARO DE SANDE, commandant en chef du *tercio* de Sicile, 22, 30, 36, 37, 46, 109, 159, 176, 180, 221, 228, 229, 260, 294, 308, 331, 336, 337, 440, 473, 476, 480.
ALVAROTTI (Giulio), ambassadeur de Ferrare en France, 89 note, 92 note.
ANCÔNE (Italie), 82.
ANDELOT (Jean D'), lieutenant du grand écuyer comte de Boussu, 391.
ANILE (D'), gentilhomme fait prisonnier au combat de Vitry, 235.
Anisy-le-Château (Aisne), 187, 298, 383.
ANNEBAUT (Claude D'), amiral de France, 5, 85, 86, 87, 153, 155, 166, 168, 172, 181, 186, 187, 189, 239 note, 284, 286, 287, 288, 289, 291, 293, 295, 296, 300, 470, 477, 481, 483, 484, 485, 489.
ANNE DE LORRAINE, fille du duc Antoine et femme du prince d'Orange, 310 note.
ANTOINE LE BON, duc de Lorraine, 44, 78 note, 104, 248 note.
ANTOINETTE DE BOURBON, femme de Claude de Lorraine, duc de Guise, 408 note.
ARAGON (Catherine D'), 10.
ARAGON (Charles D'), 123, 233.
ARAGON (Ferdinand D'), 335, 417, 429, 475.
Ardres (Pas-de-Calais), 243, 429.
Arlon (Luxembourg), 7, 37, 212.
ARRAS (Antoine PERRENOT, évêque D'), 168, 179, 180, 188, 189, 192, 252, 289, 291, 294, 296, 298, 379, 380, 384, 391, 394, 401, 421, 438, 443, 477, 481, 484, 485, 486, 487, 492, 494, 503, 504.
ARRIANO (Domenico), capitaine ferra-

rais au service de la France, 313.
AUBESPINE (Claude DE L'), secrétaire d'Etat, 166, 167, 284, 286, 295, 470, 471.
Augsbourg (Bavière), 142, 349, 452.
Aulnay (Marne), 174.
AUMALE (François DE LORRAINE, comte D'), 129, 159, 177, 200, 448.
AVALOS (Rodrigue D'), 182, 482, 494.

B

BAGLIONI (Rodolphe), 33.
Bar (Meuse), 44 et *passim*.
BARBEROUSSE, 410, 429, 442, 445, 460, 468, 475.
Barcelone (traité de), 10, 12, 13, 18, 179, 487.
BARDELONE (Jean-Jacques), gentilhomme mantouan, 43, 124, 194, 306, 307, 309, 314, 329, 354, 391, 393.
Barlieu (Cher), 74.
Barrois (le), 49.
Bassano (Vénétie), 397.
BAUME (Philibert DE LA), baron de Monfalconetto, majordome de Charles-Quint, 104, 424, 427, 429.
BAYARD (le chevalier), 146.
BAYART (Gilbert), secrétaire d'État, 168, 172, 176, 178, 179, 181, 186, 187, 295, 383, 390, 391, 477, 481, 483, 484.
Bazoches (Aisne), 76.
BEATOUN (David), cardinal d'Ecosse, 407.
BEAUMONT (DE), fait prisonnier au combat de Vitry, 235.
BECKINGEN (comte DE), capitaine allemand au service de la France, 102, 248, 250, 310, 418, 419, 421.
BELLARMATI (Girolamo), de Sienne, ingénieur militaire au service de la France, 88.
BELLAY (Guillaume DU), 4, 85, 86.
BELLAY (Martin DU), frère du précédent, 3, 5, 7, 8, 11, 23, 34, 36, 40, 68, 83, 88, 232, 352.
BELLAY (Jean DU), frère des deux précédents, cardinal de Paris, 164, 295, 470.

BELSÈRE (Jacques DE), pris au combat de Vitry, 235.
BEMMELBERG (Conrad DE), surnommé le Petit Hesse, 22, 24, 98, 111, 120, 229, 321, 476.
BENDIDIO (Nicolo), ambassadeur de Ferrare à Venise, 245 note.
BÉNÉVENT (comte DE), 429.
BENTIVOGLIO (Jean II), seigneur de Bologne, 82, 93.
BENTIVOGLIO (Annibal), 93.
BENTIVOGLIO (Constance), 93.
BENTIVOGLIO (Guido), 93.
BERNARDINO DE VÉRONE, agent secret de l'ambassadeur de Venise, 141, 409 note, 419, 441, 456, 478, 484.
BERTEVILLE, lieutenant du comte de Brienne, 64, 165, 166, 270, 274, 276, 281.
BIEZ (Oudart DU), maréchal de France, 92.
Bimont (Pas-de-Calais, canton de Hucqueliers), 75.
BINCHE (DE), capitaine flamand, 159, 377.
BISBAL (Jean-Alphonse DE), capitaine napolitain, 123, 233 note, 267, 353, 449.
BISIGNANO (prince DE), 168, 378.
Bisoños (conscrits), 21.
Bohéries (abbaye de), Aisne, commune de Vadencourt, 190.
BOISOT (Charles), conseiller de Charles-Quint, 186, 484.
Bologne (Italie), 80, 81, 83, 96 note, 297.
BONACCIOLO, agent du duc d e Ferrare, 282, 283, 475.
Bonn (Prusse rhénane), 6.
BONNIVET (Guillaume Gouffier, seigneur DE), amiral de France, 77 note.
BORGIA (Lucrèce), 208.
Bouconville (Meuse), 41, 42, 43, 306.
Boulogne (Pas-de-Calais), 91 et *passim*.
BOURBON (Louis DE), cardinal, 383.
Bourg-en-Bresse, 488.
Bourges, 68, 69.
BOUSSU (Jean Hénin-Liétard, comte

INDEX ALPHABÉTIQUE

DE), grand écuyer de l'empereur, 30, 49, 98, 118, 129, 159, 217 note, 284, 309, 321, 431, 444, 452, 456, 458, 468, 477, 506.

BOUTIÈRES (Gui Guiffrey DE), gentilhomme du Dauphiné, 168, 378.

BUEIL (Jean V DE), amiral de France, 68.

BUEIL (Jacques DE), comte de Sancerre, 68.

BUEIL (Charles DE), comte de Sancerre, 68.

BUEIL (François DE), archevêque de Bourges, 68.

BUEIL (Jean VI DE), comte de Sancerre, 68.

BUEIL (Louis DE), comte de Sancerre, 69.

BUEIL (Louis DE), bâtard de Sancerre, 70.

BÜREN (Maximilien d'Egmont, comte DE), 424, 429, 499.

BRANDEBOURG (Albert, marquis DE), 24, 103, 105, 231 note, 250, 258, 351, 352, 477.

BRANTÔME, 67 et *passim*.

BREDERODE (Renaud DE), 334, 335.

Brescello (Modenais), 282, 475.

Brescia (Lombardie), 397, 400, 403, 404, 405, 406.

Bresse (la), 290.

BRÉZÉ (Louis DE), grand sénéchal de Normandie, 77.

BRÉZÉ (Gaston DE), frère du précédent, 77.

BRIENNE (Antoine II de Luxembourg, comte DE), 50, 51, 53, 55, 56, 223 note, 225, 254, 257, 316, 433, 437.

BRISSAC (Charles de Cossé, comte DE), 36, 121, 154, 180, 186, 209, 211, 232 note, 266 et *passim*.

BRUNSWICK (Henri le Jeune, duc DE), 101, 257 note, 423, 428.

Bruxelles, 11 et *passim*.

C

Calais, 13, 21, 41, 103, 273, 503, 504.

CALEAGNINI (Alfonso), ambassadeur de Ferrare en France, 156 note.

Cambrai, 22, 36, 38, 134, 190, 300, 344, 385, 462 note, 490, 492, 493, 496, 499.

CAMERINO (Octave Farnèse, duc DE), 136, 186, 258 note, 382, 429, 474, 475, 492, 494.

CANTRON (ou CABRON, seigneur DE), fils de Longueval, 151, 154, 363.

CAPILUPO (Camillo), ambassadeur de Mantoue auprès de Charles-Quint, 138, 143, 301 notice sur.

CAPILUPO (Benedetto), père de l'ambassadeur, secrétaire de François II de Gonzague, 302.

CAPILUPO (Lelio), frère aîné de l'ambassadeur, auteur de centons, 303, 304.

CAPILUPO (Ippolito), frère de l'ambassadeur, évêque de Fano, 303.

CAPILUPO (Camillo), septième enfant de l'ambassadeur, auteur du *Stratagème*, 303, 304.

CAPILUPO (Giulio), fils d'Ippolito, 304.

CARACCIOLI (Jean), prince de Melfi, 35, 36, 37.

CARBONE (Murano), ingénieur napolitain au service de la France, 45, 47, 48, 222 note, 225, 247, 261, 265, 271.

Carignan (Piémont), 106, 160, 379, 401, 419, 422, 429, 436, 442, 460 note.

CARS (DES ou d'ESCARS), 34, 131.

CARVAJAL (Alphonse DE), capitaine de *bisoños*, 336, 353.

Casale Monferrato, 303.

Casara, hameau de la commune de Montegibbio (Modenais), 80, 81.

CASTELLO (Antonio DA), ingénieur italien, 96 note.

CASTELNAU (seigneur de la Motte-Castelnau de Chalosse), 72.

Castiglione (d'Adda, Milanais), 422.

Cateau-Cambrésis (Nord), 7, 135, 190, 300, 385, 490, 496, 500.

Catillon (Nord), 8.

CAVALCANTI (Bartolomeo), banni florentin, 136, 209, 453, 457, 462.

CAVALLI (Marino), ambassadeur de Venise en France, 139 note, 233 note, 434, 481.

CAVANI (Jean-Baptiste), médecin de Francesco d'Este, 259.
CAVRIANO (Frédéric), médecin et favori de Fernand de Gonzague, 39, 40, 178, 194, 254, 382, 387, 390, 393, 409, 492.
CECCO, gentilhomme de Fernand de Gonzague, 112, 328.
Cerisoles (bataille de), 27, 32, 33, 34, 35
CÉSAR D'ESTE, 207.
CESENA (comte Ugo DA).
CESPEDES, gentilhomme de F. de Gonzague, 184, 393.
CHALON (Philibert DE), prince d'Orange et de Melfi, 440.
Châlons (Marne), 30, 119, 152, 156, 160, 163, 167, 169, 185 et *passim*.
CHAMPAGNEY (Frédéric PERRENOT DE), le plus jeune des quatorze enfants de Nicolas Perrenot de Granvelle, 298.
Changy (Marne), 121, 122.
CHANTONAY (Thomas PERRENOT DE), l'aîné des quatorze enfants de Nicolas Perrenot de Granvelle, 161, 401 note.
CHAPUIS (Eustache), ambassadeur de Charles-Quint à Londres, 11, 12.
CHARLES-QUINT, 1 et *passim*.
CHARLES VII, roi de France, 68.
CHARLES IX, roi de France, 73.
CHARLES II, duc de Lorraine, 418 note.
CHARLES III, duc de Savoie, 104, 287 note, 379 note, 485, 488.
Chartres, 73.
Château-la-Vallière, (Indre-et-Loire), 74.
Château-Thierry, 177, 179, 181, 211, 294, 297, 391, 482.
Châtillon-sur-Marne, 178, 179, 181, 391.
Chaumont (Haute-Marne), 88.
CHAUMONT (Charles d'Amboise, seigneur DE), 80.
Chaussée (la, Marne), 24, 163, 170, 380, 476, 478.
Chée (la) (Marne), 121.
CHEMANS (Errault, seigneur DE), garde des sceaux, 168, 172, 481.

CHÉMIÈRE (seigneur DE LA), capitaine, 147, 149, 151, 237 note, 361, 363.
Chemillé (Indre-et-Loire), 74.
CHENETS (Guillaume DE DINTEVILLE, seigneur DES — ou d'Eschenez, Eschenais, Echenay, Haute-Marne), 49, 50, 51, 52, 53, 54, 55, 223 note, 252, 254, 265, 310, 312, 313, 316, 321, 358, 431, 432, 433, 438.
CHIUCCHIARO, capitaine de chevau-légers italiens, 44, 307, 325.
CHRÉTIENNE DE DANEMARK, 104, 288 note, 418 note, 437, 438.
CHRISTIERN II, 77, 412 note.
CHRISTIERN III, 278 note, 412 note, 424.
Chypre, 447, 451, 454, 459.
CICALA (vicomte DE), 447, 451, 454, 469.
CLAUDE DE FRANCE, 408 note.
CLÉMENT VII, 82.
CLÉMENT VIII, 207.
CLÈVES (Guillaume, duc DE), 6, 9, 16, 20, 101, 110, 424 note, 464.
Coiffy-le-Haut (Haute-Marne), 87, 88.
Colembert (Pas-de-Calais), 75.
Cologne, 298.
COLONNA (Camillo), 142, 168, 169, 187, 311, 333, 378, 379, 383, 399, 422.
COLONNA (Fabrizio), 335.
COLONNA (Pirrho), 134, 142, 160, 168, 169, 187, 379, 383, 442, 462 note, 472, 473.
Commercy (Meuse), 20, 25, 39, 42, 44, 45, 46, 48, 49, 56, 58, 59, 103, 106, 160, 190 et *passim*.
CONDÉ (Louis de Bourbon, prince DE), 72.
Condette (Pas-de-Calais), 75.
CONDETTE (François DE), 75.
CONTRARI (comte Ercole DE), gentilhomme de Ferrare, 442, 443.
CORLAON (baron DE), gentilhomme bourguignon, 123, 234 note, 267.
CORNELIO, gentilhomme d'Udine.
CORTWILLE, capitaine du corps de Georges de Ratisbonne, 111, 260 note.

INDEX ALPHABÉTIQUE

COSME DE MÉDICIS, duc de Florence, 1, 137, 491.
Coucy-le-Château (Aisne), 297.
Couvrot (Marne), 123, 124, 125.
Crémone (Lombardie), 197, 485.
Crépy-en-Laonnais, 187, 383.
Crépy (traité de), 87, 105, 134, 195.
CUEVAS (Pedro DE), 506.
CURTATONE (Mantouan), 143, 328.

D

DAVID, camérier du pape, 135, 500.
DAVID (Georges), 508.
DIANE DE POITIERS, 77, 90, 91.
DIANTI (Laura), 207.
Dieppe, 78 note.
DIEST (seigneur DE), neveu d'Andelot, 267.
DIJON (Africain DE MAILLY, bailli DE), 166, 186, 456 note, 481, 484.
DISSEY (Marc de Rye, seigneur DE), 56, 121, 154, 174, 232 note, 267, 293, 311, 352, 358, 366.
DODIEU (Claude), évêque de Rennes, 503.
DORIA (André), 410.
DORIA (Giannettino), 135, 386 note, 478.
DORIA (Imperiali), évêque de Savone, 386 note.
DOROTHÉE, nièce de Charles-Quint, 412 note.
DRAGUT, corsaire turc, 447 note.
DUARTE (Francisco), commissaire général des vivres, 31, 402.
DUBOIS (Adrien), aide de chambre favori de l'empereur, 493, 495, 497, 499.
DUREA (Hieronimo), capitaine espagnol, 336.
DUREN (Prusse rhénane), 6, 369, 424 note.
DUYSANS?, enseigne de la compagnie du duc d'Orléans, 152.

E

Edimbourg, 407.
ELÉONORE, reine de France, 164, 176, 274 note, 470, 506.
ELISABETH D'ESTE, femme de François II, marquis de Mantoue, 302.
EMMANUEL (Lorenzo), majordome de l'empereur, 506.
ENGHIEN (François de Bourbon, comte D'), 33, 34, 106, 182, 200, 379, 460 note, 468, 482 note.
Epernay, 30, 171, 172, 180, 292, 298, 388, 390, 478, 479, 480.
ESSÉ (André de Montalembert, seigneur D'), 6, 39, 70, 78, 95.
Essommes (abbaye d', canton de Château-Thierry), 181, 305.
ESTAUGES ou ESTOGES (François d'Anglure, vicomte D'), 36, 37, 38, 39, 40, 216 note, 218.
ESTERNAY (Jean Regnier, seigneur D'), 151, 154, 358, 364.
ETAMPES (duchesse D'), 90, 92, 166, 190, 456, 485.

F

FABIO, gentilhomme d'Udine, 133, 461 note.
FARNÈSE (Alexandre), cardinal, 136, 139, 473 note.
PEDELI (Vincenzo), agent diplomatique de Venise à Milan, 143, 403 note, 442, 487, 490.
FEDERICO, ingénieur militaire, 335, 349, 366.
FERDINAND, roi des Romains, 54 et *passim* — empereur, 396.
FERDINAND, archiduc, 492, 505.
Fère-sur-Oise (la, Aisne), 69, 72.
FERIA (comte DE), 251, 429.
Ferrare, 1 et *passim*.
FERRARE (Hippolyte d'Este, cardinal DE), 95, 112, 136, 208, 453, 462.
FERRERIO (Philibert), nonce en France, 489 note.
Ferté-Milon (la, Aisne), 156.
FERUFFINO (Hieronymo), ambassadeur de Ferrare auprès de Charles-Quint, 138, 141, 244 notice sur.
FERUFFINO (Giovanni), fils adoptif de l'ambassadeur, 245, 260.
FERUFFINO (Pier-Francesco), neveu de l'ambassadeur, 244.
Feux artificiels, 229 note.
Florence, 1 et *passim*.

FONDRIGANT (DE), gentilhomme pris au combat de Vitry, 235.
Forbach, 307.
FOSCARINI (Alvise), 417, 418, 422, 426, 429.
FOSCARINI (Marco), sénateur de Venise, 417 note.
FOSCARINI (Sebastiano), membre du Conseil des Dix, 417 note.
Fossano (Piémont), 3.
FRANCESCO D'ESTE, 22, 27, 37, 38, 40, 44, 46, 49, 160, 167, 168, 207 notice sur, et *passim*.
FRANCESCO, capitaine de chevau-légers italiens, 389.
FRANÇOIS Ier, 2 et *passim*.
FRANÇOIS II, 72, 73, 396.
FRANÇOIS Ier, duc de Lorraine, 104, 282 note, 418, 420, 426, 427, 470, 495.
FRANÇOIS II de Gonzague, marquis de Mantoue, 302.
FRANÇOIS III de Gonzague, duc de Mantoue, 303, 396.
Franc-taupin, 215 note, 222 note.
FRÉDÉRIC Ier, roi de Danemark, 412 note.
FRÉDÉRIC II, marquis de Mantoue, 302, 303, 396.
FRÉDÉRIC, comte palatin, 412 note.
FREGOSO (Cesare), Génois au service de la France, 4.
FUGGER (LES), banquiers, 19, 421 note, 434, 436.
FÜRSTENBERG (comte Guillaume DE), condottiere allemand, 22, 24, 29, 30, 35, 36, 38, 42, 43, 98, 102, 120, 162, 173, 174, 184, 231 note, 293.

G

GAETANO (Juan), capitaine de *bisoños*, 336.
GAMBOA, capitaine espagnol du *tercio* de Luis Perez, 336.
GASTALDO (Jean-Baptiste), mestre de camp général, 27, 32, 46, 98, 120, 134, 142, 155, 160, 175, 221 note, 278, 321, 324, 325, 388.
GENNARO (Scipion DE), Napolitain, capitaine de chevau-légers italiens, 44, 123, 235 note, 267, 269, 288, 307, 353.
GENOUILLAC (François DE), 86.
GIGLIO, capitaine de chevau-légers italiens, 40, 217.
CIA (Gioia?, DE), neveu du prince de Bisignano, 168, 378.
GIRONDE (DE), pris au combat de Vitry, 235.
GIUGERI, capitaine de chevau-légers italiens, 122, 267.
GIULIANO, secrétaire de Fernand de Gonzague, 53, 321.
GONSALVE (Rodrigue), gentilhomme de la maison de l'empereur, 184, 393.
GONZAGUE (Fernand ou Ferdinand DE), vice-roi de Sicile, lieutenant général de l'empereur, 11 et *passim*.
GONZAGUE (Hercule DE), cardinal, régent de Mantoue, 43, 303, 396.
GONZAGUE (Alexandre DE), capitaine de chevau-légers italiens, 40, 53, 217, 231, 316, 327.
GONZAGUE (Alphonse DE), seigneur de Castelgoffredo, 302.
GONZOLES (ou GONSOLES, Jacques DE), gentilhomme du Bourbonnais, 53, 316, 438.
GRADO (Antonio DE), beau-père de Camillo Capilupo, 302.
GRADO (Lucrèce DE), fille du précédent, 302.
GRANICO, capitaine d'arquebusiers à cheval, 121, 232.
GRANVELLE (Nicolas Perrenot, seigneur DE), garde des sceaux, 6 et *passim*.
GRIMANI (Marco), cardinal, 489 note.
GROTTO (Tadea DEL), mère de Camillo Capilupo, 302.
GUELDRE (Philippe DE), veuve de René II, duc de Lorraine, 105, 255 note, 258 note.
GUERRA, prisonnier espagnol, 366.
GUGLIELMO, capitaine espagnol du *tercio* de Luis Perez, 336.
GUIJOSA, capitaine espagnol du *tercio* de Luis Perez, 336.

# INDEX ALPHABÉTIQUE

Guise (Claude de Lorraine, duc de), 5, 37, 55, 106, 129, 146, 153, 159, 177, 190, 240 note, 253, 299, 386, 485, 496.
Guise (François de Lorraine, duc de), fils du précédent, 92 note.
Guyon-le-Roy, vice-amiral, 77 note.
Guzman (Gabriel de), dominicain, 164, 165, 166, 167, 168, 172, 176, 193, 271, 273, 274, 276, 281, 283, 293, 299, 377, 470, 477, 485.

H

Hallwin (Jean III de Piennes, seigneur de), gentilhomme de la bouche et capitaine d'ordonnance, 124, 234 note, 354.
Hans, huissier de la chambre, 185, 393.
Havre (archives du), 77 note.
Henri VIII, 9 et *passim*.
Henri II, 72, 73, 74, 85, 90, 93, 95, 96, 209, 210, 253 note, 385.
Hercule Ier d'Este, duc de Ferrare, 207.
Hercule II d'Este, duc de Ferrare, 207, 208.
Hesdin (Pas-de-Calais), 68, 78, 91, 96, 181, 186, 391, 485.
Hesse (Philippe le Magnanime, landgrave de), 17, 19, 101, 102, 257 note, 400.
Hilliquin, (surnom de Jean de Heyldessen, seigneur de Hilarez), 381.
Hoëricourt (village de, Haute-Marne), 107, 118, 323.
Hohenzollern (comte Eitel-Friedrich de), 111, 260 note, 344, 345.
Höhscheld (bataille de), 6.
Hozier (J.-Fr. d'), 73.
Hunaudaye (Jean d'Annebaut, seigneur de la), fils de l'amiral, 122, 186, 187, 190, 232 note, 299, 485.

I

Idiaquez (Alfonso de), secrétaire de l'empereur et conseiller d'Etat, 138, 168, 186, 201, 289, 291, 379, 380, 451, 462, 477, 495, 499, 506.
Ingolstadt (Bavière), 210.
Innsbruck (Tyrol), 29.
Iron (Aisne, canton de Guise), 76.
Isabelle d'Autriche, sœur de Charles-Quint, 77, 288 note, 412 note.

J

Jacques V, roi d'Ecosse, 408 note.
Jâlons (camp de), 127, 155, 172, 173, 174, 181, 460, note.
Jedburgh (Ecosse), 425.
Joinville (Haute-Marne), 59, 129, 159, 210, 211, 240, 284, 285, 286, 287, 473.
Jules II, 80, 207.

L

Lalande (Eustache de Bimont, dit le capitaine Lalande), 6, 39, 48, 67, 70, 75 notice sur, 107, 155, 261 note, 320, 349, 350, 367.
Landenberg (Christophe de), 24, 160 238, 260, 278, 280, 428, 436, 467, 476.
Lando (Pietro), doge de Venise, 396.
Lando (Istriana), femme de Bernardo Navager, 396.
Landrecies (Nord), 5, 6, 7, 8, 9, 11, 16, 20, 35, 39, 67, 70, 75, 78, 79, 87, 110, 495.
Langres (Haute-Marne), 88, 89.
Laon (Aisne), 76, 77, 298.
Lara (Juan Manrique de), 505.
Laval (comte de), 190, 299, 386, 394, 485.
Leucate (conférence de), 87.
Liège (Belgique), 428, 506.
Ligny (Meuse), 5, 20, 25, 26, 39, 42, 49, 50, 55, 56, 57, 58, 59, 61, 88, 98, 106, 160, 196 et *passim*.
Lipari (île de), 460, 468.
Listic? (seigneur de), pris au combat de Vitry, 235.
Lizet (Pierre), premier président du parlement de Paris, 114, 130.

Lodi (Marsilio de), écuyer de l'empereur, 484.
Longueval (Nicolas de Bossut, seigneur de), 35, 36, 37, 38, 92, 154, 166, 218, 349, 456.
Longueville (Louis d'Orléans, duc de), 408 note.
Longwy (Meurthe-et-Moselle), 36, 104, 217, 253, 427.
Lorraine (la), 49.
Lorraine (Jean de Lorraine, cardinal de), 190, 496, 503.
Lorraine (Nicolas de Lorraine), évêque de Metz, 106, 436.
Lübeck, 78 note.
Lumes (château des Ardennes), 91 note.
Luxembourg, 7, 35, 36, 38, 39, 40, 41, 42, 49, 59, 87, 103, 160 et *passim*.
Lyon, 35, 69, 209, 489.

M

Madeleine de France, troisième fille de François Ier, 408 note.
Madrid (Académie d'histoire de), 79 note.
Madruzzo (Christophe), cardinal de Trente, 445.
Madruzzo (Hildebrand), frère du précédent, 126, 236 note, 458, 459.
Mantoue, 1 et *passim*.
Marano (Frioul), 54, 55, 431, 438.
Marcello, maître d'hôtel de Fernand de Gonzague, 354.
Marck (Robert IV de la), 279.
Marck (Erard de la), cardinal, 506 note.
Mardones (Sancho Bravo de Mardones y Lagunas), commandant en second du *tercio* de Luis Perez, 184, 321 note, 393.
Marguerite d'Angoulême, reine de Navarre, 153, 367.
Marguerite d'Autriche, tante de Charles-Quint, 201.
Marguerite d'Autriche, fille naturelle de Charles-Quint, 136, 475 note.
Marguerite de France, fille de François Ier, 290, 500.
Marguerite de Montferrat, régente de Mantoue, 43, 303, 306 note, 382, 396.
Marguerite de Savoie, fille du grand bâtard René, 223 note.
Marie d'Autriche, sœur de Charles-Quint, 16, 37, 201, 490, 492, 500, 502, 505.
Marie, fille de Charles-Quint, 105, 279 note.
Marie de Juliers, 424 note.
Marie de Lorraine, femme de Jacques V, 408 note.
Marie Stuart, 243 note, 410 note, 455.
Marignan (Gian-Giacomo dei Medici, marquis de), 27, 41, 46, 53, 55, 130, 133, 142, 160, 168, 221 note et *passim*.
Marini (Girolamo), ingénieur militaire italien au service de la France, 35, 45, 62, 67, 80 notice sur, 100, 148, 149, 151, 156, 158, 362, 365, 439, 465, 466, 475.
Marini (Camillo), frère du précédent, 90, 91, 92 note.
Marino (Giovanni de), marchand génois, 422, 426.
Marliano (Luigi), médecin milanais, 2 note.
Marmirolo, palais des Gonzague près de Mantoue, 43, 306.
Marville (Cathelin Raillart, seigneur de), lieutenant de Langey, 122, 232 note.
Maximilien, archiduc, fils aîné de Ferdinand, roi des Romains, 103, 105, 175, 186, 255 note, 258, 269, 290, 299, 353, 360, 382, 421, 505.
Maximilien Ier, empereur, 431 note.
Médicis (Alexandre de), duc de Florence, 136, 475 note.
Mémoxet (de), pris au combat de Vitry, 235.
Mendoza (Diego Hurtado de), ambassadeur de Charles-Quint à Venise, 133, 400 note, 405, 406, 432, 457, 462 note, 463, 495, 501.
Metz, 15 et *passim*.
Mézières (Ardennes), 88, 91, 146, 174, 279, 288.

INDEX ALPHABÉTIQUE

Michelangelo (de Rome), lieutenant de la Hunaudaye, 122, 352.
Mirandole (la), 318, 460.
Mirandole (Galeotto Pico, comte de la), 386 note.
Mocenigo (Alvise), ambassadeur de Venise auprès de Charles-Quint, 422 note.
Molinon (de), otage de la capitulation de Saint-Dizier, 152.
Monbardon, gentilhomme de la bouche, 161, 468 note.
Monsalve, capitaine espagnol, 336.
Montéclair (Haute-Marne), 88, 89.
Montegibbio, commune de Sassuolo, dans le Modenais, 80.
Montepulciano (Giovanni Ricci de), archevêque de Siponte et de Pise, 473.
Montferrat (le), 380, 381, 382, 384, 385, 386, 394.
Montigny (seigneur de, Haute-Marne), 45, 47, 222 note, 247.
Montluc (Blaise de), 3, 23, 34, 35, 86 et *passim*.
Montluc (Jean de), ambassadeur de France à Venise, 453 note.
Montmorency (Anne de), connétable, 2, 69.
Montreuil (Pas-de-Calais), 161, 243, 460, 470, 495, 496.
Montrot (de), enseigne, pris au combat de Vitry, 235.
Mont-Saint-Jean (Brabant), 36, 212, 213.
Morbecque (Joachime de, dite de Saint-Omer), 75.
Morel (de), pris au combat de Vitry, 235.
Morette (Charles de Soliers, seigneur de), 168, 378, 379, 477, 478, 492, 498.
Morone (Jean), cardinal, 489 note, 497.
Morosini (Domenico), ambassadeur de Venise auprès de Ferdinand, roi des Romains, 399, 416.
Motte-des-Noyers (la), gentilhomme du connétable de Bourbon, 89 note.
Mouzon (Ardennes), 88.

N

Najera (duc de), 506.
Nançois-le-Grand (Meuse), 106, 437.
Nançois-le-Petit (Meuse), 106, 437, 438.
Natale, gentilhomme de Fernand de Gonzague, 306 note, 314.
Navager (Bernardo), ambassadeur de Venise auprès de Charles-Quint, 137, 396 notice sur.
Naves (Jean), conseiller impérial, 104, 430.
Nemours (Jacques de Savoie, duc de), 72.
Neuilly-Saint-Front (Aisne), 183, 295, 392, 482.
Neuilly (Charles de), maître des requêtes, 172, 176, 178, 179, 181, 186, 187, 382, 383, 390, 391, 481, 483, 484.
Nevers (François de Clèves, duc de), 72, 467 note.
Nice (trêve de), 4, 54, 181, 190, 195, 485, 489.
Norfolk (Thomas Howard, duc de), 273.
Notre-Dame-du-Jardin (à Crépy-en-Laonnais), 189, 394.
Novelli (Francesco-Maria), ambassadeur de Ferrare en France, 91 note.
Novi (Francesco de), pris au combat de Vitry, 235.
Nuvolone (Hercule), commissaire de Francesco d'Este, 124, 234, 306, 354.

O

Orange (René de Nassau, prince d'), 6, 22, 23, 24, 25, 26, 30, 41, 103, 105, 107, 108, 230 note, 259, 260, 264, 439.
Orléans (Charles, duc d'), troisième fils de François Ier, 5, 7, 48, 51, 87, 187, 189, 253 note, 383 et *passim*.
Ornain (rivière), 50, 314 note.
Ornel (petite rivière), 58, 255 note, 317 note.

48

OTTON (ou OTHON), capitaine du duc Maurice de Saxe, 171, 387.

P

Padoue, 396 note, 397.
PAGAN, capitaine espagnol, 336.
PAGET (William), secrétaire d'État, 161, 273, 407, 410, 460.
PALÉOLOGUE (Jean-Georges), dernier marquis de Montferrat, 380 note.
PALISSE (seigneur DE LA), 168, 378.
PARRHASIUS (de Cosenza), maître de Camillo Capilupo, 302.
PATELLA, Sicilien, gentilhomme de Fernand de Gonzague, 112, 328.
PAUL III (Alexandre Farnèse), 135, 137, 202, 454, 468.
PAUL IV (J.-Pierre Caraffa), 396, 397.
PAULIN (R. Escalin, baron de la Garde, dit le capitaine Paulin), 410 note.
PELLICIER (Guillaume), ambassadeur de France à Venise, 54, 417 note, 431 note.
PENNACCHI (Girolamo), de Trévise, ingénieur militaire, 86 note.
PEREZ (Luis Perez de Vargas), commandant du « tercio » d'Italie, 22, 30, 36, 99, 229 note, 331, 336, 337, 440, 476.
Perosa (la), lieu de passage après Pignerol, 85.
Perpignan, 5, 86, 87.
PESARO (Jean-Baptiste DE), soldat de Savorgnano, 133, 461 note.
PÈTREMOL (Anthoine), trésorier de l'extraordinaire des guerres, 71.
PIE IV (J.-Ange dei Medici), frère du marquis de Marignan, 209, 397.
Pignerol (Piémont), 82, 85, 488.
POGGIO (Giovanni), nonce auprès de Charles-Quint, 135, 136, 137, 253 note, 457, 489, 491, 500.
Pont-à-Mousson (Meurthe-et-Moselle), 25, 31, 105, 106, 129, 161, 251 et *passim*.
POTHON (ou POTON, François Raffin DE), sénéchal d'Agénais, 266 note, 352.
Pouzzoles (Campanie), 442.
Pozzo, capitaine de chevau-légers italiens, 121, 174, 231, 267, 293.
PRAET (DE), 198.

R

RANDAN (Charles de la Rochefoucauld comte DE), 70d
RANGONE (comte Guido DE), 82, 83.
RANGONE (le cardinal), 302.
RATISBONNE (Georges DE), 22, 24, 36, 38, 99, 109, 110, 329, 323, 344, 476.
RENÉ II, duc de Lorraine, 105.
RENÉE DE FRANCE, duchesse de Ferrare, 208, 261 note.
RENOUARD (le capitaine), 379 note.
RENOUARD, enseigne, pris au combat de Vitry, 235.
Ribemont (Aisne), 189, 190, 193, 300, 395.
RINCON (Antonio DEL), ambassadeur de France auprès de la Porte, 4.
RIVIÈRE (vicomte DE LA), 147, 149, 151, 152, 153, 237 note, 361, 367, 372, 465.
ROCHE-BARON (seigneur DE LA), 151, 154, 365.
ROCHE-GUYON (Philippe de Sarrebruck, dame DE LA), 44, 219 note, 221.
ROCHE-DU-MAINE (Jacques Tiercelin, seigneur DE LA), 3.
ROCHE-SUR-YON (Charles de Bourbon, prince DE LA), 174, 211, 293 note, 298, 389, 479.
RODOLPHE II, empereur, 431 note.
ROSOY (le seigneur DE, Haute-Marne), 45, 47, 222 note, 247.
ROSSEM (Martin VAN), 6, 16.
ROUSSY (Louis de Luxembourg, comte DE), 51, 52, 53, 55, 223 note, 225, 254, 257, 312, 321, 431, 433, 437.
RUSSEL (John), garde du sceau privé, 273, 425 note.

S

SACHIA (Beltramo), aventurier d'Udine, 54, 431 note.
SAGANTE, secrétaire de Granvelle, 438.

INDEX ALPHABÉTIQUE

Saint-Amand (Marne), 163, 165, 167, 169, 172, 378, 386, 477.
Saint-Avold (Lorraine), 307.
Saint-Dizier (Haute-Marne), 3 et passim.
Saint-Ferréol (abbaye de, à Essommes, Aisne), 181, 392 note.
Saint-Jean-des-Vignes (abbaye de, près de Soissons), 184, 186, 297, 393 note, 482, 490.
Saint-Lumier (Marne), 163, 167, 170, 476, 477.
Saint-Michel (ordre de), 7, 71, 73, 461.
Saint-Mihiel (Meuse), 129, 458.
Saint-Nicolas (Meurthe-et-Moselle), 102, 310.
SAINT-POL (François de Bourbon, comte DE), 109 note.
Saint-Quentin (Aisne), 72, 296, 297, 482.
Sainte-Menehould (Marne), 7, 88, 241, 291.
SAINTS (Jeanne DE), 68.
SALERNE (Ferdinand de San Severino, prince DE), 192, 385 note, 475.
SANCERRE (Louis de Bueil, comte DE), 45, 47, 66, 67, 68 notice sur, 80 et passim.
SANGALLO (Antonio DA), ingénieur militaire, 82.
SANGUIN (Antoine), cardinal de Meudon, 190, 299, 386, 394, 485, 492, 496.
SAN PIETRO (dit Conso), 92, 119, 122, 123, 252 note, 266, 351, 352, 353, 418, 419, 448.
SANSAC (Louis Prévost, seigneur DE), 234 note, 266, 352, 353.
SAN SEGONDO (comte Troïlo DE), 354 note.
Sarry (près de Châlons), 170, 171, 172, 218.
Saulx-en-Barrois, 49, 309.
SAVOIA (Antonio-Maria DI), ambassadeur de Ferrare auprès de Charles-Quint, 95 note.
SAVOIE (Louise DE), 9.
SAVOIE (Philibert-Emmanuel, duc DE), 500 note.
SAVORGNANO (Mario), ingénieur militaire, 66, 132, 133, 134, 158, 358, 376, 461, 473, 474.
SAXE (Jean-Frédéric, électeur DE), 17, 101, 399 note, 424.
SAXE (Maurice, duc DE), 23, 29, 102, 103, 105, 120, 184, 231 note, 421.
SCARABIGLIANO (DE), capitaine, pris au combat de Vitry, 235.
SCHAUMBURG (Bernard DE), colonel du corps de Conrad de Bemmelberg, 159, 241 note, 377.
SCHORE, président des états des Pays-Bas, 16.
SCHUZBAR (Wolfgang), grand maître de Prusse, 435 note, 438.
Sedan (Ardennes), 279, 288.
SERMONETA (Garcia), capitaine espagnol du tercio d'Alvaro de Sande, 130, 356 note.
Serravalle (près de Tortone), 106, 247 note, 417 note, 419, 429, 430, 460 note.
SFORZA (Francesco-Maria), 418 note, 422 note.
Sienne, 95, 209, 427.
Simancas (archives de), 79 note.
SIRGENSTEIN (Guy DE), enseigne, 345.
SKOTBORG (Iörgen), négociateur danois, 77.
Soissons, 26, 144, 183, 184, 185, 186, 482.
SOLER (Bernard), capitaine espagnol, 336.
SOLIMAN, 18, 202, 451, 495, 501.
Solleuvre (Luxembourg), 37, 212.
SOMAGLIA (comte Giovanni-Francesco Gavazzi della), 142, 189, 241 note, 324, 450, 486, 489, 490.
Sonderburg (château de, dans l'île d'Alsen), 412 note.
Sorcy (Meuse), 43, 44, 46, 223, 306, 397.
Sozzini (Alessandro di Girolamo), 95, 96 note.
Stenay (Meuse), 36, 38, 129, 217.
STROZZI (Pierre), 49, 53, 106, 309, 380, 397, 419, 431 note, 460, 463, 468, 475.
STROZZI (Léon), prieur de Capoue, 410 note

SUFFOLK (Charles Brandon, duc DE), 273 note, 401, 425.

T

TADDEO (Vincenzo), lieutenant de Strozzi, 53, 312.
TAIX (Jean, seigneur DE), 460 note.
Tercio, corps de vétérans espagnols, 22 note, 239 note.
TERRANOVA (marquis DE),123, 267, 352, 353.
THERMES (ou TERMES, Paul de la Barthe, seigneur DE), 95, 209.
Thérouanne (Pas-de-Calais), 95.
Thiéblemont (Marne), 121.
THIENE (Ludovico DA), ambassadeur de Ferrare en France, 85.
Thionville, 5, 36, 37, 38, 39, 211, 212, 213, 214, 361, 426, 430.
Tiveden (Suède), 77.
TOLEDO (Pedro Alvarez DE), vice-roi de Naples, 478 note.
TOLMEZZO (Antonio DE), ingénieur militaire, 134, 274 note, 359, 461 note.
TOMMASO, père de Marini, 80.
Toul, 25, 31, 41, 49, 56, 104, 129, 161, 217, 309, 311, 434, 464.
TOURNON (François DE), cardinal, 496, 498, 500, 504.
TRAMEZZINO, secrétaire de Navager, 425 note.
TRÉMOILLE (seigneur DE LA), 68.
TRÉMOILLE (Jacqueline DE LA), femme du comte de Sancerre, 71.
Trente, 32, 106, 142, 452, 498.
Triangle (parc du), domaine de l'abbaye d'Essommes, 181, 182, 183, 211, 305, 392.
TROTTO (Silvio), 268.
TURIN (Jean DE), 448.

U

URBIN (Francesco-Maria Ier della Rovere, duc D'), 109 note, 484.
URBIN (Guid'Ubaldo II della Rovere, duc D'), 461 note.

V

Valence (Espagne), 443.
Valenciennes, 9, 492, 495, 496.
VALLES (Jacques), 77.
VASTO ou GUASTO (Alphonse d'Avalos, marquis DEL), 4, 32, 35, 82, 106, 146, 182, 247 note.
Vaucouleurs (Meuse), 44, 129, 307.
VEGA (Juan DE), ambassadeur de Charles-Quint à Rome, 136, 401 note, 468.
VENDÔME (Antoine de Bourbon, duc DE, 188, 189, 200, 256 note, 295, 299, 386, 429, 489.
VENIER (Giovanni-Antonio), ambassadeur de Venise en France, 499.
Venise, 1 et *passim*.
Venloo (traité de), 6, 424 note.
Vérone, 396, 397.
Vervins (Aisne), 87.
VESALE (André), chirurgien des armées impériales, 338, 445.
Viadana, bourg du Mantouan, 303.
VILLANOVA (Thomas), évêque de Valence, 443.
Vilvorde (château de), 55, 438.
Vitry (Marne), 3, 27, 29, 99, 119, 162, 163.

W

Wassy (Haute-Marne), 88.
WOTTON (Nicolas), ambassadeur d'Angleterre auprès de Charles-Quint, 113, 141, 249 note.

X

XIMENES, capitaine espagnol, 159, 240.

Y

Yvoy (Ardennes), 279, 288.

Z

Zappa (la), 262 note.
ZERBINATI (Giulio), commissaire de Francesco d'Este, 293.
ZUCCARIATE, capitaine espagnol, 336, 353.
ZUÑIGA (Carlos DE), 21,

TABLE DES MATIÈRES

Avant-propos... 1

Chapitre premier. — Préparatifs diplomatiques, financiers et militaires.. 1
— II. — Défaite du marquis del Vasto à Cerisoles; inquiétude de l'empereur. — Entrée en campagne de Gonzague : prise de Luxembourg, de Commercy et de Ligny............................... 32
— III. — Saint-Dizier au moment du siège; son importance comme ville et comme forteresse; ses fortifications et sa garnison................................. 60
— IV. — Sancerre, Lalande et Marini.................... 67
— V. — Reconnaissance de la place. — Le camp impérial. — Commencement du bombardement. — Arrivée de l'empereur. — L'assaut du 15 juillet........... 97
— VI. — Le siège en règle : travaux des assiégeants et des assiégés. — L'expédition de Vitry............. 115
— VII. — Lenteur des travaux du siège. — Vains efforts des Impériaux pour dégager leur ligne de ravitaillement. — Situation des assiégés. — Faux bruit de deux nouveaux assauts victorieusement repoussés : nouvelle procession d'actions de grâces à Paris. — Arrivée de Mario Savorgnano. — Pont d'assaut de maître Antoine de Tolmezzo. — Vie des ambassadeurs au camp impérial........... 128
— VIII. — La capitulation et l'évacuation................. 145
— IX. — Occupation de Saint-Dizier. — Prise de Joinville. — Démonstration sur Paris; les trois premières étapes. — Conférence de Saint-Amand......... 157
— X. — De Saint-Lumier au parc du Triangle............ 170
— XI. — Du parc du Triangle à la frontière.............. 183
— XII. — Le Traité de Crépy............................ 192

DÉPÊCHES ITALIENNES (traduction française) :

Notice sur Francesco d'Este.................................... 207
Dépêches de Francesco d'Este à Hercule II, duc de Ferrare.... 211
Notice sur Hieronymo Feruffino................................ 244
Dépêches de Hieronymo Feruffino à Hercule II, duc de Ferrare.. 246
Notice sur Camillo Capilupo................................... 301
Dépêches de Camillo Capilupo au cardinal régent Hercule de Gonzague et à la duchesse régente Marguerite de Montferrat................. 306
Notice sur Bernardo Navager................................... 396
Dépêches de Bernardo Navager au doge de Venise................ 398

DÉPÊCHES ITALIENNES (texte) :

Francesco d'Este au duc de Ferrare............................ 511
Hieronymo Feruffino au duc de Ferrare......................... 537
Camillo Capilupo aux régents de Mantoue....................... 582
Bernardo Navager au doge de Venise............................ 651

INDEX ALPHABÉTIQUE.. 745

TABLE DES MATIÈRES.. 757

PARIS

TYPOGRAPHIE PLON-NOURRIT ET Cie

Rue Garancière, 8

A LA MÊME LIBRAIRIE

La Reine Margot et la fin des Valois (1553-1615), d'après les mémoires et les documents, par Charles Merki. 2ᵉ édition. Un volume in-8° avec un portrait en héliogravure. . . . . 7 fr. 50
(Couronné par l'Académie française, prix Halphen.)

L'Amiral de Coligny, La Maison de Châtillon et la Révolte protestante (1519-1572), par Charles Merki. Un volume in-8° avec un portrait en héliogravure. 7 fr. 50

Reims en 1814 pendant l'invasion, par A. Dry. Ouvrage accompagné de 20 gravures hors texte et de 3 cartes. Préface de M. Henry Houssaye, de l'Académie française. Un vol. in-8° cavalier. . . . . . . 10 fr.

Marie Stuart (1542-1587), par Lady Blennerhassett. Un vol. in-16. 3 fr. 50

La Guerre 1870-1871, par Arthur Chuquet, professeur au Collège de France. 12ᵉ mille. Un volume in-18 illustré. . . . . 3 fr. 50

Les Guerres de la Révolution, par Arthur Chuquet, professeur au Collège de France.
I. *La Première Invasion prussienne* (11 août-2 septembre 1792). 4ᵉ édition. II. *Valmy*. 9ᵉ édition. III. *La Retraite de Brunswick*. 3ᵉ édition. IV. *Jemmapes et la Conquête de la Belgique* (1792-1793). 4ᵉ édition. V. *La Trahison de Dumouriez*. 4ᵉ édition. VI. *L'Expédition de Custine*. 3ᵉ édition. VII. *Mayence* (1792-1793). 4ᵉ édition. VIII. *Wissembourg* (1793). 4ᵉ édition. IX. *Hoche et la lutte pour l'Alsace* (1793-1794). 2ᵉ édition. X. *Valenciennes* (1793). 2ᵉ édition. XI. *Hondschoote*. Chaque volume formant un tout complet. . . . . 3 fr. 50
(Couronné par l'Académie française, grand prix Gobert et par l'Académie des sciences morales et politiques, grand prix Audiffred.)

Mémoires du général Griois (1792-1822), avec introduction et notes, par Arthur Chuquet, membre de l'Institut. Deux volumes in-8° avec un portrait en héliogravure. Chaque volume. . . . . 7 fr. 50

Mémoires du colonel Combe sur les campagnes de Russie 1812, de Saxe 1813, de France 1814 et 1815. Nouvelle édition. Un volume in-18. 3 fr. 50

Fouché (1759-1820), par Louis Madelin, agrégé d'histoire et de géographie, ancien membre de l'École française de Rome. 2ᵉ édition. Deux vol. in-8° avec un portrait. . . . . 16 fr.
(Couronné par l'Académie française, prix triennal Thiers.)

Madame Récamier et ses amis, d'après de nombreux documents inédits, par Édouard Herriot, ancien élève de l'École normale supérieure, professeur de rhétorique supérieure au lycée de Lyon. 4ᵉ édition. Deux volumes in-8° avec une héliogravure. . . . . 15 fr.
(Couronné par l'Académie française, prix Bordin.)

Soldats de Napoléon. **Journal de route du capitaine Robinaux (1803-1832)**, publié par Gustave Schlumberger, membre de l'Institut. Un volume in-16. . . . . 3 fr. 50

Soldats de Napoléon. **Lettres du commandant Coudreux à son frère (1804-1815)**, par Gustave Schlumberger. Un volume in-16 avec un portrait et un fac-similé. . . . . 3 fr. 50

Grandeur et décadence de Rome, par G. Ferrero. Traduit de l'italien par Urbain Mengin. I. *La Conquête*. 12ᵉ édition. Un vol. in-16. . 3 fr. 50
II. *Jules César*. 12ᵉ édition. Un vol. in-16. . . . . 3 fr. 50
(Couronné par l'Académie française, prix Langlois.)
III. *La Fin d'une aristocratie*. 11ᵉ édition. Un vol. in-16. . . 3 fr. 50
IV. *Antoine et Cléopâtre*. 10ᵉ édit. Un vol. in-16. . . . . . . 3 fr. 50
V. *La République d'Auguste*. 8ᵉ édit. Un vol. in-16. . . . . . 3 fr. 50

La Civilisation en Italie au temps de la Renaissance, par J. Burckhardt. Traduction de M. Schmitt, professeur au lycée Condorcet, sur la deuxième édition, annotée par Geiger. 2ᵉ édition. Deux volumes in-16. . 7 fr.

PARIS. — TYP. PLON-NOURRIT ET Cⁱᵉ, 8, RUE GARANCIÈRE. — 12243.

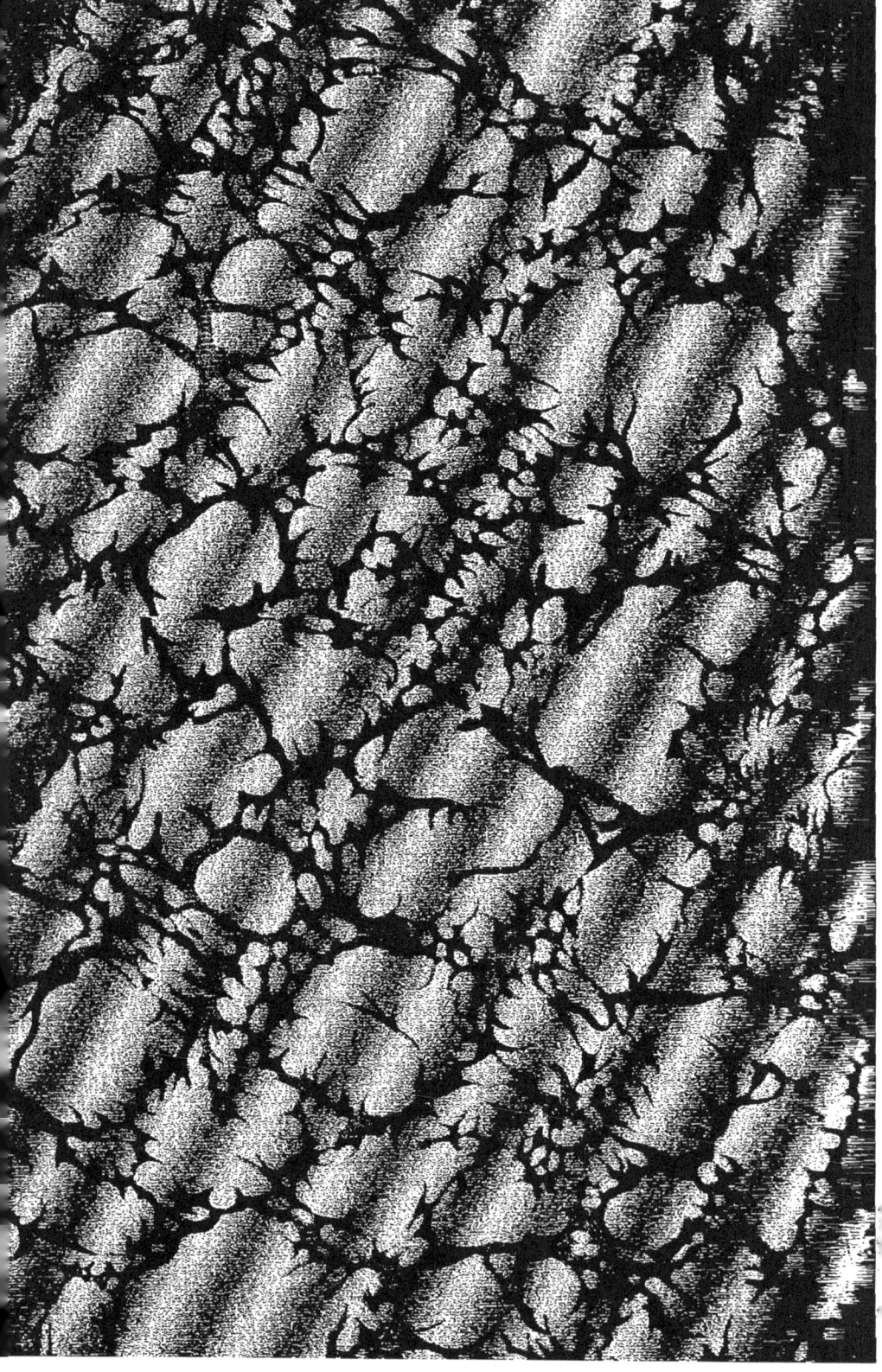

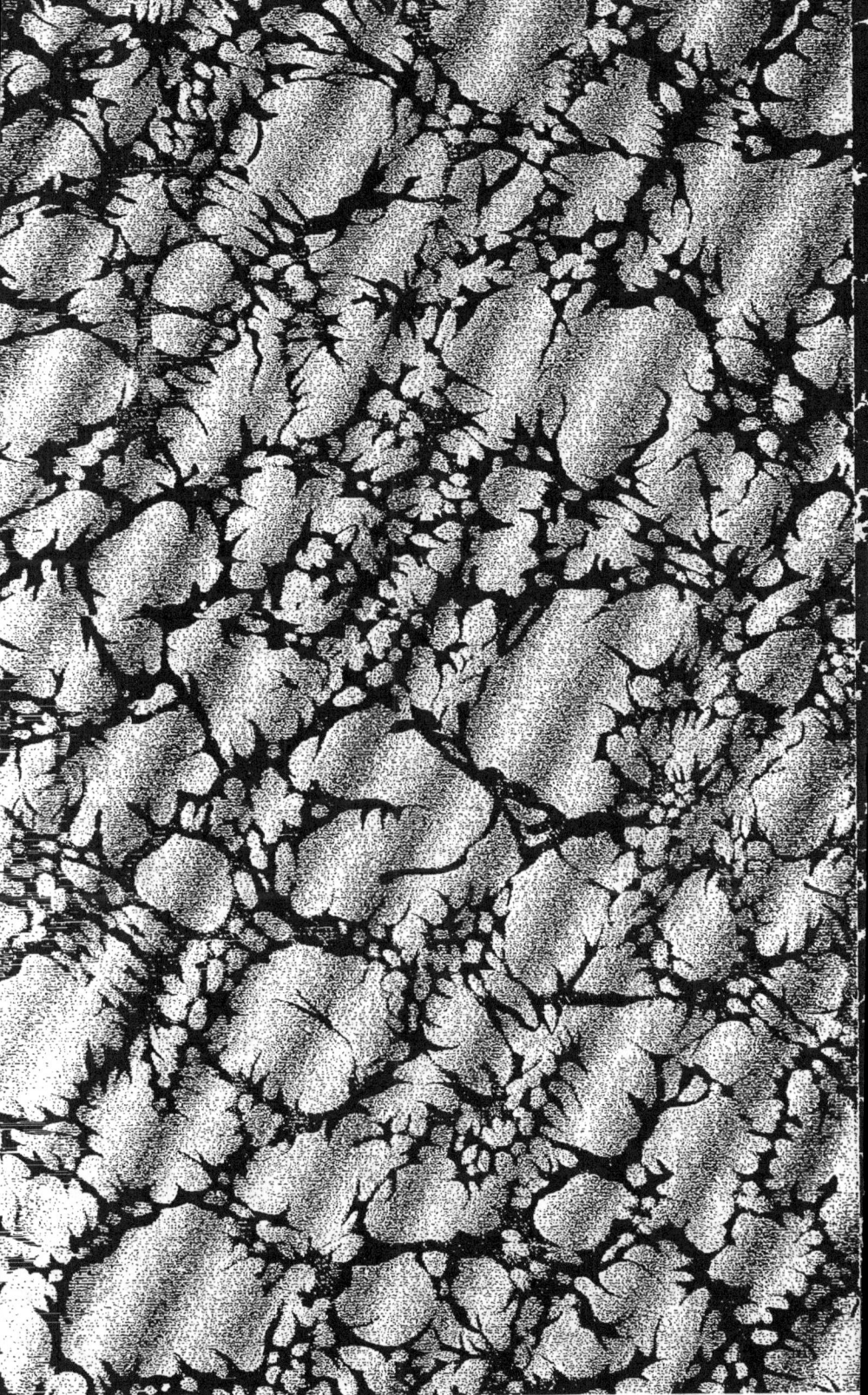

www.ingramcontent.com/pod-product-compliance
Lightning Source LLC
Chambersburg PA
CBHW061733300426
44115CB00009B/1207